中国石油石化碳中和技术交流大会论文集

中国石油学会碳中和专业委员会◎编

中国石化出版社
·北 京·

图书在版编目(CIP)数据

中国石油石化碳中和技术交流大会论文集 / 中国石油学会碳中和专业委员会编 . -- 北京 : 中国石化出版社, 2024. 9. -- ISBN 978-7-5114-7704-0

Ⅰ. F426. 72-53

中国国家版本馆 CIP 数据核字第 2024YE4576 号

中国石化出版社出版发行

地址:北京市东城区安定门外大街 58 号

邮编:100011 电话:(010)57512500

发行部电话:(010)57512575

http://www. sinopec-press. com

E-mail:press@ sinopec. com

北京鑫益晖印刷有限公司印刷

全国各地新华书店经销

*

880 毫米×1230 毫米 16 开本 38 印张 1136 千字

2024 年 9 月第 1 版 2024 年 9 月第 1 次印刷

定价:398. 00 元

《中国石油石化碳中和技术交流大会论文集》

编　委　会

前　言

2024年1月31日，习近平总书记在中共中央政治局就扎实推进高质量发展第十一次集体学习中指出，绿色发展是高质量发展的底色，新质生产力本身就是绿色生产力。必须加快发展方式绿色转型，助力碳达峰碳中和。牢固树立和践行绿水青山就是金山银山的理念，坚定不移走生态优先、绿色发展之路。加快绿色科技创新和先进绿色技术推广应用，做强绿色制造业，发展绿色服务业，壮大绿色能源产业，发展绿色低碳产业和供应链，构建绿色低碳循环经济体系。7月21日，《中共中央关于进一步全面深化改革 推进中国式现代化的决定》发布，其中提出：建立能耗双控向碳排放双控全面转型新机制。构建碳排放统计核算体系、产品碳标识认证制度、产品碳足迹管理体系，健全碳市场交易制度、温室气体自愿减排交易制度，积极稳妥推进碳达峰碳中和。

新质生产力是由技术革命性突破、生产要素创新性配置、产业深度转型升级而催生的当代先进生产力。科技创新是新质生产力的核心要素。为充分发挥科技创新引领作用、推动行业新质生产力形成、构建与新质生产力相适应的产业新体系、服务美丽中国建设，中国石油学会碳中和专业委员会联合中国石油、中国石化、中国海油、国家管网、国家能源、中国中化、延长石油等单位于2024年9月25日—27日在南京市召开“第二届中国石油石化碳中和技术交流大会”。会议从全球视野、国家高度，多视角、多维度聚焦“双碳”行动，聚焦石油石化行业节能提效、绿色低碳技术的研发与应用，油气行业的绿色低碳转型和高质量发展，为推动石油石化绿色转型与科技创新，促进“双碳”工作发展提供可借鉴方案。

为配合会议召开，中国石油学会碳中和专业委员会、《石油学报(石油加工)》编辑部联合开展了征文活动，组织石油石化行业科技工作者积极投稿，共同探讨低碳转型发展路径。共征集论文180余篇，经评审专家认真审核，择优收入100篇辑册成集并公开出版发行。全集共分两篇，分别为油气业务碳中和技术应用与实践篇、炼化业务碳中和技术应用与实践篇。内容涵盖节能低碳、智慧能源管理、氢能与燃料电池、先进生物燃料、资源循环利用、二氧化碳捕集利用与封存(CCUS)等新技术、新装备、新材料；5G、工业互联网、大数据、人工智能等新一代信息技术。

本书收录论文来源和研究内容广泛，这些论文不仅反映了当前石油石化行业在绿色低碳发展方面的最新进展和成果，也为未来的技术研发和应用提供了宝贵的参考和借鉴。希望本论文集可为读者提供有益的启示，从而为推动石油石化行业绿色低碳技术的交流与合作，促进先进技术的推广与应用做出共享。同时，也向论文作者和关心支持石油石化行业绿色低碳发展的各界朋友致以崇高的敬意和衷心的感谢！编者水平有限，若有疏漏，敬请谅解。

本书编委会

2024 年 9 月

目　录

第一篇　油气业务碳中和技术应用与实践篇

第二篇 炼油业务碳中和技术应用与实践篇

第一篇　油气业务碳中和
技术应用与实践篇

大港油田构建新型电力系统的探索与思考

韩晓丽　夏艳铎　薛　斌　郑双建　陈　刚

（中国石油大港油田绿电公司）

摘　要　探索以传统能源、新能源融合的综合能源体系、零碳排放的绿色发展之路是未来探索的主流方向，大港油田具有丰富的资源条件，稳定的消纳能力和“风、光、储”融合发展优势，为绿色低碳发展奠定良好基础。电力作为践行“双碳”战略的主力军，通过光伏建设、低碳微网、储能应用等方式，低碳转型初见成效。下步将力求打造多元能源智慧协同，“绿电、网电”灵活互济，“主、配、微”网高效互动的新构架，形成“大港模式”油气与新能源融合的新型电力系统。

关键词　综合能源体系；低碳转型；智慧协同；灵活互济

1　能源行业绿色低碳转型发展的必要性

中国石油天然气集团有限公司积极贯彻落实国家“双碳”战略，将“绿色低碳”纳入公司发展战略，把新能源纳入主营业务，组织制定新能源新业务发展专项规划，明确了“清洁替代、战略接替、绿色转型”三步走总体部署。

近年来，大港油田积极抢抓绿色低碳转型机遇，充分发挥公司区位、资源、土地等优势，按照三步走的总体部署，推进节能减排和清洁生产，加快发展太阳能、风能、地热等新能源业务，积极构建绿色低碳、安全高效、多能互补的能源供应体系，坚定不移走生态优先、绿色发展之路。

电力系统将成为能源供应、消费以及传输转换的关键环节，需要支撑油气生产、高比例清洁能源消纳，形成可支持多种能源品种交叉转换的能源互联网平台。新型电力系统是大港油田“一体两翼”和“第二曲线”战略部署的重要组成部分，是推动大港油田转型升级、高质量发展的重要保障。

2　大港油田具有绿色低碳发展天然优势

2.1　油田电力系统基础设施条件优越

油气上产和新能源的快速发展和油田电网密切相关，近年来油田电网网架结构持续完善，供电能力和供电水平不断提升，初步建成结构清晰、布局合理、坚强可靠的电网体系，为油气和新能源平稳快速发展提供了强有力的保障。

（1）主网架结构完善，运行方式灵活可靠

110kV 电网实现了双电源供电、35kV 电网实现了环网供电，主网架安全可靠灵活，满足电网“N-1”运行准则，6kV 电网形成重要负荷双电源的供电模式，线路联络率达 50%以上，供电保障率大于 99.94%。电网供电能力达 482MW，平均容载比 2.4，电网承载力较强。

（2）新能源建设起步早，经济效益优势大

自 2018 年大港油田建成华北地区最大的分布式光伏项目以来，截至 2024 年 7 月，已建光伏装机容量达 82MW，分别在 35kV、6kV 和 0.4kV 并网进行内部消纳，新能源应用场景丰富，并网安全性高、运行灵活性较强，具有发展新能源的较好资源优势和经济优势。

2.2　油田具有天然地理位置优势及风光消纳能力

大港油田具备风光、天然气、土地资源等独特资源优势，发展源网荷储一体化和多能互补项目基础条件优越。

太阳能资源：大港油田地处天津及河北沧州，太阳能年辐射总量大于 5000MJ/m^2，年有效利用小时数在 1300h 左右，天津为Ⅱ类太阳能资源区，沧州为Ⅲ类太阳能资源区，太阳能资源开发条件良好。

风能资源：大港油田 100m 高度年均风速可达 6.5～7m/s，年均风功率密度 320～350W/m^2，风电年有效利用小时数达到 2800～3000h，属于Ⅳ类风资源区，具有开发利用潜力。

消纳能力：油田电网具有稳定的负荷主体，近年最大负荷维持在 230MW、平均负荷维持在 165MW 左右，且随着下一步各采油厂低碳建产、储气库气驱改电驱等终端用能电气化改造项目的实施以及大张坨储气库群、张海储气库等开发项目建设，负荷将出现逐年增长趋势，油气生产与新能源有效融合的需求迫切。

3　大港油田绿色低碳发展成效与经验

3.1　形成不同应用场景下微电网技术

通过对微网多变量进行分析，建立了多目标优化微电网规划数学模型，并确立了并离网协调控制策略，研究形成了油区不同场景微电网建设技术路径，确定不同应用场景下的微电网组成形式，在绿电公司数智共享基地开展先导试验，实现首个风光储零碳微网。同时对生产管理单元开展用能分析，结合实际形成多个井丛场微网建设方案，2024—2025 年进入实施阶段。

（1）大港油田首个微网绿色智慧用能项目落地应用

数智共享基地微网共安装光伏装机容量 165kWp，其中屋顶光伏 110kWp、车棚光伏 40kWp、随动光伏 15kWp；风机装机容量 20kW(水平轴、垂直轴风机各 10kW)；锂离子电化学储能 100kW/100kWh。60kW 直流一机双枪充电桩 1 台，14kW 交流一机双枪充电桩 2 台。光伏、风机逆变器、储能换流器远程可调，通过能源管理系统实现微网自动控制，可实现完全孤网运行，区域达到 100%清洁用能、零碳排放(图 1~图 3)。

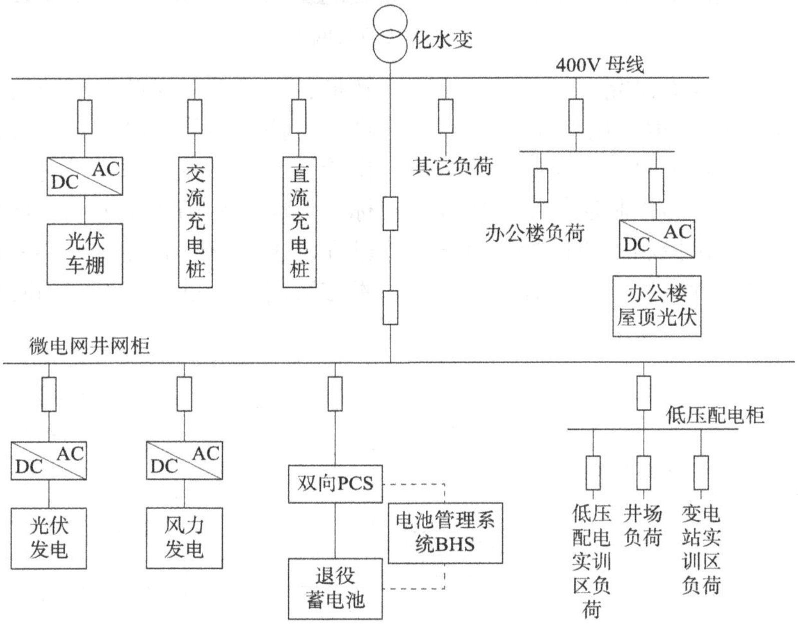

图 1　数智共享基地微电网结构

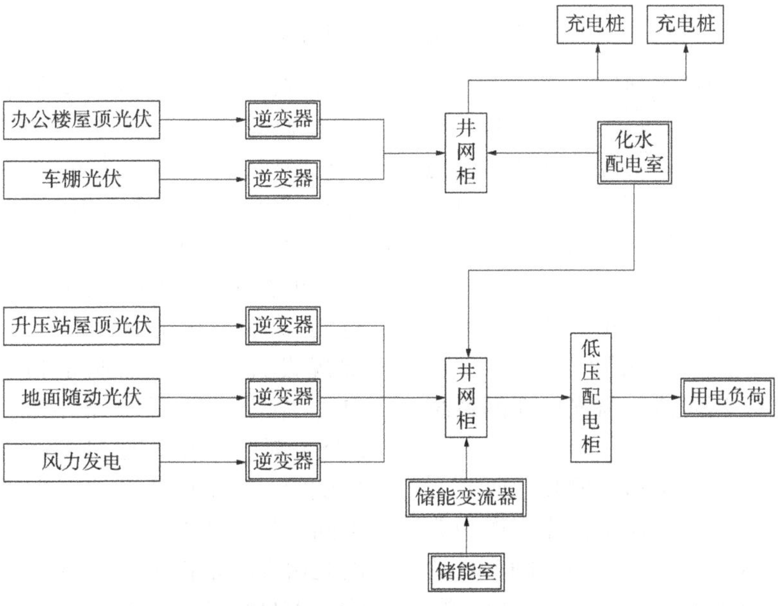

图 2　数智共享基地电气接线图

图 3　数智共享基地微网布置图

（2）开展井丛场微网技术研究

针对油田井丛场多而分散、用电量大等特点，开展油井控制柜优化技术研究及应用，整合光伏逆变器、抽油机开关柜与控制通信柜，形成光伏直驱、智能调参一体化控制，通过光伏直接接入，直流驱动抽油机运行(图 4)，无需逆变器转换，同时可以对储能电池组进行智能充放电管理，支持并网与离网运行。根据供液情况与绿电供给，实现智能冲次调整，绿电利用最大化目标，形成井丛场智能生产管理单元。目前该技术已在枣 1281 井场、港 5-23-3 井等井场完成技术方案制定，进入试点应用阶段。

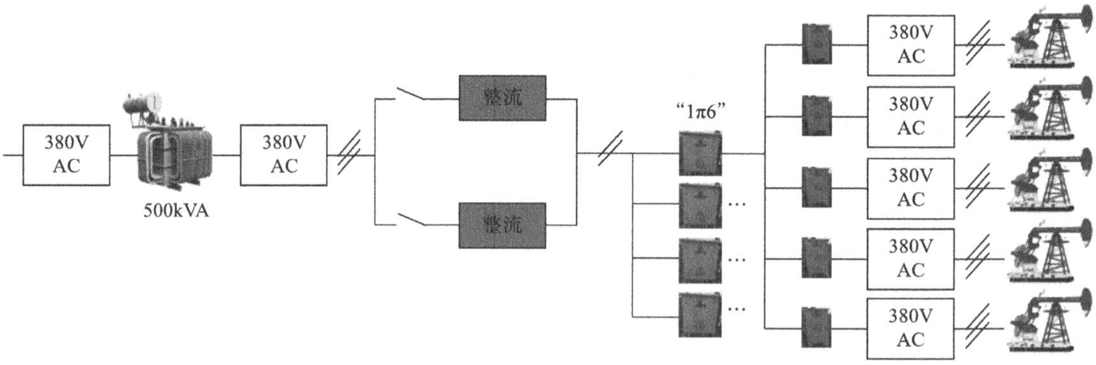

图 4　直流示范微网结构图

（3）开展井丛场孤网技术研究

选取典型孤网场站，如滨海一区孤网、板 43-36 井场，由于远离电网，日常供电电源仅为燃气发电机组。研究并合理规划一定容量的风能、太阳能及电化学储能系统，利用风光的互补性，配合储能进行能量转移，实现风能+光伏+储能多能互补共济的稳定电能输出，燃气机组仅作为备用电源，最终实现井场孤网零碳生产。目前该技术已进入试点应用阶段。风光储孤网系统设计原理图如图 5 所示。

（4）开展油田电网多层级微电网技术研究

利用中部油田的枢纽变电站王徐庄变作为典型应用场景，目前 6kV 侧已接入 8 台 400kW 的燃气发电，规划建设 3.5MW 风机接入 35kV 侧，5.7MW 光伏接入下级羊三木变电站。规划多层级微网，在王徐庄变 6kV 侧形成光-储-燃微网，35kV 侧形成风-光-储微网(图 6)。羊三木变 6kV 侧形成恒功率运行的光-储微电网(图 7)。

3.2　形成适合油田电网的分布式光伏发电技术

（1）研究确定光伏阵列最佳倾角

根据 GB 50797—2012《光伏发电站设计规范》，天津地区光伏方阵参考最佳倾角为 38°，常规设计光伏年辐照量最大对应最佳倾角是 31°，结合油区所处经纬度，采用美国宇航局 NASA 辐照数据，通过 PVsystem 仿真及开展先导试验，在港西变电站等 3 处设置实验场，验证不同参数条件下的光伏效率，确定年发电量最大的光伏方阵布置倾角为 34°，年有效利用小时数达到了 1500h（天津市常规设计最大有效利用小时数 1318h），优化设计后发电量提升 13.8%(图 8)。

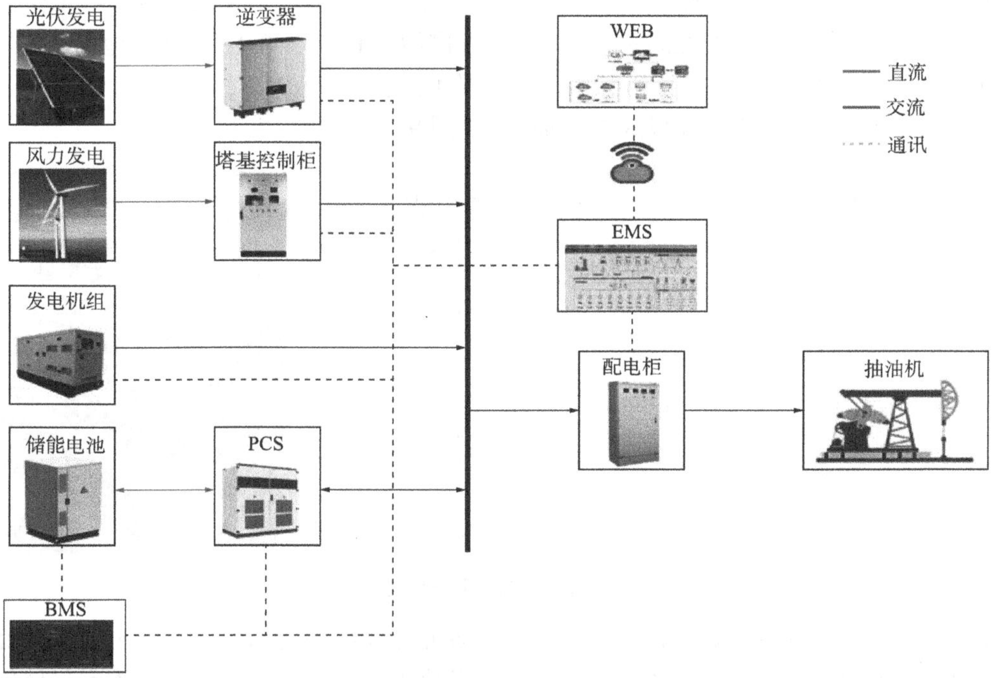

图 5　风光储孤网系统设计原理图

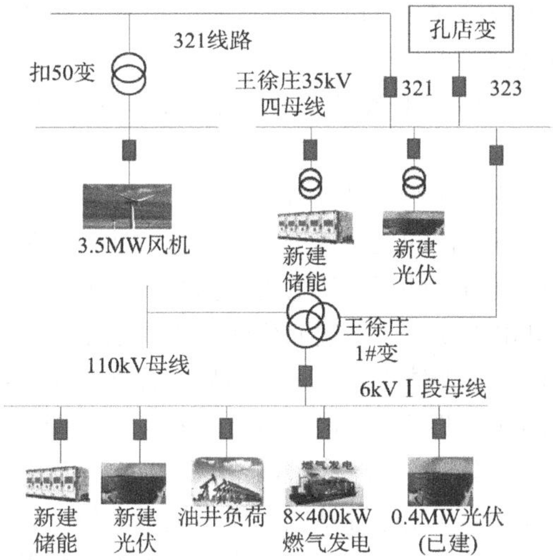

图 6　王徐庄变电站微网结构图

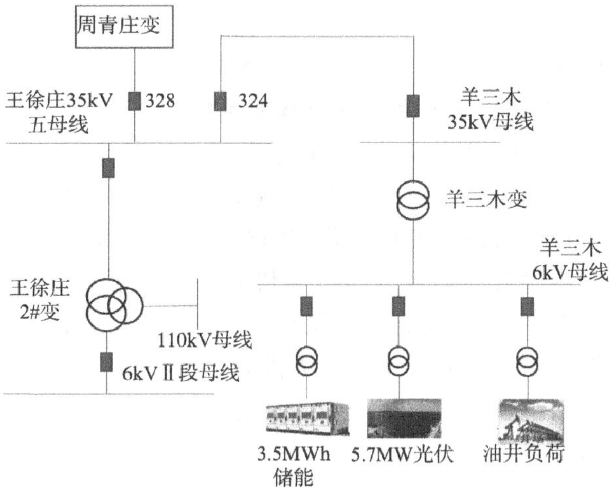

图 7　羊三木变电站微网结构图

港西变电站光伏电站发电量统计分析					
日期	3#逆变器（31°）	4#逆变器（33°）	5#逆变器（34°）	2#逆变器（35°）	合计
3月	1584.30	1590.10	1642.00	1499.50	1528.35
4月	1837.70	1832.40	1862.50	1818.40	1830.80
5月	2020.30	2036.90	2099.30	2009.30	10036.40
6月	2115.60	2125.90	2181.90	2076.80	10524.50
7月	2057.20	2032.60	2072.70	2028.60	10220.50
8月	1936.70	1932.30	1962.00	1918.40	9593.60
9月	2252.70	2268.10	2281.00	2254.70	8868.20
10月	1604.30	1639.10	1651.00	1589.50	7991.20
11月	974.50	1023.80	1029.60	978.20	3027.90
12月	947.60	998.20	1015.40	962.40	3923.60
合计	**17330.90**	**17479.40**	**17797.40**	**17135.80**	

图 8　光伏组件最佳倾角试验结果

(2) 研究确定光伏阵列最佳间距

针对光伏建设土地集约化程度低问题，优化光伏方阵间距，通过跟踪油区冬至日影长变情况，综合考虑阴影遮挡发电损失、建设成本增加二者之间平衡点，采用差额净线值法，确定最佳间距为11.5m，单位装机占地面积从30亩/MW降低到20亩/MW，单位面积装机提升50%(图9)。

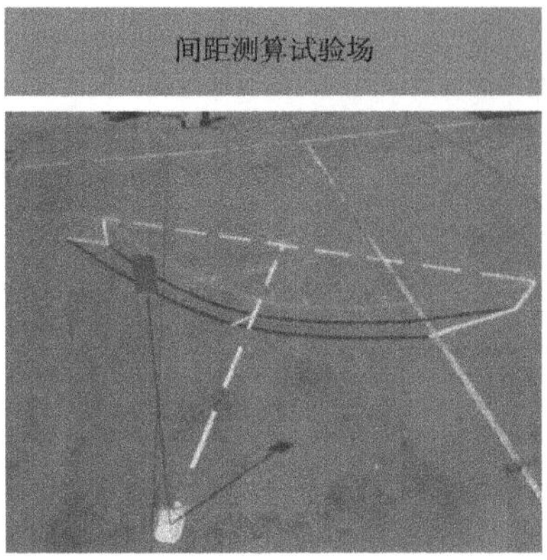

差额净现值经济测算

项目	差额初始投资(元)	年差额收益(元)	差额净现值(元)
方案1-方案0	8393	1300	4371
方案2-方案0	16787	2300	5796
方案3-方案0	25178	3400	8203
方案4-方案0	33572	4600	11592
方案5-方案0	41964	5800	14981
方案6-方案0	50357	7000	18370
方案7-方案0	58750	8900	28632
方案8-方案0	67142	10000	31039
方案9-方案0	75535	11000	32464
方案10-方案0	83928	11700	30944
方案11-方案0	92321	12300	28442

图9　光伏组件最佳间距试验结果

(3) 研究确定光伏发电系统最佳容配比

根据国网公司要求，系统容配比为1∶1，光伏项目建设成本高。以平准化度电成本LCOE最低为寻优目标，兼顾考虑运行安全性，采用试算法，确定油区交直流最佳容配比为1.26，同等装机规模下，交流侧投资降低5%。

3.3　形成油区电网储能规划技术路线

油田电网已建成投运分散、分布式光伏电站容量达82MW，大港油田北大港23万kW光伏发电项目可行性研究报告获中国石油批复，正在开展初步设计，随着新能源装机规模持续增长，为缓解以新能源为主体的新型电力系统波动加剧，保障不同时间尺度的电力供需平衡、新能源高水平消纳及电力系统的安全稳定运行，提升新型电力系统灵活调节能力，储能规划建设势在必行。

(1) 研究确定油田电网储能技术方向

一是提出油田电网电化学储能技术路线，针对距离负荷中心较远的偏远油气生产区域、电能质量要求较高的敏感负荷区及应对有序用电、特定时段高峰负荷等场景，综合考虑孤网运行主电源支撑、供电可靠性、连续性等，采用地理位置限制小、建设周期短，转换效率高，响应速度快，容量配置灵活、成本合理的磷酸铁锂电化学储能技术，能够有效满足电能质量改善及紧急备用电源需求。

二是结合油区遍布废弃井场的丰富自然资源，推动大容量、中长时间尺度储能技术示范，研究充放电周期离散、充放电次数弹性较大，建设成本低、寿命长的新型压缩空气储能技术，满足油田电网新能源消纳和系统峰谷套利需求，目前基于废弃油井的压缩空气储能技术正在开展相关研究试验。

(2) 研究形成基于分时电价的光储容量规划技术

建立油田电网新能源消纳能力评估模型，形成基于分时电价的光储容量优化配置方法。在油田电网现有负荷条件下，从电力供需平衡、安全稳定性约束和电能质量三个层面构建新能源消纳能力评估总体研究框架体系，在一定边界条件下确定系统可接纳的新能源及储能最大容量。基于天津网及河北南网峰谷分时电价，结合各电源站负荷及电量特点，将全部9座电源站代入模型进行求解，得出电源站光储最优配置方案，形成油田电网光伏及储能配置容量上限条件(图10、图11)。

北部电网在不配置储能的情况下，可配置48MW光伏，在配置288MW/576MWh储能的条件下，可再配置231MW光伏。

中部电网在不配置储能的情况下，可配置21MW光伏，在配置88MW/176MWh储能的条件下，可配置77MW光伏。受上级电网约束，王徐庄站不能接入光伏及储能。

南部电网在不配置储能的情况下，可配置31MW光伏，在配置142MW/284MWh储能的条件下，可配置120MW光伏。

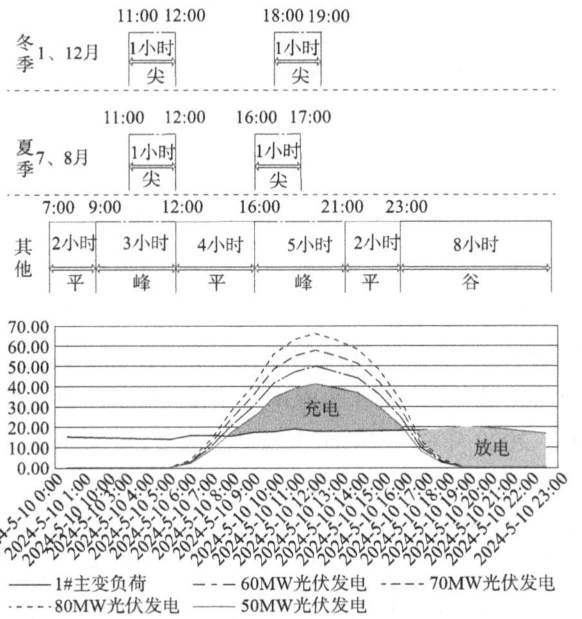

图 10　天津电网峰谷电价时段及充放电策略

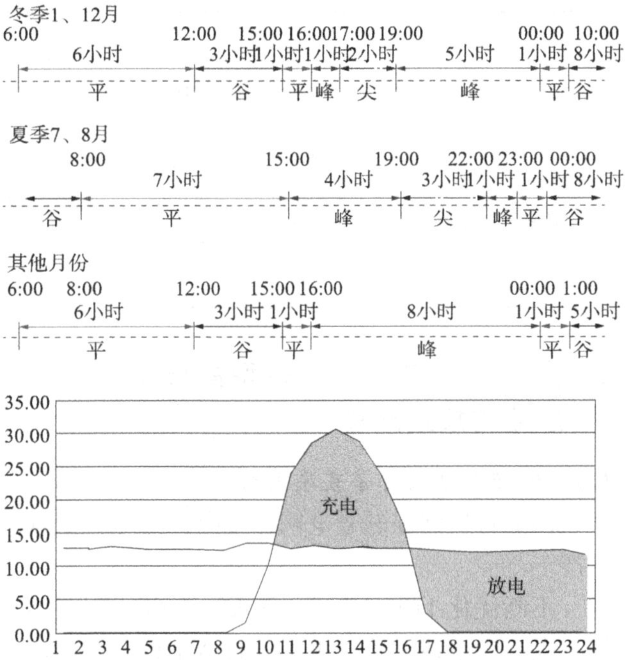

图 11　河北南网峰谷电价时段及充放电策略

表 1　北部电网光、储容量规划结果

电源站			已接入光伏容量（MW）	现有消纳能力（MW）	光储最优配置方案：光伏容量（MW）	光储最优配置方案：储能配置容量（MW/MWh）	上级电网约束条件下的光储容量（MW、MW/MWh）
北部电网电源站	升压站	1#主变	18. 7911	0	28(可新增)	43/86	0
		2#主变	13. 5806	0	24(可新增)	38/76	0
	同盛	1#主变	24. 633	0	20(可新增)	45/90	20、45/90
		2#主变	0. 2993	5	25	28/56	0
	新世纪	1#主变	6. 5082	5	28	30/60	0
		2#主变	0	2	10	10/20	0
	港炼	1#主变	0	15	37	35/70	0
		2#主变	0	15	40	40/80	40、40/80
	压气站	1#主变	0	4	10	10/20	10、10/20
		2#主变	0	2	9	9/18	0
合计			63. 812	48	231	288/576	70、95/190

表 2　中部电网光、储容量规划结果

电源站			已接入光伏容量/MW	现有消纳能力/MW	光储最优配置方案：光伏容量/MW	光储最优配置方案：储能配置容量/(MW/MW · h)	上级电网约束条件下的光储容量/(MW、MW/MW · h)
中部电网电源站	埕海站	1#主变	0	8	32	40/80	32、40/80
		2#主变	2. 7027	5	20	25/50	20、25/50
	王徐庄站	1#主变	0. 4103	4	10	10/20	0
		2#主变	2. 1017	4	15	13/26	0
合计			5. 2147	21	77	88/176	52、65/130

表3　南部电网光、储容量规划结果

电源站			已接入光伏容量/MW	现有消纳能力/MW	光储最优配置方案：光伏容量/MW	光储最优配置方案：储能配置容量/(MW/MW·h)	上级电网约束条件下的光储容量/(MW、MW/MW·h)
南部电网电源站	枣园站	全站	0.254	10	38	45/90	38、45/90
	王官电站	1#主变	3.826	14	50	59/118	50、59/118
		2#主变	5.861	7	32	38/76	32、38/76
合计			9.941	31	120	142/284h	120、142/284h

4　大港油田电网低碳转型高质量发展的思路与规划部署

4.1　低碳转型高质量发展思路

（1）打造强筋健骨电网，支撑油气绿色低碳生产

不断优化110kV主干、35kV及6kV配网结构，提高输电线路建设水平，打造结构合理、规模适度的坚强电网，提高系统负荷转移、自愈能力，为分布式新能源接入提供网架支撑，电网结构由保障油气生产用能向保障新能源发展，实现绿色低碳升级转变。

（2）打造数字智慧电网，支撑新能源高质量发展

持续提高变电站、输电线路数智化水平，加快在配网自动化技术、在线监测技术、智能运维、无人机及机器人巡检技术等应用，逐步推广无人巡检与智能管控。全面提升电网全息感知能力，灵活控制能力、系统平衡能力，支撑风光、储能、网点互补互济、协同互动，打造以新能源为供给主体，以坚强智能电网为枢纽平台，以源网荷储互动与多能互补为支撑的新型电力系统。

（3）打造新能源管控平台，转变电网调控运行模式

随着大规模分布式新能源接入，源网荷储各环节数据信息海量发展，对实时状态采集、感知和处理要求逐渐提高，因此需要加强新能源管控平台建设，实现新能源发电的集中管控，通过新能源发电功率预测、负荷侧用电管理、智慧化调度运行等手段，实现电网由浅层调控向深层调控逐步转变，调度模式由源荷单向调度向适应源网荷储多元互动的智能调控转变。

4.2　低碳转型高质量发展重点工作部署

（1）提升电网供电能力，保障油气上产和新能源消纳

根据油气生产负荷增长及新能源发展规划，计划2026年在北网规划新建板桥110kV变电站，为新建储气库和储气库电气化改造提供供电保障；2029年随着滩海地区油气生产新增负荷用电和张海储气库建设投产，在中部电网规划新建季家堡110kV变电站；随着储气库负荷的不断增长及已建储气库群电驱改造，至2035年预测北部电网最大用电负荷将达409.5MW，规划2032年在现有升压站110kV变电站位置新建1座220kV变电站。同时根据电网设备设施运行状况，逐年分批进行更新改造，逐步提升油田电网的新度系统和供电可靠性。

（2）优化配网网架结构，开展配网自动化建设

计划从2026年开始，首先选取各采油厂典型线路为试点进行配网自动化改造，力争到2035年全部线路实现配网自动化。有效提升油田配电网的智能化管控水平、运维效率及新能源承载力，提高配电网灵活性及故障自愈能力。

（3）加强新能源开发建设，提升绿电供能占比

北部电网主要依托板桥、千米桥储气库建设和已有储气库气驱改电驱新增负荷，依托周边现有土地资源建设分布式风光发电项目；同时随着采油厂低碳建设和燃气发电退运，依托井场就近建设油气场站分布式光伏项目。规划新建风光装机193.5MW，累计建成254.6MW，占北部电网平均负荷的73.59%。中部电网主要依托滩海地区油气生产新增负荷用电和张海储气库建设，依托滩海地区建设分布式光伏项目，规划新建风光装机88.2MW，累计建成93.01MW，占中部电网平均负荷的81%。南部电网主要依托油气生产新增负荷和发电机退运以及长停井封停闲置井场建设分布式光伏和分散式风电，规划新建风光装机46.2MW，累计建成56.2MW，占南部电网

平均负荷的 90.89%。到 2035 年累计建成装机 409.9MW，占油田电网平均负荷的 78%，年发电能力 6.03 亿 kW·h，自发自用绿电占比达到 19%。

（4）加强终端用能电气化改造，提高综合能效和绿色用能水平

推进已建大张陀储气库、板 876 储气库、板中北储气库等天然气压缩机电气化改造，在降低生产能耗、维护保养成本的同时大幅增加用电负荷，充分消纳利用绿电。同时逐步退出在运的 35MW 燃气发电机组，进一步提升新能源消纳能力，降低碳排放。

5 总结

发展新能源既是新时代油气企业高质量发展的必然选择，也是加快建立安全低碳清洁能源体系的现实需要，更是减少碳排放、实现碳达峰碳中和的重要举措。大港油田主动作为，积极推进新能源开发利用、节能降碳、源网荷储一体化等关键技术研究及应用，同时加大调研和市场行情考察，增添新能源发展动能，提速新能源发展进程。下一步大港油田将在 48MW 分布式光伏、数智共享基地、智慧零碳园区等已投工程基础上，加强经验总结，加快推进大港油田构建“1+2+N”的新能源业务发展管理新模式。

参考文献

[1] 孟祥娟．创新驱动油田绿色低碳转型发展的实践与思考[J]．北京石油管理干部学院学报，2021，28(6)：69.
[2] 庞志庆，刘夕梦，汪艳勇．“双碳”目标下大庆油田绿色低碳发展实践与思考[J]．石油科技论坛，2023(04)：8.

大港油田浅层地热能冷热联供项目集群的应用研究

王　健　叶雅萌　马万达　王浩楠

[大港油田地热开发公司(土地管理服务公司)]

摘　要　大港油田积极探索浅层地热能应用技术，截至今日，已完成片区内七个浅层地热项目，供暖(制冷)总面积达 69 万 m^2，折合形成浅层地热能冷热联供项目集群，并探索了地源热泵、地源热泵耦合冷却塔、地源热泵耦合空气源热泵、地源热泵耦合蓄热/冷系统等应用技术。结论表明，多能耦合是解决地源热泵热不平衡问题的一种解决方式，同时，也能够减少运行费用，节约成本，耦合空气源节约运行成本 8%，耦合蓄热/冷系统节约运行成本 13.92%。

关键词　碳中和；地源热泵；热不平衡率；冷却塔；蓄热/冷系统；经济效益

为实现国家 2030 年碳达峰和 2060 年碳中和的战略目标，大港油田充分发挥油区地热资源优势，积极推进浅层地热能项目应用。对于浅层地源热泵系统，其夏季累计向土壤的放热量与冬季累计从土壤的取热量会出现不一致的情况，长期取、放热的不平衡堆积会超过土壤自身对热量的扩散能力，导致系统运行效率下降，这即是通常所说的地埋管地源热泵的热失衡问题。同时，传统地源热泵系统运行策略较难结合地源热泵系统自身特点有针对性地进行控制与调节，难以充分发挥出地源热泵系统节能性优势。

因此，本文以大港油田浅层地热能冷热联供项目集群为例，对其所采用的以浅层地热能为主的技术方案进行研究，形成一套综合利用地热能、空气能等新型能源的供能设计方案，为降低地源热泵系统热不平衡率、增强能源系统的调节性提供参考依据。

1　地热资源分析

1.1　地质概况

大港油区浅层地热能资源主要的储集在新生界第四系松散的岩土体和地下水中，依据大港油区浅层地热能资源储存条件，第四系地质条件制约着浅层地热能的储集与分布。

大港油区属中、新生代形成的断坳陷盆地，由于中生代以来断陷活动强烈，使该区沉积了巨厚的新生界。第四系地质特征继承了新生界构造特点，地层在本区内沉积厚度较大，普遍分布且连续，但受沉积条件即受湖泊、河流、海进、海退等条件的影响，使该区第四系地层沉积厚度差别较大。第四系厚度 280～400m，自西向东逐渐增大。

本区第四系岩性比较单一，主要是由粉质黏土、粉土、粉砂、细砂组成，120m 以浅砂泥比为 0.43～1.60。第四系地质结构自上而下划分为全新统(Qh)、上更新统(Qp3)、中更新统(Qp2)和下更新统(Qp1)，具体特征如下。

(1) 全新统(Qh)

该地层底板埋深为 15～25m。上段以冲积-三角洲相沉积为主，岩性为灰色、灰褐色黏土；中段以浅海相(第一海相层)沉积为主，岩性为灰色、浅灰黄色淤泥质粉质黏土，含贝壳云母；下段以冲积-沼泽相沉积为主，岩性为灰色、灰褐色粉质黏土。

(2) 上更新统(Qp3)

该地层底板埋深为 75～110m。上段地层为冲积-三角洲及海相沉积，岩性为黄褐色、灰色粉质黏土、粉土夹薄层粉细砂；中段为冲积-湖积夹泻湖相沉积，岩性为黄褐色粉质黏土、粉土与粉砂、细砂互层；下段以冲积为主，岩性为黄褐色、灰色粉质黏土与粉细砂互层。

(3) 中更新统(Qp2)

该地层底板埋深为 160～250m。上段为冲积-湖沼相沉积，岩性为黄褐色、灰色粉质黏土与粉细砂、细砂互层；下段以湖相-三角洲相沉积为主，岩性为灰色粉质粘土与中厚层细砂层为主。

(4) 下更新统(Qp1)

该地层底板埋深为280~480m。上段为冲积-沼泽相沉积，岩性以棕灰、灰绿色粉质黏土与粉细砂、粉砂不规则互层；下段以湖相沉积为主，岩性以褐灰色中厚层粉质黏土夹细砂层为主。

1.2 岩土体物性特征

在浅层地热能的开发利用过程中，岩土体的热物性特征对地埋管换热器换热量有着至关重要的影响。因此，地层岩土体热物性参数决定着地埋管地源热泵系统的适宜性和经济性，也是浅层地热能资源潜力评价的重要参数。

岩土体热物性特征主要包括岩土体的热导率、比热容等特征，它们反映了岩土体的导热和蓄热能力，是影响浅层地热能资源赋存的重要影响因素。大港区浅层岩土体综合热导率在1.46~1.60W/(m·℃)，变化规律为东部低，西部高；大港区浅层岩土体比热容在2030~2090kJ/(m^3·℃)，变化规律为东部高，西部低。

1.3 地源热泵应用可行性

大港油区具有发展地埋管地源热泵系统得天独厚的条件。从地理位置上看，隶属于暖温带半湿润大陆性季风气候，冬季寒冷干燥，夏季湿热多雨，四季分明，冬夏两季长，春秋两季短，年平均气温为11.0~13.3℃；从地质角度看，第四系地层埋深在400m左右，地层岩性以黏土、粉质黏土、淤泥质黏土为主，恒温层土壤温度在13.5~15℃，无论土质和温度都非常适合建设地埋管地源热泵系统。

2 工程概况

该项目集群主要是办公楼为主的公共建筑，分为七个子项目，总建筑面积23.35×$10^4$$m^2$。结合建筑物实际使用情况综合计算出该项目集群制冷总负荷为19640.76kW，供暖设计总负荷为15302.74kW，具体见表1。

表1　热/冷负荷统计表

序号	项目名称	建筑面积/m^2	热负荷/kW	冷负荷/kW
1	项目一	46500	3605	4120
2	项目二	18000	1260	1440
3	项目三	26676.27	2097	2340
4	项目四	63057	3746.1	4724.6
5	项目五	54800	3382.26	5119.68
6	项目六	12101	495.2	641.66
7	项目七	11683.7	717.18	1254.82
	合计	232817.97	15302.74	19640.76

2.1 地源热泵系统

项目一对大港油田片区内某办公楼现有冷热源进行替代改造，新建室外地埋管换热系统工程，配备浅层能源井系统641口，新建地源热泵能源站，解决项目供热制冷问题。

该片区冬夏两季土壤换热量见表2，经计算，冬夏两季冷、热不平衡率为7.1%。由此看出，冬夏季地源热泵系统的取热量和散热量差距较小，冬夏两季冷、热不平衡率≤15%，在设计容许范围内。同时，在供冷季和供暖季中间还有103天的自然恢复期，地层不存在严重的热平衡问题。

表2　项目一土壤换热量情况表

项目名称	夏季释放热量/(kW·h)	冬季吸收热量/(kW·h)
项目一	8012468	7437801

该项目已经经过内部后评价，通过常规以及极端天气情况下运行数据监测，整套系统运行比较稳定，室内供暖制冷效果良好。较原系统可节省标煤816.5t，减排二氧化碳1287.46t，减排效果显著。

项目二对大港油田片区内某办公楼现有冷热源进行替代改造，新建室外地埋管换热系统工程，配备浅层能源井系统366口，扩建原燃气泵站为地源热泵能源站，解决项目供热制冷问题。

该片区冬夏两季土壤换热量见表3，经计算，冬夏两季冷、热不平衡率为14.9%。在设计容许范围内，地层不存在严重的热平衡问题。

表3　项目二土壤换热量情况表

项目名称	夏季释放热量/(kW·h)	冬季吸收热量/(kW·h)
项目二	1497071.2	1273570.37

项目自投产以来平稳运行2个供暖季、2个制冷季，冬季供暖室内平均温度约22℃，夏季制冷室内平均温度约24℃，基本满足办公室温度需求，达到预期温度指标。较原系统可节省标煤204t，减排二氧化碳628t，减排效果显著。

项目三对大港油田片区内某办公楼现有冷热源进行替代改造，新建室外地埋管换热系统工程，配备浅层能源井系统436口，改建原冷水机房为能源站解决项目供热制冷问题。

该片区冬夏两季土壤换热量见表4，经计算，冬夏两季冷、热不平衡率为14.5%，地层不存在严重的热平衡问题。

表 4　项目三土壤换热量情况表

项目名称	夏季释放热量/(kW·h)	冬季吸收热量/(kW·h)
项目三	2423803.2	2070155.64

本项目实施后，较原系统可节省标煤 271.88t，减排二氧化碳 678.17t。

项目四对大港油田片区内某办公楼现有冷热源进行替代改造，新建室外地埋管换热系统工程，配备浅层能源井系统 1022 口，改建原冷水机房为能源站解决项目供热制冷问题。

该片区冬夏两季土壤换热量见表 5，经计算，系统向土壤总取放热不平衡率为 2.8%，全年土壤热平衡基本稳定。

表 5　项目四土壤换热量情况表

项目名称	夏季释放热量(kW·h)	冬季吸收热量(kW·h)
项目四	8239968	8473800

本项目实施后，较原系统可节省标煤 4322.41t，减排二氧化碳 10778.26t。

2.2　地源热泵+冷却塔系统

项目五对大港油田片区内某服务中心和办公楼现有冷热源进行替代改造，新建室外地埋管换热系统工程，配备浅层能源井系统 641 口，改建 2 座冷水机房为能源站解决项目供热制冷问题。

该片区冬夏两季土壤换热量见表 6，经计算，冬夏季地源热泵系统的取热量和散热量差距较大，冷、热不平衡率为 29.1%。为解决热不平衡问题，本项目中耦合冷水塔在夏季进行调峰、散热，同时供冷季和供暖季中间有一定的自然恢复期，可以消除部分热平衡问题，最终全年达到热平衡。

表 6　项目五土壤换热量情况表

项目名称	夏季释放热量/(kW·h)	冬季吸收热量/(kW·h)
项目五	4862166.72	3765579

本项目实施后，较原系统可节省标煤 578.7t，减排二氧化碳 912.5t。

2.3　地源热泵+空气源热泵系统

项目六对大港油田片区内某办公大楼现有冷热源进行替代改造，新建室外地埋管换热系统工程，配备浅层能源井系统 90 口，新建能源站解决项目供热制冷问题。

该片区冬夏两季土壤换热量见表 7，经计算，冬夏季地源热泵系统的取热量和散热量差距较大，冷、热不平衡率为 18.4%。为解决热不平衡问题，本项目中耦合空气源热泵系统进行调峰，同时在非供暖季利用低谷电价时段为土壤补热，维持土壤温度场的热平衡，保证了地源热泵系统在冬季的高效运行。

表 7　土壤换热量情况表

项目名称	夏季释放热量/(kW·h)	冬季吸收热量/(kW·h)
项目六	501489	409313

如图 1 所示，地源热泵+空气源热泵系统较地源热泵系统运行费用更低，降幅达到 8.04%。原因在于空气源热泵可以在部分工况下分担地源热泵的负荷，尤其是在夏季冷却和冬季供热的高峰期。这种组合系统能够在不同季节和工况下优化各自的运行效率，减少对地源热泵的过度依赖，进而降低整体系统的能耗和运行费用。

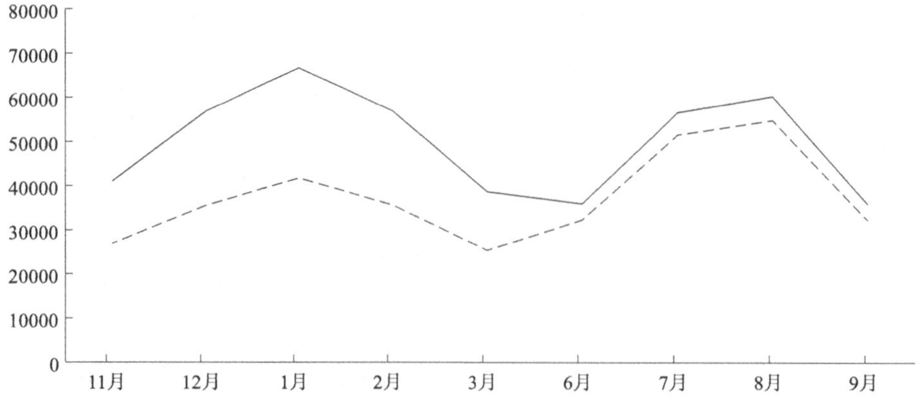

图 1　地源热泵+空气源热泵系统与地源热泵系统运行费对比

本项目实施后，较原系统可节省标煤 233.2t，减排二氧化碳 352t。

2.4　地源热泵+冷却塔+蓄热/冷系统

项目七对大港油田片区内某办公楼等公建现

有冷热源进行替代改造，通过吸取成功项目经验，本项目采用地埋管地源热泵耦合蓄热/冷系统代替原有的水冷空调机组系统解决项目供热制冷问题。新建能源井100口，新建联合机房撬站1座，新建蓄热/冷系统1套。

该片区冬夏两季土壤换热量见表8，经计算，冬夏季地源热泵系统的取热量和散热量差距较大，冷、热不平衡率为29.56%。为解决热不平衡问题，本项目中耦合冷水塔进行散热，以全年达到热平衡。

表8　项目七土壤换热量情况表

项目名称	夏季释放热量/(kW·h)	冬季吸收热量/(kW·h)
项目七	655674.5	462110.9

此外，为节约成本，该项目耦合蓄热/冷系统，利用蓄热/冷设备在系统不需要能量的时间内将能量储存起来，在空调系统需要的时间将这部分能量释放出来。将蓄热/冷空调和电力系统的分时电价相结合，从宏观上可以起到平衡电网峰谷负荷，降低系统运行费用；可以节省大量运行费用，如图2所示，降幅达到13.92%。

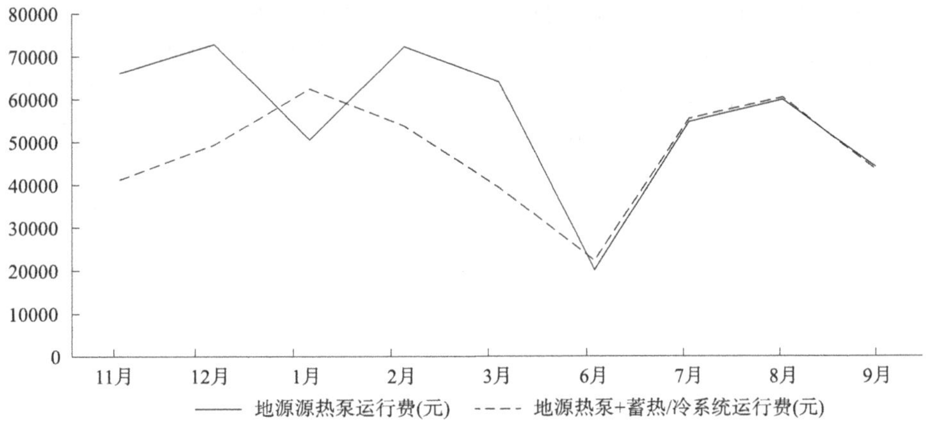

图2　地源热泵+蓄热/冷系统与地源热泵系统运行费对比

本项目采用水箱蓄冷蓄热，利用水作为储能介质，用部分负荷冷的运行方式，满足负荷的同时，又提高项目收益率。部分负荷蓄热/冷方案中，蓄热/冷装置只承担设计周期内部分负荷，地源热系统在夜间非用电高峰期启动运行，并储存周期内所需要释放的部分热/冷负荷量，在白天热/冷负荷的一部分由蓄热/冷装置承担，另一部分则由制冷机直接提供。部分蓄冷通常又可分为负荷均衡蓄热/冷和用电需求限制蓄热/冷。

根据系统耦合形式与运行工况需求，系统工艺设计满足以下四种运行工况，可实现各工况自动切换。

① 热泵系统蓄热/蓄冷运行；

② 蓄热/冷系统独立供热/供冷；

③ 热泵系统独立供热/供冷；

④ 热泵系统与蓄热/冷系统联合供热/供冷。

本项目实施后，较原系统可节省标煤84.8t，减排二氧化碳133.7t。具有较大的环境以及经济价值。

3　结论

土壤源热泵的热平衡问题是技术上不可忽视的问题，可以通过系统的合理设计和规范化的运行管理进行规避。方法在于：

（1）减少土壤换热器群的密集度。通过增大土壤换热器布置的间距、减少土壤换热器单位深度承担的设计负荷等措施进行。

（2）减少冷热负荷的不平衡率。通过设置系统调峰、采用热泵机组热回收技术减少夏季排热等措施实现。

对于最大吸热量和最大释热量相近的项目，应分别计算供热与供冷工况下地埋管换热器的长度，根据较大的方面，确定地埋管换热器；当两者相差较大时，宜通过技术经济比较，采用辅助散热（增加冷却塔）、辅助供热（空气源、太阳能）、增加蓄热/冷系统或间隙运行等方式来解决，一方面经济性较好，同时也可避免因吸热与释热不平衡引起岩土体温度的降低或升高。

4 展望

未来，大港油田将积极探索地源热泵系统的更多可能性，比如耦合太阳能和其他可再生能源，以进一步提高系统的整体效率和稳定性。通过引入太阳能作为辅助热源，可以有效减轻土壤源热泵在冬季供热时的压力，同时也能在夏季供冷时减少对土壤的热负荷，从而更好地维持土壤的热平衡。此外，随着技术的发展，智能控制系统的应用也将成为提升地源热泵系统效率的重要手段。通过实时监测土壤温度、热泵运行状态以及环境条件，智能控制系统能够动态调整运行策略，优化能量利用，减少不必要的能量消耗。

大港油田还计划进一步研究地源热泵与区域供热系统的耦合，通过集中调度和分布式供热相结合的方式，实现能源的最优配置。这样的系统不仅能够提高能源利用率，还能适应不同建筑物和区域的供热需求，降低运行成本。随着这些技术的逐步成熟和推广，大港油田将为推动双碳目标和绿色转型作出更大的贡献。

这些努力不仅有助于解决当前地源热泵系统中存在的热平衡问题，还将为未来的地热能利用开辟新的途径，推动我国新能源领域的发展迈向新的高度。

参　考　文　献

[1] 马宏权，龙惟定．地埋管地源热泵系统的热平衡[J]．暖通空调，2009，39(1)：102-106.

[2] 刘馨，宋萌萌．严寒地区地源热泵供热系统运行优化研究[J]．建筑技术，2024，55(7)：878-879.

油田联合站储罐密闭工艺的研究

赵　维[1]　张钊颖[2]　邵聪颖[1]　张玉婷[1]

（1. 中国石油大港油田公司第三采油厂；
2. 中国石油大港油田公司新能源事业部）

摘　要　联合站作为油田储运系统的核心部分，储罐的密闭工艺对于降低能耗、减少环境污染具有重要意义。文章旨在分析储罐罐顶呼吸阀呼吸过程的油气挥发，开展储罐密闭集输工艺的对策研究，优选油气回收装置，开展储罐 VOCs 治理。实现地面储运系统密闭工艺，从而减少因呼吸过程造成的能源浪费，解决因此带来的安全、环保风险，打造绿色低碳的油田新地面模式。

关键词　储运系统；储罐；密闭工艺；VOCs 呼吸过程

"创新、协调、绿色、开放、共享"的新发展理念，是习近平新时代中国特色社会主义思想的重要内容，是确保我国经济社会持续健康发展的科学理念。为了有效响应《巴黎协定》，积极应对气候变化、走绿色低碳发展道路，国家制定了"碳达峰碳中和"目标，"清洁、低碳、安全、高效"的能源发展与转型是目前石油行业发展的主题。

1　储罐运行现状

1.1　原油沉降罐呼吸原理

原油沉降罐在储存原油过程中，由于进油、出油、温度变化等因素，罐内压力会发生变化。为了保持罐内压力稳定并防止油罐因过压或负压而损坏，通常会配备机械呼吸阀等附件。当罐内压力超过设计值时，呼吸阀会自动开启，允许油气逸出；当罐内压力低于允许真空值时，外部空气会通过呼吸阀进入罐内。

1.2　VOCs 排放机制

（1）大呼吸排放：在进油过程中，随着油面的上升，罐内压力增加，油气通过呼吸阀逸出到大气中。这部分逸出的油气中含有大量的 VOCs。类似地，在出油过程中，油面下降导致罐内压力降低，若低于大气压，外部空气会进入罐内，同时带走部分油气，形成 VOCs 排放。

（2）小呼吸排放：由于昼夜温差或季节温度变化，罐内原油体积会发生膨胀或收缩，导致罐内压力变化。当温度升高时，原油体积膨胀，罐内压力升高，油气通过呼吸阀逸出；当温度下降时，原油体积收缩，罐内形成负压，吸入外部空气。这种由于温度变化引起的呼吸现象称为小呼吸，同样会导致 VOCs 排放。

2　存在问题

2.1　挥发性有机液体储存排放控制要求

根据《陆上石油天然气开采工业大气污染物排放标准》（GB 39728—2020），5.2 条对挥发性有机液体储存排放控制要求进行了规定，5.2.2.2 条对重点地区企业原油和 2 号稳定轻烃储存进行了特别控制要求，见表。

2.2　VOCs 排放的影响

VOCs 排放不仅会造成能源浪费，还会对环境造成污染。VOC 中的甲烷是一种温室气体，对大气温室效应的影响高于二氧化碳；而非甲烷 VOCs（NMVOC）中的多种成分与大气中的氮氧化物在阳光作用下会发生化学反应，产生光化学氧化物和 PM 等污染物，形成光化学污染。这些污染物对人体健康和环境都有严重危害。

3　密闭工艺技术论证

拱顶储罐 VOCs 治理可选择不同的工艺措施，如配套原油稳定系统、拱顶罐改为内浮顶罐、配套罐顶气回收系统等。

3.1　配套原油稳定系统

对于配套原稳系统，目前某联合站建有原油稳定装置，原稳系统加热至 150~160℃进行闪蒸分离，根据检测数据原油经过原稳后进入储罐的原油真实蒸气压为 38.6kPa，按照规范要求储存大于5.2kPa原油的拱顶罐需采取罐顶气回收措施，按目前检测数据，经过原稳之后原油真实蒸气压仍大于5.2kPa，仍然需要进行治理。因此，配套原稳装置不能彻底解决储罐VOCs排放问题。

原油和2号稳定轻烃储存特别控制要求(重点地区)

物料	物料真实蒸气压，kPa	单罐设计容积，m^3	排放控制要求
原油	>66.7	—	①
	≥27.6但≤66.7	≥75	②
	≥5.2但<27.6	≥150	②
2号稳定轻烃	—	—	②

①符合下列要求之一：

a)采用压力罐或低压罐；

b)采用固定顶罐，采取油罐烃蒸气回收措施；

c)采取其他等效措施。

②符合下列要求之一：

a)采用浮顶罐。外浮顶罐的浮盘与罐壁之间采用双重密封，且一次密封采用浸液式、机械式鞋形等高效密封方式；内浮顶罐的浮盘与罐壁之间采用浸液式、机械式鞋形等高效密封方式；

b)采用固定顶罐并对排放的废气进行收集处理，非甲烷总烃去除效率不低于90%；

c)采用气相平衡系统；

d)采取其他等效措施。

3.2 拱顶罐改为内浮顶罐

对于拱顶罐改为内浮顶罐工艺，在改造之前需进行清罐、蒸罐处理，储罐运时间较长的需对罐体进行大修，在罐体处理基础上配套新建内浮盘并对进罐工艺流程及配套自动化、保温、阴极保护等设施进行更新改造。以5000m^3储罐改造为例，经测算改造投资大于500万元，改造投资较高。根据油田联合站储罐运行现状情况，部分储罐运行时间较长，罐体腐蚀严重，出现罐体扭曲等问题，如果进行改造实施较难，投资较高，改造周期较长，影响正常生产。因此，将拱顶罐改为内浮顶罐工艺不具可行性。

3.3 配套罐顶气回收系统

配套罐顶气回收系统是在罐顶配套集气管线并配置挥发气增压回收装置，将罐顶挥发气进行收集增压后接入站场内已建天然气系统，目前站内天然气系统主要用于站内加热炉、发电机等燃料气使用，富余天然气进入天然气管网或进行压缩销售。通过对其他油田企业调研，多数储罐采用了大罐抽气工艺，既满足VOCs治理要求，又能回收利用天然气，具有较好的经济效益和社会效益。

综上考虑，拱顶罐VOCs治理配套罐顶气回收系统实现联合站密闭集输更可行。

4 连续式储罐挥发气增压回收技术方案

(1) 技术原理：该技术通过实时采集、监测储罐罐内气相压力和缓冲罐气相压力，采用气相平衡原理智能化控制系统的抽气和补气流程，实现储罐挥发气密闭回收系统(压缩机)的连续运行，达到整个系统零排放。

(2) 装置组成：系统包括罐顶压力检测部分和地面撬装设备部分。罐顶压力检查模块包括压力变送器、阻火器、连接法兰三通、切断阀等；地面撬装设备由缓冲罐、压缩机、储气罐、氧气分析仪、电动调节阀、PLC控制系统等设备组成。

(3) 工艺系统：罐区多个储罐共用1套装置，罐顶部分用于罐内压力测量，安装在集气支线上，采用法兰连接，包括三通接头和压力变送器，压力变送器集成安装在三通接头上。罐顶连接集气管线至装置进口，回收气增压后进入站内气系统。各罐顶设置压力变送器，当系统检测到储罐内部油气压力增高至设定压力(0-1600Pa之间可调)时，通过调节阀调节缓冲罐与储气罐气体流量，使缓冲罐压力低于储罐，从而油气进入缓冲罐，经压缩机增压至储气罐再排放到站内天然气管网；当系统检测到储罐压力降低时，通过调节阀系统调节缓冲罐压力对储罐进行油气补充。通过以上两种动作始终维持储罐内部微正压状态，以此达到油气挥发抑制和回收再利用的目的，达到系统天然气零排放。

(4) 控制系统：系统内压缩机可实现连续运行，通过监控罐顶和缓冲罐的压力，采用气相平衡原理，控制罐与罐之间的抽气和补气流程，使储罐保持在微正压下安全运行，实现储罐密闭目的；呼吸阀、安全阀原有功能不改变。缓冲罐压力调节需根据储罐呼吸阀和安全阀压力设定情况进行设置。

(5) 安全保护措施：系统设有氧气保护设备，实时监测储罐挥发油气中的氧气含量，严格监控氧气浓度，当氧气超标时，系统自动停机。同时设备本身采用防爆等安全性保障措施，上下游设备之间设置高压保护、低压保护、风险故障保护等安全保障措施，保证系统安全运行。对于装置连接多个储罐工况，每个储罐连接支线配套手动截断阀，撬装装置入口干线设置手动截断阀和自动截断阀，当装置停机时自动联锁关闭装置入口截断阀，特殊情况下需站场人员手动关闭储罐各支线截断阀，保证储罐系统安全。

(6) 技术特点及适应性：进口设置缓冲罐，采用气相平衡原理具有一定缓冲作用；系统可连续运行减少压缩机频繁启停；适用于挥发气量小($0-2000m^3/d$)、气量变化频繁工况。

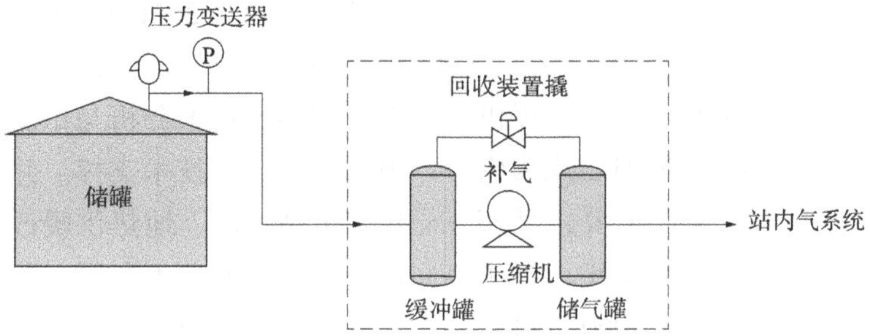

5　效益分析

5.1　经济效益

设备采用的气相平衡原理，某联合站(3000方原油沉降罐1座，500方污水沉降罐1座)，每天回收天然气约$500m^3/d$，预计年回收18.25万m^3，综合考虑运行成本，预计年创效20万元。

5.2　社会效益

通过配套VOCs装置，实现了储罐的密闭工艺，有效控制了VOCs的排放，消除了油气排放产生的安全环保隐患，有力践行了绿色低碳、清洁安全的发展战略，具有良好的社会效益。

参考文献

[1] 李武平，武玉双，郭淑琴，等．储油罐挥发性有机物的回收与利用[J]．石油石化节能，2021，11(2)：41-43.

[2] 马登华，王勇平．油罐呼吸阀的选用和维护保养[J]．化工管理，2021(20)：129-130.

[3] 程琛．罐区VOCs的危害及治理方案探索[J]．山东化工，2022，51(2)：229-231.

[4] 贾志中．油田储油罐伴生气回收再利用的可行性研究[J]．河北企业，2022(7)：74-77.

[5] 罗焕，许明飞，王端，等．油田联合站储罐VOCs治理对策研究[J]．油气田环境保护，2022，32(6)：47-51.

石油企业基于零碳园区建设实现碳中和技术路径探索

马　超[1]　薛　斌[1]　刘　健[2]　赵　亮[3]　苏欣欣[3]

（1. 中国石油大港油田公司绿电公司；2. 中国石油大港油田公司绿电公司电力调度控制中心；
3. 中国石油大港油田公司新能源事业部）

摘　要　中国石油超前布局新能源项目建设，为国家早日实现碳中和目标贡献央企力量。本文介绍零碳园区的建设重要性，提出零碳园区建设技术路径，根据园区运行实际情况进行零碳园区碳排放及减碳量核查，并进行零碳经验总结推广，明确了碳中和发展的技术路径。

关键词　零碳厂区；智慧管控；碳核算；柔性组件；清洁能源

1　背景

园区作为国民生产、生活的重要载体，提供了大量的能源生产、消耗的场景，同时也成为碳排放的重要源头，其“零碳化”至关重要，是实现国家“双碳”目标的重要环节。2020 年，习主席在第七十五届联合国大会上提出“3060”目标。此后，国家发布多项零碳政策，如 2021 年 10 月分布的《2030 年前碳达峰行动方案》2024 年 4 月《2024—2025 年节能降碳行动方案》、《加快构建碳排放双控制度体系工作方案》等，提出要打造一批具有国际先进水平的节能低碳园区。

《零碳智慧园区白皮书(2022 版)》中说明，零碳智慧园区是指在园区规划、建设、管理、运营全8 位系统性融8 碳5中9和理念3，2依托零碳操作系统，精准化核算规划碳中和目标设定和实践路径，以泛在化感知全面监测碳元素生成和消减过程，以数字化手段整合节能、减排、固碳、碳汇等碳中和措施，以智慧化管理实现产业低碳化发展、能源绿色化转型、设施集聚化共享、资源循环化利用，实现园区内部碳排放与吸收自我平衡，生产生态生活深度融合的新型产业园区。

中国石油高度重视，制定了绿色低碳转型的“三步走”战略部署。面对新能源项目建设新业态、新方向，经过科学谋划、认真研究，超前部署公司“零碳示范厂区”建设各项工作。

2　大港油田零碳厂区项目建设情况

大港油田绿电公司是油田新能源项目的承建单位，公司于 2021 年开始，在厂区内分批建设各种类型光伏项目，并在项目前期、建设期、运维期进行多项技术分析与试验验证，为大规模光伏电站建设提供技术支撑。并开展钠离子储能先导试验电站建设、地热供暖改造、充电桩建设、碳汇林种植、电动生产用车购置等共七个大类的清洁能源项目建设，通过三年建设，实现了厂区的“零碳”运行。各类清洁能源项目建设情况如下。

2.1　厂区光伏电站建设情况

绿电公司厂区共建设光伏电站 18 处，总装机容量 3.11MW。通过对不同技术路线的建设方案进行比对，研究各项光伏电站关键参数。按照建设方式不同，主要技术路线有以下几种。

2.1.1　厂区地面支架光伏

（1）天水安装光伏电站装机容量 86.4kW。项目安装单玻 540Wp 组件 80 块、双玻 540Wp 组件 80 块。划分为组串接入 5 台 20kW 逆变器，其中 2 台逆变器接入两组单玻组件，2 台逆变器接入两组双玻组件，以便于对比不同技术、投资收益情况。

（2）天水安装南光伏电站是公司自建零碳厂区二批项目，装机容量 86.4kW。项目由 160 块 540W 单晶硅单玻组件，支架 34°安装，接入 3 台 33kW 逆变器，项目于 2023 年 1 月 14 日并网发电，年二氧化碳减排量 99.27t。

2.1.2　厂区地面桩基光伏

厂区北光伏试验区装机容量 1600kW，项目由 3016 块 540Wp 单晶硅单玻组件，支架 34°安装，接入 6 台 230kW 逆变器，电压等级为 800V 经升压变压器升压至 6kV 接入 3011 电缆分接箱。

2.1.3　厂区车棚光伏

（1）南部变电车棚光伏电站装机容量47.3kW，由86块550Wp单晶硅单玻光伏组件，车棚顶5°平铺安装。接入一台50kW逆变器。

（2）新城车棚光伏电站装机容量为67.1kW，由122块550Wp单晶硅单玻光伏组件，车棚顶5°平铺安装，接入1台30kW、1台40kW逆变器。

2.1.4　厂区屋顶支架光伏

（1）基建管理中心光伏电站装机容量102.6kW，由190块540W单晶硅单玻组件，支架34°安装，接入1台100kW逆变器。

（2）线路屋顶光伏电站装机容量为84.24kW，由156块540W单晶硅单面组件，支架34°安装，接入1台80kW逆变器。

2.1.5　厂区屋顶柔性光伏

（1）物资装备光伏电站装机容量72.6kW，由132块550Wp单晶硅单玻光伏组件，彩钢5°平铺安装。接入1台30kW、1台40kW逆变器。

2.1.6　厂区屋顶柔性光伏

（1）公司办公楼屋顶光伏装机容量47.36kW，由128块370Wp柔性光伏组件，平铺方式安装。接入1台50kW逆变器。

（2）综合平房光伏电站装机容量为37kW，由100块370Wp柔性光伏组件，彩钢板5°平铺方式安装，接入一台30kW逆变器。

（3）车务光伏电站装机容量208.31kW，由563块370Wp柔性光伏组件，彩钢板5°平铺安装，接入2台110kW逆变器。

（4）大车队北侧光伏电站装机容量为111kW，由300块370Wp柔性光伏组件，彩钢板5°平铺安装。

（5）新城光伏电站装机容量为72.52kW，由196块370Wp柔性光伏组件，彩钢板5°平铺安装。接入1台30kW、1台40kW逆变器。

（6）大车队光伏电站装机容量为196.84kW，由532块370Wp柔性光伏组件，彩钢板5°平铺安装，接入2台110kW逆变器。

（7）档案室光伏电站装机容量101.38kW，由274块370Wp柔性光伏组件，彩钢板5°平铺安装。接入2台30kW、1台50kW逆变器。

（8）职工食堂光伏电站装机容量为85.84kW，由232块370Wp柔性光伏组件，彩钢板5°平铺安装，接入2台40kW逆变器。

2.1.7　光伏电梯

光伏电梯采用BIPV建筑光伏一体化模式，装机容量为10.5kW，由66块碲化镉光伏玻璃组件，按照电梯框架所需建设形式代替外墙。

2.1.8　光伏项目试验情况

打造零碳厂区过程中，我们还开展了以下技术研究与试验验证：

（1）试验验证了油区光伏项目最佳倾角、最小间距、最优容配比三项关键数据。

根据在光伏矩阵中安装31°~38°光伏倾角，对比同规模项目一年间项目发电量数据，确定了大港油区的光伏最佳安装倾角为34°，摒弃常规设计31°做法。

试验得出，在土地资源有限的情况下，最小间距为10.5m，能够获得最大发电量。在装机容量一定情况下，最小间距为11.7m能够获得最大发电量。

根据多台容配比不同的组串式逆变器一年发电量统计，容配比为1.26的逆变器记录的发电量最大。

（2）对比组件安装方式、支架形式、桩基、条形基础等的最优方案，形成适合油区的地面光伏建设技术路线。

（3）柔性组件适用性研究。

主要针对部分屋顶承载力不满足建设常规光伏问题以及屋顶防水问题，主动研究，组织技术交流、实际工程应用调研等，确定屋顶采用柔性光伏的建设新技术路线，挖潜屋顶光伏建设空间，同步解决屋顶防水问题。

（4）对比各类型光伏组件安装形式发电数据。

主要对常规组件的屋顶平铺形式与最佳倾角形式进行发电数据对比分析；常规组件的平铺、5°角安装对比；单晶硅单玻组件与双玻组件发电效率对比等等，形成油区不同场景应用技术路线。

2.1.9　光伏项目发电情况统计

厂区光伏电站发电量统计表见表1。

表 1　厂区光伏电站发电量统计表

光伏项目	2021 发电量/(kW·h)	2022 发电量/(kW·h)	2023 发电量/(kW·h)	2024 发电量/(kW·h)	合计/(kW·h)	减碳量/t
多功能厅	28260.0	35920.0	34256.6	60465.0	158901.6	140.5
线路分公司光伏		93850.0	130465.2	83167.0	307482.2	271.9
基建中心光伏		140053.0	158329.2	105291.0	403673.2	357.0
天水 1 期 2 期		105770.0	241708.2	97294.0	444772.2	393.3
厂区 1.6 兆瓦实验基地			1732536.0	1635768.0	3368304.0	2978.6
电力大楼(电梯)			25820.6	37363.6	63184.2	55.9
物资装备光伏电站			38655.6	52605.0	91260.6	80.7
车务光伏电站			136853.4	169928.0	306781.4	271.3
新城光伏电站			93241.4	121698.0	214939.4	190.1
大车队光伏电站			111349.0	136632.9	247981.9	219.3
档案室光伏电站			64146.0	83780.4	147926.4	130.8
大车队北侧光伏电站			73965.8	104074.0	178039.8	157.4
南部变电光伏电站			27632.3	47353.8	74986.1	66.3
综合平房光伏电站			21166.8	27926.0	49092.8	43.4
职工食堂光伏电站			54584.2	69378.4	123962.6	109.6
合计	28260.0	375593.0	2944710.3	2832725.1	6181288.4	5466.1

2.2　厂区储能电站建设情况

为实现厂区绿色用能，建设新型 1MW/1MWh“钠离子”储能电站，为零碳厂区进行合理配储。

建设储能进行削峰填谷、解决绿电弃光，储能具有较好经济效益。储能系统采用两充两放方式运行，在光伏发电时段进行充电，在电价峰段(16：00-21：00)放电；同时，在夜晚谷段充电，在早上平端(8：00-10：00)放电。将光伏不能覆盖的夜晚进行储能放电供绿电。实现厂区用能连续零碳。

2.3　厂区地热改造建设情况

为实现厂区绿色用能，公司将厂区内及周边单位的冬季采暖项目采用地热能源替代，利用目前闲置的 DG-04 和 DG-21 两口中深层地热井，形成一采一灌模式，实现厂区 3.8 万 m^2 的自主运营和自主清洁供热，年减碳量达 1243t。

2.4　厂区充电桩建设情况

厂区装设 7kW 交流充电桩 5 台，150kW 一拖五直流充电桩 2 组。满足厂区生产用车绿色出行，同时满足职工上班时间充电需求，实现用能绿色化。

2.5　厂区全电厨房改造情况

公司对厨房内的燃气设备进行了电气化改造，在食堂南侧新建一台配电柜，操作间安装 3 台 20kW、1 台 15kW 电磁灶设备，打造了“全电型”新型节能环保食堂。既有效防范了燃气安全风险，同时实现了环保节能减排。

2.6　厂区加大绿化力度

为美化环境，提高生态防护能力，发挥植物的固碳作用，绿电公司多年持续在园区内及园区外(绿电公司用地)共建设绿化面积为 12.9 万 m^2，其中胸径 10cm 以上的法桐、白蜡、国槐等乔木 4500 多株、灌木绿篱 2 万 m^2、绿地 5 万 m^2。

通过以上多种绿色能源项目的改造及建设，园区实现了能源供给转型。园区通过整合能源投资和能源技术，构建以可再生能源为主的零碳能源系统，并配套智能电网等基础设施，有效地进行一体化的综合能源规划。

厂区零碳建设全貌如图 1 所示。

图 1　厂区零碳建设全貌

构建以电力为主的能源消费，以及配套的综合能源服务，从整体上优化园区能源结构，在终端能源消费环节推行“以电代煤”“以电代气”，在物流交通环节推行“以电代油”，能够从源头显著减少碳排放，极大程度上提高了园区能源供应的清洁度。

3　源网荷储一体化管控思路

厂区内主要网电电源为新世纪变电站 3011 线路及港中变电站 1124 线路。园区负荷用能每年约 220 万 kW·h。

按照国网大工业用户电价执行标准，天津地区总体峰谷平情况如下图 2 所示。

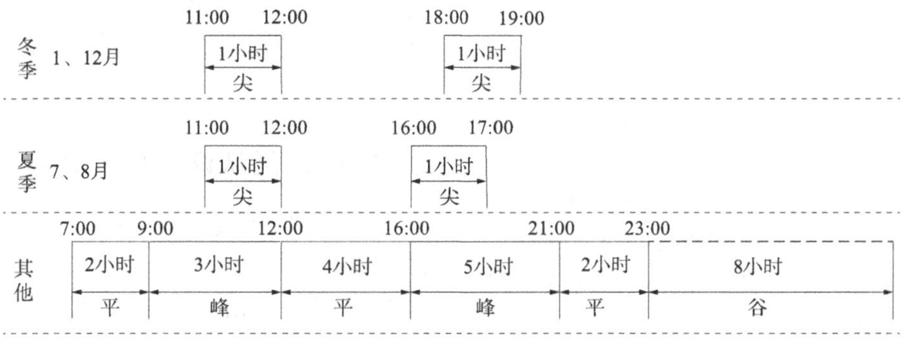

图 2　天津市尖峰平谷电价时段图

根据园区用能数据分析，在光伏正常发电情况下，园区负荷无法完全消纳，有较大比例的光伏反向输出到油田大电网中，而在夜间光照度较低情况下，园区需使用油田电网网电支撑园区用电负荷。

厂区光伏接入配电网情况如图 3 所示。

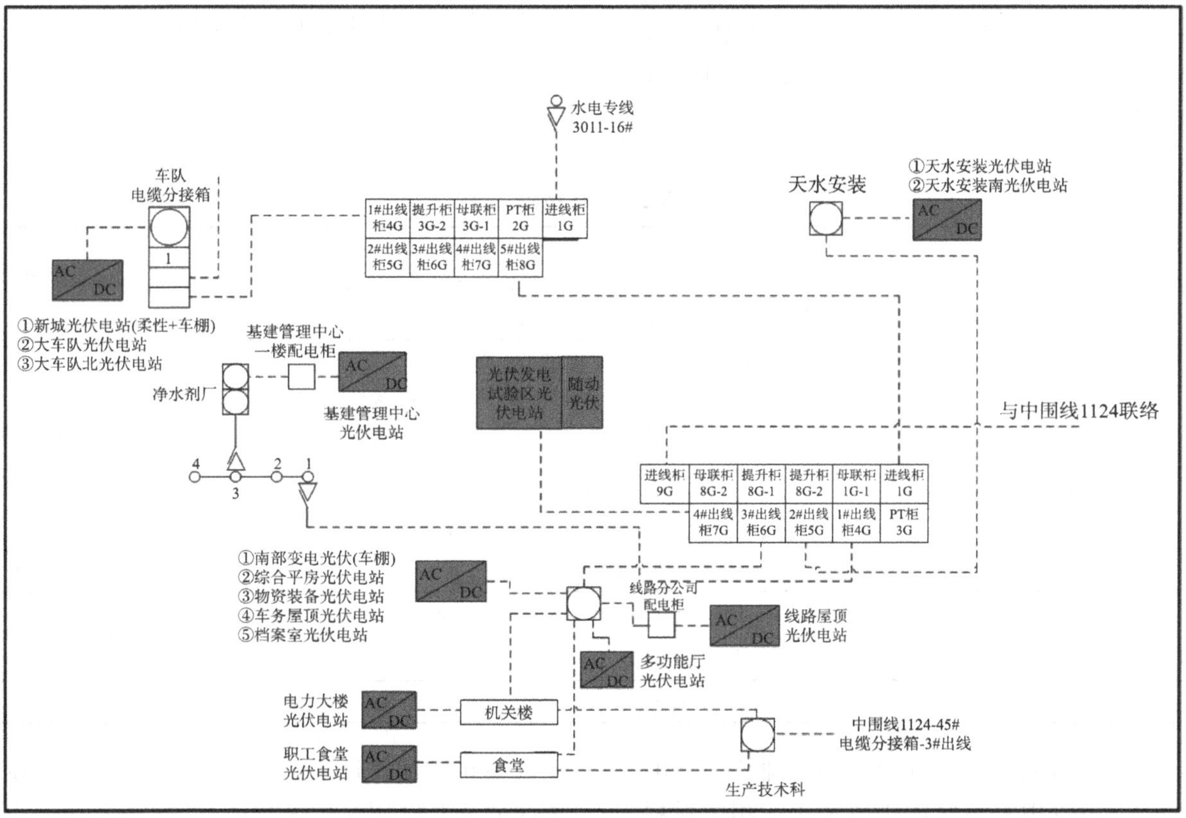

图 3　厂区光伏接入配电网情况

由于风、光等清洁能源的随机性和波动性，园区难以保证能源供应的平衡与稳定，园区内建设多种类型、多个新能源项目，零碳智慧园区综合能源系统存在“源–网–荷–储”多种协同互补路径，即源端互补、源网互补、网荷互补等多种互补模式以及相互之间的协调互补模式。目前园区的能源调度按综合能源管控方式进行能源管控。

4　智慧协调管控技术

零碳园区建立在数字化全面赋能的智慧园区基础之上，数字化手段贯穿零碳园区建设和运营的全过程。数字化、智能化成为零碳园区的基本特征，因此零碳园区一定是智慧园区。公司建成了一套三维、可视化、实时数据反馈、便捷人机交互的能源管理系统。

结合绿电、储能、负荷、地热，融合能源互补及综合利用等技术，围绕零碳、微网、源网荷储高效运行的核心理念，实现对公司厂区的零碳、微网、源网荷储运行的多维度展示与管控，充分挖掘绿电替代的环境和经济价值，以及零碳园区产生的社会价值。

依托零碳智慧能源管理系统(图 4)，对新能源相关设备进行智能化监、管、控，使园区运行保障的安全性得到质的提升。实时获取设备运行数据、环境状态数据等，实现资源环保、综合物业、项目管理等综合管理数字化。普及数字孪生技术应用，全面采集园区排放数据，让园区生产线与虚拟数字孪生系统高度融合，以 3D 技术展示数据，不断提升园区用能效率。

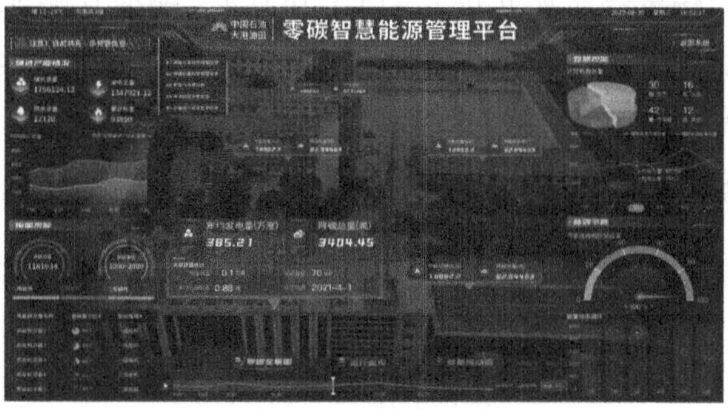

图 4　厂区零碳智慧管控系统

5　零碳厂区认证工作的开展

经国家认监委批准的碳中和认证资质的宇相碳测认证(天津)有限公司(以下简称“宇相碳测”)开展零碳相关认证工作。评估依据主要为 ISO 14064-1：2018《组织层次上对温室气体排放和清除的量化和报告的规范及指南》；PAS 2060《碳中和论证规范》。

5.1　认证评估范围与资料

本次中国石油大港油田绿电公司零碳智慧园区开展碳中和认证范围如表 2 所示。

表 2　评估范围

组织边界	通过文件审核，现场走访，并与企业沟通： 确定选用智慧园区生产运营控制权作为组织边界，地点位于天津市滨海新区红旗路华隆小区西南侧，东起华隆小区，西邻健安道，北至幸福路，南至红旗路。
报告边界	本次碳中和温室气体核算范围为范围一、范围二、范围三： 范围一：直接温室气体排放：公务用车燃料燃烧碳排放、逸散源排放等活动所引起的直接碳排放； 范围二：输入能源的间接温室气体排放：生产使用组织边界外部提供的电力、热力引起的能源间接碳排放。 范围三： 作为以办公为主的园区，核算员工的通勤、差旅温室气体排放及固废处置温室气体排放。 范围三其他类别的温室气体暂不进行披露。
温室气体种类	包括 CO_2、CH_4、N_2O、HFCs、PFCs、SF_6、NF_3 七类温室气体。
碳中和覆盖时间段	2023 年 1 月 1 日到 2023 年 12 月 31 日。
基准年	2023 年 1 月 1 日到 2023 年 12 月 31 日。

评估组查阅了智慧园区内各产业公司 2023 年度运营过程中温室气体排放量化的相关材料，包括《采暖面积统计表》《采暖汇总表》《采暖结算单》《采暖发票》《2023 年电量统计表》《油料分配表》《油料情况统计表》《油料出库结算单》《汽油发票》《柴油发票》《灭火器台账》《差旅财务凭证》《城市交通统计表》《通勤统计表》《生活垃圾统计记录表》《厨余垃圾统计记录表》等。

5.2　现状温室气体排放量核算

大港油田绿电公司智慧零碳园区位于大港油田中西部，园区内现有入驻企业有绿电公司、滨港公司、天水公司、土地管理服务公司。建筑分为办公楼、厂房、库房等，东起华隆小区、西邻健安道、北至幸福路、南至红旗路，为东西长685m、南北宽840m的长方形(图5)。

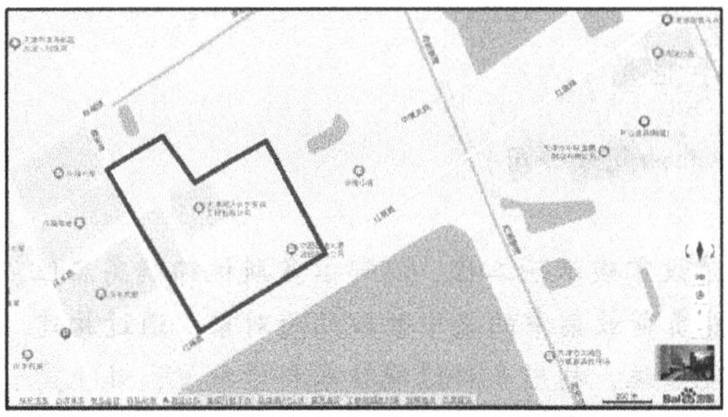

图5　智慧零碳园区地理位置图

核算计算方法如下：温室气体排放量=活动水平数据×排放系数×全球变暖潜势值(GWP)，以下过程数据为各排放源活动水平及排放系数统计(表3)。

5.3　碳中和实现方式

2023年1月1日—2023年12月31日，中国石油大港油田绿电公司零碳智慧园区运营范围内(范围一、范围二、范围三中部分类别)产生的温室气体排放量为2435tCO_2e。通过大港油田分布式光伏发电项目、地热供暖项目2023年共计产生的温室气体清除量2598tCO_2e。进行超额抵消，实现碳中和。

表3　园区碳排放核算数据

报告边界及类别	产品碳足迹排放类别	排放源	设施	活动数据	
				数值	计量单位
范围1：直接温室气体排放	移动燃烧	汽油燃烧	公务车	46457.24	kg
	移动燃烧	柴油燃烧	公务车	27520.42	kg
	逸散排放	CO_2逸散	二氧化碳灭火器	196.00	kg
	逸散排放	化粪池甲烷逸散	化粪池	2235.45	kg BOD/年
范围2：输入能源间接温室气体排放	能源间接温室气体排放	外购电力	用电设备	1043313.10	kWh/年
	能源间接温室气体排放	自耗光伏用电	用电设备	1036144.22	kWh/年
	能源间接温室气体排放	外购热力	市政热水(供暖)	10105032.37	MJ/年
范围3：其他间接排放	商务旅行	员工差旅	飞机	179374.00	人公里
			高铁	177999.00	人公里
	雇员通勤	员工通勤	汽油小汽车	2509824.00	人公里
			电动小汽车	330551.00	人公里
			公交	221017.00	人公里
			电动自行车	32244.50	人公里
			自行车	42769.60	人公里
			步行	44223.40	人公里
	产生废弃物	固废处理	生活垃圾	77.56	t
			餐厨垃圾	24.75	t

6　项目总结

大港油田绿电公司园区的电力使用负荷大、强度高，对电能的质量要求高，因此整合多种能源，构建智慧能源系统是实现碳中和的重要手段。通过监测与核算园区内的碳排放活动，获取园区各途径碳排放的事实与数据，制定针对性策略，最终推动园区零碳智慧转型。

零碳厂区建设成功经验，可广泛推广应用到油区办公厂区，应用到油气生产场所，如井场、联合站等，通过建构光伏、风电、光热等，实现多源互补，建设储能、地热等，实现源荷互动、多能互补，形成智慧能源网，以点带面，全面推进，最终实现油区办公、生产低碳、零碳化，实现高效率、高效益、零排放的高质量转型发展。

参　考　文　献

[1] 陈艳波．零碳园区研究综述及展望[J]．中国电机工程学报．

[2] 李姚旺，刘昱良，杨晓斌，等．计及电量交易信息的用电碳计量方法[J]．中国电机工程学报．

[3] 张宁，李姚旺，黄俊辉，等．电力系统全环节碳计量方法与碳表系统[J]．电力系统自动化

东胜气田零碳处理站示范工程技术经济分析

刘明洋　唐万举　李旭光

（中国石油化工股份有限公司华北油气分公司）

摘　要　“碳中和”目标背景下，国家与地方鼓励和倡导建设零碳示范工程。以鄂尔多斯杭锦旗高品位风能为依托，以气田集输工艺最复杂、用能场景最多元、用能负荷最集中的集中处理站为对象，通过构建“风电+网电+储能+余热+绿热+燃气制热”多能互补的局域供能系统，利用多种绿能技术科学配置，让生产用能耦合利用绿电、绿氢、绿热等多种清洁能源，形成技术先进、经济可行的绿能链式体系，实现油气生产传统用能50MW大规模、92%高比例清洁替代，用能成本明显降低、用能效率显著提高。经过技术经济分析，工程总投资约3.4亿元，实施后每年新增成本费用560万元，新增收入5966万元，20年评价期内，所得税后内部收益率11.6%，经济效益良好。

示范意义方面，一是以电量匹配为基础，通过充分挖潜清洁替代空间、战略性实施绿电制氢，拓展了绿电应用场景，减少了弃电率，为气田低成本、小规模储能条件下绿电的高效综合利用提供示范。二是绿电制氢方案以低成本弃电为电源，生产模式上采用以削峰为目的的柔性生产，制氢成本有效降低；制氢装置依托集中处理站建设及运维，费用有效减少；氢气产品充分利用已建天然气集输系统，储运成本大幅降低，全流程最大程度依托集中处理站，契合天然气生产场景，为气田开发场景下低成本绿电制氢提供了示范。

关键词　零碳；多能互补；技术经济；示范

当前，化石能源洁净化、洁净能源规模化、能源供给多元化、终端能源再电气化趋势加速演变。“碳中和”下，石油和天然气作为传统能源在低碳深度转型要求下必须重新定位。在国家与地方鼓励和倡导建设油气田零碳示范工程背景下，按照中国石化“四供两融”新能源发展思路，建设东胜气田零碳处理站示范工程（以下简称“本工程”），打造全国首个气田零碳处理站。

1　东胜气田集中处理站概况

东胜气田集中处理（以下简称“处理站”）站位于内蒙古自治区鄂尔多斯市杭锦旗境内，天然气总处理能力$20\times10^8m^3/a$，在建的天然气提氦工程（以下简称“提氦工程”）位于处理站西侧，依托处理站毗邻而建，计划2024年7月投运。

处理站站内主要耗能单元为35kV杭中变电站（以下简称“杭中变”）、供热站及凝液闪蒸区。杭中变主要负责集中处理站、提氦工程以及锦58井区9座集气站供电，2023年总负荷约12.4MW，用电总量约1.11亿kW·h，电费总额约5千万元，月平均电价0.419～0.456元/(kW·h)，年平均电价0.4413元/(kW·h)。提氦工程预计运行负荷6.9MW，年用电量约5520万kW·h。供热站一是为凝液稳定装置连续生产供热，二是为站内建筑采暖、设备及管线保温供热，2023年用气总量约40万m^3，燃气费近100万元。提氦工程投运后，年增加用气量约50万m^3。

2　零碳处理站示范工程方案

2.1　总体技术路线

以杭中变为能量枢纽，以杭中变所辖集中处理站、在建提氦工程、锦58井区9座集气站用电替代为主要目标，统筹站内用热、凝液闪蒸气放空等碳排放源，依托当地高品位风能，电源侧采用经济、稳定、多能互补的“风电+储能电池+大网下电”供电系统，负荷侧采用“储能+绿热+绿氢”多技术耦合的削峰手段，通过多种绿能元素科学配置，提高风电利用率，构建高效联动体系。总体技术路线图见图1。

2.2　风电及储能实施方案

2.2.1　风电及储能实施方案

提氦项目投运后，杭中变每年供电总量1.67亿kW·h以上，以电量匹配计算，在年发电时长为 3195h 的情况下，风电场规模为 52MW。根据内蒙古地方政策要求，单个分散式风电规模不应超过 50MW，因此建设规模确定为 50 兆瓦，风电方案单瓦造价按 5.52 元计算，总投资共 2.76 亿元。配套储能规模 5MW，储能时长 4h，造价按 1.2 元/(W·h)计算，总投资 2400 万元。

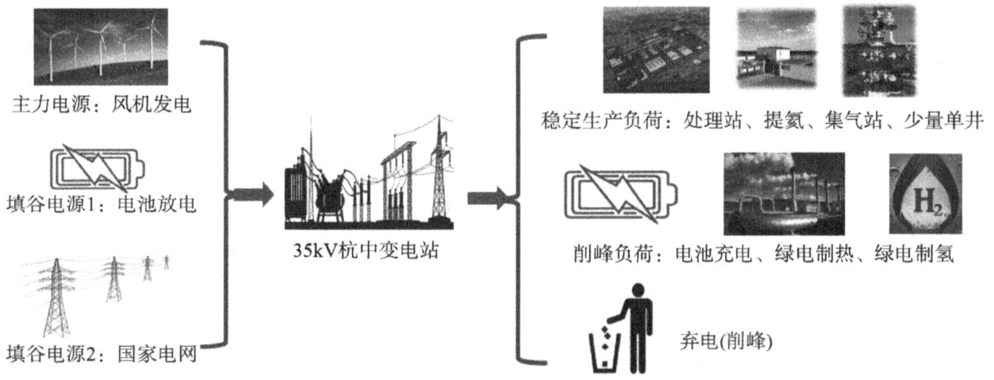

图 1　零碳处理站示范工程方案总体技术路线图

2.2.2　经济效益测算

风电及储能静态总投资 3 亿元，度电成本 0.1741 元。方案实施后，平均每年新增经营成本 413.5 万元；每年可发电约 1.6 亿 kW·h，其中替代火电 1.08 亿 kW·h，考虑到火电替代后大网下电成本会增加，因此电费收益按 0.4 元/(kW·h)计算，每年可增收电费 4333 万元。评价期按 20 年计算，投资回收期 8.13 年，所得税后内部收益率 8.07%，经济可行。

2.3　风电制热实施方案

提氦项目投运后，处理站用热温度有 3 种，一是凝液稳定装置连续生产用热，温度要求 100℃；二是制氢设备(本方案实施后)全年保温和排污管线冬季伴热，供回水温度要求分别是 60℃、50℃；三是处理站冬季建筑采暖用热，供回水温度要求分别是 95℃、70℃。

风电制热方案采用“丙烷压缩机余热回收+两级热泵+电蓄热炉+天然气导热油炉”多热源互补技术路线，运行模式如下：第一热源是热泵系统。一级热泵首先从丙烷压缩机水冷系统回收低品位余热，通过绿电制热将水温提升至 60℃，为制氢设备保温和排污管线冬季伴热提供热源。二级热泵在一级热泵的基础上将水温提升至 95℃，为冬季建筑采暖供热。第二热源是以 2 台 1.5MW 电蓄热炉为主的储放热系统。电蓄热炉一方面利用绿电提供 100℃热源；为凝液稳定装置供热，另一方面利用波峰期风电蓄热，在热泵无绿电输入时，利用已储存热量为负荷端供热。第三热源是原天然气导热油炉系统。在热泵无绿电输入、电蓄热炉无多余热量的极端工况下，启动原天然气导热油炉供热系统，起到“兜底”作用。

风电制热方案静态投资 1046 万元，每年新增经营成本 41.85 万元，节约原供热系统成本 231.5 万元。评价期按 20 年计算，投资回收期 6.5 年，所得税后内部收益率 14%，经济效益良好。

2.4　风电制氢实施方案

考虑到天然气气质组分对下游用户的影响，只将处理站外输至银川的管线(以下简称“杭银线”)用作掺氢管道，日输天然气 100 万 m^3。根据《进入天然气长输管道的气体质量要求》(GB/T 37124—2018)要求，氢气含量瞬时值≤5%且任意 2h 平均值≤3%，因此杭银线掺氢规模最大 2083m^3/h，风电制氢规模确定为 10MW，每小时制氢能力 2000m^3。根据电量平衡计算，制氢装置年运行时长为 3487h，平均每天运行 10h，平均每天制氢量 2 万 m^3，满足规范要求。

制氢设备选用当前成熟、主流的碱性电解装备，静态投资 3140 万元，年新增经营成本 105 万元，年产绿氢 766 万 m^3(684t)，售价按照天然气价 1.65 元/Nm^3 计算，年销售额为 1264 万元。评价期按 20 年计算，投资回收期 3.2 年，所得税后内部收益率 31%，经济可行。

2.5　电量平衡计算

本工程实施后，杭中变年供电总量为 2.1 亿 kW·h，其中 50MW 风电场年供电 1.47 亿 kW·h(不含弃电 0.126 亿 kW·h)，大网年下电 0.6

亿 kW·h，绿电占比超 70%。若不含集中处理站站外负荷，则杭中变年供电量 1.6 亿 kW·h，绿电占比 92%，满足《零碳产业园区建设规范》（DB15/T 2948—2023）“零碳园区可再生能源使用比例应不低于 80%”的要求。本项目年弃电量 0.126 亿 kW·h，弃电率 7.9%。电量平衡表见表 1、表 2。

表 1　负荷侧年用电量计算表

序号	类型	负荷名称	功率/MW	小时数/h	电量/(MW·h)
1	稳定生产负荷	9 座集气站	5.34	8760	49725
2		集中处理站	7.06	8760	61845
3		提氦工程	6.90	8000	55200
4	削峰柔性负荷	绿电制热	3.50	1141	3995
5		绿电制氢	11.00	3487	38362
		集中处理站用电量合计	159402		
		杭中变总用电量合计	209127		

表 2　电源侧年供电量计算表

序号	类型	电源名称	功率/MW	小时数/h	电量/(MW·h)
1	新能源发电量	风电	50	3195	159748
2	大网下电	蒙西电网	—	—	62445

3　综合技术经济分析

3.1　综合效益分析

本工程实施后每年新增成本费用 560 万元，新增收入 5966 万元，20 年评价期内，投资回收期 8.18 年，所得税后内部收益率 11.57%，经济可行。

3.2　敏感性分析

本工程评价期内影响内部收益率的主要因素为建设投资、绿电电价、绿氢收入和绿热收入，对此进行单因素变化的税后敏感性分析，分析结果见表 3。从敏感性分析结果可以看出，建设投资、绿电价格对项目财务内部收益率的影响最大，其次是绿氢价格，绿热收入的变化对项目财务内部收益率的影响相对较小。

表 3　电源侧年供电量计算表

	单因素变动率								
	-20%	-15%	-10%	-5%	基本方案	5%	10%	15%	20%
建设投资	15.31	14.23	13.25	12.37	11.57	10.84	10.18	9.56	8.99
绿电价格	9.09	9.72	10.34	10.96	11.57	12.18	12.79	13.39	13.99
绿氢价格	10.83	11.02	11.2	11.39	11.57	11.76	11.94	12.13	12.31
绿热收入	11.42	11.46	11.5	11.54	11.57	11.61	11.65	11.69	11.72

3.3　示范性分析

本工程以当地高品位风能为资源基础，以自建电力系统和集中处理站为依托，通过构建“风电+网电+储能+余热+绿热+燃气制热”多能互补的局域供能系统，实现了东胜气田最大用能单元——集中处理站 92% 的绿电替代，为气田绿色低碳开发提供了示范。

本工程电源侧采用经济、稳定、多能互补的“风电+储能电池+网电”，削峰方面，一是充分挖潜用热替代空间，拓展绿电应用场景；二是结合中国石化“中国第一氢能公司”目标，战略性实施绿电制氢，最终实现 10% 储能规模、4h 时长条件下绿电 92% 以上的综合利用率，为低成本、小规模储能条件下绿电的高效综合利用提供了示范。

本工程绿电制氢方案以低成本风电为电源，生产模式上采用以削峰为目的的柔性生产，制氢成本有效降低；装置依托集中处理站建设，建设及运维费用有效减少；氢气产品充分利用已建天然气集输系统，储运成本大幅降低，为气田开发场景下低成本绿电制氢提供了示范。

4 结论及建议

（1）“碳中和”下，积极响应国家及地方号召，打造全国首个零碳天然气处理站示范工程是必要且有意义的。

（2）以当地高品位风能资源为基础所构建的“风电+网电+储能+余热+绿热+燃气制热”多能互补的局域供能系统，实现了集中处理站92%的绿电替代，技术思路先进、可靠，示范性良好。

（3）本工程投资回收期8.18年，所得税后内部收益率11.57%，经济效益良好。

参 考 文 献

[1] 焦方正．研究引领谋发展多能融合创未来[J]．油气与新能源，2021，33(02)：3.

[2] 黄维和，王军，黄龑，等．“碳中和”下我国油气行业转型对策研究[J]．油气与新能源，2021，33(02)：1-5.

[3] 吴陈冰洁，何建东，贾艳雨．中国石化南海北部新能源与油气耦合开发利用前景分析[J]．中外能源，2023，28(04)：15-22.

[4] GB/T 37124—2018，进入天然气长输管道的气体质量要求[S].

[5] 孙翔，刘成良，牛霞，等．风光耦合制氢系统典型设计方案研究[J]．南方能源建设，2023，10(03)：112-119.

红河油田绿色加热体系探索与实践

朱　晋　王广贤　冯长振　高家鑫　王克诚

（中国石化华北油气分公司采油一厂）

摘　要　针对采油一厂生产井场分散、原油含水高，原油集输和处理系统能耗高、效率低、排放高等问题，采油一厂在建设绿色低碳油气田引领下，以生产实际和辖区条件为导向，推广应用板式集热器、空气源热泵绿色设备，革新加热工艺，探索创建了以空气源热泵机组为主的绿色加热体系。本文从空气源热泵加热原理切入，从加热原理论述空气源热泵的节能性和低碳性，指明绿色加热体系模式构建主体。以绿色加热体系高效运行为目标，根据加热体系运行特点，通过针对性革新加热工艺，优选换热介质，减少无效加热等措施使空气源热泵机组得到深度应用，节能降碳能力得到充分发挥。结合应用实际，夏季光能利用率高且电能消耗较少，吨液单耗为1.5~3.6kW·h/m³。冬季环境条件恶化，电能输入较多，吨液单耗为7.4~9.1kW·h/m³，加热成本较燃煤锅炉降低32.6%，充分体现机组节能降碳效果。结合应用实际，冬季加热能耗高成为制约加热体系高效运行的重大因素，为此以红十增为例，对空气源热泵和电加热主要耗电设备进行运行分析，由于电加热效率较为稳定，而空气源热泵能效指数对环境温度较为敏感，着重对空气源热泵各环境条件下运行效率进行计算，并分析机组压缩机运行状态变化趋势，得出机组能效指数随环境温度变化曲线及原因，提出改善压缩机运行状态和提升融霜效率两个改进方向，为进一步提升空气源热泵能效指数指明方向。

关键词　节能降碳；加热体系；空气源热泵机组；光热

油田原油处理环节需将悬浮水和乳化水与原油分离，需大量热能输入，以达到原油集输及合格油品的要求。受井场分散、伴生气不足等因素制约，原加热方式主要利用0.1~0.3t小型燃煤加热炉进行加热，存在加热效率低，能耗高，环保风险高，碳排量大的问题。2018年地方政府要求停用10t以下燃煤锅炉，在油田节能降碳要求下，立足我单位井站分散、原油含水高、集输难度大的生产实际，探索节能型加热方式、构建绿色加热体系势在必行。

空气源热泵通过吸收空气热量，将空气的热量输出为水的热量，输入一份电能可获得多份热量，在供热的高能效、经济性、安全性和减排方面表现出良好前景。以建设绿色低碳油气田为统领，我厂探索构建了以空气源热泵为主的绿色加热体系，加热体系运行以来，已实现预期节能减排效果，同时也表现出冬季能耗高的问题。2023年，空气源热泵机组共耗电511.73万kW·h，占全厂生产耗电的22.7%，其中冬季11月至次年2月耗电量263.4万kW·h，占全年空气源热泵耗电量的51.5%。针对空气源热泵冬季加热能耗高的问题，摸清空气源热泵运行规律，挖掘节能潜力成为降耗减碳的迫切任务。

本文对空气源热泵原理及应用现状入手，分析空气源热泵机组运行问题，并以红十增为例，对空气源热泵运行状态分析，针对运行问题探求解决方法，为进一步提升空气源热泵机组节能水平提供改进方向。

1　空气源热泵机组原理

空气源热泵机组热力循环示意图如图1所示，机组运行时液态低压制冷剂吸收空气热量相变为低压气态（4→1），由压缩机将低压气态制冷剂压缩至高温高压状态（1→2），高温高压制冷剂释放热量加热水后相变为高压液态制冷剂（2→3），经节流降压后（3→4）进入蒸发器再次吸热完成循环。热力学模型如下式所示，式中Q_c为热泵机组由空气中吸热量，W为压缩机输入功，Q_h为机组制热量，机组能效为收益Q_h与输入W的比值。机组制热量由制冷剂自空气中吸热和压缩机做功两部分构成，其能效指数恒大于1。由原理图和式（1）可知，空气源热泵为通过压缩机做功，将空气中绿色环保热量输送至高温热水，相同制热量下由空气中吸收热量越多，机组能效越高，能源利用率越高。而压缩功 W 与蒸发压力 P_e 和冷凝压力 P_c 有关，在环境温度下降时，由空气中吸收热量减少，蒸发压力 P_e 降低，压缩功 W 增大，造成机组效率降低。

$$Q_h = Q_c + W \tag{1}$$

$$COP = Q_h / W \tag{2}$$

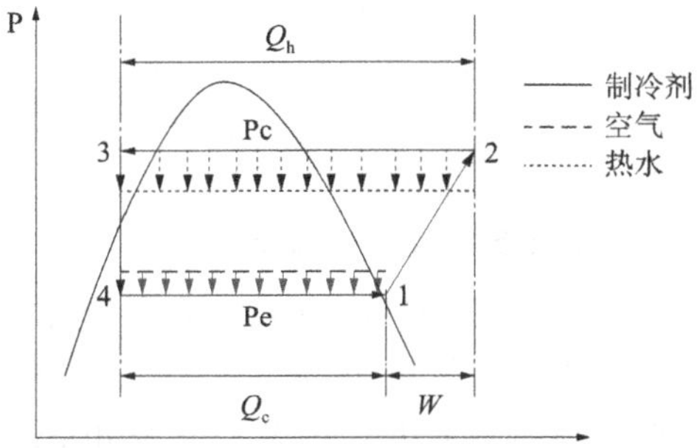

图 1　空气源热泵原理示意图

空气源热泵作为节能设备，其原理决定热泵机组夏季能效高，冬季能效低。为保证全天候绿色、稳定、高效供热，我厂将太阳能集热器和电加热棒与空气源热泵耦合，形成“太阳能集热+空气源热泵+电加热”一体化加热设备(图 2)。按照三种加热设备的特点和功能设定，以加热需求为刚性约束，设定加热设备启用逻辑，优先启用板式太阳能集热器和空气源热泵进行加热，当节能设备无法满足加热需求时，由电加热器进行热量补充，实现单井发油点原油加热可靠、经济、环保。

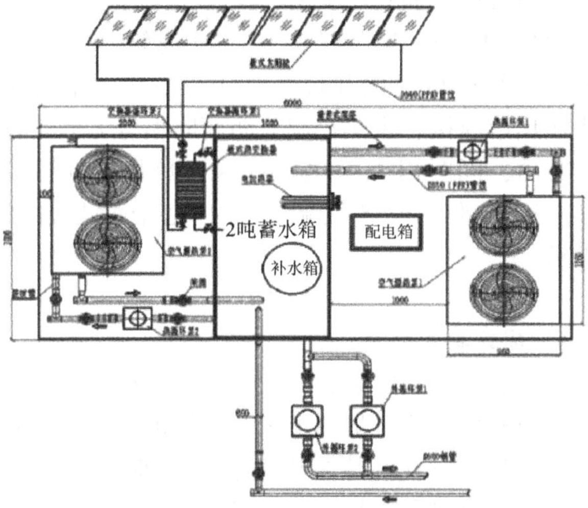

图 2　空气源热泵机组工艺流程图

2　空气源热泵应用现状

经过 3 年多批次引进，我单位共使用“太阳能板+空气源热泵+电加热棒”加热设备 39 台套，装机功率 2664kW，配套 399kW 板式太阳能集热器，形成以太阳能、空气能等新能源为主的加热体系。同时以空气源热泵机组加热特点为主导，通过革新加热工艺、优选换热介质，减少无效加热等措施，进一步提升加热体系运行效率，吨液单耗等关键指标持续向好，加热成本较燃煤锅炉降低 32.6%，累计节约生产成本 1143.94 万元。空气源热泵 2022—2023 年耗电量对比如图 3 所示。

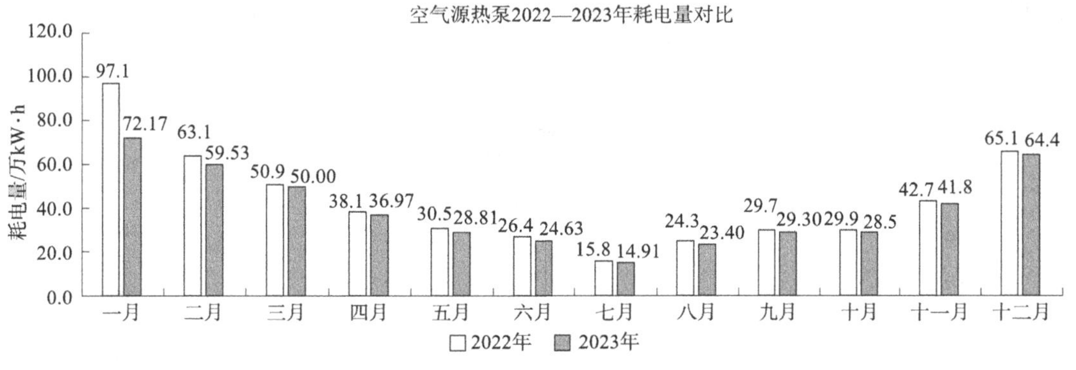

图 3　空气源热泵耗电对比图

2.1　革新加热方式

燃煤加热炉加热时，加热热水温度为 75℃左右，而空气源热泵提供热水温度为 55℃，相同原油温度下，燃煤锅炉加热温差大，更换为空气源热泵后，由于温差降低，原油加热效率降低，相同换热面积已无法满足加热需求。同时，储罐内换热盘管多为碳素钢材料，经年使用带来腐蚀结垢严重的问题。为此革新加热方式，探寻更为适用加热方式成为满足加热要求，提升加热效率的必要内容。

耐腐抗结垢材料多为非金属材料，导热系数较低。金属材料导热系数远高于非金属材料，但长时使用后由于腐蚀结垢等问题带来维护成本高的问题。根据式(3)可知，在换热温差无法提升时，增大换热面积可弥补换热系数降低的劣势。在我厂对不锈钢无缝钢管、地暖管线、普通PVC管线进行对比和现场试用后发现，地暖管线在热熔连接、供热控制、防腐防垢等方面均性能突出，同时以大换热面积保证热量的充分交换，换热效率得到大幅提升，完全满足加热需求。

$$Q=KA\Delta T \quad (3)$$

2.2 优选换热介质

加热方式确定后，由于加热介质种类、温度等性质发生变化，加热工艺需根据加热方式特点进行优化，空气源热泵机组包含三种加热方式，其中板式集热器换热介质的优劣决定光能资源利用是否充分，为此对清水、防冻液、导热油换热介质进行经济、技术评价，经换热效率、防腐防冻特点和运行成本进行系统对比，防冻液换热效率可达90%，严寒季节不需要反输热量防止冻堵，具有换热效率高、防冻防腐性能优异，运行成本较低等优势而确定为板式集热器换热介质。

2.3 减少无效能耗

由于原油比热容较水小一半，油田进入高含水开采阶段后，按照常规的生产模式进行生产，原油集输及处理系统所需供热负荷逐渐增多，水每升高1℃可使原油升高2℃，原油加热前，提前排出明水是降低热负荷的最直接、最有效措施。为降低加热能耗，革新处理流程，按照罐车倒运原油和集输原油分别制定端点加药措施，通过在装车过程或集输流程中添加破乳剂，延长破乳时间，提高混合效率，实现产出液进罐时油水初步分离。通过倒运液进罐后排水、产出液加热前排水和产出液加药前排水三个节点，可能排出50%~80%明水，减少热量损耗74%。

3 空气源热泵机组运行分析

由空气源热泵原理和图3可知，空气源热泵机组用电量受环境影响较大，为掌握空气源热泵机组运行规律及与现场适配度，分析运行存在问题，探寻解决思路，制定改进措施，下文以红十增为例分析机组运行情况。

3.1 空气源热泵机组运行数据

目前红十增日进液90m³，综合含水78%，现场配备太阳能集热器一套，集热功率18.24kW；制热量67kW热泵一套及40kW电加热。热水供水温度55℃，回水温度45℃，将原油加热至40℃左右，满足原油加热需求。

图4为红十增空气源热泵机组全年运行数据，根据每月吨液处理单耗可知，夏季环境温度高且日照辐射强度高，太阳能集热器基本可满足加热需求，空气源热泵作为辅助热源，同时空气源热泵效率高且开启时间较短，整体耗功较少，日耗电量80－300kW·h，吨液单耗为1.5－3.5kW·h/m³，逐步向全绿能迈进。冬季在环境温度低和日照辐射弱的运行条件下，空气源热泵作为主力输出热量，极端低温空气源热泵供热量不足时，电加热自行启动，满足全天候、全时段原油处理加热负荷，日耗电量800~1200kW·h，吨液单耗7.4-9.1kW·h/m³。

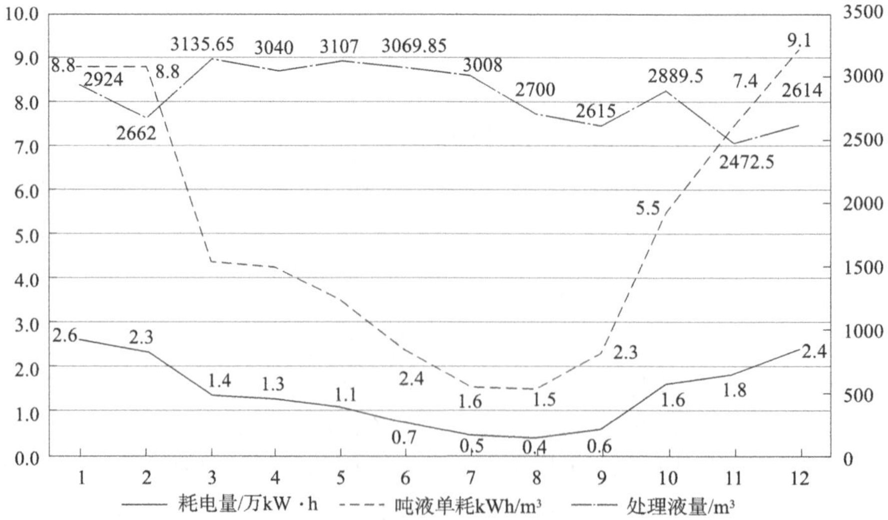

图4　2023年红十增空气源热泵运行数据

3.2 空气源热泵运行分析

红十增供热方式包含光热、空气源热泵和电加热，光热系统除冷冻液循环泵外无需电能消耗，空气源热泵和电加热为主要耗电设备，为实现加热的连续稳定，空气源热泵与电加热已实现耦合控制，电加热能效稳定为1左右，而空气源热泵能效随环境温度变化，对空气源热泵进行能效跟踪是优化机组运行的首要工作。

图5所示为空气源热泵能效指数随环境温度变化趋势，环境温度较高时，压缩机压比较小，耗功减少，此时机组能效可达3.4。冬季光照强度弱，蒸发压力较低，机组制热量无法完全满足加热需求，电加热开启，由于电加热能效较低，机组能效指数降低，依据安装地点气候条件，冬季环境温度多为-14～0℃，能效指数为1.5～2.2。极端低温时机组整体能效指数降低至1.28，此时较电加热依旧提升28%，充分体现空气源热泵的节能和稳定。

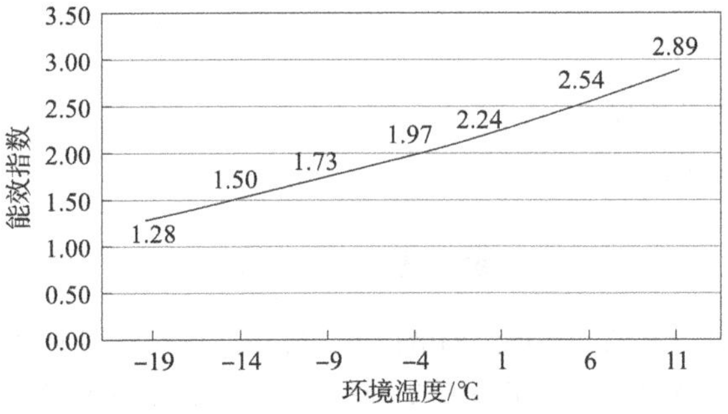

图5　机组能效指数随环境温度变化

压缩机作为空气源热泵唯一的耗能设备，其效率决定机组整体效率，经调研，空气源热泵配备的压缩机峰值效率在0.85左右，在对不同环境温度下压缩机效率计算后发现，机组效率与压缩机效率之间呈现正相关关系夏季时压缩机运行工况较好，压缩机效率可达0.74，但极端温度下压缩机效率仅为0.37，造成空气源热泵能效指数大幅下降。同时低温环境下，翅片换热器结霜问题严重，电加热开启时长变长，加剧能耗增长(图6)。

3.3 改进方向

通过对空气源热泵机组运行跟踪，发现冬季加热能耗高的原因有两点：一是冬季环境温度低，压缩机压比大，润滑条件恶化，效率降低，严重时压缩机无法启动甚至烧毁；二是环境温度较低且相对湿度较大时，换热器结霜严重，热泵机组无法从环境中吸收热量。针对两个原因，分析能效改进方向一是降低低温环境下压缩机排温，保证压缩机正常运行状态。二是提升机组融霜效率，减少电加热开启时间，以下就两种改进方向进行介绍。

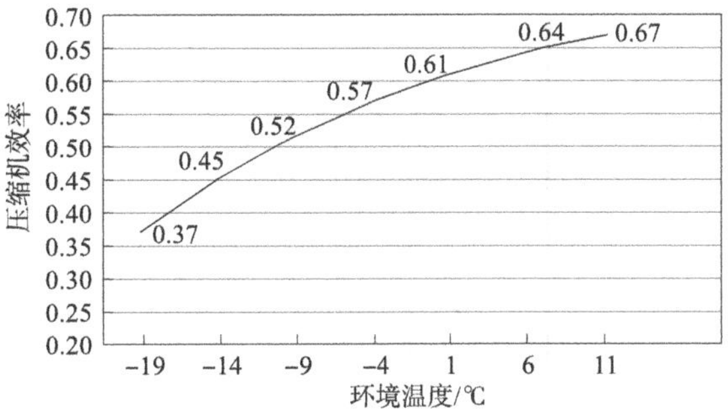

图6　压缩机效率随环境温度变化

3.3.1 改善压缩机运行状态

针对机组现场应用现状计算，当环境温度低于-10℃时，压缩机压比大于8，易出现排温过高自动停机现象。为降低压缩机排气温度，低温空气源热泵空气源热泵的提出改善了传统空气源热泵在低温工况下的性能。针对低温工况下空气源热泵的研究主要集中在喷气增焓热泵系统上，国际上更是将低温空气源热泵技术列入21世纪最具节能潜力的15项技术之一。喷气增焓技术(图7)通过在中间压力吸入一部分低温气体，与部分经过压缩的冷媒混合降温后再压缩，以达到降低排气温度、增加制热量的效果。

3.3.2 提升融霜效率

空气源热泵在低温环境下运行时，结霜严重，严重影响机组正常运行。且结霜期间供热量由电加热提供，耗电量较大。目前结霜问题难以避免，改进方向主要为通过改进翅片结构降低结霜率和改进系统流程，达到抑制结霜和减少融霜时间的效果。结合应用实际和技术应用现状，改进翅片结构无法完全抑制结霜，且多为理论研究。而热气旁通除霜技术较为成熟，技术原理为通过压缩机排出的高温气体对翅片换热器进行融霜，以相变+大温差实现霜层快速去除。通过热气旁通技术的应用，可实现融霜时长减少40%～50%，融霜功耗降低19%～24%，大幅降低由于机组结霜带来的能耗增长。

热气旁通融霜工艺流程图如图8所示。

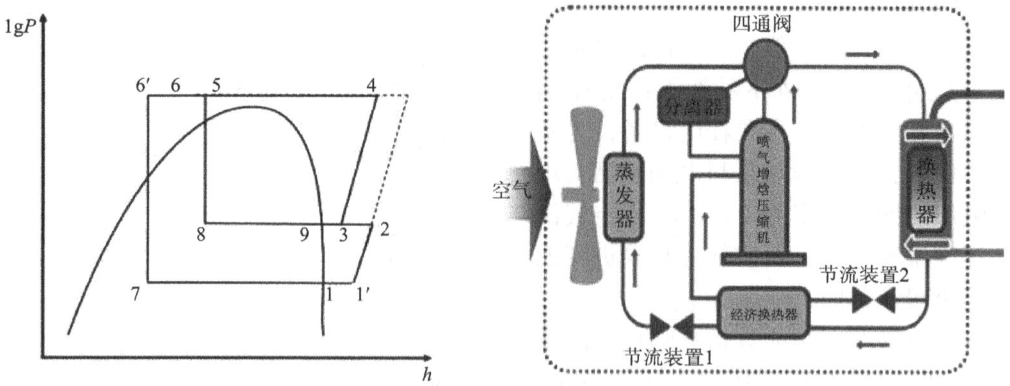

图 7　喷气增焓技术工艺流程图

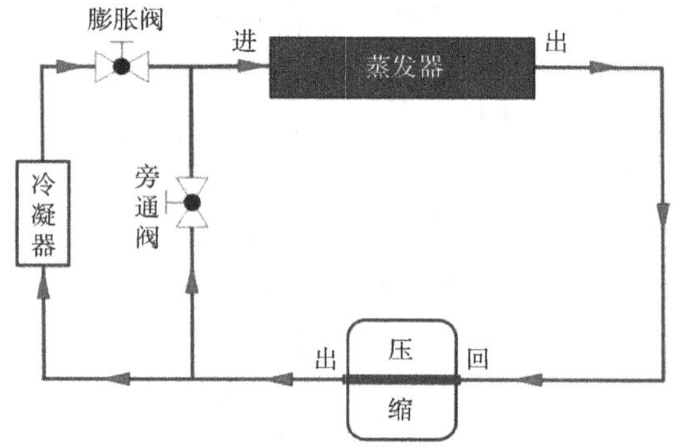

图 8　热气旁通融霜工艺流程图

4　结论

本文从采油一厂绿色加热体系应用入手，以红十增空气源热泵为例分析应用现状，总结存在问题，对问题原因进行计算分析，针对存在问题指出解决思路，提出改进方向，形成主要结论如下：

（1）经过 3 年多批次引进及运行优化，现已安装 39 台套空气源热泵机组，年可提供清洁热量 38776.64GJ，加热成本较燃煤锅炉降低 32.6%。

（2）由空气源热泵原理及应用现状可知，空气源热泵机组能效呈现夏高冬低现象，夏季吨液单耗为 1.5-3.5kW · h/m^3，机组能效指数可达 3.4；冬季极端条件下吨液单耗可达 9.1kW · h/m^3，机组能效降低为 1.28，此时依然较电加热能效提升 28%。

（3）针对制约空气源热泵冬季运行效率低的问题，根据现场实际应用提出喷漆增焓和热气融霜两项改进措施，为提升空气源热泵机组节能降碳水平指明方向。

参 考 文 献

[1] 李庆安，霍明，刘敏，等．浅谈空气源热泵加热技术在油井加温系统的应用[J]．中国设备工程 2021，(S1)：145-150.

[2] ZHENG X J，SHI R，YOU S J，et al. Experimental study of defrosting control method based on image processing technology for air source heat pumps [J]. Sustainable cities& society，2019，51：101667.

[3] 李世强．空气源热泵在马 35 区块的应用[J]．化工设计通讯，2018，44(12)：103.

[4] 刘淑亭．空气源热泵加热原油技术及应用[J]．内江科技，2016，37(06)：35.

[5] 唐逸飞，赵军．带经济器的空气源热泵系统研究综述[J]．轻工机械，2018，36(4)：93-99.

[6] 马最良．热泵技术应用理论基础与实践[M]．北京：中国建筑工业出版社，2010.

[7] 颜丙正．低温气候空气源热泵技术分析[J]．中国设备工程，2023，(21)：239-241.

“节点仪”与“可控震源”应用能效分析

黄 腾 陈 成 何友才 彭文秋

(中国石油集团东方地球物理勘探有限责任公司西南物探分公司)

摘 要 绿色低碳创新是科技革命和产业变革的重要方向，是最富生机、最有前途的重要领域，是人类社会可持续发展的重要支撑。为全面贯彻落实党的二十大精神和习近平总书记生态文明建设重要思想及绿色低碳高质量发展等系列指示精神，石油物探行业大力推行绿色勘探成果“节点仪”“可控震源”的运用，在地震采集项目中实现了节能提效、绿色低碳，充分发挥了科技创新在推动绿色低碳发展中的关键作用。

关键词 石油物探；绿色勘探；科技降碳；安全降碳；节点仪；可控震源；节能提效；绿色低碳

1 前言

习近平主席在第七十五届联合国大会一般性辩论上，首次明确提出2030年前碳达峰和2060年前碳中和的目标承诺，在之后系列重要会议上又一再重申，表明不断增强推进“双碳”工作的决心与信心。近年来，集团公司全面贯彻落实习近平生态文明思想，坚持在“保护中开发、在开发中保护、环保优先”的原则，以“双碳”目标为引领加快布局清洁生产和绿色发展，明确将绿色低碳纳入集团公司发展战略，7次召开集团公司新能源材料事业发展领导小组会议，进一步明确“清洁替代、战略接替、绿色转型”三步走的总体部署，集中优势力量向绿色低碳领域进军。

石油物探行业积极响应集团公司绿色低碳和三步走的发展战略部署，着力落实“双碳计划”，加大可控震源、节点仪等绿色勘探成果应用，持续推进“绿色企业”及示范队创建工作。“可控震源高效采集技术”和“节点地震勘探技术”入选自然资源部发布的《矿产资源节约和综合利用先进适用技术目录(2022年版)》。本文结合四川盆地物探施工作业实际，对节点仪、可控震源与传统井炮、有线采集施工能耗进行对比，为物探作业开展能效对标提供可参考的依据。

2 可控震源施工

早在国家“十二五”的863计划中，石油物探行业就提出了高精度可控震源技术的概念，2015年成功研制出事件上第一台高精度可控震源EV-56。高精度可控震源的出现开启了点激发采集技术进行深部探测的勘探技术，石油物探行业迎来了“高精度油气勘探时代”。2022年10月，EV-56高精度可控震源作为国家科技部推荐参展的中国石油唯一技术装备，在“奋进新时代”主题成就展的室外展区精彩亮相。作为中国石油2021年度“十大科技创新成果”之一，EV-56高精度可控震源继参加国家“十三五”科技创新成就展之后，又一次获得了在国家平台展示的难得机遇与殊荣。

可控震源(图1)作为目前地震勘探主要激发源之一，是一种机械震源，靠安装在特种汽车上的振动器连续冲击地面而产生地震波动的，又称为连续振动震源。可控震源振动的连续时间和频率的变化范围可以人为控制，与常规井炮相比不仅具有施工效率高、成本低的优点，在能耗方面也有显著的降低。作为高效、安全、环保的勘探装备，可控震源引领着陆上绿色勘探的未来。目前，只有中国、美国、法国可以自主完成可控震源的设计与制造。

图1 可控震源施工现场图

3　节点仪运用

eSeis 国产节点仪器(图 2)为国产无线陆地节点采集系统，具有轻便、灵活、灵敏度高、稳定适应性强、操作简单、性价比高等优势和特点。eSeis 陆上节点地震仪具有完全自主知识产权，达到了国际领先水平并实现产业化，与"EV56 高精度可控震源"一同作为标志性成果入选国家"十三五"科技创新成果展。eSeis 由于采用 GPS 信息定位和无线信息接收存储和发送地震激发信息，降低了采用传统仪器大小线施工所带来的安全风险，规避了绕道、掉排列的质量风险，更适合大规模集约式采集方式施工，施工效率更高。

图 2　节点仪埋置现场图

近年来，四川盆地地震勘探项目炮道密度逐年攀升，勘探区域逐渐由盆中丘陵向盆周高陡区域延伸，加之传统有线采集设备存在设备相对老旧、故障率偏高、受地形限制等问题制约着高效采集，因此节点仪使用率逐年上升。

4　能效对比

4.1　可控震源与传统井炮施工对比

地震采集作业中井炮施工包括测量、钻井、下药、采集四大主要工序。而可控震源施工只有测量及采集两大工序，从工序数量上由四个降到两个，施工涉及的车辆、材料及人员各种能耗大大降低。下面以 10 万个激发点为基数，从四大工序角度来分析两种施工的能耗情况。

(1) 测量

井炮点位在确保安全、环保的前提下，按就近偏移原则优选物理点，涉及无障碍、小型障碍、大型障碍、陡崖等各种复杂地表，同时，由于井炮对各种障碍物安全距离大，点位偏移距离大，造成井炮点位施测效率较低。目前川渝地区炮点单个测量组平均日效为 57.43 个/天。而可控震源点位，在川渝地区基本都在铺装道路上施测，障碍少，且安全距离小，施工效率高，单个测量组平均日效为 130 个/天。按照 10 万个点位计算，井炮需要配置 42 个组，每三个组配置 1 台车，每天消耗柴油 12L，共需要 42 天，消耗柴油 7056L。可控震源只需要配置 33 个组，共 23 天，消耗柴油 3036L。两种施工对比见表 1。

表 1　井炮与可控震源测量能耗对比表

类型	川渝地区测量平均日效/(个/天)	10 万个点位柴油消耗/L
井炮	57.43	7056
可控震源	130	3036
差值	72.57	4020

(2) 钻井

目前川渝地区使用钻机主要分为水钻及空气钻机两大类，见表 2。

表 2　钻机分类统计表

序号	类型	单组日效/口	平均油耗/(口/L)	备注
1	水钻	3.5	4	油料为柴油
2	空气钻机	4	15	油料为汽油

根据 2022 年可控震源项目区域岩性，按照水钻 70%，空气钻机 30%计算，水钻井位为 7 万口，空气钻机为 3 万口。由于钻机还涉及搬迁、人员转运，需要配置车辆，按照每 100 口井转运一次，柴油消耗 20L 计算，共消耗 20000L 柴油，累计柴油消耗 300000L，汽油 450000L。

(3) 下药

民爆品管理环节包括入库、存储、出库、工地运输、工地发放、包下药、爆破、废哑炮处置、销毁。下药人员按照"1+5+2+N"(1 个单元长配备 5 个下药组、2 台民爆车、N 辆载人车)的模式建立下药作业单元，爆破人员按照"1+

10+N”(1个单元长配备10个爆炸组、N辆载人车)的模式建立爆破作业单元，见图3。

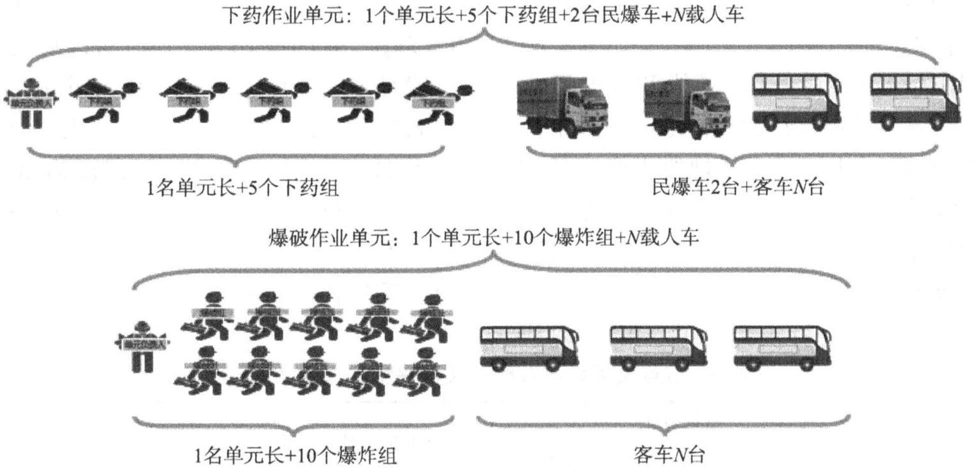

图3　包下药环节作业模式图

1台民爆车准载炸药984kg，每日平均行驶150km(百公里油耗13L)，每日油耗19.5L，炸药运输油耗0.01981L/kg。由此可算，炸药运输油耗15848L，按照雷管车与炸药车1∶3配置，雷管运输消耗5282L。1台工程车准载2个下药组(单个组炸药消耗约224kg)，每日平均行驶120km(百公里油耗12L)，每日油耗14.4L，下药组转运油耗0.03214L/kg，总的油耗25712L。1台皮卡车准载1个放炮组(消耗炸药360kg)，每日平均行驶40km(百公里油耗10L)，每日油耗4L，放炮组运输油耗0.01111L/kg，算得油耗8888L。综合累计，以10万炮计算下药工序汽油油耗55730L。

(4) 采集

井炮采集由炮班完成，常规配置按3人每组，每3组1台车计算。按照目前常规三维日效1000炮计算，每天需要最低20个炮班计算，需要60人，7辆车，每辆车单日油耗按柴油15L计算，完成10万炮共需100天，共计需要柴油10500L。

可控震源常规配置为每组4人，2台警戒车以及2台可控震源。同样按照日效1000炮计算，需配置4个组，共16人，8台车及8台可控震源。警戒车平均日消耗柴油20L，每日消耗柴油共计160L。可控震源每天工作8h，每台每天消耗柴油200L，每日消耗柴油共计3200L，8台车及8台可控震源每日累计消耗柴油3360L。10万炮日均完成1000个点，需要100天。柴油消耗累计336000升。两种施工对比见表3。

表3　井炮与可控震源采集能耗对比表

类型	柴油消耗/L
井炮	10500
可控震源	336000
差值	-32550

(5) 综合对比

以10万个激发点为基数，综合四大工序的总体情况，按照汽、柴油折标煤系数(表4)折算后，井炮与可控震源施工的能耗情况对比见表5。以标煤换算两种油料后，通过综合对比计算，井炮施工模式下四大工序所需能耗比可控震源施工多出约1.4倍。由此可见，可控震源施工相较石油物探行业传统的井炮施工模式而言更加“绿色低碳”。

表4　能源折标准煤换算

能源名称	折标准煤系数
汽油	1.4714kg标准煤/kg
柴油	1.4571kg标准煤/kg

表5　井炮与可控震源综合能耗对比表

类型	汽油消耗/t	柴油消耗/t	合计/(tce)
井炮	373.23	234.36	890.66
可控震源	0	250.21	364.58
差值	373.23	-15.85	526.08

4.2　节点仪采集与有线检波器采集对比

节点仪使用比例逐年提高，与传统的有线设

备相比，不仅具有施工效率高的优点，在人车成本、安全环保风险和能耗方面均有显著的降低。

（1）工作效率

如果采用传统有线设备（电缆线和检波器组合）布设，除了电缆线布设要根据实际地形条件而定，遇到过公路、水域或高陡地段需要很长的时间。普通检波器从到位到埋置好一般需要8min，节点仪只需要5min，平均埋置时间节约了3min，时效提升38%。

从设备的重量上分析，传统的一根电缆线（附带4道单点检波器）总质量约为17.6kg；4道节点仪总质量约为4.4kg，从负重上减轻了13.2kg，减重约75%。传统有线设备使用的电瓶一般是80~100AH，一个电瓶重量在20~30kg，一名员工一次只能搬运两个电瓶，而单个节点仪是1.1kg，一名员工一次可以搬运20个节点仪。

综合对比，在物探项目采集设备中，节点仪埋置不仅受地形环境因素影响小，而且埋置时间短、重量轻、易搬运，见表6。

表6　节点仪采集与有线检波器采集工作效率对比

设备型号	重量对比		个人负重数量情况	埋置时间及便捷性对比	故障率对比
	大线	检波器			
有线设备	15kg/根	0.65kg/个	17.5kg/人	8min	高
节点仪	1.1kg/个		20.2kg/人	5min	无

（2）人车成本

在用工方面，按传统有线设备搬埋8道/人，电源站2个/人的标准计算，2022年项目施工期间日均搬埋2801道，需要设备搬埋350人，电源站44人，共计394人；节点仪搬埋20道/人，需要140人，节约210人，节约64.47%的用工量。

在车辆方面，按传统有线设备搬埋48道/台的标准计算，2022项目施工期间日均搬埋2801道，需要车辆58台，节点仪搬埋88道/台，需要32台，节约26台，节约44.83%的用车量。对比数据见表7。

表7　节点仪采集与有线检波器采集人车成本对比分析

设备型号	季节工用量	车辆用量	日均搬埋	项目总量			
				日均用工	节约比例	日均用车	节约比例
有线	8道/人	48道/台	2801道	394人	64.47%	58台	44.83%
节点仪	20道/人	88道/台		140人		32台	

（3）安全环保

排列布设时，如果采用传统有线设备在跨越障碍（如公路、水域、陡崖），布设路线必须顺测线通过，根据作业环境的变化，施工人员可能面对车辆伤害、淹溺、高处坠落、摔伤等安全风险。例如在野外排列布设频率很高的过公路作业，除了要成立专门的过公路布设小组，面临车辆警戒、人员公路临边作业等风险，还要面临极端天气（大雨、暴风）、车辆超高和人为破坏等安全隐患。

排列布设时，如果采用节点仪，消除了在过公路、水域和陡崖等高风险作业环境进行电缆线布设环节，人员可以绕过障碍区域，减少了人员在危险区域的暴露频次，大力提升了本质安全。

交通运输方面，由于采用节点仪进行排列布设，相对于采用传统有线设备减少44.83%的用车量，降低了交通运输的安全风险。

环保方面，传统有线设备使用的铅酸蓄电瓶属于危险固体废物，在购买、搬运、使用和处置等各环节，如果操作不当容易造成较大的污染和环境破坏。另外，节点仪布设相对传统有线设备，消除了电缆线对林区植被和农作物的破坏，提升了绿色勘探效果。

（4）能耗

若按照每日收摆2801道设备计算，每日使用节点仪可减少车辆使用26台，每台车日均行驶150km，车辆平均油耗14L/100km，每个生产日将节约车辆燃油546L。每日2801道428设备需使用88个铅酸蓄电池，充满一个电瓶需用电1.09kW·h（使用3天需充电）平均每天耗电31.97kW·h。充满一个节点仪需用电0.26kW·h（使用20天需充电）平均每天耗电36.41kW·h。

能耗对比数据见表8。

表8　采集设备每日能耗对比表

类型	柴油消耗/L	耗电量/(kW·h)	折标/tce	节约比例
节点仪	672	36.41	0.8368	34.44%
传统有线设备	1218	31.97	1.2763	
差值	-546	4.44	-0.4395	—

5　总结与展望

石油物探行业在目前的环保节能工作中，通过不断推进可控震源、节点仪器等绿色勘探成果在地震采集项目中的大范围使用，做到了科技降碳、安全降碳、节能提效，绿色企业创建有条不紊。

“节能提效高水平引领，绿色低碳高质量发展”，科技创新是实现能源绿色低碳发展的第一动力。习近平总书记强调，要以绿色低碳为方向，分类推动技术创新、产业创新、商业模式创新，并同其他领域高新技术紧密结合，把能源技术及其关联产业培育成带动我国产业升级的新增长点。

中国石油集团董事长戴厚良提出，当前，绿色能源技术创新已成为新一轮科技革命和产业革命的关键所在。能源行业应充分发挥自身优势，以技术创新为突破口，把创新和发展的主动权牢牢掌握在自己手中。加快自主创新步伐，关键是要围绕能源有效开发、能源清洁化、能源利用三大领域，加大关键共性技术、前沿引领技术、现代工程技术等攻关力度，推广示范应用，推进成果转化，推动能源行业绿色低碳发展。

在党中央的部署下，在集团公司的引领下，石油物探行业将发扬已有的科技创新优势，从节能提效、绿色低碳的角度再出发，攻克未来更多的技术难关，牢握发展与创新的主动权，探寻绿色勘探更多的可能。

参考文献

[1] 邹才能，李煜婷，王珊珊，陈明卓，苏春梅．绿色低碳走出一条高质量发展的“石油路径”[N]．中国石油报，2022-01-11(003).

[2] 宋晓伟．EV-56高精度可控震源技术[J]．物探装备，2023，33(01)：21-24.

[3] 戴厚良．推动绿色低碳发展增强能源安全保障能力[J]．北京石油管理干部学院学报，2022，29(01)：10-13.

油气处理系统能源管控等级评估方法研究

尹晓云[1,2]　李　静[1,2]　林　冬[1,2]　黄征宇[3]　苏　明[1,2]

（1. 中国石油西南油气田分公司安全环保与技术监督研究院；
2. 页岩气评价与开采四川省重点实验室；3. 中石油遂宁天然气净化有限公司）

摘　要　油气田生产企业在生产能源的同时也消耗巨大的能源，油气田企业能源费用一般占其总成本的15%以上。因此，进行能源管理不仅是政府的需要，而且也是减少企业运行成本，提高企业竞争力的有效方式。能源管控是近几年发展起来的一种新型能源管理模式，是提高企业能源科学化管理水平的有效手段。通过对能源管控的程度评价方法的研究，为量化油气田企业或主要油气生产工艺的能源管控发展等级提供依据。处理系统作为油气生产过程的重要组成部分，其能耗约占油气生产总能耗的30%以上，故对处理系统能源管控等级评估方法的研究可为油气田生产过程中处理系统能源管理提供重要的决策依据。

关键词　能源管控；处理系统；天然气净化厂；等级评估；节能

能源管控是针对能源生产、输配和消耗等过程，以自动化、信息化技术为手段，通过能源计量和在线监测，运用对标分析和系统优化的方法，对能源利用实施动态监控和有效管理，促进能源利用最优化和经济效益最大化的活动。建立能源管控系统，对能源消耗进行实时监控、分析诊断和优化指导，是油气田企业强化用能管理的必然趋势。油气田企业能源管控成熟度模型基于主流项目管理成熟度模型，分为计量级、监测级、分析级、优化级和智能级5个等级，并由计量级向智能级发展。其中，计量级应实现能源的有效计量，监测级应实现能耗状况的实时监测，分析级应实现能效水平的有效分析和主要用能问题的合理解决，优化级应实现能源消耗目标的科学设定和优化方案的在线计算，智能级应实现能源使用全过程的闭环优化管理。“十三五”期间，中国石油集团公司遵循“效益为本，注重实效；分类指导，突出重点；完善机制，创新驱动”的原则，积极推进能源管控建设。随着能源管控工作的不断开展和深入，有必要对企业能源管控的实施程度进行评估，以确定能源管控的水平等级，并推动能源管控的持续完善。能源管控的评估方法主要采用量化分析方法，即为每一等级设置评估项及相应分值。评估过程采用打分制（100分为满分），并从计量级开始，得分≥80分时方可进入下一级评分，以此类推，逐级递进。

1　各等级要求及评估方法

1.1　计量级要求及评估方法

处理系统计量级的要求是能源计量器具配备应符合GB/T 20901和Q/SY 1212的相关规定。油田业务的原稳站、污水站、油气储运站库等应按能源实物类型分类单独计量。若多个生产工艺集中在一个站内，则应实现各生产工艺的单独计量；若生产工艺不在一个站内，生产工艺应按能源实物类型分类单独计量。气田业务的天然气净化的主体装置，脱水（烃）、脱硫（碳）、硫黄回收、污水处理、轻烃回收、外输等工艺单元应按能源实物类型分类单独计量。处理系统计量级评估方法见表1。

表1　处理系统计量级评估方法

评估内容	分值	评估细则
计量配备率	50	按照Q/SY 1212规定的配备率，得分为配备率乘以50分
计量准确度	30	按照GB/T 20901和Q/SY 1212规定的准确度要求，得分为符合标准率（符合标准计量器具数量除以配备数量）乘以30分
更换智能仪表比例	5	新更换（或配备）智能仪表或远传功能仪表，得分为新更换（或配备）智能仪表或远传仪表数量除以新更换（或配备）计量仪表总数乘以5分

续表

评估内容	分值	评估细则
记录频率	15	得分为每周记录频率除以 7 乘以 15，最高得 15 分

1.2 监测级要求及评估方法

处理系统监测级应具备选择能源绩效参数、设定能源绩效参数基准值、在线计算及监测能源绩效参数、远传能源计量数据等功能。处理系统的主要设备为压缩机、加热炉、锅炉、注水泵、风机，系统主要能源绩效参数包括设处理单耗及设备效率。处理系统能源绩效参数及其对应的采集变量见表 2。

表 2 处理系统能源绩效参数及其对应的采集变量

能源绩效参数	采集变量
原油处理综合能耗	净化油量、耗电量、耗气量
单位含油污水处理电耗	污水处理量、耗电量
单位产品天然气综合能耗	净化气量、耗电量、耗气量
单位产品天然气新鲜水量	净化气量、新鲜水用量
压缩机组效率	—
加热炉平均效率	—
锅炉平均效率	—
注水泵机组效率	—
风机机组效率	—

数据在线监测需要建立独立的数据库，用于数据的储存及计算。同时数据库的接口能与现有的生产管理系统进行通信。处理系统的能效基准值的设定至少应该包含处理系统综合能耗、处理单耗、设备效率、功率因素、处理量等参数。基准值的选取可以参考近一年的生产及能耗数据，对于波动较大的基准值可以应用统计学回归分析的方法进行预测及设定。处理系统监测级评估方法见表 3。

表 3 处理系统监测级评估方法

评估内容	分值	评估细则
绩效参数设置	15	处理系统边界按照 Q/SY 09001.3 规定设置得 5 分，否则得 0 分 绩效参数包含系统总能耗、单耗及设备效率，总分为 10 分，少一项扣 1 分，最少得 0 分
测试参数监测及传输	40	仪器远传率要求，得分为在线监测仪表数量与总测试仪表数量的比值乘以 20 分 仪表远传频次要求，得分为满足 Q/SY 09001.3 规定的在线仪表数量与总在线仪表数量的比值乘以 10 分 手动输入参数要求，得分为满足 Q/SY 09001.3 规定的手动输入参数量与总手动输入参数量的比值乘以 10 分
绩效参数计算	10	绩效参数计算合理性，得分计算方法应满足 GB 33653 要求，总分为 10 分，错误一项扣 2 分，最少得 0 分
绩效参数基准水平确定	15	基准水平合理性，得分计算方法应满足 Q/SY 09004.3 要求，总分为 15 分，错误一项扣 3 分，最少得 0 分 有指标展示功能得 5 分
系统功能	20	有预警功能得 5 分 有能源计划统计模块得 5 分 具有系统维护及权限管理得 5 分

1.3 分析级要求及评估方法

处理系统分析级主要在监测级的基础上加入能源绩效参数纵向分析和横向对标，提出处理系统的节能增效建议。其中，处理系统的能源绩效参数纵向分析指选择主要的能源绩效指标与满足对比条件(处理系统在主要设备不变的情况下指相似的处理量、处理工艺参数等)的历史数据进行比对分析。横向对标应结合不同原料类型、处理工艺等特征，根据处理系统自身实际情况，定期收集同类企业或相近处理系统的主要能源绩效参数，可与统建的能效管理系统先进指标进行对比分析。通过纵向分析及横向对标识别节能增效机会并进行技改措施的实施。处理系统分析级评估方法见表4。

表4　处理系统分析级评估方法

评估内容	分值	评估细则
纵向分析	30	可以对历史数据进行存储得10分 可以对历史数据进行分类查询得10分 对处理系统进行月度分析得10分
横向对标	25	可以与其他油气田处理系统进行横向对标分析得15分 对处理系统进行年度对标分析得10分
节能机会识别	20	定期开展节能增效机会识别得20分
系统功能	25	在信息平台开发时与统建的能效对标管理模块有统一的数据接口及规范得15分 能效对标模块应采集的参数与统建的能效对标管理模块相同得10分

1.4　优化级要求及评估方法

处理系统优化级是在分析级的基础上，增加了系统优化功能，即通过对采集数据的计算分析，监控关键绩效指标，利用合理模型进行模拟运行，通过不断调整处理系统的关键运行参数如天然气净化厂脱硫装置吸收塔贫液循环量、再生塔塔底重沸器温度等，最终找到系统最优解，使处理系统能源的使用达到最优值，最终实现企业效益的最大化。处理系统优化级评估方法见表5。

表5　处理系统优化级评估方法

评估内容	分值	评估细则
建立优化模型	70	建立处理系统优化模型得30分 按照标准Q/SY 09004.3要求定期对模型进行优化得20分 具有优化目标值及分析建议记录得10分 具有建议实施反馈记录得10分
系统功能	30	具有工艺装置运行工况仿真功能得10分 具有工艺装置用能优化功能得10分 具有处理系统整体用能优化功能得10分

1.5　智能级要求及评估方法

处理系统智能级要求是通过能源使用管理与主要生产过程闭环优化等集成，实现对能源管控单元的全方位闭环管理，倒逼企业的组织机构变革，促进其生产全过程的能源使用科学化管理和精细化控制。能源管控单元闭环优化是指在优化级能源管控系统的基础上开发闭环实时优化系统，可通过先进控制系统直接调整操作参数至优化值，实现处理系统的闭环管理。处理系统智能级评估方法见表6。

表6　处理系统智能级评估方法

评估内容	分值	评估细则
闭环优化	70	实现处理系统的闭环控制得30分 自动调节使绩效参数趋近于优化目标值得20分 实现生产过程的全方位管理，实现计划、分析、改进、考核环节任意一项得5分
系统功能	30	系统具有能源管控单元闭环实时优化模型得15分 系统与生产过程的全方位管理(包括生产、执行、考核)联动得15分，每一项5分

2　实证分析

气田业务中某天然气净化厂进行能源管控试点，现有7套主体净化装置(原料气过滤分离装置、脱硫装置、脱水装置、硫黄回收装置、尾气处理装置)及对应的公用工程和辅助装置(锅炉、循环水、空分空压、污水、火炬、供配电系统、给排水和消防系统等)。该天然气净化厂能源管控系统包括能耗驾驶舱、在线监测、能耗查询、对比分析、能效对标、报警预警6个核心功能模块。通过6个核心模块的建设，能全面有效地对7套主体净化装置和公用辅助装置的能耗情况进行监测，既能实现主要单元的监测，也能实现重点设备的监测；既能对关键绩效参数进行实时监测，也能对能源消耗情况进行纵向、横向的全面对比分析；既能对能源绩效参数进行预警报警，也能对信息进行逐级追溯并查找相应原因。此外，管控系统可根据不同人群实现分级权限管理。该天然气净化厂能源管控评估情况见表7。

表7　天然气净化厂能源管控评估情况

能源管控等级	评估分值
计量级	93
监测级	95
分析级	92
优化级	0

由表7可见，该天然气净化厂已经达到分析级，没有达到优化级，因此没有对智能级进行评估。经过评估，该天然气净化厂对自己的能源管控建设程度有了深入了解，同时为下一步开展优化级的建设提供了方向。

3　结论

处理系统能源管控评估方法研究是为了确定能源管控建设的程度，检查是否按照不同等级的要求构建并有效运行的，同时提出下一步建设方向。通过对能源管控不同等级建设要求的分析，结合处理系统运行特点，提出了不同等级的评估方法，并且对打分进行细化。为验证此评估方法的有效性，对气田业务中某天然气净化厂进行现场实际验证，得出其能源管控处于分析级水平；同时对于不符合项目提出整改措施，有效地提高了天然气净化厂的能源管理水平。

参　考　文　献

[1] 付晓林．油田机采系统能源管控建设与应用[J]．石油石化节能与计量，2023，13(10)：57-62.

[2] 魏文勇，邱海涛，王彬，等．青海油田采油五厂能源管控系统的研究与应用[J]．石油石化节能，2022，12(1)：35-36，40.

[3] 郭以东，何晓梅．从能源管控建设谈石油化工企业的节能管理[J]．中国能源，2020，42(5)：44-47.

[4] 马建国．油气田能源管控中心建设探讨[J]．石油规划设计，2018，29(1)：9-11，48.

[5] 朱英如，吴浩，张士奇，等．能源管控系统在油气田企业中的应用[J]．石油规划设计，2019，30(1)：8-9.

[6] 翟民江．注入系统能源管控等级评估方法研究[J]．石油石化节能，2019，9(9)：28-30.

[7] 江兴家，杨阳，向涛，等．基于深度学习的能源管控系统设计与应用[J]．中国管理信息化，2022，25(3)：106-111.

[8] 李承泽．采油厂能源管控系统的优化提升与应用[J]．现代信息科技，2022，6(10)：99-101，104.

[9] 尹晓云，李静，文明，等．天然气净化厂能源管控等级评估方法研究[C]//中国石油学会天然气专业委员会第33届全国天然气学术年会，2023.

[10] 江兴家，杨阳，向涛，等．基于深度学习的能源管控系统设计与应用[J]．中国管理信息化，2022，25(3)：106-111.

[11] 蒋维东．油田能源管控建设实践[J]．石油石化节能，2023，13(8)：80-84.

[12] 吴早亮，程鸿萱，孙彦峰，等．新疆油田能源管控系统的建设[J]．石油石化节能，2022，12(12)：82-86.

山西省油气田新能源技术创新与发展研究分析

耿华荣

（中石化天然气分公司山西长城华新能源有限责任公司）

摘　要　随着我国“双碳”战略目标措施的逐步落实，作为煤层气主产地山西省的新能源技术创新迫在眉睫。依托以能源发展为主的山西省减碳、降碳、低碳任务压力倍增，结合自身经济发展水平，山西省委、省政府及时出台了多项鼓励政策，制定了能源安全新战略和创新驱动发展战略，加快推动山西省能源科技进步。作为扎根山西省能源市场的石油石化企业需超前布局，抢抓新能源机遇，积极开拓新能源板块空白市场，促进山西省能源行业及石油石化企业加速转型。本文立足工作岗位，结合山西省油气田新能源的现状，首先从油气田新能源技术现状为切入点，将我国新能源现状与山西省新能源现状进行对比分析，接着对山西省油气田新能源政策进行了归纳总结，然后立足山西省油气田新能源发展趋势，从“双碳”战略、创新方式及发展趋势开展分析，研究现有山西省石油石化企业新能源行业存在的不足，着重从山西省整体现状、油气田现状进行研究分析，最后对整个山西省新能源行业的未来预期进行研讨，提出了一些看法和建议，具有一定的参考价值。

关键词　新能源；双碳；创新；趋势

“双碳”目标的提出给传统油气行业的转型与发展带来了巨大的挑战，也为油气行业指明了绿色低碳的未来发展方向。为了加快推进能源革命，实现能源高质量发展，加快新能源研究是当下关乎国家安全和发展的重点领域。实现“碳达峰、碳中和”的战略目标，山西省石油石化企业将结合实际现状及政策要求，加快战略创新转型，提前布局新能源市场。

1　油气田新能源技术现状

1.1　我国现状

《“十四五”可再生能源发展规划》提出，“十四五”时期全国将建成风光储一体化、风光水火储一体化、风光火储一体化、风光水储四大类型九大陆上新能源基地和五大海上风电基地，以全面支撑我国现代能源体系建设。《“十四五”可再生能源发展规划》还提出“统筹海上风电与油气田开发，形成海上风电与油气田区域电力系统互补供电模式，逐步实现海上风电与海洋油气产业融合发展”的海上油气田发展思路，这一思路对陆上油气田利用新能源也同样适用。下表为我国现有油田创新模式：

表 1　我国现有油田创新模式

所属油田	创新模式
大庆、吉林、松辽油田	创建油田节能降耗+松辽新能源基地（风光储一体化基地）+油气田碳汇+油田 CCS 工程运营模式。
塔里木、克拉玛依、吐哈油田	创建油田节能降耗+新疆新能源基地（风光火储一体化基地）+油田 CCS 工程+碳汇运营模式。
冀东、渤海、大港、长庆、华北油田	创建油田节能降耗+冀北清洁能源基地（风光火储一体化基地）+黄河几字湾清洁能源基地（风光火储一体化基地）+油田 CCS 工程+碳汇运营模式。
胜利、东海油田	创建油田节能降耗+山东半岛海上风电基地+黄河几字湾新能源基地+黄河下游新能源基地+油田 CCS 工程+碳汇运营模式。
四川油田	创建油田节能降耗+川滇黔桂水风光综合风光水储一体化基地（金沙江上游川藏段和川滇段、金沙江中下游、大渡河、雅砻江、乌江、红水河等水风光综合基地）+油田 CCS 工程+碳汇运营模式。

续表

所属油田	创新模式
滇黔桂、南海油田	创建油田节能降耗+川滇黔桂水风光综合基地(金沙江上游川藏段和川滇段、金沙江中下游、大渡河、雅砻江、乌江、红水河等水风光综合基地)+北部湾海上风电+油田 CCS 工程+碳汇运营模式。

从传统油气能源向清洁综合能源融合转型发展是新发展阶段油气田企业的重大机遇。表 3 为我国油气田新能源现状。

表 2　我国油气田新能源现状

能源类型	所属油田	新能源优势
风能	辽河油田	地处辽河平原，风能可利用有效时间达 50%以上，且年际变化较小，风向较稳定，风电机组年等效利用小时数在 3000h 左右，属于风能资源较丰富地区。
	玉门油田	地处河西走廊的西端，区域盛行风向稳定，80m 高度年平均风速为 6.6~7.8m/s，年有效风速小时数达 6300h 以上，属于风能资源较丰富地区，技术可开发风资源量达 8000 万 kW。
光能	辽河油田	太阳光年均总辐射量大于 5100MJ/m^2，年等效利用小时数超过 1500h，属于太阳能资源较丰富地区。
	青海油田	在柴达木盆地拥有油气矿权面积 6 万多平方千米，矿权区域内太阳能总辐射量在 6600~7200MJ/m^2，年日照时数 3000~3400h，是青海省年日照百分率最大的地区。
	玉门油田	年平均日照时数约 3300h，预估可开发量为 20 亿 kW，属于太阳能资源丰富地区，具有极高的利用价值。
地热能	辽河油田	地热能总储量相当于 340 亿 tce，目前已在辽河坳陷古近系圈定了多个地热储层有利区块，经核算叠加面积可达 1800km^2。
	吉林油田	地热资源丰富，以大情字区块为例，地热能有利面积为 270km^2，地热资源量为 0.66 亿 tce，按 0.15%可采率，每年地热能可采资源达 9.9 万 tce。
	冀东油田	唐山探区内地热异常带地温梯度大于 3.0℃/100m，埋藏浅、水量大、水质好，总资源量为 2.05 亿 MJ，相当于 70 亿 tce，可采资源量为 0.32 亿 MJ，相当于 10.8 亿 tce。

2023 年 2 月 27 日国家能源局印发了《加快油气勘探开发与新能源融合发展行动方案(2023—2025 年)》的通知，到 2025 年，大力推动油气勘探开发与新能源融合发展，积极扩大油气企业开发利用绿电规模。表 3 是我国 2025 年主要发展目标。

表 3　我国 2025 年主要发展目标

目标任务	措施	形成的成果
油气供给稳步增长	通过油气促进新能源高效开发利用，满足油气田提高电气化率新增电力需求，替代勘探开发自用油气；通过加大增压开采等措施；通过低成本绿电支撑减氧空气驱、二氧化碳驱、稠油热采电加热辅助等三次采油方式。	累计清洁替代增加天然气商品供应量约 45 亿 m^3；累计增产天然气约 30 亿 m^3；累计增产原油 200 万 t 以上。
绿色发展效果显著	坚持在保护中开发、在开发中保护、环保优先，加快开发利用地热、风能和太阳能资源，创新能源供需动态匹配核心技术和工作模式，积极推进环境友好、节能减排、多能融合的油气生产体系。	努力打造“低碳”“零碳”油气田。
行业转型明显加快	大力推进油气企业发展新能源产业；积极推进陆上油气勘探开发自消纳风电和光伏发电，风光发电集中式和分布式开发；统筹推进海上风电与油气勘探开发。	持续推动能源生产供应结构转型升级；形成海上风电与油气田区域电力系统互补供电模式，逐步实现产业融合发展。

1.2　山西省现状

2023 年 1 月 19 日，山西省人民政府办公厅印发了《山西省 2021—2025 年矿产资源总体规划和煤层气资源勘查开发规划的通知》，文件表明“十三五”期间，山西经济总量大幅增长，经济效益质量提升，综合实力显著增强。特别是能源革命综合改革试点取得明显成效，煤炭绿色智能安全开采和高效清洁深度利用居于全国先进水平，煤层气管理体制改革取得显著成效，非常规天然气持续增储上产，三大煤炭基地、两大煤层气产业化基地建设显著加快，以汾河为重点的“七河”生态修复工程取得阶段性成果，金属、非金属矿产资源保障能力进一步提升。清洁能源勘查取得重大突破。“十三五”期间煤层气资源实现大幅增储上产，发现鄂尔多斯盆地东缘临兴区块超千亿立方米大气田；地热勘查实现重大突破，阳高县至天镇县一带地热预可行性勘查，发现我国中东部地区第一口温度最高、自流量最大的高温地热井。

地热能是一种分布广泛、稳定可靠的可再生清洁能源。山西的地热能资源十分丰富，省委、省政府对地热资源开发利用作出了一系列安排部署，推动出台《关于全面推动地热能产业高质量发展的指导意见》《山西省地热能产业发展实施方案(2023—2025 年)》《关于全面推广地热能在公共建筑应用的通知》等一系列文件，营造良好政策环境，因地制宜推动地热能产业高质量发展。表 4 为山西省地热利用现状。

表 4　山西省地热利用现状

区域	措施	成果
综改示范区	实施“地热+”综合能源供热示范	累计建成 10 余座“以地热能为主、多能互补”绿色能源岛，供热面积达到 1000 万 m^2
运城	利用地源热泵技术实施浅层地热能供暖(制冷)	已建成在用浅层地热供热(制冷)面积 300 万 m^2 以上。
大同天镇县	建成高温地热能科研试验示范电站	装机容量 580kW
忻州、朔州等地	初步形成温泉康养旅游、工业利用等多元化利用方式	“忻州模式”

2　山西省油气田新能源政策

2023 年 1 月 5 日山西省人民政府下发《山西省碳达峰实施方案》，方案指出在有序推进地热、甲醇等其他可再生能源发展方面将推进繁峙、代县、广灵等光热取暖试点；在加快优化建筑用能结构方面将优化供热方式，推动城市、企业低品位余热综合利用，加大可再生能源应用，持续推进太阳能光热光电一体化应用。

2023 年 6 月 19 日山西省能源局下发《山西省科技支撑碳达峰碳中和实施方案(2022—2030 年)》，文件表明山西省将在九大重点领域开展科技创新行动。其中，方案第二条强调要大力发展光伏光热关键核心技术，开发新一代异质结、PERC、TOPCon 等高效硅基光伏电池、钙钛矿/晶硅叠层电池、大面积柔性钙钛矿电池、低成本高效率柔性聚合物电池、高效低成本集热、大规模储热、相变储热、多能互补供暖等技术与装备，加快高效光伏技术、新型光热发电与储能技术、太阳能电站智能运维技术等新技术转化。

2023 年 12 月 1 日山西省能源局下发《关于推动能源领域科技装备高质量发展的通知》，文件要求聚焦新一代信息技术和能源融合发展，鼓励开展能源领域用智能传感和智能量测、特种机器人、数字孪生，以及能源大数据、人工智能、云计算、区块链、物联网等数字化、智能化共性关键技术研究。推动煤炭、油气、电厂、电网等传统行业与数字化、智能化技术深度融合，开展各类能源岛和区域智慧能源系统集成试点示范，创新能源互联网、智慧能源、综合能源服务等新模式、新业态，引领能源产业转型升级。

国家发展改革委修订印发的《天然气利用管理办法》，自 2024 年 8 月 1 日起施行。《办法》结合国内外行业形势变化，以“规范天然气利用，优化消费结构，提高利用效率，促进节约使用，保障能源安全”为目标，以更加强调市场导向、融合发展以及民生保障为抓手，优化调整天然气利用方向及对应政策举措，推动天然气在新型能源体系建设中发挥更大作用。

3　山西省油气田新能源发展趋势

3.1　“双碳”战略

山西省石油石化企业将以能源绿色低碳发展为核心抓手，深入推进能源革命综合改革试点，推动传统能源与新能源优化组合，实现降碳、减污、扩绿、增长协同推进，在全国一盘棋推进碳达峰、碳中和进程中体现山西担当，积极推动传统能源大省向新型综合能源大省转型。表 5 为山西省“双碳”重点任务汇总表。

表5　山西省“双碳”重点任务汇总表

“双碳”任务	措施	前景
建设国家非常规天然气基地	实施非常规天然气增储上产行动，以沁水盆地和鄂尔多斯盆地东缘为重点，开展非常规天然气资源综合开发，重点建设晋城、吕梁、临汾非常规天然气示范基地；探索关闭煤矿（废弃矿井）剩余煤层气资源利用，加快探明地质储量备案区产能建设	打造以太原为核、高压干线为圈、各区域管网为环的“一核一圈多环”管网格局；加快建设LNG储气调峰设施，打造省内自给、省外备用、集约运营、运行可靠的储气调峰体系
打造氢能高地	谋划布局氢能产业化应用示范项目，统筹推进氢能“制储输加用”全链条发展；探索可再生能源制氢，充分发挥山西焦炉煤气富氢优势，鼓励就近消纳，降低工业副产氢供给成本，逐步推动构建清洁化、低碳化、低成本的多元制氢体系。	统筹推进氢能基础设施建设，持续提升关键核心技术水平，稳步推进氢能多元化示范应用，有序推动氢燃料重卡生产、氢燃料电池生产、氢能关键零部件制造等多产业结合的氢能产业集群建设。
有序推进地热、甲醇等其他可再生能源发展	加快地热资源勘探开发，全面推进浅层地热能规模化利用，积极开展中深层地热能利用试点示范；加大地热能在城市基础设施、公共机构的应用，在机场航站楼、火车站等重大公共基础设施建设地热技术运用示范项目。统筹推动甲醇燃料生产及输配体系建设。	支持太原、忻州、运城、大同等市创建地热供暖示范区，支持大同建设高温地热发电示范区；推进繁峙、代县、广灵等光热取暖试点。

3.2　创新方式

能源领域是实现碳达峰、碳中和的主战场，新能源和“双碳”战略是管网可持续发展的源生动力和引擎。煤层气产业发展，是构建清洁低碳、安全高效能体系的重要工程，是推动山西全方位高质量发展的重要举措，对于煤炭安全生产、保障能源安全，全力助力“双碳”目标实现，具有非常重要的意义。煤层气几乎不含硫、粉尘和其他有害物质，在燃烧时产生的二氧化碳远低于其他化石燃料，是典型的低碳清洁能源，能够从根本上改善温室效应，有良好的社会效益和经济效益，正逐渐成为能源转型的“新宠”。近年来，山西省委、省政府高度重视煤层气高效利用、高质量发展，根据能源资源禀赋和能源产业发展状况，开拓创新，积极探索煤与煤层气协调开采理论与技术体系，实现了煤层气高效开发，不仅获得了低碳、清洁、高效的能源，而且大大改善了煤矿安全生产条件，有效遏制了煤矿瓦斯灾害。

甲醇作为一种能源载体，与乙醇、氢气、氨等类似，具备充当清洁能源的潜力。山西省甲醇产能丰富，1.4亿t焦化产能可制备甲醇1400万t，可支撑14万辆甲醇重卡跑1年。以晋中市为例，全市2000万t焦化产能可制备甲醇200万t，可约供给2万辆醇氢重卡使用。按照“新建+综合改造+撬装站”模式，晋中市一体推进甲醇加注站建设，已建成投运56座，共有甲醇罐98个，总罐容3135.5m^3。晋中市正在打造“一区两园三体系”，力争到2025年努力实现年生产10万辆甲醇乘用车、建成100座以上甲醇加注站、年生产5万辆甲醇重卡、建成5个甲醇经济小镇目标。

煤炭大省山西制氢成本优势得天独厚，焦炭生产的副产品焦炉煤气含氢量约60%，使用焦炉煤气制氢成本低。总部位于吕梁市孝义市的山西鹏飞集团有限公司通过焦炉煤气制氢和干熄焦余热发电水电解制氢，把制氢成本压到了每公斤10元左右，相较于传统水电解制氢每公斤40元的价格，优势明显。该公司所属的产业园规划建设20万t焦炉尾气制氢、5GW风光电制10万t绿氢、100座加氢综合能源岛以及生产30万辆氢动力重型卡车和工程机械的设施。

3.3　发展趋势

随着科学技术的进步以及环境保护要求日渐严苛，未来以太阳能、风能、水能等为代表的可再生能源将逐步成为能源主体，能源结构正在发生深刻的变化。综合能源系统是“互联网+能源网”，其是以分布式可再生能源为主要一次能源，与天然气网络、交通网络等其他系统紧密耦合而形成具有复杂多网流系统的能源互联网。

引进国内外先进技术，推动央企、省企、民企全方位技术交流，加强与科研院校的全面合作，搭建煤层气产学研平台，瞄准支撑高效勘探、高效建产、长效稳产、提质增效等关键技术，加强深部煤层气基础理论研究，探索深部煤层气高效勘探开发关键技术关键设备，开展深部煤层气储量精细评价研究，推动重点矿区不断增储扩产，使煤层气企业逐步由生产型向创新型、高附加值型转变。

山西焦炉煤气和煤化工煤气资源丰富，省政府明确提出，要有序推进氢能、甲醇、低热能、生物质能发展的举措。

4　存在的不足

4.1　山西省整体现状

山西省产业单一，能源消费主要以煤为主且价格成本低廉，煤层气、天然气等绿色能源价格优势不足，使用绿色能源的意愿不强。山西省煤层气资源富集程度高，开发潜力大，产业发展基础好；但是从实现增储上产目标看，仍存在勘探开发进展缓慢、中游管网运营效率不高、储气能力和市场化利用不足、技术创新存在瓶颈等问题。由于房地产等产业的整体不景气，以粗加工为主的山西省工业企业效益不高，随着“双碳”政策的逐步落地，基础原料紧缺且价格持续上涨，导致大部分工业企业利润空间进一步压缩，“双碳”任务阻力重重。

4.2　油气田现状

随着“双碳”目标的提出和碳减排工作的不断推进，中国 CCUS 技术进入快速发展时期，目前国内碳交易市场机制尚未成熟，未来需要加强国家政策引导和措施激励。同时，针对目前技术积累存在的问题，亟待推进 CO_2 捕集、运输、封存、利用等关键环节的创新攻关及工程实践。

山西省石油石化企业在新能源领域属于初学者，在核心技术、人才培养、管理运营等诸多方面均存在劣势，同时，新能源行业前期投资大、回报不足，极大影响投资者的信心，给石油石化企业发展新能源产业带来了巨大的严峻挑战。各石油石化企业应对现状尚存在人手不足的现象，开拓新业务板块，只能将现有的人员调拨，缺乏专业背景和工作经验，培养周期较长，效果甚微。部分企业受进人指标和薪酬待遇的约束，无法引进新能源业务领域关键人才，面临引进人才难、留住人才更难的问题。石油石化企业虽然在现有的油气勘探与开发领域掌握核心技术，技术不断突破，但在新能源产业中并不掌握核心技术，能源数字化、智慧化基础相对较弱，设备材料需要外购，场站规划与设计、相关设施的建设安装等均需零基础起步。

企业目前缺乏新能源大规模开发与利用的技术及管理经验，相关体制机制尚不完善。能源管理体系仍处于单链模式，多能协同供应、负荷侧响应、“源–网–荷–储”等未形成良性互动，电、热、气、氢等多种能源未形成综合管理机制。

5　结论

站在新的发展起点上，需要加快石油石化企业向综合性能源公司新定位转变。迅速抢占新能源产业发展先机，将决定未来空白市场的份额。石油石化企业将立足行业发展的需要，瞄准“双碳”战略机遇期，高度重视新能源产业发展，结合自身优势，大力推进新能源产业布局和技术储备，抓好重大项目实施和新能源市场落实，建立推动新能源产业发展的保障体系。积极从推动清洁能源替代工作入手，加大控碳减碳力度，积极探索油气田企业绿色发展新路径、区域绿色智慧能源发展新模式，着力打造“碳中和绿色油气田”。

加快新能源产业布局，为传统石油石化企业打造业务和效益新增长点，推动企业高质量发展。广泛合作，取长补短，因地制宜探索新能源产业发展合资合作模式。在加快发展地热、光伏、风电等新能源产业中，积极探索新能源发展的新商业模式，做好市场、成本、风险、体制和经济可行性等方面的研究和摸底工作，突出效益，探索创新合作发展方式。

发展新能源产业，人才队伍、技术实力是根本。要加大培训力度，加快新能源产业人才培养，与高校广泛合作，结合公司实际发展现状，举办新能源技术专题培训班，对相关人员进行系统培训。

参 考 文 献

[1] 陈双庆．“双碳”背景下油气田地面工程最优化方法进展及展望[J]，油气储运，2022(07)：765-772.

[2] 丁建林，西昕．能源安全战略下中国管道输送技术发展与展望[J]，油气储运，2022(6)：632-639.

[3] 黄鑫，滕霖，等．液氨/甲醇/成品油顺序输送技术研究进展[J]，油气储运，2023(12)：1337-1351.

[4] 宫敬，殷雄，等．能源互联网中的天然气管网作用及其运行模式探讨[J]，油气储运，2022(6)：702-711.

[5] 韩芸．“双碳”目标下山西省煤层气产业高质量发展思考与建议[J]，煤炭经济研究，2023(3)：65-70.

[6] 胡其会，李玉星．“双碳”战略下中国 CCUS 技术现状及发展建议[J]，油气储运，2022(4)：361-371.

延长油田CO_2大气扩散数值模拟研究及监测点位优化

杨　康[1,2]　刘　瑛[1,2]　梁全胜[1,2]　杨　红[1,2]　沈振振[1,2]

（1. 陕西省CO_2封存与提高采收率重点实验室；
2. 陕西延长石油（集团）有限责任公司研究院）

摘　要　由于陕北地区局部气象环境复杂，造成CO_2浓度扩散方向不确定性，同时延长石油地处黄土塬地貌沟壑纵横高低起伏，导致布置CO_2大气监测点位困难。本文基于Fluent软件模拟了不同泄漏情景下CO_2驱油与封存泄漏后在大气中扩散规律，优化监测点位布局，并开展了监测实践。结合模拟结果、陕北地区气象环境、裂缝发育方向、“注气”优势方向和近地表植被高度，确定监测点位布局：方向上为北东-南西向；平面上为距离井口下风向15m；纵向上为采样高度选择为50cm。CO_2浓度大气监测点的监测结果表明并未发生泄漏。

关键词　CO_2驱油与封存泄漏；CO_2泄漏；CO_2浓度大气扩散；监测点位；黄土塬地区

CCUS技术，不仅可以将CO_2注入地下深部咸水层封存、枯竭油气藏和不可开采煤层，还可以用于油藏驱油，增大波及面积和提高驱替效率，进而提高采收率。经过几十年的探索与研究，CO_2驱油技术已经成为油藏开发过程中的重要手段。但是，由于地质条件的不确定性以及驱油现场的井筒条件的腐蚀老化，CO_2驱油与封存存在泄漏风险。

国内外学者研究认为CO_2驱油与封存可能存在泄漏风险途径：井筒或井口泄漏、断层或裂缝、盖层或其他封闭带。CO_2沿着地质泄漏通道（断层、裂缝和盖层）侵入地层水污染地层水，也会沿着工程泄漏通道（井筒或井口）泄漏至大气，大气中过高的CO_2浓度严重影响着动植物的生长。1986年喀麦隆的尼奥斯湖CO_2泄漏事件是历史上发生的最大泄漏事件之一，这次事件对周围的人类和牲畜都造成了不可逆转的伤害。大气中的CO_2浓度为0.03%~0.06%。当其浓度为5%时，可能引起呼吸短促和头疼。浓度增加到10%，可能引起人神志不清，头晕，严重的肌肉抽搐。当浓度增加到30%，可能会引起人行为失控，昏迷或死亡。因此，当CO_2发生泄漏后，合理的监测点位可以及时发出警示，以便迅速采取响应措施，把对动植物的影响降到最低。

为了研究CO_2泄漏到大气中的扩散规律，众多学者开展了广泛研究。Leuning R等人研究归纳了CO_2封存过程中，CO_2泄漏到大气中的6种监测方法。Zhu利用重气模型分析研究了CO_2运移及体积分数分布特征，并根据分布特征制定了相应的CO_2大气监测方案。Loh研究发现拉格朗日大气扩散模型适用于CO_2地质封存泄漏，但是当空气通过源时，示踪气体浓度的富集必须大于环境浓度的1%。樊贵县通过数值模拟的方法研究了神华CCS项目区缓冲罐CO_2泄漏在下风向的泄漏规律及区域监测设备的影响。综上，众多学者采用了不同的模型和方法研究大气中CO_2运移分布规律，并制定相应的CO_2大气监测方案。由于延长石油地处黄土塬地貌沟壑纵横高低起伏，而且陕北地区局部气象环境复杂，造成CO_2浓度扩散方向不确定性。一旦CO_2驱油与封存过程中发生泄漏，不合理的监测点位无法做出迅速响应，这会对陕北地区的动植物和脆弱的生态环境造成不可逆的伤害。目前延长油田已经开展了监测的先导性试验，由于陕北地区局部气象环境复杂，同时油田地处黄土塬地貌沟壑纵横高低起伏，大气中CO_2监测点位有待完善。因此，我们亟须研究CO_2泄漏至大气后的扩散规律，进而优化监测点位布局，以便迅速做出响应。

本文针对黄土塬地貌，基于Fluent软件模拟了不同风速、泄漏速度下CO_2驱油与封存泄漏后在大气中扩散规律。结合模拟结果和陕北地区水文环境，最终确定监测井场和点位，并且开展

CO_2浓度在线监测。本文的研究结果可以为油气田矿场的驱油封存过程中的安全监测提供一些理论依据。

1　大气 CO_2浓度扩散数值模拟

1.1　基本假设

（1）受限空间内的空气按作为不可压缩流体处理，呈湍流状态。

（2）空气与 CO_2的混合气体为理想气体，遵循理想状态方程，且在流动过程中不与空气发生反应。

（3）假设温度为常温，与外界无热量交换。

（4）假设在泄漏的过程中，泄漏速度保持不变。

1.2　研究方法

运用 Fluent 软件对 CO_2扩散问题进行模拟，首先建立物理模型，Gambit 创建网格并输出，Fluent 读入网格并检查。其次，选择求解器，同时选择求解的基本方程，确定需要的附件模型和流体的材料物性，指定边界类型及条件。最后流场初始化，进行迭代求解计算，检查并保存结果。结合模拟结果和陕北地区水文环境，最终确定监测井场和点位，并且开展 CO_2浓度在线监测。

1.3　风速对 CO_2浓度扩散的影响

此时假设泄漏源为地面的情况，并且泄漏速度保持 0.1m/s。如图 1 所示为风速分别为 0.6m/s、2m/s 和 7m/s 时，近地表 CO_2云的浓度示意图。CO_2的浓度越靠近泄漏源，CO_2云为红色，此时 CO_2云浓度最大。随着风速的不断增加，CO_2云的浓度在纵向上呈现出一直缩小的趋势，但是 CO_2云浓度在横向上的扩散距离呈现出先增大后缩小的趋势。

如图 2 所示为不同风速下 CO_2云的扩散距离变化。随着风速的不断增加，CO_2云的扩散距离先增大后减小。当风速为 2m/s 时，CO_2云的扩散距离最远为 47m，浓度最大的 CO_2云扩散距离为 15m。这可能是因为当风速小于 2m/s 时，风速对 CO_2云的扩散距离起主导作用；当风速大于 2m/s 时，不断增大的风速会引起的湍流的增加，会加速 CO_2与附近大气的混合。CO_2在下风方向扩散的距离随着风速的增加而增加，但同时大气的湍流程度也在增大，湍流程度越大，CO_2与周围大气的混合就越快，CO_2就越容易被稀释。当

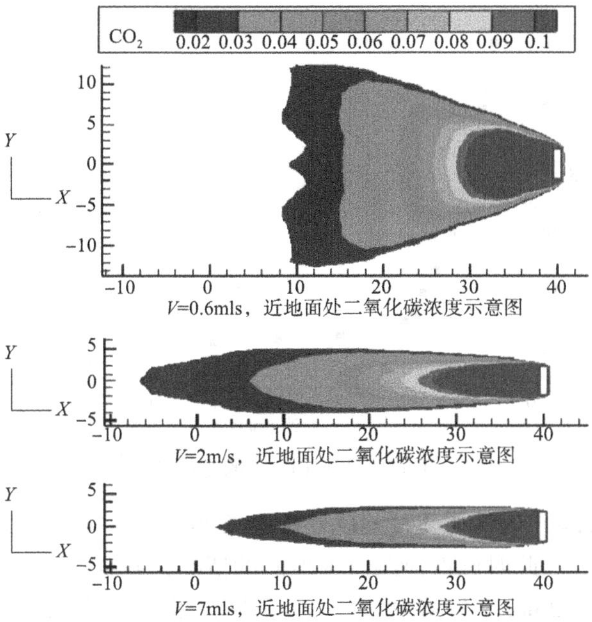

图 1　不同风速下，近地面 CO_2云的浓度示意图

风速达到 2m/s 时，风对 CO_2的稀释作用成为影响扩散的主要因素，此时 CO_2可达到的距离会随着风速的增大而减小。如图 3 所示为不同风速下，下风向 CO_2云的宽度的变化。由于自然风是沿 X 轴负方向吹，风在 Z 方向的动量远远小于 X 方向，CO_2在 Z 方向扩散时，风起到的主要作用是“稀释”，因此 CO_2云的宽度会随着风速的增加而减小。因此，当泄漏发生时，可以通过增加风速，尽可能“稀释”CO_2，防止对附近的动植物造成伤害。

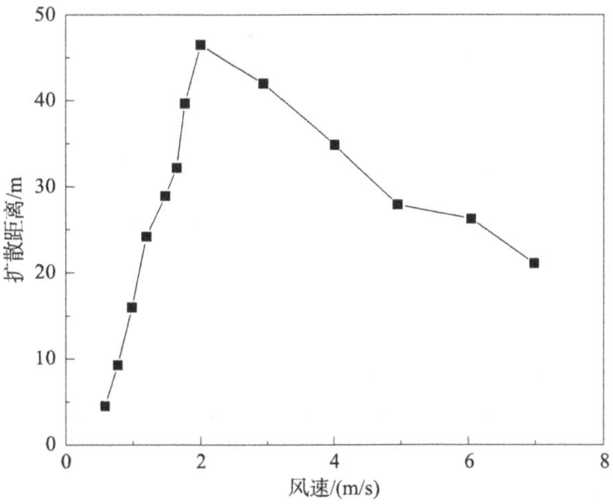

图 2　不同风速下 CO_2云的扩散距离的变化

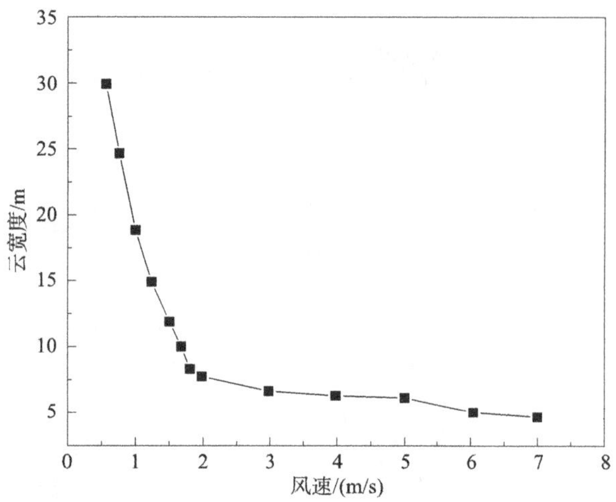

图 3　不同风速下 CO_2 云的宽度的变化

1.4　泄漏速度对 CO_2 扩散的影响

此时假设泄漏源为地面的情况，并且风速保持 2m/s。世界历史上地质封存及自然存在的 CO_2 泄漏事件统计结果表明，一般情况下 CO_2 泄漏速度的范围为 0~1m/s，因此本文泄漏速度取 0~1m/s。如图 4 所示为泄漏速度分别为 0.1m/s、0.4m/s 和 1m/s 时，近地表 CO_2 云的浓度示意图。CO_2 的浓度越靠近泄漏源，CO_2 云为红色，此时 CO_2 云浓度最大。随着泄漏速度的增大，近地表处 CO_2 云的浓度无论是在纵向还是在横向上都不断增大。

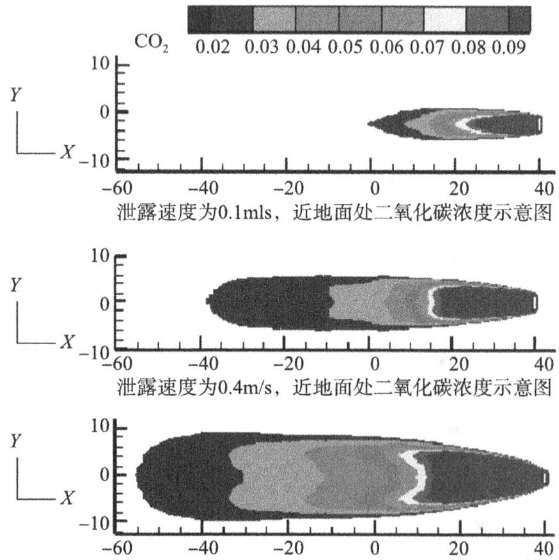

图 4　不同泄漏速度下，近地面 CO_2 云的浓度示意图

如图 5 所示为不同泄漏速度下 CO_2 云的扩散距离的变化。当泄漏速度小于 0.4m/s 时，随着泄漏速度的增加 CO_2 云的扩散距离增加的较快。当泄漏速度大于 0.4m/s 时，随着泄漏速度的增加 CO_2 云的扩散距离增加速率变缓。

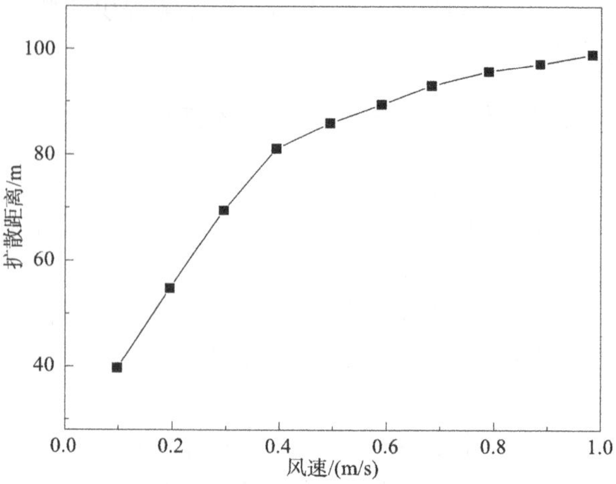

图 5　不同泄漏速度下 CO_2 云的扩散距离的变化

如图 6 所示为不同泄漏速度下，下风向 CO_2 云宽度的变化。随着泄漏速度的不断增大，CO_2 云的宽度始终随泄漏速度线性增加。在风速一定的情况下，CO_2 随着泄漏速度的增大而增大，无论从长度上还是在宽度上都随之增加，但变化规律各不相同。泄漏速度的大小是影响 CO_2 云宽度和扩散距离的决定性因素。因此，当泄漏发生后我们亟须及时发现泄漏源，并控制泄漏源的泄漏速度，防止泄漏的持续扩大。

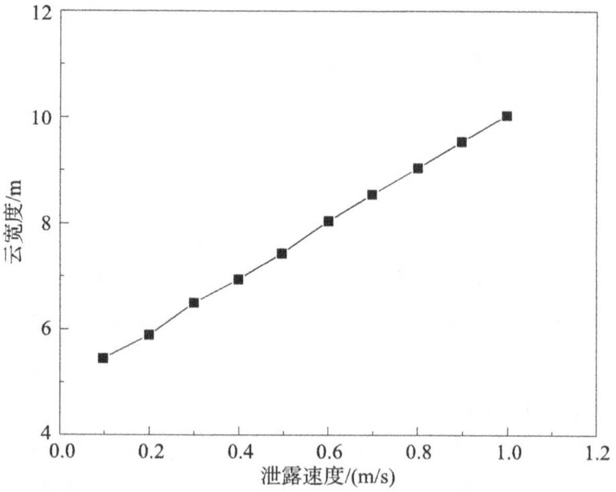

图 6　不同泄漏速度下 CO_2 云宽度的变化

2　大气 CO_2 监测点位的优化

2.1　区域地质概况

靖边乔家洼 CO_2 驱先导试验区位于陕北地区黄土高原，地表为 100~200m 厚的第四系黄土覆盖，因长期遭受雨水侵蚀切割，形成沟谷纵横，梁峁相间的地貌景观，地形条件较复杂；地面海拔 1100~1600m，地表高差约 150~250m。靖边

乔家洼 CO_2驱先导试验区的长 6 油藏埋深 1400~1600m，平均孔隙度 12.8%，原始地层压力 12.9MPa，压力系数 0.8，平均渗透率 0.75mD，属于典型的特低渗透低压油藏。乔家洼油区长 6 油藏发育了两组正交形式的构造裂缝系统，主要为东西向和南北向两组正向正交裂缝，现今的地应力方向为北东—南西向。

靖边乔家洼 CO_2驱先导试验从 2012 年开始投入运行，共实施 5 口井 CO_2注入试验。截至 2022 年底，累计注入液态 CO_2约 10 万 t。CO_2注入井区有 14 口一线油井，有 12 口井不同程度见到驱油效果。其中见效比较明显的 8 口，产量平稳的二类见效井 4 口。8 口优势见效井均处于注气井北东-南西方向。如果 CO_2向上运移并泄漏至地表和大气，会对地下水、地表生态环境产生重大影响。

2.2　区域环境概况

根据水文环境调查显示，靖边乔家洼二氧化碳试验区历史常见风向为西北风和南风。同时，靖边县 2013—2016 年历史风速表明，该地区 94%以上的天气风力在 3 级以下，风速为 0~5.4m/s。

乔家洼油区位于黄土丘陵地区，黄土覆盖层较厚，沟壑纵横地表植被较为发育。研究区主要草本植物最大高度为 30cm、胸径 25cm，长势良好；主要类型有阿尔泰狗娃花、狗尾草、蒿草、草木樨。灌木及半灌木最大高度为 50cm、胸径 30cm，长势良好；主要类型有柠条锦鸡儿、沙柳、沙蒿等。乔木林最大高度为 15m、冠幅 6m、胸径 0.3m，长势良好；主要有小叶杨、柳树、榆树、苹果树、枣树等。由于本项目所在地特殊气候及地理环境因素的影响，人工乔木林整体长势较差。研究区的草本植物和灌木及半灌木平均总盖度达 85%。这些近地表植被高度普遍低于 50cm。

2.3　监测点位优化

靖边乔家洼注气井组分布在砂体较厚、储层物性较好的区域，砂体总体呈南北向条带状分布。这些砂体是 CO_2注入集聚的主要层位，也是可能发生 CO_2泄漏的潜在区域。同时截至目前已经有 8 口生产井伴生气中检测到 CO_2，并且有 5 口井由于压力升高出现油气水混合物从油套环空喷出的现象。

根据靖边乔家洼二氧化碳试验区裂缝发育方向、“注气”优势方向、CO_2富集区和油井生产动态资料，同时兼顾监测成本的经济性，最终确定了 3 处二氧化碳浓度在线监测井场。三处监测点分别为 45543 监测井场、45544 监测井场和 45586 监测井场。

如图 7 所示为大气 CO_2浓度监测装置在监测的示意图(用 A、B 和 C 分别 45543 监测井场、45544 监测井场和 45586 监测井场)。A 监测井场和 C 监测井场位于黄土塬地貌的沟壑处，处于地势低洼处，海拔约 500m 左右，50%以上的风向为西北风。B 监测井场位于黄土塬地貌的黄土峁，地势相对较高，海拔约 1200m 左右，60%以上的风向为南风。因此，监测点位应根据监测井场的实际气象条件布置在下风向。

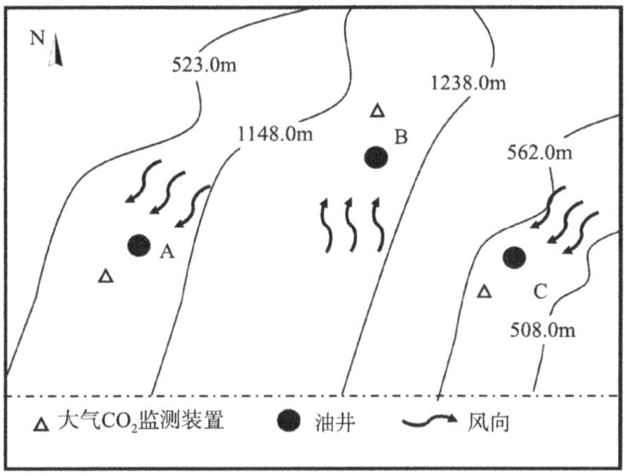

图 7　大气 CO_2浓度监测装置井场监测示意图

结合前文的研究结论，随着风速的不断增加，CO_2云的扩散距离先增大后减小。同时随着泄漏速度的增大，近地表处 CO_2云的浓度无论是在纵向还是横向上都不断增大。研究区的常见平均风速为 2m/s，当风速为 2m/s 时，CO_2云的最大扩散距离为 47m，浓度最大的 CO_2云扩散距离为 15m。因此，监测预警范围应为 47m，监测点位应根据监测井场的井口位置布置在距离井口下风向 15m 处。

由于 CO_2密度大于空气，CO_2容易在地势低洼区形成高浓度的高浓度 CO_2聚集区。如果注入的 CO_2泄漏出地表，将首先在靠近地面的位置聚集，而陕北地区的地面草本植物生长高度一般不超过 50cm。为了消除植光合作用对 CO_2浓度监测的影响，保证数据的真实性。因此大气 CO_2浓度监测采样高度选择在距离地表以上 50cm 处。

综合以上因素，监测点的位置选定为三个井

口的下风向，距离井口 15m，采样高度选择为 50cm。井场监测装置不仅可以监测大气中的 CO_2 浓度，还可以用于监测大气温度、风速、风向等环境因素。

2.4 监测实践

针对靖边乔家洼二氧化碳注气试验区，优选三处监测点，开展靖边乔家洼二氧化碳试验区二氧化碳浓度在线监测，获取试验区二氧化碳浓度变化数据。如图 8 所示为三个井场监测点大气 CO_2 浓度一年的变化曲线。井场监测点大气中 CO_2 浓度的平均值在 430~450ppm 之间，属于正常浓度范围。根据监测数据大气中暂未发现 CO_2 泄漏现象，为延长石油集团靖边乔家洼二氧化碳提高石油采收率示范项目环境影响、安全评价和二氧化碳泄漏预警预报提供数据支撑。

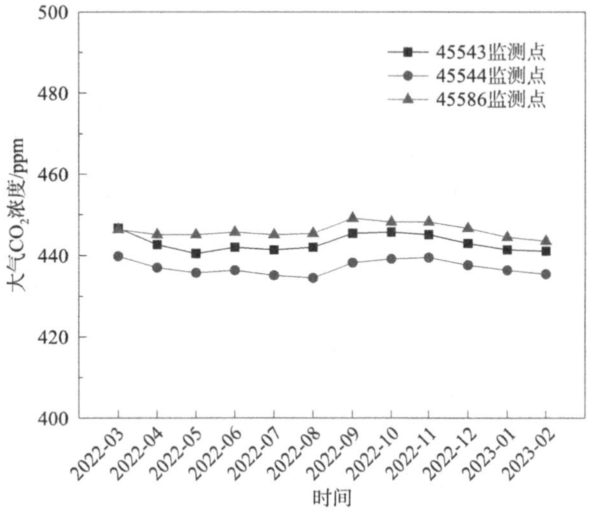

图 8　井场监测点大气 CO_2 浓度变化曲线

3　结论

（1）随着风速的不断增加，CO_2 云的浓度在纵向上呈现出一直缩小的趋势，但是 CO_2 云浓度在横向上的扩散距离呈现出先增大后缩小的趋势。随着风速的不断增加，CO_2 云的扩散距离先增大后减小。当风速为 2m/s 时，CO_2 云的扩散距离最远为 47m，浓度最大的 CO_2 云扩散距离为 15m。

（2）结合模拟结果、陕北地区气象环境、裂缝发育方向、“注气”优势方向和近地表植被高度，确定监测点位布局：方向上为北东-南西向；平面上为距离井口下风向 47m；纵向上为采样高度选择为 50cm。

（3）监测点位的大气中 CO_2 浓度的平均值在 430-450ppm 之间，属于正常浓度范围。CO_2 浓度大气监测点的监测结果表明并未发生泄漏。

参 考 文 献

[1] 谢和平，刘涛，吴一凡，等．CO_2 的能源化利用技术进展与展望[J]．工程科学与技术，2022，54(1)：12.

[2] 张文东，唐书恒，张松航，等．基于 CCUS 的深部煤层煤层气采收及 CO_2 封存效果[J]．煤炭科学技术，2014(8)：5.

[3] Abedini A.，Torabi F. On the CO_2，storage potential of cyclic CO_2，injection process for enhanced oil recovery[J]. Fuel，2014，124：14-27.

[4] 汶锋刚．鄂尔多斯盆地低渗透油藏 CO_2 驱实验研究——以 A 油田 M 区长 6 为例[D]．西北大学．

[5] 夏为卫，王新海，雷娟青．低渗透油藏注二氧化碳气体的井网优选研究——以松辽盆地南部 H 油田 L 油藏为例[J]．岩性油气藏，2009(04)：107-109.

[6] 李承龙．特低渗透油藏二氧化碳驱气窜影响因素及规律[J]．特种油气藏，2018，25(3)：5.

[7] 汤沭成，林千果，王昊，等．黄土塬地区 CO_2 驱油封存泄漏土壤监测体系研究[J]．安全与环境工程，2020，v. 27.

[8] 王晓桥，马登龙，夏锋社，等．封储二氧化碳泄漏监测技术的研究进展[J]．安全与环境工程，2020，27(2)：12.

[9] 朱前林，范智涵，王闯，等．CO_2 封存泄漏大气扩散规律及监测方案——以延长油田 CO_2-EOR 工程为例[J]．安全与环境学报，2018，18(4)：8.

[10] Li Q，Shi H，Yang D X. Classification of Hazard Levels of Carbon Dioxide Dispersion under a Well Blowout in a CCS Project[J]. Yantu Lixue/Rock and Soil Mechanics，2016，37(7)：2070-2078.

[11] Lu，Xue，Junjie，et al. Effects of CO_2 Leakage from CCS on the Physiological Characteristics of C4 Crops - ScienceDirect[J]. Energy Procedia，2014，63：3209-3214.

[12] Wei，Ning，Li，et al. Impacts of CO_2 leakage into shallow formations on groundwater chemistry[J]. Fuel Processing Technology，2015.

[13] Barrie J.，Brown K.，Hatcher P. R.，et al. Carbon Dioxide pipelines：a Preliminary Review of Design and Risks[J]. Greenhouse Gas control Technologies，2004，7：315-320.

[14] 沈阳．基于声发射法的 CO_2 泄漏检测和定位[D]．华北电力大学(北京)．

[15] Leuning R，Etheridge D，Luhar A，et al. Atmospheric monitoring and verification technologies for CO_2 geose-

questration[J]. International Journal of Greenhouse Gas Control, 2008, 2(3): 401-414.

[16] Loh Z, Leuning R, Zegelin S, et al. Testing Lagrangian atmospheric dispersion modelling to monitor CO_2 and CH_4 leakage from geosequestration [J]. Atmospheric Environment, 2009, 43(16): 2602-2611.

[17] 樊贵县. 二氧化碳地质封存大气监测系统及监测分析研究[D]. 西安科技大学, 2016. FAN Guixian. Research on CO_2 Geological Storage Atmospheric Monitoring System and Monitoring Analysis[D]. Xi'an University of Science and Technology, 2016.

[18] 任韶然, 李德祥, 张亮, 等. 地质封存过程中 CO_2 泄漏途径及风险分析[J]. 石油学报, 2014, 35(003): 591-601.

[19] 马劲风, 杨杨, 蔡博峰, 等. 不同类型二氧化碳地质封存项目的环境监测问题与监测范围[J]. 环境工程, 2018, 036(002): 10-14.

[20] 伍洋, 马欣, 李玉娥, 等. 地质封存 CO_2 泄漏对农田生态系统的影响评估及耐受阈值[J]. 农业工程学报, 2012(02): 196-205.

[21] 赵兴雷, 崔倩, 王保登, 等. CO_2 地质封存项目环境监测评估体系初步研究[J]. 环境工程, 2018, 36(2): 6.

[22] Lewicki J L, Birkholzer J, Tsang C F. Natural and industrial analogues for leakage of CO_2 from storage reservoirs: identification of features, events, and processes and lessons learned[J]. Environmental Geology, 2007, 52(3): 457.

电网风光发电功率互补性分析

王勇焕　刘彦生　李　岩　杨宇辉　肖　彬　贺　璞

（中国石化集团河南石油勘探局有限公司）

摘　要　依据河南油田所处区域代表年风功率密度及水平面太阳总辐射量情况，分析了风电及光伏的功率特性。根据河南油田已建光伏及风能电站发电功率情况，选择一年内风电及光伏月平均功率和发电量均较大的春季和秋季四个代表日，分析了光伏及风能发电功率的互补性。光伏及风电两者同时使用可使其发电功率相对稳定、波动性减小，降低新能源发电对电网造成的冲击；光伏及风电两种新能源的发电功率有一定的互补性，在电网消纳能力一定的情况下，可提高系统新能源装机容量。春季和秋季风速和风功率密度相对较高，且太阳能总辐射量较大，风电及光伏发电功率均较大，秋季和春节风光功率互补性的规律一致，所占比例接近，其中风光春季最大功率均大于秋季；由于受风电场湍流、控制和偏航、场平等因素的影响，同一区域不同安装位置的风电机组其风速和发电功率也不尽相同，差异性较大，即在实际运行中多台机组的风速和发电功率不会同时达到最大值；再者，考虑到风机配置20%容量储能的因素，为提高新能源装机容量，可采用秋季的比值作为风光功率互补性参考值，选取风电80%、光伏50%的比例确定新能源的装机容量，可为下步电网光伏及风电装机容量的规划提供参考。在某区域电网应用，提高了新能源装机容量及发电量，增加了绿电的利用比例。

关键词　风电；光伏；有功功率；互补性

风能、太阳能作为技术相对成熟、资源分布广泛的清洁能源，目前是我国应用最广、商业化程度最好的新能源利用形式，长期需求空间较大。为了适应当前我国发展低碳经济的发展模式，符合“十四五”碳达峰、碳中和的远景目标，电力系统将构建以新能源为主体的新型电力系统，煤电规模逐步减小，风能、太阳能可再生能源发电规模比例逐步提高。

1　风电及光伏功率特性

风能、太阳能均属于低密度、随机性强、稳定性差的能源，其发电的输出功率具有较强间断性、波动性和随机性的特点，由于受到光照及风速等自然条件的影响，光伏及风力发电均为间断性不稳定电源，且年发电小时数较低，光伏及风电所发电量很难满足用户的需求，致使绿电的利用比例较低。

对于风力发电来说，风的能量与风速的立方成正比，风力发电机的输出功率与风速的大小有关，由于而自然界的风速是极不稳定的，导致风力发电机的输出功率变化很大[2]。对于光伏发电来说，光伏方阵的输出功率与光照的强度有关，因此受天气和气温的影响，输出功率极易出现波动。

以河南省南阳市某代表年风资源数据和太阳能资源数据为例说明，某测风塔风功率密度月变化见表1、风速日变化见表2，通过Meteonorm分析，各月水平面太阳总辐射量见表3。

表1　风功率密度月变化统计表

风功率密度/	155m	140m	120m	100m	85m	50m	30m	10m
（W/m^2）	推导	推导	实测	实测	实测	实测	实测	实测
一月	216	197	170	148	127	91	69	48
二月	209	190	164	141	116	69	46	29
三月	277	252	218	185	165	109	86	55
四月	234	213	184	156	137	92	71	42
五月	151	137	119	98	83	47	30	17
六月	139	126	109	91	79	48	34	21

续表

风功率密度/（W/m²）	155m	140m	120m	100m	85m	50m	30m	10m
	推导	推导	实测	实测	实测	实测	实测	实测
七月	115	104	90	75	64	37	24	13
八月	178	161	140	117	100	58	38	16
九月	145	132	114	96	80	45	30	15
十月	130	118	102	85	71	39	23	13
十一月	205	187	161	135	114	70	49	31
十二月	161	147	127	109	95	62	47	29
全年	179	162	140	119	102	63	45	27

表 2　风速日变化统计表

风速/（m/s）	155m	140m	120m	100m	85m	50m	30m	10m
	推导	推导	实测	实测	实测	实测	实测	实测
0：00	5.98	5.79	5.52	5.16	4.8	3.66	2.78	1.78
1：00	5.78	5.6	5.33	4.96	4.6	3.48	2.63	1.71
2：00	5.61	5.43	5.17	4.81	4.45	3.42	2.6	1.7
3：00	5.6	5.42	5.17	4.83	4.52	3.43	2.62	1.71
4：00	5.53	5.36	5.1	4.77	4.45	3.4	2.6	1.69
5：00	5.5	5.33	5.08	4.7	4.36	3.34	2.57	1.68
6：00	5.56	5.39	5.13	4.7	4.31	3.25	2.53	1.68
7：00	5.35	5.18	4.94	4.5	4.14	3.15	2.53	1.84
8：00	4.96	4.8	4.57	4.22	3.95	3.23	2.81	2.32
9：00	4.68	4.54	4.32	4.08	3.9	3.45	3.23	2.84
10：00	4.66	4.51	4.3	4.13	4.02	3.73	3.57	3.2
11：00	4.77	4.62	4.4	4.26	4.16	4.01	3.73	3.36
12：00	4.99	4.83	4.6	4.47	4.37	4.12	3.95	3.53
13：00	4.89	4.74	4.51	4.38	4.28	4.03	3.85	3.45
14：00	4.96	4.8	4.58	4.45	4.34	4.07	3.88	3.46
15：00	4.87	4.72	4.49	4.36	4.24	3.93	3.72	3.28
16：00	4.91	4.75	4.52	4.37	4.23	3.85	3.59	3.09
17：00	5.07	4.91	4.68	4.49	4.31	3.79	3.39	2.75
18：00	5.44	5.27	5.02	4.77	4.54	3.81	3.23	2.34
19：00	5.9	5.71	5.44	5.15	4.87	3.96	3.17	2.09
20：00	6.17	5.98	5.69	5.38	5.08	4.08	3.19	2.07
21：00	6.38	6.18	5.89	5.53	5.18	4.03	3.08	1.99
22：00	6.26	6.06	5.77	5.42	5.06	3.9	2.98	1.92
23：00	6.17	5.98	5.69	5.33	4.97	3.81	2.91	1.87
全天	5.42	5.25	5	4.72	4.46	3.7	3.13	2.39

表 3　代表年各月水平面太阳总辐射量表

月份	1 月	2 月	3 月	4 月	5 月	6 月
水平面标准月辐射量/(kW·h/m²)	59	74	95	129	141	142
月份	7 月	8 月	9 月	10 月	11 月	12 月
水平面标准月辐射量/(kW·h/m²)	154	142	116	93	67	59

由上表 1、表 3 可知：一年之中，春季和冬季风速和风功率密度相对较高，其中 3 月、4 月及 11 月值最高，夏季和秋季风速和风功率密度相对较差，7 月及 9 月最低；而夏季和秋季为太阳能总辐射量较大季节，5、6、7、8 四个月太阳总辐射量基本持平，是一年中太阳总辐射量较多的月份，占全年太阳总辐射量的 45.6%，其中 7 月太阳辐射量为最高；春季及冬季太阳能总辐射量较差，1 月、11 月及 12 月太阳辐射量较低。

由上表 2 可知：一天之中，白天风速相对较低，且 8：00—16：00 的风速最差，而太阳能总辐射量较高，且 11：00—14：00 最高；夜间的风速相对较高，且 20：00—24：00 的风速最高，而此时段太阳能总辐射量为零。

可见，光伏及风电两种新能源的资源有一定的互补性，一同输出可以在一定程度上减少对电网的冲击。

2　风电及光伏功率互补性分析

2.1　计算条件

为研究风电、光伏同时并网发电的功率互补性，以已建的风电（2 台机组，装机容量 2×3600kW）和光伏（装机容量 7200kW）电站为例，选取 2023 年河南油田某区域风电及光伏月平均功率和发电量均较大的 3 月、8 月作为代表月份，风电、光伏发电量合计值较大的 3 月 11 日、15 日及 8 月 13 日、22 日作为代表日，计算了 4 个典型日内所选风电及光伏电站的有功功率曲线。

2.2　风电及光伏电站的有功功率曲线

（1）2023 年 3 月 11 日风光有功功率曲线

2023.3.11 风光互补性曲线图如图 1 所示。

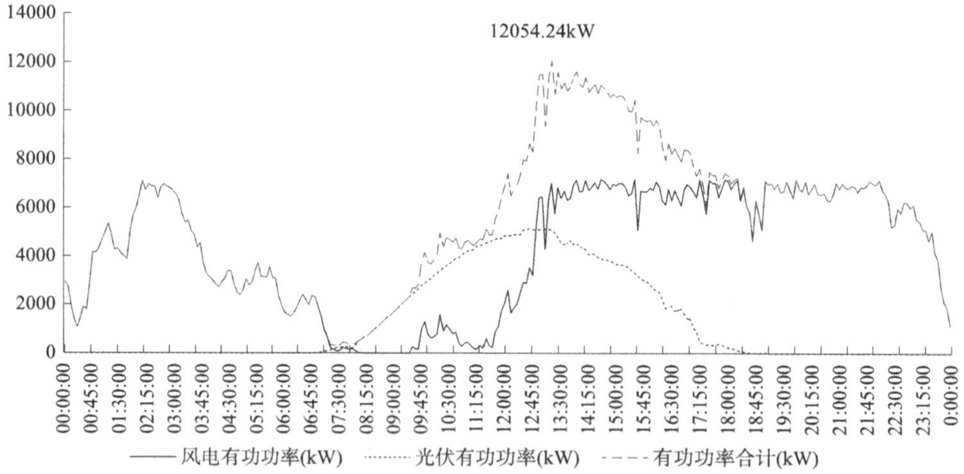

图 1　2023.3.11 风光互补性曲线图

风电光伏功率较大时段数据表见表 4。

表 4　风电光伏功率较大时段数据表　　kW

时间	风电有功功率/kW	光伏有功功率/kW	有功功率合计/kW
12：50：00	5103	5056.43	10159.43
12：55：00	6391.35	5079.90	11471.25
13：00：00	6432.3	5080.56	11512.86

续表

时间	风电有功功率/kW	光伏有功功率/kW	有功功率合计/kW
13：05：00	4273.5	5085.15	9358.65
13：10：00	6303.15	5099.85	11403.00
13：15：00	6980.4	5073.84	12054.24
13：20：00	5737.2	4957.34	10694.54
13：25：00	6815.55	4786.49	11602.04
13：30：00	6370.35	4532.70	10903.05
13：35：00	6676.95	4479.34	11156.29
13：40：00	6300	4525.93	10825.93
13：45：00	6385.05	4633.26	11018.31
13：50：00	6924.75	4483.80	11408.55
13：55：00	7116.9	4499.24	11616.14
14：00：00	6655.95	4435.13	11091.08
14：05：00	6671.7	4313.64	10985.34
14：10：00	7110.6	4285.04	11395.64
14：15：00	6713.7	4064.33	10778.03
14：20：00	6835.5	4106.89	10942.39
14：25：00	7020.3	4075.92	11096.22
14：30：00	6760.95	3954.42	10715.37
14：35：00	7152.6	3916.30	11068.90
14：40：00	7090.65	3834.35	10925.00
14：45：00	6938.4	3835.89	10774.29
14：50：00	6747.3	3811.86	10559.16
14：55：00	6960.45	3744.82	10705.27
15：00：00	6905.85	3666.36	10572.21
15：05：00	6995.1	3642.03	10637.13
15：10：00	6985.65	3626.92	10612.57
15：15：00	6817.65	3601.27	10418.92
15：20：00	6478.5	3509.35	9987.85
15：25：00	6597.15	3389.18	9986.33
15：30：00	7153.65	3298.35	10452.00
合计(kW)	218402.10	140485.8809	358887.9809
平均值(kW)	6825.07	4390.18	11215.25
占比	95%	61%	78%

小结：

1）功率最大值 12054.24kW，出现在 13：15，风电 6980.4kW、光伏 5073.84kW，分别占装机容量的 97%、70%。

2）对 12：50—15：30 间，功率较大的 32 组数据进行计算，功率平均值为 11215.25kW，风电 6825.07kW、光伏 4390.18kW，分别占装机容量的 95%、61%。

（2）2023 年 3 月 15 日风光有功功率曲线

2023.3.15 风光互补性曲线图如图 2 所示。

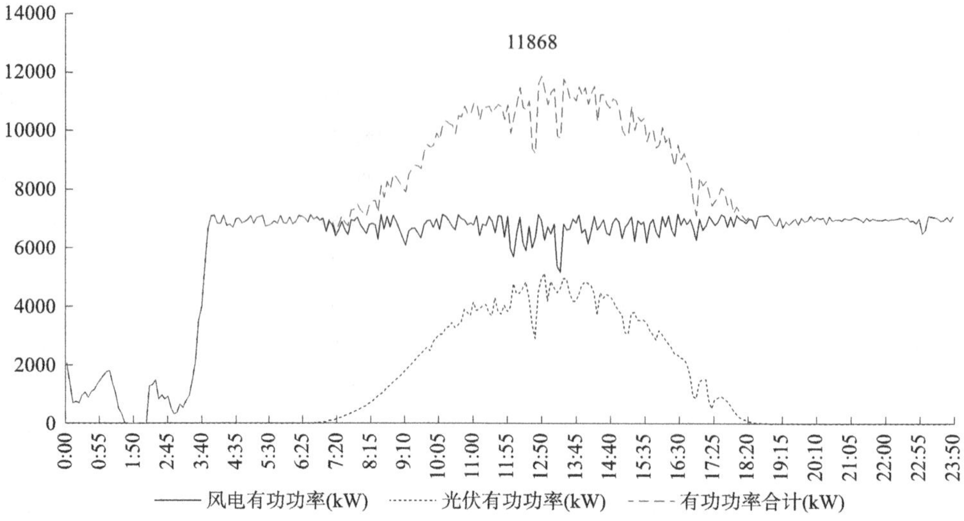

图 2　2023. 3. 15 风光互补性曲线图

2023. 3. 15 风电光伏功率较大时段数据表见　　表 5。

表 5　2023. 3. 15 风电光伏功率较大时段数据表　　kW

序号	时间	风电有功功率/kW	光伏有功功率/kW	有功功率合计/kW
1	11：05：00	6802	4142	10944
2	11：10：00	7096	3860	10955
3	11：45：00	7097	3807	10904
4	12：15：00	6489	4428	10917
5	12：20：00	7050	4438	11487
6	12：25：00	6191	4616	10807
7	12：35：00	6744	4289	11033
8	12：50：00	7142	4467	11609
9	12：55：00	6929	4939	11868
10	13：00：00	6272	5122	11393
11	13：05：00	6734	4169	10903
12	13：10：00	6484	4839	11323
13	13：15：00	6822	4634	11455
14	13：30：00	6826	4945	11771
15	13：35：00	6619	4920	11539
16	13：40：00	6658	4436	11094
17	13：45：00	7000	4174	11174
18	13：50：00	6855	4178	11033
19	13：55：00	7130	4379	11508
20	14：00：00	6518	4704	11222
21	14：05：00	6650	4837	11487
22	14：10：00	6148	4772	10919
23	14：15：00	6592	4701	11293
24	14：20：00	7094	4437	11531
25	14：30：00	6773	4467	11239

续表

序号	时间	风电有功功率/kW	光伏有功功率/kW	有功功率合计/kW
26	14：35：00	6972	4273	11245
27	14：40：00	6517	4407	10925
28	14：50：00	6873	4228	11101
29	14：55：00	7032	4009	11041
合计	196107	129615	325723	
平均值	6762	4469	11232	
占比	94%	62%		

小结：

1）功率最大值11868kW，出现在12：35，风电6929kW、光伏4939kW，分别占装机容量的96%、68%。

2）对11：05—14：55间，功率较大的29组数据进行计算，功率平均值为11232kW，风电6762kW、光伏4469kW，分别占装机容量的94%、62%。

（3）2023年8月13日风光有功功率曲线

2023.8.13光伏及风电功率互补性曲线图如图3所示。

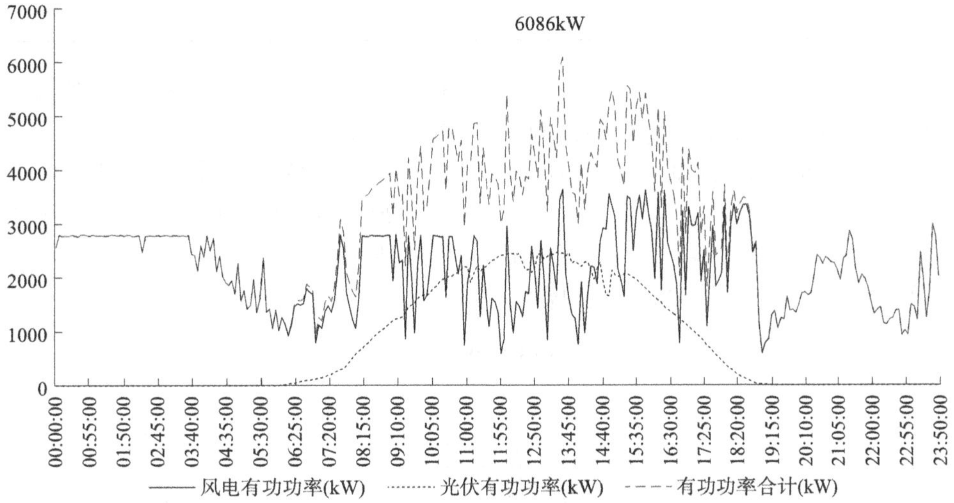

图3　2023.8.13光伏及风电功率互补性曲线图

风电光伏功率较大时段数据表见表6。

表6　风电光伏功率较大时段数据表　　kW

序号	时间	风电有功功率/kW	光伏有功功率/kW	有功功率合计/kW
1	12：10：00	2957	2437	5394
2	13：05：00	2680	2428	5107
3	13：20：00	2545	2426	4971
4	13：25：00	2198	2431	4629
5	13：35：00	3439	2444	5883
6	13：40：00	3636	2450	6086
7	14：40：00	2658	2282	4940
8	14：45：00	2921	1927	4848

续表

序号	时间	风电有功功率/kW	光伏有功功率/kW	有功功率合计/kW
9	14：55：00	3555	1664	5219
10	15：00：00	3334	2134	5468
11	15：05：00	3123	2045	5168
12	15：25：00	3506	2064	5570
13	15：30：00	3464	2036	5500
14	15：40：00	3190	1969	5159
15	15：45：00	3523	1906	5429
16	15：50：00	3088	1854	4942
17	15：55：00	3620	1800	5420
18	16：00：00	3179	1740	4920
19	16：15：00	3572	1574	5146
20	16：25：00	3614	1460	5074
合计	63801	41073	104874	
平均值	3190	2054	5244	
占比	89%	57%		

小结：

1）功率最大值 6086kW，出现在 10：34，风电 3636kW、光伏 2450kW，分别占装机容量的 101%、68%。

2）对 12：10—15：25 间，功率较大的 20 组数据进行计算，功率平均值为 5244kW，风电 3190kW、光伏 2054kW，分别占装机容量的 89%、57%。

（4）2023 年 8 月 22 日风光有功功率曲线

2023.8.22 光伏及风电功率互补性曲线图如图 4 所示。

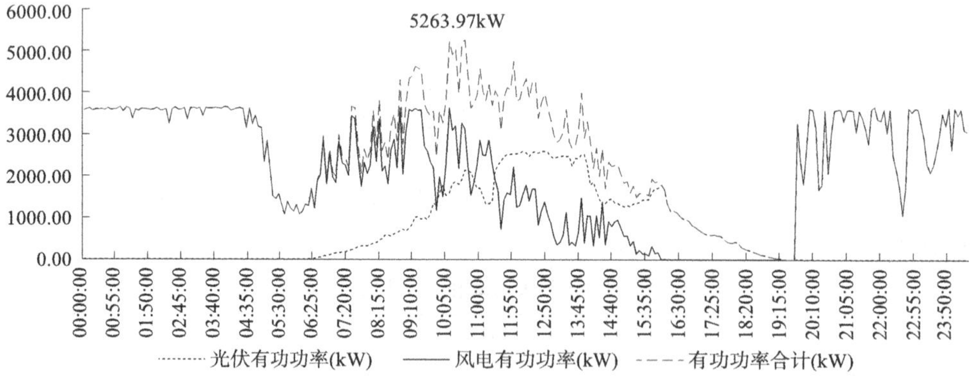

图 4　2023.8.22 光伏及风电功率互补性曲线图

风电光伏功率较大时段数据表见表 7。

表 7　风电光伏功率较大时段数据表　kW

时间	风电有功功率/kW	光伏有功功率/kW	有功功率合计/kW
10：00：00	3628.8	1588.96	5217.76
10：05：00	3091.2	1808.21	4899.41
10：10：00	3195.15	1849.91	5045.06
10：20：00	3265.5	1910.63	5176.13

续表

时间	风电有功功率/kW	光伏有功功率/kW	有功功率合计/kW
10：25：00	3129	2134.97	5263.97
10：30：00	2279.55	2138.29	4417.84
10：50：00	2860.2	1707.39	4567.59
合计	21449.40	13138.37	34587.77
平均值	3064.20	1876.91	4941.11
占比	85%	52%	68.63%

小结：

(1) 功率最大值 5263.97kW，出现在 10：25，风电 3129kW、光伏 2134.97kW，分别占装机容量的 86.9%、59.3%。

(2) 对 10：00—10：50 间，功率较大的 7 组数据进行计算，功率平均值为 4941.11kW，风电 3064.20kW、光伏 1876.91kW，分别占装机容量的 85%、52%。

上述 4 个代表日风电光伏有功功率互补性对比情况见表 8。

表 8　风光有功功率互补性对比表

时间	风电		光伏	
	有功功率/kW	占比/%	有功功率/kW	占比/%
2023/3.11	6825	95	4390	61
2023/3.15	6762	94	4469	62
2023/8.13	3090	89	2054	57
2023/8.22	3064	85	1877	52

由上表可以看出，秋季和春节风光功率互补性的规律一致，所占比例接近，其中风光春季最大功率均大于秋季。

3　结论

(1) 夏季风速和风功率密度相对较差，风电发电功率较小，而太阳能总辐射量较多，光伏发电功率较大；冬季风速和风功率密度相对较高，风电发电功率较大，而太阳能总辐射量较差，光伏发电功率较小；春季和秋季风速和风功率密度相对较高，且太阳能总辐射量较大，风电及光伏发电功率均较大。

(2) 光伏及风电两者同时使用可使其发电功率相对稳定、波动性减小、发电量增加，一方面可以减少新能源发电对电网造成的冲击，另一方面可使用户增加绿电的利用比例。

(3) 光伏及风电两种新能源的发电功率有一定的互补性，在电网消纳能力一定的情况下，可提高系统新能源装机容量。由于受风电场湍流、控制和偏航、场平等因素的影响，同一区域不同安装位置的风电机组其风速和发电功率也不尽相同，差异性较大，即在实际运行中多台机组的风速和发电功率不会同时达到最大值；再者，考虑到风机配置 20% 容量储能的因素，为提高新能源装机容量，可采用秋季的比值作为风光功率互补性参考值，选取风电 80%、光伏 50% 的比例确定新能源的装机容量，可为下步电网光伏及风电装机容量的规划提供参考。

以河南油田某区域电网为例，最高负荷 28751.9kW、平均负荷 23000kW，未考虑风光互补性因素时，按照负荷消纳能力，新能源装机容量规划为 23000kW；考虑到风光功率互补性后，新能源装机容量可规划为 36000kW，其中风电 18000kW、光伏 18000kW，装机容量增加了 56.5%，提高了新能源装机容量及发电量，增加了绿电的利用比例。

参　考　文　献

[1] 风光互补项目的应用性研究．北极星风力发电网，2014-08-01.

[2] 新能源发电并网对电网电能影响及应对措施．光伏领跑者创新论坛，2019-07-12

河南油田油气"光热+"多能互补伴热开发实践与探索

张孝友[1]　杨宇辉[1]　沈和平[2]　黄帅博[3]　李　岩[1]　吴玉树[1]

（1. 中国石化河南油田分公司新能源部；2. 中国石化河南油田分公司采油二厂；
3. 中国石化河南油田分公司勘探开发研究院）

摘　要　油气田企业是产能大户，也是耗能大户。在绿色发展的背景下，推进新能源替代传统能源成为石油公司节能减排、降本增效的重要战略选择，是高成本油气效益开发的重要措施。光热技术利用太阳能清洁、可再生的特点，是油田清洁热力替代的主要方向。河南油田东部生产区域位于南襄盆地，光热、风能等资源比较丰富，原油含蜡量高，为保证正常生产，需要对原油进行加热，降低油井结蜡。传统加热方式电耗大、安全平稳运行存在风险，为实现生产过程绿色低碳和成本节约，增加油井及地面设备安全能力，该油田基于油井用热需求，结合油井分布、井场布局及维护作业空间、可利用资源状况，建立以太阳能光热为主导、空气能或燃气能补充、谷段电能为辅助的"光热+"热管理系统，通过自动化、信息化技术完成多能耦合与互补，替代现有电加热装置，实现降本降费、节能减排效果，推动了能源结构优化、技术创新和产业升级，对于促进油田绿色、低碳、高质量发展具有重要意义。

关键词　新能源；光热+多能互补；实践探索

能源是国民经济的命脉。党的十八大以来，习近平总书记提出"四个革命、一个合作"能源安全新战略，强调"能源的饭碗必须端在自己手里"，党的二十大报告又再次强调"加大油气资源勘探开发和增储上产力度""加快建设新型能源体系""推动能源清洁低碳高效利用"，为保障能源安全、推动油气高质量发展、加快绿色低碳转型提供根本遵循和前进方向。推进油气与新能源融合发展，既是油气企业实现高质量发展的必然选择，更是减少碳排放、实现碳达峰碳中和的重要举措。2023年，国家能源局印发《加快油气勘探开发与新能源融合发展行动方案（2023—2025年）》，提出了在油气和太阳能资源丰富的地区，建设油气与太阳能同步开发综合利用示范工程，充分利用太阳能聚光集热及储热技术，实现油气生产过程的清洁化供热，助力低碳油气开发。同时要加大油气勘探开发与新能源融合发展技术创新攻关力度，重点推进油气产能建设项目配套的低成本太阳能光热利用、油气田储能技术。油田企业既是产能大户，也是耗能大户。曾以"小而肥"著称的河南油田，累计生产油气（当量）近亿吨，为维护国家能源安全和支持国民经济发展做出了重要贡献。但经过50多年的勘探开发，面临着原油开采成本高，能耗高、碳排放强度大等困难挑战，急需加快培育发展新能源等新型转型替代产业。近年来，河南油田深入学习领会习近平总书记能源安全新战略，积极践行低碳发展理念，探索推进新能源开发利用，加大油气生产与新能源融合力度，油气与新能源发展取得初步成效。特别是结合原油含蜡量高的实际，利用区域丰富的太阳能光热资源等优势，探索形成了"光热+伴生燃气能+谷电+储热"多能互补加热技术，实现高含蜡油井加热电耗与成本的双下降，在提升油气能源供给能力的同时，推进了油田的绿色转型和可持续发展。

1　概况

河南油田一直以来高度重视新能源产业发展，2006年开始，结合油气生产，先后开展了稠油集输污水余热伴热利用、地热开发利用等探索实践。2013年启动实施中国石化首个污水余热利用项目。近年来，聚焦规模效益和企业可持续发展，加强政策研究，抓好顶层设计，完善发展规划，积极探索实施路径，有序推进以风光电、余热、地热等新能源开发利用，推进多能互补利用，绿色低碳转型发展步伐不断加快。

1.1　采油厂能源消耗情况

某采油厂主要负责某油田东部稠油和高凝油开发生产，是油田的耗能大户，2023年能耗占油田总能耗56%。按生产系统分类，能源消耗主要分布在机采系统、集输及处理系统、注水系统，注汽系统。其中机采系统用电5437万kW·h，近年来用电总量呈持续增加趋势，2021—2023年用电量环比增幅24%和22.8%。对机采系统用能进一步细分，能源消耗主要集中在抽油机电耗、边缘井加热、降回压泵电耗等三类设备，2023年耗电分别占机采系统电耗的74.9%、21.1%和4%。边缘井电加热耗电量大、能耗高，年耗电达 1147.4 万 kW·h，亟需加大清洁能源开发利用和生产用能替代。

1.2　高含蜡油井生产工艺现状

油田东部油区部分开发单元原油含蜡量高达 20%~35%，凝固点 35~45℃，属于高凝油特征。受高凝固点的影响，原油在举升过程中极易发生蜡卡、蜡堵等现象，易引发抽油机负荷超载甚至设备侧翻的安全事故。经过多年技术探索和生产实践，某油田已形成双空心杆热水循环井筒保温工艺，有效解决高凝油井筒举升的安全问题。生产工艺流程见图 1。

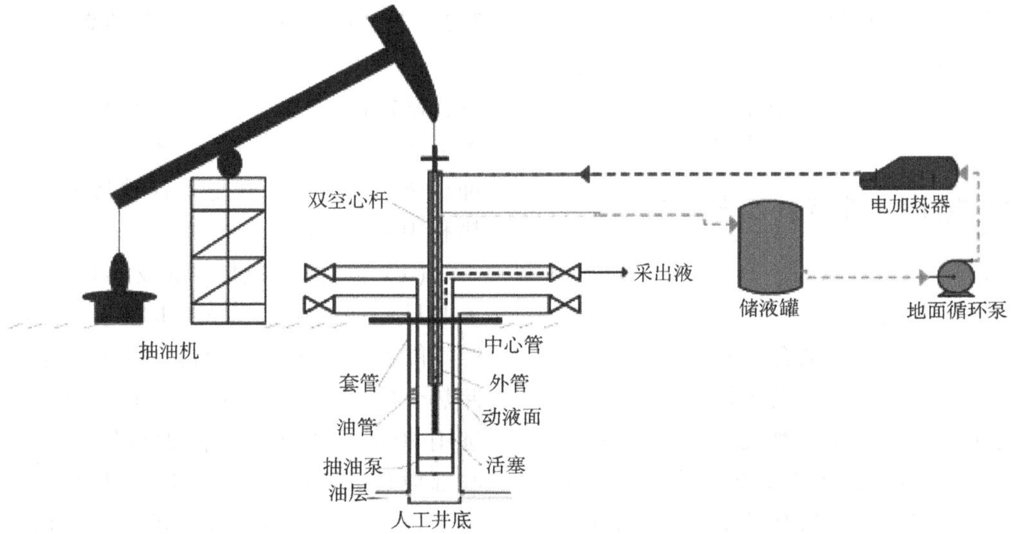

图 1　油井双空心杆热水循环加热工艺流程示意

储液箱里的载热体经地面泵增压、电加热器升温后，送入特种同轴式双空心杆，热流体自中心管注入，从中心管与外管环形空间返回至地面储液箱，完成一个载热体在双空心杆内的流动循环；同时，杆内热流体与油管内的采出液进行热交换，实现采出液在举升过程中的加热与维温。双空心抽油杆的内外管采用双向密封结构设计，保证内外两个通道相互密封和独立，内管外表面进行了隔热处理，避免热流体在杆内循环时的热短路现象。

1.3　存在的主要问题

油管内空心杆热水循环加热工艺有效解决高凝油举升中的维温问题，地面配套设备及工艺也比较简洁，但加热能耗大、运行成本高的问题表现较为突出。

一是机采过程电加热电耗占比大。据统计，截至 2022 年底，该油田某采油厂有 87 口油井采用双空杆热水循环加热防凝工艺，占全厂开井数的 6.8%，年耗电量约 975 万 kW·h，占机采系统总用电量的 19.5%。

二是缺乏不同时段不同季节加热参数优化控制的技术手段，没有挖掘尖峰平谷分时电价差异化结算的降本潜力。以用电高峰季节 8 月份为例，不同时段电度电价差异较大，其中尖段、峰段和平段电度电价分别是谷段的 4.56 倍、3.9 倍和 2.3 倍，如果采用以谷电为主的电加热工艺，可发挥较大的节约电费潜力(表 1)。

表 1　油田工业用电峰谷分时电度电价表

峰谷分时	执行月份	时段	电度电价
尖峰	1 月、12 月	18：00-19：00	1.01719
	7 月、8 月	12：00-14：00	
		20：-21：00	
高峰	1 月、12 月	10：00-14：00	0.86946
		17：00-18：00	
		19：00-21：00	
	7 月、8 月	10：00-12：00	
		17：00-19：00	
	2~6 月、9~11 月	10：00-14：00	0.83077
		17：00-21：00	
平段	1-12 月	7：00-10：00	0.51374
		14：00-17：00	
		21：00-23：00	
低谷	1 月、7 月、8 月、12 月	23：00-7：00	0.22308
	2~6 月、9~11 月		0.18991

三是部分油井低压伴生天然气资源没有合理利用，由于量少、压力低，这些套管气不能直接

进生产系统回收，如果采用放空生产又不符合环保排放标准。根据《中国石化采油井场碳中和实施指南（试行）》的通知：采油井场应采取合适的温室气体减排措施，并确保实现计划中确定的减排目标。

四是单一能源不能满足生产需求。近年来，油田尝试采用太阳能集热器、空气源热泵等节能技术替代电加热工艺，但受太阳能及空气源等绿色能源品质不稳定性、昼夜差异大、寒冬季节设备故障多等影响，无法满足油井安稳生产需求。

2　油井"光热+"多能互补工艺设计

2.1　设计思路

（1）整体工艺设计

基于油井用热需求，结合油井分布、井场布局及维护作业空间、可利用资源状况，建立以太阳能光热为主导、空气能或燃气能补充、谷段电能为辅助的"光热+"热管理系统，通过自动化、信息化技术完成多能耦合与互补，替代现有电加热装置，从而满足井筒维温与防蜡需求，增加油井及地面设备本质安全能力，实现生产过程绿色低碳和成本节约。

（2）各部分设计思路

储能体设计要满足极端天气"谷电储备保障"能力，尽可能小型化。储能介质选择要有利于热能耦合、提高换热效率，性价比好。太阳能集热器要具有适度的采光面积、光热转换效率、运行可靠性、性价比。套管气燃烧器要具有安全性、环保性、可靠性。电加热器要满足功率、可维修性与性价比要求。基本流程要有利于井场布局、能力耦合、源荷储管理。自动化控制要实现无人值守和故障自诊断、自修复。信息化管理要实现 PCS 远程采集、诊断与持续优化。

2.2　蓄热储热体及工艺流程确定

基于井筒双空心杆循环载热体为软化水的特点，确定以软化水为太阳能集热、燃气能蓄热及电加热补热的共用介质。不同的集热过程共用一种载热介质，可简化储热换热环节，有利于综合热利用率的提高。

（1）蓄热储热体容量及结构。经测试 E 古＊井日均耗电 463.5kW·h，考虑在极端天气及燃气能不足情况下，全部依靠谷电辅助补能，且储热介质温度变化幅度控制在 10℃ 以内，计算选用 40m^3 卧式圆体罐作为蓄热储热体。在罐体底部设计 φ273×6mm 的 U 形水平烟道；U 形烟道既是套管伴生气燃烧的炉体，也是燃气能热交换的传热体，其一端引出罐体外，以安装燃气燃烧器，另一端引出并连接烟囱。电加热补能装置水平布置在 U 形烟道引出两端的中间。

（2）工艺流程设计。主要包括太阳能集热循环流程、套管气采集流程和双空心杆循环流程等，见图 2。为节约设备投资，按照一套装置带动 3 口油井设计，井距控制在 400m 范围以内。

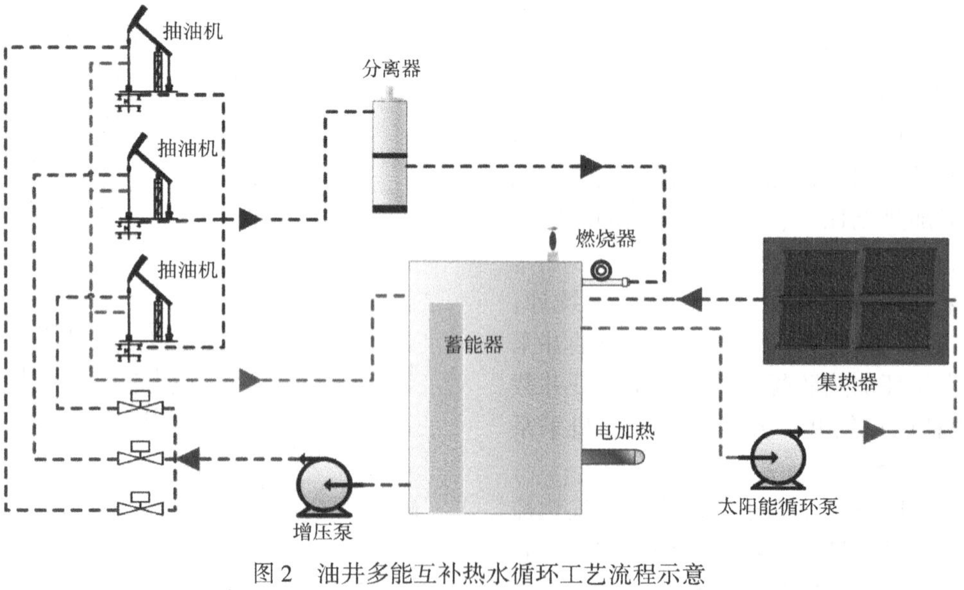

图 2　油井多能互补热水循环工艺流程示意

2.3　配套设备选型

多能互补装置配套设备主要包括太阳能集热器、燃烧器、电加热器及地面泵等。

（1）太阳能集热器。空心杆循环热水温度要求、循环水质特点、集热效率、耐压特性、夏季防空晒和冬季防冻特性、单管失效对系统的影响等多个方面对比，选用金属超导真空热管型太阳能集热器。根据井场布局及预留油井维护性作业空间需求，对14块集热器采用上下两层布置，提高井场空间利用率，有效采光面积45m²。

（2）燃烧器选型。依据油田套管伴生气低硫组分、测试压力低于0.1MPa的特点，选用50kW切割式预混低氮燃烧器，可实现2~6kPa天然气的安全燃烧控制，且满足氮氧化物排放浓度在30mg/m³的环保要求。油田伴生天然气主要组分分析如表2所示。

（3）电加热器。按照极端天气下利用谷电加热就能满足至少24h用热量的情形，选配电加热器容量为60kW，考虑装置长时间运行的安全性，配设电加热过热自动保护装置。

表2　古城油田伴生天然气主要组分分析

序号	项目	分子式	单位	数据来源	数值
1	甲烷体积分数	CH_4	%	化验	83.7788
2	乙烷体积分数	C_2H_6	%	化验	0.998
3	丙烷体积分数	C_3H_8	%	化验	0.8192
4	丁烷体积分数	C_4H_{10}	%	化验	1.2751
5	氮气体积分数	N_2	%	化验	6.6888
6	二氧化碳体积分数	CO_2	%	化验	1.5457
7	硫化氢体积分数	H_2S	%	化验	0
8	天然气低位热值 Q_r		kJ/m³	化验	35991.52

2.4　热管理系统程序设计

以“蓄热+用能”管理为核心，建立产、储、用一体化热管理控制系统，自动感知、识别、控制、预警和信息化通讯，建立“HMI+PLC”为基本构架的控制单元，实现单井管控无人值守。建立“HMI+PLC”人机界面架构，便于装置调试、参数监控、状态诊断、目标参数修改等；嵌入油田现有PCS系统，可远程采集、分析、诊断和控制，提升科学化管理水平。设计“油井多能互补”信息化管理模块，嵌入油田现有PCS系统，可远程采集、分析、诊断和控制，提升科学化管理水平。具体就是通过对太阳能集热器温度、燃气压力的测量和判别，确定集热设备的自动启停；通过季节感知单元确定不同季节储能、补能模式，在寒冷天气下自动启动冬季设备保护程序，保证停运的设备及管线安全；单井用热控制单元是根据井口采出液温度变化，自动控制单井热水循环流量，实现用热管理科学调度。

3　现场试验

3.1　试验基本情况

自2022年4月底，选取E古＊井进行单井试验。试验期间通过对装置、油井生产参数的跟踪、调整，取得了良好的节能减费效果。2022年9月底，扩大试验规模，采用了一套装置带动3口试验模式，验证装置节能减碳和安稳运行能力。

在充分总结试验的基础上，按照自主开发、巩固优化、持续改进的思路，设计和制作新设备3套，分别在古＊＊井组、泌＊＊-4井组和泌＊＊-7井组等9口井应用。

3.2　主要设备运行情况

（1）太阳能集热器运行情况。当热管理系统检测到太阳能器集热器联集管内温度高于蓄能器温度5℃时，启动太阳能集热器循环泵，直至两者温度相等时，停止循环泵。图3为2022年初夏季节太阳能集热器运行参数截图，在晴好天气下，集热器可连续温度采集光热时长达11h，试验验证集热器的高效性。

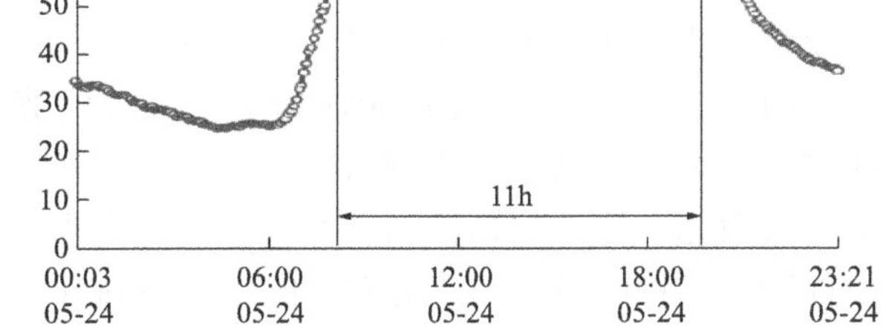

图3　晴好天气太阳能热器运行曲线

（2）燃烧器运行情况。试验中摸索E古＊

井套管气压力恢复规律，将燃烧器自动启动压力由0.04MPa下调至0.02MPa，燃烧器日累计运行时间由2.5h延长至4.5~5h，充分挖掘燃气补能能力。

（3）电加热运行情况。改造前双空心杆加热系统日均耗电463.5kW·h，改造后日均耗电165.7KW·h，日节电率74.7%，节费率78.3%；夏季效果明显，基本实现电加热电耗为零。

（4）油井及装置。稳定的热循环伴热系统才能保证高凝原油举升和油井的安全生产。原地面循环泵入口缓冲水罐容积仅为30L，改造后储能蓄热罐容积为40m^3，极大增加了地面循环系统的缓冲能力，提升了严冬时期地面循环系统的本质安全性，通过试验也验证地面循环系统的安全性与可靠性。

4 试验效果及试验结论

4.1 应用效果

工艺技术改造后，分别开展一套装置带动一口油井的单井试验和带动三口井甚至四口井的多井组试验，取得较好效果。统计372天试验耗电情况，累计节电24.38万kW·h，减碳142t。其中：试验前单井加热全部依靠电加热，按照全年用电量统计分析，地面加热循环系统日均耗电463.5kW·h(循环泵用电量占18.4%，电加热用电量占81.6%)，改造后日均耗电76.4kW·h(循环泵用电量占63%，电加热用电量占37%)，装置节电率83.5%，节电效果明显。由于地面循环泵需要全天候运行，改造后装置耗电以循环泵为主，电加热补能以谷段运行为主，统计单井试验期节费率85.3%。多井组试验节电率56%，节费率64%。由于多井组试验中没有增加太阳能集热器，节电效果略低于单井试验效果。

4.2 试验结论

通过单井及多井“光热+”多能互补试验，取得较好节能减费效果，并得出以下结论：

（1）建立了油气与新能源融合发展的“光热+”多能互补模式。试验利用了井场闲置空间，采用太阳能、低品位燃气能、谷电补能和储能等多种能源，探索建立了“光热+伴生燃气能+谷电+储热”多能互补加热技术，有效降低高凝油开采电耗和用电成本，提升了油气采收率和储量动用率。

（2）打造了自动化、信息化、橇装化“光热+”新质生产力。按照“五化”要求，简化了地面工艺，自动化运行和信息化诊断，建立了太阳能、燃气能的优先利用，并根据油井用热需求自动采取谷电补能控制策略，实现了油井生产绿色用能、低成本用能、高效用能、低碳用能，打造了自动化、信息化、橇装化“光热+”新质生产力。

（3）形成了经济安全低碳、可规模推广的绿色产业形式。“光热+”多能互补丰富了基于单井/井组光热、套管气利用最大化的控制经验，形成了单井用热管控的控制方法，制定了装置制作规范，实践了多种能源互补的应用模式，实现了产、储、用一体化产业形式，为在油田规模复制推广奠定了基础。

4.3 推广应用前景

“光热+套管天然气+谷电+蓄热”多能互补，可以为油气开发保证连续平稳供热，有效降低油气开发成本，实现节能降碳，具有较好的经济效益和社会效益。河南油田正在完善技术工艺，规划在高凝油井上全面推广多能互补加热技术，在距中心井500m范围内油井实施“一拖二”“一拖三”等多井“光热+”多能互补加热技术试验，丰富单井、单站、多井、多站绿色能源替代技术系列，多措并举，示范引路，优化地面设备数量和投资成本，着力打造高含蜡油井开发伴热“光热+”多能互补示范区，实现油气与新能源的融合发展，为老油田焕发青春提供绿色动能。

追风逐日向未来，绿色低碳谋发展。河南油田正深入学习贯彻习近平总书记能源安全新战略和视察胜利油田、九江石化时的重要指示精神，牢固树立“老油田有新作为”的理念，聚焦价值创造，狠抓统筹协调，创新机制，深化合作，加快建设安全高效、清洁低碳、多能互补、智慧融合的新能源开发利用体系，不断提升节能减碳、增产创效能力，走出老油田绿色低碳转型发展特色之路，奋力在书写好“端牢能源饭碗”新答卷的征程中再立新功、再创佳绩！

新能源在传统含油气盆地转型发展中的地位和作用

李士祥　邹才能　熊　波

（中石油深圳新能源研究院有限公司）

摘　要　在全球气候变化、碳中和共识和能源转型的背景下，新能源已成为各个国家实现能源安全和绿色转型发展的重点方向。能源行业的科技革命、市场革命、数字革命和绿色革命加速了能源转型，低成本风能、太阳能、储能将支撑全球能源转型，新能源生产与利用进入快速发展时期。中国的新能源革命，正在推动由基于地下资源禀赋的现行能源体系走向基于技术创新的新型能源体系，在中国“洁煤、稳油、增气、强新，多能互补、智慧协同”的能源战略中起着举足轻重的作用。传统含油气盆地的化石能源为推动社会进步和人类发展做出了巨大贡献，在气候变化和能源转型的背景下，构建兼顾能源生产与碳中和的能源系统是转型方向。能源转型与能源安全同等重要，能源转型具有长期性、曲折性和艰巨性，能源安全具有科学性、灵活性和储备性。在加快构建新型能源体系框架下，以巨量地下煤炭/石油/天然气/地热与地上丰富风光能源资源高度叠合、化石能源与新能源融合协同开发利用的区域性智慧用能系统构成的“超级能源系统”，与以碳循环为主线的碳中和系统相融合，建成兼顾能源生产与碳中和的能源盆地，是传统含油气盆地转型发展之路。“煤炭+石油+天然气+新能源+CCUS(碳捕集、利用与封存)/CCS(碳捕集与封存)”融合发展理念与模式下，盆地区域内基本实现碳中和，进一步夯实能源生产保供能力，助力“双碳”目标实现，建立现代能源产业体系，推动地区绿色可持续发展。在中国新能源革命的引领下，传统含油气盆地加快向能源生产与碳中和的能源盆地转型，对实现“双碳”目标、构建新型绿色能源体系与建立绿色生态地球意义重大。

关键词　新能源；能源革命；能源转型；碳中和；新型能源体系；能源系统；超级能源盆地

全球经济格局、政治格局和科技格局发生了重大变化，百年未有之大变局加速演进，气候变化和碳中和共识下，全球能源战略和供需格局已进入深度调整变革期，世界能源转型步伐加快提速，碳基化石能源向零碳基新能源转型是必然趋势。全球能源经历了两场革命：美国黑色页岩油气革命，是碳基能源的“黑天鹅”事件；中国风、光、氢、储的绿色新能源革命，是零碳基能源的“灰犀牛”事件。能源行业的科技革命、市场革命、数字革命和绿色革命加速了能源转型，能源转型与能源安全同等重要，能源转型具有长期性、曲折性和艰巨性，能源安全具有科学性、灵活性和储备性。

实现“碳达峰、碳中和”（“双碳”）是一场广泛而深刻的社会变革，是发展新质生产力的具体体现。科技创新正在加速推动油气行业绿色化、低碳化和智能化发展，新能源新兴产业迎来发展的重大机遇期。新能源肩负着传统的资源属性，是实现碳中和新战略目标的重要途径，承担着能源转型+能源安全+能源独立+能源强国的新使命。

中国新能源的进一步发展壮大，力争通过新能源“技术独立”，使煤炭、石油等化石能源更多回归化工材料属性，主要依靠本土化新能源实现中国“能源独立”。能源接续发展，支撑国家强盛，能源从化石能源到化石能源+新能源融合，再到风能+光能+氢能+储能+智能等不可再生的有限“碳基”能源越采越少，可再生的无限“零碳”新能源越用越多，化石能源支撑中国由能源小国变为能源大国，新能源支撑中国由“能源强国”力争实现“能源独立”。

在“本世纪末控制全球温度升高1.5℃”全球倡议目标下，超级盆地能源生产必须向低碳化和零碳化发展，向油气和新能源融合发展。构建兼顾能源生产与碳中和的“超级能源系统”是超级含油气盆地的转型方向。加快规划建设“绿色+智慧能源体系”的新型能源体系，由高碳基能源向低碳基能源和零碳基能源发展，建设以新能源为主、新电力为主、新储能为主、新智能为主的“四新为主”新型能源体系，为人类绿色生活、绿色地球建设，提供绿色动能。

中国油气企业面临保供和低碳化转型的双重

压力，坚持“先立后破”的能源转型方针，在“碳中和”前相当长的一段时间里，中国能源转型必须坚持“油气与新能源融合发展”。传统含油气盆地正向新型碳中和“超级能源盆地”升级，以同时满足规模化能源供给和低碳减排要求。建设新型碳中和“超级能源盆地”，对践行“油气与新能源融合发展”有较强的示范效应，对于国家和地方能源转型以及相关能源企业转型发展有重大战略意义。

本文分析了新能源在中国能源战略中的角色、地位与内涵，研究了新能源高质量发展的作用路径，揭示了在能源转型“四轮驱动”下化石能源从“不可能三角”向新能源“可实现三角”转变的可能性，剖析传统超级含油气盆地和新型超级能源盆地特点，揭示超级能源盆地未来绿色协同发展方向和趋势，以期为高质量发展新能源和含油气盆地能源生产与碳中和目标的实现提供科学指导与技术支撑。

1　碳中和下的能源转型

碳中和下新能源赋予新地位，是世界能源转型的方向、能源科技创新的前沿、能源强国建设的主力、绿色地球建设的动能，担负起能源转型、能源安全和能源独立的新使命。全球化石能源低碳化提速、新能源规模化提速、能源管理智慧化提速“三化提速”同步进行时，推动高质量绿色低碳转型。

1.1　化石能源低碳化提速

2022年，全球一次能源消费结构中煤炭、石油、天然气、新能源占比分别为26.7%、31.6%、23.5%、18.2%；中国一次能源消费结构中煤炭、石油、天然气、新能源占比分别为56.2%、17.9%、8.6%、17.3%。世界化石能源消费占比仍高达82%，但已形成煤、油、气、新能源“四分天下”新格局：煤炭发展进入“转型期”，石油发展步入“稳定期”，天然气发展迈入“鼎盛期”，新能源发展跨入“黄金期”。世界化石能源资源总体充足，由纯碳的煤，到中碳的油，再到低碳的气，未来能源消费中低碳化石能源占比快速提高。虽然全球已探明煤炭储量可再开采130年以上，但煤炭发展已进入转型期，未来能源消费占比快速降低，化石能源消费向油气等低碳化能源提速。

1.2　新能源规模化提速

2022年，世界新能源消费26.2×10^8t油当量，在一次能源消费中占比18.2%；中国新能源产量6.52×10^8t油当量，在一次能源消费中占比17.3%。目前，世界正处于油气向新能源转型期，新能源“浪花”已经汇聚成“浪潮”，新能源发展速度和发展规模逐年提升，一场席卷全球新能源浪潮已拉开大幕，2050年新能源消费占比预计将达到50%(图1)，新能源规模化提速发展势在必行。

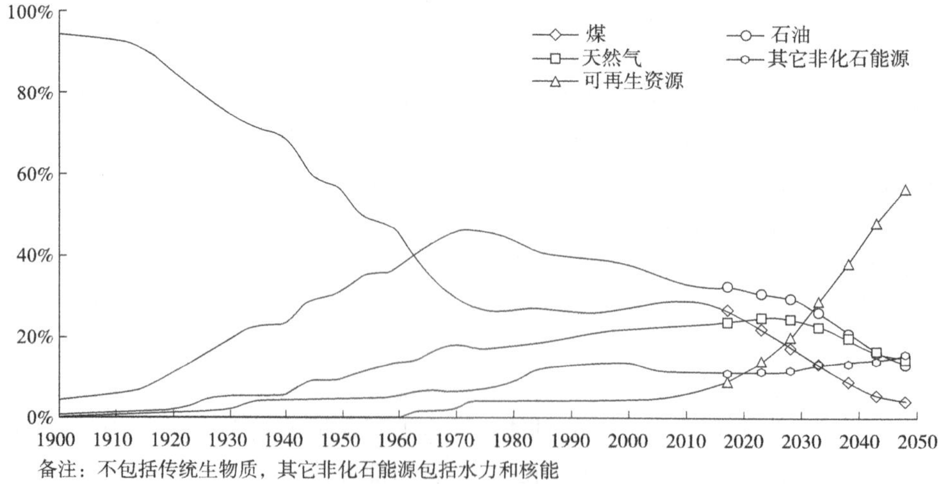

图1　世界一次能源份额预测(快速转型情景)

1.3　能源管理智慧化提速

构建煤炭+油气+新能源协同高效利用的智能微网，风电、光伏、煤炭、油气等协同供电、供热、供气，储电、储热、储气联动形成多能互补、供需互动、循环利用的智慧化网络，为居民、办公、工厂、公共服务设施和数据中心等提供能源。把相对平行与独立的老煤炭、老油气、老电网，未来构建成为风电+光电+储能的“新煤炭”、氢燃料+电池+电机的“新油气”、智能+电网+物联网的“新电网”，实现能源管理的高效化和智慧化。

2 新能源在中国能源战略中的地位

新能源代表着科技革命和产业变革的方向，在中国能源战略中起着重要作用，以新能源为主构建的新型能源体系，持续引领新能源革命，实现碳中和目标，保障能源安全，奋力建设“能源强国”。

2.1 中国新能源取得的成就

在“四个革命、一个合作”能源安全新战略的指引下，中国能源发展取得历史性成就。

新能源装机规模稳居世界第一：连续多年稳居世界第一，约占全球的40%。截至2024年3月底，全国累计发电装机容量约29.9×10^8kW（国家能源局发布1~3月份全国电力工业统计数据，2024），同比增长14.5%。其中，太阳能发电装机容量约6.6×10^8kW，同比增长55.0%；风电装机容量约4.6×10^8kW，同比增长21.5%。新能源发电装机达16.0×10^8kW，比重53.3%，历史性超过火电装机。储能累计装机规模5000×10^8kW，其中抽水蓄能占比85.6%，熔盐储热占比1.2%，新型储能装机规模666×10^4kW，占比13.2%，全国已投运的新型储能装机3139×10^8kW。

新能源已成为全国新增电力装机主体：2012年以来，我国风电增长了6倍，年均增长20%左右；光伏增长了184倍，年均增长60%左右。从2016年开始，我国新能源和可再生能源新增装机占全国新增电力总装机的比重超过50%，2023年达到85%，成为我国新增电力装机的主体。新型储能2023年新增装机约2260万千瓦，是此前历年总和的2.6倍。

新能源高水平消纳利用：2023年风电、光伏平均利用率分别为97.3%、98%。2023年可再生能源年发电量约3×$10^1$2kW·h，约占全社会用电量1/3。其中风电光伏发电量1.43×$10^1$2kW·h，占全社会用电量15.8%，高于13%全球平均水平。

新能源技术水平全球处于领跑地位：风电和光伏开发成本十年来分别下降了60%和80%，风电平均度电成本降至0.26元、光伏度电平均成本降至0.31元，实现平价上网。制氢技术形成自身优势，海洋能技术也正在积极探索。

新能源产业已建成先进完备、具备国际竞争优势的全产业链体系：风电光伏产品已覆盖全球200多个国家和地区，已成为名副其实的全球新能源产业中心。产业发展壮大，带动了一大批新能源企业参与国际合作，成为共建“一带一路”合作的亮点。

新能源减碳贡献多：2022年，我国单位GDP可再生能源发电装机约663W/万美元，是全球平均水平的2.1倍、美国的4.8倍。2022年我国新能源发电量相当于减少碳排放约22.6×10^8t，出口的风电光伏产品为其他国家减少碳排放约5.7×10^8t，合计减排约占全球的41%。煤炭消费比重年均下降超过1个百分点，单位GDP能耗累计下降约27%，降幅超过同期世界平均水平的两倍。

2.2 新能源在能源安全中的作用

中国新能源产业的发展，由于行业属性导致其前期投入高、回报周期长。早些年，市场上涌现了很多先行者，虽然前期政府给予了大力支持，但很多仍然倒在了黎明前。近两年，量变的积累终于实现了质变的突破，风电、太阳能等产业可以不依靠政府补贴实现盈利，行业的“奇点”时刻就此到来。“奇点临近”将大大改变人类的本质和智力的发展方式，使人类经历深刻而颠覆性的能力变化，为生产力的提升提供新的动力，甚至使生产力的发展出现跨越层级式发展的可能。

新能源肩负着传统的资源属性，是实现碳中和新战略目标的重要途径，承担着能源转型+能源安全+能源独立+能源强国的新使命，新资源风光无限，新能源无限风光。

中国新能源新兴产业的进一步发展壮大，力争通过新能源“技术独立”，使煤炭、石油等化石能源更多回归化工材料属性，主要依靠本土化新能源实现中国“能源独立”。能源接续发展，支撑国家强盛，能源从化石能源到化石能源+新能源融合，再到风能+光能+氢能+储能+智能等不可再生的有限“碳基”能源越采越少，可再生的无限“零碳”新能源越用越多，化石能源支撑中国由能源小国变为能源大国，新能源支撑中国由“能源强国”力争实现“能源独立”。

2.3 新型能源体系促进建设能源强国

在应对气候变化的大背景下，全球能源战略和供需格局已进入深度调整变革期。新能源产业中发挥主导作用的是科技创新，具有高科技、高效能和高质量特征，碳中和背景下能源转型正在全球加速推进，由高碳基能源向低碳基能源和零碳基能源发展，构建以新能源、新电力、新储能、新智能“四新”为主的新型能源体系，是新能源新兴产业高质量发展的主要路径，已成为全世界共识和新一轮能源革命不可逆转的必然趋势。以“风、光、气、热、氢、储、智”互补一体化为代表的新能源占比不断提升，未来新型能源体系向着绿色、经济、科技、智能方向发展。

新能源是重要的新兴产业，在中国“洁煤、稳油、增气、强新，多能互补、智慧协同”的能源战略中起着举足轻重的作用。主要路径是化石能源清洁化、清洁能源规模化、集中分散协同化、多能管理智慧化的“四化发展”。煤炭是压舱石能源，石油是战略保持能源，天然气是最为重要的过渡性能源，风光绿电、核电、水电、生物质发电、可控核聚变等是接替性能源，大力发展新能源是出路。中国已初步形成较为完备的天然气管网、石油管道、电网工程、储能系统等基础设施，支撑形成了以化石能源为主、可再生能源为辅的“资源主导”单向闭环链型现行能源体系。新型能源体系以可再生能源与不可再生能源多元供给、“技术主导”跨界融合开放能源体系运行机制为特征，依托制造能力、基建能力和数字化能力，推动基于地下资源禀赋的现行能源体系走向基于技术创新的新型能源体系。

新质生产力引领下的新型能源体系，以可再生能源与不可再生能源多元供给，技术主导跨界、融合、开放的能源体系运行机制为特征，依托制造能力、基建能力和数字化能力，推动能源体系由基于地下资源禀赋向基于技术创新转变。能源“不可能正三角”寓意能源的清洁、廉价、稳定三者难以共存，新能源新兴产业必须向着破解化石能源“不可能三角”矛盾的方向发展。新型能源体系同时具备了安全性、经济性、清洁性3个属性，实现以“技术创新+‘双碳’目标”前轮牵引、以“能源经济+能源安全”后轮驱动的碳中和能源转型“四轮驱动”。这就成功破解了一直困扰能源领域的“不可能三角”矛盾，发展形成新能源引领下箭头向前的新能源“可实现三角”助力建设能源强国(图2)。

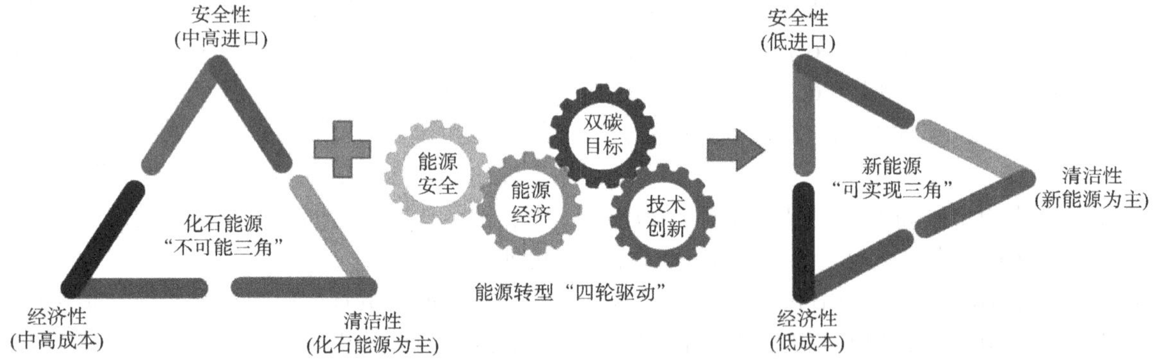

图2　化石能源“不可能三角”在能源转型“四轮驱动”下向新能源“可实现三角”转变

3 “超级能源系统”引领含油气盆地绿色转型发展

传统含油气盆地是全球油气供应的主体，在碳中和与绿色发展的大势下，传统含油气盆地也是能源转型发展的主战场，必须向拥有丰富油气资源、可获得低成本新能源、具备规模化碳捕集和储存能力的新型碳中和“超级能源盆地”升级转型。

3.1 碳中和“超级能源盆地”的内涵

“超级能源系统”内涵是指达到界定资源量规模的地下煤炭、石油、天然气、地热、伴生矿产与地上风能、光能高度耦合，化石能源与新能源融合协同开发利用的区域性智慧用能系统。能源生产利用过程中产生的CO_2，通过CCUS/CCS、碳汇等措施实现碳中和。能源属性具有“三性”特征，煤炭资源的有限性与高碳性、油气资源的短缺性与稀缺性、新能源的无限性与绿色性。“超级能源系统”涵盖了一次能源、二次能源和三次能源(图3)，是以一次能源的地下能源和地上能源、二次能源的过程性能源和含能体能源、三次能源的数字世界能源和终极能源等多种能源组成的系统。并且在人类进步与能源发展过程中，产生以及即将产生诸多的能源工业，一次能源的地下能源产生了煤炭工业、石油工业、天然气工业、地热工业，一次能源的地上能源产生了新能源工业，二次能源产生了煤电工业、绿电工业、绿氢工业，三次能源将产生数字世界工业、人造太阳能工业。碳中和系统是指一个组织、团体或个人，在一段时期内 CO_2 的排放量，通过森林碳汇、人工转化、地质封存等技术，实现以 CO_2、CH_4 等为主的温室气体“净零排放”。

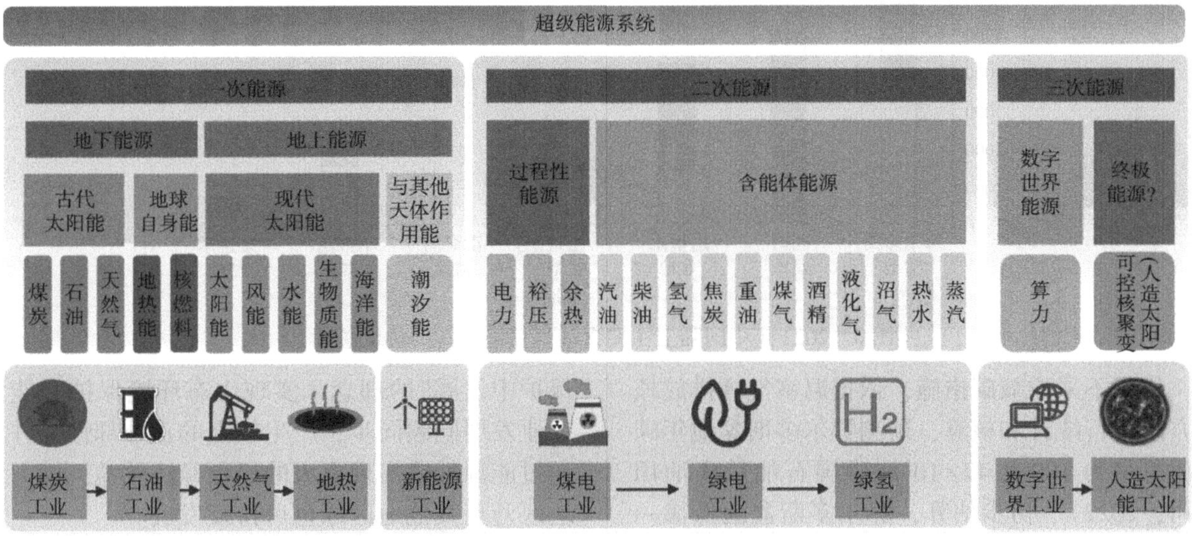

图 3　超级能源系统及能源工业变革框架图

基于对“超级能源系统”与碳中和系统的理解，以某超级盆地为单元，分析地下煤炭、石油、天然气、地热及多种伴生能源，地上风能、太阳能、水能、电力、氢气等多种能源融合协同开发利用的区域性智慧用能系统，并以碳循环为主线，以化石能源和新能源利用与 CCUS/CCS 绿色、协同、可持续发展为目标，提出了碳中和“超级能源系统”。

碳中和“超级能源系统”是指达到界定资源量规模的地下煤炭、石油、天然气、地热、伴生矿产与地上风能、光能高度耦合，化石能源与新能源融合协同开发利用的区域性智慧用能系统，区域系统内以碳循环为主线，能源生产利用、CO_2 利用与封存达到“净零排放”，实现能源安全供给、碳排放与碳吸收之间的动态平衡。

3.2　碳中和“超级能源盆地”的建设意义

3.2.1　进一步夯实化石能源生产保供能力

在国内传统能源盆地中，中国油气产量主要来自鄂尔多斯、松辽、四川等大盆地。2022 年，鄂尔多斯盆地生产原油 3763×10^4t、天然气 $694\times10^8m^3$，油气当量 9290×10^4t（图 4），占中国 2022 年原油产量（2.05×10^8t）、天然气产量（$2178\times10^8m^3$）的比例分别为 18% 和 32%。根据各大盆地近 40 年来已探明技术可采油气储量，结合各大盆地资源潜力分析，初步预测 2050 年前的一段时期内，鄂尔多斯盆地每年石油和天然气探明技术可采储量占几大主要产油气盆地的比例分别约 27%～39% 和 22%～42%，平均分别约 31% 和 26%，在国内油气供给中处于重要地位。进一步夯实鄂尔多斯盆地油气生产能力，有助于提升油气净贡献率和综合能源供应能力，保障国家能源安全。

3.2.2　通过 CCUS/CCS 助力“双碳”目标实现

中国行业碳排放量中，能源活动、工业过程、农业及其他占比分别为 85.5%，15.4%，-0.9%。碳排放来自化石能源燃烧的能源活动中，发电、钢铁、建材、交通和其他行业碳排放占比分别为 44%，19%，14%，14%，9%；碳排放来自 $CaCO_3$ 分解等的工业过程中，水泥石灰、钢铁化工和其他行业碳排放占比分别为 53%，31%，16%。中国一次能源生产过程碳排放结构中，化石能源产生 CO_2 排放量占总排放量的 83.6%（共研产业研究院，2023），能源低碳化零碳化是实现“双碳”目标的重要环节。

实施 CCUS 项目注入 2～3tCO_2 可多采出 1t 原油，可实现碳封存与提高原油采收率双重效益。

2022年底，中国累计注 CO_2 超 760×10^4t，埋存率50%~80%。中国石油已累计注 CO_2 563×10^4t，占全国的74%；中国石化已累计注 CO_2 182×10^4t。

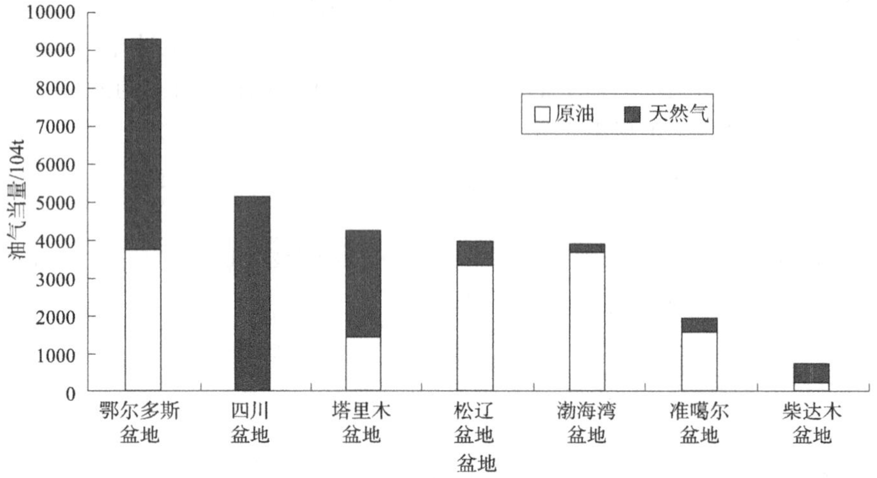

图4　2022年中国陆上主要含油气盆地油气产量汇总图

如果不采取减碳措施，依据温室气体排放核算方法进行统计和核算，预测鄂尔多斯盆地年碳排放总量为 10069.47×10^4t（中国石油长庆油田公司，2022）。初步估算，鄂尔多斯盆地低渗—致密油层、深部不可采煤层、深部咸水层、枯竭油气藏的 CO_2 封存潜力超 150×10^8t。高浓度碳源量大质优，现阶段可捕集量约 1×10^8t/a，具备建成规模CCUS/CCS产业潜力，是盆地内化石能源生产碳减排的重要途径。外部机构预测到2060年，中国约有 20×10^8t 必要的 CO_2 排放，需要通过林业碳汇和地下埋存消除，CCUS/CCS将成为实现碳中和的"兜底"技术。鄂尔多斯盆地的CCUS/CCS产业发展实践将助力"双碳"目标实现。

3.2.3　推动现代能源产业体系建立

推进能源科技自立自强，突破能源清洁开发利用技术，以新能源及负碳的"自用"推动化石能源产业绿色发展，以新能源及负碳的"他用"以及化石能源深加工推动油气、煤炭生产向综合能源开发利用和新材料制造基地转型发展，形成传统化石能源与新能源新产业融合、多能互补的发展新格局，持续优化能源供应结构，逐步构建清洁高效能源供应体系。

3.2.4　推进地区绿色可持续发展

探索建立现代能源产业体系，将以能源发展为纽带，实现企业与地方政府共建能源项目、共享发展成果，带动省区之间、城乡之间的协调发展。通过能源产业的集群式发展，以及大力发展绿色低碳负碳产业，强化"在发展中保护"与"在保护中发展"的理念，实现生态环境保护和能源产业发展同频同步，产生较强的正外部性，并可通过能源外输实现更大的绿色经济效益，助力该地区乃至其他地区绿色可持续发展。

3.3　碳中和"超级能源盆地"勘探开发理念与模式

碳中和"超级能源盆地"兼顾能源生产和碳中和，拥有丰富的油气资源、可获得低成本新能源、具备规模化 CO_2 封存能力，提供煤炭、石油、天然气等化石能源和风电、光电、地热等清洁能源，充分利用地下空间开展 CO_2 利用和埋存。

超级盆地具备较完善的油气基础设施，涵盖油气、风光、地热等多种能源资源，在自然条件合适的情况下，就近生产清洁、可再生能源为油气田生产供能，增加清洁能源供给，实施绿色协同转型发展，是传统超级盆地脱碳的有效解决方案。

未来能源系统的发展可概括为"两新三行动"。"两新"为新型能源体系和新型油气资源，新型能源体系强调"洁煤、稳油、增气、强新、多能互补、智慧协同"，加快"化石能源与新能源融合发展、绿色低碳转型发展"两个发展；新型油气资源聚焦中低熟页岩油、富油煤、煤炭气化的人造油气藏。"三大行动"为面向2035年稳油增气提升行动、页岩煤岩油气革命行动、天然气支撑新能源行动。

基于此，从理念上形成一个碳中和"超级能源盆地"的概念，这是中国式"煤炭+石油+天然气+新能源+CCUS/CCS”融合发展模式，具有全球性意义。未来蓝图中，打造世界级碳中和“超级能源盆地”是一个具有代表性的方向与模式，强调新型能源体系是以“新能源、新电力、新储能、新智能”的“四新”为技术主导的绿色智慧能源体系。而以鄂尔多斯等盆地为代表的碳中和“超级能源盆地”理念与模式(图5)，伴随地下煤炭、石油、天然气、地热、伴生矿产与地上风能、光能融合协同开发利用，盆地区域内能源生产利用、CO_2利用与封存达到“净零排放”，盆地区域系统内基本实现碳中和，将在中国率先建成世界级碳中和“超级能源系统”示范盆地，将重塑未来“超级能源系统”、碳中和“超级能源系统”发展理念与模式，对全球“碳中和”下能源革命具有重大意义。

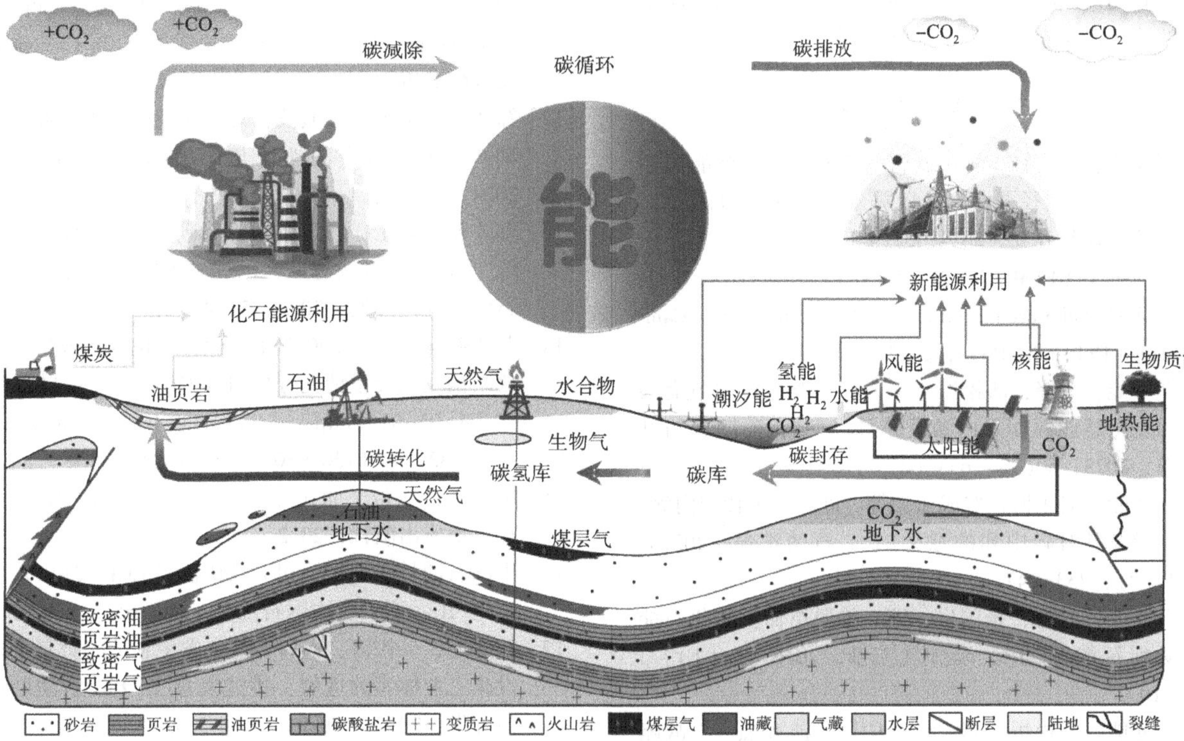

图5　碳中和“超级能源盆地”能源利用示意图

4　结论

新能源是未来重要的新兴产业，在中国“洁煤、稳油、增气、强新，多能互补、智慧协同”能源战略中起着举足轻重的作用。中国已初步形成的天然气管网、石油管道、电网工程和储能系统等基础设施，支撑形成了以化石能源为主、可再生能源为辅的“资源主导”单向闭环链型现行能源体系，在制造能力、基建能力和智慧化能力推动下，正在向以可再生能源与不可再生能源多元供给、“技术主导”跨界融合开放能源体系运行机制为特征的，基于技术创新的新型能源体系转变。

新质生产力促进了新能源新兴产业的高质量发展，碳中和目标下能源转型具有“技术创新+双碳目标”前轮牵引、“能源经济+能源安全”后轮驱动的“四轮驱动”特性，化石能源结构稳定的“不可能三角”，在碳中和能源转型“四轮驱动”下，已发展成为新能源引领箭头向前的新能源“可实现三角”，将成功破解一直困扰能源领域的“不可能三角”矛盾，主要依靠本土化新能源资源，奋力新能源实现“技术独立”，有望实现中国“能源独立”。

“超级能源系统”指达到界定资源量规模的地下煤炭、石油、天然气、地热、伴生矿产与地上风能、光能高度耦合，化石能源与新能源融合协同开发利用的区域性智慧用能系统。碳中和“超级能源系统”指区域系统内以碳循环为主线，能源生产利用、CO_2利用与封存达到“净零排放”，实现能源安全供给、碳排放与碳吸收之间动态平衡的系统。碳中和“超级能源系统”可应用于超级含油气盆地等特定区域内的动态系统平衡研究。

兼顾能源生产与碳中和的碳中和“超级能源盆地”是含油气盆地转型的发展方向。“煤炭+石油+天然气+新能源+CCUS/CCS”融合发展理念与模式下，伴随地下煤炭、石油、天然气、地热、伴生矿产与地上风能、光能融合协同开发利用，盆地区域内能源生产利用、CO_2利用与封存达到“净零排放”，盆地区域系统内基本实现碳中和，碳中和“超级能源系统”发展理念与模式，对全球“碳中和”下的能源革命具有重大意义。

参考文献

[1] 邹才能，李士祥，熊波，等．碳中和“超级能源系统”内涵、路径及意义：以鄂尔多斯盆地为例[J]．石油勘探与开发，2024，51(4)：1-13.

[2] MASSON-DELMOTTE V，ZHAI P，PÖRTNER H O，et al. Global warming of 1.5℃[R]. Cambridge：Cambridge University Press，2022.

[3] 邹才能，马锋，潘松圻，等．世界能源转型革命与绿色智慧能源体系内涵及路径[J]．石油勘探与开发，2023，50(3)：633-647.

[4] 邹才能，何东博，贾成业，等．世界能源转型内涵、路径及其对碳中和的意义[J]．石油学报，2021a，42(2)：233-247.

[5] 邹才能，赵群，张国生，等．能源革命：从化石能源到新能源[J]．天然气工业，2016，36(1)：1-10.

[6] 邹才能，潘松圻，赵群．论中国“能源独立”战略的内涵、挑战及意义[J]．石油勘探与开发，2020，47(2)：416-426.

[7] 潘松圻，邹才能，李勇，等．重大生物事件与化石能源形成演化：兼论地球系统框架下能源学发展[J]．石油勘探与开发，2021，48(3)：498-509.

[8] BP. Statistical review of world energy 20222023[R/OL].(202023-06-25)[2024-05-01]. https://www.energyinst.org/statistical-review.

[9] 邹才能，薛华庆，熊波，等．“碳中和”的内涵、创新与愿景[J]．天然气工业，2021b，41(8)：46-57.

[10] 国家能源局．国家能源局发布1-3月份全国电力工业统计数据[EB/OL].(2024-04-22)[2024-05-24]. https://www.nea.gov.cn/2024-04/22/c_1310772067.htm.

[11] 杜祥琬．能源高质量发展应实现“可能三角”[N/OL]．中国能源报，2022-01-17[2024-04-07]. http://paper.people.com.cn/zgnyb/html/2022-01/17/content_25899243.htm.

[12] 邹才能，李士祥，熊波，等．新能源新兴产业在推动新质生产力中的地位与作用[J]．石油学报，2024，45(6)：1-11.

[13] 邹才能，李士祥，熊波，等．碳中和“超级能源系统”内涵、路径及意义：以鄂尔多斯盆地为例[J]．石油勘探与开发，2024，51(4)：1-13.

[14] 共研产业研究院．2022年中国二氧化碳排放量、排放结构及成交量情况分析[EB/OL].(2023-11-23)[2024-01-01]. https://baijiahao.baidu.com/s?id=1783337840957363950&wfr=spider&for=pc.

[15] 邹才能，熊波，张国生，等．碳中和学[M]．北京：地质出版社，2022.

[16] 中国石油长庆油田公司．长庆油田CCUS油田发展规划[R]．西安：中国石油长庆油田公司，2022.

[17] 邹才能，吴松涛，杨智，等．碳中和战略背景下建设碳工业体系的进展、挑战及意义[J]．石油勘探与开发，2023，50(1)：190-205.

[18] 汪芳，马建国，李明卓，等．基于碳排放核算的CCUS源汇匹配和部署研究[J/OL]．石油科技论坛：1-10[2023-12-26]. http://kns.cnki.net/kcms/detail/11.5614.G3.20231219.1421.002.html.

粗氢与高纯氢协同储存的氢稳定供应系统

王子恒 张 晨 齐宴宾 丁圣琪 谭 婷

（中石油深圳新能源研究院有限公司）

摘 要 氢气具有原料与能源的双重属性，不同下游氢气利用技术对于氢气的纯度要求不同，上游电解水制氢系统可以直接生产的粗氢（纯度>99%），并通过氢气提纯装置制得高纯氢（纯度>99.999%）。石化企业生产场景下，粗氢可掺入天然气管网燃烧，高纯氢可作为加氢反应原料。本文研究粗氢与高纯氢协同的氢气制储输用系统，旨在解决绿氢生产的波动性问题，实现氢气的绿色制取、高效储存与稳定供应。通过SCILAB的Xcos仿真工具，模拟30天内系统的运行情况，重点监控了氢气储罐储氢量变化、压缩机工况、制氢端制氢量、管道输氢速率及高纯度氢气需求量变化等关键参数。仿真结果显示，在预设条件下，高纯氢提纯装置及压缩机仅根据用氢需求的临时变化改变工况2次，未发生启停情况，有利于压缩机和纯化装置的寿命延长。储罐的储量变化在40%到70%之间进行调整，未触发保护机制，系统能够有效调节氢气供需。结果表明，该系统能够高效稳定地调节氢气供需，显著提高储存和供应的灵活性和经济性，为氢能的发展提供可靠的技术支持和参考。

关键词 新能源；氢能；能源管理；新能源波动性；SCILAB

1 引言

氢能作为一种清洁、高效的二次能源，在全球能源转型和碳中和目标的实现过程中扮演着重要角色。随着氢能技术的不断发展，氢气的生产、储存和利用方式也在不断创新。

本文设计了一种结合粗氢和高纯氢协同的氢气制储输用系统，该系统可以显著降低储氢容量，提供更高的储氢容量和灵活的氢气供应方式。具体而言，本文设计的系统利用1000kg容量的高纯氢储罐与1500kg容量的粗氢储罐协同工作，并结合300kg/h站内制氢系统，即可实现氢气稳定供应。同时满足粗氢和高纯度氢气需求。通过SCILAB中的Xcos仿真系统开展了30天测试，验证了该调控策略的有效性。

2 粗氢与高纯氢储罐协同的氢气制储输用系统

粗氢与高纯氢储罐协同的氢气制储输用系统结合了粗氢储氢和高纯氢储氢的优点，旨在提供高效、灵活的氢气储存和供应解决方案。如图1所示，该系统主要包括电解水制氢装置、流量调节装置、高纯氢储氢罐、粗氢储氢、氢气纯化装置、压缩机和缓冲罐等多个部分。

系统首先通过电解水制氢技术生产氢气，电解水制氢装置作为系统的核心氢气生产单元，通过电解反应将水分解为氢气和氧气，产生的氢气作为系统的主要输入。电解水制氢的氢气纯度较高，不经过处理的氢气纯度一般在99%以上，可以直接进入管道进行掺氢运输。在氢气从电解水制氢装置输出后，首先进入流量调节装置，该装置根据系统需求将氢气分配到不同的储氢单元，包括高纯氢储氢罐和粗氢。

制氢端，技术最为成熟的碱性电解水槽的负载功率范围一般为相对于额定功率的25%～115%之间，冷启动时间1～2h，热启动时间1～5min，而质子交换膜电解槽抗电源波动性较好，但是成本较高，体现在负载功率范围宽，一般为5%～120%，冷启动时间5～10min，热启动时间小于10s。近年来，实际工程中可以通过按比例组合碱性电解水槽和质子交换膜电解槽，实现成本和抗电源波动性方面的均衡，如挪威的Nel公司，正在探索在同一设施中结合使用不同电解槽技术，以优化性能。这种组合方式可以在项目生命周期内节省大量成本。据Nel公司首席执行官Hakon Volldal介绍，通过同时部署碱性和PEM电解槽，最多可以节省数亿美元。

高纯氢储氢罐具有快速响应能力，用于平衡系统中短期氢气需求波动。在氢气进入高纯氢储氢罐之前，通过缓冲罐和氢气压缩机进行压力调节，压缩后的氢气储存在高纯氢储氢罐中。针对不同需求，本系统设计的高纯氢储氢罐进行储存，通过氢气纯化装置进行高纯度氢气的销售。由于纯化装置和隔膜压缩机的特性，高纯氢储罐部分的氢气需要尽可能确保少启停、小波动。

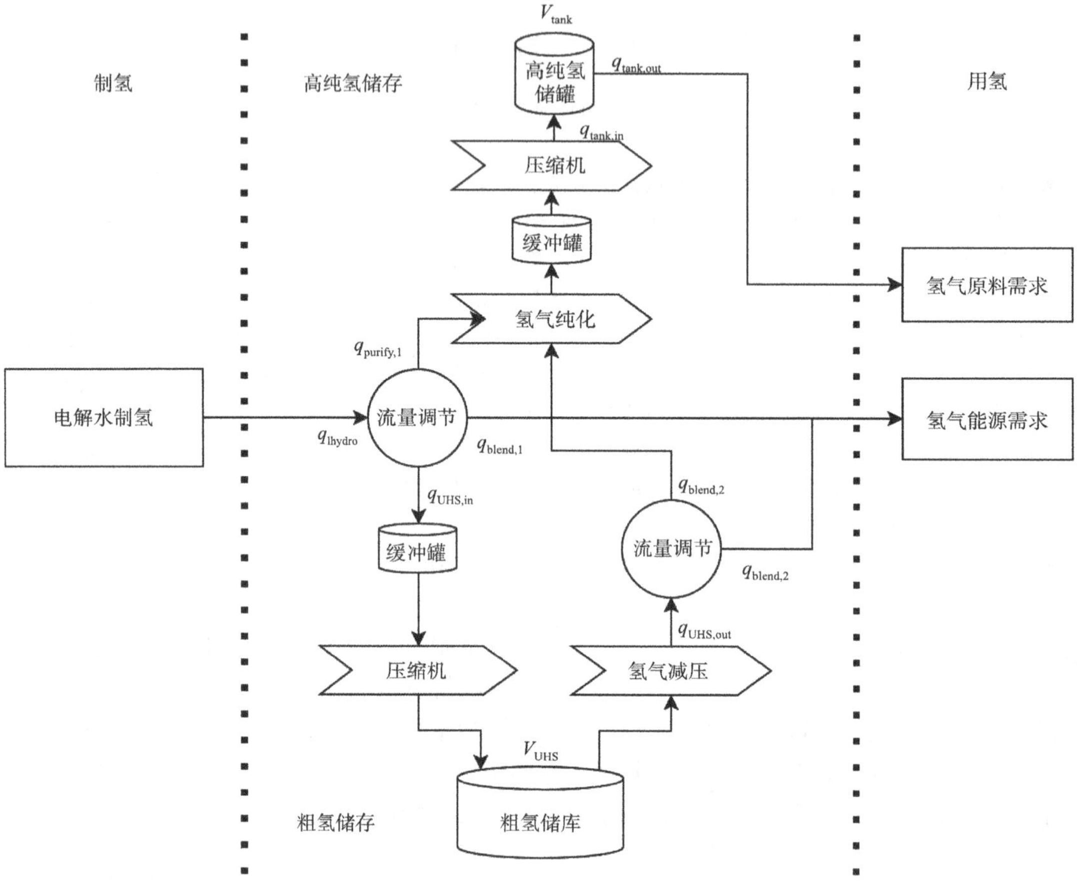

图 1　粗氢与高纯氢储罐协同储氢的氢气制储输用系统流程图

高纯度氢气销售端的氢气纯化装置用于将储存的氢气进行前置纯化处理，以满足高纯度氢气原料需求，纯化后的氢气可应用于汽油加氢、蜡油加氢等装置。隔膜式压缩机用于将氢气加压，以便储存在高压储氢罐或粗氢储氢空间中，而缓冲罐用于调节氢气的流量和压力，确保氢气在不同储存单元之间的平稳传输。该系统的设计充分利用了高纯氢和粗氢储氢单元的特点，实现了储氢容量的最大化和高纯氢占地面积的最小化。通过合理的流量调节和控制策略，系统能够灵活应对不同的氢气需求场景，包括管道掺输氢和高纯度氢气原料的用氢需求，确保系统的稳定运行和氢气的高效供应。

3　基于 Xcos 的系统模拟运行仿真

3.1　仿真系统设计

本设计旨在保障氢气供应满足需求，并充分利用粗氢与高纯氢储罐的各自优势，致力于提供高效、稳定和经济的氢气供应解决方案。如图 2 所示，整体系统由制氢子系统、储氢库、用氢子系统和控制子系统构成。基于 SR Hlip-Flop 模块的控制器内部流程如图 3 所示。制氢子系统、储氢库中的控制器及用氢子系统分别与控制子系统通信连接，仿真模型输入参数如表 1 所示。

控制子系统根据当前计划制氢量、储氢库的当前氢气存量及用氢子系统的当前氢气需求量，确定目标制氢量和氢气调配方式，生成相应的氢气调配指令和制氢指令。制氢指令发送至制氢子系统，而氢气调配指令则发送至储氢库中的控制器和用氢子系统。当前计划制氢量基于当前分时制氢成本确定，该成本表征每个时段制氢所需的成本；氢气调配方式表征目标制氢量在储氢库与用氢子系统之间的分配方式，或储氢库当前氢气存量在储氢库与用氢子系统之间的分配方式。

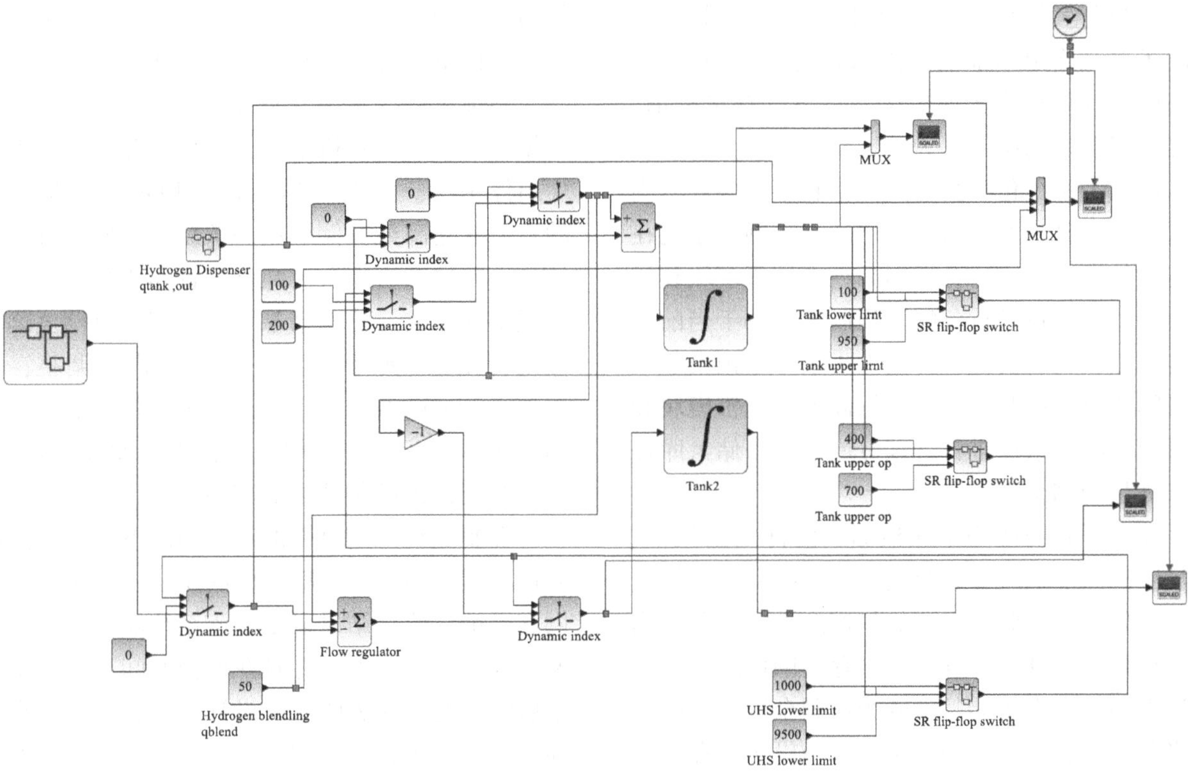

图 2　粗氢与高纯氢储罐协同的氢气制储输用 Xcos 仿真系统流程图

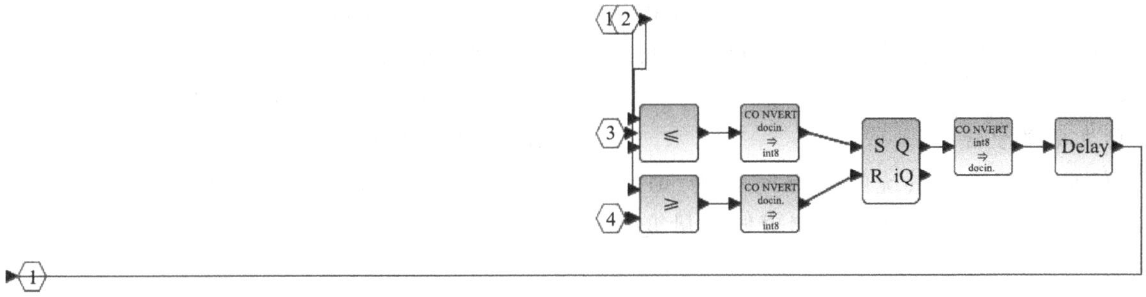

图 3　基于 SR Flip-Flop 模块的控制器内部流程

系统设计考虑了负载功率范围从 0% 到 115%的灵活性，以及高纯氢压缩机工况从 0 到 200kg/h 和粗氢宽工况压缩机工况从 0 到 30kg/h 的调节能力。高纯度原料氢的供应范围为 100 到 150kg/h，而管道掺氢燃烧的需求量为 50kg/h。通过这些参数的合理配置，系统能够高效地响应不同的氢气需求，实现氢气的绿色制取、高效储存和稳定供应。

表 1　仿真系统参数

子系统	参数	数值
制氢端	电解水制氢速率	300kg/h
	负载功率范围	0、25%～115%

续表

子系统	参数	数值
储氢端	高纯氢储罐最大容量	1000kg
	粗氢储罐最大容量	1500kg
	高纯氢压缩机工况	0、100、200kg/h
	粗氢宽工况压缩机工况	0～300kg/h
用氢端	高纯度原料氢需求	100～150kg/h
	管道掺氢燃烧需求	50kg/h

制氢子系统根据制氢指令生成氢气，储氢库根据氢气调配指令，从制氢子系统获取并存储氢气；用氢子系统根据氢气调配指令，从制氢子系统和/或储氢库获取氢气，并将获取的氢气提供

给用氢设备。当制氢量大于或等于当前氢气需求量，且当前氢气存量大于预设氢气存量阈值时，控制子系统确定当前氢气需求量为目标制氢量；若当前氢气存量小于或等于预设氢气存量阈值，则确定当前计划制氢量为目标制氢量。

用氢子系统包括高纯氢模块和掺氢模块，当前氢气需求量为两者需求量之和。控制子系统在确定氢气调配方式时，根据高纯氢销售模块和掺氢模块的需求量进行分配。当制氢量小于当前氢气需求量，且当前氢气存量大于或等于预设氢气存量阈值时，控制子系统根据高纯氢销售模块和掺氢模块的需求量进行合理分配，并由储氢库提供未满足的剩余需求量。

控制子系统还用于在根据当前计划制氢量、储氢库的当前氢气存量及用氢子系统的当前氢气需求量确定目标制氢量和氢气调配方式之前，当氢气存量未达到第三预设氢气存量阈值时，若当前计划制氢量大于储氢库的当前剩余容量，则更新当前计划制氢量。当达到第三预设氢气存量阈值时，将目标制氢量更新为0。

本系统的氢气生产供应系统通过多子系统的协同工作，确保氢气供应的高效性、稳定性和经济性，同时粗氢储氢的应用，大幅降低了地面占地需求。

3.2　仿真结果分析

在仿真过程中，系统的仿真时长为30天（系统内时间），分别对高纯氢储罐储氢量变化与压缩机工况、粗氢储量变化、制氢端制氢量、管道输氢速率以及高纯度氢气需求量变化进行了监控。以下是各项仿真结果的具体分析。

高纯氢储罐在预设条件下，如图4所示，仅根据用氢需求的随机变化，改变工况2次，未发生启停情况。这对于压缩机的稳定运行是有利的，尤其是高纯氢储罐这一条线路需要进行氢气纯化，频繁的启停会对纯化装置和压缩机的寿命造成不利影响。仿真结果表明，高纯氢储氢罐的储量变化在40%到70%两个节点进行调整，并在10%和95%两个节点分别关闭需求端和注入端。30天的运行中，储量变化未触发保护机制，表明系统在预设条件下能够稳定运行。

在制氢端、用氢端波动的情况下，系统能够通过粗氢与高纯氢储罐的协同调节，稳定氢气的供需平衡。仿真结果显示，该系统能够满足高纯度氢气销售的需求，并且在模拟时间范围内未发生启停情况。这表明系统设计有效，能够在高效利用粗氢储氢容量的同时，保证高纯氢储氢的灵活性和响应速度。

仿真结果表明，粗氢与高纯氢储罐协同的氢气制储输用系统能够在满足多样化氢气需求的同时，保证系统的高效、稳定运行。通过合理的调控策略和工况判定方法，系统在30天内实现了氢气的稳定生产、储存和供应，验证了系统设计的有效性和工程可行性（图5、图6）。

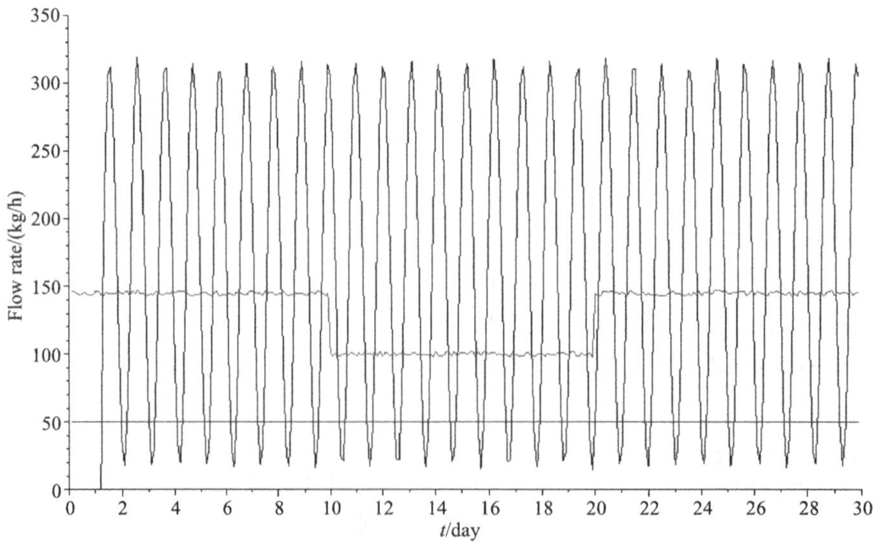

图4　制氢端波动（黑线）、高纯氢需求变化（绿线）及粗氢管道掺氢（红线）

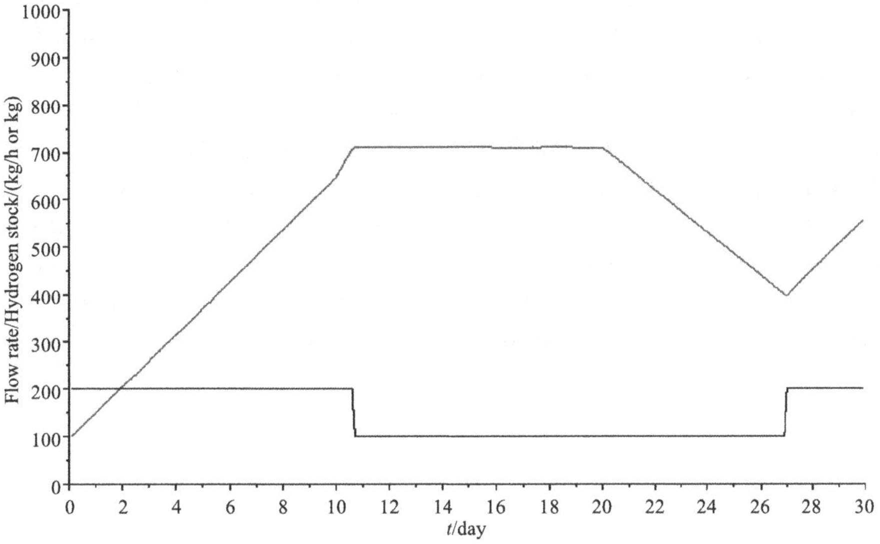

图 5 高纯氢储量变化（绿线）及高纯氢压缩机流量（黑线）

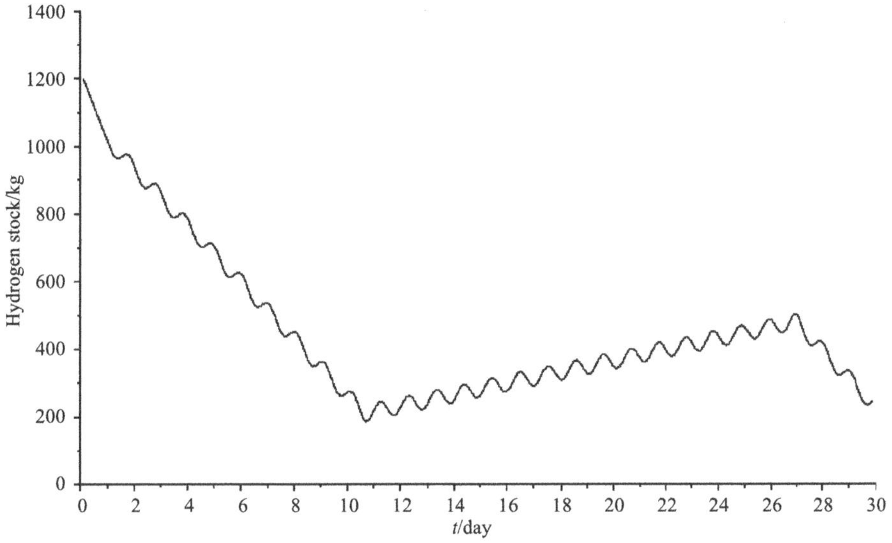

图 6 粗氢储罐储量变化

4 结论

通过对粗氢与高纯氢储罐协同的氢气制储输用系统的研究和仿真，本文设计了一种高效、灵活的氢气储存和供应方案。在系统中，结合了粗氢大容量和高纯氢储罐快响应的优势，实现了制氢和用氢波动性的均衡。通过合理的储氢调控策略和工况判定方法，高纯氢储罐和粗氢储氢库能够高效协同工作，分别满足短期和长期的氢气储存需求。仿真结果表明，系统在 30 天内实现了氢气的稳定生产、储存和供应，高纯氢储罐的储量变化未触发保护机制，粗氢储氢库的注采转换频率合理，系统整体运行稳定可靠。系统设计优先保障管道输氢需求，为区域性供氢中心的建设提供了坚实的技术支持和理论基础，展示了粗氢与高纯氢储罐协同储氢技术在未来氢能社会中的广阔应用前景。

参 考 文 献

[1] 邹才能，张福东，郑德温，等．人工制氢及氢工业在我国“能源自主”中的战略地位[J]．天然气工业，2019，39(01)：1-10.

[2] 邹才能，马锋，潘松圻，等．世界能源转型革命与绿色智慧能源体系内涵及路径[J]．石油勘探与开发，2023，50(03)：633-647.

[3] 邹才能，李建明，张茜，等．氢能工业现状、技术进展、挑战及前景[J]．天然气工业，2022，42(04)：1-20.

[4] Abdelrahman-S Emam，Hamdan Mohammad-O，Abu-

Nabah Bassam - A, et al. A review on recent trends, challenges, and innovations in alkaline water electrolysis [J] . International Journal of Hydrogen Energy, 2024, 64599-625.
[5] 何泽兴，史成香，陈志超，等．质子交换膜电解水制氢技术的发展现状及展望[J]. 化工进展，2021，40(09)：4762-4773.
[6] Energy Oxford. Cost-competitive green hydrogen: how to lower the cost of electrolysers[J]. Oxford Energy, 2022.
[7] Hakon Volldal. Developers to mix and match electrolysers for big projects[J]. PEMedia Network, 2023.
[8] 邹铖．车用加氢站氢气压缩机技术水平评价及改进建议[D]. 西华大学，2023.
[9] 黄宗响，谢淑贤，张荣顺，等．常用氢气纯化技术及其在电解水制氢工艺中的应用[J]. 山东化工，2023，52(19)：182-185.
[10] 陈如意，简建明．大型氢气隔膜压缩机的开发及应用[J]. 压缩机技术，2014，(03)：47-50.
[11] 王麟．变工况注气压缩机在储气库中的应用[J]. 压缩机技术，2023，(02)：34-36.

辽河油区欢22块砂岩采灌试验研究与应用

李洪雁　陈文锦　卢巧云

（中国石油辽河油田环境工程公司）

摘　要　研究区位于油田生产区域，资源类型为中低渗砂岩热储，在地热开发已形成一定规模的当下，砂岩地层回灌依然尤为困难。该文利用油田地热开发特色技术将油井改造地热井，通过开展降压及回灌试验，对试验过程及存在问题进行分析，获得了施工及回灌等相关数据，为下一步工作的开展积累了丰富的资料。

关键词　地热井改造；降压试验；回灌试验；砂岩回灌；欢22块

我国地热资源丰富，开发利用地热资源对于缓解我国能源紧张形势，改善能源结构，节能减排，保护环境具有重要意义。由中国科学院主持汇编的中国大陆地区热流图，结合盆地热历史研究，可以充分认识到地热资源与油气资源的协同地位。这也为油田企业开发地热资源提供了相比于其他行业更为便捷的条件。辽河盆地地热资源总储量达 2.34×10^{20}J，折合标准煤 80.6×10^{8}t。其中Ⅰ类地区地热资源储量为 $3.9\times10^{19}m^3$，折合标准煤 13.4×10^{8}t，Ⅱ类地热资源储量为 $8.5\times10^{19}m^3$，折合标准煤 28.8×10^{8}t，Ⅲ类地区地热资源储量为 1.1×10^{20}J，折合标准煤 38.4 亿吨。可见辽河盆地地层热水型地热资源潜力巨大。所选研究区欢22块位于辽河油田欢喜岭地区，是已投入开发40多年的老油田，现有各类井100余口，上、下部层系有部分井正生产和回注污水，该区块热储面积 11.8km²，大凌河地热水体总储量 $3.04\times10^{8}m^3$，选定欢22块两口井欢2-15-08、欢621C3进行改造并开展降压及回灌试验，获得了详实的经验和数据，为今后该地区砂岩地热开发提供基础技术经验支撑。

1　研究区热储特征

欢22块钻井资料揭示地层自下而上依次为中生界(Mz)、古近系沙河街组沙四段(E_2s_4)、沙三段(E_2s_3)、沙一二段(E_3s_{1+2})、东营组(E_3d)，以及新近系馆陶组(Ng)、明化镇组(Nm)和第四系平原组(Qp)。热储层段为 $E_2{s_3}^2$ 亚段(大凌河)：岩性为灰白色中-厚层状含砾砂岩、不等粒砂岩为主，中间夹深灰色泥岩。厚度320~670m。

本次研究的热储目的层为沙河街组沙三段大凌河Ⅱ+Ⅲ砂组，欢22块共发育5条北东、近东西向断层，呈西北高东南低的单斜构造。研究区面积 30.0km²，热储段埋深 1380~2350m，构造幅度970m，地层倾角6°~10°(图1)。

欢22块为湖底扇环境的重力流沉积，物源为西北向。欢22块热储集中发育在研究区中部，向东西两侧减薄，中部厚值区厚度可达410m，平均热储厚度为188.8m。

研究区热储段测井二次解释孔隙度一般为16%~22%，平均18.1%；渗透率一般为90~400mD，平均为220mD，属于中孔、中渗储层。

大凌河 II 热储段温度在60~89.2℃，平均72℃；大凌河 III 热储温度在64.2~94.6℃，平均78.5℃，地温梯度3.59℃/100m，属于异常地温。根据20口井的压力测试资料，欢22块原始地层压力系数为0.93~1.0，属于正常压力系统。

2　地热井布井及施工改造

地热探采井虽然是地热资源常用的开采方式，但是费用巨大。辽河油田在油田勘探及开发过程中钻探了大量的探井和生产井，目前由于各种原因导致一些探井和生产井处于停用状态，这些废弃井如果位于地热资源勘探的有利区域的话则具有很高的重复利用价值，完全可以通过射孔、井内套管切割及开窗钡钻等技术，使之成为地热井来使用。这不仅节约了大量的财力物力，而且这种方法工期短，目标区的地质资料较全，这对于后期的开采利用都是很好的条件。

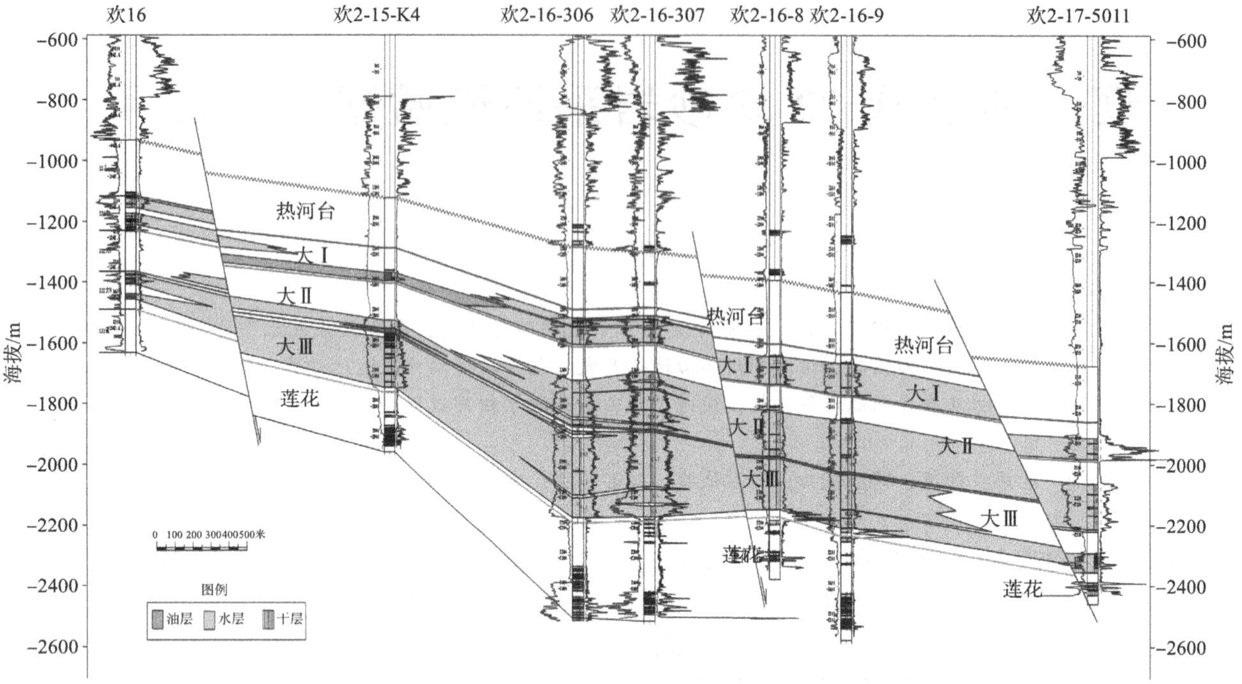

图1　欢22块欢16——欢2-17-501井剖面图

2.1　地热井布井

项目设计初期通过热储区域实际地质模型，模拟了水平井排距在200~500m时的取热效果，结果表明排距300m时取灌30年，回灌井注入的水对取水井影响较小。在研究区内采用“以灌定取、取灌平衡”原则，设计1取1灌试验井组，取水井欢2-15-08，回灌井欢621C3，开展取灌试验。

2.2　地热井施工改造

以本次试验欢621C3改造为例，欢621C3是多年的运行的生产油井，目前处于关停状态，现利用辽河油田油气水井改造地热井技术将其改造为适宜本次试验的地热井，欢621C3井通过测井、挤灰封堵、洗井、射孔、测压等措施完成储层改造。

地面工艺流程考虑到回灌过滤水质问题配备基础的除砂器，加设一组过滤器，整体流程如图2所示。

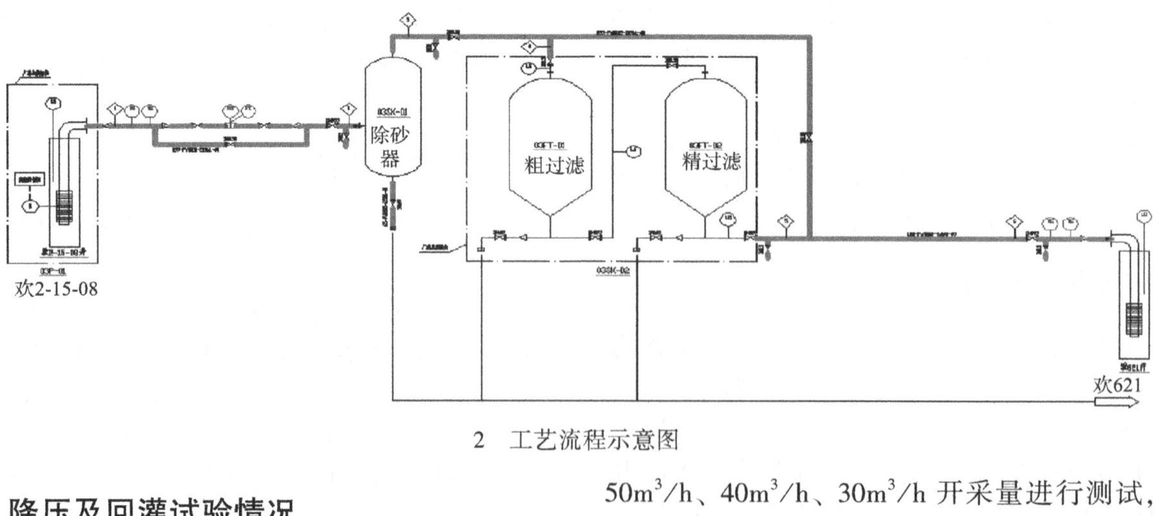

2　工艺流程示意图

3　降压及回灌试验情况

3.1　欢621C3降压试验

项目率先开展欢621C3降压试验，按照$50m^3/h$、$40m^3/h$、$30m^3/h$开采量进行测试，三种开采量持续时间均不低于48h，记录动水位、水温、开采量等参数，动水位、水温、开采量及其它参数采集执行《供水水文地质勘查规范》

(GB 50027—2001)。

抽水降压试验结果：欢621C3井按照$30m^3/h$、$40m^3/h$、$50m^3/h$的流量梯度开展抽水降压试验，开采量为$40m^3/h$时，井口温度达73℃，见图3。

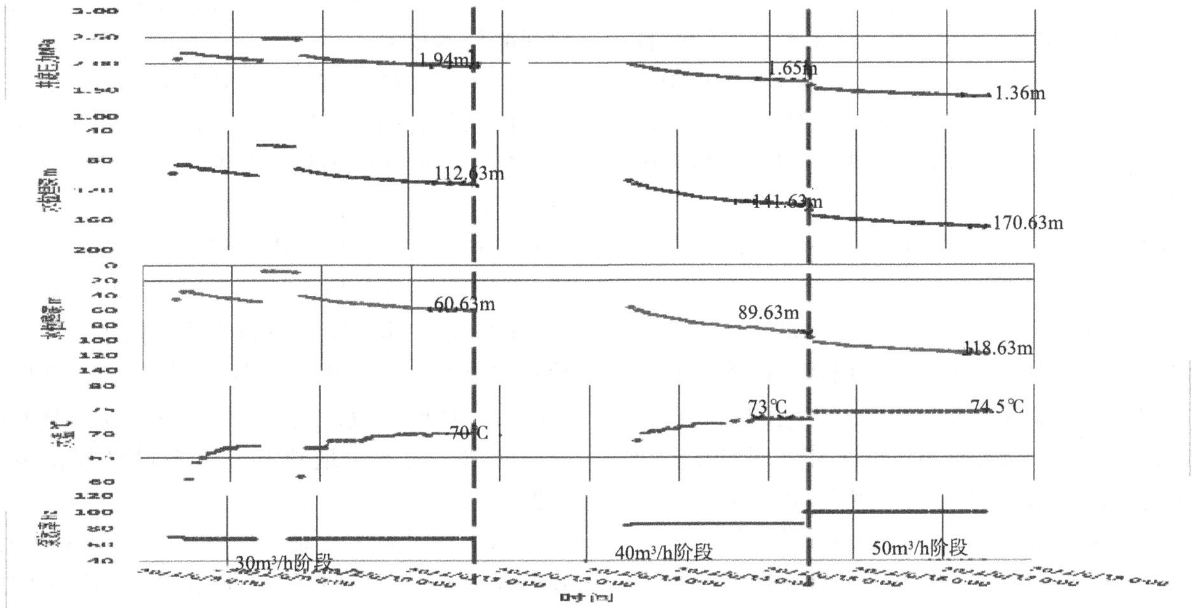

图3　欢621C3井降压试验记录

3.2　欢621C3回灌试验

欢621C3井首先进行$20m^3/h$试验，根据试验效果，确定上调或下调回灌级别。动水位、回灌量、取水量、水温及其他参数采集参考《供水水文地质勘查规范》(GB 50027—2001)及《地热资源地质勘察规范》GB/T 11615—2010。

回灌实验结果：欢621C3井$20m^3/h$试回灌时，液位10min到达井口无法实现稳定回灌；按方案下调回灌级别开展$10m^3/h$回灌试验，回灌35min液位快速抬升至井口；停止回灌后，需要1h液位恢复至初始状态；回灌流量$8\sim9m^3/h$，回灌液位初始抬升快，接近井口后液位抬升速度减缓，累计约1h液位抬升至井口。

欢621C3井在常压回灌未达到方案设计指标的情况下，调整回灌思路，设计增压回灌，在0.6MPa下回灌量为$5m^3/h$，1.2MPa下回灌量为$7.7m^3/h$，增压回灌量提升不明显，见图4。

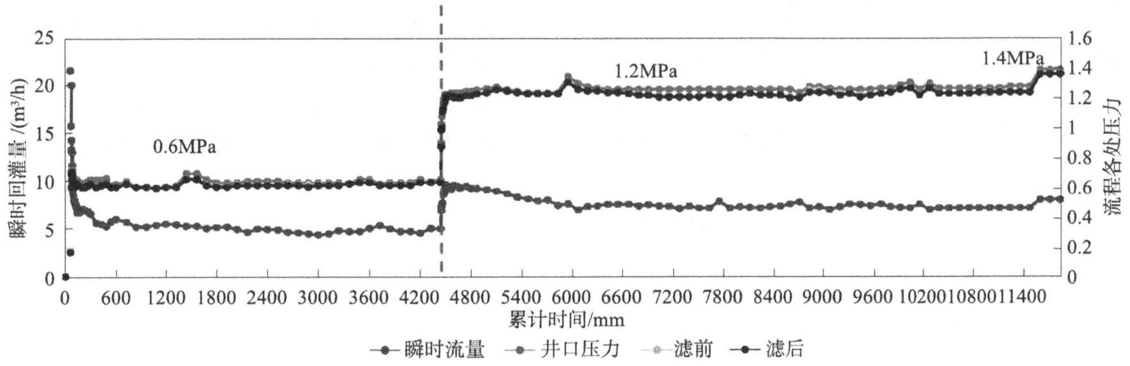

图4　欢621C3增压回灌试验曲线

3.3　欢2-15-08井降压试验

开展欢2-15-08降压试验，在$30m^3/h$开采量情况下，记录动水位、水温、开采量等参数，动水位、水温、开采量及其他参数采集执行《供水水文地质勘查规范》(GB 50027—2001)。

抽水降压试验结果：欢2-15-08井按照$30m^3/h$流量开展抽水降压试验，开采量为$30m^3/h$时，井口温度达70℃。

4 存在问题及分析

此次降压回灌试验，实际施工中部分过程虽未能按原计划进行，但为将来施工积累了经验教训。验证研究区块的地热水温度能够达到70℃约，且单井采出水情况非常好，但回灌效果较差，结合本次试验过程及砂岩地层回灌经验分析原因如下：

（1）热储段地层未动用，地层压力高，会导致回灌困难；

（2）设计的回灌井应尝试先取水半年以上降低热储地层压力，逐步回灌，以达到取灌平衡；

（3）理论上开采井与回灌井之间的距离对回灌量影响明显，合理地布置开采井与回灌井之间的距离，促使开采井与回灌井之间形成水力循环，是解决砂岩热储中回灌难问题的关键；

（4）由欢621C3、欢2-15-08水质检测报告分析，该地区沙河街热储层水质较好，水质呈弱碱性，水中悬浮物少，水质不影响回灌效果，但仍然建议回灌工艺应考虑采取精细过滤措施，提升回灌效果；

（5）针对回灌困难现状，下一步建议尝试酸化措施，目前酸化技术主要应用于石油等方面，在地热领域的相关应用不甚广泛，针对不同地质条件的实际作用仍需进一步探索。

5 结论

砂岩地层地热井的尾水回灌持续利用是个世界性难题，欢22块采灌试验的实施将油气层储层改造技术应用于地热资源开发领域，录取了大量施工及采灌数据，且在该地区砂岩地层地热利用上取得了一定的认识，对进一步探索砂岩回灌措施打下了坚实的基础。

（1）欢22块热储层为沙河街组，中低渗热水（60~90℃），热储物性差、渗透率低，采灌效果尤其是回灌量较预期设计参数差别较大，需要持续探索中低渗热储渗流机理，加强低渗砂岩热储回灌技术攻关。

（2）通过对欢621C3地热井的研究，推断在研究区内具有相同地质条件的地热井，在无压回灌条件下的回灌能力相对较差，常规的地热回灌技术手段难以满足区域内地热资源高效、可持续的开发利用需求，应考虑进行规模化布井，并保持一定周期内连续取水，降低热储层地层压力。

（3）进一步认识了项目实施前抽水、回灌试验的重要性，通过开展地热井采灌试验，获取准确的水文地质参数，进一步验证并落实地热井的取灌能力，为下步地热开发方案设计提供参考依据。

（4）我国地热资源分布基本和我国各大油田分布处于一个交互型态，所以在开发油气资源的同时进行地热资源开发是一个完全可行的策略，综合并用油田地质资料可以减少对地热资源勘探开发的成本输出。

参考文献

[1] 王佳部．油田地热资源现状研究[J]．云南化工，2019(01)：068.

[2] 伍小雄．辽河盆地地热资源定量评价[R]．黑龙江省东北石油大学，2011.

[3] 赵季初．鲁北砂岩热储地热尾水回灌试验研究[J]．山东国土资源，2013(09)：23-30.

[4] 李文，孔祥军，袁利娟，高剑，沈鹏飞，冯浩，郝伟俊，何云成．北京通州地区地热井酸化压裂增灌试验研究[J]．城市地质，2019(04)：008.

[5] 徐胜强，陆斌，崔世波，薛亚斐段凯，周林波．咸阳地热WH1井砂岩地层回灌试验研究与应用[J]．探矿工程，2014(07)：5-8.

油田低碳发展的途径探究

代玉戈

（中国石油玉门油田分公司）

摘　要　石油加工过程的二氧化碳排放强度较高，在中国政府碳达峰、碳中和的政策背景下，炼油行业面临提供低碳高效绿色燃料产品以及全面降低加工过程中碳排放量的巨大压力。炼厂减少碳排放最有效的措施是降低加工过程中的燃料消耗，用清洁能源代替现有热源等。本文结合玉门油田新能源业务发展的目标，分析了几点炼化总厂减少碳排放量最便捷的有效途径，为炼厂发展建言献策。

关键词　碳排放；减排途径；炼油行业；新能源；清洁能源

1　炼厂面临的减排压力和机遇

气候变化是人类面临的全球性问题，随着各国二氧化碳排放，温室气体猛增，对生命系统形成威胁。在这一背景下，世界各国以全球协约的方式减排温室气体，我国由此提出2030年碳达峰和2060年碳中和的目标。今年两会上，碳达峰、碳中和被首次写入政府工作报告，我国承诺2030年前，二氧化碳的排放不再增长，达到峰值之后逐步降低。

炼厂是能源行业的碳排放大户，石油加工过程技术复杂，需要高温、高压，本身消耗大量能源，二氧化碳排放强度较高。炼油行业既为社会提供化石能源，又是温室气体排放的重要行业。2019年，中国石油炼油行业因加工原油而排放二氧化碳约1.7亿t，占总排放量的1.65%。我国炼油行业面临提供低碳高效绿色燃料产品以及全面降低加工过程中碳排放量的巨大压力。炼厂减少碳排放最有效的措施是降低加工过程中的燃料消耗，用清洁能源代替现有热源等。同时，考虑到玉门油田所在地具有丰富的风光资源，并且拥有完善的供配电网络，目前已建成的第一座分布式光伏电站，年可发电170万kW·h，今后还将有更大的发电潜力。因此，用清洁的“绿电”代替传统化石燃料的消耗，提高电气化率，不仅是玉门油田炼化总厂减少碳排放最便捷的有效途径，还能借此提升设备仪表的自动化率。

2　炼厂减少碳排放的有效措施

首先探讨如何降低加工过程中的燃料消耗，以作者所在的250万t/a常减压蒸馏装置为例。常减压作为炼厂的龙头装置，也是全厂瓦斯消耗的大户，两具加热炉热负荷分别为23MW（常压炉）和11MW（减压炉），目前全部由厂供瓦斯燃烧供热，总瓦斯消耗量平均为3200Nm^3/H，经过长期的改造和优化，加热炉的热效率已达到93%上下，继续提升的空间不大。若以电磁加热器替代现有燃气火嘴，可以充分利用油田光伏电站产生的电能，大幅降低由瓦斯燃烧造成的碳排放，同时富裕出的瓦斯经过气体分离可为我厂“减油增化”提供原料，或外输东镇用氢企业提高我厂利润。通过查阅最近两年高压瓦斯化验分析结果，主要组分见表1，其中的氢气、乙烯、丙烯经过分离，可作为高附加值化工产品的原料，总体积含量占瓦斯组分一半以上。

表1　瓦斯主要组份表

2019年11月高压瓦斯化验分析		2020年11月高压瓦斯化验分析	
瓦斯组分/%	含量V%	瓦斯组分/%	含量V%
氢气	33.21	氢气	35.23
空气+甲烷	31.74	空气+甲烷	30.51
乙烷+乙烯	18.9	乙烷+乙烯	16.86
丙烷	5.97	丙烷	5.39
丙烯	7.08	丙烯	2.23
氢气+烯烃合计	59.19	氢气+烯烃合计	54.32

3　建设“零碳油田”

目前，玉门油田采取多项措施建设“零碳油田”：老君庙采油厂酒东作业区5MW分布式光伏发电站运行平稳，70口油水井全部用上光伏绿电，部分井在“光伏+智能间开”运行模式下，已实现零碳运行。作业区5MW分布式光伏发电项目以“屋顶+地面”模式建设，设计装机总容量为5MW，建成第一年预计总发电量为729万kW·h。酒东5MW分布式光伏项目是油田建成投运的第二座分布式光伏发电站。与首座电站相比，5MW分布式光伏发电站除了自发自用外，余电还可上网创效，具有零弃光、零弃电的优势，为作业区创造了新的效益增长点。在老君庙采油厂鸭儿峡作业区接转站通过电磁加热器替代燃气加热炉，优选“绿电”获取方案，提高电气化率，减少化石燃料消耗，以此降低碳排放量。通过与鸭儿峡作业区技术人员沟通，作者了解到电磁加热器的加热主体为棒式往复式管状结构，由铁磁性热载棒体和钢套管与高强度法兰组合焊接加工而成，根据管网中来液量及预设的上下限控制温度，自动控制加热器工作状态。相较传统的燃气型火嘴，电磁加热器具有温度控制更加精确、调节过程快速、无加热炉闪爆和人员气体中毒风险等优点。一经采用不仅提高了电气化率，大幅降低碳排放量；还可降低岗位工作量，提高装置的本质安全。

4　清洁能源代替现有热源

接下来探讨如何用清洁能源代替现有热源。

常减压装置目前使用厂供1.0MPa蒸汽，一部分蒸汽由总厂向水电厂外采，外采蒸汽是利用煤炭燃烧发热产生的，仅常减压装置每年的蒸汽消耗量就有约20000t。减少蒸汽用量就减少了碳排放量。蒸汽主要有两种用途：一是在冬季为部分管线伴热，防止管线冻凝；二是作为蒸汽喷射器的驱动蒸汽，在减压塔顶部获得真空。冬季管线伴热可以通过改造，在管线外部缠绕发热电阻丝，通电发热来为管线伴热，这样还可以根据环境温度，灵活控制发热量来节省电量。虽然前期投资较大，但一经改造，后续可为炼厂节省许多外采蒸汽成本，使用光伏发电产生的“绿电”，即可达到减少碳排放的目的。

常减压装置的减压塔顶部，设有三级抽真空系统，减顶油气经过减顶增压器和增压器冷凝器、减顶一级抽空器及一级抽空器冷凝器，减顶气到机械真空泵抽真空。若全部改为电动机械真空泵，可完全代替目前的动力蒸汽，能更精确地调节至所需真空度，提高电气化率的同时还能减少塔顶含硫污水的产生量。根据查询到目前已经成熟可用的技术以及其他炼厂的经验，现列出将蒸汽伴热改为电伴热、蒸汽抽真空系统改为全部用电动机械真空泵的可行性分析，见表2。

表2　减少蒸汽用量的措施

具体措施	投资影响	装置操作影响
1. 现有管道蒸汽伴热改为电伴热	1. 增加电伴热系统的投资 2. 我厂现有的凝结水回收系统来水量会减小，影响脱盐原油换热温度	可根据环境温度精确控制伴热温度
2. 蒸汽抽真空系统改为电动机械真空泵	1. 增加电动机械真空泵的投资 2. 增加电力系统的投资 3. 取消蒸汽抽空器、冷凝器的投资 4. 降低蒸汽、循环水节省的投资	1. 减少需要处理的含硫污水量 2. 增加了转动设备维护的工作量

5　总结

炼厂的碳排放总量和强度与原油性质、流程配置、产能规模、管理水平密切相关。我厂着眼于长远可持续发展，需要建立以碳减排为导向的内外配套政策以及科学合理的业绩考核体系，助推玉门油田的节能减排目标。以上措施以常减压装置为例，作者从个人所在岗位分析思考出发，结合查阅到的文献资料，并与油田采油单位技术人员讨论学习后写下以上减排措施的探究，部分观点难免出现瑕疵纰漏，还请指正。

参考文献

[1] 玉门油田增绿创效“零碳油田”高效运行[J]. 中国石油报，2024，2(7).

[2] 玉门油田，酒东零碳油田建设方案.

[3] 柏洪浩，危拓. 浅谈石化行业低碳发展路径[J]. 当代化工研究. 2024 (07).

沈 260 区块地热先导试验实践与浅析

彭 博

（中国石油辽河油田环境工程公司）

摘 要 本文详细介绍了沈 260 区块地热资源的地层、构造、热储层特征，以及 2023 年开展的地热井取灌先导试验过程和结果分析。通过地热资源储量估算、地温与地压特征分析，为地热开发提供了重要数据支持。先导试验的实施过程包括沈水 260-1-1 井的抽水回灌试验和沈水 501 井的回灌试验，发现存在井况问题和取灌井层位不对应等挑战。论文提出了地热开发潜力分析、供暖项目建议和井部署优化策略，最终总结了先导试验的成果验证，为沈 260 区块地热资源的可持续开发提供了重要实践经验和科学依据。

关键词 地热开发；沈 260 区块；抽水降压试验；回灌试验

地热能是一种宝贵的自然资源，功能多，用途广，使用年限长，具有绿色环保的特点。他不仅能发电，还能提供热能，同时还是宝贵的医疗热矿水和饮用矿泉水资源，社会、经济和环境效益显著。近年来，我国地热采暖有很快的增长，尤其在北方，如北京、天津、大港、大庆、西安、咸阳、开封等地，并取得了良好效果，既节约了常规能源，又减少了环境污染。

沈 260 区块位于沈阳新民市兴隆堡沈阳采油厂厂区东侧，构造上位于辽河断陷盆地大民屯凹陷东北部，地热类型以沉积盆地行(传导型)为主，热储类型为层状热储，热源供给主要是大地热流传导。目前，沈采矿区已有地热井 7 口，井深为井深 1850～2400m，采用 177.8mm 筛管完井，单井钻遇水层厚度 180～260m，平均单井采水量 40～45m³/h，每小时采水强度约 0.18m³/m，主要用于温泉洗浴。为了进一步开发沈采矿区地热资源，2023 年辽河油田优选沈 260 区块，开展了地热井取灌先导试验。

1 区域概况

沈 260 块构造上位于辽河断陷盆地大民屯凹陷东北部，西临沈 241 块，东临沈 95 块，南临沈 84-安 12 块。主要热储层为沙河街组的 S_3段储层。

1.1 区域地层特征

沈 260 井区地层自下而上依次为太古界、元古界、新生界古近系房身泡组、沙河街组沙四段(S_4)、沙三段(S_3)、沙一段(S_1)、东营组，以及新近系馆陶组、明化镇组和第四系平原组。

1.2 热储层特征

（1）热储层沉积相特征

沈 260 井区沙三段沉积类型为扇三角洲沉积，以扇三角洲平原-前缘亚相沉积为主。

（2）热储层岩性及物性特征

岩性主要为含砾中粗砂岩、细砂岩。S_3段热储层孔隙度一般 10%～25%，平均孔隙度 20.9%。渗透率一般 106～760mD，平均渗透率为 352.5mD，属于中孔中渗储层。

（3）热储层分布特征

沈 260 井区热储段为沙河街组 S_1段，沙三段的 $S_3{}^1$、$S_3{}^2$、$S_3{}^3$和 $S_3{}^4$亚段。纵向上热储段埋深 800～2930m，热储层单层厚度较薄，一般在 2～15m，呈互层状分布，总热储厚度平均为 540m。平面上热储层发育主要受沉积控制，沙河街组热储砂体长轴方向近北东向，在沈 260 井区热储厚度最大，向东部及南部减薄，北西部受断层的影响，厚度有所减薄(图 1)。

（4）地层水化学组分

沈 260 井区沈 260 井 2004 年 1 月 7 日取样分析，Cl^- 含量为 248.2mg/L，HCO_3^- 为 1174.6mg/L，地层水总矿化度 2178.4mg/L，水型为碳酸氢钠型。

（5）地温与压力特征

利用区块内测试数据中所测的温度以及对应的深度和恒温带 30m、10.5℃数据拟合一个关系式，得到温度与深度之间的关系：$T=0.03X+10.5$，$R2=0.9261$，研究区地温梯度为 3.0℃/100m，属于正常温度系统。沈 260 井区热储温度为 40～88℃.

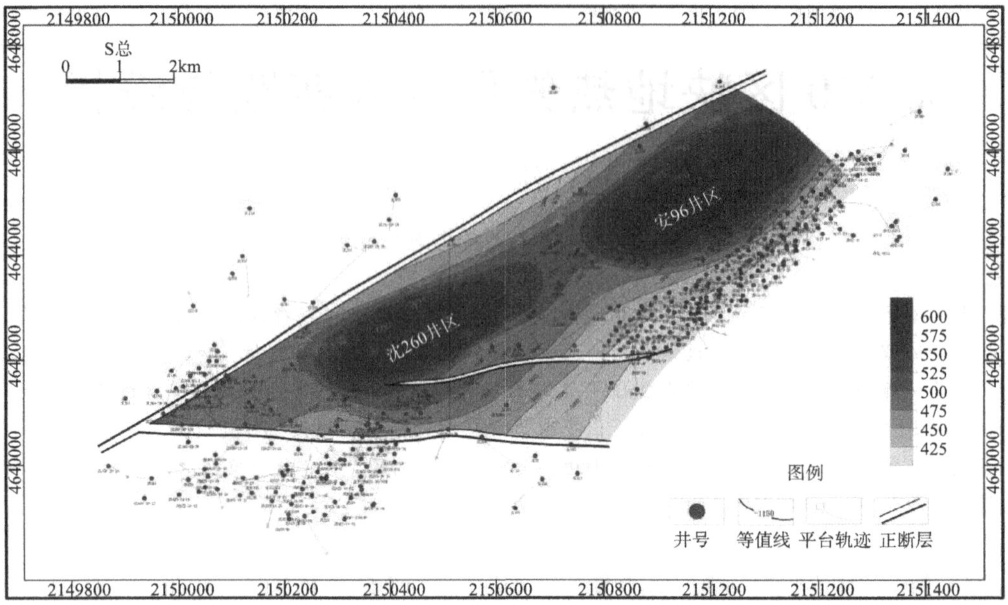

图 1　沈 260 井区沙河街组总热储厚度图

1.3　地热资源储量估算

对沈 260 井区 21 口井试油压力资料统计，地层压力系数为 1.0，属于正常压力系统。主力热储 S_3段地层压力为 15~29MPa。根据《地热资源评价方法及估算规程》(DZ/T 0331-2020)，采用热储法计算地下热能，主力热储 S_3段地热资源量 25.8 亿 GJ，可采地热资源量合计 5.17 亿 GJ。

2　先导试验

2.1　先导试验目的

求取地热井的开采量和回灌量，评价地热井的取灌能力。

2.2　先导试验前期工作

部署新井沈水 260-1-1 井，于 2023 年 8 月 12 日开钻，2023 年 9 月 2 日完井，完钻井深 2324m，取水层位 1459.13-2257.88m($S_3^{1+2+3上}$)；利旧老井沈水 501 井，于 2006 年 7 月 9 日开钻，2006 年 8 月 2 日完井，完钻井深 2480m，取水层位 1794.02~2434.17m(S_3^{2+3})，静水位 19.7m，考虑到地热水中泥沙及气体对回灌的影响，取灌流程增加除砂器、爆气罐、过滤器等设备，消除其对试验数据的影响(图 2)。

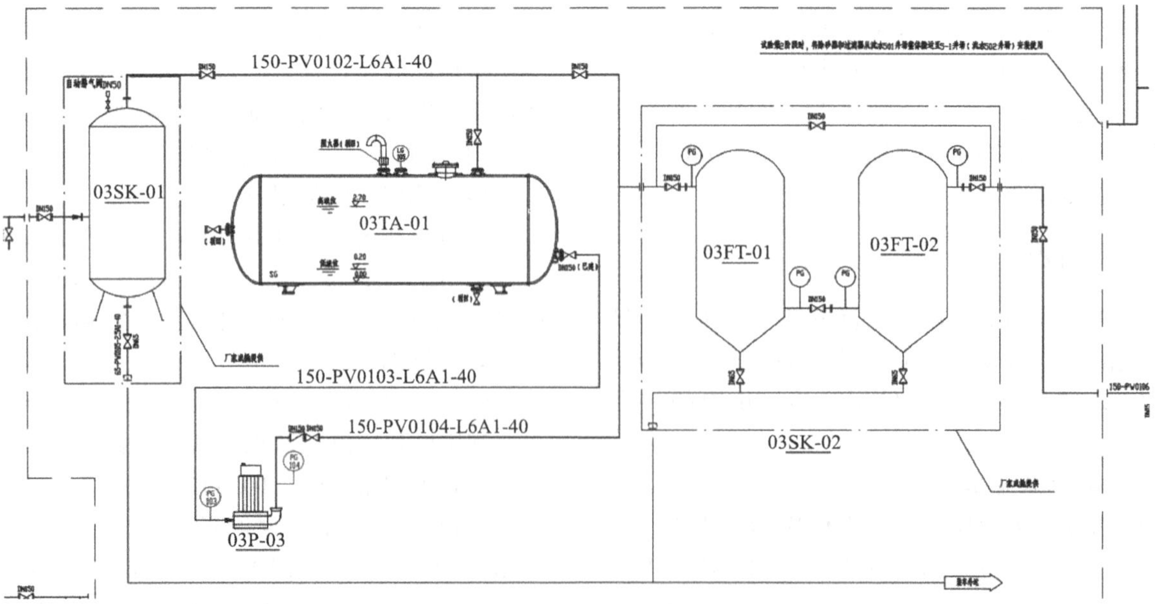

图 2　先导试验工艺流程图

2.3 先导试验实施

沈水 260-1-1 于 2023 年 9 月 16 日开展抽水降压试验，初始水位-45m。抽水试验按 80m^3/h、100m^3/h、115m^3/h 逐步提升水量，每阶段运行 48h。泵满频的情况下水量可达 115m^3/h；按 80m^3/h、100m^3/h 开采量时水位分别稳定在-68m 和-77m，115m^3/h 时动水位稳定在-82m；井口温度随着水量的提升而升高，最终稳定在 55℃。

2023 年 9 月 23 日对沈水 501 井开展回灌试验，沈 260-1-1 井取水，初期回灌量 60m^3/h，初始水位-68m，回灌期间动水位不断上升，经过两次回扬，效果不明显，截至 2023 年 10 月 16 日，回灌量 29.4m^3/h，水位已达井口(图 3)。

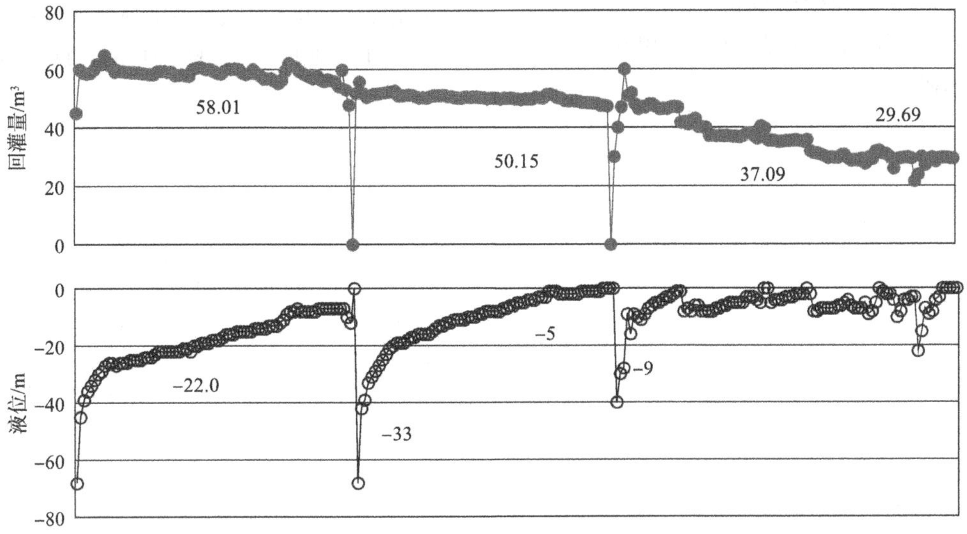

图 3　沈水 501 井回灌液位曲线

2023 年 12 月 4 日对沈水 260-1-1 井开展回灌试验，初始水位-63m，沈水 501 井取水。第一阶段回灌量 60m^3/h，中间经过四次回扬，截至 2023 年 12 月 16 日动水位稳定在-29m；第二阶段于 2023 年 12 月 16 日提高回灌量 80m^3/h，中间经过三次回扬，截至 2024 年 1 月 6 日试验结束，动水位稳定在-13m。

2.4 存在问题及分析

沈水 501 回灌效果不理想原因：一是沈水 501 井是一口取水生产时间较长的老井，老井井况问题制约沈水 501 井回灌效果。该井于 2014 年进行 13 天的回灌试验，灌量达到 50m^3/h，回灌压力 0MPa。2018 年前，沈水 501 井取水量在 60~80m^3/h，2018 后，取水量 30m^3/h 左右。二是取灌井生产层位不对应，沈水 501 回灌井段 1794.02—2065.4m(主要 $S_3^{\ 2}$)，沈水 260-1-1 取水层位 1459.13—2257.88m($S_3^{\ 1+2+3上}$)，射孔连通系数仅 0.41。取水温度表明沈水 260-1-1 主要产水层中深在 1550m 左右，与沈水 501 回灌井段相差较大。

3 结论

3.1 地热开发潜力分析

根据沈水 260-1-1 井的抽水试验数据显示，单井涌水量高达 120m^3/h。结合已有开采井的生产数据分析，沈 260 区块展现出可观的地热水资源开采潜力。从生产井数量和地热水开采量的角度来看，该区块具备良好的地热利用开发前景。

3.2 回灌试验结果及稳定性评估

通过沈水 260-1-1 井的回灌试验，发现在 80m^3/h 的回灌量下，可以实现自然稳定的回灌效果。这一结果表明，在适当的回灌量下，系统可以保持稳定运行，为该地区地热利用项目 100%回灌提供有力数据支持。

3.3 地热供暖项目开发建议

未来在沈采矿区进行地热供暖项目时，建议采用 1：2 的采灌比例对沈 260 区块进行开发。这一比例的选择考虑了地热资源的充分利用和系统的高效运行，为地热供暖项目的可持续发展提供了合理的方案。

3.4 井部署优化策略

由于地面条件的限制，沈水 260-1-1 井部署位置位于沈 260 区块边缘区域，导致地热井口温度较低。为优化地热资源开发效果，未来可考虑在沈水 260-1-1 井西南方向布置新的地热井，以提高地热资源的开采效率和利用率。

3.5　先导试验成果验证

沈 260 区块的先导试验数据，验证并加深了我们对该区块的认识。这一系列试验结果为未来地热资源的有效开发和利用提供了重要的实践经验和科学依据，为该地区地热资源的可持续开发奠定了坚实基础。

参　考　文　献

[1] 闫家泓，王社教，姚艳华．油区地热资源评价与开发利用实践[M]．北京：石油工业出版社，2022，1~3.

[2] 梁静，郭全成．河南新乡地热回灌试验及可行性分析[J]．黄河水利职业技术学院学报，2016，28(3)，38~41.

[3] 张高峰．基于抽水试验的地热储层水文地质特性研究[J]．地下水，2009，31(3)，114~116.

超稠油开发中后期低碳发展对策研究

齐国超　杨德卿　张　梅

（中国石油辽河油田公司）

摘　要　超稠油的油品性质决定其开采方式主要为热采，并需要全程伴热，热能的利用效率直接决定了超稠油开发的效益状况。超稠油进入开发中后期注汽系统、采油系统、管输系统等热损失大，热效率低，燃料消耗逐渐升高。近年来，公司一直致力于热能综合利用研究，通过生产管理各环节提高热效率，形成了热效益综合提升体系，有效降低碳排放，为进一步提高油田绿色效益发展探索出一条有效的途径。

关键词　超稠油；热采；热效率；降低碳排放

超稠油就是原始油藏条件下，地面脱气原油粘度超过5×10^4mPa·s、20℃相对密度大于0.98的原油，常温下不易流动，但超稠油热敏性强，在温度高于80℃时即可流动，油品性质决定开采过程主要依靠“热”能——油层注入蒸汽后，超稠油被加热运移至井底；由井底举升至地面需要电热杆加热；由井口至高架罐、处理站需全程伴热。超稠油开采方式主要为蒸汽吞吐，依靠热能的充分发挥，热效率提升的有效手段持续稳产十几年。经过多年的高效开发，目前热采开发方式已经进入中后期，油汽比逐年下降，注1000t蒸汽才产200t原油，油汽比仅为0.2。在当前低碳发展的战略环境下，进行了超稠油开发中后期低碳发展研究，通过热能的综合利用，极大地降低了燃料消耗，使开发吨油成本大幅降低，促进了超稠油的效益开发。

1　超稠油开发中后期存在问题

1.1　产出液温度高，热量损失大

超稠油蒸汽吞吐开采方式周期初期产出液在100℃，周期中期及末期产出液温度在70~80℃。SAGD开发方式产出液温度在200℃以上。高温产出液直接进集输高架罐进行沉降处理，增加了原油处理的成本，并且浪费了大量的热能，致使热利用率低。

1.2　注汽系统效率低、影响热利用率

现有注汽锅炉原设计使用燃料为渣油和稠油，按照国家整体资源调整，配合西气东输改烧天然气后由于天然气热值低，现有燃烧器的能力没有充分发挥，导致排量降低，以23t/h锅炉为例，其额定排量为23t/h，烧天然气仅能达到17t/h，不但影响资产的利用效率，又降低注汽能力，造成注汽系统效率下降。

另外，注汽生产环节中从首端到末端由于高温高压，一般温度大于300℃，需要全程保温、隔热，但是现有的材料和技术保温隔热效率低，存在不同程度的热损失，影响蒸汽热利用效率。

1.3　采注比高，地层亏空大

经过多年的高效开发，热采开发已经进入中后期，采收程度已经达到40%以上，还以每年2%的采油速度进行开采。采注比高，累积采注比1.19，地层亏空大，亏空体积$2100\times10^4m^3$。导致注蒸汽效率低，需要的注入蒸汽量逐年增加，年消耗燃料费多达7亿元。

2　超稠油开发中后期低碳发展的必要性

2.1　国家低碳发展战略需要

超稠油本身的原油性质决定开发主要依靠热能开采，燃料费占到开采成本的50%以上，要响应国家低碳发展的号召，必须提升“热”效益，有效减少燃料消耗，达到降低碳排放，实现低碳发展。

2.2　超稠油持续稳定发展的需要

目前超稠油已处于吞吐开发中后期，进入快速递减阶段。地下亏空大，蒸汽注入地下后热利用率低，热损失大，油汽比逐年降低，目前年油汽比仅为0.20。要保证超稠油的持续稳定发展，必须提升“热”效益。

2.3　降低超稠油开采成本的客观需要

随着超稠油开发进入中后期，开采效果逐渐变差，受油汽比降低及材料上涨的影响，原油开采成本逐年升高。开发初期成本402元/t，到目

前已经上升到了 1647 元/t，其中燃料费占了成本的 50%以上，为保证超稠油的效益开发必须进行热效益提升，有效控制开发成本。

3　低碳发展对策研究及应用

3.1　发展组合式注汽技术，扩大蒸汽波及体积

随着蒸汽吞吐开采方式进入中后期，油层平面动用不均、地下亏空日益加大、油井间汽窜严重。周期注汽时，近井地带蒸汽热利用率降低，因此超稠油开发提出了组合式注汽技术。就是把生产层位相互对应的部分油井组合为一个开发单元，集中注汽，集中生产，并辅助相应的增产措施，从而有效抑制汽窜，扩大蒸汽波及体积，提高热利用率，达到提高开采效果的目的。另外井组内不同生产层位、不同井型油井集中注汽，集中建立温场，可实现油层四维立体加热，进一步提高热利用率，改善开发效果。实施组合式注汽对比单井吞吐可提高油汽比 0.04，效果明显。同时通过实施组合式注汽可延长油井 3~4 个吞吐周期，对比常规吞吐采收率提高 3%~5%。

3.2　提高注汽锅炉热效率，降低碳排放

对注汽锅炉进行技术改造将不同规格、不同使用年限的锅炉划分为 A、B、C 类，对锅体进行改造，挖潜注汽锅炉自身存在不足，进一步提升锅炉排量，使锅炉实际排量提高 10%以上，由原来的 17t/h 提高到 20t/h，增加注汽能力 86t/h，全年新增注汽能力 68.3 万 t。锅炉热效率由 87.5% 提高到 88.4%，注汽单耗降低 0.8m^3/t，全年可节约天然气 200 万 m^2，有效降低碳排放，减排 4324t 二氧化碳。

3.3　加强热能综合利用，减少碳排放

超稠油生产全程伴热，生产各环节都离不开热能，充分挖掘热能利用潜力，使污水和 SAGD 高温产出液热量得到利用，提高锅炉用水的温度，节约燃料费，减少碳排放。

（1）SAGD 集中换热站热能综合利用。由于 SAGD 产出液温度较高，产出液首先在集中换热站进行换热后再进入集输联合站进行处理，平均每天参与换热高温液量 6000t，换热后可使冷却清水温度由 30℃提高到 58℃，升高 28℃，年节约天然气 362.7 万 m^3，减少二氧化碳排放 7842t。

（2）污水软化处理，热能回收利用。产出液经油气处理后产生污水经过大罐沉降，重新进行污水软化处理后做锅炉热注用水，平均每天处理水量 18000t，污水温度平均 74℃，较冷却清水温度提高 44℃，全年可节约天然气 1710 万 m^3，减少二氧化碳排放 36973t。

（3）高温分离水提升锅炉来水温度。目前在用的常规注汽锅炉出口干度只能达到 75%，SAGD 注汽需要高干度蒸汽，要求蒸汽干度达到 99%，甚至更高，因此在锅炉出口安装了汽水分离器，分离出干度达到 99%的蒸汽通过管线注入油层，同时分离出 25%的温度达到 278℃的超高温高含盐分离水。利用高温分离水热量，在注汽站内通过换热器将其用于锅炉来水炉前再升温，每天能使 7000t 注汽锅炉入口水温提高 30℃，全年节约天然气 453.4 万 m^3，减少 9803t 二氧化碳排放。

3.4　伴生气回注地层，实现了零排放

超稠油主力区块日产伴生气量 15~18 万 m^3/d，主要成分为 CO_2 和 CH_4（CO_2 含量 68%，CH_4 含量 31%），伴生气经过脱除 H_2S 后直接对空排放。伴生气直接外排，不但造成 CO_2 和 CH_4 等可回收利用资源的浪费，同时造成严重的环境污染。本技术在超稠油伴生气领域取得重大突破，通过对伴生气进行预处理、变压吸附分离、CO_2气态回注和 CH_4回掺等一系列技术，全年累计实施注二氧化碳气体辅助 140 井次，回注二氧化碳 1100 万 m^2，实现平均单井增油 280t，年累计增油 4 万 t，油汽比提高 0.08，成功实现了伴生气零排放和油田可持续效益发展。

4　结论

（1）从开发上，发展组合式注汽提高蒸汽热效率，改善了开发中后期超稠油生产效果，保证了超稠油的持续稳定发展。

（2）从工艺上，加强锅炉改造、伴热工艺改造及生产精细化管理，提升热能综合利用率。热能有效回收利用有效避免了热损失，减少碳排放。

（3）通过热效益提升综合研究与应用取得了较好的经济效益，同时实现了公司节能降耗。伴生气进行回收利用，有效实现节能环保、绿色生产。

（4）此研究成果对国内外同类超稠油油藏降本增效及节能环保都有较好的借鉴意义，有较大的推广应用空间。

参考文献

[1] 刘福余．曙一区超稠油开采特征及开发对策[J]．特种油气藏，2002，9(6)：1-2.

[2] 马占河．超稠油蒸汽吞吐生产特点及措施对策——以辽河油田曙一区为例[J]．资源环境与工程，2012，26(1)：71-72.

[3] 杨立刚．杜84块超稠油成本管理方法研究[J]．断块油气藏，2012，19(S0)：107-108.

[4] 刘斌．张金光．黄鹤，牛心坨油田节能改造项目效益评价探讨[J]．石油石化节能，2014，4(10)：1-3.

[5] 刘新．轻质油藏蒸汽驱提高采收率技术现状及趋势[J]．大庆石油地质与开发，2012.31(1)：138-144.

基于多尺度裂缝表征的页岩气藏CO_2增强采气与地质埋存数值模拟研究

唐　康[1]　上官阳南[1]　党　宁[2]　王靖华[1]　吴江平[1]

（1. 中国石油长庆油田公司勘探开发研究院；2. 西安长庆同欣石油科技有限公司）

摘　要　为了评估页岩气藏CO_2增强采气和CO_2埋存潜力，本文基于嵌入式离散裂缝(EDFM)原理，精细刻画了页岩气藏压裂改造后的缝网形态特征，并考虑了页岩储层中扩散、吸附等复杂传输机制，构建了页岩气藏多尺度复杂裂缝数值模型。在此基础上，进一步探讨了不同生产场景下页岩气藏CO_2吞吐与埋存开发特征。结果表明，CO_2吞吐方式下CH_4采出程度可以提高6.05%，CO_2的埋存量达到1.86×10^4t。改造区内裂缝渗透率、吞吐周期和注气速度是影响CH_4产量和CO_2埋存效果的重要因素，在进行页岩气藏开发参数设计时应重点考虑。研究成果对页岩气藏高效开发提供了理论支持。

关键词　复杂裂缝；CO_2埋存；页岩气藏；提高采收率

进入21世纪，页岩油气资源开发成为了全球能源开采的热点，被认为是未来石油科技的战略接替领域。据统计，我国页岩气藏资源量巨大，探明剩余可采储量高达$3659\times10^8m^3$。页岩气藏具有天然裂缝发育、孔喉半径极小、渗透性极差、有机质中吸附含量高的特点，通常采用水平井及体积压裂技术来实现其工业开采价值。然而，页岩储层大规模压裂施工后压裂缝和天然裂缝相互干扰，形成的裂缝网络存在着明显的多尺度特征，这种复杂缝网结构的精确表征就成为了研究页岩气藏渗流规律及高效开发的基础。

目前针对页岩储层裂缝的多相渗流已经诞生了一系列经典理论，从表征方法上可以分为连续介质模型和离散介质模型这两大类。其中双重介质模型作为连续介质模型的代表，其将裂缝和基质两种不同介质相叠加，裂缝作为渗流通道，基质作为储集空间，通过孔隙间的窜流量将裂缝-基质的流动相关联。连续介质模型对真实储层中复杂的裂缝问题处理方式过于理想，无法捕捉多尺度裂缝几何形态及流动状态差异，在非常规油气储层的渗流问题存在较多局限性。与连续介质模型的假设不同，离散裂缝模型(DFN)对不同裂缝几何形态及属性进行显示刻画，准确计算出基质和裂缝中的流动形态，具有较高的求解精度[13]。然而离散介质模型通常需要借助于非结构化网格实现裂缝网格加密，这使得求解过程的计算量成倍增加，为实际的矿场应用中带来了极大的困难。嵌入式离散裂缝(EDFM)则结合了连续介质模型和离散介质模型的优点，基于层级建模的思想将裂缝嵌入结构化网格，在实现多尺度裂缝的显式表征的同时，避免了缝网区域网格前处理困难的问题，提升了模型计算效率。

压裂改造后产量递减快，最终采收率低的问题始终困扰着页岩气藏的高效开发。CO_2增强采气技术通过将CO_2注入页岩气藏，一方面利用超临界CO_2高密度、高扩散性、低黏度的特性优势提高采收率，另一方面注入地层中CO_2可以实现地质埋存的目的。室内研究表明CO_2的吸附能力是CH_4的3-10倍，CO_2气体注入地层后能够与页岩干酪根中的CH_4发生竞争性吸附，使吸附于孔隙壁面的CH_4解吸附，从而提高页岩气的产量。一些学者围绕页岩气藏开发过程中的岩石变形、吸附解吸、扩散、滑脱等渗流特征推导相关数学模型并建立数值求解方法。

综上所述，尽管前人的研究一定程度上证明了CO_2增强采气和地质埋存的可行性，然而这些研究大多忽略了页岩气藏复杂裂缝网络、储集方式及渗流机制对CO_2吞吐和埋存的影响。本文则基于嵌入式离散裂缝方法，构建了多尺度裂缝表征下的页岩气藏渗流-传质模型，充分考虑页岩储层中气体吸附-解吸、对流扩散等物质交换过程，并进一步探究了影响页岩气藏吞吐和埋存效果的主控因素。本研究所形成的高效数值模拟方法能够为页岩气藏高效开发和CO_2埋存效益评价提供理论和技术支撑。

1　页岩气藏多尺度裂缝表征

1.1　多尺度裂缝刻画

页岩气藏经过压裂改造后，天然裂缝与水力裂缝会形成复杂的裂缝网络。由于裂缝与基质的形态分布和渗流特征的差异，常规的模拟方法难以适用于页岩气藏，需要形成一套多尺度的裂缝介质的表征方法。嵌入式离散裂缝(EDFM)是基于双重介质原理建立的，其首先通过结构化网格对页岩基质进行划分，随后将裂缝网络嵌入基质系统中，如图1所示。

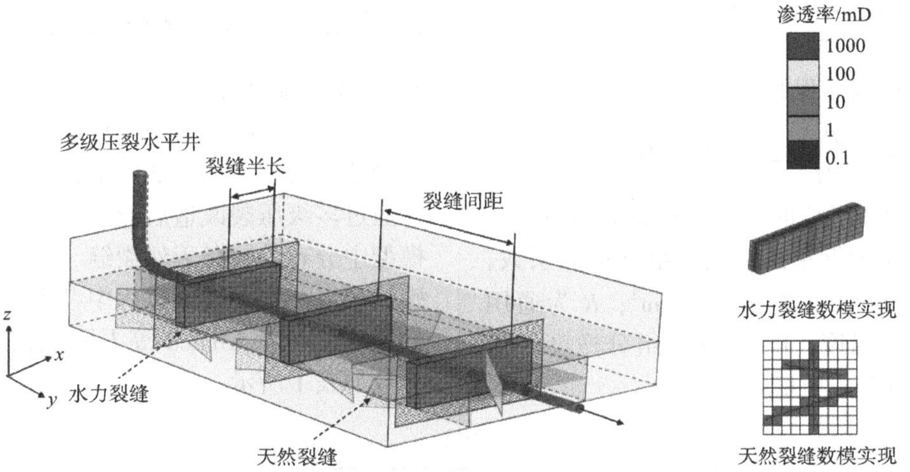

图1　页岩气藏压裂改造后缝网表征示意图

在EDFM模型中，嵌入式裂缝通过降维处理将储层中三维裂缝转换为二维的裂缝片。考虑到EDFM模型中裂缝与基质四种连接模式，不同流量交换方式的传导项定义如下：

$$T_{nnc}=\frac{k_{nnc}A_{nnc}}{d_{nnc}} \tag{1}$$

式中，k_{nnc} 为非相邻网格介质平均渗透率，mD；A_{nnc} 为非相邻网格介质接触，m^2；d_{nnc} 为非相邻网格介质特征距离，m。

1.2　多组分渗流控制方程

页岩气藏 CO_2 增强采气与埋存过程涉及到多组分流体流动、气体吸附解吸、气体扩散等复杂物理变化过程。本文建立的多组分嵌入式离散裂缝模型假设条件如下：①各相流体运动服从达西定律；②考虑重力及毛管力的影响；③页岩气藏中的气体以吸附态和游离态存在，裂缝中不存在吸附态气体；④页岩气藏中裂缝分为天然裂缝、水离裂缝两种类型，不同类型裂缝参数可独立定义。

页岩气藏中基质系统i组分的渗流控制方程如下：

$$\frac{\partial}{\partial t}(x_i\rho_g\phi S_g)\nabla\left[x_i\frac{k_m k_{rgm}}{\mu_g}(\nabla p_m-\rho_g\nabla D)+J_i\right]-q_i^{mf}-q_i^{ma} \tag{2}$$

式中：ϕ 为孔隙度，小数；ρ_g 气体密度，mol/m^3；S_g 为含气饱和度，小数；x_i 为 i 组分占比，小数；k_m 为基质渗透率，mD；k_{rgm} 为基质中气相相对渗透率，小数；μ_g 为气体黏度，mPa·s；∇p_m 为基质气相分压，MPa；g 为重力加速度，m/s^2；D 为油藏深度，m；J_i 为 i 组分扩散流量，mol/s；q_i^{mf} 为 i 组分基质与裂缝网格间的流量，mol/s；q_i^{ma} 为 i 组分吸附量，mol/s。

基质系统水相渗流控制方程如下：

$$\frac{\partial}{\partial t}(\rho_w\phi S_w)\nabla\left[\frac{k_m k_{rwm}}{\mu_w}(\nabla p_m-\rho_w g\nabla D)\right]-q_w^{mf} \tag{3}$$

式中：ρ_w 为标况下水密度，kg/m^3；S_w 为含水饱和度，小数；k_{rwm} 为基质中水相相对渗透率，小数；μ_w 为水的黏度，mPa·s；ρ_w 为水的密度，kg/m^3；q_w^{mf} 为水相基质与裂缝网格间的流量，kg/s。

裂缝系统气相i组分渗流控制方程如下：

$$\frac{\partial}{\partial t}(x_i\phi\rho_g S_g)\nabla\left[x_i\frac{k_f k_{rgf}}{\mu_g}(\nabla p_f-\rho_g\nabla D)\right]-q_i^{fm}-q_i^{mf} \tag{4}$$

式中，k_f 为裂缝渗透率，mD；k_{rgf} 为裂缝中气相相对渗透率，小数；∇p_f 为裂缝气相分压，

MPa；q_i^{fw} 为 i 组分裂缝与井筒间的流量，mol/s。

裂缝系统水组分渗流控制方程如下：

$$\frac{\partial}{\partial t}(\phi\rho_w S_w)\nabla\left[\frac{k_f k_{rmf}}{\mu_w}(\nabla p_f-\rho_w g\ \nabla D)\right]-q_w^{fm}-q_w^{mf} \tag{5}$$

式中：k_{rwf}为水相相对渗透率，小数；q_w^{fw} 为水相裂缝与井筒间的流量，kg/s。

1.3　多组分传质控制方程

气体扩散控制方程如下：

$$j_i=T_{i,d}D_i\left(\frac{x_i\rho_{i,m}}{RT}\right)\Delta(RT\ln f_i-M_i gh) \tag{6}$$

式中：j_i 为 i 组分的扩散量，mol/s；$T_{i,d}$为扩散传导率，无量纲量；D_i 为 i 组分扩散系数，m²/s；i 为 i 组分摩尔密度，mol/m³；R 为通用气体常数；T 为温度，K；f_i 为 i 组分逸度；M_i 为 i 组分的相对分子质量。

气体吸附控制方程如下：

$$q_i^{ma}=\frac{\rho_w f_c(C_i-C_c^{\infty})}{\tau} \tag{7}$$

式中，ρ_m 为岩石密度，kg/m³；f_c 为吸附比例系数；C_{c0}为当前吸附浓度，mol/kg；C_c^{∞} 平衡吸附浓度，mol/kg；τ 为特征解吸附时间。

2　页岩气藏注入 CO_2模拟

2.1　多尺度裂缝表征模型构建

参考某实际页岩气藏地层参数，建立多尺度裂缝数值模型。如图2所示，模型中部一口水平井通过多级压裂改造后形成7条水力裂缝，同时模型中分布着数条天然裂缝。考虑到页岩气藏特殊流动规律，在模拟过程中考虑气体扩散及吸附的影响，参考 Khaled 等人研究结果，设置模拟参数如表1所示。

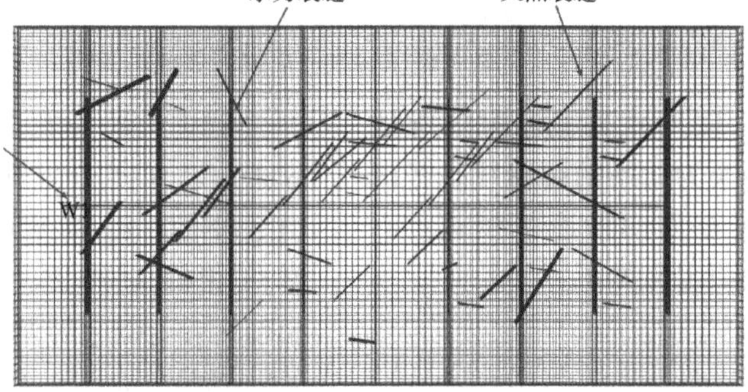

图2　页岩气藏嵌入式离散裂缝模型

表1　多尺度表征模型参数设置

参数名称	数值	参数名称	数值
气藏规模/m	500×1450	水力裂缝半长	150
气藏厚度/m	30	水力裂缝渗透率/mD	1000
网格步长	10×10×5	天然裂缝渗透率/mD	300
基质渗透率/mD	0.01	甲烷扩散系数/(m²/d)	2.6×10^{-3}
基质孔隙度	0.06	CO_2扩散系数/(m²/d)	3.8×10^{-3}
初始压力/MPa	12.1	甲烷 Langmuir 体积/(cm³/g)	1.58
初始温度/℃	65	CO_2 Langmuir 体积/(cm³/g)	4.1
平均含气饱和度	0.76	甲烷 Langmuir 压力/MPa	2.1
水力裂缝条数	9	CO_2 Langmuir 压力/MPa	1.5

2.2　CO_2吞吐模拟方案设计

首先开展页岩气藏衰竭开发与 CO_2吞吐两种开发方式模拟。衰竭开发方案采取定井底流压生产，BHP 设置为 3.5MPa，模拟时间为 6 年。CO_2吞吐方案在衰竭开发 3 年后开展，整个吞吐过程包含 CO_2注入阶段、闷井阶段和水平井定压开采阶段。每个吞吐轮次注入和采出周期均为 180d，闷井时间为 30d，CO_2注入速度为 10×10^4 m³/d，开采阶段的BHP 同样设置为 3.5MPa，吞吐轮次为 3 轮次。为了探究生产参数和裂缝参数

对页岩气藏 CO_2 吞吐与埋存效果的影响，进一步设置了5因素5水平的模拟方案，具体方案参数设计如表2所示。

表2　页岩气藏 CO_2 吞吐模拟方案设置

方案编号	方案类型	吞吐轮次	注入速度/($10^4m^3/d$)	闷井时间/d	水力裂缝渗透率/mD	天然裂缝渗透率/mD
1	衰竭开发	—	—	—	1000	100
2	吞吐轮次	1~5	10	30	1000	100
3	注入速度	3	3~20	30	1000	100
4	闷井时间	3	10	15~90	1000	100
5	水力裂缝渗透率	3	10	30	100~10000	100
6	天然裂缝渗透率	3	10	30	1000	10~500

3　页岩气藏 CO_2 吞吐与埋存效果评价

3.1　页岩气藏开发方式优选

图3为 CO_2 吞吐和衰竭开发两种开发方式下页岩气藏累积 CH_4 产量和地层压力变化曲线。如图3所示，在 CO_2 吞吐介入的第一个周期，衰竭开发方式下累积 CH_4 产量高于 CO_2 吞吐。但是伴随开采的进行，地层压力降低，衰竭开发方式下生产压差持续减小，油井进入长期的低效生产阶段，而 CO_2 吞吐方式下 CO_2 的注入补充了地层能量，注入的 CO_2 与 CH_4 完成置换，CH_4 的产量持续增加。最终在三个吞吐周期后，CO_2 吞吐方式下的 CH_4 累积产量相较于衰竭开发方式下的 CH_4 累积产量，高出了6.05%。

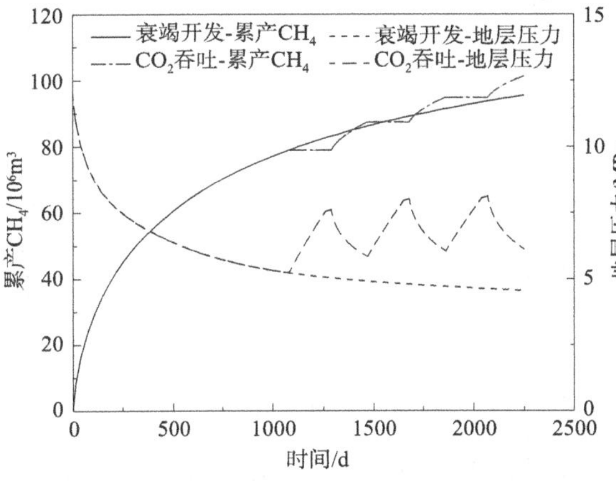

图3　不同开发方式下累产 CH_4 及地层压力变化规律

图4为多尺度裂缝表征下 CO_2 吞吐模拟方案中各阶段 CO_2 摩尔分数分布。如图所示，人工压裂裂缝的存在能够有效沟通页岩储层中的天然裂缝和孔隙，使得改造区域内的渗透率得到大幅改善。在注入阶段，CO_2 首先沿着人工裂缝快速窜流，进而快速在缝网改造区域内对 CH_4 气体形成驱替，然而由于页岩基质渗透率极低，缝网改造区以外的区域内 CO_2 无法有效波及。在闷井阶段，水平井周围的压力逐渐向外围储层传递，同时在气体扩散作用的影响下，CO_2 气体朝着页岩基质流动，缝网内 CO_2 气体分布也更加均匀。在采出阶段，人工裂缝区域内 CO_2 气体首先被采出，进而逐渐传递到缝网改造区域，在开采结束时，仍然有一部分的 CO_2 气体滞留与储层中。

3.2　裂缝参数对 CO_2 吞吐与埋存效果的影响

人工裂缝是气体注采的主要通道，其渗透率的大小直接决定着裂缝的导流能力。图5(a)为人工裂缝渗透率对 CH_4 采出程度的影响，整体看来，人工裂缝渗透率与累计的 CH_4 产量呈正相关关系。在早期衰竭开发阶段，人工裂缝的渗透率越大，缝网改造区域内 CH_4 流动阻力越小，CH_4 气体产量越高。在 CO_2 吞吐阶段，人工裂缝渗透率越大，CO_2 注入能力越强，CO_2 波及体积越大，CO_2 与 CH_4 气体置换更高效，因而 CH_4 产量更高。然而，受限于改造区域的面积和地层压力，人工裂缝渗透率增加到一定值时，对 CH_4 产量的增益便不在明显。图5(b)为人工裂缝渗透率对 CO_2 埋存效果的影响，如图6所示，人工裂缝渗透率越大，CO_2 埋存量和埋存效率均逐渐降低，这是由于注入的 CO_2 气体主要分布在近井的缝网改造区域，人工裂缝的高导流能力会导致采气阶段大量 CO_2 伴随 CH_4 采出，进而导致 CO_2 埋存效率降低。综上所述，人工裂缝渗透率在一定程度上直接决定了气井的初期产能，渗透率的增加能够提升改造区域内的导流能力，提高 CH_4 的采出程度，然而一味的提高的人工裂缝渗透率会提前透支地层能量，因此，在进行页岩气藏的人工裂缝设计时，应综合考虑压裂井的经济效益，确定合理的压裂施工参数。

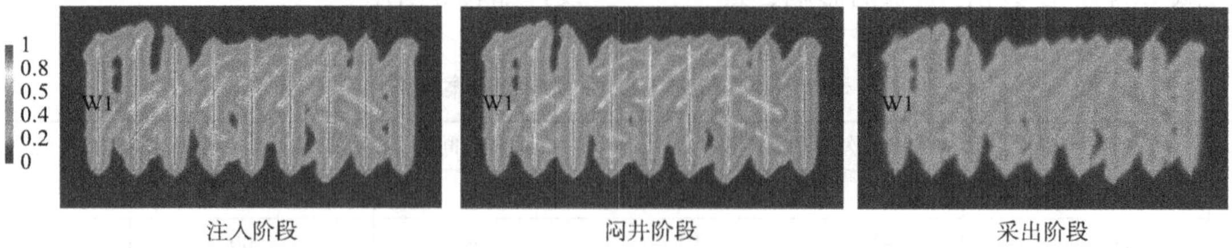

图4 页岩气藏 CO_2 吞吐方式下不同阶段 CO_2 组分摩尔分数分布

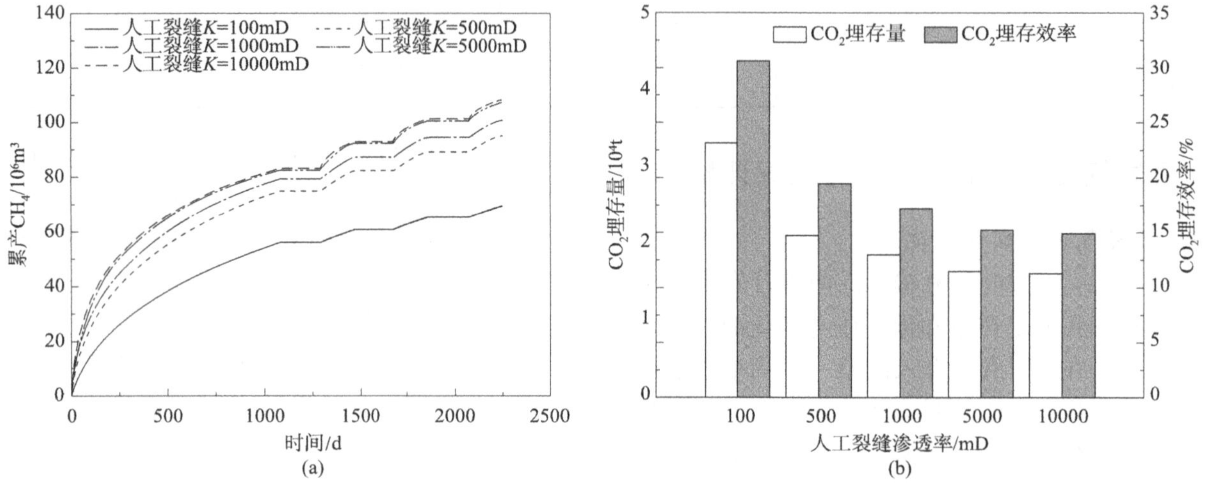

图5 不同人工裂缝渗透率下的累产 CH_4 和 CO_2 埋存效果对比

图6(a)和图6(b)分别是天然裂缝渗透率对 CH_4 采出程度和 CO_2 埋存效果的影响，整体规律与图5较为相似，伴随天然裂缝渗透率的增加，改造区域裂缝导流能力增加，累计 CH_4 产量增加，CO_2 埋存效率降低。相较于人工裂缝，天然裂缝渗透率对 CH_4 产量和 CO_2 埋存效果的影响降低了很多。天然裂缝的存在增大了改造区的渗流面积，在实际的页岩气藏开发中，应尽量选取天然裂缝较为发育的储层进行压裂改造以取得更好开发效益。

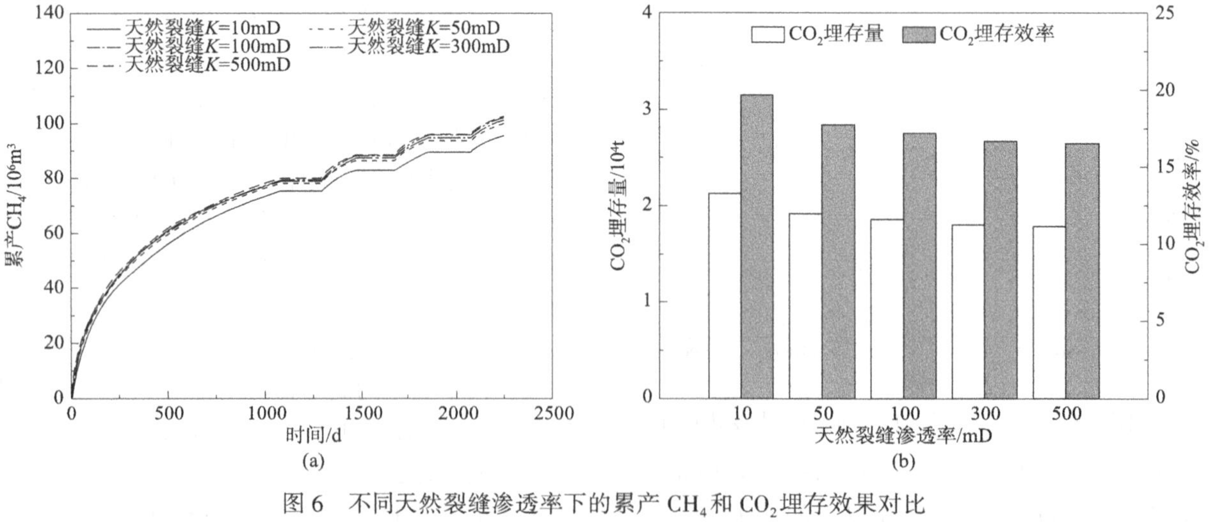

图6 不同天然裂缝渗透率下的累产 CH_4 和 CO_2 埋存效果对比

3.3 生产参数对 CO_2 吞吐与埋存效果的影响

图7(a)和图7(b)分别是 CO_2 注入速度对采出程度和 CO_2 埋存效果的影响。从图7(a)可以看出，CO_2 注入速度会显著影响吞吐阶段的 CH_4 累计产量，在其他参数保持不变的条件下，伴随注入速度的增加，CH_4 累计产量也随之增加。注入速度的增加会直接导致井底压力增加，从而使得 CO_2 气体快速进入缝网主通道，从而于改造区

域内的CH_4气体发生混合，在采气阶段，更多的CO_2气体与CH_4完成置换，从而提升了CH_4的采出程度。从图7(b)可以看出，伴随注气速度的增加，CO_2埋存量逐渐增加，CO_2埋存效率则逐渐降低。在高注气速度下，单周期内CO_2气体注入量增加，CO_2波及范围更广，相应的CO_2埋存量增加。而在采出阶段，高注入量所带来的地层压力增加，驱动CO_2气体流向生产井，从而导致埋存效率的降低。此外，注气速度还需要考虑到地层的破裂压力，在提高CH_4采出程度的同时确保CO_2埋存的安全性。

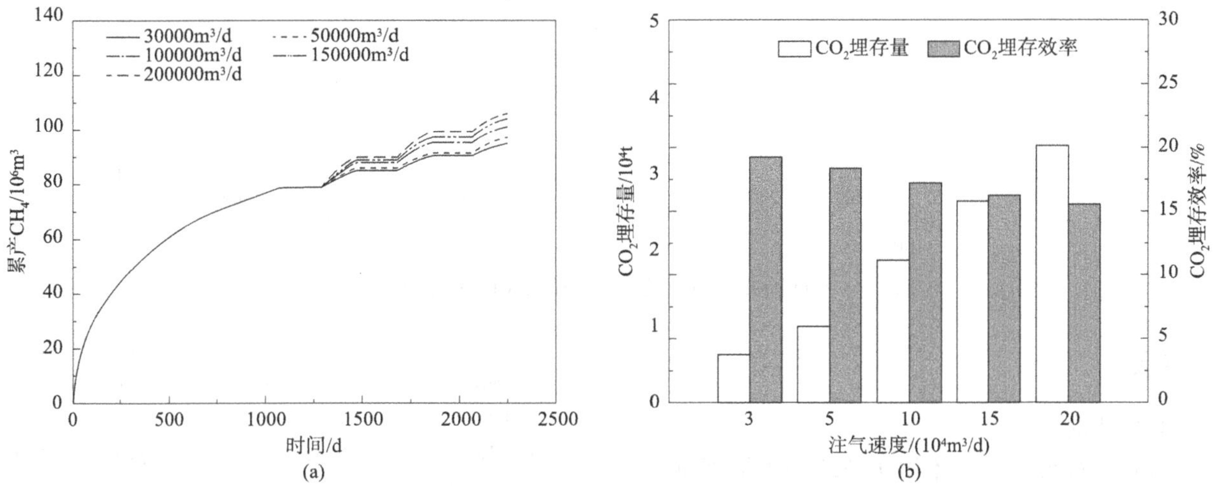

图7　不同注气速度下的累产CH_4和CO_2埋存效果对比

图8(a)和图8(b)分别是吞吐轮次对CH_4采出程度和CO_2埋存效果的影响。从图中不难看出，伴随CO_2吞吐轮次的增加，CH_4累计产量持续增加，CO_2埋存量逐渐增加，然而在多个吞吐轮次后，单周期CH_4产量逐渐降低，CO_2埋存效率逐渐降低。这是由于伴随吞吐轮次的增加，改造区内CO_2波及范围有限，可以被置换出来的CH_4气体越来越少，可供CO_2埋存的孔隙空间也逐渐减少，因此CO_2吞吐逐渐失效。

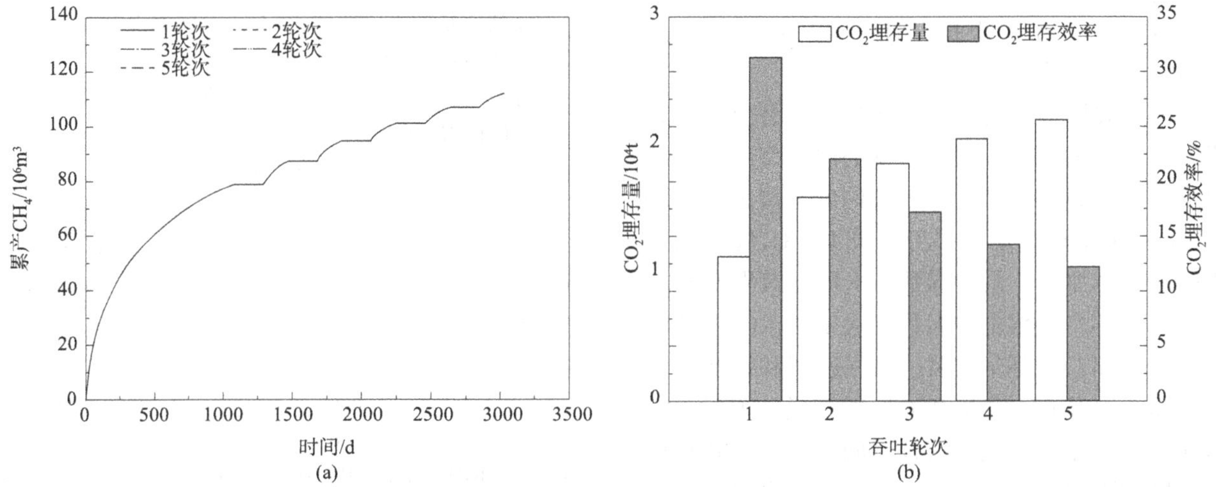

图8　不同吞吐轮次下的累产CH_4和CO_2埋存效果对比

图9(a)和图9(b)分别是闷井时间对CH_4采出程度和CO_2埋存效果的影响。从图9(a)中可以看出，闷井时间对CH_4采出程度的影响较小，闷井时间的增加仅在开井初期提升了气井的产能，随后不同闷井时间下的CH_4累计产量逐渐趋于一致。闷井过程会促使压力平衡和气体对流扩散，从而强化CO_2对CH_4的置换，然而对于页岩储层来说，气体扩散范围主要集中在缝网改造区内，增加闷井时间一定程度上提升了气体的混合，然而这种提升效果有限，并不足以显著影响到CH_4的采出程度。从埋存效果来看，图9(b)中伴随闷井时间的增加，CO_2的埋存量和埋存效

率都略有提升，但是整体变化幅度不大。

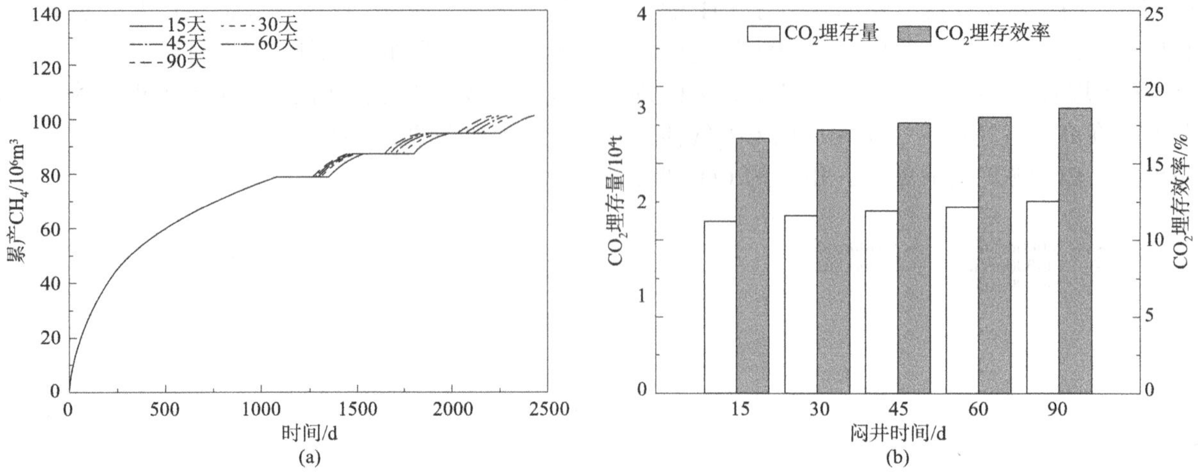

图9　不同闷井时间下的累产 CH_4 和 CO_2 埋存效果对比

4　结论

主要结论如下：

（1）针对页岩气藏体积压裂缝网表征困难的问题，基于三维嵌入式离散裂缝方法，建立了考虑气体的吸附和扩散效应的页岩气藏渗流模型，实现了页岩气藏多尺度裂缝的精确表征和高效数值模拟。

（2）CO_2吞吐可以有效补充页岩气藏能量，提升 CH_4采出程度，同时注入 CO_2气体可以置换出 CH_4，实现 CO_2地质埋存。相较于衰竭开发方式，CO_2 吞吐方式下的 CH_4 采出程度提高了 6.05%，埋存量增加了 1.86 万 t。

（3）裂缝参数对 CO_2吞吐和埋存潜力有着显著影响。人工裂缝和天然裂缝的渗透率决定了缝网改造区的导流能力，伴随缝网内缝渗透率的增加，CH_4采出程度逐渐提升，同时 CO_2气体的迁移速度也会加快，最终导致 CO_2埋存效果变差。

（4）生产参数也很大程度决定了 CO_2吞吐的开发效果和 CO_2埋存效果。注气速度和吞吐轮次的增加会提升 CH_4产量和 CO_2埋存量，但是 CO_2埋存效率会逐渐降低，闷井时间对 CO_2吞吐和埋存效果的影响则相对较小。在实际的页岩气藏开发中，可以使用本文所建立的多尺度裂缝表征模型对生产参数进行优化设计。

参 考 文 献

[1] 薛晓辉，李金龙，刘红俊，等.“双碳”背景下我国页岩气产业发展潜力分析[J]. 能源与环保，2023，45(09)：169-74.

[2] 马新华，张晓伟，熊伟，等. 中国页岩气发展前景及挑战[J]. 石油科学通报，2023，8(04)：491-501.

[3] 中国矿产资源报告 2022[J]. 自然资源情报，2023，(01)：2.

[4] 王西凤，黄世军，赵凤兰，等. 深层页岩气井气水两相产能预测[J]. 石油钻采工艺，2023，45(04)：463-70+515.

[5] 卢义玉，周军平，鲜学福，等. 超临界 CO_2 强化页岩气开采及地质封存一体化研究进展与展望[J]. 天然气工业，2021，41(06)：60-73.

[6] 相金元，魏拓，吕凤清，等. DFM 和 EDFM 离散裂缝刻画方法适应性评价[J]. 中国海上油气，2023，35(05)：83-90.

[7] 时俊杰. 致密基质-复杂缝网传质传热表征模型及数值模拟方法研究[D]，2022.

[8] 赵国翔，姚约东，王链，等. 基于三维嵌入式离散裂缝模型的致密油藏体积压裂水平井数值模拟[J]. 大庆石油地质与开发，2022，41(06)：143-52.

[9] BARENBLATT G I, ZHELTOV I P, KOCHINA I. Basic concepts in the theory of seepage of homogeneous liquids in fissured rocks [strata] [J]. Journal of applied mathematics and mechanics, 1960, 24(5): 1286-303.

[10] WARREN J E, ROOT P J. The behavior of naturally fractured reservoirs [J]. SPE-5106-PA, 1963, 3(03): 245-55.

[11] 张道伟. 基于嵌入式离散裂缝的致密油二氧化碳吞吐模拟[D]. 2021.

[12] ZHANG R-H, WU J-F, ZHAO Y-L, et al. Numerical simulation of the feasibility of supercritical CO_2 storage and enhanced shale gas recovery considering complex fracture networks [J]. Journal

of Petroleum Science and Engineering, 2021, 204: 108671.

[13] FISHER M K, WRIGHT C A, DAVIDSON B M, et al. Integrating fracture mapping technologies to improve stimulations in the Barnett shale [J]. SPE Production & Facilities, 2005, 20(02): 85-93.

[14] 曹仁义，程林松，杜旭林，等. 致密油藏渗流规律及数学模型研究进展 [J]. 西南石油大学学报(自然科学版), 2021, 43(05): 113-36.

[15] LASHGARI H R, SUN A, ZHANG T, et al. Evaluation of carbon dioxide storage and miscible gas EOR in shale oil reservoirs [J]. Fuel, 2019, 241: 1223-35.

[16] EDWARDS R W J, CELIA M A, BANDILLA K W, et al. A Model To Estimate Carbon Dioxide Injectivity and Storage Capacity for Geological Sequestration in Shale Gas Wells [J]. Environmental Science & Technology, 2015, 49(15): 9222-9.

[17] 姚红生，房大志，卢义玉，等. 南川常压海相页岩气注 CO_2 吞吐提高采收率工程实践 [J]. 天然气工业, 2024, 44(04): 83-92.

[18] ZHANG T, ELLIS G S, RUPPEL S C, et al. Effect of organic - matter type and thermal maturity on methane adsorption in shale-gas systems [J]. Organic geochemistry, 2012, 47: 120-31.

[19] 赵鹏，朱海燕，张丰收. CO_2 增强页岩气开采及地质埋存的三维数值模拟 [J]. 天然气工业, 2024, 44(04): 104-14.

[20] YU W, AL-SHALABI E W, SEPEHRNOORI K. A sensitivity study of potential CO_2 injection for enhanced gas recovery in Barnett shale reservoirs; proceedings of the SPE Unconventional Resources Conference/Gas Technology Symposium, F, 2014 [C]. SPE.

[21] XU R, ZENG K, ZHANG C, et al. Assessing the feasibility and CO2 storage capacity of CO2 enhanced shale gas recovery using Triple - Porosity reservoir model [J]. Applied Thermal Engineering, 2017, 115: 1306-14.

[22] TANG C, ZHOU W, CHEN Z, et al. Numerical simulation of CO_2 sequestration in shale gas reservoirs at reservoir scale coupled with enhanced gas recovery [J]. Energy, 2023, 277: 127657.

[23] MOINFAR A, VARAVEI A, SEPEHRNOORI K, et al. Development of an Efficient Embedded Discrete Fracture Model for 3D Compositional Reservoir Simulation in Fractured Reservoirs [J]. SPE Journal, 2013, 19(02): 289-303.

[24] ENAB K A. Impact of Diffusion and Adsorption on the Performance of CO_2, CH_4, and Cyclic Gas Huff-n-Puff Injection into Light Oil Reservoirs; proceedings of the Abu Dhabi International Petroleum Exhibition and Conference, F, 2023 [C]. SPE.

[25] MEREY Ş. Analysis of the effect of experimental adsorption uncertainty on CH4 production and CO_2 sequestration in Dadas shale gas reservoir by numerical simulations [J]. Journal of Petroleum Science and Engineering, 2019, 178: 1051-66.

“碳中和”愿景下气田绿色低碳发展转型关键技术探索

谭若琪　王荣敏　刘银春　屈苗苗　李　丹

（中国石油长庆油田分公司长庆工程设计有限公司）

摘　要　“碳中和”愿景下，气田生产系统亟需改变以天然气为主的用能结构，向“清洁、无碳、智能、高效”的绿色低碳生产体系转型。本文提出气田绿色低碳发展转型关键技术探索思考：一是构建新型电力系统下能源多元化供应体系，提升绿电消纳能力；二是研究多电源供能与变工况运行协同控制，形成高效智能生产模式；三是在苏里格气田建设全流程示范项目，引领绿色低碳发展转型。最终，突破发展转型关键技术，建成绿色低碳的气田生产系统。

关键词　“碳中和”；气田；清洁能源；再电气化；变工况运行；智能化控制；减碳增效

“碳中和”愿景下，全球能源朝着“清洁、无碳、智能、高效”的能源体系转型[1]。“十四五”期间，国务院出台《关于完整准确全面贯彻新发展理念做好碳达峰碳中和工作的意见》提出能源绿色低碳转型发展的目标、任务要求，加快构建清洁低碳安全高效的能源体系，控制化石能源总量，实施清洁能源替代，油气田企业要统筹油气供应安全和绿色低碳发展，加快行业绿色低碳转型，持续推动减碳增效。国家能源局发布《加快油气勘探开发与新能源融合发展行动方案（2023—2025年）》和《关于加快推进能源数字化智能化发展的若干意见》明确指出，油气田企业要加大新能源开发利用和生产用能替代，推动油气田生产与智能化技术深度融合，提升油气净贡献率和综合能源供应保障能力，到2025年累计清洁替代增加天然气商品供应量约$45\times10^8m^3$。气田作为清洁能源天然气的主要生产单元和能源消耗大户，在绿色低碳发展转型的道路上机遇与挑战并存。

1　气田绿色低碳发展转型的机遇与挑战

1.1　风、光、热资源丰富

我国幅员辽阔，风、光、热资源极为丰富。2023全国电力工业统计数据表明我国光伏发电平均利用小时数为1286h，风电平均利用小时数为2346h，世界地热大会公布数据显示我国地热利用热量全球占比高达56.1%，丰富的风、光、热资源为我国能源转型和可持续发展注入了强大动力。同时，我国气田已大规模布局利用风电、光电、地热建设，为气田绿色低碳生产供能（图1）。

1.2　气田生产用能以天然气为主

气田生产耗能中天然气占绝对主力，气田生产用能大部分集中在集输和处理环节。2023年中国石油公司天然气产量和自用量分别为$1529\times10^8m^3$、$23.1\times10^8m^3$，增幅分别为5.1%和7.9%，天然气自用量增幅明显高于产量，气田现有用能结构不能满足低碳发展要求，用能结构转型刻不容缓。

2023年国内各大气田生产能耗统计如图2所示。

1.3　绿电融合与再电气化改造

气田主要能耗单元有井场、集气站和处理厂，其中加热炉、压缩机等主要用能设备用能以天然气消耗为主，气田电气化率低，现有生产系统与新能源特性不匹配。同时，气田区块地理位置偏僻，市政电网供电能力有限，亟需推动风电、光电等绿能融入气田现有电网，并对用能设备进行再电气化改造，提高气田商品率、转变生产用能结构。

气田主要能耗单元及设备耗能类型如图3所示。

1.4　智能化变工况运行控制

气田开采周期长、井下状况多变、工艺流程复杂、设备状态各异，耦合绿电的电力系统供电能力波动频繁，生产运行的调度工作繁重。智能化控制技术可以实时检测生产数据、分析运行规律，迅速制定不同工况下的运行方案，降低人工干预影响，保证气田高效、低碳生产。

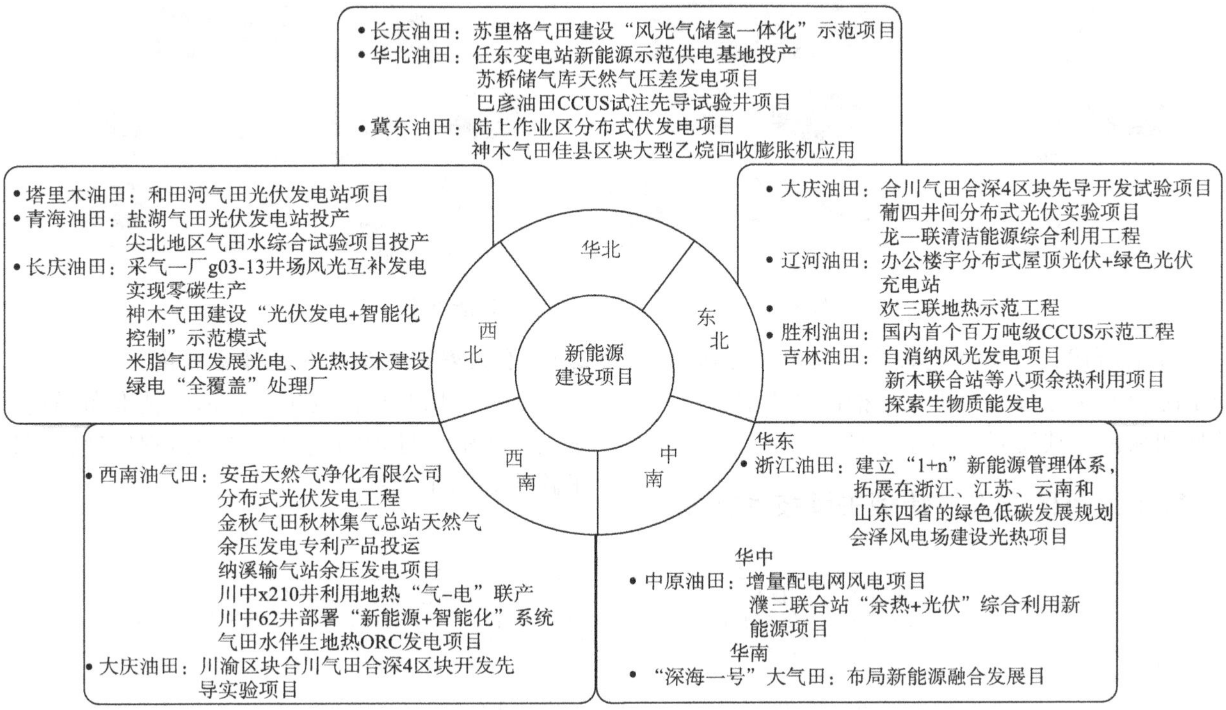

图 1　我国各大气田典型新能源建设项目

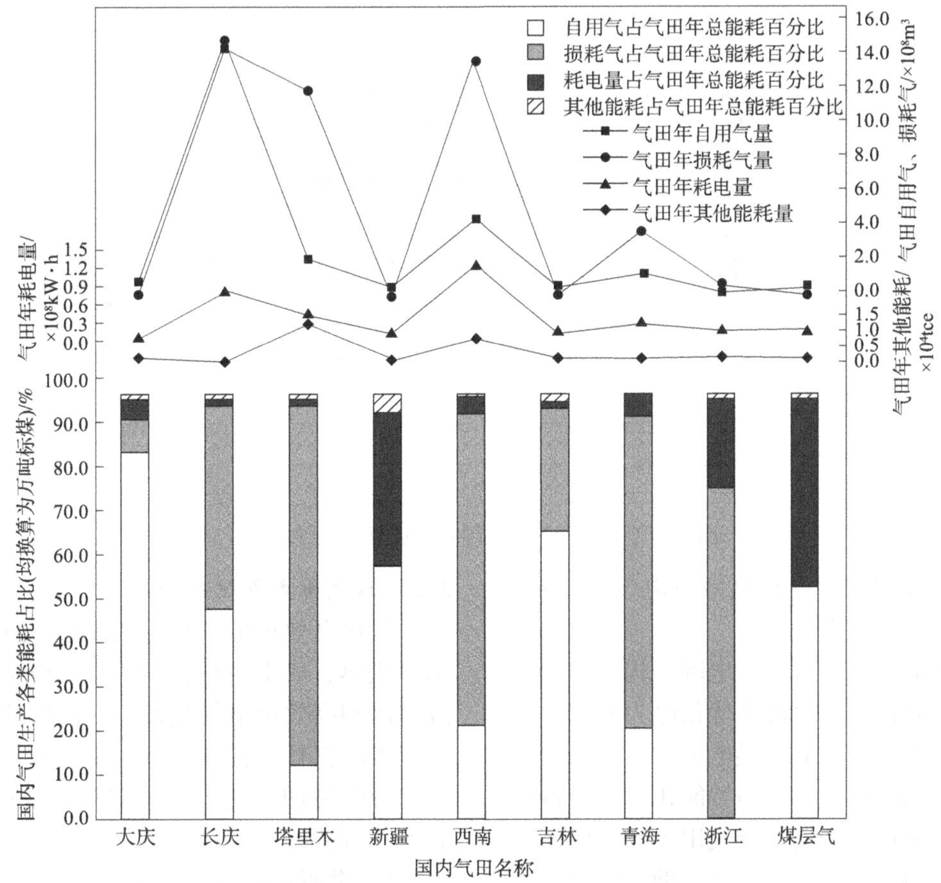

图 2　2023 年国内各大气田生产能耗统计

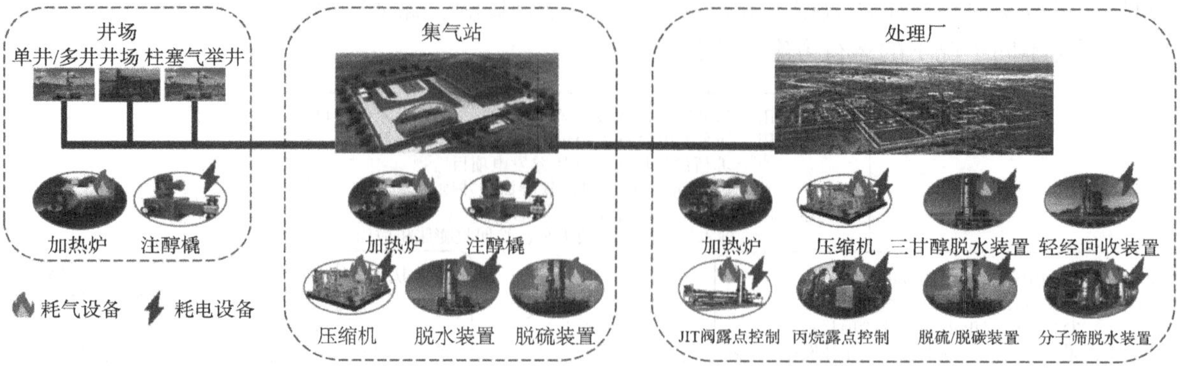

图3 气田主要能耗单元及设备耗能类型

综上所述，气田绿电融合和再电气化改造、变工况智能化运行技术研究是推进气田能源结构转型和绿色低碳发展的必经之路。

2 气田绿色低碳发展转型关键技术探索

2.1 全流程绿色低碳转型技术路线

实现气田绿色低碳生产，需要精准布局包括采气、集输、处理的气田生产全流程发展转型技术路线如图4所示。

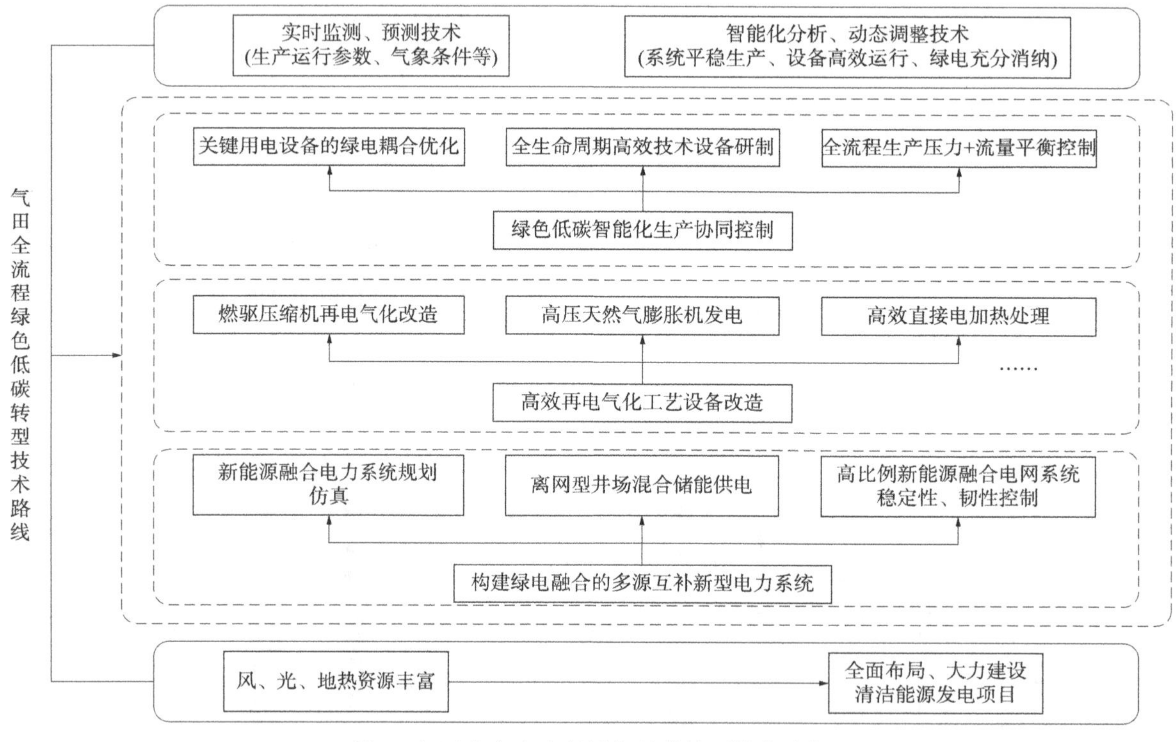

图4 气田生产全流程绿色低碳转型技术路线

(1) 气田现有设备进行高效再电气化改造，提升电气化水平；

(2) 将绿电融入气田现有电网，构建多源互补电网体系，通过智能化技术优化电力分配，充分发挥绿电效能，保障电网供电可靠性；

(3) 利用实时在线监测与智能化动态分析技术，考虑变工况运行特点指导气田生产，保证气田各生产单元的压力、流量平衡，助力气田生产减碳增效，实现气田绿色低碳转型。

2.2 高效再电气化改造

气田高效再电气化发展在起步阶段，面临技术不成熟、成本较高、相关基础设施不完善等挑战。研制高效再电气化设备，能够减少能源传输过程中的损耗，提高能源利用效率，推动能源供应和分配更加灵活，促进能源结构向更加清洁、高效、可持续的方向发展。

2.2.1 燃驱压缩机再电气化改造

压缩机是气田生产的核心能耗设备，由于气

田地理位置偏僻、电网条件较差，绝大多数压缩机为燃驱压缩机，化石能源消耗量大、碳排放强度高，亟需对燃驱压缩机进行再电气化改造。具体改造步骤如下：

（1）动力系统改造：将燃气发电机更换为变频电机，更换联轴器；配套增加空冷器驱动电机及传动装置，封堵吹扫原有冷却水管束，取消水冷式油冷器冷却水系统。

（2）配电系统改造：综合考虑电网容量受限、电网质量不稳定等问题，选择高压电动机启动、运行方式为变频；增加双层预装式变电橇房，高效利用水平空间。

（3）仪表系统改造：更换 PLC 控制柜，增加主电机电机转子温度、定子温度、振动等安全栅和输入模块；增加主电机启停和监测等控制回路，并进行机组监测点位重新组态；铺设控制电缆到主电机变频器和 MCC 柜。

2.2.2　高压天然气膨胀机发电

研究来气压力波动、含液量及粒径、气质条件，掌握工艺参数与膨胀机性能间的匹配关系，形成高压天然气机组运行工况特性曲线；基于高压湿天然气工质特点开展轴系轴向力平衡方法、密封系统、高性能叶轮及导叶结构设计等关键装备技术研究，开发适应高压带液工况的工艺透平发电机组；现场开展高压带液天然气发电透平机组的试验方法研究，实现高压天然气透平发电机组烃露点调控技术工程化应用。

2.2.3　高效直接电加热处理

分布式直接电加热技术设备结构简单、加热响应快，能显著提高供热能源利用率和安全性能。研究分布式直接电加热设备内部介质均匀流动、流动减阻与强化传热方法，开展热仿真分析及结构性能研究，优化电加热元件布置和管路结构设计，实现精准温控，在此基础上研制大型高效直接电加热重沸器和分子筛再生气直接电加热器。

2.3　新能源融合电力系统规划建设

气田新型电力系统体系下能源多元化供应，对传统能源依赖度降低，但新能源的间歇性和不稳定性给电网稳定运行带来了巨大挑战，攻关电网储能配置、离网井站供电、机组与新能源发电匹配控制等技术难点，保证气田电力系统稳定可靠、气田高效生产。

2.3.1　新能源融合电力系统规划仿真

根据气田已建或拟建站场、新能源基地、基础电网的规模分布，进行电力负荷、发电效率及稳定裕度预测，考虑电压等级、送电距离、送电容量、分布式电源接入、设备接口等现有条件问题，建立气田新型电力系统；建立配电系统全网集中优化、区域协调校正的分层分级控制模式，规划电网源-储-荷协调规划三层模型：第一层模型实现源荷储分区优化，第二层模型实现分区联络路径优化，第三层模型实现电源及换流设备容量优化，采用智能优化算法求解模型以获得系统最优配置方案。

2.3.2　离网型新能源融合站场电力系统

研究气田新型电力系统不同节点的混合储能协调控制，建立负荷需求侧响应和新能源供电的多类型储能智能调度模型。考虑新能源发电的波动性，采用混合储能分频控制方法，高功率密度储能满足高频波动，高能量储能存储设备满足平均波动。建立边缘井站微电网源-储-荷随机智能调度模型，通过场景分析法表征风光荷的随机波动，以此采用分布式混合储能配合新能源供电，提高边缘井站经济效益和供电可靠性。

2.3.3　高比例新能源融合电力系统平稳运行

针对新能源高比例接入下的气田新型电力系统对气候等干扰较为敏感的问题，将气候适应性理念纳入到新型电力系统控制方案中，基于智能分布式能源管理和实时气象监测数据，开展新型电力系统强韧性控制技术研究，提升应对突发事件的能力。分析电力设备增加造成的电力系统面临的低惯性、频率电压稳定、宽频振荡和多能耦合系统稳定性等问题，研究电源供电能力和外部负荷波动情况下自适应的电力调度系统。引入新型电网控制技术，将清洁能源、储能设备与传统电网结合，实现电力系统快速调节，提高电力系统稳定性和韧性。

2.4　气田绿色低碳智能化生产协同控制

气田大井组、井场串接及新井延长干管接入的工艺广泛应用，出现井场内气井措施相互干扰、管线插输节点压力影响及区域压力、气量峰谷波动等不稳定工况，导致气田生产效率下降、压缩机能耗浪费，为此应建立考虑气田绿电供应能力的变工况生产采气、集气系统运行智能化决策模型，助力气田提质增效、节能减排、低碳生产。

2.4.1 关键用电设备的绿电耦合优化

气井产量下降、管道压力降低，措施井、二级增压模式广泛应用，站场用电设备增多，变工况下的压缩机耗能增大，集输系统电耗在气田上游产业链中的占比进一步扩大。同时，气田光伏、风电伏建设规模扩大，气田绿电供应占比不断攀升，但随机性强、波动性大，影响设备用电平稳、安全要求，为减少绿电废弃、保证生产安全高效，根据绿电峰谷变化情况，研究多电源与站动设备供、耗多边关系，建立智能管控系统，采取电力供应分级分类措施，实现站动设备运行状态和绿电供应能力耦合智能分析、动态调整。

2.4.2 绿电赋能智能排水采气

气井产出水不能及时排出会在井底形成积液，导致井底回压增加、产量下降。目前排出井底积液的方法有柱塞气举、泡沫排、泵举和速度管柱等，其中柱塞气举工艺适用于低产井和高气液比井。气井生产后期能量不足，柱塞难排液、工艺适应变差，通过绿能辅助运行，研究柱塞气举间歇开井生产规律，明确绿电赋能柱塞的适用边界，综合考虑产量、储层能量、绿电利用率等因素，建立绿电柱塞智能化运行模型，形成绿电消纳下柱塞生产运行新模式。

2.4.3 采气系统措施井智能间开和集输系统压力平衡智能控制

气田开发中后期多数气井采取间歇开井、柱塞等措施，这导致集输管网运行压力、流量波动频繁，运行制度以人工摸索为主，不能随气井生产状况、集气站运行工况开展针对性措施。基于大井组、井场串接的复杂采集输管网结构，监测措施装置运行状态，分析群井密集措施效果，建立采集输管网多相流动仿真模型，预测复杂工况下管网运行状态，开发采气系统措施井智能间开和集输系统压力平衡智能控制技术。实现措施井地质工艺、边端云端、前端后端紧密结合，提升措施井精细化管理水平和集输管网运行平稳性。

3 苏里格气田区域性绿色低碳示范工程

3.1 苏里格气田概况

苏里格气田是典型的“三低”气田，主要位于鄂尔多斯盆地西北部，勘探面积 $5\times10^4\,km^2$，是我国首个探明储量超万亿方的大气田，也是我国规模最大的致密气气田，按照已有规划已建成 $230\times10^8 m^3$ 的生产能力，且在稳产中持续向更高产突破，保持 $300\times10^8 m^3/a$ 稳产至“十五五”。随着开发持续深入，气井含气饱和度、压力不断降低，集气模式由“直井、单井”向“水平井、大井丛”部署发展，形成了“井下节流、中低压集气、湿气计量、井间串接、常温分离、二级增压、集中处理”的中低压地面工艺模式。

3.2 示范工程建设

按照“绿色先导、示范先行”思路，围绕“转、提、收、减”四字方针，依托苏里格气田区块依托区块丰富的风、光、热资源和已建成生产设施，针对区块所辖采气厂、集气站、处理厂和电网开展气田绿色低碳智能化技术集成与应用，推动气田生产与新能源深度融合发展，引领气田绿色低碳发展转型(图5)。

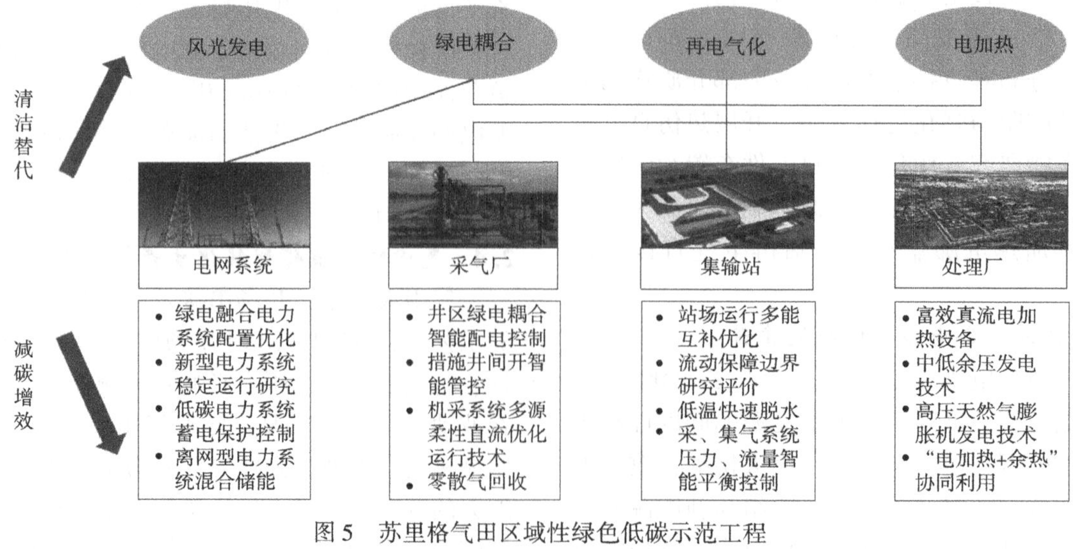

图5 苏里格气田区域性绿色低碳示范工程

(1) 零碳/低碳井场、集气站和处理厂建设：开展生产系统技术集成研究，结合新能源绿电及电气化替代技术等，探索形成"发、用、储"一体化系统，形成一套适用于苏里格气田的绿色低碳生产系统流程再造技术。

（2）碳减排、碳回收：通过生产制造过程中技术性碳中和与碳抵消等措施，开展钻采系统电气化、集输处理系统电气化、供配电系统优化改造等全流程电气化研究，开展零散气回收、试气回收等天然气控排技术研究，全面集成优化低碳技术，打造绿色低碳采气厂。

（3）高效再电气化改造：针对气田燃气消耗为主的用能特点，结合压缩机、膨胀机等用能设备电气化改造技术，分析气田集气站、处理厂的电气化改造过程存在的问题和需求，研究电气化改造后的新能源配置方案及优化方法。

（4）已建电网与新能源高效融合：苏里格气田区域面积大、站点多，已建供电设施负载能力低，未形成系统电网。结合区块新能源基地规划，在常用电力系统仿真模型的基础上进行改进，构建更为完善、精细化程度更高的系统模型以评估多类型送出方式下高比例新能源系统暂态稳定性的需要，并制定与需求相适应的暂态电压支撑策略，实现经济性和安全性的最优。

3.3 预期效果

苏里格气田区域性绿色低碳示范工程预计2028年全面建成，项目将实现气田区块清洁能源能源利用率、电气化率大幅提升，CO_2排放强度显著下降，形成零化石能源消耗的气田生产模式，实现气田绿色低碳发展转型表1。

表1　苏里格气田区域性绿色低碳示范工程预期效果

序号	效果类型	单位	2022年生产情况	2028年预期效果
1	清洁能源利用率	%	0.2	10.2
2	电气化率	%	0.6	35.6
3	CO_2排放强度	$\times10^4$t	10.24	8.704

同时，本示范项目的成功实施将为国内外油气田企业提供可借鉴转型经验，推动全球能源行业绿色发展和低碳转型。

4　结论与建议

（1）加强顶层设计，统筹资源配置。调研整理相关数据，探索绿色低碳气田新能源替代，指导油田公司化石能源和新能源并举高质量发展。

（2）开展先导示范项目，充分发挥引领作用。在条件成熟区域优先建立新能源替代先导示范项目，以点带面，逐步推动、推广处于新能源项目建设。

（3）出台相关法律规范，保证安全设计生产。在先导示范项目中积累经验，保证气田新能源替代安全、高效、有序发展。

（4）加强实时监测和智能化协同控制，精准指导气田新能源融合生产，提高资源综合利用率，发挥新能源就地消纳。

（5）以气田新能源业务发展为契机，做好行业间CCUS全产业链联动，助力油田企业提质增效、节能减排、低碳清洁绿色生产。

参考文献

[1] 窦立荣，郜峰，彭云，等．石油工业上游绿色转型发展形势与建议[J]．中国科学院院刊，2024，39(07)：1205-1216.

[2] 白晓东，何少林，李重，等．"碳中和"愿景下油田地面工程新能源替代及低碳绿色发展对策[J]．油气与新能源，2021，33(04)：16-21+42.

[3] 熊新强，云庆，李冰，等．"双碳"目标下油气生产系统清洁替代及再电气化路径思考[J]．石油科技论坛，2023，42(02)：21-29.

[4] 国家能源局发布2023年全国电力工业统计数据[J]．电力科技与环保，2024，40(01)：95.

[5] 王天宇，李根生，宋先知，等．"风光热储"多能协同的智慧油气田发展研究[J/OL]．中国工程科学，1-12.

[6] 何江川，余浩杰，何光怀，等．鄂尔多斯盆地长庆气区天然气开发前景[J]．天然气工业，2021，41(08)：23-33.

[7] 冯波，赵东升，谢飔，等．苏里格气田致密气地面工艺认识及建议[C]//中国石油学会天然气专业委员会．第33届全国天然气学术年会(2023)论文集(06综合)．中国石油长庆油田分公司长庆工程设计有限公司；中国石油长庆油田分公司规划计划部；中国石油长庆油田分公司第二采气厂；2023：10.

长庆气田地面工程甲烷控排及 VOCs 治理技术探讨

巩　燕[1]　白冰洋[1]　杨　光[1]　卢鹏飞[1]　王凌匀[2]

（1. 中国石油长庆油田分公司长庆工程设计有限公司；2. 中国石油长庆油田分公司质量健康安全环保部）

摘　要　当前全球气候变化形势严峻，油气行业加快甲烷控排及 VOCs 治理进程势在必行。本文对长庆气田的井场、集气站、净化厂、处理厂和储气库进行全流程工艺梳理，分析出长庆气田地面工程中的甲烷及 VOCs 排放源。治理方案以气井采出物全流程密闭集输为根基，聚焦储罐挥发气及生产放空气两大主要排放源，着重介绍储罐 VOCs 治理技术和生产放空气回收治理工艺。该技术方案可实现甲烷及 VOCs 气体的全密闭回收，达成甲烷排控与 VOCs 治理的工作目标，为天然气行业提高工艺效率、提升经济效益，实现绿色低碳发展提供了新思路。

关键词　挥发性有机物(VOCs)；甲烷排控；气田地面工程；VOCs 治理；油气回收

1　引言

在油气行业，挥发性有机物(Volatile Organic Compounds，VOCs)和甲烷是造成大气污染的主要源头，对甲烷的控排和 VOC 的治理是油气田大气污染治理的主要内容。

《挥发性有机物无组织排放控制标准》(GB 37822—2019)将 VOCs 定义为参与大气光化学反应或按有关规定测定的有机化合物，其来源广泛、成分复杂，对环境质量和人类健康产生着深远影响。VOCs 在油气田开发建设和生产过程中大量产生，《陆上石油天然气开采工业大气污染物排放标准》(GB 39728—2020)对 VOCs 排放指标做出了严格要求。同时，甲烷作为一种产生于油气行业的各个环节强温室气体，同等质量下甲烷造成的气候变暖影响远高于二氧化碳。油气领域是能源行业第二大甲烷排放源，在全球范围内推进甲烷控排已成为共识，中美等油气能源大国已设定相关目标，并将重点聚焦于油气领域。例如，2023 年 11 月印发的《甲烷排放控制行动方案》指出，油气行业应完善泄漏检测，优化地面工程建设与管理，以实现有序的甲烷排放控制。具体到甲烷减排再回收利用手段方面，美国天然气之星推荐了 72 项甲烷减排技术和十种高效益、高减排率的工艺流程。我国苏里格气田通过小型橇装化 CNG、LNG 装置、吐哈油田丘东天然气处理厂对火炬放空的低压气回收同样实现了甲烷的再回收利用。

鉴于此，本文以长庆气田为研究对象，长庆气田区域跨度广阔，单井产能偏低，井站布置众多、分布零散且规模较小，气田 VOCs 成分极为复杂，呈现出量大面广、排放源分散的特点。本文结合长庆气田低渗透气田的生产实际，在对气田的井场、集气站、净化厂、处理厂和储气库进行工艺流程梳理的基础上，全流程分析甲烷及 VOCs 排放源，重点介绍储罐 VOCs 治理技术及生产放空气回收处理工艺。

2　长庆气田地面工程甲烷排放源分析

2.1　长庆气田地面工程建设现状

传统气田地面工程包含天然气集输系统、天然气处理系统、天然气外输系统及水处理系统。鉴于气田地面工艺涉及环节多、流程复杂，本文参考《重点行业挥发性有机物综合治理方案》开展“一厂一策”VOCs 治理方案的要求，依照气田内井场、集气站、净化厂、处理厂和储气库五个功能分区梳理各工艺流程，并结合长庆气田地面工程建设现状开展甲烷及 VOCs 排放源分析。

2.1.1　井场和集气站

气井井场功能相对较为简单，未涉及挥发性有机液烃储存、装载与废水集输和处理系统。其排放源主要为井口阀门管件，以及试气、井口作业等。其中试气、后期井口作业已利用第三方放空气回收装置回收；井口阀门管件密封需运行单位加强阀门维护与管理，因此气井基本满足排放要求。

目前，集气站按照功能划分为常压集气站、脱水集气站及增压集气站。集气站、储气库站内设置有气液分离、增压、脱水(部分站场)、甲醇加注、安全截断与排放、采出水闪蒸、储存与拉运等生产单元，主要生产工艺已实现流程密闭，采出水闪蒸气因气量较小放空处理。集气站内闪蒸分液罐、三甘醇脱水橇是常见的排放源。

2.1.2　天然气净化厂

长庆气田各净化厂均采用醇胺法脱硫脱碳，三甘醇脱水工艺用于靖边气田下古天然气的净化处理；各净化厂均配套建设一套硫磺回收装置及其他辅助及公用设施。净化厂排放源主要为：硫磺回收装置的二氧化硫尾气，含醇采出水罐、甲醇罐等储罐的挥发气，闪蒸分液罐、胺液闪蒸罐、三甘醇闪蒸罐等设备闪蒸气放空等。

2.1.3　天然气处理厂

长庆气田各处理厂均采用增压净化工艺，净化工艺采用丙烷制冷的低温分离工艺，同时控制天然气的水、烃露点；配套建设甲醇回收装置、凝析油稳定装置、储运设施及相应的配套系统。处理厂的主要排放源为：采出水罐、未稳定凝析油罐、凝析油罐等储罐挥发气，闪蒸分液罐的闪蒸气放空等。

2.1.4　储气库

长庆气田目前已建成储气库三座，分别为：陕224储气库、榆林南储气库和苏东39-61储气库。储气流程为当上游长输管道供应的天然气流量大于天然气输配管网的用户使用量时，多出的天然气进入储气库工艺站场的加压机(一般为燃气加压机)加压后，分别送各储气库储存，加压机出口设计压力一般等于地下储气库设计压力。储气库集注站与集气站工艺设施和VOCs排放基本一致，治理方案可统筹考虑。

2.2　长庆气田地面工程甲烷及VOCs排放源分析

根据上述气田地面工艺流程梳理，排查出各厂区常见甲烷及VOCs泄漏排放点，综合整理后得到长庆气田地面工程甲烷及VOCs排放源如表1所示。

表1　长庆气田甲烷及VOCs排放源现状表

源项	排放点	详细描述
储罐挥发损失	集气站：甲醇罐、污水罐等	储罐静止损耗和工作损耗
	净化厂：甲醇污水罐、甲醇罐等	
	处理厂：采出水罐、未稳定凝析油罐、凝析油罐等	
生产放空	集气站：闪蒸分液罐、脱水橇	正常生产过程中的采出水、胺液及三甘醇溶液的闪蒸气放空；脱水橇的再生废气放空；阀门内漏放空等
	净化厂：闪蒸分液罐、胺液闪蒸罐、三甘醇闪蒸罐等	
	处理厂：闪蒸分液罐等	
燃烧烟气排放	集气站：加热炉、脱水橇、燃驱压缩机	加热炉、锅炉、燃驱压缩机、脱水橇等燃料燃烧排放的烟气(主要成分为CO_2和氮氧化物)
	净化厂：加热炉、锅炉、脱水装置等	
	处理厂的加热炉、锅炉、燃驱压缩机等	
装卸挥发损失	集气站、净化厂、处理厂、污水处理站等	气田采出水、甲醇、凝析油的装卸
动静密封点泄漏	气井、集气站、净化厂、处理厂等	气井、天然气集输管线、设备法兰、阀门等密封点泄漏
废水集输与处理过程逸散	集气站、净化厂、处理厂等	废水在收集、储存及处理过程中从水中挥发的VOCs
采样过程排放	气井、集气站、净化厂、处理厂等	采样过程逸散

3　长庆气田地面工程甲烷及VOCs治理方案

长庆气田地面工程排放源主要由：储罐挥发损失、生产放空、燃烧烟气排放、装卸挥发损失、动静密封点泄漏、废水集输处理过程逸散及采样过程排放七个方面构成。针对上述甲烷VOCs排放源，长庆气田依据生产现状并参考规范要求提出了相应治理方案。例如：为治理装卸过程中的VOCs排放进行装卸车改造；为减少动静密封点的VOCs泄漏采用LDAR技术等。根据调查发现，储罐排放量及生产放空排量占总排放量的80%。鉴于此，下文对储罐VOCs治理技术以及生产放空气回收治理工艺进行详细阐释。

3.1　储罐 VOCs 治理技术

长庆气田集气站储罐容积小，治理难度大，而净化厂及处理厂多为固定顶罐，其中 100～500m^{3}储罐数量众多，储罐工作损耗峰谷差大，改造难度大。由于储罐类型及储存介质不同，需根据《挥发性有机物无组织排放控制标准》(GB 37822—2019)和《陆上石油天然气开采工业大气污染物排放标准》(GB 39728—2020)规范，结合不同储罐介质及物料蒸气压现状，选取适合的储罐治理方案。

3.1.1　凝析油稳定设备

为满足凝析油外运需求，同时减少油气挥发损失，处理厂对凝析油实施了稳定处理。稳定装置运用带压蒸馏工艺，操作压力为 500kPa. g。凝液与凝析油稳定塔塔顶的不凝气进行换热，一方面为塔顶提供回流液，另一方面预热了即将进入塔内的未稳定凝析油，降低了塔底加热负荷。当前，长庆气田已建成 11 套凝析油稳定装置，其工艺流程如图 1 所示。

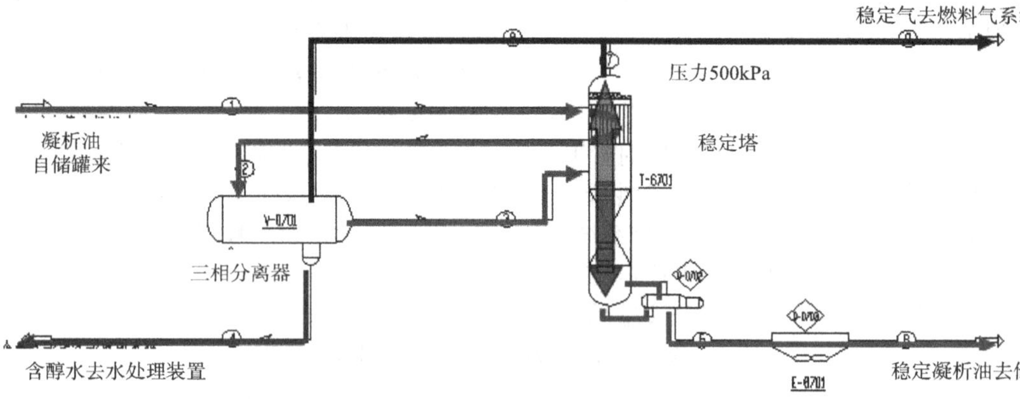

图 1　稳定装置工艺流程示意图

3.1.2　浮顶罐密封技术

浮顶罐分为内浮顶罐和外浮顶罐两类。外浮顶储罐通称外浮顶油罐，浮顶与液面直接接触，罐壁之间的环形密封装置使罐内液体与大气完全隔离。内浮顶油罐罐体外形结构与拱顶罐油罐大体相同，与外浮顶油罐相比多了一个固定顶，这能防止雨水杂质进入油罐和减缓密封圈的老化，同时也能有效的减少油品的损耗。所以内浮顶油罐同时兼有固定顶油罐和浮顶罐的特点。外浮顶罐和内浮顶罐的对比图如图 2 所示。长庆气田中大部分未稳定凝析油罐和稳定凝析油罐为常压固定顶罐或内浮顶罐。

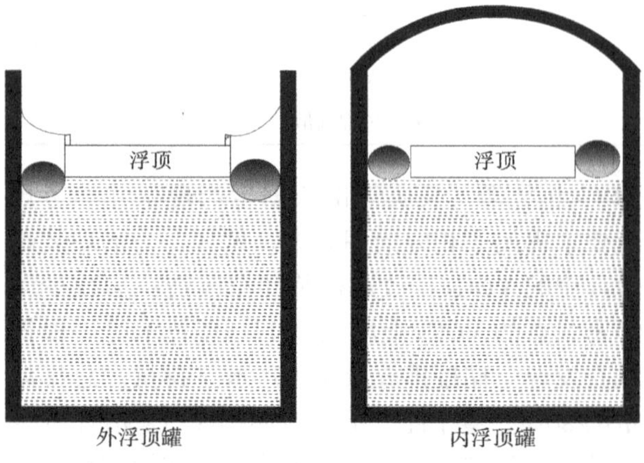

图 2　外浮顶罐和内浮顶罐的对比图

内浮顶储罐具备外浮顶储罐和固定顶储罐的优点，但造价高，维修不方便。内浮顶储罐通常储存火灾危险性为甲、乙类的液体，浮顶罐密封技术具体措施及要求如表 2 所示。

表 2　浮顶罐密封技术要求

类型	治理技术	具体措施及要求
外浮顶罐	密封	外浮顶罐的浮盘与罐壁之间采用双重密封，且一次密封采用浸液式、机械式鞋形等高效密封方式
内浮顶罐	密封	内浮顶罐的浮盘与罐壁之间采用浸液式、机械式鞋形等高效密封方式

3.1.3　固定顶罐治理技术

固定顶罐具有结构简单，造价低等优点，但储存挥发性液体时蒸发损耗大。固定顶罐的治理需对储罐排放的 VOCs 收集再处理，其中非甲烷总烃处理率不低于 80%。长庆气田净化厂及处理厂多为固定顶罐，多遵守“氮封——大罐抽气——回收处理”的储罐密闭完善工艺流程。由于氮封措施对储罐的 VOCs 治理仅能起到缓解作用。目前，在冬季温度较低、储罐挥发气量小、大罐抽气装置无法正常运行时采用氮封措施。该情况下可保证储罐处于微正压状态，从而避免

VOCs 气体向外排放。当前长庆气田的固定顶罐 VOCs 收集技术多采用大罐抽气技术。

（1）收集系统——大罐抽气技术

大罐抽气流程为：将罐区多个储罐罐顶呼出排放口用气相管路密闭联通，汇集至缓冲罐，挥发气经缓冲罐分离掉液相后至抽气压缩机增压到 300~400kPa（绝压），经抽气压缩机出口空冷器冷却至 30~50℃后进入分离器，分离出的气相一部分经调压后返回储罐补气，另一部分挥发气进入闪蒸气回收系统；同时自系统引接一路燃料气作为缓冲罐的补气气源，以防储罐大呼吸时储罐内形成负压；分离器的液相去未稳定凝析油罐。流程如图 3 所示。

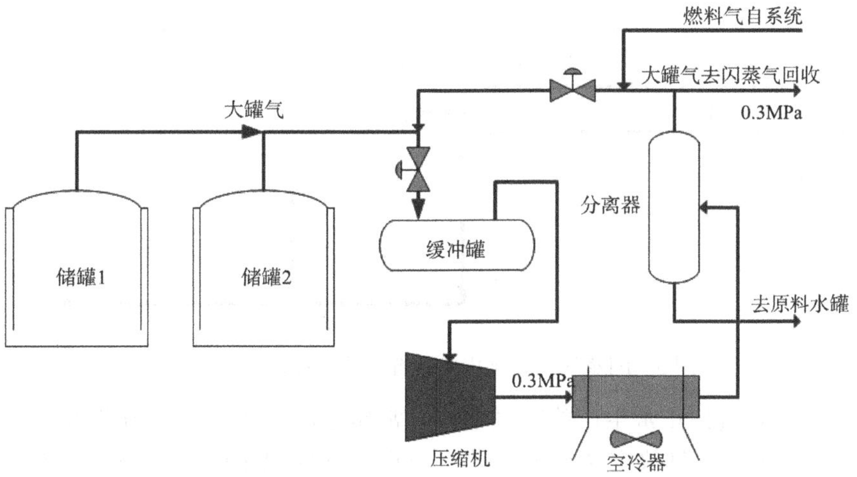

图 3　大罐抽气工艺流程图

对于天然气处理厂的污油罐、凝析油罐、甲醇罐的固定顶罐储罐来说，采用大罐抽气装置进行 VOCs 收集，是经济高效的工艺选择。采用该工艺所需投资较低，且对挥发气回收率高达 100%，实现了甲烷减排的需求。在使用过程中，储罐氮封系统可停运，减少了生产运营投入。采用大罐抽气装置进行固定顶罐储罐 VOCs 收集是当前长庆气田最常用的技术手段。

（2）废气处理技术——吸附、冷凝回收技术

通常依据气量、浓度等因素来选择适宜的废气处理技术。吸附回收技术相对简单有效，且易于自动化控制。该技术利用比表面积非常大的粒状吸附剂的多孔结构，将油气分子截留；当废气通过吸附床时油气被吸附在孔内，可通过脱附回收利用。冷凝回收技术是最简单的废气处理技术，不需二次工艺处理回收产品为凝析油。但低沸点气体回收率低，常作为一级处理技术与气体技术结合使用。

通过单一回收技术很难达到排放标准，一般将多项技术组合进行排放治理工作。在长庆气田进行储罐 VOCs 治理方案选择时，增加“吸附+冷凝”回收装置是较为常见的提议方案。然而，该治理方案易产生不凝气排放至大气造成二次污染，处理不达标时需增加焚烧装置，因此在实际生产中较少被采用。

3.2　生产放空气回收治理工艺

天然气处理厂生产放空气具有气量较低、气量波动大、含水量高的特点。长庆天然气处理厂在正常生产过程中，放空气主要来源于污水缓冲罐、三相分离器以及闪蒸分液罐产生的闪蒸气，闪蒸气重烃含量高，这些闪蒸气在生产过程中进入到放空系统。

3.2.1　闪蒸气增压回收工艺

凝析油稳定装置排出的闪蒸气原设计供给导热油炉做燃料用气。但实际生产中，由于闪蒸气中重烃组分含量较高，导热油炉点火时常发生闪爆现象。因此，长庆气田开展了闪蒸气回收一体化集成装置的研制，将闪蒸气增压后接入原料气系统，可实现闪蒸气的回收利用，减少 VOCs 排放。放空增压回收闪蒸气工艺流程为：闪蒸气等放空气经压缩机增压后至分离器分离，放空气进入处理厂原料气压缩机入口，凝液进入含油污水处理系统，其工艺流程详见图 4。

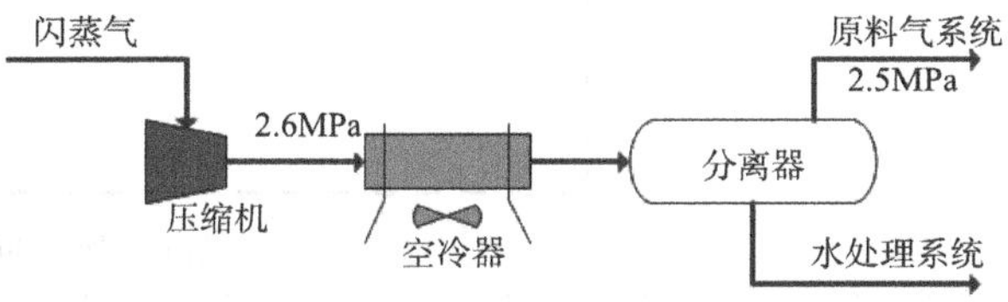

图 4　闪蒸气增压回收流程图

闪蒸气回收一体化集成装置是由分离器、压缩机、阀门管件等设备及智能系统组成的橇装化集成装置。处理厂闪蒸分离器闪蒸气和凝析油稳定塔塔顶气先进入立式分离器气液分离，同时引入一路燃料气作为补充气源，燃料气管线设电动球阀和自力式调节阀(阀后 0.2MPa 开启)。闪蒸气经压缩机增压至 2.5MPa 输送至处理厂增压区进口。放空点设在立式分离器进气工艺管线和压缩机本体上，分离器压力过高时，安全阀自动打开，将天然气泄放至低压放空火炬燃烧。工艺流程如图 5 所示。

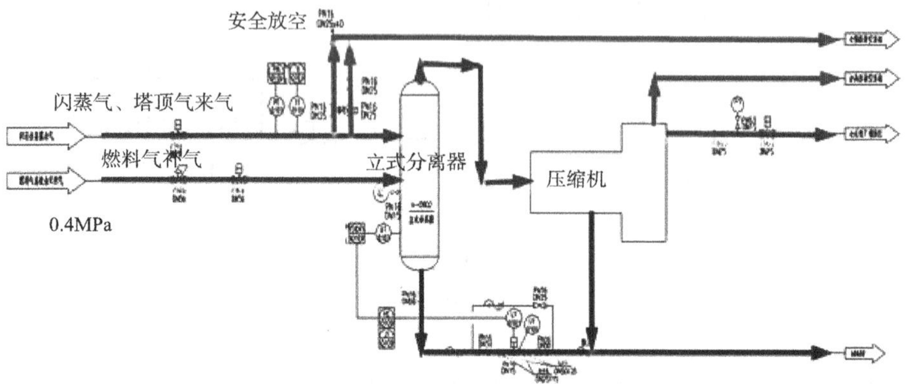

图 5　闪蒸气一体化集成装置工艺自控流程示意图

该回收一体化集成装置使正常生产放空气增加增压回收，无 VOCs 排放；且放空系统的工艺和功能未发生变化。2022 年将该闪蒸汽回收装置安装至长庆气田某处理厂，大罐抽吸装置安装就位后，平均每座处理厂闪蒸气回收装置预计日均处理气量可达 4000m^3/d，预计年回收气量 132 万 m^3，说明该装置在实际应用中具有良好的经济效益。

3.2.2　三甘醇脱水橇再生尾气治理

三甘醇脱水再生装置出来的废气大部分是水蒸气，含少量甲烷、硫化氢及重烃类，脱水橇再生尾气具有压力低(常压)、温度高(>95℃)、气量低(<20m^3/h)、含水量高(85%)等特点。含硫集气站脱水橇再生尾气经焚烧炉焚烧后就地放空，存在闪爆风险。若按 VOCs 排放规定，站内常压采出水罐需更换为带压污水缓冲罐，这会使得尾气处理流程复杂能耗升高且增压装置选型难度大。为解决此问题，可将脱水橇再生尾气增压后接入集气站闪蒸分液罐，再进入站场放空火炬燃烧排放，该方案可实现 VOCs 治理要求且无需设置焚烧炉。

为实现上述方案，长庆气田遂提出一种尾气回收增压橇，流程图如图 6 所示，尾气经过管翅式空冷却器，将大部分水蒸气凝练成液态；冷凝水和气态的天然气一起进入缓冲罐；缓冲罐的排气口在底部，可以保证液态水和气态天然气一起进入液压柱塞式压缩机进行压缩，增压至 0.4-0.6MPa 之后冷却至 55℃ 以内，输至后端闪蒸罐中。

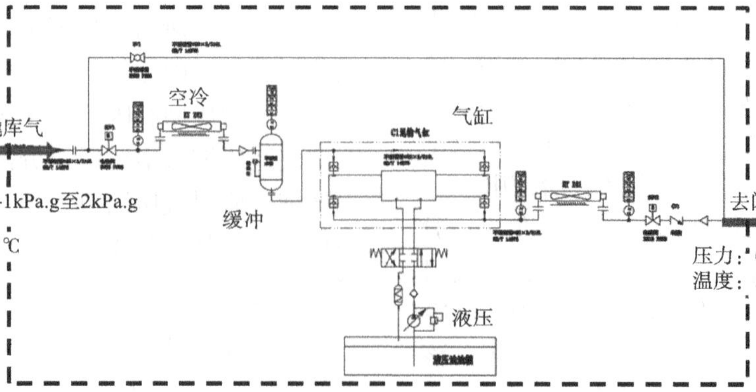

图 6　尾气回收增压橇流程图

4 结论

本文对长庆气田的气井、集气站、处理厂、净化厂及储气库进行甲烷及VOCs排放源分析，针对储罐挥发气和生产放空气两大排放源，介绍长庆气田储罐VOCs治理技术和生产放空气回收治理工艺。该方案可实现长庆气田地面工程中甲烷及VOCs气体的全密闭回收，且在实际应用中取得了良好的经济效益。在不断完善当前工艺的基础上，长庆气田对诸如高能等离子点火、微正压升降式燃烧器等新兴技术仍在持续进行试验。这些新兴技术的引入旨在进一步提高能源利用效率，向着更加清洁、高效生产的目标不断前进。

参 考 文 献

[1] GB 37822—2019. 挥发性有机物无组织排放控制标准[S]. 北京：中国环境科学出版社，2020.

[2] Liu Y , Shao M , Fu L , et al. Source profiles of volatile organic compounds (VOCs) measured in China: Part I[J]. Atmospheric Environment, 2008, 42(25): 6247-6260.

[3] Allen, David T . Methane emissions from natural gas production and use: reconciling bottom - up and top - down measurements[J]. Current Opinion in Chemical Engineering, 2014, 5: 78-83.

[4] 中国石油甲烷排放管控行动方案. 中国石油集团公司，2020年.

[5] 蒋珊，罗大清，刘潇潇，等. 油气行业甲烷减排面临的形势及建议[J]. 当代石油石化，2024，32(06)：7-10.

[6] 生态环境部等11部门：印发《甲烷排放控制行动方案》[J]. 节能与环保，2023，(11)：4.

[7] Kalbani H A , Marhoobi F A , Siyabi H A , et al. Achieving Zero Flaring through Oil Tanks Gas Recovery: Case Study from Oman[C]//Abu Dhabi International Petroleum Exhibition & Conference. Society of Petroleum Engineers, 2019.

[8] 张钢锋. 泄漏检测与修复(LDAR)技术在国内外的应用现状及发展趋势[J]. 环境工程学报，2016，10(9)：7.

[9] 何蕾，王劲，谭军，等. 天然气处理厂闪蒸气回收一体化集成装置研发与应用[J]. 内蒙古石油化工，2021.

[10] 江涛，曹约良，王小康，等. 吐哈油田天然气处理系统优化与实施[J]. 石油规划设计，2013，24(1)：3.

[11] 生态环境部关于印发《重点行业挥发性有机物综合治理方案》的通知[EB/OL]. (2019-06-26)[2024-08-05].

[12] 吴柯，李亚萍，张文超，等. 天然气处理厂甲烷控排VOCs治理技术探讨[C]//西安石油大学，陕西省石油学会，北京振威展览有限公司. 2024国际石油石化技术会议论文集. 中国石油长庆油田分公司长庆工程设计有限公司；中国石油长庆油田分公司长北作业分公司.

[13] GB 39728—2020. 陆上石油天然气开采工业大气污染物排放标准[S]. 北京：中国环境科学出版社，2020.

[14] 张蕊，卢鹏飞，李亚萍，等. 长庆油田储罐VOCs末端治理技术研究[J]. 中文科技期刊数据库(全文版)工程技术，2023.

[15] 何蕾，王劲，谭军，等. 天然气处理厂闪蒸气回收一体化集成装置研发与应用[J]. 内蒙古石油化工，2021，47(02)：13-15.

长庆油田氢能“制储运用”全链条产业发展规划探索

徐嘉明[1]　许振芳[1]　梁　磊[2]　李东升[1]　张祥光[1]

（1. 中国石油长庆油田分公司长庆工程设计有限公司；2. 中国石油长庆油田分公司新能源事业部）

摘　要　清洁高效的氢能是我国实现“双碳”目标的关键二次能源。长庆油田充分利用丰富的风光资源与技术研究基础，建立“一个中心、三大基地、九项业务”氢能产业发展格局，构建绿氢“制储运用”全链条发展规划，形成规模化氢能产业体系，包括绿氢制备、管道掺氢、氢能应用等，打造氢能创新示范中心和示范项目。本文规划方案不仅可以为长庆油田氢能发展提供指导，也可为其他油田氢能发展提供一定的借鉴和参考。

关键词　长庆油田；氢能；“制储运用”；产业发展规划；技术研究；示范项目

“双碳”目标的提出推进了我国能源转型的步伐，氢能由于其清洁、高效等特点，成为我国实现“双碳”目标的重要二次能源。2022 年，国家发改委、国家能源局联合印发《氢能产业发展中长期规划（2021—2035 年）》，将氢能确定为未来国家能源体系的重要组成部分，氢能产业被确定为战略性新兴产业和未来产业重点发展方向。

中石油正在加快布局氢能产业，按照“战略布局、稳步推广、规模发展”三步走阶段部署发展氢能，致力打造国内领先的氢能供应商、贸易商、服务商。多家油田如大庆油田、新疆油田、青海油田等都正在加快向“油气热电氢”综合能源供给转变，推动传统油田的绿色转型。油田企业均积极争取并推进氢能相关重点项目，推进新能源发展，如克拉玛依“风光气储氢”一体化项目、格尔木 100 万 kW 风光气氢项目等，都在通过氢能等新能源的应用降低碳排放、提高能源利用效率。

因此，为促进能源转型和绿色发展，长庆油田近年来一直积极布局氢气产业发展，本文将以长庆油田为对象，结合长庆油田实际情况，详细展示基于长庆油田的氢能发展规划探索，同时为其他油田氢能发展提供借鉴。

1　长庆油田氢能产业发展基础

1.1　长庆油田氢能产业发展背景

氢能作为清洁高效的二次能源，已成为全球能源转型的战略选择，多国政府和企业纷纷制定氢能发展战略，加大氢能产业投入，在政策引领和支持下，氢能制备、储运、应用等关键技术方面取得了重要突破，电解水制氢等可再生能源制氢技术得到广泛关注，高压气态储氢等储氢技术也在不断成熟。

然而，虽然氢能技术在不断进步，但部分关键技术尚未完全成熟，并且氢能产业链涉及多个环节，目前各环节之间的协同发展尚不充分，影响了氢能产业的整体效率。因此，目前亟需加大氢能技术研发力度，推动关键技术突破和产业化应用，降低氢能生产和应用成本，同时，还需加强氢能产业链各环节之间的协同合作，促进上下游企业之间的深度融合，提高氢能产业的整体效率，另外，还需加大氢能市场拓展力度，推动氢能在交通、工业等领域的示范应用，形成多元化的氢能市场格局。

油气田作为传统能源的主要供应基地，正面临着向绿色低碳转型的压力。氢能作为一种清洁、高效的能源载体，其发展与油气田存在潜在的互补关系。油气田可以利用其丰富的资源和基础设施优势，开展氢能“制储运用”关键技术攻关，拓展氢能市场，推动氢能多领域示范利用，研究氢能“制储运用”全产业链协同发展，在促进氢能发展同时，实现能源结构的多元化和清洁化。

1.2　长庆油田资源概况

长庆油田资源丰富，有“地下油气煤、地上风光电”的美誉，具备建成超级能源生产与碳中和示范区的资源基础。近年来，油田年产油气当量达 6000 万 t，可充分发挥油气与氢能的“天然伙伴关系”优势，实现“气氢互补、协同助新”。同时，长庆油田地势平坦开阔，风速较大，风能资源丰富，且全境以高原和沙漠为主，具有丰富的太阳能资源。另外，长庆油田年产采出水约5000万 m^3，且形成了成熟的水处理工艺，可以为制氢站点提供稳定的原料水。因此，随着技术进步，利用风光发电电解采出水制氢将具有巨大潜力和效益。

同时，长庆油田发展氢能位置优势突出，油田分布在陕甘宁蒙四省区，拥有巨大的市场潜力，矿区内西气东输、陕京、中俄西线(规划)等16条能源主干线在此交会，是我国陆上天然气管网中心，同时，也是中石油新规划的“大北方氢能管网”重要氢源地，非常适宜开展天然气管道掺氢、氢能支线管网建设。

因此，长庆油田拥有丰厚的资源和独特的地理优势进行氢能技术的研究攻关和氢能产业全产业链的发展研究。

2　长庆油田氢能“制储运用”全产业链发展规划

长庆油田立足资源与场景优势，坚持以油气田内外市场应用为导向，有序推进氢能“制储运用”技术研究和全产业链发展。长庆油田将以示范应用为主，结合油气田开发实际，分别研究并推进8-10个示范项目，业务涵盖“制储运用”全产业链。

2.1　长庆油田氢能产业发展总体思路

长庆油田充分利用自身及周边资源，充分发掘风、光、油、气、水与氢能的协同发展优势，统筹建立“一个中心、三大基地、九项业务”氢能产业发展格局，推进氢能全产业链发展，力争2030年在鄂尔多斯盆地建成中石油氢能产业创新示范中心，总体发展格局如图1所示。

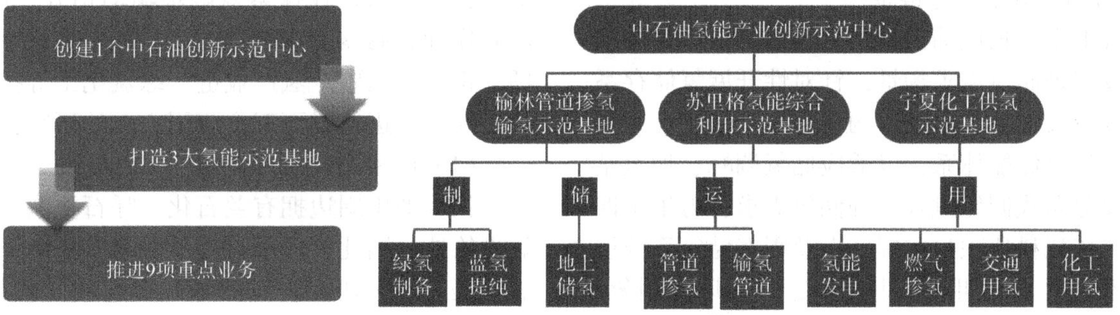

图1　长庆油田氢能产业发展格局

2.2　氢能“制储运用”全产业链发展规划

以“一个中心、三大基地、九项业务”氢能产业发展格局为指导，结合油田实际，长庆油田从“制、储、运、用”全方位对氢能发展进行了规划。

2.2.1　制氢产业发展规划

在可再生能源制氢方面，我国现已形成以碱性电解水制氢为主、质子交换膜电解水制氢为辅的制氢技术格局，其中碱性电解水制氢技术成熟，考虑到成本和可靠性等因素，大规模制氢在一段时间内仍会以碱性电解水制氢为主。Turner等也指出，电解水制氢是目前唯一能大规模产氢且无污染排放的环保技术。长庆油田拥有丰富的采出水资源，而我国现有电解水制氢技术均采用纯水制氢，尚无油气田采出水制氢技术先例。

因此，长庆油田针对油气田采出水资源化利用，正在开展采出采出水电解制氢、水光解制氢技术研究，目前已顺利完成了电絮凝设备电解采出水制氢试验及效果验证，形成了油气田采出水制氢及氢能利用系统评价分析软件；并借鉴海水无淡化电解制氢技术，印证了气田采出水无纯化制氢的可行性，为氢能业务进一步发展及后期规模化应用奠定了试验基础。

接下来，长庆油田将进一步利用油区丰富的风光水资源，结合光解采出水制氢、采出水无纯化制氢技术研究攻关，创新实施“油气田采出水资源化利用示范项目”，明确气田采出水、无纯化水等制氢边界条件，研究气田采出水制氢预处理技术，建设分布式绿氢示范工程，预计“十五五”期间，实现采出水资源化量280万 m^3/a，制氢量10亿 m^3/a；同时，依托可再生能源，积极发展“风光氢用”一体化绿色制氢产业，推进“风光储氢”及“源网荷储氢”示范项目，有效利用弃风弃光电量与谷电时段，争取“十五五”末绿氢制备能力达到3万 t/a；此外，针对风光发电的余电问题，实施“风光余电+制氢”工程示范，在油气田区域布署小规模制氢工程，将余电作为柔性负荷调节，提升新能源整体利用率，油田将在米脂气田和苏里格进行“风光余电+制氢”项目建设，制氢系统预计可消纳绿电1亿kW·h/a，生产绿氢2300万m^3/a。

2.2.2　储氢产业发展规划

氢气主要有气态、液态、固态和有机液储存4种储存方式，气态储氢是目前常用且比较成熟的储氢技术，液氢多用于航天领域，有机液和固态储氢目前还处于实验示范应用阶段。

因此，长庆油田在结合采出水制氢、光伏制氢及氢能发电等应用场景，开展球罐储氢、高压储氢及固态储氢容器关键技术研究，已掌握储氢球罐及高压储氢容器设计技术的基础上，正在开展固态储氢设计技术攻关。目前，中低温固态储氢及氢电自行车示范也通过成功测试，首次打通“制储加用”氢全工艺链条。

接下来，长庆油田将结合油田制氢项目建设规划及多种储氢需求场景，针对性开展氢储存系统及设备关键技术研究，构建与油田制储运用氢相匹配的氢储能体系，以适应储氢调峰、加氢站储氢及分布式制储氢等多种储氢需求，力争十四五末，依托科研项目掌握气态及固态储氢系统设计技术，十五五期间及中长期，完成风光制氢、余电制氢项目储氢球罐及其他氢能项目储氢系统设计建造，并推动固态储氢装置在油田氢能储运场景的试验应用。

2.2.3　运氢产业发展规划

目前，我国氢能运输示范应用主要在制氢地附近采用长管拖车运输，利用管网输送氢气尚处起步阶段。钢质运输管道存在脆化开裂的潜在风险，加之目前对“氢脆”现象的具体机制尚缺乏深入理解，这导致氢能相关设备所使用的材料可能突然失效，增加了运行中的不确定性和安全隐患。

因此，长庆油田正在开展氢气输送管材研究、氢气压缩机适应性研究，以解决国内高压/高掺氢比管线应用钢级过低、抗氢性能不足、氢气用设备适应性评估缺位等问题，保证输氢用设备适应性和可靠性；同时将利用在役天然气管道开展流量随动精准掺氢装置研制、天然气场站承压设备掺氢服役安全性能研究、在役天然气管道掺氢输送适用性研究等内容，形成在役天然气管道掺氢输送技术体系。

另外，长庆油田将依托长庆气区在中国陆上天然气管网枢纽的中心地位，探索推进在役天然气管网掺氢和智能化氢气管网规划，根据实际开展氢能储运产业化示范，稳步推进跨省区氢能贸易。

预计十四五末，完成开展在开展掺氢试验，为后续规模化推广提供依据；十五五期间，结合氢源情况，在气田主要外输出口，完成在役天然气管道掺氢比例达到20%的试验目标，达到主要外输管道均实现3%以下比例掺氢，部分达到10%；未来将逐步提高掺氢能力，最终达到15万t/a以上天然气管道掺氢能力。

2.2.4　用氢产业发展规划

目前我国氢气消纳主要用于化工原料用氢和燃料用氢，而长庆油田内部和周边四省区拥有丰富的用氢场景和巨大的市场潜能。对于内部需求，长庆油田正在探索氢电堆驱动钻井、压裂、修井作业，掺氢燃烧等技术发展；对于外部市场，正在探索副产氢产业链、绿氢化工等技术路线，并主要进行以下五个应用方向的研究：

（1）构建副产氢产业链

长庆油田周边拥有兰石化、呼石化两大副产氢供给地，因此，可通过变压吸附(PSA)等先进氢气提纯工艺研究，发展氢气提纯和回收技术，提高工业副产氢回收利用率和高纯氢气产能，培育产业链成熟后，后期可与绿氢合理搭配，发挥调峰作用。

（2）“以氢补气”燃气掺氢混合燃烧

在油气田生产过程中，大量自用气的消耗将为油田带来一定的碳排放，油田增压站、接转站、联合站，气田集气站、处理厂与水处理站等都是自用气消耗的主要区域，以长庆油田为例，油气田自用天然气年耗量约10亿方，为降低碳排放，可逐步利用氢气进行自用气替代。因此，可以依托绿氢和副产蓝氢，探索集气站、锅炉、加热炉、天然气压缩机及燃气轮机掺氢燃烧，实现“以氢补气”。计划十四五期间，开展掺烧试验，完成先导试验项目，打通技术链；十五五，逐步扩大应用范围，逐步提高。

（3）推进氢燃料电池移动式电站

近年来油气田产建数量逐年提升，钻井、压裂等生产活动用电需求大，传统油气生产过程中，柴油等化石燃料是主要的动力来源，然而，随着油价的波动和环保政策的加强，柴油等化石燃料的成本不断上升。通过氢能发电实现“电代油”，可降低油气生产的动力成本，提高经济效益。本研究方案拟研究氢燃料电池移动式电站供电钻井方式，首先优先在氢源丰富、道路情况较好的地区开展燃料电池驱动钻井先导试验，打通氢燃料电池供电钻井技术“卡链点”，形成油气田产建用氢技术链。力争十四五末，在苏里格或榆林开展氢燃料电池供电钻井先导试验；十五五至中长期，结合绿氢项目规划及内、外部市场氢源情况，逐步扩大试验，氢燃料电池供电钻井技术逐步推广应用，未来随着氢燃料电池驱动钻井技术推广应用，用氢量将会达到3300t/a，油田产建用电成本也将逐渐下降。

（4）引领绿氢与化工产业深度耦合

陕甘宁蒙四省区化工产业成熟，拥有大量化工园区，因此，可以紧抓煤化工、石化、化肥企业替代灰氢降碳的有利时机，将长庆油田绿电制取的绿氢和蓝氢，供给化工企业，耦合发展，打造稳定的产-供-销产业链条，可以开拓发展绿电-绿氢-绿氨/甲醇/合成气等化工产业，如图2所示，积极开拓化工用氢市场。

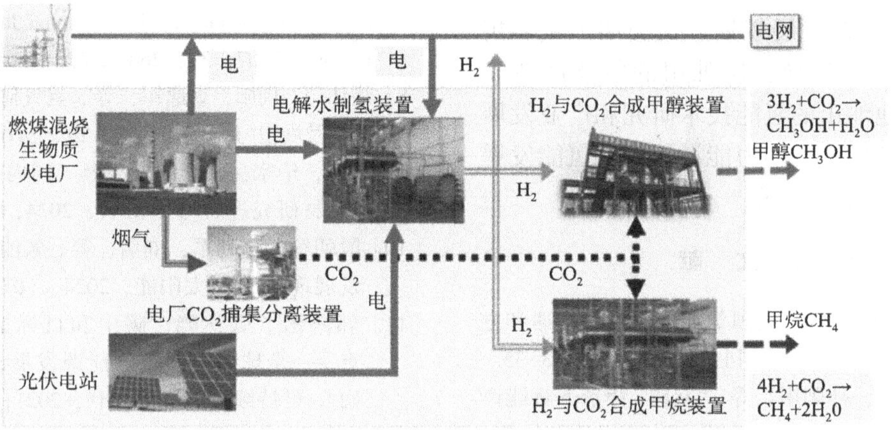

图2　综合能源生产单元典型结构示意图

甲醇在化工、医药、能源、等多个领域都有着广泛的应用，同时也是油气田生产中不可缺少的化学品，作为一种优良的增稠剂和水合物抑制剂，每年都有较大的消耗量和需求量。通过绿氢制甲醇不仅可以提高新能源利用率，促进绿氢与化工的融合，也可减少油气田自身的甲醇外购需求。研究表明，绿氢价格每降低0.25元/m^{3}可以使甲醇成本降低12%，而随着电解水制氢技术的发展，绿氢成本将大幅下降，若绿氢降至1.00元/m^3，甲醇成本将降至2545元/t，接近煤制甲醇成本，同时随着碳税体系的建立和完善，绿氢制甲醇的经济优势将不断凸显。

除了甲醇外，绿氢还有另一种备受关注的化工产品：绿氨，绿氨用途广泛且多元化，既可作为清洁原料生产含氮复合肥等农业肥料，也可以作为清洁燃料，通过煤电混氨掺烧或氨燃气轮机技术释放低碳电力，增强系统灵活性，促进新能源利用。另外，氨作为储氢介质，可通过铁路运输实现低成本高效能跨区运输，并且运价极低，100km仅0.135元/kg，远优于其他方式，未来，液氨储氢结合铁路运输也可推动氢能大规模、低成本、高效能跨区域流通。

（5）加快构建氢能物流交通体系

在氢能的应用中，采用氢燃料电池将氢能应用于交通运输，是目前应用最广泛的方式之一。长庆油田现配属的各类运输车辆约1万台，针对这些车辆，可以结合矿区范围内加氢站建设情况，利用配属车辆更新换代的时机，优先将部分自有用车逐步更换为氢燃料电池车；后期，继续协调运输公司部分更新替换为氢燃料电池车辆。争取十四五期间，在建有加氢站的地区力争开展1-2台氢燃料电池大巴换班车试验应用，打通运行模式；中长期，结合实际生产和地方政策，对通勤车辆、特种车辆等自有车辆逐步替换为氢燃料电池车。

2.3　氢能产业发展规划预期实施效果

本规划的落地实施将促进“绿氢制备、蓝氢提纯、地上储氢、管道掺氢、输氢管道、氢能发电、燃气掺烧、交通用氢、化工用氢”九个重点业务的深入研究，完成榆林管道掺氢输氢示范基地、苏里格氢能综合利用示范基地、宁夏化工供氢示范基地的初步建成，建成中石油氢能创新示范中心。初步将实现制绿氢能力超10万t/a，规模化开展掺氢、氢燃料电堆钻井、制绿甲醇、氢燃料重卡等工程和示范建设。此后，进一步加大高纯绿氢供应能力，实现周边四省灰氢的绿氢替代。随着可再生能源发电价格持续下降，绿氢将进入工业领域，逐步成为化工生产常规原料。

3 总结与展望

本文从“制储运用”全方位对长庆油田氢能产业发展进行了总体研究，形成了长庆油田“制储运用”氢全产业链发展规划。长庆油田氢能规划的实施，将有效指导长庆油田的氢能产业发展，也将为其他油田的氢能技术研究和产业发展产生一定的参考价值，助力能源转型、氢能发展和“双碳”目标的加快实现。

参考文献

[1] 顾阿伦．“双碳”背景下我国氢能产业发展机遇和方向[J]．可持续发展经济导刊，2022，(6)：33-35.

[2] 王璐，张静珠，孙阳阳，等．“双碳”背景下氢能产业链标准化现状及建设思考[J]．标准科学，2024，(3)：93-97.

[3] 国家发展改革委，国家能源局．《“十四五”现代能源体系规划》[EB/OL]．(2022-1-29).

[4] 国家发展改革委，国家能源局．《氢能产业发展中长期规划(2021-2035年)》[EB/OL]．(2022-3-23)[2024-8-15].

[5] 王晓慧．大规模制氢与储氢技术现状及发展方向[J]．河南科学，2024，42(2)：165-172.

[6] Turner J，Sverdrup G，Mann M K，et al. Renewable hydrogen production[J]. International journal of energy research，2008，32(5)：379-407.

[7] Yanga C，Ogdena J. Determining the lowest-cost hydrogen delivery mode[J]. International Journal of Hydrogen Energy，2007，32：268-286.

[8] 潘伟滔，周阳，袁逸军，等．氢气储存技术发展现状分析及展望[J]．城市燃气，2022，(08)：26-31.

[9] 刘斌，毕宗岳，李中祥，等．国内外纯氢及掺氢输送管材研究进展[J]．焊管，2024，47(07)：8-17.

[10] 殷朝辉，蒋利军，刘蔚，等．氢能利用关键技术及发展现状[J]．太阳能，2024，(07)：62-69.

[11] 郭鸿彬．碳达峰、碳中和目标下抢占发展制高点——全球主要国家氢能源发展战略与政策扫描[J]．可持续发展经济导刊，2021，(05)：27-28.

陆上油气田节能降碳技术路径研究与实践

何战友[1,2]　陆红军[1,2]　姬　伟[1,2]　徐文龙[1,2]　魏立军[1,2]

(1. 中国石油长庆油田公司油气工艺研究院；2. 低渗透油气田勘探开发国家工程实验室；)

摘　要　国家“双碳”战略目标背景下，以长庆油田为代表的陆上油气田企业将节能瘦身及低碳转型作为新阶段目标。依托自有资源及区域内绿色能源优势，积极探索油气开发与新能源融合发展技术路径，试验并推广了一系列节能降碳技术举措，取得了良好成效，为同类油气田公司绿色转型发展提供了诸多可以借鉴和参考的实践经验。主要包括：(1)通过试气回收、伴生气回收、“光伏+智能间开”等实现全生命周期控排减碳，推动节能增益；(2)依托“光伏+微储+氢能”等多元用能结构，打造多能互补的零碳/近零碳井场；(3)立足超级盆地良好的CCUS源汇匹配优势，实现埋碳用碳与稳产增产；(4)发挥采出水、天然气管道、多元用氢场景等源网荷储优势，布局制储输用全工艺链条氢能产业；(5)挖掘盆地深层煤炭、页岩油等战略储备资源，目标天然气产能良好接替及新质生产力开发；(6)开展全生命周期碳排核查及多种机制下碳资产开发潜力探索，向碳资管理要效益。

关键词　长庆油田；减排；降碳；技术；“双碳”

2020年9月，在第75届联合国大会上，中国提出将采取更有力的政策和措施，二氧化碳排放力争于2030年前达到峰值，努力争取2060年前实现碳中和。在此背景下，油气田企业作为产能大户，同时也是耗能大户，纷纷制定了绿色低碳转型发展的目标与规划，积极探索实施减污、节能、降碳的技术与管理举措，以自我“瘦身”为起点，以清洁替代为抓手，不断履行“双碳”战略目标的责任与担当。

2023年3月，国家能源局印发《加快油气勘探开发与新能源融合发展行动方案(2023—2025年)》。方案提到，要大力推进新能源和低碳负碳产业发展，加大清洁能源开发利用和生产用能替代。依托油区及周边资源，以油气产业为基础加强新能源新材料新业务开发利用，形成油气上游领域与新能源新产业融合、多能互补的发展新格局。长庆油田作为上游生产板块大型区域分公司，近年来油气产量持续攀升，同时也面临着稳产难度大、生产成本高、用能耗能大等诸多问题，且随着6800万吨产量规划目标的制定，绿色低碳转型面临一定的困难。如何从技术与管理两个界面开展自我瘦身，依托西北地区丰富的风光电资源，油田自有土地、采出水、伴生矿资源及盆地战略储备资源，走油气开发与新能源融合发展的绿色转型道路，是当下二次高质量发展的重要研究课题。

1　背景

1.1　油田概况

长庆油田成立于1970年，从事鄂尔多斯盆地油气勘探开发及新能源等业务，工作区域横跨陕甘宁蒙4省(区)。开发油气田50个，年生产能力6600万吨以上，用工总量5.97万人。历经五十余年的勘探开发，油气当量占国内总产量1/6，统筹质的有效提升和量的合理增长，规划“十四五”末油气当量产量达到6800万吨，充分发挥保障国家能源安全的“顶梁柱”作用。

长庆油田不仅是能源生产大户，也是能源消耗和碳排放大户。近年来，随着页岩油、煤岩气等非常规油气资源的开发建产，油田仍具有持续上产的潜力。2021年以来，油田将新能源列为公司三大主业之一，按照“节能降耗、清洁替代、战略储备”三个层面积极发展新能源业务，力争打造陆上油气田绿色低碳转型发展的典范。

1.2　必要性分析

发展新能源是能源央企的责任与担当。坚持“稳油增气，大力发展新能源业务”，是公司“端好能源饭碗”的责任与当担，是建设世界一流大油气田、实现高质量发展的必然选择。践行“双碳”战略，能源央企需主动担当，努力为社会供应更多清洁低碳能源。

发展新能源是未来生存发展的内在需要。

“双碳”背景下，新能源是能源企业实现跨越式增长的主要赛道，不进则退。如继续规模化采用“用气、买电”模式，公司的体量规模和能源贡献比例将显著萎缩。

发展新能源是实现可持续发展的重要举措。油田油气上产、稳产难度持续增大，未来资源枯竭地区生产单位转型发展、扭亏解困压力将不断加大，油气从业人员富余的趋势将持续加剧，只有尽早把新能源作为油气能源的战略延伸和补充，才能实现可持续发展。

1.3　资源优势

鄂尔多斯及外围盆地除了拥有丰富的油气资源外，还赋存丰富的太阳能、风能、地热等新能源或战略资源，为油田转型发展奠定了资源基础。其中，光热辐照总量4500–5600MJ/m^2·a，年有效利用时数1400–1600小时，属于很丰富地带和较丰富地带；风能能量密度154–420W/m^2，年累计时数3000小时以上，属于较丰富地带；关中盆地地热资源总量折合标煤4612.20亿吨，油气区以岩热型地热资源为主，地热资源总量折合标煤2726.53亿吨；鄂尔多斯盆地“源汇匹配”优势显著，煤化工产业集中，碳源量大质优，年可捕集约1亿吨，低渗油层、深部不可采煤层、深部咸水层、枯竭油气藏的CO_2封存潜力约150亿吨以上。此外，油气田采出水年资源量数百万方，部分区域锂、溴离子分布量均达到了工业开采品位，具备绿电制氢及伴生矿效益开发的资源优势。

1.4　总体思路

按照中国石油天然气集团有限公司“清洁替代、战略接替、绿色转型”三步走总体部署，长庆油田编制了碳达峰行动方案，计划优先开展节能瘦身，降低总能耗；加快实施清洁替代，降低碳排放；对外清洁供能和CCUS工程，抵消剩余碳排放，力争2029年实现碳达峰。

1.4.1　强化“节能瘦身”“绿色用能”

围绕“机采、注水、集输”三大生产系统开展系统优化提效工程改造，降低系统能耗，同步针对损耗气量大的问题，开展伴生气回收工程；立足用能结构优化，开展电气化率提升，整体系统提升过程用能水平。

1.4.2　推进“以电替电”“以热替热”

立足鄂尔多斯盆地丰富的风光气资源基础，规划2030年清洁电力装机容量达到802万千瓦；立足兰州、关中两个区域，开展地热供暖基地建设，规划2030年供暖面积达到1500万平米，并以燃气消耗清洁替代为主攻方向，抓牢余热利用，攻关油水井地热、光热技术。

1.4.3　多元化CCUS工程及应用

根据地质体资源，按照优先内部碳源、合理利用外部碳源的原则，在陕、甘、宁三省区建成3个百万吨级CCUS工业化应用，年注规模达到300万吨，辐射带动盆地CCUS产业。结合CO_2捕集，发挥CO_2增能压裂、低阻驱油、凝胶堵水的本质优势，助力油气开发增能上产。

1.4.4　建立氢能及伴生资源综合能源体系

充分发掘天然气与氢能的“天然伙伴关系”优势，推动氢能产业发展，实现“以气促氢、以氢补气、协同助新”。同时充分利用盆地伴生资源丰富的特点，开展页岩油原位转化、采出水提锂提溴，提升综合能源供给能力。

2　具体路径及实践

2.1　全生命周期控排减碳，推动节能增益新举措

在天然气井试气投产环节，以往通过点火燃烧的方式排放，不仅造成大量天然气资源的浪费，大量甲烷等温室气体的排放，直接造成碳排超标。按照井场已有集输流程及无集输流程两种工况，通过自主研发回收装置，逐步优化完善回收工艺流程。包含油嘴控制放喷系统、除砂脱液系统、节流减压控制系统三个主体部分，以及供配电系统、返排液存储系统、放空系统等辅助配套系统，提炼形成地面除砂–高压分离–加热炉加热–低压分离的试气回收标准工艺。年试气回收2亿方以上，直接减少21.6万吨二氧化碳排放。

在老油田生产领域，对于参数偏大的低产低效井，借助措施作业开展“三降一提”以及调冲程、调冲次等提效工作；对于没有调参潜力的油井，配套智能间开工艺提效，并着重推广“光伏+智能间开”随动控制模式。该技术基于光伏功率预测技术和间抽井启停智能调度算法，在保证油井产量的前提下，系统智能优化调整间开井开井时段与绿电出力时段充分耦合，人工审核后自动下发执行，实现光伏发电最大化就地消纳。改造井抽油泵效由28.3%↑43.5%，系统效率18.4%↑22.1%，维护性作业频次0.46井次/

口·年↓0.40井次/口·年，单井平均日耗电由81度↓58度，预计单井日节电23度，实施“光伏+智能间开”油井绿电利用率↑15%以上。

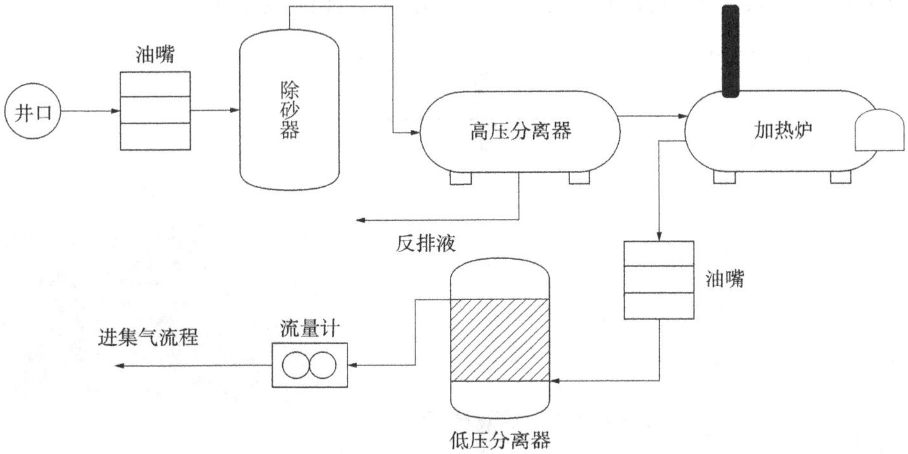

图1 天然气试气回收工艺流程图

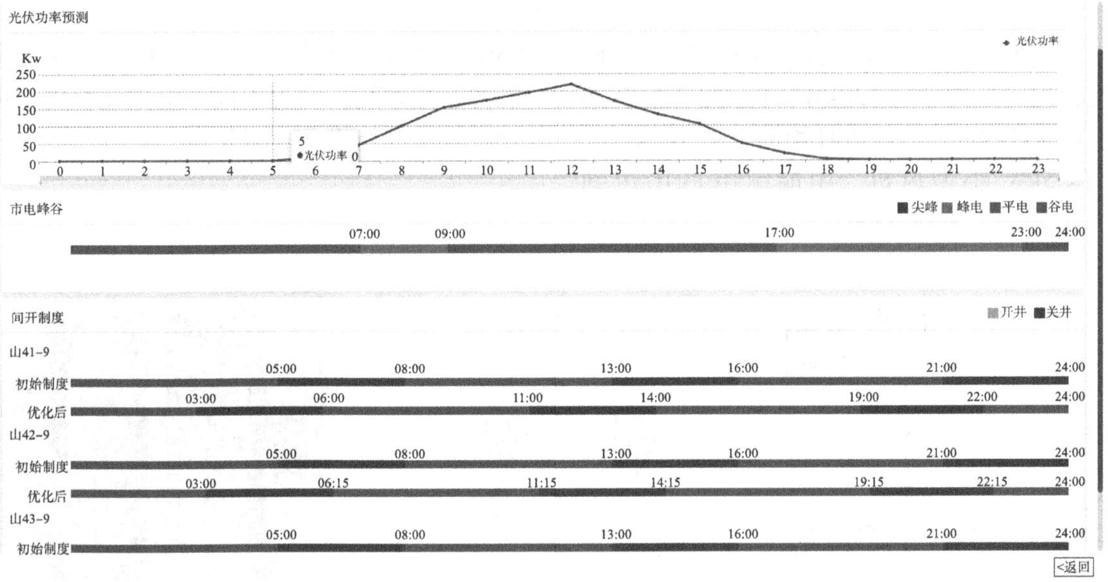

图2 “光伏+智能间开”井场间开井运行示意图

针对页岩油区块新井气量大而常规定压放气阀回收能力不足且阀芯冬季易凝结冻堵的问题，通过研制大气量专用集气阀解决集气低效难题。一是采用橡胶皮碗结构设计阀芯，避免凝结水留存于阀体内部造成结冰冻堵；二是扩大阀芯的伴生气流动通道截面积，优化阀芯流动通道的结构形式，减少伴生气在阀体流动中的局部压降损耗；三是进排气一体化集成设计，环形非金属阀芯大通径过流通道，满足套返井气液混合的集气技术要求。阀体过流截面面积：0~1200mm²，皮碗开启压力：0.1MPa，排气能力：满足0-4000m³/24h；安装方式：连接采油管柱；安装位置：井口悬挂器下方；2023年在页岩油区块试验21口井，均良好运行且未出现冻堵情况，单井日回收气量最高达到3500方。

此外，为减少柴油燃烧碳排放并进一步提升油田电气化率水平，从钻井、试油(气)机组推广“电代油”作业模式，即通过架设电网并采用电驱钻井、电驱压裂设备代替以往柴油驱动设备。利用绿电接入及氢燃料电池供能推动绿色钻井、绿色试油(气)。

2.2 推进用能结构优化，打造多能互补新模式

长庆油田2021年天然气和电能用能占比分别为77%和12.9%，其主要用能方式为气田压缩机驱动、原油加热、抽油机及主要设备用电等。要实现油田全方位低碳用能，还应从优化用

能结构下功夫。推动新型能源管控模式，坚持“能源管理”及“系统控制”两手抓，严控增量，力减存量，促进能源利用效率不断提升；同时充分利用光电、储能、氢能等绿色能源，以多能互补方式逐步实现清洁用热、清洁用电，以点带面推动整体能效水平提升。

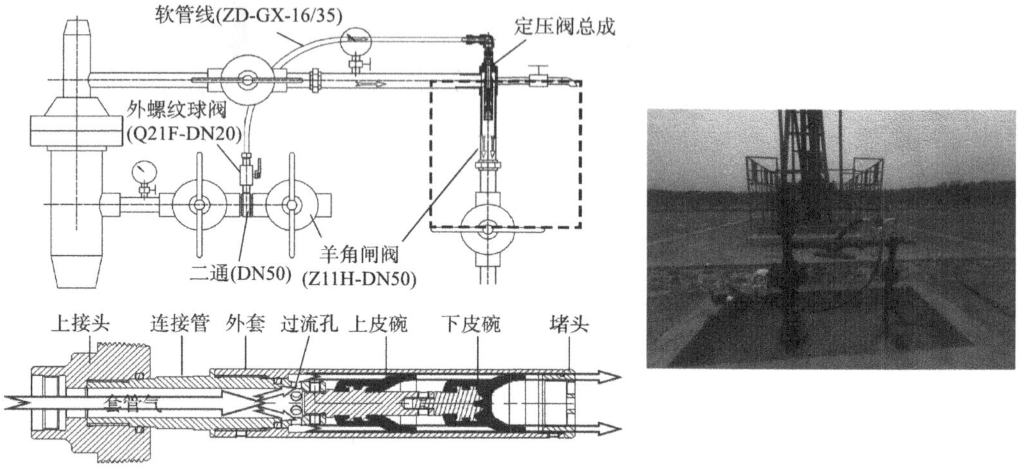

图 3　大气量集气阀结构示意图及现场照片

一是在采油井场打造“光伏+微储”近零碳模式。配套光伏日均发电 330kW·h，配磷酸铁锂储能电池 185kW·h，白天日均储电量 108kW·h，配套 5kW 小型风机，用能绿电占比达到 95%，储能系统综合转换率 90%；并结合 EMS 能源管理系统，实现不同供电单元智能切换，达到近零碳井场供电逻辑控制。

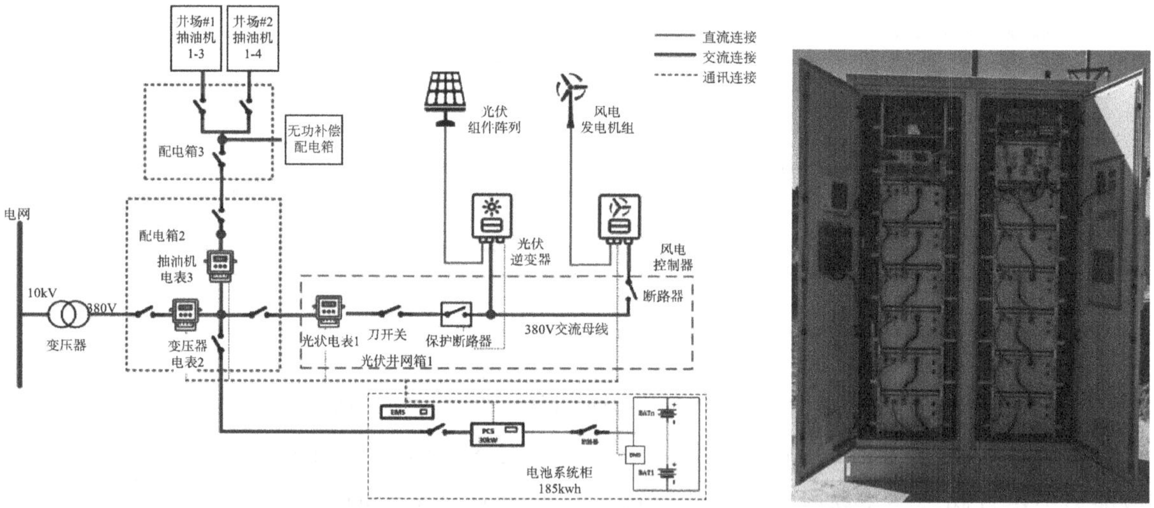

图 4　光伏+微储”近零碳模式系统连接设计图及现场照片

二是在采油井场构建“绿电制绿氢+固体金属储氢+PEM 氢发电”系统，打造零碳抽油机供能模式。装机光伏 90kW+8Nm³/h 电解水制氢+12kg 金属储氢+20kW 燃料电池+30kWh 锂电储能。设计日均制氢储氢量 6.5kg，日取“光电+氢电”绿电量 618 kW·h，可满足现场单台 11kW 抽油机 48 小时离网供电运行需要，实现了综合性绿电及机采用能的有效融合。

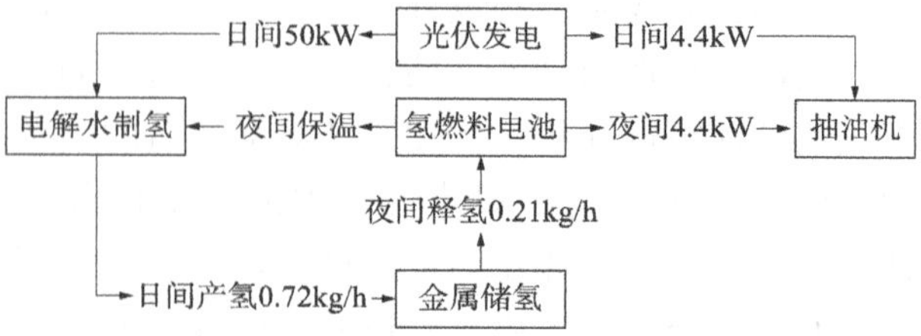

图 5　氢能零碳抽油机供能原理图

地热利用方面，通过“长停井换热”及“水源井取热”两种方式，积极开发油田自用热能利用清洁替代。一是以长停井中深层地热资源为研究对象，利用“井下换热+热泵升温”技术方案，在井中安装保温管，地面安装循环泵和热泵机组，实现取热不取水，投产四口井日平均换热量6222kW。二是以油田水源井为研究对象，通过优选保温管替代原生产管柱，减少水温的沿程热损，利用水源井日产水中的蕴含热量实现取水取热，投产井日平均取热量780kW。

2.3 立足超级能源盆地，建立埋碳用碳新思路

长庆油田地处“陕甘宁蒙能源金三角”地带，周边有着全球最集中的CO_2排放量，现阶段可捕集量1亿吨/年以上，与油田20亿吨CO_2混相驱储量源汇匹配性好，发展CCUS潜力巨大，具备建成全球最大CCUS产业基地的资源优势和地理优势，预测提高采收率15%。

面对水驱转气驱注采系统适应性差、腐蚀及气窜等问题，攻关形成CCUS“管柱防腐、井筒气密封、储层均衡波及”三级屏障管控技术和全生命周期安全注入等注采配套工艺技术。2024年已开注37口，累计注碳12.6万吨。

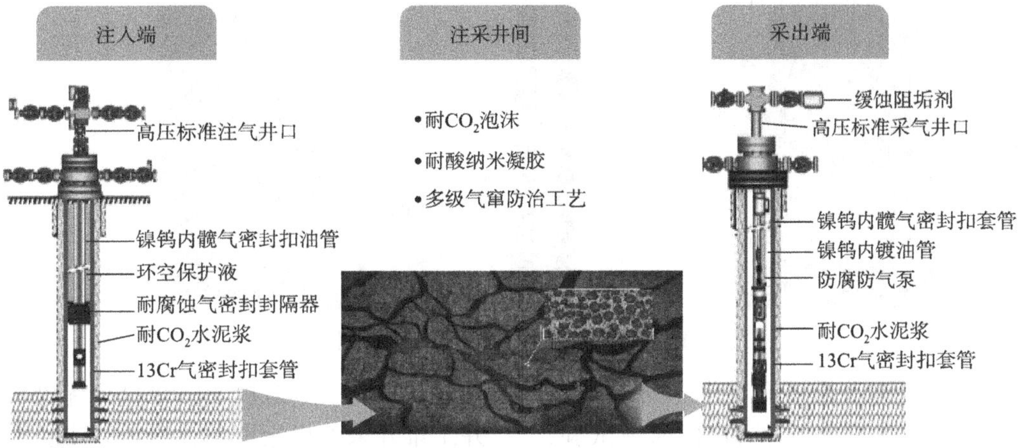

图6　CCUS全生命周期安全注采工艺技术路线图

针对超低渗透油藏注采不见效、递减大的问题，发挥二氧化碳破岩造复杂缝、增能增渗、混相驱替等优势，分别开展CO_2老井重复压裂现场试验、页岩油新区10万吨以上注碳提产示范及气田新区CO_2泡沫减水加砂压裂试验。油井压裂平均注碳2880吨，节水3000方，试验井投产初期日产油量整体提高1.8~5.2吨；气井实现首次压后一次喷通，试气获无阻流量8.16万方/天，较邻井常规压裂工艺提高2倍以上。

借鉴国内外“碳固定”技术经验，提出高含水井CO_2成胶成盐封堵思路，研发了不可逆CO_2响应凝胶，与CO_2共同注入地层后反应，生成能够长期稳定存在的胶体，封堵见水通道，实现碳埋存与油井堵水，先导试验井日产油由0.25↑1.74t，含水由86.7↓52.6%。

2.4 贯通全工艺技术链条，谱写氢能产业新篇章

我国具有良好的氢基能源供应和应用市场，是全球唯一具有氢能全产业链优势的国家，发展氢能规模化优势显著。氢电转化可以为绿电消纳及清洁能源供应提供产业化平台，氢能的发展是支撑新能源大规模开发利用的重要途径。

油气田行业发展氢能，具有源网荷储的先天优势。首先，油气田开发中大量伴生采出水为制氢提供了水源基础，以资源化再利用的方式实现大规模制氢的同时，解决长期困扰油田废水处理的环保问题；其次，油气田企业拥有大量天然气管输通道，如西气东输、陕京线等15条主干线在长庆油田交汇，长庆气区已成为中国陆上天然气管网枢纽中心。现有天然气管道为掺氢输氢提供了便利优势。再者，油气田电量消耗大，伴随着用能方式调整及电气化率的提升，氢燃料电池及储氢的规模化应用将作为用能负荷消纳的重要手段。

2023年5月，东方电气成功将谢和平院士团队的海水无淡化制氢完成海上中试，为油气田高矿化度废水无纯化制氢提供了技术思路。该技术通过疏水多孔聚四氟乙烯防水透气膜作为气路界面，采用浓氢氧化钾溶液作为自阻尼电解质，海水侧(高矿化度水源测)和电解质侧的饱和蒸气压力差导致海水自发蒸发，并以蒸汽形式通过薄膜扩散到电解质侧，通过电解质的吸收重新液化，从而原位生成纯水电解制氢。

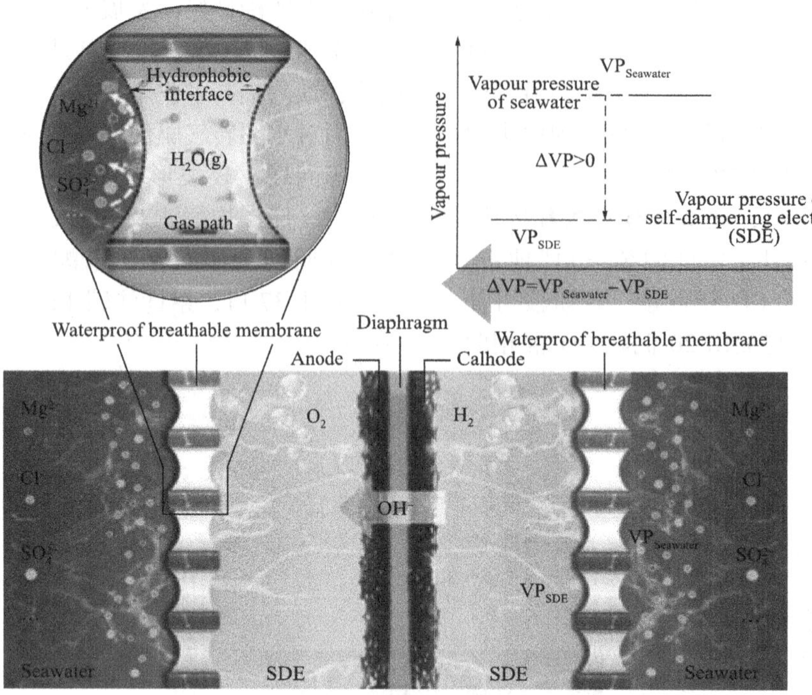

图7　海上无淡化制氢技术原理图

2024年，利用海水无淡化制氢技术针对5种高含盐气田采出水累计开展385h现场试验，制氢过程中补水速率0.4~0.7L/h，平均电解电流为1000 A、电压3.06~3.12 V之间，氢气流量5.2 ~ 6.2 L/min，氢气纯度稳定达到99.999%，印证了采出水无纯化制氢路线的可行性。将制得的氢气，增压2-3MPa后接入5kg钛锰合金中低温固态储氢系统。系统可为小型固态储氢瓶充氢，从而为氢电自行车提供基础氢源。该试验在陆上油气田领域首次打通了氢能“制-储-加-用”全工艺链条，具有重要的意义。

2.5　攻关培育战略储备技术，开辟能源企业新路径

鄂尔多斯盆地富含煤矿、铀矿及氦气资源，为进一步保障国家能源安全，按照习总书记“能源饭碗端在自己手里”的重要指示精神，传统油气行业除做好油气与新能源融合发展同时，还需进一步挖掘矿区内资源潜力，实现战略储备资源的良好接替。

煤炭地下气化技术能缓解“富煤”和“气不足”之间的矛盾，是开启中国“天然气革命”的核心要器，有助于推动天然气产量在“十五五”后持保持跨越式增长。鄂尔多斯盆地已探明煤炭储量2535亿吨，约占全国总储量的1/6，具有巨大的天然气资源接替潜力。对中深层煤炭开展地下气化，具有以下三个显著优势：有效动用井工难开采的煤炭资源，避免与浅层煤炭开发竞争；气化炉远离浅水层，降低了地面沉降风险；深层煤矿允许的气化压力上限增加，甲烷组分占比增加。2019年10月，鄂尔多斯唐家会矿区煤炭地下气化项目点火，采用“水平井+P-CRIP”工艺实现空气气化18.4万方/天，纯氧气化21.1万方/天，成为我国第一个长期、连续、稳定、可控、可大规模工业化推广复制的项目，为同类技术开发应用提供了借鉴和参考。

在伴生资源开发方面，长庆靖边气田采出水中发现了达到工业开采品位(49.1mg/L)的锂离子资源。2023年，通过“旋流气浮+絮凝沉降+臭氧氧化+多级过滤”预处理工艺，将水中石油、悬浮物及浊度含量控制在10mg/L以下，COD控制1000mg/L以下，构建锰系锂离子筛吸附+‘纳滤膜+反渗透膜+电渗析’多级浓缩提锂工艺，制备出纯度99.2%的碳酸锂成品，打通了低含锂采出水(<50mg/L)提锂关键工艺技术路线，同时也为溴、钾资源的开发树立了信心。

2.6　全生命周期碳足迹核查，树立碳资管理新标杆

“碳足迹”是指某个产品在其全生命周期过程中所释放的直接和间接的温室气体总量。通过从整个生命周期中所产生的的温室气体排放量

(碳足迹)以标签的形式用量化的数据标示出来，以评估整个过程的碳排放，进而从源头上制定全流程的碳减排计划。中国石油天然气集团有限公司在绿色企业建设过程中，要求全面梳理油气勘探、产能建设、生产运行各环节碳排放类别，核查构成，计量测算，摸清“碳资产”家底，为产品贴上“碳足迹”标签。

长庆油田于2023年基于核算边界、数据核算过程、排放因子确定方式等，综合考虑开发、开采、处理、储运等环节，建立全面、完整、准确的油气与化工产品碳足迹核算模型，并最终获取了典型原油、天然气、化工产品产品的碳排放总量及单位碳排放量。

此外，随着新能源项目的规划建设与投运，不同碳资产开发机制下新能源项目具有额外经济效益潜力。油田针对国际自愿碳标准(VCS)、国家核证自愿减排量(CCER)、上游减排量(UER)、绿证四种碳资产开发机制开发管理要素、开发流程及要求的梳理，在考虑现有方法学的基础上，分析得到造林、地热供暖、伴生气综合利用、可再生能源发电项目均可开发为碳资产。其中，造林项目40年计入期开发规模临界值≥4124亩；地热项目21年计入期供暖面积≥6.18万平米；油田伴生气回收利用10年计入期回收利用量≥12891m^3/d，可再生能源发电21年计入期年均发电量≥2311MWh。

3　未来方向

(1) 立足油气田全生命周期碳核查数据，将减碳瘦身节能继续作为绿色低碳转型首要任务。同时，扩大清洁电力利用规模，加速清洁热力技术突破，着力推进储能业务发展，通过多能互补促进生产单元的低碳生产，规划2025年清洁替代率达到25%以上。

(2) 以“规模化绿电消纳、低成本终端用能”为核心，建立与风光电出力特性匹配的生产方式，形成绿电应用为基础的变工况生产模式。在建设管理、技术标准、数字管控等方面形成驱动力，打造系统、立体的融合发展新格局。

(3) 立足鄂尔多斯超级能源盆地建设，立足油气田企业钻采工程优势在地热开发、CCUS工艺配套、CO_2压裂及驱油、凝胶封堵方面加大技术攻关，完善油气与新能源融合发展技术体系，并以基础科研攻关支撑工业化应用规模。

(4) 根据现场条件优化配套“光热、地热、余热”，持续通过风光气储多能互补和智能微电网建设促进清洁用能替代；对于燃气驱动和加热，应通过电气化率改造倒逼机制推动清洁替代率不断提升。

参 考 文 献

[1] 梁英波，张国生，张安等．新型能源体系建设路径及油气与新能源融合发展的思考[J]．北京石油干部管理学院学报，2024，(02)：22-27.

[2] 苏铭．“双碳”目标下能源转型发展研究[J]．中国能源，2022，44(4)：13-20.

[3] 崔亚蕾．低碳经济下中国石油集团的战略转型研究[D]．北京：中国石油大学(北京)，2019.

[4] 邹才能，熊波，李士祥，等．碳中和背景下世界能源转型与中国式现代化能源革命[J]．石油科技论坛，2024，43(1)：1-17.

[5] 胡鞍钢．中国实现2030年前碳达峰目标及主要途径[J]．北京工业大学学报(社会科学版)，2021，21(3)：1-15.

[6] 邹才能，何东博，贾成业，等．世界能源转型内涵、路径及其对碳中和的意义[J]．石油学报，2021，42(2)：233-247.

[7] 杨学峰，姬伟，周星泽等．长庆油田新能源业务发展模式探索与实践[J]．石油科技论坛，2024，43(1)：1-17.

[8] 沈义．我国太阳能的空间分布及地区开发利用综合潜力评价[D]．兰州：兰州大学，2014.

[9] 周扬，吴文祥，胡莹，等．西北地区太阳能资源空间分布特征及资源潜力评估[J]．自然资源学报，2010，25(10)：1738-1747.

[10] 周强，杨仕友．中国西北地区新能源发展总结与展望[J]．研究与探讨，2018，40(10)：25-32.

[11] 东振，陈艳鹏，等．煤炭地下气化试验综述与产业化发展建议[J]．煤田地质与勘探，2024，52(2)：180-196.

长庆油田加热炉电气化技术路线可行性分析

孙　雷　李华山　黄　虎　康　臻　赵　青

（中国石油长庆油田分公司长庆工程设计有限公司）

摘　要　本文旨在探讨长庆油田加热炉电气化改造的技术路线可行性。随着碳达峰、碳中和目标的提出，我国推动能源转型，长庆油田的加热炉电气化改造具有重要意义。目前油田加热炉存在电气化程度不足等问题，本文提供了热泵和电直热等电气化改造技术路线，并进行经济性分析和实际应用案例研究。以300KW加热负荷的站场为例，对比水源热泵、空气源热泵和电直热三种技术的全寿命费用现值，得出水源热泵经济性最佳，空气源热泵与电直热的选择需考虑年加热时间。通过某采油厂站点的电气化改造实例，证明了热泵的节能减排性。未来加热炉电气化的难点在于如何提高绿电占比，以增强减排性能和提高经济性。

关键词　油田；加热炉；电气化改造；热泵；绿电

1　引言

随着2030年实现碳达峰、2050年实现碳中和目标的提出，我国正在推动能源低碳绿色转型，实施可再生能源替代行动，加快提高新能源在我国能源结构中的占比，预计到2025年电能占终端用能比例达30%左右。长庆油田是我国第一大油气田，原油产量占全国的1/10，天然气产量占全国的1/4，其巨大的资源产量对我国能源发展起到至关重要的作用。图1为长庆油田2023年能源消耗结构，可以看出天然气为主要消耗的能源，电能占能源消耗总量的15%左右，离集团公司的目标（25%）还有一定差距。油田加热炉是油田开采过程中主要的用能设备，主要用于原油和天然气的加热、输送和处理。油田加热炉有蒸气锅炉、热水锅炉、导热油炉、水套炉等类型，采用煤、石油、天然气、伴生气等燃料供热。多年来，长庆油田致力于油田加热炉的“安全性能升级”“热效率提升”以及“污染物减排”，将油田加热炉的燃料由煤、油等逐步替换为伴生气/天然气以及地热、光热、余热等清洁能源，更快地实现低碳绿色转型。

为了提高电能占终端用能比重，减少燃气消耗，提高绿电消纳程度，本文提出了油田加热炉电气化改造的技术路线。通过电气化改造，将油田加热炉从传统能源切换到清洁、高效的电能，实现能源消费结构的进一步优化和环境质量的改善。长庆油田目前在用锅炉/加热炉数千余台，如果将其全部电气化改造，预计可年消纳绿电14亿kW·h，电能在能耗总量中的占比可从目前14.96%提高至17.68%。

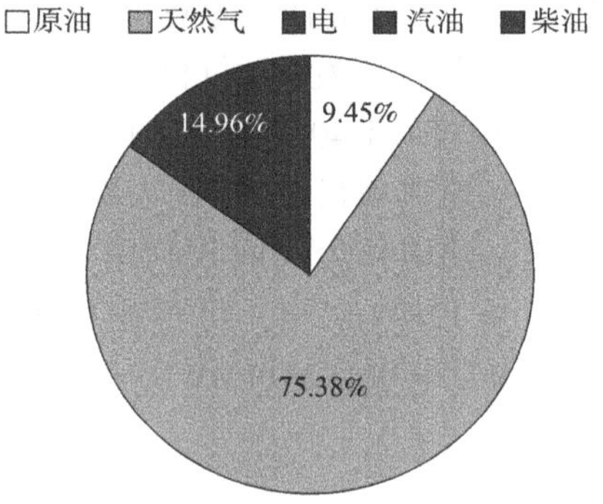

图1　2023年长庆油田能源消耗结构占比

2　问题分析

长庆油田高温位供热设备以导热油炉为主，低温位供热设备以真空炉和水套炉为主。加热炉存在的问题主要在于电气化程度不足，燃气量仍然较高。因此本文为加热炉的电气化改造提供了技术路线，经济性分析，以及实际应用案例分析，目的是探究油田加热炉全部电气化改造的技术路线与印证加热炉电气化的减排性能。

3　电气化改造技术

3.1　热泵技术

热泵是一种能将低温热能转化为高温热能供生产使用的高效节能装置。按照热力学第一定律，热能可以自发的从高温物体传递到低温物体，但不能自发的从低温物体传递到高温物体。热泵是通过燃气、电能等做功驱动，迫使热能从低温物体传向高温物体的撬装化装置，它可以消耗驱动能量，连同低温物体吸收的低品位热量一起转化为高品位热量。热泵提供给高温热源的能量总和大于设备输入的能量，因此 COP>1。

压缩式水源热泵主要热能来源为低温水，如油田低温采出水等。利用近似逆卡诺循环，实现热量从低温位流向高温位。主要分为压缩、冷凝、膨胀、蒸发四个过程，其热力学示意图如图 2 所示，实际工艺流程图如图 3 所示。压缩式水源热泵的 COP 较高，通常在 3.0～6.0，制热温度在 50～70℃，单机制热功率小于等于 3600kW，适用于热负荷较高，采出水充足、伴生气匮乏的站场。空气源热泵也是利用近似逆卡诺循环，通过压缩、冷凝、膨胀、蒸发四个过程，实现从空气中吸收热量制热，可提供 50～65℃的热水，工艺流程图如图 4 所示。空气源热泵受室外气温影响明显，冬季低温度下 COP 可低至 1.5，夏季 COP 可提升至 3.0。空气源热泵输出热功率较低，适用于余热资源匮乏且热需求较小的站场。

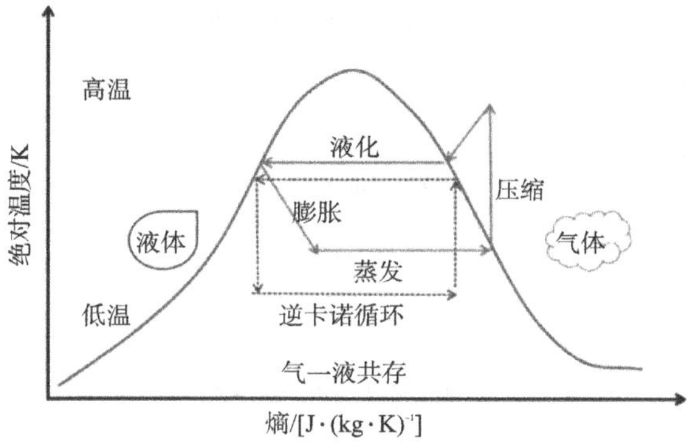

图 2　压缩机驱动逆卡诺循环示意图

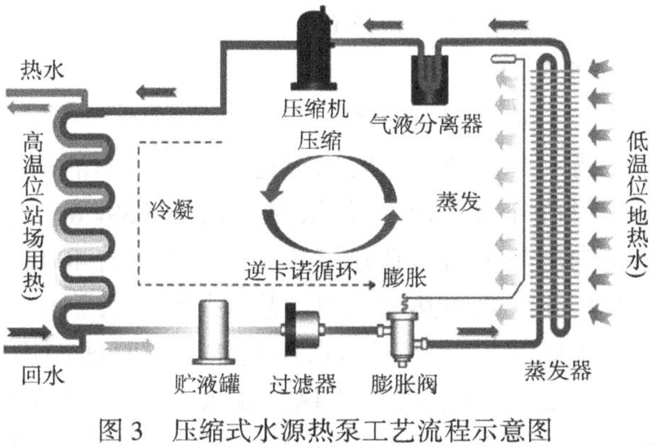

图 3　压缩式水源热泵工艺流程示意图

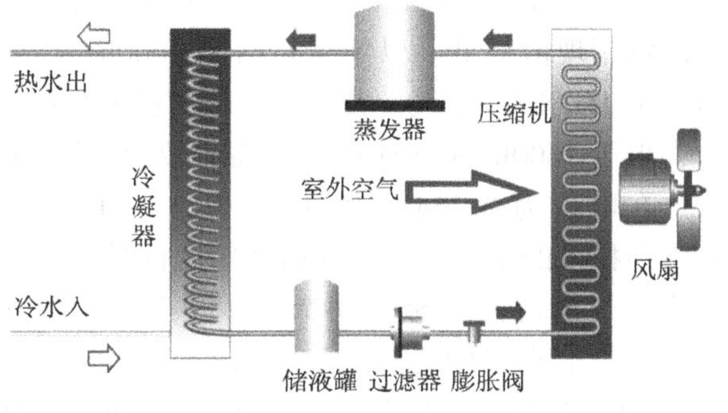

图 4　空气源热泵工艺流程示意图

3.2　电直热技术

电直热利用电阻发热、感应磁场涡流发热、水的高热阻发热等原理，实现电能直接转化为热能，再通水为中间载热体间接加热原油。目前主流电直热技术有电阻式、电磁式和电极式，其原理见图 5。

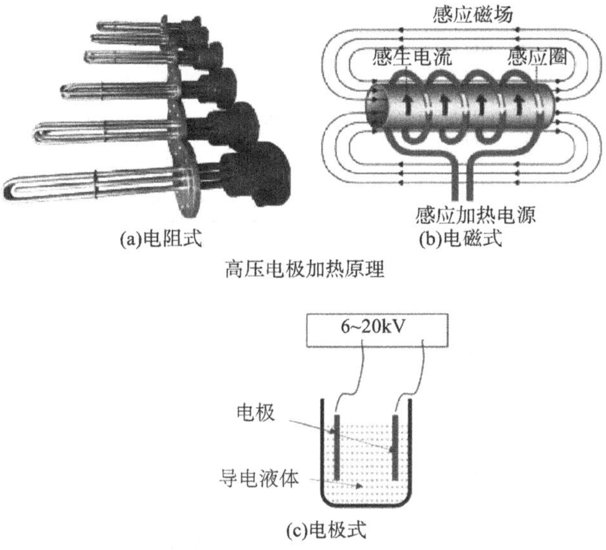

图 5　电直热技术原理图

3.3　三种电气化改造技术经济性对比

根据油田中小型站场用热需求，本文以 300kW 加热负荷为例，在用地满足扩建需求、具备水源和用电条件的前提下，在网电价格分别为 0.55、0.3545、0.3078、0.2、0.1 和 0 元/度时对水源热泵、空气源热泵和电直热三种技术进行全寿命费用现值对比，对比结果如图 6 所示，其中水源热泵、空气源热泵、电直热的供热温度、COP 和投资数目分别为：供热温度，65/50℃；COP，水源热泵 ≥3.0，空气源热泵在 1.5～2.5，电直热热效率≥95%；投资数目：水源热泵 45 万元，空气源热泵 180 万元，电直热 50 万元。从图 6 中可以看出在电价为 0.55 元/

度条件下，无论年运行时间长短，水源热泵的全寿命费用现值最低。以年运行时间1600h为界，当大于1600h时空气源热泵全寿命费用现值更低，小于1600h时电直热的全寿命费用现值更低。在电价为0.3545、0.3078、0.2元/kW·h时三种技术的全寿命费用现值随年运行时间变化的曲线与电价为0.55元/kW·h时类似，空气源热泵与电直热的运行时间界线分别为2400h、2900h和4200h。当电价降至0.10元/kW·h时在给定年运行时间内电直热技术的经济性都要大于空气源热泵，这表明当电价越来越低时，三种技术的全寿命费用现值受设备投资影响越来越大，当电价为0元/度时三种设备的经济性完全受设备投资影响，水源热泵与电直热技术的全寿命费用现值基本相等。因此在三种电气化技术中水源热泵的经济性最佳，空气源热泵与电直热的选择需要考虑年加热时间，临界值以内优先考虑电直热，临界值以外优先选择空气源热泵。

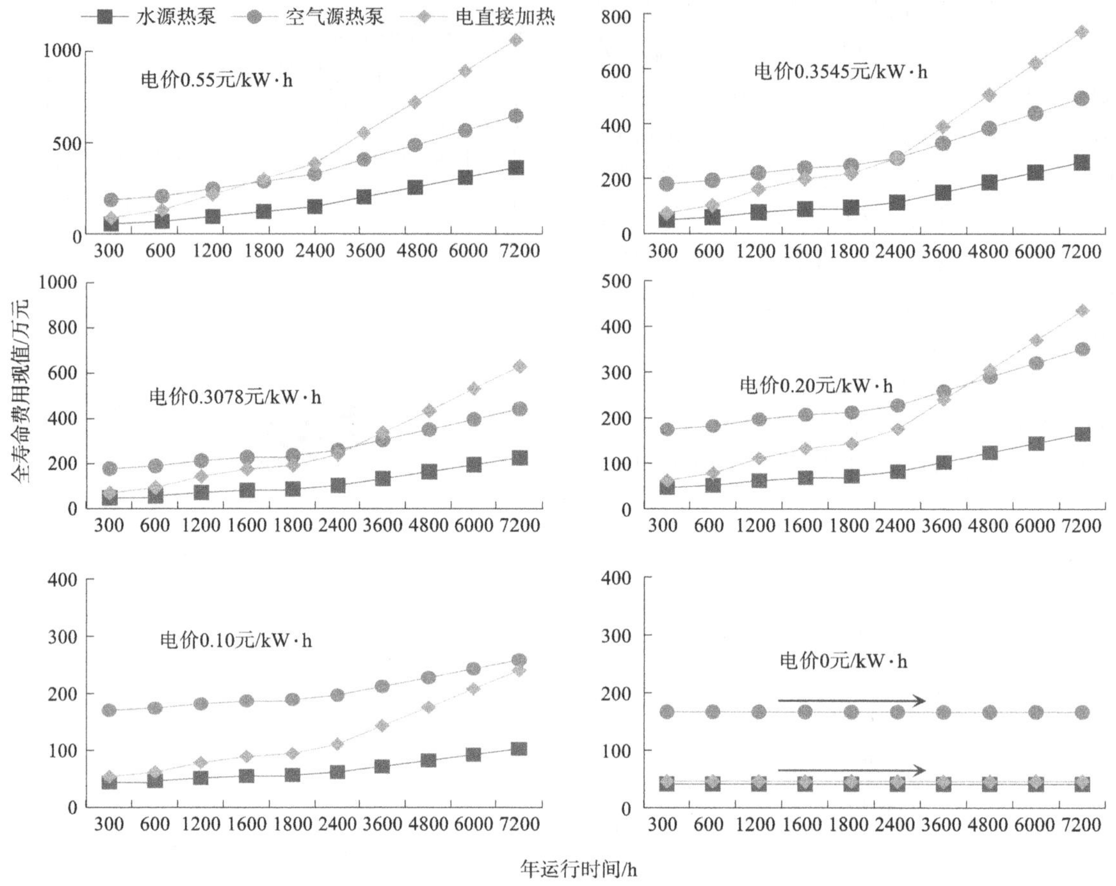

图6　300kW供热负荷，三种电气化改造技术全寿命费用现值随年不同运行时间的变化曲线

3.4　电气化改造应用实例

（1）站场用热现状

某采油厂站点A总供热负荷774kW，原油加热负荷644kW，采暖保温负荷130kW，现有2台600kW和2台400kW加热炉供热，供热能力总计2000kW，供回水温度80/60℃，加热炉2用2备，冬季高负荷时2台600kW加热炉同时运行，夏季运行1台600kW加热炉。现计划利用长停井地热资源加热供暖，长停井地热水温度普遍较低（初期约30℃，平稳期23~27℃），难以满足原油加热需求，因此采取“热泵提温换热”的工艺。换热井2口，单井循环水量20m³/h，来回水温度25/15℃，预计总供热能力可达460kW。

（2）站场改造方案

先对采出油进行脱水改造，改造后原油加热负荷可降至259kW，总供热负荷为389kW。依据站内用热负荷，新建供热系统设置1台400kW撬装压缩式水源热泵机组。热泵机组后分别设置一台10m²和一台5m²油水换热器用于原油加热。热泵从25℃的地热水吸热，输入电能后将高温热量释放给用户回水。原油来油先进油水换热器与用户热水换热，再进加热炉加热至外输温度外输，或直接外输，热泵与加热炉相当于串联，具体工艺流程见图 7。

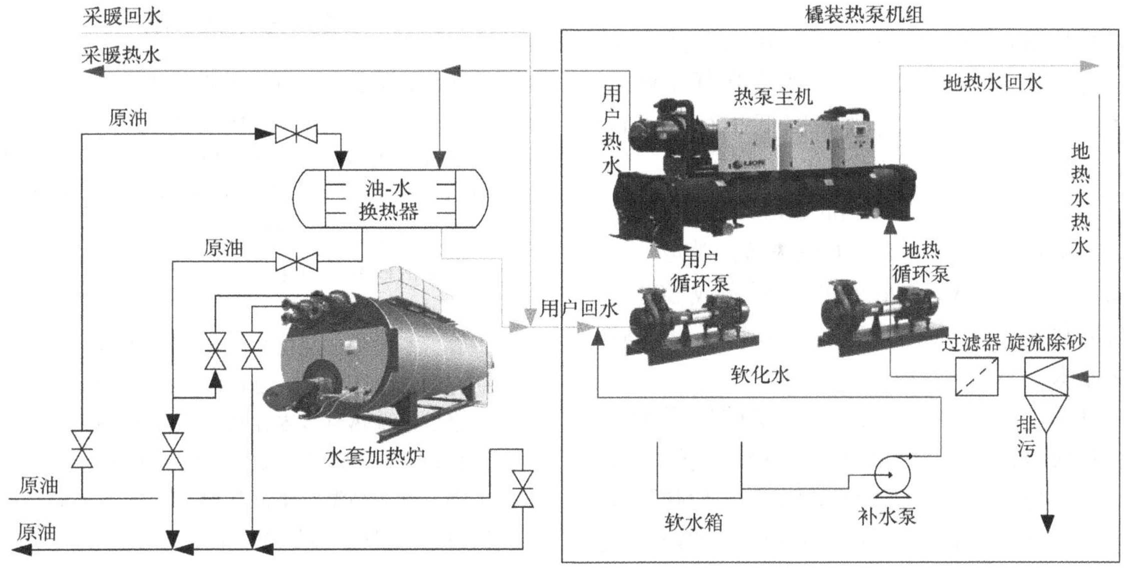

图 7　该站场电气化改造工艺流程图

热泵选型参数见表 1。

表 1　热泵选型参数与原因

设备参数种类	参数值	原因
设备种类	压缩式水源热泵	热负荷较高，采出水充足
额定制热量	400kW	根据站场供热负荷
COP	2.9	根据厂家参数提供
热泵耗电量	133kW	$Q_{制热}$/COP
冷端来回水温度	25/15℃	
热端来回水温度	70/55℃	

（3）改造后效益

该站场 A 改造前燃气耗量 510×10^4 Nm^3/年，耗电量 0 万度/年，折合成标煤为 729t/年，NOx 排放量 0.75t/年，CO_2 排放量 2005t/年。经过工艺优化后燃气耗量 0Nm^3/年，耗电量 111.3 万度/年，折合成标煤为 340t/年，较改造前相比天然气消耗量降低 100%，能耗降低 53.4%。NOx 排放量 0t/年，CO_2排放量 1178t/年，相较于改造前 NOx 排放量降低 100%，CO_2排放量降低 41.2%。

空气源热泵与光热的联合供热模式也已经投运，站场 B 光热+空气源的供热功率为达 270kW，供热替代率达到 100%，年节约燃气 34 万 m^3，减碳量 715t。

4　油气田电气化改造前景

（1）工作进展

目前超低温 CO_2空气源热泵在 2020 年全面推广应用，已在 23 座保障点投产，供热能力约 6MW；另有 16 座保障点完成设计待实施。气电两用加热炉投运 1 台，加热形式为电阻式。另依托综合能源示范工程，论证电热间接加热改造站场 17 座。

（2）未来计划

按照油气和新能源分公司相关工作指标要求，油田公司初步形成清洁热力工作安排。2023—2025 年长庆油田计划对 500 余座站场进行加热炉电气化改造，预计新增绿电电耗 14000 余万度电/年，节约气量 7000 余万立方米/年，代替标煤约 25000t/年。另外 2023—2025 年长庆油田还计划将集气站和处理厂共 80 余台燃驱压缩机更换为电驱压缩机，这将进一步终端电气化率和节约燃气用量。

5　总结

本文主要探讨了长庆油田加热炉电气化改造的技术路线及其可行性。长庆油田目前的加热炉存在电气化程度不高、天然气用量较高等问题。为解决这些问题，本文首先介绍了电气化改造的三种技术，其次从经济性角度对三种技术进行对比，总结出了三种技术的适用范围，再用热泵与地热联用实例证明了热泵的节能减排性，最后对长庆油田电气化改造工作进展与前景展望做了总结。本文得到的结论主要如下：

（1）水源热泵经济性最佳，空气源热泵与电直热的选择需根据年加热时间，临界值以内优先考虑电直热，大于临界值时优先选择空气源热泵。

（2）某站点采用地热与压缩式水源热泵联用，经电气化改造后天然气消耗量降低 100%，能耗降低 53.4%，NOx 排放量降低 100%，CO_2 排放量降低 41.2%。

（3）长庆油田目前已有部分相关工作进展，如推广应用超低温 CO 81空3气6源AH热泵3、0投运气电两用加热炉等，2023—2025 年规划完成 500 余座站场加热炉的电气化改造，年节约气量 7000 余万立方米。

加热炉电气化的绿电占比对碳排量影响显著，随着绿电占比提升，CO_2 排放量呈线性下降趋势，经计算，当绿电占比≥65%时，加热炉电气化才能实现碳减排。另外，直接利用网电的加热炉成本远高于燃气加热，直接利用网电加热会造成运行成本的上升。因此未来加热炉电气化的难点在于提高绿电占比，这不仅会增强电气化加热炉的减排性能，还会提高油田整体的经济性，如何提高绿电占比将会是加热炉电气化改造下一步需要解决的任务。

参　考　文　献

[1] 袁明江，王志刚．石化企业提高终端电气化率路径[J]．油气与新能源，2023，35(3)：97-102.

[2] 刘佩成．我国石化工业实现“双碳”目标的路线图探讨[J]．当代石油石化，2022，30(12)：9-14.

[3] 薛李强，苗彦平，张桂迎，等．油田加热炉清洁替代技术的研究与应用[J]．石油石化节能，2023，13(2)：24-27.

[4] 李睿，李长俊．油田集输系统加热炉燃油替代技术研究[J]．现代化工，2018，38(2)：227-231.

[5] 单卓．水源热泵技术在暖通工程中的应用[J]．中阿科技论坛(中英文)，2022(4)：89-92.

[6] 王强．基于高温污水源热泵系统的油田联合站余热回收研究[D]．哈尔滨：哈尔滨商业大学，2018.

[7] 樊梦芳，刘亮德，李 云．油田采出水热泵应用技术研究[J]．天然气与石油，2021，39(3)：108-102.

[8] 李翰勇．热泵节能技术及其在油田中的应用[J]．化工管理，2018：179.

[9] 宋曙光，张翀焱．油田新能源与节能减排技术研究[J]．石油石化节能与计量，2023，13(09)：83-88.

长停油井改造地热利用技术

李善威[1]　雷文贤[1]　薛程伟[2]　来诚桢[1]　任培旗[1]

（1. 中国石油长庆油田分公司长庆工程设计有限公司；2. 中国石油长庆油田分公司新能源事业部）

摘　要　在双碳目标背景下，地热能的开发和利用对国家和能源企业实现能源绿色低碳转型有重要的意义。油田存在大量的长停井可以通过改造变废为宝，成为地热井。但是油田长停井开发利用程度低，针对地热能利用的工艺技术研究较少。本文针对长庆油田长停井岩热型地热资源特征和地热水直接供热不足的问题，提出“同井换热、热泵提温”的地热能利用技术。井筒和地面工艺改造是该地热能利用技术的关键。因此，研究了油田长停井地热能利用的井筒和地面改造工艺技术，并对长庆油田某接转站的地热能利用进行了详细地分析。长庆油田已经对3个接转站进行了地热能利用改造，对地热水出水温度、COP和节能减碳效果进行了分析，结果表明长庆油田长停井的“同井换热、热泵提温”技术系统运行稳定、节能效果显著。

关键词　油田长停井；地热能；井筒改造；热泵供热；节能减碳

在双碳目标背景下，国家加快推进油气勘探开发与新能源融合发展。地热能是新能源的重要组成，具有储量丰富、分布广泛、稳定可靠的优点，在供热、发电和综合应用等方面拥有巨大潜力。

油田开发至中后期，因可采油气资源日益枯竭，会留存大量的长停井。这些井虽然不具备油气生产条件，但可以用来进行地热资源开发利用。大部分长停井可以直接通过改造用于地热资源开发，仅需对这些井投入少量资金，利用有效的技术方法便可以改造为地热井；而取热能力、使用寿命等与新建地热井没有太大区别。将长停井改造为地热井在节能减碳、能源结构优化和经济高质量发展等方面都有重要的意义。

目前，世界范围内有2000~3000万口长停井，我国废弃井数已突破10万口。长庆油田所在的鄂尔多斯盆地地热资源较为丰富（大地热流值56.3~68.6mW/m^2），具备开展地热利用项目的客观条件。截至2023年底油田区共有长停井1万余口，井深2000m以上井占65.5%，井龄10年以内井占48.5%，具有较大的开发潜力。然而，尽管油田区蕴藏着大量的地热资源，但开发利用程度低，亟待科学、合理地加以开发利用，其中井筒和地面改造工艺是长停井地热能利用的关键技术。

因此，针对油田长停井地热资源丰富，但开发利用程度低的问题。本文结合长庆油田长停井的实际情况，提出油田长停井的地热能利用技术，并对长庆油田某接转站的地热能利用进行详细地研究分析。

1　“同井换热、热泵提温”的地热能利用技术

长庆油田的长停井井深大多超过2000m，储层致密，具备岩热型开发潜力。根据长庆油田长停井用热站场距离、用热参数、采出水去向等因素，研究确定岩热型地热资源同井换热的地热利用思路。长停井的同井换热形式需要进行井筒改造。另外，长庆油田地热水温度普遍较低，依据现场实测温度范围为23~37℃。站场原油来油温度10~20℃，需加热至40~50℃。采用地热水和原油直接换热温差小，换热量小，需要热泵提温供热。因此，针对长庆油田的长停井现状，提出“同井换热、热泵提温”的地热能利用技术。

2　油田地热能利用的工艺方案研究

2.1　井筒的工艺方案研究

井筒改造首先进行井筒完整性检测评价，优先考虑井筒完整性较好的井进行地热开采，然后开展射孔段封堵等井筒治理工作，对射孔段优先采用水泥挤封的方式进行封堵，针对不同类型的地热取热方式开展完井管柱设计、井口及泵入设备优选、保温管材质及下入深度校核等工作，确保长停井地热利用工作顺利开展。

2.1.1　井筒完整性检测

为确保选取的地热井能够长期服役，需要对目标井进行井筒完整性检测，目前对于完整性工程测井主要有 2M(MIT&MTT)测井以及超声波套损检测等手段开展腐蚀程度评价。与 2M 方法相比，超声波套损测井在检测效果、应用范围和施工安全等方面存在一定的不足。因此，优先选用 2M 检测对套管进行完整性检测，同时开展超声波技术研究和技术引进试验，在后续方案中酌情试验。

套管严重内腐蚀位置成像图如图 1 所示。

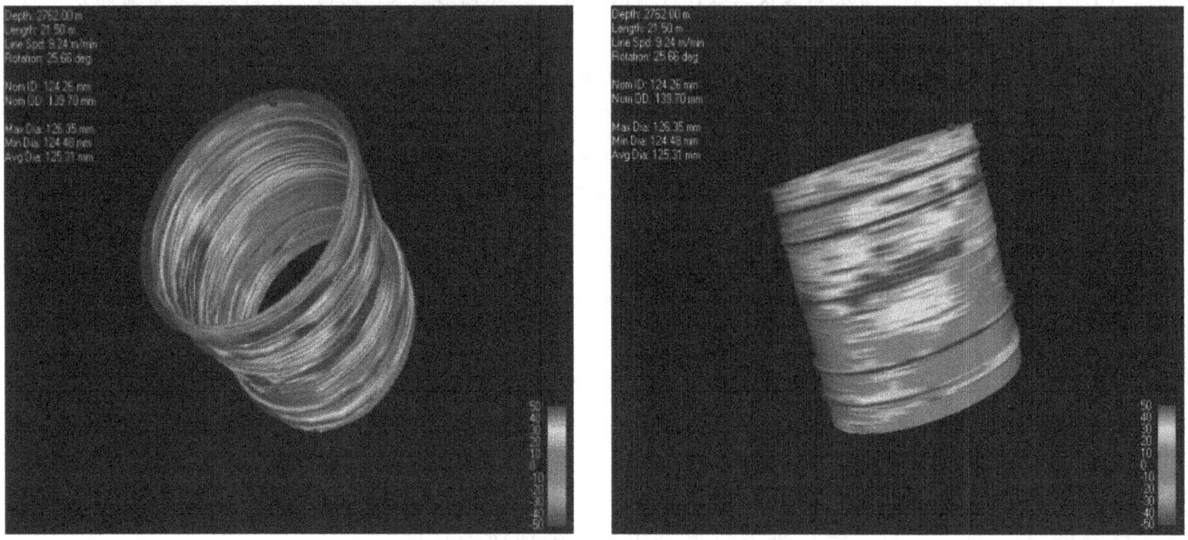

图 1　套管严重内腐蚀位置成像图

2.1.2　井筒射孔段封堵

为确保井筒内循环取热井安全运行，需要把射孔段进行封堵处理，目前针对射孔段处理主要有三种方法：射孔段膨胀管补贴封堵、射孔段水泥挤封+井筒水泥封固、射孔段水泥挤封+井筒钻塞(图 2)。

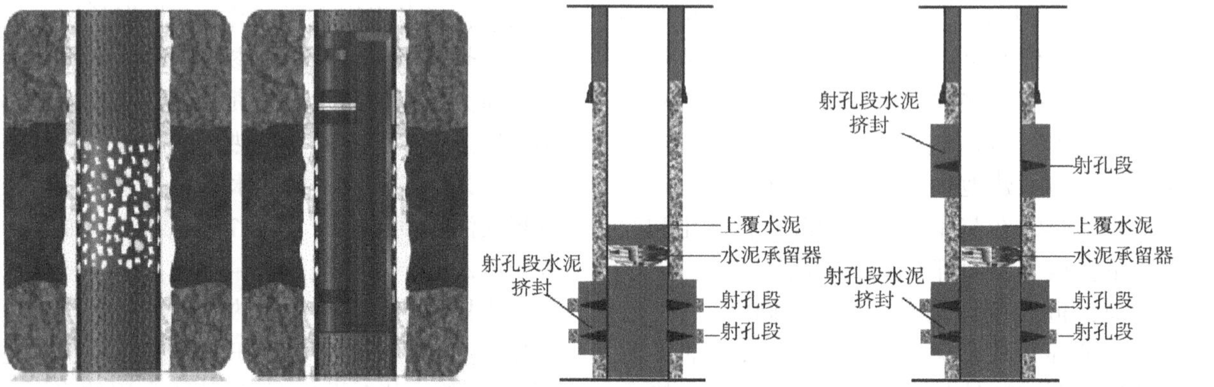

(a)膨胀管补贴封堵射孔段　(b)射孔段挤水泥封堵及井筒水泥加固封堵　(c)射孔段挤水泥封堵

图 2　射孔段处理方法示意图

综合考虑作业效率及安全性，优先考虑井筒完整性较好的井进行地热开采，对射孔段优先采用水泥挤封的方式进行封堵处理；若井筒膨胀管补贴后不影响保温管的下入，可以考虑采用膨胀管进行补贴后再进行地热利用。

2.1.3　采热工艺管柱设计

基于同轴双套管水循环原理，循环水通过地面泵加压进入油套环空换热取热后，经过保温管循环至地面。为确保循环水在井筒内获得最大热量，采用上部保温管+下部换热管+过流筛管的组合方式(图 3)。

根据长庆油田陕北地区地热基础条件，以尽量从井底获取最大热量为原则，优选导热系数最小、保温性能最好的气凝胶填充保温管作为取热管柱，保温层设计采用气凝胶+真空隔热技术(图 4)。

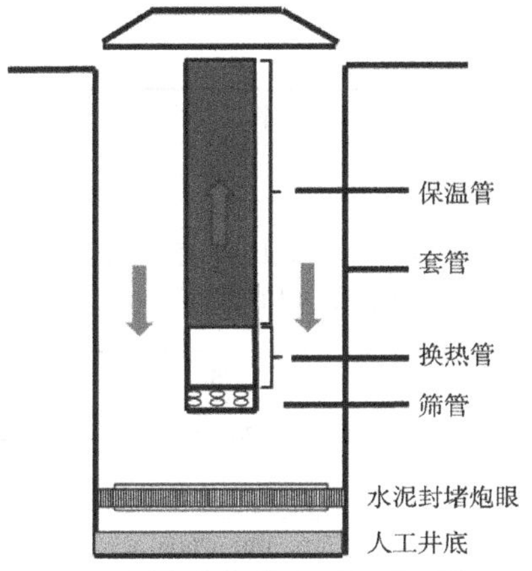

图 3　地热井采热管柱设计示意图

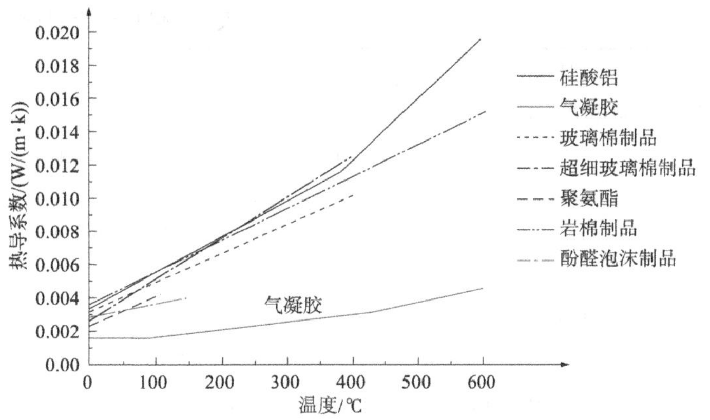

图 4　不同保温材料导热性能对比图

为降低井筒流动阻力，增大过流面积，选用无接箍式直连保温管。保温管由内、外管体、保温层和内螺纹接头组成，保温层采用隔热材料填充，内螺纹接头与换热管采用转换接头相连，如图 5 所示。

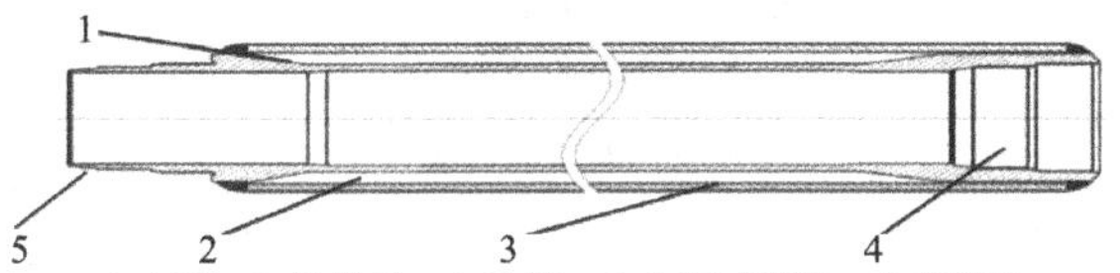

1-内管；2-保温层；3-外管；4-内螺纹接头；5-外螺纹

图 5　直连式保温管结构示意图

采热井的流速和扬程计算公式如下：

$$S=Q/A \tag{1}$$

$$H=H_1+H_0 \tag{2}$$

其中，S 是流速，Q 是流量，A 是管道截面积。H 为循环泵扬程，H_1为井筒压降损失，根据换热井管柱不同下入深度结合地热计算软件进行模拟计算。H_0为管内预留循环压力，取值 0.3MPa。

2.2　地面的工艺方案研究

根据长庆油田长停井现状，地热水温度普遍较低，为满足生产需求，需要采用热泵提温供热。

当站场能够工艺优化时，先进行两段脱水工艺优化、降低加热负荷，再地热利用。

2.2.1　热泵选型及供热工艺流程

热泵主要分为压缩式热泵和吸收式热泵(表 1)。

表 1　热泵对比表

类型	压缩式热泵	吸收式热泵
驱动方式	电	天然气
COP 范围	3.0~6.0	1.5~2.5
单机制热功率	≤3600kW	600~30000kW
制热温度	50~70℃	60~100℃
设备属性	密闭工艺装置(设备)	有明火的密闭工艺设备

压缩式热泵适应性强，能保持较高效率；吸收式热泵可利用站内燃气资源。由于吸收式热泵最小制热功率 600kW 并属于明火工艺设备，在已建站内布置困难，当站内用热负荷大于 600kW、场地满足布置条件时使用。

热泵与加热炉可以采用串联或并联工艺流程。串联流程为原油来油、外输先进油水换热器加热，再进加热炉加热至外输温度外输，或直接外输。并联流程为原油来油、外输加热流程不变，进入加热炉盘管进行加热。热泵出口用户热水引入炉体内，与来油、外输加热盘管换热，换热后的用户回水返回热泵继续加热。项目涉及的热泵制热功率在 200~500kW，以 500kW 为例进行方案对比(图 6)。

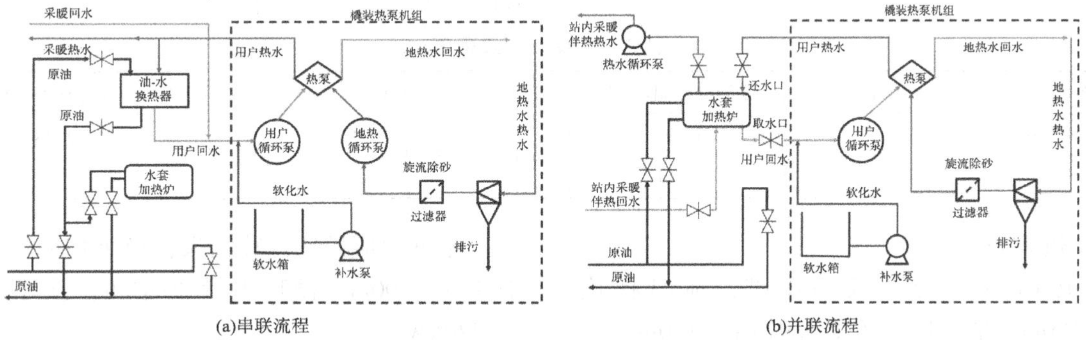

图 6　串联和并联供热流程示意图

供热流程对比见表2。

表2　供热流程对比

序号	项目		方案一：串联	方案二：并联
1	制热功率/kW		500	500
2	主要设备		1、500kW热泵机组1套：包括：热泵、循环泵、补水泵、过滤器等。 2、油-水换热器1台：换热面积35m²。	1、500kW热泵机组1套：包括：热泵、循环泵、补水泵、过滤器等。
3	工程投资		95	75
	运行参数	供回水温度/℃	60/45	70/55
		COP	4.0~5.0	3.0~4.0
		用电功率/kW	120~150	150~200
4	年运行费/万元		54.45	72.6
5	费用现值/万元		554.1	690.9
6	优点		1. COP高； 2. 年运行费用低； 3. 加热温度稳定； 4. 可实现加热炉停炉	1. 不增加设备； 2. 加热流程无需调整
7	缺点		1. 需调整站内加热流程； 2. 需增设油-水换热器	1. COP低； 2. 年运行费用高； 3. 加热温度存在波动； 4. 需改造加热炉本体
8	推荐方案		考虑到：1. 工艺加热温度稳定的需要； 2. 串联COP高、运行费用低，推荐方案一。	

依据方案对比，采用串联流程供热虽然投资较高，但由于热泵机组COP高、运行费用低，费用现值低。推荐采用热泵机组-加热炉串联流程供热。

2.2.2　油水换热器换热面积

油水换热器换热面积计算公式如下：

$$Q=kA\Delta t_{m} \tag{3}$$

$$\Delta t_{m}=\frac{\Delta t_{max}-\Delta t_{min}}{\ln\frac{\Delta t_{max}}{\Delta t_{min}}} \tag{4}$$

式中，Q为换热量，k为传热系数，kW/m²/℃；A为换热面积，m²；Δt_m为对数平均温差,℃。

3　长庆油田某接转站的地热能利用研究

3.1　站场现状

接转站于2015年投运，为长6层位脱水站，日处理液量661m³/d，其中：长7目前处理液量420m³/d，含水71%。长6处理液量241m³，含水65%。

3.2　用热现状及热源分析

3.2.1　用热现状

接转站原油加热负荷890kW，采暖保温负荷150kW，总供热负荷1040kW；现有2台600kW卧式冷凝加热炉，供回水温度为80/60℃，加热炉全年运行(表3)。

表3　接转站热负荷表

液量/(m³/d)	含水/%	原油进出温度/℃	工艺供热负荷/kW	采暖保温负荷/kW	燃气消耗/(Nm³/d)
241(长6)	65	15/29	890(冬)/633(夏)	150(冬)/60(夏)	2346(冬) 1817(夏)
420(长7)	71	5/29			

3.2.2　热源分析

接转站位于天环坳陷中部，地温梯度3.0℃/100m，地层压力梯度0.92MPa/100m。

根据数值模拟计算结果，换热井1口，保温管下深2400m，循环水量20m³/h，预计供热能力320kW。

表 4 换热井情况及供热能力预测

井号	完井/年份	井深/m	完钻层位	射孔段/m	保温管下深/m	循环水量/(m^3/h)	井口水温/℃	供热能力/kW
1	2014	2770	长 6	2624~2630	2400	20	29	320

换热深度按 2500m 计算，采用热储法计算井周边半径 500m 范围内地热资源总量 0.0618 亿吨标煤，年可采资源按 1.5‰计算为 0.93 万吨标煤。单井预计供热能力为 320kW，按每年开采 330 天算，预计每年开采热量为 0.0312 万吨标煤，年开采量仅占年可采量的 3.36%，地热资源可以保障项目可持续开发。

表 5 单井资源量预测

井号	计算半径/m	换热深度/m	热能地质资源/(亿吨标煤)	热能可采资源/(万吨标煤/年)	单井供热能力/kW	年开采时间/d	年开采量/(万吨标煤)	开采比例/%
1	500	2500	0.0618	0.93	320	330	0.0312	3.36

3.3 地热能利用

接转站可利用长停井 1 口，井筒循环水量 $20m^3/h$，来水温度 29℃，供热能力 233kW。

3.3.1 井筒完整性检测

表 6 接转站井筒情况统计

井号	人工井底/m	套管内径/mm	套补距/m	射孔井段/m	管接箍/m
1	2770	124.26	—	2624-2630	—

为确保井筒符合循环采热需求，结合射孔段位置，若通井能够通至人工井底 2770m 附近，则进行全井筒 2M 测井。若不能至少测至 2600m 附近。

3.3.2 井筒改造

综合考虑作业的经济型及安全性，在本井射孔层段进行水泥挤封处理，确保安全采热。在井筒 2610m 附近采用水泥承留器进行产层射孔段挤封，挤封合格后上覆 50m 水泥塞至 2560m。

1 号井射孔段挤封示意图如图 7 所示。

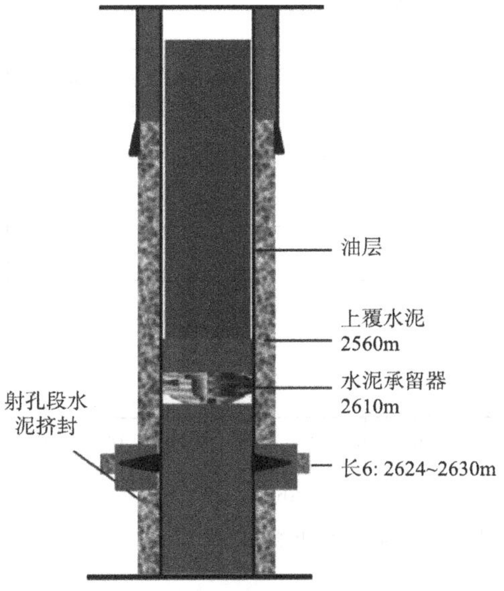

图 7 1 号井射孔段挤封示意图

3.3.3 完井管柱设计方案

根据摸排资料，地热井资源储备及可利用情况如表 7 所示。

接转站井筒采用上部保温管+下部换热管+筛管的组合方式。保温管规格选择 Φ89×62mm，采用气凝胶+真空隔热层保温技术，管材选用 N80 钢级。结合可利用井深与管材最大下深，换热管采用 J55 钢制油管，长度 100m，管径规格 Φ73×62mm，通过转换接头与保温管连接。为满足过流要求，筛管长度选择 20m。

根据式(1)，由管道内径 62mm，循环水量 $20m^3/h$ 可以得到流速为 1.85m/s。管内预留循环压力 H_0取值为 0.3MPa，根据地热计算软件进行模拟计算井筒压降损失 H_1为 105m，由式(2)计算可得 1 号井侧循环泵扬程 H 为 135m。

地热井管柱组合示意图如图 8 所示。

3.3.4 供热方案

采用两段脱水工艺，调整站内工艺流程，两具三相分离器分别用于两段脱水，第一段液量 $420m^3/d$，第二段液量 $171m^3/d$(含水 30%)需加热脱水，可将加热负荷从 633/890kW 降至 236/362kW，减少耗气 $1387m^3/d$。

表 7　接转站地热井资源储备及可利用情况

井号	换热顶部垂深/m	换热底部垂深/m	井筒可利用底部垂深/m	地温梯度/(℃/100m)	井底斜深/m	井底垂深/m	换热底部预测温度/℃	井口预测出水温度/℃	井筒循环水量(m^3/h)	日循环水量/(m^3/d)	预计单井供热能力/kW
1	420	2400	2555	3.0	2770	2705	85	29	20	480	320

表 8　接转站地热井保温管选型参数表

井号	保温管规格/(mm×mm)	外径/mm	内径/mm	钢级	保温层厚度/mm	设计长度/m
1	89×62	89	62	N80	8.02	2400

表 9　接转站地热井换热管选型参数表

井号	井筒可利用底部垂深/m	换热管外径/mm	钢级	壁厚/mm	内径/mm	换热管长度/m	筛管长度/m
1	2555	73	J55	5.51	62.0	100	20

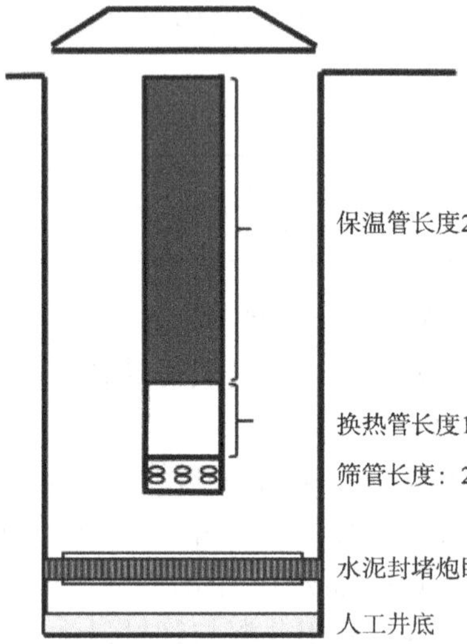

图 8　地热井管柱组合示意图

接转站依托 1 口长停井换热，来水温度预测 29℃，循环水量 20m^3/h，供热量 233kW。新建供热系统设置 1 台 300kW 撬装热泵机组制取 60℃的热水，用于来油加热，冬季替代部分加热负荷，夏季替代全部加热负荷。由 2.2.2 节公式计算，热泵后端设置 2 台 10m^2油水换热器用于原油加热。热泵与加热炉采用串联工艺流程。

3.4　地热能利用实效

长庆油田对 3 个接转站进行了地热利用改造，地热井 1、2、3 的热泵运行 COP 分别为 4.0、3.2、3.8，系统运行 COP 分别为 2.5、1.8、2.2。如图 9、图 10 所示，3 个接转站的地热井出口水温在不同条件下随运行时间变化基本稳定，说明地热水作为热源是可靠的。长庆油田地热能利用系统于 2023 年 8 月投运，截至 2024 年 6 月累计供热量 12899GJ，消纳绿电 42 万度，节约燃气 11.8 万 m^3，节电 20.8 万度，节约原油 182t，减碳 654.8t。

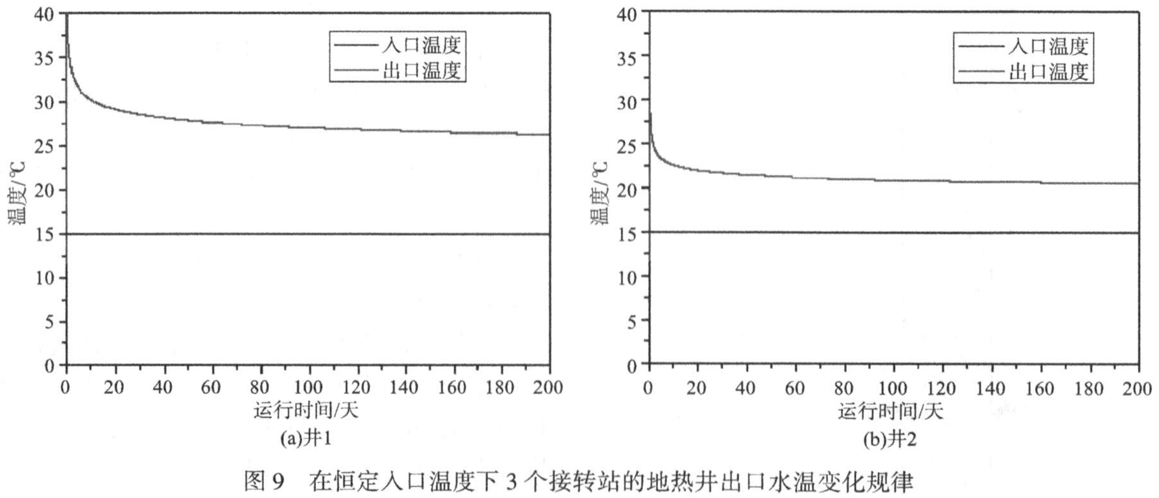

图 9　在恒定入口温度下 3 个接转站的地热井出口水温变化规律

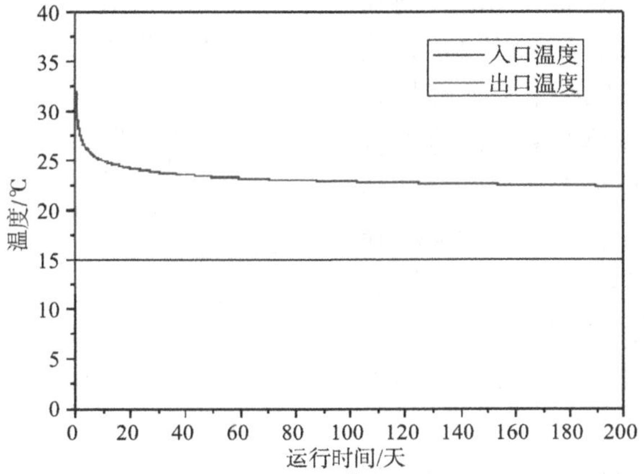

(c)井3

图 9 在恒定入口温度下 3 个接转站的地热井出口水温变化规律(续)

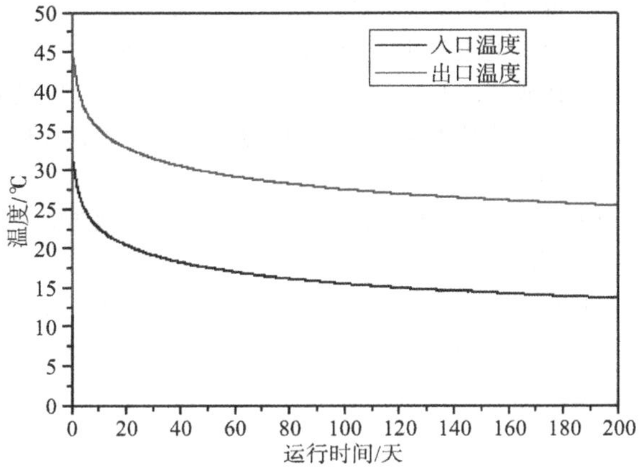

(a)井1

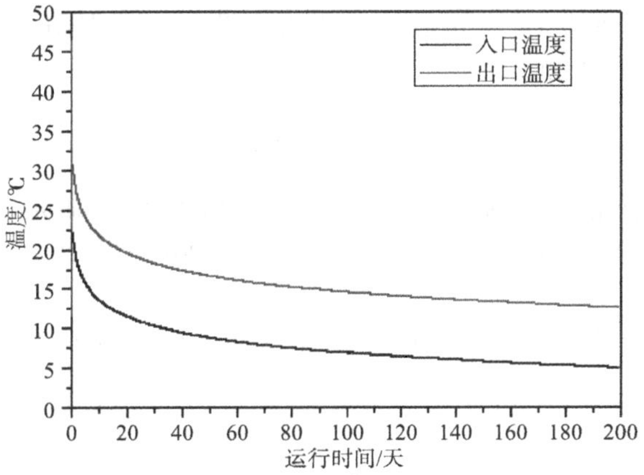

(b)井2

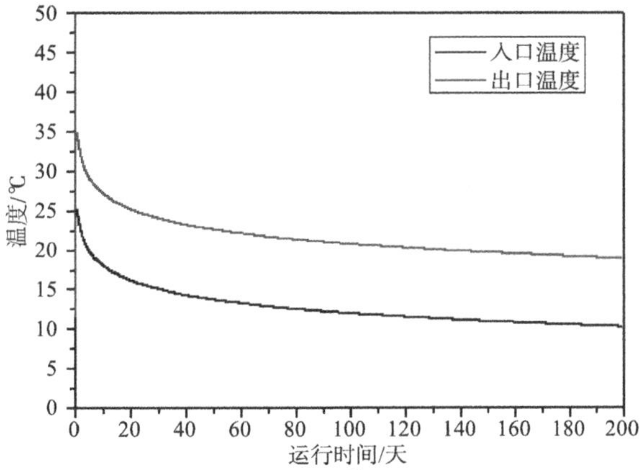

(c)井3

图 10 恒定供热负荷(320kW)时 3 个接转站的地热井出入口水温随运行时间的变化规律

4 结论

在双碳目标背景下，地热能的开发和利用对国家的节能减碳工作有重要的意义。油田存在大量的长停井可以直接通过改造用于地热资源的利用。然而，油田长停井开发利用程度低，针对地热能利用的工艺技术研究较少。本文以长庆油田为依托，提出“同井换热、热泵提温”的长停井地热能利用技术，并对井筒和地面改造工艺技术作了详细地研究。主要结论如下：

（1）针对长庆油田长停井岩热型地热资源特征和地热水直接供热不足的问题，提出“同井换热、热泵提温”的地热能利用技术。井筒和地面工艺改造是该地热能利用技术的关键。

（2）对长庆油田长停井地热能利用的井筒和地面工艺技术进行了研究。接转站采用2M方法进行全井筒测井，在射孔层段进行水泥挤封处理，采用上部保温管+下部换热管+筛管的组合方式确保循环水在井筒内获得最大热量。接转站使用两段脱水工艺将加热负荷从633/890kW降至236/362kW，减少耗气1387m^3/d。新建供热系统设置1台300kW撬装热泵机组为来油加热，热泵后端设置2台加热炉，热泵与加热炉采用串联工艺流程。

（3）长庆油田3个接转站长停井的地热能利用系统于2023年8月投运，截至2024年6月累计供热量12899GJ，消纳绿电42万度，节约燃气11.8万m^3，节电20.8万度，节约原油182t，减碳654.8t。

参考文献

［1］汪集暘，邱楠生，胡圣标，等．中国油田地热研究的进展和发展趋势［J］．地学前缘，2017，24(3)：1-12.

［2］李建鹏，王亭沂，孙伟，等．油田企业节能降耗领域技术发展对策之地热篇［J］．石油和化工设备，2017，20(11)：68-70.

［3］陈钦强．为什么"油公司"适合发展地热业务？［N］．中国石油报，2022-4-28(5).

［4］汪集暘，庞忠和，胡圣标，等．地热学及其应用［M］．北京：科学出版社，2015.

［5］姜光政．中国东北地区大地热流测量与岩石圈热结构［D］．北京：中国科学院大学，2017.

［6］尹立河，侯光才，张茂省，等．鄂尔多斯盆地地热系统［J］．工程勘察，2008，(2)：34-38.

［7］杨金龙，梅启亮，崔军平，等．鄂尔多斯盆地油气区地热开发潜力及前景探讨［J］．内蒙古石油化工，2023，(11)：112-115.

［8］刘润川，任战利，叶汉青，等．地热资源潜力评价-以鄂尔多斯盆地部分地级市和重点层位为例［J］．地质通报，2021，40(4)：565-576.

［9］任战利，于强，崔军平，等．鄂尔多斯盆地热演化史及其对油气的控制作用［J］．地学前缘，2017，24(3)：137-148.

［10］蔺文静，刘志明，王婉丽，等．中国地热资源及其潜力评估［J］．中国地质，2013，40(1)：312-321.

［11］王贵玲，张薇，梁继运，等．中国地热资源潜力评价［J］．地球学报，2017，38(4)：449-459.

“双碳”目标下长庆油田与新能源融合发展实践与探索

崔兆雪[1]　王荣敏[1]　林　罡[1]　杨学峰[2]　霍富永[1]　王　晗[1]

（1. 中国石油长庆油田分公司长庆工程设计有限公司；2. 中国石油长庆油田分公司新能源事业部）

摘　要　国家“双碳”战略背景下，油田生产与新能源融合发展是推动油田企业绿色低碳转型，实现可持续高质量发展的迫切需要。长庆油田结合区域风光热资源和油田生产现状，积极探索油田生产与新能源融合建设新路径，以“生产过程清洁化、用能结构低碳化、供能形式多样化”为原则，因地制宜开展多能互补综合利用，攻关形成了“光热+储热+两段脱水、光热+循环冷却水余热、光热+空气源热泵”等油田生产与清洁热力融合技术和“绿电+井场智能间开、绿电+智能控温输油、绿电+变工况注水”等油田生产与清洁电力融合技术，提高清洁替代比例，降低碳排放，加快从传统油气生产到绿色低碳生产模式转变，推动油田生产与新能源融合发展，全力打造绿色低碳示范区基地。

关键词　长庆油田；油田生产；新能源；清洁替代

“双碳”战略背景下，油气田依托区域内及周边可再生资源，以油气产业为基础加强新能源开发利用，向新能源等战略性新兴产业转型发展，是推动油田企业绿色低碳转型，实现可持续高质量发展的迫切需要。面对新形势新要求，中石油制定了“清洁替代，战略接替，绿色转型”三步走总体部署。长庆油田以“两山论”为指引，坚持规模化新能源利用与油气增产增供相互推动，大力推进安全生产和清洁发展，通过生产过程清洁化、用能结构低碳化、供能形式多样化，着力构建绿色产业结构和低碳能源供应体系，全面推动绿色低碳转型。

1　油田生产与新能源融合发展的资源优势

长庆油田位于鄂尔多斯盆地，横跨陕、甘、宁、蒙区域，石油资源量 169.0 亿吨，天然气资源量 16.3 万亿方。太阳能、风能资源均属于很丰富或丰富带，地热、采出水余热及压缩机烟气余热资源丰富，锂资源、BSK1 资源较丰富，回收潜力大，为油田生产与新能源融合发展提供资源基础。

1.1　油气资源丰富

长庆油田以页岩油、致密气等非常规油气藏为增储上产的主要资源保障，率先建成国内首个百万吨级页岩油示范区。在已探明石油储量、天然气储量基础上，长庆计划未来大力开发石油、天然气，预计“十四五”末油气当量将突破 6800×10^4t。高储量、大体量油气生产伴随着大量天然气消耗，为节能降耗、清洁替代提供了巨大空间。

1.2　太阳能资源丰富

我国年总辐射量分布呈“由东南往西北递增的总体特征”，年总辐射量范围 360～2800kWh/m^2，新疆东南、青海西和西藏西等地区太阳能资源最为丰富。长庆油田地处“陕甘宁蒙”，太阳法向直接辐射等级属 B～C 类（1000≤DNI≤1700），属二、三类资源区，处中游水平。其中，乌审旗、盐池等海拔较高地区光热资源更为丰富，太阳辐射强度呈季节性变化特点，夏季较强，冬季较弱（图 1）。

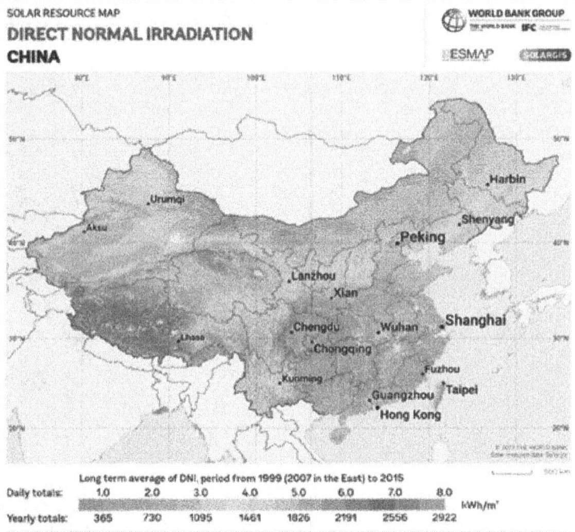

图 1　全国太阳直接辐射辐照量（DNI）分布图

1.3　地热资源潜力大

鄂尔多斯盆地属于中低温盆地，大地热流值一般在 56.3～68.6MW/m^{2}之间，相对稳定，未发现地温异常区。地温梯度主要集中在 2.6～3.0℃/100m，乌审旗～定边～环县一带和延安、庆阳等区域地温梯度偏高，但差异不大(图2、　图3)。

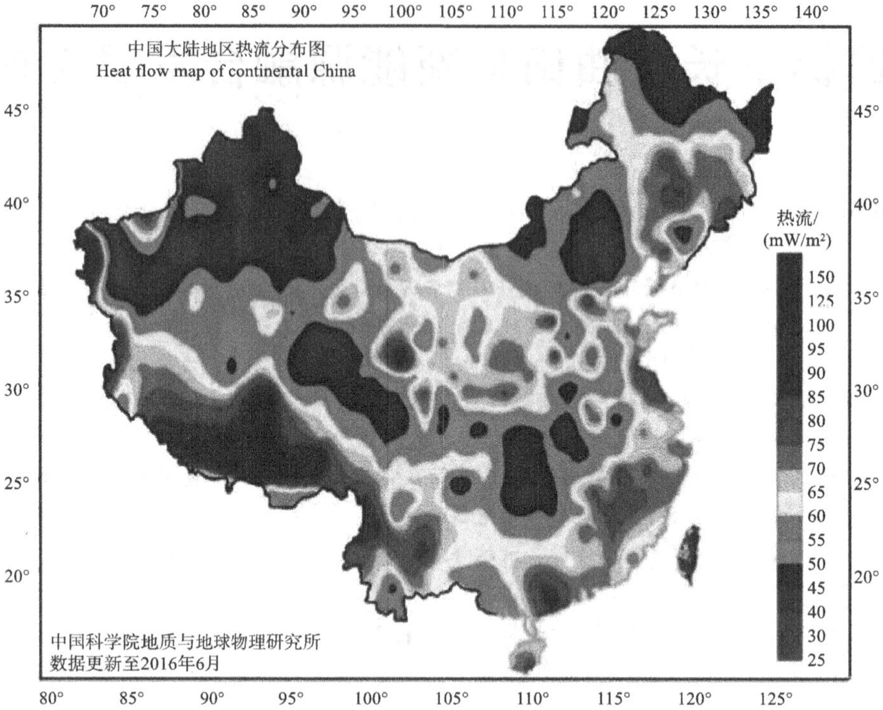

图2　全国热流分布图

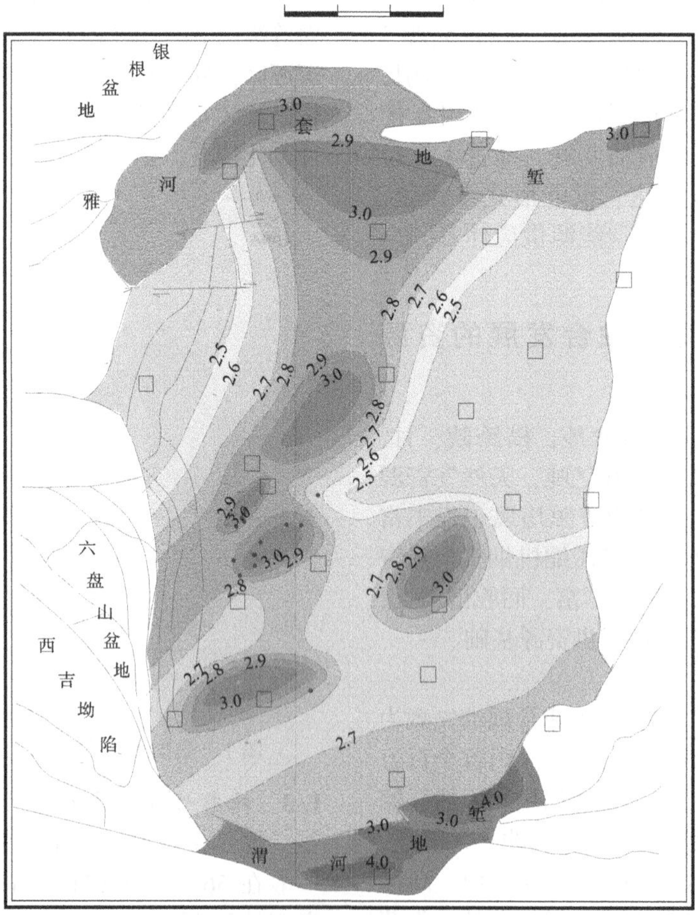

图3　鄂尔多斯盆地地温梯度分布

1.3.1　长停井地热资源

目前长庆油田共有长停井上万口，井深2000m以上井占65.5%，井龄10年以内井占48.5%，具有较大的开发潜力(图4)。

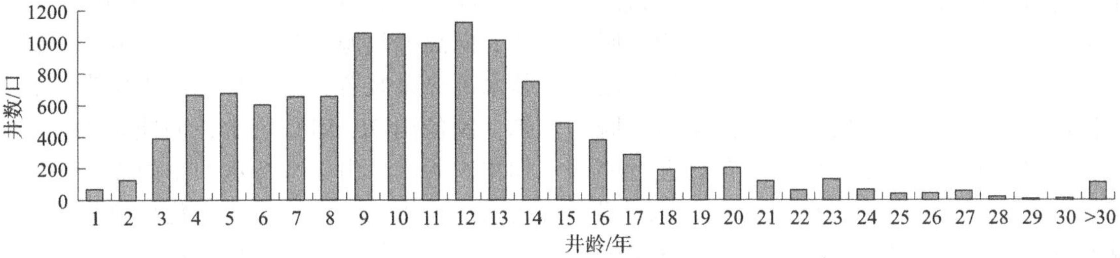

图4　长停井井龄柱状图

1.3.2　水源井地热资源

通过对大量水源井进行井口测温，其中56口井水温大于30℃，水源井综合开发利用具备一定潜力(图5)。

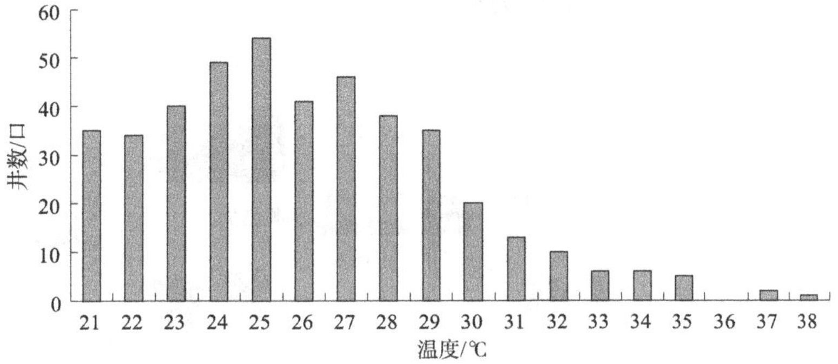

图5　水源井井口水温实测情况柱状图

1.4　余热资源潜力大

余热产生于燃烧、换热和介质压缩过程，油田余热主要有压缩机烟气余热、加热炉烟气余热、天然气压缩热、采出水余热及轻烃厂循环冷却水余热。长庆油田可利用余热资源总量约1419.64万吉焦/年，折合标煤48.51万吨/年，余热资源回收利用潜力大。

2　油田能耗及新能源建设现状

油气田企业既是能源生产大户，也是能耗和碳排放大户。截止2022年，长庆油田能耗96.34万吨标煤，其中，电力用量54.68亿千瓦时、占比69.75%(可再生能源发电量占比4.5%)，天然气用量2.4亿方、占比28.46%，其余汽柴油等占比1.78%，用能以天然气和网电为主。已建设实施地热、光伏以及光热共3项新能源项目，清洁能源利用量合3.4万吨标煤。其中，地热利用累计供热1260GJ，分布式光伏累计发电1.26亿度，光热利用累计供热18162GJ。另有二氧化碳驱油(CCS/CCUS-EOR)1项，建成黄3区CO_2综合试验站，累计注入CO_2 24万吨，预计未来年CO_2注入量将达到百万吨以上。

长庆油田具有较为全面的不同类型新能源项目建设和运行经验，业务基础全面，但其新能源建设起步较晚、规模较小，新能源利用特性与油气田生产用能存在不匹配等问题，整体与塔里木、华北、玉门、大庆等油田相比仍有差距。随着油田开发进程的推进，资源品位下降，综合含水上升，地面系统面临布站层级多、系统负荷低、运行成本高、碳排强度大等问题凸显，迫切需要进一步探索油田生产与新能源融合技术，加快推广应用，提高清洁能源替代比例，促进绿色低碳转型发展，逐步形成多能互补开发模式。

3　油田生产与新能源融合技术探索

针对目前长庆油田对新能源业务的迫切需求及油田生产现状，油田积极探索油田生产与新能源融合建设新路径，以“生产过程清洁化、用能结构低碳化、供能形式多样化”为原则，提出“地面生产优化节能+清洁热力/电力替代”的油田生产和新能源融合发展技术路线。

3.1　油田生产与清洁热力融合

3.1.1　光热+储热+两段脱水

针对油田光热供热不稳定、不平衡和效益差问题，联合站、脱水站采用"光热+储热+两段脱水"组合技术，含水率50%以上脱水站采用两段脱水工艺(一段不加热脱水、二段加热55℃脱水)有效降低加热负荷，将光热峰值弃热进行储存，削峰填谷，可实现"光热+储热+两段脱水"零碳脱水站场，预计年节气88.8万方，发绿电71.26万吨，增加绿电消耗307.1万度。

3.1.2　光热+循环冷却水余热

轻烃厂循环冷却水流量大，供热能力强，因此考虑以"水源热泵+光热系统"实现清洁热力全替代，原加热炉仅作备用。热泵利用循环工质在蒸发器、压缩机、冷凝器和膨胀阀中连续的相变、膨胀和被压缩过程，不断地从低温热源吸热，向高温热源放热。在轻烃厂分别设置一套橇装水源热泵装置，以冷却水回水作为低温取热热源，制备出70/55℃热水，向毗邻联合站供应，如图6所示。由于冷却水回水尚需在闭式冷却塔内通过风机、喷淋等手段强化换热降温，因此水源热泵的取热有利于循环冷却水系统运行的节能降耗。某站实施后，年清洁热力供热量总计44788GJ，年节约燃气66.29万方，节能折合标煤664.2吨。

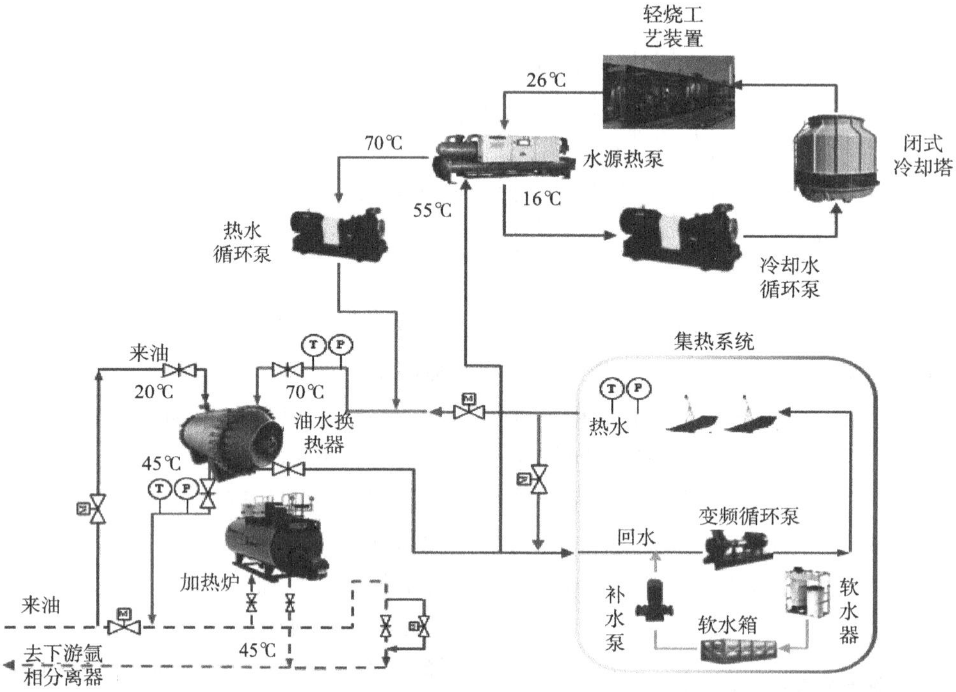

图6　光热+循环冷却水余热工艺流程

3.1.3　地热+空气源热泵+两段脱水

针对地热项目水温低、效益差问题，采用"地热+热泵+两段脱水"组合技术，水源井采用"取水用热、小温差换热"技术，长停井采用"同井换热、热泵提温供热"技术，并结合含水率50%以上脱水站采用两段脱水工艺(一段不加热脱水、二段加热55℃脱水)有效降低加热负荷，满足油田不同加热温度需求，着力打造"清洁地热+空气源热泵+两段脱水"零碳脱水站场，实现地热利用项目效益开发。

3.1.4　光热+空气源热泵

采用光热系统与超低温空气源热泵串联工艺流程，以软化水为热媒介质，集热系统逐步加热至高温(供回水温度70/55℃)，送入油水换热器加热原油至脱水温度，空气源热泵作为辅助热源，如图7所示。系统可完全替代原加热炉。某站实施后，清洁热力供热量总计16916GJ，年节约燃气49.08万方，节能折合标煤419.4吨。

3.2　油田生产与清洁电力融合

3.2.1　绿电+井场智能间开

油井智能间开技术是一种提高效率、实现机采系统优化节能经济高效的手段。随着长庆油田光伏发电的应用，采用光伏+智能间开技术。井场设分布式光伏，配套储能。光伏发电柔性直流接入，优先就地消纳，余电储能；光伏发电不满足负荷需求时，储能放电；光伏和储能均不满足时，通过智能间开/柴油发电机/网电补充，实现井场“零碳”生产，如图8所示。每年可替代灰电18万度，节约标煤54.99吨，减排二氧化碳120吨。

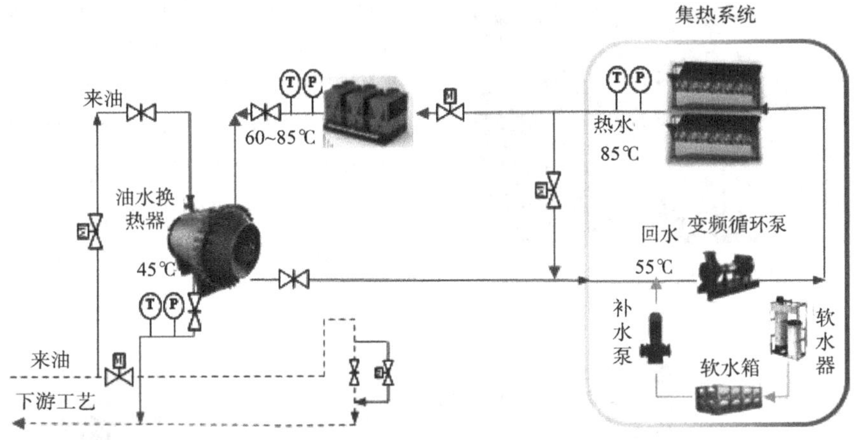

图7　光热+空气源热泵工艺流程

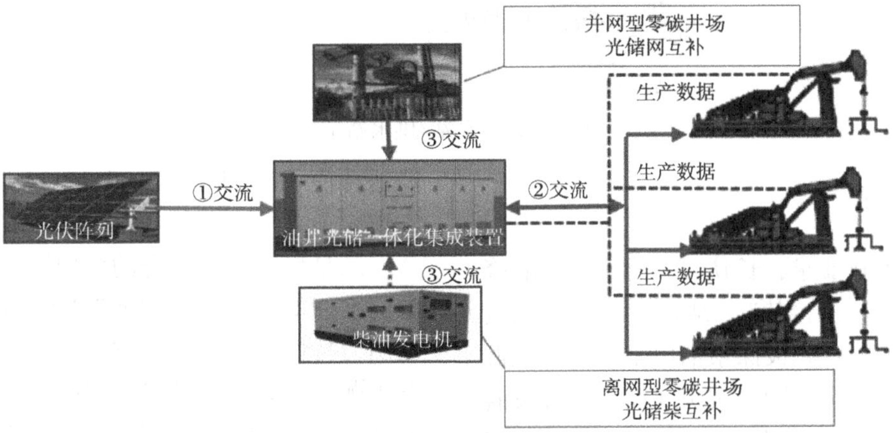

图8　零碳井场建设模式

3.2.2　绿电+智能控温输油

针对老油田含水率50%以上站场采用“绿电+智能控温输油技术”，结合光伏不稳定性，设置电阻式加热器(加热炉电气化)与已建燃气加热炉相互备用运行，加热系统启停并与出站压力联锁，当出站压力值较平稳运行升高0.2~0.7MPa(具体参数应该根据实际情况进行不断调整优化，以及上游采油井井口回压不宜超过1.5MPa)，启炉融蜡，压力值降至平稳运行值时停止加热。着力打造“绿电+智能控温输油”低碳集输站场，可年节电33万度，减少伴生气消耗37万方，进一步提高站场电气化率、绿电占比和伴生气消耗。

3.2.3　绿电+采出水处理

目前采出水处理温度>35℃，采出水采用“生化除油+过滤”、“气浮除油+过滤”处理工艺，低温脱水分离的采出水，采用常规处理工艺去除难度大。针对长庆油田采出水的物性特点，采用“电化学除油+精细过滤处理”工艺，提出“电催化氧化、电絮凝、电气浮”三电联用组合式采出水高效分离技术，实现采出水处理高效除油，处理后含油<2mg/L，悬浮物<2mg/L。

3.2.4　绿电+空气源热泵

针对保障点采用“屋面光伏+空气源热泵”技术。保障点拆除站内已建采暖热水炉，更换复叠橇装空气源热泵机组作为供热装置，接入原供热系统为站内采暖供热，供热介质为65/50℃热水，橇内布置热泵、循环泵、水处理器、配电柜和控制柜等，屋顶采用原有平屋面上加装钢结构坡屋面的形式，其中钢结构坡屋面采用单层压型金属板+BIPV光伏板的光伏一体化屋面。全方位用能清洁替代，打造绿色低碳保障点，预计年减少CO_2排放量7434吨(图9)。

图9　BIPV 光伏屋面

3.2.5　绿电+变工况供注水

油田注水系统与开发匹配动态调整，按照注水压力、结合受益油井采出液含水率，把同一系统注水井分组、分批次变流量或者间歇注入，变流量或者间歇注入机制，再与绿电不平稳供能相匹配，形成与绿电融合的供注水系统再造低碳生产运行机制，打造低碳、零碳供注水站，如图10所示，可升级完善庞杂供注水系统优化运行，大幅增加绿电消纳能力，绿电、谷电利用率提高20个百分点以上，年节电26万度。

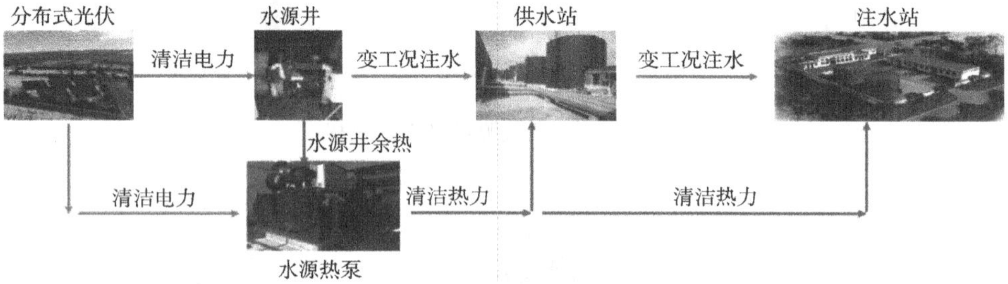

图10　零碳注水站/供水站示意图

4　总结与展望

面对新形势新要求，长庆油田聚焦“节能降耗、清洁替代、战略接替”，结合区域风光热资源、油气生产现状，积极探索油田生产与新能源融合建设新路径，形成了“光热+储热+两段脱水、光热+循环冷却水余热、光热+空气源热泵”等油田生产与清洁热力融合技术和“绿电+井场智能间开、绿电+智能控温输油、绿电+变工况注水”等油田生产与清洁电力融合技术路线，为打造姬塬、南梁、靖安、环江、吴起、桐川绿色低碳示范区基地提供技术保障。

未来，长庆油田将依托油气核心业务发展优势，以碳中和远景目标为指引，加快油田从传统生产到绿色低碳生产模式转变，推动油田生产与“风、光、热、储、氢”新能源融合发展，实现构建清洁低碳、安全高效、多能互补新格局，全力保障长庆新能源业务“追赶超越、走在前列”。对油田生产与新能源融合发展提出几点展望如下。

一是持续强化融合的“深度”。立足油田对内清洁替代，扩大清洁电力利用规模，加速清洁热力技术突破，着力推进储能业务发展，通过多能互补促进生产单元的低碳生产，规划2025年清洁替代率达到25%，助力“双碳”目标的早日实现。

二是持续转变融合的“角度”。以“规模化绿电消纳、低成本终端用能”为核心，建立与风光电出力特性匹配的生产方式，工艺制度由连续向变工况转变，重点推进绿电+智能间开/控温输油/变工况注水项目建设，形成绿电应用为基础的变工况生产模式。

三是持续拓宽融合的“广度”。积极发挥长庆油田油气、地质体、采出水资源优势，大力推进相关配套业务融合，在建设管理、技术标准、数字管控等方面形成驱动力，打造系统、立体的融合发展新格局。

四是持续提升融合的“高度”。进一步提高政治站位，将自身发展与国家战略、地方经济社会发展相融合，大力推进多能互补的“沙戈荒”大基地和千万吨级 CCUS/CCS 基地建设，促进与地方经济发展的深度融合，增强保障国家能源安全的底气及担当。

参　考　文　献

[1] 吴红伟，张振华，杨志坚等．油田新能源应用发展探究[J]．石油石化节能，2023，13(07)：99-102.
[2] 白小娟．新能源背景下油田公司发展战略探析[J]．中国石油和化工标准与质量，2023，43(09)：

91-93.
[3] 李金永．碳达峰碳中和目标下采油厂的绿色低碳发展[J]．油气田地面工程，2023，42(05)：16-23.
[4] 戴厚良．深入学习贯彻习近平生态文明思想为建设能源强国贡献力量[N]．学习时报，2022-1-21(1).
[5] 邹才能，薛华庆，熊波，等．“碳中和”的内涵、创新与愿景[J]．天然气工业，2021，41(8)：46-57.
[6] 周扬，吴文祥，胡莹，等．西北地区太阳能资源空间分布特征及资源潜力评估[J]．自然资源学报，2010，25(10)：1738-1747.
[7] 刘润川，任战利，叶汉青，等．地热资源潜力评价：以鄂尔多斯盆地部分地级市和重点层位为例[J]．地质通报，2021，40(4)：565-576.
[8] 杨学峰，姬伟，周星泽，等．长庆油田新能源业务发展模式探索与实践[J]．石油科技论坛，2023，42(02)：40-48.
[9] 焦青．“双碳”目标下长庆油田发展战略研究[D]．西安：西北大学，2023.
[10] 张晨阳，王福焕，魏华，等．“双碳”目标下塔里木油田油气与新能源融合发展实践[J]．新疆石油天然气，2022，18(2)：16-20.
[11] 侯启东．大庆油田光热清洁替代技术研究[J]．油气田地面工程，2023，42(07)：77-82.
[12] 姬蕊，冯宇，仝雷，等．长庆油田高含水期原油脱水工艺探讨[J]．石油和化工设备，2017，20(06)：113-116.
[13] 余杰，丁浩，梁馨娴，等．油井智能间抽在油田生产中的应用与实践[J]．石油化工应用，2021，40(04)：105-107.

长庆油田黄 3 区 CO_2 驱先导试验地面工艺技术及应用

杨　腾　冯白羽　王　智　冯　宇　白剑锋

（中国石油长庆油田分公司长庆工程设计有限公司）

摘　要　长庆油田黄 3 区 CO_2 驱先导试验是国内首个低渗透油气田 CO_2 驱国家示范工程。本文对长庆油田黄 3 区 CO_2 先导试验的地面工艺技术创新成果及现场实施效果进行综述。从液态 CO_2 注入、含 CO_2 原油集输、气液分离、CO_2 捕集、含 CO_2 伴生气处理、采出水处理、CO_2 驱腐蚀与防护等方面总结黄 3 区 CO_2 驱先导试验的地面工程技术体系及成效。对陆地油田安全、有效开展 CO_2 驱提供了地面工程领域的借鉴。

关键词　CO_2 驱油；地面工程；工艺技术；规划设计；现场应用

CCUS-EOR 技术不仅是我国实现“碳达峰、碳中和”的重要举措，也是低渗透油田大幅提高采收率的战略性接替技术，同时兼具减碳、增油两大功能。长庆油田坚决贯彻落实国家“双碳”目标和集团公司“绿色行动”三步走战略部署，在“十三五”期间建成黄 3 区 CO_2 驱先导试验国家示范工程。

本文系统总结长庆油田黄 3 区块 CO_2 先导试验的地面工艺技术创新成果及现场实施效果。从液态 CO_2 注入、含 CO_2 原油集输、气液分离、CO_2 捕集、含 CO_2 伴生气处理、采出水处理、CO_2 驱腐蚀与防护等 7 个方面对黄 3 区块 CO_2 先导试验的主要地面工艺技术进行介绍，为低渗透油藏提高采收率、高效规模开发提供地面工程领域借鉴。

1　国内外矿场试验现状

国外 CO_2 驱油与封存技术起步较早。自 20 世纪 60 年代以来，美国便开始在二叠系储集层进行 CO_2 驱油矿场实验，随后在得克萨斯州投产了世界首个 CO_2 驱油商业项目，单井产量提高 3 倍之多。80 年代后期，美国 CO_2 驱油进入商业化推广阶段，成为世界上利用 CO_2 驱油最多的国家，CO_2 驱年产油量曾连续 5 年达 1500×10^4t。2000 年，加拿大韦本油田建成了世界上首个 CCUS-EOR 示范工程，年注 CO_2（160～200）$\times10^4$t，注 CO_2 后预计提高原油采收率 15 个百分点以上。

2003 年以来，大庆油田针对特低渗透储层水驱难以建立有效驱动体系的问题，先后开展了芳 48、树 101 及贝 14 先导试验。2007 年，胜利油田在高 89-1 块开展了 CO_2 近混相驱先导试验，2013 年樊 142-7-斜 4 井组 CO_2 高压混相驱先导试验取得突破。2008 年以来，吉林油田先后在大情字井油田黑 59 和黑 79 区块开展了原始油藏和高含水油藏 CO_2 驱先导实验，证实了 CO_2 驱油可快速补充地层能量，实现降水增油效果。针对低渗透油藏储层物性差、水驱难以建立有效的驱替压力系统、产量递减快、低压、注采矛盾突出等问题，长庆油田从 2017 年在姬塬油田黄 3 区块长 8 油藏开展 CO_2 驱先导试验试注，2020 年建成 5×10^4 t 规模综合试验站。

2　示范工程概况

长庆油田黄 3 井区位于宁夏盐池县与陕西定边县交界处，如图 1 所示。2014 年，长庆油田黄 3 区块二氧化碳驱先导实验启动，2017 年 7 月开始试注，2018 年 11 月实现“9 注 37 采”整体注入，2020 年建成 5 万吨规模综合试验站。先导试验增油及埋存效果初显，为 CCUS 工业化推广奠定了基础。

图 1　长庆油田黄 3 区块 CO_2 驱先导实验区航拍图

3 地面工艺关键技术

长庆油田黄3区块采用橇装站液态CO_2注入的方式，初期连续注入，后期水气交替注入。液态二氧化碳经注入泵增压、配气阀组调节计量后，输送到注入井并注入地下。采用丛式井场不加热集输，站场三相分离器热化学破乳，采出水气浮加过滤后回注，采出气膜/PSA分离CO_2，低温法回收CO_2循环利用。

如图2所示，主要地面工艺技术路线为：CO_2注入(地质埋存)—采出液中CO_2含量上升—集输系统脱气—伴生气处理系统实现伴生气回收、含CO_2伴生气分离、CO_2增压、脱水、提纯及液化—CO_2注入系统重新注入，实现了CO_2捕集、驱油与埋存闭环管理。

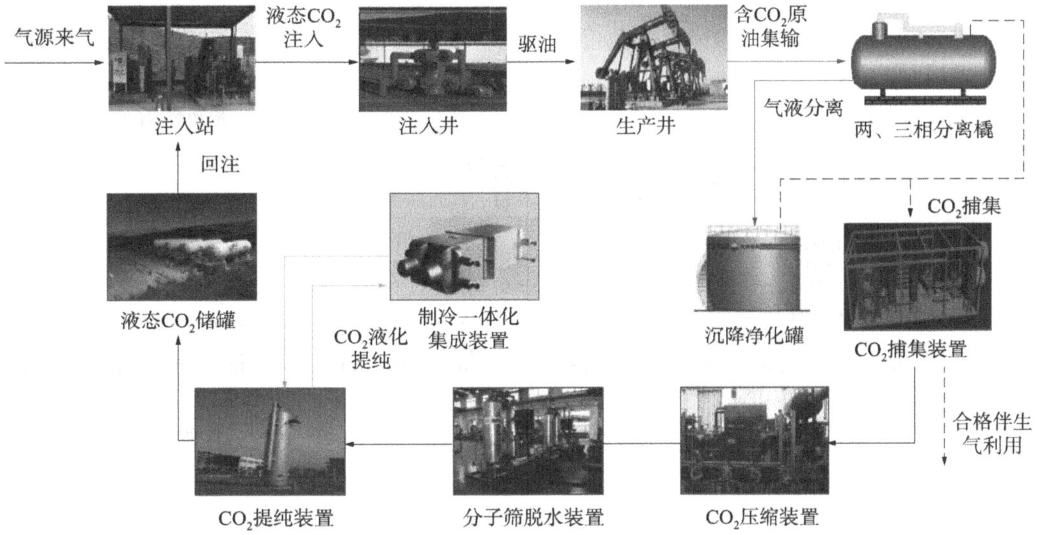

图2 长庆油田黄3区块CO_2驱地面工艺技术路线图

3.1 液态CO_2注入技术

借鉴吉林、大庆等油田CO_2驱油技术经验，结合黄3区块CO_2气源及注入要求，采用液态CO_2注入的方式，初期连续注入，后期水气交替注入。如图3所示，液态二氧化碳经注入泵增压、配气阀组调节计量后，输送到注入井并注入地下，形成了液态CO_2集中增压+分压调控+稳流配注的液态CO_2注入工艺。图4为液态CO_2注入一体化集成装置。

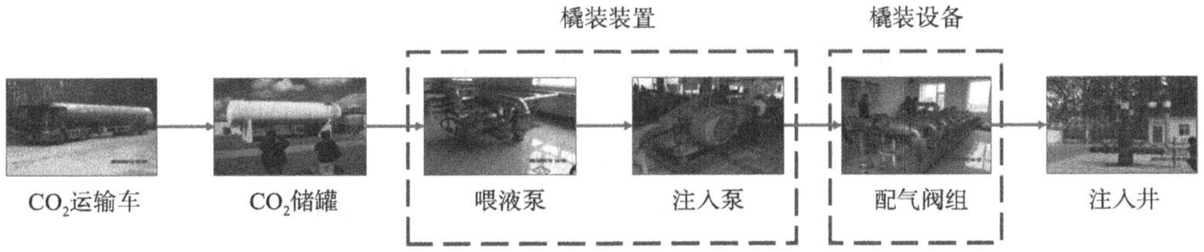

图3 液态CO_2注入工艺流程图

图4 液态CO_2注入一体化集成装置图

3.2 含CO_2原油集输工艺

随着CO_2驱采油技术的不断应用推广，CO_2驱采出液地面集输工艺面临一些难题。CO_2被注入油藏后，约有50%~60%被永久封存于地下，剩余40%~50%则随着油田伴生气溢出地面，这导致在气/液两相集输管路中，管道内的液流(油和水)为溶解CO_2与伴生气的溶气液流，采出液流变性发生极大变化，影响原油集输系统的最优设计和运行方案。

利用中国石油大学(华东)搭建的模拟油藏

工况的原油 CO_2 预处理装置，制备模拟现场条件下的溶气原油，对比分析不同溶解气组成下溶气原油各流变参数变化情况。

相同测试条件下，溶气原油热处理温度越高，凝点越低。实验对比分析了原油热处理温度为 80℃时，现场条件下饱和溶 CO_2 原油、饱和溶 CH_4 原油、CO_2 与 CH_4 摩尔比为 9∶1 的饱和溶气原油(以下简称 9∶1 溶气原油)、CO_2 与 CH_4 摩尔比为 8∶2 的饱和溶气原油(以下简称 8∶2 溶气原油)的流变性质，如图 5 所示。图 5(a)为溶气原油凝点随压力变化曲线。图 5(b)为溶气压力 3.5MPa、剪切速率为 $50s^{-1}$ 时，溶气原油黏温变化曲线。图 5(c)为溶气压力 3.5MPa 时，溶气原油屈服值随温度变化曲线。

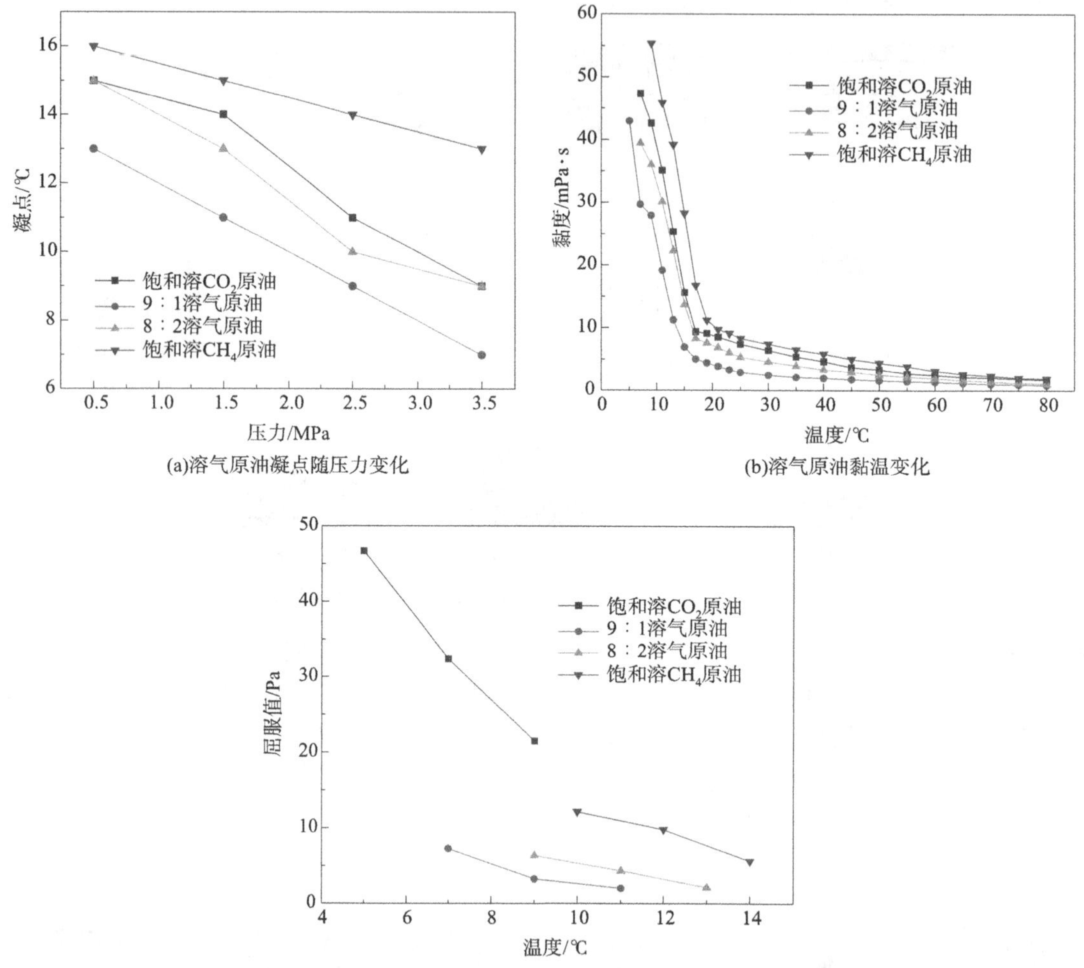

(c)溶气原油屈服值随温度变化

图 5　不同溶解气组成下溶气原油各流变参数变化曲线

由图 5 可知，相同测试条件下，溶纯 CO_2 原油凝点和黏度低于溶纯 CH_4 原油的凝点和黏度。同时，当溶解气中 CO_2 与 CH_4 摩尔比为 9∶1 时，溶气原油凝点、黏度和屈服值最低。可见，原油溶一定量 CO_2 之后，相同温度下胶凝结构减弱，低温流变性得到了改善。根据现场提供的数据，采出气中 CO_2 的含量一般高于 90%，对于 CO_2 驱采出原油，不加热集输技术中溶气稀释、膨胀原油以改善流动性的效应仍然存在。

因此，长庆油田黄 3 区块含 CO_2 原油采用丛式井场不加热集输工艺，最终形成了不加热密闭集输+多相计量+中低压结合的含 CO_2 原油集输工艺技术，如图 6 所示。若井口回压超过 4.0MPa 将造成出油管路及站场超压，严重威胁系统安全，此时超压采油井必须停井或泄放。

3.3　气液分离技术

由于油井来油气油比均≥50m³/t，CO_2 驱气液分离需经过两次分离沉降，气液分离工艺流程如图 7 所示。井场来油进站场后进行气液分离，含 CO_2 原油加热后，经两相分离撬进行气液分离，分离后的含 CO_2 伴生气进入 CO_2 捕集装置进行捕集提纯分离，而经两相分离后的含水原油则进入三相分离撬、沉降罐、净化罐进行进一步分离提纯。两相分离一体化集成装置和三相分离一体化集成装置，分别如图8和图9所示。

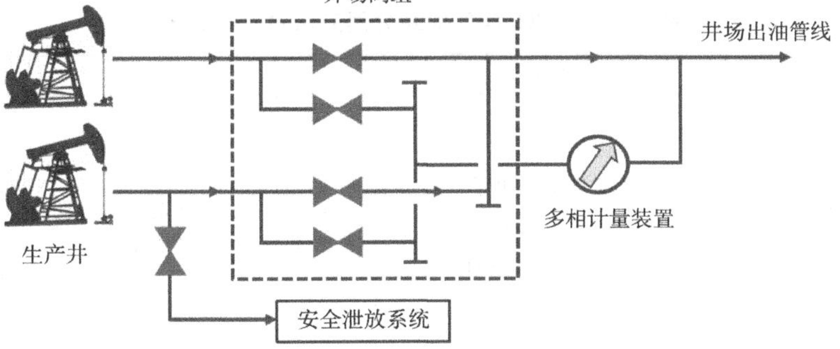

图6　含CO_2原油集输工艺流程图

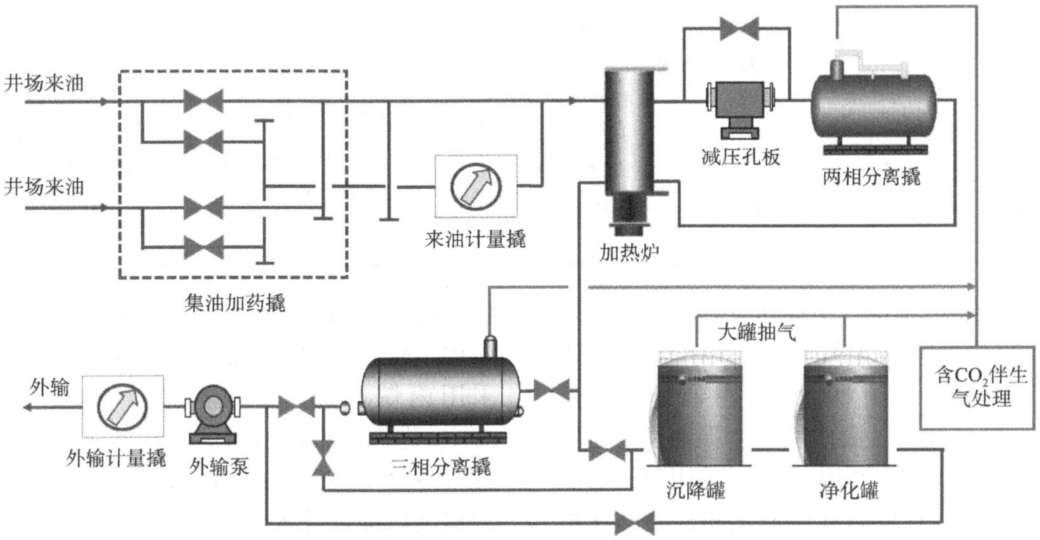

图7　井场来油气液分离流程图

图8　两相分离一体化集成装置图

图9　三相分离一体化集成装置图

3.4　含CO_2伴生气处理

黄3区块先导试验的核心技术为CO_2捕集、提纯及液化技术，该系统完全由长庆油田分公司自主研发设计。CO_2气源组分差异较大，不同气源应采取不同的捕集技术。如表1所示，用于CO_2捕集分离的工艺主要有化学吸收法、变压吸附法、膜分离法等工艺方法。吉林油田对CO_2含量为3%～30%的天然气，应用溶液吸收法(胺法)；对于CO_2含量大于30%的天然气，应用多级膜分离、膜+变压吸附、膜+醇胺法等分离捕集组合工艺技术。在综合考虑各项方案后，长庆油田黄3试验区最终选择膜分离法和变压吸附法。膜分离法和变压吸附法捕集产品纯度高，操作费用低，装置运费费用低，费用现值较低，可用于原料气组分变化较大的工况。

表1　三种 CO_2 捕集提纯分离方法对比一览表

工艺方法	适用情况	分离原理	优点	缺点
化学吸收法	适用于 CO_2 含量低于40%的工况	CO_2 与溶剂发生化学反应被吸收，贫液成为富液，富液进入解吸塔加热分解出 CO_2	工艺成熟，操作简单、方便，产品气 CO_2 纯度可达99.9%	捕集工艺能耗大；吸收剂在循环过程中对 CO_2 吸收效率不高，溶液循环量大；以塔式设备为核心的吸收、解吸系统反应效率低、设备庞大、操作弹性小
变压吸附法	CO_2 含量、产量变化较大，且要求双指标合格的工况	利用吸附剂对于同一种气体在不同压力下的不同吸附量实现吸收气体的分离解吸	产品纯度高、设备简单、操作维护方便、完全自动化	无法满足低浓度工况
膜分离法	适合于 CO_2 一次性的大量脱除	原理为物理分离，根据不同气体分子在膜中的溶解扩散性能差异，在一定压差推动下，CO_2 和水与甲烷、乙烷等相比，被优先溶解渗透，从而达到分离的目的	能耗较低、元件结构简单，投资少，运行成本低，具有便于扩充处理容量的灵活性	工艺流程相对复杂，动设备多；用于伴生气 CO_2 捕集的工业经验相对少。

根据现场实际情况，主要研发利用多项橇装装置，实现含 CO_2 伴生气分离、CO_2 增压、脱水、提纯及液化。如图10所示，主要研发真空抽吸装置、增压装置、脱水装置、提纯及液化装置。采用多级往复式压缩机增压、采用分子筛脱水。CO_2 液化方式有低温低压液化和常温高压液化方式。常温高压液化压缩机能耗较高，试验区采用了较先进的低温低压液化方式，液化的冷源采用丙烷制冷。经过捕集、增压、脱水后的 CO_2，进入冷箱，与丙烷制冷装置来的液体丙烷进行冷量交换，CO_2 气体被液化，再进入提纯装置提纯后即可进入储罐储存。

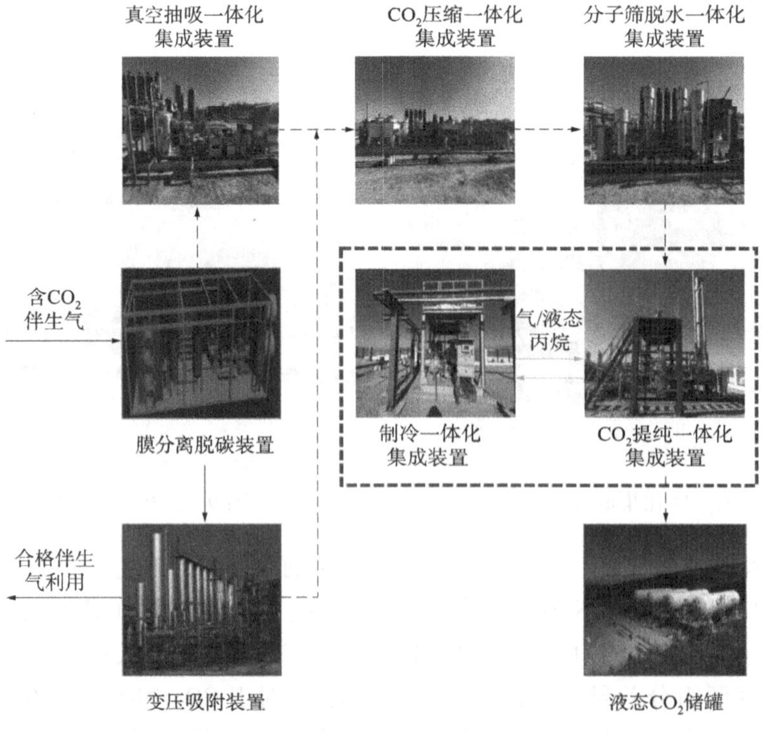

图10　含 CO_2 伴生气分离、提纯、液化回收技术流程图

3.5 采出水处理

CO_2驱采出原油组成的变化将导致油水乳液及泡沫原油的稳定性显著提高，给后续油气水处理工艺带来困难。为此，开展了 CO_2驱采出水水质分析研究，确定了“调质+气浮+过滤”采出水处理工艺，研发了采出水处理一体化集成装置，采出水气浮加过滤后回注。

CO_2驱采出水处理工艺流程，如图 11 所示。工艺前端通过调质提高水质 PH，降低采出水腐蚀性，采用气浮加快油水分离，促进水中 CO_2挥发，后端采用过滤进一步去除水中杂质，提升试验区采出水处理系统的适应性。

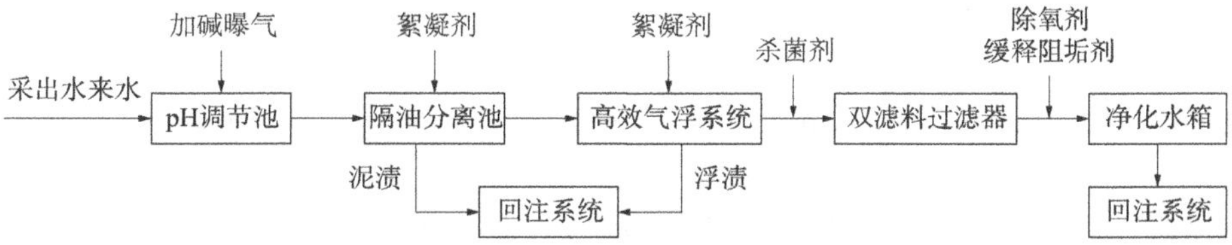

图 11　CO_2驱采出水处理技术工艺流程图

3.6 腐蚀控制与材料选择

采用管材优选、内涂试验、腐蚀监测、投加缓蚀剂等措施，提高系统耐腐蚀性能和腐蚀风险监控能力。新建管线的内防腐根据性能优先、效益为主的原则，结合不同工艺系统腐蚀特点，分别采用不锈钢、金属内涂和非金属管材。已建管线以投加缓蚀剂为主要措施，并进行内腐蚀监测，以探针和挂片为主；外腐蚀检测，以超声波、PCM 等常用方法为主，实时或定期对金属管线进行腐蚀风险评估(图 12)。

图 12　地面集输系统高矿化度下防腐防垢技术体系

4　地面工艺技术应用效果

长庆油田黄 3 区块先导试验设计注入井 9 口，采出井 37 口，设计原油处理能力和外输能力 5 万吨/年，伴生气处理能力 1 万立方米/日，二氧化碳注入能力 200 吨/日，污水处理能力 100 立方米/日。

从投产后的实际生产情况来看，预测指标总体偏乐观，目前产量未达到预测数据峰值。地面系统效率指标评价，如表 2 所示。在集输密闭率，外输原油含水率，原油商品率，土地面积有效利用率 5 个指标上表现非常好，均达到 100%。在注气能力负荷方面，增加更新井及气窜井治理后，注气系统负荷率达到 100%。同时，由于实际产液量约是预测峰值的 50%，因此原油处理平均负荷率偏低，建议后续工程设备采用模块化组合方式，实现低负荷下的高效运行。在伴生气处理率方面，由于实际产气量少，采出气体二氧化碳含量少，因而采出气全部进入轻烃厂集中处理。

表 2　地面系统效率指标评价表

序号	地面系统设计指标	初步设计值	实际值			平均符合率	差异原因
			2021 年	2022 年	2023 年		
1	原油处理负荷率	19-96%	40%	50%	50%	47%	产液量大体为峰值预测值的 50%
2	集输密闭率	100%	100%	100%	100%	100%	
3	伴生气处理率	50%	100%	100%	100%	100%	目前未达投运气量，采出气进入下游轻烃厂
4	采出水处理率	100%	100%	100%	100%	100%	
5	注气系统负荷率	100%	75%	75%	100%	83%	个别井气窜停井后，增加更新井，注入量达到设计值
6	外输原油含水率	0.5%	0.5%	0.5%	0.5%	100%	外输原油达到含水率小于 0.5%的商品原油标准
7	原油商品率	100%	100%	100%	100%	100%	
8	土地面积有效利用率	100%	100%	100%	100%	100%	

综合上述评价认为：姬塬油田黄 3 区 CO_2驱先导试验工程结合了 CO_2驱的特点，形成了复杂地形环境下 CO_2驱地面工程配套技术，可以满足油藏工程及现场管理的需要。但由于预测指标的不确定性，导致 CO_2捕集及循环利用系统至今没有投运。建议类似工程应分期实施，CO_2捕集及循环利用系统初期应考虑预留，之后按实际生产情况开展设计及工程。

5　结论

CCUS-EOR 技术是我国实现“碳达峰、碳中和”的重要举措，同时兼具减碳、增油两大功能。长庆油田黄 3 区块 CO_2驱先导试验的成功，为我国油气田绿色低碳发展提供了有力支撑，形成了适合黄土塬地貌的 CCUS-EOR 地面工艺技术，具有碳减排社会效益与驱油经济效益“兼得”的优势，具有广阔的发展前景。

（1）形成了 CO_2集中增压+分压调控+稳流配注的液态 CO_2注入工艺；形成了单管不加热密闭集输+多相计量+中低压结合的含 CO_2原油集输工艺技术。

（2）根据现场实际情况，主要研发利用多项橇装装置，采用多级往复式压缩机增压、分子筛脱水、液态丙烷低温低压液化的方式，实现含 CO_2伴生气分离、CO_2增压、脱水、提纯及液化，形成了两级分气+三相脱水+膜/PSA 捕集+循环的采出气利用工艺。

（3）开展了 CO_2驱采出水水质分析研究，确定了“调质+气浮+过滤”采出水处理工艺，研发了采出水处理一体化集成装置。

（4）在地面集输系统防腐方面，新建管线结合不同工艺系统腐蚀特点，分别采用不锈钢、金属内涂和非金属管材。已建管线以投加缓蚀剂为主要措施，并进行内腐蚀监测。

参 考 文 献

[1] 黄维和，李玉星，陈朋超．碳中和愿景下中国二氧化碳管道发展战略[J]．天然气工业，2023，43(07)：1-9.
[2] 戴厚良．推动绿色低碳发展增强能源安全保障能力[J]．求是，2021(22)：61-65.
[3] 曹万岩．CCUS-EOR 驱油集输系统生产稳定性保障措施探索[J]．石油石化节能，2023，13（7）：53-56.
[4] 牛皓，杜琼，许川东，等．美国二氧化碳强化采油应用情况及对中国 CCUS 应用的启示[J]．环境影响评价，2023，45(03)：50-55+62.
[5] 袁士义，马德胜，李军诗，等．二氧化碳捕集、驱油与埋存产业化进展及前景展望[J]．石油勘探与开发，2022，49(4)：828-834.
[6] BP. BP statistical review of world energy[R]. London：BP，2018.

[7] Global CSS Institute. Global status of CCS 2021 [R]. Melbourne：Global CSS Institute，2021：34.
[8] 窦立荣，孙龙德，吕伟峰，等. 全球二氧化碳捕集、利用与封存产业发展趋势及中国面临的挑战与对策[J]. 石油勘探与开发，2023，50(5)：1083-1096.
[9] 程杰成，白军辉，李玉春，等. 大庆油田CO_2驱油技术研究试验进展与展望[J]. 大庆石油地质与开发，2024，43(4)：6-14.
[10] 张宗檩，吕广忠，王杰. 胜利油田CCUS技术及应用[J]. 油气藏评价与开发，2021，11(6)：812-822.
[11] 杨勇. 胜利油田特低渗透油藏CO_2驱技术研究与实践[J]. 油气地质与采收率，2020，27(1)：11-19.
[12] 王峰，黎政权，张德平. 吉林油田CCUS-EOR技术攻关与实践新进展[J]. 天然气工业，2024，44(4)：76-82.
[13] 蔡博峰，李琦，张贤，等. 中国二氧化碳捕集利用与封存(CCUS)年度报告(2021)—中国CCUS路径研究[R]. 北京：生态环境部环境规划院，2021.
[14] 于世春，胡改星，刘笑春，等. 长庆油田CO_2驱注采工艺现状及技术攻关方向[J]. 石油化工应用，2023，42(12)：15-19.

高比例分布式电源接入电网的典型性继电保护装置优化控制方法

孙　赞[1]　蔡培升[1]　王　明[1]　郑晓利[1]　邵刚涛[2]

（1. 中国石油长庆油田分公司长庆工程设计有限公司；
2. 中国石油长庆油田分公司新能源事业部）

摘　要　电力能源需求的急剧增加，使得分布式电源接入电网的比例持续增高，尤其是典型性继电保护装置，对其控制性能提出了更高的要求，故提出高比例分布式电源接入电网的典型性继电保护装置优化控制方法研究。引入智能电子设备与SCADA系统搭建典型性继电保护装置优化控制框架，优化处理继电保护装置内部故障定位算法与故障隔离算法，制定继电保护装置动作行为优化流程，从而实现继电保护装置的优化控制。实验结果显示：提出方法应用后，继电保护装置动作行为响应时间为0.1s，误动作或拒动发生次数最小值为0次，充分证实了提出方法继电保护装置优化控制效果更佳。

关键词　典型性；分布式电源；继电保护装置；高比例接入电网；优化控制

分布式电源的随机性和间歇性使得电网的运行特性发生了显著变化，对继电保护装置的动作性能、选择性、可靠性及其稳定性等方面产生了重要影响，主要表现在分布式电源的随机性使得电网中的电流和电压波形变得不规则，使得传统的电流保护装置容易出现误动作或拒动，以及电源的接入使得电网的短路电流水平发生变化。由于分布式电源的快速启停和调节能力使得电网的电压和频率波动变得更加剧烈，对保护装置的稳定运行构成威胁。由此可见，对高比例分布式电源接入电网的典型性继电保护装置进行优化控制具有重要意义。

文献[1]研究背景为海上风电站，设计了一种线路与电抗器一体化保护的优化控制方法。将输电线路和电抗器看作为一个电气设备，最大限度地降低迭代运算次数，引入线路零序电流作为电抗器的制动电流，从而实现线路与电抗器的安全保护与控制。该方法研究目标考虑了输电线路和继电保护装置，增加了研究的复杂程度，致使最终的继电保护装置控制效果较差；文献[2]深入探究了继电保护装置及其控制体系在高比例分布式电源接入电网环境下面临的挑战，以此为基础，对有利环境与技术条件进行了归纳总结，明确科学研究方向，探讨新型继电保护装置控制体系，最大限度提升继电保护装置与大电网的运行安全性。该方法主要注重原理分析、改进方向确定等方面，并未对提出方法进行测试与完善，无法取得较好的继电保护装置控制效果；文献[3]提出了一种紧急控制技术，利用电子设备将输电线路相序连接模式进行了改变，最大限度地降低了电力系统失步的频率，以此为基础，在变压器和母线之间添加PSE装置，提升继电保护装置的运行稳定性。该方法重点放置在输电线路上，未考虑继电保护装置其他影响因素，致使继电保护装置控制性能差强人意；文献[4]将继电设备用作检测和隔离有害的亚同步振荡(SSO)，若是无法有效控制继电设备，亚同步振荡(SSO)就会破坏大电网的运行稳定性。此研究构建模型有效测量继电设备的子同步分量，判定其运行状态，通过电磁暂态(EMT)型仿真验证继电设备的安全性。该方法由于应用模型与软件过多，使得未知的干扰因素过多，影响继电保护装置的控制性能。

为了提升继电保护装置的运行稳定性，提出高比例分布式电源接入电网的典型性继电保护装置优化控制方法研究。

1　典型性继电保护装置优化控制

1.1　典型性继电保护装置优化控制框架搭建

搭建典型性继电保护装置优化控制框架，具体如图1所示。

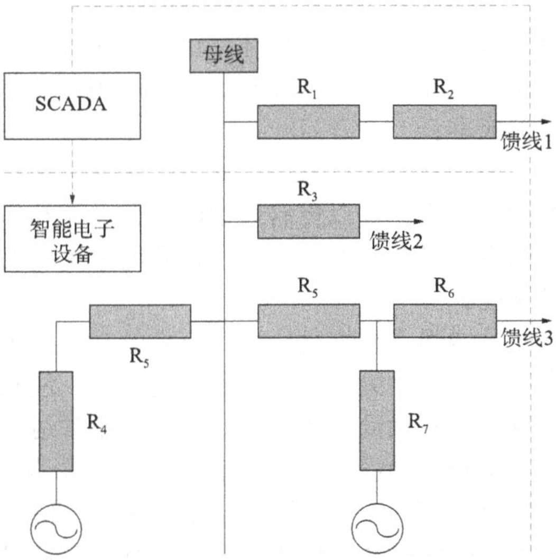

图 1　典型性继电保护装置优化控制框架示意图

如图 1 所示，在典型性继电保护装置中添加了一个智能电子设备与 SCADA 系统，前者实质上是一种方向判断元件，能够对输电线路故障方向进行精准的判定。需要注意的是，智能电子设备无法产生任何动作行为，只是起到检测、监视等作用。SCADA 系统主要是对典型性继电保护装置感知信息进行处理，并作出对应决策，切除故障点，保障大电网稳定运行。

上述过程完成了典型性继电保护装置优化控制框架的搭建，为研究目标的实现打下坚实的基础。

1.2　继电保护装置故障定位算法优化

为了保障大电网的稳定运行，在节点之间均配置了相应的继电保护装置。此研究采用矩阵形式来表示电网支路与节点之间的连接情况，表达式为：

$$\hat{\alpha}\begin{bmatrix}\alpha_{11} & \cdots & \alpha_{1m}\\ \vdots & \alpha_{ij} & \vdots \\ \alpha_{n1} & \cdots & \alpha_{nm}\end{bmatrix} \tag{1}$$

式(1)中，表示的是电网节点连接矩阵；表示的是第 个支路与第 个电网节点之间的连接关系。当 时，表明第 个电网节点位于第 个支路的末端；当 时，表明第 个电网节点与第 个支路不相连；当 时，表明第 个电网节点位于第 个支路的首端；与 表示的是电网支路与节点的总数量。

电网故障电流方向定义如下式所示：

$$\beta_j=\begin{cases}0 & \text{节点}\,j\,\text{处装置内智能电子设备动作}\\ 1 & \text{节点}\,j\,\text{处装置内智能电子设备未动作}\end{cases} \tag{2}$$

以公式(1)与公式(2)为基础，获取高比例分布式电源接入电网故障矩阵，表达式为：

$$\xi=\hat{\alpha}\cdot\beta=\begin{bmatrix}\alpha_{11} & \cdots\alpha_{1m} & \\ \vdots & \alpha_{ij} & \vdots \\ \alpha_{n1} & \cdots & \alpha_{nm}\end{bmatrix}\begin{bmatrix}b_1\\ \vdots\\ b_m\end{bmatrix} \tag{3}$$

式(3)中，ξ 表示的是高比例分布式电源接入电网故障矩阵；$[b_1\cdots b_m]^T$ 表示的是大电网故障电流方向矩阵。

依据公式(3)即可确定高比例分布式电源接入电网的故障区间，为后续继电保护装置故障隔离算法优化提供一定的便利。具体的操作流程如图 2 所示。

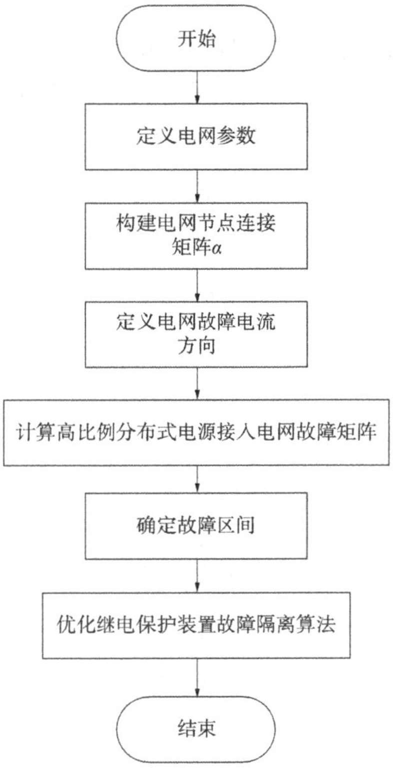

图 2　继电保护装置故障定位算法优化流程

1.3　继电保护装置故障隔离算法优化

在复杂的高比例分布式电源接入电网环境中，各种设备和线路的交互作用可能导致连锁故障，故需要通过优化继电保护装置的故障隔离算法，更加智能地控制其保护动作，减小对非故障区域的影响，提高电网的整体稳定性。

故障隔离算法与故障定位算法原理相同，构造等值电路图矩阵，表达式为：

$$\hat{\chi}=\begin{bmatrix}\chi_{11} & \cdots & \chi_{1n}\\ \vdots & \chi_{ij} & \vdots \\ \chi_{m1} & \cdots & \chi_{nm}\end{bmatrix} \tag{4}$$

式(4)中，$\hat{\chi}$ 表示的是电网等值电路图矩阵；

χ_{ij}表示的是节点 i 与支路 j 的连接关系。当$\chi_{ij}=0$时，节点 i 与支路 j 不直接连接；当$\chi_{ij}=1$时，节点 i 与支路 j 直接连接。

结合 1.2 节确定的电网故障矩阵，计算电网故障隔离向量，表达式为：

$$\tilde{\delta}=\hat{\chi}\cdot\xi=\begin{bmatrix}\chi_{11} & \cdots & \chi_{1n}\\ \vdots & \chi_{ij} & \vdots\\ \chi_{m1} & \cdots & \chi_{mn}\end{bmatrix}\cdot\begin{bmatrix}\alpha_{11} & \cdots & \alpha_{1m}\\ \vdots & \alpha_{ij} & \vdots\\ \alpha_{n1} & \cdots & \alpha_{nm}\end{bmatrix}\cdot\begin{bmatrix}b_1\\ \vdots\\ b_m\end{bmatrix} \tag{5}$$

式(5)中，$\tilde{\delta}$ 表示的是电网故障隔离向量。

电网故障隔离向量 $\tilde{\delta}$ 哪一项元素数值为 1，就表明其对应节点为故障点，将其连接断路器断开，即可完成故障的隔离，从而保障电网非故障区域的正常运行。继电保护装置故障隔离算法的优化流程如图 3 所示。

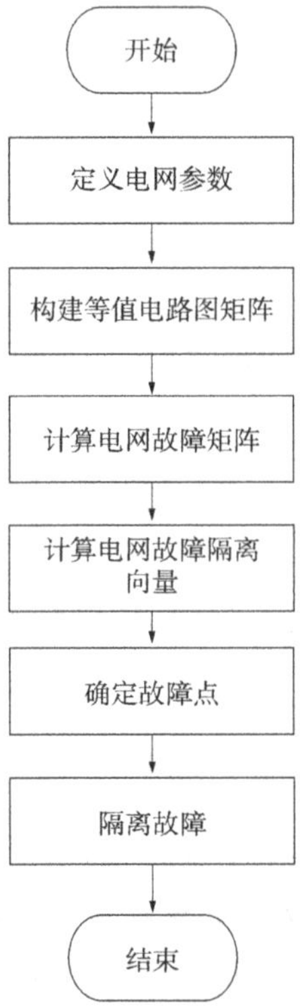

图 3　继电保护装置故障隔离算法优化流程

1.4　继电保护装置动作行为优化

继电保护装置动作行为优化在高比例分布式电源接入电网中具有极其重要的意义，主要表现在以下几个方面：

一是快速响应与准确隔离：当电力系统发生故障时，继电保护装置需要在极短的时间内作出反应，准确隔离故障区域，防止事故扩大。优化后的动作行为能够显著提高这一响应速度，减少停电时间，确保电力供应的稳定性；

二是降低设备损伤：不恰当的继电保护动作可能导致设备过载或者损坏。优化动作行为可以避免此类情况发生，从而延长设备使用寿命，降低维护成本；

三是提高系统可靠性：通过优化继电保护装置的动作行为，可以更有效地防止误动作和拒动作，减少不必要的停电事件，提高电力系统的整体可靠性；

四是增强系统恢复能力：有效的动作行为优化有助于提高电力系统的自我恢复能力，使其在遭受故障或者扰动后能够更快地恢复正常运行。

基于研究的需求，制定继电保护装置动作行为优化流程，为了能够实时监测系统运行状态，需确认继电保护装置处于正常工作状态。通过继电器保护装置实时获取电力系统的三相电流数据，根据采集的三相电流数据结果判断是否需要启动闭锁功能以保护系统。当决定投入闭锁时，通过通信渠道向对端发送闭锁信号。发送端需要持续监测并判断对端是否连续收到闭锁信号，确保闭锁功能的有效实施。最后，在确认对端连续收到闭锁信号后，即可执行保护动作，投入重合闸功能，以尝试恢复系统正常运行，减小故障影响范围。具体的优化流程如图 4 所示。

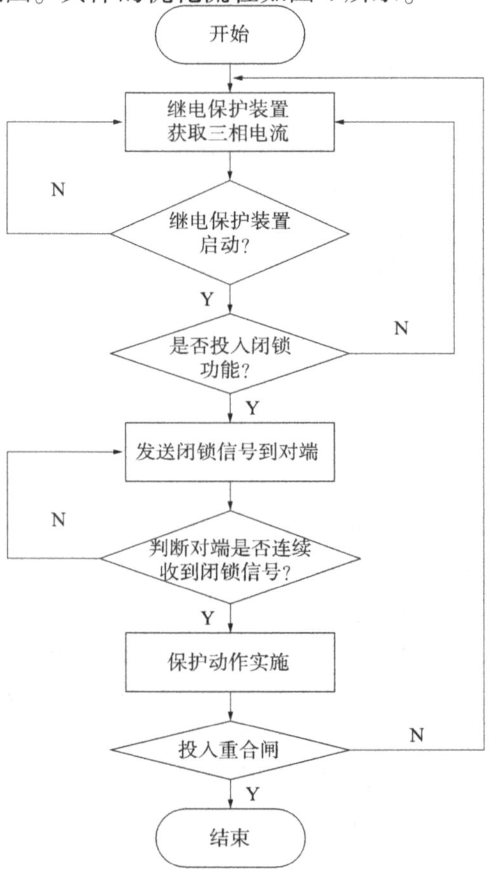

图 4　继电保护装置动作行为优化流程图

依据图4所示的流程对继电保护装置动作行为进行优化，即可实现典型性继电保护装置的优化控制目标，为高比例分布式电源接入电网稳定运行提供更加有效的保障。

2　实验与结果分析

设置文献[1]方法与文献[2]方法作为对比方法1与对比方法2，联合提出方法共同在高比例分布式电源接入电网环境下进行继电保护装置控制对比实验，以此来验证提出方法的应用性能。

2.1　实验对象选取

选取某区域高比例分布式电源接入电网作为研究对象，其基本结构如图5所示。

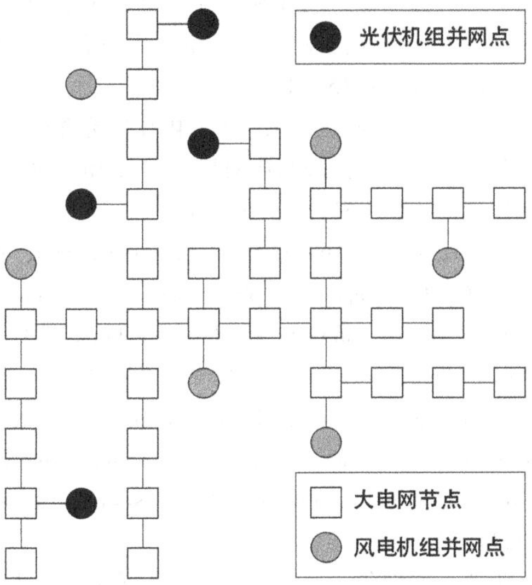

图5　实验对象基本结构示意图

如图5所示，选取的实验对象——大电网中接入了大量的分布式电源(风电机组、光伏机组等)，符合提出方法应用性能测试需求。

2.2　实验结果分析

2.2.1　继电保护装置动作行为响应分析

以某故障节点为例，获取响应的故障电流变化情况，以此为基础，分析继电保护装置动作行为响应性能。为了确保结果的准确性和可靠性，进行了多次实验。但是由于实验条件的微小差异，实验结果之间存在一定的冗余性，展示所有实验结果会导致信息重复，甚至引起混淆，对此，本文选取一组最能体现实验变量对故障电流变化的影响的实验结果进行展示，具体如图6所示。

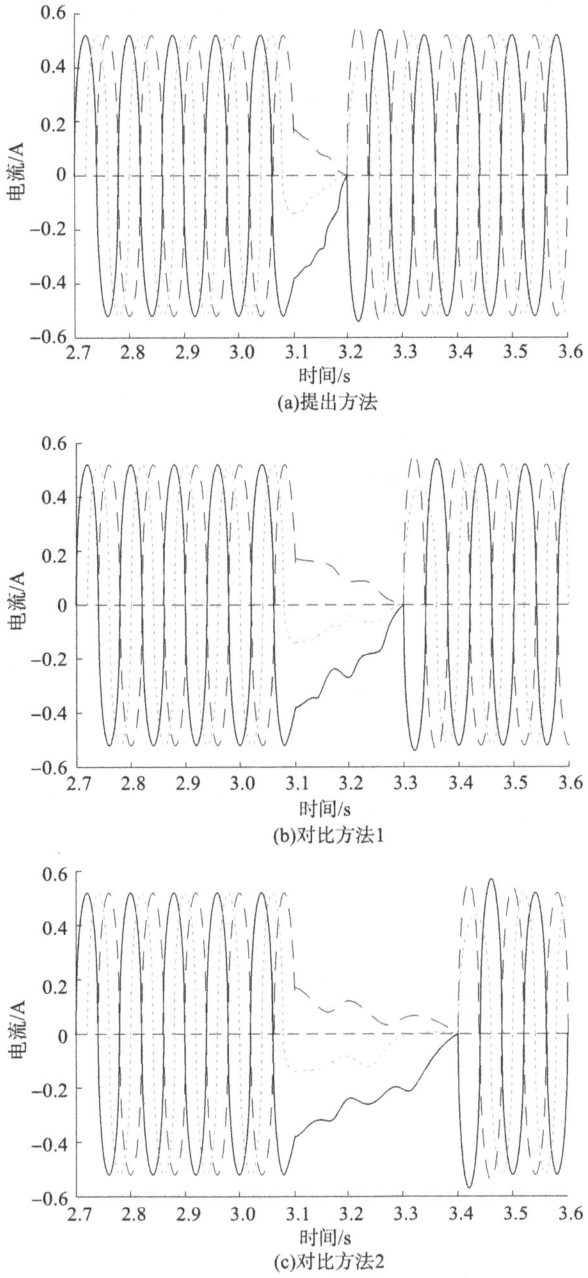

图6　故障电流变化情况示意图

如图4所示，在3.1s时，电网发生故障，三相电流均未消失，但是三相电流幅值产生了较为明显的变化。提出方法应用后继电保护装置在3.2s时响应故障，电网电流逐渐恢复正常；对比方法1应用后继电保护装置在3.3s时响应故障，电网电流逐渐恢复正常；对比方法2应用后继电保护装置在3.4s时响应故障，电网电流逐渐恢复正常。由此可见，提出方法继电保护装置动作行为响应更加及时。

2.2.2　误动作或拒动发生次数分析

在不同实验次数背景下，对继电保护装置误

动作或拒动发生次数进行统计，结果如表1所示。

表1　继电保护装置误动作或拒动发生次数表

(1)误动作发生次数

实验次数	应用方法	误动作发生次数/次
50	提出方法	1
	对比方法1	6
	对比方法2	5
100	提出方法	3
	对比方法1	10
	对比方法2	15
150	提出方法	2
	对比方法1	25
	对比方法2	21
200	提出方法	5
	对比方法1	35
	对比方法2	31

(2)拒动发生次数

实验次数	应用方法	拒动发生次数/次
50	提出方法	0
	对比方法1	3
	对比方法2	5
100	提出方法	2
	对比方法1	15
	对比方法2	19
150	提出方法	6
	对比方法1	12
	对比方法2	13
200	提出方法	4
	对比方法1	10
	对比方法2	25

如表1数据所示，在相同实验次数背景下，应用提出方法获得的继电保护装置误动作或拒动发生次数均低于对比方法1与对比方法2，最小值达到了0次，表明提出方法继电保护装置控制性能更好。

3　结束语

随着分布式电源接入电网比例的不断增加，典型性继电保护装置控制难度也随之加大，威胁着大电网运行的安全性，故提出高比例分布式电源接入电网的典型性继电保护装置优化控制方法研究。通过引入智能电子设备和SCADA系统，有效优化了继电保护装置的内部算法和流程，显著提高了其控制性能。优化后的继电保护装置在测试中实现了误动作或拒动发生次数最小值为0次，充分证明了该方法在提升保护可靠性方面的有效性，为继电保护装置的控制提供更有效的方法支撑。但该方法的优化效果部分依赖于分布式电源的特性，如果分布式电源的特性发生变化或不稳定，可能会影响保护装置的优化控制效果。因此，在实际应用中需要充分考虑分布式电源的特性及其对保护装置的影响。

参 考 文 献

[1] 薛明军，陈福锋，杨林刚，等. 海上风电交流送出线路继电保护优化设计[J]. 电力系统保护与控制，2023，51(20)：150-159.

[2] 王增平，林一峰，王彤，等. 电力系统继电保护与安全控制面临的挑战与应对措施[J]. 电力系统保护与控制，2023，51(6)：10-20.

[3] Li，Hui，Li，Yifan，Huang，Shaofeng，Sun，Peng，Gao，Qi. The impact of phase sequence exchange on relay protection and its resolution schemes[J]. IET Power Electronics，2023，16(1)：26-36.

[4] Gurusinghe D. R.，Kariyawasam S.，Ouellette D. S.. Protection against sub-synchronous oscillations，a relay model[J]. Electric Power Systems Research，2023，223(Oct.)：1.1-1.9.

[5] 李跃辉，方愉冬，徐峰，等. 基于关联数据挖掘的继电保护定值风险评估方法研究[J]. 科学技术与工程，2023，23(24)：10355-10361.

[6] 褚旭，鲍泽宏. 综合能源系统电力网架继电保护原理综述[J]. 上海交通大学学报，2023，57(4)：379-392.

[7] 吴成国，肖仕武. 高比例分布式电源接入电网短路电流的拟牛顿迭代计算方法[J]. 电网技术，2022，46(12)：4581-4590.

[8] 王璨，马金辉，王松，等. 基于分布式电源的新型配网综合自动化调度模型[J]. 微型电脑应用，2024，40(05)：92-95.

[9] 唐亮，张波，吕斌，等. 基于ARM的分布式电源接入容量均衡控制系统[J]. 微型电脑应用，2024，40(04)：116-119.

[10] 刘中硕，郑少明，陶畅，等. 继电保护装置缺陷文本专业词典构建及其语言特性分析[J]. 中国电力，2023，56(7)：146-155.

基于分布式光伏发电的油田井场直流供电系统关键技术研究

张彩婷　谭　滨　李化龙　吕阳伟　蒋亚锋

（中国石油长庆油田分公司长庆工程设计有限公司）

摘　要　长庆油田在6000万吨新起点上，计划2025年产量突破6800万吨，同时响应国家“碳达峰、碳中和”号召，“十四五”末清洁能源利用率不低于25%。长庆油田建设分布式光伏，在光照资源、建设用地、负荷消纳、电力网络方面具有四大优势，2023年底，分布式光伏将覆盖80%的井场。井场传统交流供电系统对于分布式光伏电源的引入适应性较差，因为光伏电源的频率频率和相位必须与电网匹配，对光伏并网控制技术要求较高。本文提出基于分布式光伏发电的油田井场直流供电系统，建立井场直流母线系统，并通过直流母线群控策略实现分布式光伏电源的智能联合控制，可实现功率自动最优分配，光伏优先，市电、抽油机倒发电馈能互补协调运行，达到绿色低碳、节能降耗的目的，并可显著解决油田井场交流供电系统功率因数低、大马拉小车、系统能耗高等问题。

关键词　油田井场；分布式光伏；直流供电系统；智能联合控制；节能降耗

长庆油田在6000万吨新起点上，计划2025年产量突破6800万吨，同时响应国家“碳达峰、碳中和”号召，“十四五”末清洁能源利用率不低于25%。在生产建设规模不断增长和新能源大力推进的新形势下，需要持续创新技术，推进节能降耗、绿色低碳发展。

实现油田绿色低碳发展，推进井场分布式光伏发电建设是重要途径之一。长庆油田建设分布式光伏，在光照资源、建设用地、负荷消纳、电力网络方面具有四大优势，2023年底，分布式光伏将覆盖80%的井场。现阶段分布式光伏发电并网技术是经过逆变器将太阳能电池组件所发的直流电逆变为交流电后，经井场10/0.4kV变压器低压侧并网，负荷侧统一消纳。井场传统交流供电系统对于分布式光伏电源的引入适应性较差，因为光伏电源的频率频率和相位必须与电网匹配，对光伏并网控制技术要求较高。

1　长庆油田井场供电系统现状

目前，长庆油田井场供电系统采用交流供电方式，因井场分布范围广，地处偏远，导致井区供电线路长，线路损耗大，末端电压低。由于抽油机转矩平衡易受井况变化影响，负荷特性与异步电动机的转矩特性不相匹配，导致“大马拉小车”的现象很频繁，而抽油机在下降阶段电机轻载，会出现倒发电现象，倒发电电能无法利用，浪费严重。为满足抽油机启动容量及负载周期波动特性，井场配电变压器设计容量偏高，系统功率因数偏低。同时，因井场地理位置分散，供电线路长，使供电系统电压波动幅度较大，影响电力系统安全稳定运行。

2　油井群控系统研究现状

随着油田开采自动化技术的不断提高，业内学者提出了油井群控系统，如图1所示。

由图1可知，对于某一井场，供电系统通过变压器为井场提供交流电，交流电经整流装置得到共直流母线，当有两台及以上的抽油机集中工作时，抽油机根据自己的工作状态和共直流母线进行能量的交换：抽油机在上升工况时消耗电能，下冲程时会发电，倒发电通整流逆变设备传递到共用直流母线，进而传递给其他抽油机使用，达到多台抽油机群控，实现节能降耗。文献[10]搭建共直流母线配电系统，多抽油机并行，该技术取得显著的节能效果和经济效益。文献[11]开发了由PWM整流装置控制的共直流母线系统，实现能量与电网回馈，也同样取得较好的节能效果。

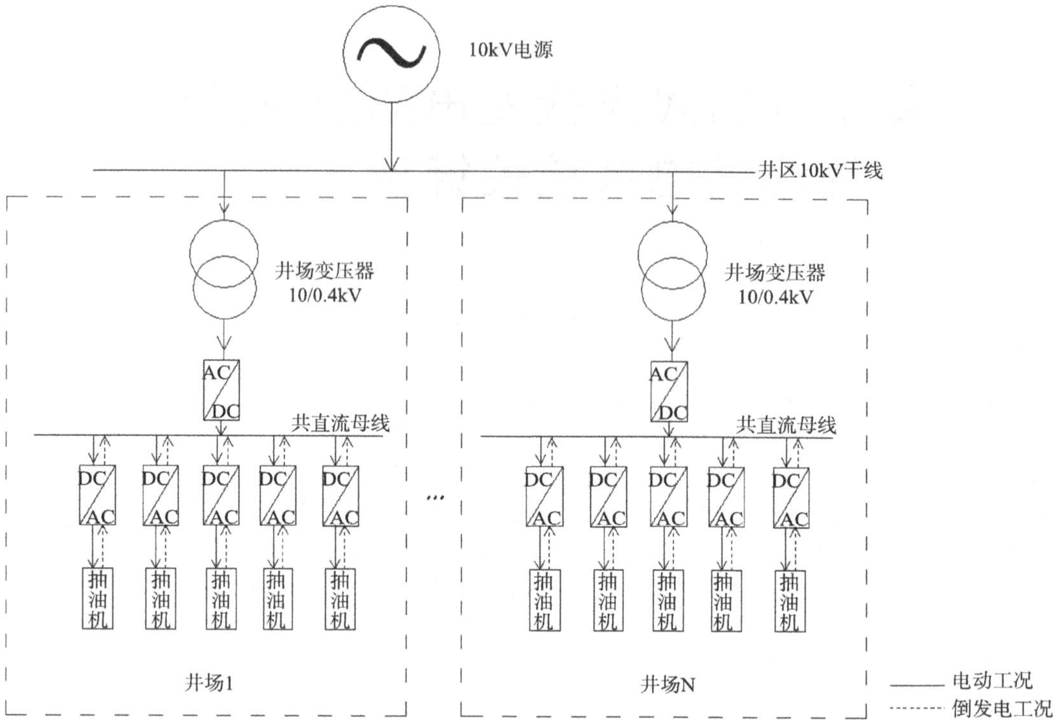

图1　油井群控系统结构框图

目前国内外的研究重点主要是抽油机群控优化控制，尚未考虑光伏直流接入的问题。本文提出一种基于分布式光伏发电的井场直流供电系统，建立井场直流母线系统，并通过直流母线群控策略实现分布式光伏电源的智能联合控制，可实现功率自动最优分配，光伏优先，市电、抽油机倒发电馈能互补协调运行，达到绿色低碳、节能降耗的目的，并可显著解决油田井场交流供电系统功率因数低、大马拉小车、系统能耗高等问题。

3　分布式光伏井场直流供电系统设计及关键技术研究

3.1　分布式光伏井场直流供电系统

分布式光伏井场直流供电系统主旨是光伏发电直流接入，功率柔性分配，其供电系统拓扑结构如图2所示。

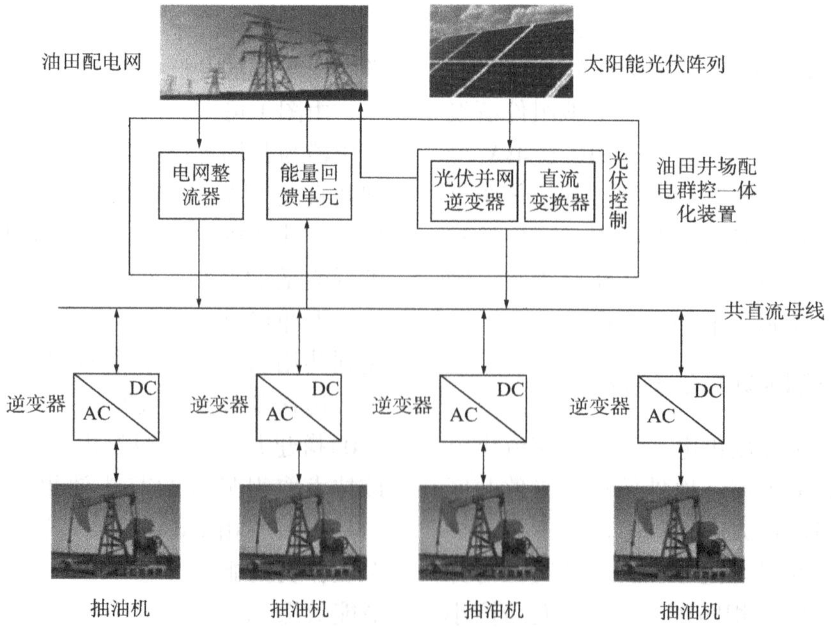

图2　分布式光伏井场直流供电系统拓扑结构图

如图3为光伏直流接入系统原理图，其中智慧能源管理系统的主要功能是实现能量的读取。

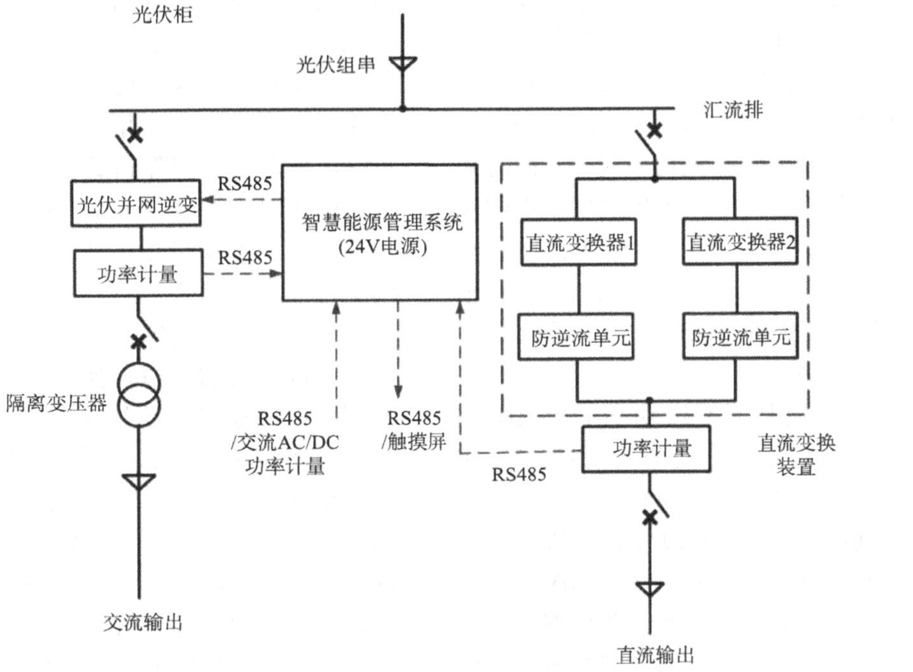

图3　光伏接入单元接线图

3.2　智能联合控制技术

（1）控制目标

通过光伏与油田配电网供电的智能联合控制，实现光伏发电即发即用，光伏优先供电于井场，不足功率由油田配电网补充；井场应用过剩光伏电能输出至油田配电网。

（2）控制原理

根据油田井场直流供电系统拓扑，系统运行功率方程与母线电压关系如图4所示。其中P_{pv}为光伏发电功率，P_{pvG}为光伏发电功率送入配电网的功率，P_{pvL}为光伏发电功率提供井场负荷的功率，如果忽略光伏电能传输损耗及电力电子器件损耗，根据能量守恒定律满足：

$$P_{pv}=P_{pvG}+P_{pvL} \tag{1}$$

P_{GL}为油田公用配电网提供井场负荷的功率，P_L为井场负荷功率，C为直流母线等效电容，P_C为母线电容充电功率。根据能量守恒定律可得：

$$P_C=P_{pvL}+P_{GL}-P_L \tag{2}$$

直流母线电压U_{dc}与系统内功率关系为：

$$CU_{dc}\frac{dU_{dc}}{dt}=P_{pvL}+p_{GL}-P_L \tag{3}$$

可以看出，直流母线电压可直观反映井场直流供电系统的功率关系：若输入功率>输出功率，直流母线电容充电功率为正值，直流母线电压会上升；当输入功率<输出功率时，直流母线电容充电功率为负值，母线电压下降。为维持直流母线电压稳定，需要维持供电系统内的功率平衡。

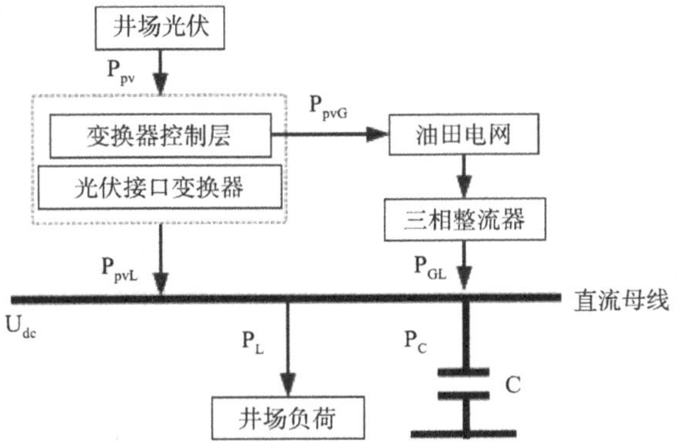

图4　分布式光伏井场直流供电系统功率潮流分布

本项目采用分布式控制方式，在井场直流供电系统中各节点依据本地的信息独立做出控制决定，避免产生由单点故障导致系统决策失误及控制信号间的相互干扰，易于实现系统的扩展，提高系统的灵活性和可靠性。

系统运行模式1：由光伏发电系统维持直流母线电压的稳定，光伏发电系统采用恒压控制，保持母线电压运行于600V，冗余功率，即光伏总功率与负载需求功率差值，通过DC/AC光伏并网逆变器接入油田公用配电网。当光伏发电系统能够满足直流侧功率波动时，公用配电网与直流侧之间没有功率流动，此时系统属于被动并网模式，母线电压主要由光伏发电系统控制。

系统运行模式2：当光伏发电系统达到功率极限而无法平衡直流侧功率时，公用配电网负责输送功率缺额，与直流侧存在功率流动，此时系统属于主动并网模式，此时由油田公用配电网交流电源维持直流母线电压稳定于540V，母线电压由公用配电网控制，而光伏发电系统采用MPPT控制，使得光伏发电以最大功率运行。

（3）联合控制策略

直流母线电压 U_{dc} 既是系统功率平衡的唯一标识，又是各节点均能获取的公共信号，U_{dc} 便成为了判断系统工作状态以及模式切换的重要标识。共直流母线所带的抽油机逆变器直流输入电压的范围：456～746V，一般设定700V保护，允许电压的变化范围宽泛。因此，井场直流微网母线电压控制的灵活性较高，结合图2所示的拓扑结构，初步将光伏DC/DC直流变换器的输出电压设置为600V，高于共用配电网的整流输出电压540V。当光伏发电系统功率可满足井场负荷波动时，母线电压维持在600V，此时公用配电网三相整流输出电压低于直流母线电压，整流二极管截止，实现被动并网运行模式。当光伏发电系统功率无法满足井场负荷波动需求时，直流母线电压降低，当降到低于公用配电网三相整流输出电压时，整流器工作，输出功率，满足井场负荷需求，维持母线电压在540V，实现主动并网运行模式。因此，公用配电网的接入和退出不直接影响直流母线各单元的工作状态，自动实现两种运行模式的平滑切换。当负载功率改变时，公用配电网通过自动补充/吸收井场直流供电系统的功率亏损/盈余，维持直流母线电压恒定。设计系统光伏逆变输出功率控制以交流电网直流输出功率为判断依据，设置功率输出步长阈值，逐步递增逆变输出功率，当并网逆变输出功率增大超过冗余功率时，则公用配电网的整流器导通输出功率，此时按步长阈值减小光伏并网逆变输出功率，从而实现逆变器的输出功率的动态调整。采用控制流程如图5所示。

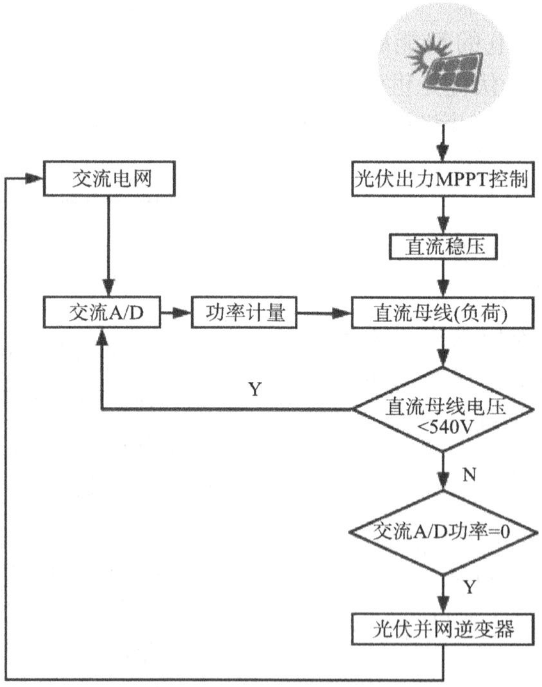

图5　联合控制流程图

3.3 光伏发电系统控制策略

（1）光伏直流变换器控制策略

考虑光伏出力特性和井场直流供电系统的投资成本，光伏阵列在MPPT模式和恒压控制两种模式下运行。在MPPT控制模式下通过控制光伏直流DC/DC变换器，实现最大功率点的跟踪控制；在恒压控制模式下通过下垂控制与将光伏实际输出电压与设定的电压值进行比较，实现恒压控制。

(2) 光伏逆变器控制策略

光伏并网逆变器把光伏阵列产生的直流电变换成为与电网相适应的交流电。光伏并网逆变器为成熟技术产品，通常采用电网电压前馈的双闭环控制策略，实现电流并网，调节有功和无功功率输出。

4　应用实例

依托长庆油田某光伏井场开展分布式光伏井场直流供电系统技术试点工作。该井场设抽油机11台，11kW/台，井场闲置土地设分布式光伏电站1座，共布置光伏组串12组，每组串联545Wp光伏组件18块，电站总装机容量117.72kWp。

4.1　直流供电系统搭建

该井场采用直流供电系统供电。井场设置油井电控一体化集成装置1座，装置电气系统分为3个单元，分别为电源单元、光伏接入单元及变频逆变单元，共同组成光伏井场直流供电系统，如图6所示。

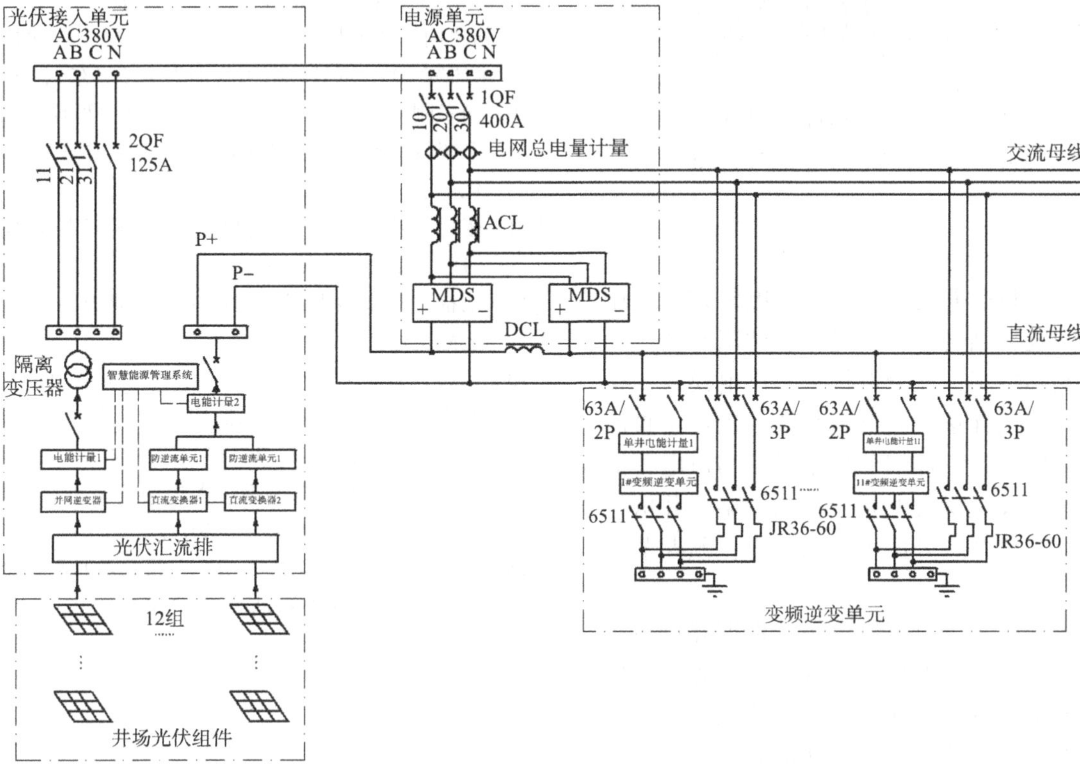

图6　油井电控一体化集成装置供电系统图

电源单元：将电网三相AC380V交流电整流为DC537V直流电的单元，整流单元的整流模块为1+1冗余，以保证直流母线可靠稳定。同时设置回馈装置，将直流母线上高于额定电压的将多余能量回馈到电网上，以稳定直流母线的电压，保证变频逆变单元不因过电压而动作停机。

光伏接入单元：包含光伏汇流排、直流变换器、并网逆变器、隔离变压器、智能表计及智慧能源管理系统等。通过前述控制策略实现光伏发电优先直流消纳，余电交流并网。

变频逆变单元：具有DC/AC变频逆变功能，从直流母线上取能，实现抽油机负载的矢量控制及动态跟踪。

光伏井场直流供电系统工作原理：抽油机采用变频控制，每口抽油机的变频逆变单元接在井场共直流母线上，通过群控技术实现井场全部抽油机并行控制。已建12组光伏组串接入光伏接入单元的汇流排，通过智慧能源管理系统，实现光伏发电优先直流消纳，余电交流并网。抽油机下降时的倒发电馈能在共直流母线上汇集，根据工况分配给正处于上升工况的抽油机利用，实现能量互馈。

4.2　效果分析

该井场在原交流供电系统模式下年耗电量约54.2万kW·h，折合标煤66.61t，碳排放361.57t二氧化碳。分布式光伏井场直流供电模式下井场年耗电量约38.7万kW·h，年节约电量约15.5万kW·h；光伏年发电量16.03万kW·h，根据光伏出力曲线特性，井场可消纳绿电 10.8 万kW·h，清洁能源替代率 25%，碳排放 186.12t，较原模式减排二氧化碳 175.45t。

可见，采用分布式光伏井场直流供电系统具有显著的节能减排效果。

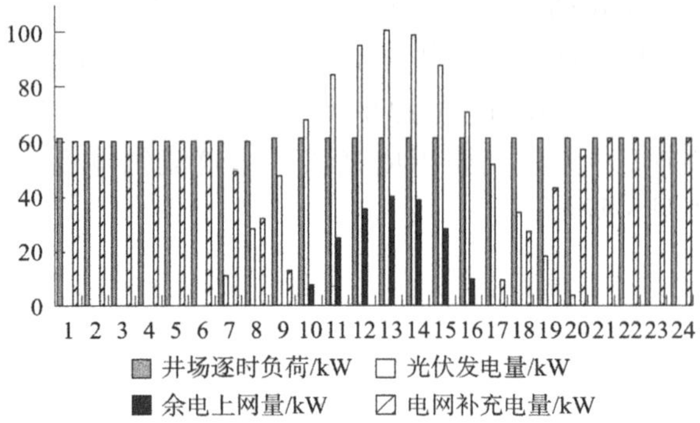

图 7　典型代表日井场电力电量平衡分析

5　结论

本文针对目前井场传统交流供电模式在应用中存在的问题，结合分布式光伏在油田井场大面积建设的实际情况，充分发挥直流供电模式，构建了分布式光伏井场直流供电系统，确定了直流供电系统电压等级，详细分析了光伏与市电智能联合控制技术及光伏发电系统控制策略，并依托长庆油田某光伏井场开展了试点工作，预期节能效果显著。

分布式光伏井场直流供电系统根据井场负荷功率的变化进行柔性调控，实现光伏电源与公用配电网交流电源的智能联合控制，达到光伏发电功率即发即用，光伏优先，光伏电源、低压交流电源、油井倒发电与电动工况互补协调运行。光伏阵列容量根据井场空间环境灵活配置，不受井场生产负荷容量限制，光伏所发绿电利用效率 100%，具有较好的应用前景。

参　考　文　献

[1] 杨学峰，姬伟，周星泽，王军．长庆油田新能源业务发展模式探索与实践[J]．石油科技论坛，2023，42(2)：40-48.

[2] 杨光，王登海，薛岗，等．长庆气田碳减排技术应用现状及展望[J]．油气与新能源，2022，34(2)：94-100.

[3] 陈由旺，吴浩，朱英如，等．“双碳”背景下油气田节能技术发展与展望[J]．油气与新能源，2021，33(5)：6-9+26.

[4] 裴哲义，丁杰，李晨，等．分布式光伏并网问题分析与建议[J]．中国电力，2018，51(10)：80-87.

[5] 黄伟，孙昶辉，吴子平，等．含分布式发电系统的微网技术研究综述[J]．电网技术，2009，33(9)：14-18.

[6] 王贵生，孙士奇，刘军，等．含光伏的油田井场直流微电网结构及其功率分配规律研究[J]．电工技术，2022，18：76-79.

[7] 刘沛津，郭俊逸，韩锁，等．多变压器并联抽油电机群控变频互馈系统研究[J]．机床与液压，2018，46(09)：104-109.

[8] 张福尧．油井群控系统整流装置优化设计与开发[D]．西安：西安建筑科技大学.2021.

[9] 苏建楠．基于共直流母线的多油井集中优化控制技术研究[D]．青岛：中国石油大学（华东），2018.

[10] 杨孝刚，王宝明，冯建设，等．油井群控变频互馈系统效率集中控制技术的研究及应用[J]．石油石化节能，2019，9(03)：1-4+6.

[11] 张超．基于直流母线供电的抽油机群控系统研究[D]．北京：北京交通大学.2010.

[12] 王福．直流微电网协调控制策略研究[D]．上海：上海交通大学，2017.

[13] 杨晨．谢少军．毛玲．秦岭．基于双管 Buck-Boost 变换器的直流微电网光伏接口控制分析[J]．电力系统自动化，2012，36(13)：45-50.

[14] 王瑞．三相光伏并网逆变器控制策略研究[D]．哈尔滨：哈尔滨工业大学，2012.

[15] 张铁晟．光伏发电最大功率点跟踪及并网控制研究[D]．大庆：东北石油大学，2022.

长庆油田新型电力系统探索与研究

李化龙[1] 王荣敏[1] 李小川[1] 李思琦[1] 王文杰[2]

（1. 中国石油长庆油田分公司长庆工程设计有限公司；2. 中国石油长庆油田分公司生产运行部）

摘 要 在国家“双碳”发展目标下，长庆油田坚持油气与新能源融合发展，立足长庆电网，以多点、高比例分布式电源接入油田电网为主线任务，围绕“建强骨架电网、优化智能配网、提升数字赋能、构建多元消纳、完善市场营销”五个方面，构建长庆油田新型电力系统，研究形成以源网荷储互动与多能互补支撑的油田新型电力系统技术路线。

关键词 新型电力系统；清洁电力；高比例分布式电源；源网荷储；骨架电网；电网调度系统

随着国家碳达峰、碳中和“1+N”政策体系的建立，以及“构建新型能源体系”“推动绿色发展”等政策的提出，服务“双碳”目标各项工作加快推进，能源转型不断深化，对加快构建新型电力系统，科学谋划电网发展提出了更高的要求。

中国石油天然气集团有限公司（简称中国石油）紧密围绕绿色低碳发展目标制定了“清洁替代、战略接替、绿色转型”三步走战略部署，加快能源转型步伐。中国石油长庆油田分公司（简称长庆油田）也确立了“资源勘探、油气开发、新能源”三大主业，积极探索高质量发展和绿色转型路径，立足长庆电网实际，以保障油田6600万吨以上稳产增产为前提，以满足新能源消纳需求为首要目标，按照“统筹为先、安全为基、科技为本、治理为要”的理念，根据油气田负荷运行特征，加快构建以新能源为主体的长庆油田新型电力系统，为油田高质量发展提供强有力的电力支撑。

1 长庆油田发展现状

1.1 资源现状

长庆油田地处鄂尔多斯盆地，横跨陕甘宁蒙4省（区），面积37万km^2，2023年油气当量突破6600万t，预计“十四五”末油气当量将突破6800万t。油气区约90%的区域太阳能辐照总量为4500～5600MJ/m^2，年有效利用小时数1400～1600h；风功率密度在150W/m^2以上，年可利用小时数超1600h，具有良好的风光资源基础。

1.2 电网现状

长庆油田电力系统历经五十余年的建设与完善，形成了“集中引接外电、区域自建系统”的模式，建成了陇东（甘肃庆阳地区）、志靖安（陕西延安地区）、宁定吴（宁夏吴忠、陕西榆林地区）、气田区域（内蒙鄂尔多斯、陕西榆林地区）四大主力电网，年最高供电量64亿kW·h（表1），为油田持续稳产提供了可靠的电力保障。其中油田电网自成体系、较为完善；气田电网相对分散，目前未建成骨架电网。

表1 长庆油田电网基本情况统计表

所属电网	电压等级	站所数量/座	主变数量/台	主变容量/MVA	年供电量/($\times10^8$kWh)
陇东电网	110kV	5	83	800.55	16.7
	35kV	42			
志靖安电网	110kV	4	53	605	13.5
	35kV	25			
宁定吴电网	110kV	4	65	835.70	20.3
	35kV	31			
气田区域	110kV	4	8	359	13.5
	35kV	19	35	223.90	
总计		134	244	2824.15	64

1.3 负荷现状

2021—2023年，随着长庆油田生产区域持续扩大，长庆电网接带的最高负荷由88万kW增长至91万kW，总用电量由59.67亿kW·h增长至63.61亿kW·h（图1），用电量年平均增长率3.25%。由于分布式光伏电站的不断建设并网，以及大量油水井间开间注，2023年长庆电网峰谷差达到了历史最大值，峰谷负荷年平均波动率52%，较2021年同比增长15.2%。

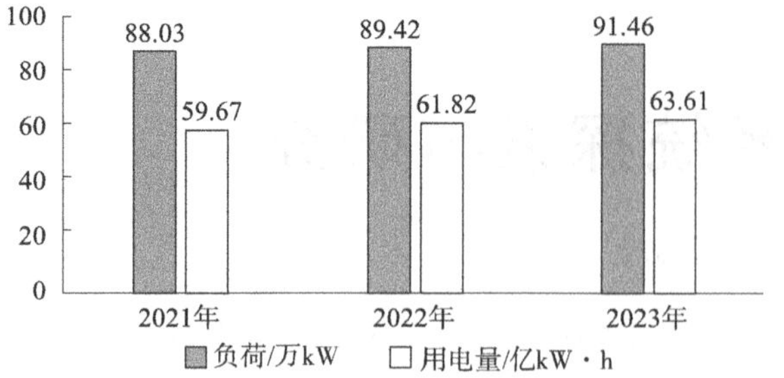

图 1　长庆电网 2021—2023 年负荷及用电量柱状图

2　电力负荷预测分析

2.1　负荷需求分析

2024—2030 年，长庆油田油气产量预计仍将保持上升趋势，油田产能建设的重点区域主要集中在陇东页岩油、陕北靖安、宁夏盐池等油区，气田加快开发苏里格、靖边、青石峁等区块，产能的快速增长对长庆电网提出了更高的要求，因此，需要加快布局 110kV 骨架变电站，完善骨架电力网络。

2.2　油田区域负荷预测

根据长庆油田油区产能建设部署，结合页岩油革命、“压舱石”等一批专项工程，2024—2030 年，油田区域预计新增产能 1669.1 万 t，新增电力负荷 119MW，2030 年底，油田区域的电力负荷预计将达到 818.28MW(图 2)，用电量将达到 56.22 亿 kW·h(图 3)，整体呈增长趋势。

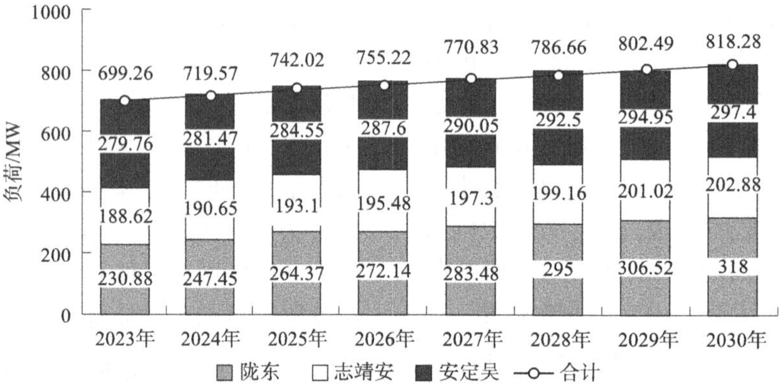

图 2　长庆油田 2024—2030 年油田区域电力负荷变化图

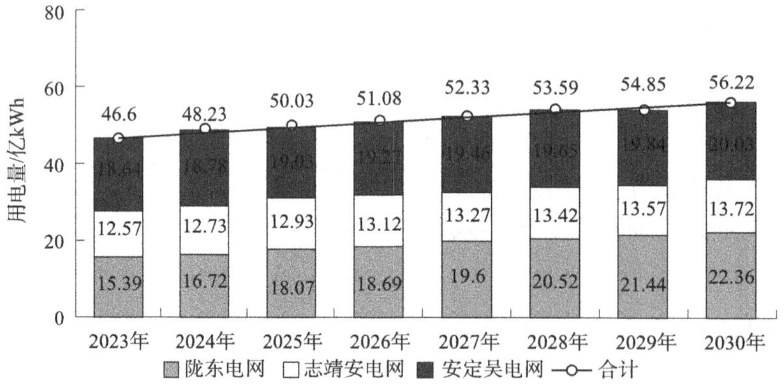

图 3　长庆油田 2024—2030 年油田区域用电量变化图

2.3　气田区域负荷预测

根据气田远景规划及产能部署，2024—2030 年，由于零化石能源消耗示范基地的推进，苏里格气田用电负荷快速增长，2030 年底，气田区域整体电力负荷预计将达到 474.23MW(图 4)，用电量达到 37.94 亿 kW·h(图 5)，增长趋势较快。

3　清洁电力规划

长庆油田立足鄂尔多斯盆地丰富的风光资源基础，充分利用油气井场、保障点屋面和油区可利用的土地，按照“风光并进、集散并举”的思路，大力推进分布式光伏、集中式光伏、分散式风电和新能源大基地等四类项目建设，做到油气生产与绿电供能相促相融。

3.1　分布式光伏

长庆油田按照“应布尽布、油网消纳”的原则，利用井站空地、生活基地屋已建成分布式光伏 30 万 kW。规划未来再建设 35 万 kW 分布式光伏，均在油田电网内自消纳，并推广井场直流微电网技术，结合油井智能间开，打造“光伏+储能+间开”零碳井场，实现油田井场分布式光伏即发即用和最大化消纳。

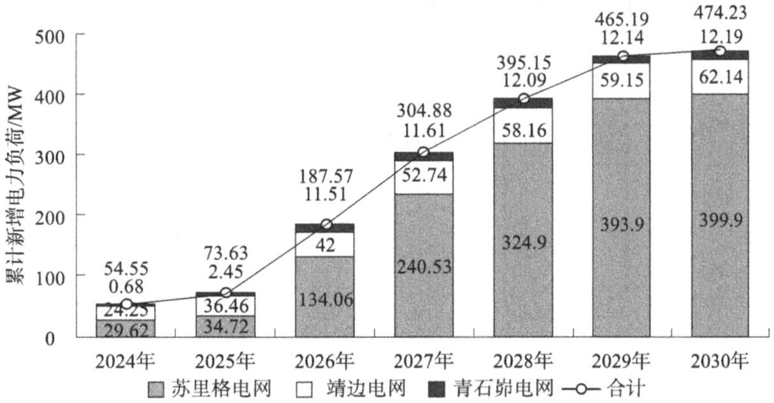

图 4　长庆油田 2024—2030 年气田区域电力负荷变化图

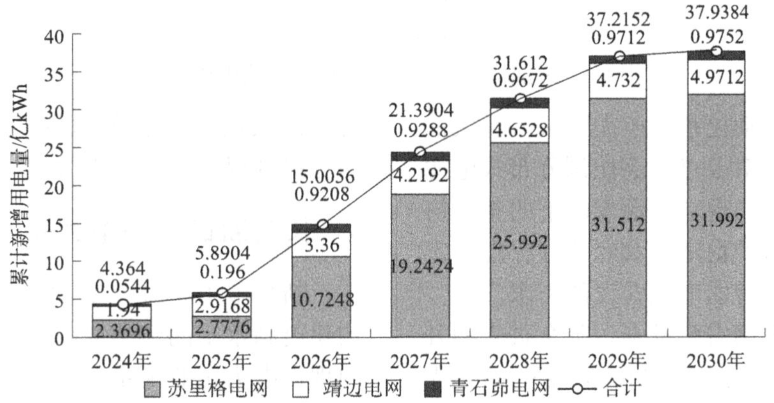

图 5　长庆油田 2024—2030 年气田区域用电量变化图

3.2　分散式风电

根据指标获取和风资源情况，长庆油田利用油田废弃闲置井场，在陕西油区规划建设 6 万 kW 分散式风电，所发风电就近接入油田 35kV 变电站自消纳。结合变电站接入分布式光伏情况，配置电化学储能系统，构建风、光、储智能微电网，提升绿电消纳比例。

3.3　集中式光伏

结合区域丰富资源，长庆油田在宁夏油区规划建设 8.5 万 kW 集中式光伏，外送至地方电网消纳，项目并网指标已在宁夏顺利获批。

3.4　新能源大基地

长庆油田积极响应国家“在沙漠、戈壁、荒漠地区加快规划建设大型风电光伏基地项目”的号召，参与申报蒙电、陇电外送项目。采用“风光气储氢”多能互补技术，在苏里格规划建设 300 万 kW 一体化示范项目，纳入鄂尔多斯市“十四五”综合能源发展规划；在庆阳地区规划建设 50 万 kW 风光一体化示范项目，纳入甘肃省“十四五”规划并已获批。

4　问题分析

长庆电网点多、线长、面广。油田区域内骨架电网、调度监控平台基本建成，电网运行可靠、经济，符合行业标准，处于西部中等地级市电网水平。气田区域内供电就近依托外部电网，形成变电站级别监控系统，分厂管理运行，满足日常采气供电需求。在“双碳”发展目标下，长庆油田将新能源作为主业强力推进，目前已建成分布式光伏电站 2195 座，装机规模 30 万 kW。随着高比例分布式电源接入、终端电气化率提升及页岩油大规模开发，长庆电网主要面临四个方面的挑战。

（1）电网亟需转型。由于分布式电源在油田电网的占比日益提高，长庆电网形态发生了根本变化，向“源网荷储”四要素转变，电能质量问题愈发明显。分布式光伏的大量并网，改变了油田电网潮流分布，使系统内各负荷节点电压产生波动，造成节点电压越限，电能质量下降，危害用电设备，故障特性的复杂度增加。当光伏出力较大时，电网无功补偿不足，加剧了电压波动和电压偏差，从而加大了电网运行过程中电压的调节难度，部分线路功率因数不达标(图6)。

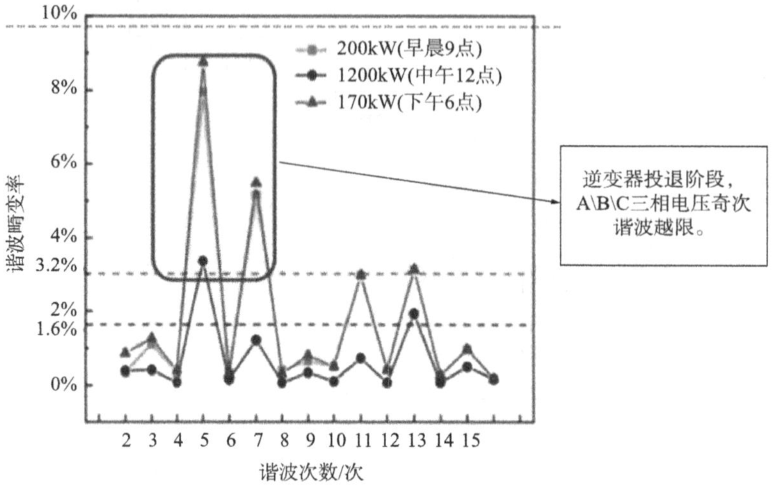

图6　长庆油田A光伏电站10kV母线电压谐波

(2) 电网调度自动化系统亟需升级。长庆油田现有调度系统无法对多点、高比例分布式电源进行监控调度，难以实现新能源发电下的整体协调控制，对电网运行的稳定性和经济性存在一定影响，无法满足油田智能电网建设的需求。

(3) 油田骨架电网需要补强。陇东页岩油开发负荷急剧增长，亟需新建110kV变电站，支撑骨架电网；陕西安塞、靖安、吴起油区存在单电源变电站，供电可靠性较差，能力不足，需进一步完善骨架电网。

(4) 气田骨架电网需要新建。随着电驱压缩机的推广应用，气田终端电气化率不断提升，需要建设长庆气田骨架电网。另外，新能源自消纳、提升绿电占比也需要建设气田内部电网。

5　长庆油田新型电力系统内涵

新型电力系统是实现更高水平的电力发展，构建更高水平的清洁低碳、安全可靠、经济高效的现代电力工业体系(图7)。构建以新能源为主体的长庆油田新型电力系统，是支撑油田能源电力安全供应的重要保障，是推动油气产业链转型升级的重要引擎，是保持高质量发展的重要基础。

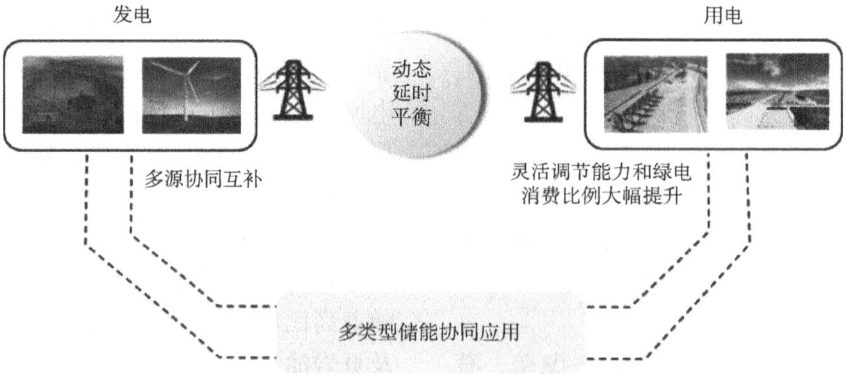

图7　长庆油田新型电力系统图景展望

5.1　把握油田电网结构和负荷形态的转变

从电网侧来看，油田电网从依托国网强支撑的单向逐级输配电为主转向“大电网+主动配电网+微电网”兼容互补方式，配电网形态及功率流向从“无源单向”转变为“有源双向”；从用户侧来看，油田生产从国网公司的用电大户，转变为兼具发电和用电双重属性，终端负荷特性需由传统的刚性、纯消费型，向柔性、生产与消费兼具型转变，并将逐步占据电量主体、出力主体和责任主体的地位。

5.2 把握电力保供与清洁电力的融合发展

新型电力系统是贯通清洁能源供给和需求的桥梁，基于新能源发电的随机性、波动性和间歇性特征，以及油田生产对电力系统安全、高效、优化运行的需求，既需要大电网的兜底保供作用，又要发挥油田自有电网消纳高比例新能源的核心枢纽作用。因此，加强油田骨架电网建设，加快油区配电网改造升级，推动智能配电网、智能微电网发展，是构建油田新型电力系统的重要方向。

5.3 把握油田新型电力系统建设的着力点

随着新能源装机比例逐步提高，油田电力系统运行特征发生根本性改变，电网功率因数下降、谐波增加、越限频发，以及电力智能控制和继电保护的误动，影响新能源的消纳上限。加快推进油田分布式新能源发电的智能管控，为集中式、大基地项目做好技术储备。试点示范“风光储”应用和终端电气化率提升项目，因地制宜的建设多元储能电站和并网型微电网。

6 长庆油田新型电力系统发展规划

围绕多点、高比例分布式电源接入，长庆油田按照“创新引领、协调统筹、绿色发展、开放合作、共享共建”发展理念，充分考虑油田滚动开发需求，结合长庆电网自身优势和发展需求，整体规划、分步实施，着力构建“安全高效、清洁低碳、柔性灵活、智慧融合”的新型电力系统。

在新型能源体系建设过程中，电力系统是基础，在油田稳产上产中发挥重要作用。基于此，长庆油田从电网实际建设现状着手，注重阶段性发展目标的制定，将关注重点聚焦在优化完善骨架电网、升级智能配网和调度系统、提升新能源绿电消纳等方面，围绕坚强骨架电网、优化智能配网、提升数字赋能、构建多元消纳、完善市场营销五个方面，按照夯实基础、稳步推进、初见成效三个层次，保障长庆油田高质量发展。

（1）夯实基础，优化完善骨架电网。根据油气田产能部署及专项工程，统筹规划，持续完善油田电力网络，加快构建气田区域骨架电网，不断夯实构建新型电力系统“大电网”的基础，为“有源双向”柔性调节做好电网侧的准备。

（2）稳步推进，升级智能配网和调度系统。通过电能监测、动态无功补偿、谐波治理等举措，不断提升电网电能质量，降低网络损耗，同时加快升级现有调度系统，满足新能源接入下的大电网监控调度和协调控制。

（3）初见成效，提升新能源绿电消纳。充分发挥资源优势，优先实施风光发电项目，使新能源成为发电量增量的主体，同时通过钻井压裂“电代油”、压缩机气驱改电驱、电解水制氢、电化学储能等措施，为电力消纳持续扩容，优化资源配置，实现多元最大化绿电消纳，建成以新能源为主体的新型电力系统。

6.1 建强骨架电网

（1）油田区域电网

按照产能建设部署及相关专项工程规划，2024—2030年，油田区域预计新增电力负荷119MW，现有骨架电网无法满足快速增长的负荷需求。为提高供电可靠性，进一步夯实油田骨架电网，预计2030年底，在油田区域范围内共新建高树、庙湾、新窑、武梁4座110kV变电站，以及2座35kV变电站，满足用电负荷增长需求。

（2）气田区域电网

气田供电主要依托储气库、处理厂、净化厂配套建设的110kV和35kV变电站，尚未形成自有的供电网络。随着苏里格、靖边、青石峁等气田开发，为满足快速增长的负荷需求，在苏里格气田规划建设11座110kV变电站，22座35kV变电站，形成苏里格气田骨架电网；在靖边气田规划建设1座110kV变电站，10座35kV变电站，形成靖边气田自有供电网络；在青石峁气田建设1座110kV变电站，满足整体供电需求。

6.2 优化智能配网

为解决分布式光伏大量并网带来的电网峰谷负荷波动率增大、故障特性复杂度增加等问题，开展谐波治理分析，计划在12座110kV变电站、25座35kV变电站、10kV石油专线上安装48套逆功率保护装置，并安装92套电能质量监测设备。针对部分变电站电容损坏、无功容量不足等问题，充分摸排，拟安装496MW无功补偿装置。

6.3 提升数字赋能

为进一步助力构建长庆油田新型电力系统，

对现有电网调度自动化系统(OPEN3000)进行升级，在长庆气田区域新建苏里格、靖边、青石峁三座区域电力调控中心，着力打造“调控平台一体化、监视控制协调化、调度决策智能化、调度运行互备化、生产管理统一化、信息应用标准化”的智能电网调控系统，实现电网运行监控、风光发电控制、分布式光伏群调群控、配网智能告警及电网智能分析决策等功能。

6.4 构建多元消纳

依托姬塬示范区10MW风电项目，在油田山城35kV变电站开展微电网技术试点，通过构建区域“风光储”和网电相融合的智能微电网系统，提升电网消纳能力；同时持续摸排油田变电站基本情况，针对油田9座分布式光伏高比例接入的变电站，配置储能系统，推广智能微电网技术，提高电网稳定性和绿电消纳能力。同时在苏里格气田开展压缩机、导热油炉、脱水橇等设备电气化改造，提高终端能源设备电气化率，全面实施后，预计2030年苏里格气田电气化率将从现在的3%提升至45%。

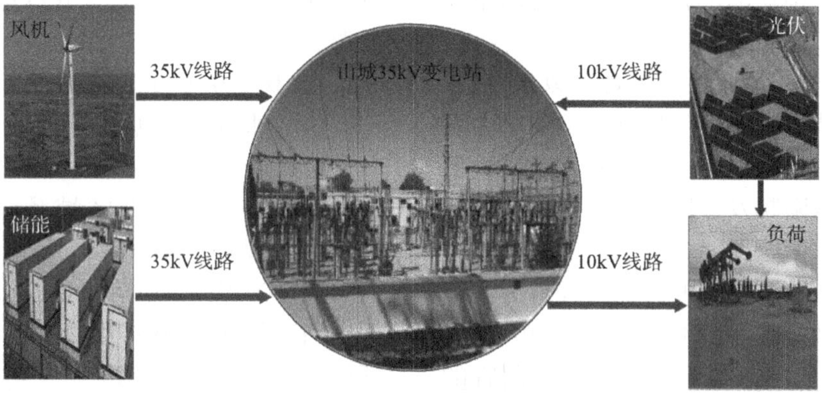

图8　长庆油田山城35kV变电站微电网系统图

6.5 完善市场营销

面对购电模式发生深刻变革，综合购电成本逐年攀升，对电力市场建设提出了更高的要求。长庆油田积极应对，通过试点油田弹性电费机制，用价格拉动采油采气单位错峰用电，提高清洁电力消纳，围绕“电力政策研究、电量系统智能化管控、建立共享机制、深化战略合作”四个方面积极开展市场营销工作。

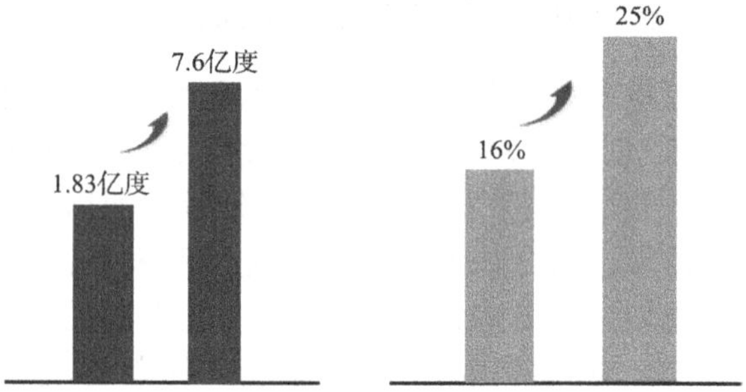

图9　长庆油田新型电力系统效果分析

7 效果分析

长庆油田积极落实国家“双碳”战略，预计到2030年底，长庆油田自消纳的新能源装机容量将占到总用电负荷的48%，自消纳绿电从每年的1.83亿kW·h上升至7.6亿kW·h，考虑目前外购电量中13%的绿电占比，电网绿电占比将从16%上升至25%(图9)，储能规模将达到487MW，具备一定的快速调压调频能力，能够有效促进绿电消纳。

按照构建新型电力系统工作部署，长庆油田将加快推进新能源业务布局和技术储备，持续完善电力网络，加速电网升级转型，不断提升绿电消纳能力，初步形成以源网荷储互动与多能互补支撑的新型电力系统，开拓油田电力系统新局面。

参 考 文 献

[1] 杨学峰，姬伟，周星泽，等．长庆油田新能源业务发展模式探索与实践[J]．石油科技论坛，2023，42(02)：40-48.

[2] 董朝武，娄奇鹤，王登政，等．新型电力系统背景下配电网二次系统体系架构及发展方向[J]．电力建设，2024，45(08)：11-23.

[3] Real-time operational aspects of Hopfield neural network based dynamic channel allocation scheme[J]. O. Lazaro, D. Girma. Electronics Letters.

[4] Sustainable healthcare resource allocation, grounding

theories and operational principles: response to our commentators. [J]. Munthe Christian, Fumagalli Davide, Malmqvist Erik. Journal of medical ethics.

[5] 黄伟，孙昶辉．吴子平，等．含分布式发电系统的微网技术研究综述[J]．电网技术，2009，33(9)：14-18.

[6] 王贵生，孙士奇，刘军，等．含光伏的油田井场直流微电网结构及其功率分配规律研究[J]．电工技术，2022，18：76-79.

[7] 刘沛津，郭俊逸，韩锁，等．多变压器并联抽油电机群控变频互馈系统研究[J]．机床与液压，2018，46(09)：104-109.

[8] Level evaluation of concrete dam fractures based on game theory combination weighting - normal cloud model [J]. Wei Wei Li, Xin Bao Gu, Chao Yang, Chao Zhao. Frontiers in Materials.

[9] Research on the evaluation index system of "new energy cloud" operation mode based on CRITIC weighting method and AHP method [J]. Wang Xingang, Zhou Zhuan, Sun Licheng, Xie Guohui, Lou Qihe. IOP Conference Series: Earth and Environmental Science.

耐温抗盐 CO_2 发泡剂的制备及性能

鄢长灏[1,2] 于九政[1,2] 刘笑春[1,2] 齐松超[1,2] 郭丽媛[3]

(1. 中国石油长庆油田分公司油气工艺研究院；
2. 中国石油低渗透油气田勘探开发国家工程实验室；
3. 陕西科技大学化学与化工学院)

摘 要 针对当前部分低渗透油藏高温高盐、CO_2 容易气窜的问题，结合阴离子磺酸盐类表面活性剂良好的耐温、耐盐性以及氟碳型表面活性低界面张力、良好的耐油性能，制备了耐温抗盐的氟碳型磺酸盐型 CO_2 发泡剂。实验结合响应曲面法对含氟改性剂及发泡剂合成工艺进行了优化，确定了含氟中间体的最佳制备工艺为：含氟辛基磺酰氟与4,4′-二羟基二苯醚的摩尔比为1.00∶2.13，反应温度为76.52℃，反应时间为6.8h；发泡剂最佳制备工艺条件为：含氟化合物中间体与氯磺酸的摩尔比为1.00∶2.09，反应温度为95.43℃，反应时间为9h。当发泡剂浓度大于0.05%时，发泡剂的表面张力小于25mN/m，界面张力低于0.005 mN/m。

关键词 CO_2 驱；耐温抗盐；响应面优化；合成工艺；CO_2 发泡

对于低渗透油气藏，CO_2 驱既可提高原油采收率又可实现 CO_2 埋存，但由于储层裂缝的存在带来严重的气窜问题。Liu 等在低渗透率裂缝岩心中进行了 CO_2 泡沫驱实验，与气驱采收率相比，泡沫驱采收率提高了20%。胜利油田针对油藏 CO_2 驱易气窜的问题，研发了长效耐温抗盐 CO_2 气溶性发泡技术，该体系耐温120℃，耐盐 10×10^4 mg/L。杨昌华等研制了耐温抗盐 CO_2 泡沫封窜体系，该体系耐温100℃，耐盐 20×10^4 mg/L。然而，由于泡沫耐热性和抗盐性较差，在高温高盐油藏下泡沫容易断裂，对采收率影响较大。因此，研制一种耐高温、高盐型 CO_2 稳定发泡剂，为 CO_2 混相驱的顺利开展提供配套技术，对低渗超低渗透油藏的开发具有重要意义。

1 实验部分

1.1 实验试剂和仪器

试剂：4,4′-二羟基二苯醚，N,N-二甲基甲酰胺，三乙胺，辛基磺酰氟，碳酸氢钠，氯磺酸，乙醇，石油醚，含氟丁基磺酰氟、含氟己基磺酰氟、含氟辛基磺酰氟。

仪器：核磁共振波谱仪，电位粒度分析仪，界面张力仪，表面张力仪，高温高压泡沫液仪。

1.2 耐温抗盐 CO_2 发泡剂的合成及合成工艺优化

1.2.1 耐温抗盐 CO_2 发泡剂合成路线

发泡剂合成路线图如图1所示。

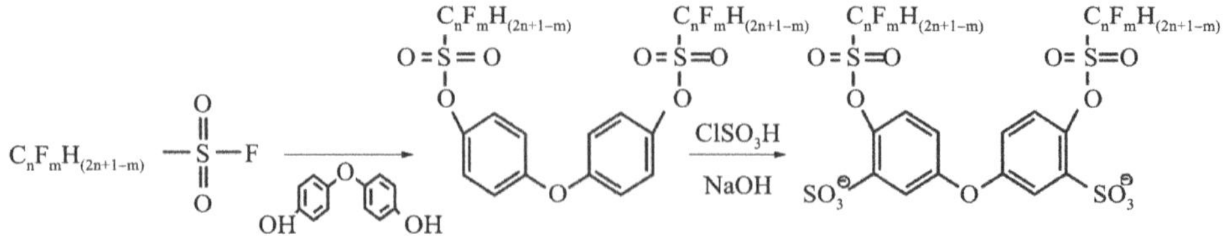

图1 耐高温型 CO_2 发泡剂的合成路线

1.2.2 发泡剂合成工艺

(1) 含氟化合物合成工艺

将4,4′-二羟基二苯醚溶解于放置有N，N-二甲基甲酰胺和三乙胺的三口烧瓶中，升至一定温度，缓慢滴加含氟改性剂，反应一定时间，当体系pH呈现中性或者弱碱性时，停止反应，用大量饱和碳酸氢钠溶液进行水洗，得到含氟化合物。

(2) 发泡剂合成工艺

将含氟化合物中间体与完全溶解氯磺酸转

移至三口烧瓶中，加入催化剂，升温，滴加碳酸氢钠溶液，加热搅拌，测定其磺化率。用水溶解除去未反应的氯磺酸钠，再加入乙醇洗涤产物，分离提纯。采用含氟丁基磺酰氟制备得到的发泡剂命名为 FA-F4；采用含氟己基磺酰氟的命名为 FA-F6；采用含氟辛基磺酰氟的命名为 FA-F8。

1.3　发泡剂的结构表征与性能测试

1.3.1　核磁氟谱(F-NMR)表征

采用 600MHz Bruker 核磁共振仪测定，氘代试剂为 DMSO-d_6或 $CDCl_3$，四甲基硅烷为内标。

1.3.2　Zeta 电位测试

采用 Zetasizer NANO-ZS90 型电位粒度分析仪在 25℃下测定。

1.3.3　表面张力测试

采用 DCAT21 型全自动表面张力仪在 25℃下测试。

1.3.4　界面张力测试

采用 TX-500 旋转界面张力仪进行测试。

1.3.5　泡沫性能测试

采用高温高压泡沫液仪测定。记录泡沫高度随时间变化及析液半衰期。在实验中引入了泡沫综合值来评价发泡剂产生泡沫的综合性能，公式如下：

$$F = V_0 \times T_{1/2} \tag{1}$$

式中，F 为泡沫综合值，mL · min；V_0为起泡体积，mL；$T_{1/2}$为半衰期，min。

2　结果与讨论

2.1　发泡剂合成工艺优化

2.1.1　含氟改性剂的筛选

在室温、常压下测试得到的发泡体积和半衰期，结果如图 2 所示。

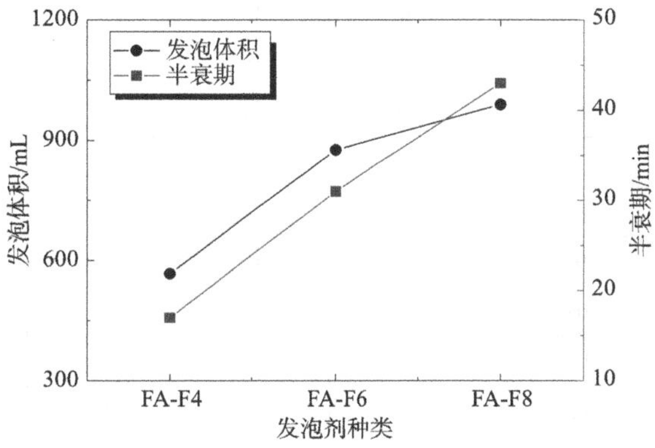

图 2　含氟改性剂对发泡剂发泡体积和半衰期的影响

由图 2 可知，随着含氟改性剂氟碳链增长，发泡体系的发泡体积和半衰期均增大。由于发泡剂中含氟改性剂的氟链增长，发泡剂的表面张力越低，利于生成泡沫；同时根据拉普拉斯公式，液膜的交界处与平面膜之间的压力差与表面张力成正比，表面张力低，压力差小，所以排液较慢，液膜变薄也较慢，有利于泡沫稳定，半衰期增大。综上所述，当含氟改性剂为含氟辛基磺酰氟时，体系的发泡性能和稳泡性能最佳。

2.1.2　响应面分析法优化含氟化合物合成工艺

采用 Box-Behnken 实验法优化含氟化合物的合成工艺。

表 1　Box-Behnken 设计的变量及水平

水平	因素		
	X1[n(4,4′-二羟基二苯醚)：n(含氟辛基磺酰氟)]	X2（反应温度/℃）	X3（反应时间/h）
1	1.00：1.90	40	3
2	1.00：2.05	60	5
3	1.00：2.20	80	7

如表 1 所示，将 BBD 实验设计得到的数据通过多元非线性回归拟合，得到包含相互作用项的二阶多项式回归方程(式 2)：

$$Y(\%) = -1900.36542 + 1860.46222 \times A + 0.68028 \times B + 17.33750 \times C + 0.27167 \times AB - 4.37500 \times AC - 0.034750 \times BC - 447.01111 \times A^2 - 8.93813E-003 \times B^2 - 0.63694 \times C^2 \tag{2}$$

编码变量 X_1、X_2和 X_3分别由它们各自的实际值 x_1、x_2 和 x_3 计算，使用方程 $X_1 = (x_1 - 0.51)/2$、$X_2 = (x_2 - 60)/10$ 和 $X_3 = (x_3 - 5)/2$。

表 2　Box-Behnken 设计自变量的编码值和实际值以及产率的实验值和预测值

Test	code variables			actual values			extraction yield Y/%	
	X_1	X_2	X_3	x_1	x_2	x_3	experimental	predicted
1	1	0	-1	2.20	60	7	74.76	76.61
2	-1	1	0	2.20	40	5	83.58	81.62
3	0	1	-1	2.20	60	3	72.66	74.62
4	0	0	0	2.05	40	3	84.74	82.89
5	-1	0	1	2.05	80	7	80.33	75.5
6	0	-1	-1	2.05	60	5	85.79	84.77
7	1	0	1	1.90	60	3	76.76	77.78
8	1	-1	0	2.05	60	5	76.97	81.8
9	-1	0	-1	1.90	80	5	82.43	85.41
10	1	1	0	1.90	40	5	84.95	87.82
11	0	0	0	2.05	40	7	90.72	87.85
12	-1	-1	0	2.05	60	5	87.68	84.7
13	0	0	0	2.20	80	5	90.72	92.57
14	0	0	0	1.90	60	7	92.88	92.57
15	0	1	1	2.05	60	5	92.18	92.57
16	0	-1	1	2.05	60	5	93.98	92.57
17	0	0	0	2.05	80	3	93.08	92.57

如表 2 所示，X_3，三个二次项系数（X_1^2，X_2^2和 X_3^2）和一个相互作用系数（X_1X_3）是显著的，实验 Y 值与预测 Y 值吻合良好，证明了模型的可行性。

表 3　回归方程的方差分析

Source	*Squares*	*df*	*Square*	*F-value*	*p-value* Prob>F
Model	649.35	9	72.15	4.88	0.0242
A	88.25	1	88.25	5.97	0.0445
B	0.27	1	0.27	0.018	0.897
C	0.23	1	0.23	0.016	0.9033
AB	2.66	1	2.66	0.18	0.6843
AC	6.89	1	6.89	0.47	0.5166
BC	7.73	1	7.73	0.52	0.493
A^2	425.93	1	425.93	28.82	0.001
B^2	53.82	1	53.82	3.64	0.098
C^2	27.33	1	27.33	1.85	0.216
Residual	103.44	7	14.78		
Lack of Fit	97.52	3	32.51	21.97	0.006
Pure Error	5.92	4	1.48		
Cor Total	752.79	16			

通过表 3 可以观察各模型间各变量之间的拟合程度，并进一步分析各因素对实验结果的影响。“F-value”出现的概率仅为 0.01%。“p-value”小于 0.05，表示模型项很显著。此外，该模型的缺拟合 p 值为 0.006，进一步支持了该模型的实用性。

表 4　模型的可信度分析

Mean	R-Squared	Adj R-Squared	C. V/%
84. 95	0. 9920	0. 9821	4. 52

各因素的置信度参数见表 4，通过确定系数 R^2 和调整系数 Adj-R^2 对模型的优度进行了双重检验。预测模型的 R^2 和 Adj-R^2 值分别为 0. 9920 和 0. 9821，表明预测模型可以解释 99. 2% 的响应变异性。统计分析表明，实验值与预测值吻合较好。

通过响应面实验优化分析，确定了含氟化合物最佳制备工艺条件为：含氟辛基磺酰氟与 4，4′-二羟基二苯醚的摩尔比为 1. 00∶2. 13，反应温度为 76. 52℃，反应时间为 6. 8h，此条件下理论提取率为 85. 27%。

图 3(a) 显示，产率随摩尔比减少而升高，但当摩尔比超过一定水平时，产率随摩尔比升高而增大。等高线[图 3(b)]呈椭圆形表示摩尔比、温度对响应值交互作用显著。

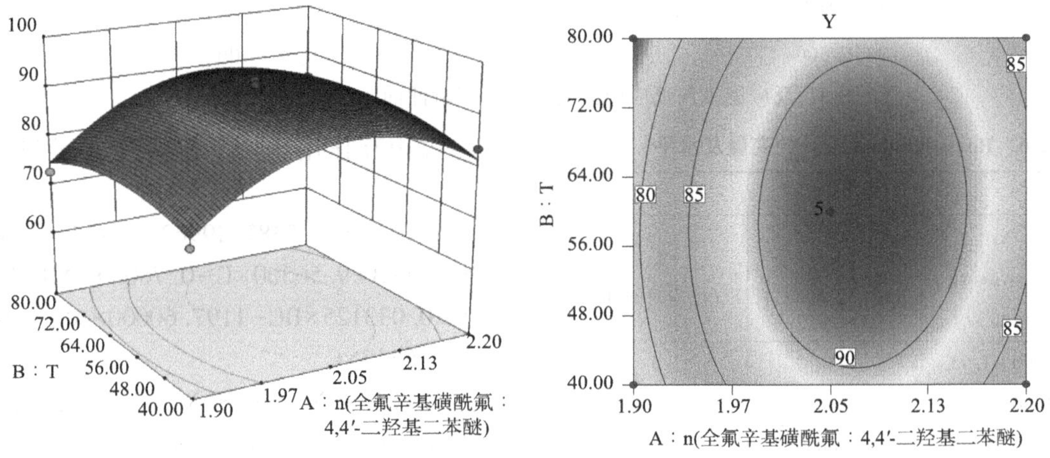

(a)　(b)

图 3　摩尔比与反应温度对产率的影响曲面(a)和等高线(b)

图 4(a) 显示，产率随摩尔比减少而升高，但当摩尔比超过一定水平时，产率随摩尔比升高而增大。等高线[图 4(b)]呈椭圆形表示摩尔比、时间对响应值交互作用显著。

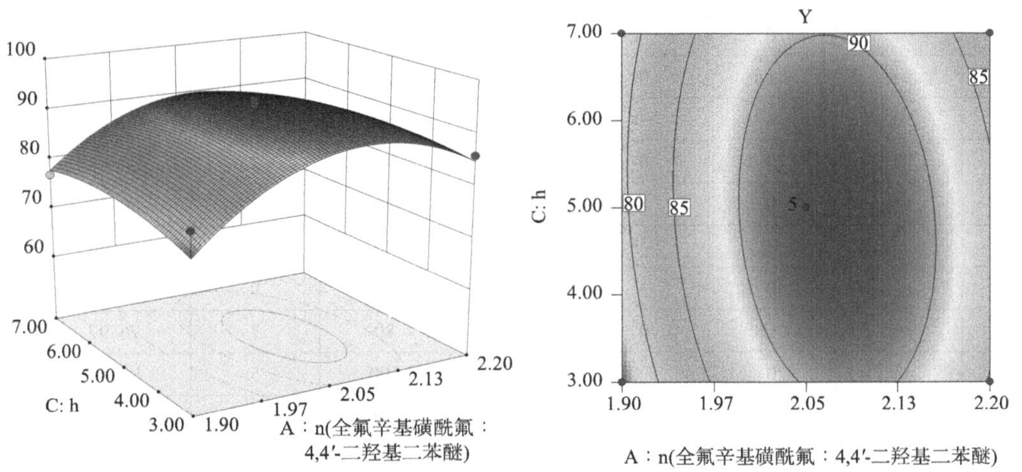

(a)　(b)

图 4　摩尔比与反应时间对产率的影响曲面(a)和等高线(b)

图 5(a) 显示，产率随温度增加而升高，但当反应温度超过一定水平时，产率随反应温度升高而增大。等高线[图 5(b)]呈椭圆形表示反应温度、反应时间对响应值交互作用显著。

2. 1. 3　响应面分析法优化发泡剂合成工艺

采用 BBD 法优化发泡剂的合成工艺。

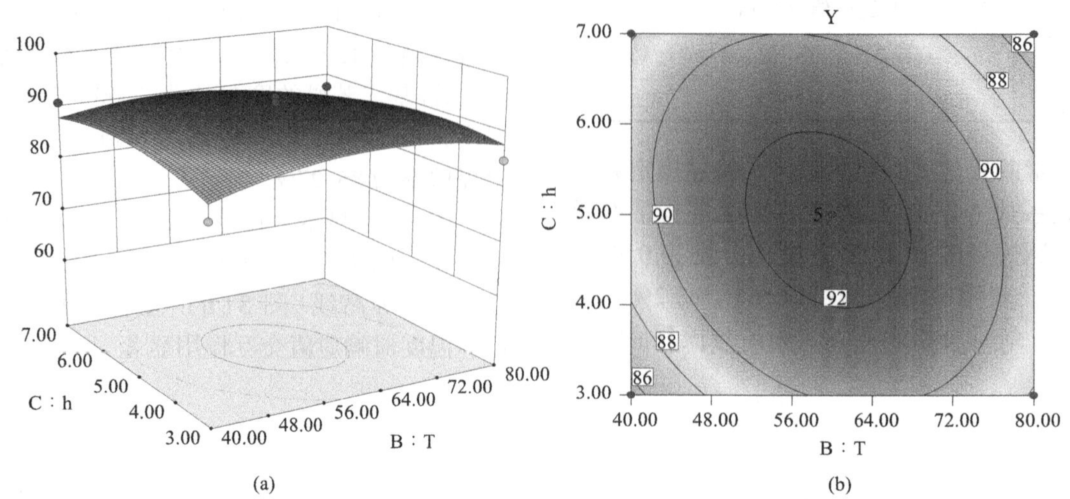

图 5　反应温度与反应时间对产率的影响曲面(a)和等高线(b)

表 6　Box-Behnken 设计的变量及水平

水平	因素		
	X_1 [n(含氟化合物中间体) : n(氯磺酸)]	X_2 (反应温度/℃)	X_3 (反应时间/h)
1	1.00 : 1.95	60	5
2	1.00 : 2.08	80	7
3	1.00 : 2.20	100	9

如表 5 所示，通过多元非线性回归拟合，得到包含相互作用项的二阶多项式回归方程(式 3)：

$$Y(\%) = -5387.29963 + 5114.44000 \times A + 3.43475 \times B + 9.56500 \times C - 0.78000 \times AB - 12.20000 \times AC + 0.033125 \times BC - 1197.60000 \times A^2 - 0.012844 \times B^2 + 1.00313 \times C^2 \tag{3}$$

编码变量 X_1、X_2 和 X_3 分别由它们各自的实际值 x_1、x_2 和 x_3 计算，方程中 $X_1 = (x_1 - 0.48)/2$、$X_2 = (x_2 - 80)/10$ 和 $X_3 = (x_3 - 7)/2$。

表 7　Box-Behnken 设计自变量的编码值和实际值以及产率的实验值和预测值

Test	code variables			actual values			extraction yield Y/%	
	X_1	X_2	X_3	x_1	x_2	x_3	experimental	predicted
1	1	0	-1	2.08	60	5	74.76	76.61
2	-1	1	0	2.08	80	7	83.58	81.62
3	0	1	-1	1.95	80	9	72.66	74.62
4	0	0	0	2.20	100	7	84.74	82.89
5	-1	0	1	2.08	80	7	80.33	75.5
6	0	-1	-1	2.20	80	5	85.79	84.77
7	1	0	1	2.20	80	9	76.76	77.78
8	1	-1	0	2.08	80	7	76.97	81.8
9	-1	0	-1	2.08	100	5	82.43	85.41
10	1	1	0	1.95	80	5	84.95	87.82
11	0	0	0	2.08	80	7	90.72	87.85
12	-1	-1	0	1.95	60	7	87.68	84.7
13	0	0	0	2.08	100	9	90.72	92.57
14	0	0	0	2.08	60	9	92.88	92.57
15	0	1	1	2.08	80	7	92.18	92.57
16	0	-1	1	1.95	100	7	93.98	92.57
17	0	0	0	2.20	60	7	93.08	92.57

如表 6 所示，X_3，三个二次项系数（X_1^2，X_2^2和 X_3^2）和一个相互作用系数（X_1X_3）是显著的，实验 Y 值与预测 Y 值吻合良好，证明了模型的可行性。

表 7　回归方程的方差分析

Source	Squares	df	Square	F-value	p-value Prob>F
Model	1752. 74	9	194. 75	128. 15	< 0. 0001
A	1. 44	1	1. 44	0. 95	0. 362
B	0. 15	1	0. 15	0. 1	0. 7616
C	28. 5	1	28. 5	18. 76	0. 0034
AB	15. 21	1	15. 21	10. 01	0. 0158
AC	37. 21	1	37. 21	24. 49	0. 0017
BC	7. 02	1	7. 02	4. 62	0. 0686
A^2	1474. 35	1	1474. 35	970. 19	< 0. 0001
B^2	111. 13	1	111. 13	73. 13	< 0. 0001
C^2	67. 79	1	67. 79	44. 61	0. 0003
Residual	10. 64	7	1. 52		
Lack of Fit	10. 62	3	3. 54	707. 83	< 0. 0001
Pure Error	0. 020	4	5. 00E-03		
Cor Total	1763. 38	16			

回归方程的方差分析如表 7 所示。预测模型合理地反映了实验值。ANOVA 结果表明，二次模型的贡献显著。“F-value”出现的概率仅为 0. 01%。“p-value”小于 0. 05 表示模型项很显著。此外，该模型的缺拟合 p 值为<0. 0001，说明缺拟合相对于纯误差而言是微不足道的，也支持了该模型的实用性。

表 9　模型的可信度分析

Mean	R-Squared	Adj R-Squared	C. V/%
79. 96	0. 9940	0. 9862	1. 54

如表 8 所示，通过确定系数 R^2和调整系数 Adj-R^2对模型的优度进行了双重检验。预测模型的 R^2 和 Adj-R^2 值分别为 0. 9940 和 0. 9862，表明预测模型可以解释 99. 4% 的响应变异性。统计分析表明，实验值与预测值吻合较好。

通过响应面实验优化分析，确定了发泡剂最佳制备工艺条件为：含氟化合物中间体与氯磺酸的摩尔比为 1. 00：2. 09，反应温度为 95. 43℃，反应时间为 9h，此条件下理论提取率为 92. 29%。

图 6（a）所示在 7h 时产率随摩尔比减少而升高，但当摩尔比超过一定水平时，产率随摩尔比升高而增大。等高线［图 6（b）］呈椭圆形表示摩尔比、温度对响应值交互作用显著。

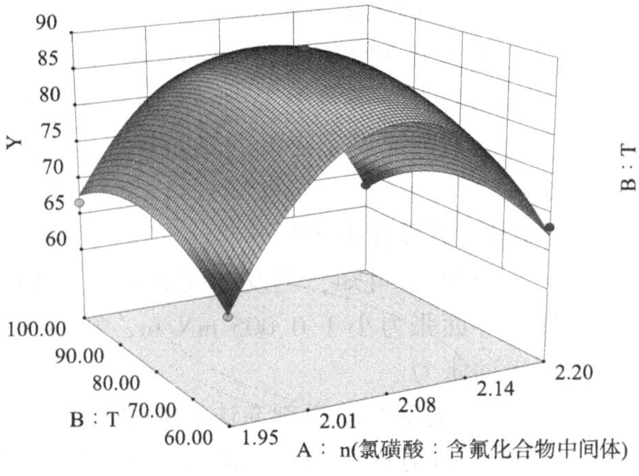

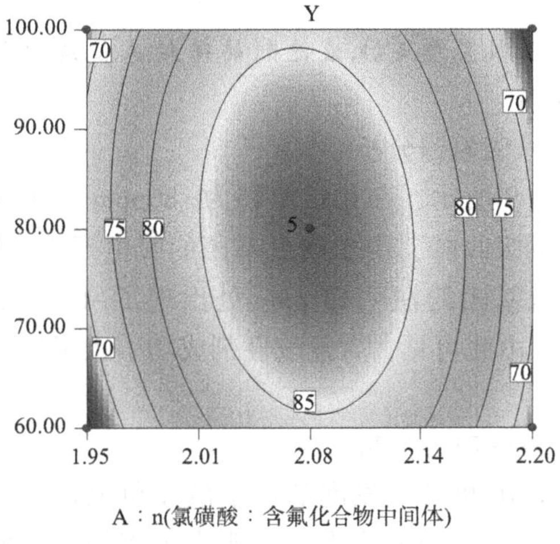

图 6　摩尔比与反应温度对产率的影响曲面（a）和等高线（b）

在 80℃时产率随摩尔比减少而升高，但当摩尔比超过一定水平时，产率随摩尔比升高而增大。从响应面可以看出摩尔比对产率影响相比反应时间影响大(图 7)。

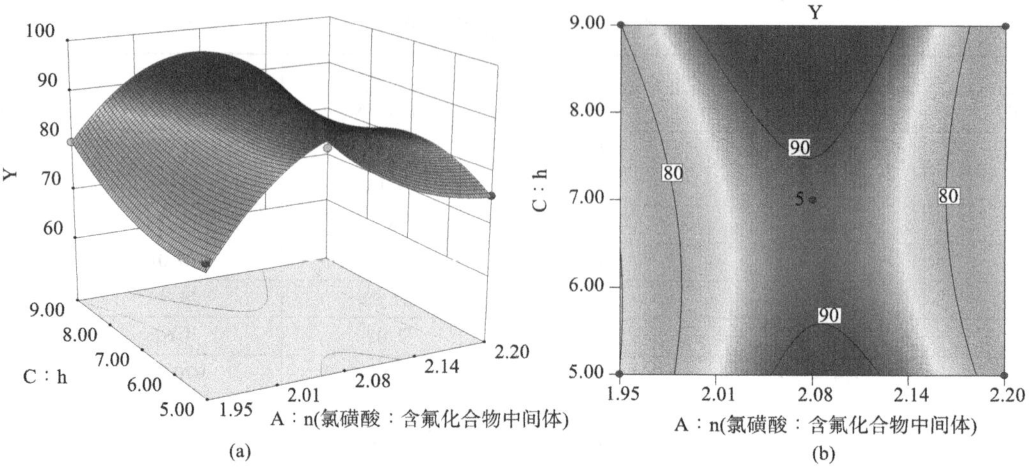

图 7　摩尔比与反应时间对产率的影响曲面(a)和等高线(b)

图 8 是在含氟化合物中间体与氯磺酸的反应物摩尔比为 1.00：2.08 时，产率随反应温度减少二略微增大，但当反应温度超过一定水平时，产率随反应温度升高而略微增大。从响应面可以看出反应温度对产率的影响相比反应时间影响大。

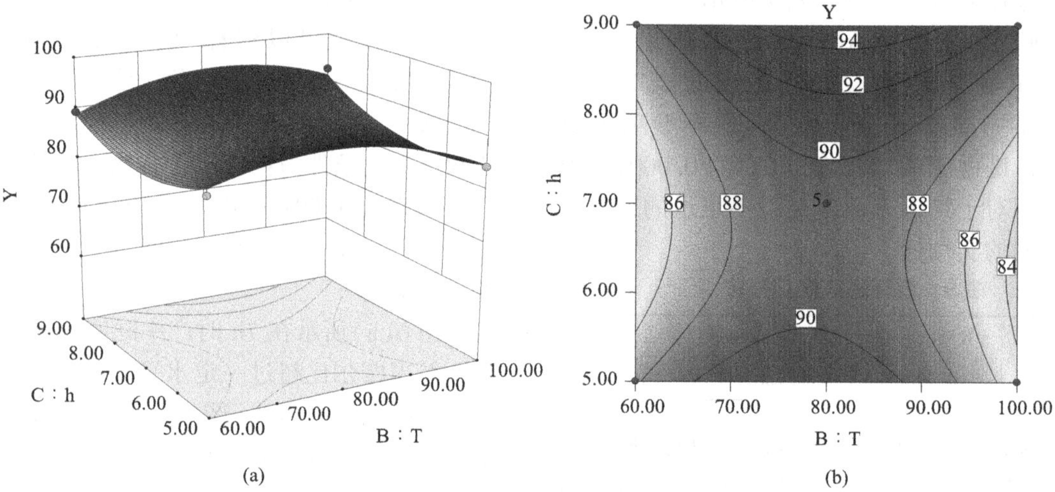

图 8　反应温度和反应时间对产率的影响曲面(a)和等高线(b)

2.2　耐温抗盐型 CO_2 发泡剂的结构表征及性能分析

2.2.1　核磁氟谱分析

如图 9 所示，在化学位移为-80ppm 处出现了-CF_3的吸收峰，由于磺酰基团的吸电子作用，联结磺酰基团的在-113 ppm 处出现了-CF_2-的吸收峰。由此可见，含氟改性剂成功引入了发泡剂中。

2.2.2　Zeta 电位分析

由图 10 可知，发泡剂水溶液显负电性，其电位分布在-30 mV 左右，表明为阴离子型表面活性剂，且稳定性良好。

2.2.3　表面张力分析

由图 11 可知，当发泡剂浓度大于 0.05%时，发泡剂的表面张力小于 25mN/m。含氟链段的引入为发泡剂提供了更低的界面张力，更好的表面活性。

2.2.4　界面张力分析

由图 12 可知，当发泡剂浓度大于 0.05%时，体系界面张力小于 0.005 mN/m，发泡剂具有超低界面张力。

2.2.5　温度对发泡剂泡沫性能的影响

用 10 万矿化水配制质量浓度为 0.3%的发泡剂溶液，测试 20 MPa，不同温度(30、50、80、

120、150℃)下的综合指数。

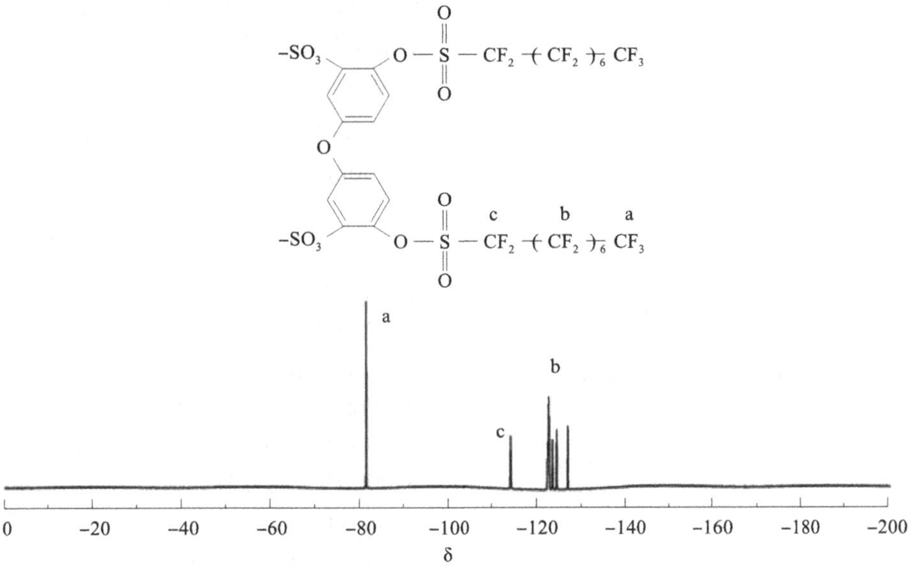

图 9　发泡剂核磁氟谱图

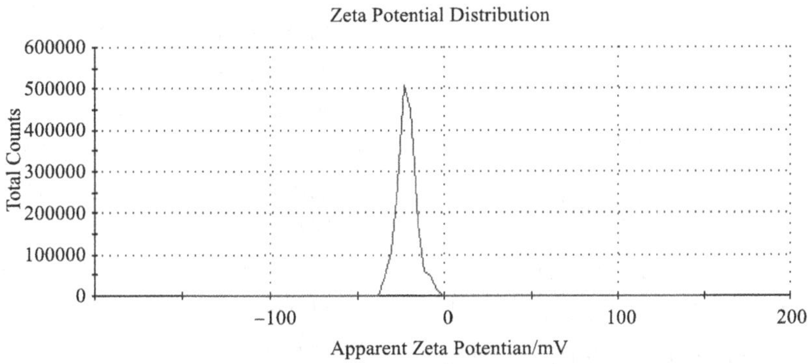

图 10　发泡剂 Zeta 电位测试结果

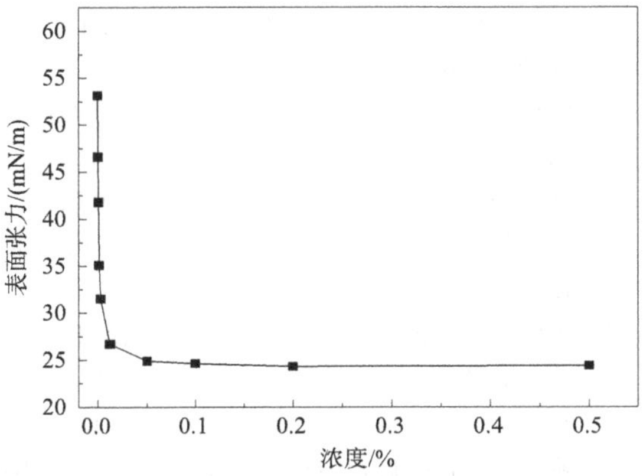

图 11　发泡剂浓度对表面张力的影响

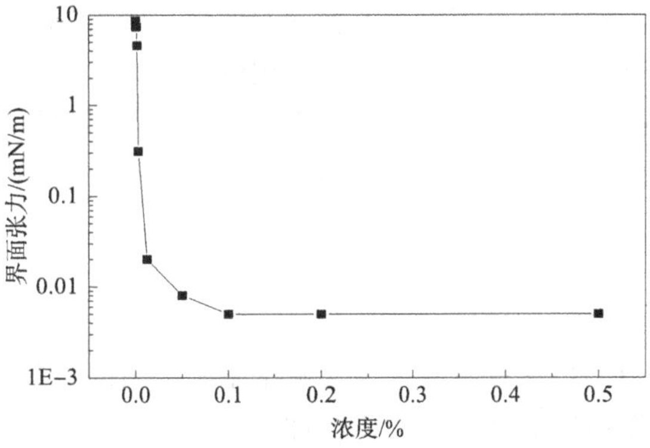

图 12　发泡剂浓度对界面张力的影响

由图 13 可知，起泡剂综合指数随着温度的升高而减少。在 150℃下，发泡剂的综合指数大约 18676mL · min。温度升高可以加快液膜中的液体蒸发，使泡沫液膜变薄，泡沫破裂速度加快；同时升温加快分了运动，使泡沫内部的压力增加，加快泡沫之间聚并。

2.2.6　矿化度对发泡剂泡沫性能的影响

测试 150 ℃、20 MPa 下，计算不同矿化度(0、40000、8000、100000、120000 mg/L)下发泡剂综合指数。

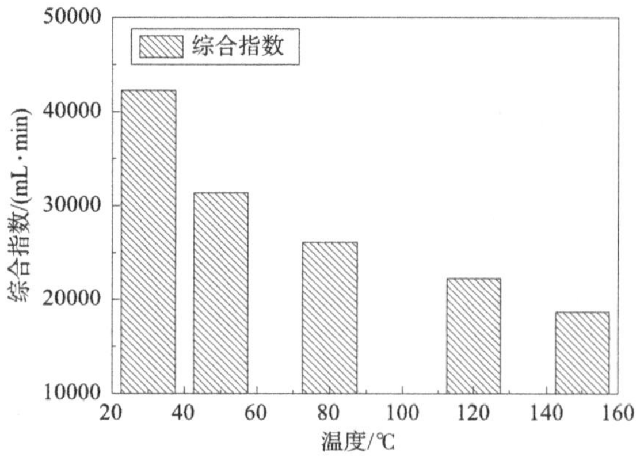

图 13　温度对泡沫体系综合指数的影响

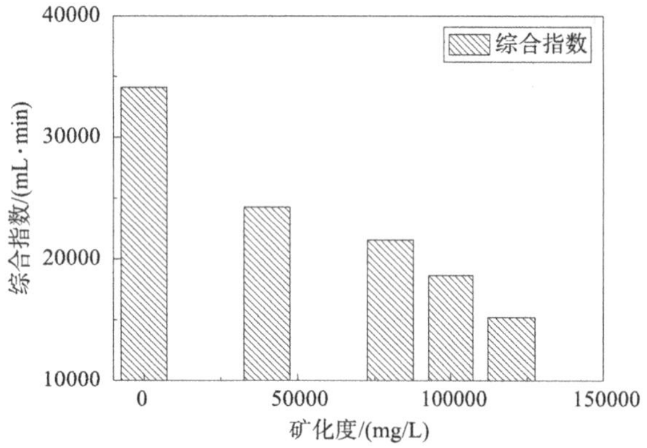

图 14　矿化度对泡沫体系综合指数的影响

由图 14 可知，起泡剂综合指数随着矿化度的增加而减小，120000 mg/L 的矿化度下，泡沫综合值保持在 149536 mL · min。生成泡沫时，泡沫液膜的两表面吸附一层磺酸盐类含氟表面活性剂，而反离子（Na^+、Ca^{2+}）则分散于液膜的内部，液膜的两表面构成了表面双电层。随着体系中矿化度增加，体系反粒子作用浓度增大，双电层的扩散层会被反电荷离子所压缩，电位降低，液膜两表面的排斥作用减弱，液膜厚度变小，泡沫稳定性变差，半衰期减小。

3　结论

（1）当含氟改性剂为含氟辛基磺酰氟时，体系的发泡性能和稳泡性能最佳。

（2）通过响应面实验优化分析，确定了含氟化合物最佳制备工艺条件：含氟辛基磺酰氟与 4，4′-二羟基二苯醚的摩尔比为 1.00 ：2.13，反应温度为 76.52℃，反应时间为 6.8h。发泡剂最佳制备工艺条件为：含氟化合物中间体与氯磺酸的摩尔比为 1.00 ：2.09，反应温度为 95.43℃，反应时间为 9h。

（3）当发泡剂浓度大于 0.05%时，发泡剂的表面张力小于 25mN/m，界面张力低于 0.005mN/m。在 150℃下，发泡剂的泡沫综合指数仍能保持在 18676mL · min。在 150℃、20Mpa，120000mg/L 的矿化度下，仍能保持 149536mL · min。

参　考　文　献

[1] 许星光，张鹏，张希文，等. 裂缝性低渗透/致密油藏泡沫封窜机理与新进展[J]. 油田化学，2024，41(01)：167-178.

[2] 熊晓菲. 泡沫在吞吐注气中的防窜效果研究[D]. 北京：中国石油大学(北京)，2022.

[3] 毕卫宇，张攀锋，章杨，等. 低渗透油田用 CO_2 气溶性泡沫体系研发及性能评价[J]. 油气地质与采收率，2018，(6). 71-77.

[4] 杨昌华，王庆，董俊艳，等. 高温高盐油藏 CO_2 驱泡沫封窜体系研究与应用[J]. 石油钻采工艺，2012，34(05)：95-97+101.

[5] 刘旭超，张宁，任树亮，等. 高温泡沫防气窜体系实验研究[J]. 广东化工，2020，47(11)：59-61.

[6] 王文栋. 耐温抗盐 CO_2 智能响应型泡沫的制备及性能研究[D]. 青岛：中国石油大学(华东)，2021.

[7] 郭丹婷，郭晶，贾伟杰，等. 新型氟碳起泡剂的制备及性能评价[J]. 石油工程建设，2023，49(01)：44-48.

[8] 杨智中. 耐温抗盐发泡剂的选择[J]. 能源化工，2017，38(01)：62-67.

[9] 尹相文，田玉芹，韦雪，等. 含氟耐高温型 CO_2 发泡剂的制备与室内评价研究[J]. 现代化工，2021，41(12)：180-183+188.

[10] 郭程飞. 耐温抗盐泡沫驱油体系的构建及性能研究[J]. 中外能源，2023，28(05)：66-71.

[11] 汪庐山，CO_2 气溶性发泡剂的研制. 山东省，中国石油化工股份有限公司胜利油田分公司石油工程技术研究院，2017-04-18.

[12] 李国仓. 发泡剂体系配方筛选和优化研究[J]. 石油工业技术监督，2016，32(07)：1-3+6.

[13] 高建辉，李旭欣，范元赫，等. 基于 Box-Behnken 响应面法优化鹿角蛋白的提取工艺[J]. 沈阳药科大学学报，2024，41(06)：742-747+774.

[14] 吴超群，韦国兰，赢彩莲，等. Box-Behnken 响应面法优化青钱柳茶果冻制备工艺[J]. 食品安全导刊，2024，(13)：141-144.

注水开发油田节能低碳示范区建设探索与实践

杨富好　易　敏　马文军　段晴枫　马箭荣

（中国石油新疆油田分公司准东采油厂）

摘　要　“双碳”背景下，新疆油田全力构建清洁高效的能源体系，坚持先“瘦身”再“健身”的理念，按照“以热替热、以电替电，能替则替、应替尽替”的原则，将火烧山油田打造成为节能低碳作业示范区。通过示范区建设积极探索新能源发展的新技术、新模式、新机制，建立节能绿色低碳发展的新标准、新机制，发挥示范引领作用，积累新能源建设及运行管理经验，为油田全面实现低碳转型奠定基础。火烧山油田结合特高含水开发及整装油田典型特点，依托资源优势，探索建设低碳节能示范区。以机采、集输、油气水处理、注水系统等全面能源调查为基础，明确将灰电与天然气作为替代目标，确定了“清洁替代、战略接替、绿色转型”三步走建设思路。结合油田用热特点，整体部署油田工艺优化改造、新能源技术现场试验，全面实施工艺流程再造、立体化节能、清洁热能替代。低碳示范区将节能和新能源技术与现有生产工艺深化融合，开展了先导性的光热在集输系统中试验应用研究。低碳示范区项目实施后，节约天然气 $1029.48\times10^4 Nm^3/a$，节约电 $452.3\times10^4 Nm^3$。折标煤 14247.96tce/a，2023 年碳排放强度由实施前的 $172kgCO_2$/吨降低至 $79kgCO_2$/吨，其中直接碳排放强度由 88 降低至 $18kgCO_2$/吨，降幅 79%，经济效益与社会效益凸显，为火烧山油田持续高效发展铺垫了很好的基础，将有力推动油田能源变革、绿色低碳转型。

关键词　低碳示范区；节能减排；清洁替代；多能互补；火烧山油田

为深入贯彻落实《中共中央、国务院关于完整准确全面贯彻新发展理念做好碳达峰碳中和工作的意见》和《2030 年前碳达峰行动方案》有关要求，中国石油天然气集团有限公司于 2021 年提出以“双碳”目标硬约束为导向的低碳转型发展路径，坚持“清洁替代、战略接替、绿色转型”三步走战略，力争 2050 年左右实现“近零排放”。中石油勘探与生产分公司 2022 年启动节能低碳示范区建设工作，保证示范区尽早实现能（源）达峰和碳达峰，促进企业“碳达峰、碳中和”和高质量发展。

新疆油田公司准东采油厂火烧山油田 2021 年耗电 $2221.68\times10^4 kW\cdot h$，消耗天然气 $710.53\times10^4 m^3$。火烧山油田属于太阳能资源很丰富区域，具有清洁替代条件，因此依托油区内太阳能资源丰富的有利条件，坚持先“瘦身”再“健身”的理念，按照“以热替热、以电替电，能替则替、应替尽替”的原则，将火烧山油田打造成为节能低碳作业示范区。通过示范区建设积极探索新能源发展的新技术、新模式、新机制，建立节能绿色低碳发展的新标准、新机制，发挥示范引领作用，积累新能源建设及运行管理经验，为油田全面实现低碳转型奠定基础。

1　火烧山油田基本状况与条件

火烧山油田位于新疆昌吉回族自治州吉木萨尔县境内，在国道 216 线 K443 处属卡拉麦里山自然保护区五彩湾景区，在乌鲁木齐市到阿勒泰市的 216 国道的路上。其面积有 $10km^2$，东面是五彩湾煤矿，西面是火烧山油田火烧山作业区。火烧山油田东南距吉庆油田约 170km，西北距彩南油田 52km，距克拉美丽气田约 90km，西南距北三台油田约 80km，西南距离乌鲁木齐市约 200km。

选取火烧山油田建设节能低碳示范区，主要原因有：（1）独立区块：火烧山油田区域位置相对独立，各项设备设施较为完善，油气集输主要采用“采油井口→计量站→集中处理站”的标准化密闭集输工艺流程，井场、计量站建有加热设施，用能集中，改造方便，具有较大的节能潜力；（2）清洁能源丰富：火烧山油田所在区域属太阳能资源丰富区域，开展光伏发电优势明显；同时为其他油田开展节能低碳示范区建设提供指导意义；（3）土地资源良好：火烧山油田所在区域地表主体为戈壁，植被较少，地势较平坦，周围无村庄、无建筑设施，附近交通条件较便利，且属于连片征地范围，无需新增征地费用。

2　各系统生产现状及存在问题

2.1　机采系统

火烧山油田现有抽油机井数381口，在生产353口井，采用6-10型游梁式抽油机，配15~22kW电机，吨液单耗11.0kWh/t，平均泵效为41.5%，2021年用电量1280×10^4kW·h。机采系统存在的主要问题是泵效低，主要原因是油田进入开发中后期，单井供液能力下降，现有举升参数过大。

2.2　集输系统

油气集输采用“井口→计量站→处理站”二级布站流程。井口及计量站加热均以天然气加热炉为主。单井出油管线为D60×3.5的20#无缝钢管和DN50非金属管。井口天然气加热炉为20kW直燃式盘管炉，计量站加热炉为150kW水浴炉。火烧山油田目前产液量3323t/d，原油含水率83%，气油比74m^3/t，进联合站温度35℃左右。截止目前火烧山油田共有计量站39座，均采用水浴炉加热，采油井381口(加热油井数253口)。联合站原油处理规模35×10^4t/a，2021年实际处理量16.95×10^4t/a，原油脱水采用“多功能处理+热化学沉降”工艺，净化油经管道输送至三台油库。

集输系统存在的主要问题是：(1)火烧山油田属开发中后期，含水由初期30%上升至83%。集输工况的变化导致部分井口加热炉、计量站加热炉无效加热，集输温度过高；(2)由于井口加热炉加热温度无法控制，产生加热过度现象，造成管线内结垢，部分单井产液量低(<5t/d)，集油管线长(>300m)，以及出油的不连续性，致使单井回压>1.5MPa，影响油井正常生产。

2.3　注水系统

火烧山油田联合站注水系统主要设施有注水泵房2座，3000m^3注水罐2座。现有离心泵2台，柱塞泵6台，目前注水流程：采出水系统或清水来水进注水罐后，注水罐出水通过已建供水管道进入注水泵中升压至15MPa，通过已建分水器负责给油区注水井注水。目前火烧山油田配注量为4249m^3/d，注水泵常规运转方式为1号离心泵和5号柱塞泵同时启用，注水量为4300m^3/d，注水压力为14~15MPa。新泵房4台柱塞泵单独为井口压力较低的3号线注水；老泵房2台柱塞泵和2台离心泵可为四条注水干线同时注水。目前负荷率51.2%，系统效率41.8%，注水用电标耗0.662kWh/(m^3·MPa)。

2.4　伴生气系统

火烧山油田联合站站内建有简易天然气除液装置1座，装置设计能力6×10^4Nm^3/d，采用注甲醇防冻、空冷、旋流分离工艺，处理后伴生气用于站内原油加热采暖及油区原油加热。集油区已建成完善配气管网，天然气由联合站返输至计量站及井口，用于原油加热。井区2016—2020年产气量较稳定，在(3.92~4.58)×$10^4$$m^3$/d之间。2021年产气量4.2×$10^4Nm^3$/d，自用气量2.2×$10^4Nm^3$/d。

2.5　能耗及碳排放现状

火烧山油田主要包括机采系统、注水系统、集输系统。2021年能耗为1.2×10^4t标煤，其中集输系统耗电109.63×10^4kW·h，消耗天然气710.53×$10^4$$m^3$，占比78.69%。2021年火烧山油田生产总碳排放3.01×10^4t，其中直接碳排放量1.48×10^4t，碳排放强度168kg CO_2/t，其中直接碳排放强度86kg CO_2/t。根据火烧山产量预测，2026年原油产量31.79×10^4t，生产总能耗2.28×10^4t标煤，碳排放5.66×10^4t。

3　低碳示范区建设

按照先瘦身后健身的低碳建设思路，通过对油田机采、集输、注水系统各节点能耗及节能潜力分析，主要耗能单位为抽油机及集输加热系统。针对节能潜力点机采系统效率低、井口和计量站加热方式不合理的问题，开展抽油机提效及加热炉优化改造技术的研究。按照“效益优先”的原则进行多种技术及改造方案优选，完成方案总体设计、投资估算及经济效益评价，保证方案满足《石油企业节能技措项目经济效益评价方法》评价要求。再通过光伏发电等清洁能源替代化石能源消耗，进一步减少天然气消耗和二氧化碳排放，实现低碳排放。

3.1　机采系统提效改造

针对火烧山油田抽油机井泵效低于平均泵效41.5%的193口井进行节能改造，预计可将火烧山油田抽油机井平均泵效提升到50%以上，平均系统效率提高5个百分点，平均节电率20%以上，预计年节电256万千瓦时。

立足机采系统供排平衡关系，强化"产量不降，能耗最低"的设计理念，根据抽油井各项节能改造工艺的技术应用界限，结合当前抽油机机型以及机采系统抽汲参数，将不同产液量的油井进行分类治理，以达到不影响产量的条件下节能效果最大化。针对产液量低于5t/d，抽油机冲次大于5次/min的抽油机井，以及产液量介于5～10t/d，抽油机冲次大于5次/min且泵效小于等于20%的抽油机井，使用机械调速节能拖动工艺，计划应用10口井。针对产液量低于5t/d，抽油机冲次小于4次/min的抽油机井，以及产液量介于5-10t/d，抽油机冲次小于5次/min的抽油机井，使用低成本智能间抽工艺，计划应用57口井。针对产液量低于5t/d，抽油机冲次介于4～5次/min(包括4和5)的抽油机井，以及产液量介于5～10t/d，抽油机冲次大于等于5次/min的抽油机井，使用慢速电机(双速)降速节能工艺，计划应用119口井。针对产液量高于10t/d，泵效低于火烧山油田抽油机井平均泵效的油井，在检泵作业时，使用合理降低泵径的节能优化工艺技术，减小深井泵的理论排量，以达到提高泵效的目的。该工艺计划应用7口井。

3.2 集输系统优化改造

目前火烧山油田属于开发中后期，原油含水率较高(平均85%)，根据集输工艺需求，可优化核减部分井口、计量站加热炉，节约天然气用量，达到节能降耗目的。

通过油田现场开展的常温集输试验、析蜡点分析及原油脱水等室内实验可以得出以下结论：(1)火烧山油田原油凝固点(12～26℃)高，析蜡点温度较高(26.2～32.4℃)，含蜡量较高(4.59%～10.52%)，输送油温较低时就易造成管线结蜡，井口回压升高(>1.5MPa)，影响生产。(2)结合现场试验可知，当单井产液量<5t/d，管线长度>300m时，会发生管线凝管现象。因此为保障正常生产，需开启部分远端井、计量站的加热设施。(3)考虑到李晓华联合站后期将改造为密闭脱水流程，进站含水原油通过预脱水分离器后进入多功能处理器进行加热及脱除游离水，因此集油区原油进站温度只需满足高于临界粘壁温度3～5℃即可。

火烧山油田现有油井253口加热，39座计量站加热，利用PIPEPHASE软件建立模拟集输管网进行温度、压力计算。由管网模拟计算可知，需运行远端83井口加热炉及12座计量站加热炉，可满足联合站进站温度大于23℃，远端井回压小于1.5MPa的要求。

对于集输工艺优化后仍需加热的单井，采用高效智能电加热装置替代老旧的燃气盘管炉，高效智能电加热装置采用了液体旋流原理，增加加热介质即在加热腔内流动的时间，以压力控制为主，温度控制为辅，提高了换热效率，达到降低电加热器用电量的目的。技术成熟可靠，已规模应用现场。具有以下特点：(1)装置采用螺旋盘管，不仅解决了折流板阻挡来液问题更有增压的效果；(2)装置分为上下两个腔体，来液与加热管不产生接触，通过超导液产生的蒸汽加热，更安全。由于设备为负压工作，加热系统温度不会超过90℃，不会出现长时间干烧导致结焦结构的问题；(3)对于含气量较高的井口自旋流加热器加热效果更为明显，由于是螺旋盘管，不会产生天然气通过最短的距离迅速流出的情况，油气混合也不会导致原油长时间停留在加热腔内导致结焦结构，甚至管线冻堵。

4 新能源技术试验

从能源利用和现有技术的可行性来看，太阳能集热技术用于原油或储油预热，提高原油的管输能力以及在原油热采中利用大规模太阳能热系统对原油进行预热，是目前石油企业最现实可行的、利用太阳能实现节能的技术方案。但目前该技术在油田此方面的应用实例尚不算多。

国外研究方面，1984年，澳大利亚太阳能公司成功完成了稠油管道试验。在太阳能充足的条件下原油温度可提高40℃，夜间也可以提高10℃；1998年，约旦大学的Badran等对当地一家电厂进行调研，发现该电厂5%的发电量用于加热燃料油以保持其流动性。为此他们设计了太阳能燃油预热装置用于燃料油加热，使得该装置能够将燃料油温度维持在50℃以上；委内瑞拉一条长32km的稠油管道采用太阳能热二极管技术后输油温度从28℃增加至60℃，输送能力提高17%；在科威特、印度尼西亚、马来西亚等国家和地区也建有太阳能加热示范管道。2011年2月，贝瑞石油公司在美国加利福利亚建设了一个太阳能工厂用于提高原油采收率。国内研究方面，辽河油田兴隆台采油厂在国内率先应用原油集输太阳能加热节能系统，利用太阳能集热器，通过水/原油换热器实现高温水与低温原油之间的换热间接完成原油加热；淮建油田在2009年以“太阳能循环泵+电加热器加热”的模式在现场成功试验了太阳能加热集输工艺技术，并达到了一定的节能效果；江苏油田根据边远井站集油工艺特点，研究了原油集输太阳能加热系统对边缘井储油罐加热维温，尝试了“太阳能+辅助电加热系统”的供热模式，在多个集油站均取得成功，获得了良好的经济效益；长庆油田针对油田伴生气少、集油半径长、冬季回压高的井组，研制了撬装式太阳能井组加热装置，降低了传统加热能耗，保障了冬季正常生产。新疆油田目前暂无光热在集输方面应用的实例。

在“双碳”目标的引领下，光热技术得到了越来越多的关注和研究，尤其在储能和多能互补领域。合适的储能规模和多种能源综合利用可以一定程度解决单一光热不稳定、不连续的问题，使得光热技术适应性更强、适用面更广。随着科研力度的加大和行业竞争加剧，在市场的调节下，“光热”技术的成本将逐渐降低，同时随着天然气价格上升，油田用热清洁替代将具备经济可行性。

因此，我们开展了光热技术在油田集输工艺中的试验与研究，通过开展理论研究明确油田生产用热清洁替代工艺技术路线，研制光热+储热装置，通过本项目的实施，提高清洁能源在油田集输系统的利用率，减少化石能源利用，节能降耗，实现低碳环保目标，为新能源业务科学决策提供管理支持，助力油气田双碳目标顺利实现。

研究内容主要包括：(1)试验与研究光热技术的提温能力与效果；(2)试验与研究储热介质的储热量与油田生产需求的匹配性；(3)试验与研究光热技术在雨雪风沙天气的适应情况；(4)试验与研究光热技术的投入维护成本及收益情况；

试验与研究光热技术与现有工艺或电加热器多能互补的耦合性；(5)分析与研究光热技术在油田的推广应用前景。建设后力争实现计量站天然气用量降低至原来的40%，清洁能源利用率达到60%，年减少天然气使用3.5万方，节约费用3万元，减少CO2排放75吨，为火烧山油田早日实现“双碳”目标奠定基础。

针对适应于油田场景的清洁替代工艺路线不明确及单一清洁热源难以满足供能需求等难点，通过开展光热技术优选、工艺路线定制设计 、控制系统攻关等研究，形成了两项关键技术，在新疆油田率先完成了稀油站场光热利用示范工程建设。形成了低温光热耦合加热及混合热力控制等两项关键技术，其中低温光热耦合加热技术确定了“槽式光热”+“水箱储热”+“辅助电加热”的工艺，以集成数据监测、自动化控制的光热加热系统实现站场清洁加热，混合热力控制技术以混合热力控制系统通过储热水箱温度、回水温度等关键参数采集对加热过程进行控制切换，同时联锁控制水泵流量调节供热强度，运行过程中系统根据工况确定各加热装置的启停，满足系统变工况运行需求，并以“光-电-气”的优先级自动运行，实现能源优化利用。基于两个关键技术确定了稀油光热耦合加热利用的工艺路线，并研制完成一套适用于单井、站区及供暖等场所的“热-电-气”多能耦合加热系统。

2023年在37#计量站完成了先导试验。槽式集热器额定容量为385kW，共48组，以6行×8组放置，面积共约1600m^2；配置55t储热水箱，并完成控制系统、机泵等的集成撬装，各系统可满足稀油集输需求，实现低碳运行。

运行6个月后，节约天然气2×10^4m^3，消耗灰电量2.47×10^4kW·h，站场清洁能源替代率达65.5%。该项目作为新疆油田公司首个稀油光热利用项目，探索了光热技术在油田平稳供应热力，多能互补耦合运行的利用模式，对油田实现清洁、高效、低碳生产有重大意义。项目论证了光热加热技术与电加热、气加热在集输工艺上的耦合性，积累了项目经验，为后期光热利用、清洁发展提供了技术储备。

该项目对于降低油气生产运行成本及生产过程碳排放，减少对传统能源的依赖及环境污染，促进油气生产提质增效绿色转型具有积极的促进作用。

5　效果测算

本工程项目节能量计算为机采系统提效改造、井口(计量站)加热方式优化及井口加热方式改造。机采系统提效改造方面，火烧山油田2021年抽油机用电量为1280×10^4kW·h，改造完成后节电率≥20%，年节约电量为256×10^4

kW·h；井口(计量站)加热方式优化节能量测算，井区优化核减井170口，盘管炉平均耗气为1.6Nm³/h，优化计量站27座，水浴炉平均耗气为7.1Nm³/h，按照运行300天计，则单井、计量站节能量节约天然气量$333.86\times10^4Nm^3$；井口加热方式改造节能量测算，83口井更换为20kW电加热器(平均每天运行12h)，按照运行300天计，年节约天然气量$95.616\times10^4Nm^3$. 年新增耗电量$=7.2\times83=597.6\times10^4kW\cdot h$；放空气回收方面，李晓华联合站伴生气回收，年节约天然气量$600\times10^4Nm^3$。

项目实施后，可节约天然气$1029.48\times10^4Nm^3/a$，节约电$452.3\times10^4Nm^3$。折标煤14247.96tce/a。项目实施后，火烧山油田2023年碳排放强度由172降低至$79kgCO_2$/吨，其中直接碳排放强度由88降低至$18kgCO_2$/吨，降幅79%。

6　财务分析与评价

本项目以更新设备、节能技术改造、提高管理、优化系统为手段，降低能耗、节能减排，提高能耗的利用率，增强企业的经济效益。本项目为改扩建项目，所以本项目财务分析按照“有无项目对比法”，在项目“增量”效益与“增量”费用估算的基础上，采用折现现金流量法进行评价，计算“增量”经济评价指标，判断项目的财务可接受能力。

成本测算方面，本项目实施后，年减少天然气消耗量-1029×104Nm3，按天然气价0.715元/Nm3(不含税)计算，本项目实施后每年节约天然气效益736万元。本项目实施后，年减少耗电量为452×104kw·h，按综合电价0.355元/kWh(不含税)计算，本项目实施后每年节约电费效益161万元。维护费用方面，本项目年“增量”维护费用为74万元。折旧费方面，按直线折旧法计取，综合折旧年限为10年，残值率为0。经计算，本项目年均“增量”总成本费用为-527万元，年均“增量”经营成本费用为-823万元，即本项目实施后年均节能效益为823万元。

利润测算方面，本项目“增量”营业收入为0，根据西部大开发优惠政策，企业所得税税率2030年之前为15%，2031年及以后为25%。经计算，本项目年均“增量”利润总额为527万元，年均“增量”所得税为90万元，“增量”净利润为437万元。

综上所述，通过对现有基础数据的分析、计算，项目技措改造完成后年节能效益为823万元，“增量”项目投资财务内部收益率为18.41%，投资回收期为5.40年，项目实施技措后获得了较好的节能效益，经济效益与社会效益凸显，为火烧山油田持续高效发展铺垫了很好的基础。

7　结束语

火烧山油田作为注水开发示范性油田，目前已进入高含水开发阶段，注采规模大、能耗高，节能降耗工作效果显著，建设低碳示范区具有可复制、可推广的重要意义。低碳示范区坚持走“节能降碳、清洁替碳”之路。通过节能降碳，将新能源与传统能源融合发展，提高化石能源应用能效；通过清洁替碳，探新能源应用场景，降低碳排放总量。打造新能源“试验基地、示范基地、实证基地”，探索与新能源相匹配、更先进的技术体系、更合理的管理模式，让发展、技术、管理“一体两翼”，为火烧山油田高质量发展注入新元素、新动能。准东采油厂以火烧山油田低碳示范区建设为契机，迈出了新能源建设重要的一步。通过不断探索与实践，加快推动能源变革、绿色低碳转型，早日实现净零排放。

参　考　文　献

[1] 王坤，李永新，刘伟，等，我国碳达峰碳中和图景与典型国家能源转型过程的对比分析与经验启示[J]. 能源技术与管理，2023.

[2] 高菊桦. 建立“立体节能”管理模式 有效降低油田能源消耗[J]. 数字石油和化工，2009.

[3] 薛道荣，岳建芝，韩成，等. “光热+”清洁能源系统太阳能节能减排量计算方法分析[J]. 中国建筑金属结构，2022.

[4] 蒋维东. 油田能源管控建设实践[J]. 石油石化节能，2023.

基于“双碳”背景下新疆油田生物质燃料采购策略研究

陈嘉明

（中国石油新疆油田公司）

摘　要　“十四五”时期能源低碳转型进入重要窗口期，生物质燃料以“零”碳排放为特色，能够有效减轻化石燃料带来的温室效应，利用好此类能源是石油石化企业实现“双碳”目标的重要途径。通过对生物质燃料资源状况、市场供给、需求来源进行分析，寻找影响采购关键因素和难点，综合各类因素制定采购策略，希望为更好地促进石油石化企业生物质能采购管理的提供借鉴。

关键词　绿色；低碳；生物质燃料；采购策略；新能源

目前我国的能源需求量逐年上升，能源消耗量的增长速度已经远远超过了世界其他国家，能源的安全问题和环境问题变得日益严峻。为了保障国家能源安全，降低对常规化石能源的依赖，改善生态环境，我国正在大力开发和利用各种可再生能源，生物质燃料因其可再生、大气污染物排放低、CO_2 零排放等优势逐渐引起人们的重视。新疆油田全面贯彻落实党中央、国务院提出的碳达峰、碳中和战略部署，牢记习近平总书记在新疆视察时“推进生态优先、绿色发展”的殷殷嘱托，在“双碳”目标背景下，深入推动能源供给革命、技术革命，利用推进生物质燃料清洁能源替代的契机，加快构建清洁低碳、安全高效的能源体系，加快建设能源强国，为全面建设社会主义现代化国家提供坚实可靠的能源保障。

1　生物质燃料的概念、应用及新疆区域资源状况

1.1　概念

生物质燃料来源主要为木材、秸秆、畜禽粪便、林业农业废弃物等，生物质燃料以燃烧的形式供热，与传统的获得能量方式差异较小。本篇主要围绕生物质固化成型燃料为主，主要原料为将作物秸秆、稻壳、木屑等农林废弃物粉碎后，送入成型器械中，在外力作用下，根据原料的材质特点适当添加胶黏剂，压缩成型后作为燃料直接燃烧。

1.2　生物质燃料成型技术现状

生物质成型技术成本低、应用广泛。目前，生物质成型技术主要有螺旋挤压成型技术、活塞冲压成型技术和压辊式成型技术。螺旋挤压成型机、活塞冲压成型机由于生产效率低、关键部件寿命低等原因市场应用逐渐减少。压辊式成型机相较于其他成型机具有生产率高，工艺成熟等优点，成为现在应用最广泛的机型。从加工设备的特点分析，生物质燃料的加工流程较短、工艺较为简单。

1.3　生物质燃料资源概况

科学分析新疆生物质可利用资源量及其密度分布是制定生物质采购策略的前提和基础。

1.3.1　生物质燃料资源估算方法

估算法：由于生物质资源分布受自然条件以及生产环境的影响，部分资源目前还难以精确统计。本文在采用生物质能源现有估算方法的基础上，对新疆农业生物质燃料资源的储量、分布等基本情况进行定量分析。

（1）秸秆资源量估算方法

草谷比即作物秸秆的发生量与作物产量之比，是计算不同作物其生产效率大小的重要指标之一。农作物产量和该农作物草谷比大小决定当年此类农作物秸秆资源量大小。草谷比法是在计算秸秆资源量时，将生物质能源资源总量以及折标总量等参考系数进行计算。结合以往学者对于草谷比系数的研究成果作为参考，并根据新疆现状特点草谷比的数值能够有效判断该秸秆作物的产出效率，利用公式为：

$$C_1 = \sum S_i \times \beta_i \times \eta_i \times a \qquad (1)$$

式中，C_1 第 i 种作物秸秆资源量；S_i 为第 i

种作物总产量；β_i 为第 i 种作物的草谷比；η_i 为第 i 种作物的折标能源系数；a 为第 i 种新疆秸秆收集系数常数，常取值0.5。

新疆农作物种类较多，且分布较为广泛，本文针对新疆主要谷物包括小麦、水稻、玉米、豆类、薯类、棉花、油料作物等农作物为主要研究对象，本文草谷比系数及折标能源系数取值，见表1。

表1　新疆主要农作物草谷比、折标能源系数　千克标准煤/千克

作物	小麦	水稻	玉米	豆类	薯类	棉花	油料
草谷比	1.1	1	2	1.7	1	3	2
折标能源量	0.5	0.43	0.53	0.54	0.49	0.54	0.53

（2）果木资源量估算方法

林果木生物质资源来源于林果业采剪产生的剩余物、木材加工业产生的废弃余料及木屑、薪炭林获得的薪柴等。本文利用林果木规模面积来估算其产柴量；林木业生物质资源量计算转化系数采用(表2)，资源计公式为：

表2　主要林果木规模、产柴量　吨/公顷

	苹果	梨	杏	红枣	坚果
产柴量	1.4	1.4	1.4	1.8	1.8
可收集系数	0.88	0.88	0.88	0.88	0.88
折标能源系数	0.57	0.57	0.57	0.57	0.57

$$C_2 = \sum S_i \times P_i \times \beta_i \times \eta_i \quad (2)$$

式中，C_2 为第 i 种该林木树种折标煤量；S_i 为第 i 种林地种植面积；P_i 为第 i 种林地种类的产柴量；β_i 为第 i 种林木可收集系数；η_i 第 i 种资源折标系数。

1.3.2　生物质燃料资源估算分析

（1）基本数据来源

结合《新疆统计年鉴》数据，分别将新疆2020年的各区县主要农作物产量和布局，各区域林业种植面积和分布等数据代入上述估算方法，得到资源分布情况。

（2）新疆农作物秸秆资源估算分析

利用草谷比法和折标能源系数法结合《新疆统计年鉴》数据对2020年新疆秸秆若干数据展开估算，得到表3。

表3　2020年新疆秸秆资源总量

地区	作物产量/吨							折标能源量/（万吨标准煤）
	水稻	小麦	玉米	豆类	薯类	棉花	油料	
总计	237200	5055200	7907700	78300	110800	3026955	314144	826.83
乌鲁木齐市	17200	700	4700	200	6300		3196	0.97
克拉玛依市	200		21100			24736	837	3.13
吐鲁番市		100	4100	200	100	7838	667	0.89
哈密市		110300	12200		3900	28396	9439	6.53
昌吉回族自治州	1200	717400	479200	4500	13400	305600	21137	71.10
伊犁哈萨克自治州	86800	834800	2089100	41100	11800	24400	54597	142.55
塔城地区	700	329400	2072200	500	1200	442301	23178	155.34
阿勒泰地区	500	121600	418500	800	10500		163174	34.48
博尔塔拉蒙古自治州	600	46200	527600		600	182700	1238	43.85
巴音郭楞蒙古自治州	2300	191600	214300	300	1400	420000	3343	50.29
阿克苏地区	91300	879400	562400	1600	38300	933733	6973	131.57
克孜勒苏柯尔克孜自治州	4300	144900	122100		600	18570	1956	12.14
喀什地区	14100	1281000	1029900	26000	19700	633437	18156	143.11
和田地区	18000	397800	350300	3100	3000	5244	6253	30.86

（3）新疆农作物秸秆资源估算分析

结合《新疆统计年鉴》中新疆林果业种植面积以及相关数据，得到2020年新疆林果业生物质能源资源估算量，见表4。

表4　2020年新疆各地州林果木资源状况

地区	果林木种植面积/公顷					折标能源量/（万吨标准煤）
	苹果	梨	杏	红枣	坚果	
总计	46943	50754	109794	318771	466994	85.52
乌鲁木齐市	675		956	16		0.12
克拉玛依市	10					0.00
吐鲁番市		10	7237	9095	852	1.41
哈密市	312	24	1414	6224	44	0.69
昌吉回族自治州	560		498			0.07
伊犁哈萨克自治州	14143	107	17346	450	4757	2.69
塔城地区	414	14	12	210		0.05
阿勒泰地区						0.00
博尔塔拉蒙古自治州	1487		10			0.11
巴音郭楞蒙古自治州	407	37162	6733	38199	6152	7.12
阿克苏地区	22637	12195	13731	67806	160918	24.06
克孜勒苏柯尔克孜自治州	367	110	5398	1001	8529	1.27
喀什地区	4879	871	44322	136356	170086	31.18
和田地区	1052	261	12137	59414	115656	16.75

（4）新疆生物质燃料（固体）资源总量分析

为了分析新疆各地区的生物质燃料（固体）资源总量情况，将表3、4中各地区折标能源量进行合计并排名得到表5。

表5　新疆各地区的生物质燃料（固体）资源总量排名表

地区	折标能源总量/（万吨标准煤）	排名
总计	912.34	—
喀什地区	174.30	1
阿克苏地区	155.63	2
塔城地区	155.39	3
伊犁哈萨克自治州	145.24	4
昌吉回族自治州	71.18	5
巴音郭楞蒙古自治州	57.41	6
和田地区	47.61	7
博尔塔拉蒙古自治州	43.96	8
阿勒泰地区	34.48	9
克孜勒苏柯尔克孜自治州	13.42	10
哈密市	7.22	11
克拉玛依市	3.13	12
吐鲁番市	2.30	13
乌鲁木齐市	1.09	14

从表5中，可以看到与新疆油田所在地克拉玛依市相近的塔城地区、伊犁哈萨克自治州、昌吉回族自治州生物质燃料资源总量是比较丰富的。

（5）新疆生物质燃料资源集中度分析

为了分析新疆各地区的生物质燃料资源集中度情况，将表5中各地区折标能源总量与各区域对应品种农作物耕种面积进行比值并排名，得到表6。

表6 新疆生物质燃料资源集中度排名表

地区	折标能源总量/（万吨标准煤）	果林木种植面积/公顷	耕地面积/公顷	集中度	排名
总计	912.34	993256.00	5242286.61	1.46	-
博尔塔拉蒙古自治州	43.96	1497.00	187685.59	2.32	1
伊犁哈萨克自治州	145.24	36803.00	681567.62	2.02	2
塔城地区	155.39	650.00	815123.22	1.90	3
克孜勒苏柯尔克孜自治州	13.42	15405.00	57061.18	1.85	4
阿克苏地区	155.63	277287.00	659365.60	1.66	5
喀什地区	174.30	356514.00	709962.96	1.63	6
巴音郭楞蒙古自治州	57.41	88653.00	379119.55	1.23	7
阿勒泰地区	34.48	0.00	282013.37	1.22	8
和田地区	47.61	188520.00	226462.72	1.15	9
昌吉回族自治州	71.18	1058.00	742164.46	0.96	10
哈密市	7.22	8018.00	100207.10	0.67	11
克拉玛依市	3.13	10.00	66390.29	0.47	12
吐鲁番市	2.30	17194.00	58654.40	0.30	13
乌鲁木齐市	1.09	1647.00	73766.91	0.14	14

从表6中，可以看到与新疆油田所在地克拉玛依市接壤的塔城地区、伊犁哈萨克自治州生物质燃料资源集中度数值较高，代表资源可获得性较好。

1.4 生物质燃料成本构成因素分析

生物质燃料成本可分为燃料的原料收购、全程运输、加工、储存主要因素及其他。下面对这四个主要因素进行分析。

1.4.1 生物质燃料原料收购成本

我国农业生产以家庭承包为主，农户、作物秸秆、果林面积分布较分散；生物质燃料生产企业通过农业经纪人中间环节或自行组织收购原料，资源越分散成本越高，中间环节越多成本越高。

1.4.2 生物质燃料全程运输成本

生物质燃料的全程运输主要分为两个过程，一是原料从到达生物质燃料加工企业，主要以拖拉机配套拖车厢进行运输；二是燃料成品从加工企业转移到用户，主要以大型散装运输货车运输。主要影响因素为：原料产地与加工企业距离、加工企业与用户距离、燃料油价格。

1.4.3 生物质燃料加工成本

生物质燃料加工主要依靠机械物理加工成型与简单人工劳动组成，影响因素为设备折旧、市场电价和人工工资。

1.4.4 生物质燃料储存成本

由于生物质原料密度低，体积大，收获季节性强，加工企业必须采取集中储存的方式，来保证用户的正常使用。储存主要包括露天存储、覆盖存储、密封存储三种形式，露天存储是指暴露于自然环境中的直接存储；覆盖存储是指在原料堆垛的上部有防水材料遮挡；密封存储是指原料堆垛整体被塑料等材料完全包裹，并能实现防雨防水，实现与自然界的隔离。在新疆地区，原料的收获在入冬前实施，储存过程主要在冬季，常采用露天存储或覆盖存储的形式。影响因素主要包括储存场地租赁费、办公设备及人员工资等。

2 供应商资源状况

利用天眼查App对北疆区域生物质燃料加工企业开展摸底，共收集了160家企业信息，综合汇总得到表7、8。

表7 北疆区域生物质燃料加工企业按行政区域划分对比表

所属城市	平均注册资本/万元	企业数量	占企业总量比例
乌鲁木齐市	4445.24	25	23.58%
五家渠市	1883.33	6	5.66%
昌吉回族自治州	1650.78	23	21.70%
克拉玛依市	900	5	4.72%
伊犁哈萨克自治州	709.57	23	21.70%
石河子市	618.75	8	7.55%
塔城地区	373.33	12	11.32%
胡杨河市	300	2	1.89%
阿勒泰地区	100	2	1.89%
总计	1806.12	106	100.00%

表 8　北疆区域生物质燃料加工企业成立时间对比表

成立时间	企业数目	占企业总量比例
2018	1	0.94%
2019	1	0.94%
2020	16	15.09%
2021	29	27.36%
2022	59	55.66%
总 计	106	100.00%

从表 7 中可以分析出，北疆区域加工企业注册资本平均为 1806.12 万元，按照区域划分进行对比，乌鲁木齐市、五家渠市、昌吉回族自治州三个区域企业注册资本平均在 1000 万元以上，是对比表的前三名，企业合计数量占整个北疆区域总量的 50.94%，并且地理上紧密相连的，可以得出，由这三个区域形成了北疆区域生物质燃料加工企业的核心地带。

其他六个区域企业合计数量占比为 50%，注册资金从 900 万元到 100 万元不等，说明其他六个地区的加工企业相对分散且规模较小。对于克拉玛依市来说相近的企业资源是相对较少、较小的。

从表 8 中可以得出，2021-2022 年成立的加工企业数量占比为 83.01%，成立时间最早为 2018 年，大部分企业都是近两年成立，说明生物质燃料加工行业仍处于初级发展阶段。

3　北疆生物质燃料需求分析

3.1　生物质发电企业能源需求

根据国家能源局数据，2021 年新疆生物质发电量为 9×10^8kW·h。参照新疆统计年鉴火电发电能源消耗水平生产 3262.86×10^8kW·h 消耗了 11362.19×10^4t 标准煤，按照全部掺烧、30% 掺烧比例计算生物质发电燃料需求量估算分别为 31.34、9.4×10^4t 标准煤。

3.2　新疆油田稠油开发清洁能源替代需求

优质环烷基稠油是我国重要的战略资源，被誉为石油中的“稀土”，新疆油田借助油注蒸汽吞吐、双水平井超稠油蒸汽辅助重力泄油(简称 SAGD 技术)稠油开发创新技术，实现了上产 500×10^4t/a 的工业化目标。

按照赵武生等研究数据，超稠油产量 200×10^4t 对应 100×10^4t 原煤的消耗水平，计算 500×10^4t 稠油所需生物质燃料数量，按照按照全部掺烧、30% 掺烧比例计算需求量分别为 178.57、53.57×10^4t 标准煤。

3.3　生物质燃料总需求与资源总量对比分析

根据新疆区域生物质发电企业能源需求与新疆油田稠油开发清洁能源替代需求分析可得，生物质燃料需求量在 $(62.97\sim209.91)\times10^4$t 标准煤，根据表 1-5 的数据新疆区域生物质资源总量在 912.34×10^4t 标准煤，因此在资源总量上是可以满足需求的。

4　生物质燃料采购策略

4.1　优选采购方式

从上述分析资料得出，在生物质资源总量上，能够满足新疆油田清洁能源替代的需求；在生物质燃料行业发展看，供应商数量较少、历史较短仍在初级阶段，培育、发展、壮大仍是生物质燃料加工企业的三个关键词。从降低清洁能源保供风险、充分利用培育当地生物质市场资源、进一步降低稠油开发清洁能源替代成本这三个方面来看，应持续推行新疆区域供应商社会化公开招标，从市场研判、资源梳理、区域分布、运输距离、供货保障能力等外部因素入手，结合生物质燃料品种资源结构、采购数量、竞价模式、掺配模型、盈利边际等内容，确定成交供应商、中标价格和成交数量、交付要求等关键点。通过社会化公开招标，充分利用周边及核心区域企业的生产能力，根本上解决保供、发展、成本三个关键点，充分利用市场竞争机制，进一步激发市场活力和加工企业自我创新动力。

4.2　突出价格引导动态优化

根据 1.4 生物质燃料成本构成因素分析，建立合理采购价格制定、调整机制至关重要。根据交货方式，采购价格可以分为出厂价、到站价两种，结合供需双方对比及资源密集程度进行综合考虑，为降低采购总成本可采取到站价，驱使供应商投标时综合考虑运费占比，采取多种渠道降低成品运输成本。

受到需求关系、农作物林果季节性变化对价格的影响，在一定的市场环境下，新疆的生物质燃料价格越低越能刺激市场上消费需求，价格越高，往往可以通过煤炭等替代品消费满足需求。因此要建立采购价格动态优化调整机制，确保交易价格可随基价变化而优化调整到最佳。此外，生物质燃料成品受到原料品质影响较大，热值指标较合同存在小幅偏差时，也应结合实际生产动态调整，确保生物质燃料在满足生产耗用及配煤掺烧需求前提下，可采取降级降价采购，使得采购成本达到最低，并在合同条款设置上注明以避免引起法律纠纷。

4.3 加强采购进度控制管理

生物质燃料采购项目的特点是采购规模大、供应商分散、需求周期长，项目启动后，采购部门要根据生产进度、供应商产能安排以及现场储备条件等因素制订的采购项目整体进度计划表，由专人负责采购信息获取、汇总、分析及跟踪采购状态。进度计划要根据生产实际运行情况进行动态调整，采购部门要严格按照采购计划开展采购工作。其中重点确定跟踪中标供应商生产、交货进度情况，督办方式主要包括电话、邮件提醒，组织进度督办电话会议，在必要时进行现场督办和驻厂监造。通过现场督办详细了解工厂实际生产进度情况，对供货商进度报告的内容进行核实，发现问题及时记录，有效防范潜在延迟交货风险。

4.4 实施采购全过程质量管理

以采购流程为主线梳理每一个过程，通过制订质量控制的目标与计划实现全过程管理，在需求分析阶段要明确采购物资的质量标准和规范；严控供货商准入和遴选过程，筛选优质供应商，通过现场考察和准入核查机制，落实供应商资质与能力，既要避免以性价比作为唯一标准的陷阱，也要防止单一供应商一家独大的情况出现，这两种都会导致无法供货都风险。加强制造过程的质量控制与验收；通过合同管理提高对供货商的有效控制，在合同中加入质量管理的相关条款，利用合同的法律效应约束供货商的违约行为。

4.5 构建供需一体化信息平台

新疆生物质燃料市场仍处于无序发展阶段。在需求端，生物质发电企业和其他清洁能源需求企业按照自身需求独立开展采购，主要着眼于临近区域生物质燃料资源，资源匹配度较低，竞争不充分。在供给端，加工企业起步时间晚，深加工产业链短，产品附加值较低，主要产品也多为初级产品，品种单一，向深层次发展方向动力不足。

政府作为企业运营的主要监管主体，能了解生物质燃料加工行业发展程度，加强对生物质燃料加工行业的政策指导，构建新疆区域生物质资源信息交流一体化平台，汇集供需双方信息，推动双边、多边交流。石油石化企业可利用一体化信息平台，联合需求规模较大的生物质发电企业开展联合采购，较好地分配生物质加工企业产能与区域资源，从而合理降低采购成本。

5 结束语

中国“双碳”目标下能源转型，要求大幅度提高非化石能源的比重。油气企业必将向绿色、新能源领域转型，按照“节能、减排、绿色、低碳”原则，新疆油田稠油开发持续向低排放、低能耗方向发展，需要更加高效、绿色环保的非化石能源体系，通过使用生物质燃料掺烧技术，降低原煤使用，是实现清洁能源替代是重要尝试之一，为新时代我国能源行业高质量发展提供保障。

参 考 文 献

[1] 何琼．中国能源安全问题探讨及对策研究[J]．中国安全科学学报，2009，19(6)：52-57.

[2] 吴金卓，马琳，林文树．生物质发电技术和经济性研究综述[J]．森林工程，2012，28(5)：102-106.

[3] 李彦军．生物质燃料成型技术发展现状研究[J]．现代商贸工业，2021，28：162-163.

[4] 黄红英，常志州，叶小梅，等．区域畜禽粪便产生量估算及其农田承载预警分析—以江苏为例[J]．江苏农业学报，2013，29(4)：777-783.

[5] 朱建春，李荣华．近30年来中国农作物秸秆资源量的时空分布[J]．西北农林科技大学学报(自然科学版)，2012，4(40)：140-142.

[6] 李太平，徐超．江苏省农作物秸秆资源能源化潜力与区域分布研究[J]．江苏社会科学，2011，(5)：234-235.

[7] 韩鲁佳，闫巧娟．中国农作物秸秆资源及其利用现状[J]．农业工程学报 2002，5(3)：87-89.

[8~10，14] 新疆维吾尔自治区统计统计局．新疆统计年鉴[EB]. 2021.

[11] 李建新．秸秆资源的收储运模式及生物质燃料化利用分析[J]．农机使用与维修，2022，5：24-26.

[12] 张艳丽，王飞，赵立欣，孙丽英．我国秸秆收储运系统的运营模式存在问题及发展对策[J]．可再生能源，2009，(1)：1-5.

[13] 国家能源局．《关于2021年可再生能源电力消纳责任权重完成情况的通报》[EB]. 2021.

[15] 赵玥，胡伟华，高宇飞等．新疆油田征服超稠油[J]．中国石油石化，2021，(2)：54-55．

[16] 赵武生，罗东坤，张俊．克拉玛依油田风城超稠油资源规模开发构想[J]．新疆石油地质，2009，(12)：778-780.

红X井区特低渗裂缝性油藏烟道气驱效果研究

艾巴尔·努尔哈比　秦　园　王　玉　杨小凡

（中国石油新疆油田分公司采油一厂）

摘　要　红X油藏作为典型特低渗裂缝性油藏，其开发面临油藏压力下降、油井产量递减等挑战。为探索有效的增产措施，本研究深入分析了烟道气试注在该油藏中的应用效果。通过试注效果分析及室内实验研究，验证了烟道气回注技术在提高油藏采收率、改善油井产能方面的潜力。在此基础上，制定了详细的烟道气试注设计方案，并在红X油藏中成功实施。试注结果显示，烟道气注入后油藏压力显著提升，油井产量大幅增加，油气比等关键指标显著改善。

关键词　特低渗裂缝性油藏；烟道气驱；提高采收率；增产措施；地层能量；气窜

1　引言

在全球能源需求日益增长和环境保护压力不断增大的背景下，提高老油田采收率（EOR）和碳捕集、利用与封存（CCUS）技术的结合成为石油工业的重要发展方向。烟道气驱油技术作为一种有效的提高采收率方法，因其能够同时实现碳减排和生产增效，备受关注。

国内研究者们对特低渗裂缝性油藏的渗流机理、裂缝形成机制及其对油气渗流的影响进行了深入探索。例如，李传亮等人对特低渗透油藏的渗流机理及开发技术进行了系统性研究，提出了一系列有效的开发策略。同时，王瑞飞等人则重点关注了低渗透砂岩储层裂缝的形成机制，以及这些裂缝如何影响油气的渗流过程。在注气提高采收率方面，张明禄等人对特低渗透油藏注气技术进行了综述，指出了不同注气方式在提高采收率方面的优势和挑战。

在北美地区，注气重力稳定驱技术在裂缝性油藏中的应用已有较多成功案例。例如，美国怀俄明州的Creek Madison油田自2008年起实施了CO_3驱项目，显著提高了产油量并降低了含水率。结果表明，注气技术在巨厚裂缝性油藏中具有显著的增产效果。国外研究者们不仅关注注气技术的实际效果，还对其作用机理进行了深入探讨。

（1）非混相驱替与重力分异

烟道气主要由氮气（N_2）、二氧化碳（CO_2）以及其他微量气体组成，这些气体与原油之间通常处于非混相状态。在注入过程中，烟道气由于其密度低于原油，会在油藏中上升，形成重力分异作用。这种分异作用有助于将烟道气推至油藏顶部，从而驱动上部原油向下流动，提高波及效率和采收率。

（2）溶解气驱

在烟道气驱油过程中，溶解于原油中的二氧化碳能够形成溶解气驱效应。随着压力降低，溶解在原油中的二氧化碳逐渐释放出来，形成气泡并膨胀，推动原油向生产井移动。这种溶解气驱效应进一步增强了驱油效果。

（3）提高油藏压力。

持续的烟道气注入能够有效地补充油藏地层能量，提高油藏压力。油藏压力的恢复和保持对于维持油井产能、减少递减具有重要意义。在衰竭式开发的油藏中，地层压力下降是导致油井产量递减的主要原因之一。因此，通过烟道气驱油提高油藏压力是增产的有效手段。

（4）微细孔喉动用

在低渗透裂缝性油藏中，存在大量的微细孔喉。烟道气驱油过程中，气体能够进入并驱替这些微细孔喉中的原油，从而提高基质岩心的采收率。实验研究表明，烟道气驱油在动用微细孔吼方面表现优异，这对于提高整体采收率具有重要意义。

综上所述，烟道气回注技术在提高采收率、改善油藏流体性质等方面展现出显著的优势。红X井区位于准噶尔盆地西北缘x断裂带，属于特低渗裂缝性砾岩油藏，长期以来面临产量递减快、地层压力下降迅速等问题，烟道气回注技术无疑是一种具有潜力的增产措施，值得进一步研究和应用。本文旨在通过红 X 井区的烟道气驱油试验，分析烟道气驱在该类型油藏中的应用效果，验证其提高采收率的可行性，并提出具体的实施方案。研究成果不仅有助于红 X 井区的持续高效开发，也为类似油藏的高效开发和碳减排提供理论依据和技术支持。

2　地质概况和开发历程

2.1　地质概况

红 X 井区位于准噶尔盆地西北 x 断裂带，属于被构造抬升剥蚀的残余地层，与上下地层均为不整合接触关系，构造形态为一东南倾的单斜，局部发育鼻状构造，地层厚度 0~800m。沉积相为冲积扇沉积，主要为扇根碎屑流朵体，砂砾混杂堆积，分选差。油藏埋深较大，如表 1 所示，原油密度和黏度较低，属于轻质、高含蜡、较高凝固点的常规黑油。油藏储层以砂砾岩、细砾岩为主，岩性变化不大，呈灰褐色、红褐色。油层孔隙度 4.5%~13.65%，平均 6.13%，油层渗透率 0.02mD~935mD，平均 0.31mD，属于特低孔、特低渗储层，如图 1 所示。毛管压力曲线形态为偏细歪度，储层以微细孔喉为主。

表 1　红 X 井区油藏和流体参数

中部深度/m	地层压力/MPa	饱和压力/MPa	油藏中部温度/℃	压力系数
2965	35.24	34.22	74.78	1.19
密度/(g/cm³)	50℃黏度/mPa·s	含蜡量/%	凝固点/℃	初馏点/℃
0.833	6.12	10.77	20.5	132.9

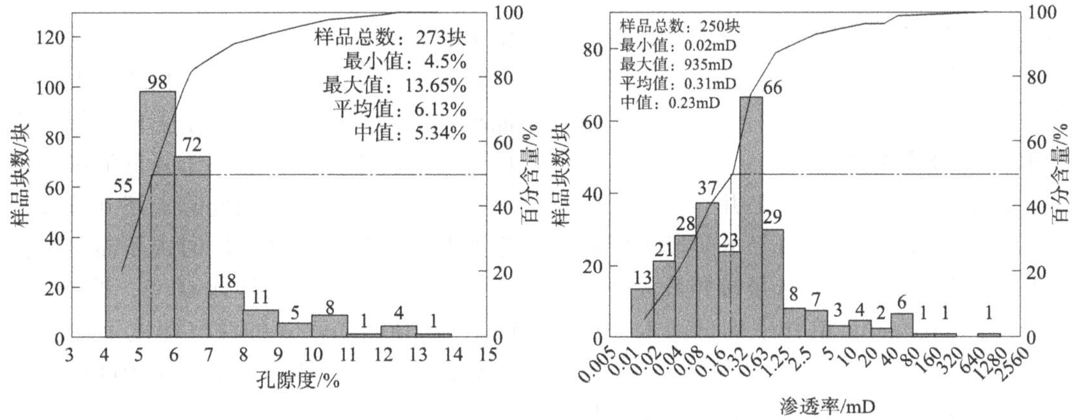

图 1　红 X 区块储层岩性

2.2　开发历程

红 X 井区 2017 年采用 300~600m 井距不规则井网开发，主要划分为天然能量开采，气驱试验两个阶段，天然能量开采，烟道气驱等四个阶段，如图 2 所示。在天然能量开发阶段，油藏产量持续下降，地层压力快速下降。为了补充地层能量，提高采收率，油田公司于 2017 年末开展了氮气试注项目。尽管氮气试注在一定程度上控制了油藏递减和含水上升，但由于注气规模较小，未能有效弥补地层亏空，试注效果有限。注气前后总体上液量、油量、含水无特别明显变化，只有个别井注气后起到了一定的效果。

3　烟道气试注设计

3.1　试注目的

红 X 井区压力保持程度低，递减大，采出程度低，天然能量开发主要动用裂缝中原油，油藏基质渗流能力差。对于这类油藏，目前尚无可参考的注气重力驱案例，油藏条件下注烟道气是否能有效动用基质中剩余油仍存在较大不确定性。烟道气驱先导试验区注气地面系统最大注入压力为 20 MPa，最大注气规模为 $10\times10^4\ m^3/d$，经分析可满足红 X 井区油藏烟道气注入。因此，利用已建地面注气基础，在红 X 油藏开展烟道气试注，进一步评价烟道气回注效果，为后续烟道气方案编制提供依据。烟道气试注应实现以下两个目标：

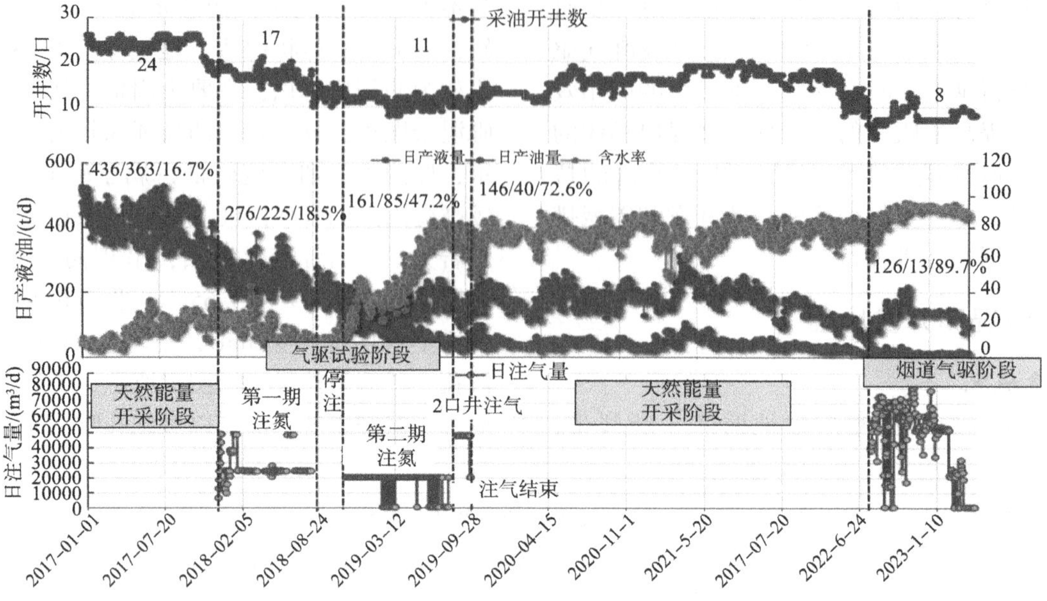

图2　红 X 井区综合开发曲线

(1) 利用火驱烟道气为气源，充分发挥顶部注气压水锥作用，提高油藏压力，改善油藏开发效果。

(2) 确定该类油藏合理的注入方式，分析评价试注效果，确定合理注气压力、注气规模等关键参数。

3.2　压力恢复阶段参数设计

压力恢复阶段注气井为 hz-1 井、hz-2 井、hz-3 井、hz-4 井、hz-5 井，由于本阶段主要目的为恢复油藏压力，区块日注气量按照最大注气能力设计，为 10×10^4 m³，单井平均日注入速度 2×10^4 m³。

为了尽可能保证注入烟道气留存于地下，恢复油藏能量，压力恢复阶段需关闭部分生产井，关井原则如下：(1) 距注气井 2 个井距的生产井；(2)所选 5 口注气井射孔底限为 2800m，预留 100m 的液柱以保证注入气不发生窜流，即射孔顶限小于 2900m 的生产井需关井。由于红 X 油藏目前已发生大规模底水上侵，保持构造低部位生产井排水生产可有助于降低油水界面，提高后续气驱开发效果，因此除上述井关井外，其余生产井正常排液生产；同时由于需尽量保证压力恢复速度，需控制采注比<0.2，按照采注比 0.2 时对应 100000m³/d 的注气速度下油藏流体体积换算，需控制区块产液量小于 100 t/d(表2)。

表2　压力恢复阶段注采井位参数表

井别	井号	实施要求
注气井	hz-1、hz-2、hz-3、hz-4、hz-5	合计注气速度 10×10^4m³
生产井	hs-1、hs-2、hs-3、hs-4、hs-5、hs-6	关井
	hs-7、hs-8、hs-9、hs-10、hs-11	暂关井(装有防喷器)
	hs-12、hs-13、hs-14、hs-15、hs-16、hs-17、hs-18、hs-19、hs-20	合计产液量<100 t/天

3.3　转重力驱阶段参数设计

注气生产 8 个月后，结合压力监测资料判断是否转重力驱阶段，进入重力驱阶段后，按以下方式实施注气：

(1) 连续气驱：5 口注气井连续注气，区块注气速度分别设计 5×10^4、7.5×10^4、10×10^4 m³/d，逐步提高，每个注气速度评价 30 天；所有生产井保持开井生产。

(2) 脉冲注气：5 口注气井采用脉冲注气，区块注气速度设计为 10×10^4 m³/d，分别设计注气 1 天停注 1 天、注气 1 天停 2 天、注气 2 天停 3 天，每个间隔制度评价 30 天；所有生产井保持开井生产。

(3) 异步注采：区块采用异步注采，即注气井注气时，生产井关井；注气井停注时，生产井开井生产。区块注气速度设计为 $10\times10^4\ m^3/d$，分别评价注 5 天生产 5 天、注 5 天生产 10 天和注 5 天生产 15 天，每个制度依次评价 3 个周期。

注气井为前述所选 5 口注气井：hz-1 井、hz-2 井、hz-3 井、hz-4 井、hz-5 井，对于所设计不同的区块日注气速度，需在保证区块日注气速度达标的基础上，尽可能保证各单井注气速度差距不大，以避免出现单井注气量过大造成局部气窜。暂不对生产井进行射孔改造，后期根据转重力驱单井生产效果及动态监测资料再确定补开层位。转重力驱阶段生产井出现气量快速上升时，先控关后转间开生产，若产气量持续上升，则考虑关井或进行射孔改造。具体阶段划分及相关参数如下表 3，实际注入过程中，需根据注气情况及动态监测资料对注入设计进行优化调整。

表 3　转重力驱阶段参数设计表

项目	参数设计	注气井	生产井	周期
连续注气	日注气速度 $5\times10^4 m^3$	hz-1 井、hz-2 井、hz-3 井、hz-4 井、hz-5 井	其余生产井保持开井生产	30 天
	日注气速度 $7.5\times10^4 m^3$			30 天
	日注气速度 $10\times10^4 m^3$			30 天
脉冲注气	日注气速度 $10\times10^4\ m^3$注 1 天停 1 天	hz-1 井、hz-2 井、hz-3 井、hz-4 井、hz-5 井	其余生产井保持开井生产	30 天
	日注气速度 $10\times10^4\ m^3$注 2 天停 3 天			30 天
	日注气速度 $10\times10^4\ m^3$注 1 天停 2 天			30 天
异步注采	日注气速度 $10\times10^4\ m^3$注 5 天产 5 天	hz-1 井、hz-2 井、hz-3 井、hz-4 井、hz-5 井	其余生产井注气时关井，停注时开井	3 个周期
	日注气速度 $10\times10^4\ m^3$注 5 天产 10 天			3 个周期
	日注气速度 $10\times10^4\ m^3$注 5 天产 15 天			3 个周期

4　烟道气试注效果分析

4.1　地层能量补充

如图 3 所示，红 X 井区天然能量开发阶段地层压力从初始的 23.3 MPa 下降至约 21.7 MPa，显示出地层能量的快速消耗。注气初期(2022 年 7 月)：地层压力开始缓慢回升，初步验证了烟道气注入对地层能量的补充作用。持续注气阶段：随着烟道气的持续注入，地层压力逐渐稳定并上升至 23.2MPa，说明注气对地层能量补充起到一定的效果。烟道气主要由氮气(N_2)和二氧化碳(CO_2)组成，这些气体注入油藏后，由于其密度低于原油，会逐渐上升并在油藏顶部积聚。这种重力分异作用不仅推动了上部原油向下流动，还有效地补充了油藏的地层能量，从而提升了整体油藏压力。

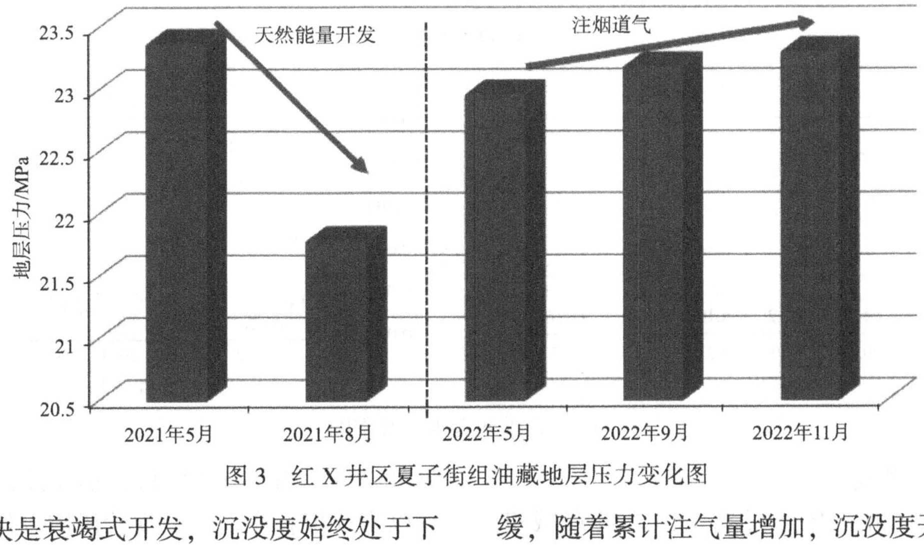

图 3　红 X 井区夏子街组油藏地层压力变化图

目标区块是衰竭式开发，沉没度始终处于下降趋势，但在注烟道气后，沉没度下降趋势减缓，随着累计注气量增加，沉没度开始呈上升趋势，说明注气对地层能量补充起到一定的效果

（图4）。烟道气的注入不仅通过提升油藏压力来补充地层能量，还通过溶解气驱效应进一步推动原油向生产井移动。随着烟道气在油藏中的扩散，溶解在原油中的二氧化碳逐渐释放并形成气泡，这些气泡在压力降低时膨胀并推动原油，从而减缓了沉没度的下降并促进了原油的采出。

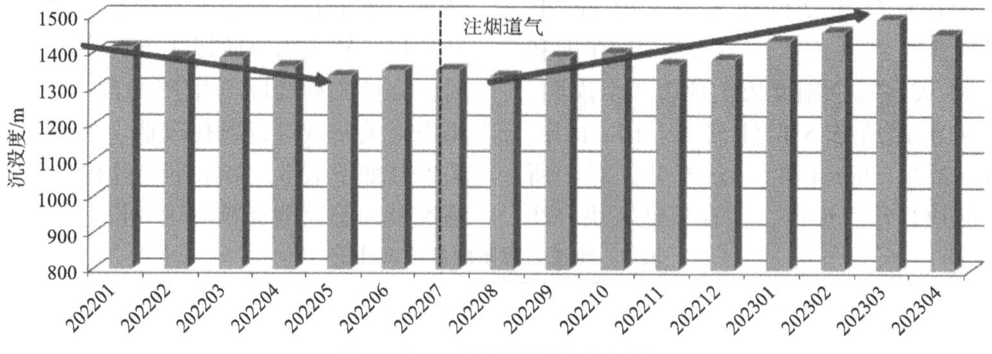

图4　红X井区沉没度分布图

4.2　开发指标分析

如图5所示，红X区块注入烟道气后整体综合递减率从54.18%下降至26.05,%，降幅达28.13%。部分井2022年综合递减率40.0%，自7月注烟道气后，递减率减缓，2023年预计综合递减率下降到4.21%。烟道气驱通过提高油藏压力、改善流体流动性以及动用微细孔喉中的原油，显著提高了采收率并降低了递减率。此外，烟道气的重力分异作用和溶解气驱效应共同促进了原油的采出，使得递减率大幅下降。如图6所示，原油在烟道气的作用下区块整体含水上升率减小，但五口生产井含水率显著增加。在烟道气驱过程中，由于气体和原油之间的非混相性质以及气体在油藏中的上升行为，部分气体可能沿裂缝通道快速运移至生产井，导致生产井含水率上升。因此，红X区块开展烟道气驱的关键是采取措施来防止气窜，如优化注气方式、调整注采比等。

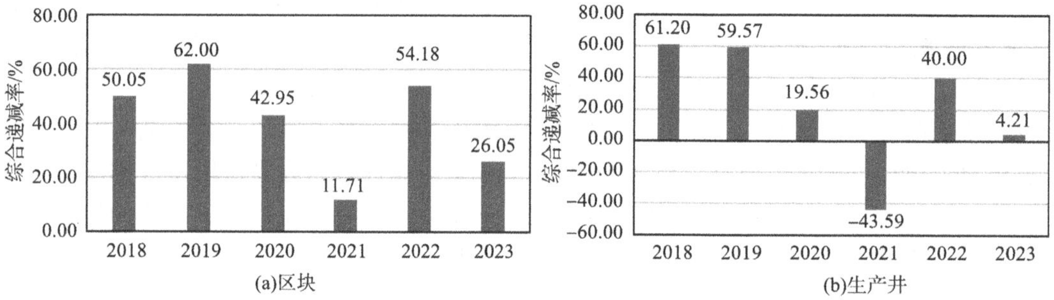

图5　综合递减率柱状图

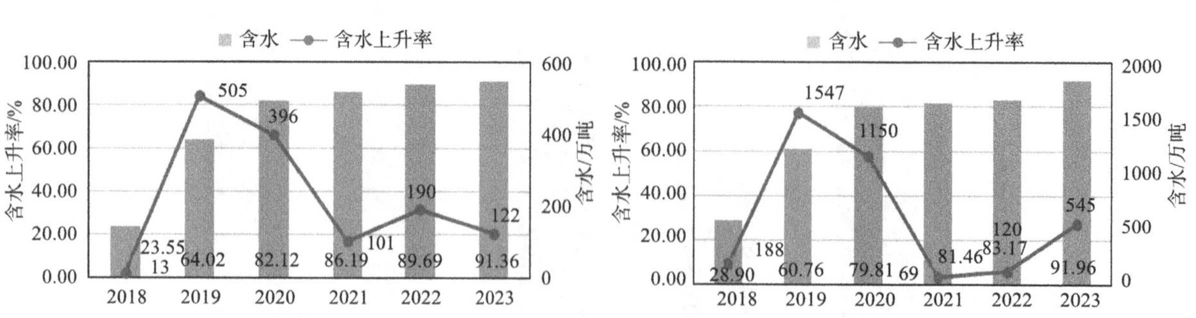

图6　含水和含水上升率图

4.3　油藏亏空程度

目前红153井区地层亏空大，能量衰减迅速，天然能量开发已不能满足生产需要，烟道气驱不仅可作为CCUS项目，实现碳循环目标，还可以为地层补充能量，现阶段因以保证生产井的稳产为主要目标，建议延续注入烟道气，以保证现有生产井的生产状态。如图 7 所示，从地层亏空量上来看，红 X 井区在衰竭式开发阶段亏空严重，随着开井数的减少，采出液量也随之减少，在加之注气对地层的补充，使得亏空程度减弱。目前地层亏空量 6823.92 万 m^3，注气量 434.55 万 m^3，折合地下补充 2.33 万 t。烟道气的注入不仅提高了油藏压力，还通过驱替作用将基质和裂缝中的原油采出，从而减少了地层亏空。这种补充能量的方式对于维持油藏稳定生产具有重要意义。同时，持续注气有助于保持油藏能量平衡，延长油田生产寿命。

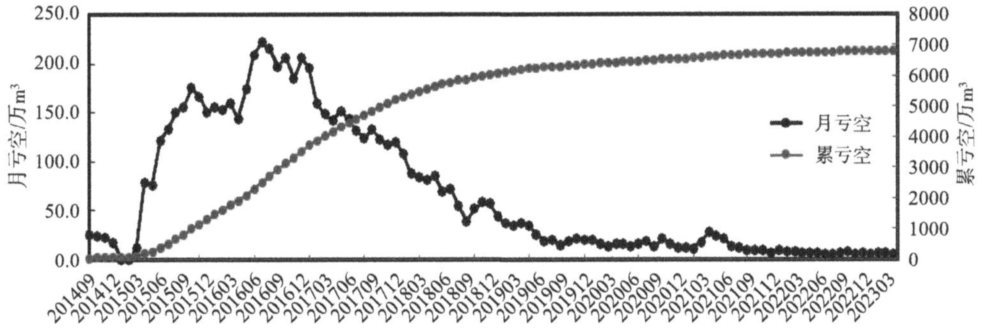

图 7 红 X 井区地层亏空月度曲线

5 结论与展望

本文基于红 153 井区的实际生产数据和烟道气驱油试验方案，系统分析了烟道气驱在该区域的应用效果，并提出了进一步的实施方案，旨在为类似油藏的高效开发和碳减排提供参考。

(1) 油藏长期衰竭式开发导致地层亏空严重，油藏裂缝发育导致注气过程中易发生气窜，影响基质原油的动用。烟道气驱不仅可作为 CCUS 项目，实现碳循环目标，还可以为地层补充能量，提高沉没度，降低递减率，烟道气驱在提高特低渗裂缝性油藏采收率方面具有一定潜力。

(2) 未来工作中，可以从以下几个方面对红 X 区块开展烟道气驱进行改进和优化：①加大注气规模：通过增加注气井数量或提高单井注气量，以有效弥补地层亏空；②优化注入方式：通过间歇注气、脉冲注气等方式减缓气窜现象，提高基质原油的动用程度；；③提高注入压力：对现有注气设备进行升级改造或新建增压设备以提高注入压力，从而改善驱油效果。

参 考 文 献

[1] 廖广志，王高峰，王正茂，等．协同推进高效驱油与终极埋存加速形成 CCUS 新质生产力[J]．石油科技论坛，2024，43(03)：1-9.

[2] 雍锐．西南油气田 CCUS/CCS 发展现状、优势与挑战[J]．天然气工业，2024，44(04)：11-24+199.

[3] 王峰，黎政权，张德平．吉林油田 CCUS-EOR 技术攻关与实践新进展[J]．天然气工业，2024，44(04)：76-82.

[4] 兰尚涛，王子强，王启祥，等．烟道气驱油与埋存关键实验技术标准化[J]．天然气工业，2022，42：86-93.

[5] 李博良，李宾飞，冀延民，等．烟道气辅助注蒸汽开采稠油增效机理及应用[J]．石油学报，2024，45(03)：574-585.

[6] 李传亮，毛万义，吴庭新，等．渗吸驱油的机理研究[J]．新疆石油地质，2019，40(06)：687-694.

[7] 王瑞飞，何润华，苏道敏，等．深层砂岩油藏储层孔喉特征参数及预测模型[J]．地球物理学进展，2016，31(05)：2160-2165.

[8] 张明禄，樊友宏，何光怀，等．长庆气区低渗透气藏开发技术新进展及攻关方向[J]．天然气工业，2013，33(08)：1-7.

[9] Charles A. Peterson，Edward J. Pearson，Veronica T. Chodur，et al. Beaver Creek Madison CO2 Enhanced Oil Recovery Project Case History. Paper presented at the SPE Improved Oil Recovery Symposium，April 14-18，2012.

[10] 李宪腾，赵东亚，李兆敏，等．烟道气驱油机理与技术综述[J]．石油工程建设，2016，42(01)：1-6.

[11] 程杰成，白军辉，李玉春，等．大庆油田 CO_2 驱油技术研究试验进展与展望[J]．大庆石油地质与开发，2024，43(04)：6-14.

[12] 李平友，王华杰，李俊汉，等．注烟道气提高原油采收率技术进展[J]．内蒙古石油化工，2018，44(02)：82-85.

[13] 李春，屈策计，宗廷昊，等．适合低渗透油藏的空

气泡沫驱油技术研究及应用[J]. 当代化工，2022，51(07)：1664-1667.
[14] 谭虹，南婷婷，冯紫娟. 特低渗透油藏水平井减氧空气泡沫驱油藏方案优化设计[J]. 石化技术，2023，30(02)：79-81.
[15] 安泽鹏，王文珍，王浩栋. 致密油藏二氧化碳驱油技术研究进展[J]. 当代化工研究，2023，(20)：11-13.
[16] 胡海光. 注二氧化碳驱替稠油技术研究进展[J]. 中外能源，2024，29(06)：52-56.
[17] 许海鹏，张新奇，刘蕊，等. 准噶尔盆地东部北10井区中深层稠油 CO_2 非混相驱油技术[J]. 大庆石油地质与开发，2024，43(01)：142-148.
[18] 安泽鹏，王文珍，王浩栋. 致密油藏二氧化碳驱油技术研究进展[J]. 当代化工研究，2023，(20)：11-13.

玛湖致密砂岩油藏不同气体介质驱油实验研究

李　明[1,2,3,4]　刘佳幸[1,2,3,4]　许　亮[1,2,3,4]　惠泽友[1,2,3,4]　李织宏[1,2,3,4]　罗　强[1,2,3,4]

(1. 中国石油新疆油田公司实验检测研究院；2. 中国石油天然气集团公司砂岩油气藏勘探开发重点实验室；3. 新疆砂岩油藏实验室；4. 中国石油天然气集团公司油田化学重点实验室新疆油田分研究室)

摘　要　针对玛湖致密油储层体积压裂改造开发后产量递减快、采收率低的问题，本文以玛湖致密砂岩油藏为研究对象，结合核磁共振技术开展不同非烃类气体(CO_2和N_2)介质驱油实验，分析获取了CO_2混相驱、CO_2非混相驱、N_2驱原油动用规律和采收率变化特征。实验结果表明，玛湖某井区油藏CO_2、N_2与原油的最小混相压力分别为21.2MPa和59.1MPa，可以在混相条件开展不同非烃气体介质驱油实验；CO_2混相驱油效率为78.34%，优于N_2非混相驱(驱油效率43.3%)，优于CO_2非混相(驱油效率39.9%)；CO_2非混相和N_2非混相驱能有效的动用大、中孔隙中的原油，N_2非混相驱(驱油效率35.47%)动用程度优于CO_2非混相驱(驱油效率29.73%)；CO_2混相驱不仅能动用大、中孔隙中的原油，而且可以有效动用小孔隙中的原油，进而大幅度提高玛湖致密砂岩油藏采收率。该研究为后期玛湖致密储层直井/水平井提高采收率提供了技术借鉴。

关键词　玛湖致密砂岩；不同非烃气体介质；CO_2混相/非混相驱

玛湖油田是中国油气勘探新近发现的大油气区之一，2017年探明资源储量超10×10^8t。在经历了多重地壳运动和构造演化后，形成了构造控制为主、岩性控制次之、不发育边水底水的致密砂砂岩油藏。玛湖致密油藏孔隙度和渗透率较低，储层物性差，衰竭开采过程中存在初期产量高但递减速度快、地层能量补充不足等问题，严重制约全生命周期的开采效果。为了解决现场生产问题，现场开展了注水提高采收率试验。由于储层物性差，应力敏感强，注水压力高，超过破裂压力，水驱效果差，整体表现为“注不进、采不出”的特征。因此，有必要探究一种新的注采方式来提高玛湖致密砂岩油藏的采收率。

目前，注气已成为最重要的提高采收率方法之一。随着EOR技术的发展和完善，注气介质的选择主要分为烃类气体和非烃类气体(CO_2和N_2)。中外学者主要在CO_2和N_2吞吐与驱替提高原油采收率方面开展了大量的研究工作，并取得了较为丰富的研究成果。黄小亮、王高峰等人对CO_2驱提高采收率技术研究结果表明，CO_2在油藏中具有很强的溶解能力和扩散能力，向储层中注入CO_2可以改善原油物性，补充地层能量，提高油藏的开发效果。樊建明等对比了超低渗透岩样注CO_2驱替与注水驱替驱油效果，实验结果表明注CO_2驱油提高了48.97%的采收率。王维波等针对靖边油田低渗透油藏开展了室内注CO_2驱替实验，发现周期注入CO_2时原油的采收率较连续注入CO_2时提高了15.29%。王进安等通过室内物理实验发现注水开发效果较差的低渗透储层，注气开发(注N_2)效果反而越好。注非烃气体改善常规油藏开采效果的研究已较为充分，但在新疆致密砂岩油藏开采领域，相关认识尚不全面。

为此，笔者以玛湖致密砂岩油藏为研究对象，结合核磁共振技术开展不同非烃类气体(CO_2和N_2)介质驱油实验，分析获取了CO_2混相驱、CO_2非混相驱、N_2驱原油动用规律和采收率变化特征，为致密砂砂岩储层直井/水平井提高最终采收率提供了技术借鉴。

1　实验部分

1.1　材料和仪器

(1) 材料

CO_2(纯度>99%)；N_2(纯度>99%)；氧化氘(又名重水，分析纯)；实验岩心均为玛湖天然岩心(见表1)，其中：A岩心为天然致密砂岩岩心，孔隙度13.7%，渗透率0.109mD；B岩心为天然致密砂岩岩心，孔隙度13.1%，渗透率0.113mD。

表 1　玛湖天然岩心基础参数

岩心编号	岩心参数				
	岩性	直径/cm	长度/cm	K/mD	φ/%
A	天然致密砂岩岩心	2.5	3.05	0.109	13.7
B	天然致密砂岩岩心	2.5	3.23	0.113	13.1

注：为了避免岩心物性引起的误差，气驱实验所用岩心是 2 块岩心拼接而成，并经过洗油后，反复使用

（2）仪器

高温高压接触仪（克吕士科学仪器有限公司）；高温恒温箱（克吕士科学仪器有限公司）；大孔径核磁共振成像系统（苏州纽迈分析仪器股份有限公司）；长岩心物理模拟驱油实验装置（扬州华宝石油仪器有限公司）；高精度驱替泵（扬州华宝石油仪器有限公司，0.1～70MPa）；围压泵（扬州华宝石油仪器有限公司，1～70MPa）；回压阀（200℃，70MPa）；岩心夹持器（200℃，70MPa）；中间容器（200mL，70MPa）；数据采集系统（扬州华宝石油仪器有限公司）等。

1.2　实验步骤

（1）混相压力测试

将高温高压接触角仪的高压仓及管线在实验区地层温度下清洗干净，使用高压 CO_2 排空实验区空气。然后将 CO_2 注入高压仓中并维持至实验压力。待温度及压力稳定后，使用恒速恒压泵对油相进行预加压，使其略高于气相压力。随后开启阀门并控制针头滴出配制好的地层原油进行测量。液滴形态通过高速相机采集并由软件系统进行记录。

通过恒速恒压泵改变仓体内 CO_2 气体压力，重复上述步骤进行其他压力条件下的实验测量。最后通过软件对所采集的液滴图像进行分析，得到界面张力数据。

（2）不同气体介质驱油实验

为便于对比不同气体介质驱油实验中气油两相流动特征及不同孔隙区间原油动用特征，分别开展混相（回压高于最小混相压力，22MPa）注 CO_2、非混相（回压低于最小混相压力，18MPa）注 CO_2、非混相（设备压力上线影响，不能开展 N_2 混相驱实验研究，22MPa）注 N_2 实验，主要步骤包括（流程见图 1）：①将选取岩样抽真空至 133Pa，然后在 20MPa 下用重水配制的模拟水饱和岩样。②用储层原油驱替完全饱和水的岩样至束缚水状态，并在地层温度（92.1℃）下老化 7d 以上，获取含束缚水岩样；测定完全饱和油岩样和含束缚水岩样的核磁共振 T_2 谱曲线（等待时间、回波间隔、回波个数和扫描次数分别设置为 3000ms，0.5ms，2048 个和 32 次）。③保持围压与注入压力压差为 3PMa，在储层温度（91.3℃），0.02mL/min 条件下注入气体介质，测定气驱过程中累积产气量、累积产油量，待无原油产出时停止驱替，并测定气驱后岩样的核磁共振 T_2 谱曲线。

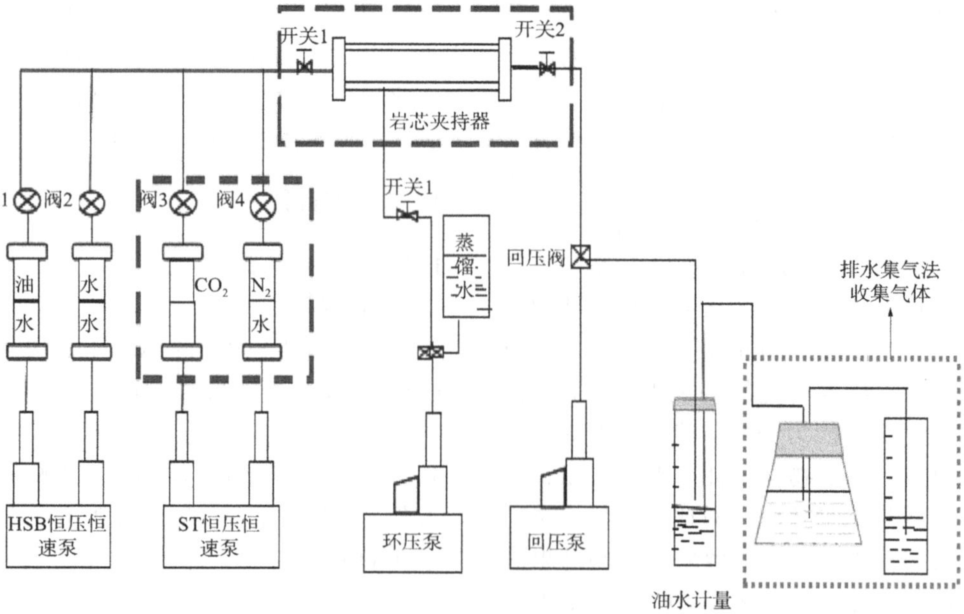

图 1　高温高压长岩心气驱实验流程简图

2 结果与讨论

2.1 最小混相压力

(1) CO_2 最小混相压力

采用悬滴法测定地层原油与 CO_2 的界面张力，既能精确地测试出向该油藏注入 CO_2 的最小混相压力，也能清晰地观察到地层原油与 CO_2 的混相状态。地层温度不同压力下地层原油与 CO_2 间界面张力数据及两相的密度数据见表。地层原油与 CO_2 间界面张力以及密度与压力变化关系图见图 2。

表 1 地层原油与 CO_2 间界面张力以及密度数据

压力/MPa	界面张力/(mN/m)	地层原油密度/(g/cm^3)	气体密度/(g/cm^3)
14.5	2.04	0.678	0.355
16.0	1.53	0.679	0.411
17.2	1.14	0.680	0.454
17.8	0.90	0.681	0.474
18.5	0.74	0.682	0.496

实验表明，随着注入 CO_2 压力的升高，地层原油密度从 $0.678g/cm^3$ 增加到 $0.682g/cm^3$；CO_2 的密度随着注入 CO_2 压力的升高大幅度提升，从 $0.355g/cm^3$ 增加到 $0.496g/cm^3$，密度增加了 39.71%；说明地层原油在 20MPa 左右的压力条件，压力对原油密度的影响不大，但对于气体密度影响明显。

地层原油与 CO_2 的界面张力随着注入压力的升高而逐渐降低，由于达到混相时的界面张力为零是不可能测定的，而是只能观察到界面张力为零时的混相状态。使用外延法计算出最小混相压力为 21.2MPa。得到最小混相压力后，再升压之 21.2MPa，通过观察油滴状态，进一步确定最小混相压力数值。

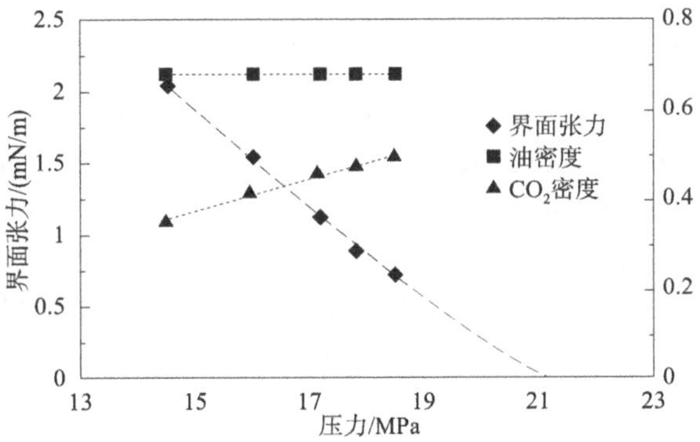

图 3 地层原油与 CO_2 间界面张力以及密度随压力变化关系图

不同压力下地层原油与 CO_2 接触混相状态如图 4 所示，当初期压力为 14.5MPa 时(见图 4(a))，油滴下端呈现饱满的垂滴状态，整体体积较大；压力上升至 16MPa 时(见图 4(b))，油滴体积略微减少，但垂滴形态没有变化太大；随着压力上升至 17.2MPa 时(见图 4(c))，不仅油滴体积就减小，油滴下端呈现垂滴状态也不像最初那样饱满；当压力上升到 17.8 时(见图 4(d))，油滴体积大幅度下降；当压力上升至 21.2 时(见图 4(f))，由滴定针滴出的原油样品已经无法形成有效的液滴形状，油气开始出现混相状态。

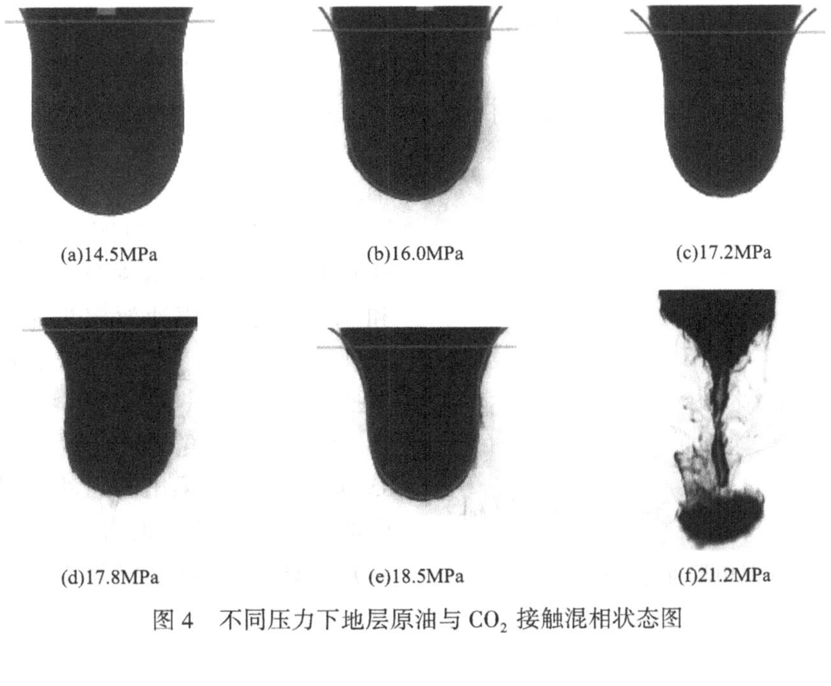

(a)14.5MPa (b)16.0MPa (c)17.2MPa

(d)17.8MPa (e)18.5MPa (f)21.2MPa

图 4 不同压力下地层原油与 CO_2 接触混相状态图

(2) N_2 最小混相压力研究

地层原油与 N_2 的界面张力随着注入压力的升高而逐渐降低，当压力升高至 40MPa 时，两相的界面张力依然在 4mN/m 以上，因此使用外延法计算出最小混相压力为 59.1MPa(见图 5)。不同压力下地层原油与 N_2 接触混相状态如图 5 所示，当初期压力为 14.5MPa 时，油滴下端呈现饱满的垂滴状态，整体体积较大；压力上升至 25MPa 时，油滴体积略微减少，但垂滴形态没有变化太大；随着压力上升至 30MPa 时，不仅油滴体积就减小，油滴下端呈现垂滴状态也不像最初那样饱满。压力上升至 40MPa，油滴状态与 30MPa 状态相似；由于设备上线只有 70MPa，再升压至 59.1MPa 开展验证实验存在一定危险性，基于此实验过程不能观察到界面张力为零时的混相状态。

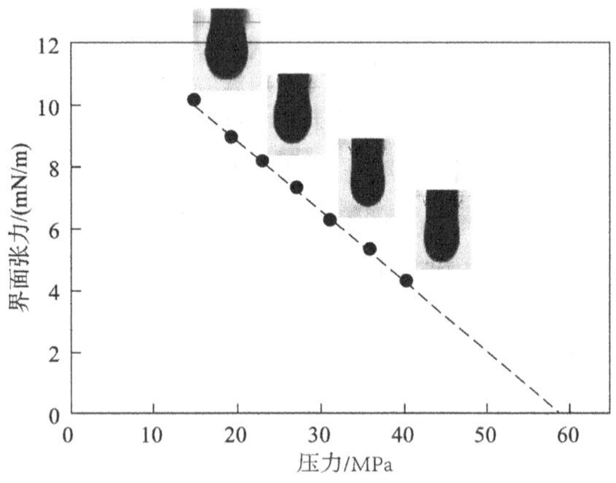

图 5　地层原油与 N_2 间界面张力变化关系图

2.2　CO_2 混相/非混驱油实验

图 6 为注 CO_2 混相/非混相驱油前后的核磁共振 T2 谱曲线。由于实验岩样中水信号被屏蔽，T2 谱信号幅度越高，表明岩样中含油量越多；T2 谱曲线靠右的信号幅度越高，表明岩样中大孔隙中的含油量越多。

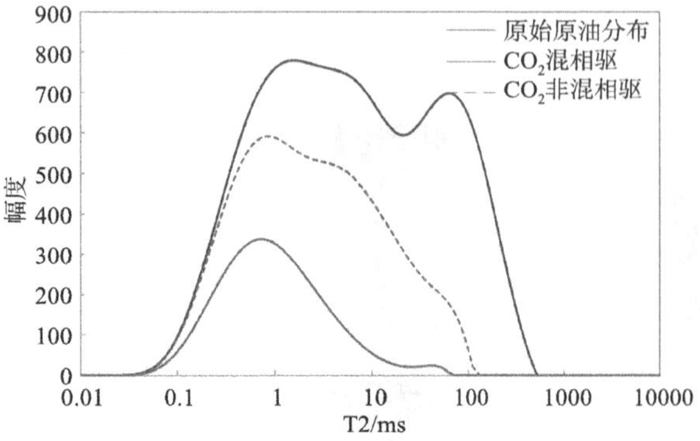

图 6　CO_2 混相/非混相驱油实验 T2 谱图

在初始状态下，岩样的弛豫时间为 0.05~600ms；T2 谱曲线呈现出双峰的特征，且右峰(30~600ms)的信号小于左峰(0.05~30ms)的信号，这表明岩样中的油在较大孔隙、中孔隙和小孔隙中均有分布，且小孔隙和中孔隙中的含油量相对较多。在 CO_2 混相/非混相驱油后，岩样左右两峰中原油信号量都降低了。其中非混相驱后左峰对应的较小孔隙中原油信号量降低幅度较小，右峰对应的较大孔隙中原油信号量降低幅度较大；混相驱后左峰和右峰的原油信号量降低幅度均较大，尤其是右峰几乎完全消逝，这说明 CO_2 混相驱可以大幅度提高驱油效率。

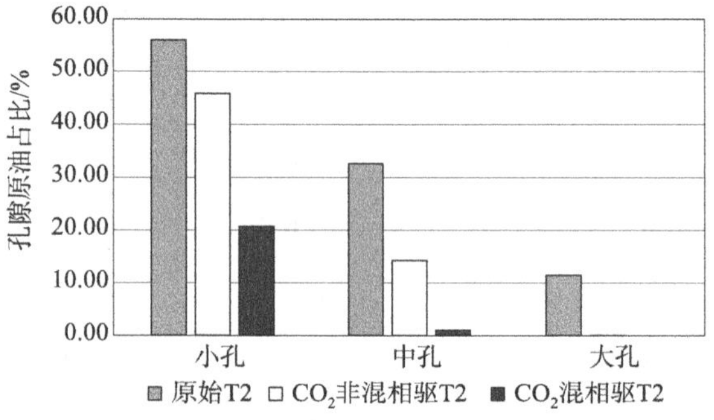

图 7　CO_2 混相/非混相驱油不同孔隙含油量

在注 CO_2 驱油实验中(见图 7、表 3)，非混相状态下岩样小孔、中孔和大孔中的驱油效率分别为 10.15%，18.36%和 11.37%，总驱油效率为 39.88%；岩样中各级孔隙的原油都得到了有效的开采，采出的原油主要来自于大孔(致密砂岩原油分布在大孔中的含量较少，因此体现不明显)和中孔中，其中大孔贡献率为 28.5%，中孔贡献率为 46.0%，总共贡献 74.5%；另外小孔隙采出的原油相对较少，其贡献率为 25.5%。从不同孔隙采出程度分析表中可以看出，非混相驱可以均匀动用大、中、小孔隙中的原油，但由于有两相阻力的存在，其动用程度有限，不能大幅度提高驱油效率。

而混相状态下(见图 7、表 3)岩样小孔、中孔和大孔中的驱油效率分别为 35.31%，31.59%和 11.44%，总驱油效率为 78.34%；岩样中各级孔隙的原油都得到了有效的开采，采出的原油主要来自于中孔和小孔中，其中孔贡献率为 40.3%，小孔贡献率为 45.1%，总共贡献 85.4%；大孔隙采出的原油相对较少(致密砂岩原油分布在大孔中的含量较少，因此体现不明显)，虽然其贡献率仅为 14.6%，但是从 T2 谱图上可以看出，大孔隙完全被动用。从不同孔隙采出程度分析表中可以看出，混相驱也可以均匀动用大、中、小孔隙中的原油，由于混相时，CO_2具有很强的溶解能力和扩散能力，可以降低原油粘度，可以改善原油物性，使得整个岩样的动用程度都很高。因此，相对于非混相驱，混相驱不仅可以均匀动用致密砂岩油藏中的大、中、小孔隙中的原油，而且可以大幅度提高驱油效率。

表3　CO_2混相/非混相驱油实验周期采出程度

驱替方式	相对采出程度/%			合计采出程度/%
	小孔	中孔	大孔	
混相驱	35.31	31.59	11.44	78.34
非混相驱	10.15	18.36	11.37	39.88

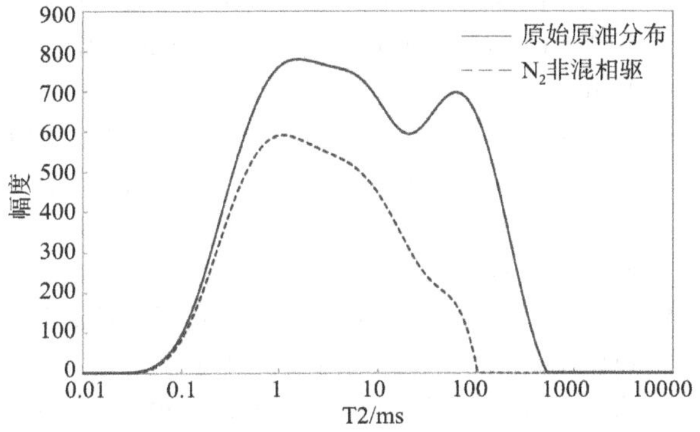

图8　N_2非混相驱油实验T2谱图

2.3　N_2非混驱油实验

图8为注N_2非混相(设备压力上线影响，不能开展N_2混相驱实验研究)驱油前后的核磁共振T2谱曲线。在N_2非混相驱油后，岩样左右两峰中原油信号量都降低了，其中非混相驱后左峰对应的较小孔隙中原油信号量降低幅度较小，右峰对应的较大孔隙中原油信号量降低幅度较大，说明N_2非混相可以提高驱油效率。

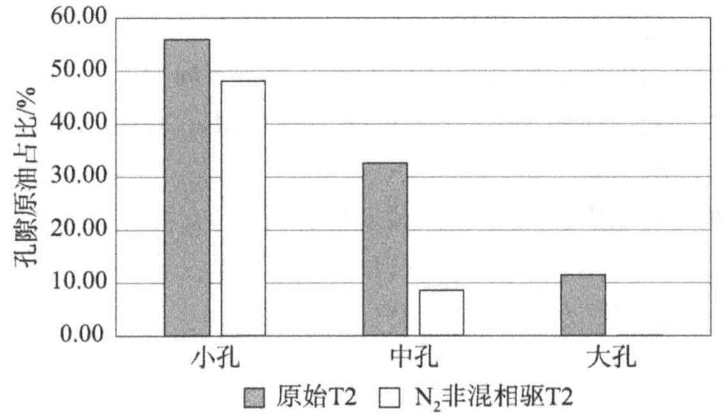

图9　N_2非混相驱油不同孔隙含油量

在注N_2驱油实验中(见图9、表4)，非混相状态下岩样小孔、中孔和大孔中的驱油效率分别为7.83%，24.03%和11.44%，总驱油效率为35.47%；岩样中各级孔隙的原油都得到了有效的开采，采出的原油主要来自于大孔(致密砂岩原油分布在大孔中的含量较少，即使大孔隙完全被动用，也体现不明显)和中孔中，其中大孔贡献率为26.42%，中孔贡献率为55.49%，总共贡献89.91%；另外小孔隙采出的原油相对较少，其贡献率为10.09%。从不同孔隙采出程度分析表中可以看出，非混相驱可以均匀动用大、中、小孔隙中的原油，但由于有两相阻力的存在，其动用程度有限，不能大幅度提高驱油效率。

表4　N_2非混相驱油实验周期采出程度

驱替方式	相对采出程度/%			合计采出程度/%
	小孔	中孔	大孔	
N_2非混相驱	7.83	24.03	11.44	43.30

2.4　CO_2和N_2驱油实验效果对比分析

通过对比玛湖致密砂岩CO_2非混相、N_2非混相及CO_2混相驱油效果(见图10)，CO_2混相驱油效率为78.34%，优于N_2非混相驱(驱油效率43.3%)，优于CO_2非混相(驱油效率39.9%)。三均能很好的动用玛湖致密砂岩大孔隙中的原油，其动用程度相当。CO_2非混相和N_2非混相驱能有效的动用中孔隙中的原油，N_2非混相驱(驱油效率24.03%)动用程度优于CO_2非混相驱(驱油效率18.36%)；CO_2非混相和N_2非混相驱动用小孔隙中的原油效果有限，CO_2非混相驱(驱油效率10.15%)动用程度优于N_2非混相驱(驱油效率7.83%)。而CO_2混相可以相对均匀的动用中、小孔隙，其驱油效率分别为31.59%和35.31。相比于CO_2非混相和N_2非混相，CO_2混相驱不仅能动用大孔隙中的原油，而且可以有效动用中、小孔隙中的原油，进而大幅度提高玛湖致密砂岩油藏采收率。

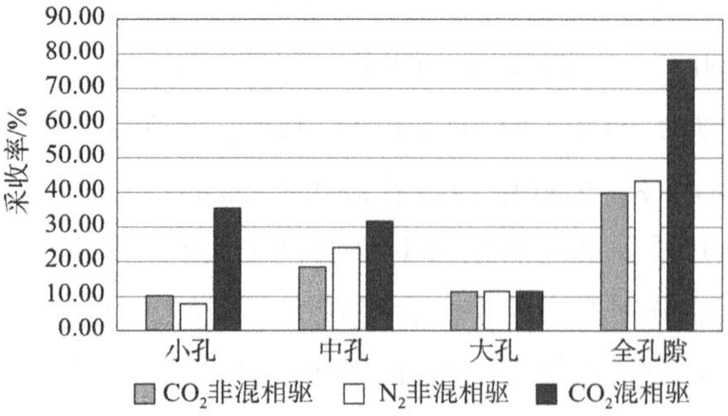

图 10　CO_2 非混相、N_2 非混相及 CO_2 混相驱油效果对比分析

3　结论

（1）玛湖某井区油藏压力为 61.3MPa，CO_2 N_2 与原油的最小混相压力分别为 21.2MPa 和 59.1MPa，可以在混相条件开展驱油实验研究；

（2）室内实验研究表明，CO_2 混相驱油效率为 78.34%，优于 N_2 非混相驱（驱油效率 43.3%）CO_2 非混相（驱油效率 39.9%）；

（3）CO_2 非混相和 N_2 非混相驱能有效的动用大、中孔隙中的原油，N_2 非混相驱（驱油效率 35.47%）动用程度优于 CO_2 非混相驱（驱油效率 29.73%）；CO_2 混相驱不仅能动用大、中孔隙中的原油，而且可以有效动用小孔隙中的原油，进而大幅度提高玛湖致密砂岩油藏采收率。

参考文献

[1] 李国欣，覃建华，鲜成钢，等．致密砂岩油田高效开发理论认识、关键技术与实践以准噶尔盆地玛湖油田为例[J]．石油勘探与开发，2020，47(6)：1-13.

[2] 章杨，程海鹰，柳敏，等．断块型深层低渗油藏天然气驱最小混相压力及相态特征[J]．科学技术与工程，2019，19(11)：96-102.

[3] 肖波．雅达低渗透油藏注烃气可行性及注采参数优化研究[D]．成都：西南石油大学，2012.

[4] 郑家朋，王传飞，赵辉，等．冀东油田高 13 断块注烃气驱提高采收率优化研究[J]．石油天然气学报，2009，31(04)：131-135.

[5] 李满亮，周洪涛，张莹，等．塔河油田井组注氮气提高采收率技术[J]．石油钻采工艺，2016，38(3)：392 394.

[6] 陶文．温西一区块氮气泡沫驱提高采收率技术研究[J]．石化技术，2018，25(4)：136 137.

[7] 黄小亮，贾新峰，周翔，等．延长油田低渗油藏长岩心二氧化碳吞吐参数优化[J]．新疆石油地质，2015，36(3)：313-316.

[8] 王高峰，郑雄杰，张玉，等．适合二氧化碳驱的低渗透油藏筛选方法[J]．石油勘探与开发，2015，42(3)：358-363.

[9] 施雷庭，朱诗杰，马杰，等．超临界 CO_2 萃取致密油的数值模拟[J]．油气藏评价与开发，2019，9(3)：25-31.

[10] 杨军，张烈辉，熊钰，等．CO_2 吞吐候选油藏筛选综合评价方法[J]．断块油气田，2008，15(3)：62-64.

[11] 李士伦，孙雷，陈祖华，等．再论 CO_2 驱提高采收率油藏工程理念和开发模式的发展[J]．油气藏评价与开发，2020，10(3)：1-14.

[12] 李阳．低渗透油藏 CO_2 驱提高采收率技术进展及展望[J]．油气地质与采收率，2020，27(1)：1-10.

[13] 马铨峥，杨胜来，陈浩，等．致密油储集层 CO_2 吞吐效果及影响因素分析———以新疆吉木萨尔凹陷芦草沟组为例[J]．石油科学通报，2018，3(4)：434-445.

[14] 樊建明，张庆洲，霍明会，等．超低渗透油藏注 CO_2 开发方式优选及室内实验研究[J]．西安石油大学学报：自然科学版，2015，30(5)：37-42，47.

[15] 王维波，陈龙龙，汤瑞佳，等．低渗透油藏周期注 CO_2 驱油室内实验[J]．断块油气田，2016，23(2)：206-209.

[16] 王进安，岳陆，袁广钧，等．氮气驱室内实验研究[J]．石油勘探 与开发，2004，31(3)：119-121.

[17] 李士伦，汤勇，侯承希．注 CO_2 提高采收率技术现状及发展趋势[J]．油气藏评价与开发，2019，9(3)：1-8.

[18] 苏伟，侯吉瑞，赵腾，等．缝洞型碳酸盐岩油藏 CO_2 单井吞吐生产特征及影响因素[J]．油气地质与采收率，2017，24(6)：108-113.

[19] 刘炳官，周方喜，刘玉章，等．多周期 CO_2 吞吐研究与应用[J]．江汉石油学院学报，2002，24(4)：81-82.

[20] 鞠斌山，栾志安，郝永卯，等．CO_2 吞吐效果的影响因素分析[J]．石油大学学报：自然科学版，2002，26(1)：43-45，48.

稠油生产系统固定顶罐 VOCs 排放特征研究

宋涛涛[1,2]　苏东兰[3]　倪丰平[1,2]　席　涛[4]　王兴华[1,2]

（1. 中国石油新疆油田公司实验检测研究院；2. 新疆维吾尔自治区油气田环保节能工程研究中心；
3. 中国石油新疆油田公司采油一厂；4. 中国石油新疆油田公司采油二厂）

摘　要　固定顶罐是稠油生产系统重要的设施，分布于集输处理工艺的各个环节。稠油集输处理过程中，固定顶罐会向大气中排放一定的挥发性有机物（VOCs），是油田挥发性有机物典型排放源和重要的管控对象。目前原油生产系统储罐呼吸气排放情况主要根据模型模拟计算，基于现场实际监测分析鲜有记录。文章选取稠油生产工艺中的固定顶罐，对储罐的各项参数开展现场连续监测并结合生产数据进行研究分析，得到固定顶罐呼吸气排放规律和影响因素，为油田生产系统挥发性有机物管控和治理提供参考。

关键词　稠油；固定顶罐；VOCs；监测；呼吸气

挥发性有机物（VOCs）管控是国家新时期深入打好污染攻坚战的重点领域，其排放问题越来越引起各方面的重视。石油企业作为保障能源安全的中间力量，全力迈向绿色低碳循环之路，为深入落实挥发性有机物治理突出问题排查整工作要求，提出一系列管控措施和治理方针。随着GB39728-2020《陆上石油天然气开采工业大气污染物排放标准》的实施，《关于加快解决当前挥发性有机物突出问题的通知》的发布，进一步明确了挥发性有机物的排放控制指标、治理管控和监督监测等。

原油生产处理过程中，固定顶罐作为重要的生产设施和 VOCs 排放源管控对象，针对固定顶罐 VOCs 排放特征、排放核算方面的研究较少。固定顶罐 VOCs 排放特征分析多采用美国的 TANKS 模型进行模拟，基于现场实测的方式鲜有文献记录。但由于国内油田油水处理工艺和采出液性质与美国相差较大，美国的 TANKS 模型对国内油田的油水储罐 VOCs 排放规律分析和核算适用性较差。针对固定顶罐 VOCs 分析现状，本文通过对稠油生产系统固定顶罐 VOCs 排放开展现场连续监测，分析固定顶罐 VOCs 排放特征，对挥发性有机物的管控、效果评估等具有较好的参考价值。

1　研究方法

稠油开发投入时间不同，集输工艺有所差别，包含开式生产流程和闭式生产流程。老油田稠油区块受开发生产条件、井口回压、生产管理等因素的限制通常采用开式生产流程，集输工艺采用“井场——计量管汇——转油站（接转站）——原油处理站”的三级布站流程，转油站设有常压缓冲罐，稠油处理站设有沉降罐和净化油罐。缓冲罐、沉降罐和净化油罐按照储罐附件安装规范，罐顶配套安装“阻火器+液压安全阀、阻火器+呼吸阀”或“阻火器+通气管”等安全附件。生产过程中，采出液中伴生气以通过安全附件排放至大气中。

为分析稠油生产系统固定顶罐 VOCs 排放特征，选取转油站和联合站的固定顶罐开展实测研究工作。监测装置安装于罐顶后，采用连续在线监测的方式，在固定顶罐呼吸口附近采集时间、呼吸气温度、压力、VOCs 浓度、CH_4浓度、排放气标况瞬时流量、标况累计流量，同时结合物联网平台，获取固定顶罐液位变化数据、转油站来液情况等数据（表 1）。

表 1　监测点位基本情况

序号	监测位置	原油密度/（g/cm^3）	储罐容积/m^3	监测位置	监测参数
1	A 转油站缓冲罐	0.9595	100	阻火器+通气管	时间、呼吸气温度、标况瞬时流量和累计流量、VOCs 浓度、CH4 浓度、液位、压力
2	B 转油站缓冲罐	0.9435	100	阻火器+通气管	
3	处理站 A 净化油罐	0.9286	1000	阻火器+呼吸阀	
4	处理站 B 净化油罐	0.9286	1000	阻火器+呼吸阀	

2　固定顶罐 VOCs 排放特征分析

2.1　排放浓度与液位的关系

对不同固定类型固定顶罐的呼吸气 VOCs 浓度和液位数据进行处理分析，VOCs 浓度和液位关系如图 1 至图 2 所示。

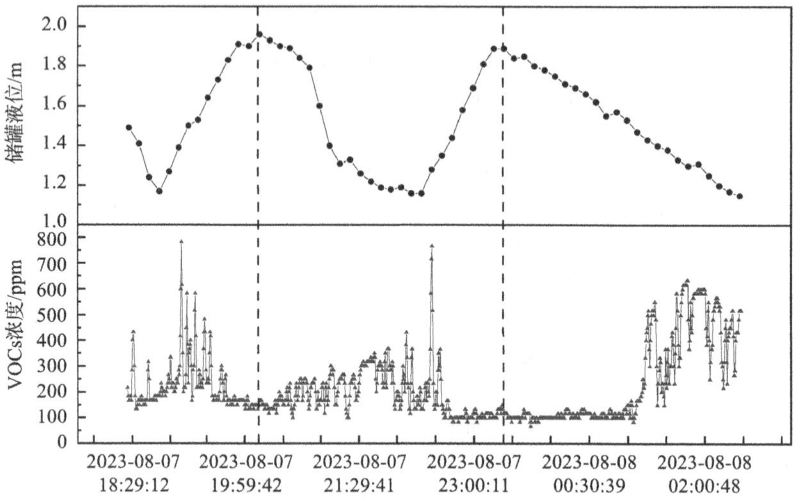

图 1　A 转油站缓冲罐 VOCs 浓度与液位连续变化曲线

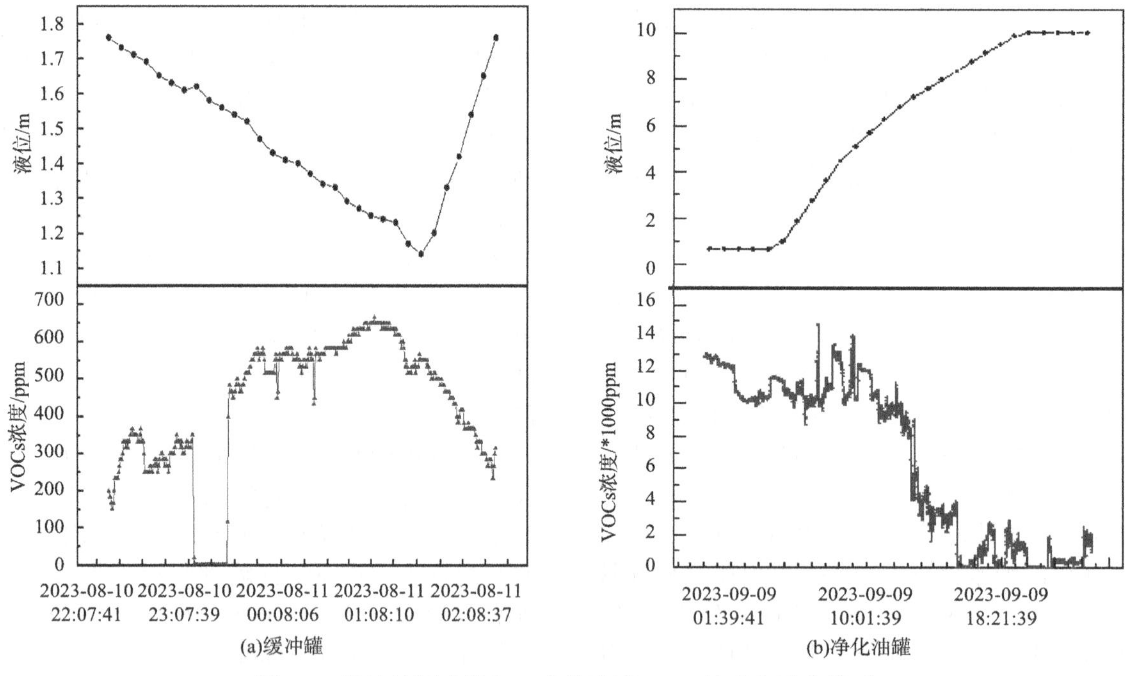

(a)缓冲罐　　(b)净化油罐

图 2　B 转油站缓冲罐和 A 净化油罐 VOCs 浓度与液位关系

从图 1、图 2 可以发现，储罐液位对 VOCs 浓度影响比较显著，二者基本呈现负相关的关系。在储罐连续进液、液位不断增长的情况下，呼吸口 VOCs 浓度显著降低，储罐液位高点情况，浓度呈现最低区间，储罐液位低点的情况下，浓度呈现最高区间。分析主要原因如下：一是储罐采用底部进液的方式，随着液面的不断上升，液面内部静压升高，油水混合液或原油中的溶解气体分子就会受到更多的压力，从而难以逸出液面；反之，在低液位情况下，溶解气体分子所受压力减小，再加上进液扰动，气体分子更容易溢出液面，引起呼吸口 VOCs 浓度上升。通过对储罐原油真实蒸气压进行测试，不同工作温度下真实蒸气压如表 2 所示，理论上液面达到真实蒸气压对应的高度值，在静液柱压力压力将不断进入罐中的溶解气体分子抑制在液相中。

表 2　工作温度下原油真实蒸气压

序号	工作温度/℃	第一次/kPa	第二次/kPa	平均值/kPa	理论对应液面高度/m
1	78.0	9.3	13.3	11.3	1.3
2	84.0	20.8	21.4	21.1	2.3

比较转油站缓冲罐和处理站净化油罐 VOCs 浓度变化区间，缓冲罐 VOCs 最高浓度在 500～700ppm，最低浓度 100～200ppm；净化油罐 VOCs 最高浓度 12000～14000ppm（注：储罐进液过程，属于大呼吸状态，罐内压力达到呼吸阀开启压力的 75%），最低浓度 100～300ppm。二者浓度高值测试差别较大，主要是原油含水率不同引起，缓冲罐含油率在 10%左右，净化油罐含油大于 99%，净化油罐挥发性有机物含量更高。

2.2　排放浓度与气相温度的关系

选取不同温度区间的监测数据，对呼吸口 VOCs 浓度进行分析，如图 3 至图 4 所示。

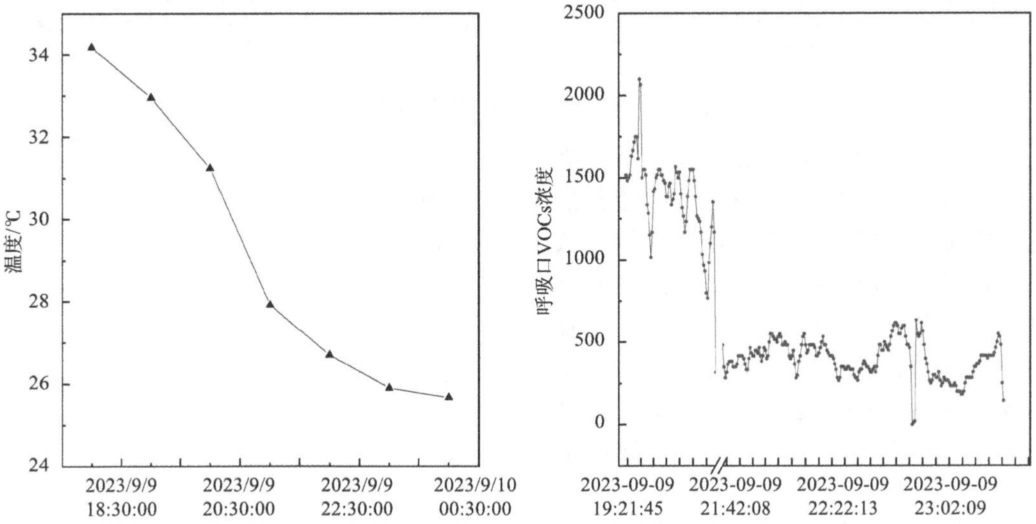

图 3　A 净化油罐呼吸 VOCs 浓度与温度的关系

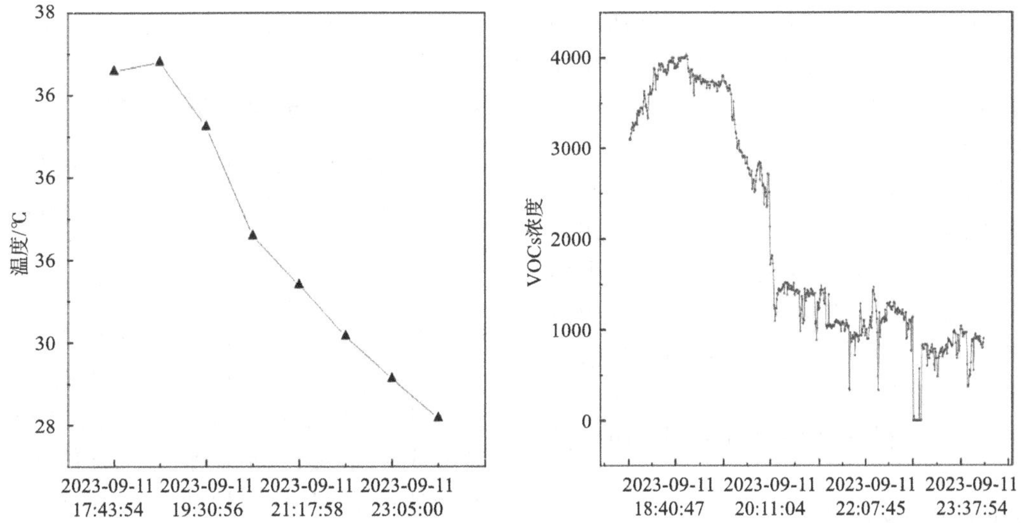

图 4　B 净化油罐呼吸 VOCs 浓度与温度的关系

由图 3、图 4 可以发现，受生产波动和环境温度变化影响，呼吸气温度处于变化状态，18 点至凌晨，温度降幅在 8～10℃。呼吸口 VOCs 浓度与呼吸气温度呈现正相关的趋势，随着温度的降低，呼吸口 VOCs 浓度降幅明显。结果表明，温度对储罐原油介质中有机物的挥发有着明显的促进作用。

2.3　排放强度与液位的关系

对储罐不同液位和排放强度关系进行分析，储罐液位高度与呼吸气瞬时流量关系如图5所示。

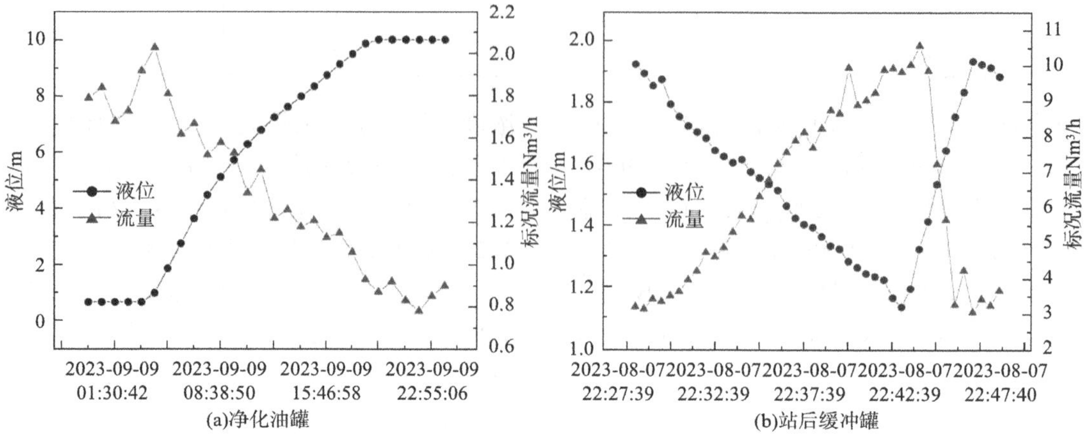

图5　不同液位高度与呼吸气强度关系

由图5发现，净化油罐、站后缓冲罐呼吸气流量与液位高度变化趋势表现一致，随着液位的升高，呼吸气流量呈逐渐下降的规律。液位最低时，储罐呼吸口流量最低；液位最高时，储罐呼吸气流量达到低点。VOCs排放强度是气体中VOCs浓度与气体流量的乘积，结合储罐呼吸气VOCs浓度随液位变化情况，储罐VOCs排放强度随着液位的上升呈现逐渐下降的趋势。

分析不同类型固定呼吸气排放强度情况，在液位的低区间或高区间，站后缓冲罐的VOCs排放强度高于净化油罐，温度是VOCs挥发强度的主要因素，缓冲罐的温度处于78~80℃，净化油罐的温度处于68~70℃。

2.4　排放强度

2.4.1　缓冲罐排放强度

站后缓冲罐连续监测94h，监测期间气相累计流量494.7m^3。VOCs浓度波动变化，采用均值法计算缓冲罐VOCs排放量，VOCs浓度均值158ppm（图6），测试周期内VOCs排放总量44.87g。另外，缓冲罐平均转液量14m^3/h，总液量1314m^3，计算得到平均每方液量VOCs排放量31.87mg/m^3。

2.4.2　净化油罐排放强度

站后缓冲罐连续监测24h，监测期间气相累计流量35.1m^3。VOCs浓度处于不断变换过程中，采用均值法计算缓冲罐VOCs排放量，VOCs浓度均值530ppm，测试周期内VOCs排放量11.45mg/m^3。

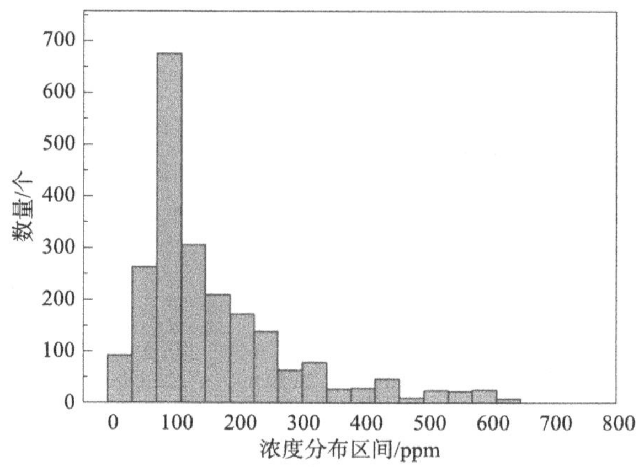

图6　VOCs浓度频率分布图

3　固定顶罐呼吸气成分分析

采用气相色谱质谱法对固定顶罐呼吸气组分进行分析，对比稀油、稠油呼吸气组成差异，气相色谱质谱的谱图如图7至图8所示。

稠油生产系统中，储罐呼吸气主要成份是烷烃类，烷烃类物质总检出浓度的比例高达96.93%。进一步分析烷烃类物质的组成，主要为非极性的重质烷烃，占比在80%以上；稀油生产系统，储罐呼吸气成份主仍为烷烃类物质，含量占总检出浓度的94.55%。进一步分析烷烃类物质的组成，主要为非极性的轻质烷烃，占比约为74.92%，稠油、稀油固定顶罐呼吸气中烷烃占比分析如图9所示。

对比稠油生产系统与稀油生产系统储罐呼吸

气 VOCs 成份组成，稠油重质烷烃占比较高，稀油轻质烷烃占比较高，存在原油的密度越大，与之相对应呼吸气中 VOCs 重组分含量也随之升高。

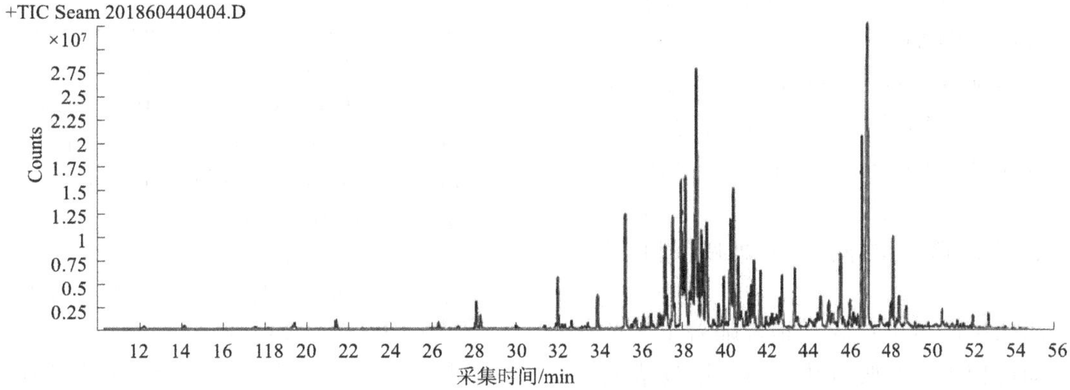

图 7　固定顶罐呼吸气（稠油）组分气相色谱质谱谱图

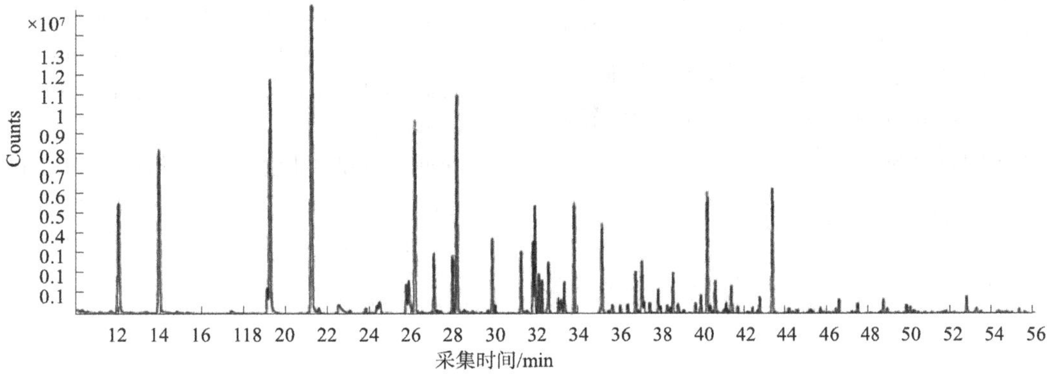

图 8　固定顶罐呼吸气（稠油）组分气相色谱质谱谱图

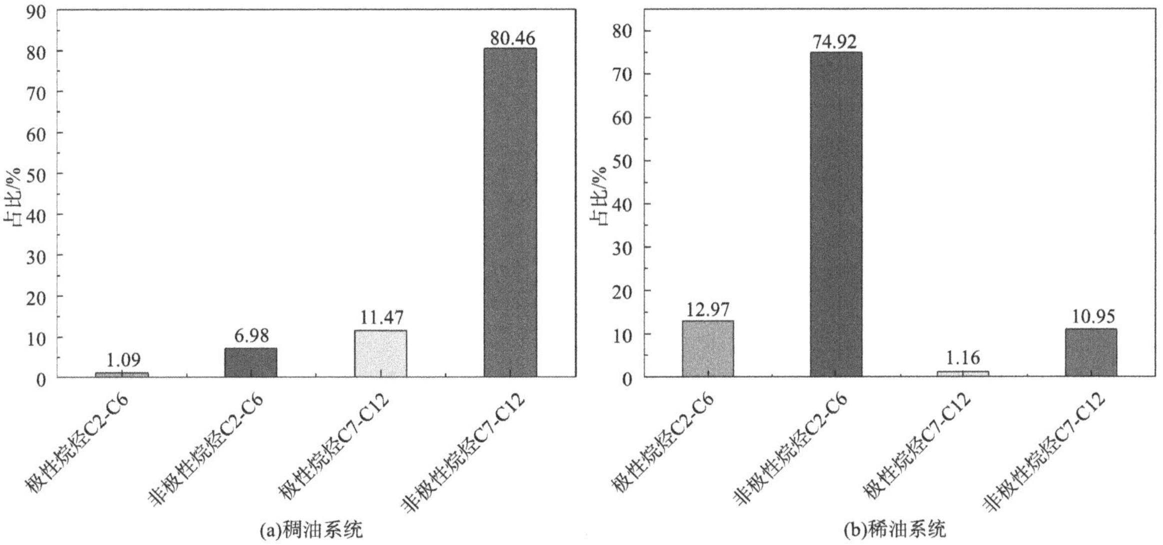

图 9　固定顶罐呼吸气中烷烃占比

4　结论和建议

对稠油生产系统的固定顶罐呼吸气进行连续监测，分析了储罐呼吸气 VOCs 的排放特征，监测与分析结果表明：

（1）固定顶罐呼吸气 VOCs 排放浓度与储罐液位呈现负相关的特性，储罐低液位相比高液位，呼吸气 VOCs 浓度反而越高。

（2）固定顶罐呼吸气 VOCs 排放强度与储罐液位的规律特性，与呼吸气 VOCs 排放浓度与储罐液位间的规律一致，低液位情况下，储罐VOCs挥发越强；原油生产系统运行过程中，可根据原油真实蒸气压，储罐中保留一定的液位，有助于减少储罐中VOCs的挥发。

（3）固定顶罐呼吸气VOCs排放浓度与储罐液位呈现正相关的特性，在温度升高的情况下，储罐呼吸气VOCs浓度随之升高；在满足生产运行要求的情况下，合理控制原油处理、存储过程中的温度，节能降耗的同时起到减污降碳的作用。

（4）稠油生产各节点固定顶罐随着生产节点向末端移动过程中，呼吸气中VOCs排放浓度和浓度呈现下降的过程。

（5）生产系统储罐呼吸气VOCs组成和原油密度有较大关联性，原油的密度越大，呼吸气中VOCs重质组分含量也随之升高。稠油系统储罐呼吸气VOCs中以重质烷烃为主，稀油系统储罐呼吸气VOCs中轻质烷烃占为主。

参 考 文 献

[1] Harrison，R. M.，& Jones，A. M. Understanding the impacts of oil and gas production on air quality [J]. Atmospheric Environment，2017，158，129-139.

[2] Zhang，Y.，& Zhang，S. Impact of Storage Tank Emissions on Regional Air Quality [J]. Environmental Pollution，2020，263，114527.

[3] Niemann，H. B.，& Thomas，J. H. Evaluation of Volatile Organic Compound (VOC) Emissions from Oil Storage Tanks：Modeling and Field Measurements [J]. Journal of Hazardous Materials，2018，349，62-71.

[4] 陈峰，李明，赵鹏. 固定顶油罐挥发性有机物排放特征与监测技术探讨[J]. 石油化工环境保护，2018，38(3)：123-130.

[5] 张伟，赵鹏，刘敏. 固定顶油罐挥发性有机物排放特征及其影响因素分析[J]. 化工进展，2021，40(10)：2241-2250.

[6] Li，L.，& He，X. Analysis of Volatile Organic Compounds (VOCs) Emission Characteristics from Oil Production Facilities. Energy & Fuels，2021，35(8)，6500-6512.

[7] 杨帆，陈星，张浩. 固定顶油罐挥发性有机物的排放规律及其减排策略[J]. 环境科学学报，2023，43(7)：1812-1820.

碳中和目标下的油气长输管道 HSE 智慧防控体系探索与实践

任利萍　陈慧萍　郑倩茹　李　妍

（中国石油新疆油田油气储运公司）

摘　要　在全球应对气候变化、追求碳中和目标的大背景下，油气长输管道行业作为油气运输的重要环节，保障国家能源安全、绿色效益发展，面临着严峻的环境、健康和安全(HSE)挑战。油气储运公司作为新疆油田公司下属的二级单位，承担着新疆油田四千公里长输管道的生产运行，是新疆油田油气生产的大动脉。为实现公司绿色低碳、智慧储运战略目标，通过构建智慧 HSE 防控体系，深入探索与实践提升长输管道的运行效率，降低环境风险，保障人员健康与安全。

关键词　碳中和；绿色发展；智慧储运；数字化；智能化

新疆油田作为新时期中国石油综合能源的主战场，承担了保障国家能源安全、绿色效益发展的重要使命，油气储运分公司承担疆油田公司长输管道运行任务。随着油气勘探开发的不断深入，油气管道安全生产需求与日俱增，油气储运公司点多、线长、面广带来的安全风险更加突出，安全监管人员数量不足、监督手段单一、监管能力有限，生产作业过程的安全监管全覆盖，对重大风险感知灵敏度低，重要环节难以实现全面管控，监管薄弱环节与盲点多。为落实新疆油田公司总体部署要求，在碳中和目标下，油气储运公司坚持把安全环保作为头等大事来抓，坚以持信息化赋能安全生产监督防控，着力推进先进监控技术应用，打造 HSE 智慧监督防控体系，为长输管道运行安全发展、绿色发展、高质量发展提供了有力支撑。实现了“生产现场智能化、监督管控可视化”，大幅提高了安全环保领域数字化能力，创新形成业务高度融合、信息高度集中、平台高效运行的安全管理模式，安全生产管理水平全面升级，现场风险管控能力显著提升。

在推进 HSE 智慧监督防控体系建设过程中，新疆油田油气储运公司合理继承、充分应用能满足目前长输管道智慧监督防控体系运行需求的成熟技术，滚动发展、持续改进，在现用油气管道、站场管理临近监控系统不断增加或完善功能、提升性能，避免不必要的重复研究、重复建设。通过梳理、分析、评价近年来技术发展历程中的大数据融合分析技术、视频智能分析技术、人脸识别等相关技术成果，因地制宜，探索适合自身特点的 HSE 智慧监督防控体系建设路径，为长输管道无人值守场站运行提供安全保障、为油气储运公司绿色发展、智慧储运战略目标及碳中和目标的实现打下坚实的基础。

1　基于智慧油储一体化管控平台，建成长输管道高后果区监控预警系统

根据国家安全监管总局等八部委联合印发《关于加强油气输送管道途经人员密集场所高后果区安全管理工作的通知》要求，油气管道有关企业及时准确掌握人员密集型高后果区状况、有效防控人员密集型高后果区安全风险。

为了解决高后果区管道安防管理上存在的以下问题：(1)无法做到全天监护；(2)工巡护工作量大，部分管段巡查困难；(3)巡线日志信息零散，难以追溯和审核，缺乏综合分析。搭建一套适应长输管道高后果区环境的监控预警系统以替代人工巡线，通过实时监控、智能分析与报警联动以保障管道的安全平稳运行。

高后果区监控预警系统自 2021 年开始建设，应用于乌鲁木齐及周边五地市的人员密集区、环境敏感地区(如水渠跨越，自然保护区等)，覆盖管线长度近二百公里，涉及监控点位合计百余处(图 1)。

图 1 系统应用分布

长输管道高后果区监控预警系统，采用神经网络检测识别算法，提高预警精准度，实现高后果区精准防控，通过管线矢量图与监控画面叠加生成预警边界，实现新疆油田长输管道高后果区全天候、无死角的直观监控，油气管线全覆盖监控和预警。采用深度学习的神经网络检测算法，建立 5 种类别 18 套模型，有效识别重型车停压管线和农田施工等第三方施工行为，通过精准预警避免发生管道危害事件(图 2~3)。

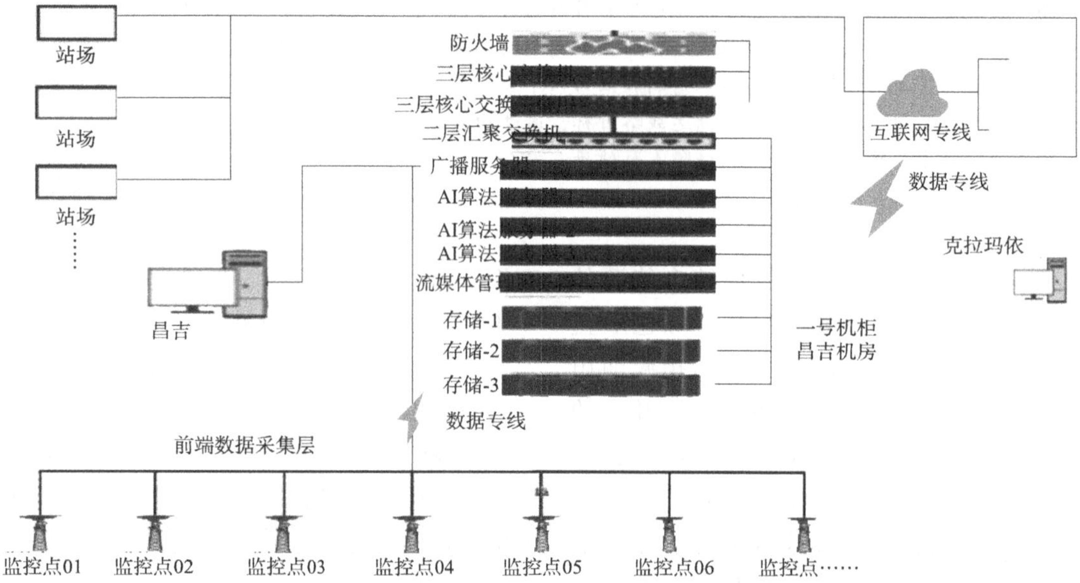

图 2 高后果区监控架构拓扑图

图 3

系统自投用以来，共识别管线风险预警 6994 次。其中可忽略预警 5085 次(系统深度学习后下次不再预警)；无风险预警 1273 次；确认风险预警 636 次，主要是各类工程车、重车停压管线行为，已经派警劝离。实现了公司高后果区管段风险事件的实时监控和精准预警。

长输管道高后果区管控是提升管道本质安全与防护能力的重点，是企业的社会责任。本项目对管道周边人口聚集区、环境敏感点实施 7 * 24 小时监控，实现了全覆盖监控和智能识别预警，巡护时效性提升到 100%，极大的提升了主动风险管控能力，将管道失效及失效影响面降低到最小，有效的保障了管道安全及高后果区人民生命财产安全，避免了重大环境污染等事故发生，体现了油气储运公司高度的社会责任感。它是油气储运公司长输管道 HSE 智慧防护体系的排头兵，是油气管道企业实现绿色发展、碳中和目标的有效手段之一。

2 基于新疆油田安眼工程的“生产现场智能化、监督管控可视化”的油气管道站场可扩展的开放式创新应用实践

油气储运公作为新疆油田公司下属唯一一家油气管道企业，在以建成国际一流的油气管道企业为目标的同时，作为油田生产的重要环节，是“智能油田”应用生态中不可缺少的部分，在推

进长输管道 HSE 智慧监督防控体系统建设过程中，充分利用新疆油田安眼工程(安全生产智慧眼可视化智能化识别工程)平台，实现油气管道站场可扩展的开放式创新应用。解决油气储运公司现有安全监管力量无法全面覆盖作业点并实施旁站监督，作业现场习惯性违章时有发生，环境污染事件、违章行为、风险隐患仍需人工识别和到场监督等问题，通过视频智能分析、大数据等技术，实现安全监督业务数字化监管、作业现场重点环节全过程远程监控、违章风险智能识别、主动预警，提高安全风险管控能力，降低现场安全事故发生几率，减少安全事件影响损失(图4)。

建立了安全环保风险、道路交通风险、重大危险源，人员违章的智能化风险监控及预警的管理机制(图5)。

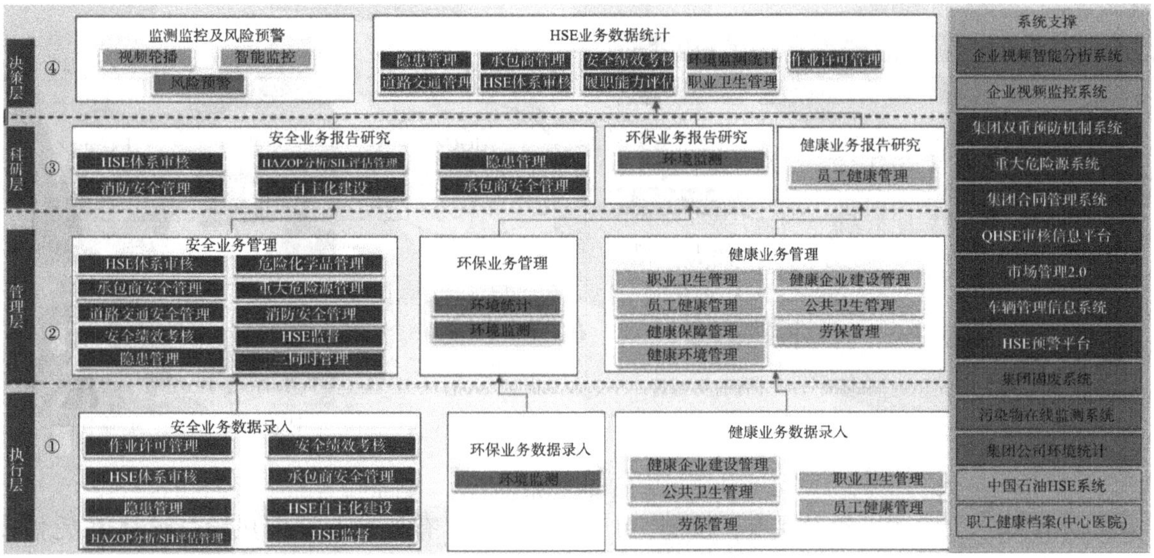

图4　平台总体架构

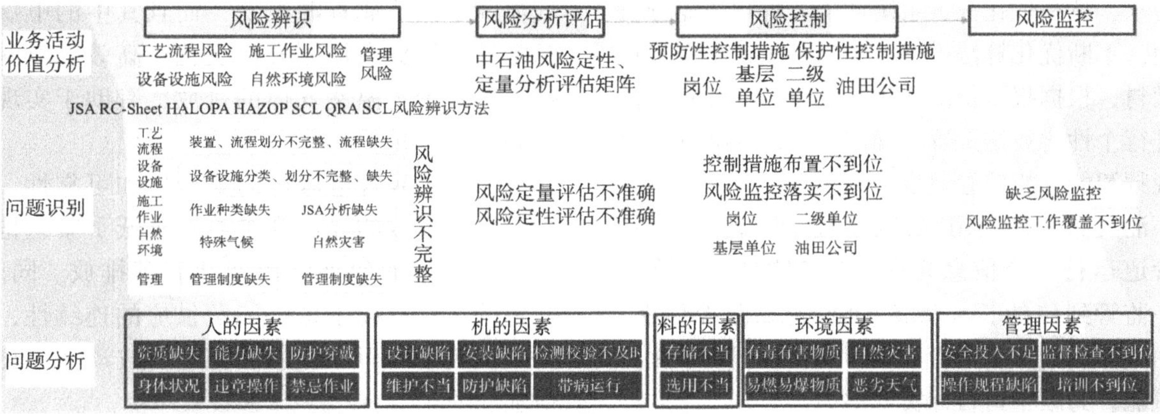

图5

引入了 CV 大模型等技术，建立生成式人工智能的技术支撑体系，不断丰富安眼工程算法库，加强油气管道安全生产的高风险场景智能识别(图6)。

油气储运“安眼工程”的“生产现场智能化、监督管控可视化”开放可扩展应用应用实践，极大提高了新疆油田长输管道本质安全水平、提高人员工作效率、提升管理模式、降低安全隐患、降低用工成本，全面实现“三提两降”。安全绩效考核方面，实现绩效考核指标，公司检查管控红线、重大隐患、各二级单位自查隐患的数据汇总展示，智能计算考核结果。危化品管理方面，实现危险化学品存储、重大危险源辨识与备案情况的信息汇总查询。重大危险源方面，提升油气储运公司长输管道运行应急响应能力。改变以往现场发生问题逐级上报，变为多层级实时监控，提高重大危险事件的响应和处置效率。承包商管理方面，实现油气储运公司对承包商 HSE 评级、入场前培训、入场前能力评估、承包商人脸识别、承包商作业过程监督检查等过程数据的汇总展示。QHSE 自主化建设管理方面，实现油气储运公司往年自主化建设申报情况、验收结果的数据汇总统计及查询展示。智能化提升方面：实现了油气管道公司场站的明火、明烟、原油泄漏的智能化检测的全覆盖。实现了应急突发事件、环保污染事件的发现初期的及时预警，降低事后应急处置的成本投入。视频智能分析方面：监管效率大幅提高，人工监管模式通过多人轮岗盯屏的方式进行违章巡检，人工轮巡所有监控需 2 小时，而视频分析系统能够每 10 秒钟针对所有监控画面进行分析并抓取违章行为。监管质量提高：由于人工巡检覆盖率低，只能看到当前所展示的监控画面，且人工判定违章能力参差不齐，造成部分管理疏漏。

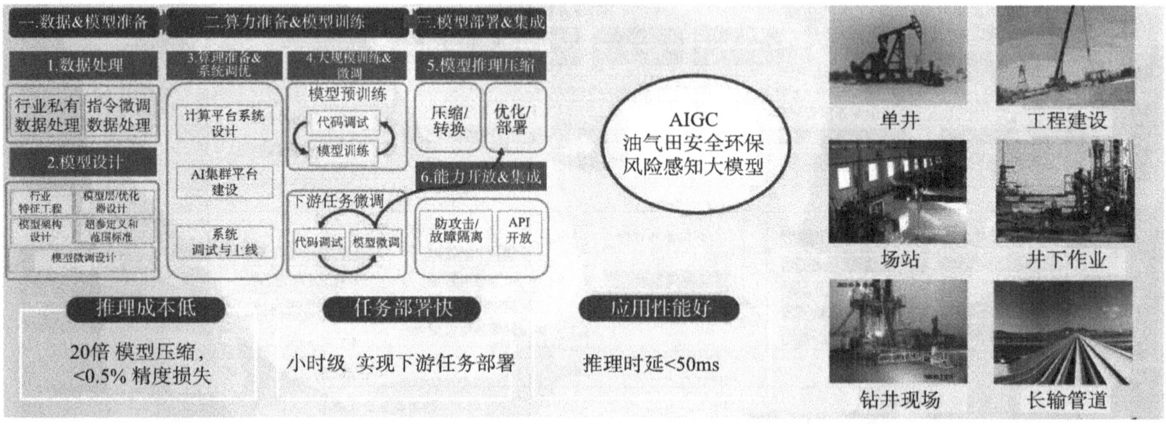

图 6

为贯彻落实“安眼工程”建设要求，按照“可视化、智能化、智慧化”迭代提升原则：智能化平台方面，根据油气储运公司运行反馈意见、实际需求，持续优化完善系统功能。视频智能分析方面，不断优化算法模型，大量收集正报误报算法素材，根据报警情况优化算法逻辑，针对摄像头进行个性化算法配置，确保算法识别准确，提升视频智能分析监管效率。

油气储运推利用“安眼工程”平台，实现长输管道运行安全信息共享、业务联动、风险受控、监管到位的长输管道 HSE 智慧防控体系，为油气储运公司长输管道运行安全管理数字化转型赋能，为碳中口目标实现助力。

油气储运公司长输管道 HSE 智慧防控体系应用实践对碳中和目标实现具有以下几方面的积极影响，主要体现在以下几个方面：

（1）有助于减少能源消耗。HSE 智慧防控体系通过对管道运行的实时监测和精准调控，优化了油气输送的工艺参数和流程，降低了能源损耗。智能管理管道站场生产设备的运行功率和频次，避免了过度能耗，从而间接减少了与能源生产相关的碳排放。

（2）有效控制泄漏风险。该体系凭借先进的监测技术，能够及时发现管道的泄漏点，迅速采取修复措施，避免了大量油气的泄漏。油气泄漏不仅造成资源浪费，而且其中的甲烷等温室气体排放会加剧气候变化。高效的泄漏防控显著减少了温室气体的排放，有助于实现碳中和目标。

（3）提升管道运行的安全性和可靠性。减少因事故导致的停产和维修，降低了紧急抢修等活动带来的额外能源消耗和碳排放。同时，稳定的运行有助于保障能源供应的连续性，避免因供应中断而产生的能源生产波动和碳排放增加。

HSE 智慧防控体系所产生的大数据为油气储运公司长输管道无人值守站场的生产运行决策提供了科学依据，可以据此制定出更合理的发展规划和减排策略。新疆油田将碳中和目标纳入企业发展的长期战略，有针对性地开展节能减排项目和技术研发，推动新疆油田所有生产单位向低碳、绿色的运营模式转型。

HSE 智慧防控体系在油气储运公司长输管道运行中的应用促进了新疆油田管网管理的精细

化和智能化。通过智能化的管理手段，提高了工作效率，减少了不必要的人力和物力投入，从而降低了油气管道运营的总体碳排放水平。HSE智慧防控体系在提高油气管道运行的能源利用效率、减少温室气体排放、保障安全稳定运行等方面发挥了重要作用，为实现碳中和目标提供了有力的支持和保障。

参考文献

[1] 段宏波《碳中和下我国油气发展路径研究》中国石油大学华东经济管理学院院刊，2022-10-28.
[2] 周彦希.《"双碳"目标下油气行业绿色低碳发展路径分析》. 中国碳排放交易网，2024-07-31.

新疆地区储能电站商业模式分析

韩　锋　程士坚　戴丽娅

（中国石油新疆油田分公司采油工艺研究院）

摘　要　储能因灵活的双向调节能力，是解决新型电力系统供需匹配和波动性问题的关键。尽管近年来储能技术飞速发展，但很多地区储能电站经济性较差仍是亟待解决的问题。本文主要介绍了新疆地区的储能补贴和分时电价等相关政策，阐述了储能的技术路线和应用场景，研究了新疆地区磷酸铁锂储能电站的应用场景在公共电网经营区域和内部电网区域下不同商业模式的经济性。结果说明了电源侧储能在公共电网经营区域和内部电网区域仅有火储联调的商业模式具备投资价值；电网侧储能在公共电网经营区域的单一商业模式（峰谷价差套利、调峰补偿、容量租赁）经济性较差，但峰谷价差套利与调峰补偿结合以及峰谷价差套利与容量租赁结合的混合商业模式具备投资价值。电网侧储能在内部电网区域需采用光伏弃电充电，且比例超过1/6才能具备投资价值；用户侧储能因为0.33元/kW·h的峰谷电价差，经济性较差。但部分工商业用户执行1.5倍代理购电电价，峰谷电价差可达到0.50元/kW·h，此时的用户侧储能电站具备投资价值。由此可见，选择合适的应用场景和商业模式对储能电站的效益至关重要，这对保证电力系统安全稳定运行和新能源大规模并网具有重要意义。

关键词　储能；商业模式；经济性；内部收益率

为达成“双碳”目标，我国可再生能源装机迅速增长，截至2023年底，已超过14.5亿千瓦，占电力总装机的50%以上，但可再生能源发电的随机性和波动性给电力系统的安全稳定带来巨大的挑战。放眼全球，因电力系统灵活性不足而引发电网事故的案例频发，比如2019年8月的英国电网大停电事故、2021年2月的美国得州停电事件、2020年底乌兰察布的中国式电荒以及2021年9月东北三省拉闸限电等。

大部分可再生能源发电机组缺乏转动惯量，无法像同步电机那样参与电网调频。当风电光伏发电量占比10%时，最大发电功率会超过瞬时负荷的一半，以煤电为主的电力系统消纳较为困难。储能是解决新型电力系统供需匹配和波动性问题的关键，其灵活的双向调节能力不仅可以对电网负荷削峰填谷，提高设备利用率，还可以对随机性和波动性的新能源发电出力平滑控制，确保电网安全，延缓电网升级改造，超30个地区（省、自治区、直辖市）发布文件强制要求新建风光发电项目配储。

影响储能发展的主要因素是经济性，峰谷价差较大的地区储能电站已具备大规模建设的条件。如浙江省，在现有政策下，日充放电两次，等效峰谷价差达到0.4625元/kW·h，用户侧储能电站就可以产生效益；湖南的储能电站项目所得时候全投资内部收益率也已经达到7.77%，具备投资价值。储能电站的经济评价有多种方式，向育鹏等人研究储能系统经济性时，分别考虑了固定投资成本和运行维护成本；何颖源等人则是分别考虑了度电成本和里程成本，但未考虑资金的时间价值；李娜等人通过建立平准化成本（LCOE）模型，分析了梯次利用电池储能系统的经济性；潘福荣等人通过投资回收期、净现值（NPV）、内部收益率（IRR）三个指标分析储能系统的经济效益，这与央企集团公司投资项目的评价维度高度一致。

新疆作为我国重要的能源生产基地，风能资源储量、太阳能年辐射总量均居全国前列，截至2023年底，新疆新能源装机容量达到6446万千瓦。为提高新能源消纳比例，2023年新疆发改委发布多条政策扶持储能电站建设，如图1所示。但新疆地区的峰谷电价差仅为0.33元/kW·h，而调峰辅助补偿调用次数较低，导致新疆地区独立储能电站效益较差。因此，选择合适的商业模式成为新疆地区独立储能电站效益开发亟待解决的问题。

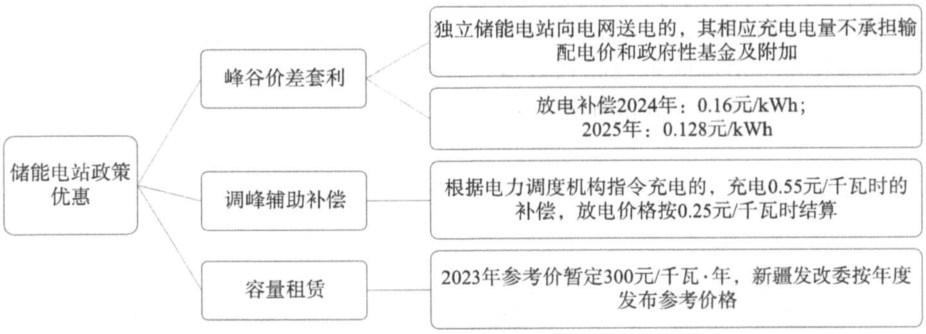

图 1　新疆独立储能电站优惠政策

1　技术路线

根据技术原理，储能主要分为物理储能、电气储能、电化学储能、热储能和化学储能五大类。不同储能技术各有特点，比如功率型储能的代表飞轮储能具有比功率大、自放电高的特点，适用于电力系统的一次调频。能量型储能的代表电化学储能具有比能量大、储存时间长的优点，一般用于电力系统的二次调频(图 2)。

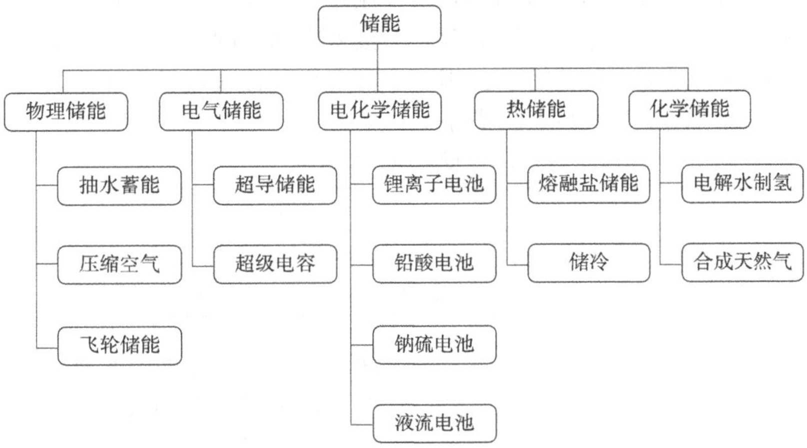

图 2　储能技术路径

相较于其他类型的储能技术，锂离子电池具有响应速度快、容量大、污染小、寿命长等优点，可广泛应用于风电光伏等新能源电源侧配储和及其它储能，是近年来发展最快的储能技术之一。截至 2022 年底，中国累计投运的电化学储能项目中锂离子电池占比为 89.5%，其中磷酸铁锂电池占比 88.7%。因此，下文以磷酸铁锂储能系统为例评价各商业模式储能电站的经济性(图 3)。

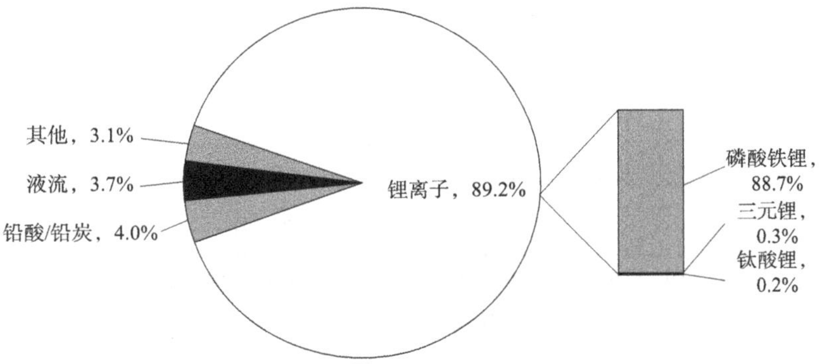

图 3　截至 2022 年底中国电化学储能电池类型累计占比

储能的应用场景分为电源侧、电网侧和用户侧。其中，电源侧主要起到匹配电力生产和消纳、减轻电网压力等作用；电网侧可以起到减少或延缓电网设备投资、缓解电网阻塞的作用，还能为电力系统提供调峰调频等辅助服务；用户侧则可以帮助用户实现削峰填谷和光伏自发自用，减少电费(图 4)。

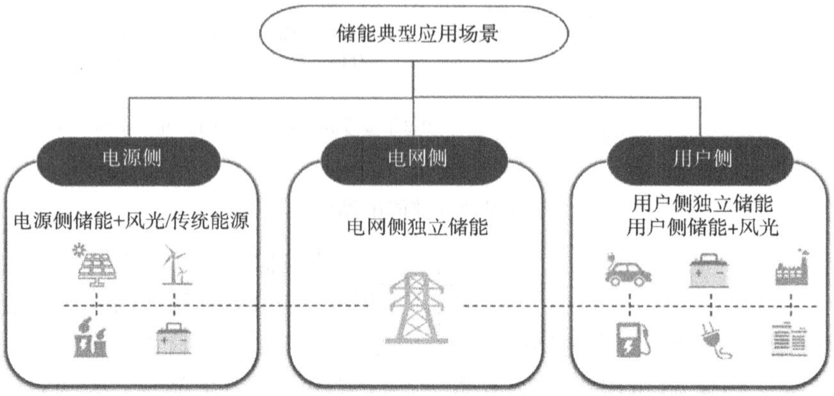

图 4　储能典型应用场景

新疆地区部分企业的电网不属于公共电网，比如兵团电网、油田电网等。这类电网在用电低谷时段通过自备电厂可以满足电力负荷需求，用电高峰时段则需要从公共电网下载电量。这类企业建设的储能电站既可以接入公共电网，也可以接入内部电网。根据不同的应用场景，储能电站可选择的接入点见表 1。

表 1　储能电站接入点

应用场景	电源侧	电网侧	用户侧
公共电网	火储联调	接入 110KV 变电站	低压侧并网
内部电网	接入自备电厂	接入光伏电站集中区域的变电站	低压侧并网

2　基本参数

2.1　储能时长

2023 年 9 月新疆发改委发布《自治区发展改革委关于进一步完善分时电价有关事宜的通知》，新疆峰平谷时段分别为 8h，并设置尖峰、深谷时段，具体如图 5 所示。其中，高峰、低谷电价在平段电价基础上下浮动 75%，深谷时段电价在平段电价基础下浮 90%，尖峰时段电价在平段电价基础上浮 100%。由于新疆的电价高峰时段为"3h+5h"，因此，储能电站时长选择 3h 效益较好。

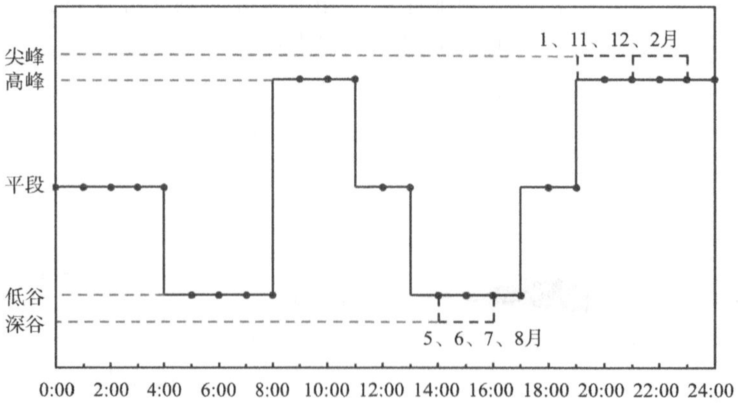

图 5　新疆分时电价峰平谷时段

2.2　充放电价格

储能电站经济评价采用的电价是电网代购电价格，2023 年 11 月国网新疆代理购电工商业用户电价(两部制−110kV)如表 2 所示，由于深谷时段在5、6、7、8月份，因此11月份的深谷电价是根据尖峰电价和平段电价推算得出。后续使用的充放电价格考虑尖峰和深谷，加权后得到平均充电成本和放电价格。

表2 2023年11月国网新疆代理购电工商业用户电价（两部制-110kV） 元/kW·h

用电类别	购电电价	线损费	输配电价	系统运行费	政府基金及附加	单价
尖峰	0.494386	0.017544	0.0815	0.002073	0.0041	0.599603
高峰	0.420390	0.017544	0.0815	0.002073	0.0041	0.525607
平段	0.231492	0.017544	0.0815	0.002073	0.0041	0.336709
低谷	0.102785	0.017544	0.0815	0.002073	0.0041	0.208002
深谷	0.029304	0.017544	0.0815	0.002073	0.0041	0.134521

2.3 电站参数

储能电站经济评价时以系统成本较低的磷酸铁锂储能系统为例，基本参数如表3所示，主要包括系统功率、储能时长、系统容量、EPC成本、换电芯费用、循环寿命、放电深度、放电效率和充电效率等。

表3 储能系统基本参数

序号	基本参数	数值	序号	基本参数	数值
1	系统功率/MW	100	6	循环寿命/次	6000
2	储能时长/h	3	7	放电深度	90%
3	系统容量/MW·h	300	8	充电效率	92%
4	EPC成本/(元/Wh)	1.3	9	放电效率	92%
5	换电芯费用/(元/Wh)	6000	10	容量衰减率	2%

3 商业模式分析

下文计算的内部收益率均为所得税后全投资内部收益率，根据《公共基础设施项目企业所得税优惠目录》规定，从事新能源发电项目的投资经营所得，自项目取得第一笔生产经营收入所属纳税年度起，第一年至第三年免征企业所得税，第四年至第六年减半征收企业所得税。此外，所得税后全投资内部收益率6%是央企能够接受的新能源投资项目的临界点。因此，在本文的测算中内部收益率大于6%被认为具备投资价值。

3.1 电源侧储能

（1）公共电网经营区域

公共电网经营区域的电源侧储能主要包括火储联调和新能源配储。其中，火储联调不仅可以提高机组的AGC调频能力，还可以避免机组因新能源发电的波动频繁进入深度调峰的工作状态，增加机组使用寿命，提高经济效益。近年来，我国火储联调项目蓬勃发展，据估计，火电调频配套的储能装机容量可达700~1000MW·h。根据在南方电网应用的火储联调试点项目（储能容量4.5~15MW·h，储能时长30min），3年内可收回成本，具备投资价值。但是，根据国外的经验，调频市场有容量有限。随着市场规模逐渐饱和，火储调频项目收益会下降，甚至出现亏损。因此，电力企业建设火储联调项目时需根据当前政策和条件充分论证可行性。

新能源配置储能具有平抑输出功率波动、提升消纳量和降低发电量计划偏差等作用，有利于减少国家电网对发电企业的考核。目前新能源配储主要由政策驱动，全国超30个地区（省、自治区、直辖市）要求新建风光发电项目配储，配储比例10%~25%、时长2~4h。但是由于新能源项目电价较低和配储利用率较低等原因，新能源配储无法收回成本。

（2）内部电网区域

内部电网区域的电源侧储能主要作用是减少电费，电价低谷时段电厂出力保持不变，储能电站通过电厂充电，总出力降低，内部电网从公共电网下载电量增加。电价高峰时段，电厂出力不变，储能电站放电，总出力上升，内部电网从公共电网下载电量减少。由于储能电站充电的电量直接来源于电厂，因此上网环节线损、输配电价、系统运行费、政府基金及附加可不计入充放电价格。

内部电网区域的储能电站调度次数较高，年运行天数按330天计算，日充放电两次，经济评价如表4所示。计算可得全投资内部收益率仅为2.98%，只有年充放电次数上升到694次时，内部收益率才能达到6%，暂不具备投资价值。

表4　内部电网区域的电源侧储能电站经济评价

充电成本/(元/kW·h)	放电价格/(元/kW·h)	内部收益率	内部收益率达到6%的年充放电次数
0.094620	0.428612	2.98%	694次

3.2　电网侧储能

（1）公共电网经营区域

公共电网经营区域的电网侧储能可以通过峰谷差套利、调峰辅助补偿及容量租赁的形式获取收益。储能电站年运行天数按300天计算，日充放电两次，不承担输配电价和政府性基金及附加。

储能电站的经济评价结果如表5所示，若要求内部收益率达到6%，峰谷价差套利的充放电次数必须达到776次，调峰辅助补偿的调度次数必须达到243次，容量租赁的单价必须达到588元/kW/年。根据《自治区发展改革委关于建立健全支持新型储能健康有序发展配套政策的通知》，南疆四地州投运独立储能项目原则上全年调用完全充放电次数不低于100次，储能电站容量租赁参考价为300元/kW/年。目前条件下，公共电网经营区域单一商业模式的电网侧储能电站内部收益率难以达到6%，暂不具备投资价值。

表5　公共电网经营区域的电网侧储能电站经济评价

商业模式	充电成本/(元/kW·h)	放电价格/(元/kW·h)	内部收益率达到6%的条件
峰谷价差套利	0.114237	0.448229	年充放电776次
调峰辅助补偿	-0.55	0.25	年调度243次
容量租赁	—	—	单价588元/kW/年

因此，考虑将不同商业模式组合测算效益。根据《自治区发展改革委关于建立健全支持新型储能健康有序发展配套政策的通知》，支持独立储能项目通过出售、租赁调峰容量等共享服务回收建设成本并获取合理收益，对应容量不再享受容量电价补偿，即容量租赁的部分不可用于调峰补偿。因此，本文分别考虑峰谷价差套利和调峰辅助补偿混合商业模式以及峰谷价差套利和容量租赁混合商业模式。当调峰辅助补偿按照电力调度机构全年调用完全充放电100次，峰谷价差套利全年充放电500次时，峰谷价差套利和调峰辅助补偿混合商业模式的内部收益率为8.19%。如果仅要求内部收益率达到6%，则调峰辅助补偿全年调用完全充放电次数至少为60次，峰谷价差套利全年充放电540次。当峰谷峰谷价差套利全年充放电600次，储能电站全容量租赁时（容量租赁价格300元/kW/年），峰谷价差套利和容量租赁混合商业模式的内部收益率为12.67%。如果仅要求全投资内部收益率达到6%，在储能电站全容量租赁的条件下，峰谷价差套利全年充放电次数至少需要达到320次，这意味着两种混合商业模式均具备投资价值。

（2）内部电网区域

内部电网区域的电网侧储能可以接入光伏电站集中区域的变电站，起到消纳光伏弃电作用，此时储能电站消纳光伏弃电的充电成本视为0。光伏大发时段，储能电站利用光伏电站充电，上网环节线损、输配电价、系统运行费、政府基金及附加可不计入充放电价格。夜晚低谷时段，储能电站利用电厂充电。年均运行天数按330天计算，日充放电两次，消纳不同比例光伏弃电的电网侧储能项目经济分析如表6所示。当储能电站不利用光伏充电时，内部收益率为0.96%；当白天时段利用光伏电站充电，光伏弃电充电占比为0时，内部收益率为3.97%；光伏弃电充电占比为1/12时，内部收益率为4.59%；光伏弃电充电占比为1/6时，内部收益率为5.20%；光伏弃电充电占比为1/3时，内部收益率为6.17%；光伏弃电充电占比为1/2时，内部收益率为7.50%。

表6　内部电网区域消纳不同比例光伏弃电的电网侧储能电站经济评价

光伏弃电比例	充电成本/(元/kW·h)	光伏充电比例	成本/(元/kW·h)	电厂充电比例	成本/(元/kW·h)	充电成本/(元/kW·h)	放电价格/(元/kW·h)	内部收益率
0	0	0	0.094620	1	0.199837	0.199837	0.533829	0.96%
0	0	1/2	0.094620	1/2	0.199837	0.147229	0.509997	3.97%
1/12	0	5/12	0.094620	1/2	0.199837	0.139344	0.509997	4.59%
1/6	0	1/3	0.094620	1/2	0.199837	0.131459	0.509997	5.20%
1/3	0	1/6	0.094620	1/2	0.199837	0.115689	0.509997	6.17%
1/2	0	0	0.094620	1/2	0.199837	0.099919	0.509997	7.50%

由于光伏弃电集中在5、6、7、8月份的白天时段，因此每日两充两放的储能电站每年弃电消纳量占总充电量的1/6较为合适，计算可得100MW/300MW·h的储能电站可消纳光伏弃电量约3300万kW·h。储能电站消纳光伏弃电测算如表7所示，100MW/300MW·h的储能电站可以满足60万kW的光伏电站弃电消纳需求。若储能电站的弃电消纳率上升到90%，则可以满足50万kW的光伏电站弃电消纳需求，这与大多数省份要求光伏电站配储15%~20%/2h~4h不谋而和。

表7　储能电站消纳光伏弃电测算

弃电率	弃电消纳率	等效小时数	不同光伏装机储能电站消纳弃电量/(万kW·h)			
			22万kW	40万kW	60万kW	80万kW
5%	80%	1400h	1232	2240	3360	4480

理论上当新建光伏电站足够多时，白天时段储能电站充电量都来源于光伏弃电，光伏弃电充电比例可达1/2。此外，由于光伏弃电不仅存在于5、6、7、8月份，且弃电率和储能弃电消纳率可能远高于5%和80%。因此，实际上60万kW的光伏电站配备100MW/300MW·h的储能电站时，光伏弃电充电占比可以略高于1/6，此时的全投资内部收益率应大于5.20%。最后，值得指出的是，储能电站消纳光伏弃电可以降低光伏电站的弃电考核率，这部分的收益并未计入经济评价。所以在实际的储能项目中，内部电网区域的电网侧储能采用合适的商业模式，内部收益率可达6%，具有投资价值。

3.3　用户侧储能

用户侧储能在国网经营区域和内部电网区域的商业模式几乎一致，主要帮助用户实现削峰填谷，减少电费，相当于电网侧储能的峰谷价差套利。储能电站年运行天数按330天计算，日充放电两次。由于用户侧储能不向电网送电，其相应充电电量需要承担输配电价和政府性基金及附加。

用户侧储能电站的经济评价结果如表8所示，由于新疆地区的峰谷电价差为0.33元/kW·h，年充放电次数660次时内部收益率仅为0.96%，不具备投资价值。若要求内部收益率达到6%时年充放电必须达到835次，高于峰谷价差套利模式的776次。这是因为储能电站的综合效率只有85%，尽管用户侧储能和电源侧储能的充放电价差相同，但是充电成本越高，损耗的15%电量成本就越高，对应的内部收益率会降低。此外，考虑到部分工商业用户执行1.5倍电价，此时峰谷电价差可达0.50元/kW·h，年充放电运行次数660次时的内部收益率可达9.91%。若年充放电次数下降到557次时，内部收益率仍能达到6%，具备投资价值。

表 8　用户侧储能电站经济评价

充电成本/(元/kW·h)	放电价格/(元/kW·h)	全投资内部收益率	内部收益率达到 6%的年充电次数
0.199837	0.533829	0.96%	835 次
0.299756	0.800744	9.91%	557 次

4　总结

本文研究了不同商业模式下储能电站的经济性，得到了以下结论：

（1）公共电网经营区域的火储联调项目具备投资价值，但是调频市场是容量有限，随着市场规模逐渐饱和，火储调频项目收益会下降。因此，电力企业建设火储联调项目时需根据当前政策和条件充分论证可行性。新能源配储项目由于项目电价较低和配储利用率较低等原因，导致效益较差，甚至无法收回成本。内部电网区域的电源侧储能的内部收益率仅为 2.98%，当年充放电次数上升到 694 次时，内部收益率才能达到 6%，不具备投资价值。

（2）公共电网经营区域的电网侧储能三种单一商业模式的内部收益率难以达到 6%。峰谷价差套利和调峰辅助补偿混合商业模式的内部收益率可达 8.19%，峰谷价差套利和容量租赁混合商业模式的内部收益率为 12.67%，两种混合商业模式均具备投资价值。内部电网区域的电网侧储能不利用光伏电站充电的内部收益率仅为 0.96%，只有白天时段利用光伏电站充电，且光伏弃电充电占比为 1/6 时，内部收益率可达 5.20%。若光伏弃电充电占比略微上升，则内部收益率将进一步升高。若再考虑到降低光伏电站弃电考核率的收益，则此商业模式的储能电站将具备投资价值。

（3）由于新疆地区的峰谷电价差为 0.33 元/kW·h，用户侧储能的内部收益率仅为 0.96%，不具备投资价值。但是当工商业用户执行 1.5 倍电价时，峰谷电价差可达 0.50 元/kW·h，储能电站的全投资内部收益率可达 9.91%。并且若年充放电次数下降到 557 次时，内部收益率仍能达到 6%，具备投资价值。

综上所述，选择合适的商业模式对储能电站的效益至关重要。未来，随着储能成本的进一步下降，储能电站经济性将会继续增加，这对保证电力系统安全稳定运行和新能源大规模并网具有重要意义。

参 考 文 献

[1] SINSEL S R, RIEMKE R L, HOFFMANN V H. Challenges and solution technologies for the integration of variable renewable energy sources—a review[J]. Renewable Energy, 2020, 145: 2271-2285.

[2] 樊陈，姚建国，张琦兵，等．英国"8·9"大停电事故振荡事件分析及思考[J]．电力工程技术，2020，39(4)：34-41.

[3] 寇岩，刘宇明，郭亮．美国得州'2.15 停电'事件分析及对山东电力市场的启示[J]．山东电力技术，2021，48(11)：15-28.

[4] 和萍，宫智杰，靳浩然，等．高比例可再生能源电力系统调峰问题综述[J]．电力建设，2022，43(11)：108-121.

[5] GONG T, YE L, SHI Y, et al. Review on Economic Evaluation of Electrochemical Energy Storage Participating in Grid Frequency Modulation[C]. 2021 4th International Conference on Energy, Electrical and Power Engineering (CEEPE), Chongqing, China, 2021, 875-879.

[6] 林伯强．解决"弃风弃光"问题刻不容缓[EB/OL]．(2017-02)[2023-11-08]. https://www.cs.com.cn/xwzx/hg/201702/t20170215_5177966.html.

[7] WANG S, LI F, ZHANG G, et al. Analysis of energy storage demand for peak shaving and frequency regulation of power systems with high penetration of renewable energy[J]. Energy, 2023, 267: 126586.

[8] SUN Y, ZHAO Z, YANG M, et al. Overview of energy storage in renewable energy power fluctuation mitigation[J]. CSEE Journal of Power and Energy Systems, 2020, 6(1): 160-173.

[9] 张中丹，皮霞，杨德州，等．电池储能电站替代变电站升级的优化决策配置方法[J]．电力建设，2023，44(7)：41-49.

[10] 李相俊，马会萌，姜倩．新能源侧储能配置技术研究综述[J]．中国电力，2022，55(1)：13-25.

[11] 裴善鹏，朱春萍．高可再生能源比例下的山东电力系统储能需求分析及省级政策研究[J]．热力发电，2020，49(8)：29-35.

[12] 李梦露，德格吉日夫．电力现货市场下储能系统经济效益研究[J]．分布式能源，2023，8(1)：11-18.

[13] 陈思培，谢宇哲．浙江省用户侧电化学储能经济效益分析[J]．电力需求侧管理，2022，24(4)：105-110.

[14] 封开，林佳荔，李绘，等．独立储能电站在湖南的商业投资价值分析[J]．储能科学与技术，2022，11(12)：4077-4083.

[15] Life Cycle Cost Based Optimal Configuration of Battery Energy Storage System in Distribution Network [J]. Power System Technology，2015，39(1)：264-270.

[16] 何颖源，陈永翀，刘勇，等．储能的度电成本和里程成本分析[J]．电工电能新技术，2019，38(9)：1-10.

[17] 李娜，刘喜梅，白恺，等．梯次利用电池储能电站经济性评估方法研究[J]．可再生能源，2017，35(6)：926-932.

[18] 潘福荣，张建赟，周子旺，等．用户侧电池储能系统的成本效益及投资风险分析[J]．浙江电力，2019，38(5)：43-49.

[19] 金晓剑．央企集团公司多维动态门径投资决策研究[D]．北京：北京邮电大学，2024.

[20] 新疆维吾尔自治区发展改革委．自治区发展改革委关于建立健全支持新型储能健康有序发展配套政策的通知[EB/OL]．(2023-05)[2023-11-08].

[21] 段胜男，马能亮，陈香玉，等．基于光热的熔盐储热技术现状及发展趋势[J]．新疆石油天然气，2024，20(02)：87-94.

[22] 荣少杰，陈浦，王怀波，等．压差发电技术在天然气浅冷处理中的应用探讨[J]．新疆石油天然气，2023，19(02)：88-94.

[23] 刘海山，徐宪龙，魏书洲，等．基于提升华北电网考核指标的飞轮储能参与调频划分电量控制策略[J]．储能科学与技术，2023，12(4)：1176-1184.

[24] 严干贵，刘莹，段双明，等．电池储能单元群参与电力系统二次调频的功率分配策略[J]．电力系统自动化，2020，44(14)：26-34.

[25] 中关村储能产业技术联盟．储能产业研究白皮书2023(摘要版)[R/OL]．[2023-04-12].

[26] 高春辉，肖冰，尹宏学，等．新能源背景下储能参与火电调峰及配置方式综述[J]．热力发电，2019，48(10)，38-43.

[27] 张金梦，杨晓冉．火储联调蓬勃发展[N]．中国能源报，2020-4-18(11).

[28] 谢惠藩，王超，刘湃泓，等．南方电网储能联合火电调频技术应用[J]．电力系统自动化，2021，45(4)：172-179.

[29] 韩逸飞．“火储联合调频”经济性短板凸显[N]．中国能源报，2020-08-31(03)．[EB/OL]．[2023-11-21]．https://paper.people.com.cn/zgnyb/html/2020-08/31/content_2006666.htm.

[30] 鲁跃峰，郭祚刚，谷裕，等．国内外新型储能相关政策及商业模式分析[J]．储能科学与技术，2023，12(9)：3019-3032.

油气田企业转型发展过程碳资产开发评估模型研究

李　蓉　魏旭梦　汪　洋　王　薇　杜晓娟　徐丽萍　王志强

（中国石油新疆油田公司采油工艺研究院）

摘　要　在全球低碳转型的大背景下，碳资产开发逐渐成为减排项目业主创造环境与经济价值的有效途径。随着国家核证自愿减排量（Chinese Certified Emission Reduction，CCER）的重启，引起了国内外对碳资产的重视。但减排项目能否开发成为碳资产，受到其减排量、经济效益、技术手段影响，并非所有项目都适合开发成碳资产。为助力油田企业开展高效、准确地筛选适合开发成碳资产的减排项目，本文研究了国内外9类开发机制，上百种方法学，匹配油气田企业转型发展中实施的减排技术，筛选出UER、VCS、GCC、CCER，4类其可选择的碳资产开发机制，涵盖半生期回收、光热利用、余压利用、生物质掺烧、可再生能源发电等减排技术。并使用德尔菲法建立了一套针对不同机制下减排项目的碳资产开发评估模型，旨在分析影响碳资产能否成功开发的多重因素及不同因素的重要性占比，以便为判断某一项目是否可以开发成碳资产提供指导，提高对潜在待开发减排项目甄别的准确性，实现成本–效益最优的减排投资。结果显示该评估模型可以对减排项目进行全面、准确评估，得出减排项目适宜的开发机制及方法学，为油气田企业转型发展提供了新资产、新收益，有效支撑减排技术的规模化推广。

关键词　碳资产开发；减排技术；开发机制；评估模型

碳资产的概念源于碳减排政策和碳交易机制，是一种以二氧化碳当量来计量的资产，主要包括碳配额资产和经核证的温室气体减排量资产两种。碳配额资产为碳交易体系下，政府分配给企业的配额；而核证减排量为企业节能技改项目产生的减排量，经自愿减排机制认可并获得其签发的、可在市场上交易或转让的碳减排信用。下述所指碳资产是核证减排量资产，重点研究减排项目业主如何通过碳资产开发获得碳减排信用。

在形式多元的减排方案中，碳交易作为一种市场化机制，通过将二氧化碳等温室气体的排放权进行交易，既能将减排责任落实到企业，又提供了相应的经济激励机制，降低了全社会的减排成本。从国际和国内碳市场看，全球运行的碳市场覆盖地区逐年增加，所覆盖地区的GDP占全球GDP的37%，涵盖的二氧化碳年排放量约占全球总排放量的17%。我国碳市场建设也稳步推进，根据中国碳市场回顾与展望，全国碳市场的配额总量在“十四五”期间将从发电行业的45亿吨，将行业扩容至全部八大重点能耗行业的70亿吨，将覆盖我国二氧化碳排放总量的60%。从国际自愿减排市场来看，预计到2030年自愿减排市场每年将提供26亿吨的碳交易额度，是2021年的13倍。中国核证自愿减排量交易已于2023年重启，更多项目有望开发成为碳资产参与自愿减排交易。

受双碳政策影响，传统油气田企业正面临着转型发展与经济收益之间严重冲突的困境。众多项目虽减排效果极好，但受限于经济收益不达标，无法全面推广。碳资产开发所得收益有助于弥补减排项目的建设与碳资产开发成本，但在实际开发中若决策不当则会徒劳无功。碳资产开发的主要难点在于并非所有减排项目都适合开发成碳资产，影响碳资产能否成功开发的因素多元，且对不同影响因素的判断与鉴别需要一定的专业知识。构建一套碳资产开发项目评估模型有助于系统性筛选适合开发成碳资产的项目，提高碳资产开发效率，降低因判断失误而造成的开发失败风险与资源浪费。在此背景下，如何把握碳市场的发展机遇，将油气田减排项目开发成碳资产，从而在低碳减排的同时获得经济收益，支撑清洁能源供给技术快速发展成为必须要思考的问题。

本文对全球自愿减排机制进行了研究，分析各个减排机制接收的减排技术及对应的方法学，结合油气田企业需求，明确4类可用的机制和涵盖的技术。再根据机制要求，确定了2类共11个评价指标，使用德尔菲法，确定了指标权重，构建了碳资产评估计算模型。该模型将复杂的判断方法融入数学计算中，可快速筛选减排项目是否适宜开发成碳资产，并优选最佳的减排机制，极大的支撑了油气田碳资产开发工作。

1　碳资产开发影响因素分析

目前自愿减排市场主要由三种机制构成：(1)国际碳减排机制，如清洁发展机制(Clean Development Mechanism，以下简称 CDM)；(2)国内自愿减排机制，如中国国家核证自愿减排量(China Certified Emission Reduction)，德国上游减排(Upstream Emission Reduction)；(3)第三方独立自愿减排机制，如核证碳标准(Verified Carbon Standard)、黄金标准(Gold Standard)、全球碳委员会(Global Carbon Council)等。这些机制对碳资产开发存在着共性和特性要求。

首先在共性要求方面，各机制都提出了减排项目数据必须真实、可追溯、全程透明等要求，具体有以下 10 点：

(1) 项目数据真实性：项目产生的减排量数据需要是真实可靠的，即确保项目所有相关基础数据准确无误，且核算过程需要符合国际公认标准。

(2) 项目数据可追溯性：减排项目数据应当是可追溯的，并且应符合严苛的环境标准。同时，项目减排量需要经过独立的第三方核证。

(3) 项目信息透明性：项目业主对于项目基本信息及减排量数据的披露应保持高度的透明性。

(4) 自愿性：减排项目需要是其业主自愿进行，而非在未受到法律法规等强制要求的情况下开展的，即项目不应是为了履行义务而开展的。

(5) 环境溢价唯一性：自愿减排项目产生的减排量是存在自身环境溢价的，因此不能被国家或地方政府用来履行其减排义务。

(6) 额外性：减排项目相较于基准线情景，具有额外的减排效果，即项目的温室气体排放量低于基准线排放量。

(7) 可持续性：减排项目需要有助于实现经济、生态与环境方面的可持续发展，即可以推动实现一个或多个联合国可持续发展目标。

(8) 避免重复计算：通过减排项目产生的每一单位的二氧化碳当量只能申请转化为一个碳减排信用，不可出现减排量重复认定或重复计算的情形。

(9) 项目资料完整性：提交完整的项目资料，包括已经得到官方批复的项目可研报告与环评报告。

(10) 额外性：减排项目是否具备额外性是决定其能否成功申请碳资产的核心要素。所有减排机制都要求项目产生的减排量相对于基准线情景是额外的，即该项目在没有碳资产的支持下，存在诸如财务、技术、人才等方面的竞争劣势或障碍因素，因而该项目的减排量在未申请碳资产的条件下就难以产生。《京都议定书》中引入的 CDM 机制提供了额外性判定工具，对额外性方面的指标选取提出了相关要求(图 1)。

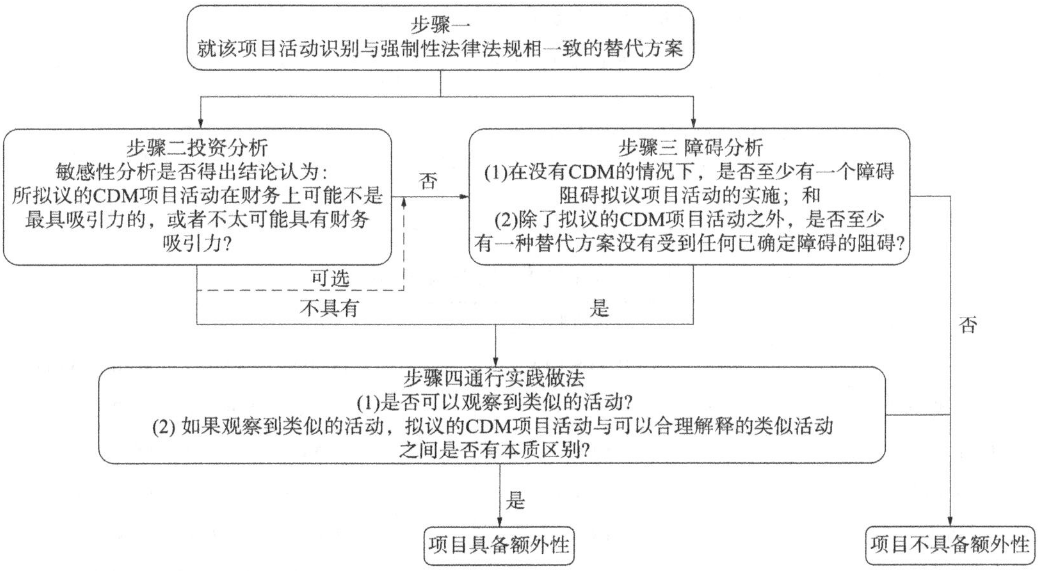

图 1　额外性论证方法

在特性要求方面，各机制都有所不同，主要有以下3点：

1）项目开工时间：某些减排机制对于项目的开工时间有明确的要求，例如CCER要求申请登记的温室气体自愿减排项目应当自温室气体自愿减排交易机制实施（2012年11月8日）之后开工建设；UER要求项目的开工时间需要在向德国联邦环境署提交项目注册申请表之后。

2）项目申请流程：不同减排机制在项目申请流程步骤、需要对接的外部机构数量、接受的审定/核查机构数量、全流程申请周期耗时以及提交材料的语言等方面有所差异。

3）注册及签发费用：不同减排机制在账户注册与维护、项目注册、减排量签发等阶段拥有不同的收费标准。

根据上述梳理的各减排机制的共性与个性要求以及项目额外性论证方法，综合考虑各影响因素，通过碳资产行业专家分析，确定了碳资产评估指标体系（表1），建立了减排项目与减排技术的对应关系（表2）

表1　碳资产评估指标

序号	指标名称	指标含义	缩写符号	选取理由
1	监测难度	项目运行中减排量监测的难度	MD	该指标影响着监测的可行性，进而影响减排量数据的真实性
2	法律法规要求	该类型项目是否为根据某一国家/地区的法规要求所必须开展的	LR	该指标可衡量项目是否具有自愿性
3	额外性	项目的减排量相较于基准线情景是否是额外的	AD	该指标是所有减排机制的共性要求
4	唯一性	项目减排量应用的环境权益是否是唯一的，即减排量是否存在重复计算	PU	该指标是所有减排机制的共性要求
5	机制申请难度	项目在向减排机制申请注册与减排量签发时的难度	AC	该指标有助于判断同一个项目申请哪种减排机制最有利
6	项目复杂度	项目涉及的减排技术类型（即减排方法学）的数量	PC	该指标有助于判断项目申请过程中的难度，以及是否有必要进行分拆申请
7	资料完备程度	项目申请时所需提交的相关文件是否齐备	MC	该指标是所有减排机制的共性要求
8	碳资产开发成本及收益	项目在申请时所需的成本以及最终可获得的碳资产收益	CB	该指标有助于项目开发者决策开发碳资产是否在经济上有吸引力
9	项目其他影响	项目可能产生的其他社会、环境、经济影响，包括正面效益与负面危害	OI	该指标可衡量项目是否具有可持续性
10	项目开工或投运时间	项目开工/投运时间是否满足所申请的国内外减排机制的要求	CT	该指标可衡量项目是否满足某些特定减排机制对于开工或投运时间的要求
11	通行实践做法	该类型项目在某一国家/地区的普及水平，是否在当地已成为被广泛应用的通行做法	CP	该指标是CDM额外性论证工具中的步骤四要求

表2　减排技术对应减排机制

项目类型	减排机制	可依托方法学
伴生气回收利用	UER VCS GCC	AM0009、AM0077、CM-065-V01…
逸散甲烷回收利用	VCS GCC	AM0023、AM0074、CM-049-V01…
可再生能源发电	GCC	AMS-I. D. 、CMS-002-V01…
光热利用	VCS GCC	AMS-I. C. 、CMS-001-V01…
生物质能利用	GCC	AM0036、CM-073-V01、CM-017-V01…
地热利用	——	AM0072、ACM-022-V01…
余热余压利用	GCC	ACM0012、AMS-III. Q. 、CM-005-V01…

续表

项目类型	减排机制	可依托方法学
节能提效	GCC	AMS-II. D、AMS-II. B、AM0018…
电气化改造	VCS GCC	AMS-III. B、CMS-072-V01…
气体燃料利用	VCS GCC	AM0029、AM0107、AM0014…
燃料转换	VCS GCC	ACM0009、AMS-III. AG.、CM-087-V01…
绿色照明改造	VCS GCC	AMS-II. J、AMS-II. L、CMS-011-V01…

2 碳资产开发评估模型搭建

为进一步量化以上不同评价因素对于碳资产开发的影响程度，通过德尔菲法开展了专家调研以听取来自不同领域的专家对各评价因素重要性高低的意见，并综合专家观点确立了涵盖11个评价因素的综合标准矩阵。在此基础上，通过层次分析法将各评价因素按照其属性分成“技术类别层级”和“具体项目层级”两组，并结合熵值法计算各评价因素的熵值，再根据熵值的大小确定两个层级内各评价因素的权重以及两个层级的相对权重，最终形成碳资产开发潜力评估模型。

$$SP=LR\times CP\times PU\times CT\times AD\times(\alpha_1 MD+\alpha_2 AC+\alpha_3 PC+\alpha_4 MC+\alpha_5 CB+\alpha_6 OI) \quad (1)$$

SP表示被评估项目的开发潜力，评价因素依次包括法律法规要求（LR）、通行实践做法（CP）、唯一性（PU）、项目开工或投运时间（CT）、额外性（AD）、监测难度（MD）、机制申请难度（AC）、项目复杂度（PC）、资料完备程度（MC）、开发成本及收益（CB）以及项目其他影响（OI）。每个评价因素英文缩写前的希腊字母α表示该因素的权重，即每个评价因素对于碳资产能否开发的影响程度，因此

$$\alpha_1+\alpha_2+\alpha_3+\alpha_4+\alpha_5+\alpha_6=100\% \quad (2)$$

此外，本模型将评价因素分为筛选变量和解释变量，其中筛选变量指代会对碳资产开发产生决定性影响的因素，即若不满足特定减排机制的相应要求，则一定无法开发成为碳资产；因而在该模型中，筛选变量会被赋予0或1分，0分表示项目无法满足该指标中申请碳资产的要求，1分为项目满足相关要求。由于各减排机制均对“法律法规唯一选择”、“通行实践做法”、“唯一性”、“项目开工或投运时间”以及“额外性”有强制性要求，若无法满足则一定无法申请碳资产，因而将这5个指标判定为筛选变量。

解释变量指代会对碳资产能否成功开发产生影响，但并不发挥决定性作用的因素，某项目即使在这一因素上表现不佳，仍有望开发碳资产。在该模型中，可按需为解释变量赋分，例如在1-5分区间赋分，其中1分表示几乎不满足该因素要求，5分表示完全满足相关要求，2、3、4三档分值定义介于其间。最后，根据各层级内因素加权与不同层级之间的加权计算，产出衡量项目碳资产开发潜力的最终得分。

在为解释变量赋予权重时，以问卷的形式征询了16位碳资产开发领域专家和项目业主的意见，其中10位来自专业碳咨询公司，3位来自碳资产开发核查机构，另外3位分别为科研机构相关领域研究员、企业碳资产开发负责人以及项目业主。问卷邀请专家阐述他们认为在碳资产开发中需重点关注的指标及其权重。

基于问卷反馈及和其中某些专家深度访谈，最终确定了各评价指标的权重。

表3 各指标权重

评价指标	评价指标权重	权重分配原因
监测难度（MD）	25%	监测难度直接决定减排量是否能如实监测以及监测成本的高低，且为项目设计文件的重点模块
机制申请难度（AC）	15%	机制申请的复杂程度会影响整体的申请周期与人力物力资源投入，但不同机制复杂度并不存在显著差异
项目复杂度（PC）	5%	涵盖多种方法学的项目在项目设计文件撰写与实际操作中的复杂度也更高，申请难度随之增大，但只要依要求开发，成功概率仍然可观

续表

评价指标	评价指标权重	权重分配原因
资料完备程度(MC)	25%	若缺乏减排机制要求的必要项目资料，则难以通过相应审查，但有望通过补齐材料的方式解决
碳资产开发成本及收益(CB)	25%	获得碳资产收益通常是减排项目开发申请的主要目的之一
项目其他影响(OI)	5%	该指标对项目能否成功开发的影响十分有限，非审核机构关注重点
权重加总	100%	-

代入上述权重赋值，本研究提出的碳资产评估模型可具体演化为：

$$SP=LR\times CP\times PU\times CT\times AD\times(25\%MD+15\%AC+5\%PC+25\%MC+25\%CB+5\%OI) \quad (3)$$

为验证模型的有效性，选取了国内某油田公司不同类型的减排项目，依据每个项目的具体信息，在筛选变量中进行了0或1赋分，在解释变量中进行了1～5分内的打分(其中5分表示最高，1分表示最低)，评估结果如下表所示。

表4 项目评价结果

项目编号	项目类型	拟申请减排机制	法律法规要求	通行实践做法	唯一性	项目开工或投运时间	额外性	监测难度	机制申请难度	项目复杂度	资料完备程度	开发成本及收益	项目其他影响	项目总分
			1	1	1	1	1	5	2	4	4	5	3	4.15
项目1	油田伴生气回收利用	VCS	1	1	1	1	1	5	4	4	4	3	3	3.85
项目1	油田伴生气回收利用	GCC	1	1	1	1	1	5	3	4	4	2	3	3.4
项目2	光热利用	VCS	1	1	1	1	1	3	4	4	4	3	4	3.5
项目2	光热利用	GCC	1	1	1	1	1	3	3	4	4	2	4	3.05
项目3	余压利用	VCS	1	1	1	1	1	3	4	3	2	3	3	2.9
项目3	余压利用	GCC	1	1	1	1	1	3	3	3	2	2	3	2.45
项目4	余热利用	GCC	1	1	1	1	1	3	3	3	2	2	3	2.45
项目5	生物质掺烧	VCS	1	1	1	1	1	3	4	4	2	3	3	2.95
项目5	生物质掺烧	GCC	1	1	1	1	1	3	3	4	2	2	3	2.5
项目6	化石燃料蒸汽锅炉替代/改造	VCS	1	1	1	1	1	3	4	4	3	3	4	3.25
项目6	化石燃料蒸汽锅炉替代/改造	GCC	1	1	1	1	1	3	3	4	3	2	4	2.8
项目7	离网的可再生能源发电	VCS	1	1	1	1	1	5	4	5	3	3	4	3.7
项目7	离网的可再生能源发电	GCC	1	1	1	1	1	5	3	5	3	2	4	3.25
项目8	联网的可再生能源发电	VCS	1	0	1	1	0	5	4	5	3	3	4	0
项目8	联网的可再生能源发电	GCC	1	1	1	1	1	5	3	5	3	2	4	3.25

以表4中所示某“油田伴生气回收利用”项目为例，该项目在UER机制下的得分最高，即最适合申请UER机制。为检验UER机制对油田伴生气回收利用类型项目的接纳程度，查阅了UER机制的已注册项目池。截至2024年4月下旬，已成功注册UER的70个项目中油田伴生气

回收利用类项目占比超过 80%，远远超过 VCS 和 GCC 机制下该类型项目的占比。因此，该模型对于项目开发者挑选高潜力减排项目并选择合适的减排机制具有指导意义。

3 结论与建议

本文针对油气田企业减排项目碳资产开发需求，筛选了国内外减排机制及方法学，建立了减排技术与减排机制之间的对应关系。同时为了提高对减排项目的碳资产开发评估效率，建立了一套包含 11 项指标的评体系。通过将减排项目与评价指标进行对照，即可明确目标项目是否具有碳资产开发潜力。

（1）根据国内外减排机制要求，以及各机制下的碳资产存量项目，明确油气田伴生气回收利用、逸散甲烷回收利用、可再生能源发电、光热利用、生物质能利用、地热利用、余热余压利用、节能提效、电气化改造、气体燃料利用、燃料转换、绿色照明改造等机制最适宜的 4 类机制：UER、VCS、GCC、CCER。

（2）综合考虑减排机制要求，明确 11 项指标，其中包含 5 个筛选指标，此类指标是满足碳资产开发必须具备的条件；6 类解释指标，此类指标是评价碳资产在不同开发机制下的适宜程度。使用德尔菲法对指标权重进行的确定。

（3）以油气田实际减排项目验证评估模型准确性，其准确反映了减排项目适宜的减排机制，具有良好的效果。

参 考 文 献

[1] 吕珺．集团企业碳资产数字化管理体系构建策略[J]．新疆石油天然气，2022，18(2)：10-15. DOI：10. 12388/j. issn. 1673-2677. 2022. 02. 002.

[2] 全球碳市场进展 2023 年度报告执行摘要[R]．国际碳行动伙伴组织(ICAP)，2023：9.

[3] 中国碳市场回顾与展望(2022)[R]．北京理工大学能源与环境政策研究中心，2022：31.

[4] The Voluntary Carbon Market：Climate Finance at an Inflection Point. World Economic Forum，2023：3-4.

[5] 温室气体自愿减排交易管理办法(试行)[R]．生态环境部，2023.

[6] 中国清洁发展机制项目开发指南[R]．国家气候变化协调领导小组办公室、清华大学核能技术研究院，2006.

萨南油田油气与新能源融合发展路径探索

王善哲[1,2]　王　惠[2]　王禹祁[2]

（1. 中国石油吉林油田分公司勘探开发研究院；2. 大庆油田有限责任公司第二采油厂）

摘　要　“双碳”目标背景下，大庆油田快速推进绿色低碳转型，作为长垣老区主力采油厂的萨南油田，稳定油气生产的同时，依托大型风光发电项目的积极建设，清洁能源替代率逐年上升，在打造低碳示范区的过程中，不断发掘生产工艺中传统热能的替代点，寻找热能利用的新能源方式，协同应用数智化技术建设能源管控平台，旨在实现“全域零弃电”、“站场低碳化”等目标，正逐步形成“低碳数智融合”的油气生产模式，能源生产与新能源技术进入初步融合阶段，“地上地下一体化”、“天然气热电联供”等用能方式的转变引领了老区油田生产工艺的变革。为适应风光绿电不稳定、不连续、等效小时数低的特性，探索实施生产系统再造，开展井口电伴热集输、井筒电加热清防蜡、站场井场光热利用、机采井绿电智能化间抽等技术的数智融合探究，构建以清洁能源供能为主的低碳化、电气化为主体的高效工艺流程，形成高比例消纳绿电的变工况运行模式，变硬性生产负荷为柔性，使油气生产与新能源特性匹配，不断完善离网型低碳生产技术，实现绿电的局部自平衡、自消纳。结合萨南油田生产现状与未来发展形势，持续攻关智能低碳生产技术，以能源管理智慧化为目标构建智能微电网能源管控平台，助力萨南油田平稳有效完成低碳转型。

关键词　低碳转型；生产系统再造；柔性负荷；数智融合；离网型低碳生产

1　引言

2020年9月，习主席在第75届联合国大会上宣布，中国将提高“国家自主贡献”力度，力争2030年前二氧化碳排放达到峰值，争取2060年前实现碳中和(以下简称“双碳”目标)。中国正陆续构建和发布“1+N ”政策体系，确保如期实现“双碳”目标，绿色低碳将成为中国未来数十年内经济社会发展主线之一，经济社会的大转型，广泛领域的大变革即将对包括石油石化企业在内的传统能源企业造成巨大的冲击与改变。

2021年，总书记在视察胜利油田时指出，“能源的饭碗必须端在自己手里”。保障能源稳定供应、推进绿色低碳发展依然任重道远，需要更好统筹能源发展与能源安全。做好国家能源安全的“稳定器”“压舱石”，是我们传统能源企业在新时代的光荣使命。

2021年9月，国务院发布《关于完整准确全面贯彻新发展理念做好碳达峰碳中和工作的意见》(简称意见)，明确了实现“碳达峰、碳中和”的总体要求、主要目标和具体措施。意见中提出，要积极发展新能源，开展可再生能源的全面替代行动，重点如何实现碳达峰碳中和目标是我国能源行业当前最重要的研究课题之一。

发展新能源是石油公司由传统化石能源公司向综合能源公司转型的需要。在全球能源转型和碳达峰、碳中和背景下，各大石油公司纷纷加大新能源产业布局。壳牌公司、道达尔能源等国际石油公司成立了新能源业务部门，重点投资风能、太阳能和氢能项目。中国石油天然气集团有限公司于2021年组建“油气和新能源”业务板块，确定了“清洁替代、战略接替和绿色转型”三步走战略，计划到2035年初步形成原油、天然气、新能源三分格局。

“十四五”时期，油气田企业要统筹推进油气供应安全和绿色低碳发展，大力提升油气勘探开发力度，在稳油增气、提升油气资源供给能力的基础上，加快行业绿色低碳转型，持续推动减碳降碳，积极为国家实现“双碳”目标贡献石油力量。国家能源局发布《加快油气勘探开发与新能源融合发展行动方案(2023~2025年)》明确指出，油气田企业要加大清洁能源开发利用和生产用能替代，增加油气商品供应，持续提升油气净贡献率和综合能源供应保障能力，到2025年累计清洁替代增加天然气商品供应量约$45\times10^8m^3$。

中国石油在“十四五”规划中规划了六大示

范基地，包括在京津冀地区建设地热清洁能源基地，在吉林油田建立碳捕集利用与封存/碳捕集与封存（CCUS/CCS）融合发展基地，以及在青海、玉门、新疆等地建设新能源的供应基地，而在大庆油田则是建设绿色低碳高质量发展基地。在推进转型发展的过程中，中国石油形成了多个具有特色的发展模式。一是“油田”变“电田”模式，典型的案例就是玉门油田。玉门油田于1939年投入开发，是中国石油工业的摇篮。面对严重的资源接替问题，近两年，玉门油田快速建成了50万千瓦的光伏发电项目，从2022年开始投入运行，实现了扭亏为盈，老油田的转型发展闯出了新路径。近期，玉门油田还有新的光伏项目建成。二是“油田”变“碳田”模式。目前，中国石油正在实施多个CCUS项目，这些项目对于油田来说可以实现双赢，既可以增产原油，又可以减少碳排放。如果能够与碳排放权交易结合起来的话，就可以获得全产业链的最大效益（表1）。

表1　国内各油田低碳转型与油气生产智能融合案例

国内油田	典型项目	特色
大庆油田	采油七厂葡47微光伏发电 采油九厂龙一联等试验项目	绿电自发自消纳先导试验工程
华北油田	二连油田 井场分布式光伏发电试点项目	螺杆泵井光电试验
冀东油田	高13多元微电网平台 智能集控系统	并网不上网，光电互补
吉林油田	新立采油厂 16号平台	分布式光伏、风电
长庆油田	第二采气厂	光伏+井场发电 实施2754口井
新疆油田	玛湖14井采用“智能间抽+离网式光伏发电”	实现了油井生产 从“低碳”到“零碳”的跨越
胜利油田	油田井场多能互补系统 优化调控平台	提升新能源消纳能力 降低综合用能成本

大庆油田从松基三井“惊世一喷”，到当好标杆旗帜、建设百年油田，几代大庆人胸怀“我为祖国献石油”的崇高使命，65年来累计为国家贡献了25.28亿吨石油，而作为主力产油区的长垣老区，更是实现了原油生产21.05亿吨。新能源低碳转型方面，大庆长垣油田目前应用较为广泛的绿电融合技术是遵循就近消纳原则，利用变压器集中整流装置供电，将光伏组件并联接入，输送至单机逆变单元，采用“光电优先、网电补充”工作模式，尝试通过智能控制保证塔架机错峰高效节能运行（图1）。

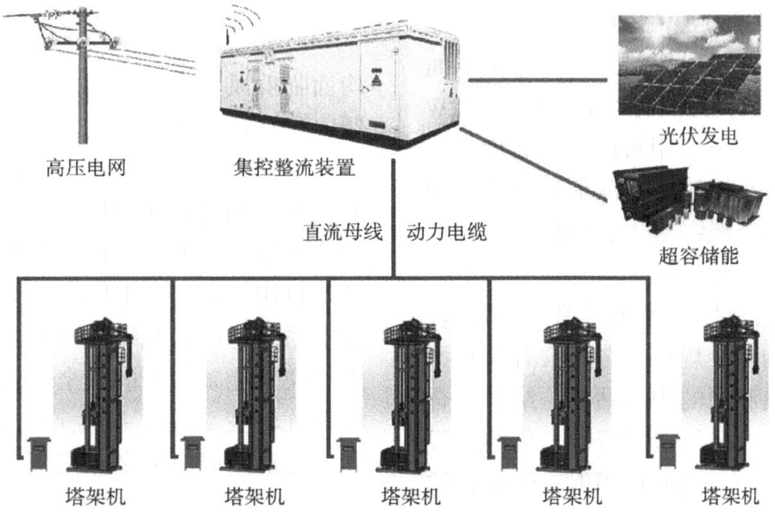

图1　分布式光伏塔架抽油机微网微储集控技术原理

本文以大庆长垣老区主力采油厂萨南油田为例，在打造低碳示范区的过程中，探索“低碳数智融合”生产模式，开展新能源产业发展对策研究，攻关智能低碳采油技术，加强节能提效和新能源消纳。开展智能化间抽、井口电伴热集输、井筒电加热清防蜡等技术的数智融合探究，构建以清洁能源供能为主的低碳化、电气化为主体的高效工艺流程，形成高比例消纳绿电的变工况运行模式，变硬性生产负荷为柔性，使油气生产与新能源特性匹配，不断完善离网型低碳生产技术，实现绿电的局部自平衡、自消纳。突破传统生产界限，探究数智融合生产路径。

2　萨南油田低碳转型发展现状

萨南油田在打造低碳示范区的过程中，采取“技术节能+管理节能”的全过程、全方位节能理念，通过用能结构和类型的分析，以节电、节气为主体研究方向。在技术上，采用“油藏+采油+地面”立体化节能的技术路线，节能项目与产能建设、老油田改造等项目统筹考虑，进行整体性和系统性的优化简化，持续应用“三优一简”技术，通过实施“关、停、并、转、降”技术措施，形成了集中建站、建大站的系统布局。在管理上，建立完善节能管理制度和考核评价体系，制定降耗措施，限定电、气等分项指标。在采油生产工艺节能方面，通过配置永磁半直驱同步拖动装置、一变多井耦合式共直流母线群控系统、液面调参控制装置等较为成熟的，全部投产后预期节电将超过 400×10^4kW·h。

在大型风光项目的建设上，萨南油田布局较早，对权益地区的土地积极开发利用，建设大型风能项目两期，大型光伏项目三期，2025 年全部投产后规模将超过 150MW，在大型平整场地利用殆尽的情况下拓宽建设思路，继续探索水面光伏的建设，“十五五”前期将建设完成 20MW 水面光伏项目，并将积极使用新技术，继续扩大微光伏、屋面光伏、小风机等零散项目的建设规模，从井场到站场都开展绿色用能替代，为开展深度绿色融合做好基础建设(图 2)。

萨南油田在余热利用技术的应用上开展较早，已经形成较大的建设规模，选择含有注水站的联合站为工业余热利用的中心站场，结合联合站所在区域资源情况，统筹余热资源，集中建设热泵站，以热源为中心，向周边辐射，匹配转油站工艺及采暖等用热，同时满足工业与民用供热需求，实现了工业余热资源利用。

图 2　萨南油田大力推进光伏建设项目

依托大规模风光发电项目的建设，目前萨南油田已开展生产用能绿色替代，井场光伏的生产井供能效果已经初见成效，实现了网电的部分替代，并在建设过程中逐步探索“低碳数智融合”生产模式，目前已选取试验区块开展智能化间抽、井筒电加热清防蜡、井场光伏绿电伴热集输等技术的协同应用，深入开展数智融合，考虑变工况生产情况，统筹协调柔性负荷，尝试形成绿电的局部自平衡、自消纳，完善离网型低碳生产技术，促使绿电替代与生产控制高效融合(图 3)。

图 3　萨南油田分布式光伏塔架抽油机现场试验

目前，无论是大庆长垣还是其它兄弟油田，均面临着风光发电与油气生产技术融合困难的问题，存在这三方面难点需要攻克：一是无论连续生产还是间抽生产，在不影响产量和生产安全的前提下，如何构建与风光出力特征相适应的大范围变工况生产方式，最大限度消纳绿电；二是在自发自用、余电不上网的政策下，如何建立风光发电系统与用能系统的高效协同模式，实现绿电大规模供能条件下的安全高效生产；三是整个工程系统转变为变工况生产，技术体系的优化建立、与油藏-地面-管理各系统间协同(图 4)。

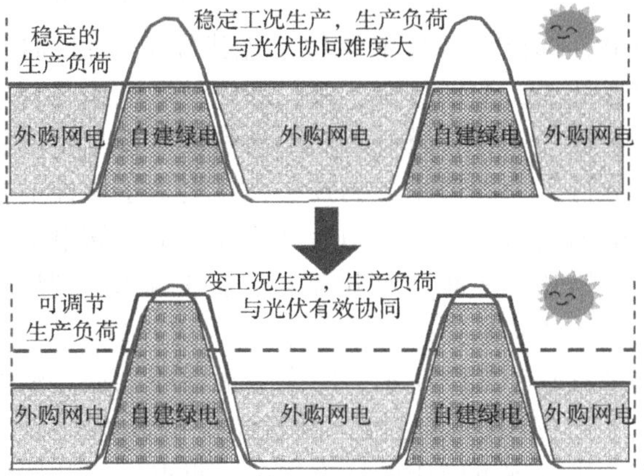

图 4　萨南油田低碳采油生产融合面临的问题

萨南油田油气与新能源已开展初步融合，在地上地下一体化方面正在进行积极探索与尝试，以零弃电为目标，对集输工艺、采油工艺进行了电气再造化改造试验，中转站、热水站、污水站使用电热炉、储能、储热等大型电器设备进行消纳，并以能源管理智慧化为目标同步开发智能微电网，探究数智融合生产模式。按照并网型和离网型两大类绿电供能场景，最大限度合理建立生产负荷与发电能力匹配，降低工程系统用电成本，推进新能源与油气生产高效融合。

3　集输系统分散式光伏绿电加热油井集输工艺技术探究

萨南油田作为典型的长垣老区油田，井网密集程度大，地下管网复杂，集输生产工艺在不同季节差异性较大。夏季秋季生产时，在无伴热工艺情况下，大部分系统的集输温度也能够得到有效保障，大部分掺水管道停掺，回油管道结蜡停堵现象也不明显。但在冬季春季生产中，随着井筒、管壁结蜡严重，冻堵现象频发，各方用热皆存在较大缺口，存在洗井设备故障频繁、洗井管线老化和单管流程、热洗车排不开等实际情况，造成超周期洗井、未超周期洗井温度、压力不能满足洗井要求、热洗质量效果不佳，导致结蜡形势更加严峻，结蜡严重井既造成了施工费用的增加，又加大了施工难度和井控安全风险。

集输系统分散式光伏绿电加热油井集输工艺技术探究从地上地下一体化出发，依托生产井数字化改造，使用分散式光伏绿电改造井口伴热集输流程，并同步配备井筒电加热相关技术保障相关改造井的正常集输流程，探索同步治理回压高问题。

管道电加热集输工艺目前在长垣外围油田远距离管道集输中已广泛应用，其工作原理是通过伴热媒体散发一定的热量，通过直接或间接的热交换补充被加热管道的热损失，以达到升温、保温或防冻的工艺要求。目前采用的电伴热技术有智能电热带、集肤伴热两种。选择合适的电加热方式对于油田节能降耗十分重要(图 5)。

图 5　电加热流程示意图

智能电热带由预制保温管和光纤智能电热线组成：预制保温管在工厂一次预制成型，由无缝钢管、防腐层、铝合金散热穿带槽、保温层、黄夹克组成；光纤智能电热线采用氟材料做绝缘和保护套，光纤采用铠装特种光缆多模光纤，光纤和加热线平行铺设，一次挤塑成型。现场将光纤电热带穿在散热铝槽内，铝型槽表面光滑、空间大，且成半弧形紧贴管壁，可实现长距离穿线、增加导热面积；660V 供电情况下可一次铺设 3km 光纤电热带，380V 供电情况下，可一次铺设 1.5km 光纤电热带。

优点：供电加热距离较长，可适应于多井串联输送，接头少，故障率低；每根电热带由起点供电，中间不需再增设供电点；采用电子调功器，随着产量和冬夏季温度变化，可对供电电压(380V 或 660V)进行全范围内功率调节，实现节能降耗；管内壁几乎不结蜡，可以实现低温输送，低于凝固点 4～10℃。在含水率较低的土壤环境下伴热均匀、应用效果好。缺点：在施工、车辆碾压等外力下接线盒易损坏、电缆断等；伴热线在公路穿越、过桥处、水田等低洼地带易发生接头密封不好、烧坏等故障；故障时维修难度大、成本高，需用专用手持探测设备查找故障点，然后挖开管道，打开保温层，修复后重新逐层包裹和保温。

集肤效应电伴热是一种基于交变电流集肤效应和邻近效应原理的技术，将耐热电缆穿过集油管线，交变电流经电缆通过伴热管壁，在集肤效应和邻近效应等电磁效应的作用下，交变电流仅在管道内壁 0.7mm 左右的表层内通过，内壁产生大量电阻热，直接加热管内介质；而管道外壁电压、电流均为零，安全性高。

优点：管道外壁零电压，且有接地保护，安全可靠；供电加热距离较长，一个电源点最长可供24km管道的伴热；油管内壁直接发热，管壁不易结蜡，管道可低于凝固点正常运行，节能省电；只在管道分支或直角弯处设少量接头，使接头故障率大幅减少，即使出现故障也便于查找维修；安装施工时，从起始端开孔穿入电缆，在末端与管壁连接即可，不需全线开挖，施工周期短，同时适应于新建和已建管道；内置导线使用高耐热性能的绝缘，采用进口高质量氟材料经特殊工艺加工，具有耐压、耐腐蚀、抗拉伸等特点，使用寿命长。缺点：配套电气元件和接头易因外界因素被破坏。

综合比对两种电伴热模式，为方便就近消纳绿电，选择的试验单井位于光伏发电项目周边，附近低洼，湿地较多，较长的电伴热电缆受环境影响较大，且管道失效后不易恢复，影响生产稳定运行。为此选用影响较小，且更易于监控的井口电加热器。同时计划为试验井配备井筒电加热清防蜡装置，减少结蜡结垢，提升采出液温度。电加热清防蜡技术在长垣各油田均开展了使用，效果较好。如图所示，综合考虑各项电加热清防蜡工艺应用的适应性，制定统一的检测评价方法，建立现场应用的标准规范，重点围绕装置成本、使用寿命(作业后可重复使用)、措施效果等指标进行攻关完善，提升电加热清防蜡工艺的性能(图6)。

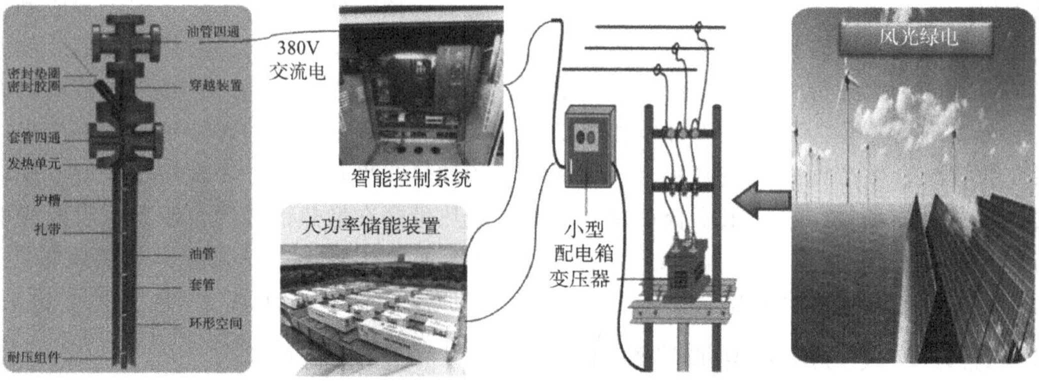

图6　绿电与电加热清防蜡工艺融合智能控制流程示意图

为拓宽技术界限，贴合长垣老区生产情况，形成可复制、可推广的绿电加热集输工艺，选择的9口试验井含水率均较高，同时产液量较大，为了保障冬季稳定生产，估算耗电量会远高于实际运行耗电量，作为电费的支出占比较多，而随着井筒电加热的周期性使用，清防蜡效果提升，日常实际用热会进一步减少，而且得益于井筒电加热清防蜡技术的应用，油管内采出液温度会有较大的提升，井口温度也能够有效保障，井口电加热负荷也将进一步降低，估算夏季实际运行耗能将为全年最高耗能的5%～10%，全年综合能耗将较为可观(表2)。

表2　单井用电能耗估值(冬季)

井号	产液/(t/d)	产油/(t/d)	含水率/%	井口温度/℃	进间温度/℃	用热负荷需求/kW	电加热清防蜡装置/kW	合计/kW
1	21.2	0.45	97.88	22～25	26	24.7	22～48	72.7
2	41.65	0.93	97.77	22～26	25	48.6	22～48	96.6
3	45.78	0.93	97.97	26～28	31	35.6	22～48	83.6
4	54.12	0.87	98.39	22～26	26	63.1	22～48	111.1
5	90.85	1.42	98.44	25～28	33	106.0	22～48	154.0
6	97.06	1.43	98.53	25～27	31	113.2	22～48	161.2
7	68.13	1.16	98.30	25～28	33	99.4	22～48	147.4
8	21.56	0.37	98.28	24～27	26	18.9	22～48	66.9
9	97.39	1.58	98.38	25～27	28	85.2	22～48	133.2

同时，结合温度变化，区分季节生产、昼夜生产、产液量变化等变工况情况，考虑高峰时段减少用电，合理利用“谷平”时段用电，在夜间最低温度附近提高用电负荷，具有较好的匹配性，能够助力降低生产成本。结合高峰时段 8h，低谷时段 7h，平时段 9h，将全天共划分为 6 个时间段，根据单井产液量不同，形成产液量不同情况下绿色采油集输利用案例，突破传统低温集输工艺界限，提高数智化融合技术效果(图 7)。

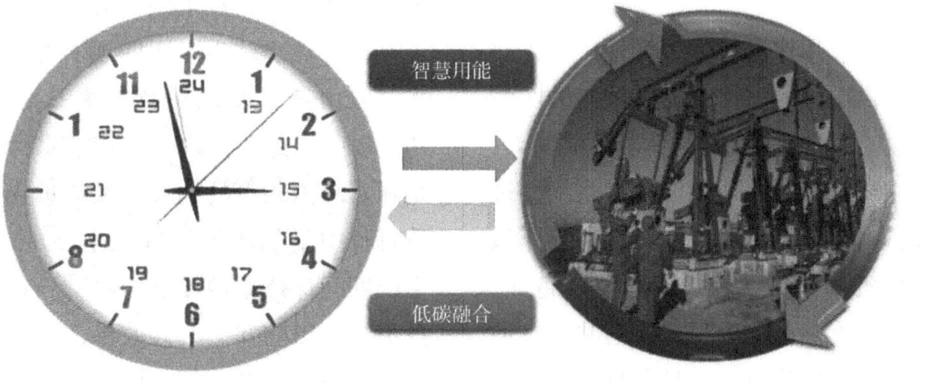

图 7　单井智能绿电融合示意图

4　站场与井场光热利用技术探究

太阳能是地球上分布最广、储量最大的能源，是全球清洁能源利用的主要方向，光热技术与光伏技术同是太阳能利用技术，光伏技术通过光生伏打现象将太阳能转化为电能，在土地平整，空旷的场景下得到了较好的利用效果，而光热技术则是直接将太阳辐射热能进行热热能利用。大型光热高温发电技术利用熔盐进行储热发电，在我国青海、甘肃等地取得了较好的收益，与大型光伏发电项目相映成辉，成为国家新能源开发转型的典型示范案例(图 8)。

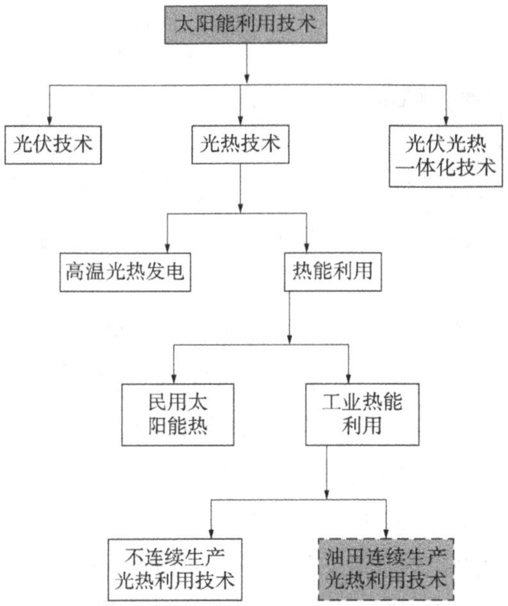

图 8　太阳能利用技术路线图

油气田企业既是产能大户，也是耗能大户，其中热力消耗占油气田总能耗的 70% 以上，仅中国石油集团的油气田企业年消耗天然气达百亿立方米以上。为此，利用清洁热力替代油气生产过程中的天然气消耗，增加天然气商品量成为油气田企业的重要任务，已成为多数油气田企业清洁热力替代的必然选择。

油田生产用热的连续性决定了在获得太阳能热的过程中不能采取民用太阳能热水的被动集热模式，需要更大的主动性(如聚光、追光)，以便在有限的光照时间获得更多的太阳能。针对我国高纬度地区太阳能资源相对低纬度地区丰富、高纬度高寒地区用热需求大但热损失也大、高纬度地区冬夏太阳能季节性差异大等特点，近年在我国特定应用环境市场需求激励下，光热行业取得了系列创新应用成果。

油田用热场景较多，稀油生产主要有单井集油加热、转油站掺水炉及热洗炉加热、脱水站脱水炉加热、原油稳定站原油稳定加热、活动热洗拉水加热等；地处偏远且寒冷的油田区块，冬季作业区及办公楼采暖用热需求也较大。油田生产低温(100℃以下)用热环境较多，其中油井出油温度受油藏深度、油品物性及产量等因素影响差异较大。多数油井需加热集油，根据集油半径或拉运距离一般加热至 35~55℃；转油站掺水温度随季节变化，如大庆长垣油田高含水油井夏季停掺，部分低产井夏季掺水温度为 45~55℃，冬季多为 60℃左右；脱水站脱水温度一般为 55℃左右；油井热洗温度要求相对高，应达到 80℃以上。

油田用热环境、用热温位的多样性，与光热技术、光热可提供温位的多样性具有较高的匹配度。多样性与复杂性也意味着技术寻优难度大，针对不同的应用环境，寻找适用的技术路线，进行多方案比选，对于降低时间成本、提高工作效率、提高项目投资回报率尤为重要。规模越大、系统成本越低，是光热工程项目建设的共识，但油田用热点多，单点用热负荷小且冬夏季负荷差异大是客观事实，力争实现规模建设及规模替代是当前油田优化光热方案的主要方向。为探索萨南油田油气与新能源融合发展的新路径，在建设低碳示范区的过程中，尝试在站场与井场分别利用光热技术。

光热站场的利用原则是优选与光热出力特性相匹配的用能站场。从运行模式来看，热水站装车作业一般在白天，与光照时间节点高度契合。油田热水站生产周期规律如下：

(1) 每日下午 4 点~次日早 8 点时段为热水灌加热时段，无热水使用需求，加热备用；

(2) 每日早 8 点~当日上午 11 点时段为生产高峰时段，热水用量较大大，供不应求；

(3) 每日上午 11 点~当日下午 4 点时段为生产一般时段，热水用量适中，负荷相抵。

根据热水站生产周期规律可知，每日上午热水一般由前日晚间加热完成，早间热水温度在 70℃以上，热水罐内上午用热水为随抽随补，但是随着热水用量的加大，加热炉热负荷过大，导致每日中午热水温度降低至 40℃左右，无法在生产期间保持罐内温度稳定，导致合格热水供应量不足，影响井上洗井效果，下午 6 点后热水量恢复，但是大部分员工已经休息，实际热水需要量较低。

通过建设光热集热场，直接替代燃气加热炉加热洗井热水，或者采用间接梯度加热的方式，光热设备加热到一定温度后将热水输送至加热炉继续加热，根据用热规模，可以实现清洁热能的局部替代和完全替代，能够有效补充用热高峰期的能耗缺口，而且在夏秋季节，日出较早，用热高峰期前即可加热用水，能够有效减少气耗，产生可观的经济利益(图 9)。

图 9　站场光热利用示意图

目前业内应用的光热技术偏向于被动式太阳能利用，其优点是稳定，不易损坏，，通过结合站场的实际用能需求，还可以从“高倍聚光”、“单轴跟踪”、“双轴跟踪”、“强制循环”、“加速循环”等方面进行技术适应性改良，提高得热量，增大换热量。

未来在配合储热技术与绿电加热的情况下，可以更有效地克服冬季日照时间不足、太阳高度角缩小等问题。日常运行时通过“光热+储热”即可有效满足生产需求，极端天气或特殊情况下，通过“光热+储热+绿电加热”工艺可以实现完全清洁替代，实现零碳站场。

落实“地质−工程−地面−管理”一体化理念，通过光热的井场直接利用，可以改进集输工艺，探索井上蓄热、换热的温度界限，补充电加热的不足之处，与电加热技术形成对比，探索单井光热技术融合的新方向，对萨南油田实现绿色转型同样具有重要意。

通过在井场使用双槽双轴太阳能光热集热系统，可以使采出液在井口直接进行换热，为保证井口可靠供热，采用太阳能光热集热单元+储热单元+供热换热单元+供热辅热单元，辅助热源作为热能补充和备用。根据季节集输温度需求进行数智调解，换热系统可以将井口采出液加热升温至40℃～70℃，保障最终进入转油站的采出液油温远高于凝固点(图10)。

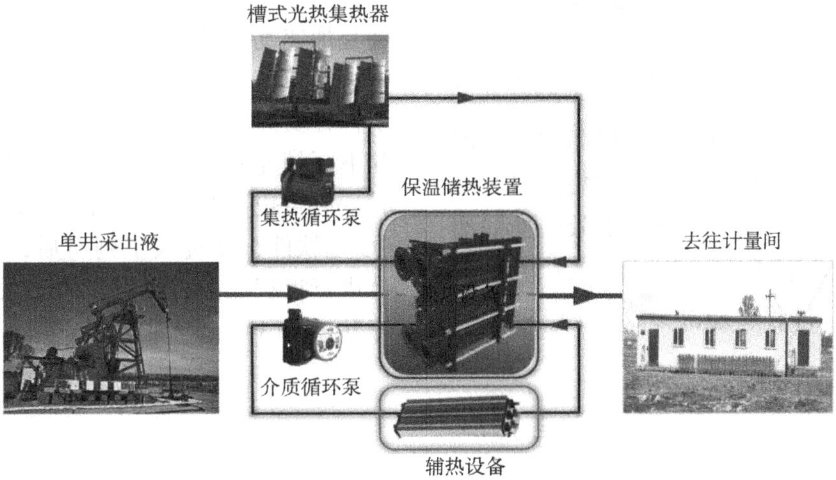

图10　井场光热利用示意图

在技术研究过程中，可以从"单套光热设备多井利用"、"光热采油工艺利用"、"夏季光热余热多元利用"、"光热蒸汽利用"等多个方向进行技术探索，拓宽热能利用的工艺界限。

5　机采井绿电生产融合智能化间抽采油技术探究

萨南油田目前已进入特高含水期开发阶段，高含水、高能耗的问题日趋严峻，而低产井供液不足是机采系统效率偏低的主要原因之一，缓解低效井举升矛盾的有效方法是对抽油机进行间歇采油。为降低低产井运行能耗，提高系统效率，初步应用了永磁半直驱拖动装置、液面调参控制装置等多项措施，取得了一定地节能效果，但是与双碳目标下进一步减少用能的目标相比，节能潜力仍需深度挖掘，随着油田数字化建设的日趋完善，智能化间抽采油技术开展试验性应用。

目前大庆长垣油田存在常规间抽、不停机间抽和智能不停机间抽三种间抽形式，现场应用超过1.2万口生产井。间抽时间、能耗、产量三者互相影响，围绕产量去控制间抽时间降低实际能耗一直是间抽技术的核心，常规做法是结合油井液面测试数据制定合理的单井人工间抽制度，人工去控制抽油机的启停，但是由于数据反馈不及时，人工处理难度大，很难控制油井精准稳定运行，导致油井生产效率较低。抽汲时间过长使系统无效运行，产油量不增但能耗增加严重，且泵筒充满度不足，柱塞干磨，导致烧泵，增加单井维修作业费用。反之，运行时常过短虽可节约电能，但致使沉没度偏高，采油装置潜力没有充分发挥，单井产油量偏低。

机采数字化改造采用电参模式-基础版模式，配套电参采集模块、曲柄位置传感器、电动机转速传感器和数据传输设备。在抽油机井电动机上安装电动机转速传感器，在曲柄上安装曲柄位置传感器，互感圈固定在控制柜内，不受天气、施工等外部环境影响；电动机转速传感器安装在电动机轴上，电动机风扇内，不受人为触碰影响；曲柄传感器镶嵌在曲柄内侧钻孔内，不易脱落，不受人为破坏影响，传感器安装位置如图11所示。

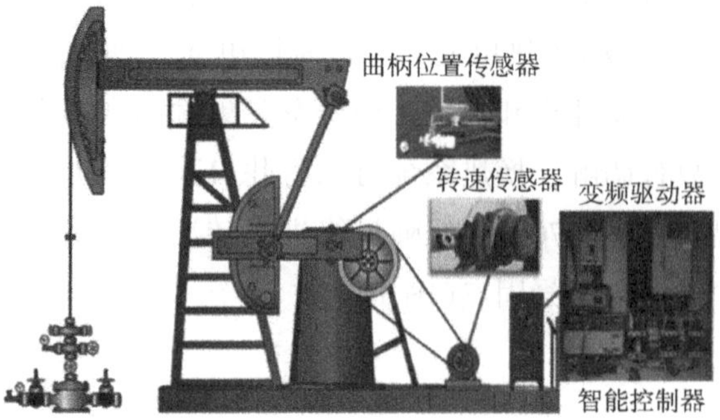

图 11　智能化间抽井传感器安装位置示意图

通过实时掌握曲柄位置，建立以曲柄为坐标的精确定位系统，标定位置，并通过传感器对电参数和运行参数实时采集，对低产低效间抽抽油机井实时采集记录电流、电压、功率、功率因数、载荷、位移，冲程、冲次参数(图 12)。

工况采集装置将采集的电参、载荷、位移等数据(每 30min 上传 1 次，间隔可调)转换成示功图并进一步转化为液面数据，经后台软件分析后给出启停机建议。智能分析模块可判断井场举升设备的状态，利用可控硅智能控制器自主控制，远程启停井，实现时时智能间歇采油。智能控制器中的柔性控制模块，可根据悬点载荷变化，使电动机保持恒功率输出，控制光杆运行速度与加速度，最大限度的减少启停机及运行过程中惯性载荷对杆柱的影响，实现柔性控制。改善了杆柱受力状况，减轻杆、管、泵的磨损，提高井下泵的充满系数，使油井低能耗长效运行。同时，后台也可按需求给出启停建议至远程控制 PC 端软件，经过人工判研后，可由站队值守人员进行远程操控，也可以由工人现场操作进行启停井(图 13)。

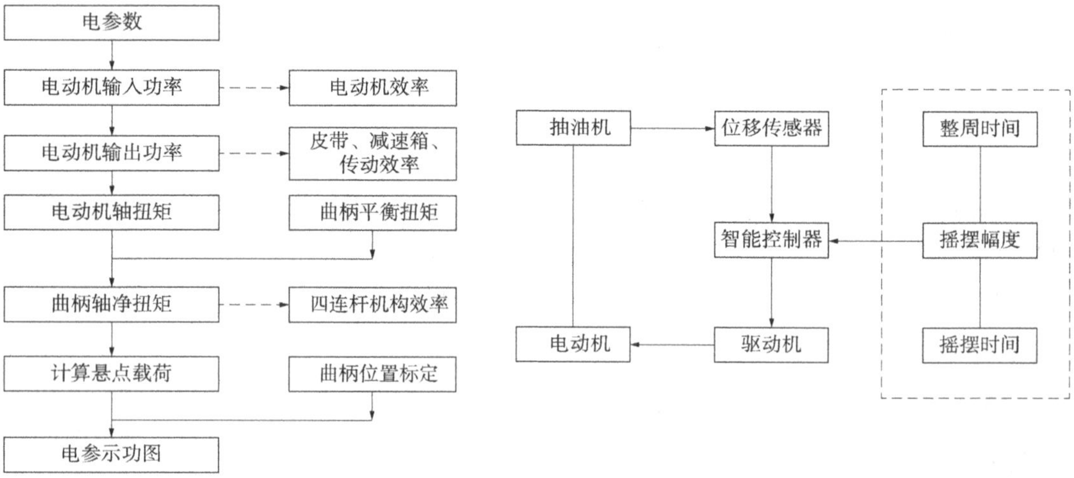

图 12　电参法示功图建立流程示意图

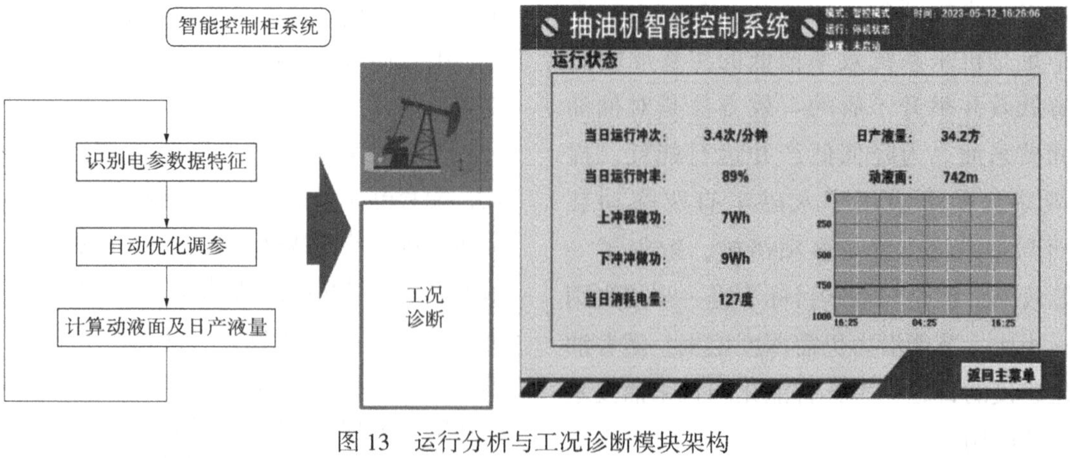

图 13　运行分析与工况诊断模块架构

选取日产液小于 5t 的不同生产参数 5 口人工间抽井转数字化智能间抽进行改造，采用智能电参控制器(井场)采集综合电量，通过在井口加装智能设备，对油井运行参数不间断的监控，结合已建井场光伏与储能设备，通过设立在井场的离网储能柜，直接消纳光伏发电，在对数据分析后用辅助控制器发送控制指令，控制抽油机按需精准运行，试验绿电生产智能柔性间抽的可行性，进行采油工艺与新能源的同步融合利用试验。

预期年累计节电 10×10^4kW·h，在一定程度上延长了油井运行周期，降低了年检泵费用。另外，数字化智能间抽技术的应用减轻了一线员工的停机工作量，降低了一线工人的劳动强度，同步体现了智能间抽管理的巨大社会效益，是采油工艺节能低碳转型的重要举措(图 14)。

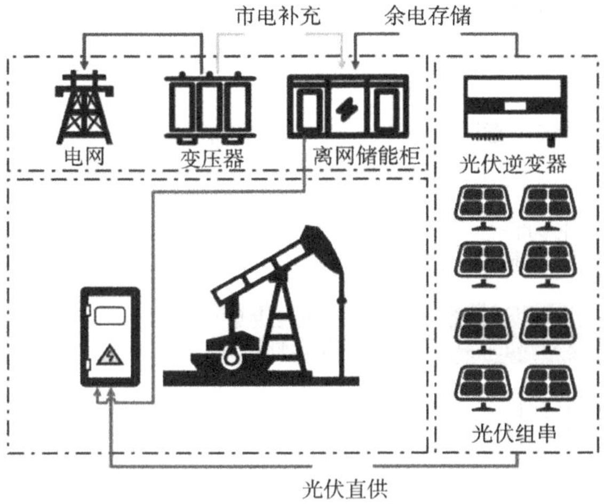

图 14　机采井绿电生产融合智能化间抽示意图

6　智能微电网建设探究

构建智能微电网能源管控平台的核心是以能源管理智慧化为目标，结合柔性负荷与变工况生产情况，尝试制定与风光出力特性匹配的生产制度，实现绿电的局部自平衡、自消纳。基于分散式风光发电功率预测，构建智能微电网，完善并网型和离网型低碳生产技术，促使绿电替代与生产控制的高效融合，探究数智融合生产模式。

按照并网型和离网型两大类绿电供能场景，最大限度合理建立生产负荷与发电能力匹配，降低工程系统用电成本，推进新能源与油气生产高效融合。并网型场景主要由绿电+网电、绿电+储能、绿电+用能端直接应用三种类型组成，适用于大规模采油工程设备绿电替代，但绿电大规模供给情况下，网电、储能设备无法完成调峰及存储，需建立变工况技术体系，实现绿电大规模自发自消纳(图 15)。

离网型场景主要由风光+储能+多能互补系统构成，可满足边远场站小规模用能需求(图 16)。

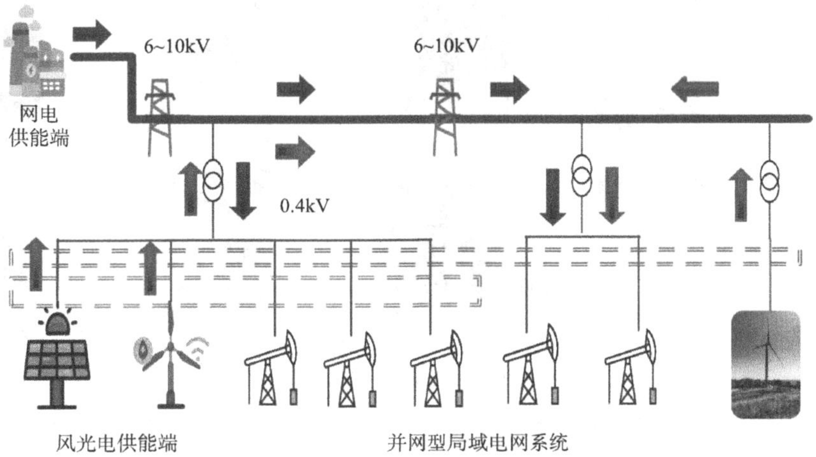

图 15　并网型区域电网系统示意图

构建智能微电网，就需要制定绿电融合技术路线，将风光出力规律、网电峰谷价格、地层供液规律、单井举升能力、地面系统的处理能力等因素有机结合，以机采系统间抽、连续运行技术为基础，通过对机采井进行集中控制，实现变工况生产，尽量不影响产量的同时，与绿电发电规律相匹配，实现规模效益用绿电(图 17)。

结合萨南油田生产井正常工作情况，依据机采井变工况运行控制仿真模型，与科研院所开发智能控制核心算法，在物联网和数字化油田建设的基础上，升级控制模块，尝试形成机采井绿电融合智能控制装置，依托已经较为成熟的“整体式”和“背包式”两种模块接入模式，实现抽油机井新井基建和老井改造全覆盖(图 18)。

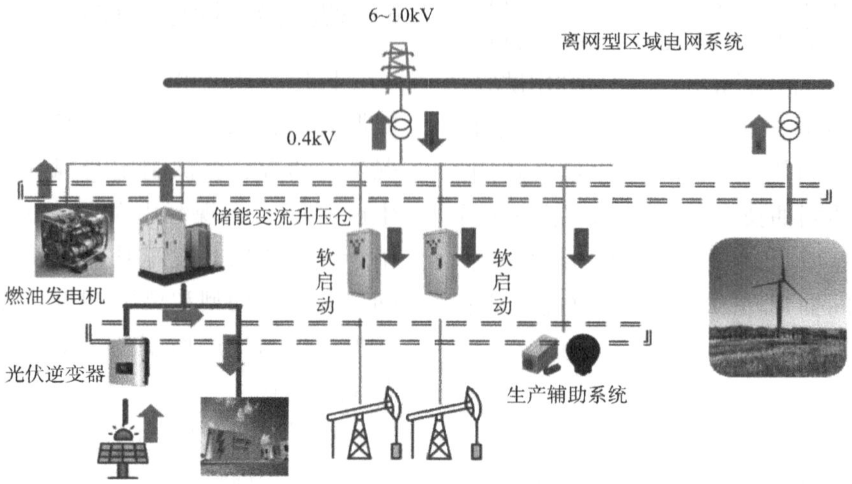

图 16　离网型区域电网系统示意图

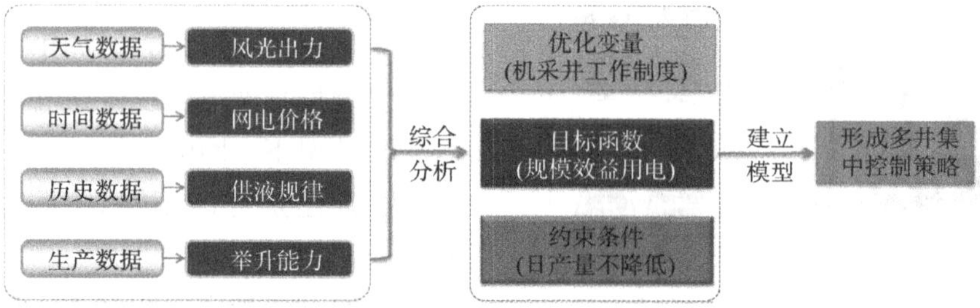

图 17　并网型机采井绿电融合技术思路

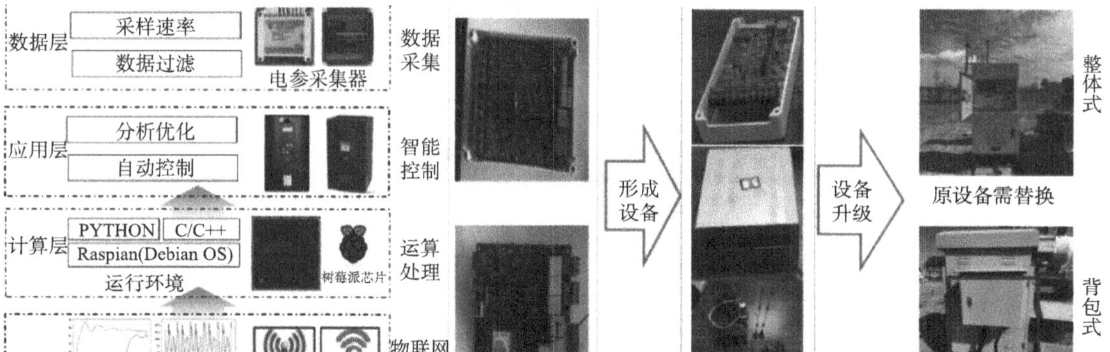

图 18　研制绿电融合智能控制装置

智能微电网在实现并完善以上功能的同时，还将对萨南油田所辖各作业区的能源数据进行集中展示，并且具备管理组织层级下的所有生产单、用户、角色以及监测所有作业区数据的功能。按照现有的油气生产单元，在能源中心管控建设上，以保障生产为建设目标，将能源管控、现场指挥等功能进行整合，划分出生产、指挥、调度、安防等四个管理环岛，对萨南油田的生产进行统一部署和管理。一是能源管理区，内容主要包括油田机采、集输、注水、处理系统等生产环节电、水、气能耗进行监测、分析，实时评价及用能优化，实现能源管控全面感知、深度互联、协同共享和智能应用；二是实时监测信息区，内容包括实时井生产运行、实时站集输监测、车辆 GPS 信息、生产运行统计与分析、集输监测统计与分析；三是生产管理信息区，内容包括产量跟踪、管理绩效、油田开发状态、重点工程状态、安全环保、物资调拨；四是调度运行区，内容包括生产指挥管理、调度日报管理、车辆管理、成品油管理、值班管理、电力管理、防汛管理、突发事件管理、道路、通勤车和通讯管理、突发事件管理等(图19)。

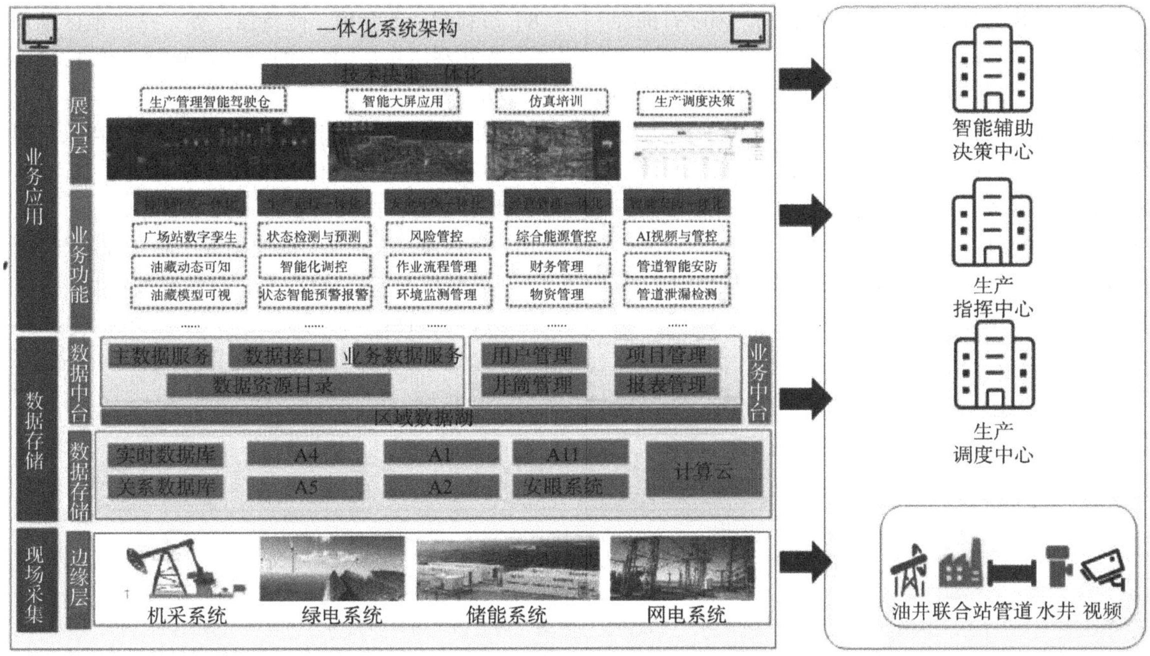

图19　智能微电网能源管控平台功能示意图

最终开发形成智能微电网能源管控平台，实现机采井的大规模、集群式控制，由单井运行参数最优转变为绿电供能下的区域机采井生产参数最优，达到新能源供能侧与用能侧的协同优化运行，助力油田能源数字化管控转型。

7　结论与展望

低碳转型背景下，向“综合性能源公司”转变是传统能源企业的必经之路，“双碳”目标下经济社会的大转型，广泛领域的大变革将会带来更多的冲击与影响，因地制宜，探索新能源的融合与发展路径是未来一个阶段萨南油田的核心任务，机遇与挑战并存。

“低碳数智融合”生产模式是能源生产与新能源融合的重要尝试，是应对风光绿电不稳定、不连续特性，探索实施生产系统再造的重要路径。围绕井口电伴热集输、井筒电加热清防蜡、站场井场光热利用、机采井绿电智能化间抽等技术的数智融合探究，构建以清洁能源供能为主的低碳化、电气化为主体的高效工艺流程，形成高比例消纳绿电的变工况运行模式，尝试变硬性生产负荷为柔性，使油气生产与新能源特性相匹配，还需从以下方面继续攻关。

一是，围绕绿电智能融合技术，多采用新的智能采油设备，加强节能提效和新能源消纳，继续实现“生产融合”，推广与绿电采油融合更好、智能化管控更加便捷的塔架式、无杆采油等节能抽油机、节能电机、智能控制设备。

二是，逐步打造与光伏、风电不稳定出力特性相适应的生产模式，深度挖掘柔性负荷，在集输处理系统变负荷加热的基础上探索注水系统变负荷注水，以变工况油气生产推动与新能源出力高效协同，形成更完善的绿色低碳的生产模式。

三是，通过一体化建设、运行和评价，实现“数智管理融合”。加快油、气、新能源在建设及运行中的资源共享和优化配置，打破专业壁垒，充分依托已有生产机构、人员和物联网等设施推动一体化管理，形成数字化、智能化、低碳化油气田管理新模式。

参考文献

[1] 习近平在第七十五届联合国大会一般性辩论上发表重要讲话[EB/OL]. [2020-09-22]. 中国政府网. http://www.gov.cn/xinwen/2020-09/22/content_5546169.htm.

[2] 习近平在《生物多样性公约》第十五次缔约方大会领导人峰会发表重要讲话[EB/OL]. [2021-10-12].

中国政府网 . http：//www. gov. cn/xinwen/2021-10/12/content_ 5642050. htm.

[3] 范旭强，陈建荣，吴谋远，等 . 油气田企业新能源产业发展现状及合作融资模式探析[J]. 国际石油经济，2021，29(10)：07-18.

[4] 中国石油集团经济技术研究院 . 2050 年世界与中国能源展望[R]. 2021.

[5] 余国，姜雪峰，戴家权，等 . "双碳"目标下中国能源发展与能源安全若干问题思考[J]. 国际石油经济，2021，29(11)：01-08.

[6] 修丽群 . 低产能区块油井集输管道节能优化[J]. 石油石化节能，2023，13(05)：68-71.

[7] 吕莉莉，徐源，付勇，等 . 油田光热利用技术路线及解决方案研讨[J]. 石油科技论坛，2023，12(04)：17-28.

[8] 吕莉莉，苏春梅，熊新强，等 . 三北地区油田生产光热利用初探[J]. 油气与新能源，2021，33(03)：48-52.

[9] 邹才能，熊波，李士祥，等 . 碳中和背景世界能源转型与中国式现代化的能源革命[J]. 石油科技论坛，2023，12(04)：77-89.

[10] 苏春梅，朱景义，马建国等 . 油气与新能源融合发展路径思考与建议[J]. 石油科技论坛，2023，12(04)：111-122.

天然气管网典型站场甲烷逸散测算方法研究

高仕玉[1] 任 磊[2] 刘玉展[1] 田 望[3] 贾平杨[4]

(1. 国家管网集团西南管道有限责任公司；2. 国家石油天然气管网集团有限公司；
3. 国家管网集团研究总院；4. 西南石油大学)

摘 要 天然气长输管网是油气行业主要的甲烷排放源，甲烷是第二大温室气体，对气候变化造成显著影响。采用 FID(氢火焰离子化检测器)和 HI-FLOW(大流量甲烷测试仪)等设备，对我国天然气长输管网 5 类典型站场进行甲烷逸散泄漏检测，量化甲烷排放速率。通过单因素方差分析，发现不同功能区域组件的甲烷排放速率有显著差异，使用 bootstraping 方法计算了不同组件的甲烷排放速率均值及 95%置信区间，阀门、法兰、连接件、开口分别为：26.43(15.86，38.56)kg/a、35.84(23.36，50.19)kg/a、4.90(3.43，6.73)kg/a、30.76(18.62，44.19)kg/a。检测的 LNG 接收站、地下储气库甲烷逸散泄漏量为 5202.1kg/a、1891kg/a，压气站、分输站、计量站甲烷排放量在 1000kg/a~1200kg/a 之间。基于检测结果，利用非参数自举方法结合蒙特卡洛方法，核算另一天然气压气站压缩机区域甲烷逸散泄漏量，估算结果为 1853.58kg/a，实测值为 1418.55kg/a，与估算值差距较小。

关键词 天然气管网；甲烷检测；甲烷泄漏；相关方程；甲烷核算

1 引言

甲烷是天然气的主要成分，同时也是第二大温室气体，在 100 年时间尺度内，甲烷对全球气候变暖的潜在影响是二氧化碳的 28 倍，控制甲烷排放，有助于减缓温室效应。处于中游储运环节的天然气长输管网是天然气工业的重要组成部分，站场类型多、工艺设备基数大，会产生大量的甲烷逸散性泄漏。设备发生逸散排放的概率及排放速率具有不规律性，估算泄漏排放量依赖大量的现场测量数据。主要的检测方法是采用自下而上的方式对典型排放源进行抽样检测，用样本数据推导排放因子或排放速率的分布函数，进一步外推到总排放量。

研究人员上世纪开始实施泄漏检测与修复程序(LDAR)，用以量化、控制甲烷排放，利用手持仪器或 OGI 相机识别设备泄漏，再通过大流量采样器或其它方法测量泄漏速率。许多学者开展了多年的现场检测与量化工作，累积了大量实测数据，对设备泄漏率和甲烷泄漏量有较为清晰的认识。国家层面制定了相关排放清单、技术报告等，例如 EPA(美国环境保护署)发布的《Greenhouse Gas Reporting Program》，API(美国石油学会)发布的《Compilation of greenhouse gas emission methods for the Natural gas and petroleum industries》，以及中国国家发改委公布的《中国石油天然气生产企业温室气体排放核算方法与报告指南(试行)》等，这些清单或技术报告给出了油气行业各类甲烷排放源的核算方法，同时提供不同生产环节中特定设备或工艺的缺省甲烷排放因子和活动因子。

在缺乏实测数据的情况下，利用各大甲烷排放清单中的缺省排放因子可以方便快速地核算天然气站场甲烷排放量。但是，近年来有研究发现，随着天然气需求量快速增长，长输系统的工艺、设备发生较大变化，清单中提供的缺省排放因子可能无法适用于当前天然气长输管网。因此，有必要进行现场实测，掌握天然气长输管网系统中不同类型站场实际甲烷逸散泄漏规律，并估算甲烷泄漏量。采用氢火焰离子化检测器(FID)和大流量甲烷测试仪(HI-FLOW)，对我国天然气长输管网典型站场进行甲烷逸散泄漏检测，分析、对比不同类型站场组件泄漏率和甲烷泄漏量，积累行业实测数据，为组件级甲烷排放因子的制定提供参考。

2 检测对象和方法

2.1 检测地点

天然气长输管网是连接上游气源和下游城市门站之间的天然气输送、储存管网系统，由长输管道、压气站、分输站、地下储气库、LNG 接收终端、计量检定站组成，如图 1 所示。不同类型的站场工艺上各具特点，同时存在一些通用工艺。站场内存在大量密封类组件，例如阀门、法兰等，由于腐蚀、磨损、人员误操作等多方面原因，组件的密封可能会失效，导致内部高压天然气从组件的密封面逸散泄漏到大气中。

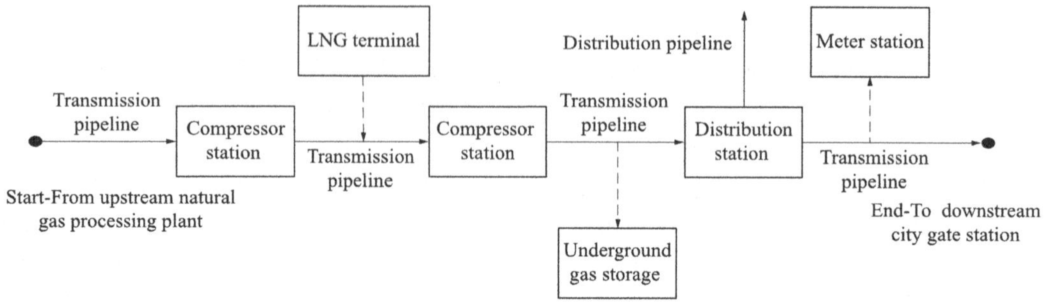

图 1　天然气长输管网系统

对长输管网中的 5 种典型站场进行了现场检测，根据《石化行业 VOCs 污染源排查工作指南》，结合天然气长输管网的特点，将密封组件划分为阀门、法兰、连接件、开口四类。共检测了 12098 个组件，不同站场的检测组件数量见表 1。

表 1　检测组件数量

站场	阀门/V	法兰/F	连接件/C	开口/O	总计
压气站	780	808	1659	135	3382
分输站	412	408	729	27	1576
LNG 接收站	928	1004	1194	117	3243
地下储气库	406	408	1141	75	2030
计量站	492	687	590	98	1867
汇总	3018	3315	5313	452	12098

不同组件的数量占比如图 2 所示。连接件数量最多，为 5313 个，占总组件数量的 43.9%，法兰和阀门的数量接近，分别为 3315 和 3018 个，占组件总数的 27.4%、24.9%，开口的数量最少，为 452 个，组件总数的 3.7%。

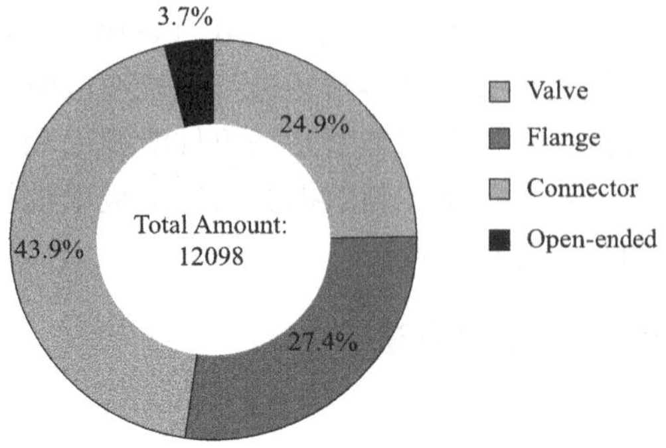

图 2　不同组件数量占比

2.2　检测仪器和检测方法

采用 FID（氢火焰离子化检测器）和 HI-FLOW（大流量甲烷测试仪）进行甲烷逸散泄漏测量。FID 检测原理是有机化合物与氢气在仪器内部燃烧产生电离，电子流经过高阻被放大为与化合物浓度呈正相关的电信号，用以检测甲烷泄漏的浓度，测量精度为±1μmol/mol。HI-FLOW 检测原理是将混合气体吸入仪器内部，内置甲烷传感器检测甲烷浓度，结合气体流量计算甲烷泄漏速率，检测精度为±4%。

检测流程是先使用 FID 筛选泄漏组件，然后使用 HI-FLOW 检测泄漏组件的甲烷泄漏速率，现场检测过程如图 3 所示。不同标准或技术文献中定义的泄漏浓度有一定区别，GB31570—2015

《石油炼制工业污染物排放标准》认定甲烷泄漏浓度为 500μmol/mol，也有研究将 10000μmol/mol 作为甲烷泄漏认定浓度。考虑甲烷浓度低于 500μmol/mol 的微小渗漏纳入统计，以 100μmol/mol 作为泄漏浓度。

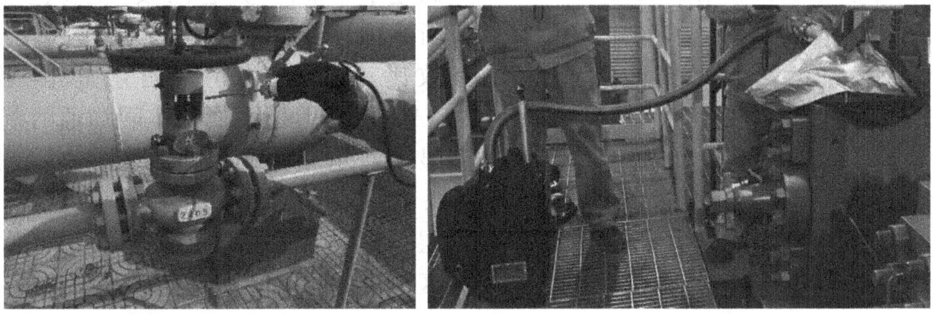

(a)FID检测过程　(b)HI-FLOW检测过程

图 3　现场检测过程

2.3　甲烷泄漏速率计算方法

为了提高现场检测效率，主要使用 FID 进行现场检测，HI-FLOW 用于部分密封点抽检，对于没有使用 HI-FLOW 检测的密封点，使用相关方程法将 FID 检测甲烷浓度值转化为甲烷泄漏速率。相关方程法最早由美国环境保护署(EPA)在《天然气工业的甲烷排放》报告中提出，相关方程通常表示为：

$$E=a\times(SV)^{b} \tag{1}$$

式中，E 为甲烷泄漏速率，kg/a；a、b 为相关系数；SV 为检测甲烷浓度，μmol/mol。

EPA 建立的原始相关方程只适用于甲烷浓度低于 10000μmol/mol 的组件，对于甲烷浓度超过 10000μmol/mol 的组件，EPA 给出了固定甲烷排放速率。不同甲烷浓度的组件实际上甲烷排放速率有很大差异，使用固定甲烷排放速率会给核算结果带来较大误差。因此，利用检测数据对相关方程进行改进，增强相关方程的适用性。推导出的不同组件的相关方程见表 2，推导拟合过程如图 4 所示。

表 2　不同类型组件的相关方程

组件	相关方程	拟合优度(R^2)
阀门	$E(kg/a)=(6.03\times10^{-3})\times SV^{0.988}$	0.73
法兰	$E(kg/a)=(1.17\times10^{-2})\times SV^{0.940}$	0.62
连接件	$E(kg/a)=(4.67\times10^{-3})\times SV^{0.866}$	0.88
开口	$E(kg/a)=(3.54\times10^{-3})\times SV^{0.945}$	0.72

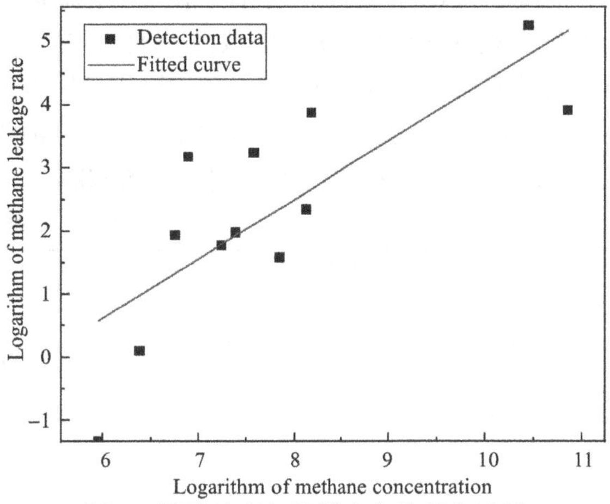

图 4　甲烷浓度与泄漏速率的拟合过程

3　结果与讨论

3.1　组件泄漏率分析

5 个站场共检测到 539 个泄漏组件，在检测点位中占比为 4.46%，累积分布情况如图 5 所示。泄漏组件的甲烷浓度主要分布在 100～10000μmol/mol，占比近 90%，极少组件甲烷浓度达到 50000μmol/mol，超过一半的泄漏组件甲烷浓度低于 1000μmol/mol。

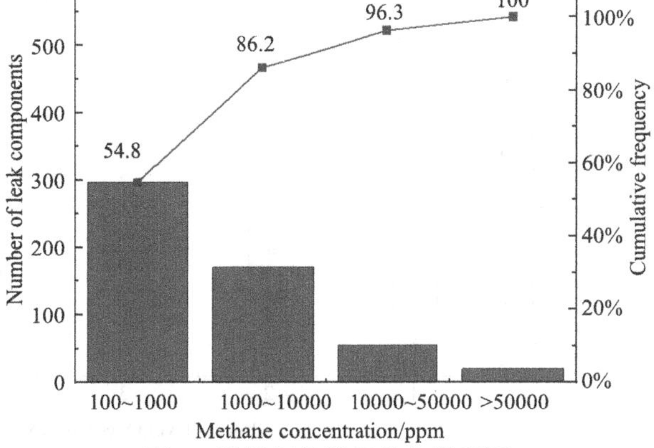

图 5　泄漏组件数量分布累积图

不同组件泄漏率见表3，开口数量少，但泄漏率明显高于其它组件，为12.39%；连接件数量多，但泄漏率最低，为3.69%，阀门和法兰的泄漏率相近，分别为4.17%和4.86%。

表3　不同组件泄漏率

组件	检测数量	泄漏数量	泄漏率
阀门	3018	126	4.17%
法兰	3315	161	4.86%
连接件	5313	196	3.69%
开口	452	56	12.39%

3.2　组件甲烷排放速率分析

泄漏组件的甲烷排放速率见表4。甲烷排放速率分布范围较宽，最低排放速率低于1kg/a，而最高排放速率超过了500kg/a。不同组件甲烷排放速率差异明显，连接件的排放速率较低，均值为4.9kg/a，法兰排放速率较高，均值为35.84kg/a。

不同分类场景下组件的甲烷排放速率分布如图6所示，图上半部分是不同类型站场的甲烷排放速率分布，图下半部分是不同工艺区的甲烷排放速率分布，“其它区域”主要包括调压撬、分析小屋、压缩机空冷器、排污区等，纵坐标是排放速率的对数值。使用单因素方差分析(ANOVA)判断不同样本间均值的差异。在0.05显著性水平下，站场层级方差分析的p值为0.37，认为各样本的均值没有统计学差异；工艺层级方差分析结果p值为0.03，认为不同功能区域组件的甲烷排放速率显著不同。造成这一现象的原因可能是由于不同工艺区气体流动状态、压力、温度等参数有差异。压缩机区域由于振动较为严重，会加速组件密封失效，甲烷排放速率高于其它区域。其它区域设备、工艺较为简单，气体流动状态较为稳定，组件甲烷泄漏速率偏低。

表4　泄漏组件甲烷排放速率

组件	排放速率均值/(kg/a)	最小值/(kg/a)	中位数/(kg/a)	最大值/(kg/a)
阀门	26.43	0.62	2.94	349.37
法兰	35.84	0.90	5.09	512.19
连接件	4.90	0.26	1.56	98.68
开口	30.76	0.32	6.26	169.34

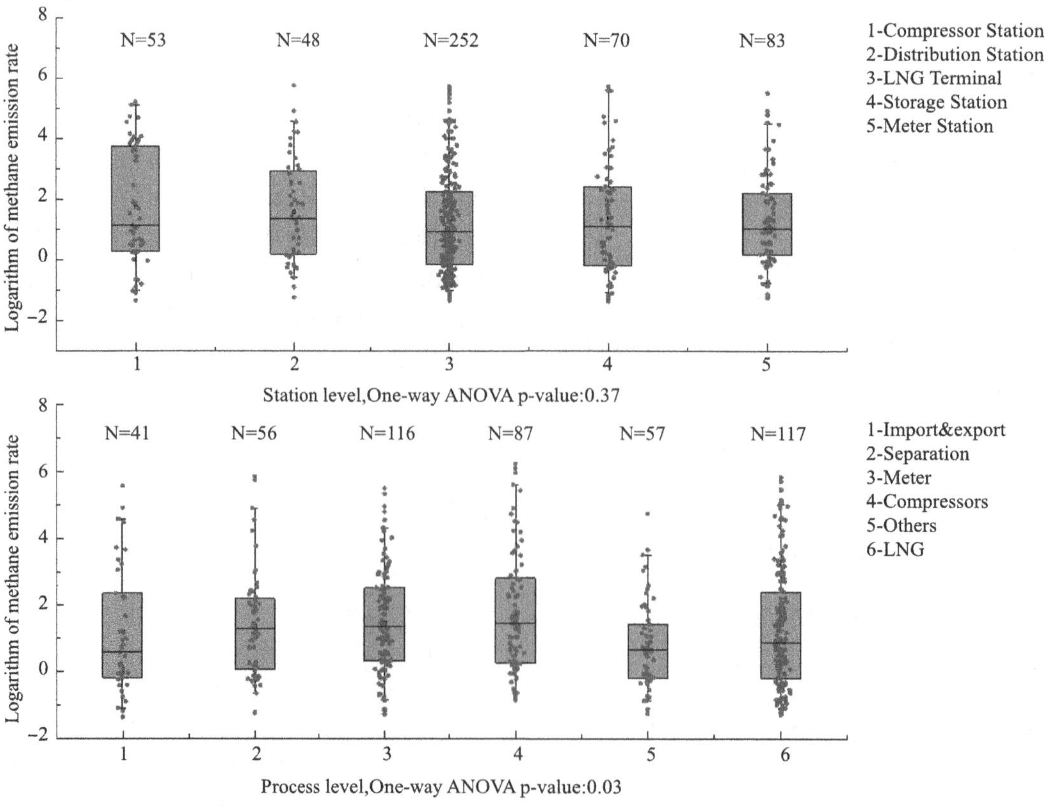

图6　站场层级和工艺层级组件的甲烷逸散排放速率对比

因此，核算天然气站场甲烷逸散泄漏量时，考虑不同区域不同组件的甲烷排放速率差异性，分别进行核算，能提升核算结果准确度。利用检测数据，结合 bootstrapping 方法计算典型功能区域组件的甲烷排放速率均值及置信区间，典型功能区域不同组件的甲烷逸散排放速率均值及95%置信区间如表5所示。不同功能区域不同组件的甲烷逸散排放速率均值差异较大。

表 5　组件甲烷排放速率均值

功能区域	组件	甲烷排放速率均值/(kg/a)	不确定性下限/(kg/a)(95%置信水平)	不确定性上限/(kg/a)(95%置信水平)
进出站区	阀门	37.93	-6.39	108.44
	法兰	53.37	8.73	102.21
	连接件	1.77	0.92	2.89
	开口	33.96	12.36	59.89
过滤分离区	阀门	27.59	3.36	63.67
	法兰	31.79	4.52	72.80
	连接件	2.91	1.24	4.83
	开口	17.18	-1.10	42.78
计量区	阀门	31.91	7.21	63.28
	法兰	14.53	9.04	21.36
	连接件	3.19	1.57	5.21
	开口	13.20	5.61	21.78
压缩机区	阀门	15.35	2.61	34.41
	法兰	76.79	36.19	124.34
	连接件	4.31	2.57	6.75
	开口	1.41	0.97	2.00
LNG 区	阀门	24.69	7.29	47.03
	法兰	27.78	6.71	57.43
	连接件	7.25	3.80	11.56
	开口	54.86	27.15	85.48
其它区域	阀门	27.92	0.13	65.66
	法兰	2.53	1.01	3.73
	连接件	3.51	1.37	6.20
	开口	5.62	0.47	13.85

计算结果与国外研究对比见表6。阀门、法兰、连接件、开口的甲烷排放速率均值以及95%置信区间分别为：26.43(15.86，38.56)kg/a、35.84(23.36，50.19)kg/a、4.90(3.43，6.73)kg/a、30.76(18.62，44.19)kg/a，远低于国外研究，主要原因在于：国外使用 EPA 的 Method21 方法进行站场泄漏实测与数据处理，该方法规定甲烷泄漏浓度为10000μmol/mol，远高于100μmol/mol，浓度越高，甲烷泄漏速率越大，导致泄漏速率的平均值偏高。

表 6　检测结果与其它研究对比

组件	甲烷排放速率均值/(kg/a)	95%置信区间/(kg/a)	EPA《温室气体报告计划》/(kg/a)	API《石油天然气工业温室气体核算方法纲要》/(kg/a)
阀门	26.43	(15.86，38.56)	724.97	1970.80

续表

组件	甲烷排放速率均值/(kg/a)	95%置信区间/(kg/a)	EPA《温室气体报告计划》/(kg/a)	API《石油天然气工业温室气体核算方法纲要》/(kg/a)
法兰	35.84	(23.36, 50.19)	/	1618.87
连接件	4.90	(3.43, 6.73)	644.03	1970.80
开口	30.76	(18.62, 44.19)	1270.46	/

3.3 站场甲烷逸散排放总量分析

汇总所有泄漏组件的甲烷排放速率，得到各站场甲烷逸散泄漏总量，如表7和图7所示，LNG接收站甲烷排放量最高，为5202.1kg/a；地下储气库甲烷逸散排放量约为1891kg/a；压气站、分输站、计量站甲烷逸散排放量近似，约1200kg/a。不同站场甲烷逸散排放量差异较大，LNG接收站甲烷排放量是其它站场的2-3倍，主要原因是LNG接收站组件数量多，泄漏率高，泄漏组件数量多。

表7　不同站场甲烷逸散泄漏量　　kg/a

站场	阀门/V	法兰/F	连接件/C	开口/O	总计
压气站	320.73	746.67	96.84	131.87	1296.12
分输站	265.50	678.55	45.82	57.94	1047.81
LNG接收站	1535.38	2128.25	622.72	915.75	5202.1
地下储气库	601.22	993.47	76.32	219.99	1891
计量站	443.32	636.34	27.91	85.85	1193.42
汇总	3166.15	5183.28	869.61	1411.4	10630.45

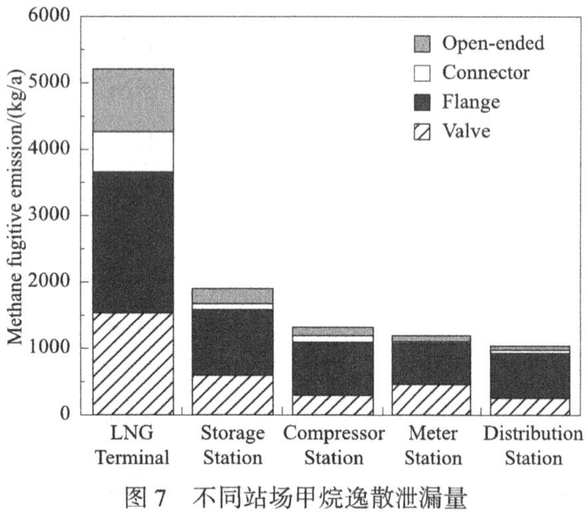

图7　不同站场甲烷逸散泄漏量

不同组件的甲烷排放量占比如图8所示，法兰和阀门是主要的甲烷排放源，分别占总排放量的48.8%和29.8%；开口、连接件的甲烷逸散排放量占比分别为13.3%、8.2%，连接件数量最多，但甲烷逸散泄漏量占比最低。

3.4 不确定性分析

不确定性分析是甲烷核算过程的一个重要步骤，组件泄漏具有随机性和低概率性，利用有限样本估计总体参数时具有较大不确定性。近年来随着计算机技术的发展，蒙特卡洛方法逐渐成为不确定性分析的主要方法。以另一天然气压气站压缩机区域为例，利用5个站场检测结果，核算另一站场甲烷逸散泄漏排放量，并进行不确定性分析。

根据检测数据，使用非参数自举方法生成不同组件泄漏概率和甲烷逸散排放速率均值的分布，对检测样本进行多次重新采样，每一次重采样都能计算得到一个泄漏概率和排放速率均值，对大量的采样结果进行分布拟合，得到泄漏概率和排放速率均值的概率分布，如图9所示。

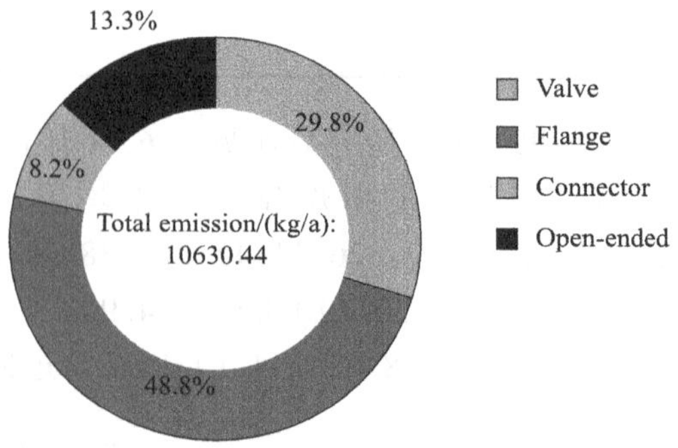

图8　不同组件甲烷排放量占比

基于蒙特卡洛方法对组件泄漏概率和甲烷排放速率均值的分布进行随机采样，每一次采样得到泄漏概率和甲烷排放速率均值的值，与组件总数相乘，然后将四种组件排放量相加，得到甲烷排放量的一次模拟结果，对大量采样结果的概率分布进行研究，以分布的均值作为甲烷排放量的估计值，以2.5%和97.5%分位数之间的区间作为95%置信区间。待核算天然气压气站压缩机区域阀门、法兰、连接件、开口数量分别为369、269、1522、82个，10000次蒙特卡洛模拟结果如图10所示。结果表明该压气站压缩机区域甲烷逸散泄漏量估计值为1853.58kg/a，95%置信区间为(960.23，3031.97)kg/a，实测得到甲烷逸散泄漏排放量为1418.55kg/a，低于估计值，但在估计的误差范围内，实测值与估计值的绝对误差为435.03kg/a，相对误差为30%。

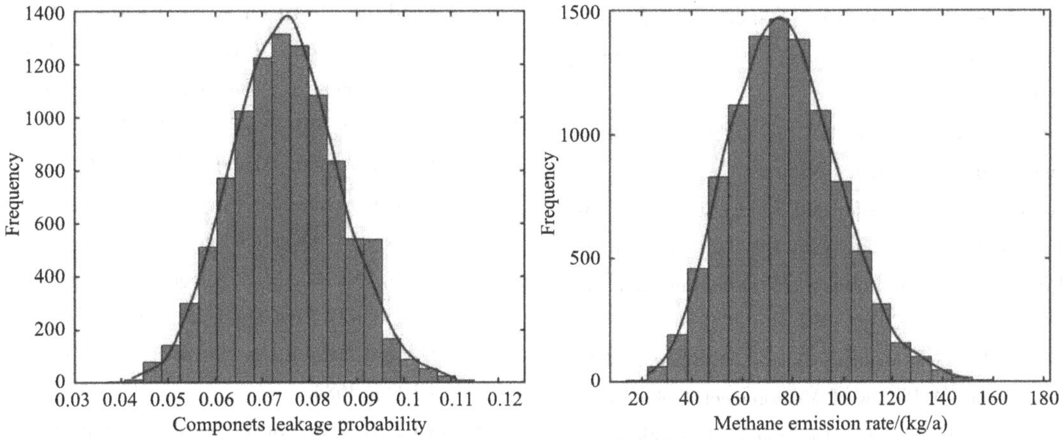

图9　组件泄漏概率和甲烷排放速率均值的分布拟合结果

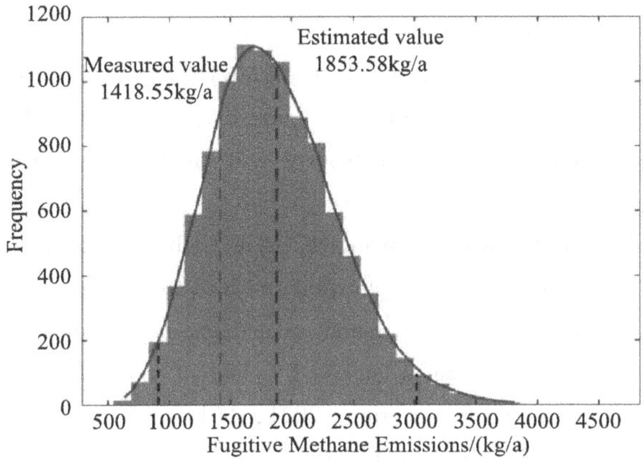

图10　10000次蒙特卡洛模拟结果与实测值对比

4　结论及建议

(1)开展了5个不同类型的天然气站场的甲烷逸散泄漏检测，近90%的泄漏组件的甲烷浓度分布在10000μmol/mol以下。开口组件的数量少，泄漏率最高，为11.67%；连接件数量最多，泄漏率最低；阀门、法兰、连接件的泄漏率在3%~5%之间。

(2)检测的组件甲烷逸散排放速率跨越多个数量级，最低排放速率低于1kg/a，最高排放速率超过了500kg/a。排放速率呈偏态分布，集中在较小范围，少数组件甲烷排放速率偏高。通过单因素方差分析，发现不同功能区域组件的甲烷排放速率有显著差异，在核算天然气长输管网甲烷排放量时，考虑不同功能区域的排放差异性，不同区域采用不同的排放因子，能有效提升核算结果准确性。

(3)使用bootstrap方法计算组件的甲烷排放速率均值及不确定度，阀门、法兰、连接件、开口分别为：26.43(15.86，38.56)kg/a、35.84(23.36，50.19)kg/a、4.90(3.43，6.73)kg/a、30.76(18.62，44.19)kg/a，与国外研究报告差异较大，主要因为国外将10000μmol/mol作为甲烷泄漏阈值，远大于100μmol/mol，其次国内外设备、运行参数的差异也可能会导致此差异。

(4)检测的LNG接收站甲烷逸散泄漏量为5202.1kg/a，地下储气库甲烷逸散泄漏量为1891kg/a；天然气输送干线站场的甲烷逸散泄漏量差异不大，检测的压气站、分输站、计量站甲烷逸散排放量在1000~1200kg/a之间。

(5)基于5个站场检测结果，核算另一天然气压气站压缩机区域甲烷逸散泄漏排放量，并进行不确定性分析。估算甲烷逸散泄漏量为1853.58kg/a，95%置信区间为(960.23，3031.97)kg/a。实测得到的该压缩机区域甲烷逸散排放量为1418.55kg/a，在估计结果的不确定性范围内。

参 考 文 献

[1] Alvarez R A, Zavala-Araiza D, Lyon D R, et al. Assessment of methane emissions from the U. S. oil and gas supply chain [J]. Science, 2018, 361 (6398): 186-188.

[2] Zimmerle D J, Williams L L, Vaughn T L, et al. Methane Emissions from the Natural Gas Transmission and Storage System in the United States [J]. Environmental Science & Technology, 2015, 49 (15): 9374-9383.

[3] Subramanian R, Williams L L, Vaughn T L, et al. Methane Emissions from Natural Gas Compressor Stations in the Transmission and Storage Sector: Measurements and Comparisons with the EPA Greenhouse Gas Reporting Program Protocol [J]. Environmental Science & Technology, 2015, 49(5): 3252-3261.

[4] Sun S, Ma L, Li Z. Methane Emission Estimation of Oil and Gas Sector: A Review of Measurement Technologies, Data Analysis Methods and Uncertainty Estimation [J]. Sustainability, 2021, 13(24): 13895.

[5] Schissel C, Allen D, Dieter H. Methods for Spatial Extrapolation of Methane Measurements in Constructing Regional Estimates from Sample Populations [J]. Environmental Science & Technology, 2024, 58 (6): 2739-2749.

[6] Titchener J, Millington-Smith D, Goldsack C, et al. Single photon Lidar gas imagers for practical and widespread continuous methane monitoring [J]. Applied Energy, 2022, 306: 118086.

[7] Rashid K, Speck A, Osedach T P, et al. Optimized inspection of upstream oil and gas methane emissions using airborne LiDAR surveillance [J]. Applied Energy, 2020, 275: 115327.

[8] Wang J, Tchapmi L P, Ravikumar A P, et al. Machine vision for natural gas methane emissions detection using an infrared camera [J]. Applied Energy, 2020, 257: 113998.

[9] Pacsi A P, Ferrara T, Schwan K, et al. Equipment leak detection and quantification at 67 oil and gas sites in the Western United States [J]. Elementa: Science of the Anthropocene, 2019, 7: 29.

[10] Cheadle L C, Tran T, Nyarady J F, et al. Leak detection and repair data from California's oil and gas methane regulation show decrease in leaks over two years [J]. Environmental Challenges, 2022, 8: 100563.

[11] Allen D T, Pacsi A P, Sullivan D W, et al. Methane Emissions from Process Equipment at Natural Gas Production Sites in the United States: Pneumatic Controllers [J]. Environmental Science & Technology, 2015, 49(1): 633-640.

[12] Zavala-Araiza D, Lyon D R, Alvarez R A, et al. Reconciling divergent estimates of oil and gas methane emissions [J]. Proceedings of the National Academy of Sciences, 2015, 112 (51): 15597-15602.

[13] Brandt A R, Heath G A, Cooley D. Methane Leaks from Natural Gas Systems Follow Extreme Distributions [J]. Environmental Science & Technology, 2016, 50(22): 12512-12520.

[14] Heydarzadeh Z, Mac K M, Thai C, et al. Marginal methane emission estimation from the natural gas system [J]. Applied Energy, 2020, 277: 115572.

[15] Sun S, Ma L, Li Z. A Source-Level Estimation and Uncertainty Analysis of Methane Emission in China's Oil and Natural Gas Sector [J]. Energies, 2022, 15 (10): 3684.

[16] Li F, Tang J, Xie Z, et al. Assessment of methane emissions from pressure regulation stations in China [J]. Atmospheric Pollution Research, 2024, 15 (3): 102031.

[17] Wang Y, Xu L, Sun J, et al. Mechano-electrochemical interaction for pipeline corrosion: A review [J]. Journal of Pipeline Science and Engineering, 2021, 1(1): 1-16.

[18] Kim C, Kim L, Wang H, et al. Global and local parameters for characterizing and modeling external corrosion in underground coated steel pipelines: A review of critical factors [J]. Journal of Pipeline Science and Engineering, 2021, 1(1): 17-35.

[19] Kuo J, Hicks T C, Drake B, et al. Estimation of methane emission from California natural gas industry [J]. Journal of the Air & Waste Management Association, 2015, 65(7): 844-855.

[20] Marchese A J, Vaughn T L, Zimmerle D J, et al. Methane Emissions from United States Natural Gas Gathering and Processing [J]. Environmental Science & Technology, 2015, 49(17): 10718-10727.

[21] Balcombe P, Brandon N P, Hawkes A D. Characterising the distribution of methane and carbon dioxide emissions from the natural gas supply chain [J]. Journal of Cleaner Production, 2018, 172: 2019-2032.

[22] Yarveisy R, Khan F, Abbassi R. Data-driven model to predict burst pressure in the presence of interacting corrosion pits [J]. Journal of Pipeline Science and Engineering, 2024, 4(1): 100146.

CCUS全周期测井地质工程一体化技术应用与探讨

牟　瑜　赖学军　林伟川　陈甫耿　张晶宇

（中国石油集团测井有限公司）

摘　要　2020年以来，我国瞄准“双碳”目标全面推进绿色转型与低碳产业布局，能实现二氧化碳埋存减排、提高油气资源采收率等多重目标的CCUS（CO_2捕集、利用及封存）技术受到能源企业的广泛关注。在长达百年的CO_2地质利用及封存生命周期中，地球物理测井可在CCUS测量、监控和验证（MMV）发挥重要作用。本文针对目前国内CCUS/CCS项目前期（选址设计）、中期（注气运行）、后期（长期监管）的三个阶段存在的注气低效、气窜风险等5类问题，系统梳理了多指标地质封存场地表征及综合选址、CO_2注气（或混相气驱）动态监测及有效性综合评价、超临界CO_2封存安全性监测及风险预警等3套技术体系，并包含关键的配套测井采集、解释评价、岩石物理测试技术。该体系以封存容量、封存性能、注气效率、封存安全性评价为核心，基于井筒、井间、井网的瞬时静态-时移动态测井信息深度挖掘，构成针对性的CCUS/CCS地质工程一体化解决方案，满足多参数、多尺度、实时长效的工程需求。同时，超低渗砂岩、页岩油等特殊的地质对象及差异化驱油开发模式导致现场问题日趋复杂，未来需要进一步深化超临界CO_2混相流体与地层的THMC多场耦合物理模拟与数值模拟，揭示CO_2波及状态和多维监测参数的时空响应关系，强化封存有效性及安全性的实时分析与超前预测，指导注气措施优化，保障CCS-EOR安全、高效运行。

关键词　CCUS；全周期；测井；地质工程一体化；监测

十四五以来，国内“碳达峰 碳中和”目标全面部署，绿色低碳科技高速发展。CCUS（碳捕集、利用与封存）技术有望实现二氧化碳的大规模低碳利用和近零排放，为化石能源及煤电行业提供了重要的技术选择。对于能源行业而言，CO_2的利用方向主要为强化石油开采（CO_2-EOR）、强化天然气开采（CO_2-EGR）、驱替煤层气开采（CO_2-ECBM）、增强页岩气开采（CO_2-ESGR）、增强型地热系统（CO_2-ESGR）、浸出铀矿增采（CO_2-EUL）、强化咸水开采（CO_2-EWR）、置换水合物等，封存类型主要为陆上、海底的咸水层与枯竭油气田封存及陆上煤层封存。

截止2023年，我国政府已组织实施了超过100个CCUS/CCS项目，由于我国CO_2地质封存起步较晚，这些项目的成果大多没有进行较为系统的总结评估。二氧化碳地质利用封存工程面临较复杂的现场地质、工程问题，亟需系统评估地质目标的封存性能，分析运行参数的敏感性与不确定性，同时对注、吸气及封存能力进行优化，开展对商业规模封存项目的风险评估。在这些技术环节中，地球物理测井技术通过声、光、电、磁、放射性等手段进行井下测量、监控和验证（MMV），开展长效的地质工程一体化支撑服务。

1　问题与需求

二氧化碳地质利用封存的全生命周期经历从数年到百年的时间跨度，全流程包括油田CCUS注入前（场地选址设计）、中（注气建设运行）、后（长期监控管理）的三个不同建设阶段，见表1。

表1　CO_2地质利用封存工程作业管理全流程

阶段一：注入前										阶段二：注入中	阶段三：注入后		
选址评估			选址鉴定			封存场地开发			试运行	CO_2注入	注气结束关井	关井后	封存责任转移后
盆地勘查筛选	场地鉴定	可行性论证	预许可授权	工程方案编制	更新场地评估	许可授权	场地建设	最终场地评估	性能验证				
时间跨度：年										时间跨度：十年	时间跨度：数十年至百年		

通过油田 CO_2-EOR 项目及煤电化工等企业的咸水层 CCS 项目总体特征分析，目前国内工程项目不同阶段普遍存在技术短板与流程缺失，集中体现为 5 个方面的问题。

第一，封存选址评价薄弱。二氧化碳地质封存是通过工程技术手段将捕集的二氧化碳封存于地质构造中，实现与大气长期隔绝的过程，筛选适宜的封存地点，这是确保 CCS 项目安全、顺利开展的前提条件。我国现有多数项目还处在示范阶段，缺少明确、量化、通用的场地选择标准及选址流程。关键筛选指标不统一且量化程度不高，例如裂缝评价、密闭性等还停留于定性描述，同一筛选指标的取值范围往往也有不同。此外，我国以陆相沉积为主，复杂的地质特征无法简单套用国外的选址方法，缺少一套既与国际通用技术接轨、又充分考虑在中国实际封存适用性的封存选址评价方法。对于 CO_2-EOR 工程，前期以非混相驱油影响因素评估、井筒治理、封存量评估为核心的注前方案设计与适宜性评价未系统开展。

第二，井筒完整性问题突显。二氧化碳在地层中呈超临界态（临界温度为 31.06℃，临界压力为 7.39MPa），溶解于地层水后，腐蚀水泥环导致抗压强度下降，形成高渗通道加速套管腐蚀速率。因此，在二氧化碳注入井中，管柱和水泥环的承压能力和有效密封性极易受到破坏。国内油田 CO_2-EOR 项目多为 2010 年以前的投产老井转新注气井，在注气前期井身质量就已经存在较多问题，腐蚀、套损井最高占比可超过 70%。

第三，气窜现象普遍。对于 CO_2-EOR 工程，由于封存区储集层存在低压带或者规模较大的渗流带，同时存在管外窜、井间、层间裂缝等高渗通道，导致同层见气、跨层气窜情况突出，缺乏有效预警和治理手段。部分油田气窜井产出端气量大，压力高达 10-30MPa，导致建设区多口井长停。

第四、CO_2注气受效程度降低。多数项目在经历建设初期快速注气见效之后，中后期受注入井套损、管外窜等井筒问题以及砂体非均质性影响，CO_2注入波及不均匀，局部压力逐步降低，难以形成混相气驱带，形成连片的低压、低效区，驱油及封存有效性降低。

第五、CO_2物化反应机理认识不足。超临界 CO_2 在地层长期封存状态下，与咸水层或油气储层会同时发生溶蚀、矿化等物化作用，反应过程和影响规律复杂，对储层的伤害或改善的机理认识薄弱，缺乏有效的观测方案。在注采条件下，饱和度与压力的不断变化导致该过程的研究更具挑战。

基于瞬时静态到时移动态的测井资料，形成多指标地质封存场地表征及综合选址、超临界 CO_2 注气（或混相气驱）动态监测及有效性综合评价、运维安全性监测及风险预警等三套技术系列，可为以上五方面问题提供地质工程一体化解决方案。

2　多指标地质封存场地表征及综合选址技术

该技术主要通过 CO_2 储集、渗流、封堵等指标评价储集空间与盖层的封存适宜性，结合源汇配置、基础设施等因素分析选址合理性，在目标盆地内筛选 CO_2咸水层、枯竭油气藏地质封存适宜靶区，并提供封存量、封存面积等潜力数据。包含 CO_2 封存体“三性”评价、CO_2 封存体动静态建模、CO_2 封存量评估等技术。

2.1　CO_2封存体“三性”评价

对于深部咸水层、废弃油气藏、不可开采的煤层等不同媒质的封存靶体，最重要的适宜条件包括足够大的封存容量与较好的可注入性、密封性良好的盖层以及合适的流体性质，这些条件即封存选址的重要指标，表 2 列出了 CO_2 地质封存选址“三性”评价（储层、盖层、流体特性）的一、二级指标。

表 2　CO_2封存选址的一级、二级地质指标

一级指标	二级指标
储层特性	储存岩性、储层厚度、孔隙度、渗透率、砂体连通性、地层温度及压力、注入指数、储层面积
盖层特性	盖层岩性、盖层厚度、盖层承压、盖层突破压力、盖层破裂压力、断层及裂缝
流体特性	储层流体成分及矿化度、黏度、密度、温度、水动力条件、地层水压力等

基于常规与阵列声波、电成像、核磁共振、元素扫描等多维成像测井，结合录井与地质资料，可实现表1中多指标的量化表征，提取不同构造单元潜在封存场地的数据信息开展场地适宜性评价。

2.1.1　储层特性评价

（1）储层岩性：泥质含量低于各区储层上限的地层均可（一般≤25%）。岩石矿物成分与二氧化碳封存及物理化学反应密切相关，硅质矿物为主的砂岩是封存最优选择，碳酸盐岩次之。一般砂岩或碳酸盐岩中孔隙或裂缝发育程度较好，且注入的CO_2与储层岩石发生化学反应，形成矿物或离子，从而实现CO_2封存。存在盐丘和盐层时，也是较好的封存体。可基于多矿物体积模型，利用三孔隙度、光电吸收截面及自然伽马能谱等曲线进行最优化求解得到矿物组分的连续剖面。在采集地层元素或岩性扫描测井资料的情况下，通过俘获伽马谱解谱处理，可反演地层中主要元素的含量，进而实现对地层矿物组分更为精确的定量解释。

就封存适宜性而言，砂岩储层沉积环境最好的是大型河流、三角洲相和扇三角洲相，碳酸盐岩储层最好的是封闭或半封闭的浅水碳酸盐台地中最富含生物的潮间带，其次是潮上带和潮下带，可通过微电阻率扫描成像资料建立不同沉积模式图库，实现岩性和岩相精细刻画。

此外，不可开采的煤层也可作为二氧化碳封存场所，具有潜在的经济价值。煤层脱水是二氧化碳封存之前的必要工序，且二氧化碳驱替置换出来的甲烷具有工业价值，因此含水低、含气量高的煤层更具封存适宜性。一般在相同的深度和压力下，褐煤、次烟煤、烟煤、无烟煤含气量依次增加，考虑到无烟煤的经济价值，最适宜封存二氧化碳的是烟煤或次烟煤。镜质组反射率R_0是反映煤的变质程度，进而确定煤岩类型的重要指标，与密度、电阻率呈正相关关系，与声波时差、补偿中子呈负相关关系，可通过单因素或多因素非线性拟合公式计算。灰分、挥发分、固定碳、水分等工业组分是评价含气量的重要参数，常用的计算方法主要是依据对煤的组成成分建立等效体积模型和相应的测井响应方程组，并通过求解方程组得到几种组分的相对体积含量，再结合实验室分析的煤质质量百分数进行区域性关系转换。也可通过煤层等温吸附试验得到甲烷吸附等温线，确定压力与吸附气体定量关系。

（2）储层厚度：建议地下储层单层厚度应不小于5m，理想情况下厚度>10m；累积厚度应不小于20m，理想情况下厚度>50m，并允许不同的注入策略；有一定倾角的地层是CO_2封存理想场地。

（3）孔隙度和渗透率：孔隙度和渗透率等储层参数直接影响二氧化碳储存量和注入能力，适合储存CO_2的储层，孔隙度一般大于5%，渗透率应大于0.1mD。利用测井资料定量表征物性参数的方法较多，可结合不同地质目标，选择适应性、经济性较强的采集系列和评价方法进行计算。

孔隙度可利用不同的理论公式，如威利平均时间公式、雷蒙汉特非线性方程、声波地层因数方程求解；在泥质含量较低的砂岩地层中，可利用“岩心刻度测井”方法建立三孔隙度曲线拟合模型；岩性较复杂时可基于多矿物体积模型进行最优化求解；或优选敏感测井曲线，采用模糊聚类法建立非线性解释模型。核磁共振测井测量的信息可反映地层孔隙中的流体，在核磁、密度孔隙度结合进行含气校正后，可以更加准确的求取孔隙度。

渗透率的理论公式包括Poisscuille和Darcy定律，反映孔隙度和渗透率之间的关系；当地层次生孔、缝、洞较发育时，固定的孔渗关系差异较大，应基于不同储集空间类型或流动单元进行分类建模；核磁测井是计算渗透率的最佳方案，弛豫时间T2谱能够通过反映小、中、大孔的孔径分布表征孔隙结构特征，进而建立基于三类孔隙组分的高精度渗透率模型，常用模型包括Coates、SDR模型及基于敏感性优选的多参数组合模型。

（4）储层连通性：通过地层划分与对比，选择砂体展布较好、厚度稳定，连通性较好的层段。不同类型储层构型单元和模式是影响砂体连通程度、注采渗流差异、流体富集位置、气驱开发效果等的核心因素之一，利用测井资料可分析储集体顶、底、侧边界几何形态以及储集体单元的内部储、隔（夹）层分布，明确不同级次储集体构成单元的形态、规模、方向及叠置关系，判断井间砂体是否属于同一构型单元，横向是否连通。

（5）地层温度及压力：注入的CO_2需要达

到超临界状态（压力超过 7.3MPa，温度超过 31.1°C），同时避免泄露，埋藏单元深度不宜<800m。地层压力可利用声波和密度测井资料，通过伊顿法进行计算。同时封存单元不宜位于超压地层，地层压力建议低于静液压，减小泄露或井喷的风险。

（6）注入能力：可以用注入指数 I 来表示。

$$I=\frac{q}{\Delta P}=\frac{172.8\pi Kh}{\mu\ln(r_e/r_w)} \tag{1}$$

式中，q 为井筒中的流速，m^3/d；h 为储层厚度，m；ΔP 为储层及井筒间的压差，MPa；K 为储层的渗透率，mD；为注入相的黏度，MPa·s；r_e 为等效泄流半径，m；r_w 为井筒半径，m。从储层注入能力分析可知，储层厚度、储层的渗透率、注入相的黏度等因素影响注入效果。

（7）储层面积：建议储层面积宜大于 $50km^2$。

2.1.2　盖层特性评价

（1）盖层岩性：常见的盖层岩性主要为泥页岩、盐岩、石膏等。泥质与钙质含量对盖层封闭性影响较大，其含量增加会使岩层的孔喉半径减小，排驱压力增加，从而增强封闭能力。

在用自然伽马曲线计算泥质含量的过程中，局部高铀、高钍容易导致高伽马地层泥质含量计算偏大而将储层误判为盖层。通过能谱测井进行去铀、去钍校正，或通过三孔隙度曲线构建岩性三角图版，可有效提升高伽马地层泥质含量的计算精度。

（2）盖层厚度：储层/盖层宜存在多层叠加结构，以增加封存的安全性。上覆盖层单层厚度大于 10m，累积盖层厚度大于 100m，且分布稳定时，封存性较好。主力盖层之上发育缓冲盖层时，封存性较好。

（3）盖层承压性：盖层破裂压力等最大承压能力必须大于储层注入 CO_2 产生的最大压力，避免由于 CO_2 注入导致盖层断裂引起泄露，保证封存的安全性。盖层的承压能力主要体现在塑性上，不同岩性和不同成岩阶段的盖层具有不同的塑性，岩性的塑性由强到弱排序依次为盐岩、硬石膏、富含干酪根页岩、黏土质页岩、粉砂质页岩、碳酸盐质泥岩以及隧石。塑性可通过岩石力学参数、地应力、破裂压力等进行综合表征。

（4）盖层突破压力：Young-Laplace 方程给出了盖层突破压力的计算方法（式 2），模型中需要确定界面张力、水膜厚度、润湿角以及毛管半径等参数。

$$P_b=\frac{2\sigma\cos\theta}{R-h} \tag{2}$$

式中，P_b 为突破压力，单位 MPa；σ 为界面张力，单位 N/m；θ 为润湿角，单位（°）；R 为毛管半径，单位 m；h 为水膜厚度，单位 m。

毛管半径用以表征盖层突破压力约束的临界孔喉半径，可通过压汞实验和核磁资料获得；压力是影响界面张力的主要因素，通过实验数据拟合的压力与 CO_2-水的界面张力经验式具备较高的精度，可以用测井资料表征 CO_2-水界面张力；在盖层孔隙的纳米尺度下进行水膜厚度测量难度较大，可根据 DLVO 理论表征水膜厚度，由水膜在平衡条件下受到的静电斥力、范德华力以及结构斥力综合作用进行计算。不同盖层中 CO_2 和水的润湿角可以通过直接测量法（接触角法、吊板法等）和间接测量法（阿莫特法、自动吸入法、离心法等）获得。

（5）破裂压力：由测井计算岩石最大、最小水平地应力及抗拉强度，结合有效应力系数便可计算出盖层破裂压力。

$$P_f=3\sigma_h-\sigma_H-\alpha Pp+S_t \tag{3}$$

式中，p_f 为地层破裂压力，MPa；σ_H、σ_h 为最大、最小水平主应力，MPa；α 为有效应力系数，无量纲；p_p 为地层孔隙压力，MPa；S_t 为地层抗拉强度，MPa。

（6）断层、裂缝：贯穿盖层的断裂和规模发育的微裂缝可能作为二氧化碳散逸通道，从而引起二氧化碳泄露或窜层，对盖层封闭能力影响很大。

测井可提供井壁+井旁裂缝的立体评价手段。通过微电阻率扫描成像测井可实现井壁裂缝的精细刻画，基于电阻率图像计算裂缝引起的异常电流面积，结合冲洗带和泥浆滤液电阻率，利用有限元法可推导裂缝开度；裂缝长度指的是单位面积井壁上裂缝长度之和，裂缝线密度指的是统计窗长内的裂缝总条数，裂缝孔隙度是裂缝体积与单位井筒体积的比值，此类裂缝参数均可在人机交互裂缝拾取的基础上进行统计分析；也可基于阵列声波测井资料提取斯通利波的幅度、频率、速度等参数信息，根据声波的衰减、反射特征评价裂缝发育程度。声波远探测是利用阵列声波测井仪器采集的纵横波反射信息成像，实现井旁缝、洞、断层等地质构造识别，最高能提供井外百米以上范围内反射体产状信息和规模特征。

2.1.3　流体特性评价

流体成分及矿化度、黏度、密度、压力、温度等参数可直接影响二氧化碳物相、溶解度和分解，是重要的流体特性评价指标。

储层流体矿化度：咸水层封存时，不宜选择受保护的地下淡水资源，且咸水层中含盐量不宜过高，否则将导致较低的 CO_2 溶解度，我国适合封存的矿化度宜在 3.0~50.0g/L 之间。目前间接计算地层水矿化度的测井方法主要包括自然电位法、电阻率-孔隙度图版法、储层邻近泥岩信息法、正演模拟预测等，将多方法计算的地层水电阻率，再通过地层水性分析建立的电阻率-矿化度图版，进行地层水矿化度的间接转换，或通过中子俘获自然伽马能谱测井，建立 Cl 元素计数与地层水矿化度的关系来直接计算矿化度。

水动力条件：拟选场地水文地质条件为水力运移逸散控气作用时，场地条件较差；为水力封堵控气作用、水力封闭控气作用时，含水层水动力较弱，地下水径流缓慢甚至停滞，促进更多的 CO_2 与围岩矿物充分反应，形成碳酸盐而固定下来，有利于 CO_2 储存。

2.2　有效封存量计算模型

深部咸水层封存 CO_2 的潜力由构造地层封存 $M_{CO_2}s$、溶解封存 $M_{CO_2}d$、残余气封存 $M_{CO_2}r$ 三部分组成，三部分的理论封存量可根据储层圈闭的体积、残余水饱和度、地层水及其被二氧化碳饱和时的平均密度、二氧化碳在地层水中的溶解度等参数进行计算。深部咸水层中封存的总潜力又分为理论封存量与有效封存量。

理论封存量：

$$M_{CO_2}ts = M_{CO_2}s + M_{CO_2}d + M_{CO_2}r \tag{4}$$

有效封存量：

$$M_{CO_2}es = E \times M_{CO_2}ts \tag{5}$$

该方法计算所得结果更符合二氧化碳在咸水层中封存的真实潜力值，其中 E 为有效封存系数，反映二氧化碳占据整个孔隙体积的比例，需考虑实际波及面积与储层面积的比例、实际注入层厚与总层厚的比例、实际占用孔隙度与总孔隙度的比例，综合多重封存机理进行取值，碎屑岩储层中一般为 0.024。

在 CO_2 注入初期以构造封存为主，溶解和矿化封存量较少，可用美国能源部提出的潜力计算方法评估有效封存量(式6)。

$$M_{CO_2}es = A \cdot H \cdot \phi \cdot \rho_{CO_2} \cdot E \tag{6}$$

式中，A 为圈闭的面积，km^2；H 为有利咸水层的有效厚度，m；ϕ 为咸水层岩石的孔隙度，%；ρ_{CO_2} 为在地层条件下的 CO_2 的密度，kg/m^3。

2.3　结合地表社会环境条件的靶区综合排序

在地质评价的基础上，封存靶区选址还需综合考虑地面土地利用现状、地质灾害情况、排放源规模及距离等因素。避开水域、矿区、自然保护区、城镇、农田等地面不可实施区以及塌陷、地震等地质灾害区，宜选择碳排放源规模大及距离碳源较近的区域，一般通过 100km 内 CO_2 排放量来表征，其值越大，捕集、运输 CO_2 所花成本越小。图1为地下结合地面条件综合圈定的10个有利封存靶区。

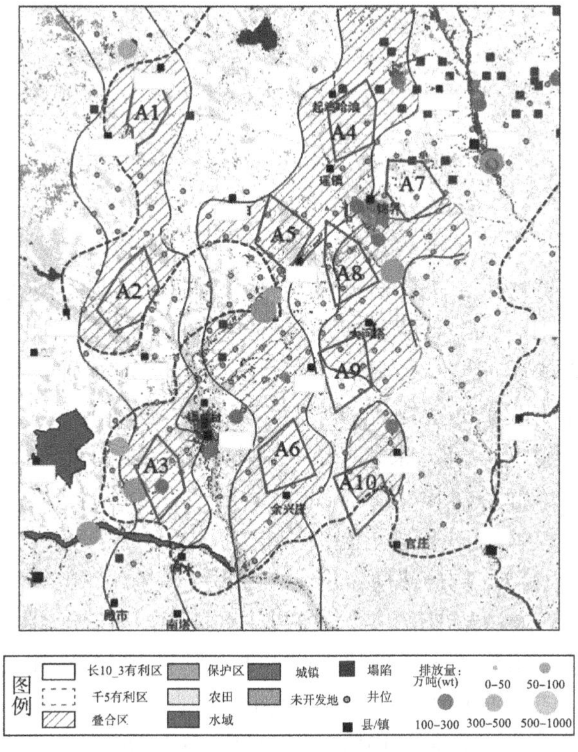

图1　地下结合地面综合圈定的有利封存靶区

选择模糊综合评价法对10个有利封存靶区进行靶区适宜性排序，可解决多指标、模糊的、难以量化的问题。建立多因素判断矩阵(式7)，K_{ij} 为各因素两两之间的重要性比值，用1~9或1~5倍表示；计算判断矩阵中每行所有元素的几何平均值(式8)，作归一化处理后，得到各因素相对权重(式9)。

$$K=\begin{bmatrix} K_{11}\cdots K_{1n} \\ K_{21}\cdots K_{2n} \\ \cdots\cdots \\ K_{n1}\cdots K_{nn} \end{bmatrix} \tag{7}$$

$$m_i = \sqrt[n]{\prod_{j=1}^{n} K_{ij}},\ (i=1,\ 2,\ 3\cdots,\ n) \tag{8}$$

$$w_i = m_i / \sum_{j=1}^{n} m_j \tag{9}$$

设置各因素值的评价标准进行分级，结合权重进行靶区最终适宜性打分，表3为10个靶区的综合排序。

表3　10个靶区的综合适宜性评分排序结果(不完全评价指标)

靶区 \ 指标因素	孔隙度	厚度	渗透率	封存潜力	盖层厚度	碳源距离	碳源规模	综合适宜性评分	排序
A1	4	5	3	2	4	5	4	4.07	1
A2	4	3	3	2	4	5	3	3.60	4
A3	5	5	4	1	4	1	1	4.00	2
A4	5	2	4	5	5	1	1	3.84	3
A5	3	4	2	4	5	2	4	3.56	5
A6	2	3	4	2	4	3	4	2.87	7
A7	3	2	3	3	2	5	3	2.74	8
A8	4	2	3	4	3	4	3	3.30	6
A9	3	3	2	2	3	2	1	2.69	9
A10	3	3	4	2	2	1	2	2.63	10
权重 *wi*	0.3691	0.2011	0.0618	0.0665	0.1777	0.0618	0.0618		

2.4　CO_2封存体动、静态建模

2.4.1　静态建模

通过场地表征收集潜在封存场地的海量数据信息之后，需结合测井与地震资料建立封存场地的3D可视化静态地质模型，为地震正演模拟、流体模拟、参数的不确定性分析等奠定基础，指导注气策略及措施方案制定，同时明确地质与工程甜点，为注采水平井钻探提供精确的地质导向。静态建模包括构造、岩相、封存属性及甜点、岩石力学等模型。

(1) 构造建模：需在三维地震构造解释的约束下，通过精细地层对比控制井点深度，地震解释层位控制井间构造趋势。有水平井随钻测井资料时，可依据水平段地质分层和虚拟井控制，对井间构造趋势进行实时迭代更新，提高构造模型精度。

(2) 岩相建模：井距较大时，引入高维深度学习方法，挖掘地震与测井储层参数之间复杂的非线性关系，利用三维地震反演体数据和砂体平面分布特征，作为地质建模约束条件，控制井间砂体展布特征，建立高精度三维岩相模型。有水平井随钻测井资料时，基于水平井轨迹与泥岩夹层配置关系，利用局部变差函数、虚拟井、人机互动等方法，进一步迭代修正岩相模型，提高模型精度。

(3) 封存属性与甜点建模：在岩相控制的基础上，岩性属性模型作为物性参数模型建立过程中的协同变量，物性参数模型又作为流体属性模型建立的协同变量，建立属性模型。再结合封存区域沉积特征、储集能力、封闭能力、工程特性等建立的地质与工程甜点分类标准，建立三维地质甜点模型与工程甜点模型，精细表征地质工程甜点的三维空间分布。

2.4.2　动态建模

在静态模型的基础上，需进一步开展后期的动态模拟仿真，描述封存地的动态特性，预测在不同的注气方案下，能够埋存的CO_2及其受效展布情况，并进行敏感性分析及安全性评估，避免出现不可接受的风险，制定最佳注气措施。

对于咸水层CO_2封存，将原始状态下的孔渗属性、压力、温度、岩石力学等封存体基础参数输入三维属性模型，建立适当的网格系统；根据注气压力、日注气量、地层压力等经验关系，通过数值模拟分析注气不同阶段压力分布场的变化规律，预测CO_2在平面与纵向上的波及渗流范围、封存气量；同时考虑不破坏封存体封闭性的上限外输压力与上限地层压力，计算封存体容

量；进入注气阶段后，可将地层压力、累注曲线、压力等拟合预测结果与实际监测的运行数据进行对比分析，动态修正数值模拟参数，更新预测结果，结合设计容量分析达容目标进度。

对于 CO_2 驱油封存，在实现储量、注气压力、地层压力、产量等历史生产参数较好拟合的基础上，通过数值模拟明确平面与纵向的剩余油分布规律，同时基于剩余油主控因素分析，通过预测不同注入量、不同注采井数比、多层混注、分层配注等差异化提采方案下的产量，优选 CO_2-EOR 开发方案。

3　CO_2 注气动态监测及有效性综合评价技术

在注气运行阶段，通过在注入井相应距离内部署观测井，建立 CO_2 地质封存监测体系（图 2），重点的监测内容包括温度、压力、流量等多参数剖面；区域地层压力；井间优渗通道参数、注气波及范围、CO_2 饱和度及封存量、剩余油分布（CO_2-EOR 工程中）、气驱前缘；目的层和非目的流体取样；储盖层物化变化；管柱损伤、固井质量等。还需观测 CO_2 是否窜流至非目的层或浅部淡水层，必要时增加观测井。通过连续实时监测，或多期次的监测结果对比，明确纵向、平面上不同地层注气（驱油）效率及不同方向 CO_2 波及状况，综合评价注气受效程度，支撑区域注气（驱油）设计方案优化及措施调整。

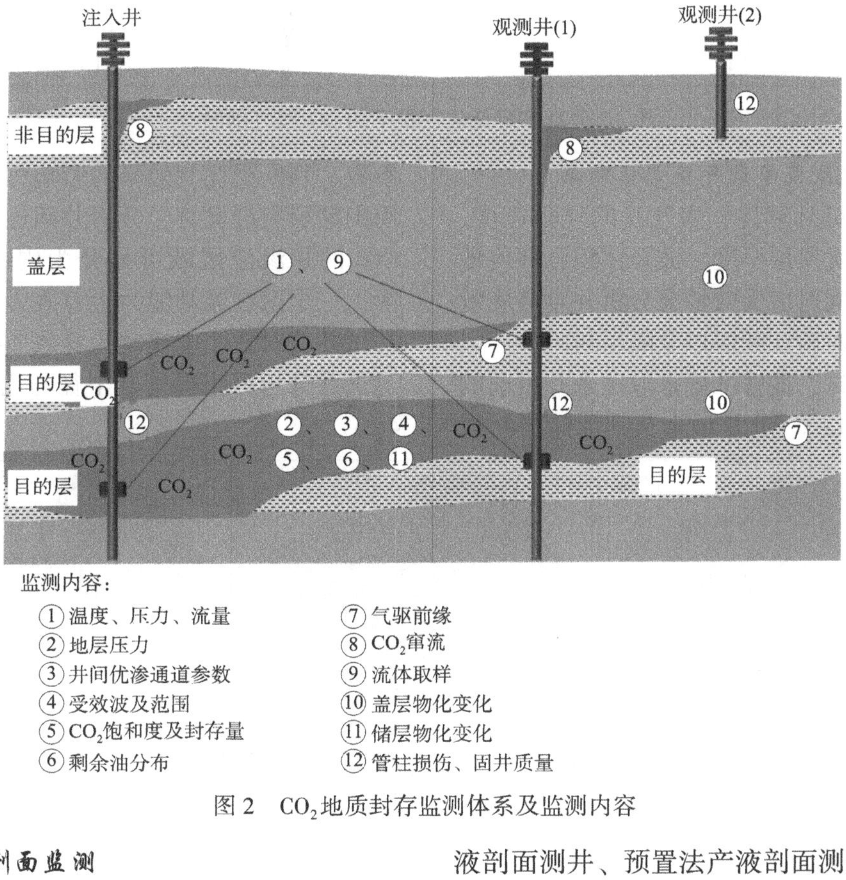

图 2　CO_2 地质封存监测体系及监测内容

3.1　*注产流体剖面监测*

注入剖面测井包含同位素、电磁流量、超声波流量、脉冲中子氧活化、相关流量精细吸水剖面、多参数等，获得井筒温度、压力、流量等剖面，了解地层注气状况和分层配注后的注气效果，揭示层间层内矛盾、调整注气剖面（如分层配注调剖、堵水调剖、酸化、压裂），为下一步制定单井或区块注气调剖方案提供资料依据。产出剖面测井包含过环空产液剖面测井、抽吸式产液剖面测井、预置法产液剖面测井、水平井产液剖面测井等，采集流量、持率等产液剖面数据。可结合各方法的技术指标和适用范围，根据 CO_2 密度变化与固体示踪剂的匹配、日注入量、管柱情况等，选择合适的项目。此类瞬时静态数据并且需要开展多期次的测试，综合对比分析注采状态。

光纤可进行全井段温度、声波等参数的实时、长期测量，在油气井剖面测试、储层评价等方面具有安全性、可靠性、连续性优势。与氧活化等方法对比，氧活化受末端流量测量限制及低注气量影响无法识别分层吸气量，光纤在低吸气量、多层、层间距近的层段凸显优势(图3)。

如在井网部署光纤多井同测方案，可根据注产井生产动态响应关系，进行注采量小层劈分、来水方向分析、气量平面划分等，为整个区域提供“智能连续永久、随需应变”的弹性监测服务，全程进行二氧化碳流动状态展示与运移监测，有效刻画井间驱替分布范围、评价井组注气效率。

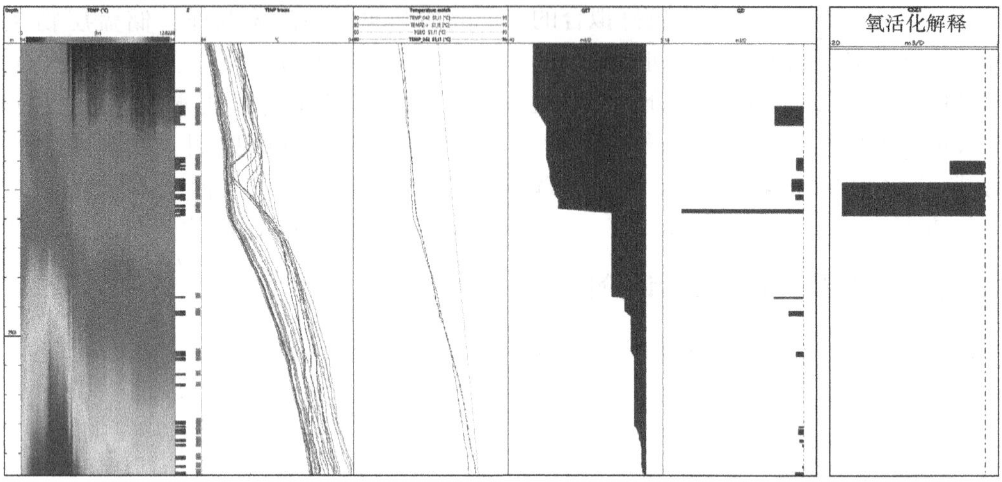

图3　光纤解释低注气量下的 CO_2 吸气剖面

3.2　区域注气波及范围及气驱前缘刻画

示踪剂技术可计算注、采气井的气驱速度、方向；计算井间优渗层厚度、波及体积；评价地层非均质性；井间对应受效情况分析并对措施效果进行评价；同时验证断层以及隔层封闭性。

压力恢复测试，能够准确求取注采井目前的地层压力[图4(a)]、近井污染及其他储层物性参数、判断受注气效果的影响程度、识别测试井周围储层裂缝发育、分析井间连通性等状况。注 CO_2 的井渗流区域可划分为内区、过渡区和外区，三个区在流动能力上存在差异(逐渐变差)，在试井双对数图上表现为导数曲线逐渐上翘，通过试井分析可获得气驱半径与内外区流度比[图4(b)]。

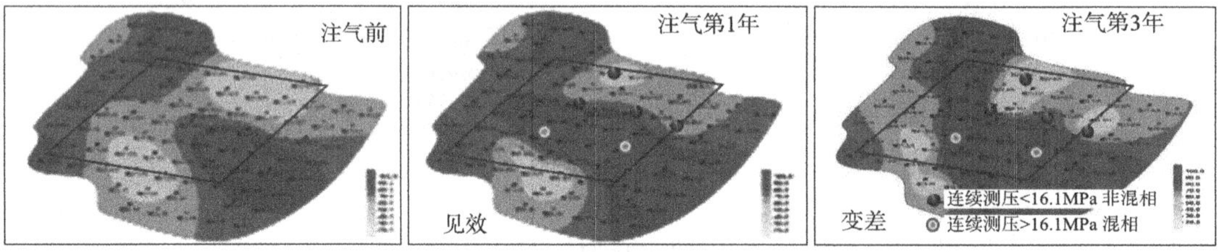

(a)历年压力分布图

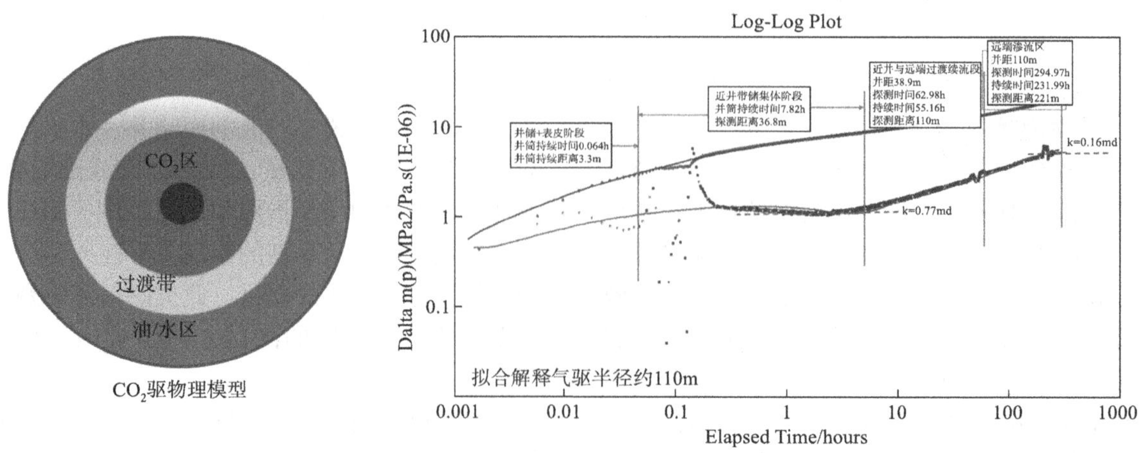

(b)试井双对数曲线计算气驱半径

图4　CO_2 试验区压力恢复测试

分布式光纤 DAS-VSP(光纤垂直地震剖面)技术中，光纤既是传感器，又负责信号传输，可提供高精度储层参数，通过井筒周围储层的高精度、高分辨率构造成像，精细描述注气井周围的封存体属性状态，具有高密度、全井段、耐高温、耐高压、低成本、高效率、采集与传输一体等诸多优点。如图 5 中 A 井和 B 井采用 DAS 井地联采，联采炮点边长为 5~8km 的正方形区域，联采区域分别以 A 井和 B 井为中心，采用炸药和气枪混合激发方式。光缆与检波器联合采集，得到井地联采 VSP 资料。

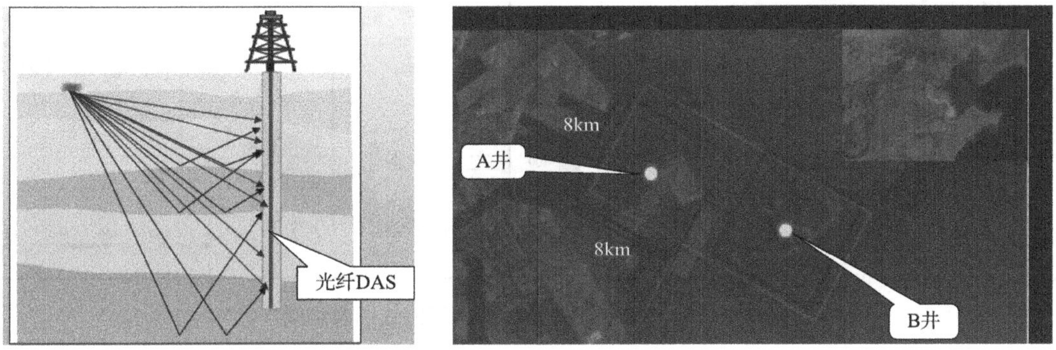

图 5　DAS—VSP 的炮点卫片图

注气前采集一次 VSP 作为基准 VSP，注气中重复采集多次 VSP 作为时延监测手段；时延 VSP 可揭示与储层变化，DAS 的高覆盖密度可有效覆盖注入层段。当在裂缝型地层中，CO_2 流动造成的扰动及裂缝开启、闭合信号较强时，也可通过井下部署微地震检波器，实时监测裂缝三维展布特征、生长特性、窜层、断层活化识别，反应井间地层及流体状态，纵向储层微构造分辨率高，有效刻画井间气驱前缘分布范围(图 6)。

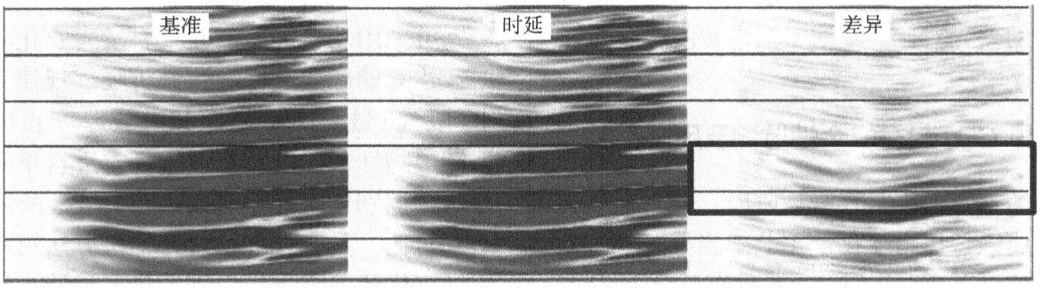

图 6　VSP 监测-通过注气前后对比，刻画注气效果

微重力是以地壳中不同岩石之间的密度差异为基础，通过观测和研究天然重力场微伽级别的重力变化规律，以查明地质构造和寻找有用矿产的物探方法。在实际监测中，不同流体地层有明显的重力差值，从信号频率角度：油气聚集区表现为高频，边水和底水表现为相对低频。因为 CO_2 和水密度差大于 CO_2 和油密度差，可通过微重力层密度反演技术，识别 CO_2 富集区，与生产动态对比呈现较好的一致性。通过体密度反演技术，可根据目标层剩余重力异常平面等值线图，获取多条纵向切线剖面，刻画 CO_2 驱优势通道，结合 3D 微重力体反演结果，确定受效方向，包括连通、弱连通、扩展受效方向以及受效井数(图 7)。

3.3　CO_2 饱和度计算及埋存率评估

中子寿命、宽能域-氯能谱、碳氧比等传统套后剩余油饱和度测井方法难以适用于油、水、CO_2 三相流体的组分测定。可开展针对性的超临界态 CO_2 驱替声、电联测实验，根据响应特征，基于 Gassmann 方程等数值模拟方法建立 CO_2 饱和度计算模型。其一般表达形式为：

$$K_{sat}=K_{dry}+\frac{\left(1-\frac{K_{dry}}{K_m}\right)^2}{\frac{\phi}{K_{fl}}+\frac{1-\phi}{K_m}-\frac{K_{dry}}{K_m^2}} \tag{10}$$

式 10 中，K_{sat}、K_{dry}、K_{fl}、K_{ma} 分别为饱和岩石、干岩石骨架、孔隙流体、矿物固体基质的体积模量，ϕ 为孔隙度，μ_{sat} 和 μ_{ma} 分别为饱和岩石和干岩石骨架的剪切模量。

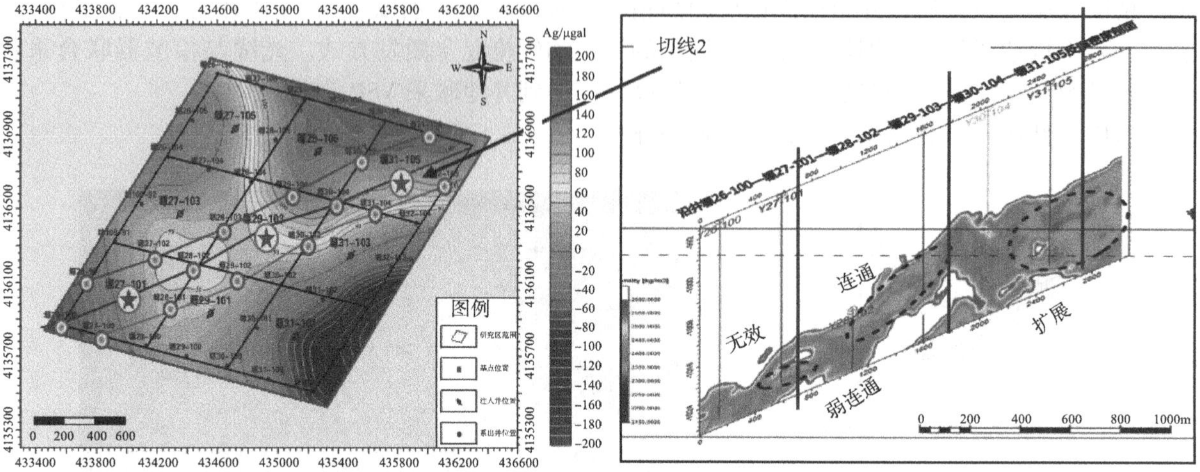

图 7　目标层剩余重力异常平面等值线图及切线

Gassmann 从岩石固体颗粒的组成结构和形状以及填充其中的孔隙流体分布特点上出发，提出了不同组分孔隙流体饱和岩石体变模量与干岩石骨架、孔隙流体的体变模量之间的关系，利用迭代算法计算 CO_2 饱和度。

在利用测井弹性参数建立 CO_2 饱和度模型的基础上，开展时移测井与多期地震，建立 CO_2 注入区的四维地震正演模拟合成记录，通过不同注入阶段的差异对比，反演 CO_2 饱和度，有效评估 CO_2 埋存率。

4　超临界 CO_2 封存安全性监测及风险预警

在长达百年的碳封存管理阶段，针对地质运动、化学腐蚀、压力变化、工艺不当等造成的外逸风险，建立井筒–井间–区域各级注气封存安全性一体化监测方案，提供气窜识别、套变套损预防、矿化蚀变程度评价、泄露评级等实时服务，建立风险预防机制。

4.1　动静态结合的井筒完整性评价

超临界 CO_2 的长期埋存会对井筒管柱、水泥环产生较大的腐蚀影响，井筒完整性评价需开展固井质量、油套管损伤、管柱泄漏三方面检测。针对固井质量，可通过声阻抗型超声成像等技术识别微间隙、水泥沟槽、环空固、液、气相；针对油套管损伤，多臂井径、电磁测厚、井下光学高清成像等测井手段评价油套管内径、套管壁厚，明确变形、弯曲、孔眼及外部损伤、管外结构；此外，通过氧活化、光纤、噪声等测井可捕捉井下流体泄露的流速和位置。从时间和动静态角度出发，建立 CO_2 泄露危险性评价和预警系统，对注入二氧化碳前的井筒进行套损和固井质量的静态先导评估，注入 CO_2 后，定期测试进行监测预警，在流体流动过程中多次点测和连续测量，对比分析静态本底资料可有效提升识别能力，实现对于间歇性漏失、微小漏失的精确监测。

4.2　井间气窜通道识别

可利用动、静态测井资料及岩心化验分析数据，建立储层分类标准，分析吸气规律，单层吸水(吸气)量与储层物性和有效厚度正相关。依据储层物性条件以及有效厚度，进行单砂体连通评价，识别气窜优势通道。与 CCUS 的示踪监测结果对比，具有较好一致性，该方法可以对 CO_2 驱气窜优势通道进行识别，指导封堵、调剖等施工作业，实现提高采收率。

4.3　超临界 CO_2 水岩反应模拟

基于 CO_2^- 咸水–岩石反应实验，可建立矿物组分反应路径、反应速率数值模拟及预测方法。在反应釜中，与气体压力控制系统配合模拟地层状态进行实验，通过 XRD+扫描电镜确定反应前后岩石矿物成分变化，ICP–MS 水化学分析揭示流体化学变化，分析流体–岩石成分变化，获得反应溶解–沉淀路径和速率。结合数字岩心技术，求取参与反应的矿物表面积，并借助三维 CT 剔除不连通的孔隙。基于矿物溶解–沉淀化学动力学方程进行模拟，数值模拟结果与实验观测结果定性上相符，溶液离子浓度的演化在量级上一致(图 8)。模拟结果可预测一定封存期后矿

化、溶蚀程度，建立孔隙度-孔喉参数-渗透率相互关系，预测一定封存期后渗透率，确定时间推移测井的期次方案

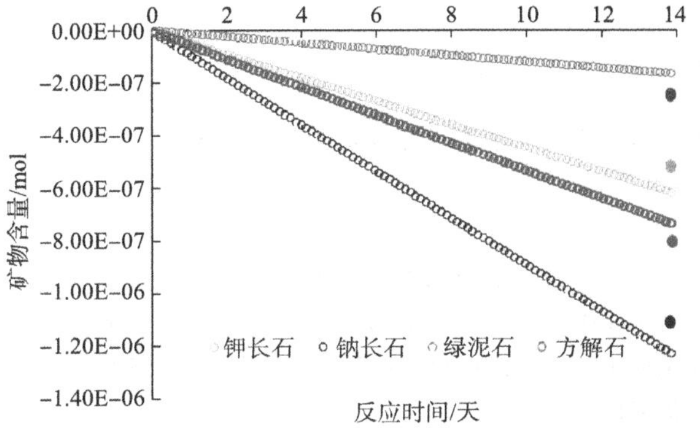

图8 矿物组分在水岩反应一定时间后的模拟结果(实心点为实测结果)

5 发展方向

(1) 针对非混相和混相CO_2-EOR的储层特征，基于数字岩石多物理场数值模拟研究，厘清多孔介质超临界CO_2流动机理、驱油机理，明确超临界CO_2不同赋存模态下地球物理监测响应特征，对CO_2利用、封存、动态监测具有重要意义。构建不同流体体赋存模态的数字岩石。利用非结构化网格技术进行数字岩石网格剖分，通过有限元数值模拟方法，开展超临界CO_2混相驱和非混相驱油过程中流场-电场耦合数值模拟，探索不同驱替模式、不同润湿性、不同孔隙结构条件下，超临界CO_2驱油机理及电场响应特征，为CO_2驱油及封存提供理论依据。

(2) 利用地质、地球物理、生产动态、岩石物理等多源异构信息营造测井大数据生态，设置封存案例库与多期次数据差值特征，结合THMC(传热、流动、力学、化学)四场耦合等物理模拟与数值模拟进行模型求解，揭示井网开发动态、CO_2空间分布状态和监测参数的时空响应关系、混相驱替机理、多因素主控的流体运移、气窜、矿化封存机制，有效预测CO_2提高采收率的效果，刻画注气后空间分布状态，建立技术政策界限与最优开发模式。

(3) 随着勘探开发目标日趋复杂，需进一步研发高精度的探测传感器，深化超临界CO_2-多相流体-岩石的渗流、演化机理，加强数字孪生仿真等技术对封存有效性及安全性的实时分析和超前预测，在监测、报告与核查(MRV)发挥重要的作用。

参 考 文 献

[1] 刁玉杰，张森琦，郭建强，等．深部咸水层二氧化碳 地质储存地质安全性评价方法研究[J]．中国地质，2011，38(3)：786-792.

[2] 郭建强，张森琦，刁玉杰，等．深部咸水层二氧化碳 地质储存工程场地选址技术方法[J]．吉林大学学报(地球科学版)，2011，41(4)：1084-1091.

[3] RUBIN EDWARD S. Special report on carbon dioxide capture and storage [M]. Intergovernmental Panel on Climate Change，2005.

[4] 康西栋，李思田，李雨梁，等．北部湾盆地今古地温场特征及热史演化[J]．长春地质学院学报，1995，25(2)：173-177

[5] 李桂菊，张军．二氧化碳捕获与地质封存项目进展及启示[J]．中外能源，2011，16(6)：12-16

[6] 李国玉，吕鸣岗，等．中国含油气盆地图集(第二版)[M]．北京：石油工业出版社，2002

[7] 李三忠，索艳慧，周立宏，等．华北克拉通内部的拉分盆地：渤海湾盆地黄骅坳陷结构构造与演化[J]．吉林大学学报(地球科学版)，2011，41(5)：1362-1379

[8] 李武广，杨胜来，娄毅．二氧化碳地质埋存目标区优选体系与评价方法研究．天然气地球科学，2011，22(4)：747-752

[9] 李小春，刘延峰，白冰，等．中国深部咸水含水层二氧化碳储存优先区域选择[J]．岩石力学与工程学报，2006，25(5)：63-968 [14]

[10] 叶建平，武强，王子和．水文地质条件对煤层气赋存的控制作用[J]．煤炭学报，2001，26(5)：459-462.

[11] 庞雄奇，付广，万龙贵．盖层封油气性综合定量评价：盆地模拟在盖层评价中的应用[M]．北京：地质出版社，1998.

[12] 周延军，耿应春，王贵宾，等．深部地层岩石力学性质测试与分析研究[J]．岩土力学，2011，32(6)：1625-1630.

长输天然气管道甲烷逸散检测与修复实践

贾彦杰[1] 范人丹[1] 陈福林[1] 李 华[2] 张凌翔[3]

（1. 国家管网集团西南管道有限责任公司；2. 国家石油天然气管网集团有限公司西北分公司；
3. 上海汉洁环境工程有限公司）

摘 要 甲烷排放已成为政府及行业共识，为提升甲烷检测和核算，针对性选择天然气长输管道行业典型站场开展实测和数据分析，通过对标管道行业与石化行业LDAR现状，提出管道行业甲烷逸散检测与核算流程，比对优选甲烷排放浓度和速率定量仪器，有效完成13个站场典型区域密封点检测，并进行分析比对，为甲烷逸散检测和修复规范体系和核算制度完善提供实践参考。

关键词 甲烷；天然气管道；逸散检测；FID；排放核算

甲烷是仅次于二氧化碳的全球第二大温室气体，其全球增温潜势以百年计是二氧化碳的28倍，积极稳妥有序地控制甲烷排放已成为国内外政府、环保组织、能源行业共识。能源行业是中国第一大甲烷排放源，贡献了45%左右的甲烷排放。天然气行业作为能源领域甲烷排放相对集中的行业之一，根据IPCC2019指南推荐的排放因子计算得到的2020年甲烷逸散排放约为200万吨，其中天然气运输环节，即长输天然气管道相关的甲烷逸散排放约为22.88万吨。管道行业属于天然气行业的中游储运环节，截至2023年，全国长输天然气管道总里程已达到12.4万公里，据此折算的甲烷逸散排放约为25.79万吨，较2020年上涨12.7%。

尽管IPCC2019不能很好的反映我国天然气运输环节甲烷逸散排放的实际情况，核算结果也存在很大的不确定性，但极具借鉴意义。为了进一步准确核算和管控甲烷逸散，国内各大油气企业已开展大量探索和实践，加强天然气运输环节的甲烷逸散检测、修复和排放控制。2023年国家11部委联合印发的《甲烷排放控制行动方案》（以下简称《方案》）明确指出要在能源领域推广应用泄漏检测与修复（LDAR）技术，并推进建立重点行业企业甲烷排放核算制度。本文回顾了长输天然气管道企业在甲烷逸散检测与核算方面的尝试和探索，分析了存在的问题，选取13个天然气站场开展甲烷逸散检测与修复工作，提出了完善甲烷泄漏检测与修复技术规范体系和排放核算制度的相关建议。

1 天然气逸散检测与修复现状

1.1 天然气行业LDAR规范性指导文件

石化行业VOCs排放控制领域主要采用《挥发性有机物无组织排放控制标准》（GB 37822—2019）、《工业企业挥发性有机物泄漏检测与修复技术指南》（HJ 1230—2021）等标准规范挥发性有机物（不含甲烷）的泄漏检测与修复工作，相关标准对LDAR的项目建立、现场检测、泄漏修复，泄漏控制等提出了具体要求。LDAR工作主要采用第三方公司服务的专业化运作模式。

天然气管道行业，针对场站设备设施启停、运行等过程中出现的泄漏、微量逸散等无组织排放，目前尚无国家和行业层面的技术和管理标准，企业通过内部制度规范形式对泄漏管控要求进行明确，相关制度规范主要从动静密封点着手，编制站场设备设施泄漏管理暂行细则等制度文件，将预防和控制天然气泄漏起火爆炸作为管控目标，通过设备设施本质安全设计，泄漏的监测、检测，安全联锁保护，应急响应等系列措施，控制泄漏和着火爆炸风险，保障油气设备设施正常运行和人员安全。面对“双碳”目标实现以及甲烷排放行动方案等要求，长输天然气管道企业也逐渐从以安全管控为目标的可见泄漏管控，逐步提升到以温室气体微小逸散检测和控制为目标的精细管理。泄漏和逸散的管控工作，主要是由站场运维人员通过定期巡检、联合巡检、重点巡检等方式自主开展。

1.2 天然气行业LDAR实施现状

油气管道企业的制度文件，主要从泄漏的分级分类，风险分级，泄漏检测，泄漏处置等提出管理要求，技术要求不够明确，开展甲烷 LDAR 工作保留了较大的自主性。不同站场在泄漏源辨识、泄漏检测和泄漏处置等步骤的实施方式、实施时间(频次)和记录形式上存在较大差异。由此获取的相关数据缺乏统计分析价值，不足以支撑完善技术体系。检测技术方面，站场此前运用催化燃烧式的可燃气体检测仪开展检测工作存在检测效率低、泄漏点识别发现难度大的问题；使用高精度仪器和可燃气体检测仪检测同一个泄漏点，差值往往在 30%以上。数据记录方面，甲烷 LDAR 全流程数据管理的信息化程度较低。站场目前仍停留在数据电子化阶段，即相关数据需要人工导出和人工操作分析，各步骤间的数据交互不够顺畅，影响了工作的推进。也有部分长输天然气管道企业参照 VOCs 排放控制领域的 LDAR 实施要求开展甲烷的逸散控制，并在排放监测方面取得了良好的环境效益、安全效益、经济效益和社会效益，但总体比例极低。

1.3 甲烷排放核算

甲烷排放核算是验证甲烷 LDAR 实施成效的关键步骤，但目前并无甲烷 LDAR 相关的核算指导文件，所以大部分长输天然气管道企业仅以泄漏处置或泄漏报告输出作为流程管控的终点，并未真正实现甲烷逸散控制的闭环。

参照 VOCs 排放控制领域的 LDAR 实施要求开展甲烷逸散控制的企业中，有少量企业全面照搬了对应的 VOCs 排放核算方法，在甲烷排放核算上引入了较大的误差。其采用的 VOCs 排放因子与 EPA 发布的甲烷排放因子的核算结果在 10000~50000ppm 区间存在-1.2%~163.3%的偏差，在 1~10000ppm 区间存在 1.3%~4.4%的偏差(见表 1)。

表 1 VOCs 排放因子与 EPA 甲烷排放因子差异对比

密封点类型	限定排放速率/(kg/h/排放源)			相关方程核算排放速率(kg/h/排放源)	
	VOCs	甲烷		VOCs	甲烷
	>50000ppm	>10000ppm	>100000ppm		
泵	0.16	0.074	0.16	$5.03E-05 \times SV^{0.610}$	$4.82E-05 \times SV^{0.610}$
压缩机	0.11	/	/	$1.36E-05 \times SV^{0.589}$	/
搅拌器	0.11	/	/	$1.36E-05 \times SV^{0.589}$	/
阀门	0.14	0.064	0.14	$2.29E-06 \times SV^{0.746}$	$2.29E-06 \times SV^{0.746}$
泄压设备	0.11	/	/	$1.36E-05 \times SV^{0.589}$	/
连接件	0.030	0.028	0.030	$1.53E-06 \times SV^{0.735}$	$1.51E-06 \times SV^{0.735}$
法兰	0.084	0.085	0.084	$4.61E-06 \times SV^{0.703}$	$4.44E-06 \times SV^{0.703}$
开口阀或开口管线	0.079	0.030	0.079	$2.20E-06 \times SV^{0.704}$	$2.15E-06 \times SV^{0.704}$
其它	0.11	0.073	0.11	$1.36E-05 \times SV^{0.589}$	$1.32E-05 \times SV^{0.589}$

2 甲烷逸散检测与核算技术实践

为解决或修正当前长输天然气管道企业开展甲烷逸散检测与核算工作时存在的问题，借鉴吸收了 VOCs 排放控制领域的 LDAR 项目管理经验和实施流程，选取 13 个典型油气站场，涵盖压气站、输气站、LNG 接收站、储气库等开展了甲烷 LDAR 技术实践，并对甲烷排放定量核算进行了积极探索(图 1)。

2.1 前期准备

2.1.1 站场选择

本轮检测聚焦于长输天然气管道上的各类典型站场，基于尽可能提高地域和站场工艺的覆盖性、典型性和代表性的原则选择了 13 个站场典型工艺区域开展具体工作，见表 2。

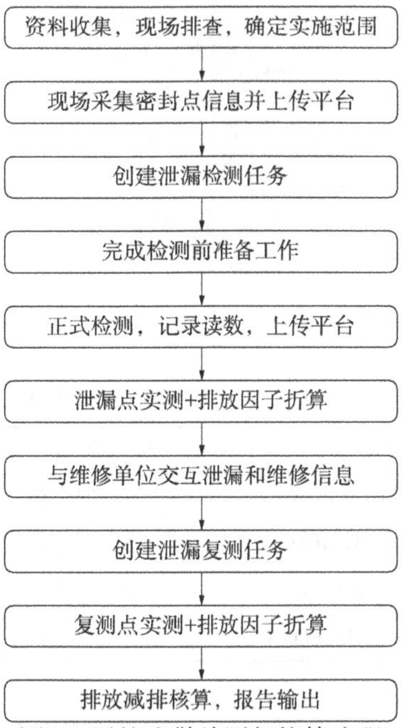

图 1 甲烷逸散检测与核算流程

表 2　开展逸散检测与修复的站场信息

序号	站场类型	主要工艺	站场数量
1	LNG 接收站	装卸、存储、气化外输、调压、回收、装车	1
2	储气库	进出站、井口、增压、计量、分输	1
3	阀室	正输	1
4	分输站	进出站、过滤、调压、计量	1
5	计量站	进出站、过滤、调压、计量	1
6	增压站	进出站、过滤、增压、调压、计量	8

2.1.2　仪器准备

本轮检测所需的关键仪器是甲烷泄漏浓度检测仪器和甲烷泄漏速率定量仪器。

在甲烷泄漏浓度检测仪器的选取上，考虑到长输天然气管道输送截止甲烷质量分数占比往往超过95%，所以针对甲烷的选择性不是必要的，仪器的检测精度、信息化程度、检测效率和续航能力是关键考核指标。

VOCs 排放控制领域规定使用的氢火焰离子化(FID)检测仪的各项关键指标均表现良好，见表3，在长期大规模应用中为其定制的专业软件和操作流程又极大的提升了检测的信息化程度和操作的便捷性，所以成为本轮技术实践采用的甲烷泄漏浓度检测仪器。在实际工作中，结合使用FID 检测仪与专业软件，顺利实现检测数据的自动化记录，日均检测密封点数量可达 800 个以上。相较于细则指定的可燃气体检测仪读数然后人工导出的检测和记录方式，流程规范性和检测效率大幅提高，检测数据的质量也得到管控和保障(图 2)。

表 3　甲烷泄漏浓度检测仪器性能指标对比

仪器类型	检测精度	信息化程度	响应时间/s	续航/h
FID 检测仪(FID)	较高	高	<5	10
可燃气体检测仪(催化燃烧)	较低	中	<30	15
可燃气体检测仪(热导)	低	中	<60	30
光学检测仪(NDIR)	较高	低	<30	8
光学检测仪(TDLAs)	较高	低	<30	8

图 2　FID 检测仪现场使用示意

在甲烷泄漏速率定量仪器的选取上，市面上尚无基于真空法和吹扫法的成套便携式定量设备，目前可选的基本是基于大流量采样法原理开发设计的大流量采样仪，相较于真空法和吹扫法，大流量采样仪操作简便快捷，当场即可输出定量结果，且单次定量成本极低。受限于大流量采样仪的体积和成本控制，其无法定量极端大或极端小的甲烷泄漏。

表 4　部分大流量采样仪性能指标对比

产品编号	内置浓度传感器	最大采样流量/(L/m)	定量精度	重量/kg
国产 HI-FLOW3	TDLAS	400	≤±5%	≤6.00
BACHARACH	催化燃烧，热导	297	±10%	9.07
HetekFlow Sampler	催化燃烧，热导	255	±10%	9.03
SEMTECH HI-FLOW 2	TDLAS	849	<±5%	12.80

目前国内已实现商业化的便携防爆的大流量采样仪见表4。另外催化燃烧传感器与热导传感器组合的浓度检测模块已被证明存在传感器切换方面的问题。综合考虑定量设备的可获取性、便捷性和定量精度等指标，选取国产 HI-FLOW3 作为逸散检测定量仪器(图3)。

图3　HI-FLOW3 定量检测示意

2.1.3　泄漏认定

目前 VOCs 排放控制领域的泄漏认定浓度为 500ppm 和 2000ppm，但重点行业企业往往会设置更低的泄漏认定浓度以达成其 ESG 成效，加之工艺运行压力普遍高于石化企业，所以本轮检测工作以更低的 300ppm 作为泄漏认定浓度，超过该值即需进行泄漏处置。

2.2　结果讨论

本轮实测利用 FID 检测仪共检测了3万余密封点，整体泄漏率为 1.87%，见表5，高于已通过 LDAR 技术开展多年 VOCs 排放控制的大型石化企业平均水平，主要原因一方面是部分站场未系统性开展甲烷 LDAR 工作，导致泄漏点的持续累积，另一方面是开展的甲烷 LDAR 样本选择差异，以及泄漏认定浓度不一致。

表5　按密封点类型统计的检测概况

密封点类型	泄漏点数量	泄漏率
法兰	167	2.50%
阀门	100	1.75%
连接件	238	1.34%
开口阀或开口管线	72	8.85%
合计	577	1.87%

从密封点类型上来看，开口阀或开口管线类型密封点的泄漏率显著高于其他类型密封点，且多为仪表下部的小尺寸的放空管线，拧紧力矩不足；连接件往往是各站场数量最多和泄漏最多的密封点，但因为尺寸等因素易被忽略；现场可以观察到有对法兰夹缝进行材料填充，但其主要目的是保护法兰螺栓，并不具备防漏堵漏的功能，反而可能给现场运维人员带来密封良好的错觉。

从站场的功能分区上来看(见表6)，输气站场需要重点关注计量区；LNG 接收站相关区域明显高于输气站场水平，需引起足够重视；单个阀室密封点数量少，泄漏率也较低，但阀室基数庞大，加之多位于偏远地带、实施难度大，需整体把握投入与减排成效的平衡；空冷区空冷丝堵数量多，但泄漏率是最低的，后续开展甲烷 LDAR 工作可以考虑适当降低检测频次。

表6　按功能分区统计的检测概况

功能分区	涉及站场数量	泄漏点数量	泄漏率
过滤分离区	10	93	1.88%
进出站区	10	50	1.15%
计量区	8	84	3.21%
压缩机区	8	137	1.94%
自用气撬	7	18	1.62%
分析小屋	5	4	0.64%
调压区	4	20	1.24%
排污区	4	2	1.05%
空冷区	3	3	0.08%
火炬区	2	11	7.48%
高压泵区	1	24	7.21%
LNG 罐区	1	24	5.32%
工作标准区	1	37	4.80%
气化区	1	2	4.76%
卸船区	1	27	3.58%
再冷凝区	1	16	3.48%
管廊区	1	4	2.94%
装车区	1	5	2.82%
丛式井场	1	10	2.56%
阀室	1	1	0.51%
燃料气撬	1	5	0.50%

本次检测利用 HI-FLOW3 对 69 个泄漏点进行了泄漏速率定量，见表7，69 个泄漏点的综合

实测排放速率为 4.8509kg/h，利用 EPA 的甲烷排放因子折算的综合排放速率为 1.8972kg/h，实测结果是折算结果的 255.68%，差异主要来自 10000ppm 以上的严重泄漏点，尤其是那些超过 FID 检测仪量程(即 50，000ppm)的超级泄漏点。

表 7　甲烷逸散核算概况

泄漏浓度区间/ppm	泄漏点实测数量	实测排放速率/(kg/h)	折算排放速率/(kg/h)	单点平均核算差值/(kg/h)
≥50000	10	4.4000	0.5823	0.3818
10000~50000	32	0.4279	1.2935	-0.0270
1000~10000	21	0.0229	0.0199	0.0001
300~1000	6	0.0001	0.0015	-0.0002
合计	69	4.8509	1.8972	0.0428

3　结语和建议

3.1　结语

(1) 目前长输天然气管道企业开展甲烷泄漏检测与修复工作面临技术标准不完善，检测修复工作不成体系等问题；在甲烷逸散排放核算方面，基于企业实测形成的自主排放因子。这些问题限制了甲烷泄漏检测与修复技术的推广应用和甲烷排放核算制度的建立。

(2) 实测表明站场的部分区域或设备泄漏水平处于较高水平，需要重点关注开口和连接件类型的密封点，在功能分区上应重点关注计量区。

(3) 实测表明利用 EPA 发布的甲烷排放因子折算大泄漏点的排放速率存在极大的不确定性，目前的大流量采样仪基本足够支撑甲烷排放常态化高精度核算。

3.2　建议

(1) 以天然气长输管道企业管道里程长，工艺设备基数大，动静密封点数量庞大，同时在地理分布上分散，要想切实落实《甲烷排放控制行动方案》提出的推广应用泄漏检测与修复技术的任务，需要借鉴 VOCs 排放控制领域的 LDAR 实施经验，以信息化手段为重要抓手。

(2) 不同工艺的站场间的泄漏分布存在显著差异，可以实施站场之间、功能分区之间的差异化管控，把握重点站场、重点区域和重点设备组件，提高甲烷排放管控成效。

(3) 应对甲烷泄漏点排放核算采取分级制度，充分挖掘高精度甲烷逸散定性和定量采样仪的应用场景，持续保证大泄漏点的精确核算，稳步提升甲烷排放数据质量；对于其他泄漏点，暂以现有甲烷排放因子核算为宜，但也需要开展具有典型性和代表性的实测样本积累工作，以推动本土特征化因子的落地。

参考文献

[1] IPCC，Intergovernmental Panel on Climate Change (2014). IPCC fifth assessment report：Climate change 2013 (AR5)[EB/OL]. [2020 12-28]. http://www.ipcc.ch/index.htm.

[2] 蒋珊，罗大清，刘潇潇，等．油气行业甲烷减排面临的形势及建议[J]. 当代石油化工，2024，32(6)：7-10.

[3] 陈春赐，吕永龙，贺桂珍．中国油气系统甲烷逸散排放估算[J]. 环境科学，2022，43(11)：4905-4913.

[4] 国家能源局石油天然气司，国务院发展研究中心资源与环境政策研究所，自然资源部油气资源战略研究中心．中国天然气发展报告(2024)[R]. 北京：石油工业出版社，2024.

[5] 杨伟红，杨猛，苑耀举，等．LDAR 技术在 LNG 接收站温室气体减排中的应用与实践[J]. 石油化工安全环保技术，2022，38(6)：62-64+8.

[6] J. I. Connolly，R. A. Robinson，T. D. Gardiner. Assessment of the Bacharach Hi Flow© Sampler characteristics and potential failure modes when measuring methane emissions[J]. Measurement，2019，145：226-233.

大庆油田绿色低碳转型发展路径与实践

庞志庆　梁　宁　汪艳勇　周福庆　王　华

（大庆油田有限责任公司）

摘　要　分析了大庆油田油田绿色低碳转型的比较优势，研究了油田绿色低碳转型的实施路径，总结了油田绿色低碳转型的发展成效，从国家、行业和市场开放角度提出具体建议。大庆油田拥有资源、市场、技术和人才等发展优势，通过实施降碳、替碳、融碳、负碳、零碳的绿色低碳转型路径，在发展规划、工程建设、融合发展、市场开发、科技创新等方面取得显著成效。建议加快建设全国统一电力市场体系，加快构建新型电力系统，出台天燃气调峰电站支持政策，系统完善碳计量、碳交易市场。

关键词　绿色低碳转型；碳达峰；碳中和；新能源；风光发电；地热利用；大庆油田

2023年3月，国家能源局印发《加快油气勘探开发与新能源融合发展行动方案(2023－2025年)》，提出要深入落实“四个革命、一个合作”能源安全新战略，坚持油气勘探开发与新能源融合大规模发展，实施清洁替代行动，推动油气开发企业提高油气商品供应量、新能源开发利用和存储能力，推动能源清洁低碳、安全高效开发利用。2023年4月，国家能源局印发《2023年能源工作指导意见》，提出以把能源饭碗牢牢地端在自己手里为目标，加快规划建设新型能源体系，深入推进能源绿色低碳转型。2023年4月，国家发改委、国家能源局下发《关于印发第三批以沙漠、戈壁、荒漠地区为重点的大型风电光伏基地建设项目清单的通知》，大庆油田200万千瓦风电示范基地项目入选国家能源局“沙戈荒”大基地建设项目清单。

面临新形势、新任务、新要求，大庆油田全力谋划绿色低碳转型实施路径，加速推进规划部署、项目落地、对外合作、示范引领、科技创新、管理体系等重点工作，油田绿色转型发展初见成效，低碳循环的产业结构不断优化，清洁高效的能源总当量供给持续上升，为油气行业“双碳”目标实现和转型发展提供了创新示范。

1　油田绿色低碳转型的比较优势

大庆油田既是油气生产大户也是能源消耗大户，“双碳”目标对大庆油田可持续发展是挑战，更是机遇，将为企业发展带来新赛道和新动力。大庆油田绿色低碳发展转型具备较好的比较优势。

1.1　资源优势和区位优势

大庆油田在风电、光伏、地热和余热等多种新能源方面拥有丰富的资源。大庆油田位于敖古拉大风口，这一地区的风力强劲，属于三类风能资源区域；油田所处的地区是黑龙江省太阳能富集区域，有较高的太阳能辐射量，属于二类太阳能资源区域；同时油田矿区可开发面积广阔，地势平坦。大庆油田长垣老区每天产生的污水量非常巨大，污水温度35℃，通过提取污水中的热能，余热利用潜力较大。大庆油田具有低渗透和非常规资源潜力大的特点，已经建成国内最大的非混相驱试验基地，形成特色技术系列，具备CCUS规模开发、一举多赢的资源优势。

1.2　市场优势

大庆油田的终端用能以用电和用热为主，2023年平均用电负荷155万kW，在“双碳”目标的推动下，促使油田终端用能电气化率快速提升，减少对传统化石能源的依赖，这将导致用电负荷大幅增加，为风电、光伏等可再生能源的消纳提供广阔的空间；油田具备设施系统完善的企业电网，为分布式风光发电项目提供接入条件，为增加可再生能源供电比例提供了有力支撑；大庆油田在工业用热方面天然气消耗量大，2023年油气生产用热天然气消耗达到16亿m^3，油田可采用地热、余热等清洁能源替代部分天然气消耗，在热能供应方面存在较大的清洁替代潜力；同时油田为4000万m^2的居民生活供暖提供热源，可利用地热能、生物质能等可再生能源进行替代，在清洁供热方面有着广阔的前景。

1.3 技术和人才优势

大庆油田所属中油电能公司拥有中国石油唯一的购售电业务全牌照，在电力业务方面拥有完整的资质和能力，可以从事购电、售电以及相关的电力业务；大庆油田设计院拥有中国石油唯一的碳资产研发中心，在碳资产管理和新能源技术研发方面处于领先地位；大庆油田还建立了应用一代、研发一代、储备一代的科研体系，培养了一大批科技人才。

2 油田绿色低碳转型的实施路径

大庆油田将绿色低碳发展融入“双碳”目标实施和当好标杆旗帜建设百年油田的发展规划中，坚持先立后破，融合发展，加快构建清洁低碳安全高效的能源体系。

2.1 实施节能工程的降碳路径

大庆油田始终秉持节能提效是“第一能源”的理念，从全局和战略出发，大力推广生产系统提效、地面优化简化、能源管控建设等节能提效技术，实现节能工作全面提档升级。

生产系统提效，贯彻油藏、采油、地面一体化节能理念，油藏系统通过控制无效注水、控制无效产液，降低无效循环；采油系统更新低能耗抽油机及节能电控设备，提升机采效率；地面系统应用新型加热炉、提高注水泵效率等手段，降低生产能耗。地面系统优化简化，重点挖潜高耗低效站场的优化调整潜力，根据开发部署和安排，深入分析地面各系统运行负荷变化趋势适时整合三次采油和水驱系统的地面处理能力，降低整体处理负荷，“关停并减”高耗低效站场和设备。能源管控建设，为实现能源的高效利用，以数字化为基础，打造厂级的能源管控平台，整合生产运行、能耗管理等环节，实现能源调度、能效管理与用能监控。

2.2 实施新能源工程的替碳路径

在实施新能源路径选择上，大庆油田采用对内清洁替代、对外能源供应的技术路线，在实现自身高质量发展的同时，实现由油气供应商向综合能源服务商转变。

2.2.1 低碳油气生产基地

以构建低碳示范区建设为抓手，实施油气开发全链条清洁低碳行动，加快推进清洁替代工程建设，构建多能融合的油气生产体系。

清洁电能方面。利用清洁电能替代外购电、减少自发电，降低碳排放量，依托大庆油田“自有零散土地资源丰富、接入等级选择多、用电负荷大”等资源禀赋，打造风光互补的建设模式。实现“380V、6kV、35kV”电网与生产用能无缝融合匹配，做到油田区域土地、接入方式全覆盖。

清洁热能方面。充分挖掘油田污水余热、地热潜力，利用光热等清洁能源，通过采取多热能融合互补的开发方式为油田用热场景供热，实现清洁用热，减少碳排放量。

终端用能电气化方面。通过调整油气生产的用能结构，采用“以电替热”的用能方式转换，应用井筒加热、电加热炉、电动压缩式热泵、电蓄热等技术替代燃气加热炉，提高终端用能电气化率，提升绿电消纳，扩大新能源装机规模，提高天然气商品率，实现更高碳排放替代。

2.2.2 清洁能源供应基地

积极开拓新能源市场，加快风光气储协同发展，积极开发地热市场，逐步形成对油气资源的战略接替。一是统筹推进黑龙江、广西两个千万千瓦级风电基地建设。重点推进页岩油和广西两个集中式并网项目，挂图作战，强化组织实施，油田外部集中上网风光发电项目全面开工。二是积极谋划气电调峰、共享储能等项目布局。加强顶层设计，谋划“龙电南送”绿电外输通道，加强燃气调峰、储能等技术攻关，突破规模发展瓶颈。三是前瞻性布局氢能全产业链发展。积极谋划绿氢、绿醇、绿色航空煤油等产业布局，加快灰氢替代项目落地，打造新的效益增长点。

2.3 实施 CCUS 工程的负碳路径

大庆油田作为世界级老油田，立足“打造国内最大二氧化碳非混相驱全产业链示范基地”，按照驱油、埋存、资源化利用三步走的发展战略，加快 CCUS/CCS 技术攻关与应用，推动产业化、规模化，助力未来碳循环经济的发展。根据潜力和碳源分布特点的调查研究，明确了“南部常规油和西部致密油同步动用，南部以 A 油田为中心，辐射周边常规油藏西部以 L 油田为中心，滚动开发周边致密油和页岩油，逐步滚动外扩，区域连片，确保碳源与管道长期稳定运行”的整体规划布局。

2.4 实施碳市场开发的融碳路径

建立碳资产开发示范模式及综合管理体系，统一管理、协同开发、形成合力，实现规模效益。立足减排工程项目规模化优势，制定综合开发策略，建立早期识别、精准筛选的评估体系，提高项目开发识别效率，实现效益最大化，及时将碳减排带来的“碳收益”纳入投资决策。加强全产业链、全生命周期的碳数据管理，逐步向实测转变，提高数据质量和颗粒度。对标国际标准，建立产品碳足迹、碳金融、碳成本的监测、评估和报告制度体系及标准体系。

2.5 实施科技驱动的零碳路径

聚焦节能提效技术、新能源技术、碳资产开发技术，按照“快速突破”支撑当前和“久久为功”引领未来两个层面来推进科技创新。梳理新能源技术难点，形成科技攻关技术树，明确十四项重点技术，为新能源发展提供技术支撑。通过“借脑引智”、汇聚外力助推油田新能源高质量发展，打造油田新能源技术策源地，加快成果转化和项目落地，为油田绿色转型和可持续发展提供强有力的技术支撑。

3 油田绿色低碳转型的发展成效

3.1 科学谋划，明确低碳发展方向

以“当好标杆旗帜、建设百年油田”为目标，立足资源禀赋，着眼长远，科学预判发展趋势，统筹编制“新时代大庆油田当好标杆旗帜建设百年油田发展规划”，谋划了低碳油气生产基地、清洁能源供应基地、氢能产业发展基地和CCUS/CCS产业基地的发展方向，通过建设“四大基地”，为开启大庆油田“第二成长曲线”提供强力支撑。到2035年清洁替代新能源装机360万kW以上，清洁能源替代率达到40%，对外供能清洁电力装机2000万kW以上，绿氢产能达到20万t，二氧化碳年注入能力达到300万t。

3.2 深挖潜力，强化对外合作开发

充分发挥资源、渠道、技术等优势，积极拓展外部市场，深入4省9市，全力以赴抢指标、拿资源、占地盘、搞开发，克服了地方诉求多、消纳空间小等困难，与多个地区政府建立了良好沟通平台，并完成战略协议签订，扩大开发项目的储备池，储备风光开发项目规模达2050万kW，累计获取风光发电指标近600万kW，签署地热供暖指标186万m^2，实现开发规模和指标的快速提升。

3.3 多措并举，推进工程项目建设

强化前期工作管理，对标行业内风光发电项目的主流设计理念，编制了标准化设计文件，提高了设计质量，减少了审查修改时间，审批周期减少4个月，按照“用地预审组卷、区市两级审批、区市核准上报、农转征办理”4个阶段梳理了前期手续办理流程，前置手续办理时间缩短6个月。

加强重点工程建设，以“开工准备、现场施工、并网验收”为主线，实现了项目建设“零起步”到“快增长”的根本性跨越，2024年7月累计建成投运风光发电项目34.7万kW，2024年底初步建成百万千瓦级低碳油气生成基地。

推行精细运维管理，坚持“多发一度电多一分效益”的理念，科学推行绿电结算管理，推动“要我发电”向“我要发电”思想转变，实现发电单位降本增效、售电单位利润不减。同时，从制度、设施、队伍3个方面强化运维保障，实际年发电量超过方案设计0.75%。

3.4 示范先行，构建融合发展新模式

3.4.1 喇嘛甸油田低碳示范区

全力打造融合发展典范——喇嘛甸油田低碳示范区。以“风、光、热、储、氢”多能互补为路径，建设风电、光伏、余热利用等项目，并同步开展智能微电网、绿电制氢、地热、再电气化4项现场试验，项目全面建成后，清洁能源替代率达到60%，将为老油田绿色转型发展发挥示范引领作用。

3.4.2 新型电力系统建设

对标新型电力系统的五大基本特征，围绕“源网荷储智”五大核心技术，探索油田特色新型电力系统的建设和运行模式，按照先导示范、深化推广、全面实施三个阶段总体布局，2025年率先完成先导示范的建设，实现1440MW分布式新能源接入，绿电占比20%，为后续全油田范围应用推广储备关键技术。

3.4.3 CCUS示范工程

大庆油田自上世纪六十年代开始CCUS-EOR技术攻关，经过近60年的研究与实践，实现了由先导试验到工业化示范的重大跨越。明确了CO_2驱是实现特低渗透难采储量动用的有效举措，建成了国内规模最大的非混相驱试验基地，并形成了非混相驱提高采收率特色技术系列。特色技术的应用效果显著，渗透率1毫达西的难采储量最终采收率达到20%以上，实现了有效开发。取得发明专利13件。

3.5 科技创新，提供持续发展动力

通过设计和建设过程中的经验积累和技术创新，形成了一批大庆油田特有的新能源技术。一是自主研发的风光规模论证软件，完成了大庆油田风光装机最优配比计算，装机规模论证周期缩短70%以上，为大庆油田清洁替代装机提供理论基础。二是开展光伏组件标准化、橇装化建设，通过标准化设计、工厂化预制、现场组装，实现多样化结构以适应油田不同建设区域。三是开展微电网技术研究，探索“源网荷储一体化”模式，同时深挖油田内部柔性负荷，将“源随荷动”转向“源荷互动”，提高新能源渗透率和自给率。四是开展绿电制氢先导试验，通过绿电与绿氢耦合，验证碱性电解水制氢技术作为绿电可调负荷的适应性，最终打通氢能“制、储、输、用”全路径，为大庆油田氢能基地建设提供宝贵经验。

3.6 拓展探索，完善碳计量碳交易业务

大庆油田按照碳资产开发与管理、碳排放、碳核查、碳核算、项目碳评估等细分业务进行技术标准体系建设，形成具有油气生产行业特色的温室气体排控与碳资产技术标准体系。密切跟踪潜在市场，精准识别开发项目，构建含方法学识别等环节在内的全流程、高精度碳资产项目识别程序，深入现场具体分析，结合不同机制下的上百种方法学的类别、特点、适用条件等内容，持续完善识别流程，累计识别潜力碳资产项目可研报告200余项。持续扩大项目收益，从不同类型项目中选取适合的碳资产开发机制，结合国内外行情制定高度匹配的开发方案，实现碳资产开发项目收益最大化。累计成功开发 CDM、VCS、CCER 项目各 1 个，UER 项目 10 个，获得多种减排机制下的核证减排量累计达505.14万t，成功交易 287.94 万 t，实现碳交易收入 3043 万美元。

4 思考与建议

当前是“双碳”目标实现的关键阶段，要充分把握政策窗口期，加快创新发展，从国家、行业和市场开放角度提出以下建议。

4.1 加快建设全国统一电力市场体系

通过完善电力市场体制机制、创新市场模式，在全国更大范围内促进电力资源共享互济和优化配置，提升电力系统稳定性和灵活调节能力，以市场化手段降低成本，发挥市场优化配置资源的决定性作用，有序推动新能源参与电力市场交易，促进新能源的投资、生产、交易、消纳，破除跨省跨区电力交易存在的壁垒，实现新能源在更大范围内的优化配置和协同消纳。

4.2 加快构建新型电力系统

构建更高水平的清洁低碳、安全可靠、经济高效的现代电力工业体系。面对电网结构和负荷形态的转变、电力保供和清洁电力的融合，积极响应国家号召，立足实际找准切入点、发力点，针对制约油田新型电力系统建设的瓶颈问题开展科研攻关，逐步推广新技术新设备应用，主动适应“源网荷储”新变化，构建清洁低碳、安全充裕、经济高效、供需协同、灵活智能的新型电力系统。加快电网基础设施建设，提升电网的输送能力和安全稳定性，打造数智化坚强电网，应用大数据、云计算、物联网等现代信息技术，提高电网的运行效率和管理水平，推动构建适合中国国情、有更强新能源消纳能力的新型电力系统。加快区域电网建设权开放，推动电网建设的市场化、产业化发展，促进地区间的能源互济和协同发展。制定支持新型电力系统发展的政策措施，如税收优惠、财政补贴等，降低新能源开发和利用的成本。

4.3 出台天燃气调峰电站支持政策

建议能源主管部门进一步优化天然气价格结构，逐步缓解气价交叉补贴问题，鼓励天然气发电企业与资源方在交易中心进行专场交易，进而形成具有代表性、影响力的区域天然气基准价格，将发电用天然气价格稳定在合理区间。同时，建议参考国家煤电容量电价机制政策，探索气电价格实行两部制电价政策，通过容量电价回收部分或全部固定成本，从而稳定气电行业预期。制定鼓励天然气利用和发展的政策，如补贴、税收优惠等，以提高天然气在能源结构中的比重。建立有效的监管机制，加强对天然气市场和电力市场的监管，保障市场的公平竞争和消费者利益。

4.4 系统完善碳计量、碳交易市场

随着“能耗”双控逐步向“碳排放”双控的转变，建立健全能源使用与碳排放监管体系，解决碳交易过程中的计量问题显得尤为重要。建议国家出台多项中国核证自愿减排方法学，完善强制减排与自愿减排市场的衔接；加快推进与国际碳

市场的连接，促进技术、方法、标准、数据互认互通，协助积极应对欧盟碳边境调节机制。

4.5 油田加快油气勘探开发与新能源融合

推进油气产能与清洁能源同步规划、同步建设，构建新型的电气化、低碳化建设模式和生产系统，实现“建设融合”；加强节能提效和新能源消纳，以变工况油气生产推动与新能源出力高效协同，实现“生产融合”；加快油、气、新能源在建设及运行中的资源共享和优化配置，通过一体化建设、运行和评价，实现“管理融合”；深化能源生产技术创新，攻关油气生产用能低成本清洁替代技术，实现“技术融合”。

参考文献

[1] 邹才能，陈艳鹏，熊波，等．碳中和目标下中国新能源使命[J]．中国科学院院刊，2023，38(01)：48-58.

[2] 邹才能，李士祥，熊波，等．新能源新兴产业在推动新质生产力中的地位与作用[J]．石油学报，2024，45(06)：889-899.

[3] 张道伟．新时代新能源新使命—全力推进油气与新能源融合发展[J]．石油科技论坛，2024，43(01)：5-6.

[4] 庞志庆，刘夕梦，汪艳勇，等．“双碳”目标下大庆油田绿色低碳发展实践与思考[J]．石油科技论坛，2023，42(02)：30-39.

[5] 汪艳勇，彭会君，庞志庆，等．大庆油田新能源产业发展对策探讨[J]．油气与新能源，2022，34(02)：82-87.

[6] 孔令峰，岳小文．中国石油新能源发展路径探索与创新实践[J]．石油科技论坛，2024，43(01)：25-30.

[7] 苏春梅，朱景义，马建国，等．油气与新能源融合发展路径思考与建议[J]．石油科技论坛，2024，43(01)：18-24+49.

[8] 李增强．中国石化老油田绿色低碳转型发展的实践探索[J]．环境保护，2024，52(Z2)：83-85..

[9] 蔡飞，刘琦，顾永强．石油企业推进绿色低碳转型发展的对策思考[J]．节能与环保，2024，(01)：36-43.

[10] 杨立强，江飞，杨琨，等．中国石油上游业务绿色低碳转型的思考——以中国石油新疆油田公司为例[J]．北京石油管理干部学院学报，2023，30(04)：12-17.

[11] 皮光林．我国石油化工行业绿色低碳转型面临挑战与对策[J]．石油石化绿色低碳，2023，8(03)：9-12.

[12] 张晨阳，王福焕，魏华，等．“双碳”目标下塔里木油田油气与新能源融合发展实践[J]．新疆石油天然气，2022，18(02)：16-20.

油田工业余热双向高效热泵技术在实现碳中和目标中的应用研究

娄志东　刘书孟　苗宝林　齐广明　孙　冰　王　琦

（大庆油田有限责任公司第二采油厂）

摘　要　在实现全球碳中和目标的进程中，石油石化行业的节能减排技术尤为关键。本文介绍了一种油田工业余热双向高效热泵技术，该技术通过创新的工艺流程和设备设计，显著提高了油田余热的利用效率和热泵的性能系数（COP）。通过对某油田的案例分析，本研究展示了该技术的实际应用效果。自2003年以来，通过采用“一机两用”工艺，实现了注水电机冷却与采暖的双重功能，节约了天然气消耗量约4669.5×10^4Nm^3，节水量约199.5×10^4m^3，减少了CO_2排放量约13.05×10^4t，累计节约运行费用达到21718.9万元，静态投资回收期最短为0.8年，最长为4.8年，热泵的性能系数（COP）提升至4.75，相较于传统工艺提高了20%。此外，该技术的应用还促进了油田的可持续发展，减少了对环境的影响。本文的研究结果不仅为油田工业余热的高效利用提供了实证支持，也为石油石化行业的碳减排提供了可行的技术路径。

关键词　余热；热泵；碳中和；节能减排；一机两用；闭式取水；双蒸发器直进

1　前言

在全球气候变化的紧迫背景下，碳中和已成为国际社会的共同追求。石油石化行业，作为能源消耗和碳排放的重点领域，正面临着空前的节能减排压力。为了实现全球碳中和目标，该行业在推动经济增长的同时，必须显著降低其能源消耗和碳排放强度，积极探索绿色低碳的发展路径。而热泵技术，尤其是其在油田工业余热利用中的应用，为行业的绿色转型提供了新的可能性。

热泵技术作为一种高效的能源利用方式，其在油田工业余热利用中的潜力巨大。油田开采过程中产生的余热，通常被视为废热而浪费。通过热泵技术，这些余热可以被有效回收和利用，不仅提高了能源利用效率，还显著减少了碳排放。

全球各国政府都在积极推动碳中和目标的实现。例如，中国政府已明确提出二氧化碳排放力争于2030年前达到峰值，并努力争取在2060年前实现碳中和。在这一宏大目标下，空气源热泵等清洁能源热泵技术将承担更为重要的角色。通过提高空气源热泵的效能，可以更好地推广其应用，进而提升COP（性能系数），实现更为显著的节能减排效果。

热泵技术的推广和应用仍面临诸多挑战。首先，技术的成本问题仍是一大障碍。尽管热泵技术在长期运营中能够带来显著的节能减排效果，但其初期投资相对较高，可能会阻碍一些企业的应用意愿。其次，技术的普及和推广需要更多的政策支持和市场引导。政府和相关机构应加大对热泵技术的宣传力度，提高公众和企业对其节能减排效果的认识。

2　热泵技术工作原理

热泵技术，作为一种高效的热能转换技术，已被广泛应用于环境和工业余热的回收与利用中。该技术通过逆循环原理，能够从低温热源中提取热量，并将其提升到更高的温度水平，从而满足供暖、制冷或工艺用热的需求。在油田工业中，热泵技术的应用为节能减排和可持续发展开辟了新的途径。

油田工业在生产过程中产生大量的低品位余热，如冷却水、回注污水等。这些余热资源通常被视为废热而排放到环境中，浪费了能源。通过热泵技术的应用，这些低品位余热可以被有效回收和利用，从而提高能源利用效率，减少能源消耗和碳排放。

热泵技术在油田工业中的应用具有多重优

势。首先，它能够实现能源的高效利用。通过回收和利用余热资源，热泵技术可以显著提高油田工业的能源利用效率，降低生产成本。其次，热泵技术具有环保性。通过减少化石燃料的消耗和减少碳排放，热泵技术有助于缓解全球气候变化问题。最后，热泵技术还具有经济性。虽然热泵系统的初始投资较高，但其长期运行成本较低，且能够带来显著的经济效益。

在实际应用中，热泵技术可以根据油田工业的具体需求和条件进行定制和优化。例如，在油田联合站中，油田采出水是热泵技术应用的一个重要领域。通过利用油田采出水的余热，热泵系统可以为油田的生产和生活提供热水需求。这种方式不仅减少了能源的耗费，还降低了污水对环境的热污染。

2.1 热泵技术的基本组成和工作流程

热泵按照不同的热量来源分为空气源热泵、水源热泵和地源热泵。按热泵驱动作功的形式分机械压缩式热泵、吸收式热泵、蒸汽喷射式热泵。油田最常用的是以含油污水为热源的机械压缩式热泵。

（1）组成

热泵机组主要有压缩机、蒸发器、冷凝器以及电磁阀、膨胀阀、干燥过滤器、储液罐等部件组成。机组内换热介质为 R134a 制冷剂。

（2）原理

如下图所示，机组分三个能量变化阶段进行工作：

第一阶段：提取低品位热能阶段

机组中的液态制冷剂在蒸发器中与低品位热源进行热交换，吸收热量蒸发成气体，实现制冷剂的蒸发提取低品位热能阶段。

第二阶段：低品位热能向高品位热能转换阶段

蒸发吸热的气体被吸入压缩机进行压缩，变成高温、高压的气体推进冷凝器，实现热量由低品位热能向高品位热能的转化阶段。

第三阶段：高品位热能输出阶段

被推进冷凝器的高温高压的气体与换热介质进行热交换释放高品位热能，并冷凝成液态。实现了高品位热能的输出阶段。

在整个能量转换的过程中，制冷剂把从蒸发器内吸收来的低品位热能与输入电能之和，一同转化给换热介质，达到了热泵将低品位热能转化为高品位热能的目的。在利用低品位热能的同时，只消耗了少部分电能，这一过程不仅提高了能源利用效率，还为油田工业的节能减排和可持续发展提供了有力支持。通过利用油田中的余热资源，热泵技术为石油石化行业的绿色低碳转型开辟了新的路径(图 1)。

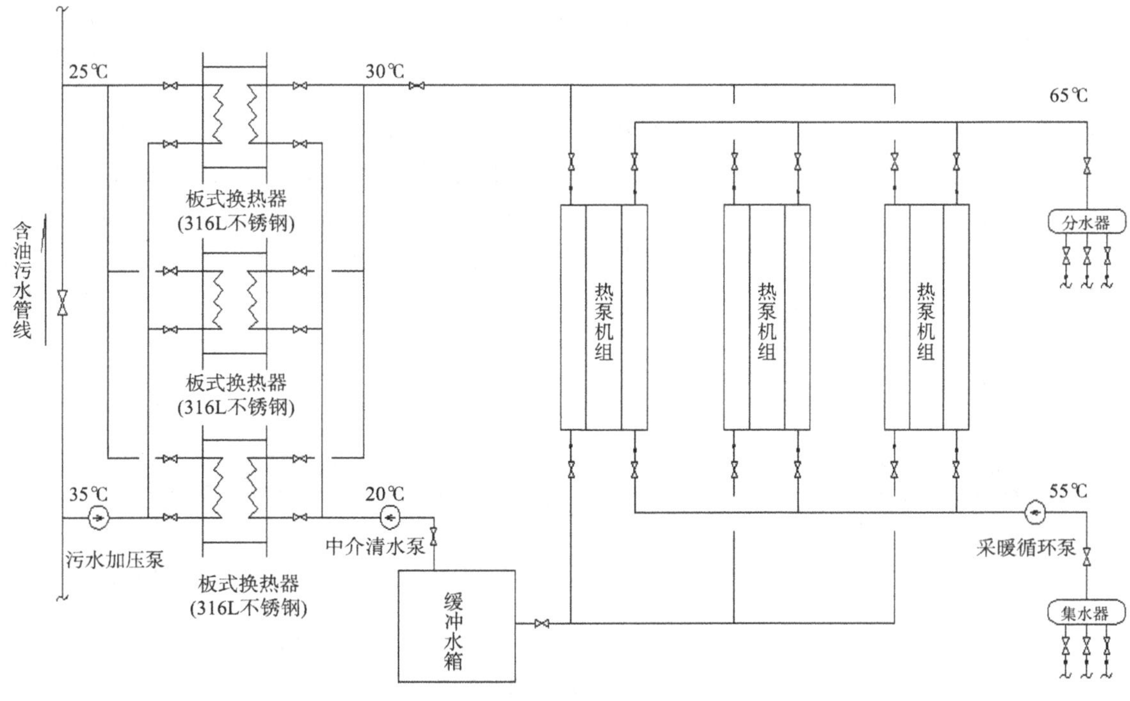

图 1　热泵机组采暖系统流程示意图

2.2 热泵技术的性能评价指标

热泵技术的性能评价指标是衡量其能效和节能效果的重要标准。其中，性能系数（COP）是核心指标，能够直观地反映热泵系统的工作效率。

性能系数（COP）是衡量热泵系统性能的关键指标，其定义为热泵系统在单位时间内从低温热源中提取的热量与所消耗的电能之比。简而言之，COP值越高，意味着热泵系统用较少的电能就能提取更多的热量，因此能效更高，节能效果也更加显著。这一指标对于评价热泵系统的经济性和环保性具有重要意义，因为它直接关联到系统的运行成本和碳排放量。在实际应用中，通过优化热泵系统的设计和运行参数，可以提高COP值，从而实现更高效的能源利用。

在实际应用中，热泵系统的性能评价指标不仅受到系统设计和运行参数的影响，还与外界环境条件密切相关。例如，当环境温度降低时，热泵系统的COP可能会下降，因为此时系统需要消耗更多的电能来提取相同的热量。因此，在评价热泵系统性能时，必须充分考虑其在实际运行环境中的表现。

虽然COP是衡量热泵系统性能的重要指标，但并不是唯一的评价标准。在实际应用中，还需要考虑热泵系统的可靠性、稳定性、维护成本以及环保性能等多方面因素。这些因素对于热泵系统的长期运行和综合效益具有重要影响。因此，在选择和应用热泵技术时，应进行全面而深入的分析和评估，以确保所选技术能够满足实际需求并达到预期效果。

3 热泵技术在油田工业余热利用中的应用

3.1 油田首创注水站热泵“一机两用”工艺技术

采用含油污水和注水电机冷却水作为低温热源，利用热泵同时实现采暖和注水电机冷却，与传统技术相比，工艺简洁，低碳节能（图2、表1）。

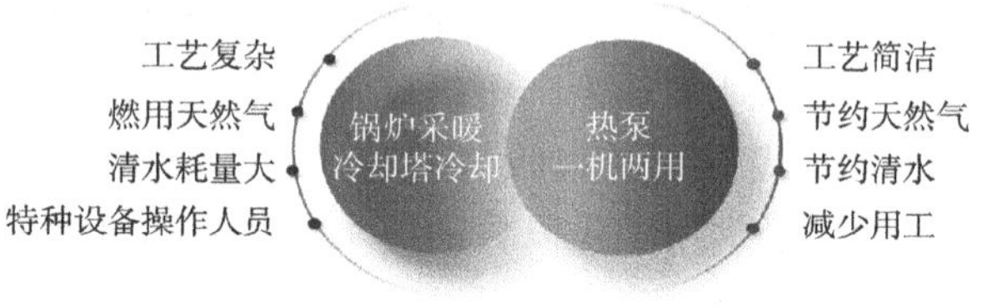

图2 “一机两用”工艺技术表

表1 供暖及冷却系统存在问题

分类	供暖方式	供暖成本高	冷却方式	冷却效果差	维修费用高
常规注水站	单站供暖	天然气消耗量和人工成本高	冷却塔-冷却水泵强制循环	夏季40(60)℃需补清水冷却	1.5年更换冷却器1对，3~5年即需要更换冷却塔

冬季供热冷却工艺原理：电机冷却水通过板换利用含油污水再次升温，高温热能用于采暖，解决了注水电机余热量不足的难题。

夏季冷却工艺原理：冷却水作为低温热源，高温热源通过板换释放到含油污水回注到地下。

具体如图3所示。

冬夏季工艺集成：以一套热泵为核心，冷端用于冷却，热端用于采暖，实现冬夏季冷热转换。设置一套板换，冬季用于补充余热量，夏季用于释放高温热能，冬夏季采用流程切换阀进行转换，很好的解决了冷热工艺切换的难题（图4）。

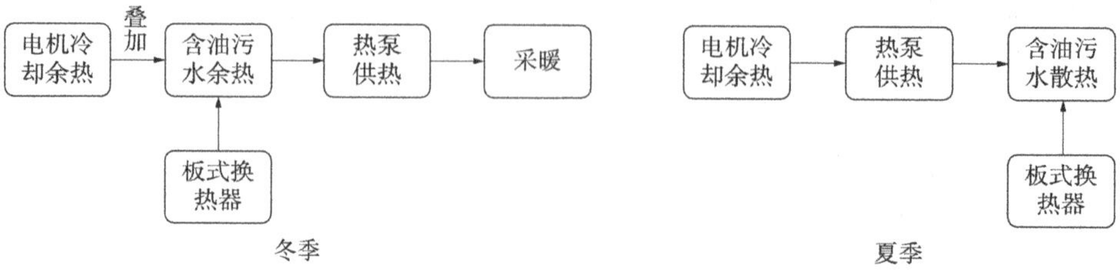

图3 冷却工艺原理示意图

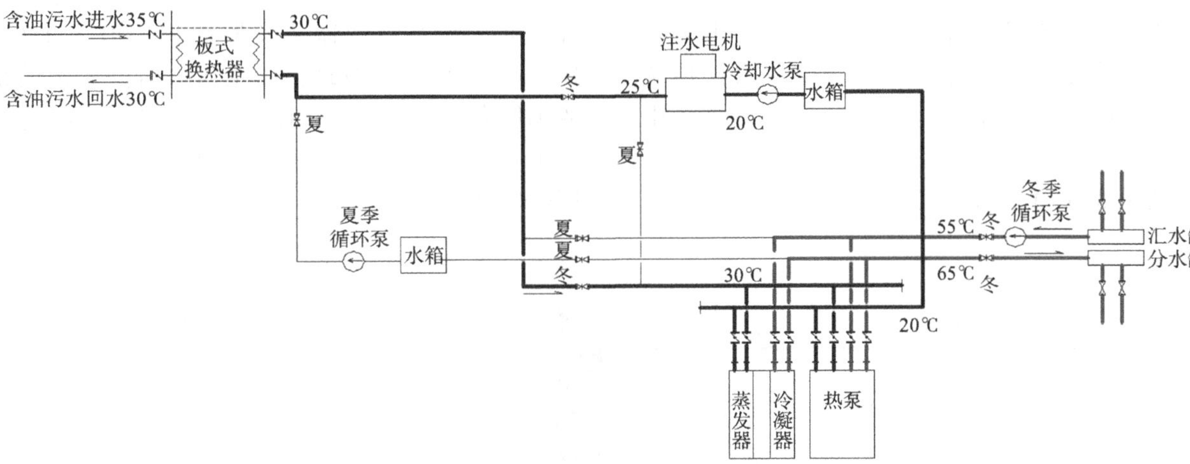

图 4　热泵一机两用工艺技术–运行流程

3.2　低温热源闭式取水工艺技术

以含油污水为低温热源，采用闭式取水工艺，运行平稳，低耗高效。与开式取水工艺相比，热泵站建设总投资降低 8~10%，热泵低温热源进水温度提高 1~2℃（图 5~6）。

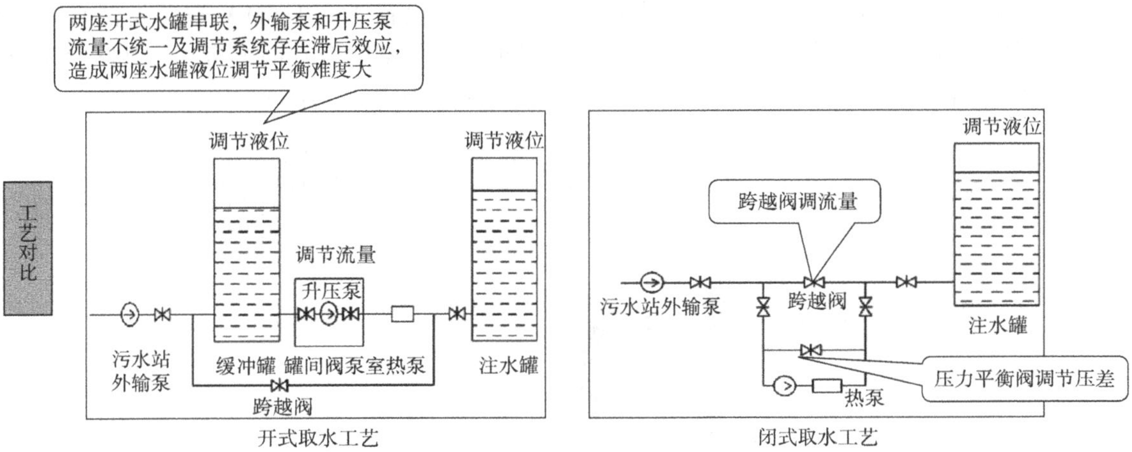

图 5　低温热源取水工艺流程图

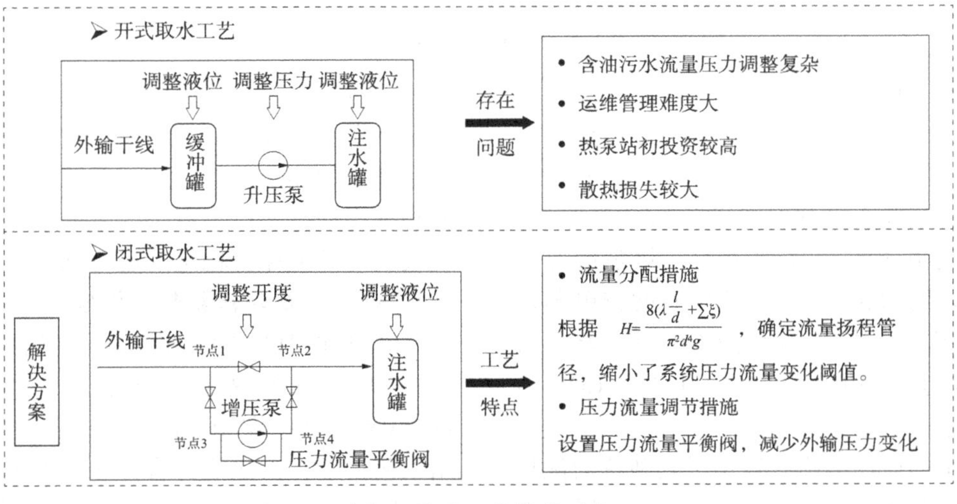

图 6　取水工艺技术对比

3.3 含油污水直进双蒸发器热泵工艺技术

油田型双蒸发器含油污水直进热泵工艺技术，可有效提高 COP 值。双蒸发器热泵比传统单蒸发器换热效率高、耐污染能力强，取消了中间换热工艺，热泵进水温度由 30℃提高到 35℃，COP 值由 3.6~4.2 提高到 4.5~4.8。

目前油田采用的单蒸发器中间换热工艺，常规直进式热泵蒸发器蒸发器面积一般为 150~160m²，清洗采用胶球清洗装置，清洗后污垢系数仍偏大，热泵运行 COP 在 4.0 以下，经济效益不高，严重制约了热泵提取工艺余热的推广应用(图 7)。

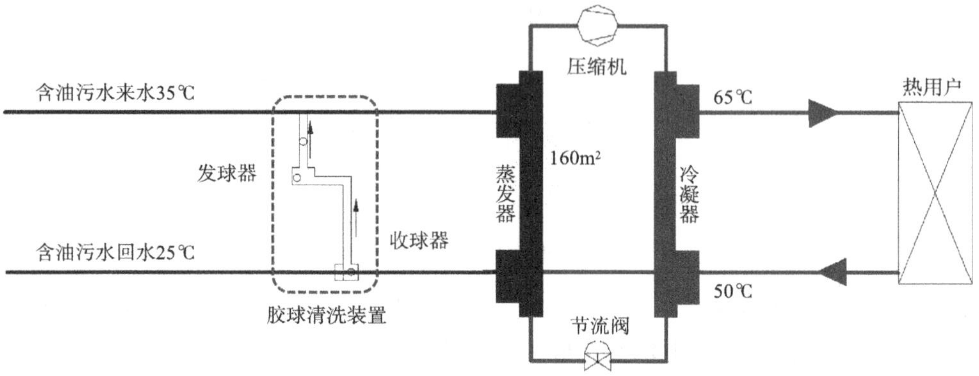

图 7　常规含油污水直进热泵流程示意图

改进后含油污水直进双蒸发器热泵工艺含油污水直进双蒸发器可将蒸发器面积扩大为 280m²。在某联合站锅炉房原址新建一座 4.8MW 热泵站，设置 3 台 1.6MW 双蒸发器直进式热泵机组，替代某联合站锅炉房，为某联合站及周边办公区集中供热(图 8)。

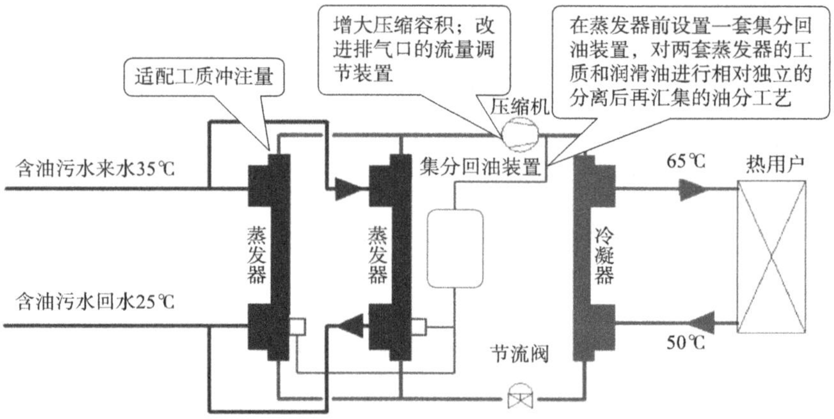

图 8　含油污水直进双蒸发器热泵工艺示意图

该项目于 2021 年 11 月 25 日投产，经过一个采暖期的运行，采暖效果良好，受到基层好评，室内温度达到 22~24℃，往年只有 17~19℃。通过对某联合站热泵站的运行效果跟踪，热泵进水温度由 30℃提高到 35℃，热泵低温余热进出口温差约为 5℃左右，蒸发温度较单蒸发器热泵明显提高。热泵总运行 COP 为 4.75，对比其他在运的热泵 COP 值(3.6~4.2)，COP 值提高约 20%。

热泵技术的应用实施展现出了其独特的优势和实际效果。首先，在系统设计和选型阶段，充分考虑了油田的具体环境条件和余热资源的特性。通过深入分析油田的能源消耗情况、余热产生量以及利用潜力，为油田量身定制了一套高效、稳定的热泵系统。这一系统不仅能够有效提取和利用油田生产过程中产生的余热，还能在极端气候条件下保持稳定的运行状态。

3.4 经济效益和社会效益评估

案例油田已在 13 座站场应用油田工业余热双向高效利用热泵工艺技术。供热能力达 11.8MW。其中在 10 座注水站应用热泵一机两用工艺技术，供热能力合计 5.37MW，实现注水电机冷却和生活供暖，注水站采暖效果均较好，室内采暖温度达到 19~22℃，注水电机冷却效果明显改善，冷却水温度降至30℃以下；1个特车维修间利用热泵工艺提取地下水余热，供热能力0.3MW，实现生活供暖；1个生产单位办公区应用热泵工艺提取含油污水余热，供热能力1.32MW，实现了冬季采暖、夏季空调、制备洗浴的三重功能；1座联合站热泵站应用闭式取水工艺和双蒸发器含油污水直进热泵工艺技术，供热能力4.8MW，实现生活供暖。

截至2023年12月底，案例油田在用的13座热泵站累计节约天然气$4669.5\times10^4Nm^3$，节约清水$199.5\times10^4m^3$，减少定额用工108人，累计经济效益21718.9万元。累计节约能耗折合标准煤4.98×10^4tce，减少CO_2排放13.05×10^4t，社会效益显著。

油田工业余热双向高效利用热泵工艺技术，包括注水站热泵一机两用工艺技术、低温热源闭式取水工艺和含油污水直进双蒸发器热泵工艺技术，现已形成标准化工艺流程2套和标准化操作规程2套。因此具有较强的可复制性和推广应用价值，可在油田注水站和集中供热区域推广使用。

4　取得认识

通过综合运用理论分析与实践案例，全面剖析了油田工业余热双向高效热泵技术的实际应用成效。研究结果显示，这一技术在油田工业余热利用领域展现出了卓越的节能表现与环保效能，对于降低油田的能源消耗和减少碳排放强度具有显著作用。同时，该技术还为油田带来了可观的经济效益与社会效益。

在理论分析层面，详细阐述了热泵技术的工作原理、性能评价指标以及与传统工艺的能效对比。通过严谨的数据分析，论证了热泵技术在能效方面的明显优势，其能效比传统工艺提高了20%以上。此外，本文所研究的双向高效热泵技术通过一系列创新和改进措施，实现了性能系数(COP)的大幅提升，达到了4.75以上，这一成果在行业内具有领先水平。

在实践应用层面，以某油田为具体案例，详细介绍了热泵技术的实际应用过程。热泵技术在该油田的成功应用，不仅为油田提供了稳定的供暖和制冷服务，还有效减少了化石燃料的消耗和碳排放。

油田工业余热双向高效热泵技术这一研究成果不仅为油田工业的绿色低碳转型提供了有力支持，也为热泵技术的进一步优化和推广提供了宝贵的实践经验和理论依据。随着科学技术的日新月异和石油石化行业的持续演进，热泵技术在油田工业余热利用领域的应用将迎来更为广阔的发展空间。

参 考 文 献

[1] 张建国."碳中和"目标下，热泵供热技术前景展望[J]. 中国能源，2021，第43卷(7)：12-18

[2] 邓克宁. 热泵技术在油田地热能资源开发中的应用[J]. 石油石化节能与计量，2023，第13卷(9)：89-93

[3] 孙健，秦宇，郝俊红，杨勇平. 基于工业余热的高温空气源耦合热泵循环性能分析[J]. 综合智慧能源，2023，第45卷(7)：40-47

[4] 高军，马光宇，刘常鹏，等. 高效热泵技术回收低温余热应用[J]. 鞍钢技术，2019，(2)：37-39，43

[5] 樊梦芳，刘亮德，李云. 油田采出水热泵应用技术研究[J]. 天然气与石油，2021，第39卷(3)：108-112

大庆油田传统集输低碳改造方法研究及新型余热利用技术评价

付　聪

（大庆油田有限责任公司）

摘　要　大庆油田应用传统燃气式加热炉存在耗气量大、热效率低的问题，同时受长期使用水质结垢影响，存在安全隐患。喇嘛甸油田从"低碳绿色，可持续发展"出发，加大新型清洁电力和清洁热能替代技术应用，试验应用电磁式加热炉，充分利用区域绿电电价优势，加大终端用能绿电占比，极大改善传统加热炉天然气的消耗量，同时利用地区丰富的低温位热能，开展热泵的余热利用技术试验，减少污水处理排放压力同时，进一步实现热源的再利用，有效减少了二氧化碳的排放，累计节气 $404.6\times10^4m^3$，进一步拓宽了油田低碳示范发展的渠道。

关键词　电加热炉；热泵；污水余热；节能降耗

喇嘛甸油田位于大庆油田最北端，经过五十年开发，目前油田已经进入高含水开发后期。由于油田的含水高，油田地下结蜡点在600m到900m，但采出液温度低于15℃时，采出液必须采取热水伴热及周期性洗井的模式，才能确保油井采出液不结蜡，顺利从油井到达中转站及外输系统。传统的加热炉加热掺水伴热系统，受加热炉结垢炉效等因素影响，已不能满足生产和节能降耗的要求。为进一步优化热洗、掺水系统，提高热洗炉节点效率，在传统强化加热炉优化空气系数等措施的节能瘦身基础上，喇嘛甸油田积极开展新能源利用的低碳实践工作，利用区域绿电电价优势，提高终端用再电气化率，将燃气锅炉替换为电加热炉，增加绿电消纳能力，减少碳排放量，同时优化设计热泵技术，开展工业热源的再利用。

1　传统燃气加热炉存在问题及优化

1.1　燃气加热炉炉效影响因素

加热炉结垢严重增加运行能耗。加热炉结垢是影响炉效的主要因素，垢的导热系数仅为0.581～2.33 W/(m·℃)，仅是20R钢46～52 W/(m·℃)的1.3%～4.5%左右；垢的厚度每增加1cm，热效率降低5%。加热炉烟火管、盘管结垢以后，造成传热效率下降，导致加热炉耗气量增加，见图1。

图1　传统加热炉管线结垢示意图

此外，影响加热炉燃烧效率的主要因素为过剩空气系数，即实际空气用量与理论空气用量的比值。当过剩空气系数过大时，会使得燃烧过程中的氧气含量过高，导致气体燃料燃烧不完全，影响炉内热量传递，产生大量的烟气，增加排烟热损失，从而降低了加热炉的燃烧效率，见图2。同时，燃烧不完全还会产生有害物质，对环境造成污染。因此，在实际操作中，应合理控制过剩空气系数，以提高加热炉的热效率。

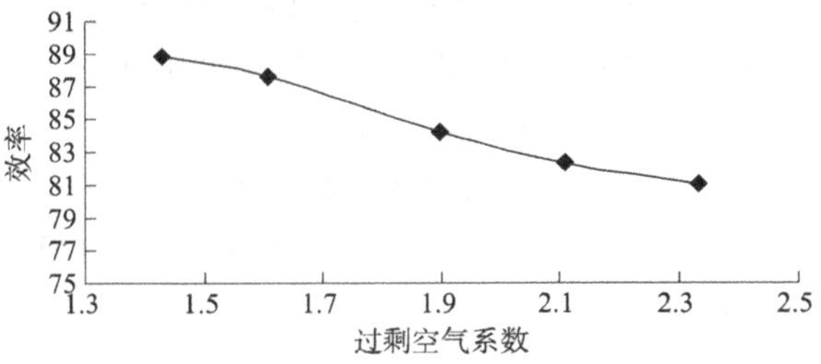

图 2　加热炉过剩空气系数与效率关系图

按照加热炉和过剩空气系数及排烟温度关系式：

$$\eta=101.37-6.1288\alpha-0.0637T \quad (1)$$

其中，η 为效率；α 为过剩空气系数；T 为排烟温度。

按此计算，当加热炉过剩空气系数每升高 0.16，则加热炉效率降低 1 个百分点；排烟温度每升高 15.7℃，同样加热炉效率降低 1 个百分点。

1.2　燃气加热炉的优化及措施效果

针对燃气加热炉系统存在的以上问题，喇嘛甸油田重点开展了以下加热炉系统优化工作：一是强化日常维护与更换，及时更新老化加热炉。针对加热炉燃烧器部件老化严重，自控元器件失效问题，通过更换及大修加热炉 15 台，提高加热炉运行效率 5.3 个百分点，累计节气 $15.6\times10^4m^3$；二是加热炉涂刷远红外线节能涂料。远红外耐高温辐射涂料可将热能转换成远红外辐射能，改善炉内热交换、提高加热炉热效率，30 台加热炉通过应用节能涂料，效率提高 3.62 个百分点，年节气 $59.4\times104m^3$；三是优化加热炉过剩空气系数，依据加热炉和空气系数及排烟温度关系，通过更换多功能燃烧器，进一步优化了加热炉的过剩空气系数。优化后测试表明，6 台加热炉效率提高 3.3 个百分点，累计节气 $11.58\times10^4m^3$。

表 1　1#加热炉更换燃烧器前后能耗测试对比

燃烧器	时间	来油量/(10^4t)	产烃量/t	脱出气量/(10^4m^3)	燃料气量/(10^4m^3)	单耗/(m^2/t)
更换前	2022.6	27.54	2594	43.51	27.18	82.62
	2022.7	28.94	2726	45.73	28.56	86.82
	2022.8	28.51	2686	45.05	28.14	85.53
	2022.9	28.01	2639	44.26	27.65	84.03
更换后	2023.6	27.92	2630	44.11	27.56	83.76
	2023.7	25.85	2435	40.84	25.51	77.55
	2023.8	27.13	2556	42.87	26.78	81.39
	2023.9	24.75	2331	39.11	24.43	74.25

2　电加热炉替代技术

2.1　电加热炉原理

电加热炉一般有两种加热方式，一种是电阻加热，一种是电磁加热。与电阻式加热相比，电磁式加热具有更热效率高的优点。电磁式加热即感应式加热，是采用电磁感应涡流原理。通过将工频交流电转换为 10~20KHz 高频交流电，当高频交流电流通过感应线圈时，在线圈周围产生闭合的交变磁场，通电后，利用导体处于交变电磁场中产生的感应电流所形成的磁滞涡流及磁阻热效应，以及线圈释放的杂散磁场经导体屏蔽吸收并产生圆环内集肤效应，使导体本身发热。

电加热炉设计加热段的防爆电加热棒装置，利用电感应原理，将电能直接转换成热能，使被加热介质升温到设定的温度，然后由被加热介质出口排出，形成一个加热循环过程。由于被加热介质在加热区域内往复运动，冲刷电加热棒，减少电加热棒结垢的可能性，定期排污能提高换热装置的使用率，见图 3。

2.2　电磁式加热炉特点

与传统燃油、燃气的供热的锅炉相比，电磁式加热炉具备如下优势：

一是能量转化率高，可以快速的加热：电加热锅炉由于采用电加热元件直接插入锅内与水接触，电磁波在物体中产生感应电流，使物体内部直接产生热量，加热速度迅速，换热系数很高，有着其它任何类型的锅炉都难以达到的转换效率。外部采用铁磁型金属导体，当高频交流电流经电磁线圈时，使磁场中的金属导体自身发热直接加热目标物体，减少了中间热损失，降低能耗，故其热效率高于电阻式加热，更加节能。

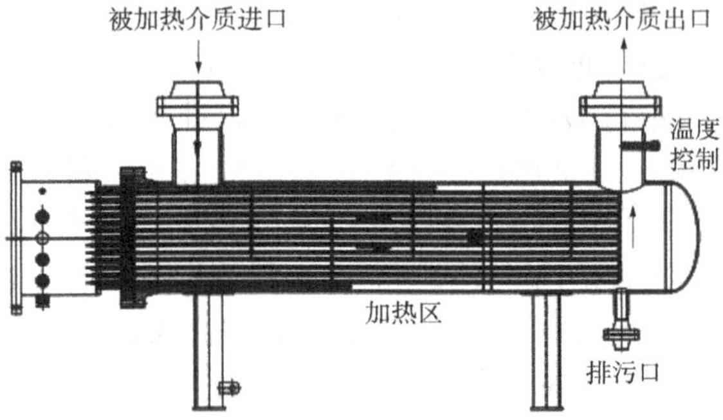

图 3　电加热供热装置结构原理图

二是安全环保性能强，没有任何污染排放：电磁加热采用专用耐高温高压特种电缆线绕制的电磁线圈具有绝缘性能好、安全可靠，电磁加热产生感应电流，不需要明火，电热管与水直接接触等加热方式，电能直接转换为热能，不会排放任何有害气体和污染物。同时由于电加热的过程全部在内部完成，且易于实现对负荷、温度、水位、压力等指标可靠的电气化控制，不易造成安全事故。

三是具备智能化精准调温优势：电磁加热可以精确的控制加热功率，由于电加热元件可以通过外部的电气开关控制。所以对锅炉运行的启停、负荷的大小及水温(蒸汽温度)、水位、工作压力、工作时间等可以实现快速和可靠的自动化控制，与传统加热方式相比，调温更加灵活。且负荷调节范围大，有利于减少无效的工作负荷，并可以通过智能化控制系统自动均衡电加热元件的工作时间，整体延长电加热元件的使用寿命。

2.3　应用效果及经济效益

虽然电磁式加热炉与传统的加热方式相比，价格略高，但节气效果显著。喇嘛甸油田应用电加热炉替代原有燃气加热炉 2 台，功率 3.85MW，年增加用电 927×10^4kW·h，年节约天然气用量 124×10^4m^3，年减少 CO_2 排放 4292t，年节约标煤 503t。

3　热泵加热技术

喇嘛甸油田已经进入高含水开发后期，年采出污水约为 1.1 亿 m^3，地下油层平均温度约为 43℃，回注含油污水平均温度为 35℃，蕴含丰富的低温位热能。有效利用这部分余热，采用热泵机组替代加热炉和锅炉供热，一方面可以为生产提供热源实现再利用，实现高效减碳，另一方面可以减少污水处理排放压力。

3.1　热泵技术原理

热泵技术主要采用换热器原理，即通过传热的方式，将热量从一个流体传递到另一个流体。热泵主要采用两个流体的流道(热流道和冷流道)共同组成，是当热流体和冷流体通过换热器时，温度高的热流体热量就会通过换热管或板式换热器传递给冷流体，从而实现热量交换。热流体的温度会逐渐降低，而冷流体的温度会逐渐升高，直到两个流体的温度达到平衡。

针对油田可利用的低温热源是污水和冷却水，目前油田应用较为广泛的热泵为电动压缩式和燃气吸收式两种，两种热泵性能对比见表 2。

表 2　两种热泵性能对比表

类型	电动压缩式	燃气吸收式
驱动原理	利用电能驱动	利用燃气驱动
制热补偿	消耗电能补偿制热功率	消耗天然气补偿制热功率
能效比	性能系数为 4~5	性能系数为 1.4~1.8
供热温度	制热出水温度多为 45~60℃，超高温型可达到 80℃	制热出水温度可达到 85℃，供热温度与低温水源有关
使用范围	电力系统完善地区	燃气供应充足地区

3.2　热泵技术试验及效果

污水热泵再利用选取喇 360 转油放水站，该站所辖 12 座计量间、173 口油井，掺水和热洗用热量非常大。通过建立热泵，可替代周边 2 座原有锅炉房并实现为生产提供热源。

360#热泵站主要采取宽流道换热器和板式换

热器进行供热。加热系统为闭式循环系统，由2台4MW热泵机组、3台工艺加热循环水泵、5台工艺介质换热器，2个卧式除污器组成。利用1#站掺水炉换热器与2#站脱水炉换热器加热侧回水(60℃)分别至热泵站，再经除污器过滤，循环泵加压后，进入热泵机组加热至80℃后，分别供至2个站工艺介质换热器加热掺水、低含水油。循环系统采用补水泵回水定压。如图4、图5所示。

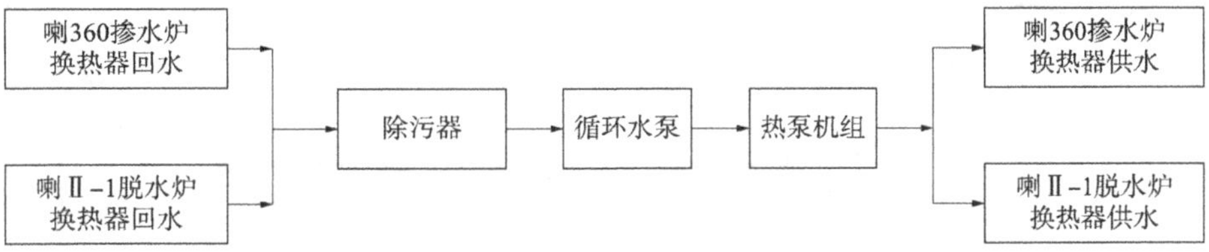

图4　工艺介质加热工艺流程

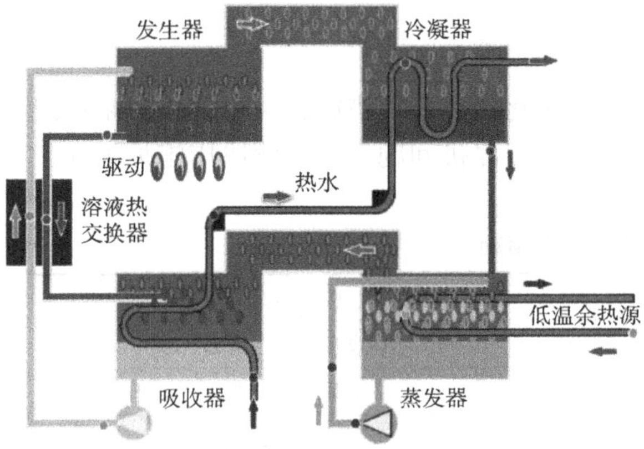

图5　吸收式热泵原理示意图

3.3　热泵换热器的优势及改进

3.3.1　宽流道换热器的特点

360#放水转油站采用宽流道板式换热器，具备低压降、高传热系数、大容积处理、易于清洗和维护等特点。

一是压降更低。宽流道板式换热器比管式换热器流道宽度更大，能够增大单位面积的流体流通的面积，降低流速，从而减小污水流体在流经换热器时的压降。因此在处理高粘度污水或含有杂质较多的污水时，具有较好的污水流体传输性能和更低的能耗。

二是传热系数更高。宽流道换热器的结构采用蜂窝状、多通道设计，能够极大增加传热的表面积，同时在污水侧采用大截面的单流程，中介水侧采用小截面多层并联再串联设计，总体上能有效保持两种介质的逆流换热，从而提高传热的系数，实现更为高效的热传递。

三是处理容积更大。宽流道板式换热器板片间距大，能有效增加换热器的体积。在相同占地面积条件下，宽流道板式换热器能够处理更大的流量，提高换热器的处理能力，满足油田中转站大规模掺水及热洗的换热需求。

四是易于清洗和维护。宽流道板式换热器采用板片结构，中间没有管道连接，可以通过拆卸板片进行清洗，因此清洗和维护更加方便。

五是具备多种场景应用灵活性和可扩展性。宽流道板式换热器的结构设计可以根据现场实际需求进行多种组合布置，也可以根据换热需求的大小，增加或减少板片的数量。

3.3.2　换热器传导系数下降及对策处理

热泵运转过程中，由于污水中介质中含聚合物、矿化度高，在换热管表面结垢，导致换热效率下降，结垢周期约90~100天，直接影响掺水温度水平和效果。现场跟踪表明，掺水温度由初期投产时的55~57℃，逐渐后期下降到最低的47℃。

分析表明，随着换热器运行时间的逐渐增加，由于油田污水影响，换热器内的油污、杂质也在不断增多，从而影响换热器的换热效果，换热器传热系数衰减逐步加大，同时当换热器的换热表面污垢厚度增加时，传热系数K曲线下降越明显，表明此时换热器换热效果下降越严重。通过以下公式计算换热器的传热系数：

$$K=\frac{Q}{F \cdot \Delta t} \tag{2}$$

式中，Q为换热量，W；K为传热系数，W/(m^2·℃)；F为换热面积，m^2；Δt为换热器两端温差,℃。

针对换热器换热效果下降，主要采取冲洗方式进行换热器污垢和杂质的冲洗，从而确保换热器的换热能力得到恢复，保障掺水的正常生产。换热器正常工作时，传热系数可保持在300W/(m^2·℃)以上，当降低到250W/(m^2·℃)以下时，启用冲洗流程。先采取小流量加热浸泡，再进行冲洗，冲洗时传热系数平均为120～170W/(m^2·℃)，当传热系数逐步上升到300W/(m^2·℃)，冲洗完成，见图6。经过现场分析与探讨，确定360#放水转油站热泵的宽流道换热器冲洗周期为65天。针对热泵机组存在的宽流道换热器的清洗周期过短，影响掺水温度平稳问题，可以结合不同季节、不同温度制定不同的清洗周期。

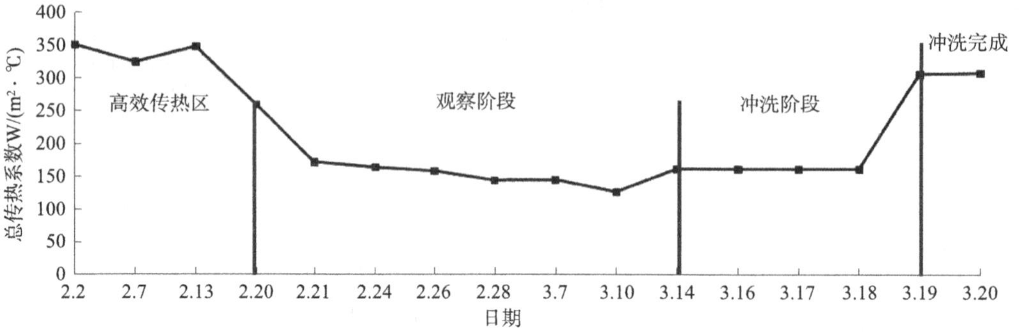

图6　宽流道换热器传热系数跟踪图

同时现场运行时发现，在热泵前端受来气压力波动以及机组负荷变化等因素影响，会导致气压低、界面高温等停机报警，通过调整前端供气压力、优化热负荷等措施，可以解决热泵机组运行时的故障停机问题。具体解决措施见表3。

表3　热泵机组停机原因及应对措施

停机故障	停机原因	应对措施
气压低	1#来气压力波动	1#设定好供气压力
机组自动停机	回水温度高于设定值	提高用热负荷
界面高温报警	机组设定与负荷不符	优化调整设定值

3.4　热泵技术应用效果及效益

通过热泵应用的掺水和回油温度测试表明，热泵的热效率高于传统的二合一加热炉的热效率。应用热泵工艺后，掺水的出口温度冬、夏季分别能达到56℃、53℃，出口温度均比原传统加热炉工艺可提高3℃；同时经过对回油温度测试显示，冬季、夏季回油温度可分别达到38℃和35℃，比原加热炉工艺提高2～3℃，可以替代原有二合一加热炉，见表4。

表4　应用热泵前后油井掺水、回油温度变化统计表

分类	掺水温度/℃		回油温度/℃	
	冬	夏	冬	夏
加热炉工艺	53	50	35	33
热泵工艺	56	53	38	35
提高温度	+3	+3	+3	+2

投产以来，热泵站的节气效果时分显著。在冬季采暖期，与原锅炉供热系统相比，喇360热泵站日节约天然气达到3300m^3。除满足生产供热的需求外，与原掺水炉脱水炉耗气量比较，热泵冬季日节气量约为10000～11000m^3/d，日节约天然气达到5000～6000m^3，年节约天然气269万m^3，降低二氧化碳排放9300余吨，为实现低碳转型、清洁热能替代奠定良好基础。同时，喇360热泵站建设的3台热泵机组，通过采用数字化手段实现"有人巡检、无人值守"的管理方式，简化了热泵机组设备运行的管理节点，降低了总体投资和后期维修成本。3台热泵机组共替代锅炉、掺水及脱水炉等各类加热炉13台，每年可降低运行维护费用156万元。

4　结论

(1) 针对传统加热炉易结垢，燃烧效率低的问题，通过合理控制过剩空气系数，以及关注燃料与空气配比、合风、烟道挡板开度等等措施，可以达到提高加热炉热效率的目的。应注重预防和清除结垢层，管理和净化天然气中的水杂质，并采取相应措施来减少燃料的燃烧不完全和净化烟气，确保油田加热炉的高效稳定运行。

（2）应用电加热炉替代传统燃气加热炉，能够充分利用区域绿电电价优势，加大终端用能绿电占比，增加绿电消纳能力，有效减少生产过程中的化石能源消耗，减少二氧化碳的排放，为绿色低碳可持续发展示范基地建设提供保障。

（3）喇嘛甸油田污水的余热资源丰富，潜力巨大，通过热泵技术油田利用污水余热资源，能够进一步降低生产运行成本，实现油气生产达到较高的收益水平，实现油田新能源工业化应用的有效探索。

（4）喇嘛甸油田热泵采用宽流道板式换热器，具备低压降、高传热系数、大容积处理、易于清洗和维护等特点。具有更好的污水流体传输性能，换热器的处理能力和传热系数更高，能够实现更高效的热传递，满足油田中转站大规模掺水及热洗的换热需求。

参考文献

［1］成庆林，王璐，孟岚等．基于主成分分析的油田加热炉热效率影响因素［J］．工业炉，2022，（003）：044.

［2］孙立波．喇嘛甸油田负压燃烧加热炉配风量优化技术研究［J］．石油石化节能，2019，（9）：4.

［3］张润泽．油田加热炉烧损原因分析及治理措施［J］．化工管理，2020，（12）：2.

［4］张磊．燃气加热炉热效率计算方法的改进及应用分析［J］．中国化工贸易，2020，012（030）：139，141.

［5］郑景发．加热炉燃烧控制系统在喇嘛甸油田的应用［J］．石油和化工设备，2010，13(009)：33-34，52

［6］陈镇湘，龚振楠，金露．油田二合一加热炉热效率分析及提效研究［J］．化工安全与环境，2022，（006）：035

［7］张淼．污水源热泵在油气集输系统中的供热应用［J］．石化技术，2019，26(2).

基于风光融合的机采井低碳改造方法研究及效果评价

王永强　王班超　邢　涛　郑思成

（大庆油田有限责任公司第六采油厂）

摘　要　大庆油田具有较好的风能、太阳能利用资源，应用风光电开展风光电能利用给油井供电可作为油田节能新途径，适合风能资源较好的边远油田单井供电。风电、市电双网风力供电模式采取大规模风电不并入电网，直接应用适应风电特性的负载端的方式，此外抽油机利用太阳能驱动平衡优化调整等现场试验证明，油井直接利用风光电的现场试验可行，风电、光电等低碳新能源的绿电供给思路可满足油井启动、运行和优化调整需要，并且利用率高。现场成功对抽油机、螺杆泵等多种举升工艺实现了风光电能的融合应用，为油田利用风能节能降耗奠定了基础。

关键词　低碳；风力发电；自动平衡；太阳能；节电

在能源发展新时代，我国能源行业发展应积极构建"清洁低碳、安全高效"的现代能源体系，优化能源结构。根据我国的能源资源状况，除煤炭外，将来可以依赖的能源资源主要是可再生能源。我国的可再生资源潜力很大，主要有水能、风能、太阳能和生物质能等，具有良好的开发前景。"十四五"期间按照集团公司要求，实现化石能源清洁化、清洁能源规模化、多种能源综合化、终端能源再电气化。大庆油田落实新能源发展战略，积极推进园区化、规模化的建设新能源基地。喇嘛甸油田年用电量消耗约15.4亿kW·h，同比上升1023万kW·h；天然气消耗20500万m^3，同比上升135万m^3。为此，大庆喇嘛甸油田积极建设低碳示范区，目前喇嘛甸油田低碳示范区年总耗电量3.12×10^8kW·h（占全厂20.1%），消耗天然气0.39×10^8 m^3（占全厂18.6%）。其中油田共有机采井6200余口，其中抽油机4500余口，占比73.7%，电泵井占比4.1%，螺杆泵井占比22.2%，既是采油举升的主要方式，也是耗电的主要设备，直接进行低碳改造潜力巨大。通过综合应用"风、光、热、储、氢等新能源技术，形成了以新能源风电、光伏为主导，多能互补、源、网、荷、储一体化的新能源布局，再辅助余热利用，积极开展清洁能源利用工作，从电、热两方面进行生产用能清洁替代，减少天然气的消耗，降低碳排放量，构建清洁低碳能源体系，促进社会经济可持续发展。

1　应用风能的油井低碳改造应用

大庆油田年平均风速在3.5m/s以上，年平均风能密度达100~140w/m^2，风能蕴藏量丰富。利用风能资源，试验风能技术，一方面符合油田节能发展的迫切需要，一方面可有效降低投入、增大产出。大庆油田具有开展风能利用现场试验与研究具备客观条件。但是传统的离网型风电利用率并不高，风能利用的不足就是波动性、不稳定性、间歇性，因此发出来的电也是波动的、不稳定的、间歇的。在没有水电和燃气发电进行调峰的情况下，风电在电网中所占的比例需在10%以下才能保证电网的平稳运行。因此，积极开展了风电与市电融合的机采井风电利用新模式。

1.1　风电市电融合技术原理

风机发的风电不入网，因此电网不再是其终端负荷，与蓄电池配套的小型独立运行供电系统不同，风电市电的融合是将风电直接输送到一些负载设备上，即实现100%能量转换，解决无法上网的风电的利用问题。

市电风电互补技术采取风力供电不经存储而直接输出的方式，风电供应不足部分由市电直接补充，可实现风电的最大输出，最大限度提高风电利用率，同时实现一机带多井目的。

1.2　结构设计

风力发电机输出的三相交流电整流滤波为直

流电源。只要风力发电机正常转动，输出约AC300，风电控制柜即可输出约DC540V供给负载(视电网电压及负荷情况而定)，即通过风电控制分多路输出风电功率，分别在风网互补控制器与电网互补输出到负载。单机总最大输出功率或每路最大输出功率均能达到设计风机的额定功率。

将风力发电机的交流电压整流滤波为直流电压。由于风速不同，风力发电机的输出电压亦忽高忽低，尤其是低风速时输出电压远远低于电网电压。为了充分的优先的利用风力电源，即采用升压电路。该输出设计可控，并可动态的保持输出电压高于电网电压，即优先输出风力电源。

1.3　应用情况及效果

风电市电融合的风力发电机及控制系统开始运行。经过长期运行监测，取得了不同风速条件下的供电效果，见表1。

表1　30kW风机不同风速下供电水平统计

风速/(m/s)	风电功率/kW	1#井网电功率/kW	2#井网电功率/kW	风电供电比例/%
0~3	0.088	6.18	7.19	0.63
3~4	0.36	6.15	5.14	3.01
4~5	0.74	6.17	7.73	5.51
5~6	1.43	6.13	6.39	10.75
6~7	2.55	6.13	4.95	19.77
7~8	4.11	5.94	3.15	31.52
8~9	5.49	5.10	2.33	42.90

监测结果表明，在平均风速达到7.5m/s以上时，风电平均供电比例能达到34.25%，见表2、图1。

表2　30kW风机7.5m/s以上风速时供电水平

风速/(m/s)	风电功率/kW	1#井网电功率/kW	2#井网电功率/kW	风电供电比例/%
>7.5	4.51	5.89	5.18	34.25

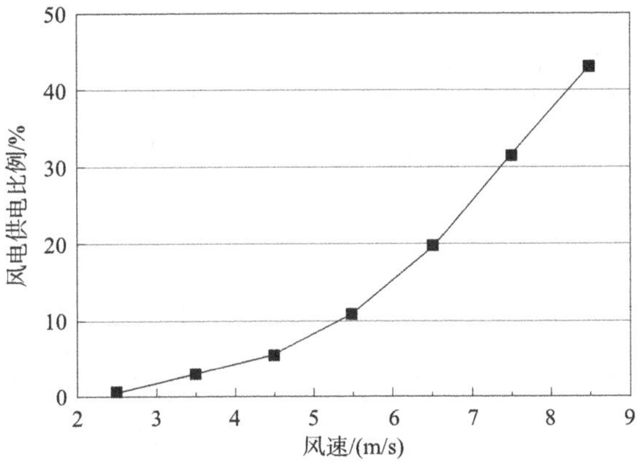

图1　30kW系统不同风速下风电平均供电比例曲线

现场监测显示，平均风速达到9.3m/s时，抽油机井的风电平均利用率达到46.2%。

2　应用光能的油井低碳改造应用

游梁式抽油机平衡调整长期处于固定平衡且人工调整状态，受井况变化及人工巡检频次影响，长期处于不平衡状态，不仅人工调整费时费力，而且影响抽油机运行效率，长期存在因平衡导致的高能耗问题。应用太阳能发电储能的自动调平衡式改造方式，在常规游梁式抽油机尾部挂接一个尾游梁，设计依靠太阳能储能驱动的游标式平衡重，通过平衡配重游标向前或向后移动可以实现抽油机平衡度的自动调整。

2.1　技术原理

太阳能储能自动平衡抽油机，采用在尾游梁上安装游标式配重块，配重游标依靠太阳能运行，太阳能电池板给蓄电池充电，蓄电池带动直流电机驱动配重游标自动前后移动调节配重力臂，从而在不停机的情况下自动调整抽油机平衡度，使抽油机平衡度始终保持在较高水平。

由游梁抽油机平衡重做功公式得：

$$A_w=\frac{c\cdot s\cdot(W_b+X_{uc})}{a} \tag{1}$$

式中，A_w为下冲程杆柱重量及电机对悬点载荷做功；S为冲程，m；c为游梁平衡力臂长度，m；W_b为达到平衡所需平衡重，kN；X_{uc}为抽油机不平衡所需配重，kN；a为游梁前臂长度，m。

当抽油机在下死点时，自动平衡块向后移动，相当于平衡块力臂 c 加长，则电动机做功减少；同理，当抽油机运行到上死点时，游标平衡块自动向内运行，相当于平衡块力臂 c 减少，则 Aw 减少；由公式可知，杆柱对载荷做功不变，Aw 减少，则电机对载荷做功减小。通过以上分析可以看出，自动平衡装置通过在抽油机运行过程中游标自动运行，加大或减小抽油机力臂，减少电机功率输出，改善平衡效果，达到节能目标。

2.2 结构设计

太阳能储能自动平衡尾游梁由尾游梁和地面控制系统组成，如图 2 所示。

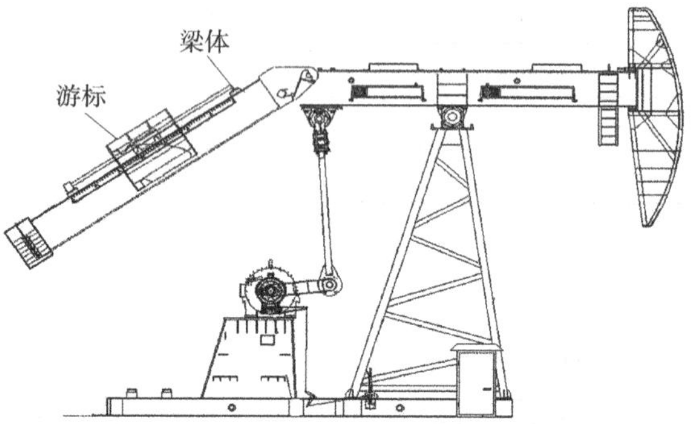

图 2　抽油机井太阳能储能自动平衡装置示意图

2.2.1 尾游梁

尾游梁由尾游梁主体和游标组成，游标套接在尾游梁主体的梁体上。尾游梁尾部设置配重配重块，用于调节超出游标运行范围以外所需的平衡块重量及力矩。游标式尾游梁采取挂接方式安装在游梁尾部，不用敷设任何电线电缆和传感器。

2.2.2 太阳能游标

游标控制箱及蓄电池组采用两侧模块化安装。太阳能游标两侧设置太阳能电池板。蓄电池采用 2 块 12V、50Ah 串联组成，电压为 24V 直流电源。电机为 24V、120W 低速大扭矩无刷直流电机。游标两端分别安装限位开关，游标触发限位开关后停止动作，实现可靠的限位保护功能。

2.3 应用情况及效果

现场可采取两种方式进行改进平衡效果达到节能目的：一是采取游标行程与抽油机井冲程同步的方式进行平衡；二是采取游标定位置的平衡方式，即游标依据抽油机井的平衡状态采取固定任意位置的方式进行节能平衡。

为验证抽油机井自动平衡改造的平衡效果，试验时分别测试游标固定位置平衡以及与冲程同步行程方式两种状态下的能耗和载荷情况。游标平衡重固定时测量，游标位于尾游梁低端、中部及低端，分别比改造前节电 33.37%、34.13%和 33.95%，见表 3。

表 3　3# 井游标固定不同位置平衡效果对比

对比	产液/(t/d)	动液面/m	有功/kW	$I_上/I_下$/A	百米吨液耗电/(kW·h/100mt)	系统效率/%	有功节电率/%
措施前	47	300	3.88	37/36	0.66	36	
游标位于底端	48	377	3.318	22.1/18.4	0.44	42.9	33.37
游标位于中部	48	377	3.28	20/14.6	0.435	43.4	34.13
游标位于顶端	48	377	3.289	20.2/14.6	0.436	43.3	33.95

对应抽油机每个冲程运行，通过太阳能储能单元控制游标配重运行，极大改进平衡效果。游标运行的不同行程下，平均有功节电率可达到 43.1%。通过电流监测可见，折算扭矩峰值比常规曲柄平衡能下降 40.7%。

表 4　3# 井游标动态平衡状态下平衡效果

游标行程/m	有功/kW	百米吨液耗电/(kW·h/100mt)	系统效率/%	有功节电率/%
0.5	2.793	0.37	40.9	43.91
0.8	2.819	0.374	40.5	43.39
1.0	2.815	0.373	40.5	43.47
1.2	2.86	0.379	39.7	42.57
1.4	2.851	0.378	39.9	42.75

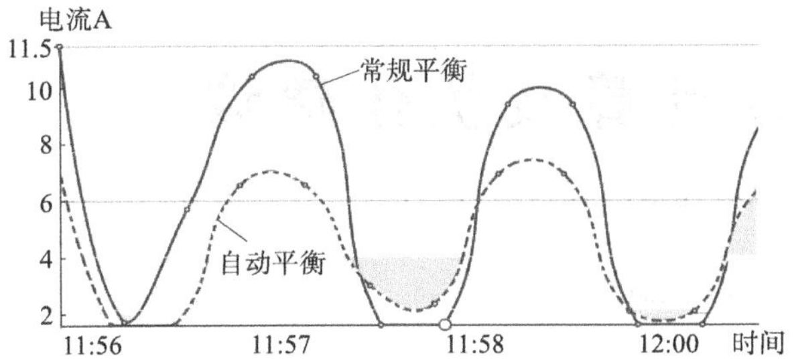

图3　4#井太阳能储能型自动平衡改造效果曲线

3　结论及认识

(1) 风能作为油井动力供给，采用风能发电在大庆油田开展试验表明，以风网互补型设计为主的市电风电融合系统，可较好的满足油井启动与运行需要，风电联网不并网，风电优先利用，能较好地提高风能利用率。

(2) 通过抽油机太阳能储能自动平衡尾游梁设计，依靠太阳能控制配重游标，可实现抽油机在每个冲程内的动态平衡调整。游标式平衡结构的游标有效行程长，平衡度调节范围大，运行稳定。现场应用表明，该技术能有效改善抽油机井的平衡运行状况，有效降低峰值扭矩，具有平衡度调节范围大、安全平稳可靠特点，与抽油机冲程同步运行平衡效果好，峰值扭矩能下降40.7%，有功节电率可达到43.1%。

(3) 为进一步提高油田油井在低风速下利用效果，油田应用风能可通过加大风机功率级别的方法来提高风能利用率。

(4) 采用风电、光电替代传统燃煤发电，能够进一步加大终端用能绿电占比，通过机采井的举升方式和运维调整的深度融合，能极大增加绿电消纳能力，减少碳排放量，为绿色低碳可持续发展供示范与保障。

参考文献

[1] 张先进，陈杰．非并网风力发电系统的电压协调控制[J]．电力系统自动化，2008，(22)：91-92.

[2] 顾为东．风力发电非并网系统的模型试验[J]．江苏大学学报，2009，(3).285-288.

[3] 张波．一种储能自平衡机构在抽油机上的应用[J]．石油石化节能，2017，(08)：19-21

[4] 赵明明．抽油机井太阳能自平衡改造方法研究及试验[J]．石油石化节能，2016，(5)：4-5

[5] 郭庆荣，邹祥城，韩民强．太阳能储能自平衡抽油机[J]．石油科技论坛，2017(S1)：138-140

[6] 刘一山，薛建强，王林平，等．游梁式抽油机的自动平衡调整装置改进方案[J]．石油矿场机械，2016，45(7)：52-53

抽油机井能耗节点效率计算及优化建议

高庆鑿　王永强　郑思成

（大庆油田有限责任公司第六采油厂）

摘　要　为有效降低抽油机井能耗运行的突出问题，以抽油机井产液量不变、提高系统效率、降低采液单耗为原则，建立全系统能耗节点传感布控方式，探索抽油机井能耗节点效率精准判别及优化方法，创建能耗最低优化措施匹配模板，指导现有节能技术管理措施高效组合及统筹实施，建立精准、高效、低成本高产液井低能耗优化技术体系，对全面实现喇嘛甸油田机采井系统效率、能耗控制和节约成本的综合效益最大化具有重要意义。

关键词　抽油机；能耗；系统效率；能耗节点效率计算；优化匹配措施

为有效降低高产液机采井能耗运行的突出问题，以机采井产液量不变、提高系统效率、降低机采单耗为原则，建立全系统能耗节点传感布控方式，探索机采井能耗节点效率精准判别及优化方法，创建能耗最低优化措施匹配模板，指导现有节能技术管理措施高效组合及统筹实施，建立精准、高效、低成本高产液井低能耗优化技术体系，对全面实现喇嘛甸油田机采井系统效率、能耗控制和节约成本的综合效益最大化具有重要意义。

1　系统节点效率判别及优化方法研究

1.1　各能耗节点效率智能判别算法模型

通过统计分类，结合生产节点影响因素分析，梳理抽油机井各能耗节点，由于各传动子系统的运动特性不同，能耗特性及影响因素也不同，分析各子系统的能耗状态，结合抽油机井的结构特点，将抽油机分为电机、皮带、减速箱、四连杆、杆管、泵进行研究（图1）。

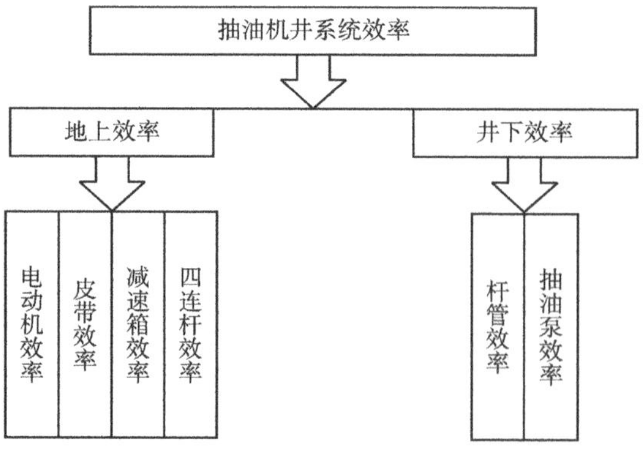

图1　抽油机井系统效率分解

1.1.1　地上节点效率计算模型

电机效率：

$$\eta_{电机}=-95e^{\frac{-p_2}{2.75}}-0.175p_2+95 \tag{1}$$

式中，$\eta_{电机}$为电机效率；p_2为电机输入功率，kW。

皮带传动效率：

$$\eta_{皮带}=0.98-0.98e^{\frac{p_2}{-5.5}}-0.00001p_2^2 \tag{2}$$

式中，$\eta_{皮带}$为皮带效率；p_2为减速箱输入功率，kW。

减速箱传动效率：

$$\eta_{减速箱}=0.97-0.97e^{\frac{p_2}{-2.9}}-0.00004p_2^2 \tag{3}$$

式中，$\eta_{减速箱}$为减速箱效率；p_2为减速箱输入功率，kW。

四连杆传动效率：

$$\eta_{四连杆}=0.94-0.94e^{\frac{p_2}{-4.8}}-0.00003p_2^2 \tag{4}$$

式中，$\eta_{四连杆}$为四连杆效率；p_2为四连杆输入功率，kW。

1.1.2　地下效率计算模型

地下效率：

$$\eta_{地下}=\eta_{系统}/\eta_{地上} \tag{5}$$

式中，$\eta_{地下}$为地下效率；$\eta_{地上}$为地下效率；$\eta_{系统}$为系统效率；

根据计算得到的泵功图，可将井下效率主要分为杆柱效率与抽油泵效率，悬点为抽油杆柱的输入端，抽油泵上端为抽油杆柱的输出端，悬点功图的面积为抽油杆柱的输入功，泵功图面积为抽油杆柱的输出功，因此，杆柱效率为

$$\eta_{杆}=\frac{\sum_{i=1}^{m}p_{泵上i}v_{泵上i}-\sum_{i=1}^{m}p_{泵下i}v_{泵下i}}{\sum_{i=1}^{m}p_{悬上i}v_{悬上i}-\sum_{i=1}^{m}p_{悬下i}v_{悬下i}} \tag{6}$$

式中，$p_{泵上}$、$p_{悬上}$为泵功图及悬点功图的上冲程载荷；$p_{泵下}$、$p_{悬下}$为泵功图及悬点功图的下冲程载荷；$v_{泵上}$、$v_{悬上}$为泵及悬点位置处的上冲程速度；$v_{泵下}$、$v_{悬下}$为泵及悬点位置处的上冲程速度。

抽油泵效率为抽油机的水力功率与抽油泵输入功率之比，根据抽油机的井况参数及测试的产量，可获得水力功率，根据抽油泵功图可获得抽油泵的输入功率，抽油泵效率为：

$$\eta_{泵} = \frac{QH\rho g}{\sum_{i=1}^{m} p_{泵上i}v_{泵上i} - \sum_{i=1}^{m} p_{泵下i}v_{泵下i}} \quad (7)$$

式中，Q 为抽油机井产量，H 为等效动液面；ρ 为井液密度。

综合上式可得井下效率为：

$$\eta_{井下} = \eta_{杆}\,\eta_{泵} = \frac{N_{出}}{N_{光杆}} = \frac{QH\rho g}{\sum_{i=1}^{m} p_{悬上i}v_{悬上i} - \sum_{i=1}^{m} p_{悬下i}v_{悬下i}} \quad (8)$$

由式可以看出，抽油泵效率主要受到产液量、动液面、井液密度、泵输入功率等因素有关，而泵输入功率受到了杆柱运动规律的影响，因此，抽油泵高效运行的条件为系统参数的协调工作。

1.2 建立节点效率判别体系

评价标准将效率分布图划分为五个区，其分别为高效区、合格区、地下低效区、地面低效区、效率双低区，如图 2 所示。

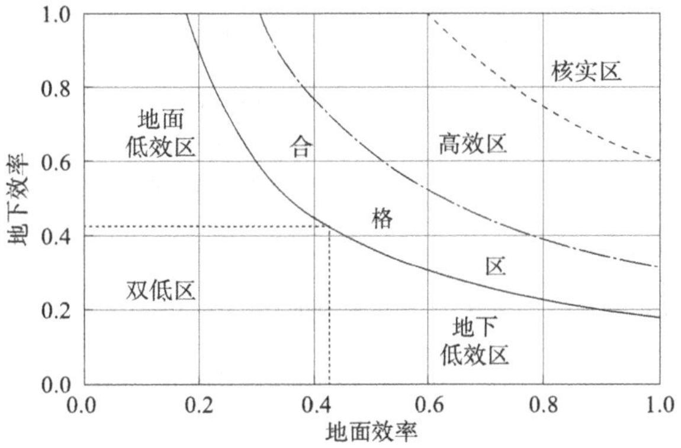

图 2　系统效率评价指标体系图

抽油机井评价指标依据 SY/T 5783—2017《有杆泵抽油系统设计、施工作法》、GB/T 33653—2017《油田生产系统能耗测试和计算方法》、GB/T 31453—2015《油田生产系统节能监测规范》、石油天然气行业标准 SY/T 5873—2017《有杆泵抽油系统设计、施工推荐做法》以及我厂的油井生产特点制定，见表 1。

表 1　抽油机井系统效率评价指标

系统效率	地面效率	地下效率	评价	措施
$0<\eta_s<0.2$	$0<\eta_g<0.45$	$0<\eta_{ug}<0.45$	双低区	分布针对地面和地下，提出整改措施
$0<\eta_s<0.2$	$0.45\leq\eta_g\leq1$	$0<\eta_{ug}<0.45$	地下低效区	针对地下，提出整改措施
$0<\eta_s<0.2$	$0<\eta_g<0.45$	$0.45\leq\eta_{ug}\leq1$	地面低效区	针对地面，提出整改措施
$0.2\leq\eta_s\leq0.3$	$0.2\leq\eta_g\leq1$	$0.2\leq\eta_{ug}\leq1$	合格区	保持现状，定期观测
$\eta_s>0.3$	$0.3<\eta_g\leq1$	$0.3<\eta_{ug}\leq1$	高效区	保持现状
$\eta_s>1$	或 $\eta_g>1$	或 $\eta_{ug}>1$	测试无效区	建议重新录取数据
$\eta_s\leq0$	或 $\eta_g\leq0$	或 $\eta_{ug}\leq0$	测试无效区	建议重新录取数据

其中：η_s 为抽油机井系统效率；η_g 为抽油机井地面系统效率；η_{ug}为抽油机井地下系统效率。

电机功率利用率评价指标见表 2。

表 2　电动机功率负载率评价方法

电机功率负载率	评价	措施
$0<\zeta_M\leq0.2$	低效	a）更换小一级电动机 b）更换节能电机 c）采用节能控制柜
$0.2<\zeta_M\leq0.3$	合格	a）保持现状 b）条件允许更换节能电机 c）条件允许采用节能控制柜
$0.3<\zeta_M\leq0.6$	良好	保持现状
$\zeta_M>0.6$	高效	保持现状

其中：ζ_M 为电动机功率负载率。

平衡度评价指标：考虑到平衡度指标使用的方便，可以统一应用电流法定义，并且部分抽油机类型，全部按以下标准进行评价，见表 3。

表 3　平衡度评价方法

平衡度指标范围	评价	措施
$0<\beta_b\leq0.8$	欠平衡	a）采取悬点降载措施 b）增加平衡扭矩
$0.8<\beta_b\leq1.1$	平衡	保持现状
$\beta_b<1.1$	过平衡	a）降低平衡扭矩

其中：β_b 为抽油机电流法平衡度。

抽油机载荷负载率判别指标：依据石油天然

气行业标准 SY/T 5873—2017《有杆泵抽油系统设计、施工推荐做法》，抽油机载荷负载率判别指标，见表 4。

表 4　载荷负载率评价方法

载荷负载率	评价	措施
$0<\zeta_P\leqslant0.3$	低效	（1）抽油机型号偏大，建议条件合适可以升档更换抽油机。 （2）调整抽汲参数，增加产量。
$0.3<\zeta_P\leqslant0.6$	合格	保持现状，或更换抽油机
$0.6<\zeta_P\leqslant1$	高效	保持现状
$\zeta_P>1$	安全隐患	（1）抽油机型号偏小，建议降档更换抽油机。 （2）调整抽汲参数，降低悬点载荷。

其中：ζ_P 为抽油机悬点载荷负载率。

减速箱负载率判别指标：依据石油天然气行业标准 SY/T 5873—2017《有杆泵抽油系统设计、施工推荐做法》，减速箱负载率判别指标，见表 5。

表 5　扭矩负载率评价方法

扭矩负载率	评价	措施
$0<\zeta_T\leqslant0.3$	低效	（1）更换小额定扭矩减速箱 （2）检查减速箱故障，并进行适当处理
$0.3<\zeta_T\leqslant0.6$	合格	保持现状，或更换减速箱
$0.6<\zeta_T\leqslant1$	高效	保持现状
$\zeta_T>1$	安全隐患	（1）更换大额定扭矩减速箱 （2）调整抽油井系统的抽汲参数，以降低峰值扭矩

其中；ζ_T 为减速箱扭矩负载率。

1.3　开发效率计算与判别程序

1.3.1　节点效率智能测算

基于建立的节点效率计算模型，开发智能测算程序，能够自动从已预处理的数据中选取单井或区块井进行节点效率智能测算，并将计算结果反馈于程序界面上，可直观获得测算结果，同时能够在程序界面获得输入功率、抽油机机型、系统效率、平衡度、悬点负载率、电机利用率、扭矩负载率等多个数据结果，如图 3 所示。

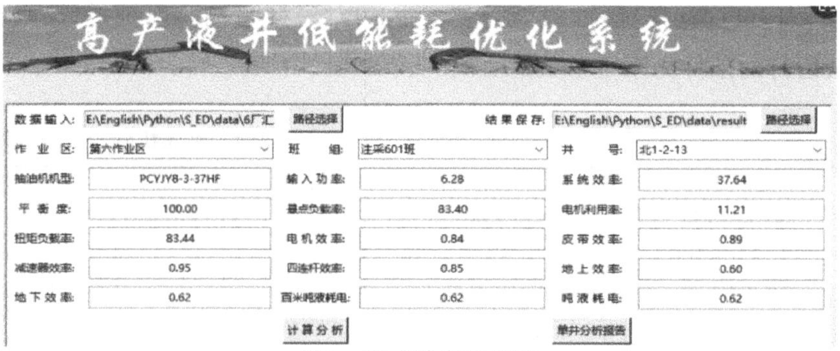

图 3　节点效率展示图

1.3.2　智能效率判别

基于整体区块机采井评价指标体系图，开发系统效率水平分类程序，能够准确判别抽油机井处于高效区、或合格区、或地下低效区、或地面低效区、或效率双低区，实现高产液、高能耗井系统效率判别，如图 4 所示。

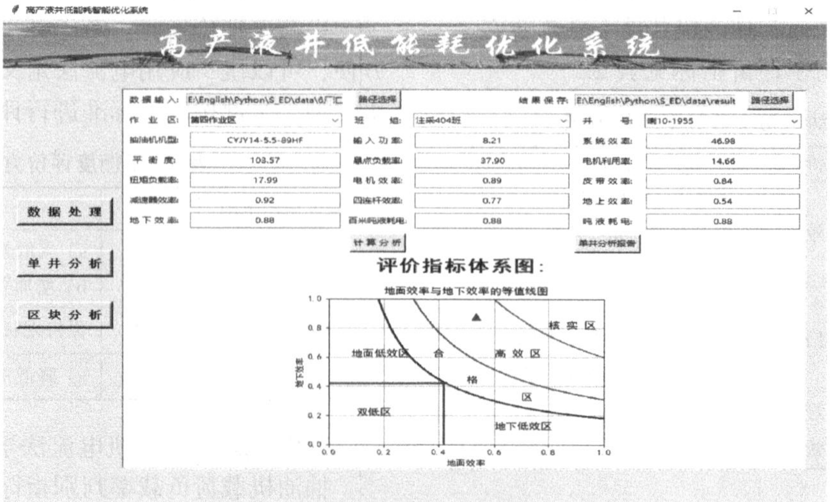

图 4　效率判别展示图

2　低能耗优化匹配技术研究

2.1　智能提取关联数据

A5系统导出的单井信息表中含有大量数据。在进行分析时，从中筛选出需要的信息。因此，开发一套数据处理程序，能够自动从大规模数据集中识别并提取出对后续计算和分析所需的数据。这种方法不仅提高了数据处理的效率，而且保证了数据分析的准确性和可靠性。

在数据处理的初步阶段，首先构建一个目标样表，包含从A5数据库中预期筛选出的数据项，如表5所示。

完成样表的构建后，在程序界面，分别载入样表和原始的单井信息表，并指定新生成表格的存储路径。通过这一系列操作，程序能够精确地执行数据匹配和筛选工作，从而有效地提取出符合研究需求的关键数据，如图5所示。

表6　抽油机井数据表

1	方案名称、标准井号、测试日期
2	日产液、日产油、日产气
3	机型、冲程、冲次、泵径、各级杆长
4	泵深、动液面、沉没度、套压、油压、泵效、流压、含水、理论排量
5	上行电流、下行电流、电机、消耗功率、额定功率、功率利用率、系统效率、平衡比、示功图
6	最大负荷、最小负荷、载荷利用率、悬点额定载荷、额定扭矩、实测扭矩、扭矩利用率
7	驱替方式、区块名称、井型、油气品种、油层中部深度

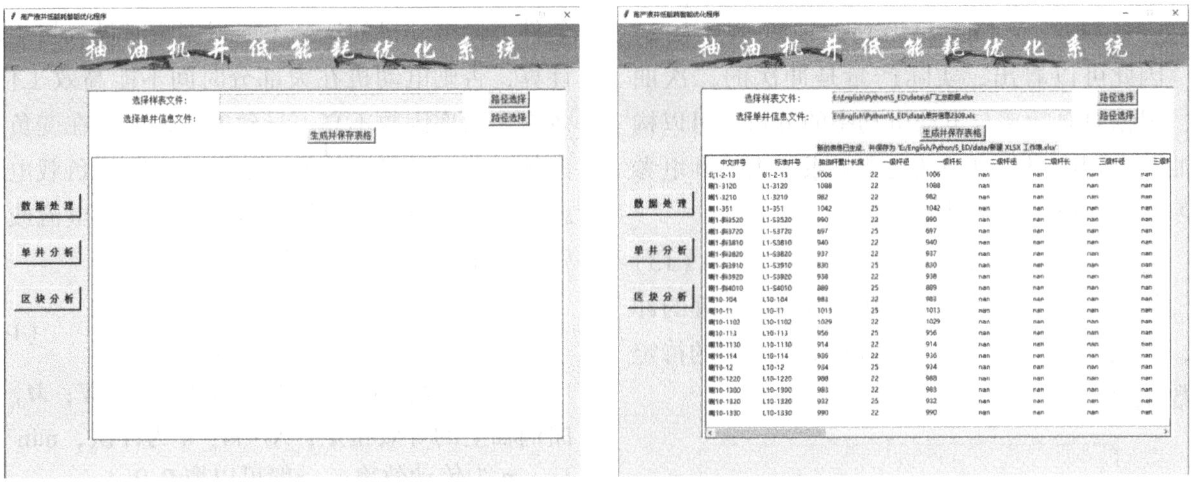

图5　数据处理界面

2.2　智能匹配建模及开发测试

2.2.1　参数优化

如图6~7所示为一组电参功率曲线转悬点功图与泵功图，基于能量守恒原则，以泵功图充满度系数为作为研究对象，建立泵功图做功与地面电机功率的关系，有：

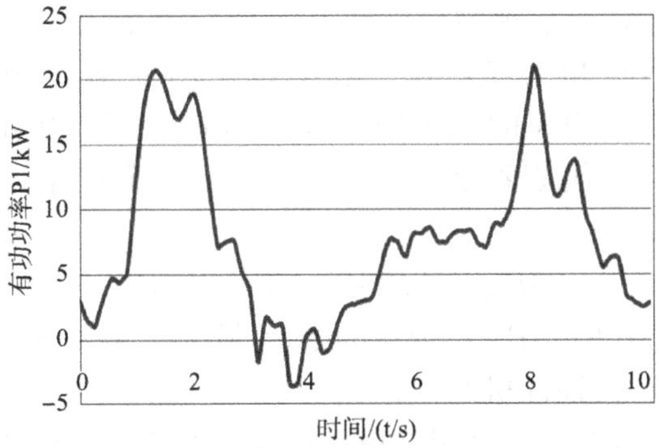

图6　功率曲线

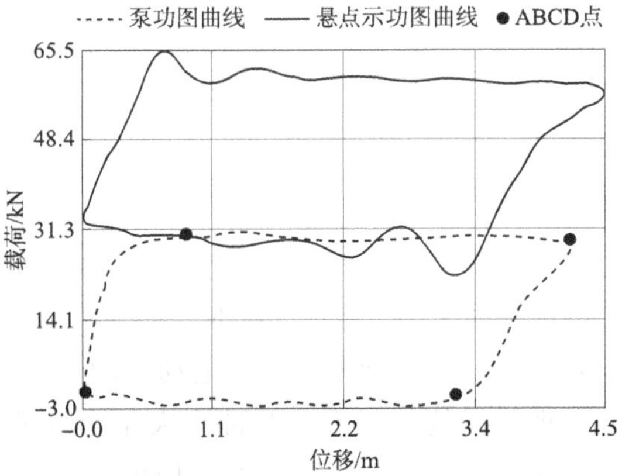

图7　功图曲线

$$\int_0^t P_1 \mathrm{d}t \cdot \eta_1 \cdot \eta_2 \cdot \eta_3 \cdot \eta_4 \cdot \eta_5 = \int_0^s P_B \mathrm{d}s \quad (9)$$

式中，$\eta_1 \sim \eta_5$ 分别为电机效率、皮带效率、减速器效率、四连杆效率及井下传动系统效率；

P_1 为电机输入功率；P_B 为泵功图载荷。

随着井下泵功图充满度系数的变化，泵功图所围绕的面积将发生变化，面积越大、泵功率越大，反之越小。根据能量守恒原则，这种变化趋势与电机运行功率将发生相应变化，从而建立了电机功率与泵功图的能量对应关系。

$$Q_{实}=1440\cdot(S_p\cdot A_p\cdot\beta-\Delta Q)\cdot N\cdot\eta_v \quad (10)$$

式中，S_p 为柱塞冲程，m，由泵功图可以直接获得。

泵的充满度与冲次为线性关系：

$$\beta=aN+b \quad (11)$$

式中，a，b 为待定系数。

把上式带入后有：

$$Q_{实}=1440\cdot S_p\cdot A_p\cdot a\cdot N^2\cdot\eta_v+(1440\cdot S_p\cdot A_p\cdot b\cdot N\cdot\eta_v-1440\Delta Q\cdot\eta_v)\cdot N \quad (12)$$

因此可以看出，实际产量是冲次的二次曲线，根据对泵功率与电动机功率的分析，可以构建油井实际产量与电动机功率关系，为油井电参学习井下提供了理论基础。

$$P_1\propto f(Q_{实}) \quad (13)$$

从图 8 中可以看出，油井均有一个合理的冲次，要找到该合理冲次，只需确定上式中的待定系数 a，b。

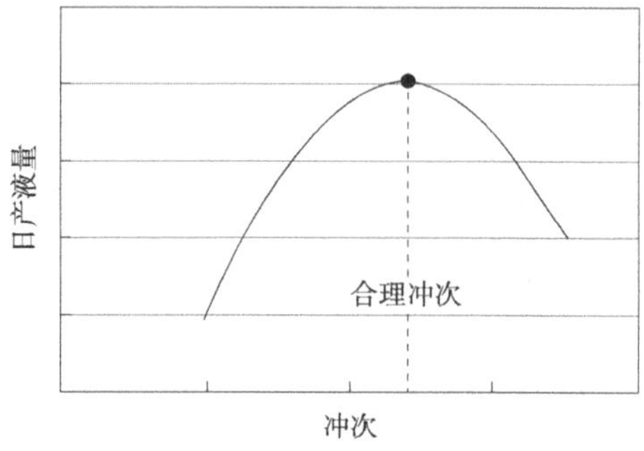

图 8　冲次与产液量关系示意图

当油井冲次小于合理冲次时，油井沉没度上升，泵(悬点)功图面积变小，电动机做功变小，没有实现供排协调；当油井冲次大于合理冲次时，泵充满度变小，泵(悬点)功图面积变小，电动机做功变小，系统效率变低。因此在系统运行时可以根据这一特性进行智能调参，但在系统首次运行或无法知道系统合理冲次时，此时就需要对油井进行自学习。

自学习过程如下：

(1) 以最大允许冲次确保运行一段时间后，油井沉没度降至合理沉没度以下，获取电动机运行的平均功能率；

(2) 以最小允许冲次确保运行一段时间后，油井沉没度升至合理沉没度以上，获取电动机运行的平均功能率；

通过最大、最小冲次的两次学习，结合计算即可获得油井当前运行的合理冲次。

2.2.2　电机合理匹配

游梁式抽油机在工作时，根据减速箱净输出扭矩和冲次决定需要的电动机功率。但是曲柄轴上的扭矩在整个工作过程中是周期性变化的，只在上、下冲程的某一瞬时达到最大值。在变负荷条件下，电动机的选择不能根据瞬时最大扭矩来计算，否则电动机在大部分时间不能高效工作，效率和功率因数不高，导致能耗偏高。在变负荷条件下，电动机选择的一般方法是根据负载电流或扭矩的变化规律，按均方根求出等效电流或等效扭矩来计算，即：

$$P_r=\frac{M_{dx}n}{9550\eta} \quad (14)$$

式中，P_r 为所需的电动机功率，kW；M_{dx} 为曲柄轴上的等效扭矩，N·m；n 为冲次，min^{-1}；η 为传动效率，一般可以取 0.9。

等效扭矩与最大扭矩之间有一定的关系，通过理论分析及一些实际资料的初步计算结果，并考虑到不平衡因素，实际计算时，一般采用如下公式：

$$M_{dx}\approx 0.6M_{max} \quad (15)$$

式中，M_{max} 为曲柄轴输出的最大扭矩，N·m。

(1) 常规抽油机的电动机额定功率选择方法

对于常规型抽油机，一般假定最大扭矩的曲柄转角为 75°处，最小扭矩的曲柄转角为 255°，相应的扭矩因数大约为 0.5S 和 −0.4S，其中 S 代表冲程，因此最大扭矩近似计算公式为：

$$M_{max}=(0.25P_{max}-0.2P_{min})S \quad (16)$$

式中，P_{max}、P_{min} 为悬点最大、最小载荷，N；S 为抽油机冲程，m。

综合以上结果，电动机需要的功率计算公式

如下：

$$P_r=0.6S\cdot n\cdot f_a\frac{0.25P_{max}-0.2P_{min}}{9550\eta}\quad(17)$$

式中，f_a 为安全系数，一般可取1~1.3，没有特殊情况下取1。

实际生产中，由于抽油机受设备老化、油井结腊、出砂等影响比较严重，同时考虑到电动机转数与皮带轮直径和冲次的配合，以及电动机的超载能力和起动特性等，计算结果比较符合现场实际情况。

（2）节能抽油机的电动机额定功率选择方法

异相抽油机的最大扭矩近似计算公式：

$$M_{max}=1375S+0.2346(P_{max}-P_{min})S\quad(18)$$

异相抽油机的电动机功率计算公式如下：

$$P_r=0.6S\cdot n\cdot f_a\cdot\frac{1375+0.2346(P_{max}-P_{min})}{9550\eta}\quad(19)$$

复合平衡抽油机的最大扭矩近似计算公式：

$$M_{max}=1114S+0.2164(P_{max}-P_{min})S\quad(20)$$

复合平衡抽油机的电动机功率计算公式如下：

$$P_r=0.6S\cdot n\cdot f_a\cdot\frac{1114+0.2164(P_{max}-P_{min})}{9550\eta}\quad(21)$$

（3）电动机额定功率合理匹配性判定流程

① 从A5数据库提取出抽油机类型、电机额定功率、冲程、冲次、悬点最大值和悬点最小值；

② 按悬点载荷数据进行排序统计，并寻出最大载荷值和最小载荷值；

③ 依据抽油机类型选择对应电机额定功率计算公式；

④ 按数据库现有数据计算出合理电动机额定功率，并按从小到大顺序进行调整；

⑤ 输出报表，给出现役电动机容量评价指标：T(合理)，H(偏大)，L(偏小)。给出更换电动机额定功率值。

2.2.3 机型优化

减速箱扭矩对载荷的变化非常敏感，但是影响载荷的变量较多，挑选出主要的影响变量，并分析对两者的影响规律，有助于我们提出合理的整改措施，使得抽油机能够在高效，安全(不过载)的工况下运行。考虑到载荷利用率和扭矩利用率的关联性较高，因此，本节把二者放到一起讨论，其定义如下：

$$载荷利用率=\frac{悬点最大载荷}{抽油机额定载荷}\times100\%\quad(22)$$

$$扭矩利用率=\frac{减速箱最大输出扭矩}{减速箱额定扭矩}\times100\%\quad(23)$$

石油天然气行业标准SY/T 5873—2017《有杆泵抽油系统设计、施工推荐做法》中对抽油机选型的规定如下：

游梁式抽油机选型的基本原则

在一定参数配合和需要的泵挂深度下，抽油机的选择主要由悬点载荷和曲柄扭矩两项指标来确定，即悬点最大载荷 $P_{mh,max}$ 及减速器输出扭矩 $M_{ca,max}$ 不超过它们的最大允许值：

$$P_{mh,max}\leqslant[P_{max}]\quad(24)$$

$$M_{ca,max}\leqslant[M_{max}]\quad(25)$$

所选择的游梁式抽油机，应满足油田开发方案长期需要。

2.2.4 平衡调整

标准GB/T 29021—2023《石油天然气钻采设备 游梁式抽油机》提出抽油机的平衡调整，

功率法平衡度计算公式为：

$$\beta_p=\frac{\int_{\pi}^{2\pi}p_{下}\,dt}{\int_{0}^{\pi}p_{上}\,dt}\times100\%\quad(26)$$

式中，β_p 为功率法平衡度，下冲程与上冲程内的电动机做功之比；$p_{上}$，$p_{下}$ 为上、下冲程中电动机的瞬态功率，kW；t 为时间，s。

2.2.5 智能匹配程序

智能匹配程序通过对导入的井数据、抽油机数据、电机数据进行分析处理，实现了目标井的抽油机、电机的匹配，并实现了区域内调换，具体流程如下：

首先使用pandas库分别读取抽油机、电机数据并将数据保存到相应的二维数组内方便后续处理；将原始井数据导入到Mine_ Filter数组中并进行预处理，包括计算实际功率和判断负载情况，抽油机、电机与油井的适配情况，抽油机与电机的更换情况，并将未放入数据的元素进行初始化；对Mine_ Filter数组中的数据进行处理，包括查找区域内是否有该井所需要型号的抽油机、电机，将其换入，并修改换出井与换入井的相关数据；最后通过对处理过后的 Mine_ Filter 数组进行编辑，修改各个字段，进行组合输出最终结果，也可将数据通过 text_ create 函数输出到 . txt 文档中去(图 9)。

注采 601 班班组系统效率评价分析报告

时间：2024-07-0814:52:56

单位名称		第六作业区		
测算人员		审核人员		
区块序号		油田类型	中、高渗透油田稀油井	
抽样井数	67	测算时间	2023-09-19	
一.整体区块内抽油机井生产状况描述性统计				
1.平均值信息				
系统效率	地面效率	井下效率	电机有功功率	电机额定功率
38.13	0.28	2.25	19.12	33
功率利用率	载荷负载率	扭矩负载率	冲程利用率	泵效
29.20	73.94	97.59	78.2%	0.67
日产液 m³/d	日产油 m³/d	含水率	泵深/m	实际扭矩/KN*m
136.57	5.15	96.68	954.23	58.62
动液面/m	沉没度/m	油压/Mpa	套压/Mpa	流压/Mpa
322.7	297.08	0.55	0.43	6.03

2.最值信息			
	电机额定功率	功率利用率	载荷利用率
最大值	68.00	48.97%	74.18%
最小值	45.00	20.04%	37.41%
	扭矩利用率	排量系数	日产液 m³/d
最大值	103.30%	1.08	176.30
最小值	38.47%	0.38	37.40
	井号	机型	
效率最高井	N7-10-P53	CYJY14-6-89HF	
效率最低井	N8-21-SP38	CYJY14-6-89HF	
	地面效率	井下效率	系统效率
效率最高井	78.67%	70.40%	55.38%
效率最低井	36.40%	23.03%	8.38%
二.行业标准达标情况（均值）			
标准	评判	标准	评判
功率利用率（≥20%）	28.43%（√）	排量系数（>0.45）	0.65（√）
平衡度(80%-110%)	96.77%（√）	功率因数（≥0.4）	-
系统效率达标值(≥17.14%)	33.27%（√）	系统效率节能值(≥27.62%)	33.27%（√）

标准：

1.《SY/T 5783-2017 有杆泵抽油系统设计、施工作法》

2.《GB/T 33653-2017 油田生产系统能耗测试和计算方法》

3.《GB/T 31453-2015 油田生产系统节能监测规范》

三.整体区块抽油机井效率群里分布图

双低低效井：1口

地面低效井：2口

地下低效井：1口

效率合格井：8口

效率高效井：18口

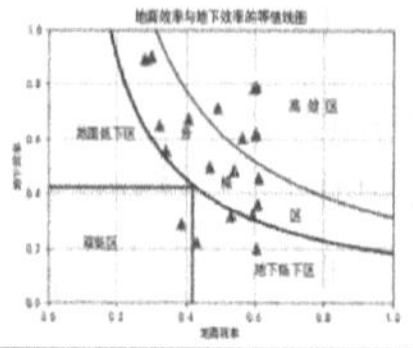

四.抽油机井整体区块化整改措施		
评价项目	油井井号	措施
1.平衡度		
欠平衡井井号	平衡度	整改措施
喇 1-斜 4010	63.33	欠平衡井： 1）采取悬点降载措施 2）采取调平衡措施
喇 2-斜 0390	65.52	
喇 2-斜 0400	63.24	
喇 3-401	46.6	
喇 3-丙 3820	40.23	
喇 3-斜 4030	78.82	
喇 3-斜丙 3720	76.47	
喇 4-3910	58.97	
喇 4-3930	48.94	
喇 4-丙 0400	45.33	
过平衡井井号	平衡度	整改措施
喇 1-斜 3720	132.56	过平衡井： 采取调平衡措施
喇 2-0380	103.9	
喇 2-3720	116.07	
喇 2-斜 3920	141.18	
喇 2-斜 4010	141.3	
喇 2-斜 4030	117.54	
喇 3-0390	117.14	
喇 3-3730	112.64	
喇 3-3820	243.75	
喇 3-丙 0370	112.96	
喇 3-丙 3910	107.95	
喇 3-斜 4010	118.37	
喇 4-0390	181.48	
喇 4-3802	121.95	
喇 4-3812	115.71	
喇 4-3820	150.0	
喇 4-3866	120.69	
喇 4-391	110.0	
喇 4-3916	235.71	
喇 4-丙 3920	118.18	
喇 4-斜 3830	111.36	
喇 5-丙 0390	101.23	
2.悬点载荷利用率		
低效井井号	悬点载荷利用率	整改措施
		载荷利用率 - 低载荷井：无
高效井井号	悬点载荷利用率	整改措施
北 1-2-13	83.4	超载荷井：无
喇 1-斜 3720	60.73	
喇 1-斜 3810	74.58	
喇 1-斜 3820	71.45	
喇 4-斜 3830	68.47	
3.电机功率利用率		
低效井井号	电机功率利用率	整改措施
北 1-2-13	11.21	功率利用率 低效井：(a)更换小一级电动机 (b)更换节能电机
喇 1-斜 3910	18.9	
喇 1-斜 3920	12.13	
喇 1-斜 4010	15.4	
喇 2-3720	12.58	
喇 2-斜 0400	13.25	
喇 2-斜 3920	18.04	
喇 2-斜 4030	16.83	
喇 3-3816	13.76	
喇 3-丙 0370	18.96	
喇 4-381	19.55	
喇 4-丙 0380	18.36	
4.扭矩负载率		
低效井井号	扭矩负载率	整改措施
喇 2-3720	26.93	功率利用率 低效井：(a)更换小额定扭矩减速箱 (b)检查减速箱故障，并进行适当处理
高效井井号	扭矩负载率	功率利用率 高效井：保持现状
喇 1-斜 3810	112.21	
喇 1-斜 3820	108.56	
喇 1-斜 3910	129.39	

图 9　班组节点效率分析与优化建议报告

3　应用效果

2023 年在喇嘛甸油田采油系统高耗能抽油机治理中，应用该成果对 4563 口抽油机井进行了系统效率潜力分析和评价，根据评价结果规划安排优化改造措施 1043 井次，当年实现累计节电 334 万千瓦时，有效控制了喇嘛甸油田机采系统能耗。

4　结论

（1）建立各能耗节点智能效率判别算法模型，完成机采井评价指标体系计算模块，同时能输出单井及区块油井分析报告和评价指标体系图，可得到各能耗节点效率计算结果以及机采井系统效率评级结果。

（2）从 A5 数据库提取的数据进行预处理工作，优化措施的智能匹配建模，以及高产液井低能耗智能优化程序，可对系统效率处于地上低效区及双低区的抽油机井进行对应措施智能匹配，在区块内实现抽油机机型或电机的调换，智能生成各节点效率结果及关措施建议报告。

（3）下一步利用现场采集等手段，进一步提高建模效率和模型的精确度。

参　考　文　献

[1] 朱晶光．抽油机选型及节能优化设计方法研究[J]．采油工程，2013，(2)．

[2] 闫静．抽油机井系统效率提升探讨[J]．石油石化节能，2020.

[3] 徐少华，张吉林，马海平．提高机采系统效率优化技术及其应用[J]．科技经济导刊，2019，(23)．

[4] 管丽娜．信息技术在抽油机选型设计中的应用[J]．采油工程，2014，(1)．

[5] 张佳佳．提高机采井系统效率的理论与措施[J]．化学工程与装备，2019，(8)．

[6] 杨安国．提高游梁式抽油机井系统效率对策与效果[J]．内蒙古石油化工，2019，(3)．

[7] 孙长伟．机采系统效率影响因素与提高对策[J]．中国石油和化工标准与质量[J]，2019.

改进型二氧化碳与化学剂复合吞吐技术在节能减排与提高油井采收率中的应用及对碳中和的贡献

宋成功

（大庆油田有限责任公司第十采油厂）

摘　要　在全球能源需求不断攀升以及环保要求日益严格的背景下，石油工业亟待寻求既能提高油井采收率又能实现节能减排的有效技术。本文深入探讨了针对具有“三低一高”特点的低渗透油田，在常规二氧化碳吞吐技术的基础上，通过优选化学药剂体系、优化施工参数、配套注入装置，形成了改进型二氧化碳与化学剂复合吞吐技术，取得了显著的增产效果，并着重分析了其在节能减排方面的优势，以及对实现碳中和目标的重要贡献。通过详细的实验数据和案例研究，揭示了该技术的作用机制和应用前景，为石油工业的可持续发展提供了有力的理论支持和实践指导。

关键词　二氧化碳吞吐；化学剂；复合吞吐；节能减排；油井采收率；碳中和

1　引言

随着世界经济的快速发展，能源需求持续增长，而石油作为重要的能源资源，其开采和利用面临着诸多挑战，一方面，常规开采方法导致的采收率低下，使得大量石油资源难以有效开发；另一方面，石油开采和生产过程中的高能耗和高排放问题，对环境造成了巨大压力。因此，在全球气候变化的背景下，探索创新的采油技术，石油开采过程中在提高采收率的同时实现的节能减排，提高采收率，同时为碳中和目标做出贡献，成为了石油工业可持续发展的迫切需求。

A 油田属低渗透油田，具有储层渗透率低、地层压力低、单井产能低、原油黏度高的特点，随着注水开发时间的延续，单井产油逐渐降低，地层能量不足，而启动压力梯度高，在较高注水压力下仍难以建立有效驱动体系；历年来采取压裂、酸化解堵等技术，仍无法有效提高采油井产能；而应用二氧化碳吞吐技术能够有效补充地层能量，挖潜低效采油井剩余油，对国内 15 个较大油田开展了调研工作，有 9 个油田先后开展过二氧化碳吞吐技术试验，其中应用规模较大的辽河、冀东等油田取得了较好的增产效果(图 1)。

大庆油田自上世界 90 年代开始，利用二氧化碳降低原油黏度、膨胀原油体积、降低界面张力的特定，陆续开展了二氧化碳吞吐和驱油的相关研究，A 油田在 2010 年开始应用常规二氧化碳吞吐技术 26 口井，取得了一定的增产效果，但应用过程中主要存在以下几方面难点（图 2）：

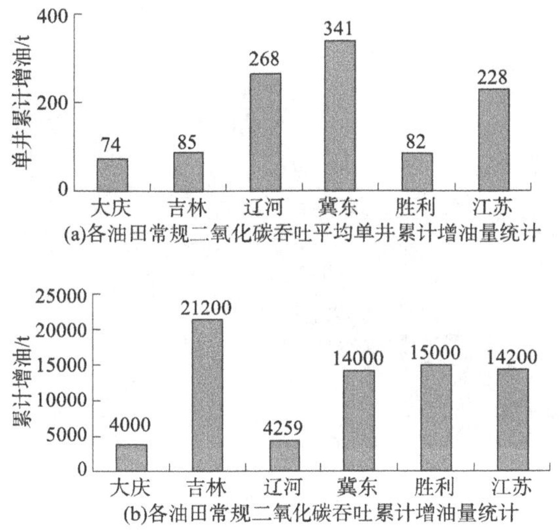

图 1　各油田应用二氧化碳吞吐技术后的增油情况对比柱状图

（1）二氧化碳低温注入，井筒液体结冰冻堵，造成杆卡，启抽难度大。

（2）二氧化碳地层中气化吸热，造成孔隙内部重质油沉积，堵塞油层孔隙孔道。

（3）溶解原油中的二氧化碳，气化后萃取原油轻烃，导致原油黏度增加，流动性变差。

（4）二氧化碳溶解产生碳酸，腐蚀管柱。

（5）放喷不彻底，二氧化碳进入联合站，导致加热炉熄火。

针对以上问题，开展了改进型二氧化碳与化学剂复合吞吐试验技术研究，在常规二氧化碳吞吐技术的基础上，通过优选井筒防冻堵、地层防冷凝和防腐蚀等与二氧化碳吞吐配套的化学药剂体系，解决了吞吐过程中的杆卡、近井地带重质组分沉积及管柱腐蚀等问题，研制应用了井口升温和井口放喷装置，降低二氧化碳冷伤害，同时优化施工工艺及参数，提高措施井挖潜效果。

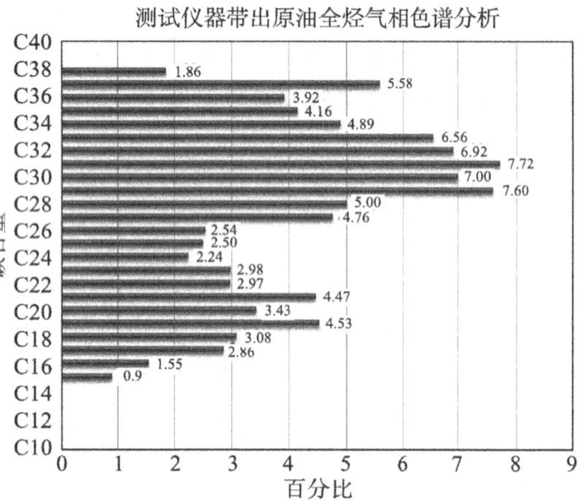

(a)吞吐后原油烃含量化验结果

(b)吞吐后原油黏度增加情况

图 2　应用常规二氧化碳吞吐技术后结果图

2　改进型二氧化碳与化学剂复合吞吐技术

2.1　化学剂体系方案

为解决常规二氧化碳吞吐过程中产生的低温卡泵、冷伤害、腐蚀等问题，开展了配套药剂体系优选。

2.1.1　优选井筒防冻剂

防冻剂按照其成分可分为强电解质无机盐类（氯盐类、氯盐阻锈类、无氯盐类）、水溶性有机化合物类、有机化合物与无机盐复合类、复合型防冻剂等类型；按照用途主要分为冰点降低型和表面活性剂型两类。冰点降低型防冻剂有低碳醇类、二元醇及酰胺类等；表面活性剂型防冻剂能使物料在油管表面形成疏水性吸收膜，如酸性磷酸酯胺盐、烷基胺、脂肪酸酰胺、有机酸酯、烷基丁二酰亚胺等。

优选冰点降低型防冻剂低碳有机醇与缓蚀剂复配组成的井筒防冻剂，起到油管防凝、防冻卡作用，在-20℃条件下不凝不冻，避免井筒中液体结冰冻堵，造成杆卡。

2.1.2　优选地层防冷凝剂

在低温条件下或高纬度地带，预先配制的浓缩液容易凝结或使其中质量浓度增大、溶解度小的成分因过饱和而析出结晶。在二氧化碳吞吐过程中，因液态二氧化碳在地层中气化吸热，造成孔隙内部温度下降，原油黏度升高，原油中重质组分沉积，容易堵塞油层孔隙孔道，加入防冷凝剂（常用的防冷凝剂为乙二醇）可以避免发生以上现象。

优选由乙二醇、表面活性剂组成的地层防冷凝剂，以减轻近井地带重质组分沉积和萃取原油轻烃造成的冷伤害，加入防冷凝剂后，原油凝点降低 6℃，防冷凝剂洗油率为 85%（图 3）。

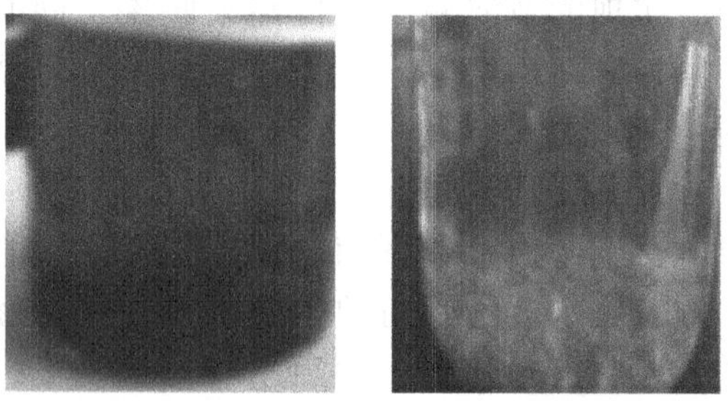

(a)不加防冷凝剂　　(b)加防冷凝剂

图 3　加防冷凝剂前后重质组分沉降与分散

2.1.3　优选防腐保护剂

二氧化碳在水中溶解形成碳酸，具有一定的腐蚀性，目前，石油行业所使用的缓蚀剂主要有丙炔醇类、有机胺类、咪唑啉类和季铵盐等有机化合物。丙炔醇类和有机胺类有较大的毒性，咪唑啉类缓蚀剂无特殊的刺激性气味，热稳定性好，毒性低，季铵盐类缓蚀剂存在价格相对较高，因此主要对咪唑啉类类缓蚀剂进行了优选。

利用Parr高温高压反应釜对7种咪唑啉类缓蚀剂进行了优选，实验条件为：在二氧化碳分压为2MPa条件下，温度为80℃，缓蚀剂质量浓度为3‰，材质为N80套管钢。通过采取腐蚀失重法对7种缓蚀剂的缓蚀性能进行评价(表1)，M1～M4，4种缓蚀剂可以满足缓蚀率95%以上的石油钻井行业缓蚀率技术要求。

表1　几种缓蚀剂优选数据表

缓蚀剂型号	M1	M2	M3	M4	M5	M6	M7
缓蚀率/%	99.32	96.14	99.70	98.70	82.72	53.81	49.71

对优选的4种缓蚀剂在二氧化碳超临界状态下进行了评价，实验条件：压力为8MPa，温度为40℃，缓蚀剂质量分数为3‰，材质选用N80套管钢。将缓蚀剂M1～M4的实验钢片放大观察，从腐蚀形貌结果看(表2)，M2、M3能实现均匀腐蚀，通过对比缓蚀率，M3缓蚀效果最好，因此确定缓蚀剂为M3型。

表2　缓蚀剂二氧化碳超临界状态下性能对比表

缓蚀剂型号	缓蚀率/%	腐蚀形貌
M1	99.32	点蚀
M2	96.14	均匀腐蚀
M3	99.70	均匀腐蚀
M4	98.70	点蚀

最终确定由M3型缓蚀剂、表面活性剂、防膨剂组成的防腐保护剂，替挤液态二氧化碳进入地层，防止二氧化碳溶于水后，形成碳酸腐蚀井筒，防腐保护剂pH值在7~8之间，腐蚀速率为0.013mm/a，缓蚀率可达99.0%以上。

2.2　配套吞吐设备

2.2.1　研制井口加温装置

研制能够快速加温的井口加温装置，在二氧化碳入井前进行加装，利用电加热技术将通过的液态二氧化碳从-20℃加热至10℃，进一步有效降低冷伤害和重质油沉积问题，同时可有效减少地层防冷凝剂的药剂用量，降低措施成本(图4)。

2.2.2　井口气液分离放喷装置

研制气液分离放喷装置(图5)，主要由计量池、消音器等组成，在放喷阶段进行加装，可有效判断气体释放程度，能够实现安全、环保、彻底放喷，避免因放喷不彻底、二氧化碳进入联合站，导致加热炉熄火的问题。

(a)现场图

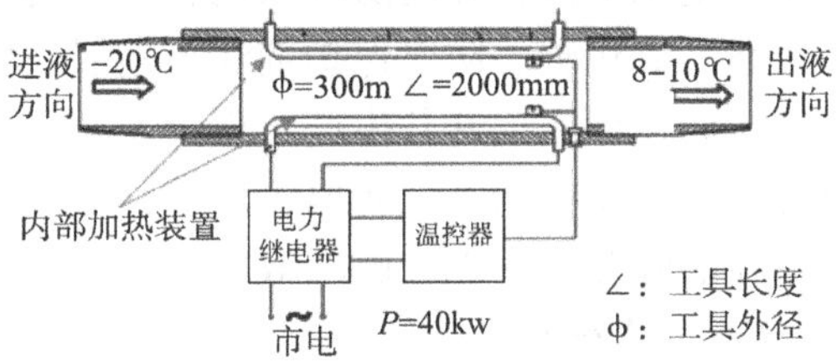

(b)设计图

图4　井口加温装置图

(a)现场图

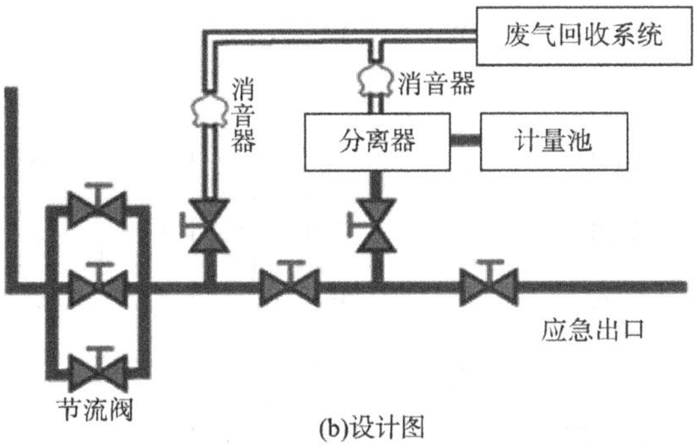

(b)设计图

图5　气液分离放喷装置图

2.3 优化施工参数及工艺

2.3.1 施工参数优化

（1）注入量优化：将二氧化碳溶解情况建立模型，通过模型优化，确定单井注入范围在90～160t之间。

（2）施工排量优化：通过模拟实验确定地层结蜡带温度，在液态二氧化碳注入结束时保障地层温度高于结蜡带温度的前提下，确定单井注气速度上限小于40t/d。

（3）闷井时间：为保证二氧化碳扩散，吞吐试验发挥最佳措施效果，当套压降至5MPa或连续3天压力不变，表明二氧化碳充分扩散至地层，闷井结束。

（4）放喷速度：闷井结束后，利用气液分离放喷装置进行放喷，放喷速度控制在400m^3/d，当套压恢复到正常生产水平，启抽生产。

2.3.2 四段塞注入工艺

现场施工依次将井筒防冻堵剂、地层防冷凝剂、液态二氧化碳、防腐保护剂注入地层，闷井后放喷，放喷彻底后开井生产，充分发挥药剂体系的防卡、降低冷伤害、防腐等作用，提高二氧化碳吞吐的降黏、补能、解堵效果。

2.3 注入方式优化

化学剂注入方式由泵注改为重力自吸注入方式，增加药剂径向扩散范围，使药剂能充分溶解和剥离重质油，利于后期注入二氧化碳溶解及其扩散，提高药剂与地层的接触面积和时间，减少速敏等伤害，提高复合吞吐效果。

3 节能减排效果分析

3.1 二氧化碳的封存与利用

注入油藏的二氧化碳部分被永久封存，减少了大气中的碳排放。据统计，每注入1吨二氧化碳，可实现0.5～0.8吨的碳封存。以A油田为例，每年施工50口井，单井注入二氧化碳170吨，年注入0.85万吨，可实现碳封存约0.55～0.7万吨。

3.2 能源消耗降低

相比传统的注水驱油方法，改进型二氧化碳与化学剂复合吞吐技术在提高采收率的同时，降低了开采过程中的能耗。例如，在相同采收率条件下，改进型二氧化碳与化学剂复合吞吐技术的能耗可比注水驱降低20%～30%。

3.3 减少废水废气排放

工艺流程的优化减少了废水、废气等污染物的排放。通过应用改进型二氧化碳与化学剂复合吞吐技术，废水产生量可减少30%～40%，废气中的有害物质排放也相应降低。

4 现场应用情况

2017～2023年，在A油田低效井现场应用223口井，工艺成功率为100%，措施有效率为89.3%，初期平均单井日增油量为1.3t；平均单井累计增油量为164t（表3），较常规二氧化吞吐措施效果提高120%。

表3　改进型二氧化碳与化学剂复合吞吐技术效果统计表

年份	实施井数/口	有效率/%	措施前			初期			初期增油/(t/d)	有效期内增油/t
			日产液/t	日产油/t	含水/%	日产液/t	日产油/t	含水/%		
2017年	2	100	0.6	0.6	8.3	2.3	2	13	1.4	256.5
2018年	6	100	0.7	0.5	25.6	2.5	2.1	46.3	1.6	168.3
2019年	20	95	0.7	0.5	29.2	2.7	2.1	22.1	1.6	169.4
2020年	20	90	1.1	0.7	34.9	3.4	2.4	26.6	1.7	167.8
2021年	70	82.9	1.3	0.7	40.1	3.3	1.9	38.7	1.2	157.5
2022年	65	90.8	1.2	0.6	53	3.2	1.8	45.4	1.2	165.9
2023年	40	92.5	1	0.5	51	3.4	1.8	48.4	1.3	165.6
合计/平均	223	89.3	1.1	0.6	45.5	3.2	1.9	40.4	1.3	164.4

4.1 单井增油效果

从现场实际注入量与增油效果看，液态二氧化碳注入强度由 10.9t/m 提高至 13.1t/m，对应措施后 6 个月内单井阶段累计增油依次提高，表明随着二氧化碳注入量的增大，增油效果逐步提高，但增油幅度随注入量增加减缓(图 6)。

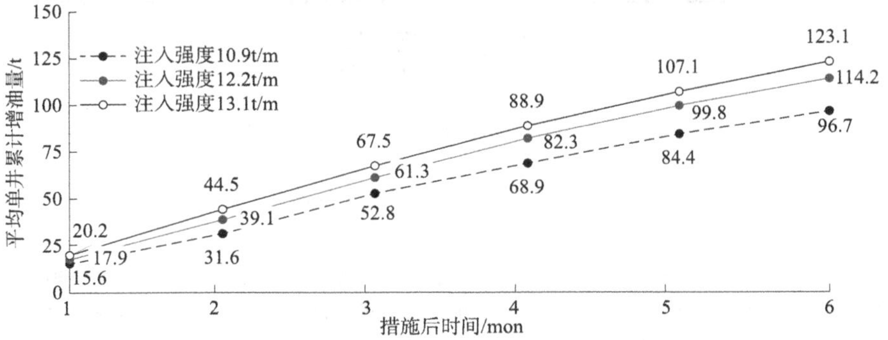

图 6　二氧化碳注入强度与平均单井累计增油关系曲线图

4.2 实现了措施井重复挖潜

开展重复二氧化碳吞吐试验，实施重复吞吐 15 口、33 井次，通过持续增加注入强度，实现了措施井重复挖潜，重复吞吐井措施后有效率 96.9%(表 4)。

表 4　重复吞吐效果统计表

吞吐轮次	井数/口	首轮		第二轮		第三轮		第四轮	
		注气/t	增油/(t/d)	注气/t	增油/(t/d)	注气/t	增油/(t/d)	注气/t	增油/(t/d)
二轮吞吐	13	160	1.4	198	1.2				
三轮吞吐	1	160	1.5	160	1.3	200	1.7		
四轮吞吐	1	160	1	160	1.2	160	0.8	240	1.6

5 结论

(1) 改进型二氧化碳与化学剂复合吞吐技术在提高油井采收率方面具有明确的效果，通过优选配套化学药剂体系、优化注入参数以及配套注入设备，克服了常规二氧化碳吞吐技术的不足，能够充分发挥二氧化碳的增油优势，为石油工业的绿色、高效发展开辟新的途径。

(2) 改进型二氧化碳与化学剂复合吞吐技术在节能减排方面展现出巨大的潜力，年可实现碳封存约 0.5~0.7 万吨，该技术在石油工业中的广泛应用，为全球能源转型和碳中和目标的实现做出更大贡献。

(3) 该技术对地层污染堵塞采油井的试验效果不明显，面对当前存在的技术挑战，需要石油行业、科研机构和相关部门的共同努力，加大研发投入，推动技术的不断完善和应用，以实现能源开发与环境保护的双赢。

参考文献

[1] 蔡秀玲，周正平，杜风华，等. CO_2 单井吞吐技术的增油机理及应用[J]. 石油钻采工艺，2002，24(4)：45-47.
[2] 李相远，李向良，郭平，等. 低渗透稀油油藏二氧化碳吞吐选井标准研究[J]. 油气地质与采收率，2001，8(5)：86-88.
[3] 程诗胜，王明才，刘松林. 单井 CO_2 吞吐技术效果评价及工艺认识[J]. 小型油气藏，2004，9(2)：32-33.
[4] 才庆，张华春. 大庆油田低渗透储层 CO_2 驱油采油工程技术评价与展望[G]//大庆油田有限责任公司采油工程研究院. 采油工程 2022 年第 3 辑. 北京：石油工业出版社，2022：89-94.
[5] 钟辉高. 二氧化碳单井吞吐工艺技术应用研究[J]. 胜利油田职工大学学报，2006，20(3)：16-17.
[6] 武绍杰. 液态二氧化碳在缝网压裂中的研究与应用[G]//大庆油田有限责任公司采油工程研究院. 采油工程 2022 年第 2 辑. 北京：石油工业出版社，2022：12-18.
[7] 史晓东，孙灵辉，战剑飞，等. 松辽盆地北部致密油水平井二氧化碳吞吐技术及其应用[J]. 石油学报，2022，43(7)：998-1006.

松辽盆地北部中深层地热能开发技术研究

梁文义　宋成功　薛东安　王嘉亮　邢玉明

（大庆油田有限责任公司第十采油厂）

摘　要　A油田位于松辽盆地北部岩热型地热资源优势地区，平均地温梯度4.3℃/100m，是开展岩热型地热能开发利用研究的理想场所。为加速推进油田地热供暖清洁替代步伐，A油田采取“取热不取水”循环换热技术，开展了中深层岩热型地热能开发利用的先行探索，成功实现地下千米穿针，成功打造油田首对U型井精品工程，并在首个供暖季连续、平稳、低能耗运行超过200天。试验过程中形成了与地热开发相配套的U型井高效钻井技术等5项关键技术，为后续油田岩热型地热能开发奠定了技术基础，同时取得了关于U型井试验研究的几点新认识，能为摸清地热井换热规律提供借鉴。

关键词　地热能；地热资源；U型井；取热不取水；地温梯度

地热能被誉为“21世纪最具开发潜力的绿色新型能源”，深层地热资源的规模化、产业化开发利用，将有望成为我国能源结构转型升级、大力发展新质生产力的重要支撑。松辽盆地北部地区属于沉积型热盆，中深层岩热型地热资源蕴藏丰富，具有总量大，分布广等特点，为地热能开发提供了良好的先决条件。A油田所在区域为一条北东展布的高温异常带，平均地温梯度高，地热资源条件得天独厚，使得该地区成为了开展岩热型地热能开发利用的理想场所。

国内岩热型地热开发技术主要有U型井技术、EGS技术、单井同轴换热技术、油热同采技术等，但这些开发技术大多尚不成熟仍处于试验和示范阶段。近年来，国内开展了U型井取热不取水试验性工程项目，以测试U型地热井的提热性能，孔彦龙等对深井换热技术原理及其换热量进行了研究，唐胜利等对U型地热井水平井段高效换热规律数值模拟进行了研究，卜宪标等对地热单井换热量的增强方法进行了研究。

2022年，A油田在运燃煤锅炉房面临外排烟气不能达到超低排放、脱硫脱硝费用高、亏损严重及设备老化等问题，若锅炉房淘汰关停后则无替代热源，亟需清洁能源替代。因此，A油田首次采用U型井“取热不取水”技术，开展了中深层U型井地热供暖先导试验，拟依托油田在油气开发方面的技术优势、人才储备和开发经验，融合多部门、多专业开展一体化联合攻关，旨在攻克制约中深层地热能高效开发的瓶颈问题，形成岩热型地热能全生命周期的开发理论和工程技术体系，打造地热能清洁替代试验区，推动岩热型地热能资源的有效开发和利用，为油田乃至全国岩热型地热能实现规模开发、效益开发提供借鉴。

1　地热资源概况

1.1　地热能资源潜力

A油田热源条件好，主要受深层地质构造特征影响，地温梯度高的深度原因是油田位于松辽盆地北部五大断裂带的张性断块相对集中的发育区，分别是嫩江断裂带、齐西-敖古拉-哈拉断裂带、黑鱼泡-头台断裂带、任民镇-肇州断裂带和太平山-肇东断裂带，断裂沟通深部热源；同时反转构造十分明显，属于一个被断裂带分割包围的背斜，易于聚热。从钻井实测温度证实，中部地层温度较高，分析认为，基底深大断裂发育可以有效沟通深部热源，下部热流能为上覆盖层传递创造良好的条件，上部泥岩起到隔层保温作用，如图1所示。

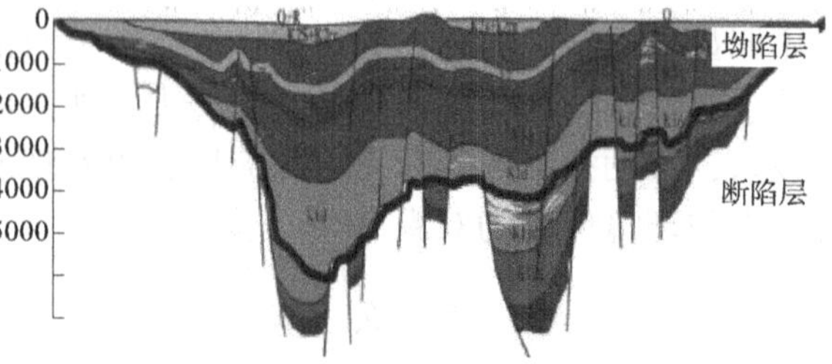

图1　松辽盆地北部地层剖面图

1.2 地温场特征

松辽盆地北部地温梯度从 2.0℃/100m 到 5.0℃/100m 不等，平均地温梯度为 3.8℃/100m。A 油田是松辽盆地北部地温梯度最高的区域，平均地温梯度 4.3℃/100m。根据测试资料表明，井深 2500m 左右，实测地层温度超过 110℃以上；井深 3000m 左右，实测地层温度近 130℃，说明 A 油田具有形成地热资源的良好的地温场背景。

1.3 地热资源量

通过提取地震属性参数和叠后反演属性预测，热储厚度约为 100~225m，圈定有利区面积为 $7.7km^2$，采用容积法计算地热资源量为 $1.68GJ \sim 3.88 \times 10^8 GJ$，折合标准煤约为 $573x10^4 t \sim 1318x10^4 t$。

2 试验基本情况

2.1 技术原理

U 型井是利用钻机向地下深处的干热岩层钻孔，钻出一口直井和一口水平井，两口井采用套管全封闭的对接方式，形成完整的 U 字形。将低温软化水从进口端注入，水在井筒内循环流动过程中，并不与地下岩层发生直接接触，而是通过套管与地下高温热储进行持续热量传导交换，吸收热量后的流体温度不断升高，再从出口端采出，直接接入热力站一级供热管网，作为采暖水向地面建筑供热，随后供热回水再经进口端输入至 U 型井，实现不间断循环置换热能，从而达到真正意义上的“取热不取水”清洁供暖的目的，如图 2 所示。

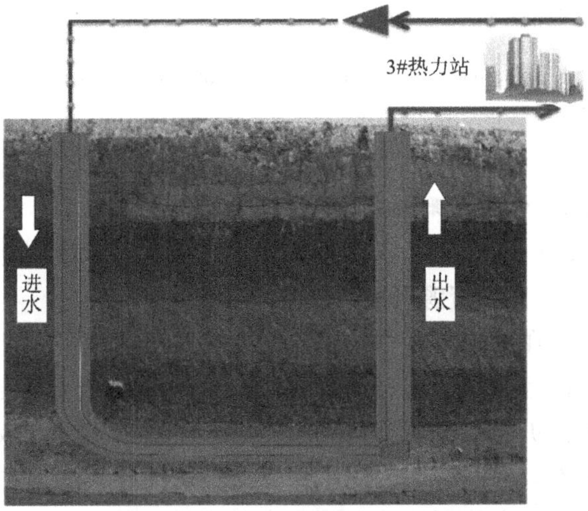

图 2　U 型井取热不取水示意图

2.2 试验设计

先导试验由 U 型地热井组和配套智能监测系统两部分组成。

U 型地热井组由一对水平井和直井对接组成。其中，水平井设计井深 4024m，水平段长度 1000m，直井设计井深 2850m，对接点垂深 2800m，全井段总长度 6874m。

配套智能监测系统由井下光纤测温系统和数据监测系统组成。其中，水平井是将测温光纤预置在连续油管内下到井底末端；直井则采用抽油杆捆绑携带测温光纤下入(图 3)。

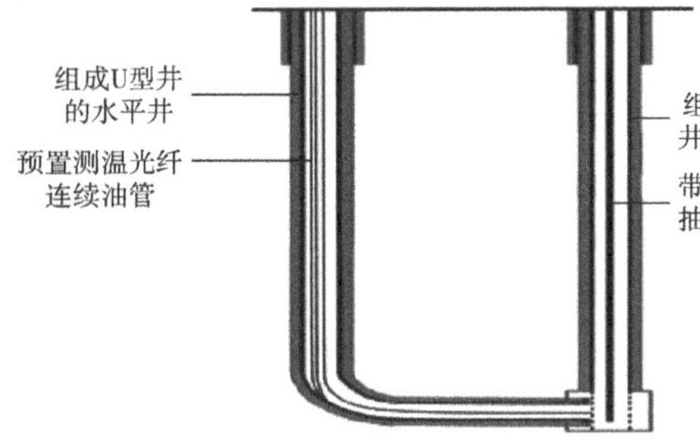

图 3　U 型井试热光纤下入方式示意图

光纤测温系统可以连续、实时测量井筒内任一点处温度值，具有多点测温、智能终端、在线自动化监测的特点；数据监测系统可分别对进出水温度、进出水压力、流量及换热量等数据参数进行实时监测，能全面获取 U 型井试验运行期间动态换热参数情况。

3 试验成果与认识

3.1 试验获取的主要技术成果

3.1.1 U 型井高效钻井技术

钻井前需要综合考虑复杂地质条件、钻井施工和磁导向对接等多方面影响因素。针对钻井过程中岩层硬度大可钻性级值高、储层深地层温度压力高、井身结构施工难度大、随钻井眼轨迹控制难和深部对接精度高等多项技术难题，开展了轨道设计优化、井身结构优化、对接设计优化、水泥浆体系优选和钻井设备及工具研选配套等，成功实现了地下 127℃“千米穿针”，直井与水平井对接精度达到厘米级，探索形成了适于中深层高温、高压、硬度大、大井眼的 U 型地热井钻井技术体系。

3.1.2　U型井高效完井技术

U型井完井设计需要分别考虑井筒的导热和保温性能，以确保有效地从地层中获取热量，并降低热损耗，提高整体换热效率。油田自主研发了含有石墨、铁和铜等材料的高导热水泥，以及由轻质骨料和气孔结构组成的隔热保温水泥，在水平井进口端0～500m井段、直井出口端0～1500m井段采用保温水泥固井，其它井段则采用高导热水泥固井。

3.1.3　地温场智能监测技术

研发了适于中深层地热井井筒换热试热技术，为U型井试热分析及综合效果评估提供数据支撑。利用测温光纤系统每10m设置一个光纤测温点，全井段共布置测点500余个，每1h采集一次测温数据，能够实时录取全井段井筒动态温度数据，监测非供热期地温场恢复状况等，为研究地热井换热机理，进一步认识井筒换热规律提供依据(图4)。

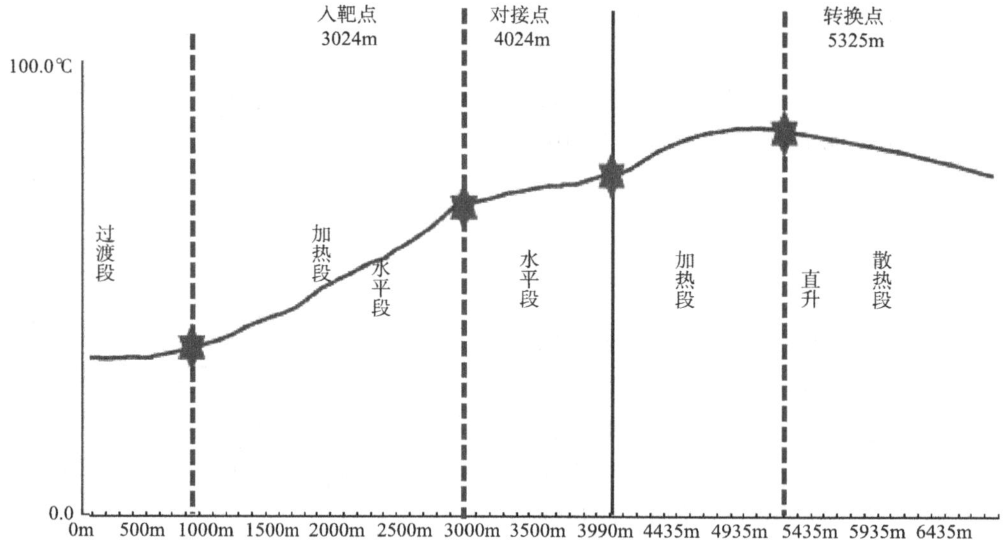

图4　U型井全井段温度监测示意图

3.1.4　远距离磁导向穿针技术

远距离磁导向穿针技术是指利用磁导向的指引使定向钻井轨迹沿着设计的方向到达靶区的一种钻进技术，类似于汽车装了导航仪就可以自由驰骋并准确到达目的地一样。该技术能够实时获取数千米井深人工磁场分布特征，可为正钻井提供对接目标井厘米级定位坐标，实现高精度靶点精准定位。目前，该技术钻井的自由度不再局限于垂直井，已能向三维空间进行拓展。

3.1.5　岩热型热储数值模拟技术

应用软件设定直斜段深度、水平段长度，套管规格、保温及导热段长度、采热速度、入口温度和地温场等参数，利用U型井供暖季实际运行参数，开展模型修正和数值模拟研究，分析深层致密热储地层热力场变化、合理采热速度等，确定合理井距、定型成井方式和预测开发产能(见图5)，可有效指导地热开发方案中井身结构、井型优选、完井方式等方面优化设计，从而降低钻井成本、提升换热功率。

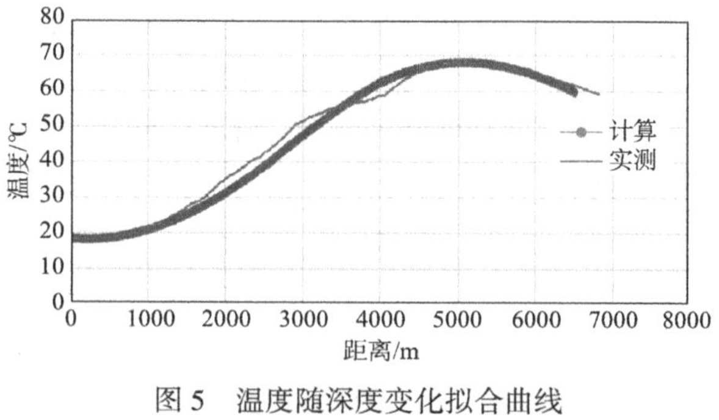

图5　温度随深度变化拟合曲线

3.2　试验获取的主要认识

3.2.1　U型井"取热不取水"技术适于岩热型地热资源开发

在首个供暖季内，U型地热井组连续平稳低能耗运行累计超过200多天，总产热量近4万吉焦，折合节约标煤1300余吨。证实U型井"取热不取水"换热技术适用于成岩条件好、地温梯度高、岩热型地热资源丰富的地域，是一种非常有前景的地热能开发利用方式。相较于水热型地热开发技术，无需解决“回灌”难题，应用条件也更为宽泛，该技术若能继续在换热效率和取热量上取得实质性技术突破，将能够有效解决少水有热地区地热能清洁替代的难题。

试验表明，U 型地热井具有以下特点：一是换热功率较大，与国内其它岩热型地热开发技术相比，U 型井可以增加循环介质与地层间的接触面积和热传导时间，从而大幅度提升出水温度和换热功率；二是运行能耗低，受热虹吸效应影响，循环介质在套管内流动时系统摩阻较小，可实现低能耗平稳运行；三是低碳环保，循环介质为软化水，清洁无污染，运行及维护费用相对较低；四是运行年限长，循环介质经检测后无腐蚀、无堵塞、无结垢情况发生，说明系统可实现长期、安全和稳定运行；五是循环介质可替换，U 型井相对独特的井身结构决定了可选用不同的换热介质，从而实现高效取热。

3.2.2　U 型井全井温度场分布影响因素分析

理论研究表明，影响换热功率的因素较多，主要包括地质参数和工程参数两大类。其中，地质参数是影响换热能力的主控因素，包括岩层的岩性、密度、热导率、比热容、地温梯度等；工程参数是影响换热能力的次要因素，包括井深、井身结构、钻完井方式、注入温度和流量等。

本次先导试验通过应用全井段光纤测温技术，监测运行期间动态数据参数变化，分析总结 U 型井换热规律，证实全井温度场呈现散热-加热-散热特征。散热段热损耗较大(图 6)，直井散热段温降一般为 8~10 度，平均温降 8.38℃，热损耗近 20%，影响换热功率约 0.5MW。分析为保温水泥的保温效果低于保温管，油田下步将继续研制涂隔热膜或高保温隔热水泥等措施减少热损失。

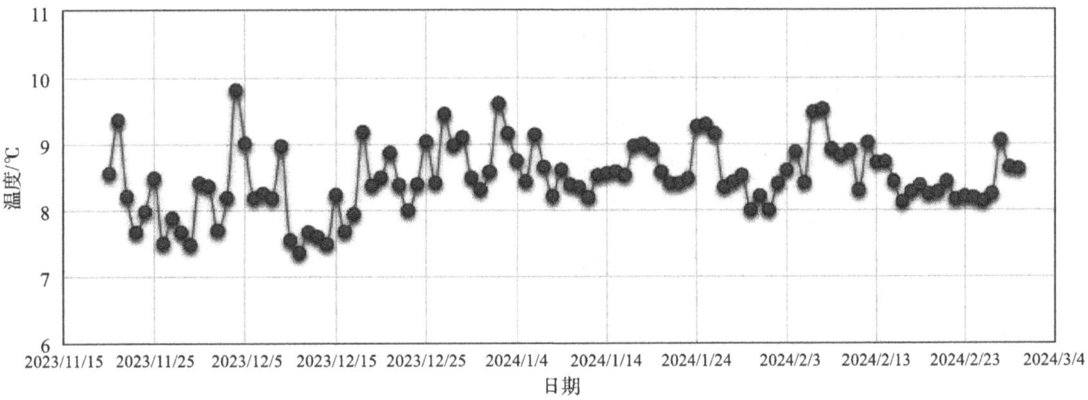

图 6　U 型井直井段损失温度曲线

加热段升温幅度低于预期，分析测温光纤预置在连续油管内占据井筒空间，减少了循环介质通过的横截面积，同时增加了循环水的流动速度，有效加热时间缩短，影响换热效率约 6~8%。水平井套管直径 177.8mm，管柱体积 82.5m^3；连续油管外径 50mm，体积为 7.8m^3；直井套管直径 177.8mm，管柱体积 57.7m^3，抽油杆+光纤体积为 1.2m^3。整体看，测温光纤系统占 U 型井全井段井筒体积空间约 6.4%，影响换热效率。

3.2.3　地热井合理生产工作制度研究

通过开展注水流量分别为 20m^3/h，30m^3/h，40m^3/h，50m^3/h，60m^3/h 和 70m^3/h 数值模拟研究表明，平均出口温度分别下降 11.3%，9.9%，8.4%，6.9%，6.0%，平均换热功率分别提升 24.8%，12.2%，7.3%，4.7%，3.3%（图 7）；当注水流量为 50m^3/h，注入温度为 10℃、20℃、30℃和 40℃时，平均出口温度分别上升 14.2%，12.5%，11.3%，平均换热功率分别下降 14.9%，17.6%，21.3%。由此可见，增大注水流量能够显著提升换热功率，但随着注水流量不断加大，换热功率的提升幅度逐渐变小；当注水流量恒定时，随注水温度上升出口温度不断升高，但换热功率却大幅下降。

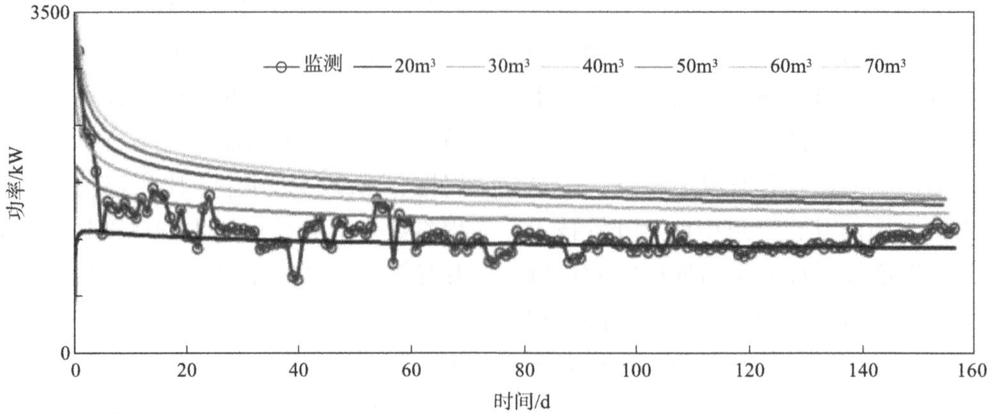

图 7　U 型井直井段损失温度曲线

此外，通过入口温度和流量等参数的变工况运行也证实，入口温度是影响换热效果的主要因素，需着重考虑。如图 8 所示，功率随流量变化的敏感度为 0.28，随温度变化的敏感度为 0.84，说明换热功率随温度变化的敏感度是流量敏感度的 3 倍；此外，产热量随流量变化的敏感度为 0.37，随温度变化的敏感度为 0.86，产热量随温度变化的敏感度是流量敏感度的 2.3 倍。分析主要原因在于增大循环水流量时，地热井近井地带岩石温度降低，而远处岩石的热量不能快速传导到近井处，因此，想不断地通过增大循环水流量获取换热量是不科学的；另外地热井产热量随着注水温度的降低而增大，原因是循环水流与岩层间的温差增大，从而使地热井换热量增加。在实际运行过程中，应综合考虑制定合理的生产工作制度。

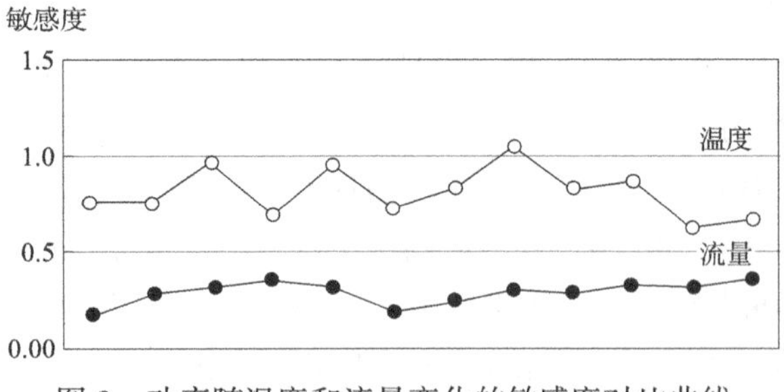

图 8　功率随温度和流量变化的敏感度对比曲线

3.2.4　停运后地温场恢复能力研究

运行一个采暖期后，经测温光纤数据统计分析，停运初期，井筒内温度恢复能力较快，平均恢复速率 9℃/d，可迅速恢复到初始地层温度的 60%；恢复 2 个月后，平均升温速率迅速降为 0.11℃/d。分析认为是由于循环水与近井地带地层温差较大，故初期恢复速度较快，后期随着温差变小，恢复速度逐渐变慢(见图 9)。近井地带地温场影响半径最大 11m，岩层温度变化呈橄榄状，即温度变化最大的区域位于中间沿程的 2000~5000m。分析在停运后，外围地层的高温将通过热传导进入到井筒附近的低温区，导致温度影响半径会继续向外扩大，预计 30d 扩大到 12m，120d 为 13m，但井筒附近低温区会逐渐恢复(图 10)。

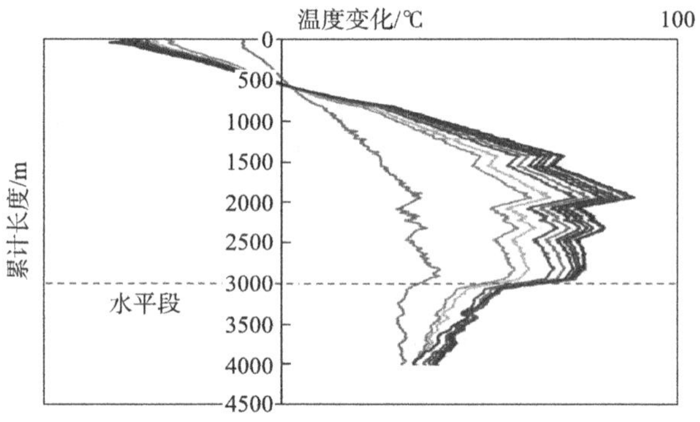

图 9　U 型井停运期间水平井温度恢复曲线

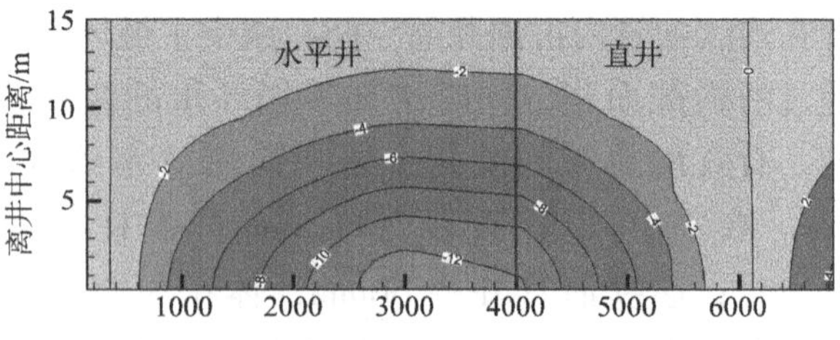

图 10　U 型井近井地带地温场温度模拟

4　下步地热开发攻关方向

4.1　加强岩热型地热能高效开发技术研究

A 油田岩热型地热开发技术仍处于攻坚阶段，将基于 U 型地热井前期研究成果和试验数据，以提功率、降成本、增效益为目标，持续加强地质、钻井、工程、地面四位一体化技术攻关，不断探索建立井下换热高效开发技术体系，为推进地热能规模开发、效益开发夯实技术基础。

4.2 加速开展"地热+工业化"生产用能清洁热力替代

地热能开发利用与油气生产关系紧密，应充分借鉴国内地热能开发应用经验，加速开展"地热+工业化"生产用能清洁热力替代，加快油气生产与新能源融合发展，打造绿色低碳清洁能源体系，推动清洁能源规模化利用。例如，可采用"地热+热泵"、"地热+风热"等多种方式，通过"以热替热"攻关互补综合利用技术，提高油气生产清洁能源替代率。

5 结论

本文通过开展中深层岩热型地热能利用的有益尝试，得到以下几点结论：

（1）A油田基于松辽盆地地热资源优势，首次采用U型井技术，开展中深层岩热型地热能现场试验，初步形成了与岩热型地热能开发相配套的基础理论和工程技术体系，填补了油田"取热不取水"技术的空白，标志着油田在岩热型地热能开发上迈出了关键一步；

（2）U型地热井组首个供暖季已实现成功运行，在总结经验和成果认识的同时，也证实取热不取水换热技术具有换热功率相对较大、运行能耗低、低碳环保等特点，是一种可行且非常有应用前景的地热能利用方式。

（3）U型井"取热不取水"技术适用于地热资源丰富、地温梯度高、成岩条件好的少水富热地区，与水热型地热开发相比，无需解决"回灌"问题，应用条件更宽泛，在国家"碳达峰、碳中和"目标的引领下，其推广应用前景将极为广阔。

参 考 文 献

[1] 国家发展和改革委员会，国家能源局，国土资源部．地热能开发利用"十三五"规划．[R]．2017.

[2] 张健，方桂，何雨蓓．中国东部地热异常区深层高温分布特征与动力学背景[J]．地学前缘，2023，30(2)：316-332.

[3] 王社教，陈情来，闫家泓，方朝合．地热能产业与技术发展趋势及对石油公司的建议[J]．石油科技论坛，2020，39(3)：90-92.

[4] Li C，Guan Y，Wang X，et al. Experimental and numerical studies on heat transfer characteristics of vertical deep-buried U-bend pipe to supply heat in buildings with geothermal energy [J]. Energy，2018，142：689-701.

[5] 孔彦龙，陈超凡，邵亥冰，等．深井换热技术原理及其换热量评估[J]．地球物理学报，2017，60(12)：4741-4752.

[6] 唐胜利，李鹏飞，姜鹏飞，等．关中地区U型地热井水平井段高效换热规律数值模拟[J]．西安科技大学学报，2020，40(1)：96-101.

[7] 卜宪标，冉运敏，李华山，等．已有地热单井换热量的增强方法[J]．地热能，2018，(5)：3-7.

[8] 韩云，孙春辉，翟晓莹，等．地热对接井与地热深度利用技术的耦合探讨[J]．工程技术研究，2020，5(23)：93-94.

[9] 张永亮，李涛，牟瑞涛，等．复杂地质条件下矿山深部开采地温预测方法研究[J]．青岛理工大学学报，2015，36(4)：1-6.

[10] 黄永辉，庞忠和，程远志，等．深层含水层地下储热技术的发展现状与展望[J]．地学前缘，2020，27(01)：17-24

岩热型U型地热井换热规律探讨

黄智波　龙从会　张长有　刘英娜

（大庆油田有限责任公司第十采油厂）

摘　要　基于松辽盆地北部岩热型地热资源优势，油田选取资源“甜点区”，开展中深层岩热型地热U型井换热开发现场试验，成功打造油田首对U型井精品工程。目前试验已完成首个供暖期连续、平稳、低能耗运行，证实U型井取热不取水换热技术能够满足中深层岩热型地热能有效开发利用的需求。试验中运用全井段光纤测温技术，对井筒不同深度温度数据实时监测，获得大量井筒换热参数。通过对参数梳理、总结、多角度分析，探讨岩热型U型地热井换热规律，为油田岩热型地热能高效开发奠定技术基础。

关键词　U型井；百米升温；岩石导热系数；敏感度；热虹吸现象；温度场恢复度

油田积极践行集团公司“清洁替代、战略接替、绿色转型”三步走发展战略，根据油田地热资源禀赋特征，确定以“取热不取水”地热开发技术为重点发展方向，积极推进地热能开发，建立岩热型地热能开发理论和工程技术体系，打造地热能清洁替代试验区，全面推进清洁替代战略部署工作，实现岩热型地热能资源的有效开发和规模动用，打造了油田首口U型井精品工程，第一个采暖季运行效果较好，支撑后期规模地热开发及油田用热清洁替代。

1　岩热开发利用-U型井先导试验概况

1.1　静态参数

1.1.1　完井情况

U型地热井组由1口水平井+1口直井组成，直井完钻井深2850m，水平井完钻井深为4025m，其中水平段长1001m，对接点垂深2810.18m，全井段总长度6814m(图1)。

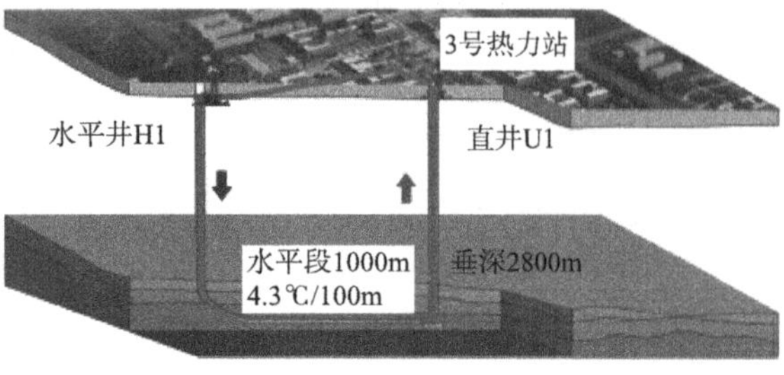

图1　U型井取热不取水示意图

1.1.2　井身结构

直井设计两层套管井身结构，表层套管下至嫩一底以下50m。水平井设计三层套管井身结构，表层套管下深至浅水层底界10m以下稳定泥岩段(100m)，保护浅水层不受污染；技术套管下至扶杨油层底以下50m，封隔目的层上部油气层及易漏易塌地层，保证钻井施工安全。

为满足地热井开发指标要求，优选套管技术参数，优化导热水泥浆和保温水泥浆体系，保证导热水泥浆导热系数≥1.6 W/(m·℃)，保温水泥浆导热系数≤1.0 W/(m·℃)，实现高换热、低热损，提高地热资源利用率。其中直井0~500m、直井0~1500m为保温水泥固井，直井、水平井其他井段均采用导热水泥固井。(井身结构见图2、图3)。

1.1.3　光纤测温技术

为实时掌握井下换热情况及后期开展换热规律研究，全井段采用光纤测温技术，测温光纤依托连油、抽油杆下入井中，监控全井段、全流程温度变化。

水平井采用测温光纤预置在ϕ50mm连续油管内，下深3985m；直井采用ϕ19mm抽油杆捆绑携带测温光纤下深2801.5m(见图4)。配套智能监测系统由井下光纤测温系统和机房数据监测系统组成。测温光纤系统可以连续测量井下任一点处温度，具有智能终端、多点测温、在线监测自动化的特点；机房数据监测系统可分别对流量、温度、换热量等数据进行实时监测，全面获取试验期间运行数据换热情况。

1.1.4　地面配套工艺

地面配套新建地热水管道、增压泵及站内工艺改造等。U型地热井热水从出水端直接接入燃煤锅炉房一级管网，作为采暖供水循环供热至用户；采暖回水与软化水补水混合后接至地热井增压泵入口，通过增压后再外输至U型地热井入口，再经U型井循环置换热能实现清洁供热(见图5)。

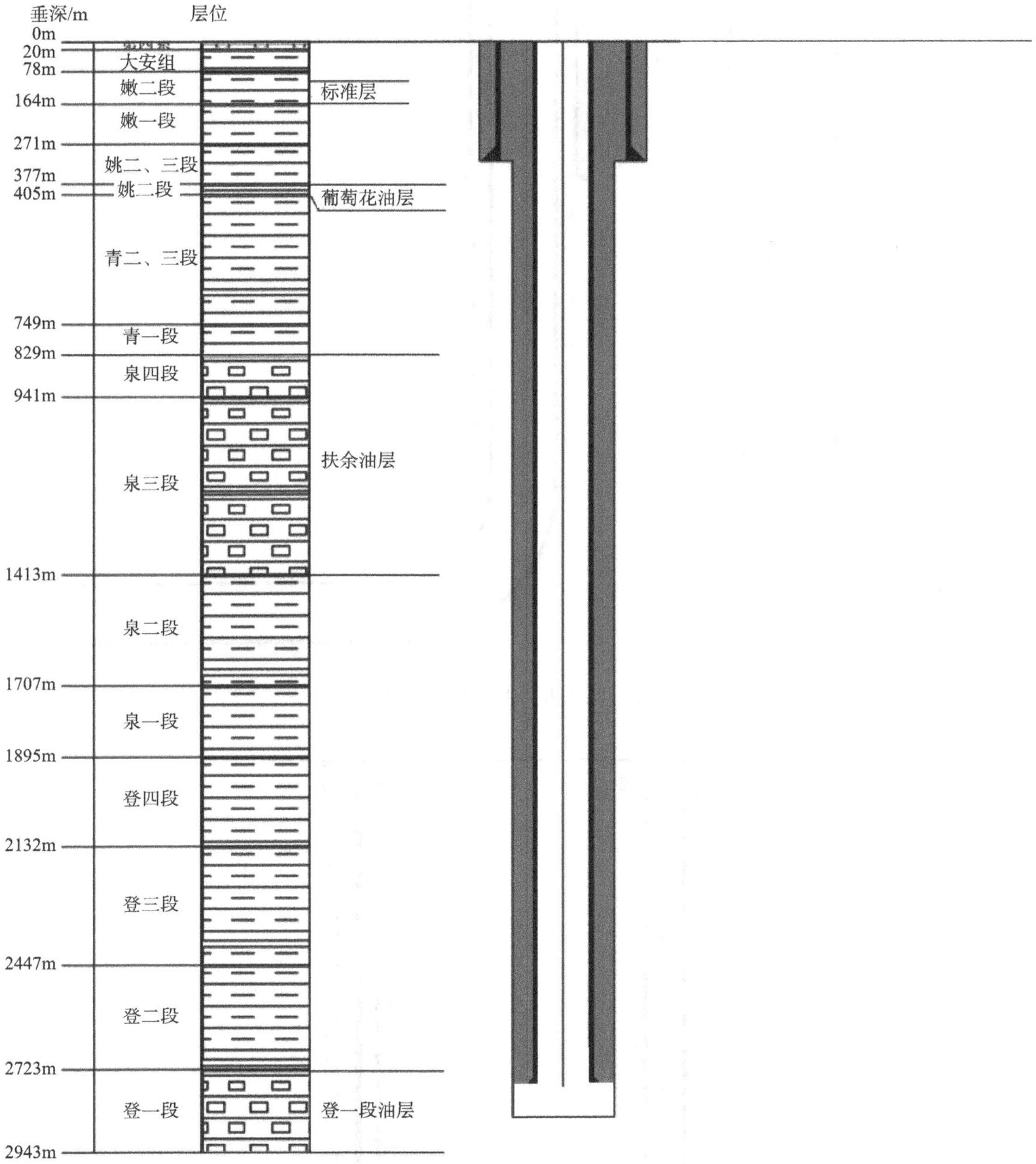

图2　直井井身结构示意图

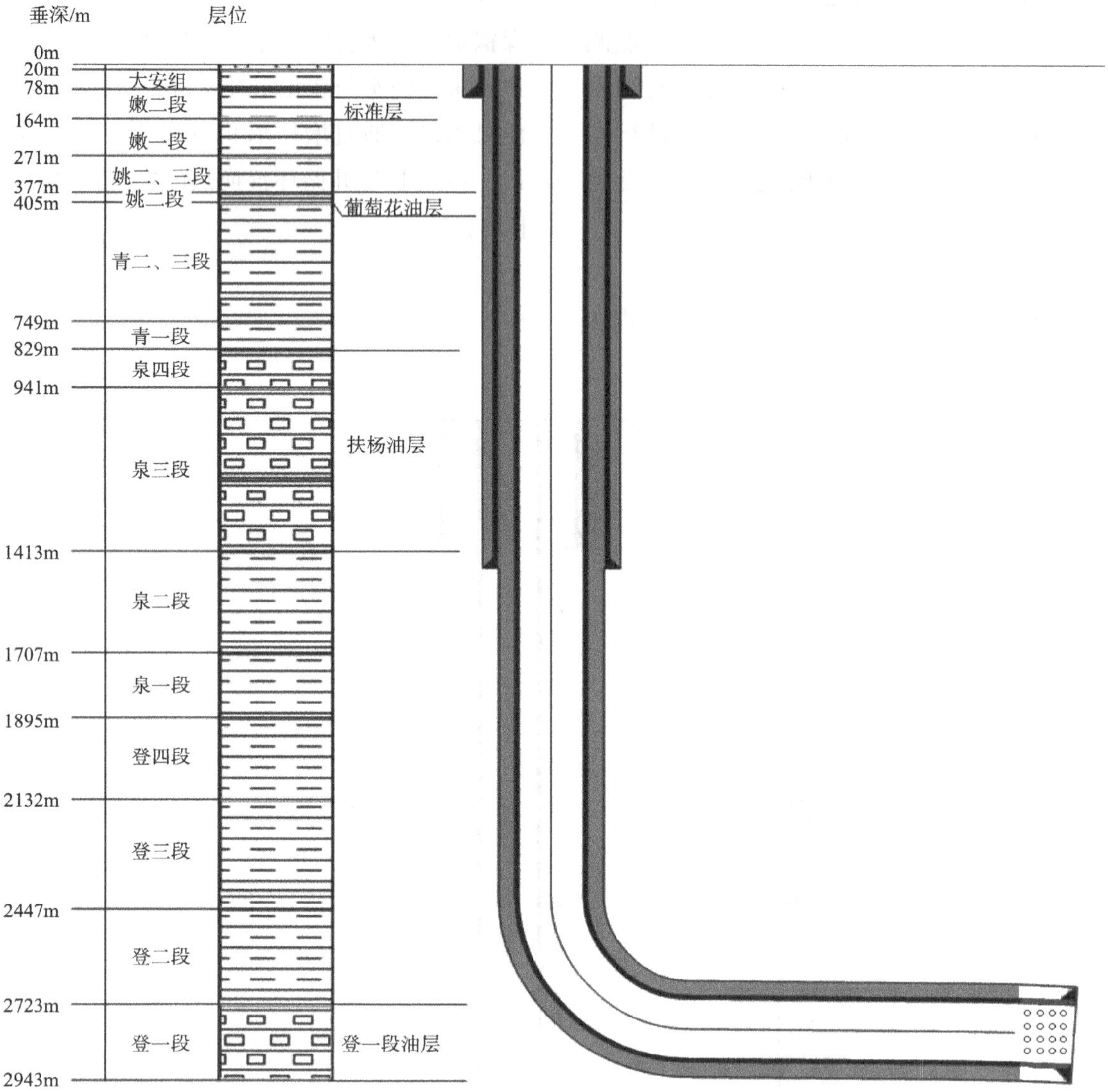

图3　水平井井身结构示意图

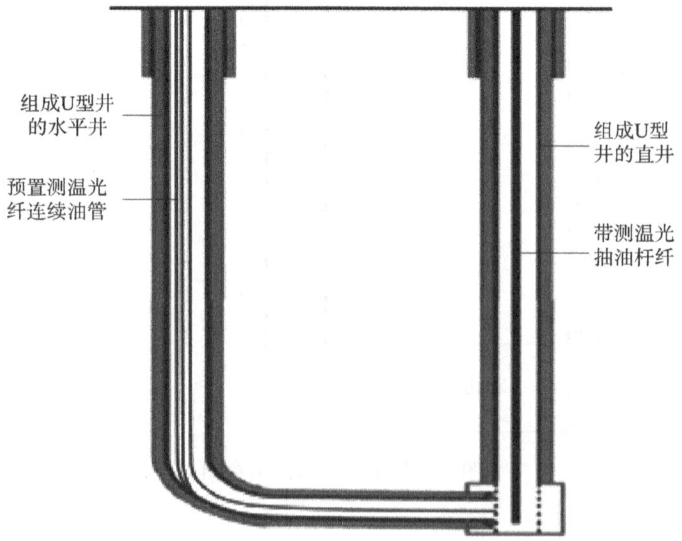

图4　U型井试热光纤下入方式示意图

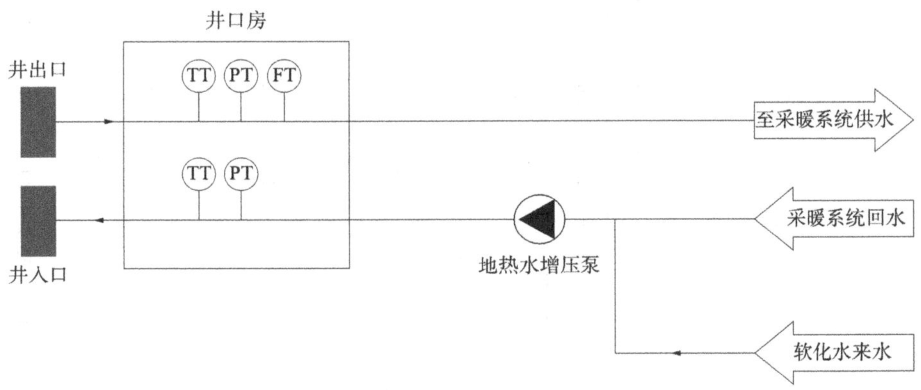

图5　U型井地面工艺流程示意图

1.2　动态运行

截止2024年4月19日，U型地热井实现首个供暖期低能耗连续平稳运行210天，累计产热量4万吉焦，替代标煤折合1373吨，减排二氧化碳3569吨，是U型井“取热不取水”循环换热技术在油田中深层地热开发中首次使用。

同时获得了大量井下光纤测温数据和地面生产数据。每天录取的数据包括井筒24组680个点位的光纤测温数据，地面生产数据包括温度、压力、功率、热量等10项12组数据。

1.3　存在的问题及对策

1.3.1　存在的问题

地热井投产运行以来，光纤测温值与地面实测数据之间、井底水平井与直井之间测温数据存在较大误差，主要表现在四个方面：

一是直井0m温度检测值不是出水介质温度，应为井口附近埋地土壤温度；0m温度值为16.58~18.47℃，10m温度值为46.97~57.72℃。

二是采用直井10m点作为井口温度，比地面测温值高1.37~2.43℃；水平井0m温度比地面测温值高1.77~4.17℃。

三是井底末端水平井比直井光纤测温值高3.69~9.97℃。

四是10月19日光纤厂家进行调整，调整前光纤测温比地面检测温度数据计算日产热值高26%，调整后高41%，说明调整前后光纤测温值误差均较大。

1.3.2　解决对策

因此在对光纤温度数据应用前，需要对数据进行修正，综合考虑水平井和直井井口、井底光纤显示温度数值与地热井进出口水温数据，假定光纤测温数据误差线性变化，井口温变器数据为基准的原则，对井下光纤数据进行修正，以达到缩小误差，真实反映底下温度分布的目的，为数据进一步分析奠定基础，即：

水平井：

$$Tx=Tx_{(测)}-T_{(平口差)}-T_{(底差)}\times H/3980 \quad (1)$$

直井：

$$Tx=Tx_{(测)}-T_{(直口差)} \quad (2)$$

Tx：水平井、直井井深x处修正温度

$Tx_{(测)}$：光纤实测井深x处温度

$T_{(平口差)}$：水平井井口光纤与实测温度差

$T_{(直口差)}$：直井井口光纤与实测温度差

$T_{(底差)}$：光纤实测直井水平井温度差

H：水平井x处井深

1.3.3　修正模型验证

地面到井筒输水量相同，以地面仪表检测温差计算产热值为真值，光纤测温值温差计算产热值为测量值进行比较，产热值的误差验证修正前后的效果是否合理，统计修正前后温度和产热值（表1）

修正前光纤测温产热值比地面数据高30.4%，修正后误差为-0.3%，说明修正后的光纤测温值整体误差是合理的。

而且以2023年11月8日光纤测温数据为例，对测温数据进行修正，对比修正前后数据，井底温度场描述避免断点情况，整体更符合实际（图6）。因此后期井下地温场换热规律研究均采用修正后光纤测温数据。

表 1　光纤测温数据修正前后效果对比

日期	日均流量/(m³/h)	日输水量/m³	进水温度/℃	出水温度/℃	日产热量/GJ	修正前									修正后								
						水平井光纤温度/℃				直井光纤温度/℃			平直井产热量/GJ	误差/%	水平井光纤温度/℃				直井光纤温度/℃			平直井产热量/GJ	误差/%
						过渡段		加热段	水平段	加热段		散热段			过渡段		加热段	水平段	加热段		散热段		
						0m	900m	3020m	3980m	2800m	1700m	0m			0m	900m	3020m	3980m	2800m	1700m	0m		
10 月平均	39.5	946	28.2	52.6	94.3	31.0	32.4	55.8	61.3	53.5	60.6	54.1	119.2	26.6	28.2	28.2	48.2	52.1	52.1	59.2	52.6	93.9	-0.4
11.1	37.2	862	32.3	56.4	90	34.0	35.3	56.7	61.4	57.7	64.6	57.7	99	9.8	32.3	32.8	52.4	56.3	56.3	63.3	56.4	87	-3.4
11.2	42.4	1016	30.4	52.8	98.37	32.7	33.6	54.6	59.4	53.8	60.6	54.7	117	18.9	30.4	30.1	48.4	52.0	52.0	58.8	52.8	95	-3.3
11.3	54.8	1325	32.6	50.1	96.86	35.4	35.8	54.7	59.0	51.7	57.5	51.9	132	36.2	32.6	31.5	47.1	49.9	49.9	55.7	50.1	97	0.1
11.4	62.6	1532	32.2	47.9	102.07	35.4	35.9	54.7	59.2	50.7	56.0	50.4	150	47.3	32.2	31.0	45.7	48.3	48.3	53.6	47.9	101	-1.0
11.5	40.9	946	31.5	51.6	80.07	34.0	34.7	56.4	62.1	55.0	61.2	53.8	106	32.9	31.5	30.6	48.7	52.8	52.8	59.0	51.6	80	-0.5
11.6	42.6	993	33.9	52.4	75.9	36.8	36.6	56.9	62.0	55.0	61.2	54.6	103	35.7	33.9	32.2	49.2	52.8	52.8	59.0	52.4	77	1.4
11.7	45.1	1083	30.4	52.3	103.01	33.1	34.0	55.4	60.3	53.5	59.9	53.9	125	21.5	30.4	30.1	48.4	52.0	52.0	58.4	52.3	99	-3.6
11.8	67.5	1636	33.5	48.3	97	36.7	36.7	54.6	58.5	49.9	55.0	49.7	148	52.4	33.5	32.0	46.3	48.6	48.6	53.6	48.3	102	4.9
11.9	69.7	1744	36.0	48.8	88.48	39.1	39.2	56.6	60.7	51.9	56.6	50.6	148	67.7	36.0	34.4	47.8	50.0	50.0	54.7	48.8	93	5.1
11.10.	70.2	1677	36.1	49.3	94.4	39.1	39.5	57.0	61.3	52.4	57.2	50.9	145	53.4	36.1	34.8	48.3	50.8	50.8	55.6	49.3	93	-1.7
11.11	70.3	1636	35.4	49.0	92.31	38.5	38.7	56.0	60.2	51.8	56.5	50.5	140	51.7	35.4	34.0	47.7	50.3	50.3	55.0	49.0	93	0.8
11.12	70.2	1685	36.5	49.2	91.7	39.6	39.7	56.4	60.3	52.2	56.8	50.8	137	49.5	36.5	35.0	48.2	50.5	50.5	55.2	49.2	90	-2.0
平均					93.8								122.1	30.4								93.4	-0.3

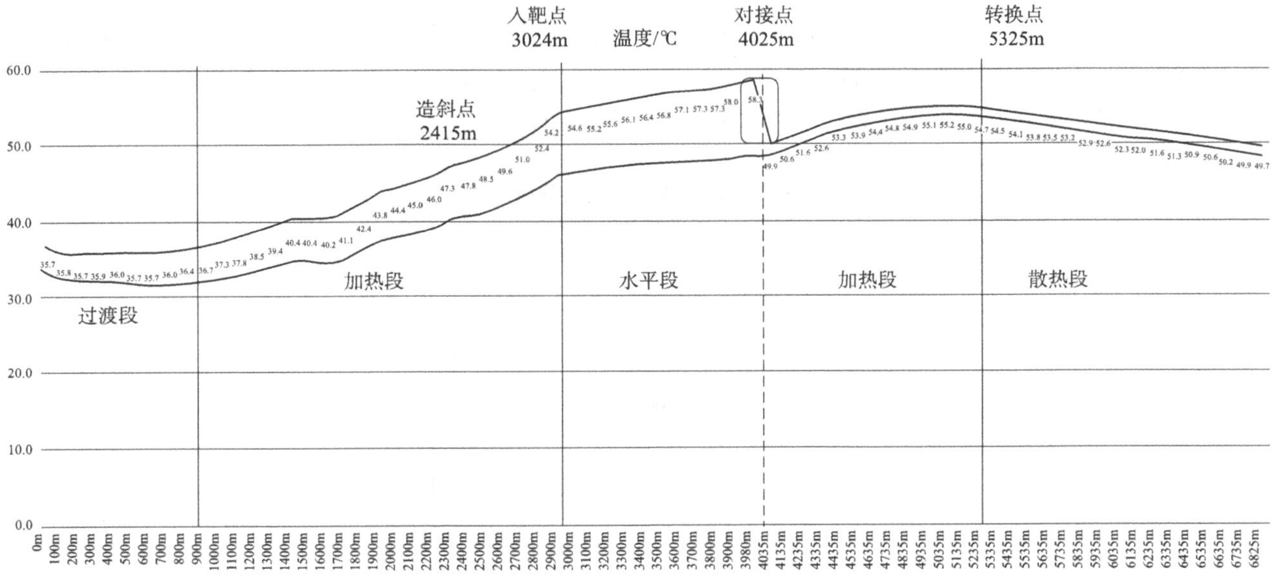

图 6　光纤测温数据修正前后温度曲线对比

2　先导试验取得的认识

2.1　验证了热虹吸效应

在连通效果验证过程中，对数据分析发现直井进口压力大于水平井出口压力这一现象。查阅资料，水的密度 65℃时为 980.6kg/m^3，23℃时为 997.5kg/m^3，造成软化水在进出地热井前后存在 16.9kg/m^{3}的密度差，在理想模型下，根据液体压强的计算公式：$p=\rho gh$，计算得出直井和水平井井底压差 0.46MPa（高度按照 2800m 计算），考虑不同泵排量下井下管柱对流体的摩阻压降，最终导致直井出口压力平均比水平井进口压力平均高 0.17MPa（图 7）。

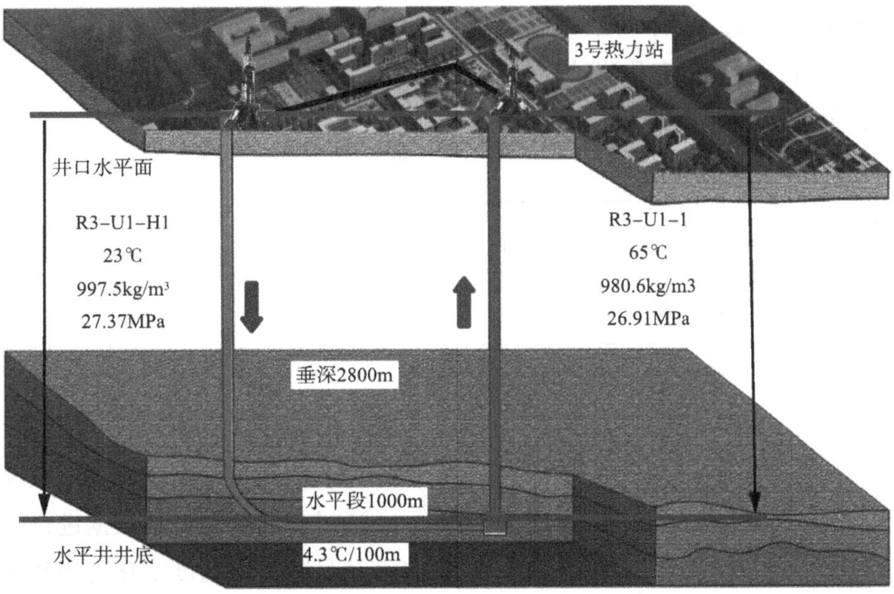

图 7　热虹吸效应分析示意图

2.2　井下换热静态分布规律

（1）进水井 0～900m 没有升温效果。按照不同井段加热情况对全井温度分布进行统计，其中水平井从进口 0m 到 900m 处平均温升 -0.3℃，水温基本持平。

（2）出水井 0～1700m 降温较大，需采取井筒保温措施。对修正后的直井井筒各点温度进行统计分析，直井从进口 0m 到 1700m 处平均温升-7.3℃，为全井主要的散热区间。

（3）全井温度场分布呈现五段式特征。应用全井段光纤测温技术，分析总结换热规律，水平井直斜段和直井加热段为主要升温区，加热贡献率达到 87.6%，水平井水平加热段加热效果低于预期，贡献率仅 12.4%。

表 2　地热井运行效果分析表

序号	项目	水平井			直井		加热合计	散热合计
		过渡段	直斜加热段	水平加热段	加热段	散热段		
		0~900m	900~3024m	3024~4024m	2810~1700m	1700~0m		
1	平均加热功率/kW	-25	969	185	338	-361	1492	-386
2	平均日产热量/GJ	-2.2	83.2	15.9	29.1	-31	128.2	-33.2
3	阶段加热贡献率/%	-1.7	64.9	12.4	22.7	-24.2	100	-25.9
4	平均百米升温/℃	-0.03	0.88	0.38	0.59	-0.40	-	-
5	百米加热贡献率/%	-1.6	47.6	20.5	31.9	-21.6	100	-23.2

2.3　动态运行规律

2.3.1　产热量受进口温度和流量影响的函数为二次多项函数

对第一个采暖季运行参数进行归类整理，最终划分为 9 个时间段的稳定运行(表 3 和图 8)，考虑到产热量主要受进口温度和流量的共同影响，排除其他相关干扰因素，分别通过对进口温度和流量进行偏导，研究进口温度和流量变化对产热量影响的函数关系式。

表 3　地热井不同工况归类

时段	瞬时流量/(m^3/h)	进口温度/℃	日产热量/GJ
1	28.5	18	111
2	43.6	28.4	98.4
3	37	34.1	76.7
4	47.9	31.8	92.7
5	70.9	34.3	96.5
6	49.4	36.8	82.5
7	47	29.5	93.4
8	70.7	30.0	100.8
9	50.8	29.5	87.2

（1）产热量对流量的偏导数

通过相同进口温度数据进行归类，最终确定日产热量随瞬时流量变化的函数拟合度最高的为二次多项式，且图像开口向下，即日产热量存在最大值，说明进口温度超过 39℃，流量超过某一数值后，增大瞬时流量，日产热量反而减小(图 9~12)。

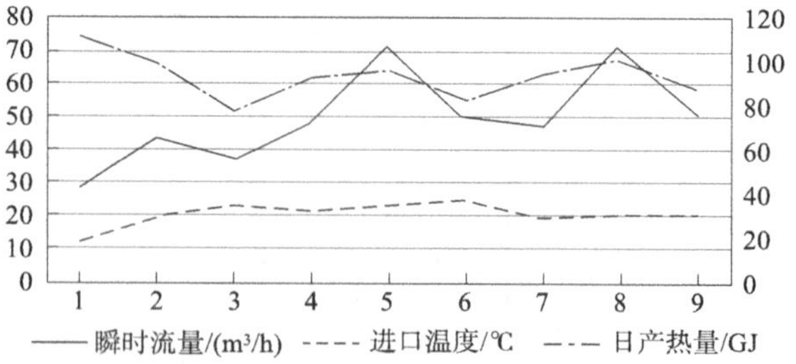

图 8　地热井不同工况归类

（2）产热量对进口温度的偏导数

通过相同瞬时流量数据进行归类，最终确定日产热量随进口温度变化的函数拟合度最高的为二次多项式，瞬时流量 50m^3/h 左右时，日产热量存在最小值；瞬时流量 70m^3/h 时，日产热量存在最大值，因此最大日产热量对应瞬时流量介于 50~70m^3/h 间(见图 13~16)。

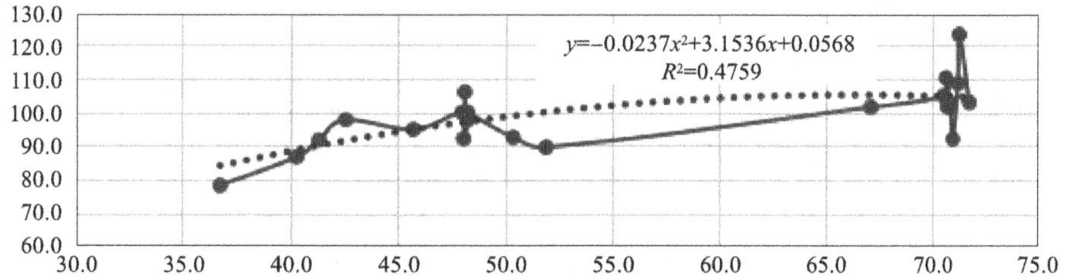

图 9　进口温度 29℃，日产热量随瞬时流量变化散点

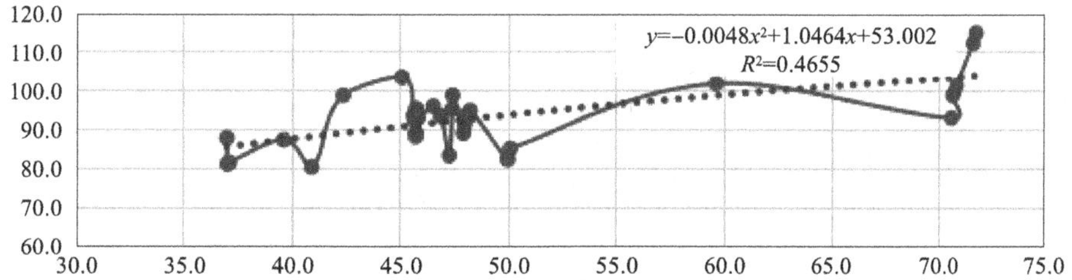

图 10　进口温度 31℃，日产热量随瞬时流量变化散点

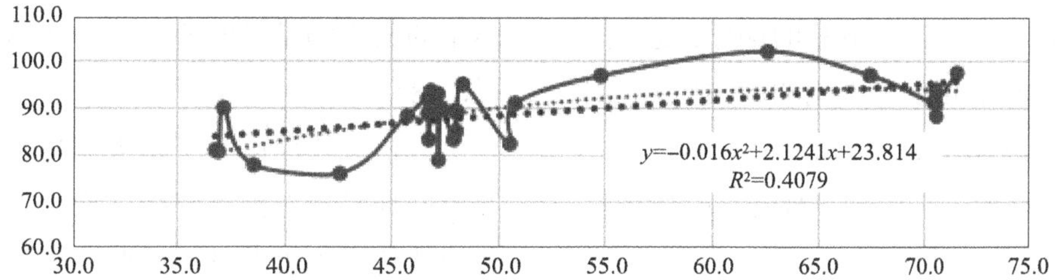

图 11　进口温度 33℃，日产热量随瞬时流量变化散点

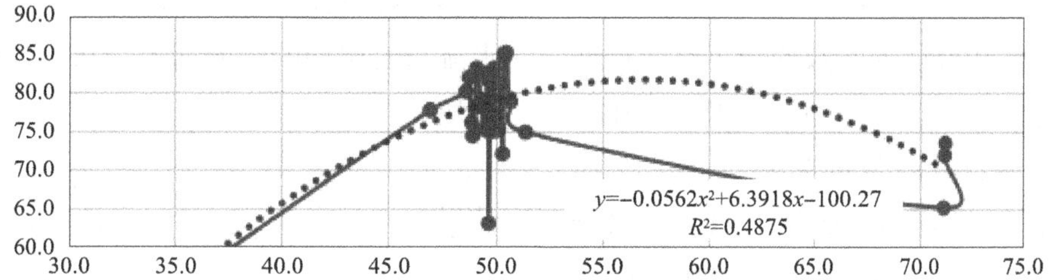

图 12　进口温度 39℃，日产热量随瞬时流量变化散点

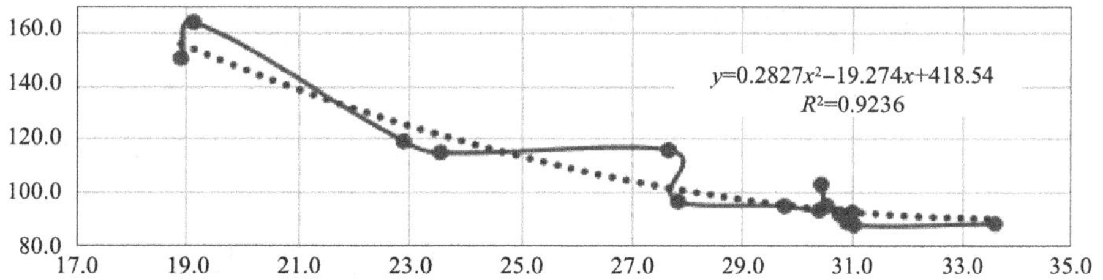

图 13　瞬时流量 45m³/h，日产热量随进口温度变化散点图

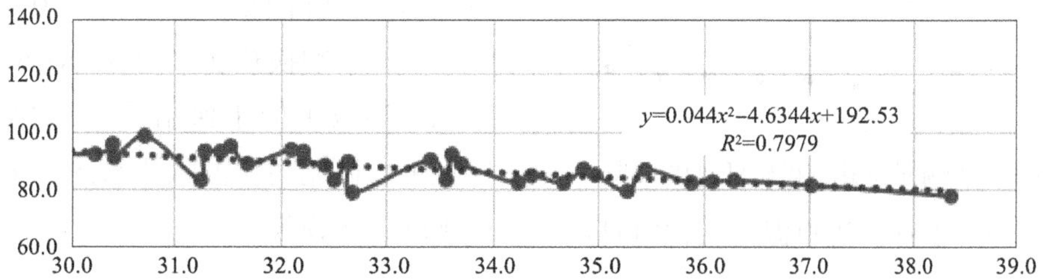

图 14　瞬时流量 47m³/h，日产热量随进口温度变化散点图

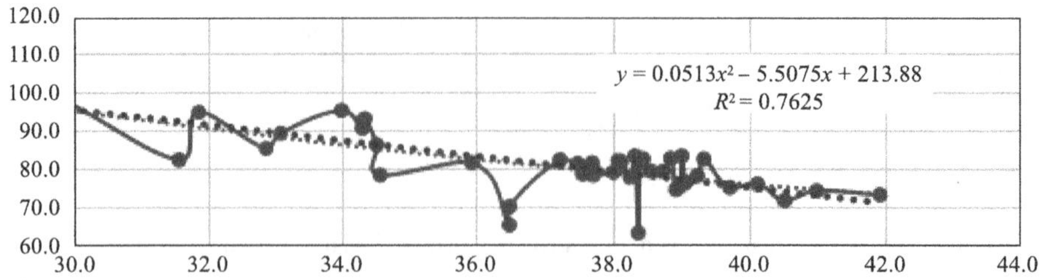

图 15　瞬时流量 $47m^3/h$，日产热量随进口温度变化散点图

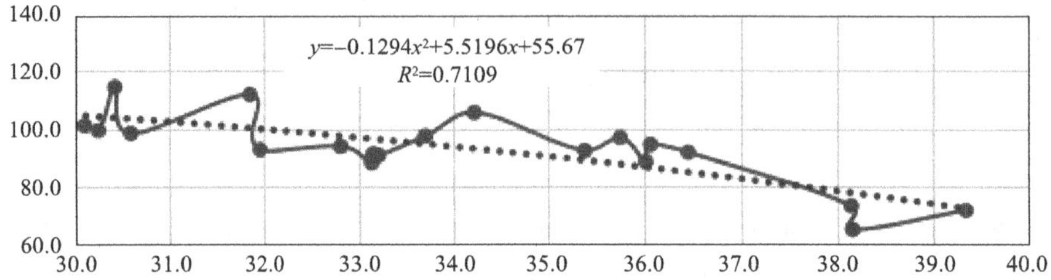

图 16　瞬时流量 $47m^3/h$，日产热量随进口温度变化散点图

通过分别对进口温度和流量的偏导，总结发现产热量受进口温度和流量影响的函数均为二次多项函数，即可以用函数 $Q=Ax^2+By^2+Cx+Dy+E$，其中 Q 为产热量，x 为进口温度，y 为流量，A、B、C、D、E 均为常数。

2.3.2　入口温度是影响换热效果的主要敏感因素

通过入口温度和流量等参数的变工况运行证实，入口温度是影响换热效果的主要因素，在合理制定生产运行参数时需着重考虑。如图 17 所示，功率随流量变化的敏感度为 0.28，随温度变化的敏感度为 0.84，说明换热功率随温度变化的敏感度是流量敏感度的 3 倍；此外，产热量随流量变化的敏感度为 0.37，随温度变化的敏感度为 0.86，产热量随温度变化的敏感度是流量敏感度的 2.3 倍。

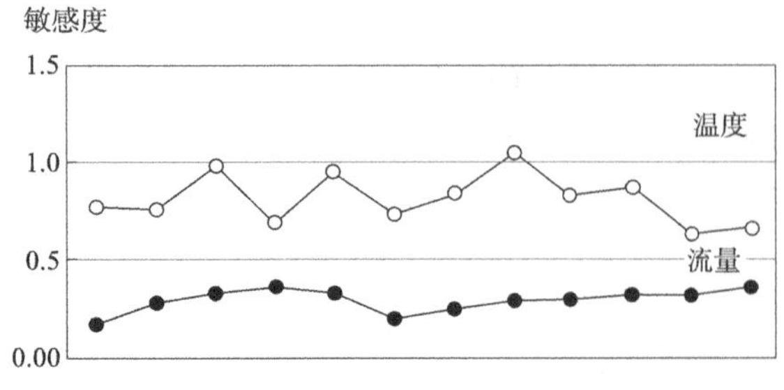

图 17　功率随温度和流量变化的敏感度对比曲线

从趋势线的斜率来看，进口温度变化对日产热量的的影响是瞬时流量对日产热量影响的 6 倍（图 18）。

分析主要原因在于增大循环水流量时，地热井近井地带岩石温度降低，而远处岩石的热量不能快速传导到近井处，因此，想不断地通过增大循环水流量获取换热量是不科学的；另外地热井产热量随着注水温度的降低而增大，原因是循环水流与岩层间的温差增大，从而使地热井换热量增加。

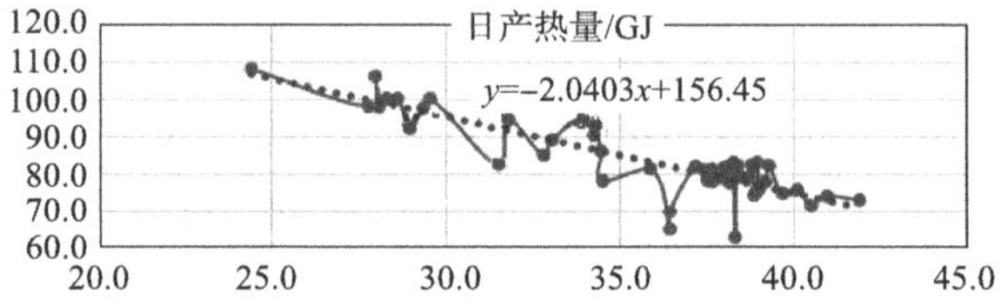

图 18　流量 $50m^3/h$，功率、日产热量对进口温度敏感性分析

2.3.3　散热段热损耗大是影响换热效果的关键因素

通过运行期间数据分析表明（图 19），直井出水端热损耗大于预期，热损耗近 20%。直井散热段温度降低一般为 8～10 度，平均温降 8.38℃，影响换热功率约 0.58MW。分析为保温水泥保温效果低于保温管（0.02W/m·℃），油田将采取研制高保温隔热水泥或涂隔热膜等有效措施减少热损失。

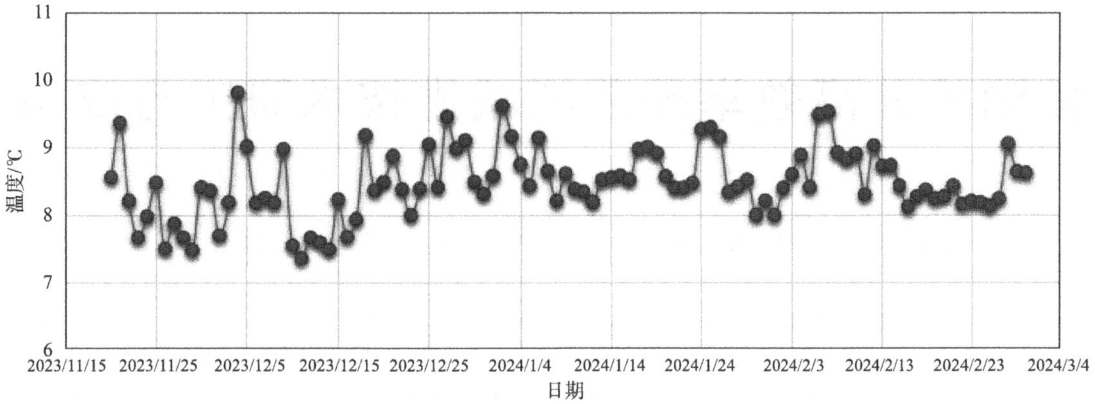

图 19 U 型井直井段损失温度曲线

2.3.4 停运后井筒温度场恢复能力较强

经测温光纤数据统计分析，停运初期，循环水对流，直井井口井底水温基本保持一致；停运 6 小时后，井筒内温度可恢复到初始地层温度的 65%，分析认为是由于循环水与近井地带地层温差较大，故初期恢复速度较快；停运后期，随着温差变小，恢复速度逐渐变慢，7 天恢复温度可达到初始温度的 92.4%，37 天后温度可恢复至 95%(图 20)。供暖期运行结束后的恢复时间，因试验时间问题需结合以后现场试验结果进一步验证。

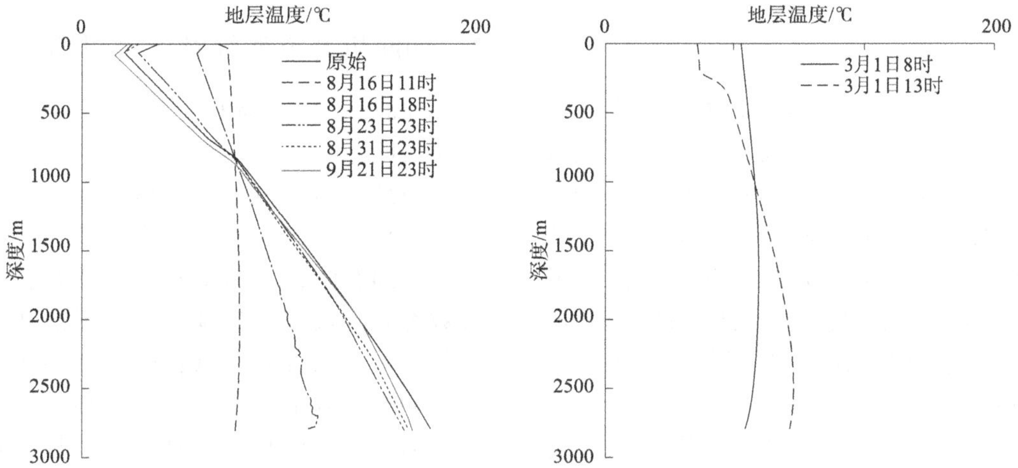

图 20 U 型井停运期间直井温度恢复曲线

3 结论及应用前景

本文通过岩热型 U 型地热井换热规律探讨，得到以下结论：

（1）井下温度场换热存在明显的分段式分布规律，总体表现出竖直井段较水平段换热速率快，换热效果好的特点，且井筒散热对总体效果影响较大，增大保温措施研制力度对总体开发效果至关重要；

（2）进口温度和流量是影响产热量的主要因素，且产热量受进口温度和流量影响的函数均为二次多项函数，相比流量，产热量对进口温度更敏感；

（3）试验区区域地热资源丰富，试验对整体地温场影响波及范围较小，地温场整体恢复能力较强，初期恢复较快，后期恢复速度放缓。

参 考 文 献

[1] 张永亮，李涛，牟瑞涛，等. 复杂地质条件下矿山深部开采地温预测方法研究[J]. 青岛理工大学学报，2015，36(4)：1-6.

抽油机井高效举升节能减排技术研究与应用

张婉情[1,2]　侯　宇[1,2]　张凯波[1,2]　王　洋[1,2]　汪清波[1,2]　徐福军[1,2]

（1. 大庆油田有限责任公司采油工艺研究院；2. 黑龙江省油气藏增产增注重点实验室）

摘　要　针对传统游梁式抽油机举升能耗高、泵效和系统效率较低、难以满足油田绿色低碳开发迫切需求等问题，大庆油田积极贯彻落实国家双碳目标和中石油集团公司节能减排战略部署，攻关形成了超长冲程采油技术和不停机智能间抽采油技术。超长冲程抽油机采用“超长冲程、超低冲次”的举升理念，冲程损失大幅降低，悬点最大载荷降低了22.75%，抽汲次数降至1/60，杆管偏磨有效改善；不停机智能间抽技术首创了“停泵不停机”的高效间抽理念，采用曲柄整周运行与摆动运行组合模式，摆动运行平均能耗为整周运行的10%，曲柄轴峰值扭矩下降幅度为67.20%，供排关系有效改善，液面波动范围控制在20m以内。根据不停机间抽技术特点，通过风光发电出力规律及峰谷平电价耦合曲线研究，形成了抽油机不停机间抽采油与绿电融合开发的示范应用。两项技术现场应用9620口井，年节电6487.4万度，每年节约标准煤1.98万吨、减少CO_2排放5.15万吨，有力推动了油田机采井节能减排和绿色高效开发。

关键词　抽油机；超长冲程；不停机间抽；系统效率；节能减排

1　前言

为实现2030年前碳达峰、2060年前碳中和（“双碳”），国家能源局明确提出加强能源领域管理，降低能源消耗强度，保障能源安全。中石油集团公司提出“通过结构优化、节能提效、清洁替代、CCUS等措施实现2030年前上游业务减碳2036万吨”的战略规划。因此，节能减排成为实现国家“碳达峰，碳中和”目标的最为关键的治理对策。

“十三五”末，大庆油田年碳排放总量为1966万吨标煤，占中石油上游板块的30%，其中90%以上来自于能源消耗。大庆油田碳排放总量持续居高不下，基于国家双碳目标和双控指标，节能降碳任务艰巨。截止到2023年底，大庆油田共有机采井超过7.3万口，能耗62.8万吨标煤，其中低产低效井超过2.5万口，占大庆油田总量的1/3，系统效率不足大庆油田平均值的一半，且随着油田油井产量的不断递减，日产液≤5t的低产井占比将越来越高，低产井机采举升方式和工作制度均存在诸多不适应性，为油田提质增效带来巨大挑战。

按照中石油集团公司节能减排战略规划安排，大庆油田正大力开展机采井节能提效关键技术研究与应用，改善低产井供采关系，提高运行状况，降低机采能耗。

2　抽油机井节能降耗治理思路

抽油机井节能降耗主要从以下两方面开展分析和治理：

一是常规游梁式抽油机受四连杆结构制约，传动环节多、地面效率损失大，抽汲参数调整空间有限，尤其是对于低产井，即使抽汲参数都降到最低，供排关系仍无法协调，造成油井泵效和系统效率低；同时抽油机井惯性载荷与冲次平方呈正比，冲次越高，惯性载荷越大，为大幅降低机采能耗，减少杆管偏磨，应按照“长冲程、低冲次、大泵径”的举升理念设计新型抽油机。

二是中石油集团公司产液量低于5t/d油井共有9万余口，这部分井供液能力差，为了避免“空抽”、“干抽”等现象的出现，通常采用间歇抽油的工作方式。常规间歇采油需要人工启停，工人劳动强度增大，管理难度大，长时间停井影响产量，难以满足机采井精细化管理需求。因此，通过抽油机井智能间抽技术研究，实现低产井智能化、效益化、低碳化改造升级。

3　新技术的研究与应用

3.1　超长冲程采油技术

针对常规游梁式抽油机效率低、杆管偏磨严重、管理难度大等问题，开展了超长冲程采油技术研究，取得了良好的应用效果，从根本上提高机采井生产运行效率，降低机采能耗。

3.1.1　超长冲程采油技术原理

超长冲程采油装置由地面电机滚筒驱动系统代替游梁抽油机四连杆驱动系统，用井下超长泵替代常规柱塞泵。控制系统驱动电机正转、反转，滚筒带动柔性绳完成往复运动，柔性绳驱动井下抽油杆、抽油泵完成整个采油过程，冲程长度在0~50m范围内可调，冲次在1~12h^{-1}范围内可调。该技术具有采油效率高、冲程超长、冲次超低等优势，既可以连续采油，也可以间歇采油(图1)。

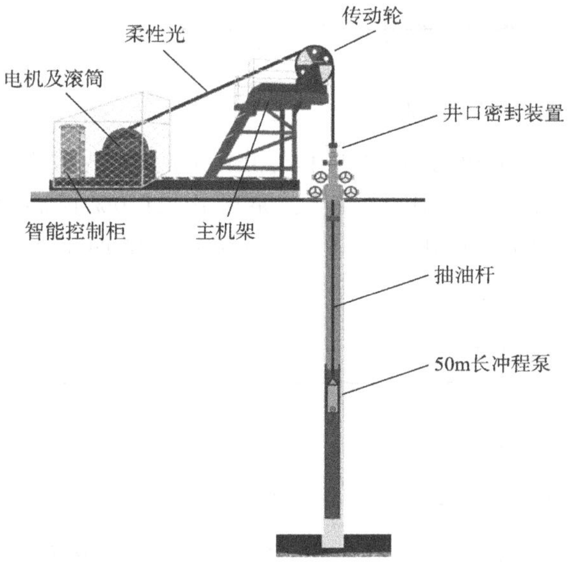

图1　超长冲程抽油机示意图

通过在主机支架与传动轮之间加装载荷传感器，并在电机内安装转速传感器，实现了悬点载荷和位移的实时监测，并生成悬点示功图，监测数据在控制系统周期显示，为技术人员开展工况诊断分析提供依据(图2~3)。

图2　示功图采集装置

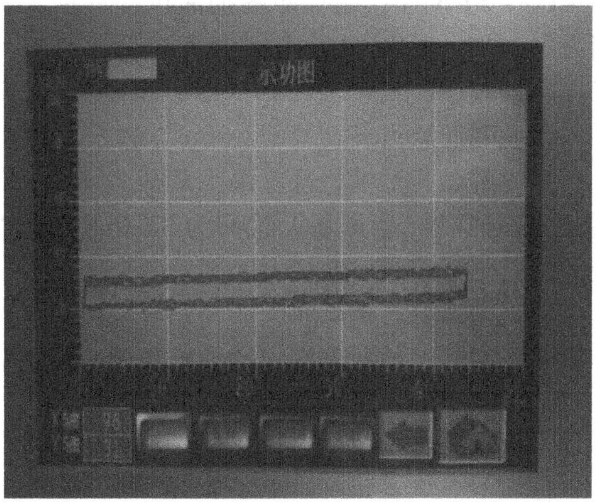

图3　监测示功图

同时控制柜可通过无线网络将运行位置、运行速度、运行电流、光杆拉力、输出功率、耗电量、井口计量、动液面监测、井口压力监测等参数的远程传送至物联网平台，实现抽油机等地面设备远程调参，远程安全启停和后台工况优化等功能(图4)。

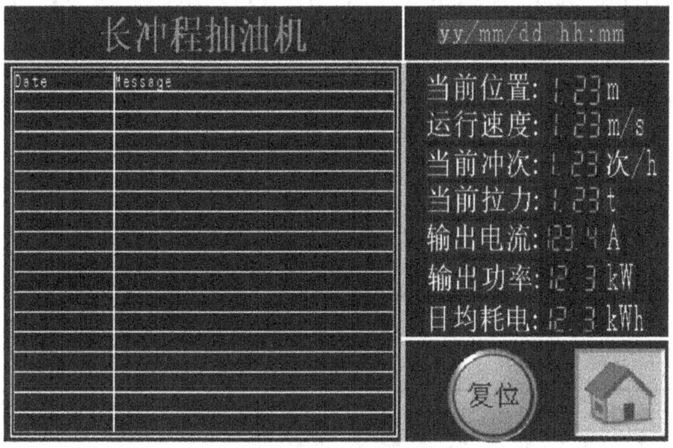

图4　数字化智能控制柜界面

3.1.2　超长冲程采油技术特点

(1) 地面驱动系统用滚筒牵引替代四连杆机构，实现了冲程在50m以下无级可调，冲次5min/次以下无级可调，运行参数调整幅度大，满足所有低产井理论排量需求。

(2) 超长冲程、超低冲次的运行方式，降低了抽油泵每冲程的冲程损失(仅为常规抽油机的1/13)，大幅度提高了泵效和系统效率。

(3) 超低冲次运行模式，通过设定上冲程、下冲程绳速和上行时间、下行时间、停留时间进而实现接近合理流压区域的高效生产。

3.1.3　超长冲程采油技术应用效果分析

(1) 减少冲程损失

常规游梁式抽油机冲程损失比例为

10.41%~20.64%；超长冲程抽油机冲程损失比例为1.15%，冲程损失比例大大降低，更有利于提高泵效。

（2）降低悬点载荷

常规游梁式抽油机悬点最大载荷为44.1kN，超长冲程抽油机悬点最大载荷为34.0kN，悬点最大载荷降低了22.75%。

（3）延缓杆管偏磨

超长冲程抽油机与常规抽油机相比，冲次数降低到1/60，杆管磨损次数大幅降低。同时采用部分柔性光杆取代了抽油杆，有效降低了抽油杆工作载荷。

（4）实现启停机柔性控制

超长冲程抽油机采用柔性启动模式，在上冲程正常状态下，启动电流在20A左右，电流峰值降低到原来的1/10，使得设备能够非常平稳运行，延长了设备使用寿命(图5)。

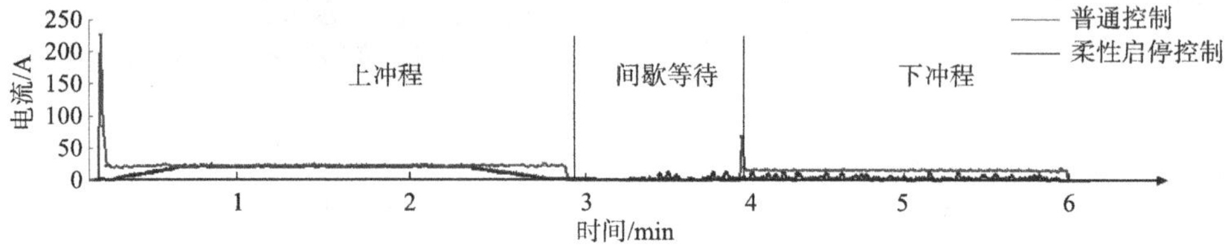

图5　柔性控制启停与常规控制电流对比曲线

（5）现场应用效果

超长冲程采油技术在大庆油田A区块开展超长冲程抽油机采油技术现场应用110口井，应用前常规游梁式抽油机，平均日产液3.0t/d，泵效为21.9%，日耗电144.3kW·h，系统效率为7.1%，与应用前相比，泵效由21.9%提高到64.9%，节电率61.9%，系统效率增加了11.6个百分点，取得了良好效果(表1)。

表1　现场试验井试验前后数据对比

类别	冲程/m	冲次/h^{-1}	动液面/m	产液/(t/d)	泵效/%	日耗电/(kW·h)	系统效率/%
游梁式抽油机	2.2	276	1293.0	3.2	21.9	144.0	7.1
超长冲程抽油机	46.0	3.0	1254.0	3.0	64.9	55.1	18.7
差值	/	/	-39.0	-0.2	43.0	-89.2	11.6

3.2　不停机智能间抽采油技术

为解决常规间歇采油存在问题，开展了不停机高效间抽技术研究，提出了抽油机不停机高效间抽技术思路，该技术是将常规长周期集中式的间歇采油转变成多次短周期密集间歇采油，将曲柄整周运行与摆动运行组合方式工作，把常规间抽停机运行改为曲柄低耗小角度摆动运行，实现井下泵停抽、地面设备不停机的短周期密集间抽工艺。

3.2.1　不停机智能间抽采油技术原理

不停机密集间抽将一个曲柄整周运行和一个摆动运行作为一个运动周期，通过任意调整一个周期内曲柄整周运行抽汲时间和摇摆运行时间的比例，从而达到调整理论排量的目的，保证供排协调(图6~7)。

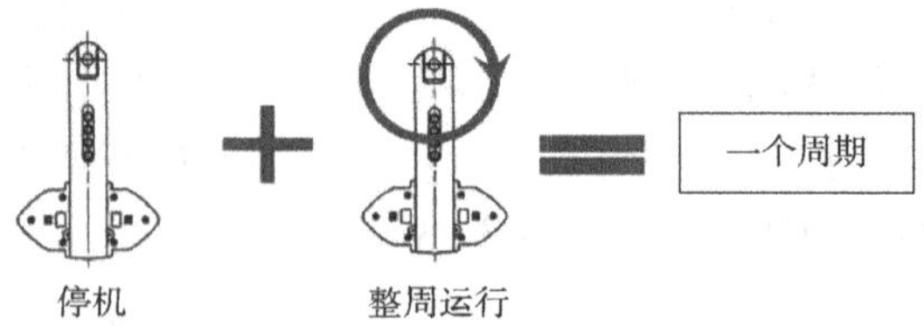

图6　常规间抽运行模式

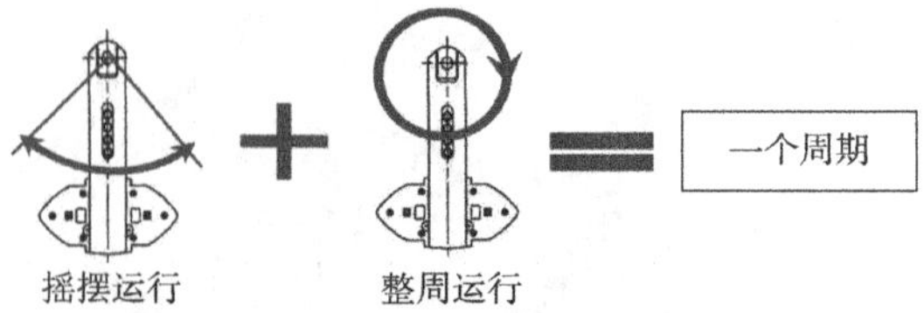

图7　不停机间抽模式

不停机密集间抽控制装置主要由电机转速传感器、电参监测传感器、曲柄位置传感器、智能控制器以及变频驱动器组成，如图8所示。整周运行采用工频驱动，摆动运行采用变频驱动，由于摆动运行负载低，驱动器采用电机功率50%配置，有效降低投资成本和运行能耗。由不停机摇摆向整周运行切换时，首先利用曲柄摆动过程重力加速，达到工频运行速度时，顺势完成工频和变频之间的切换，解决了工频启动电冲击问题。

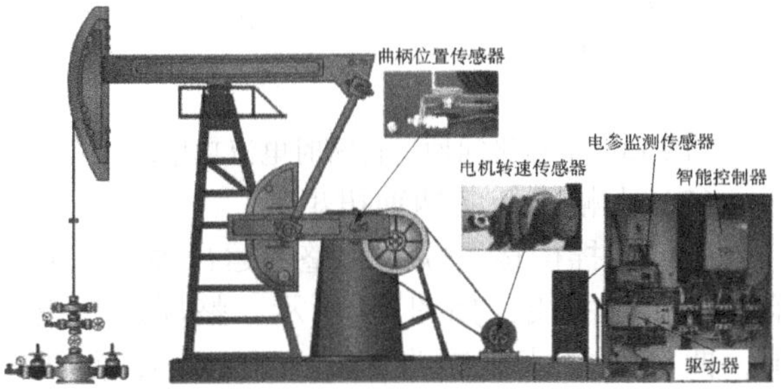

图8　不停机智能间抽控制装置示意图

不停机密集间抽技术通过智能控制器实时采集监测电机转速传感器、曲柄位置传感器及电参传感器的电机转速、曲柄位置及电参等数据，并对采集数据计算摆动角度，形成功率与速度的分布图，结合预设整周运行时间和摆动运行时间下达指令，驱动器根据下达的指令对电机柔性启动进行整周运行，并且在摆动运行时按照设计曲柄摆角实时调整驱动速度，从而实现不停机密集间抽的控制(图9)。

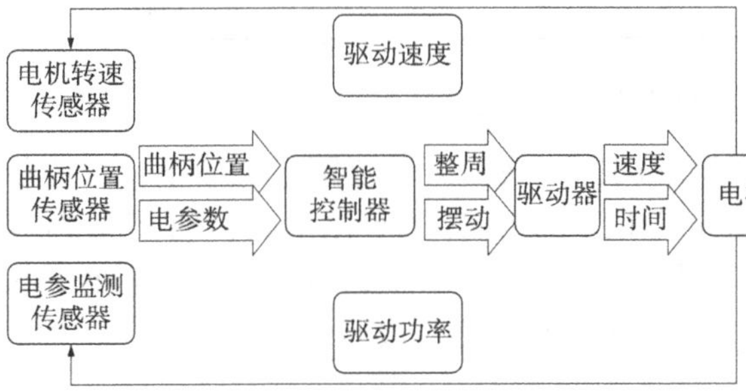

图9　不停机智能间抽控制流程图

不停机高效间抽工作制度主要依据IRP生产曲线，以油井产能为最大目标，确定其合理的产量，根据抽油机不同泵径、不同运行参数条件下系统动力学分析，以稳定流压生产、保证系统效率为基本原则，确定其井底动液面波动幅度，参考单井地质情况和供液能力存在的差异，确定最佳的单井连续抽吸时间和摇摆时间，最终确定最优的不停机间抽采油工作制度，实现了单井个性化设计，保证了节能效果。为保护地面设备，防止减速箱发生干磨，限定连续摆动运行最大时长不超过60分钟(图10~11)。

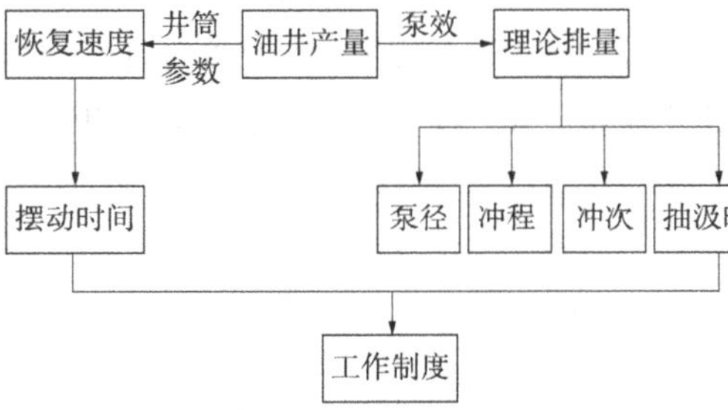

图10　不停机高效间抽设计路线

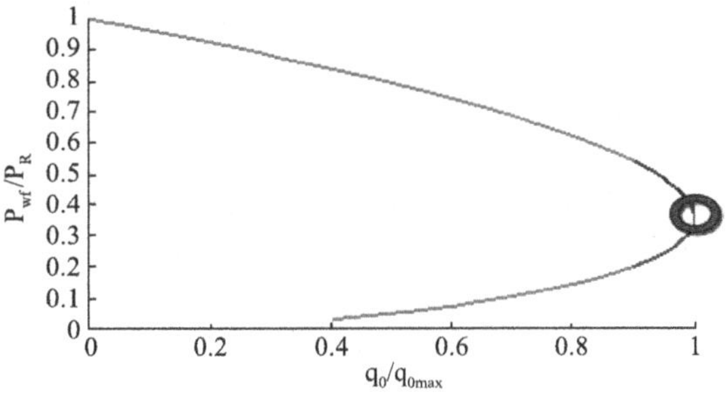

图11　低渗透油田的无量纲IPR曲线

3.2.2　不停机智能间抽采油技术特点

（1）通过控制每日生产时间能够使排量下调95%以上，适用于日产液量为0.5~20m^3的抽油机井生产需求。

（2）通过曲柄低耗摆动、停泵不停机，实现了无人值守的个性化、自动间歇采油，大幅度降低了管理难度和人力成本。

（3）通过缩短启停周期，减少了间抽期间的液面波动，实现了间抽井流压平稳，更充分发挥了采油井产能，减少了间抽造成的产量损失。

（4）通过大幅度减少低效工作时间，减少了机采井运行时长，在保证产量前提下，检泵周期大幅延长，同时节能效果显著。

3.2.3　不停机智能间抽采油技术应用效果分析

（1）实现低功率摆动运行

如图12所示，常规间抽工频启动瞬间启动电流峰值Imax达到了142.3A，启动功率峰值Pmax为60.8kW。抽油机不停机间抽摇摆模式下，抽油机运行电流峰值为4.05A，运行功率峰值Pmax为3.08kW。与摇摆模式相比，整周运行电流峰值 Imax 为 17.2A，运行功率峰值 Pmax 为 13.7kW，见图 13。从图中可看出，抽油机不停机摇摆模式与常规整周运行相比，启动电流峰值和启动功率峰值分别降低 76.45% 和 77.52%，抽油机不停机摆动运行平均日能耗为 15.12kW·h，仅为整周运行能耗的 10% 左右。

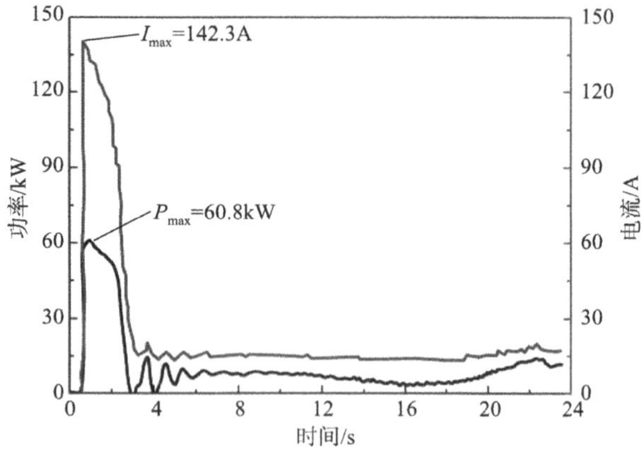

图 12　工频启动运行瞬时电流功率曲线

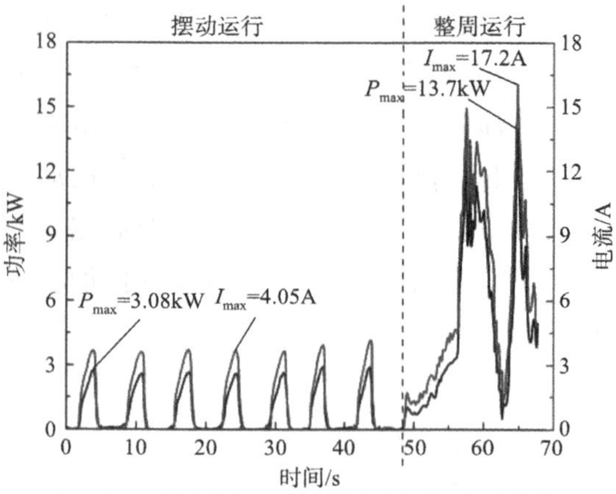

图 13　不停机间抽运行瞬时电流功率曲线

（2）大幅降低曲柄轴扭矩

不停机摇摆运行模式和整周运行模式下的曲柄扭矩变化曲线，如图 14 所示，整周运行模式下，曲柄轴峰值扭矩为 11619.8N·m，曲线变化幅度大，对地面设备的冲击较大。摇摆模式下，曲柄轴峰值扭矩仅为 3811.5N·m，与整周运行时相比，曲柄轴峰值扭矩下降幅度为 67.20%，对抽油机的冲击大大降低，延长了设备使用寿命，实现设备低碳高效运行。

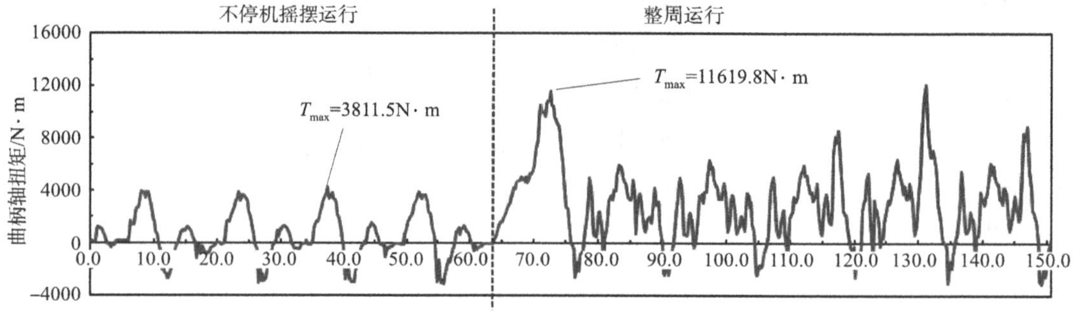

图 14　抽油机不停机摇摆与整周运行扭矩对比曲线

（3）有效改善供排关系

如图 15 所示，常规间抽停机时间一般 8 小时以上，液面波动范围超过 200m，严重影响产量，然而不停机间抽工作制度通常以 30 分钟为一个循环周期，液面波动范围大大缩小，可控制在 20m 以内，液面波动变化平稳，对产量影响极小。同时，应用后油井示功图由供液不足下的"刀把状"改善为平行四边形。

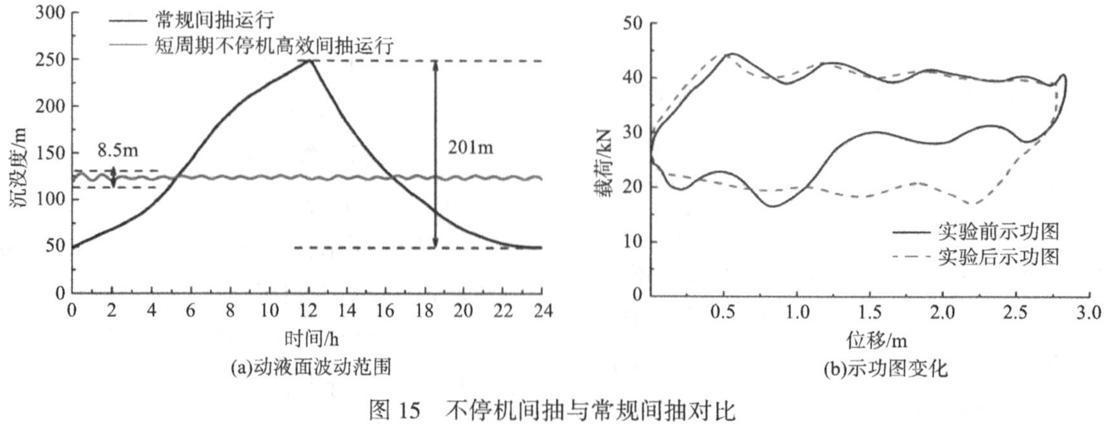

图 15　不停机间抽与常规间抽对比

（4）实现工作制度智能调整

根据不停机间抽智能装置传感器监测功图或电参数，判断抽油泵充满度或者动液面，自动调整抽汲运行和摆动运行时间，实现合理流压稳定生产。为确定最佳的间抽制度，实现产量保持、能耗最低，逐井分析动液面下降和恢复规律，在统筹考虑地层供液和井筒排液协调的基础上，构建了产量—能耗综合效益优化目标函数，形成了间抽制度科学优化方法。经过现场经验摸索和理论计算，确定油井不停机运行工作制度调整的临界条件为动液面≥50m 和油井示功图≤65%（图16）。

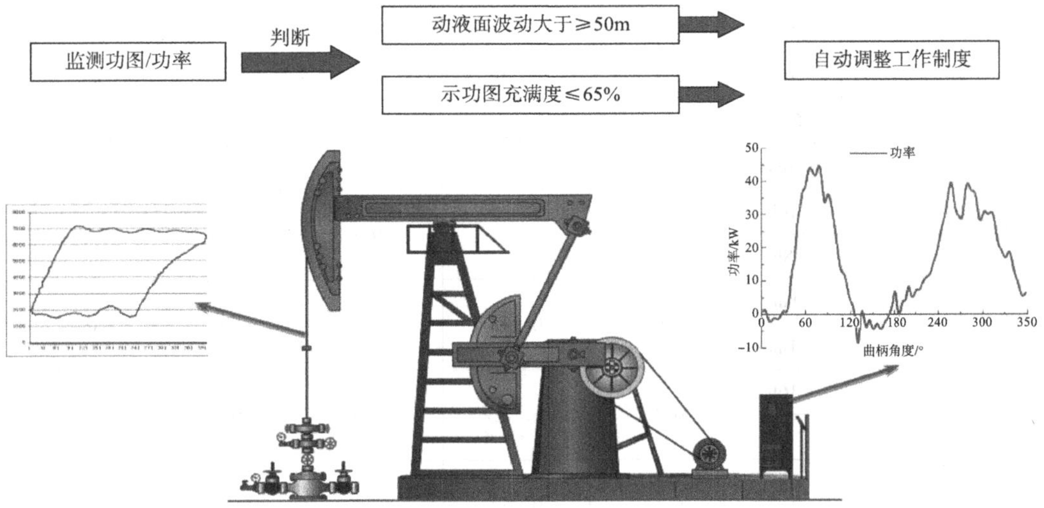

图 16　监测载荷功图及电参评定充满度

（5）现场应用效果

以大庆油田 B 区块 7 口井应用效果为例，通过对现场井的能耗测试，如表 2 所示。应用不停机间抽技术，日节电 31.78kW・h，节电率 34.59%，平均系统效率提高 6.54 个百分点，吨液百米单耗降低 45.4%。现场应用证实，不停机间抽技术能够提高抽油机系统效率，能耗大幅度降低，节能效果显著。

表 2　不停机智能间抽与常规间抽能耗对比

井号	工况	工作制度		整周运行有功功率/kW	摆动运行有功功率/kW	日耗电/(kW・h)	动液面/m	产量/(t/d)	系统效率/%
B1	应用前	开井	16h	6.904		110.5	1524	1.3	4.88
		关井	8h						
	应用后	整周	6min	6.352	0.474	40.8	1317	1.5	13.2
		摇摆	24min						
B2	应用前	开井	16h	5.505		88.1	1468	1.0	4.54
		关井	8h						
	应用后	整周	10min	5.595	1.116	62.6	1507	1.9	12.45
		摇摆	20min						
B3	应用前	开井	8h	6.981		55.8	1343	1.0	6.55
		关井	16h						
	应用后	整周	8min	7.13	0.512	52	1392	1.2	8.75
		摇摆	22min						

续表

井号	工况	工作制度		整周运行有功功率/kW	摆动运行有功功率/kW	日耗电/(kW·h)	动液面/m	产量/(t/d)	系统效率/%
B4	应用前	开井	16h	3.69		59	1549	0.9	6.43
		关井	8h						
	应用后	整周	8min	3.765	0.559	32.7	1518	1.6	20.26
		摇摆	22min						
B5	应用前	开井	8 h	7.25		58	1194	2.0	11.21
		关井	16h						
	应用后	整周	6min	7.217	0.979	54.7	1143	2.0	11.78
		摇摆	24min						
B6	应用前	开井	16h	6.193		99.1	1335	3.0	11.01
		关井	8h						
	应用后	整周	9min	5.924	0.943	57.5	1229	3.0	17.46
		摇摆	21min						
B7	应用前	开井	16h	6.432		102.9	1564	1.4	5.79
		关井	8h						
	应用后	整周	8min	6.175	0.752	50.6	1429	1.6	12.31
		摇摆	22min						
平均	应用前	开井	13.7h	6.14		81.91	1425	1.5	7.20
		关井	10.3h						
	应用后	整周	7.8min	6.02	0.76	50.13	1367	1.8	13.74

大庆油田立足区域内自身资源优势，把新能源与油气融合发展作为重构绿色低碳开发方式，按照大庆油田风光发电规律及分时电价，针对不停机间抽井，建立了风光发电出力规律及峰谷平电价耦合曲线，初步制定了“全力、避峰、常规”三种工作制度，现场累计应用71口井，实现产量不降和绿电利用率20%，降低用电成本，节约标准煤245t，减少CO^2排放637t，形成了抽油机不停机间抽与绿电融合开发的典范(图17~18)。

图17　风力发电流程图

图18　现场光伏发电示意图

3.3　规模化示范作用

截止到2023年12月，超长冲程采油技术和抽油机不停机智能间抽技术在大庆油田分别应用520口和9100口井，系统效率分别提高7.9和6.6个百分点，节电率分别为52.6%和36.6%，每年节电6487.4万度、节省电费4145万元、节约标准煤1.98万吨、减少CO_2排放5.15万吨，综合经济效益超过3亿元，目前已成为中石油集团公司老井改造及新井建产的主体技术之一，在国内其他油田低产井得到推广应用，应用前景十分广阔，为国内油田机采井绿色环保开发和节能减排做出了重要示范作用。

4　结论

（1）以“超长冲程、超低冲次”为举升理念，研发了超长冲程采油技术，与游梁式抽油机相比，冲程损失大幅降低，悬点载荷降低22.75%，杆管偏磨次数降低至1/60，柔性启动减少了系统冲击，现场应用后系统效率分别提高7.9个百分点，节电率52.6%；

（2）通过“停泵不停机”，将常规的长周期间歇采油升级为短周期的曲柄摇摆和整周运行模式，实现单井无人值守智能高效间歇采油，能耗大幅降低，液面波动范围大大缩小，供排关系明显改善；并且结合风光发电出力规律及峰谷平电价耦合曲线，实现“全力、避峰、常规”三种工作制度，进一步降低电力成本，形成了抽油机不停机间抽与绿电融合开发的典范。

（3）超长冲程采油技术和抽油机不停机智能间抽技术在大庆油田累计应用9620口井，目前已成为中石油集团公司老井改造及新井建产的主体技术之一，应用前景十分广阔，为国内油田机采井绿色环保开发和节能减排做出了重要示范作用。

参 考 文 献

[1] 谢克昌．面向2035年我国能源发展的思考与建议[J]．中国工程科学，2022，24(06)：1-7.

[2] 杜祥琬．试论碳达峰与碳中和[J]．人民论坛·学术前沿，2021(14)：22-27+143.

[3] 周宏春．节能提效是实现碳中和的最经济途径[J]．中国商界，2021(06)：56-57.

[4] 刘合，郝忠献，王连刚等．人工举升技术现状与发展趋势[J]．石油学报，2015，36(11)：1441-1448.

[5] 李飞．提高机采井系统效率节能技术的应用与探讨[J]．石油石化节能，2015，8.

[6] 张琪．采油工程原理与设计[M]．东营：石油大学出版社，2000.

[7] 于小明，何贯中，金英兰．抽油机井间抽制度合理性研究[J]．大庆石油地质与开发，2006(04)：78-79+124.

[8] 宋冰．节能降耗技术在机械采油中的应用[J]．石油石化节能，2012，02(2)：12-13.

[9] 李健．不停机间抽井合理间抽制度研究[J]．中外能源，2020，25(01)：61-64.

[10] 田丽平．抽油机井间抽自动控制技术[J]．油气田地面工程．2012，32(10)：103-104.

[11] 龚宇，周和平，胡松华等．永磁复合电机直驱游梁式抽油机的应用[J]．石油学报，2018，39(08)：955-962.

[12] 杨正明，李治硕，王学武等．特低渗透油田相对渗透率曲线测试新方法[J]．石油学报，2010，31(04)：629-632.

[13] Bobby R., Doneil M., Sam G.: Methods, apparatus and products useful in the operation of a sucker rod pump during the production of hydrocarbons, US patent 6857474B2, February 2005.

葡北地区单双面光伏电站发电效果分析及容配比变化探讨

刘　欢　李殿杰　杨　茜　臧丽娜　杨　静

（大庆油田有限责任公司第七采油厂）

摘　要　大庆油田葡北地区分布式光伏电站已并网发电1年以上，运行期首年双面光伏电站发电能力较单面光伏电站仅提升2.01%，与理论值5%~20%差距较大。为明确原因，将2023年光伏电站的发电情况及运行方案与2024年进行对比分析，发现主要原因是为保护变压器平稳运行，光伏电站限制了逆变器的输出功率，影响了双面光伏电站的提升效果。同时，就限功率方案导致的光伏电站容配比变化进行探讨，分析容配比变化对发电量的影响。

关键词　光伏发电；单、双面光伏电站；发电能力；容配比；限功率

大庆油田葡北地区光伏电站由22个废弃井场及1座废弃转油站组成，废弃转油站设计规模181.44kWp，22座废弃井场设计总规模2.04MWp，总装机容量2.22MWp。光伏电站采用540Wp单晶硅单面/双面组件+组串式逆变器，光伏阵列倾角42°，南北间距13.7m，固定式运行方式。设计项目首年发电量为317.73万千瓦时，年利用小时数为1431.20h，采用“自发自用”模式，就近接入附近6kV线路实现就地消纳。

1　光伏电站整体发电情况分析

1.1　发电量

2023年葡北地区光伏电站实发电量为347.94万千瓦时，等效利用小时数1563.92h。充分考虑历史发电数据及可研数据，2024年葡北地区光伏电站预测发电量为360万千瓦时，截止7月31日，2024年实发电量236.24万千瓦时，完成年度计划的65.62%。2023年与2024年葡北地区光伏电站1~7月发电量具体情况见表1。

表1　2023年与2024年1~7月葡北地区光伏电站发电量　　万千瓦时

月份	1月	2月	3月	4月	5月	6月	7月
2023年实发	24.11	27.27	34.47	30.61	35.20	32.87	26.04
2024年实发	27.67	32.55	40.07	37.79	36.60	30.25	31.31
电量差值	-3.56	-5.28	-5.60	-7.18	-1.40	2.61	-5.27

从表1可以看出，除6月外，目前2024年各月发电量都高于去年，其中4月提升最多，比去年增加7.18万千瓦时。2024年6月发电量低于去年6月，主要原因是2024年6月阴雨天气较多，日发电量在平均值1.01万千瓦时以下的有14天，而去年4月阴雨天气较多，日发电量在平均值1.02万千瓦时以下的有15天。这也是2024年4月相较于去年4月提升较多的原因。

1.2　辐射量

光伏系统的发电量与太阳辐射量总体上呈正相关关系，而太阳的辐射强度、光谱特性随着气象条件而改变的。结合地区气象资料，为保障辐射强度最大化，葡北地区光伏电站设计光伏板倾角为42°。42°倾角斜面上的月太阳能总辐射量见图1。

1.3　温度

光伏电站最佳发电温度在23~24℃。在气温

20℃时，组件正常工作温度在45℃左右。光伏组件一般有三个温度系数：开路电压、峰值功率和短路电流。其中开路电压会随着温度升高而大幅下降，导致工作点的偏移，影响组件性能，光伏组件的输出功率就会下降。

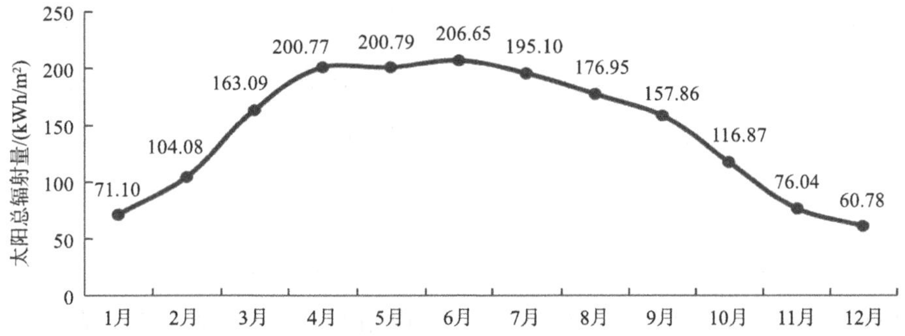

图1　葡北地区42°倾斜面上各月平均太阳总辐射量

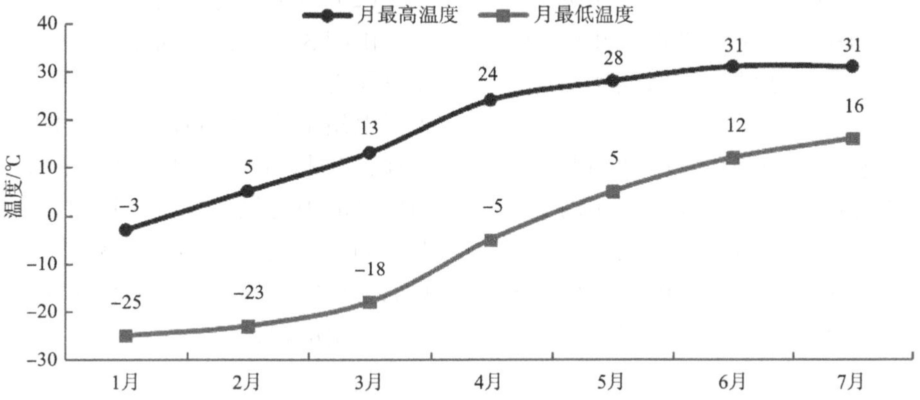

图2　2024年葡北地区1~7月最高温度与最低温度

结合表1、图1和图2，从1月到3月，辐射量增加，环境温度也低于光伏电站最佳发电温度，因此发电量逐月上升；4月辐射量较3月有所增加，但是环境温度持平或超过光伏电站最佳发电温度，发电量较3月略有降低；5~7月辐射量变化不大，受温度影响，发电量降低。

2　单、双面光伏电站发电效果分析

据了解，双面PERC可以保持原先单面PERC的高转换效率，同时背面也可以发电，根据工程所在地地面对光的反射能力，可以增加5%~20%的系统发电增益。本项目光伏电站中单面光伏电站装机容量为941.76kWp，双面光伏电站装机容量1283.04kWp。

2.1　2023年单、双面光伏电站发电效果分析

（1）发电情况

2023年单面光伏电站等效利用小时1546.02h，双面光伏电站等效利用小时1577.07h，即在装机规模相同的情况下，双面光伏电站发电量较单面光伏电站提升了2.01%，具体情况如表2所示。

表2　2023年葡北地区单、双面光伏电站月发电量

月份	1月	2月	3月	4月	5月	6月	7月
单面发电量/kW·h	8.32	11.40	14.95	13.10	14.94	13.61	10.68
双面发电量/kW·h	15.79	15.87	19.52	17.51	20.26	19.26	15.36
单面等效利用小时/h	88.38	121.00	158.69	139.13	158.60	144.47	113.39
双面等效利用小时/h	123.04	123.70	152.14	136.45	157.91	150.13	119.74
提升百分比	39.22%	2.23%	-4.13%	-1.93%	-0.43%	3.92%	5.60%

续表

月份	1月	2月	3月	4月	5月	6月	7月
月份	8月	9月	10月	11月	12月	合计	
单面发电量/kW·h	11.69	13.58	13.90	9.16	10.29	145.60	
双面发电量/kW·h	16.07	18.07	18.55	12.47	13.62	202.34	
单面等效利用小时/h	124.08	144.16	147.64	97.26	109.21	1546.02	
双面等效利用小时/h	125.23	140.83	144.57	97.16	106.17	1577.07	
提升百分比	0.93%	−2.31%	−2.08%	−0.11%	−2.79%	2.01%	

2023 年 1 月有 2 座单面光伏电站并网，在不考虑 1 月的情况下，2023 年 2–11 月单面光伏电站等效利用小时 1457.64h，双面光伏电站等效利用小时 1454.03h，即在装机规模相同的情况下，双面光伏电站发电量较单面光伏电站下降−0.25%。

在所有光伏电站全部投运的 11 个月里，双面光伏电站与单面光伏电站等效利用小时数接近，且仅有 2 月、6 月、7 月和 8 月这 4 个月双面光伏电站等效利用小时略高于单面光伏电站。这说明 2023 年双面光伏电站与同规模的单面光伏电站发电能力相近，双面光伏电站并没有明显表现出理论上的发电增益。

（2）发电能力分析

由图 3 可知，单面光伏电站与双面光伏电站发电能力差异最大的是在 3 月和 7 月，其中 3 月光伏电站平均发电量高，单面光伏电站发电能力更强，7 月光伏电站平均发电量低，双面光伏电站发电能力更强，且在 6 月和 8 月都是双面光伏电站的发电能力更强。这说明，在温度较高时，双面光伏电站的发电能力较同规模的单面光伏电站有一定的提升。

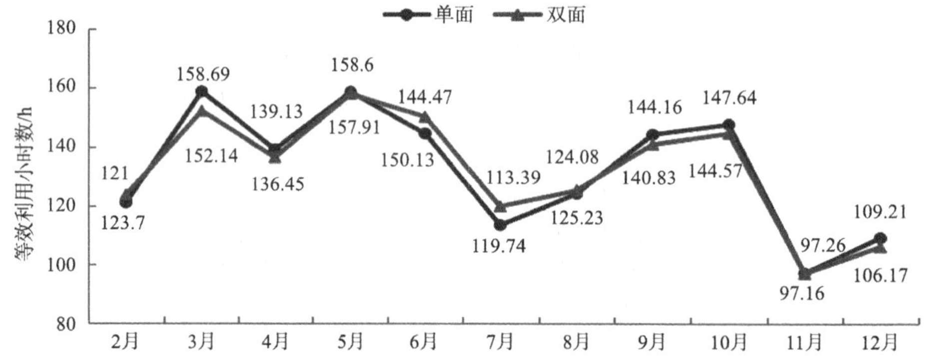

图 3　2023 年葡北地区单、双面光伏电站月等效利用小时

2023 年出现双面光伏电站等效利用小时数低于单面光伏电站的主要原因是实施了限功率方案（从 2023 年 2 月 9 日开始，为保证变压器平稳运行，对除葡 12 号转油站光伏电站外的其余光伏电站限制输出功率），具体表现在以下三个方面：

一是功率限制导致峰值电量损失不一致。

在相同条件下，不同装机规模的光伏电站发电功率随时间达到最大功率的时间点不同，且保持最大输出功率的持续时间也不同，导致限制功率后损失的电量不同，即单面光伏电站与双面光伏电站日损失电量不同。

二是葡 12 号转油站光伏电站因变压器容量足够，未限制发电功率，且该电站为单面光伏电站，导致单面光伏电站的发电量偏高。

三是不同装机规模的光伏电站的发电能力不一致，双面光伏电站发电能力占比最低。

单面光伏电站共有三种直流装机规模：71.28kWp、95.04kWp 和 181.44kWp，双面光伏电站仅一种规模：106.92kWp。其中装机规模 71.28kWp 的光伏电站限制最大输出功率为 56kW，95.04kWp 和 106.92kWp 的光伏电站限制最大输出功率为 72kW，181.44kWp 的光伏电站不限制功率。限制功率后，71.28kWp 的光伏电站实际发电能力最高，占设计值的 78.56%；95.04kWp 的光伏电站实际发电能力占设计值的 75.76%；106.92kWp 的光伏电站实际发电能力最低，仅占设计值的 67.34%。

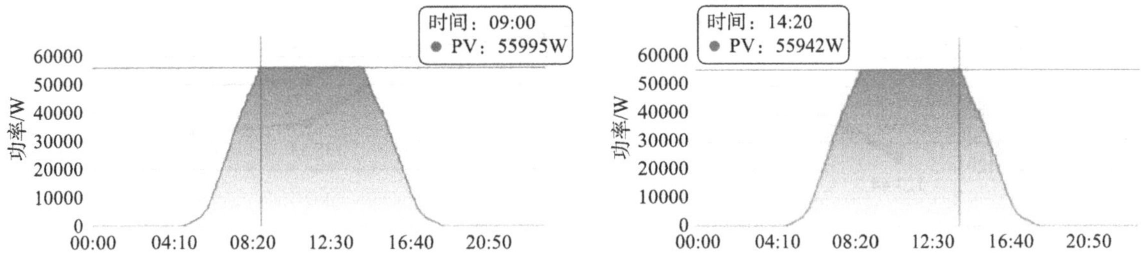

图 4　G80-82 日发电功率图

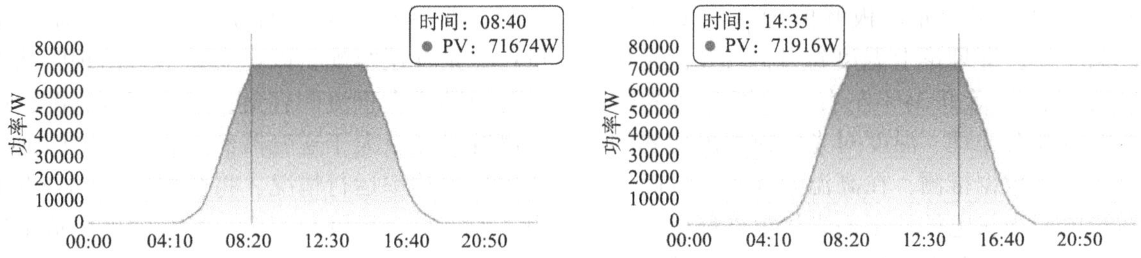

图 5　G86-82 日发电功率图

如图 4 和图 5 所示，以 G80-782 和 G86-82 光伏电站某日发电情况为例，单面光伏电站 G80-782 装机规模 71.28kWp，限制最大输出功率 56kW，日发电量 490.2kW·h，等效日利用小时 6.88h，以最大功率运行时段为 9：00~14：20，时长 5.33h；双面光伏电站 G86-82 装机规模 106.92kWp，限制最大输出功率 72kW，日发电量 650.8kW·h，等效日利用小时 6.09h，以最大功率运行时段为 8：40~14：35，时长 5.92h。

2.2　2024 年单、双面光伏电站发电效果分析

（1）发电情况

截至 2024 年 7 月 31 日，单面光伏电站等效利用小时 1039.18h，双面光伏电站等效利用小时 1078.48h，即双面光伏电站发电量较同规模的单面光伏电站提升 3.78%。

因 5 月 26 日到 6 月 17 日，双面光伏电站 G112-60 逆变器故障停机，根据同规模电站平均电量补充发电量后，结果如表 3 所示，此时双面光伏电站等效利用小时增加为 1088.34h，即双面光伏电站发电量较同规模的单面光伏电站提升 4.73%。

表 3　2024 年 1~7 月葡北地区单、双面光伏电站月发电量(修改数据)

2024 年	1 月	2 月	3 月	4 月	5 月改	6 月改	7 月	合计
单面发电量/10^4kW·h	11.63	13.63	16.88	15.46	15.06	12.76	12.45	97.87
双面发电量/10^4kW·h	16.05	18.92	23.19	22.33	21.81	18.47	18.86	138.37
单面等效利用小时/h	123.44	144.69	179.25	164.14	159.92	135.53	132.20	1039.18
双面等效利用小时/h	125.07	147.50	180.71	174.06	170.03	149.99	146.99	1088.34
提升百分比	1.32%	1.94%	0.81%	6.04%	6.32%	6.24%	11.19%	4.73%

(2)发电能力分析

从图 6 中可以看出，2024 年 1 月~7 月，双面光伏电站的等效利用小时数始终高于单面光伏电站，发电能力也比单面光伏电站更强。

从 1 月到 3 月，太阳平均辐射量增加，光伏电站的发电量也增加，但是同规模的单面光伏电站与双面光伏电站的发电能力差异并不明显；从 4 月到 6 月，太阳平均辐射量变化不大，随着平均温度增加，发电量逐渐下降，同规模的单面光伏电站与双面光伏电站的发电能力差异明显。这说明，在一定条件下，光伏电站的发电能力与辐射量呈正相关，与温度呈负相关；在一定范围内，温度越高，双面光伏电站的发电能力比同规模的单面光伏电站提升得越多。

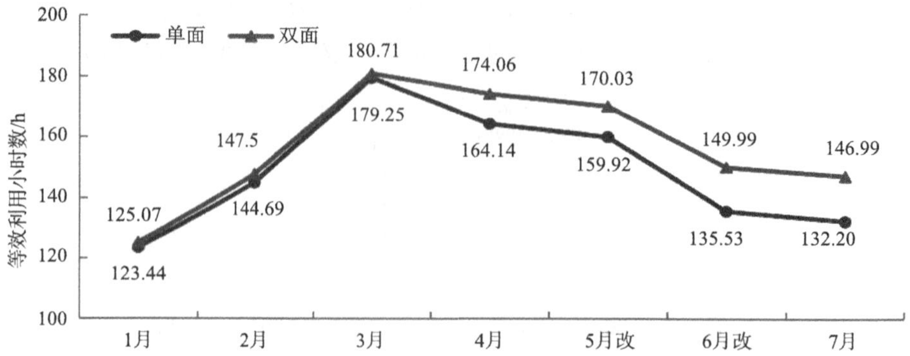

图 6　2024 年 1~7 月葡北地区单、双面光伏电站月等效利用小时

该项目中使用的光伏板峰值功率温度系数为-0.34%/℃，即理论上温度每升高 1℃，光伏板输出功率会降低 0.34%左右。根据双面光伏电站发电量提升原理、温度对光伏板输出功率的影响以及电量数据推测，在高温天气下，双面光伏电站和单面光伏电站的正面光伏组件都受到高温影响，输出功率降低，但是双面光伏电站背面的光伏组件温度低于正面，输出功率下降比例低于正面，因此双面光伏电站的总输出功率高于单面光伏电站，发电量也高于单面光伏电站。

3　容配比变化分析

对于容配比，可能存在三种情况：一是低额容配，即逆变器组件侧容量低于逆变器额定容量；二是补偿容配，以逆变器不会出现限功率运行为原则增大直流侧容量；三是超额容配，即直流侧容量尽量大于逆变器额定容量，此时逆变器会出现限功率运行情况，将会损失一部分发电能力，但是综合投资与产出，系统的度电成本还是会降低。

3.1　葡北地区光伏电站容配比情况

葡北地区光伏电站直流侧有 71.28kWp、95.04kWp、106.92kW 和 181.44kWp 共 4 种装机规模，逆变器有 100kW 和 225kW 两种额定输出功率，容配比分别为 0.71、0.81、0.95 和 1.07，属于低额容配或补偿容配，具体情况见表 4。

表 4　葡北地区光伏电站容配比统计表

序号	直流规模/kWp	单面光伏板/块	双面光伏板/块	交流规模/kW	变压器额定容量/kVA	容配比
1	71.28	132	/	100	63	0.71
2	95.04	176	/	100	80	0.95
3	181.44	336	/	225	200	0.81
4	106.92	/	198	100	80	1.07

3.2　同地区光伏项目容配比情况

库里泡光伏电站由 4 个光伏电站组成，其中 4#平台光伏电站因数据缺失未列出，其余 3 个光伏电站容配比及某日最大输出功率见表 5。

表 5　库里泡光伏电站容配比及最大发电功率统计表

序号	光伏电站	直流规模/kWp	交流规模/kW	容配比	当日电量/kW·h	当日最大发电功率/kW	当日最大功率时间段
1	5#平台	45.78	40	1.14	318.09	44	10：25-13：35
		91.56	100	0.92	667.07	96.491	
2	6#平台	49.05	40	1.23	326.79	44	10：15-14：05
		91.56	100	0.92	658.86	95.692	
3	7#平台	61.04	40	1.53	348.31	44	9：15-14：35
		104.64	100	1.05	726.65	107.484	

从表5可以看出，光伏电站最大发电功率不超过逆变器额定输出功率的110%。当容配比大于1时，最大发电功率会超过交流装机容量值，且容配比越大，达到最大发电功率的时间越短，保持最大发电功率的时间越长；当容配比小于1时，最大发电功率会略大于直流侧的装机容量值，发电功率大部分时间都低于交流装机容量值，逆变器容量未能得到充分利用。

3.3 容配比增大的两种情况

在并网运行的光伏电站中，增加容配比是比较常见的操作。对于新光伏电站来说，可以为电网提供更稳定的负荷输出，对于旧光伏电站来说，可以在原先配电设备保持不变的前提下增加更多的容量，降本增效。

容配比增加分两种情况，一是直流装机规模不变，交流装机规模减少(相当于限功率发电)，此时发电量减少；二是直流装机规模增加，交流装机规模不变，此时发电量增加。

(1) 直流规模不变，交流规模减少

如图7所示，交流规模1>交流规模2>交流规模3，随着交流装机规模的减少，容配比增加，日最大发电功率降低，峰值电量损失增加，发电量减少。

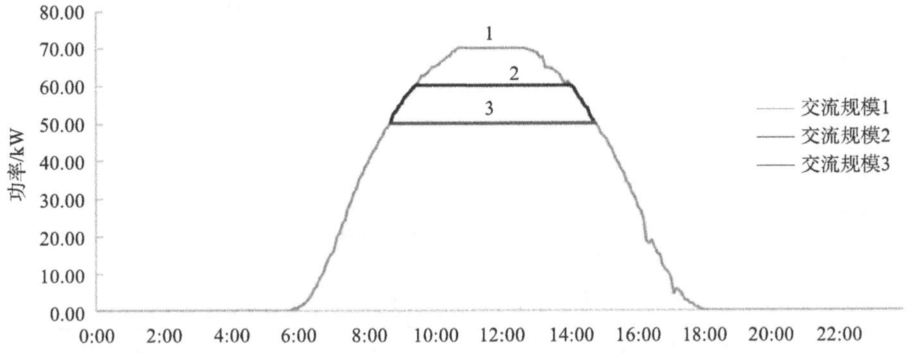

图7　容配比增加时发电量降低示意图

(2) 直流规模增加，交流规模不变

如图8所示，直流规模1<直流规模2<直流规模3<直流规模4，随着直流装机规模的增加，容配比增加，日最大发电功率虽然不变，但是达到最大功率的时间缩短，发电量增加。

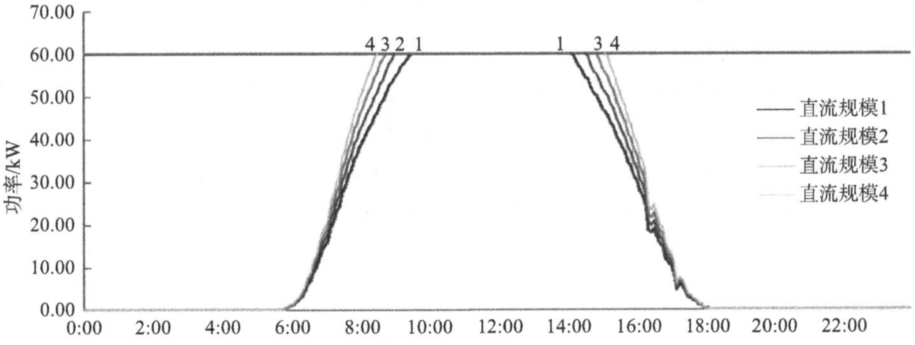

图8　容配比增加时发电量提升示意图

3.4 限功率对发电量的影响

以葡北地区G79-74单面光伏电站为例，直流装机规模71.28kWp，容配比0.71，该日总发电量532.3kW·h，最大发电功率72.97kW，如图9、图10所示。

当限功率70kW时，容配比大于1，因光伏电站最大发电功率为逆变器额定功率的110%，所以此时等效交流装机规模63.64kW。同理，限功率60kW时，等效交流装机规模54.55kW，限功率50kW时，等效交流装机规模45.45kW，具体情况如表6所示。

当容配比增加为1.12时，损失电量141.3kW·h，损失26.55%，当容配增加到1.31时，损失电量314.2kW·h，损失59.03%；当容配增加到1.57时，损失电量397.3kW·h，损失74.64%。

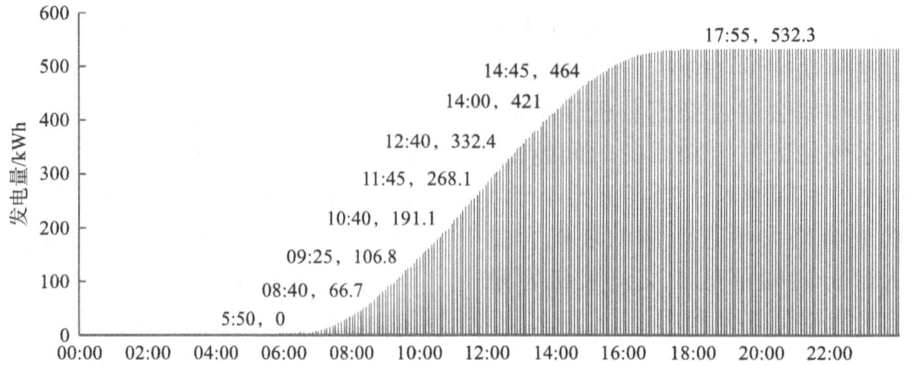

图 9　G79-74 光伏电站某日发电量累计图

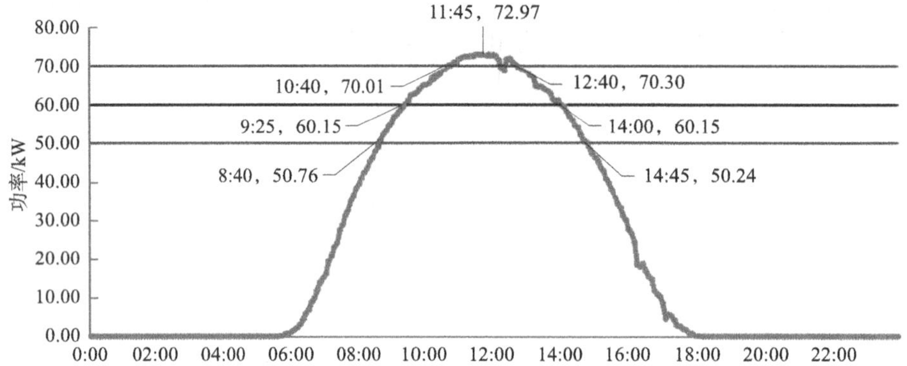

图 10　G79-74 光伏电站某日发电功率统计图

表 6　限功率后容配比及发电量估算统计表

光伏电站		直流规模/kWp	交流规模/kW	容配比	当日发电量/kW·h	损失电量/kW·h
G79-74	未限功率	71.28	100	0.71	532.3	/
	限功率 70kW		63.64	1.12	391	141.3
	限功率 60kW		54.55	1.31	218.1	314.2
	限功率 50kW		45.45	1.57	135	397.3

综上所述，限功率会导致光伏电站等效容配比增加，发电量减少，容配比增加得越多，电量损失也越多。因此，在实际运行过程中，要选择适合的容配比，既要保障多变天气下能为电网提供稳定负荷，也要尽量减小发电量的损失，降低度电成本。

4　结论与认识

（1）大庆油田葡北地区太阳能资源丰富，年利用小时能达到 1500h 以上。

（2）光伏电站的发电量受辐射量、温度等因素影响，在一定条件下，发电量与辐射量呈正相关，与温度呈负相关。

（3）在一定的条件下，双面光伏电站发电能力比同规模的单面光伏电站更强，且在环境温度较高时，双面光伏电站对发电量的提升效果比环境温度较低时更好。

（4）容配比小于 1，会造成逆变器容量利用不充分；容配比大于 1，在峰值功率时能保持稳定输出，有效缓解电网的负荷波动。

（5）光伏电站容配比增加，发电量可能会增加，也可能会减少。

（6）限功率相当于增加了光伏电站的容配比，会导致发电量减少，且功率限制越多，电量损失越多。

参　考　文　献

［1］张佳平．光伏系统发电效率的影响因素［J］．上海节能，2022（01）：56－61．DOI：10.13770/j.cnki.issn2095-705x.2022.01.009.

［2］姜浩浩，金光，郭少朋，浅谈太阳能光伏发电技术现状［J］，黑龙江工业学院学报（综合版），2021，21（10）：83-87

大庆油田采油七厂葡二联风机发电效果分析及评价

杨　静　寇洪彬　陈向武　黄　冲　梁晓庆

（大庆油田有限责任公司第七采油厂）

摘　要　葡二联小型分布式电源集群应用示范工程–风电工程，是采油七厂第一个风力发电建设工程。风机发电效果分析对储能装置运行具有一定的参考作用，对此分析2024年上半年葡二联风力发电机组的发电能力，对目前的发电效果进行评价，并提出了对于风机发电的几点认识，对今后开展风机与储能建设有较好的指导意义。

关键词　风力发电；装机规模；风速；风向；安装位置

葡二联小型分布式电源集群应用示范工程–风电工程位于大庆市大同区八井子乡，共建设风机2座，总装机容量10兆瓦，该项目采用“自发自用”模式，接入葡二变变电所，通过两条6kV风机出线线路供电实现自消纳。本文通过分析和评价风机的发电能力与效果，以此来了解风力发电在采油七厂的应用情况，对今后新能源建设具有一定的指导意义。

1　风机发电能力分析

2024年3月27日，两台风机并网运行，截止到6月30日已累计发电707.06万千瓦时，如表1、图1所示。其中1#风机发电387.17万千瓦时，日均发电4.03万千瓦时，日均利用小时数为8.06小时；2#风机发电319.87万千瓦时，日均发电3.51万千瓦时，日均利用小时数为7.02小时。综合各项数据分析，1#风机日均发电量较2#风机多12.84%。

表1　葡二联风机月发电统计表

时间	1#风机发电量/万千瓦时	2#风机发电量/万千瓦时
3月	3.2160	0.0960
4月	136.2720	102.0480
5月	146.1600	127.8720
6月	101.5200	89.8560
累计	387.1680	319.8720

目前，受升压撬散热影响，风机满功率运行过程中高温报警频繁，影响正常发电，因此，1#风机限60%功率运行，2#风机限90%功率运行，2台风机整体处于80%出力状态，确保正常发电。

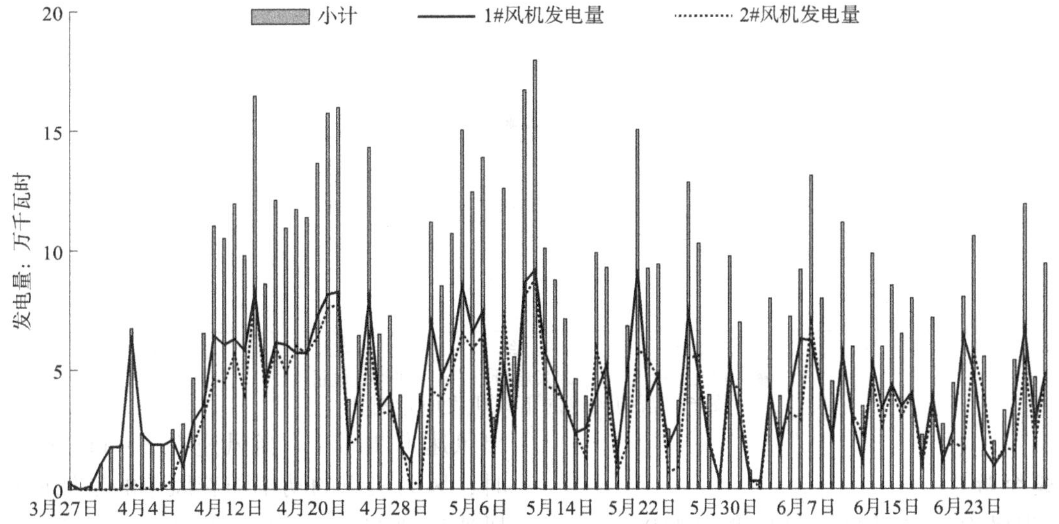

图1　风机发电统计图

下面，从风向、风速、安装位置等方面对风机发电效果进行分析。

1.1　风向分析

风向时刻处于变化之中，我们对 3 月 27 日~6 月 30 日这段时间某一时刻的瞬时风向进行跟踪统计，具体如图 2 所示。

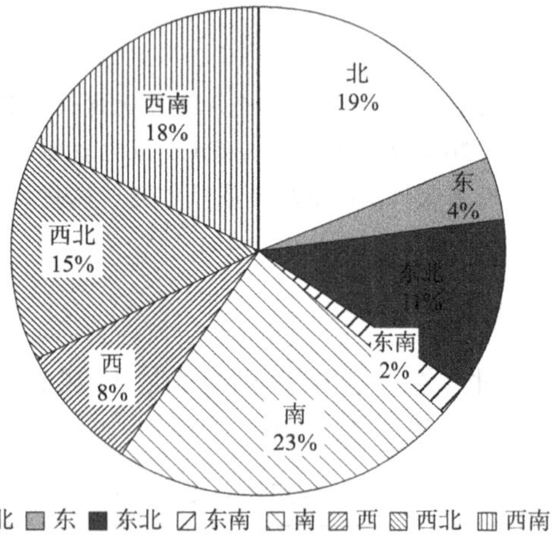

图 2　瞬时风向占比

从图中可以看出，该段时间内，出现南风的频率最大，其次为北风、西南风、西北风，东风的频率较高，东南风和东风出现频率较少。

风机发电量在一定程度受到风向影响，对该段时间内不同风向下两台风机平均发电量进行分析，由图 3、图 4 可以看出东风与西南风风向更有利于风机发电，北风风向对风机发电影响较大。由此，着重对 3 月 27 日~6 月 30 日该段时间内西南风风向下风机发电效果进行分析，由图 5 可以看出西南风风向下风机发电效果高于平均发电水平。

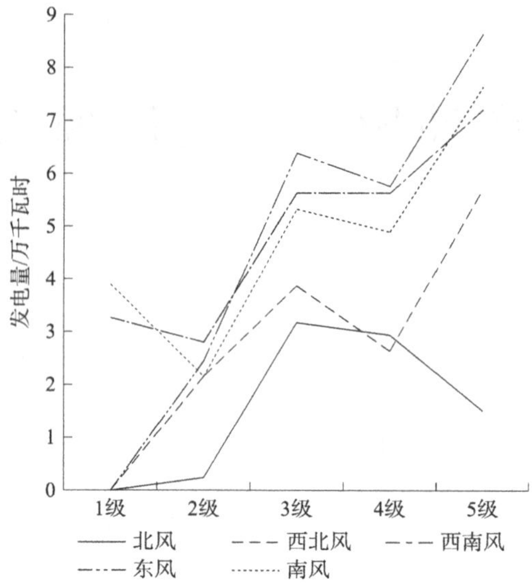

图 3　不同风向下 1#风机发电量

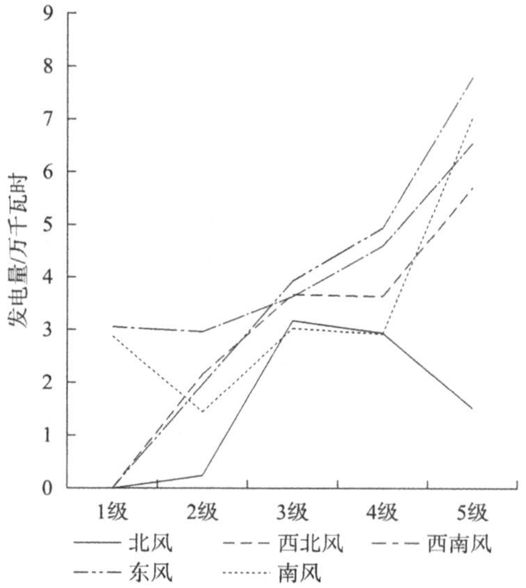

图 4　不同风向下 2#风机发电量

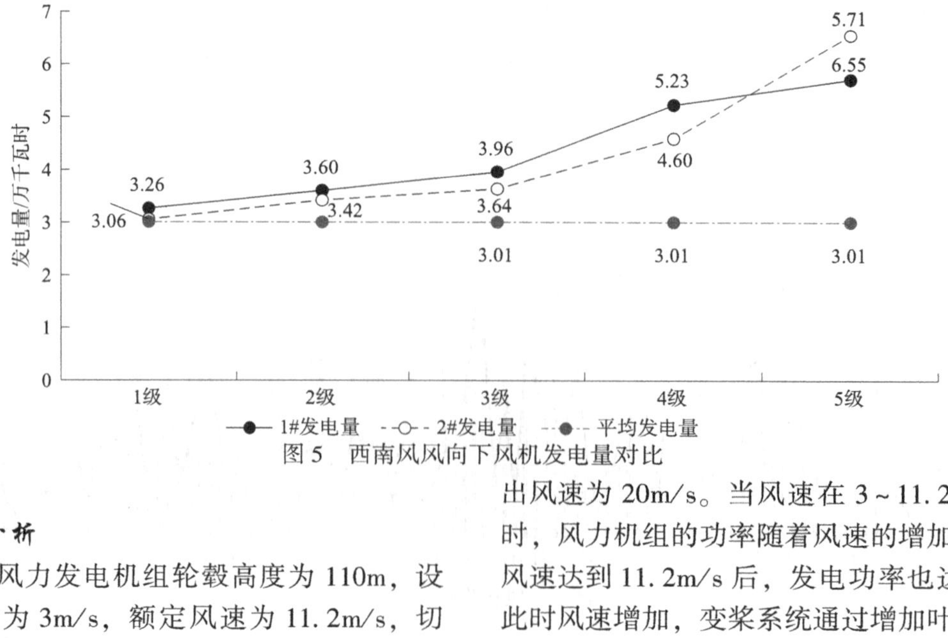

图 5　西南风风向下风机发电量对比

1.2　风速分析

本工程风力发电机组轮毂高度为 110m，设计切入风速为 3m/s，额定风速为 11.2m/s，切出风速为 20m/s。当风速在 3~11.2m/s 范围内时，风力机组的功率随着风速的增加而增加；当风速达到 11.2m/s 后，发电功率也达到最大值，此时风速增加，变桨系统通过增加叶片攻角，使叶片“失速”，限制功率增加，发电功率基本保持不变；当风速超过20m/s后，停机保护。

对3月27日~6月30日该段时间内风力等级进行统计分析，如图6所示该时间区间内风速频率主要集中在3级风(风速3.4~5.4m/s)风速段，占比38%，其次为4级风(5.5~7.9m/s)风速段，占比23%，6级风(10.8~13.8m/s)风速段占比最少。

因3月27日~6月30日该段时间南风风向与西南风风向占比时间较大，着重对南风风向下不同风力等级两台风机发电量进行分析，由图7可以看出，风速越大，风机发电量越高；相同风力等级下，1#风机发电量高于2#风机发电量。

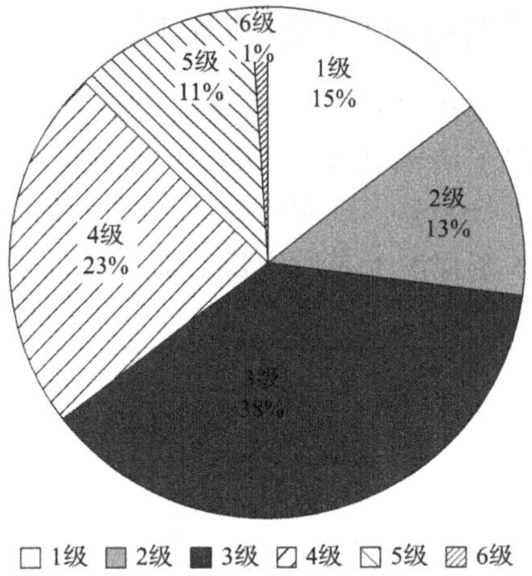

图6　风速占比图

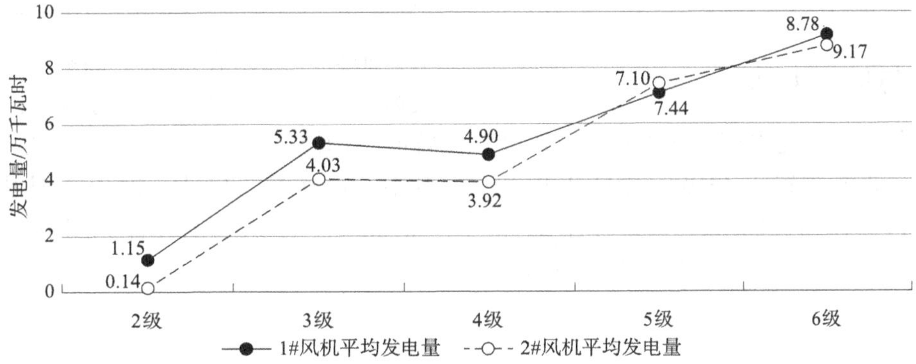

图7　南风风向下不同风力等级风机发电量

1.3　安装距离分析

葡二联风力发电机组安装位置如图8所示，两台风机直线距离400米。对该段时间内两台风机发电量进行分析比较，选取相同风向风速，分析得出即使在1#风机运行功率低于2#风机运行功率时(1#风机运行功率：3.5MW；2#风机运行功率：4.5MW)，1#风机发电量仍高于2#风机发电量(如图9所示)，判定2#风机在运行时受到1#风机遮挡，随着风速增加，影响逐渐增大。

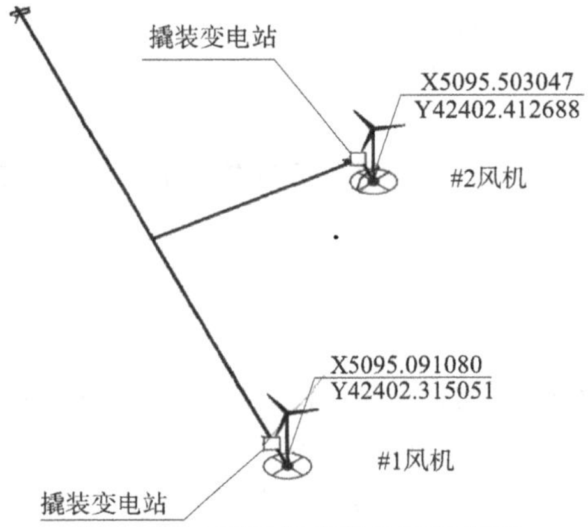

图8　葡二联风机安装位置示意图

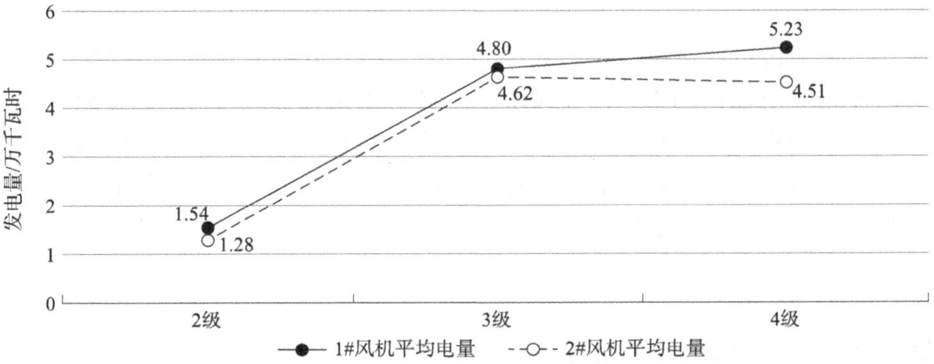

图9　葡二联风机在西南风风向下发电量对比

2　风机发电对用电成本影响

该项目建设扩大了采油七厂新能源建设规模，加快了清洁转型。2024年初中油电能公司对电价进行调整，现实施峰谷分时电价政策，用电成本一定程度上有所增长，随着风机项目的并网运行，我厂用电成本得到进一步压降，2024年1~6月份全厂用电量21733.46万千瓦时(其中包含新能源发电量938.74万千瓦时，减少电费支出558.4万元)，总用电量中，购入网电占比95.68%，自发绿电占比4.32%(风机占比3.25%)，详见表2。

表2　购入电量及自发电量情况统计表

序号	类别	来源	电量/万千瓦时	占比/%
1	购入部分	中油电能购入电量	19452.47	89.5
2		国网购入电量	1342.26	6.18
3	自发部分	光伏发电量	232.08	1.07
4		风机发电量	706.66	3.25
合计			21733.46	100

3　风力发电与储能电站

该项目建有光伏装机规模2.22MW，风机装机规模10MW，储能装置1.1MW。储能工程为风电场配套项目，在葡二联6kV系统侧增加储能系统，储能时间为1小时。按照油田公司的要求，2024年开始在油田全面执行峰谷分时电价政策，每日用电划分为平时段(正常电价)、高峰时段(1.5倍)、低谷时段(正常电价0.5倍)，其中，7~9月、11月-次年1月执行尖峰时段(正常电价1.8倍)具体详见图10。

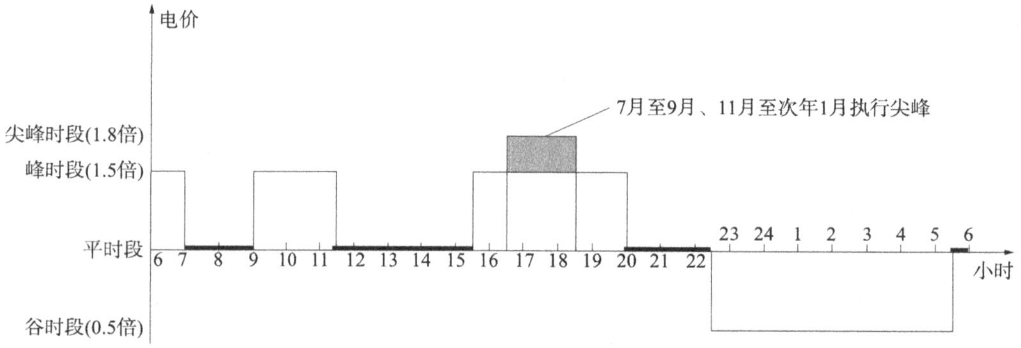

图10　峰谷分时时段与电价

该项目储能装置每日可实现两次充放电，每次充放电电量1000千瓦时，结合电价政策，采取“谷充峰放”与“平充尖/峰放”的充放电控制策略，在电量不变的情况下降低电费成本，预计年节约电费成本24万元，使用年限内节约电费480万元。同时，储能装置的建设可以快速吸收和释放有功和无功功率，平滑风电输出功率，提高风电可控性，保证电力风电的稳定性与连续性，减少对电网影响。当风机发电量超高所带负载时，在弃风限电时储存风电电量，提高风电效益。

4　认识

(1)当风机发电机组中风机数量超过两台时，要着重考虑两台风机安装距离，避免受到尾流影响，对发电效果造成影响。

(2)风机发电受风向、风速影响，东南风风向下风机发电效果最好，在额定风速内，风速越大风能越大，风力发电效果越好。

(3)风机发电进一步促进油田电费成本压降，未来储能装置的安装将结合峰谷平电价政策与风机发电电量，实现用电负荷的削峰填谷，低电价时储、高电价时放，减少尖峰时段购电成本支出，进而降低全厂总用电成本。

大庆油田二氧化碳采集技术与新能源融合发展实践

杨　冰　金　雨

（大庆油田有限责任公司重庆分公司）

摘　要　大庆油田于2023年建成热电站排放二氧化碳采集、存储、有机处理装置并形成系列技术，提供二氧化碳驱油提供原料同时，实现二氧化碳的有效运移及绿色处理，实现废气在周边地表农作物和树林精准排放和高效吸收，解决电能生产过程的污染及排放问题，实现电能成为真正绿色新型能源，为大庆油田油气可持续发展找到了绿色环保的解决方案。进一步社会面推广，有可能实现整个社会层面的绿色能源，同时产生万亿级别的市场。

关键词　二氧化碳驱油；二氧化碳运移；新型能源；精准吸收；本质绿色；环保；绿色植被；提取成本

1　前言

国际新能源发展不断扩大范围，中石油作为国家重点企业一直紧随国家新能源战略步伐，大庆油田积极响应国家及总公司号召，不断推动油气生产和新能源融合发展，几年来大庆油田以火电站为改造对象，通过铺设地下管线，将热电站排放废气分离储存，用于二氧化碳驱油原料，其他低效分离后排放废气输送至周边农作物、茂密树林，有效利用绿色植物低空间精准吸收特性，治理热电站废气排放问题，改造后，评价分析二氧化碳等废气排放治理，推动油气生产绿色发展。

2　新能源发展趋势及热电站废气现状分析

2.1　新能源发展趋势

目前新能源主要以电能为主，通过电能的广泛应用，实现多个领域0排放0污染，但电能产生方式受到广泛质疑，整个世界电能产生的方式均以矿石类燃料（煤炭、石油、天然气以及秸秆等）燃烧为主，且占比为总发电量的70%左右，虽然电能使用过程可以实现0排放0污染，但电能产生过程却包含更多的废气排放，使得电能的绿色能源性质受到质疑。

2.2　热电站废气主要组成成分

热电站主要气体排放物来自烟囱，也就是燃煤燃烧后产物，除去水蒸气和烟尘之外，主要气体排放物有二氧化硫、氮氧化物、二氧化碳、不完全燃烧产生的一氧化碳、煤受热析出的烃类有机物以及其他的微量衍生物。

2.3　热电站废气排放方式

热电站废气排放均以简单处理后直接排放废气至大气中的方式处理，为了避免废气污染周边环境，热电站排放废气的烟囱通常设计较高（50~120米），这就进一步导致了周边绿色农作物、树林以及植被无法发挥自身特性，无法有效吸收热电站排放废气。

3　将电能转化为真正清洁能源的可行性分析及评价

将电能转化为真正的绿色能源，需要做好发电过程中产生的二氧化碳以及其它废气的吸收处理，充分利用周边绿色植物本身特性，实现发电过程0排放0污染。

3.1　农作物及树林吸收废气能力分析

据松原市林业局测算，松原市森林密布，农作物广袤无垠，树林及农作物生态系统年可吸收二氧化碳6.28万吨，相当于12.31万辆燃油车一年的二氧化碳排放量，相当于10座100万千瓦时火电站1年的二氧化碳排放量。年吸收氟化物306.70吨，相当于减少21.33万吨燃煤释放的气态氟化物污染物。年吸收氮氧化物22.87万吨，相当于831.26万辆汽车一年的氮氧化物排放量。年吸收重金属210吨，可以降低大气PM10和PM2.5颗粒中的重金属组成浓度。

3.2　烟囱直排废气吸收比率统计分析

由于废气以二氧化碳以及其它氧化物为主（其中二氧化碳占比15%~20%以上），废气比重低于空气，从烟囱中排出以后（热电站烟囱平均设计高度 50～120 米），直接飞向大气层，导致地表农作物和树林吸收废气效率极低，据林业局测算，地表植物吸收排放废气比率不足 10%，远未达到吸收能力上限。

4　热电站废气处理系统设计与改造

具体如图 1 所示。

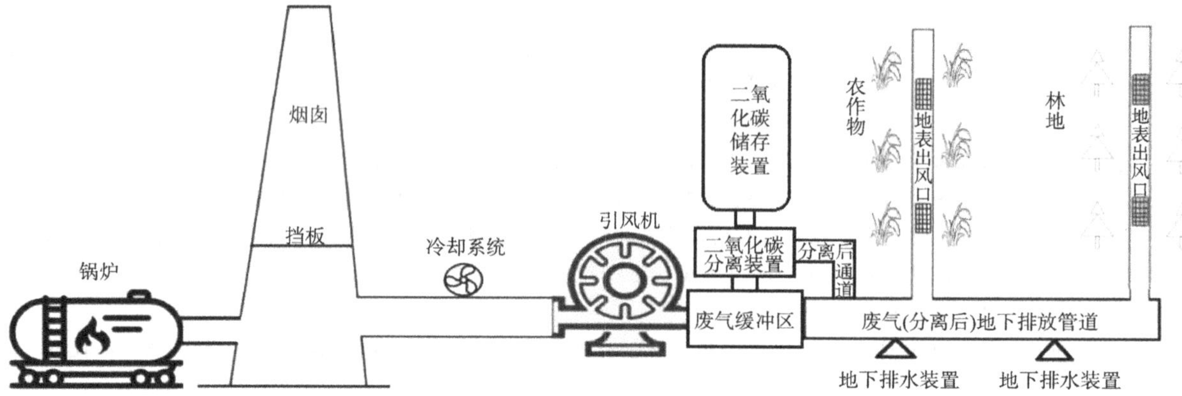

图 1　热电站改造简图

4.1　总体思路设定

技术前期充分论证了热电站废气污染环境的原因和控制方式，改造需要解决的是热电站废气如何处理才能降低对环境的污染。改变原有粗放式利用烟囱向大气直排，变成首先分离二氧化碳集中存储，然后在树林、农作物以及绿色植被安置地下管道、设置废气排放出口的精准排放、精准吸收的方式。

（1）通过高效二氧化碳分离装置，对大庆油田火电厂废气进行分离存储，便于下部运输至二氧化碳驱作业井；对于分离不彻底的废气，重新通过分离通道再次返回到飞起地下排放管道。

（2）充分利用农作物和树林等绿色植被对热电站废气进行吸收。

（3）由烟囱直排，改成地下管线铺设、贴地表面设置废气出口排放的方式进行废气排放。

（4）在周边绿色植被下方铺设地下管线，地表设置出风口，废气密度较轻，从地面向地上排放，废气途经所有绿色植被枝叶、茎秆，最大化吸收废气，有效减少对大气的污染。

4.2　冷却系统

由于传统直排方式只对废气排放做了简单的除尘，没有对废气进行降温，而该项技术需要将废气先进行分离，然后通过分离装置及地下管线传送至绿色植被地表，需要在进入通往分离装置及植被管线前进行冷却，防止对植物造成伤害。

（1）该系统设计安装在热电站烟囱排出管道与引风系统中间，保证进入引风系统内的废气为常温废气。

（2）冷却系统采用风冷和水冷相结合的方式，高效同时保证较低能耗。

4.3　引风系统

引风系统由两部分组成，一是烟囱内部可开关挡板，二是管线上安装引风机。

（1）改变原有废气直排方式，在烟囱内部设置挡板，由于大庆油田地处东北松原市，春、夏、秋季节植物茂盛，但冬季均为落叶型植被，冬季用引风机系统作用就已经失去，冬季打开烟囱内部挡板，改成原有直排方式。

（2）在烟囱侧方位开新的出口，出口连接管线，管线增加引风机，由于管线未来铺设在农作物和树林等植被地下，距离较远，管线内阻大，需要引风机推动锅炉燃烧后的废气排向二氧化碳分离装置及散布在绿色植被中的各个出风口。

4.4　废气排放系统分析与应用

废气排放系统，推动燃烧后传送至二氧化碳分离装置及废气植被地下，保证二氧化碳分离最大化，同时其余废气被精准排放，保证高效吸收，实现电能生产过程的本质绿色。

（1）合理安排排气口间距，充分发挥每一颗绿色植物吸收废气的效能。

（2）合理设计出风口形状，保证废气从出风口喷出时，沿地面飘动，延长废气在低空滞留时间，确保绿色植被有更充足的时间吸收废气，提高吸收效率。

4.5 积水排放系统分析与应用

出气口广布与农作物和树林等植被中间，在雨季容易积水，导致废气管道输送效能下降，同时由于排放废气(多为酸性物质)易结合水，造成对管道的腐蚀，所以需要积水排放系统，提高管线使用寿命。

(1) 合理距离安排沉水井，保证管道内积水能及时流向沉水井。

(2) 合理设置沉水井深度，在整个管线的最低处，利用重力引导积水流入沉水井，避免了额外安装电动排水装置。

4.6 废气二氧化碳分离装置设计与应用

管道内运排热电站产生的二氧化碳同时，在管线上加装二氧化碳分离装置，进一步扩大净化控制的范围和能力，且为下一步捕捉二氧化碳用于二氧化碳驱油提供先决条件，两年来，收集二氧化碳 8700 万方，取得良好效果。

5 改变原有二氧化碳采集方式，通过分离装置分离废气中二氧化碳、储存二氧化碳，应用于二氧化碳驱油技术原材料供应

大庆油田二氧化碳驱油技术优势明显，应用范围不断扩大，需要大量的二氧化碳原料，本技术应用前，二氧化碳一直从空气中采集储存，成本高，效率低。

(1) 大庆油田二氧化碳开发公司全面推进 CCUS 技术创新与工业化应用，建成了 CCUS 国家级示范工程，具备“亿方级”二氧化碳埋存能力，成为亚洲最大的 CCUS 项目。2023 年 1 月 4 日，央视网报道大庆油田实现国内最大规模二氧化碳注入，年埋存 CO_2 能力 4 亿方。注入量占中石油总量 40%。而该项技术的应用，体现着减碳、驱油双赢的生动实践。

(2) 空气中二氧化碳含量为 0.03% ~ 0.04%，导致提取二氧化碳成本较高。

(3) 热电站废气中二氧化碳含量为 15% ~ 20%之间。

(4) 热电站废气中二氧化碳含量比空气中二氧化碳含量高 50 倍，在废气中提取二氧化碳成本仅为空气中提取二氧化碳的 30%，能够降低 70%的提取成本。

该套装置内废气管线安装 1 套二氧化碳分离装置及存储装置，有效支撑二氧化碳驱油，真正形成新能源和油气融合发展，通过近两年的实践应用，有效降低 70%二氧化碳提取成本，同时，分离存储二氧化碳 8700 万方，为二氧化碳驱油提供有力材料保障。

6 该项技术全社会推广应用后取缔核电站的可行性分析

(1) 2022 年日本核废水排入大海引起世界各界强烈反响，以及多年前俄罗斯切尔诺贝利核电站和日本福岛核电站核泄漏问题影响广泛，近年来欧洲也在不断拆除核电站，2022 年核电站先驱的法国，拆除了最后一座核电站，以上多个实例足以说明核电站虽然发电效率高、成本低廉，但存在巨大安全和环保隐患。该项装置推广应用，将热电站的尾气排放问题解决，将有足够的环保能力促使全世界范围内核电站全部拆除的可行性。

(2) 如果森林吸收二氧化碳效率提高，全世界森林的储藏量就足以吸收全世界排放的所有二氧化碳。

① 据联合国统计，目前全球森林覆盖率约为 40 亿公顷，占世界陆地面积的 30%左右，世界森林资源蓄积推算约为 4300 亿 m^3。联合国粮农组织全球森林资源评估主要结果显示，目前世界森林面积达 40 亿公顷，约占土地面积(不含内陆水域面积)的 31%，人均森林面积 0.6 公顷。全球人工林面积 2.64 亿公顷，约占世界森林面积的 7%。从森林功能来看，全球商品林面积接近 12 亿公顷，生物多样性保护林面积超过 4.6 亿公顷，防护林面积 3.3 亿公顷，分别占世界森林面积的 30%、12%和 8%。

② 根据国际能源署近期公布的数据，2022 年全球与能源有关的二氧化碳排放量为 350 亿吨左右。过去几十年，全球二氧化碳排放呈上升趋势，但最近三年基本维持在同一水平。

③ 根据森林吸收能力计算(这里不包含农作物以及其它类型植被)，森林吸收率只要达到 30% ~ 50%，就可以吸收地球生产生活产生的全部二氧化碳，所以只要找到二氧化碳合理的运移及森林的吸收方式，就完全可以做到二氧化碳 0

排放0污染。

7　结论与认识

该项技术，通过近两年的实践应用，有效降低70%二氧化碳提取成本，同时，分离存储二氧化碳8700万方，为二氧化碳驱油提供有力材料保障。降低90%发电站的废气排放，降低70%从空气中提取二氧化碳成本，用于大庆油田二氧化碳驱油，累计创效超4000万元，产生巨大的经济效益和社会效益，不断推动油气和新能源融合发展，为油田新能源发展指明了方向。

7.1　实现油气田绿色发展技术突破，为二氧化碳驱油提供基础原料

该项技术的突破，是实现油田绿色发展、减缓全球变暖的重要途径，同时，把污染变成了“资源”。减少二氧化碳的排放，同时助力二氧化碳等温室气体减排，在热电站废气管道内收集二氧化碳的新技术能耗也大大降低，收集、存储二氧化碳所需的能源要比传统从空气中提取二氧化碳工艺节约成本70%以上。这意味着我们可以更加高效地利用能源，有更多的二氧化碳用于石油开采，并为油气绿色环保可持续发展做出贡献。

7.2　能够实现火电转变成真正的绿色能源

广泛被质疑的电能，作为新能源，发电方式不用做出改变，仅需废气合理处理，就可以解决电能产生过程的污染问题，将目前普遍存在的火电变成真正的绿色能源。

7.3　能够实现二氧化碳等废气的运移

通过发电站废气排放的新型处理方式，在城区、高速公路等尾气无法有效吸收的地区，广泛应用电车，电车应用的电能所产生的二氧化碳气体，由电站收集、存储、使用，等同于把二氧化碳转移到发电站去进行吸收处理，避免排放入大气。

7.4　实现火电站附近农作物、林地等植被高产

依据农科院数据统计，如果能够提供足够的二氧化碳，大豆的产量能够增加58%；甜菜的产量能够增加51%；高粱的产量能够增加49%；小麦的产量能够增加47%；水稻的产量能够增加65%。至于说蔬菜类植物，只要在它们生长的过程中给予足够的二氧化碳，依据蔬菜的品种不同，它们的产量能够分别增加40%~68%。

7.5　经济效益社会效益分析

在大庆油田两年来的应用，累计收集二氧化碳8700万方，创效超4000万元，该项技术如果能够全面应用推广，将取得可观经济效益和社会效益，能够有效减少热电站废气排放，为二氧化碳驱油提供必要的工业原料，同时还可以让火电电能变成真正的清洁能源。

7.5.1　减少排放

大庆油田热电站应用此项技术据估算可减少90%二氧化碳废气排放，同时为周边农作物、树林以及绿色植被提供充足的二氧化碳肥料。

7.5.2　提供二氧化碳原料

大庆油田二氧化碳驱油，一直处于国内乃至国际领先地位，对低渗透油田驱油意义重大，传统空气中提取二氧化碳成本较高，该项技术可以节约提取成本70%，仅仅大庆油田热电站产生的二氧化碳就足够整个大庆油田二氧化碳驱油的原材料供应，年可解约二氧化碳采集成本4000万元。如果在全世界范围内推广，经济效益估算在千亿美元以上规模。

7.5.3　吸收二氧化碳放出氧气，持续改善地球环境

通过上述统计分析，大庆油田热电站排放废气，不仅可以为二氧化碳驱油提供工业原料，同时为周边农作物、树林以及绿色植被提供足够的气体肥料，降低空气中二氧化碳含量，为改善大气做出巨大贡献。

参 考 文 献

[1] 李涛，傅强．中国省际碳排放效率研究统计研究[J]．统计研究，2011，(07)：63-70.

[2] 毕安平，朱鹤健．基于PSR模型的水土流失区生态经济系统耦合研究——以朱溪河流域为例[J]．中国生态农业学报．2013(08).

[3] 彭靓宇，徐鹤．基于PSR模型的区域环境绩效评估研究——以天津市为例[J]．生态经济(学术版).2013(01).

[4] 曾荣艳，刘新平．基于PSR模型下的耕地可持续利用评价研究——以阿勒泰市为例[J]．农村经济与科技，2013(03).

[5] 王群伟，周鹏，周德群．我国二氧化碳排放绩效的动态变化、区域差异及影响因素[J]．中国工业经

济，2010，(01)：45-54.

[6] 罗良文，李珊珊．FDI、国际贸易的技术效应与我国省际碳排放绩效国际贸易问题[J]．中国工业经济 International Trade，2013，(08)：142-150

[7] 谭峥嵘．中国省级区域碳排放效率及影响因素研究——基于 Malmquist 指数 2012-12-14，2013 年 03 期

[8] 吴贤荣，张俊飚，田云，李鹏．中国省域农业碳排放：测算、效率变动及影响因素研究——基于 DEA-Malmquist 指数分解方法与 Tobit 模型运用[J]．资源科学，2014，vol36(01)：129-138.

[9] 谌伟，诸大建．中国二氧化碳排放效率低—基于福利视角的国际比较经济与管理研究，Researchon Economicsan dManagement，2011，(01)：56-66.

[10] 李国志，王群伟．中国出口贸易结构对二氧化碳排放的动态影响—基于变参数模型的实证分析．国际贸易问题，2011，(01)：82-89.

火力发电厂烟气二氧化碳捕集技术应用研究及优化

马　钢　李铁华　张　伟

（中国石油集团电能有限公司）

摘　要　通过对二氧化碳捕集技术路线的对比探讨，明确了安全可靠较成熟的技术路线和成本的主要影响因素，结合节能降耗和新能源技术发展提出了降低捕集成本的路径和研究方向。

关键词　烟气；二氧化碳捕集；优化

1　前言

温室气体的大量排放是导致全球气候变化的重要原因，二氧化碳是其中对气候变化影响最大的气体，它产生的增温效应占所有温室气体总增温效应的63%，且在大气中的留存期最长，可达到200年。火力发电厂是二氧化碳最大最集中的排放源，随着碳达峰、碳中和的提出，将面临着减排的巨大压力，而二氧化碳的捕集和封存是减少电厂二氧化碳排放的最有效手段。

2　二氧化碳捕集技术路线

根据二氧化碳捕集位置分为燃烧前捕集、燃烧中捕集（富氧燃烧）和燃烧后捕集，按照捕集方式分为化学吸收法、物理吸附法、膜分离法、低温分离法。目前国内火电厂应用最多的是燃烧后捕集、化学吸收法，其具有吸收剂选择性好、吸收效率高、能耗和投资成本相对较低等优点。

随着国内外加大对二氧化碳捕集技术的研究和应用，相关技术日益成熟，并在国内多家火电厂得到示范性应用。

表1　目前国内火电厂二氧化碳捕集装置应用情况

电厂名称	建成时间	装置容量
华能北京热电厂	2008年	3000吨/年
华能上海石洞口二厂	2009年	12万吨/年
中国石化胜利电厂	2010年	4万吨/年
华能长春热电厂	2020年	1000吨/年
陕西神木国能锦界公司	2021年	15万吨/年
甘肃正宁电厂	在建	150吨/年

3　化学吸收法二氧化碳捕集流程

化学吸收法二氧化碳捕集工艺流程分为烟气预处理系统、二氧化碳捕获系统和二氧化碳精制系统，工艺流程详见图1。

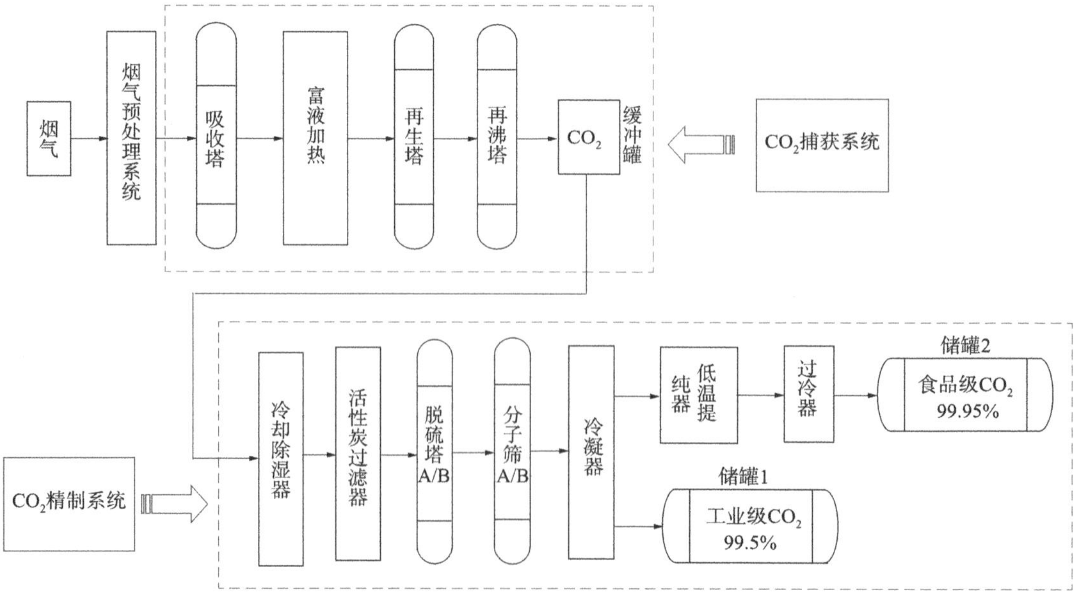

图1　化学吸收法二氧化碳捕集工艺流程图

3.1 烟气预处理系统

从烟道收集的烟气首先需要经过预处理系统，目的是除硫、除硝、除尘、降温、脱水等。经过预处理后的烟气进入二氧化碳捕获系统。

3.2 二氧化碳捕获系统

3.2.1 二氧化碳捕获系统的基本工艺

烟气二氧化碳捕获系统的基本工艺主要由三部分组成：

(1) 以吸收塔为中心，辅以旋风分离器、气水分离器及增压设备；

(2) 以再生塔和再沸器为中心，辅以再生气冷却器以及分离器和回流系统；

(3) 介于以上两者之间的部分，主要有富二氧化碳吸收液与再生吸收液换热以及过滤系统。

3.2.2 二氧化碳捕获系统的具体工艺流程

(1) 经过预处理的烟气通过鼓风机加压后直接进入吸收塔进行二氧化碳的吸收。在吸收塔中，烟气自下向上流动，与从上部入塔的吸收液形成逆流接触，使二氧化碳得到脱除。净化后的烟气从塔顶排出。

(2) 吸收二氧化碳后的富液经加热后送入再生塔。再生塔中解析出的二氧化碳连同水蒸气经冷却、除水后得到纯度大约为93.5%(湿基)的产品二氧化碳气。

(3) 捕获到的二氧化碳气装入缓冲罐，准备进入精制区进行提纯处理。

3.3 二氧化碳精制系统

工艺流程为：

3.3.1 缓冲罐中的二氧化碳气体经过冷却除湿器进行冷却除湿，脱水；

3.3.2 经过活性炭过滤器以及脱硫塔进行干法脱硝、脱二氧化硫；

3.3.3 送入分子筛进行脱水；

3.3.4 通过冷却器利用液氨冷却液化，再经过低温提纯器进行浅低温提纯工序，最后得到质量符合食品添加剂液体二氧化碳和工业液体二氧化碳产品。

4 二氧化碳捕集装置能耗指标

结合国内已建火电厂二氧化碳装置运行情况，二氧化碳捕集装置能耗详见表2。

表2 二氧化碳捕集装置能耗情况

序号	项目	单位	单耗
1	电	千瓦时/吨·CO_2	216
2	除盐水	吨/吨·CO_2	0.11
3	循环水	吨//吨·CO_2	4
4	制冷剂	千克/吨·CO_2	0.03
5	吸收溶剂	千克/吨·CO_2	0.5
6	蒸汽消耗	吨/吨·CO_2	1.6
7	仪表空气	标方/吨·CO_2	32
8	热耗	吉焦/吨·CO_2	2.5~3.0

由上表可以看出，捕集装置电量和蒸汽消耗量是影响捕集成本的关键因素。

5 二氧化碳捕集装置节能降耗

二氧化碳捕集过程能耗巨大，二氧化碳捕集与火电厂的耦合过程一般需要从机组蒸汽中引出抽汽作为捕集系统溶剂的再生热源，但这将造成机组出力的降低，且对机组的安全运行造成一定的影响。目前可通过工艺流程优化和可再生能源引入降低捕集装置能耗，降低对机组经济、安全运行的影响。

5.1 工艺流程优化

工艺流程优化主要方法包括增加中间冷却过程和分流过程、采用热泵技术和喷射器等。

5.1.1 中间冷却技术

二氧化碳的吸收是放热过程，导致溶剂温度的总体升高，这将限制吸收的驱动力，从而降低溶剂的吸收能力。在吸收塔中加入中间冷却器抵消了由于反应热的释放导致的液体中的温度升高。将贫液分开并分别通过两个换热器和冷却器，然后将贫液送至吸收塔的进料点：一个位于塔顶部，另一个位于吸收塔中部。在塔中部注入较冷的贫液导致温度降低，从热力学方面来看，有利于二氧化碳的吸收。重新注入冷的贫液而不是冷却部分负载的溶剂使得热力学驱动力增大且进一步改善了二氧化碳的吸收。中间冷却过程带来两个不同的好处，一是通过增加二氧化碳循环承载能力来降低再生负荷，二是通过保持二氧化碳吸收能力来降低吸收塔高度(图2)。

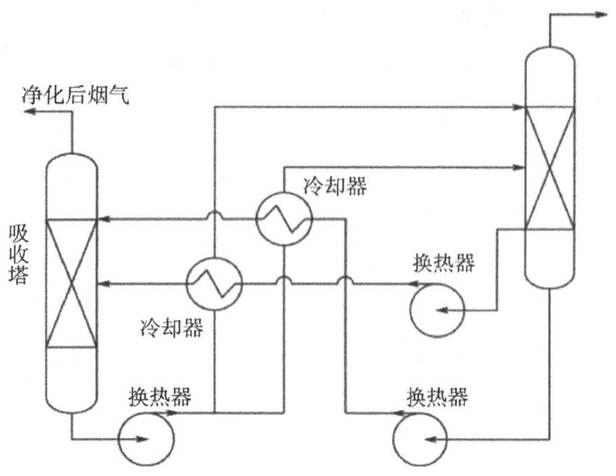

图 2　中间冷却过程示意图

5.1.2　富液分流技术

化学吸收过程的分流配置是基于热力学原理的概念，即降低驱动力以减少溶剂再生的蒸汽消耗，同时降低二氧化碳捕集成本。该过程与传统MEA法的区别主要在于：具有分流过程的基于MEA法的碳捕集过程将从吸收塔底部流出的富液分为两股流。一股流进入解吸塔顶部，向下流动，从解吸塔中部离开，先经过贫富液换热器Ⅰ与低温贫液换热，再经过半贫液冷却器进入吸收塔中部。另一股流则进入解吸塔中部，向下流动，从解吸塔底部离开，经过贫富液换热器Ⅱ回到吸收塔顶部(图 3)。

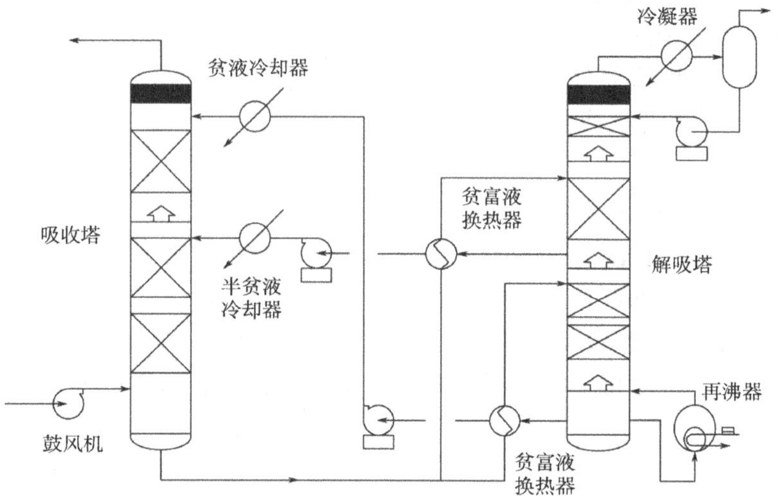

图 3　富液分流过程示意图

5.1.3　热泵技术应用

二氧化碳捕集过程中会产生大量余热，而捕集系统又需要额外的能量输入以用于解吸、压缩机运行和附机运行等，可将热泵装置添加到MEA法捕集二氧化碳流程中，利用热泵制热向解吸塔提供高温热能，从而可以有效地降低再生能耗(图 4)。

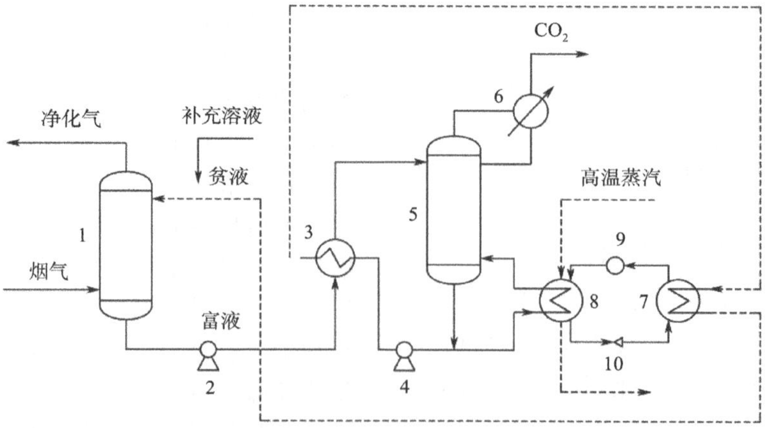

图 4　热泵技术流程示意图

1—吸收塔；2、4—泵；3—贫富液换热器；5—解析塔；6—冷凝器；
7—中间冷却器；8—再沸器；9—压缩机；10—节流阀

再沸器、压缩机、节流阀与中间冷却器组成一个蒸汽压缩式热泵，二氧化碳作为循环工质，因为其不仅具有较高的绝热指数、较低的黏度、较好的传热性能，可以保证解吸所需的高温热能，而且能直接回收经过工艺处理后的二氧化碳，实现二氧化碳的有效利用。热泵从解吸塔底部流出且经过贫富液换热器后的 MEA 贫液为低温热源(大约 60℃)，称作贫液源热泵。以经过贫富液换热器流出的贫液为低温热源，通过热泵循环制热，从而提供解吸二氧化碳所需的高温热量。采用热泵技术的二氧化碳捕集装置，与传统化学吸收法装置相比，降低了捕集系统的再生热耗，同时避免了吸收剂温度过高而产生的降解。

5.1.4　喷射器集成技术

喷射器是一种利用流体来传递能量和质量的真空获得装置，将工作流体通过对称均布成一定侧斜度的喷嘴喷出，聚合在一个焦点上。由于喷射的工作流体流速特别高，将压力能转变为速度能，使吸气区降低真空。在二氧化碳捕集装置中使用贫液来制造喷射器二次蒸汽可有效减少蒸汽用量，同时使用喷射器用较低温的预热来部分替代再沸器中需要的高品位蒸汽来再生溶剂，也可显著的降低蒸汽用量。

5.2　引入可再生能源

将可再生能源与火电厂二氧化碳捕集系统集成，一方面可以减少火电厂产生的二氧化碳等温室气体，另一方面可以为系统引入清洁的可再生能源，降低系统能耗。二氧化碳捕集与可再生能源耦合将是二氧化碳捕集技术未来发展的一大趋势。

5.2.1　可再生能源发电与捕集装置的耦合

将风电、光伏发电接入电厂厂用电系统，利用新能源发电驱动捕集系统附机设备、二氧化碳压缩设备代替部分电力消耗，提升在运机组的商品电率。

5.2.2　可再生能源产热与捕集装置的耦合

将可再生能源产生的电能通过焦耳效应转化成热能，或其他新兴能源技术，例如集中太阳能直接产生的热能用于化学吸收法的溶剂再生过程，既可以参与电网调峰，减少弃风弃光现象的发生，又解决了吸收剂再生过程中所需大量热能的来源问题，避免了大量抽汽对机组运行的影响。

6　结束语

火力发电厂烟气捕集效率及能耗尚有提高空间，通过捕集工艺流程持续优化，引入可再生能源降低捕集系统能耗，达到突破现有技术瓶颈，打破能耗壁垒，从而实现大规模、长周期、低能耗二氧化碳捕集应用。

参　考　文　献

[1] 翟融融．二氧化碳捕集技术及其在火力电厂的工程应用[M]. 北京：化学工业出版社，2021.

[2] 赵苗苗．太阳能辅助燃煤机组捕集系统性能研究[D]. 北京：华北电力大学，2016.

[3] 张茂，吴少华，李振中．火电厂 CO_2 捕集及资源化技术[J]. 电站系统工程，2007，(5).

探索碳资产管理制度对中国碳市场的影响

邹 运

（大庆油田有限责任公司采油二厂）

摘 要 为了应对全球气候变化，各国均建立碳排放权交易市场，有效推动减排和可持续发展。油气企业碳资产管理的重要业务之一就是参与碳市场交易，碳资产是碳市场中企业竞争力的一个重要指标，碳资产管理对于碳市场价格、财务风险、企业利润等方面影响较大。本文针对碳市场建设和碳资产管理制度的现状提出相应对策，指出碳资产管理制度的制定不仅能提高企业管理效率，减少企业运营成本增加盈利，而且对于碳市场交易有深远的影响。

关键词 碳资产管理；碳市场；碳交易；碳排放量；碳减排

1 引言

随着我国双碳目标的提出，在温室气体减排的要求下，碳市场的建立是必然结果，随着交易的日渐活跃，交易体系也逐步完善。碳市场也就是碳排放权交易，是将碳配额和碳减排项目等碳资产进行有效的管理，碳资产管理是将企业配额的碳排放量与碳减排量进行跟踪、管理与规划，最终实现温室气体减排目标。

目前，中国油气田企业属于非控排企业，但可以通过资源减排的方式进入碳市场交易，在碳市场中，碳资产管理是很重要的环节，通过科学合理地配置碳资产和有效的碳资产管理，对企业有三大助力，首先推动低碳转型，提升企业的环保形象；其次帮助企业管理好碳排放权和减排项目；最后可以提高资源的利用率，减少排放成本，将碳资产管理与碳市场相结合，可以有效减少碳排放。

1.1 国外碳资产管理政策

国际石油公司很早便意识到碳资产管理制度建设的重要性，BP、壳牌等大型石油公司从1998年起就涉足碳资产管理，积累了丰富的碳资产管理经验，实行碳资产统一归口管理，积极制定交易策略，加速布局全球碳资产池。BP为能够有效管理其全球范围内的碳资产池，成立了负责风险防控、技术支撑、碳资产交易等多个部门，这些部门联合起来构成碳资产管理工作组，对全球碳资产价格变动风险进行集中管理，充分利用当地碳配额分配及抵消机制，完善其全球的碳资产管理体系。

德国上游减排量交易机制（UER）开发项目，探索碳资产发展路径，拓展光热、光伏、风电等绿色能源创造价值。欧洲石油公司全力进军新能源市场，北美石油公司坚持认可油气资产的增值潜力。目前国外大型石油公司基本都处在全球各国应对气候变化实施方案深入推进的阶段，在未来一段时间内必然会升级自身节能减排技术和提升生产运营效能。

1.2 国内碳资产管理政策

我国已有上百家石油石化企业纳入全国碳市场，纳入控排的企业必须进行碳资产管理，其核心是企业自身碳排放量和核证减排量的管理。控排企业应按时履约全国碳市场碳配额（CEA），进一步增强话语权和影响力，为企业争取“双碳”发展空间。中国油气企业初设碳资产管理业务，中海油已形成碳资产管理体系，中国石油天然气集团有限公司设立了上游业务碳资产开发技术支持中心，成功开发了南八天然气处理厂、北1-2天然气处理厂等项目。

对碳资产进行管理可以促进企业在碳交易市场上的活跃度，节约企业成本，对企业具有重要意义。万卷敏认为碳资产管理是对碳资产进行开发、控制、交易，实现碳资产增值的资产管理活动；宫振认为碳资产管理方面制度对于一些重点排放企业相当重要，企业需要主动参与学习碳资产管理，制定科学的管理制度；吕珺认为企业需要制定的碳资产数字化管理制度，这样可以更加精确地分析测算企业的碳排放数据。

2　我国碳交易市场建设现状

目前，全球碳市场一种是强制减排碳市场，如欧盟排放交易体系；另一种是自愿减排碳市场，如 CCER（Chinese Certified Emission Reduction 中国核证自愿减排量）、VCS（Verified Carbon Standard，核证减排标准）等。强制减排市场主要针对耗能比较大、排放量比较多的重点排放单位，必须按期履约；自愿减排碳市场为可以实现节能减排、降碳固碳的清洁能源类排放单位。

中国碳交易市场交易产品主要是配额和核证自愿减排量（CCER）。政府设定碳排放总额，通过制定一套规则和标准，将温室气体的排放权进行量化，将碳排放配额分配至企业，构成碳排放权的供需关系，企业可以通过购买碳排放权来弥补其超过排放配额的部分。其目的是通过市场机制和经济手段来激励企业和个人减少温室气体的排放，从而达到减缓气候变化的目标，推动绿色低碳发展。

2.1　碳市场建设存在的问题

企业在全国碳交易市场建立后意识到碳排放是有成本的，全球碳市场潜力巨大，这也会推动中国碳市场的建设；国内现已建立有 9 个省级碳交易机构，行业覆盖面逐步递增；我国拥有巨大的、潜力无穷的减排空间，有大量荒地可实施碳减排项目。我国碳市场还处于初步建设阶段，存在很多问题和挑战：

（1）碳市场监管和执法力度不足

碳市场的设立和运行需要政府的有效监管，目前中国碳市场交易试点的监管体系相对薄弱，执法力度不够，会有不公平和不透明的情况，甚至是一些企业通过篡改监测数据、违规交易规避监管，严重影响了碳交易试点的公平性和有效性。

（2）碳交易价格受到政府干预以及不同试点区域的影响

碳市场的碳配额交易价格受政府干预的影响较大，试点市场交易不连续，不同的试点区域碳定价机制不统一，缺乏市场协同性，碳市场建立的成功与否与碳价格的确定有关。

（3）碳排放量缺少可靠的计量和监测

碳排放权交易市场需要先确定碳排放量，目前监测计量的技术水平还不能满足碳市场的发展需求，碳排放量监测数据和定量测量都存在不确定性，这样碳市场难以精确定价，影响配额的分配与交易，进而影响碳市场的有效性和公平性。

（4）碳市场的交易主体、产品和方式单一

我国碳市场规定履约机构以及满足一定条件的非履约机构与个人参加，这样造成交易主体单一，交易产品和方式也单一。特别是全国碳市场仅纳入了发电行业，交易品种也只有碳配额和 CCER。碳市场的交易主体、产品和方式单一使得碳市场交易随配额清缴等工作而呈现明显波动，长期流动性缺乏有力支撑。

2.2　碳市场建设的对策分析

碳市场建设是一项长远又复杂的系统性工程，虽然取得了一些进展，但仍面临许多问题和挑战，为加快完善碳市场建设，需要社会各界共同努力，加快推动低碳产业的发展，实现更加清洁、绿色和可持续的经济增长。

（1）完善碳交易市场监管机制和执法力度

政府需要建立完善的市场监督机制、健全的交易规则和违规惩处条例，如建立公正合理的初始配额分配制度，实时披露碳市场交易的信息，提高市场的透明度和公正性。出台相关法律和惩罚制度，为碳市场公平公正交易做好监督和保障。

（2）建立完善的碳定价机制

为了使不同地区的碳价格体系能够相互协调，需要建立完善的碳定价机制，进而统一整个碳交易市场的价格体系。我国碳市场建设更应该立足国情，制定恰当的减排目标，减少碳配额发放，更好地支持和鼓励开展碳减排工作。

（3）建立健全的碳排放量管理体系。

碳市场的发展需要高科技的支持，包括碳排放监测技术、碳核算体系、碳配额分配、碳交易平台建设等。建立健全的碳管理体系，将数字化手段运用到碳市场建设，做好企业碳排放源识别、核算边界划定等工作，摸清企业碳排放数据。

(4) 丰富交易品种，扩大碳市场覆盖范围

碳市场交易品种和覆盖主体应该多样化。一方面可以扩大碳市场面，将水泥、电解铝以及钢铁等行业有序地纳入碳市场交易，有助于提高碳市场交易活跃度。另一方面引入碳期货、碳期权、碳远期、碳借贷等碳衍生交易产品，为碳市场交易提供多样化的交易方式、产品和工具。

3 我国碳资产管理现状

3.1 碳资产管理的内涵

根据国内专家学者的研究，将碳资产定义为：在碳排放权交易机制下，预计会给企业带来经济收入的与碳资源相关的各类资源，而碳资产管理即是对碳资产进行管理的行为。碳资产管理的核心是控制碳排放量、提高配额持有量，管理目标是“保履约、降成本”，确保企业按时完成年度履约工作，有效降低企业碳履约成本，探索碳资产市场化运作机制和盈利模式。管理原则可分为规划、盘查、开发、交易、履约这“五统一”原则。管理对象主要是配额和减排量。管理抓手，成立专门碳管理部门，组件碳资产管理专业人才团队，对接企业内外相关业务。制度建设，出台碳资产管理办法，建立完善业务层面具体规范与流程。

碳资产管理的内容包含了碳配额、CCER、碳核查、碳金融、碳交易以及设计全生命周期和全产业链的碳排放管理，如图 1 所示。

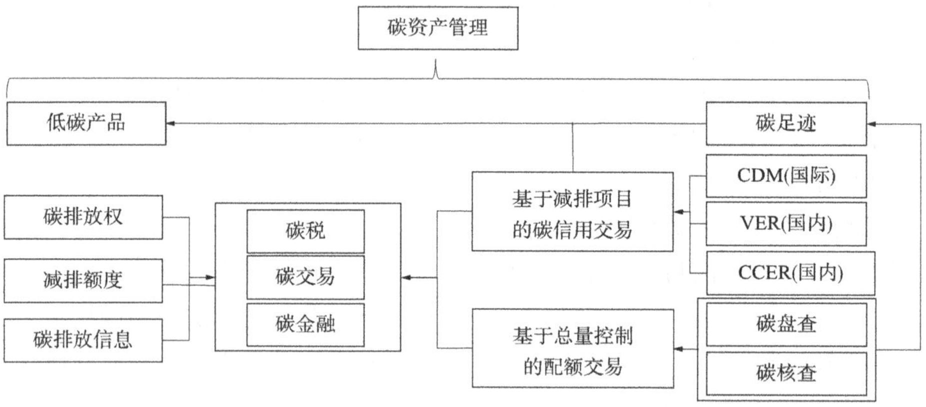

图 1　碳资产管理包含内容

3.2 碳资产管理的流程

碳资产管理战略需要先把握战略机遇的窗口期，洞察市场变化以及客户的需求，然后构建组织框架，明确竞争优势与战略目标，要打通全业务周期链条，上下联动制定最优碳资产管理方案，依靠机制改革、人才培养与文化塑造提升执行能力，大致从规划、解构、执行三个维度打通碳资产管理全过程，如图 2 所示。

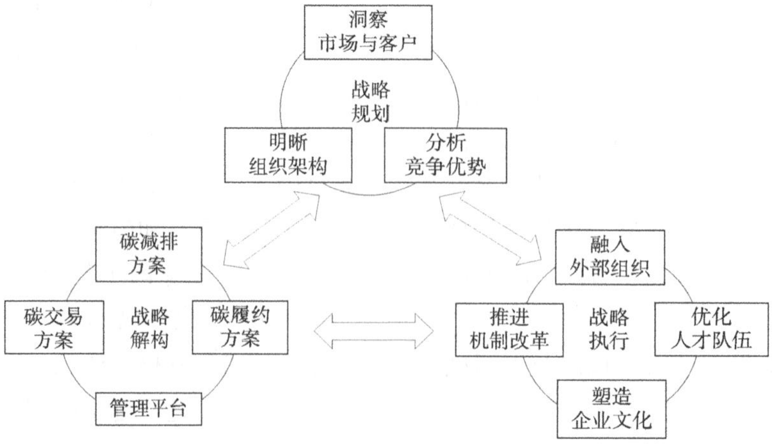

图 2　碳资产管理战略图

在碳资产管理体系中，最重要的就是战略解构环节，对碳资产全流程解构管理，有助于降低碳排放和提升碳资产价值。碳资产全流程管理实施图如图3所示。

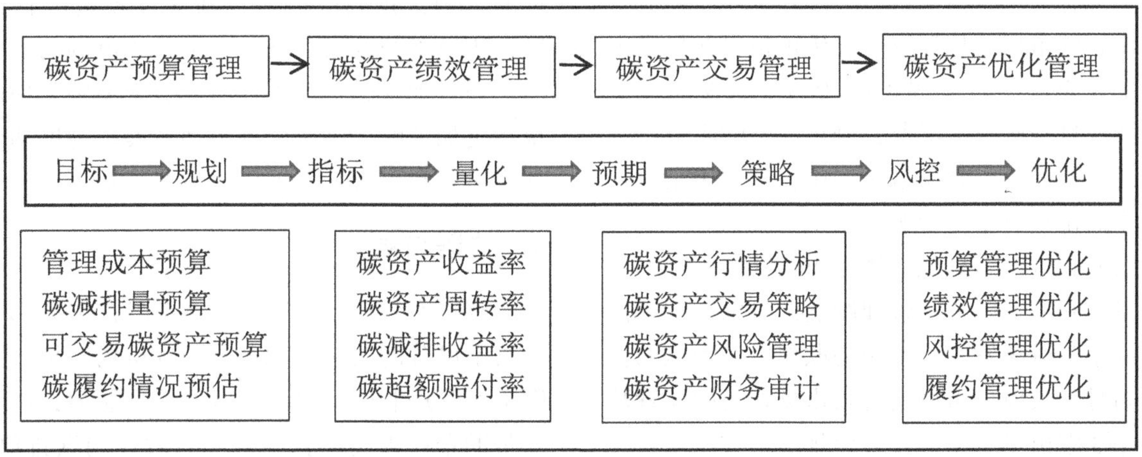

图3　碳资产管理实施流程图

3.3　碳资产管理现状存在的问题

碳资产管理是一种全面又系统的资产管理方法，可以有效地帮助企业降低排放成本，管理碳排放资产，增大企业的竞争力。但是我国在碳资产管理上仍面临许多问题，影响了碳资产管理的精准率，我国需要上下联动制定最优的碳资产管理制度。我们碳资产管理制度的现状：

（1）碳资产管理机构和制度不健全

碳资产管理专业性较强，我国没有建立完善的碳资产管理机制，无法充分利用市场手段使得碳资产保值增值。我国很多企业没有设立专门的碳资产管理部门，没有实行专业化管理，导致企业执行能力不足，无法实现有效的碳资产管理。

（2）碳排放量数据预算困难

碳资产管理制度建立的前提需要预算碳排放量，只有计量准确才能够保证碳资产管理的合理性。《2021年全球企业碳盘查计算调研报告》中表明，很多企业没有建立数据测算和管理机构，部分企业计算的碳排放量错误率竟然高达40%，无法准确计算碳排放量的企业可达到90%。

（3）碳资产管理新兴制度，缺少专业性的人才

大部分企业对碳资产管理制度的了解有限，缺乏碳资产管理相关的专业知识和经验，导致了部分企业进入碳市场后信息不对称等问题。很多企业的碳资产管理人员均为兼职，这也增加了碳资产管理的不确定性。

3.4　碳资产管理现状的建议

我国需加强对碳资产管理制度的优化，针对碳资产管理机构和制度不健全、碳排放量预算困难和缺少专业性人才等问题，具体建议如下：

（1）完善碳资产管理制度，建立碳资产管理机构

一方面制定碳资产管理战略及全流程制度。把碳资产管理纳入公司发展战略中，制订低碳节能工作方案并严格执行，对碳排放相关项目实时盘查核算长期监测；另一方面设立专门的碳资产管理机构，对企业的碳资产进行统一管理，完成节能减排和碳市场交易等各项工作，将碳资产管理落到实处。

（2）建立碳排放监测体系，利用科技手段计量

企业可以建立健全的碳排放监测体系，运用先进的能源排放和跟踪工具，做好企业碳排放源识别、核算边界划定等工作，摸清企业碳排放数据。运用先进的科技手段提升监测效率，建立自动监测系统和智能化数据分析，实时监测碳排放量，有效评估碳资产。

（3）高度重视人才专业技能培养

企业应该高度重视碳资产管理相关知识人才的培养，提高员工的环境意识和碳减排意识。企业需要强化培训活动，加强合作交流，增大知识储备，鼓励员工参加相关资格认证培训，加强碳资产管理与交易的培训取证，提高员工碳资产管

理的专业能力。

4　碳资产管理对碳交易市场的影响

随着碳市场的快速发展，碳价格也在稳定上升，企业应该实时掌握碳市场的政策参与碳交易，结合自身碳资产状况，制定严格的碳资产管理制度，积极参与到碳市场当中，这对于企业实现节能减排具有重要影响。

（1）碳资产管理能够规范市场秩序：

建立和完善碳资产管理制度，可以有效规范市场秩序，避免发生市场交易欺诈以及操纵的行为。同时，政府也可以出台碳市场相关的监管政策，保证碳市场交易的公平合规。

（2）碳资产管理可以推动技术创新：

碳资产管理促进企业科技创新，企业发展新技术、新工艺，使用新设备来增加CCER，减少碳排放，这能够推进绿色低碳、节能减排技术的应用于开发，为碳市场提供技术支撑。

（3）碳资产管理能够增强市场信心：

有效的碳资产管理制度有助于增强市场信心，能够提升企业的社会形象，增加市场竞争力，从而吸引更多投资者和参与者进入碳交易市场，这也推动了碳市场的持续发展和壮大。

（4）碳资产管理可以促进碳市场活跃度：

碳资产管理制度能够提升碳市场的活跃度，企业能够精准掌握自身碳排放情况，结合自身减排能力，在碳市场中灵活买卖碳排放权，使碳价格充分反映了碳市场的供求关系。

（5）碳资产管理能够优化资源配置：

碳资产管理制度可以帮助企业优化资源配置，科学制定减排目标，提高减排效率。这不仅能够推动市场健康发展，还有效的帮助企业降低碳排放成本，为碳市场提供碳减排量的供给。

（6）碳资产管理可以提高碳市场透明度

碳资产管理制度的建立是提高碳市场透明度的重要举措，碳市场透明才能促进低碳经济的可持续发展。建立完善的碳资产管理制度、数据公开和信息披露，增强了市场参与者的信任，促进碳市场健康发展。

总之，碳资产管理制度对中国碳市场具有深远的影响，我们应该在不断完善碳资产管理制度，积极参与碳市场交易，推动碳市场的繁荣发展。通过加强碳资产管理制度，中国碳交易市场也将更加活跃、健康、规范地发展，为推动全球气候治理和可持续发展作出重要贡献。

5　结语与展望

碳资产管理、碳市场与企业经营绩效都存在着密不可分的关系，积极参与碳市场交易，完善碳资产管理制度，提高碳资产管理能力，可以有效帮助企业提高经营绩效，有效控制碳排放量。未来，碳市场会互联互通，发展的更加国际化，形成全球碳资产管理制度的统一标准和规范。在碳资产管理制度的引领下，碳市场将促进全球范围内碳减排技术的创新和应用，推动低碳产业的发展，实现更加清洁、绿色和可持续的经济增长。

参　考　文　献

[1] 王晓平．关于油气田企业碳资产开发的思考[J]．油气与新能源，2024，36(3)：60-65.

[2] 李司宇．关于国际石油公司能源转型和碳资产管理的思考[J]．信息、安全和管理，2021，39(5)：115-119.

[3] 徐东等．中国碳排放权交易市场发展现状与展望[J]．国际石油经济，2024，32(3)：46-54.

[4] 马亚男等．油气企业碳资产管理体系构建研究[J]．财务实践，2022，20(6)：109-113.

[5] 马建国等．油气开采企业绿电绿证与碳资产开发技术路径分析[J]．石油石化节能与计量，2024，14(7)：115-119.

[6] 黄清等．碳达峰碳中和目标背景下国有大型电力集团碳资产管理战略体系架构与实践路径[J]．全国电力企业管理创新论文集，2022，12-13.

[7] 高清霞等．我国碳交易市场建设及发展路径探析[J]．环境与可持续发展，2016，41(4)：71-73.

[8] 王东风．碳排放权交易的理论与实践——以欧盟减排交易机制为例[J]．沈阳师范大学学报，2011，11.

基于 VFL 垂直流迷宫技术的石油炼化废水处理项目实例分享

肖　盼　文　梅

（北京中斯水灵水处理技术有限公司）

摘　要　针对高浓石油炼化生产废水处理困难的现状，现通过工程实例证明了 VFL 工艺技术在处理此类废水中的可行性、经济型和实用性。结果表明：具有垂直折流结构和多级回流功能的 VFL 工艺对处理高浓石化炼化废水具有抗冲击能力，且通过 VFL 工艺代替 EGSB+水解池+CAST 生化池，即可使废水 COD、BOD_5、氨氮、硝态氮达到设计要求，VFL 工艺良好稳定的污染物去除效果为后续处理系统提供了强有力的进水保障。

同时，相对于传统的生物处理工艺，VFL 工艺可节省设备安装数量，明显降低污水处理的运营成本，为企业赢得了较高的经济效益。

关键词　石油炼化废水；难降解废水；VFL 工艺；节能降碳

1　项目概况

炼油化工是我国重要的基础性和支柱型产业，在炼油生产过程中会产生大量污水，不仅废水种类多，污染物成分复杂且有生物难降解有毒有害的有机物，水质水量波动巨大。

山东某石化集团有限公司是一家拥有原油一次加工能力 580 万吨/年，综合配套加工能力 1500 万吨/年的民营企业。主要生产国 VI 标准汽柴油、异辛烷、MTBE、丙烯、苯、甲苯、顺酐、聚丙烯、丙烯酸酯橡胶以及工业白油等石油化工产品。全厂各装置产生的工业废水由本企业内的污水处理厂进行处理后达标排放。该污水处理厂于 2008 年 10 月建成投产，处理规模为 $6000m^3/d$，出水水质标准为国标一级 A，处理工艺为“预处理+水解酸化+CAST+BAF+人工湿地”。2016 年 7 月该石化公司委托某环保公司对污水处理厂进行升级改造，新增 2 座 EGSB 厌氧反应器。改造后，污水处理厂经过近 4 年的运行，仍然存在处理效率低、能耗高、处理不达标的等问题。2020 年 3 月，该石化公司再次对污水处理厂进行提标改造。

1.1　主要污水处理厂现状

该污水处理厂存在如下四个问题：

（1）预处理设备老化，隔油、气浮效果差，大量的浮油和黑油渣未经处理，进入后续处理单元，对后续生化处理系统产生了严重影响，不仅削减了活性污泥的浓度，还影响了曝气溶氧效率，时常发生堵塞的情况，需定期清理，造成清理成本较高，同时影响该企业正常生产经营。

（2）因 EGSB 反应器对反应条件、系统控制条件及操作人员水平要求较高，如控制不好反应条件会经常出现跑泥现象，影响厌氧出水效果。此外反应器外循环回流量大，动力消耗大，抗冲击负荷能力较弱。

（3）水解酸化池存在配水不均匀、堵塞等问题。

（4）因 EGSB 反应器和水解酸化池没有发挥应有的作用，经检测水质发现 EGSB 反应器和水解酸化池并没有明显提高废水的可生化性，反而降低了废水的碳氮比。

1.2　废水排放特点

（1）水量水质波动大。设计处理规模 $6000m^3/d$，进水有时能达到 $7000\sim8000m^3/d$。进水 COD 一般在 $450\sim1500mg/L$ 之间，极端时达到 $3000\sim5000mg/L$，氨氮在 $40\sim80mg/L$ 之间，总磷含量较低。水中营养物质处于不均衡状态。

（2）化学污染物种类繁多，且含量变化很大，难降解成分多，有一定毒性。炼油及石油化工废水除含有硫、酚、氰化物外，还含有多种有机化学产品，如多环芳烃化合物、芳香胺类化合物、杂环化合物等。

（3）夏季污水温度高。夏季时最高水温高达43℃，造成活性污泥系统崩溃，恢复周期较长。

（4）含油量大。污水中含有较多的浮油，主要为切焦排水、冷焦排水、冷却水箱污水排放、机泵冷却水、场地冲洗水等。在生产过程中，切焦排水和冷焦排水经处理后均可回收使用。机泵冷却水、场地冲洗水等一般水量较小，污染物浓度较低，一般直接由含油污水排水系统送污水处理场处理，但预处理的隔油和气浮设备不能完全去除污水中的石油类，对生化系统造成很大影响。

1.3　改造需求

需求一：不增加构筑物、建筑物，对生化部分在原池进行改造，处理规模达到6000m^3/d且平稳运行。

需求二：不再增加工艺单元，并优化调整现有工艺路线，保证出水水质稳定达标。

1.4　改造内容

（1）对预处理进行改造，维修隔油、气浮设备，恢复预处理单元基本功能；

（2）取消和停用EGSB反应器和水解酸化池；

表1-1　EGSB反应器、水解酸化单元构筑物及设备清单

名称	规格尺寸/mm	数量
EGSB反应器	13270×24000，碳钢	2座
回流水泵	Q=300m^3/h，H=8m，18.5kW	4台
水封罐	Φ0.6×1.2m	2套
气水分离器	Φ1.0×1.5m	8套
加酸计量泵	Q=30L/h，H=0.2MPa	1套
储酸罐	V=10m^3，PE	1套
厌氧提升水泵	Q=150m^3/h，H=35m，37kW	3台
水解酸化池	3.0×21.0×4.0，钢混	1座

（3）拆除CAST内设备及管道，将4组CAST池分批改造为4组VFL组合池，不影响系统正常生产；

（4）超越曝气生物滤池，曝气生物滤池仅作为保安措施，如遇到特殊情况再开启。

1.5　VFL垂直流迷宫技术介绍

垂直流迷宫（VFL，Vertical Flow Labyrinth）技术是一项污水生化处理技术，VFL技术拥有独特垂直流迷宫结构、好氧短周期间歇曝气、多级循环回流、基于ORP在线监测与控制系统等四大核心技术，能根据系统实际情况自动调整运行模式，应对水质水量的冲击，并且具有良好的脱氮除磷效果，保证出水的稳定达标。VFL工艺在实际应用中，表现出出水水质稳定、抗冲击负荷能力强、脱氮除磷能力强、能耗药耗低、污泥量少、碳排放量少等特性。

厌氧反应过程大致分为以下4个阶段：水解阶段、酸化（发酵）阶段、产乙酸阶段和产甲烷阶段。VFL技术独有的垂直流迷宫结构将位于反应池前端的厌氧区的反应控制在水解酸化阶段，将大分子有机物转化为小分子脂肪酸（VFA），VFA极易被反硝化菌吸收从而促进其对硝化物（硝酸根、亚硝酸根）进行反硝化作用，生成氮气。因此整个厌缺氧阶段没有甲烷气体的产生。

VFL技术通过垂直流结构设计和多级回流，充分利用原水中的碳源脱氮除磷，在BOD_5低负荷、碳氮比低的情况下即使不加碳源，依然能保证出色的脱氮除磷效果。VFL生化系统产生的污泥性状好，沉降性能好，混凝剂投加量低。吨水药耗是传统工艺的30%，减少了间接碳排放量。

VFL技术原理如图1所示。

（1）厌氧区和缺氧区结构上采用垂直流迷宫式结构，由多个向下流和向上流污泥床间隔串联。其中在向上流的分格内，由于污水的向上流动使污泥形成悬浮的污泥床，少部分污泥会随水流进入下一个向下流分格，大部分污泥因重力作用留在该格内，因此这一结构使厌氧区、缺氧区内保持很高的污泥浓度，一般在6000～8000mg/L，使单位池容的反应效率大幅度提高。同时，该结构在相同池容的条件下最大限度地延长了厌氧区和缺氧区的流程，不仅避免了污水在反应池中发生短流，而且使污水与微生物充分接触、混合，延长有效反应时间。从根本上说，这是一种推流式反应器，是反应器中效率最高的，而这种垂直流态的改进，尤其是上升流态的分格消除了回流活性污泥中硝酸盐对厌氧区和缺氧区环境状态的不利影响，大幅度地提高污水处理效率和抗冲击能力。

（2）系统设置了不同于传统AAO工艺的混合液和污泥回流，其反应流程如图2所示。

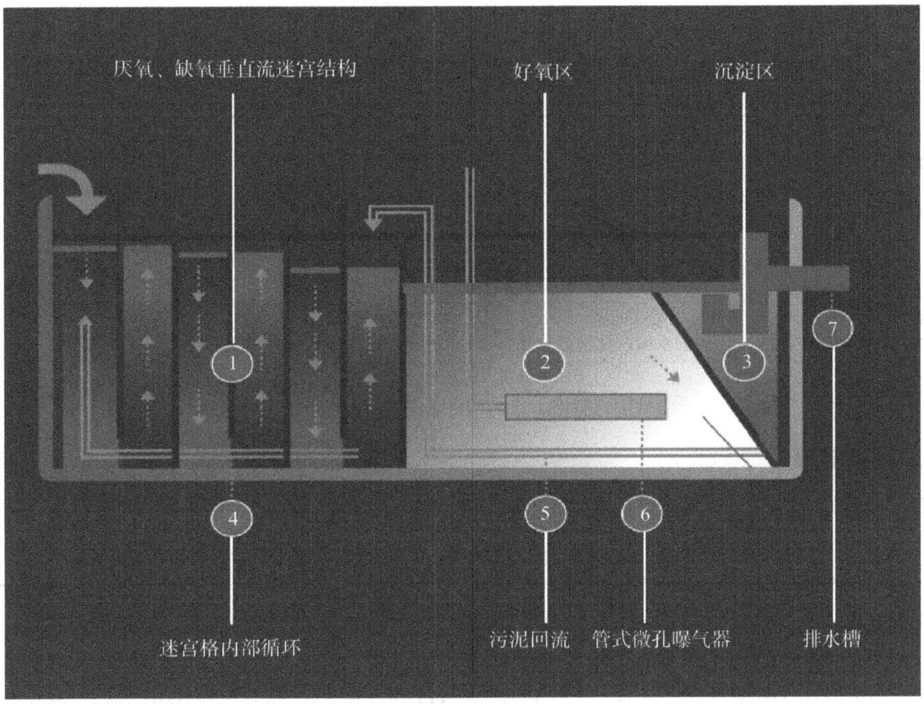

图1　VFL技术原理图

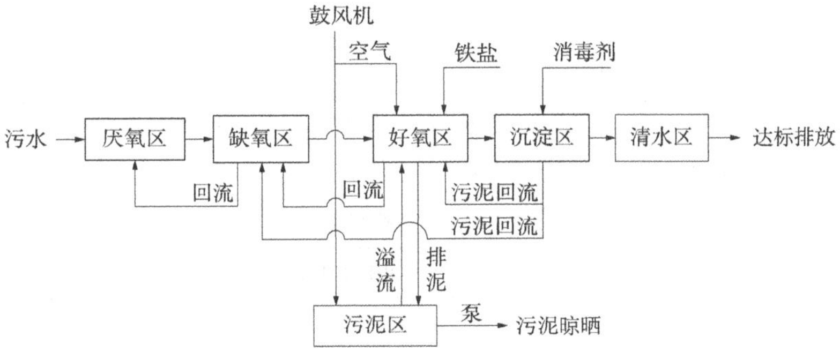

图2　VFL技术流程图

① 沉淀区到缺氧区及缺氧区到厌氧区的回流：污泥首先回流到缺氧区，上升流态的分格消除了回流活性污泥中溶解氧对缺氧区环境状态的不利影响，营造良好的脱氮环境，污泥在缺氧区充分发生反硝化作用后再回流至厌氧区，消除了硝酸盐对厌氧释磷的影响，可以大幅度地提高污水处理效率。

② 缺氧末端到缺氧中部的回流，主要是为应对非常规进水，当进水总氮升高时，缺氧区出水可以再次回流到缺氧区进水端进行反应，可以作为总氮稳定达标的一道保险措施。

③ 好氧末端到缺氧前端的回流，主要是混合液回流，用于反硝化脱氮；

④ 沉淀区到好氧区的回流，一方面通过回流控制沉淀区的泥位，保证固液分离和澄清效果，另一方面通过污泥回流维持好氧区的污泥浓度，保证处理效果。

2　改造方案

2.1　设计进、出水水质

具体数据见表 1。

表 1　改造后设计进、出水水质

项目	COD_{cr}/(mg/L)	BOD_5/(mg/L)	SS/(mg/L)	NH_{4+}-N/(mg/L)	TN/(mg/L)	TP/(mg/L)	pH
进水水质	1500	600	50	80	100	1.5	6~9
出水水质	50	10	10	5(8)*	15	0.5	6~9

2.2　改造后工艺路线

改造的工艺路线如图 3 所示。

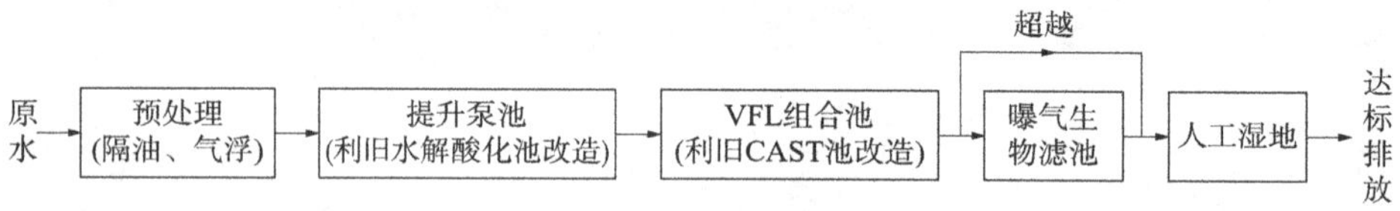

图 3　改造的工艺流程

2.3　VFL 主要改造详情

VEL 主要改造详情见表 2。

表 2-2　CAST 池改造为 VFL 池的主要改造详情

名称	规格	数量	备注	名称	规格	数量	备注
改造前				改造后			
CAST 池	49.2×49.3×6m	共 4 组	利旧	VFL 组合池	49.2×49.3×6m	共 4 组	改造
回流泵	25m³/h，10m，1.5kw	4 台	拆除	/	/	/	
推进器	11kw	8 台	拆除	/	/	/	
滗水器	800m³/h，1.1kw	4 台	拆除	/	/	/	
鼓风机 1	45m³/min 6m 75kW	3 台	拆除	鼓风机	40m³/min 6m 75kW	5 台	新增
鼓风机 2	120m³/min 6m 160kW	1 台	拆除				
控制系统		1 套	拆除	控制系统		1 套	新增
溶解氧仪		4 台	拆除	ORP/PH 仪		4 台	新增

2.4　VFL 设计参数

VFL 设计参数见表 3。

表 3　VFL 组合池主要设计参数

名称	规格尺寸	数量/组	有效水深/m	停留时间/h
厌氧池	3.8×19.2×6.0	4	5.27	4.8
缺氧池	(3.8+4.0)×19.2×6.0	4	5.15	9.8
好氧池	7.8×29.7×6.0	4	5.00	17.8
沉淀池	4.6×4.20×6.0	24	5.00	5.4

BOD_5容积负荷：0.092kgBOD/(kgMLSS·d)　　沉淀区表面负荷：0.54m^3/(m^2·h)

厌氧区、缺氧区污泥浓度：3000～4000mg/L，好氧区污泥浓度：7000～8000mg/L

污泥回流比：100%，混合液回流比：200%～400%；

鼓风机数量：4 用 1 备，单台技术参数：$40m^3/min$，60kPa，75kW，气水比：20∶1

3　改造效果

3.1　出水指标稳定

改造后，VFL 组合池出水各项指标均达到设计标准，且稳定无剧烈波动，如图 4 所示。

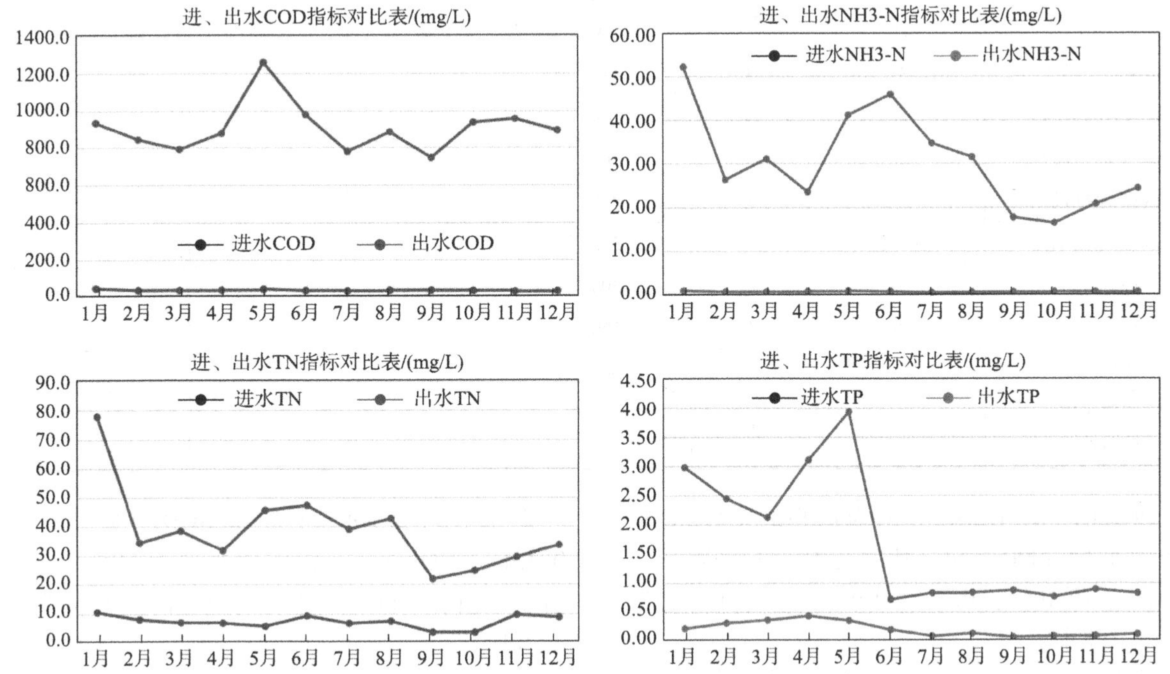

图 4

3.2　运行操作简单

VFL 组合池由鼓风机为好氧区活性污泥提供氧气，同时鼓风机为各污泥回流点提供气源动力，ORP 在线水质检测自动控制系统，根据进水水质及生化反应情况自动调整曝气量和回流量，来保证出水水质达标。整个系统的主要设备是鼓风机、回流系统的分气箱（控制回流量的设备）、回流器（回流管道和传感器组成）、曝气系统的分气设备、曝气膜、控制系统等。

池内无回流搅拌推流设备、无填料、无膜，检修维护工作量少，检修维护费用低，日常巡检和维护的主要内容为：检查鼓风机运行状况，周期性更换润滑油，观察曝气是否均匀，回流管有无堵塞，观察污泥性状，测 SV30、污泥浓度等。相比 CAST 工艺，巡检内容少，工作量小。

控制系统简单，可实现无人值守。通过关键性指标进行在线监测，实现程序控制，实时调节，远程监控，操作简单，现场无人值守。

加药量少，减少了与加药系统有关的操作维护巡检量。生化系统反硝化反应需要的碳源少，本项目自调试成功后，几乎不投加碳源。减少操作和巡检工作量。

3.3　无二次污染

① 臭味控制

污水处理厂生化系统产生恶臭主要是因为在高有机负荷的厌氧环境中，在池内厌氧菌的作用下，产生大量 H_2S 等还原性恶臭气体，这些恶臭气体挥发出来进入到大气中。VFL 工艺有机负荷低，并且存在着大量的由好氧区至缺氧区和由缺氧区至厌氧区的污泥回流，不易产生恶臭气体，即使产生少量恶臭气体，也在随水流上升过程中，被微生物所吸附分解。

② 剩余污泥量控制

VFL 技术在处理污水的同时兼顾了剩余污泥的减量和无害化，系统产泥量低。VFL 系统在高污泥浓度下运行，在同一反应池中实现了脱氮除磷效果，混合液回流比例大，使各单元兼具推流式和完全混合式的优点，整个流程中污染物质浓度梯度较小，尤其是好氧区在低负荷下运行，活性污泥中微生物处于内源呼吸期，产泥量低，是一般工艺的产泥率的10%~30%。

3.4 运行成本低

（1）电耗

具体数据见表4。

表4　改造前后电耗运行成本分析表

改造前生化系统的运行成本				改造后生化系统的运行成本			
主要设备名称	单机功率/kW	数量/台	安装功率/kW	主要设备名称	单机功率/kW	数量/台	安装功率/kW
厌氧提升水泵	37	3	111	提升泵	18.5	3	55.5
厌氧回流水泵	18.5	4	74	/	/	/	/
CAST池回流泵	1.5	4	6	/	/	/	/
CAST池推进器	1.1	8	8.8	/	/	/	/
CAST池滗水器	0.55	4	2.2	/	/	/	/
鼓风机1	75	4	300	鼓风机	75	5	375
鼓风机2	160	1	160				
装机功率			662	装机功率			430.5
主要带电设备数量		28				8	

改造前，以CAST工艺为核心的生化系统，日处理水量3000m^3/d，吨水电耗：1.2kW·h/吨水；电费单价：0.8元/kW·h；运行电费：0.96元/吨水。

改造后，以VFL工艺为核心的生化系统，日处理水量6000m^3/d，吨水电耗：0.82kW·h/吨水；电费单价：0.8元/kW·h，则运行电费：0.656元/吨水。

（2）药耗

改造前，以CAST工艺为核心的生化系统，PAC的投加量为0.087kg/吨水，PAM的投加量为0.006kg/吨水；PAC单价按2000元/吨，PAM的单价按20000元/吨，吨水药剂费：0.294元/吨。

改造后，以VFL工艺为核心的生化系统，PAC的投加量为0.065kg/吨水，PAM的投加量为0.0047kg/吨水；PAC单价按2000元/吨，PAM的单价按20000元/吨，吨水药剂费：0.224元/吨。

（3）污泥量及污泥处置费

改造前，以CAST工艺为核心的生化系统，产泥系数为0.14kg干泥/kgBOD$_5$，吨水产泥量0.21kg污泥/吨水，污泥含水率为60%。污泥处置费单价：5000元/吨，则吨水污泥处置费1.05元/吨；

改造后，以VFL工艺为核心的生化系统，产泥系数为0.10kg干泥/kgBOD$_5$，吨水产泥量0.15kg污泥/吨水，污泥含水率为60%。污泥处置费单价：5000元/吨，则吨水污泥处置费0.75元/吨。

（4）改造前后运行成本对比

表5　改造前后运行成本对比表

名称	CAST工艺	VFL工艺
电费/(元/m^{3}水)	0.96	0.656
药剂费/(元/m^{3}水)	0.294	0.224
污泥处置费/(元/m^{3}水)	1.05	0.75
合计	2.304	1.63

4　结论

（1）本次改造缩短了原处理工艺流程，减少了EGSB厌氧反应器2套及附属设备和管道、水解酸化池1座及附属设备和管道。原处理工艺流程是本行业常规的处理工艺，采用VFL技术对原污水处理厂进行改造后，出水能稳定达标并得到业主认可，说明VFL工艺能替代原来的“EGSB+水解酸化+CAST”工艺，改造后的工艺流程可在本行业该类废水处理领域推广并应用。同类水质、相近处理规模的污水处理项目，如新建池体土建部分需投资950万元，设备部分投资：1690万元，采用VFL工艺进行原地改造，投资可减少850万元。

（2）经改造后，吨水电费由0.96元/吨降低至0.656元/吨，每年可节约电费66.58万元。污泥处置费由1.05元/吨水降低至0.75元/吨水，每年可节约65.7万元。吨水药剂费由0.294元/吨降低至0.224元/吨，每年可节约药剂费15.33万元。每年减少的直接运行成本为：147.61万元。

（3）污染物每年的减排量。COD_{cr}减排3175.5吨，氨氮减排164.25吨，总氮的减排量186.15吨，总磷的减排量2.19吨，环境效益明显。

参考文献

[1] 顾松园，吴长江．炼油化工行业水污染治理技术进展与实践[M]．北京：中国石化出版社，2021.

[2] 斯皮恩．Re. 工业废水的厌氧生物技术（中译本）[M]．北京：中国建筑工业出版社，2001.

CO_2驱注采管柱的腐蚀特征

魏　伟

（中国石化胜利油田分公司石油工程技术研究院）

摘　要　在CO_2驱过程中，CO_2腐蚀严重影响注采管柱的使用寿命。采用失重法、扫描电镜和X射线衍射仪研究了N80、J55和25CrMnV（D级抽油杆）三种材料在模拟油井条件下的CO_2腐蚀特征。实验结果表明，CO_2分压为2MPa时，随着温度的升高，J55的腐蚀速率先增后降，在50℃时达到最大值15.031mm/a；N80和25CrMnV的腐蚀速率呈螺旋式上升。温度为50℃时，随CO_2分压的增加，J55和25CrMnV的腐蚀速率单调递增，N80的腐蚀速率螺旋式上升。试样表面形貌显示，实验条件下，J55和25CrMnV主要发生全面腐蚀，N80主要发生台地腐蚀和点蚀。三种材料腐蚀产物膜的主要成分是FeCO3。65℃以下，腐蚀产物膜致密性随温度增加而增加，高温下，N80和25CrMnV腐蚀产物膜出现起泡、穿孔。

关键词　油管；抽油杆；CO_2腐蚀；腐蚀速率；腐蚀产物膜

油田开发过程中，腐蚀是造成注采管柱穿孔、断脱失效的主要原因之一。在水湿环境下，CO_2极易引起钢铁严重腐蚀，腐蚀速率可高达20mm/a。随着CO_2驱提高采收率技术的推广应用，产液中CO_2含量越来越高，注采管柱因腐蚀失效的问题将越来越严重。研究注采管柱在富CO_2环境中的腐蚀行为，对CO_2驱的正常运行具有十分重要的意义。本文利用高温高压反应釜模拟油井CO_2腐蚀环境，用失重法、扫描电镜（SEM）和X射线衍射仪（XRD）等方法研究了N80、J55和25CrMnV（D级抽油杆）在模拟油井生产条件下的CO_2腐蚀行为。

1　实验条件

实验所用材料为取自油田现场使用的N80、J55、25CrMnV，其成分见表1。材料加工成35mm×15mm×3mm的薄片试样，表面用砂纸逐级打磨至800号，用无水乙醇清洗、干燥、标记并称量，分别装在夹具中，用硅胶密封。实验介质采用模拟油田产液，其离子成分见表2。

表1　实验材料化学成分　　%

	C	Si	Mn	P	S	Cr	Ni	Cu	V
N80	0.25	0.25	1.69	0.009	0.002	0.043	0.035	0.057	
J55	0.29	0.25	1.38	0.016	0.002	0.037	0.002	0.009	
25CrMnV	0.22	0.23	0.93	0.011	0.005	0.89	0.015	0.014	0.04

表2　实验介质离子成分

离子种类	K^+	Na^+	Ca^{2+}	Mg^{2+}	Cl^-	HCO_{3-}	NO_{3-}
浓度/(mg/L)	123.5	6646.06	226.65	68.35	10530.7	725.9	38.1

用高温高压反应釜进行腐蚀实验，将试样装入釜中，预先通CO_2除氧2~3小时左右，然后升温、通CO_2升压，流速为0.75m/s，实验时间为144h。实验结束后取出试样，用清水冲去腐蚀介质，酒精浸泡除水、丙酮浸泡除油和干燥，用500mL浓盐酸、3.5g六次甲基四胺和去离子水配置成1000mL溶液去除腐蚀产物，称量，用失重法计算平均腐蚀速率。采用SEM和XRD方法研究腐蚀产物膜的微观形貌、结构和成分。

2　实验结果与分析

2.1　温度对腐蚀的影响

（1）腐蚀速率

图1是CO_2分压为2MPa时，不同温度下三种材料的平均腐蚀速率。从图1可知，随着温度的升高，J55腐蚀速率呈先增后降的变化趋势，在50℃达到最大值，在80℃腐蚀速率达到最小值；N80腐蚀速率在50℃时腐蚀速率最大；25CrMnV在80℃时腐蚀速率迅速增大。三种材料最小的腐蚀速率为0.6532mm/a，根据NACE

RP0775 对腐蚀程度的分级可知，三种材料的腐蚀程度属极严重腐蚀。

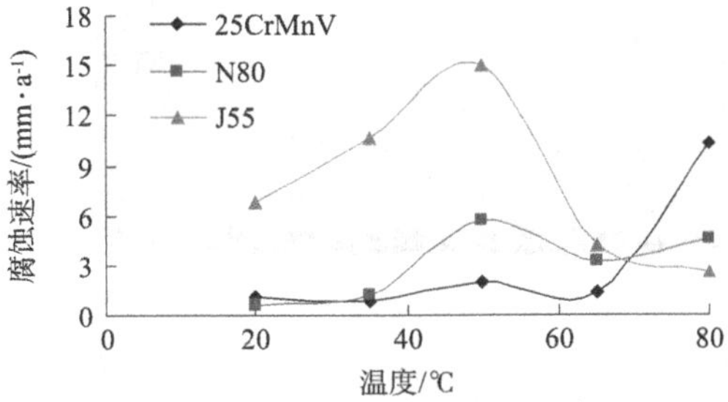

图 1　温度对腐蚀速率的影响

（2）腐蚀形貌

图 2 为 CO_2分压为 2MPa 时，不同温度下三种材料去除腐蚀产物膜后的形貌。从图 2 中可看出，25CrMnV 在 80℃ 基体呈现台地腐蚀形貌，其它温度下为均匀腐蚀形貌。N80 在 20℃ 和 35℃时为均匀腐蚀，50℃时发生台地腐蚀，65℃以上开始出现点蚀。J55 在 50℃时局部腐蚀严重，以台地腐蚀为主，其余温度下呈现全面腐蚀形貌。

(a) 25CrMnV

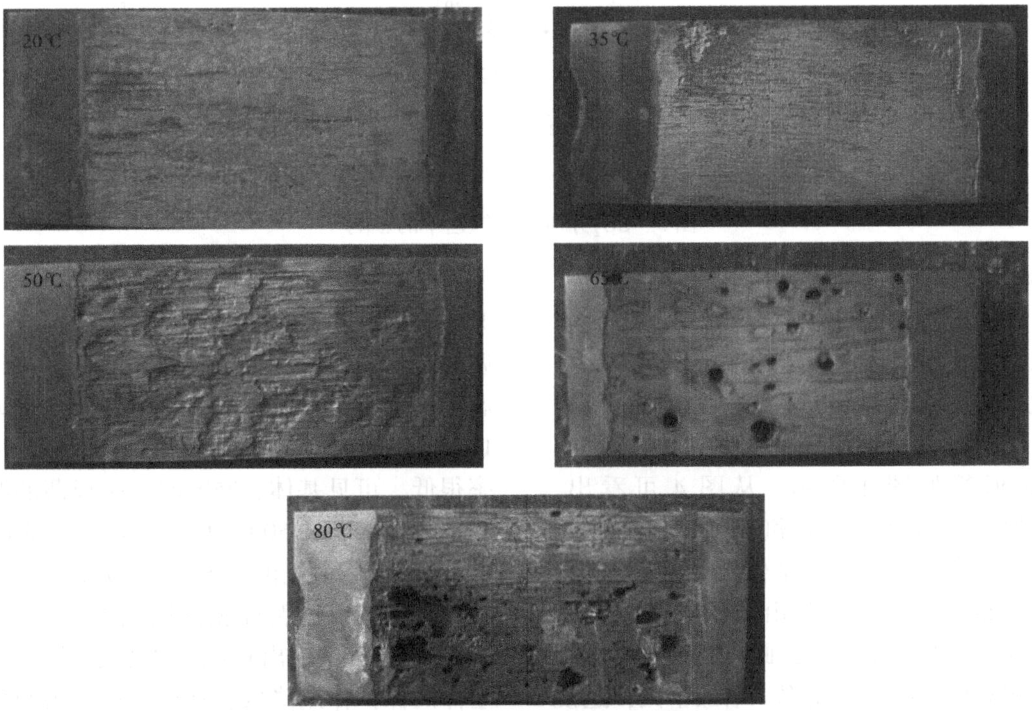

(b)N80

图 2　不同温度下三种材料的腐蚀形貌

(c)J55

图 2　不同温度下三种材料的腐蚀形貌(续)

2.2　CO_2分压对腐蚀的影响

50℃和 80℃时 CO_2分压对三种材料腐蚀速率的影响如图 3 所示。从图 3 可以看出，50℃时，J55 和 25CrMnV 平均腐蚀速率随分压增加而增大，N80 的腐蚀速率先增加后降低，随后增加。80℃时，随着 CO_2分压的增大，25CrMnV 平均腐蚀速率先降后增，在 CO_2分压的临界点达到最小值，J55 和 N80 腐蚀速率变化规律不明显。

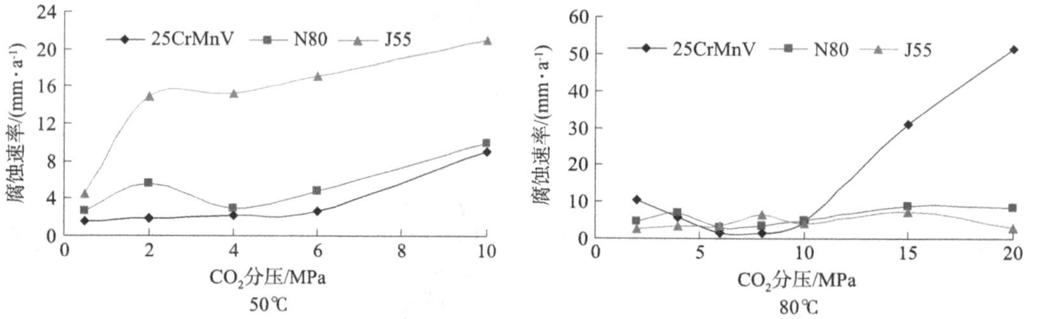

图 3　CO_2分压对腐蚀速率的影响

2.3　腐蚀产物膜分析

(1) 腐蚀产物膜形貌

腐蚀产物膜对基体有一定的保护作用，保护效果取决于腐蚀产物膜的致密性。CO_2分压为 2MPa 时，三种材料在不同温度下的腐蚀产物膜表面 SEM 形貌如图 4 所示。从图 4 可看出，25CrMnV 腐蚀产物膜在 20℃和 35℃时没有明显的晶体形态，存在龟裂纹，基体发生均匀腐蚀；50℃和 65℃时，腐蚀产物膜由堆积紧密的晶体构成，腐蚀产物膜致密平整，此时腐蚀速率虽有增加，但相对低温的腐蚀速率，增加不大，这说明腐蚀产物膜对基体起到一定的保护作用，80℃时，腐蚀产物膜表面不平整，分布有许多孔洞，腐蚀产物膜对基体的保护作用降低，并导致台地腐蚀产生，此时腐蚀速率迅速增加到 10.261mm/a。N80 腐蚀产物膜在 20℃时，覆盖率很低，可见基体，35℃时，生成薄的腐蚀产物膜堆积在表面，50℃时，腐蚀产物膜表面不平整，有孔洞和脱落，65℃和 80℃时，腐蚀产物膜有孔洞，可见腐蚀膜内层晶体颗粒比表层大，N80 从 50℃开始出现局部腐蚀，腐蚀产物膜对基体的保护作用降低，在腐蚀产物膜脱落、鼓泡或孔洞处，基体发生局部腐蚀。随温度升高，J55 腐蚀产物膜致密性增加，20℃时几乎没有腐蚀产物覆盖基体，35℃时，产生少量腐蚀产物膜，50℃时，生成一定厚度的腐蚀产物膜，局部脱落，发生局部腐蚀，腐蚀速率最大，65℃时，腐蚀产物膜局部有鼓泡或孔洞，其他部分覆盖着比较致密的腐蚀产物膜，此时腐蚀速率降低，呈全面腐蚀，80℃时，腐蚀产物膜致密，基体保护作用最强，腐蚀速率最低。

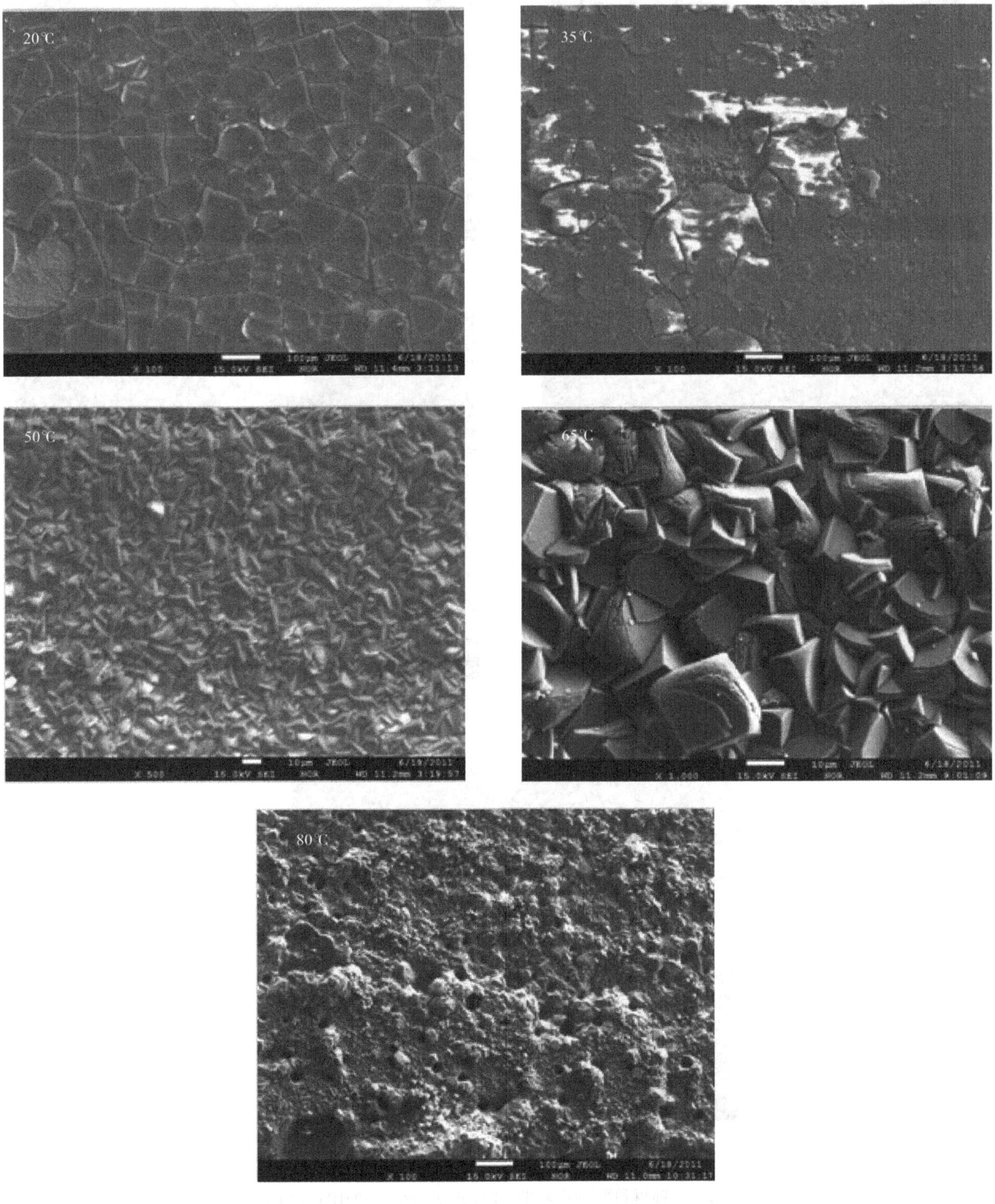

(a)25CrMnV

图 4　三种材料腐蚀产物膜 SEM 形貌($P_{CO_2}=2$MPa)

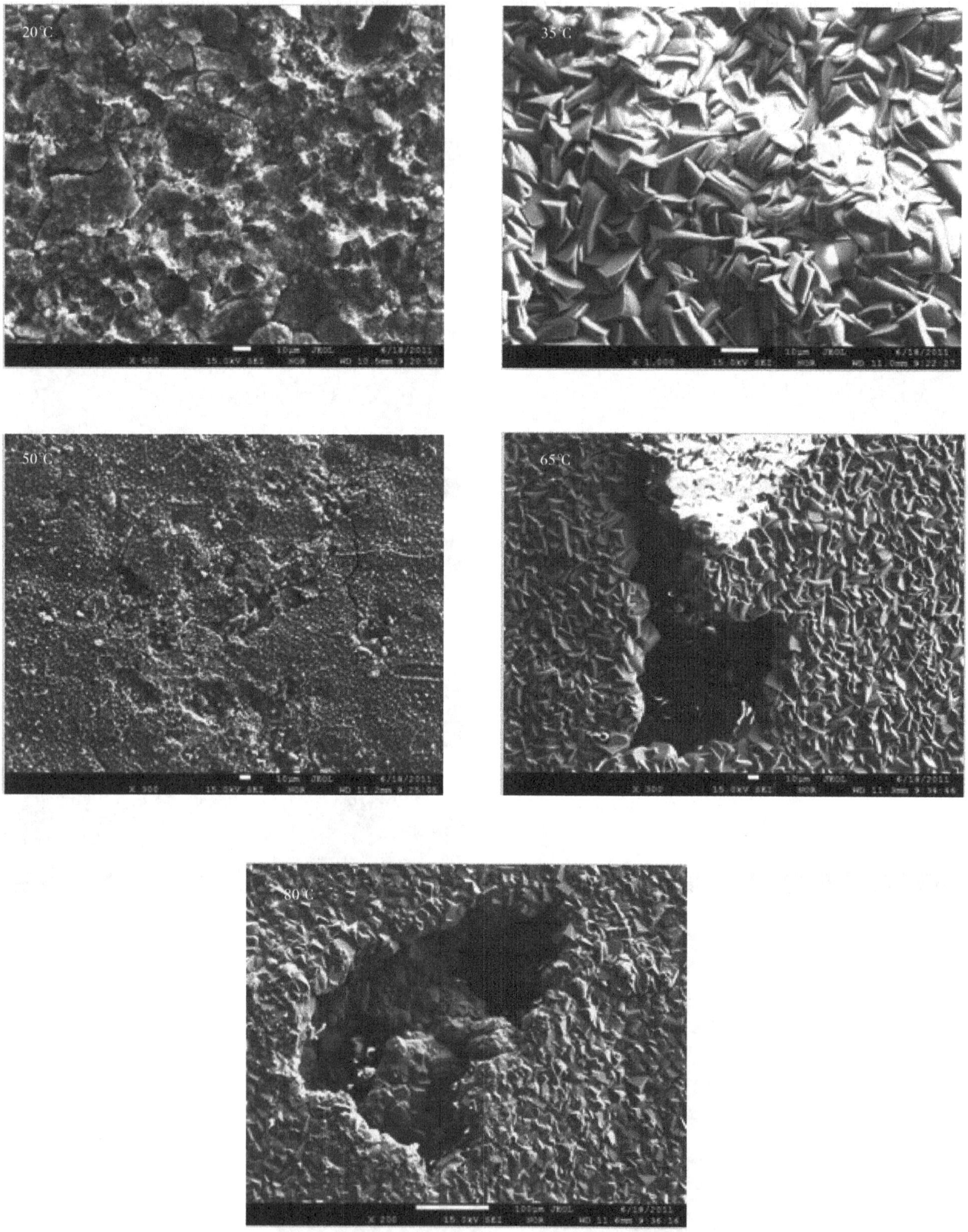

(b)N80

图 4　三种材料腐蚀产物膜 SEM 形貌($P_{CO_2}=2MPa$)(续)

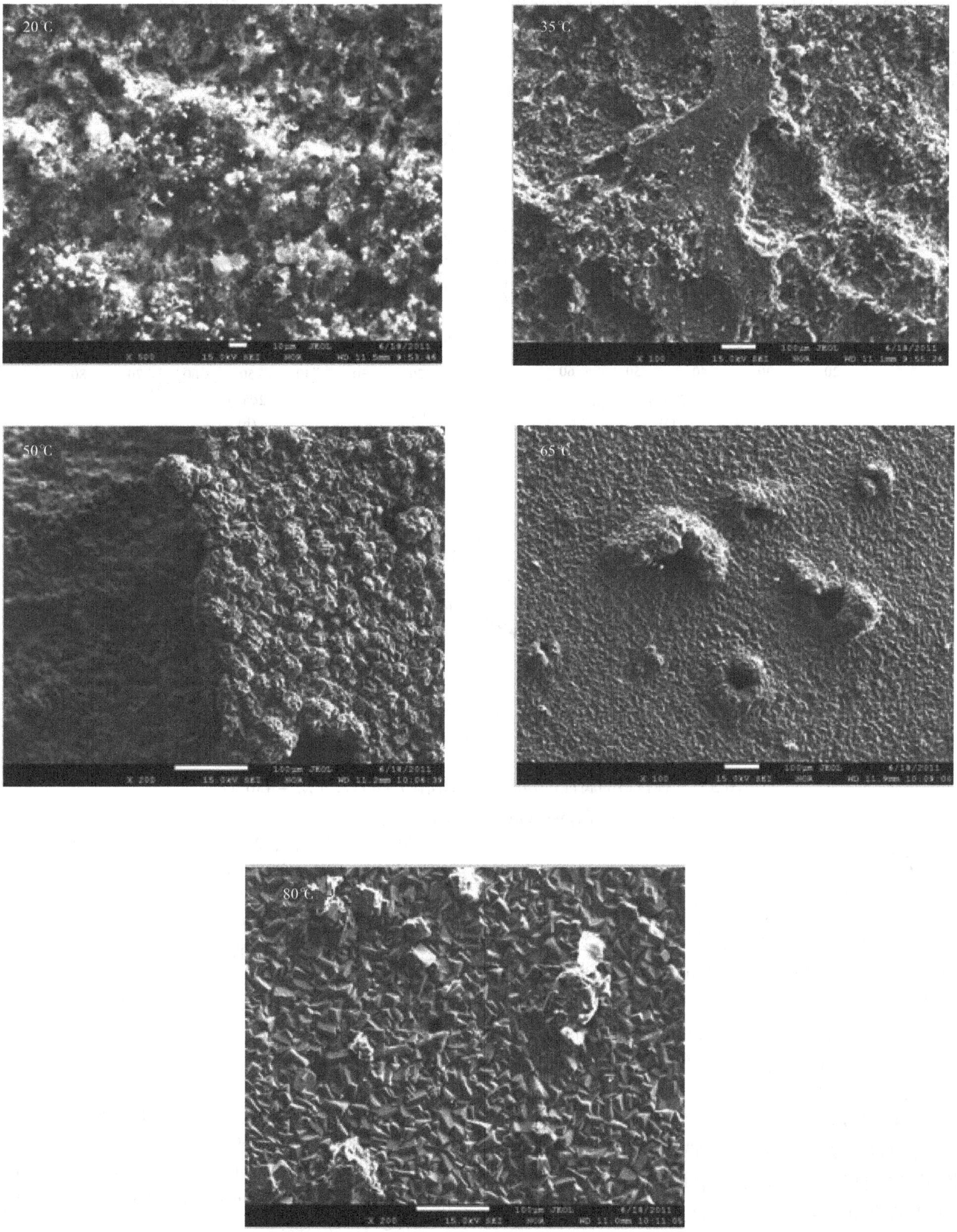

(c)J55

图 4　三种材料腐蚀产物膜 SEM 形貌($P_{CO_2}=2MPa$)(续)

2）腐蚀产物膜成份

图 5 为 25CrMnV、N80 和 J55 腐蚀产物膜的 XRD 图谱。从图 5 可看出，三种材料在富 CO_2 介质中发生腐蚀时，产生的腐蚀产物膜的主要是 $FeCO_3$，N80 腐蚀产物膜有少量的 Fe 和 FeO。腐蚀产物膜主要由以下阳极反应氧化生成：

$$Fe \longrightarrow Fe^{2+} + 2e$$

$$Fe^{2+} + HCO_3^- \longrightarrow FeCO_3 + H^+ + 2e$$

$$Fe^{2+} + CO_3^{2-} \longrightarrow FeCO_3 + 2e$$

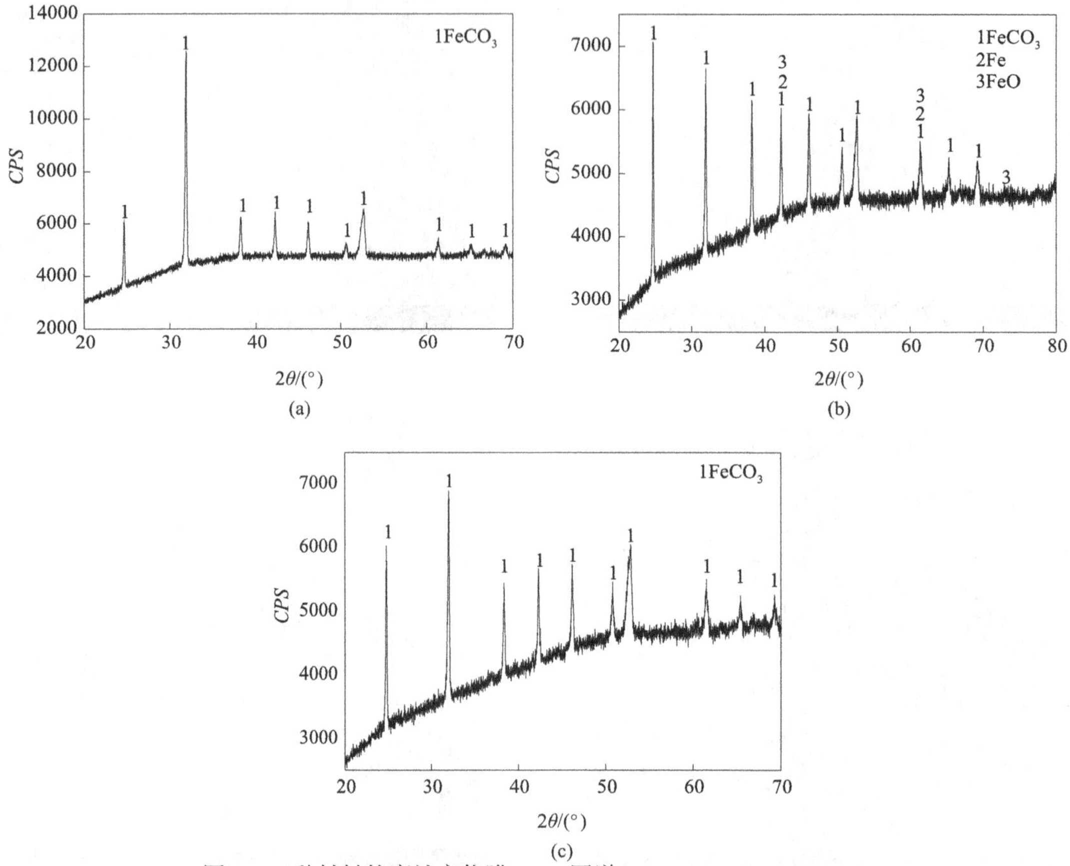

图 5　三种材料的腐蚀产物膜 XRD 图谱（T=80℃，P_{CO_2}=4MPa）

（a）25CrMnV；（b）N80；（c）J55

3　结论

（1）CO_2分压为 2MPa 时，随着温度的升高，J55 的腐蚀速率先增后降，在 50℃时达到最大值 15.031mm/a；N80 和 25CrMnV 的腐蚀速率呈螺旋式上升。

（2）温度为 50℃时，随 CO_2 分压的增加，J55 和 25CrMnV 的腐蚀速率单调递增，N80 的腐蚀速率螺旋式上升。

（3）在 CO_2腐蚀介质中，N80、J55 和 25CrMnV 产生以 $FeCO_3$为主的腐蚀产物膜。65℃以下，腐蚀产物膜致密性随温度增加而增加，高温下，N80 和 25CrMnV 腐蚀产物膜出现起泡、穿孔。试样表面形貌显示，实验条件下，J55 和 25CrMnV 主要发生全面腐蚀，N80 主要发生台地腐蚀和点蚀。

参　考　文　献

[1] 唐威，王铭，何世明，等．油气井中的二氧化碳腐蚀[J]．钻采工艺，2006，29(5)：107-110.

[2] 刘建国，高嵩，刘军．抽油杆失效原因探讨[J]．油气田地面工程，2006，25(6)：43.

[3] 田伟，赵雪会，白真权，等．ϕ22mm D 级抽油杆失效原因分析[J]．石油矿场机械，2008，37(12)：52-55.

[4] 林冠发，白真权，赵新伟，等．J55 钢 CO_2腐蚀产物膜形貌结构研究[J]．理化检验-物理分册，2005，41(1)：7-11.

[5] 李党国，冯耀荣，白真权，等．温度对 N80 碳钢 CO_2腐蚀产物膜性能的影响[J]．中国腐蚀与防护学报，2008，28(6)：369-373.

[6] Linter B R.，Burstein G T. Reaction of pipeline steels in carbon dioxide solutions [J]. Corros. Sci.，1999，41(2)：117-139.

[7] Ogundele G I.，White W E. Some observation on corrosion of carbon steel in aqueous environments containing carbon dioxide [J]. Corrosion，1986，42(2)：71-77.

Hele-Shaw 通道中黏性泡沫棱镜运动的数值模拟研究

张浩森[1,2]　孟庆民[1,2]　贾培锋[1,2]

(1. 中国石化胜利油田分公司(青岛)技术研发中心有限公司；2. 中国石化胜利油田分公司石油工程技术研究院)

摘　要　二维黏性泡沫模型可描述 Hele-Shaw 通道中泡沫动态运动，仅间接考虑板间距影响。对此，提出三维黏性泡沫模型，壁面 Plateau 边界动态运动，而薄膜准静态运动。采用该模型预测了黏性泡沫透镜在 Hele-Shaw 通道中运动，揭示了驱动速度与板间距之比为主要影响因素。结果表明，两个模型预测了黏性泡沫透镜形变过程相似，形变程度存在差异。引入二维模型黏性系数修正公式，提高了二维模型精度。定量分析表明二维模型黏性系数应据薄膜上位置及驱替速度不同而变化。

关键词　黏性泡沫棱镜；黏性泡沫模型；泡沫动态运动；表面能最小化；Hele-Shaw 通道；Surface Evolver；梯度下降法

1　简介

泡沫驱是一种以泡沫为驱油介质的提高采收率技术。泡沫在储层中具有高表观粘度的特点，对油水的封堵具有选择性，可有效控制气窜，在油田稳产增产中发挥重要作用。

泡沫由气液两相流体组成，气相由液相薄膜分割成离散相气泡，液相组成连续流体网络。当液相体积分数极低(小于 1%)时，泡沫呈现多面体气泡的堆积形态，一般称为“干泡沫”。干泡沫中液相分布表现出空间多尺度性，据此可细分为三种结构：薄膜、Plateau 边界以及顶点。与空间多尺度性相关联，不同组成结构的运动表现出时间多尺度性，因而泡沫动力学本质上具有时空多尺度性。

气泡堆尺度下，组成泡沫的薄膜、Plateau 边界及顶点等微结构在运动中受多种约束作用，表现出复杂流变行为。静态泡沫在界面张力作用下呈现最小表面形态，即在给定气泡体积和局部几何约束下呈表面能最小化的结构形态。作用在泡沫上的应变会使泡沫结构偏离静态结构，进而改变泡沫力学性质。然而，当向泡沫缓慢施加应变时，泡沫运动近似为准静态的，即在任意时刻泡沫保持最小表面形态。预测最小表面形态常用方法是有约束的梯度下降法，该方法已内置在开源软件 Surface Evolver 中，可计算复杂结构泡沫最小界面形态。

准静态假设下，由于作用在泡沫的外部应变是缓慢施加的，流体黏性耗散可忽略，此时泡沫薄膜与壁面呈直角接触。一方面，运动速度极低时，流体的黏性耗散趋于零，此时固体壁面作用在薄膜上的黏性阻力趋于零，从而薄膜与壁面自然呈直角接触。另一方面，当泡沫拓扑结构变化时，如 T1 拓扑变化，或几何约束突变，如薄膜在收敛-扩张管道中运动至中间位置时，泡沫薄膜运动速度明显提高，尽管此时黏性耗散不为零，但此过程持续时间相对较短。该过程前后，薄膜与壁面仍呈直角接触。

随着作用在泡沫上外部应变速率变快，黏性耗散的速率和表面张力主导的结构松弛运动速率相当，此时泡沫将偏离静态形态，且薄膜与壁面间夹角偏离直角。黏性耗散主要发生在与薄膜与壁面接触处 Plateau 边界液相内部。据此，Xu 和 Rossen(2003)在准静态模型的基础上，考虑了固体壁面作用在 Plateau 边界上的黏性阻力，在二维下分析了单个薄膜在收敛-扩张管道中的运动，研究了不同驱动速度下薄膜运动过程平均阻力。

Hele-Shaw 通道是实验研究泡沫运动的重要工具，将泡沫约束在一对相近且透明平行板之间，使泡沫近似处于二维运动，且便于对泡沫形态的观察。针对此场景，二维黏性泡沫模型考虑了壁面对薄膜运动的黏性阻力影响，是研究 Hele-Shaw 通道中泡沫运动的数学工具。该模型利用了压差、薄膜张力及黏性阻力间平衡关系，可描述泡沫动态运动过程。黏性阻力项一般简化为与法向速度成正比，更精确的模型则为速度的幂函数形式。由于引入了速度，二维黏性泡沫模型克服了准静态模型预测结果的“跳跃性”，可区分泡沫结构变形过程中可能发生的拓扑结构变化的时间顺序，从而可研究不同运动速度下的泡沫力学特性。Green 等人研究了黏性泡沫棱镜结构在二维直通道中的动态运动，并分析了驱动速度和泡沫初始结构对是否出现 T1 拓扑结构变化的影响。Torres-Ulloa 等人则考虑了直通道中三个气泡组成的结构的类似行为。

二维黏性泡沫模型适用的薄膜法向运动速度大小存在两方面的限制。一方面，二维黏性泡沫模型建立在压力差-张力-阻力平衡的假设上，是一种低雷诺数模型；另一方面，二维黏性泡沫模型所描述的三维场景对薄膜速度施加了又一限制。Hele-Shaw 通道中，薄膜在垂直于平行板的纵向平面内呈弯曲形态。随着运动速度的增加，平行板对薄膜的阻力使接触处 Plateau 边界的运动显著滞后于薄膜纵向中部的运动，即薄膜与上下平行板夹角逐渐减小，趋于相切。当相切发生后，薄膜将贴附于上下平行板，逐渐拉伸，无法达到稳态。此时，二维黏性泡沫模型不再适用。显然，泡沫薄膜在纵向上的弯曲同泡沫在 Hele-Shaw 通道中的运动是紧密关联的。二维黏性泡沫模型仅通过黏性阻力项间接考虑了纵向弯曲，本质上无法直接描述这一几何特征及其对泡沫运动的影响。

本文通过构造三维黏性泡沫模型，直接描述薄膜横向和纵向上的形态分布，拓展了 Xu 和 Rossen 的工作，并结合了 Surface Evolver 工具，理论上可以实现复杂泡沫结构三维动态运动预测。Raufaste 等人提出了类似方法，然而其研究与黏性泡沫模型无关。基于三维黏性泡沫模型，本文推导建立了其与二维黏性泡沫模型的数学关系，并通过数值模拟黏性泡沫棱镜的运动，研究了影响黏性泡沫棱镜稳态形态的因素，进一步揭示了二维黏性泡沫模型描述 Hele-Shaw 通道中泡沫运动的近似性。

2　Hele-Shaw 通道中黏性泡沫棱镜

考虑图 1 所示 Hele-Shaw 通道，由两个相近平行板及一对侧边板组成，截面形状为矩形。建立 xyz 笛卡尔坐标系描述该通道的位置，y 轴对应气相注入驱动方向，yz 平面与通道平行板间中心平面一致，xy 平面与其中一个侧边板平面重合。

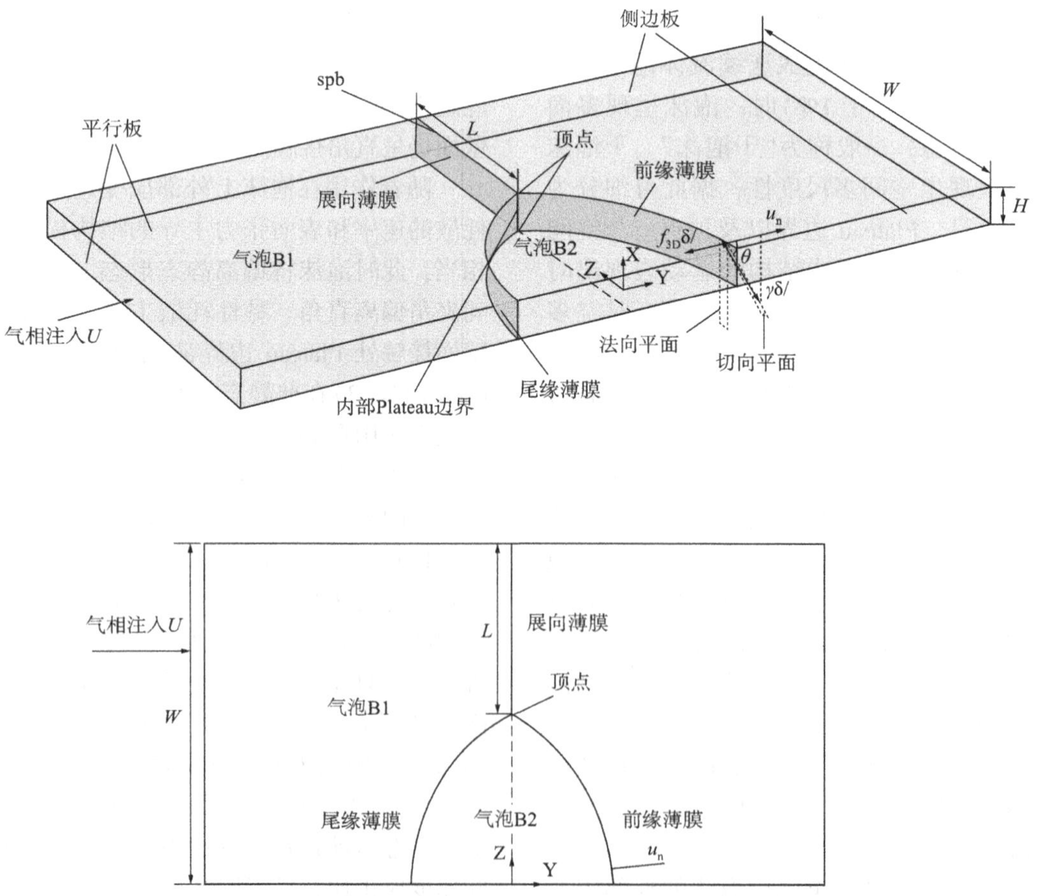

图 1　Hele-Shaw 通道中的泡沫棱镜结构(上方)及沿平行板法向观察的二维近似(下方)

黏性泡沫棱镜由三个薄膜组成，其中两个薄膜与壁面构成一个气泡，气泡与另一侧边板之间由第三个薄膜纵向连接。沿流动方向，三个薄膜分别称为后缘、展向及前缘薄膜。后缘、展向薄膜，壁面及入口平面封闭的空间可视作一个气泡，记作B1，而黏性泡沫棱镜包含的气泡记作B2。在数值模拟中，B2 体积恒定，B1 体积逐渐增加，模拟气相注入过程。此外，三个薄膜与上下平行板接触线处 Plateau 边界记作 spb，三个薄膜接触形成内部 Plateau 边界。上下平行板处各有三条 spb 与该内部 Plateau 边界相接，形成两个顶点。

相关参数包括：U 气体注入速度，即驱动速度，W 通道宽度，H 平行板间距，L 展向薄膜初始长度，θ 薄膜与平行板间夹角，f_{3D} 作用在单位长度 spb 上黏性阻力，方向与 spb 法向速度 u_n 相反，γ 薄膜张力，δl 表示 spb 上一个微元段长度。黏性阻力和薄膜张力间存在平衡关系：$f_{3D}\delta l=\cos\theta\gamma\delta l$。$H$ 很小时，由平行板法向观察，泡沫运动近似为二维运动。

3　黏性泡沫模型

3.1　二维黏性泡沫模型

二维黏性泡沫模型描述 Hele-Shaw 通道中干泡沫动态运动，关键在于引入了薄膜法向速度有关的黏性阻力项。采用线性阻力项的模型是该类模型最简单的版本，数学形式为

$$\Delta P-\gamma k=\zeta u_n \tag{1}$$

其中 ΔP[Pa]表示薄膜凹侧与凸侧压力之差，γ[Nm^{-1}]薄膜张力，k[m^{-1}]薄膜曲率，u_n[ms^{-1}]薄膜速度沿着薄膜法向分量，正值表示法向速度由薄膜凹侧指向薄凸侧，ζ[Nsm^{-3}]黏性阻力系数。需注意，法向速度在二维和三维下的定义有所区别。三维情形下，法向速度定义为 spb 速度沿着 spb 法向分量。k 可以解释为三维下的薄膜横向曲率。薄膜纵向弯曲没有直接出现在二维黏性泡沫模型中，由黏性阻力项间接体现。

采用二维模型模拟 Hele-Shaw 通道中泡沫运动方法简述如下。对于给定二维泡沫初始形态，首先计算薄膜曲率。对薄膜法向速度矢量沿着气泡边界积分计算通量，结合已计算的薄膜曲率，建立关于已知量气泡体积变化率和未知量气泡压力的方程组。通过求解该方程组可以确定各气泡压力，回代入二维模型，即可求出薄膜各处法向速度。对于薄膜形态演化，仅需薄膜各处法向速度。

3.2　Young-Laplace 方程

二维模型忽略了气相及远离壁面液相的黏性，因此泡沫除了 spb 以外部分的运动由表面张力决定。薄膜两侧压力差满足 Young-Laplace 方程

$$\Delta P=\gamma(k_1+k_2) \tag{2}$$

其中，k_1[m^{-1}]和 k_2[m^{-1}]为三维空间中两个薄膜主曲率。

当 Hele-Shaw 通道中泡沫处于静止状态时，薄膜沿纵向不弯曲，沿横向则可能弯曲，如图 1 所示。此时纵向曲率 k_1 为零，而横向曲率 k_2 非零。相反的情况为单个薄膜在 Hele-Shaw 通道中运动，忽略侧边板的阻力时，该薄膜纵向曲率非零，而横向曲率为零。更一般情况下，薄膜沿横向和纵向曲率均非零，且主曲率方向可能与横向及纵向不一致。然而，当薄膜横纵方向曲率存在较大尺度差异时，可合理假设一个主曲率沿横向，相应地另一个主曲率沿纵向。例如，当薄膜运动速度趋于零时，薄膜沿纵向曲率趋于零，而横向曲率可为有限大小。又如，当薄膜运动速度很大且平行板间距很小时，薄膜纵向弯曲程度较大，此时纵向曲率远大于横向曲率。

平行板间距较小时，spb 的形态可近似表征薄膜形态沿着平行板法向投影。综合此近似和关于主曲率方向的假设，可知横向曲率 k_2 主要沿横向变化，沿纵向近似均匀分布。由于 k_1 和 k_2 之和保持不变，k_1 也近似只沿横向变化。于是，k_1 可根据薄膜与平行板间夹角 θ 确定。据定义 $k_1=d\theta_s/ds$，其中 s 表示沿纵向的曲线坐标，曲线指薄膜与纵向与之垂直平面的交线。θ_s 是薄膜的当地切向与横向间夹角，薄膜中心处 $\theta_s=\pi/2$，spb 处 $\theta_s=\theta$。由薄膜中心沿 x 积分得 $\int k_1 dx$，可改写为 $\int(dx/ds)d\theta_s$，其中 dx/ds 计算可知为 $\sin(\theta_s)$。对此积分计算 $\theta_s=\pi/2$ 到 $\theta_s=\theta$ 的定积分，可得 $k_1(H/2)=\cos\theta$，从而 $k_1=\cos\theta/(H/2)$。因此，方程(2)中 γk_1 可计算为 $\gamma k_1=\gamma\cos\theta/(H/2)$，其中 $\gamma\cos\theta$ 表示薄膜张力对单位长度 spb 作用力的横向分量。

上述薄膜张力分量沿横向与作用在 spb 上的

黏性阻力平衡，即 $\gamma\cos\theta=f_{3D}$，其中 f_{3D} 是薄膜法向速度的函数 $f_{3D}=\xi u_n$，于是 $\gamma\cos\theta=\xi u_n$。ξ[Nsm^{-2}]为三维场景下定义的黏性阻力系数。综合方程(2)、$\gamma k_1=\gamma\cos\theta/(H/2)$ 及 $\gamma\cos\theta=\xi u_n$，可得 $\Delta P=\gamma k_2+(2/H)\xi u_n$。对比该式与方程(1)，基于 k_1 和 k_2 只沿横向变化的假设，可知该式即为由 Young-Laplace 方程推导得到的二维黏性泡沫模型，且二维黏性模型中的黏性阻力系数 ζ 与三维下定义的黏性阻力系数 ξ 存在关系 $\zeta=(2/H)\xi$。

以上推导过程基于两项基本假设，其一是主曲率方向分别沿着横向和纵向且仅沿横向变化，其二是 spb 形态可以有效代替平行板法向观察得到的薄膜整体形态特征。在这些假设下，我们推导得到了二维黏性泡沫模型，表明二维黏性泡沫模型是 Young-Laplace 方程及 spb 处力平衡的二维近似，可以近似描述 Hele-Shaw 通道中泡沫的行为。值得注意，$\zeta=(2/H)\xi$ 基于同样假设，因此也为近似关系式。

当上述两项假设不满足时，二维黏性泡沫模型预测的 Hele-Shaw 通道中泡沫运动与实际情况偏差可能较大。例如，当薄膜迁移速度较大时，二维黏性泡沫模型的分析结果表明薄膜在远离侧边板的位置呈平直形态，而靠近侧边板曲率较大。此时，主曲率方向不与横向和纵向分别对应。又如，当平行板间距较大时，薄膜沿横向和纵向曲率间无明显尺度差异，且此时 spb 无法有效表征薄膜整体形态，特别是远离平行板的区域，如图 1 中薄膜与 yz 平面的交线。下文第 5 节提出二维黏性泡沫模型黏性系数修正方法，使二维黏性泡沫模型更好描述 Hele-Shaw 通道中泡沫运动。

3.3　三维黏性泡沫模型

上文指出二维黏性泡沫模型可由 Young-Laplace 方程及 spb 处力平衡，在一定假设基础上推导得出。显然，三维情形下直接采用 Young-Laplace 方程及 spb 处力平衡可以避免额外假设，进而提高模拟 Hele-Shaw 通道中泡沫运动的精度。值得注意，采用这一方法仍基于基础性假设：(1)气泡中气相压力均匀分布；(2)黏性耗散仅在 spb 内。气相黏性和惯性力可忽略时假设(1)成立，此时薄膜张力驱动薄膜趋向表面能最小化形态。假设(2)决定了 spb 运动的建模方式，即薄膜张力和黏性阻力沿横向平衡(Xu and Rossen，2003)。

对照二维黏性泡沫模型，称三维下模拟泡沫在 Hele-Shaw 通道中动态运动的模型为三维黏性泡沫模型，主要包含两个部分：其一，spb 的运动根据力平衡确定，其中黏性阻力项与 spb 法向速度有关；其二，泡沫对于给定 spb 位置，在薄膜张力作用下始终处于表面能最小化形态。同二维黏性泡沫模型类似，该模型假设黏性阻力项与 spb 法向运动速度有关，如下式所示

$$\gamma\cos\theta=\xi u_n \cdot \tag{3}$$

除 spb 运动外，顶点运动需要单独建模确定。本文参照二维黏性泡沫模型的处理方法，近似认为三条 spb 间夹角均为 120 度。

3.4　黏性泡沫模型无量纲化

参考图 1，取 W 为特征长度，γ/W 为特征压力，γ/ξ 为特征速度，特征速度对应薄膜与上下平板相切时的速度极限。表面 spb 无量纲法向速度必须小于或等于 1，否则三维黏性泡沫模型不适用。

对方程(2)无量纲化得

$$\Delta P^*=k_1^*+k_2^*, \tag{4}$$

其中，无量纲压力 $\Delta P^*=\Delta PW/\gamma$。无量纲主曲率分别为 $k_1^*=k_1W$ 和 $k_2^*=k_2W$。

对方程(3)无量纲化得

$$\cos\theta=u_n^* \tag{5}$$

其中，无量纲速度 $u_n^*=u_n\xi/\gamma$。

二维黏性泡沫模型也可无量纲化，得

$$\Delta P^*-k^*=\zeta^* u_n^* \tag{6}$$

其中，$k^*=kW$。ζ^* 为二维模型中无量纲阻力系数 $\zeta^*=W\zeta/\xi$。注意，在 3.2 节所述假设下 $\xi=H\zeta/2$。此情况下无量纲化二维黏性泡沫模型为

$$\Delta P^*-k^*=\frac{2}{H^*}u_n^* \tag{7}$$

其中，H^* 是无量纲平行板间距，即 Hele-Shaw 通道横截面宽长比。以下内容均基于无量纲量讨论，将忽略参数上标 *。

本文引入“表观黏性阻力”f_D，定义为

$$f_D=\Delta P-k_{spb} \tag{8}$$

其中，ΔP 为薄膜两侧压力差，spb 曲率记作 k_{spb}。以三维黏性泡沫模型结果为基准，该定义项可评价二维黏性泡沫模型对 Hele-Shaw 通道中泡沫运动的预测精度。具体而言，若 f_D 与 spb 法向速度成正比，则二维黏性泡沫模型适用。

4 数值计算方案

考虑图 1 所示 Hele-Shaw 通道中黏性泡沫棱镜的运动。展向薄膜初始长度固定为 0.5，影响该结构运动的参数包括：驱动/气体注入速度 U，平行板间距 H。方程(7)显示，此二者通过组合 U/H 影响泡沫运动，该比值记作 $\eta=U/H$。

各参数取值范围如表 1 所示。H 取［0.1，0.2，0.3，0.4］，而 η 取［0.5，0.75，1.0，1.25，1.5，1.75，1.875，2.0］。由于参数 U 上限 1.0，以上取值范围对应的 U 取值涵盖了低速至高速较大范围。此外，H 一般小于 1，本文中 H 最大取 0.4。

三维模拟中薄膜采用三角形网格离散，三角形边长在一定范围内。为对比，本文采用二维模型计算了二维黏性泡沫棱镜稳态形态。二维下，薄膜被离散为直线段，此时控制直线段长度在一定区间内。二维黏性泡沫棱镜稳态计算及 H 取 0.1 的三维计算中，网格尺寸区间取［L_{min}，L_{max}］，记作 R_1，其中 L_{min} 和 L_{max} 分别取 0.00396 和 0.0099。

表 1　三维模拟中参数取值及网格分辨率

H \ η	0.5	0.75	1.0	1.25	1.5	1.75	1.875	2.0								
0.1	R_1	R_1	R_1	R_1	R_1	R_1	R_1	R_1								
0.2	R_2，	R_1	R_2，	R_1	R_2，	R_1	R_2，	R_1	R_2，	R_1	R_2，	R_1	R_2，	R_1	R_2，	R_1
0.3	R_3，	R_2	R_3，	R_2	R_3，	R_2	R_3，	R_2	R_3，	R_2	R_3，	R_2	R_3，	R_2	R_3，	R_2
0.4	R_4，	R_3	R_4，	R_3	R_4，	R_3	R_4，	R_3	R_4，	R_3	R_4，	R_3	R_4，	R_3	R_4，	R_3

H 取 0.2，0.3 和 0.4 时，三维计算中网格采用稍低分辨率，分别为 R_2：［$2L_{min}$，$2L_{max}$］，R_3：［$3L_{min}$，$3L_{max}$］和 R_4：［$4L_{min}$，$4L_{max}$］。此外，为相同 η 而不同 H 计算结果间对比合理性，对相同 H 各组额外计算更高一级分辨率下的结果，如表 1 所示。模拟中采用时间步长固定为 $\Delta T=0.01$。该时间步长足够小，使网格各节点单时间步内位移大小小于网格最小尺寸，保障了计算稳定性。

5 数值计算结果

本节给出图 1 中研究对象的三维黏性泡沫模型计算结果。其与二维黏性泡沫模型结果的对比及由此开展的对二维黏性泡沫模型评价，基于稳态形态。本文不关注黏性泡沫棱镜动态运动过程的二维和三维结果间对比。

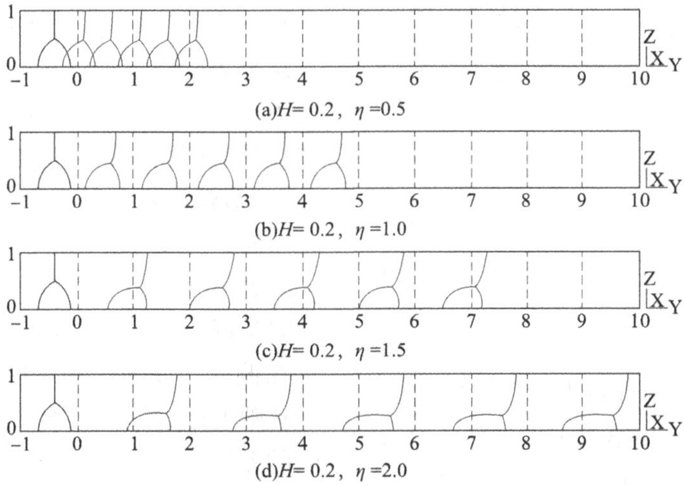

图 2　三维黏性泡沫模型预测的不同时刻下黏性泡沫棱镜形态，时刻 T 分别为 0.0，5.0，10.0，15.0，20.0，25.0

5.1 黏性泡沫棱镜三维动态运动

数值计算中，考虑网格分辨率 R_2，则纵向上薄膜上约有 16 个网格。图 2 给出四组计算结果，$H=0.2$，η 分别取 0.5，1.0，1.5 和 2.0。

驱动速度较低时，如 $U=0.1$，$\eta=0.5$，泡沫棱镜由开始运动至稳态过程中仅略偏离初始形态。而当驱动速度较高，如 $U=0.4$，$\eta=2.0$，采用顶点 z 坐标表征该结构形变，可见黏性泡沫棱镜形变过程更加迅速，如图 3 所示。

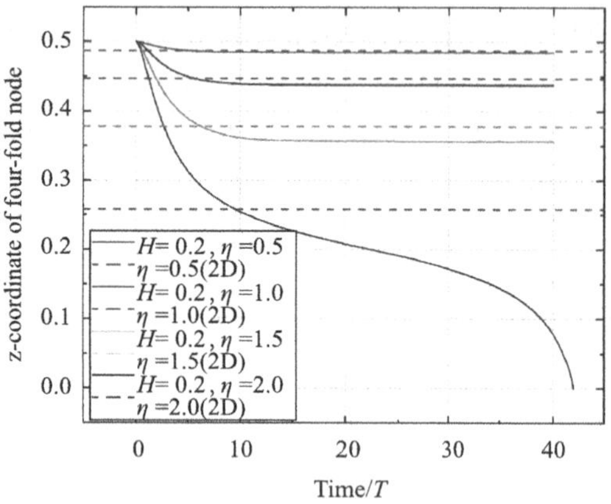

图 3　黏性泡沫棱镜顶点 z 坐标随时间的变化。H 为 0.2，η 分别为 0.5，1.0，1.5，和 2.0。虚线为相同驱动速度下二维稳态结果，二维计算中 ζ 取 $2/H$

驱动速度较低时，黏性泡沫棱镜运动逐渐趋于稳态，顶点 z 坐标趋于恒定，如图 3 所示。计算中当 z 坐标随时间变化率低于 0.001 时，认为黏性泡沫棱镜运动达到稳态，形态不再随时间发生变化。驱动速度较高时，如 $U=0.2$，$\eta=1.0$ 或 $U=0.3$，$\eta=1.5$，相对于较低驱动速度，如 $U=0.1$，$\eta=0.5$，需更长时间达到稳态，且稳态时变形程度更加显著。速度足够大时，如 $U=0.4$，$\eta=2.0$，展向薄膜长度在运动过程中逐渐减为 0，表明黏性泡沫棱镜将发生 T1 拓扑结构变化。这些行为同采用二维黏性泡沫模型分析得到的结果相似。

二维与三维模型计算结果间存在定量差异。图 4 显示了采用三维黏性泡沫模型计算得出的稳态运动时黏性泡沫棱镜顶点 z 坐标随 η 变化。对于较小的平行板间距，如 $H=0.1$ 和 0.2，当 η 足够大时，顶点 z 坐标最终变为零，黏性泡沫棱镜将发生 T1 拓扑变化，在计算考虑的时间内运动没有达到稳态。图 4 中还给出了二维黏性泡沫模型的计算结果，注意二维模型的结果仅与 η 有关。本文采用的计算二维黏性泡沫棱镜稳态运动时形态的方法为等效静态法，利用了黏性泡沫棱镜稳态形态不随时间变化这一特征，根据速度、薄膜局部较驱动方向倾角等引入薄膜张力修正量，将稳态形态等效为变薄膜张力下的表面能最小化形态。为对比该方法的计算结果，图 4 中还引用了文献中采用动态模拟方法给出的结果，由于文献中采用的离散分辨率较 R_1 高，稳态时二维黏性泡沫棱镜顶点 z 坐标相对较小。

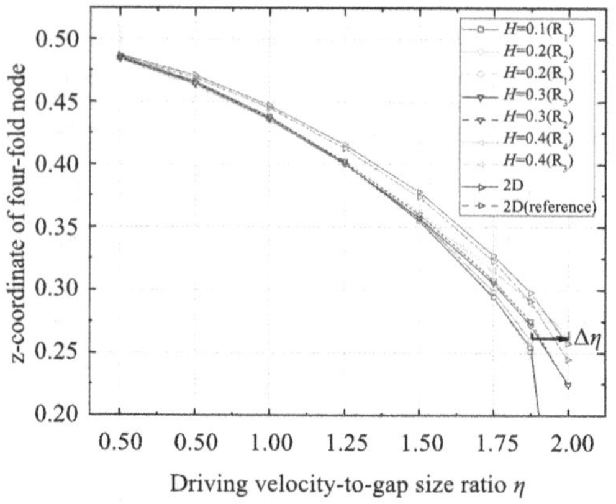

图 4　不同 H 及网格分辨率下顶点 z 坐标随驱动速度与平行板间距比值的变化。参考曲线为采用二维模型计算结果及文献中二维结果。$H=0.1$ 和 0.2 两种情况下，z 坐标最终变为零，相关数据点没有显示在图中。$\Delta\eta$ 为使二维与三维结果匹配需引入的 η 增量。图中示例为曲线“$H=0.2(R_2)$”和“2D”间 η 增量

对本文考虑的所有 H 值，即 $H=0.1$，0.2，0.3 和 0.4，η 在[0.5，1.5]内变化，稳态时顶点 z 坐标计算结果十分接近。表明在该变化范围内，影响稳态形态的主要因素是 η。随着 η 增加，如在[1.5，2.0]内变化时，H 也对稳态形态产生影响，且随着 H 降低，稳态时将发生更大程度变形。如 $\eta=2.0$ 时，$H=0.1$ 和 0.2 的计算结果表明黏性泡沫棱镜会发生拓扑结构变化，而 $H=0.3$ 和 0.4 计算结果表明黏性泡沫在计算考虑的时间内达到了稳态形态。

5.2　黏性阻力系数修正

3.2 节采用相关假设推导了无量纲关系式 $\zeta=2/H$。由于存在假设，其仅为近似关系式。更一般情况下，采用该式会导致二维和三维结果间存在偏差，如图 3 和 4 所示。反之，若在 $\zeta=2/H$ 基础上通过修正 ζ 则可能减少二维和三维结果间的差异。由于本文采用顶点 z 坐标变化表征黏性泡沫棱镜的变形程度，以下引入修正 ζ 的方法，使给定 H 和 η 下，二维模型预测得到顶点 z 坐标和三维模型预测结果一致。

考虑图 4 中示例，三维计算中 $H=0.2$，$\eta=$

1.875，若在二维计算中对 η 引入 $\Delta\eta$ 的增量，则二维和三维关于顶点 z 坐标的计算结果一致。此时，二维黏性泡沫模型中黏性阻力系数可计算为 $\zeta=2(\eta+\Delta\eta)/U$。此式可改写为如下形式 $\zeta=(1+\Delta\eta/\eta)(2/H)$。图 4 表明，当 η 在[0.5，1.875]内变化时，若 H 取 0.1，0.2 和 0.3，$\Delta\eta$ 为正，且随着 η 增加而增加。相反，$H=0.4$ 时，$\Delta\eta$ 首先随着 η 增加而增加，而后随之降低，且最终可能取负值，如 η 取 2.0 时的情况。二维模型中黏性阻力系数修正实例如下。$H=0.2$，$\eta=1.875$ 时，$\Delta\eta$ 约为 0.125，ζ 可由取值 10.0 修改为 10.667。图 5 对比了修改前后二维和三维计算结果，可见修改后二维模型的计算结果和三维结果相近。

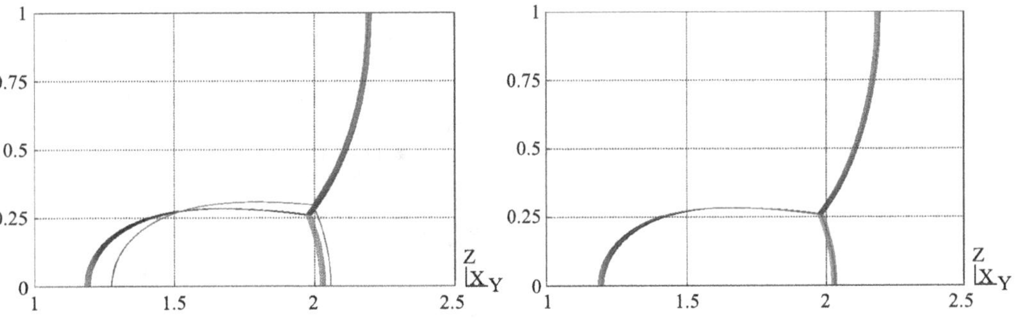

(a)U=0.375，H=0.2，ζ=10.0　　(b)U=0.375，H=0.2，ζ=10.667

图 5　修正二维黏性泡沫模型中黏性阻力系数前后二维与三维稳态泡沫形态

5.3　黏性阻力系数对薄膜上各点位置依赖性

据 3.2 节分析可知，一些情况下由 Young-Laplace 方程推导得到二维黏性泡沫模型所基于的假设有效，此时 $\zeta=2/H$。符合该条件的具体情形之一为准静态极限，即沿薄膜任意位置的运动速度均趋于零。实际上，若薄膜上某局部位置薄膜运动法向速度很小，则此局部运动可由二维黏性泡沫模型精确描述。例如，对于一个稳态运动中的泡沫，薄膜上任意位置沿着流动方向具有均匀表观速度，而法向速度则与薄膜倾角有关。薄膜与运动方向垂直部分法向速度较大，而与运动方向平行的部分法向速度为零。由于二维和三维模型结果一致性可能受法向速度影响，且即使稳态时薄膜上法向速度分布也可能非均匀，薄膜上不同位置二维和三维模型间一致性也是不同的。对此一致性的评价依据是，若局部一致性好，则方程(8)中定义的表观黏性阻力将与此局部法向速度呈与二维黏性泡沫模型中一致的线性关系。

考虑 $H=0.2$，$\eta=1.5$，分别考虑时刻 $T=1.0$ 和 $T=40.0$，计算沿三条 spb 表观黏性阻力。两个时刻分别代表变形阶段和稳态阶段。图 6 给出两个时刻下黏性泡沫棱镜形态及表观黏性阻力。$T=1.0$ 时，展向薄膜的 spb 上各点(网格点)法向速度平均值高于其他两条 spb。这是因为，前者与运动方向近似垂直，而后两者则与之倾斜。根据三条 spb 数据计算得到表观黏性阻力数据点围绕直线 $f_a=(2/H)u_n$ 离散分布，且大部分落在该直线以上。这与 5.2 节中修正二维模型中黏性阻力系数后取值大于 $2/H$ 一致。

达到稳态后，尾缘薄膜的 spb 上各点法向速度较变形阶段分布范围变大。由于尾缘薄膜靠近内部 Plateau 边界处纵向趋于平直形态，法向速度的最小值趋于零。法向速度较小的数据点基本沿直线 $f_a=(2/H)u_n$ 分布。由于采用的数值离散分辨率有限，法向速度极小的数据点计算得到的表观黏性阻力处可能存在较大相对误差，使数据点分布偏离上述直线。

考虑 $H=0.2$ 和 $\eta=2.0$，此时黏性泡沫棱镜在考虑的时间内均处于动态变形，表观黏性阻力计算结果及泡沫形态如图 7 所示。对图中表观黏性阻力数据点分布规律的观察与图 6 相似，表明对局部法向速度较低的薄膜区域，采用二维黏性泡沫模型描述具备足够精度。图 6 和 7 中较高法向速度的数据点分布特征显示，即便三维黏性泡沫模型中采用线性阻力项，二维模型中阻力和法向速度间也不存在简单线性关系。进一步观察可见阻力和法向速度间关系与沿薄膜位置有关。

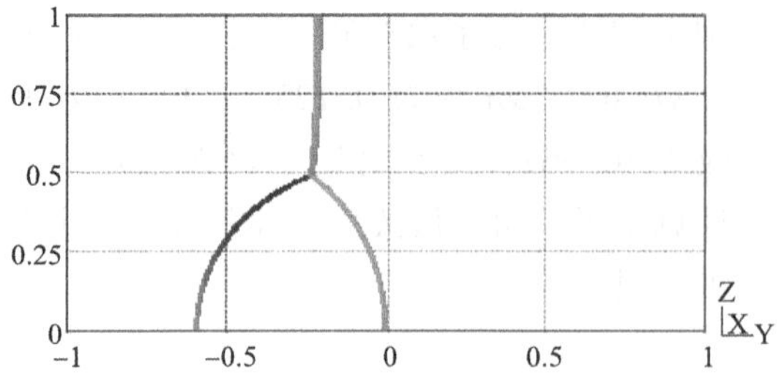

(a)U=0.3，H=0.2，T=1.0

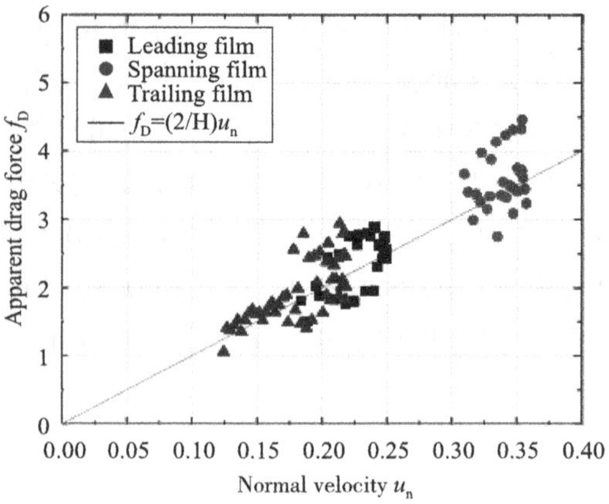

(b)U=0.3，H=0.2，T=1.0

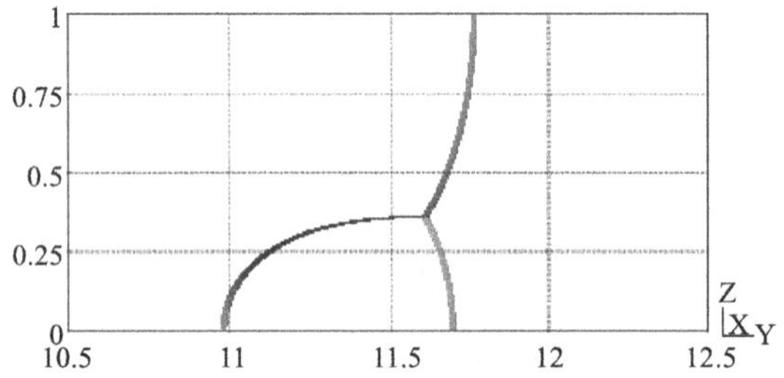

(c)U=0.3，H=0.2，T=40.0(steady-state)

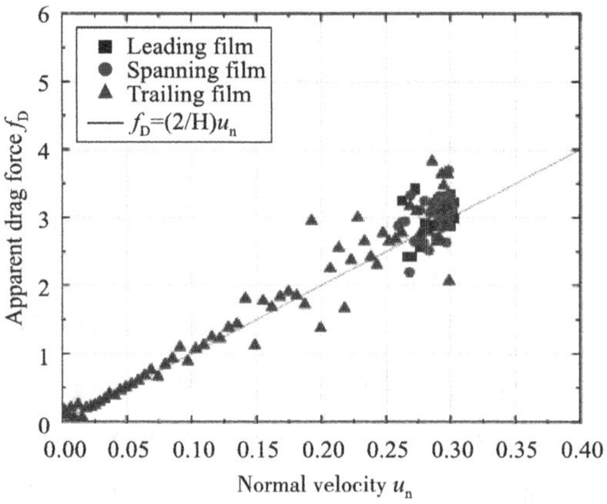

(b)U=0.3，H=0.2，T=40.0(steady-state)

图 6　T=1.0 和 40.0 时刻，黏性泡沫棱镜形态及表观黏性阻力随法向速度分布，计算中 U=0.3 and H=0.2

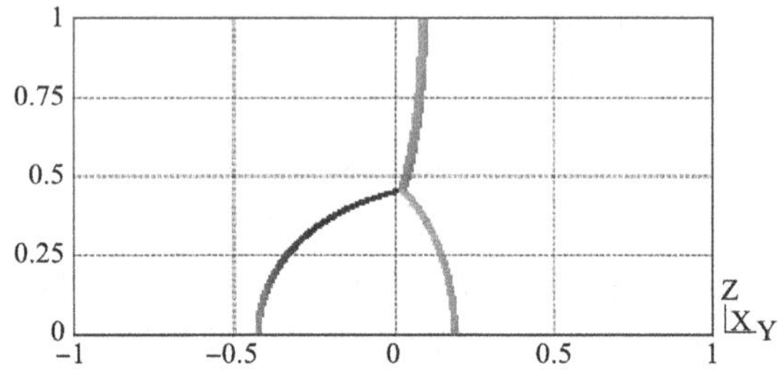

(a)U=0.4，H=0.2，T=1.0

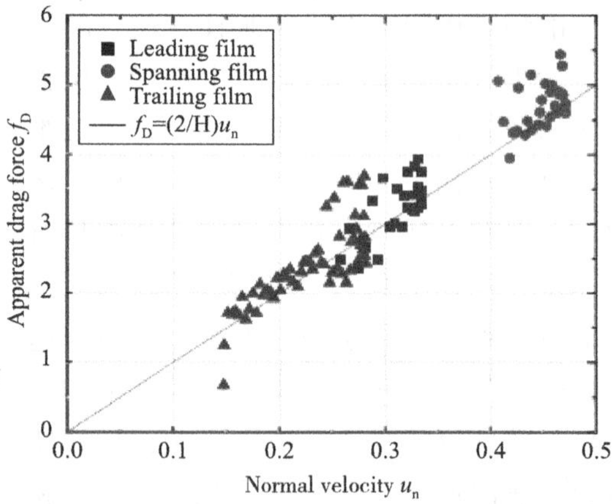

(b)U=0.4，H=0.2，T=1.0

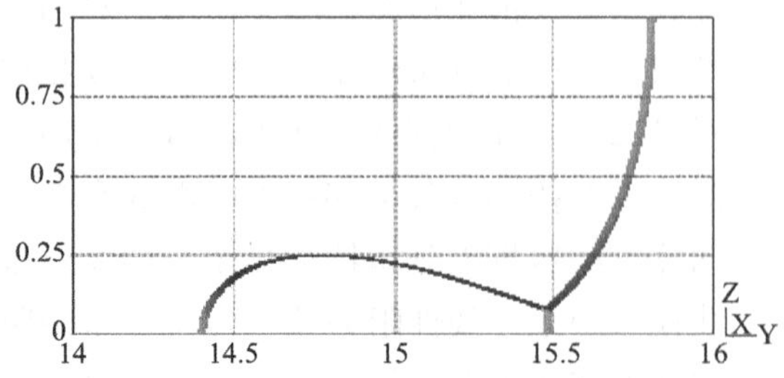

(c)U=0.4，H=0.2，T=40.0

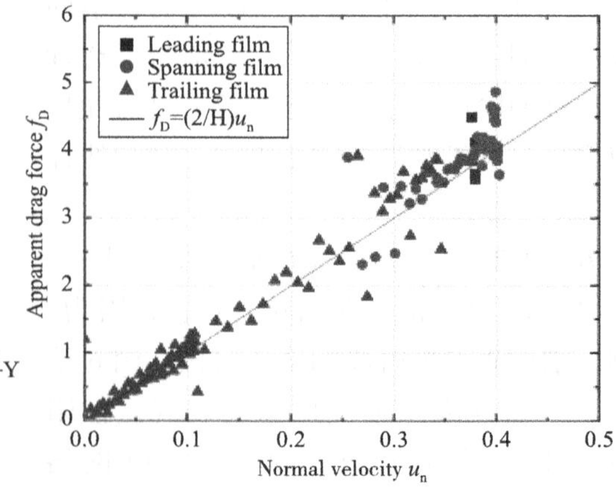

(b)U=0.4，H=0.2，T=40.0

图 7　T=1.0 和 40.0 时刻，黏性泡沫棱镜形态及表观黏性阻力随法向速度分布，计算中 U=0.4，H=0.2

6 结论及展望

本文开展了二维和三维黏性泡沫模型的对比研究，应用于黏性泡沫棱镜结构。理论分析表明，基于主曲率分别沿纵向和横向及仅沿横向变化的假设，可由 Young-Laplace 方程推导得出二维黏性泡沫模型，且二维和三维模型中黏性阻力系数间存在系数为 $2/H$ 的比例关系。这表明二维黏性泡沫模型中决定稳态泡沫形态的唯一影响因素为驱动速度与平行板间距之比。该比值也影响三维下 Hele-Shaw 通道中泡沫运动的稳态形态。当该比值较小时，其也为三维下的唯一影响因素。然而，随着该比值增大，平行板间距成为影响三维下泡沫运动的另一因素。

计算并对比了二维和三维下黏性泡沫棱镜的稳态形态。对二维模型中黏性阻力系数的修正提高了驱动速度与平行板间距比值较高时二维模型对 Hele-Shaw 通道中黏性泡沫运动的预测精度。本文通过引入并计算表观黏性阻力得出，即使三维下采用线性阻力-法向速度关系式，二维黏性泡沫模型中黏性阻力项也非薄膜法向速度的简单线性函数，黏性阻力系数的取值需考虑沿薄膜位置的影响。

本文所考虑的三维黏性泡沫模型较二维黏性泡沫模型适用场景更加丰富。如常用于多孔介质中流体动力学研究的微观模型，由大量流动通道组成，且流动通道横截面的长宽比可能不满足远大于 1 的条件。二维黏性泡沫模型难以用于研究泡沫在微观模型中的运动。也即，尽管微观模型常用于模拟和研究二维流动，对泡沫在微观模型中动态运动的数值模拟研究无法采用二维黏性泡沫模型。采用三维黏性泡沫模型研究泡沫在微观模型中迁移过程对于理解多孔介质中泡沫流变力学特性具有重要意义。

参 考 文 献

[1] Anazadehsayed, A., Rezaee N., Naser J. & Nguyen A. V., 2018. A review of aqueous foam in microscale. *Advances in colloid and interface science*, 256, 203-229.

[2] Stewart, P. S. & Hilgenfeldt S., 2023. Gas-liquid foam dynamics: From structural elements to continuum descriptions. *Annual Review of Fluid Mechanics*, 55, 323-350.

[3] Saye, R. & Sethian J., 2013. Multiscale modeling of membrane rearrangement, drainage, and rupture in evolving foams. *Science*, 340, 720-724.

[3] Farajzadeh, R., Andrianov A., Krastev R., Hirasaki G. & Rossen, W., 2012. Foam - oil interaction in porous media: Implications for foam assisted enhanced oil recovery. *Advances in Colloid and Interface Science*, 183-184, 1-13.

[4] Cantat, I., 2013. Liquid meniscus friction on a wet plate: Bubbles, lamellae, and foams. *Physics of Fluids*, 25 (2013).

[5] Rossen, W. R., 1990a. Minimum pressure gradient for foam flow in porous media: effect of interactions with stationary lamellae. *Journal of colloid and interface science*, 139, 457-468.

[6] Brakke, K., 1992. The surface evolver. *Experimental mathematics*, 1, 141-165.

[7] Rossen, W. R., 1990b. Theory of mobilization pressure gradient of flowing foams in porous media: I. incompressible foam. *Journal of Colloid and Interface Science*, 136, 1-16.

[8] Rossen, W. R., 1990c. Theory of mobilization pressure gradient of flowing foams in porous media: II. effect of compressibility. *Journal of Colloid and Interface Science*, 136, 17-37.

[9] Rossen, W. R., 1990d. Theory ofmobilization pressure gradient of flowing foams in porous media: III. asymmetric lamella shapes. *Journal of Colloid and Interface Science*, 136, 38-53

[10] Cox, S., Neethling S. J., Rossen W., Schleifenbaum W., Schmidt - Wellenburg P. & Cilliers J., 2004. A theory of the effective yield stress of foam in porous media: the motion of a soap film traversing a three-dimensional pore. *Colloids and Surfaces A: Physicochemical and Engineering Aspects*, 245, 143-151.

[11] Xu, Q. & Rossen W. R., 2003. Effective viscosity of foam in periodically constricted tubes. *Colloids and Surfaces A: Physicochemical and Engineering Aspects*, 216, 175-194.

[12] Cox, S., 2005. A viscous froth model for dry foams in the surface evolver. *Colloids and Surfaces A: Physicochemical and Engineering Aspects*, 263, 81-89.

[13] Grassia, P., Montes - Atenas G., Lue L. & Green T., 2008. A foam film propagating in a confined geometry: Analysis via the viscous froth model. *The European Physical Journal E*, 25, 39-49.

[14] Raufaste C., Cox S., Goldstein R. E. & Pesci A. I., 2022. Collapse of a hemicatenoid bounded by a solid wall: instability and dynamics driven by surface plateau border friction. *Soft Matter*, 18, 4944-4952.

[15] Kern, N., Weaire D., Martin A., Hutzler S. & Cox S., 2004. Two-dimensional viscous froth model for foam dynamics. *Physical Review E*, 70, 041411.

[16] Cox, S. J., Weaire D. & Mishuris G., 2009. The viscous froth model: steady states and the high velocity limit. *Proceedings of the Royal Society A: Mathematical, Physical and Engineering Sciences*, 465, 2391-2405.

[17] Green, T., Bramley A., Lue L. & Grassia P., 2006. Viscous froth lens. *Physical Review E*, 74, 051403.

[18] Torres-Ulloa, C., 2021. Modelling foam flow through confined geometries. Ph. D. thesis, University of Strathclyde.

[19] Torres-Ulloa, C. & Grassia P., 2022a. Viscous froth model applied to the dynamic simulation of bubbles flowing in a channel: three-bubble case. *Proceedings of the Royal Society A*, 478, 20220487.

[20] Torres-Ulloa, C. & Grassia P., 2022b. Viscous froth model applied to multiple topological transformations of bubbles flowing in a channel: three-bubble case. *Proceedings of the Royal Society A*, 479, 20220785.

高含水油藏 CCUS 防腐技术研究

刘亚明

（中国石化胜利油田分公司）

摘　要　随着全世界各国低碳、绿色、可持续发展目标的提出，碳捕集、利用与封存(CCUS)技术已经成为目前实现大规模绿色减排的主要措施。如今 CCUS 技术已然成为各行业关注的焦点，大力发展碳捕集、利用与封存技术是实现“碳达峰、碳中和”的重要手段。结合国内外的发展情况来看，国外技术借鉴存在明显的不足和限制，因此积极开展技术研发是重中之重，根据现有的矿场实验形成适应胜利油田的相关技术攻关研究方向及建议是下一步工作要点。胜利油田经过多年探索和攻关，形成了输注采系列关键工程技术，针对腐蚀规律性研究、全流程防腐形成了较为成熟的技术手段。目前胜利油田区域内 CCUS 项目各环节运行良好，真正实现了“平稳、安全、高效、绿色”运行。

关键词　CCUS；CO_2腐蚀；全链条；防腐；胜利油田

近年来，全球气候变暖加速，全球极端天气条件对社会经济发展产生重大影响，温室气体排放是气候变化的主要原因，特别是温室气体 CO_2 水平的快速上升。在这方面，世界各国已经开始实施减少二氧化碳排放的政策，并不断提出碳中和的目标。碳捕集、利用和封存(CCUS)可以提高石油产量，具有巨大的社会和经济效益，同时也是一种有效的经济保护选择。

注采工艺是优化 CO_2驱的关键因素，在石油开发以及地面工程建设中发挥重要作用。1990 年，大庆油田引进了 4 口注气井和 9 口生产井，1991 年在萨南东部带进行了二氧化碳驱油试验。为了适应本国的注采完井管柱，研究人员在管柱及其配套工艺上做了大量的工作。经过广泛研究，中国对驱二氧化碳技术进行了系统研究和试验，并推广到矿山进行初步试验。目前，中国在二氧化碳驱油的初始阶段的技术和工艺技术仍与发达国家存在差距。完井后的 CO_2驱井技术取决于管柱的密封性及其防腐处理。2004 年，中国华东油气田开发了全国首套整体式注入管柱，并在 5 口井中进行了测试。中国石油大庆油田设计出分体可钻式注气管柱以提高注入井管柱的气密性，密封原理是用液压坐封封隔器，这种方式可以改善封隔器的受力达到密封的作用，此类管柱应用于大庆榆树林油田，起到了较好的作用。根据 CO_2驱油注采井保护套管的技术思路，华东油气田研制出“分体式采油管柱”，并在草舍油田泰州组油藏 CO_2 驱先导试验 C_{31} 等井应用。近年来，国内油田对 CO_2和缓蚀剂的腐蚀进行了大量的科学实验，开发了一系列高效的缓蚀剂，并进行了油田矿场试验。影响防腐效果的因素主要取决于防腐药剂配方、注入浓度及工艺。由于 CCUS 是复杂的系统工程，传统技术装备难以支撑 CCUS 的平稳高效运行，且全国化装备水平较低，需要自主研发和引进关键设备，确保 CO_2全程顺利安全运行。在胜利油田百万吨级 CCUS 工程建设中，中采油田面临着注入压力高、油井气油比高、腐蚀性强等问题，经过长时间的持续研究，形成了注采全流程配套工艺技术。

1　CCUS 驱油技术应用发展历程

1.1　国外 CO_2 驱油技术应用发展历程

根据文献研究，美国是全球二氧化碳-EOR 技术研究和应用的先驱。在 20 世纪中叶，大西洋加工公司发现二氧化碳可以改善原油的流动性。1952 年，沃顿申请了世界上第一个二氧化碳驱油专利。1958 年，壳牌成为第一家对二叠系储层进行大规模 CO_2驱油试验的公司，试验证明了其提高石油产量的有效性。1972 年，Chevron 公司在德克萨斯州的 kelly-snyder 油田成功实施了世界上第一个商业化二氧化碳驱油项目，使油井的平均产量增加了三倍。1976 年，Philips 石油公司在阿肯色州的利克克里克(Lick-Creek)油田进行非混相驱 CO_2 驱油项目。方法一：对采油井采用 CO_2吞吐，使油藏中的残余油与 CO_2充分接触，进而增大井底压力，大大提高了产量。方法二：通过向注入井中注入二氧化碳而，通过溶解气驱机理进行驱替原油，但是同时出现了油井不同程度的气窜。方法三：通过持续注入二氧化碳或者水到地下储层，并且采取了气举方式生产，使得采出流体中含水率降低 50%。方法四：向注入井中注水，实现增产原油 25000m^3。

项目	捕集方式	运输	封存/利用	规模	现状
华能上海石洞口捕集示范项目	燃煤电厂燃烧后捕集	罐车运输	食品行业利用/工业利用	12 万 t/年	2009 年投运间歇式运营
中国华能集团天津绿色煤电项目	IGCC 燃烧前捕集	管道运输距离 50~100km	计划天津大港油田 EOR	10 万 t/年	捕集装置完成封存工程延迟
中石化胜利油田 COS 捕集和驱油示范	燃煤电厂燃烧后捕集	管道运输距离 80km	胜利油田 EOR	一阶段 4 万/年 二阶段 100 万 t/年	一阶段 2010 年投运
中石化齐鲁石油化工 CCS 项目	化工生产工业分离	管道运输距离 75km	胜利油田 EOR	一阶段 35 万 t/年 二阶段 50 万 t/年	一阶段捕集单元 2017 年建成
中石化中原油田 CO_2-EOR 项目	炼油厂烟道气化学吸收	罐车运输	中原油田 EOR	10 万 t/年	2015 年建成捕集装置
延长石油榆林煤化工捕集	煤化工燃烧前捕集	罐车运输计划建 200~350km 管道	靖边油田 EOR	5 万 a/年	2012 年建成在运营
神华集团鄂尔多斯全流程示范	煤化工然烧前铺集	罐车运输距离 17km	盐水层封存	10 万 t/年	2011 投运间敬式运营
中石油吉林油田 EOR 研究示范	媒化工燃烧前捕集	管道运输距离 35km	吉林油田 EOR	一阶段 15 万 t 年 二阶段 50 万 t 年	一阶段 2007 投运 二阶段 2017 投运
中电投重庆双槐电厂碳捕集示范项目	燃煤电厂燃烧后埔集	无	用于焊接保护电厂发电机氢冷置换等	1 万 t/年	2010 投运在运营
华中科技大学 35 兆瓦富氧燃烧项目	燃煤电厂富氧燃烧	罐车运输	市场销售工业应用	10 万 t/年	2014 年建成暂停运营
连云港清洁煤能源动力系统研究设施	IGCC 燃烧前捕集	管道运输	盐水层封存	3 万 t/年	2011 年投运在运营
天津北塘电厂 CCUS 项目	燃煤电厂燃烧后捕集	罐车运输	市场销售食品应用	2 万 t/年	2012 年投运在运营
新疆敦华公司项目	石油炼化厂燃烧后捕集	罐车运输	克拉玛依油田 EOR	6 万 t/年	2015 年投运在运营

图 1　中国已建成或运营的万吨级 CCUS 示范项目

在 19 世纪 90 年代之后，随着经济的快速发展，二氧化碳的排放量变得越来越大，化石燃料的科学使用和合理性成为人们关注的主要问题。自 20 世纪以来，由于能源短缺，原油价格逐渐上涨，二氧化碳排放技术的经济和有效利用突出了经济效益。根据调查数据，美国有 128 个二氧化碳驱油项目，二氧化碳增加的年产量在 1371×10^{4}吨之间，占全世界 EOR 总量的 93%。与此同时，由于美国的水库都是海洋沉积物、低温、低压和低黏度，使得 CO_2 驱替过程中容易形成混相，所以美国 CO_2 混相驱项目远多于非混相驱。

目前国外的低渗透砂岩油藏所利用混相段塞驱获得的采收率均高于注水开发方式。根据统计混相段塞驱提高的采收率在 5%~15%，甚至有些区块采收率能提高一倍以上。因此，基于各个油田混相段塞驱开采状况的差异(包括气体来源、季节、价格以及投入的成本等)，有的油田采用 CO_2 驱油技术时存在盈利小或不盈利的现象。表 1 是 2014 年在全世界的 CO_2 驱油项目的分布情况，从表 1 可以看出，全球范围内美国、加拿大 CO_2 项目占总数的 93% 以上，主要进行混相驱的开采方式。

1.2 我国 CCUS 发展现状

中国有巨大的 CCUS 应用市场潜力。到 2030 年，预计一次能源总产量预计将达到 43 亿吨标煤，二氧化碳排放量将达到 112 亿吨，达到峰值。封存和应用方面，用于 EOR 开采的原油大约 130 亿吨，提高采收率可以达到 15%，预计增加可采储量 1.92 亿吨，同时封存了约 47～55 亿吨二氧化碳。截至 2017 年底，中国已建成或运营了 13 个 10000 吨以上的 CCUS 示范项目，如图 1 所示。在整个过程中，有 14 个大规模全流程的集成示范准备项目，所有项目都处于不同的准备阶段，其中大多数超过 100 万吨。

2 莱 XXX 区块 CCUS 腐蚀规律性研究

2.1 CO_2驱腐蚀现状调研

莱 XXX 块油藏含油面积 3.8km^2，主要含油层系沙河街组沙四纯上 5-6 砂组，油藏埋深 2750～2950m，油藏温度 111.4℃，渗透率（平均）28.7×10^{-3}μm^2，地下原油黏度 6.31mPa·s，地面原油黏度 52.8mPa·s，矿化度：14000mg/L，采出程度 12.7%，综合含水 81.7%；该块处于高含水，低采出程度开发阶段，目前正在探索二氧化碳驱开发。

CO_2驱提高原油采收率的基本原理就是通过CO_2在原油中的溶解而使原油 体积膨胀以提高产能、降低原油黏度和界面张力以提高流体的流度、通过CO_2和地层原油的多次接触混相来提高原油采收率，所有这些都是和原油相态变化密切相关的。CO_2驱油时，由于注入的CO_2在原油中的大量溶解，地层原油的物理化 学性质（如体积系数、黏度、密度、界面张力、气液相组分和组成等）会发生很 大变化。CO_2驱油时，地层中的地下水伴随原油流动，多相混合形成井下采出液，CO_2同时可以在地层水中溶解，形成酸性极强的碳酸质采出液。

CO_2驱油时，由于注入的CO_2在原油中的大量溶解，地层原油的物理化学性质（如体积系数、黏度、密度、界面张力、气液相组分和组成等）会发生很大变化。CO_2驱油时，地层中的地下水伴随原油流动，多相混合形成井下采出液，CO_2同时可以在地层水中溶解，形成酸性极强的碳酸质采出液。在油田开采过程中，腐蚀主要原因是CO_2溶于采出液与水结合生成的碳酸，影响采出井CO_2腐蚀的主要因素包括温度、CO_2分压及氯离子浓度等。温度主要影响CO_2的溶解度和腐蚀产物膜的致密性；CO_2分压主要影响腐蚀产物膜的构成和溶液的 pH 值；氯化物可能引起严重的点蚀或应力腐蚀开裂。

二氧化碳腐蚀是指油气管道中含有一定浓度的二氧化碳（CO_2）和水时产生的腐蚀。CO_2驱开采过程中含有较高浓度的二氧化碳（CO_2）。二氧化碳（CO_2）溶解在采出水或冷凝水中生成碳氢酸根离子（HCO_3^-）、碳酸根离子（CO_3^{2-}）离子，使钢铁产生电化学腐蚀。二氧化碳（CO_2）腐蚀属于氢去极化腐蚀，往往比相同 pH 值的强 酸腐蚀更严重。其腐蚀除受到去极化反应速度控制外，还与腐蚀产物是否在金属表面形成膜及膜的稳定性有关。二氧化碳（CO_2）腐蚀破坏多为膜破损处的点蚀。二氧化碳（CO_2）与硫化氢（H_2S）共存时会增大其腐蚀速率，并增大金属氢致开裂和硫化物应力开裂的敏感性。影响二氧化碳（CO_2）腐蚀的主要因素有：二氧化碳（CO_2）分压、温度、腐蚀产物膜的结构和形态、流速等。

2.1 腐蚀影响因素权重研究

基于单一腐蚀影响因素的研究，开展五因素五水平正交实验，开展了温度、含水、流速、CO_2分压、矿化度的单一腐蚀因素研究，确认腐蚀拐点与腐蚀规律，然后进行五因素五水平的正交试验，确认胜利油田CO_2驱腐蚀主要因素影响权重。温度的作用主要体现在对腐蚀产物膜致密性的影响。当温度上升到 60℃左右，腐蚀产物膜疏松多空，随着温度继续升高，产物膜的致密性会增加，使腐蚀 速率降低。高流速可能导致腐蚀产物$FeCO_3$膜破损，使垢物溶解率增加，增大了腐蚀介质的传质速度，从而使得腐蚀加剧。实验测试表明：当环境温度小于 60℃、CO_2分压小于 0.2MPa 时，腐蚀产物不足以形成致密的保护膜，碳钢的腐蚀速度随着CO_2分压的增大而增大。低HCO_3^-浓度下，形成的$FeCO_3$膜的晶粒较大，致密性差；随着溶液中HCO_3^-浓度升高，$FeCO_3$的晶粒减小、致密性增强；HCO_3^-的浓度升高利于抑制$FeCO_3$膜的溶解。Cl^-存在会破坏碳钢膜，在膜受到破坏的地方，很容易发生点蚀，于是就形成局部腐蚀表面的腐蚀产物。一般情况O_2和CO_2共存会使腐蚀程度加剧，由图 2 可知，随着氧气含量从 0.1%增大到 0.8%，试样表面的点蚀与坑蚀不断加剧。腐蚀速率随着 pH 值增大而减小。

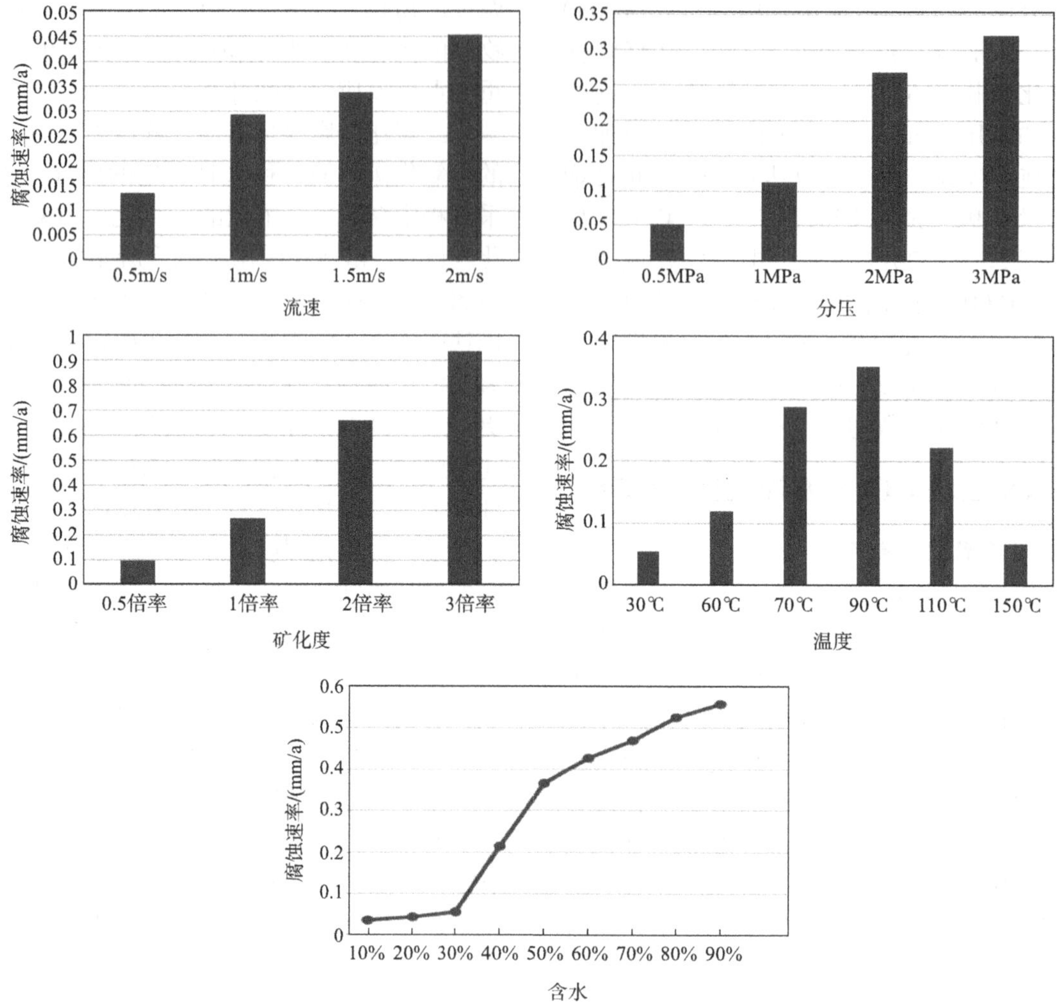

图 2　各物性参数的腐蚀影响

极差比较结果为：含水量（极差 k1 = 10. 342）>温度（k2 = 6. 213）>CO_2 分压（k3 = 4. 67）>矿化度（k4=3. 216）>流速（k5=1. 434）

2.2　耐高温抗 CO_2 缓蚀剂优选评价

基于腐蚀规律，开展地面用的抗 CO_2缓蚀剂优选评价。利用电化学阻抗法、化曲线法，以 N80 碳钢为例，对市场上在用的 5 种咪唑啉类缓蚀剂满足地面工况的耐 CO_2性能筛选评价（实验条件：N80，饱和 CO_2，采出液，90℃）。利用高温高压反应釜性能测试，开展两口典型井的采出液空白实验，实验条件为 CO_2 分压：5MPa、温度：130℃。腐蚀速率分别为 1. 031mm/a、0. 782mm/a，见表 1。

从实验数据可以看出，2#缓蚀剂高温高压反应实验性能较好，在采出液一般腐蚀性环境下，400mg/L 浓度能满足现场需求；当采出液腐蚀性环境恶劣时，需加大缓蚀剂浓度。由于井下环境存在油相吸附、输送损耗等情况，建议实际使用时投加按筛选浓度。

表 1　缓蚀剂不同浓度下的缓释性能试验

井号	井 1		井 2	
	腐蚀速率/（mm/a）	缓蚀率	腐蚀速率/（mm/a）	缓蚀率
空白	1. 031		0. 782	
300mg/L	0. 252	75. 6%	0. 176	77. 5%
400mg/L	0. 175	83. 0%	0. 074	90. 2%
500mg/L	0. 067	93. 5^	0. 049	93. 7%

2.3　缓蚀剂加注工艺研究

（1）缓蚀剂浓度优选

优选缓蚀剂类型阻抗图谱，极化曲线如图 3、图 4 所示。

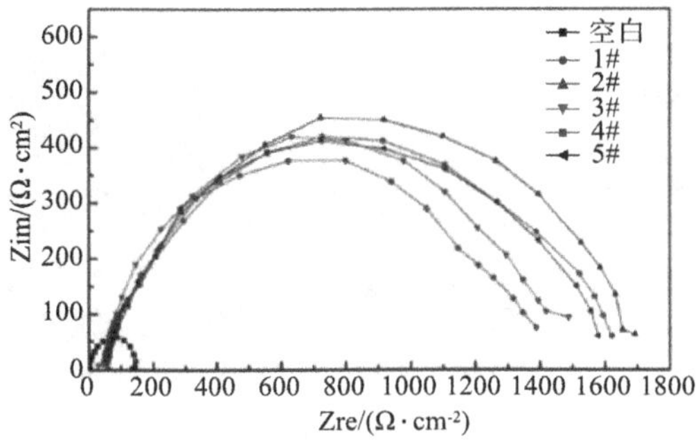

图 3　优选缓蚀剂类型阻抗图谱

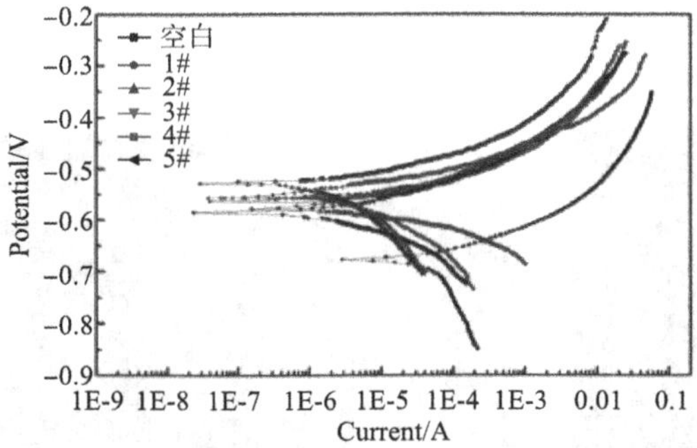

图 4　优选缓蚀剂类型极化曲线

2#缓蚀剂浓度达到 60mg/L，缓蚀率 82%，满足现场要求，高于标准要求 72%。因此，成功优选出地面工况下的抗 CO_2 缓蚀剂 2#，浓度 100mg/L，缓蚀率达 88%，满足技术指标要求(85%)，见表 2。

表 2　优选缓蚀剂浓度极化曲线拟合结果

缓蚀剂加量	Ecorr	Icorr	缓蚀率
0	-698.36	157.23	/
20mg/L	-686.64	56.05	64%
40mg/L	-662.67	29.34	75%
60mg/L	-652.62	16.58	82%
80mg/L	-608.37	7.47	84%
100mg/L	-598.29	11.01	88%

(2) 确定加注方式

考虑操作便利，不影响生产，我们选择更适于现场操作的连续加注，加注方式见表 3。

表 3　加注方式

加注方式	特　点
间歇加注	从油管内将缓蚀剂注入，注入后油井需停井一段时间，对油井的正常连续生产造成障碍。
连续加注√	缓蚀剂经由油套环空或环空间的旁通管注入油管内，可以不间断加入缓蚀剂，不需要停井，对正常生产不造成障碍。
井下挤注	将缓蚀剂挤压注入地层中，缓蚀剂注入后首先吸附在底层表面，随着采出液的收集过程缓蚀剂不断上升，从而达到保护效果。

(3) 预膜浓度的确定

实验目的采用缓蚀剂运动剂，对缓蚀剂的稀释液进行运动黏度的测试。运动黏度过大，影响缓蚀效果，根据文献及经验，预膜浓度的运动黏度一般应小于 $2mm^2/s$，可保证缓蚀剂性。

实验结果表明，缓蚀剂：水 = 1 : 3 的稀释液(运动黏度 $1.95mm^2/s$)符合以上要求，见表 4。

表 4　预膜浓度

预膜浓度	缓蚀剂原液：水			
	原液	1 : 2	1 : 3	1 : 4
运动黏度/(mm^2/s)	19.2	8.34	1.95	1.02

2.4　不同材质耐蚀性分析研究

开展不同材质的耐蚀性分析研究。选取 9 种材质，低碳钢 3 种，N80/P110/J55，常见于井下油套管、井筒管柱，地面管柱材质，不同含量的 Cr 钢 6 种，低铬钢 3 种，高铬钢 3 种，Cr 是抑制 CO_2 腐蚀的有效材质，是业内公认的。

从腐蚀产物与微观镜下对比分析来看，铬钢的腐蚀产物膜更具钝化性，含 Cr 钢腐蚀产物膜为双层膜结构，内膜氧化铬致密，抗二氧化碳的点蚀性能优异。铬含量越高，耐蚀性能越好。但随着铬含量增加，成本显著增高(图 5、图 6)。

2.5　钢材在不同工况下的耐腐蚀性差异测试

开展 9 种管材在不同工况下的耐腐蚀性差异测试。结合现场工况覆盖性，选取 3 个含水点(30%、50%、70%)、3 个压力点(CO_2 分压 0.5MPa、1MPa、2MPa)、2 个温度点(60℃、120℃)、在采出液矿化度 5 万、流速 0.9m/s 的工况环境下进行材质耐蚀性测试。

从图 7 ~ 9 中可以看出，当含水较低时，30%左右，普通钢及低铬钢均有一定的抗 CO_2 性能。当含水升高，50%时，普通钢及低铬钢抗 CO_2 性能较差，当 CO_2 含量 升高时，Cr5 以上的材质体现较好的耐蚀性。当含水再升高，70%时，普通钢及 低铬钢在较低浓度的 CO_2 环境下腐蚀情况远大于标准要求，需进一步进行联合防护手段的应用，Cr5/cr7

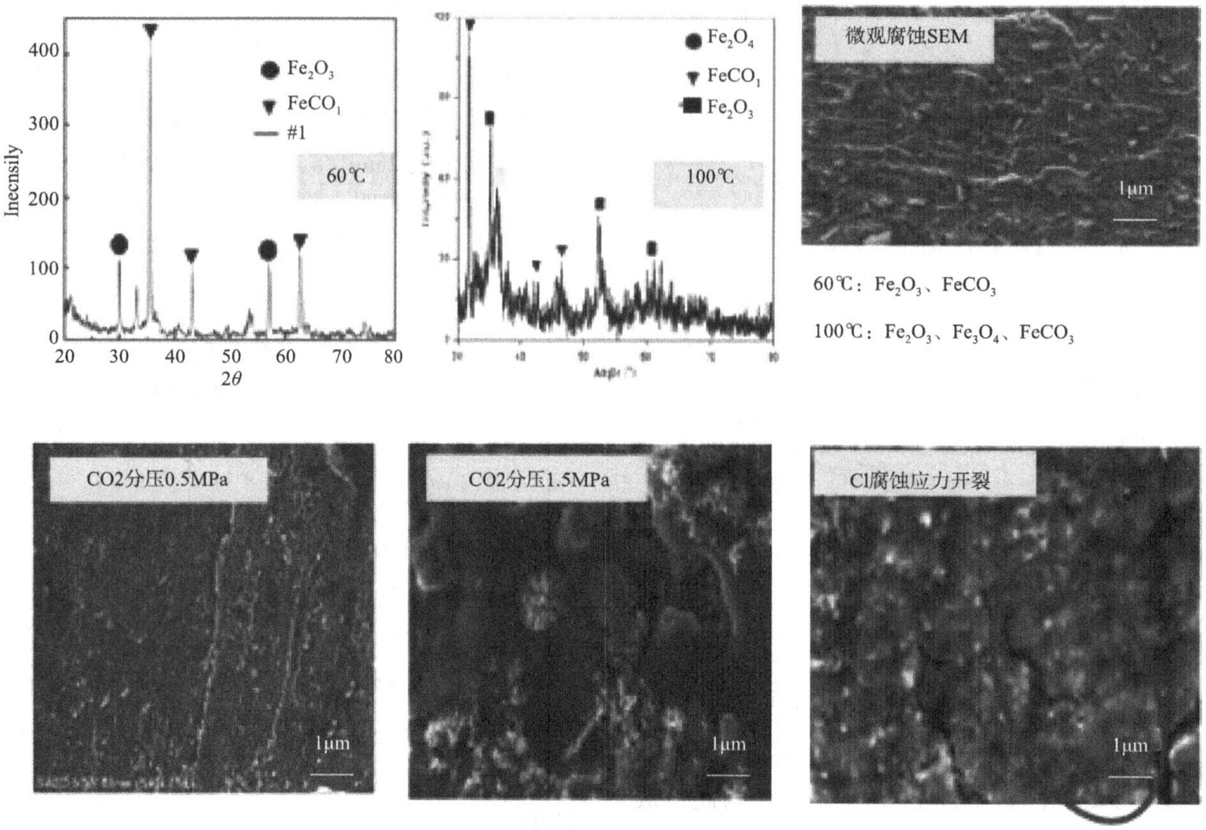

图 5　低碳钢腐蚀产物分析

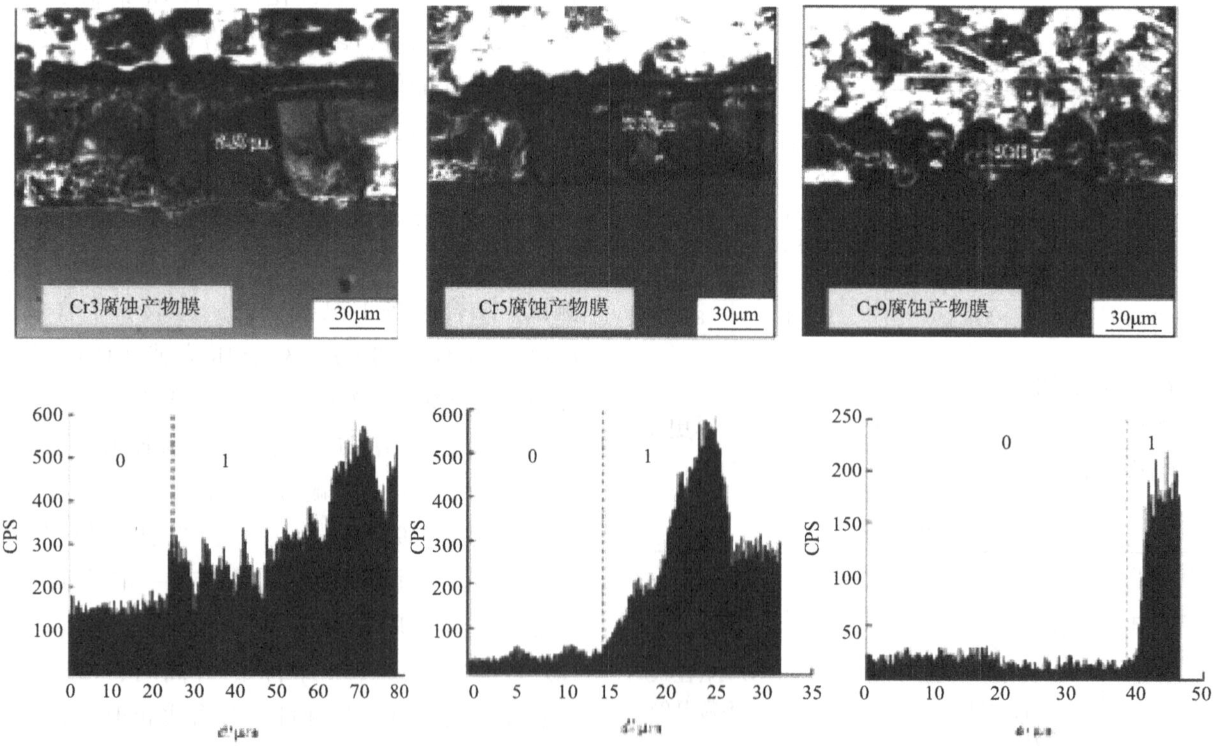

图 6　不同含 Cr 钢腐蚀产物分析

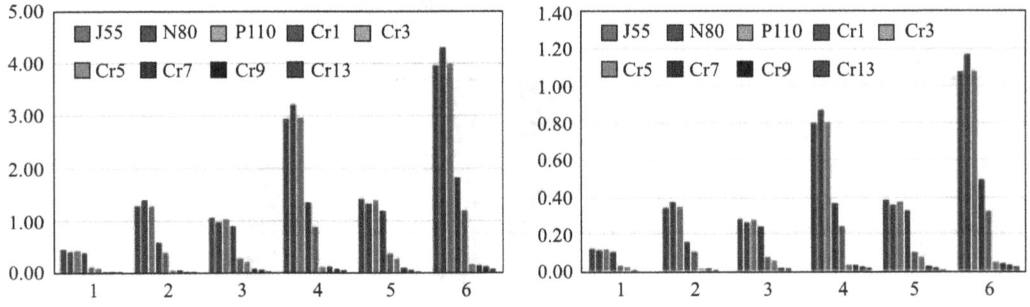

图 7　含水 30%不同条件下腐蚀性测

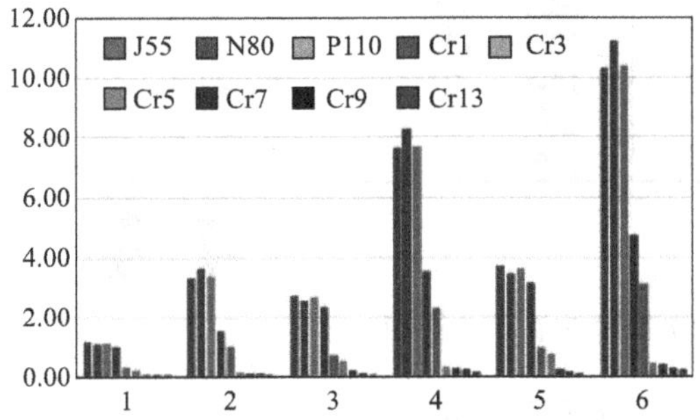

图 8　含水 50%不同条件下腐蚀性测试

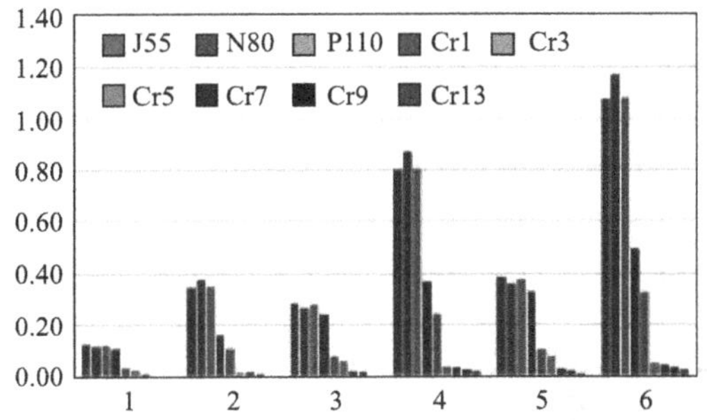

图 9　含水 70%不同条件下腐蚀性测

以上材质适用较好。合理选材是 CO_2 驱腐蚀控制的保 障，但仅单一的材质防护提升防腐级别，不能满足现场防腐需求，不具有经济性。因此我们又对补充了材质+缓蚀剂配套应用的测试实验。

2.6　建立的防腐工艺图版

（1）建立适用于井下环境的防腐工艺图版

如图 10 所示，该图版明确碳钢/铬钢配套缓蚀剂、涂层等防腐措施的应用条件、范围，满足不同井况防护需求，为现场提供经济、安全、高效的防腐方案。

（2）建立适用于地面环境的防腐工艺图版

与井下防腐工艺图版建立原则相同，集输系统推荐耐蚀性材质主要为普通钢、铬含量相对较低的钢材(图 11)。

基于多影响因素变量的 CO_2驱防腐工艺适用图版，可实现采输系统不同腐蚀等级的针对性防腐保护。经济性测算：按照管段 2000m 计算，液量 $10m^3/d$，含水 70%，CO_2 含量 80%时，不动管柱年限按照 3 年计算，应用普通钢+缓蚀剂+涂层：管材 26 万元+缓蚀剂及装置 9 万元+涂层涂装 8 万元=43 万元，应用 Cr7 钢+缓蚀剂：管材 44 万元+缓蚀剂及装置 7 万元=51 万元，全管段应用 Cr9 管材为 52 万元。对于井下腐蚀不严重的区域，应用普通钢加缓蚀剂与采用 Cr3 费用大致相等。当含水 70%、CO_2含量 80%时，按照集输支线 3km 计算，液量按照 $200m^3/d$ 进行经济性测算，①应用普通钢+缓蚀剂：管材 40 万元+缓蚀剂及装置 10 万元=50 万元；②应用 Cr3^{+}缓蚀剂：管材 52 万元+缓蚀剂及装置 8 万元=60 万元；③全管段应用 Cr5 管材：64 万元；④非金属管线：柔性复合管 380×3000m=114 万元，玻璃钢管+施工 160 元×3000m=48 万。从性价比考虑，当含水≤50%，普通钢+缓蚀剂与采用 Cr3 费用大致相等，考虑现场利旧，优选普通钢+缓蚀剂方案；当含水>50%，强腐蚀性环境，介于保护能力及安全性考虑，因此推荐采用耐蚀性更优异的铬钢防护方案。

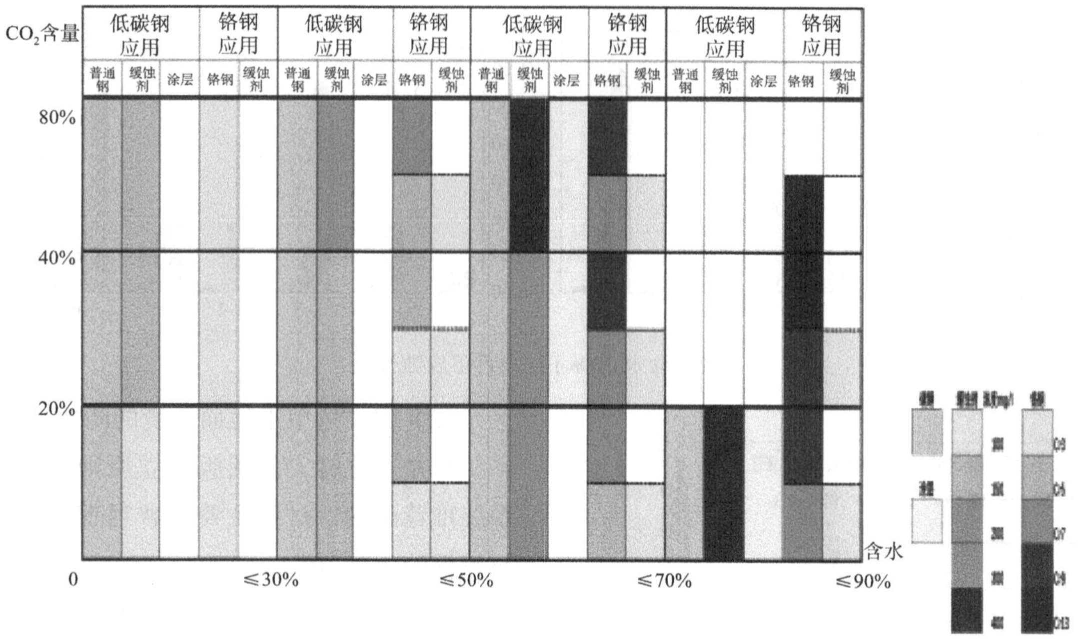

图 10　适用于井下环境的管材+缓蚀剂联合防腐工艺图版

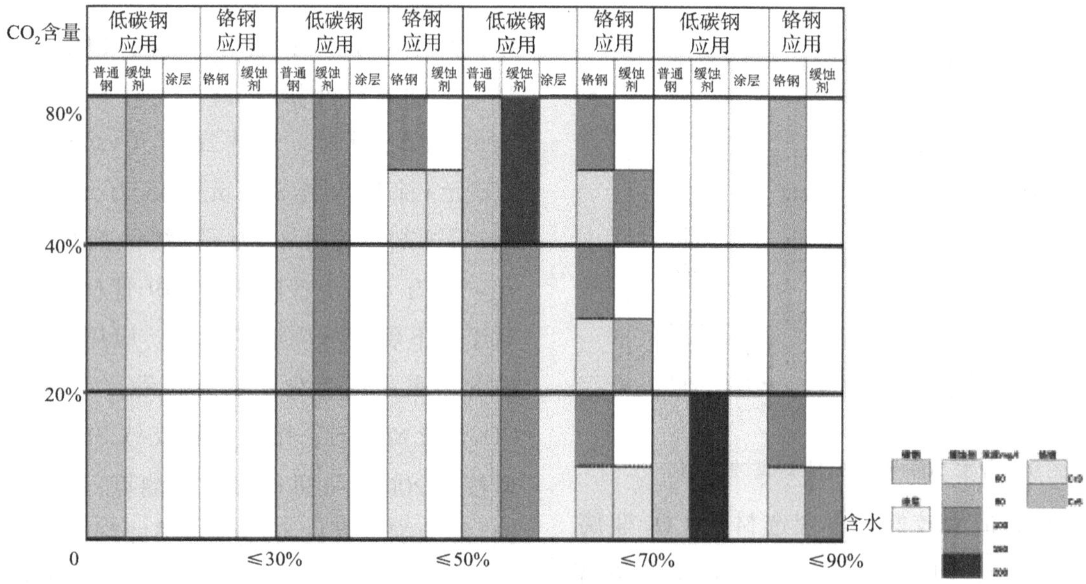

图 11　适用于地面环境的防腐工艺图版

3　小结

（1）高含水 CO_2驱油藏腐蚀因素影响权重顺序为：原油含水>温度>CO_2 分压>矿化度>流速。

（2）评价的液体及固体缓蚀剂性能较好，基本能满足目前防护应用要求，由于井下环境存在油相吸附、输送损耗等情况，建议实际使用时投加按筛选浓度 2 倍加药量进行投加。

（3）耐蚀性金属材料 Cr 钢是耐 CO_2 腐蚀最常用的材料，Cr 原子能迅速在金属表而形成致密的 Cr2O3 钝化膜，增加钢中 Cr 含量可提高耐 CO_2 腐蚀性能。

（4）建立的管材与缓蚀剂联合应用图版可满足不同工况防护需求，可实现采出系统不同腐蚀等级的针对性防腐保护。

CCUS 作为最有希望实现化石能源大规模利用、发展绿色低碳的关键技术，对我国未来约束 CO_2排放、实现双碳目标和实现经济可持续发展具有重大的战略意义。持续深入开展 CO_2驱油提采工艺中的关键技术攻关，重点解决 CO_2管道输送、CO_2注入井管柱及工具、生产井采出井管柱及工具、地面集输系统等石油管材的服役安全问题，不仅能够完善、丰富与发展特低渗透油藏 CO_2埋存与驱油技术、提升国内油田提高采收率技术创新能力，而且随着国家示范项目范围的不断扩大，有望建成低成本、低能耗、安全可靠的 CCUS 技术体系和产业集群，为化石能源低碳利用、绿色环保的发展提供规范的管理体系，为应对气候变化 提供有效的技术保障，同时对国家节能减排和树立大国形象意义深远。

参　考　文　献

[1] 施雅风．全球和中国变暖特征及未来趋势[J]. 自然灾害学报，1996，5(2)：5-14.

[2] 王嘉豪，黄季夏，杨林生，等．环北极地区自然灾害多尺度时空格局分析[J]. 灾害学，2023，38(2)：226-234.

[3] AALST M K V. The impacts of climate change on the risk of natural disasters[J]. Disasters，2010，30(1)：5-18.

[4] 杨美娟．欧盟温室气体减排政策的发展及其成效[D]. 青岛：中国海洋大学，2012.

[5] HAUGEN H A，ELDRUP N，BERNSTONE C，et al. Options for transporting CO_2 from coal fired power plants case Denmark[J]. Energy Procedia，2009，1(1)：1665-1672.

[6] HASAN M M F，ZANTYE M S，KAZI M K. Challenges and opportunities in carbon capture，utilization and storage：A process systems engineering perspective[J]. Computers & Chemical Engineering，2022，166：107925.

[7] MCCOY S T，RUBIN E S. An engineering-economic model of pipeline transport of CO_2，with application to carbon capture and storage[J]. International Journal of Greenhouse Gas Control，2008，2(2)：219-229

[8] 刘建新，田启忠，张瑞霞，等．耐 CO_2 腐蚀油井管材的选用[J]. 腐蚀科学与防护技术，2012，24(1)：77-78.

[9] 关宏业．CO_2 驱配套采油工艺设计及问题的解决思路[J]. 内蒙古石油化工，2013，23(22)：48-50.

[10] 熊涛．榆树林油田 CO_2 驱采油配套工艺[J]. 油气田地面工程，2013，23(5)：49.

[11] 俞凯，刘伟，陈祖华，等．陆相低渗油藏 CO_2 混相驱技术[M]. 北京：中国石化出版社，2015.

[12] 张燕芬，刘鹤鸣．国内外油气井抗 CO_2 腐蚀缓蚀剂的研究进展[J]. 石油和化工设备，2007，10(4)：53-57.

[13] 王林海，沈靖，孙爱平．南海西部某气田防 CO_2 腐蚀缓蚀剂研发[J]. 全面腐蚀控制，2010，24(11)：21-25.

[14] 舒作静，刘志德，谷坛．气液两相缓蚀剂在油气田开发中的应用[J]. 石油与天然气化工，2001，30(4)：200-201.

[15] 秦积舜，李永亮，吴德斌，等 CCUS 全球进展与中国对策建议[J]. 油气地质与采收率，2020，27(1)：20-28.

[16] BOTERO C，FIELD R P，BRASINGTON R D，et al. Performance of an IGCC plant with carbon capture and coal－CO_2－slurry feed：impact of coal rank，slurry loading，and syngas cooling technology[J]. Industrial & engineering chemistry research，2012，51(36)：11778-11790.

[17] Contek Solutions. Summary of carbon dioxide enhanced oil recovery（CO_2EOR）injection well technology[R]. Texas，American Petroleum Institute.

[18] 彭龙，尹恒飞，仲崇明．二氧化碳驱油的现状与发展的调研[J]. 广东化工，2017，44(12)：143-144.

[19] 王微．低渗透油藏 CO_2 驱油机理及其适应性研究[D]. 西安：西安石油大学，2018.

[20] ETTEHADTAVAKKOL A，LAKE L W，BRYANT S L. CO_2-EOR and storage design optimization[J]. International journal of greenhouse gas control，2014，25：79-92.

[21] Anon. New large-scale CCS facilities added to global CCS database[DB/OL].（2018-11-18）[2020-9-15]. https：//www.globalccsinstitute.com/news-media/insights/new-large-scale-ccs-facilities-added-to-global-ccs-database/.

[22] Global CCS Institute，Parsons Brinckerhoff. Accelerating the uptake of CCS：industrial use of captured carbon dioxide[R].[S l.]：Global CCS Institute，2011.

[23] KOOTTUNGAL L. 2014 worldwide EOR survey[J]. Oil&gas journal，2014，112(4)：79-91.

[24] 姜守华．二氧化碳驱配套技术[J]. 油气田地面工程，2012，31(3)：64-65.

[25] 叶云云，廖海燕，王鹏，等．我国燃煤发电 CCS/CCUS 技术发展方向及发展路线图研究[J]. 中国工程科学，2018，20(3)：80-89.

[26] 中国能源研究会．中国能源展望 2030[EB/OL]. 北京：经济管理出版社，2016[2016-04].

http：//book. kongfz. com/124676/877172170/.
[27] 生态环境部．中国应对气候变化的政策与行动2018年度报告[EB/OL]. 2018[2018-12-05]. http：//hbj. als. gov. cn/ hjgw/201812/t20181205_1584933. html.
[28] 李小春，张九天，李琦，等．中国碳捕集、利用与封存 技术路线图(2011 版)实施情况评估分析[J]. 科技导报，2018，36(4)：85-95.
[29] 仲平，彭斯震，贾莉，等．中国碳捕集、利用与封存技术研发与示范[J]. 中国人口·资源与环境，2011，21(12)：41-45.
[30] 段玉燕，罗海中，林海周，等．浅谈国内外CCUS示范项目经验[J]. 山东化工，2018，47(20)：173-174，178.
[31] 柳智青．探索全球碳减排新路径[N]. 中国石油报，2019-11-05(06).
[32] 赵金兰，闫浩春，刘韬，等．论水泥企业碳中和的路径[J]. 新世纪水泥导报，2021，27(2)：1-6.

胜利油田 CO_2 捕集驱油与封存技术研究进展及实践

吕广忠　周宏斌　庞丽丽　王　杰　钱尧尧

（中国石化胜利油田分公司）

摘　要　二氧化碳捕集、驱油与封存技术是解决国家能源安全和绿色低碳发展的重要技术之一，规模化应用面临碳捕集能耗高、采收率低、封存量低和封存安全性高等难题。以地质综合研究和现场实测资料为基础，采用室内实验评价、理论分析、数值模拟和优化设计相结合的方法，研究了影响二氧化碳捕集能耗、驱油与封存效果的主控因素，深化了 CO_2 高压驱油与封存机理，建立二氧化碳低成本捕集、长距离安全管道输送、低温密闭注入、驱油与封存等全链条 CCUS 技术，研发高效捕集与注入装备，形成可复制、可推广的集“捕输利封”于一体的 CCUS 技术系列，支撑建成我国首个百万吨级 CCUS 全产业链示范工程。工业化测试表明，开发的基于新型多氨基 CO_2 捕集溶剂（MSA）的捕集技术比传统的 MEA 捕集技术，再生能耗降至 2.4GJ/t_{CO_2}，建成高 89-樊 142 地区 CO_2 驱油与封存工程，预计 15 年累计封存 CO_2 1068 万吨，增油 296.5 万吨，提高采收率 11.6%。

关键词　CO_2 减排；CO_2 捕集；CO_2 驱油；CO_2 封存；提高采收率

以二氧化碳排放为核心的气候变化是制约我国社会经济可持续发展的重大问题。工业革命以来，化石能源燃烧产生大量的二氧化碳，大气中 CO_2 浓度达到 410ppm 以上，导致全球范围内气温变暖，控减 CO_2 排放已成为国际共识。2020 年 9 月 22 日，习近平总书记在第 75 届联大一般性辩论上宣布，中国将力争 2030 年前达到二氧化碳排放峰值，努力争取 2060 年前实现碳中和。国家及地方政府相继出台了多项有关碳排放的政策，胜利油田坚决响应国家号召，积极开展碳捕集及利用的相关研究工作。

CO_2 捕集、驱油与封存技术是通过将 CO_2 从工业或其他排放源中分离出来，输送到适宜油田，用于增采石油，同时封存 CO_2，是能够同时兼顾解决 CO_2 减排和石油资源短缺难题的战略选择。理论研究和国内外矿场实践表明，将 CO_2 注入油层，既可大幅提高原油产量，又能大规模封存 CO_2，是现阶段唯一可实现化石能源产出 CO_2 近零排放的利用封存技术，对于我国化石能源的可持续、低碳化利用，保障能源安全具有战略意义。

CO_2 捕集技术主要包括燃烧后捕集、燃烧前捕集、富氧燃烧和化学链捕集等，其中，燃烧后捕集由于排放量大、地点相对固定，是目前研究的热点技术方向。燃烧后捕集以燃煤电厂为主，由于烟气中 CO_2 分压低、含量低，一般采用化学吸收法，能耗大、捕集成本较高，一般在 50~60 美元/吨。同时，国内 CO_2 捕集工程规模较小，尚处于研发和示范阶段，缺乏大规模的工业化示范和应用的经验。

国外 CO_2 驱提高采收率技术相对成熟，已经工业化应用，是目前提高原油采收率和 CO_2 地质封存的重要途径。注 CO_2 提高采收率主要集中在美国，混相驱占比 90%以上，年注气量 6000 万吨，年产量达到 1500 万吨以上。与国外相比，胜利油田低渗透油藏为陆相沉积、非均质性强以深层特低透油藏为主、重质组分含量高、黏度高和混相压力高，不能照搬国外成熟的 CO_2 驱技术。

我国 CCUS 技术及产业发展还处于初期阶段，基础研究工作较为薄弱，缺乏大规模的工业化示范和应用，实现 CO_2 捕集、利用与封存规模化应用，需要解决 CO_2 捕集成本高、长距离安全输送、驱油与封存协同优化、注采安全控制与防腐控制、封存安全监控等关键工程技术问题。针对上述技术瓶颈，本文系统阐述了胜利油田 CO_2 驱油技术发展历程和 CO_2 驱油与封存机理，重点介绍了 CO_2 捕集、长距离安全输送、油藏工程优化设计、注采工艺设计、地面集输设计和 CO_2 封存环境监测等技术系列，工业化测试表明，开发的基于新型多氨基 CO_2 捕集溶剂（MSA）的捕集技术再生能耗降至 2.4GJ/t_{CO_2}，与国际同类项目相比再生能耗下降20%以上；百万吨级CCUS示范工程覆盖石油地质储量2500万吨以上，预计15年累计封存$CO_2$1068万吨，增油300万吨，实现了环境与经济效益的互利双赢。

1　胜利油田CCUS技术的发展历程

胜利油田自20世纪60年代开展CO_2驱油室内研究，持续攻关CO_2驱油与封存技术，先后经历了室内实验研究、关键技术攻关、先导试验、工程示范四个阶段，初步形成具有胜利特色的CCUS配套技术。

第一阶段：CO_2驱室内研究阶段(1967年~1995年)

1967年4月，开展了CO_2驱提高稠油采收率的室内试验研究工作，实验结果表明，15.1MPa条件下CO_2可使孤岛原油黏度降低11倍；先注10%PV的CO_2再注水，可使无水期采收率提高9.5%；若将同体积的CO_2注入量与水分散交替注入，则最终采收率将提高17.4%。1968年，针对滨南平方王油田油层灰质含量高、渗透率低的特点，为CO_2资源就地利用，改善该地区的注水效果，开展了注碳酸水的室内试验，结果表明，碳化水驱采收率可增加5%。

第二阶段：CO_2驱关键技术攻关阶段(1996年~2006年)

为提高CO_2吞吐和CO_2驱的成功率，利用有限的CO_2资源，获得最大的经济效益，开展了CO_2吞吐和CO_2驱提高采收率机理、CO_2近混相驱室内实验研究，制定了筛选条件，攻关CO_2驱油藏工程优化设计技术、气窜控制技术和防腐防垢等技术，先后在东辛、桩西、滨南和纯梁等采油厂进行了进行CO_2单井吞吐增油技术试验，平均单井增产原油500吨以上。2003年，编制了油田首个CO_2驱方案—《大芦湖油田樊124块二氧化碳驱技术研究》，首次全面系统的进行了CO_2混相驱室内实验研究，包括相态特征研究、长细管驱替实验研究、长岩心物理模拟实验研究、CO_2混相驱过程中沥青质沉淀析出的条件和石蜡析出温度的变化规律研究。樊124块CO_2驱实验结果表明，樊124地层油与CO_2有较好互溶性，在29MPa下，1t原油可溶解326STm^{3}的CO_2，原油体积膨胀46.6%，原油黏度下降36.7%，最小混相压力为25.9MPa，初期气水交替注入的方式，提高采收率16%以上。

第三阶段：CO_2驱先导试验试验阶段(2008年~2021)

2008年，依托中国石化科技项目《低渗透油藏CO_2驱提高采收率先导试验》在纯梁采油厂高89-1块开展CO_2驱先导试验，部署10注14采CO_2驱五点法井网，采用纯CO_2气体连续稳定注入的方式进行开发，预计采收率可由8.9%提高到26.1%，提高17.2%。截止到2019年底，累计注入$CO_2$31万吨，累计增油8.9万吨，区块采出程度15.7%，中心井区18.4%(提高9.5%)。通过技术集成与创新，初步形成了CO_2驱适应性评价体系和评价方法、CO_2驱室内实验技术、CO_2驱油藏工程优化设计技术、CO_2驱注采工艺、地面工程技术和燃煤电厂烟气CO_2捕集纯化处理技术等，建成国内外首个工业化规模燃煤电厂烟气CO_2捕集、驱油与地下封存全流程示范工程，实现了CO_2减排与提高石油采收率的双重目标。

第四阶段：工程示范阶段(2021年~)

2021年建成中国石化二氧化碳捕集、利用与封存(CCUS)重点实验室，具备了高温高压相态模拟、混相压力测试、多尺度驱替模拟、多场核磁测定和地质封存机理评价等实验能力。2021年7月，齐鲁石化-胜利油田百万吨级CCUS工程正式启动，2022年8月，百万吨级CCUS工程全面建成投产，2023年国内首条百万吨、百公里数字孪生二氧化碳超临界压力管道工程正式投运，标志着我国CCUS工程进入规模化、工业化和商业化运行。

2　CO_2捕集、驱油与封存技术进展

2.1　CO_2捕集及输送技术

2.1.1　CO_2捕集纯化处理技术

二氧化碳捕集是指将CO_2从工业生产、能源利用的废气中分离出来的过程。按照气源中CO_2含量不同，分为以燃煤电厂烟气等为主的低浓度碳捕集技术和以煤化工尾气等为主的高浓度碳捕集技术。

(1) 低浓度烟气二氧化碳捕集技术

针对CO_2捕集溶剂吸收能力低、腐蚀性强、易氧化降解、再生能耗大能问题，发开发了高效低能耗新型多氨基CO_2捕集溶剂(MSA)，辅助缓蚀剂、抗氧化剂等，和传统MEA捕集溶剂相比，CO_2的吸收能力提高30%，再生能耗降低20%，降解速率和腐蚀速率分别下降83%和97%，有

效减少了捕集溶剂用量(图 1)。

针对烟气中含有 SO_2、NOx 等杂质酸性组分和游离水，形成了低压降“碱洗+旋流”烟气脱水与深度脱硫技术，提出了微粒排序强化离心分离的方法及其调控模式，设计了高效、节能的双竖排序型旋流分离器组，实现了微米级游离水液滴和 PM1.0 的高精度脱除，气体压降<300Pa，吸收剂损耗≤0.8kg/t_{CO_2}，与国际同类项目相比损耗下降约 20%。

针对常规 CO_2 捕集工艺余热利用低的问题，研发“级间冷却+吸收式热泵+MVR 热泵”热能综合利用低能耗 CO_2 捕集工艺，将回收的余热用于加热富胺液和 CO_2 解吸，相比应用前能耗降低约 21%。

工业运行结果表明，吨 CO_2 捕集再生能耗为 2.4GJ/tCO_2，比常规 MEA 工艺再生能耗降低 20%，吸收剂损耗小于 1.0kg/tCO_2，CO_2 纯度大于 99.5%，捕集成本与 MEA 工业化装置相比降低 33.2%(图 2)。

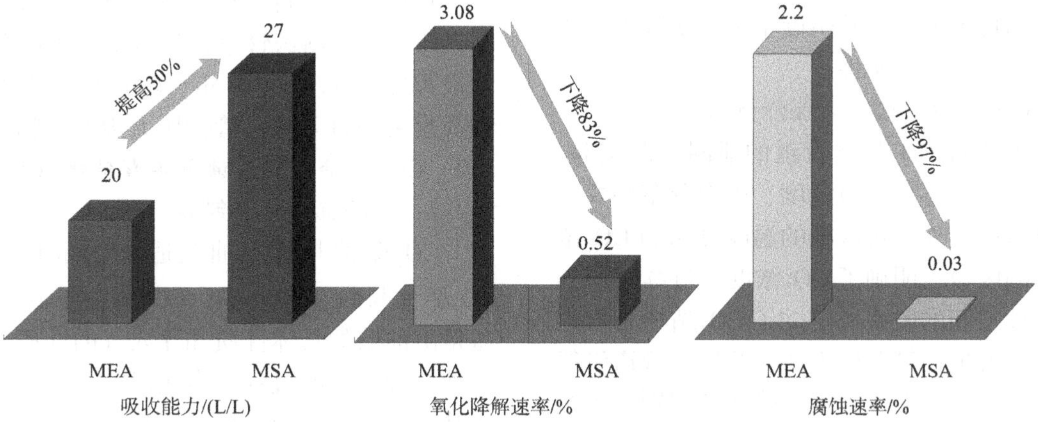

图 1　新型吸收剂与传统 MEA 对比图

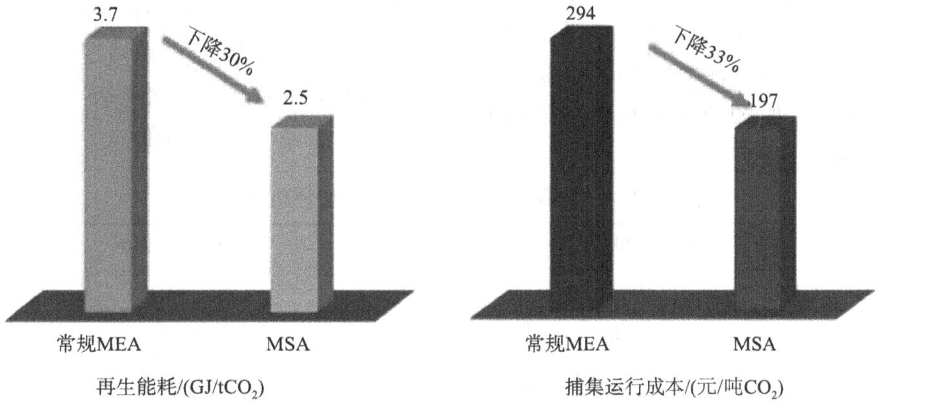

图 2　捕集工业装置运行性能对比图

(2) 高浓度烟气二氧化碳捕集技术

炼化厂煤制气过程排放的 CO_2 浓度高(90%左右)，研发了多效低温精馏法捕集技术。针对填料成膜性差、CO_2 捕集率低难题，研发 CO_2 超润湿多孔填料，强化精馏塔传热传质效率，开发不凝气膜提纯工艺深度回收 CO_2，捕集率≥93%。针对捕集能量利用率低的问题，开发多温位供冷、多效精馏、压缩机余热驱动溴化锂预冷、不凝气膨胀发电预冷等能量高效转换、利用及回收技术，优化系统用能，能耗降低 19%。建成齐鲁石化 100 万吨/年 CO_2 捕集工程，CO_2 纯度≥99.3%，捕集能耗≤0.52GJ/tCO_2。

胜利油田形成了燃煤电厂和煤制气烟气二氧化碳捕集技术，具备不同气源高效 CO_2 捕集技术及工程设计能力(表 1)。

表 1　不同气源 CO_2 捕集技术对比表

气源	CO_2 含量/%	捕集/分离方法	捕集分离后浓度/%
燃煤电厂烟道气	8~12	复合胺吸收	99.5
煤制气尾气	91	低温精馏法	99

2.1.2　CO_2安全输送技术

CO_2管道输送是CO_2捕集、驱油利用与封存的关键环节，针对不同相态CO_2管道输送方式，开展了CO_2管输模式、模型和输送过程泄漏和扩散规律、输送流动安全控制技术等研究。

（1）CO_2管道输送技术工艺

建立了CO_2在超临界相和气相管道输送条件下的水力与热力计算方法，基于杂质对CO_2相态及管道腐蚀性的测试分析，明确了CO_2管道安全输送的气质组成要求，制定形成了不同CO_2管道输送模式的技术方案，并明确了工程实践中选用不同输送模式的适用条件。

（2）CO_2管道输送安全保障技术

基于工业级CO_2架空管道的泄漏扩散实验，明确了管道放空过程管内温度、压力分布和变化规律以及泄放管外周边区域的温度分布和CO_2浓度扩散影响区域，明确了CO_2浓度、持续时间与人员危害性之间的关系，建立了CO_2站场与管道事故后果的模拟计算分析方法，开展了管道沿线重点敏感区域管道泄漏时的危险区域识别。进行了CO_2不同相态、不同泄漏孔径和孔径朝向的CO_2埋地管道泄漏试验，明确了不同泄漏工况下的土体形态变化规律，建立光纤温变、应变动态阈值耦合解释模型，建立了泄漏声频和温变特征集，研制温度、压力、振动三参数联合定位的泄漏检测装置，定位精度达到米级。

（3）CO_2管道输送数字孪生技术

开发基于瞬态流动模型和数字图形驱动模型相融合的数智驱动引擎，建立仿真数据、实时数据与视频数据的同频共生数字孪生仿真系统，数据在线实时反演和随动优化，实现异常工况的精确预测、超前预判与实时调控，保障CO_2管输安全管控，达到国际领先水平。已应用于齐鲁石化-胜利油田CO_2长输管道，在首站停泵、末端停注、停输再启、应急放空等复杂工况下实现安全平稳运行。

建成国内外首条百公里、百万吨数字孪生超临界压力CO_2输送管道，管道全长109公里，设计最大输量170万吨/年，输送压力12MPa，管输规模突破百万吨，管输压力迈入超临界范围。

2.2　CO_2驱油与封存油藏工程优化设计技术

2.2.1　油藏筛选标准制定

CO_2驱油与封存油藏适应性标准的是实施CO_2驱油与封存的前提，CO_2驱油与封存是否合适是由油藏的具体性质和注入气的性质相结合的一种综合权衡的过程。本次研究从油藏工程和地质基础出发，综合分析了影响注气效果和CO_2封存量的因素，利用室内物理模拟和数值模拟相结合的方法，综合考虑国内外CO_2驱油与封存矿场实例和胜利油田的实际情况，建立CO_2驱油与封存油藏适应性评价标准(表2)，实现了CO_2驱油与封存定量筛选的目的。

表2　CO_2驱油与封存油藏适应性评价标准

筛选参数	CO_2混相驱	CO_2近混相驱	CO_2非混相驱	对应因素
油藏条件下原油黏度/mPa·s	<10	<50	<600	混相特征，注入能力
油藏条件下原油密度/(10^3kg/m)	<0.876	<0.922	<0.98	混相能力
剩余油饱和度/%	>30	>30	>40	EOR潜力
油层深度/m	>1000	>1000	>600	混相能力
地层温度/℃	<120	<120	<120	混相能力
油藏压力/MPa	P>=MMP	P=(0.8~1)MMP	P<0.8MMP	混相条件
储量规模/10^4t	>50	>50	>50	封存能力

2.2.2　CO_2驱油与封存机理

CO_2驱提高采收率机理主要为包括降低界面张力，减少孔喉残余油；溶解后膨胀原油体积，增加驱油动能；降低原油黏度，改善流度比；“疏松”岩石骨架表面质油膜，使其分散启动，驱动运移；CO_2沿中心轴向进入盲端，将原油挤出或替出，降低盲端残余油。

CO_2与原油之间发生扩散、传质作用，使两者能相互溶解、界面消失达到混相，从而驱出多孔介质中全部剩余油。在CO_2与原油接触时，当压力小于混相压力时，CO_2与原油之间存在明显界面，当压力逐渐升高，CO_2开始溶于原油，油相体积增加，气相体积减小；随着压力继续增加，原油中的轻质组分进入气相，开始CO_2萃取过程；当压力进一步增加，气液间传质速率加快，当气相密度与原油密度相近时，CO_2 与原油之间界面消失，气液逐渐混相。由于我国中国陆相原油中蜡含量和重烃含量较高，油藏条件下，CO_2 为超临界状态，其与原油烃组分间的传质规律较复杂。

选取高 89-1 块典型井的油样和套管气，通过复配得到地层条件下原油，利用高温高压 PVT 分析仪，研究油藏条件下，CO_2 在地层原油溶解和对原油的抽提。实验结果表明，CO_2 溶解饱和前，以 CO_2 扩散为主，地层油体积膨胀，最大膨胀了 45.6%；CO_2 溶解饱和后，以强烈的抽提作用为主，经 4 次抽提，原油体积减小 39.3%。

用高温高压 PVT 分析仪和色谱仪，研究了不同压力条件下，CO_2 的对原油的抽提能力，同图 3 可以看出，随着压力增加，CO_2 通过不断抽提原油中的轻烃组分和溶于原油，使气相富化、油相变“轻”，从而实现混相。同时，大量实验表明，低压条件线，CO_2 只能抽提原油中 C_2 ~ C_6，高压才能抽提原油中 C_7 ~ C_{15}；通过大幅提高压力，可以增强 CO_2 抽提能力，增加气相中烃的种类与含量，界面消失，实现快速实现混相，提高驱油效率。

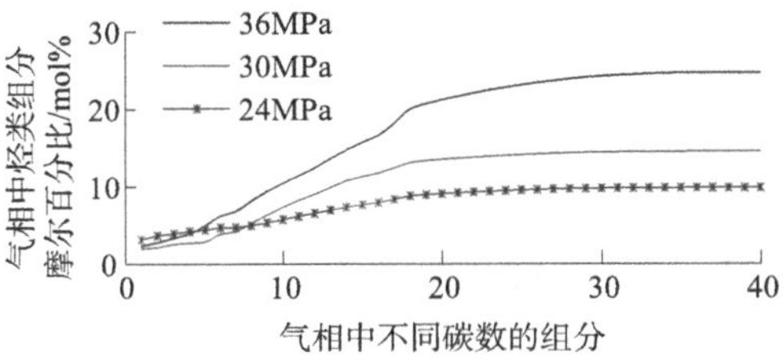

图 3　CO_2 抽提后气相烃类累积量曲线

CO_2 封存机理主要是置换机理、溶解机理、矿化机理，其中置换机理和溶解机理是 CO_2 与地层流体的作用机理，矿化机理是 CO_2 与储层的作用机理。室内实验表明，压力越高，CO_2 溶解度越大，溶解封存量越大；矿化度越高，CO_2 在地层水中的溶解度减小。注 CO_2 后，岩心中碳酸盐含量增加，平均变化率为 8.88%，说明 CO_2 得到了矿化封存，但数量较少。

2.2.3　驱油与封存油藏工程方案优化研究

CO_2 驱提高石油采收率与地下封存是涉及多专业的综合技术，以往在油气开采领域只是考虑提高采收率问题，CO_2 的地下封存工作大多停留在“CO_2 驱油后有部分 CO_2 将会封存于油藏中”，真正考虑 CO_2 地下封存以达到减排目的的研究较少，在利用 CO_2 提高采收率的同时考虑其地下封存，引出的新问题包括驱 CO_2 驱油过程中 CO_2 地下封存的机理、安全性评估和封存量等。针对 CO_2 驱油利用与封存的需求，从影响驱油效果的主要因素入手，结合油藏动态变化规律和国内外矿场实践，在 CO_2 与原油动态混相的微观机理、油藏适应性评价标准的基础上，形成了精细地质建模技术、断层安全性评价、CO_2 封存量计算方法和油藏工程方案优化设计技术，集成配套了 CO_2 驱油利用与封存油藏工程设计技术。

（1）精细三维地质建模技术

CO_2 混相驱可以大幅度提高驱油效率，受储层非均质影响，易气窜，波及体积低。相程度、沉积微相和裂缝是油井受效和气窜的主控因素，裂缝尤其重要。针对 CO_2 驱油利用与封存的难点，提高驱油效率和波及系数、控制黏性指进和气体突破，建立了描述砂体的连通性、非均质性、裂缝地应力及高渗透条带技术。通过地层精细对比、构造特征、储层特性、流体性质和渗流特性研究，形成以“频谱成像预测储层、裂缝识别与表征、CO_2 驱流动单元精细划分”为核心的精细油藏描述技术。

（2）CO_2 封存地质安全性评价技术

长期、安全的封存是 CO_2 驱油利用与封存实现碳减排的关键，盖层封闭性、断层稳定性是影响 CO_2 驱油利用与封存项目实施的核心问题。CO_2 地质封存的风险主要包括失稳（变形、诱发地震）和泄漏（井筒、断层、盖层）。针对 CO_2 驱油及封存的安全风险问题，通过理论分析明晰了驱油与封存过程中 CO_2 的泄漏方式。发现 CO_2 封存安全主要受断层抗破能力、盖层抗破能力、断层封堵能力和盖层封堵能力的严格控制。

利用储层破裂压力、盖层破裂压力、断层重开启压力、盖层封堵压力、断层侧向封堵压力和断层垂向封堵压力。利用断层活动时间、盖层与断层的配置关系、粘结段厚度和断层倾角形成了递进式的断层纵向安全性定性评价体系（表 3）；利用断层两盘的砂砂对应率和断层的泥岩涂系数形成了并列式的断层侧向安全性定性评价体系。

将 CO_2 驱油及封存过程分为 CO_2 驱油阶段、CO_2 注入阶段和 CO_2 封存阶段，通过三个阶段注采系统、压力特征等的分析提出了各个阶段 CO_2 泄漏的主控因素，形成了 CO_2 驱油及封存过程中的定量地质安全界限体系；提出了考虑岩层厚度的断层岩和盖层纵向封堵压力数学表达式，提出了考虑现今三轴地应力的断层剪切开启压力和断层垂向开启压力，计算 CO_2驱油及封存的地质安全界限(表4)。

表3　断层安全性定性评价标准

一级评价因素		二级评价因素	三级评价因素			级别
断层活动期次	断层延伸与盖层配置关系	断层断距与直覆盖层厚度配置关系	盖层粘结段厚度/m	断层岩泥质含量/%	断层倾角/°	
一期	嵌入式	顶部完整型				很高
同生	下断式	盖层见面型	>100		≤45	高
			50~100		45~75	较高
			0~50		>75	中等
		盖层相隔型		≥50	≤45	较低
				<50	>45	低
多期	断穿式	盖层见面型	>200		≤45	较高
			100~200		45~75	中等
			0~100		>75	较低
		盖层相隔型		≥50	≤45	低
				<50	>45	很低

表4　CO_2驱油及封存过程中的纵向定量地质安全界限体系

阶段		特点	泄漏路径	控制因素	地质安全界限	
					距离断层一个井距以内	距离断层一个井距以外
CO_2驱油阶段		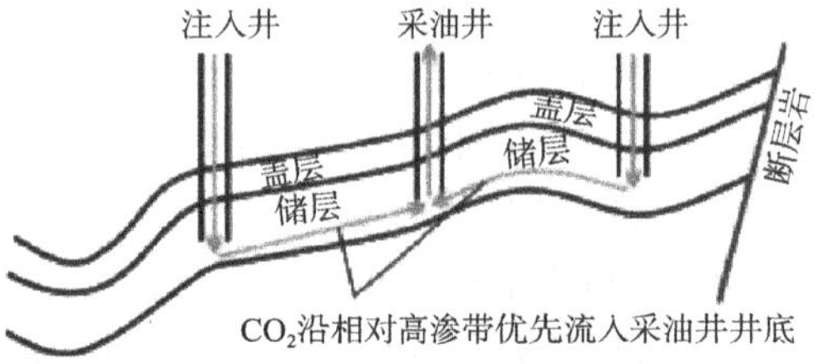	开启断层 破裂盖层	断层的重开启压力 盖层的破裂压力	$P_{气注}<P_{断启}$ $P_{气注}<P_{盖破}$	$P_{气注}<P_{盖破}$
CO_2注入封存阶段	CO_2注入阶段	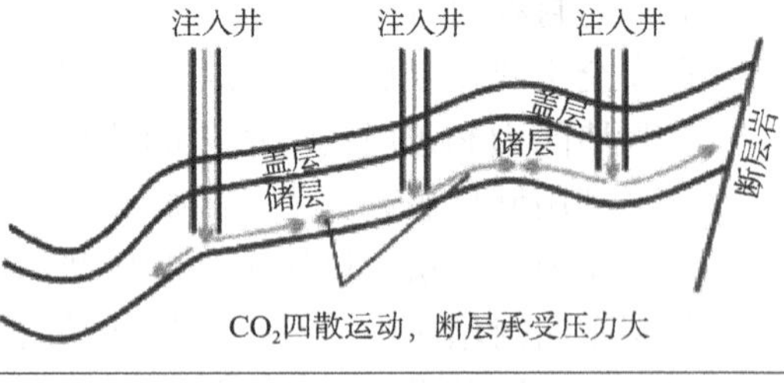	开启断层 破裂盖层 断层岩 盖层	断层的重开启压力 盖层的破裂压力 断层岩纵向封堵压力 盖层封堵压力	$P_{气注}<\min(P_{断启},P_{盖破})$ 且 $P<\min(P_{断纵封},P_{盖破})$	$P_{气注}<\min(P_{盖破},P_{盖封})$
	CO_2封存阶段	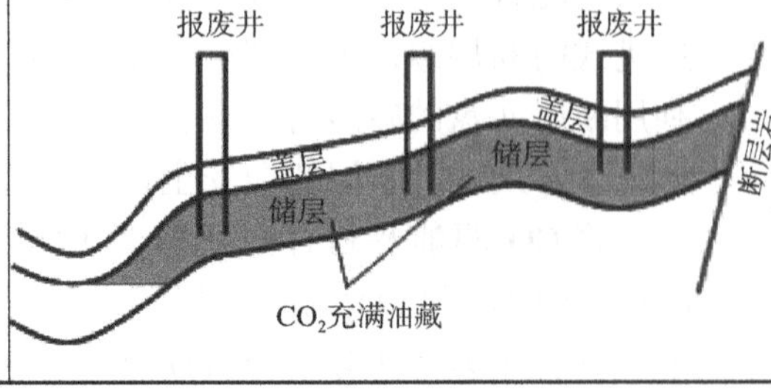	开启断层 破裂盖层 断层岩 盖层 溢出点	断层的重开启压力 盖层的破裂压力 断层岩纵向封堵压力 盖层封堵压力 油藏最大容量	$P<\min(P_{断启},P_{盖破})$ 且 $P<\min(P_{断纵封},P_{盖破})$ 且 $Q_{存}<Q_{孔}$	

（3）高效驱油优化设计技术

CO_2驱油与封存油藏工程方案优化设计技术是在精细地质建模和剩余油定量表征的基础上，系统评价注入气与油藏流体的相态特性、混相压力和驱油效果，以油藏数值模拟为手段，以层系组合、井网井距优化为关键，以混相能力和注采参数优化为主控参数，注气初期提升地层压力超高压混相、WAG 扩大波及体积，结合采油工艺和地面工程技术，达到了大幅度提高采收率和CO_2封存率的目标。

传统的CO_2提高采收率优化设计的目标是以尽可能少的CO_2得到较高的累计产油量，优化目标函数如下(式 1)。

$$D_{CO_2\text{-EOR}} = \max(N_p) \cup \min(V_{CO_2}) \quad (1)$$

式中，$D_{CO_2\text{-EOR}}$为CO_2驱提高采收率目标函数，无因次。V_{CO_2}为注入CO_2的体积，m^3。N_p为累计产油量，m^3。

从优化目标函数可以看出，传统CO_2驱提高采收率方案优化设计主要目标是提高油田采收率，对CO_2封存考虑不足，不能充分发挥CO_2驱油与封存双赢的目标。为此，本文从提高CO_2封存率和提高油田采收率出发，建立了优化目标函数(公式 2)。

$$D_{CCUS(CO_2\text{-EOR})} = \max\left(\omega_1 \frac{N_p}{OOIP} + (1-\omega_1)\frac{V_{CO_2}}{PV}\right) \quad (2)$$

式中：$D_{CCUS(CO_2\text{-EOR})}$为$CO_2$驱油与封存目标函数，无因次。$\omega_1$为权重系数，取值范围 0~1。$OOIP$为地质储量，$m^3$。$PV$为孔隙体积，$m^3$。

权重系数的选择主要依据CO_2驱油与封存项目的主要目标，对于CO_2纯封存项目，可以选择CO_2埋存量最大($\omega_1=0$)；对于纯CO_2驱油项目，则选择采收率最大($\omega_1=1$)。对于驱油和封存同样重要的项目，可以选择相等的权重系数($\omega_1=0.5$)。在CO_2驱油与封存方案优化时，权重系数根据增加原油产量和封存CO_2的综合收益来确定。

（4）CO_2驱油与封存方案优化

建立了考虑CO_2混相驱渗流特征的油藏数值模拟模型，综合考虑国内外研究成果和室内实验成果，设计优化了CO_2驱油与封存的开发技术界限，形成了CO_2驱油与封存油藏工程优化设计技术，考虑驱油和封存同样重要($\omega_1=0.5$)，制定了百万吨示范区CO_2驱油与封存技术政策界限，考虑现场实施的可行性，最优CO_2驱油与封存政策界限为一套层系开发、不规则面积井网、水气交替、压力保持水平为 1.2MMP(MMP 为最小混相压力，MPa)，注采井距为 400m，注入速度为 40~60t/d，预计 15 年累计封存$CO_2$1068 万吨，增油 300 万吨(图 4)，提高采收率 11.6%。

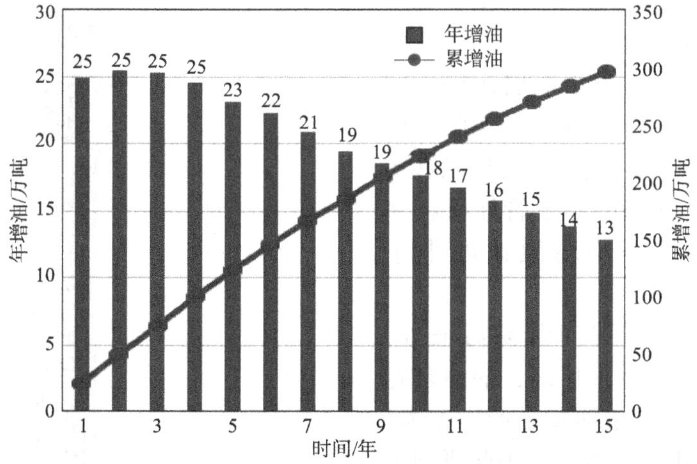

图 4　年增油、累增油量变化曲线图

2.3　CO_2驱注采工艺和地面工程技术

2.3.1　CO_2低温密闭高效注入装备

目前国内各大油田的液态CO_2地面注入系统主要以固定站模式建设，工艺流程复杂，设备不易搬迁且能耗较高，在注入过程中需要强制外排 10%~30%的CO_2，既浪费了CO_2又对环境造成了二次污染。通过对地面注入工艺流程进行优化，研发出了模块化、自动化、标准化的注入装备，形成了一套高效密闭的地面注入系统，实现了注入全过程中CO_2零排放(图 5)。

（1）储罐撬。采用分体式的思路，将储罐本体和管汇流程分别成撬并留有接口，在使用时组装成一个整体，具有自温压、恒低温的功能，简化工艺流程，取消了喂料泵，降低了能耗。从而实现快速安装、降低能耗。

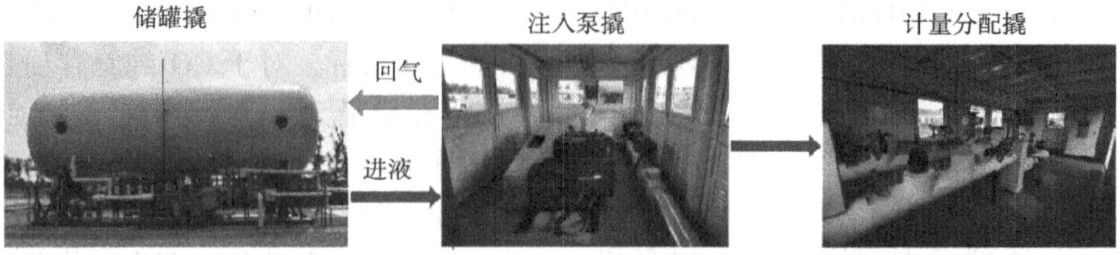

图5　CO_2低温密闭注入装备图

（2）注入泵撬。研发了高效密闭的注入装置，泵头加装了高压气液分离装置，将注入过程中气化的 CO_2 回收至储罐中，无需强制外排，实现了 CO_2 在系统中的内循环，实现全程的净零排放。

（3）计量分配撬。研究完成了气相、密相和超临界 CO_2 密度补偿修正算法，实现有序计量调节，解决了国内无法实现一泵对多井同时注入的难题。

2.3.2　CO_2驱注采工艺

针对低渗透油藏极易发生作业入井液体堵塞油层，解除污染费用高，CO_2意外泄漏会造成人和动物窒息以及CO_2溶入水造成井下生产管柱的腐蚀失效等问题，研制了免压井安全作业的CO_2注入管柱（图6），注气管柱由注气止回阀、封隔器、蝶板阀、回接筒、水力锚和反洗阀构成。该管柱具有以下功能：注气、油套环空保护、反替缓蚀剂、停注防返吐、地面意外失控时防止注入气泄漏、再次作业时免压井防止地层污染。同时，研制了耐CO_2腐蚀和气密性优良的橡胶，优化了封隔器密封胶筒的结构，使整体管柱能够实现40MPa的安全注气。优选的井下管柱材料和缓蚀剂，使井下管柱的平均腐蚀速度小于0.076mm/a。

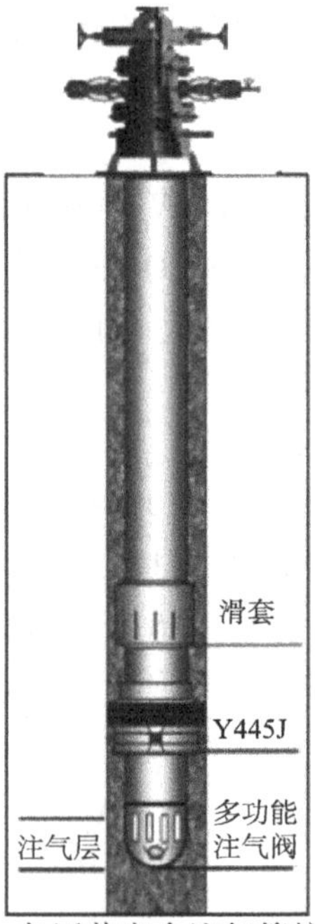

图6　免压井安全注气管柱结构

除了解决CO_2腐蚀、低渗油藏易污染外，CO_2驱油田还存在着生产井气油比高，抽油泵容易发生气锁、泵效低；低渗透油藏生产压差大，动液面深，压力监测困难两个难题，为此研制了多功能采油管柱（图7），包括挂片器、毛细管测压装置、高气液比气锚、高压差封隔器和生产控制阀等工具，配套了腐蚀控制工艺，实现了高气油比深抽、腐蚀监测与控制、实时测压、油层保护与安全作业等功能。

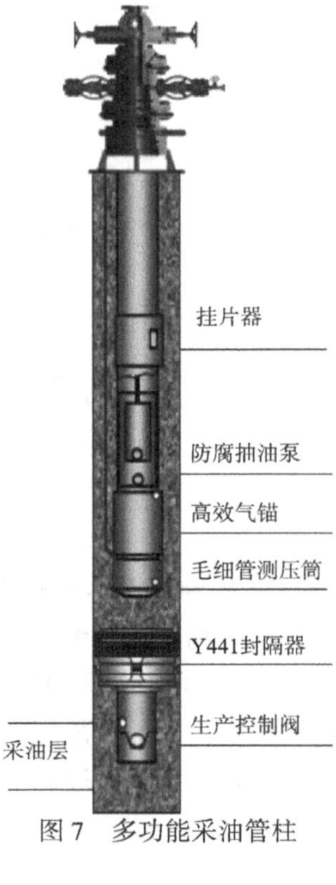

图7　多功能采油管柱

针对 CO_2 驱采用在役集输设施及输送介质的特点，为加强缓蚀剂在含油和垢污的管道内壁吸附成膜的能力，增强吸附膜的致密性，研发了带有 S 元素的双环咪唑啉类水溶油分散型的缓蚀剂；针对 CO_2 驱体系油气水多相流腐蚀规律及局部腐蚀的特点，利用离子选择性原理，引进了双极性理论，研发了外层阻挡阴离子迁移、内层阻挡阳离子迁移的具有抗侵蚀性离子渗透的双极性离子阻隔防腐涂层，提高了防腐涂层的抗侵蚀性离子渗透及抗剥离的性能。形成了控制油气、水及 CO_2 多相条件下金属设施腐蚀的配套技术。研发的适合多相流 CO_2 腐蚀环境的改性咪唑啉复合型高效缓蚀剂与现有的缓蚀剂相比，缓蚀率可提高 10%左右，控制油气、水及 CO_2 多相流条件下关键设备的腐蚀速率小于 0.076mm/a。

2.4　CO_2 封存安全监测技术

安全性是 CO_2 驱油与封存项目非常关键的一项事关成败的因素，针对井筒、断层、盖层等 CO_2 泄露风险源，建立了多场耦合下的断盖层、井筒静/动态安全性评价方法和安全控制技术。提出了高时效性环境风险识别预警方法，划分了不同安全等级监测区域，形成四位一体的监测体系优化设计技术，运用体系化思维构建了在线、走航、人工“三途径”，空中、地面、地下“三层次”，“气体、液体、固体”三介质为主体的 CO_2 封存环境安全在线监测系统(图 8)，对不同安全等级区域、不同开发阶段的环境监测动态优化，实现经济有效在线监测与 CO_2 泄漏监测预警。结合高 89-樊 142 地区面积、断层分布、新建注气站分布等实际，优选在线装置、同位素分析仪等设备 32 台(套)、完成监测点位布设 504 个，确保示范区监测范围全覆盖。

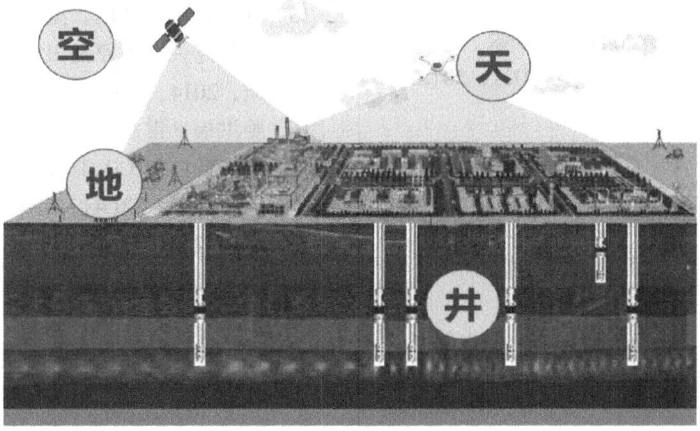

图 8　环境监测体系示意图

3　矿场应用效果

2008 年以来，胜利油田针对滩坝砂、浊积岩、砂砾岩 3 种油藏类型，在樊 142、盐 229、征沙村 1-4 井组等 9 个区块，开展 CO_2 驱矿场试验，累计动用地质储量 1650 万吨、注气井 26 口、注 CO_2 43 万吨、增油 10 万吨、封存 CO_2 40 万吨。

2021 年在正理庄油田高 89-樊 142 地区开展百万吨级 CCUS 示范工程建设，含油面积 48 平方千米，石油地质储量 2562 万吨，方案设计注入井 73 口、受效油井 166 口，平均注采井距 405m，采用高压混相驱，单井平均注气速度 40~60t/d，年注 CO_2 71.2 万吨、年油能力 35.1 万吨，预测 15 年累计注入封存二氧化碳 1068 万吨，累计增油 300 万吨，提高采收率 11.6%。2022 年 4 月开始注气，截止 2024 年 6 月，地层压力由注气前的 22.4MPa 上升到 32.5MPa，日产油由 220 吨上升到 415 吨，含水由 53%下降到 38%，矿场增油效果明显。

4　结论

（1）建立了高、低浓度工业尾气 CO_2 捕集技术，形成了具有胜利特色的 CO_2 捕集、CO_2 驱油与封存配套技术系列，建成了工业规模的 CO_2 捕集、驱油与地下封存全流程示范工程，工业运行效果良好。

（2）研发了新型多氨基CO_2捕集溶剂、“碱洗+旋流”烟气预处理技术和多梯级热能耦合低能耗CO_2捕集工艺开发，吨CO_2捕集再生能耗为2.4GJ，比常规MEA工艺再生能耗降低20%，吸收剂损耗小于1.0kg/tCO_2。

（3）建立了断层安全性定性评价标准和CO_2驱油及封存的地质安全界限计算方法，为CO_2地质埋存安全性提供技术保障。

（4）深化了CO_2与原油传质作用机制，建立了CO_2驱油与封存协同优化技术，实现了CO_2的高效封存与特低渗透油藏的有效开发。

（5）配套了CO_2驱管道输送、注采工艺、产出气回收工艺和环境监测体系等技术，为CO_2驱油与封存提供保障。

参考文献

[1] 程耀华，杜尔顺，田旭，等. 电力系统中的碳捕集电厂：研究综述及发展新动向[J]. 全球能源互联网，2020，3(4)：339-343.

[2] 张九天，张璐. 面向碳中和目标的碳捕集、利用与封存发展初步探讨[J]. 热力发电，2021，50(1)：1-6.

[3] 时飞，李奕帆. 混合基质膜在碳捕集领域的研究进展[J]. 化工进展，2020，39(6)：2453-2462.

[4] 余子炎. 燃煤电厂二氧化碳捕集、利用和封存与“捕集预留”分析[J]. 全面腐蚀控制，2019，33(11)：8-10.

[5] 杨胜，张显娟，逯鹏，等. PBI膜在CO_2捕集方面的研究进展[J]. 膜科学与技术，2019，39(6)：150-156.

[6] 秦积舜，韩海水，刘晓蕾. 美国CO_2驱油技术应用及启示[J]. 石油勘探与开发，2015，42(2)：209-216.

[7] 李士伦，周守信，杜建芬，等. 国内外注气率技术回顾与展望[J]. 油气地质与采收率，2002，9(2)：1-5.

[8] Taber，SerightR S. EOR screening criteria revisited－Part1：Introduction，to screening criteria and enhanced recovery field projects，SPE [J]. Reservoir Engineering，2001，12(3)：189-198.

[9] Jarrell P M，Fox C，Michael H. Stein，PRACTICAL ASPECTS OF CO_2 FLOODING. Society of Petroleum Engineers Inc.，2002.

[10] 张本艳，周立娟，何学文，等. 鄂尔多斯盆地渭北油田长3储层注CO_2室内研究[J]. 石油地质与工程，2018，32(3)：87-90.

[11] 廖洪. S油藏注CO_2提高采收率技术[D]. 成都：西南石油大学，2017.

[12] 李孟涛，杨广清，李洪涛. CO_2混相驱驱油方式对榆树林油田采收率影响研究[J]. 石油地质与工程，2007，21(4)：52-54.

[13] 陆诗建，孟晓锋，高丽娟，等. 压缩式热泵回收CO_2捕集解吸塔废热节能工艺研究[J]. 山东化工，2019，48(13)：213-217.

[14] 李志鹏. 东营凹陷高89地区二氧化碳驱油及封存过程中断层纵向安全性评价体系[J]. 油气地质与采收率，2015，22(6)：41-46.

[15] 国殿斌，徐怀民. 深层高压低渗油藏CO_2驱室内实验研究—以中原油田胡96块为例[J]. 石油实验地质，2014，36(1)：102-105.

[16] 姜洪福，雷友忠，熊霄，等. 大庆长垣外围特低渗透扶杨油层CO_2非混相驱油试验研究[J]. 现代地质，2008，22(4)：659-663.

[17] 邓瑞健，田巍，李中超，等. 二氧化碳驱动用储层微观界限研究[J]. 特种油气藏，2019，26(3)：133-137.

[18] 杨勇. 胜利油田特低渗透油藏CO_2驱技术研究与实践[J]. 油气地质与采收率，2015，22(6)：41-46.

[19] 曹绪龙，吕广忠，王杰，等. 滩坝砂特低渗透油藏CO_2驱油技术及应用[J]. 油气藏评价与开发，2019，9(3)：41-46.

[20] 曹绪龙，吕广忠，王杰，等. 胜利油田CO_2驱油技术现状及下步研究方向[J]. 油气藏评价与开发，2020，10(3)：51-59.

胜利油田二氧化碳驱油封存注采关键技术

张广中 孟 勇 熊 伟 刘玉国 唐培忠

（中国石化胜利油田分公司石油工程技术研究院）

摘 要 在全球气候变暖与能源转型的背景下，碳捕集、利用与封存（CCUS）技术作为应对温室气体排放的重要手段，正逐渐引起各国政府和企业的关注。特别是在石油行业，CCUS技术不仅能够减少碳排放，还能通过驱油封存提高原油采收率，实现经济效益与环境效益的双赢。胜利油田高89-樊142地区二氧化碳驱油与封存示范工程将齐鲁石化捕集的CO_2管输至胜利正理庄油田利用封存，是我国最大的CCUS全链条示范基地。本文将深入探讨胜利油田二氧化碳驱油封存注采关键技术、挑战以及未来发展方向，旨在为相关领域的研究与应用提供借鉴意义。

关键词 CCUS；驱油封存；注采；堵调；腐蚀

CCUS技术涵盖了二氧化碳的捕集、利用与封存三个主要环节。在石油行业中，二氧化碳驱油封存注采工艺是指将捕集的二氧化碳通过特定方式注入到油气藏中，利用二氧化碳的物理化学性质驱动原油开采，并在地下实现长期封存的过程。该技术不仅能有效提高原油采收率，还能显著减少温室气体的排放，是石油行业实现低碳转型的重要途径。国内外已有多项CCUS驱油封存注采项目成功实施，如美国Petra Nova项目、中国石油吉林油田CCUS项目以及中国石化胜利油田高89-樊142地区二氧化碳驱油与封存示范工程是我国最大的CCUS全链条示范基地。这些项目不仅提高了原油采收率，还实现了二氧化碳的大规模封存。

1 胜利油田CCUS注采工艺现状

针对胜利油田低渗透油藏CO_2驱混相压力高、地层压力保持水平低的难题，通过注入CO_2大幅度提高油藏压力来实现混油驱，提高混相程度，动用原常压、低压驱动体系下难以启动的小孔隙剩余油，扩大波及以实现较大幅度提高石油采收率和CO_2埋存量。方案部署在胜利正理庄油田北部，将齐鲁石化捕集的煤制气装置工业尾气中CO_2管输至胜利油田高89-樊142地区进行驱油与封存，部署注气井73口，采油井166口，覆地质储量2562万吨。

高89-樊142示范区储层类型为低渗透滩坝砂，纵向上层多且薄，层间渗透率差异大，纵向渗透率级差几十~几百，因此储层非均质性强纵向波及不均衡。

1.1 安全注入工艺

为满足高89-樊142地区二氧化碳驱油藏高压注入、长期密封、多轮次压驱注气交替需求，由纯注气工艺迭代为压驱/注气一体化工艺，注气平均压力可达到30MPa以上，实现了高压条件下“平稳、安全”注入。

（1）连续注气工艺：为了满足初期油藏区块纯注CO_2开发，研究形成连续注气工艺，主要由滑套、气密封隔器、单向注气阀组成，耐温150℃、耐压35MPa，满足了CO_2长效安全注入，现场实施20余井次，后期因开发方式改变，此工艺逐步替换，如图1所示。

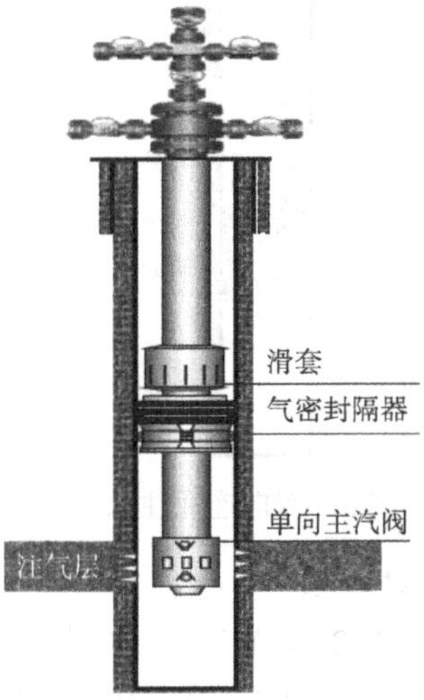

图1 连续注气工艺

（2）压驱/注气一体化工艺：针对注气补能速度慢，油藏提出压驱补能+CO_2驱开发需求，研究形成压驱/注气一体化工艺，相比于连续注气工艺，增加辅助高压封隔器，利用此封隔器实现50MPa以内的压驱注入，同时利用气密封隔器实现 CO_2 注入，现场实施53井次，如图2所示。

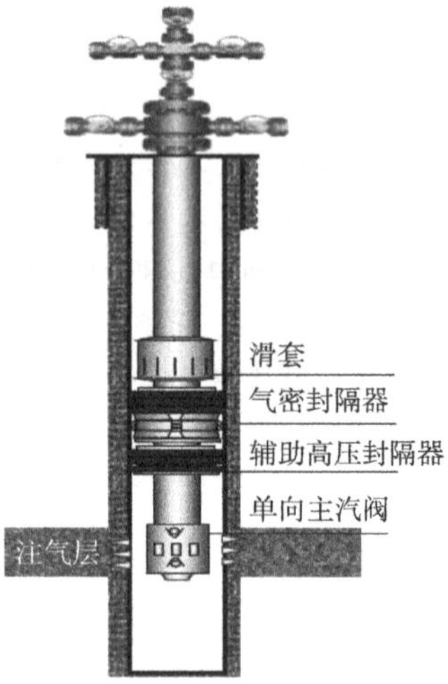

图2　压驱/注气一体化工艺

（3）可测试/双向联通注入工艺：针对后期部分井需要 CO_2 吞吐开发需求，形成可测试/双向联通注入工艺，设计安全阀替代单向注气阀，既能够实现 CO_2 吞吐的功能，又能够保证对井筒安全控制，满足了现场压驱、测试的功能需求，如图3所示。

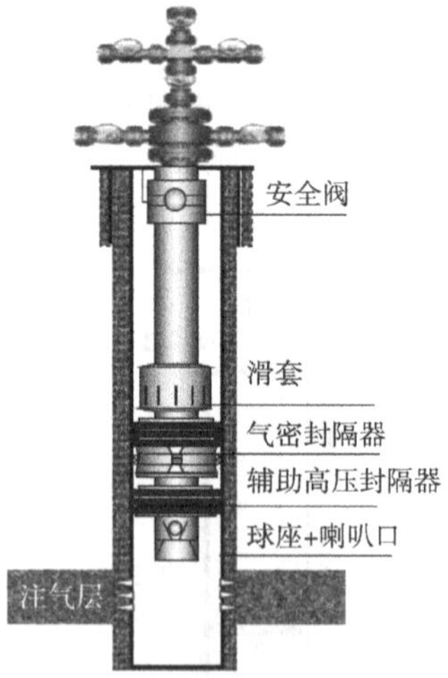

图3　双向连通注入工艺

1.2　高效举升工艺

高89-樊142示范区块地层保持压力30~38MPa，含水率6.4%~96.3%，最大气液比>600m³/m³。针对不同井况高效举升需求，逐渐形成了测压机抽一体化、测压自喷一体化等五种生产管柱，累计应用119口井，平均泵效提高6%。

针对机抽井举升需求，设计形成以负压气液混抽泵、泵下速度尾管至油层为核心的高气液比机抽管柱（图4），配合防腐杆、内衬管、防腐泵、油套环空加药实现管柱防腐；针对测压需求，在尾管下方增加测压装置，实现机抽井测压防腐防气生产（图5）。

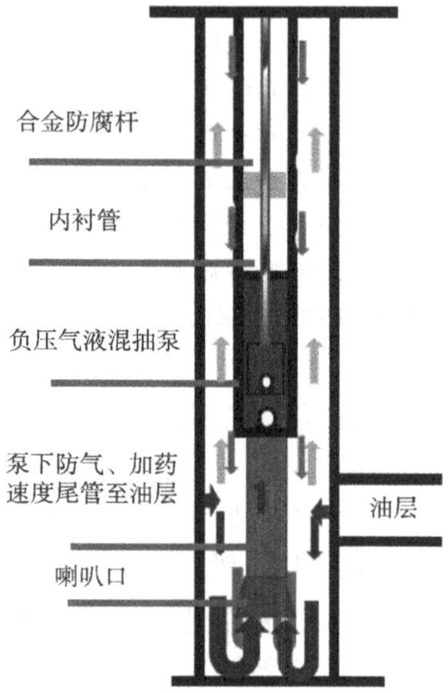

图4　高气液比机抽管柱

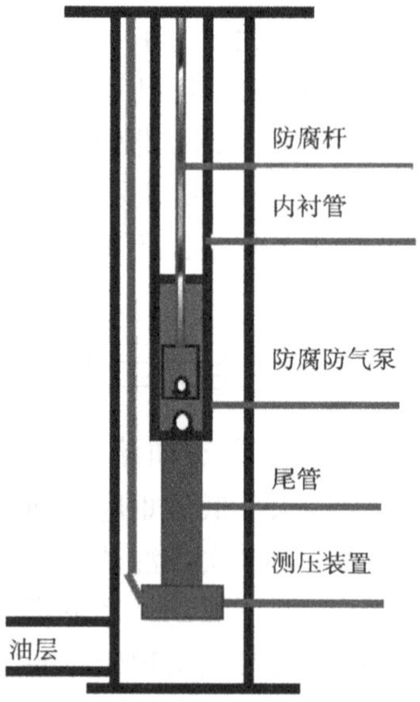

图5　测压机抽一体化管柱

针对自喷井举升需求，初期设计形成以及封隔器、滑套为核心的封隔器自喷管柱（图6），通过油套环空填充缓蚀剂、井口防喷盒添加固体缓蚀剂实现管柱防腐；后期为提升作业便捷性，迭代形成光管自喷管柱（图7）；为满足测压需求，形成光管测压自喷一体化管柱（图8）。

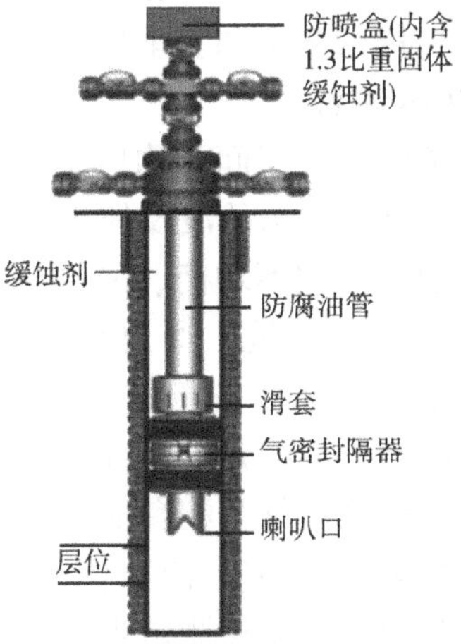

图 6　封隔器自喷管柱

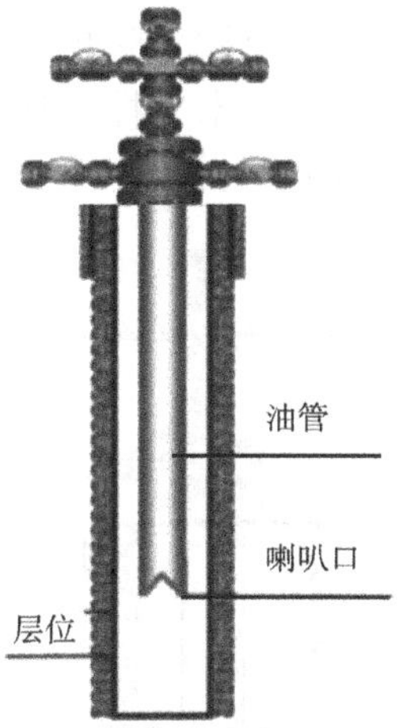

图 7　光管自喷管柱

1.3　气窜堵调工艺

高 89-樊 142 示范区注采井距基本在 400m 之间，但由于该示范区内油气井均为老井，投产初期油气井普遍采用了压裂投产，且加砂量大，压裂半缝长均在 180m 之间，部分油气井因裂缝呈现“头碰头”方式，导致井距进一步缩短，增强了平面非均质性，导致过早水窜、气窜。另外，CO_2流体特性粘度低易超覆，容易形成层内指进现象，导致波及效率低，从而过早气窜。

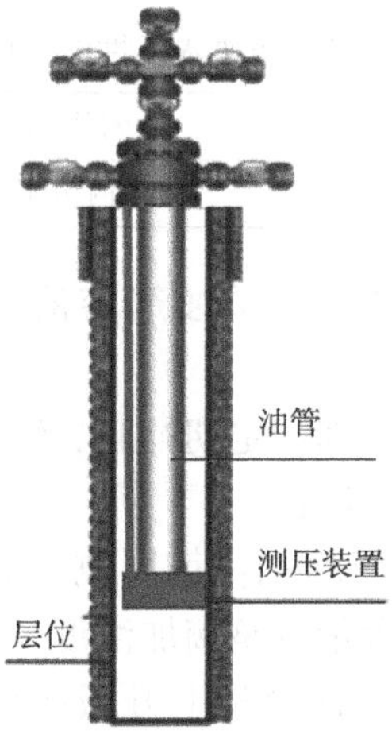

图 8　测压自喷一体化管柱

针对示范区“压裂裂缝+基质非均质强”易气窜的问题，初步形成“硅盐树脂裂缝封堵+气溶性发泡剂、高温冻胶等基质调剖”分级堵调技术。建立了硅盐树脂裂缝封堵体系、CO_2气溶性发泡剂基质调控体系和高温耐酸冻胶体系。

在某气窜井组开展了化学堵调矿场试验，现场实施注入压力平均提高 4MPa 以上，平均有效期 6 个月。注气井油压由措施前 17MPa 上升至 28. 5MPa，目前仍然处于见效期，措施有效期已经达到 4 个月以上，井筒内 CO_2 含量下降幅度>50%(图 9)。

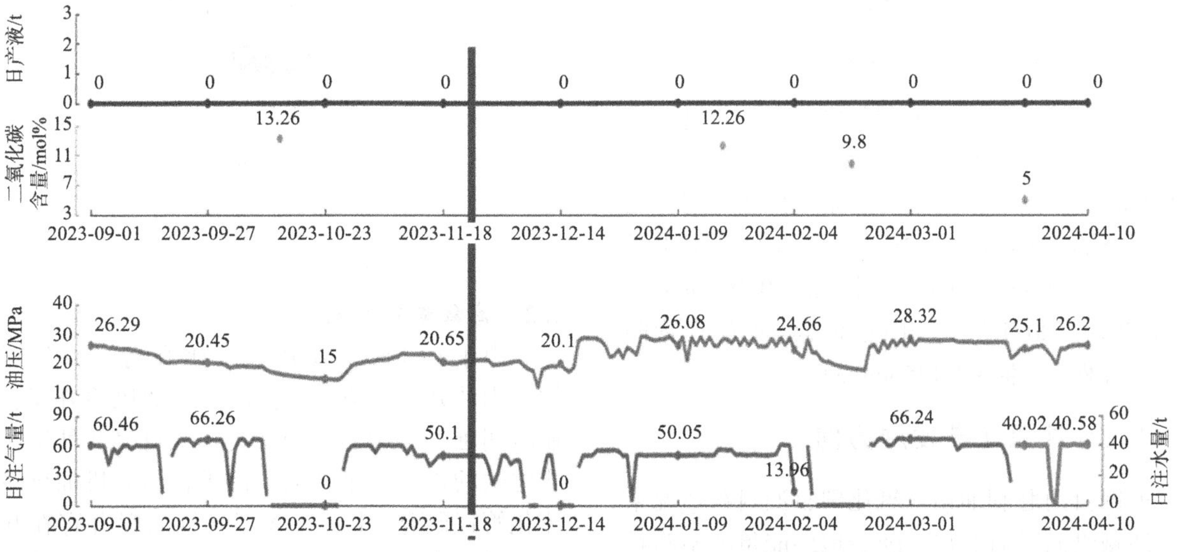

图 9　某气窜井组化学堵调前后效果对比

1.4 腐蚀控制工艺

针对示范区高温（140℃）、高 CO_2 分压的极端腐蚀环境，研究了炔醇基咪唑啉复配 CO_2 专用缓蚀体系，制定 CCUS 注采井防腐技术要求，形成预膜、补膜、滴加等适用于不同工况的防腐工艺方案（表1）。

表1　CO_2 专用缓蚀体系性能指标统计表

耐温：150℃	耐盐：80000mg/L
腐蚀速率：≤0.076mm/a	室内缓蚀率：≥90%

（1）预膜处理：缓蚀剂溶液替满环空及油管，浸泡；

（2）补膜处理：定期补膜，缓蚀剂溶液替满环空及油管，浸泡；

（3）缓蚀剂滴加：每周测量采出液总铁含量；根据总铁含量调整滴加浓度。

一个月后总铁含量上升或降低（不变），相应提高或降低缓蚀剂浓度 100～200ppm，继续滴加、检测；直至监测到总铁含量平衡时的滴加浓度。

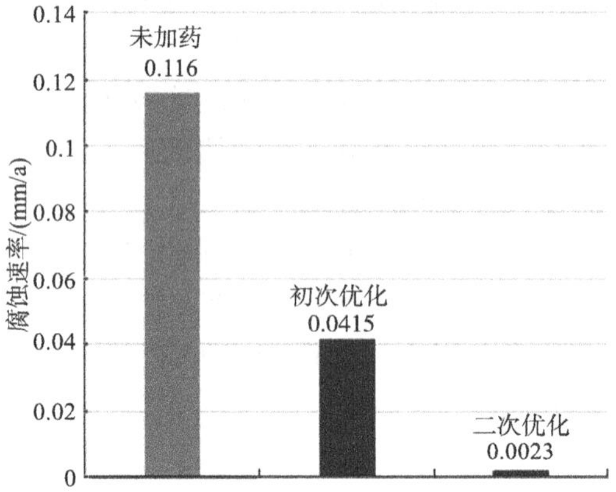

图10　某油井防腐方案效果对比

如图10所示，高89-樊142示范区现场应用效果来看，缓蚀速率>80%，平均腐蚀速率0.028mm/a，低于相关标准指标，腐蚀得到有效控制。（SY/T 5329—2022《碎屑岩油藏注水水质指标技术要求及分析方法》标准≤0.076mm/a，SY/T 7619—2021《二氧化碳环境油管和套管防腐设计规程》标准≤0.125mm/a）。

2　CCUS 注采工艺发展方向

根据目前胜利油田二氧化碳驱油封存情况来看，油藏纵向矛盾突出，随着地层能量的不断补充，气窜风险越来越大，对注采工艺提出新的挑战，需要引入新材料、新工艺和新方法等手段降低成本并提高技术效率和安全性。

2.1 分层注入工艺

二氧化碳驱油藏层间非均质性强，容易形成优势通道，降低了 CO_2 的波及体积，影响了驱替效果，导致油藏动用不均衡、采收率下降。针对 CO_2 驱注气井工况环境，通过优选耐高温、耐 CO_2 腐蚀的密封材料，完善气密高压差封隔器，配套可调式配气器，满足分层注气的要求。研发超临界 CO_2 流量测调仪及配套地面数据处理和控制设备，开展超临界 CO_2 流量测试系数实验研究，解决超临界 CO_2 流量测试难题。同时进行分层测调工艺、井口低温高压防喷等配套技术研究，最终形成 CO_2 驱分层注气技术，满足工业化、安全可靠的分层注气要求，为低渗透油藏 CO_2 驱开发提供强力技术支撑，技术将在滩坝砂等非均质油藏应用（图11）。

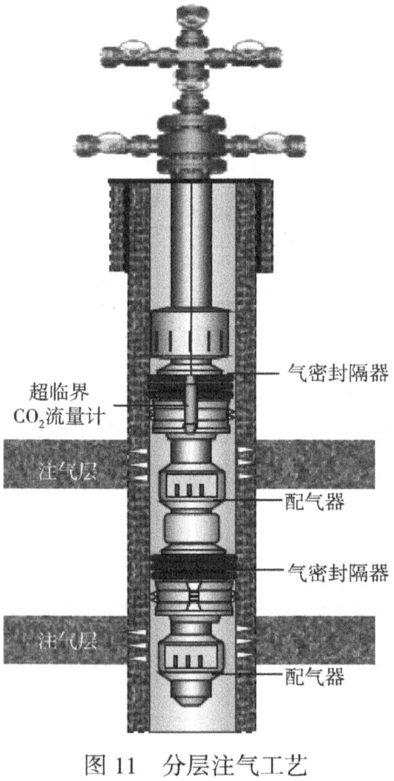

图11　分层注气工艺

2.2 高效举升工艺

由于 CCUS 见效井气液比升高、油套压增加，当油井生产方式转换时，作业风险升高、作业时间延长。为实现油井机抽和自喷两种生产方式之间的连续安全转换，需进行油井机抽自喷一体化管柱研究。同时，高含 CO_2 自喷井存在井口节流后压力迅速下降引起 CO_2 相变，进而导致冰状水合物和蜡质堵塞地面管线、无法连续生产的问题，因此应开展多级加热、防冻堵技术研究，实现 CCUS 油井生产方式快速转换、连续高效生产(图 12)。

图 12　自喷井管线冻堵、产出物固结

2.3　长效堵调工艺

通过对前期矿场的总结认识，胜利油田低渗透老区，裂缝、基质等窜流矛盾突出，因此前期实施的小剂量化学调控有效期相对较短，封窜有效期 6 个月。为了进一步满足示范区长效气窜调控的开发需求，下一步重点开展 CO_2响应凝胶等长效基质调剖体系研制，并优化注入工艺参数，加大裂缝封堵规模，实现示范区大剂量低成本、长效(>1 年)气窜调控目标。与此同时，进一步完善气窜调控介入时机，通过与注采耦合、气水交替等多项技术的融合应用，实现延缓气窜的总体目标(图 12)。

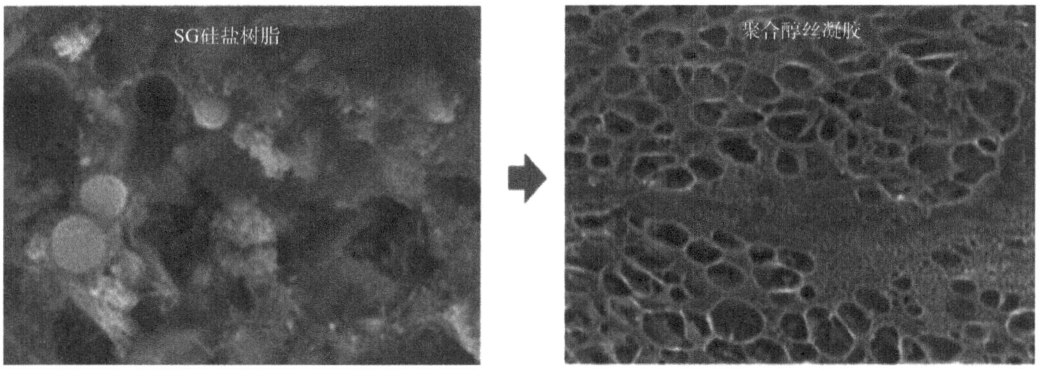

图 12　堵调工艺迭代提升

2.4　腐蚀控制工艺

针对高 89-樊 142 示范区出现的泵下腐蚀、高压自喷井无法加药、井下腐蚀检测覆盖不全等问题，以及气水交替注入工艺对腐蚀控制的需求，配套完善全井筒腐蚀防护技术。开展气水交替腐蚀机理及控制技术研究；液体缓蚀剂的性能优化升级；固体缓蚀剂的研发与试验；实时井下腐蚀监测与传输技术研究，建立 CCUS 腐蚀预警与智能控制系统，保障注采井长效生产(图 13)。

图 13　耐高温抗 CO_2固体缓蚀剂

3 结论与认识

CCUS 驱油封存注采工艺基本能够满足胜利高 89-樊 142 驱油封存示范区开发需求，但作为应对气候变化和推动石油行业低碳转型的重要手段，在注采工艺、气窜堵调工艺、防腐工艺等方面具有广阔的发展前景和应用潜力。面对当前的技术瓶颈和挑战，我们需要加强技术研发和创新力度，推动 CCUS 产业链协同发展，加强合作与交流，共同推动 CCUS 技术的快速发展和应用，为实现全球能源转型和可持续发展贡献力量。

胜利油区绿色低碳钻井技术新进展与应用实践

刘均一　夏　晔　刘　滨　黄利民　马居利

（中石化胜利石油工程有限公司）

摘　要　国家“双碳”战略背景下，精准聚焦胜利油区绿色低碳钻井关键技术难题，以“减量化、无害化、资源化”为目标，在环保型钻井液系列处理剂、抗高温环保型水基钻井液、钻井液固相控制与固液分离一体化装备、水基钻井液净化再利用技术、水基钻屑无害化处理与资源化利用技术等方面取得了重要进展，创新了覆盖“源头控制、过程减量、末端治理”的绿色低碳钻井关键技术，实现了规模化应用，为保障胜利油田的绿色低碳开发提供了技术支撑，同时也为我国陆上油气田的绿色低碳开发提供有益借鉴。

关键词　胜利油田；钻井工程；环境保护；废弃物；减量化；资源化

胜利油田作为我国东部老油田的典型代表，主要开发区块广泛分布于中国最广阔、最年轻的湿地生态系统黄河三角洲，辖区内水系发达，且存在湿地和自然保护区，生态环境敏感脆弱。随着胜利油田的密集滚动勘探开发，钻井废弃物总量急剧增加，且成分复杂、毒性高，极易对油区土壤、水体环境产生不可逆损害。前期胜利油田钻井废弃物污染控制集中于末端治理，废弃物资源化利用程度低、处置成本高，未从根本上解决绿色低碳钻井技术难题。

面对胜利油田绿色、低碳、可持续发展的战略要求，精准聚焦胜利油田绿色低碳钻井技术关键技术难题，研发了钻井污染源头控制、全井段钻井废弃物随钻过程减量化、钻井废弃物末端无害化处理与资源化利用等环保关键技术及装备，创新了覆盖“源头控制、过程减量、末端治理”的绿色低碳钻井关键技术，实现了技术集成与规模应用，支撑了胜利油田的绿色低碳开发，同时也为我国陆上油气田的绿色低碳开发提供了有益借鉴。

1　钻井污染源头控制技术

针对常用水基钻井液体系的生物毒性与重金属超标，难以满足钻井液绿色无毒、废弃物减量化要求等难题，设计、开发了环保降滤失剂、环保润滑剂等系列环保处理剂，构建了减量化强抑制钻井液、抗高温环保型水基钻井液等2套环保钻井液体系，抗温最高达180℃，生物毒性EC_{50}值>50000mg/L，为油气钻井污染源头控制提供了理论、技术、产品支撑。

1.1　上部地层减量化强抑制水基钻井液体系

依据表面扩散双电层理论，开发了一种高效全絮凝剂EFLO，在较低加量（0.5%~1%）下，即可通过静电吸附、架桥交联作用，促进黏土胶体粒子的快速凝聚，有效地抑制黏土造浆，絮凝率可达95%以上，絮凝效果优于聚丙烯酰胺等常规絮凝剂。

以高效全絮凝剂EFLO为核心处理剂，构建了适合于上部地层快速钻进的减量化强抑制钻井液体系SLRF，抗温达120℃，生物毒性EC_{50}值>50000mg/L，基本配方为：0.5%氯化钙盐水+4%膨润土+1%全絮凝剂EFLO+1%羧甲基纤维素LV-CMC+3%水基润滑剂+1%超细钙。利用全絮凝剂、氯化钙的协同强抑制和强絮凝作用，在黏土侵入达10%的情况下，SLRF钻井液仍然保持良好的流变性能，可有效地抑制上部地层造浆，避免钻头泥包、井眼缩径等复杂情况，同时有利于钻井液快速固液分离，避免产生额外的废弃钻井液，从源头上实现了钻井废弃物减量（表1）。

表1　SLRF钻井液流变滤失性能评价结果

实验条件	密度/(g/cm³)	AV/mPa·s	PV/mPa·s	YP/Pa	Gel/(Pa/Pa)	FL_{API}/mL	FL_{HTHP}/mL	pH
常温	1.04	35.0	22.0	13.0	8/10	3.0	—	9.0
120℃/16h	1.04	30.5	20.5	10.0	7/9	2.8	6.8	9.0
+10%黏土	1.05	40.5	25.0	15.5	9/12	3.2	—	8.5

1.2 中下部地层抗高温环保型水基钻井液体系

基于环保处理剂的有利分子结构特征，设计、开发了环保降滤失剂、环保润滑剂等8种环保处理剂，抗高温180℃，抗饱和盐水，生物毒性EC_{50}值>50000mg/L，为抗高温环保型水基钻井液体系构建提供物质保障。进一步构建了抗高温环保型水基钻井液体系SLHB，基本配方为：4%膨润土浆+0.2%环保增黏剂+1.8%环保降滤失剂+3%环保防塌剂+2%环保抑制剂+2%纳米封堵剂+2.5%环保润滑剂+6%氯化钠+5%氯化钾，抗温由120℃提高到180℃，热滚前后钻井液流变、滤失性能稳定，高温高压滤失量仅为7.8mL；替代了磺化树脂类、沥青类及磺酸盐类等常规抗高温防塌处理剂，生物毒性EC_{50}值由10000mg/L提高到50000mg/L以上，铬Cr、铅Pb、镉Cd等重金属含量满足国家标准，在保证钻井液工程性能指标大幅提升的基础上，实现了绿色无毒(表2)。

表2 SLHB钻井液流变滤失性能评价结果

实验条件	密度/(g/cm³)	AV/mPa·s	PV/mPa·s	YP/Pa	Gel/(Pa/Pa)	FL_{API}/mL	FL_{HTHP}/mL	pH
常温	1.5	51.5	36.0	15.5	5.0/9.5	2.8	—	9.0
180℃/16h	1.5	38.5	28.0	10.5	4.0/6.5	2.8	7.8	9.0

2 全井段钻井废弃物随钻过程减量化技术与装备

针对常规钻井液不落地处理装备固液分离效率低、分离液相无法回用，且独立于现场固控系统之外、占地面积大、劳动强度高等难题，研发了钻井液高效固液分离成套装备，首次形成了钻井液固相控制与固液分离一体化技术，现场占地面积节约30%以上，实现了“全井筒、全排量”条件下钻井废弃物的随钻过程减量，废弃物随钻减量50%以上，配浆清水节省45%以上，解决了安全快速钻井基础上的钻井废弃物随钻减量化难题。

2.1 钻井液高效固液分离成套装备

基于振动与离心组合的物理分离方法，研发了“模块化、标准化”的钻井液高效固液分离成套装备(图1)，处理能力由120m³/h提高至200m³/h，处理后钻屑平均含液量由70%降低至40%，在不使用破胶剂破坏钻井液胶体稳定性的情况下，即可实现钻井废弃物脱液干化、液相重复利用。

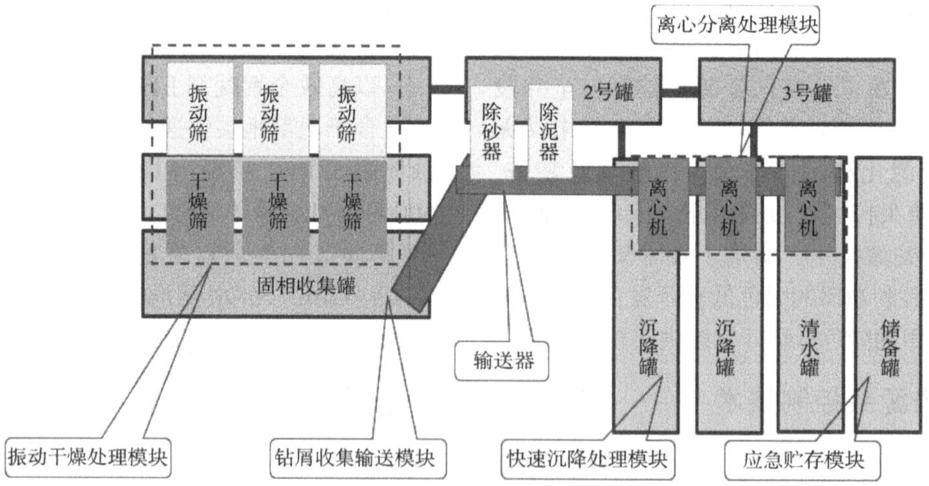

图1 钻井液高效固液分离成套装备

其中，钻井液高效固液分离成套装备主要包括振动干燥处理、离心分离处理、快速沉降处理、应急贮存、钻屑收集输送等5个模块，其中振动干燥处理模块、离心分离处理模块是钻井液高效固液分离成套装备的核心。现场钻井施工过程中，井筒返出的钻井液首先进入振动干燥处理模块，其核心设备是“三联五网”的振动筛与干燥筛，采用平动椭圆振动轨迹与专用条缝干燥筛网(60~360目)，振动强度大、透筛与排砂速度快、固液分离效率高，可在全排量条件下完成钻井液固液分离与固相脱液干燥。经过除砂除泥一体机后，钻井液进入离心分离处理模块，其核心设备是可调节转速(0～3200r/min)的变频离心机，钻井液低密度劣质固相(D_{50}粒径为3～5μm)清除率达90%以上，显著地提高了钻井液固相控制水平，有利于钻井液性能调控。

2.2 钻井液固相控制与固液分离一体化技术与装备

在钻井液高效固液分离成套装备研发基础上，通过固控设备组合升级、固液分离参数优化等，首次形成了钻井液固相控制与固液分离一体化技术，实现了钻井液固相控制与不落地的工艺技术一体化、设备配套一体化、设备管理一体化及人员配置一体化，现场占地面积节约30%以上，钻井废弃物随钻减量50%以上，分离液相全部回用，配浆清水节省45%以上，实现了“全井筒、全排量”条件下钻井废弃物随钻过程减量。

3 钻井废弃物末端无害化处理与资源化利用技术

针对钻井废弃物成分复杂、资源化利用程度低、无害化处置成本高等难题，首创了基于选择性絮凝剂的水基钻井液净化再利用技术，实现了胜利油区钻井液回收再利用“全覆盖”；集成创新了水基钻屑、钻井废液的无害化处理与资源化利用技术，废弃物无害率达100%，处理成本降低30%以上，突破了钻井废弃物低成本处理处置技术瓶颈，打造了钻井废弃物无害化处理与资源化利用技术链条。

3.1 基于选择性絮凝剂的钻井液净化再利用技术

由于常规固控设备难以有效清除亚微米(<2μm)劣质固相，完钻后水基钻井液的亚微米劣质固相含量普遍大于15%，钻井液黏度切力偏高、滤失性能恶化，显著影响机械钻速与储层保护效果，导致钻井液回收再利用率小于50%，大幅增加了钻井废弃物总量与处置成本。目前国内外未见亚微米劣质固相的选择性絮凝剂，部分水解聚丙烯胺等高分子有机絮凝剂同时絮凝清除劣质固相与有用固相(膨润土与重晶石等)，不具备选择性絮凝作用；硫酸亚铁、聚合氯化铝等无机絮凝剂极易破坏钻井液的胶体稳定性，难以满足钻井液重复利用性能要求。

基于带电吸附官能团的比例与类型、分子链伸展度、分子量等优化研究，开发了一种基于“静电中和、选择吸附”的亚微米劣质固相选择性絮凝剂SFLO，具有良好的钻井液配伍性能，不会对钻井液性能产生不利影响。首创了基于选择性絮凝剂的钻井液净化再利用技术，可通过静电中和、选择吸附、架桥网捕、改变颗粒电性等作用，亚微米劣质固相清除率最高可达91.69%，并尽可能地降低对膨润土和重晶石等有用固相的絮凝作用，满足钻井液净化再利用性能要求。基于该技术，胜利油区钻井液回收再利用率提升至95%以上，实现了胜利工区钻井液回收再利用“全覆盖”，大幅减少了钻井废弃物数量，降低了废弃物处置成本(图2)。

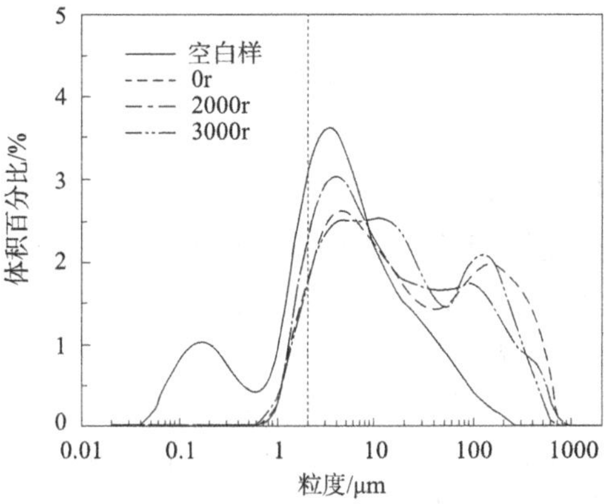

图2 絮凝作用前后钻井液粒径分布曲线

3.2 水基钻屑分类分质无害化处置技术

按照水基钻屑的含油量，研发了高含油钻屑(含油量>3%)微乳液常温清洗技术、中含油钻屑(含油量1%～3%)微生物处理技术、低含油钻屑(含油量<1%)高强度固化涂覆技术，集成创新了基于“经济处置”原则的水基钻屑无害化处理技术，无害化率达100%，处理成本降低30%以上，实现了水基钻屑分类分质低成本处理。

3.2.1 微乳液常温清洗技术。

针对常用微乳液体系的清洗温度较高(>50℃)，难以循环利用，存在处理成本高、易产生二次污染物等问题，选用超两亲分子表面活性剂DOA和阴离子表面活性剂AEC，采用Shah法制备了一种单相水包油型微乳液体系，具有界面张力低、增溶能力强、易于润湿翻转等特点，可有效地清洗水基钻屑中油相等有机污染物。

经过微乳液清洗之后，3种现场水基钻屑的含油量均可降至1%以下(图3)，说明该单相水包油型微乳液体系在常温条件下，即可有效地清洗水基钻屑中油相等有机污染物。此外，通过调整微乳液的相态变化，微乳液与油相分离后，可实现微乳液的循环利用，进一步降低了处理成本。

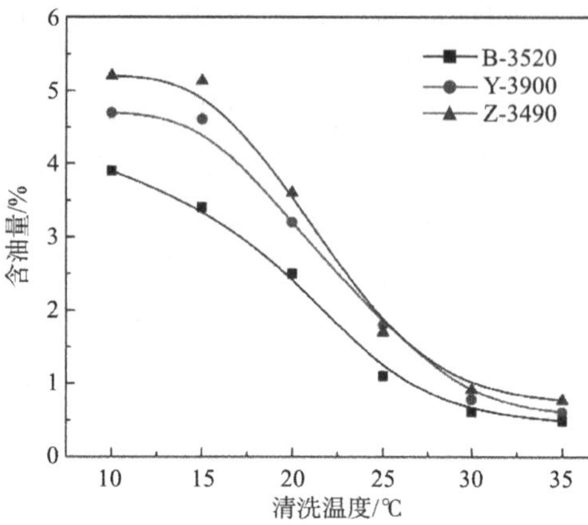

图 3　不同温度下的微乳液清洗效果

3.2.2　电化学氧化-微生物处理一体化技术

针对中含油(含油量 1%~3%)水基钻屑的微生物修复周期长、成本高等难题，采取高通量菌株筛选方法，培育了适合于水基钻屑修复的生物碳固定化复合靶向菌株。进一步引入电芬顿(DEF)高级氧化处理技术，通过将电芬顿氧化处理与微生物处理进行串联耦合，电芬顿(DEF)预先氧化处理 6h 后，有效地改善了有机污染物的可生化性，后续微生物菌种的适应期明显缩短，且菌种群落多样性明显增加，有利于提高有机污染物的去除效率。

形成了以电化学氧化和微生物降解为核心的水基钻屑微生物处理一体化技术，工业化试验结果表明，在微生物菌剂加量为 0.5%~1.5%情况下，电化学氧化、微生物降解、植物修复等耦合处理 90d 后，钻屑含油量降至 1%以下，浸出液 COD 小于 100mg/L，较常规微生物处理时间缩短 50%以上，处理成本降低 30%以上。

3.2.3　高强度固化涂覆技术

前期胜利油田低含油(含油量<1%)水基钻屑以现场固化处理为主，但固化物浸水后强度迅速降低、可溶性盐与重金属容易二次浸出污染环境。因此，在高强度固化配方研究基础上，研发了适合于低含油水基钻屑的高强度固化涂覆技术，通过喷涂等方式即可在高强度固化物表面形成均匀密实的氟碳树脂涂覆层，接触角增大至 79.56°，连续浸泡 7d、抗压强度保留率达 85%以上，具有良好耐水性能；浸出液 COD 值仅为 56.6mg/L，重金属均未检出，满足国家污水综合排放一级标准(GB 8978~1996)。高强度固化涂覆技术适用于免烧砖的表面涂覆，可杜绝可溶性盐、重金属的浸出污染风险，实现污染物的高强度长效封固。

3.3　水基钻屑资源化利用集成技术

按照《土壤环境质量 建设用地土壤污染风险管控标准》(GB 36600—2018)、《绿化种植土壤》(CJ T 340—2016)等国家或行业标准，基于“分层处理、经济处置”原则，形成了水基钻屑资源化利用集成技术，上部地层钻屑经过干化处理后直接用于井场或通井路铺垫；中下部地层钻屑经过低成本无害化处置后，用于绿植用土或路基土，解决了由于缺少处理处置途径而造成的资源化利用程度低、处置成本高的问题。先后在胜利油田建成了“黄大铁路路基土”为代表的水基钻屑资源化利用工程示范区，水基钻屑资源化利用量累计达 $13.2\times10^4m^3$，打造了水基钻屑资源化利用技术链条，实现了“变废为宝”。

4　现场规模化推广应用

依托胜利油田的绿色低碳先导示范区建设工程，绿色低碳钻井关键技术在胜利、新疆、四川等中石化工区规模化应用 2000 口余井，其中在胜利油田滨 105、盐 222、桩 146 等区块集成示范应用 308 口井，创新形成了覆盖“源头控制、过程减量、末端治理”的绿色低碳钻井模式，支撑了胜利油田的绿色开发、清洁生产。其中，滨 105 区块毗邻“白鹭湖”湿地公园，钻井过程严控环境污染，完钻后恢复周边环境，实现景观协调。通过集成实施“井工厂”绿色低碳钻井开发方案，现场无“大循环池”，减少永久征地 30 亩以上，钻井液全部回收再利用；水基钻屑($2120m^3$)无害化处置后，实现了路基土资源化利用，助力了白鹭湖井工厂建设成为“井在城中、井景共融”的绿色高效低碳开发示范工程。

5　结论与认识

(1) 钻井液污染源头控制方面，开发了 8 种抗高温环保处理剂，构建了抗高温环保型水基钻井液体系，抗温 180℃，生物毒性 EC_{50}值>50000mg/L。

(2) 废弃物过程减量方面，首次形成了钻井液固相控制与固液分离一体化技术与装备，现场占地面积节约 30%以上，处理能力达 $200m^3/h$，废弃物随钻减量 50%以上。

（3）废弃物末端治理方面，首创了基于选择性絮凝剂的钻井液净化再利用技术，集成创新了水基钻屑、钻井废液的无害化处理与资源化利用技术，处理成本降低30%以上。

（4）创新了覆盖“源头控制、过程减量、末端治理”的绿色低碳钻井关键技术，形成了适合于陆上油气田绿色开发的绿色低碳钻井新模式，为保障胜利油田的绿色低碳开发提供了技术支撑。

参考文献

[1] 黄贤斌，蒋官澄，万伟，等. 含油钻屑微乳状液除油剂的研制及机理[J]. 石油学报，2016，37(6)：815-820.

[2] CUI Zhisong，LUAN Xiao，LI Shujun，et al. Genotoxicity detection of oil-containing drill cuttings by comet assay based on a demersal marine fish mugilogobius chulae[J]. Ecotoxicology and Environmental Safety，2021，208：111665.

[3] 蔡利山. 石油钻井废弃物环境污染特征的分析与评价[J]. 西部探矿工程，2003，81(2)：54-57.

[4] HUANG Weian，LEI Ming，LI Gongrang，et al. Surface coating on solidified water-based drilling waste materials and its mechanism for resource reuse[J]. Journal of Chemical Technology and Biotechnology，2020，95(8)：2149-2158.

[5] 韩来聚，李公让. 胜利油田钻井环保技术进展及发展方向[J]. 石油钻探技术，2019，47(3)：89-94.

[6] 许毓，邓皓，孟国维，等. 钻井液环保性能评价与分析方法研究[J]. 油气田环境保护，2007，17(1)：43-46.

[7] 于雷，张敬辉，李公让，等. 低活度强抑制封堵钻井液研究与应用[J]. 石油钻探技术，2018，46(1)：44-48.

[8] LIU Junyi，GUO Baoyu，LI Gongrang，et al. Synthesis and performance of environmental-friendly starch-based filtrate reducers for water-based drilling fluids[J]. Fresenius Environmental Bulletin，2019，28(7)：5618-5623.

[9] 刘均一，郭保雨，王勇，等. 环保型水基钻井液在胜利油田的研究与应用[J]. 钻井液与完井液，2020，37(1)：64-70.

[10] 徐云龙，徐堆，张晓明，等. 钻井液不落地技术在白鹭湖井工厂的应用[J]. 钻井液与完井液，2016，33(6)：63-67.

[11] 周佰刚，马孟磊，杨暕暕，等. 废弃水基钻井液不落地高效处理技术研究[J]. 钻采工艺，2021，44(3)：108-111

[12] 董怀荣，李宗清，郭振. 胜利油田钻井液不落地处理工艺研究[J]. 西部探矿工程，2017，29(11)：50-51.

[13] 李新亮，蒋官澄，彭双磊，等. 长链烷烃季铵盐DODMAC对钻井液中劣质固相的絮凝作用[J]. 油田化学，2017，34(3)：397-401.

[14] 蒋官澄，李新亮，彭双磊，等. 一种亚微米固相絮凝剂的合成及性能评价[J]. 钻井液与完井液，2017，34(4)：15-19.

[15] 王永超，黄维安，王晓强，等. 钻井固化废弃物表面涂覆工艺的正交实验优化及效果评价[J]. 环境保护科学，2021，47(3)：68-73.

二氧化碳长输管道安全风险定量评估与风险防控

杨　雷

（中国石化胜利油田分公司）

摘　要　长输管道输送是我国 CCS 和 CCUS 技术的主要运输方式，在运输过程中，通常采用高压方式输送二氧化碳，这不可避免地增加了泄漏事故的风险。当前，我国 CCUS 技术正处于快速发展期，二氧化碳泄漏事故风险评估和风险防控技术尚未完全成熟，亟需加强重视和改进。同时国内外鲜有针对高压二氧化碳长输管道泄漏风险开展过灾害过程模拟和风险定量评估工作。本文以国内首条百万吨 CCUS 二氧化碳长输管道为例，基于事故统计和文献调研，分析二氧化碳长输管道泄漏危险有害因素和失效概率，确定长输管道泄漏事故场景。基于 SAFETI 软件进行事故后果和风险计算，研究二氧化碳管道泄漏后浓度、温度和压力的影响范围，结合国标和风险定量计算结果确定各类防护目标的安全防护距离。在泄漏后果和风险定量计算的基础上提出针对性的风险防控措施。结果表明：二氧化碳长输管道泄漏 9162ppm 浓度的二氧化碳气云最远扩散距离为 844m，泄漏孔下风向-35℃风寒温度最远距离达到 15.42m，下风向 11m 以内的人员将在超压冲击波的作用下身体会受到中等损伤；一、二、三类防护目标的安全防护距离依次为 93.34m、67.33m 和 17.34m。

关键词　二氧化碳长输管道；泄漏模拟；风险定量评估；风险防控

1　引言

二氧化碳捕获与封存技术（Carbon Capture and Storage，简称 CCS）目前被认为是应对温室效应最有潜力和最有效的方法之一，IPCC 预测 CCS 技术可以减少全球 20% 至 40% 的碳排放，该技术获得了世界各国广泛认可和支持。近年来，科学家发现二氧化碳存在更多的利用价值，开拓出新的利用途径，CCS 技术逐渐发展为二氧化碳捕集、利用和封存技术（Carbon Capture, Utilization and Storage，简称 CCUS），此技术可以有效降低 CCS 项目建设总体成本。2020 年在第 75 届联合国大会上，我国明确提出“碳达峰、碳中和”目标。为实现这一目标，我国大力支持 CCS 和 CCUS 项目建设，如：中国石化于胜利油田建设了我国首个百万吨级 CCUS 项目。

CCUS 技术中必需二氧化碳输送，其主要方式分为四种：长输管道运输、公路槽车运输、铁路槽车运输和海上轮渡运输，又以长输管道运输是主要使用的运输方式。长输管道运输时通常采用高压二氧化碳输送，输送压力不低于 10MPa，不可避免地存在泄漏风险。历史上发生多起二氧化碳泄漏事故：1986 年，喀麦隆西北部尼奥斯湖意外泄漏二氧化碳约 1.6×106 吨，事故导致 1746 人和 3500 头牲畜死亡。2010 年 12 月，美国洛杉矶二氧化碳“绿线”管道的接头处出现了焊接缺陷，发生了两次泄漏；2020 年 2 月美国密西西比州的一根 24 英寸的二氧化碳高压管道，发生大约 8m 破裂，造成气体泄漏事故，所幸未造成人员伤亡事故。

由此上述事故可见，二氧化碳泄漏会导致大量的人员伤亡和财产损失，亟须对二氧化碳泄漏扩散的后果和风险进行分析。针对二氧化碳泄漏事故问题，国内外学者开展了大量二氧化碳泄漏气云扩散的相关研究工作。COSHER 联合工业项目进行了大规模二氧化碳泄漏实验，释放孔径为 219.1mm，实验在 204s 释放了约 136 吨二氧化碳，实验可见云最扩散位置距离破裂口下风向约 400m，在距离泄漏孔 50m 处最低温度为-30℃。近年来，国内学者同样进行一系列的二氧化碳泄漏扩散实验，2023 年 5 月，国家管网集团在爆炸科学与技术国家重点实验室开展了国内首次二氧化碳管道全尺寸爆破试验，精准模拟了超临界二氧化碳管道运行工况，为我国 CCUS 技术提供了重要的数据支撑。为进一步提高我国二氧化碳输送系统的技术水平，我国在 2018 年发布标准 SH/T 3202—2018《二氧化碳输送管道工程设计标准》。遗憾的是，目前还未见专门针对二氧化碳管道的风险相关标准规范。

因此本文以国内首条百万吨 CCUS 的二氧化

碳长输管道为例，基于事故统计和文献调研，确定二氧化碳长输管道泄漏事故场景，开展管道事故后果分析和风险定量评估，为我国 CCUS 长输管道输送系统风险防控提供理论指导和典型案例参考。

2　二氧化碳长输管道泄漏危险有害因素及失效概率分析

2.1　泄漏危险有害因素分析

对二氧化碳长输管道泄漏危险有害因素分析是进行风险评估工作的基础，基于管道设计、建设、施工和管理等问题，帅健等使用鱼骨图分析法对二氧化碳管道泄漏危害进行了全面识别。本文将借鉴前人的经验，并结合国内首条百万吨 CCUS 的二氧化碳长输管道的设计、施工和管线穿越等情况开展泄漏事故危险有害因素辨识及分析工作，通过分析，二氧化碳长输管道典型泄漏危险有害因素如图 3 所示。

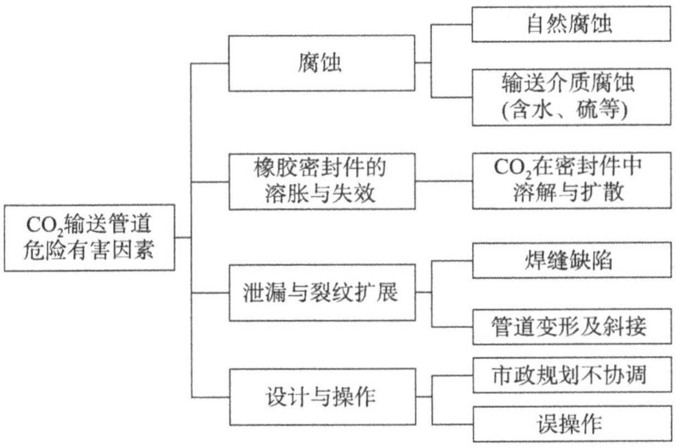

图 1　二氧化碳输送管道危险有害因素

2.2　失效概率分析

失效概率分析是风险定量评估过程中的关键步骤，通过分析二氧化碳长输管道的失效概率，可以预测当前或未来发生泄漏的概率，为后续的风险评估提供基础数据和参考值。通过文献调研和事故统计，本文确定 CCUS 全流程各模块的失效概率，及其与失效孔径的关系，如表 1 所示。Vendrig 等预计二氧化碳长输管道泄漏概率为 3.4×10 次/km · a，但目前针对二氧化碳管道失效概率国内外尚未形成一致认识，学者普遍认为二氧化碳管道的失效概率介于 $0.7\times10^{-4}\sim6.1\times10^{-4}$次/(km · a)之间，主要是因为各国二氧化碳管道所处环境、管理水平合理和管道设计等存在差异，因此进行二氧化碳管道失效概率分析需要综合考虑多种影响因素。

表 1　CCUS 全流程各模块失效概率与失效孔径的关系

模块	小孔	中孔	大孔	破裂
源头二氧化碳回收	9.6×10^{-2}	5.1×10^{-2}	2.0×10^{-3}	5.6×10^{-3}
汇管	3.5×10^{-3}	8.8×10^{-4}	1.0×10^{-4}	1.5×10^{-4}
增压站	3.5×10^{-2}	3.8×10^{-3}	3.0×10^{-4}	8.8×10^{-4}
10km 管道	1.4×10^{-4}	9.5×10^{-5}	2.0×10^{-5}	8.5×10^{-5}
注入井	1.2×10^{-1}	5.3×10^{-2}	2.1×10^{-3}	5.8×10^{-3}

3　泄漏计算模型及方法

3.1　泄漏扩散模型

确定高浓度二氧化碳泄漏扩散规律，是进行后果分析和风险评估的基础和关键。相比计算流体力学(CFD)方法，传统的高斯烟羽模型可以快速计算气体扩散泄漏扩散距离和范围，如图 2 所示。在高斯烟羽模型中假设泄漏位置为坐标原点，高压气体泄漏时由于差初期导致泄漏的气体具有初始动量造成一段举升高度 h_s。泄漏量 Q 为恒定流量，下风向任意位置的浓度 $C(x, y, z)$可表示为式(1)。

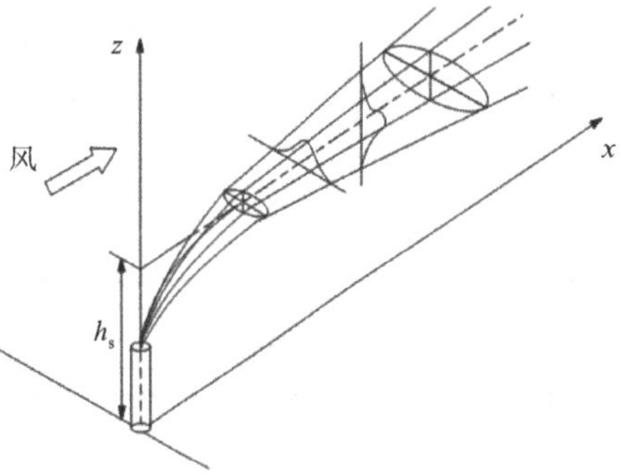

图 2　高斯烟羽模型

由式 1 在任意位置(x, y, z)，二氧化碳浓度为：

$$C(x, y, z)=\frac{Q}{2\pi\sigma_y\sigma_z u}\exp\left[-\frac{1}{2}\left(\frac{y}{\sigma_y}\right)^2\right]\left\{\exp\left[-\frac{1}{2}\left(\frac{z-h_s}{\sigma_z}\right)^2\right]+\exp\left[-\frac{1}{2}\left(\frac{z+h_s}{\sigma_z}\right)^2\right]\right\} \quad (1)$$

式中，C 为任意点的二氧化碳浓度，mol · mol^{-1}；Q 为泄漏量，kg；σ_y 和 σ_y 分别为侧向和竖向扩散系数；u 为平均风速，m · s^{-1}。

3.2　泄漏节流效应

流体在管道内流动时，由于局部阻力，其压力显著下降，这种现象称为节流现象。二氧化碳管道在泄漏口处，阻力变化显著，存在明显的节流效应。图3为二氧化碳节流后温度随压力变化的规律，二氧化碳压力在30~50MPa的范围内，节流后温度降低，当压力超过50MPa后，节流后温度升高。

二氧化碳的管道输送压力为20MPa左右，见图3，此时节流曲线变陡，泄漏口处的压降可产生强烈的节流效应，使温度骤降。

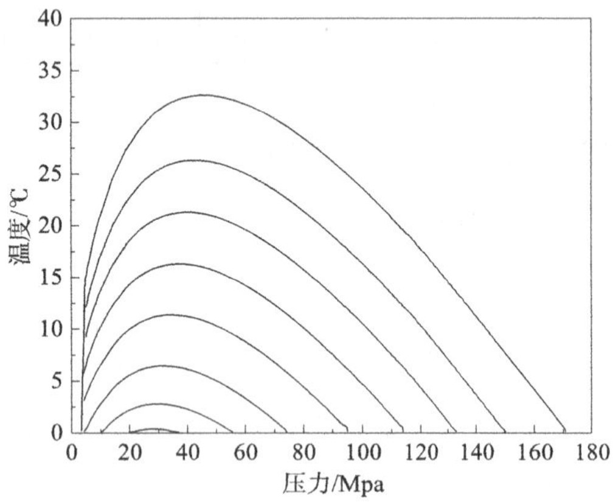

图3　二氧化碳节流温度压力变化规律

图4为二氧化碳管道节流示意图，二氧化碳在管道中发生节流时是一个不可逆的过程。对于位于节流孔口足够远的位置截面1和截面2，这里的流体已经恢复到平衡状态，可以通过分析截面1和截面2处的热力学分析进行分析：

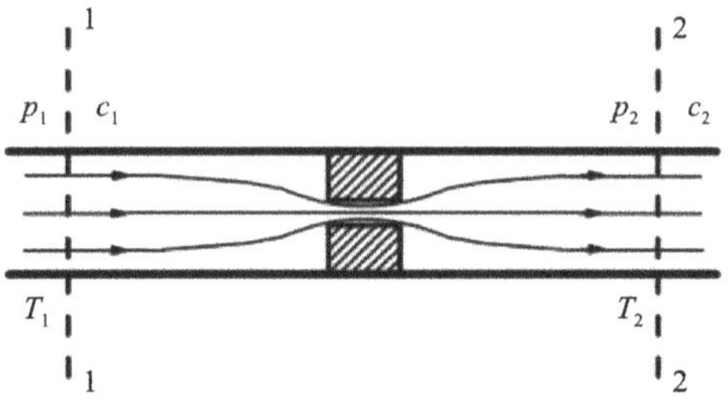

图4　管道节流示意图

单位质量流体的稳定流动能量守恒方程为：

$$\left(h_1+\frac{1}{2}v_1^2+gz_1+q\right)-\left(h_2+\frac{1}{2}v_2^2+gz_2+w_s\right)=0 \quad (2)$$

式中，h_1，h_2为节流前后的流体比焓，$J\cdot kg^{-1}$；v_1，v_2为节流前后的流体速度，$m\cdot s^{-1}$；g为重力加速度，$m\cdot s^{-2}$；z_1，z_2为节流前后的流体位置，m；q为气体与环境的热交换速率，$J\cdot kg^{-1}$；w_s为流体所做的轴功，$J\cdot kg^{-1}$。

3.3　高压管道爆炸冲击波传播规律

为研究二氧化碳输送管道泄放的压力变化，常用方法为实验研究和数值模拟，但目前尚未建立二氧化碳近场泄漏到远场扩散压力变化全过程的分析方法，主要原因是管输高压状态下，二氧化碳泄漏过程复杂，伴随相变、传热传质和多相流动现象，压力分布复杂。故借鉴大口径高压管道物理爆炸冲击波传播规律，确定二氧化碳管道泄漏压力变化衰减函数，如公式(3)。

$$\Delta P_{\mathrm{v}}=\frac{0.3988}{r}+\frac{0.9163}{r^2}+\frac{0.1832}{r^3} \quad (3)$$

式中，P_{v}为垂直方向的冲击波超压，Pa；r为冲击波波阵面距爆心距离，m。

4　二氧化碳长输管道泄漏典型案例研究

中石化开建我国首个百万吨级CCUS项目，周边人员分布密集，管道以设计压力12MPa高压输送，管道管径Φ323.9mm，壁厚为11mm，设计压力12MPa，运行压力为9.43~10.0MPa，输送量为87.5~125$t\cdot h^{-1}$，管道沿线温度5℃~20℃，管道截断阀设置间距分为：7.9km、13.5km和14.9km。线路总长度为80.0km，管线走向如图5所示。

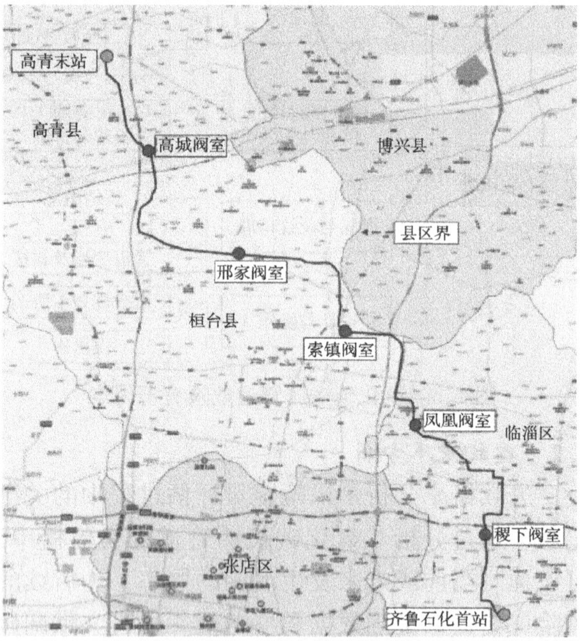

图5　管道走向图

4.1　长输管道模型建立

长输管道主体建模主要基于实地调研以及谷歌卫星地图，选取高青末站至高城阀室之间管道的泄漏点，结合泄漏点所在区域的大气环境和周边人员分布，总体模型涵盖整体二氧化碳长输管道及临近周边构建筑物，以用于开展不同泄漏场景下的事故后果模拟和风险评估，泄漏数值模型如图6所示。

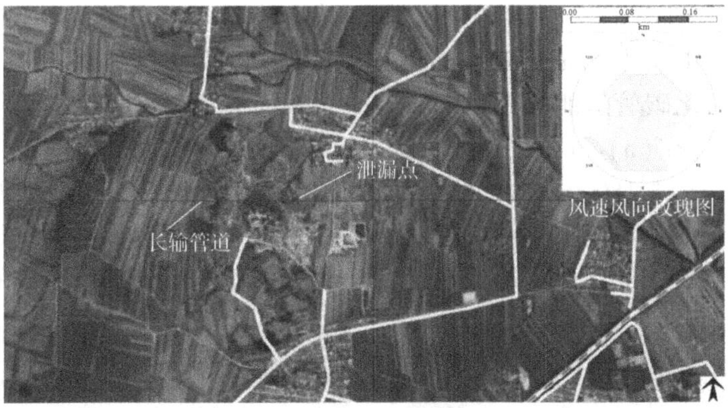

图 6　数值计算模型

4.2　泄漏事故场景

本文主要针对二氧化碳管道泄漏扩散区域展开研究。根据我国 GB/T 6052—2011《工业液体二氧化碳》，主要确定二氧化碳浓度为 18000mg/m^3 时(约 9162ppm)的影响范围。采用 SAFETI 数值模拟软件进行后果研究，建立二氧化碳输送管道泄漏模型，结合管道所在位置的温度、风速风向和大气稳定度等环境条件，模拟 4 种不同泄漏孔径的事故场景，如表 2 所示。

表 2　典型泄漏事故场景

事故场景	泄漏孔径	环境条件	风向
二氧化碳管道泄漏	5mm 25.4mm 100mm 300mm	1.5m · s^{-1} 风速 F 等级、2.7m · s^{-1} 风速 C 等级 4.4m · s^{-1} 风速 C 等级 6.7m · s^{-1} 风速 D 等级、9.35m · s^{-1} 风速 D 等级、12.3m · s^{-1} 风速 D 等级	北、东北、东、东南、南、西南、西、西北

4.3　泄漏频率分析

根据 2.2 节泄漏频率分析，依据 SY/T 6714—2008《基于风险检验的基础方法》“第 7.3 节选择一组孔径”的推荐，选取小孔、中孔、大孔和破裂 4 种泄漏孔径分析二氧化碳管道的泄漏事故，孔径尺寸及泄漏频率见表 3。

表 3　泄漏孔径及泄漏频率

孔径	范围/mm	代表值/mm	泄漏频率
小	0~5	5	6.1×10^{-4}
中	5~50	25.4	1.93×10^{-4}
大	50~150	100	1.4×10^{-4}
破裂	>150	300	0.7×10^{-4}

4.4　泄漏后果分析

（1）中毒毒害

围绕设定的事故场景，开展数值模拟计算工作，研究泄漏后在不同风速条件下浓度达到 18000mg/m^3(约 9162ppm)时的浓度分布。计算结果如图 7 所示。

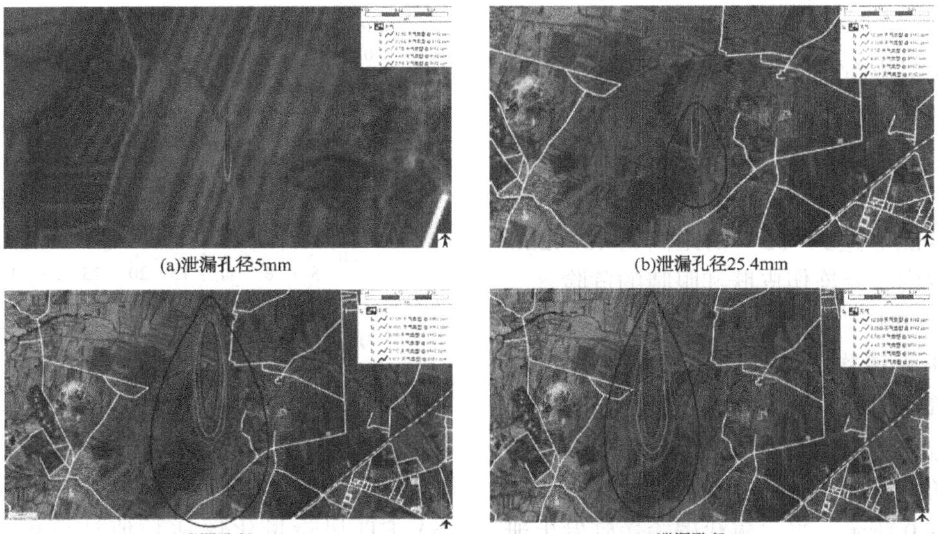

(a)泄漏孔径5mm　(b)泄漏孔径25.4mm　(c)泄漏孔径100mm　(d)泄漏孔径300mm

图 7　不同泄漏孔径下风向二氧化碳浓度分布

在选定环境条件下，图7(a)~(d)给出了二氧化碳输送管道在泄漏孔径为5mm，25.4mm，100mm和300mm的二氧化碳管道泄漏下风向二氧化碳浓度的分布情况。在(a)~(d)图二氧化碳输送管道发生泄漏，达到18000mg/m^{3}时(约9162ppm)的最大下风距离分别为54.69m，327.61m，843.95m和772.76m。人员暴露在此浓度范围内会导致人体肺通气量增加50%，暴露数小时后头疼加剧。

(2)低温伤害

在选定的大气环境下，模拟二氧化碳输送管道在不同泄漏孔径下的泄漏由于管输高压状态下的二氧化碳的强节流效应导致泄漏孔周围环境温度的变化，部分事故场景的结果见图8。

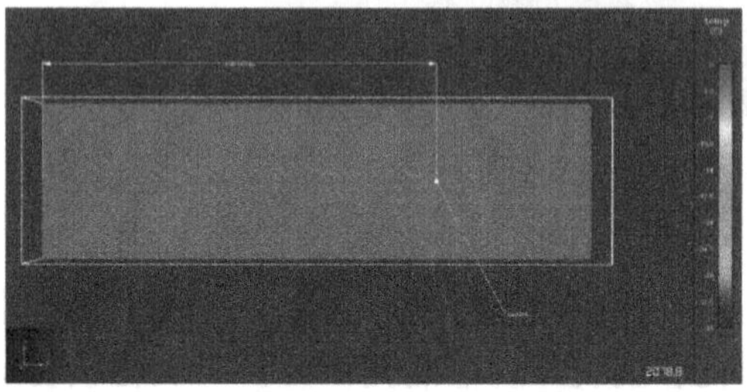

(a)风速1.5m/s泄漏孔径5mm

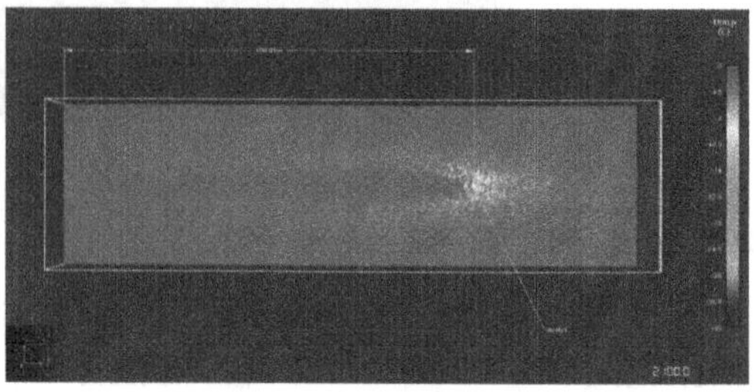

(b)风速1.5m/s泄漏孔径25.4mm

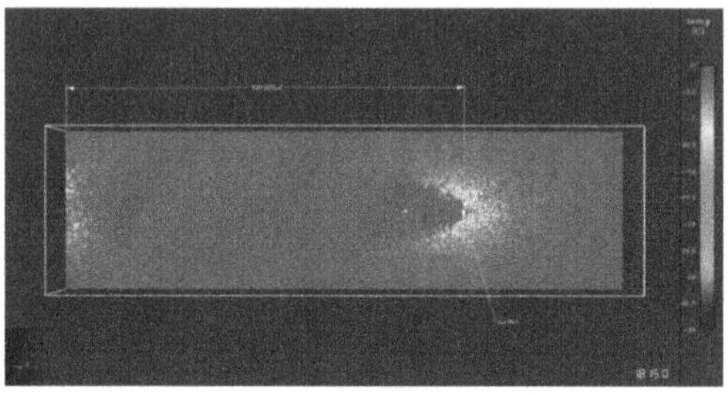

(c)风速1.5m/s泄漏孔径100mm

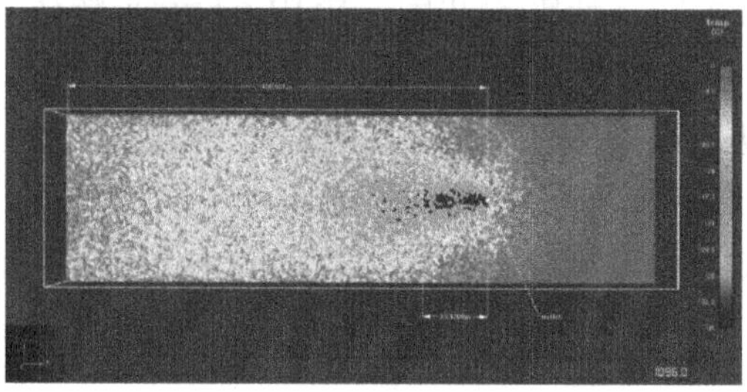

(d)风速1.5m/s泄漏孔径300mm

图8　不同泄漏孔径下泄漏孔周围环境温度分布

图8(a)~8(d)给出了二氧化碳输送管道发生在泄漏孔径为5mm、25.4mm、100mm和300mm的泄漏事故后泄漏孔下风向温度的分布情况。在图8(a)~(d)，泄漏孔径为5mm和25.4mm时二氧化碳输送管道发生泄漏时，由于孔径较小，泄漏孔周围的环境最低温度为-4℃和-9℃。根据美国政府工业卫生会议的风寒温度指数，编制风寒危害及注意事项表，泄漏孔径为100mm时只有泄漏孔周围1m范围内的温度能够达到-35℃，人员在此范围内，有冻伤皮肤和眼睛的危险。当泄漏孔径为300mm时，泄漏孔下风向温度能够达到-35℃的距离为15.42m。人员在此范围内，有冻伤皮肤和眼睛的危险。

(3)超压伤害

根据高压管道物理爆炸冲击波传播规律试验，得到的管道泄漏垂直方向超压衰减函数，计算二氧化碳输送管道泄漏下方压力变化，并参考SamMannan确定的超压冲击波对人体的伤害关系，结果如图9所示。当二氧化碳输送管发生泄漏时，泄漏孔下方11m以内的人员，在超压冲击波作用下，身体会受到中等伤害，可能出现听觉受损、骨折、内脏出血等；泄漏孔下方11m~17m的人员，在超压冲击波作用下，身体会受到轻微挫伤；泄漏孔下方17m~45m的人员，在超压冲击波的作用下，身体会受到轻微伤害。

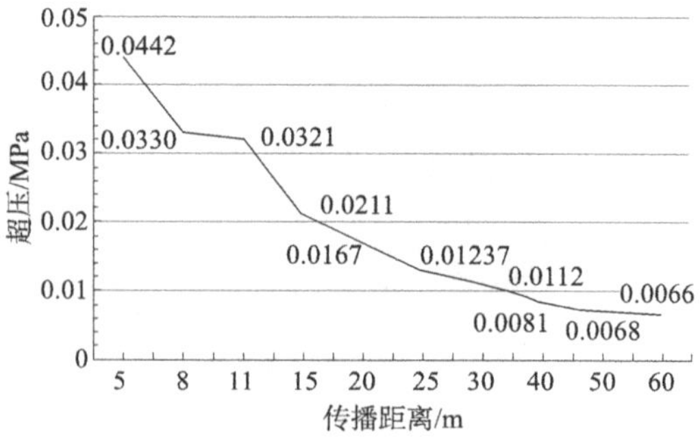

图9　二氧化碳输送管泄漏下风向压力衰减曲线

4.5　泄漏风险定量评估

综合考虑二氧化碳输送管道4组泄漏孔径，6组环境条件和8个风向等环境条件，建立基于SAFETI风险量化评估数值计算模型，根据GB 36894—2018《危险化学品生产装置和储存设施风险基准》，选取一般防护目标中的一类防护目标(3×10^{-6})，一般防护目标中的二类防护目标(1×10^{-5})，以及一般防护目标中的三类防护目标(3×10^{-5})，计算各级防护目标的安全距离，个人风险计算结果如图10所示。

从图中可以看出，对于高敏感防护目标、重要防护目标和一般防护目标中的一类防护目标，二氧化碳管道泄漏安全防护距离为93.34m。对于一般防护目标中的二类防护目标，二氧化碳管道泄漏安全防护距离为67.33m。对于一般防护目标中的三类防护目标，二氧化碳管道泄漏安全防护距离为17.34m。

图10　二氧化碳管道泄漏个人风险

5　二氧化碳长输管道泄漏风险防控

根据二氧化碳长输管道泄漏事故后果影响范围和量化风险评估结果，提出风险防控措施：

(1) 二氧化碳输送管道发生泄漏事故时，需要对泄漏点所在区域内的人员进行快速疏散。二氧化碳输送管道发生泄漏事故时，建议疏散泄漏点周边844m范围的工作人员和外部人员，以防止发生公共伤害；从管道泄漏出的二氧化碳，会在相对低洼地段长时间累积，人员疏散时应避免经过低洼地段，救援人员需防范窒息。

(2) 根据二氧化碳输送管道泄漏低温伤害和超压伤害后果分析，二氧化碳输送管道发生泄漏事故时，需防范距离泄漏孔15.2m范围内的低温伤害和11m范围内的超压冲击波伤害。救援人员需注意防寒并防范超压伤害。

(3) 在发现管道、设备等发生二氧化碳异常泄漏时，严禁直接靠近观察，需立即上报所辖单位，做好外围警戒，进行上游远程切断后，泄漏的二氧化碳逸散后，再穿戴好相应的防护用品进行处置维修。

(4) 在二氧化碳储罐或罐车需主动泄放时，要穿戴正压式空气呼吸器、携带便携式二氧化碳检测仪、佩戴防寒手套，并确保附近无低洼地带，做好周围警戒与人员疏散后再进行平稳安全地泄放。

6　结论

本文对二氧化碳长输管道进行了泄漏事故后果分析和定量风险评估，基于长输管道数值计算模型，计算出二氧化碳长输管道四种典型泄漏孔径事故场景的中毒毒害、低温伤害和超压最大伤害范围，发生事故时需防范844m范围内中毒毒害、15.42m范围内的低温伤害和11m范围内的超压冲击波伤害。

根据GB 36894—2018《危险化学品生产装置和储存设施风险基准》，使用模拟软件计算出不同工况下二氧化碳管道泄漏个人风险范围，其中一般防护目标中的一类防护目标、一般防护目标中的二类防护目标和一般防护目标中的三类防护目标为依据，计算各级防护目标的最大安全防护距离分别是：93.34m、67.33m和17.34m。基于二氧化碳输送管道泄漏后果分析和风险定量评估结果，提出针对性风险防控措施以降低二氧化碳输送管道泄漏风险，可为我国CCUS管道输送系统准确评估风险等级，获取事故影响规律，开展事故抢险应急救援，提供理论指导和典型案例参考。

参　考　文　献

[1] 王一新，陆诗建，李卫东等. 基于物理模型驱动的机器学习方法预测超临界二氧化碳管道最大泄漏速率[J]. 石油科学通报，2023，8(01)：102-111.

[2] 韩恒文，韩伟，程薇. 碳中和目标驱动下合成燃料技术的发展[J/OL]. 化工进展：1-19[2024-03-16].

[3] Ahmad M，Lowesmith B，De Koeijer G，et al. COSHER joint industry project：Large scale pipeline rupture tests to study CO_2 release and dispersion[J]. International Journal of Greenhouse Gas Control，2015，37：340-353.

[4] 国务院国有资产监督管理委员会. 国内首次CO_2管道全尺寸爆破试验取得圆满成功[EB/OL].（2023-05-19)[2024-03-31]. http://www.sasac.gov.cn/.

[5] 帅健，单克. 基于失效数据的油气管道定量风险评价方法[J]. 天然气工业，2018，38(9)：129-138.

[6] Vendrig M，Spouge J，Bird A，et al. Risk analysis of

the geological sequestration of carbondioxide[J]. Crown, ed, 2003, 246

[7] Liu B. Modelling of CO_2 release from high pressure pipelines[D], University of Wollongong, 2016.

[8] 姜福成. 二氧化碳集气站运行参数的优化[J]. 油气田地面工程, 2012, 31(09): 57-58.

[9] 李顺丽. 二氧化碳节流特性与安全泄放控制方案研究[D]. 青岛: 中国石油大学(华东), 2016.

[10] SamMannan. Lee's Loss Prevention in the Process Industries: Volume 1 Hazard Identification, Assessment and Control[M]. 3rd ed. Burlington: Elsevier Butterworth-Heinemann Publications, 2005.

CCUS-EOR 实施中的地质体密封性预测方法研究
——以塔里木盆地 LN 油田为例

张 辉[1,3] 尹国庆[1,2,3] 王海应[1,3] 邵光强[1,3] 徐 珂[1,3]

（1. 中国石油天然气股份有限公司塔里木油田公司勘探开发研究院；
2. 中国石油大学（华东）地球科学与技术学院；
3. 中国石油天然气集团有限公司超深层复杂油气藏勘探开发技术研发中心）

摘 要 针对 CCUS-EOR 实施中地质体破裂失封问题，从盖层、断裂和井筒三个方面论证了相关机理。通过四维地质力学建模，模拟在注入和采出过程中的动态受力特征，建立一种“三位一体”的地质体密封性预测方法。该方法从盖层、断裂和井筒三个方面论证地质体的密封性，确定了 LN 油田 CCUS-EOR 实施中的运行压力区间为 34.75MPa~71.87MPa，奠定 CCUS 实施的安全性和最大驱油效率的基础保障，初步实施取得显著效果，可推广至其他 CCUS 的实施和储气库建设中的密封性预测。

关键词 LN 油田；CCUS-EOR；地质体；密封性；上限压力；下限压力

CCUS-EOR 技术被视为我国实现碳达峰和碳中和目标的重要技术路径之一，被纳入国家能源转型和绿色低碳发展的战略规划中。中国石油等企业在吉林、辽河、长庆等多个油田启动了 CCUS-EOR 示范项目，并取得了显著成效，塔里木油田也在 LN 区块开展先导实验。CCUS-EOR 实施的难点之一是在保障安全运行和最大驱油效率基础上，确定上限压力和下限压力，即油气藏所包含的地质体密封性预测。前人在该问题上开展一些研究和认识，L. Stephen Melzer 采用了文献回顾、数据分析和指标提出等研究手段，全面探讨了将 CCUS 技术应用于 CO_2 EOR 项目的关键因素。蔡萌建立了 CO_2 驱注入井筒完整性风险评价模型，并应用于水井转注井的完整性分析评价。Cui 等人采用了自主研发的高温高压微观可视化实验装置，结合理想核心模型和高速摄像技术，对 CO_2 在超高含水率油藏中的微观驱替机理进行了深入研究，并辅以数值模拟分析，为 CCUS-EOR 在此类油藏中的应用提供了理论指导。Li 等人提出了一种新型的浅层监测井系统，并成功应用于实际的 CCUS 项目中，为监测 CO_2 地下封存的安全性提供了有效手段。Jonny Rutqvist 等人进行了三维地质力学建模和数值模拟，研究了克雷奇巴气田中 CO_2 注入引起的地表变形和微震诱发的潜力，通过半解析和数值模拟的方法，分析了一个 CO_2 注入井观察到的双叶形地表隆起现象。Kanin 等人采用耦合建模方法，结合储层和力学模拟器，评估了 CO_2 注入到深层含水层过程中的地质力学风险，强调了四维地质力学在建模在该问题解决方案中的重要性。这些研究所涉及的理论、方法和技术奠定了塔里木轮南油田 CCUS-EOR 先导实验的基础，但研究方法相对单一，没有针对深度为 5000 米左右油气藏系统开展 CCUS-EOR 实施中的各类地质体密封性研究。本研究通过四维地质力学建模，模拟在 LN 油气藏注入 CO_2 注入过程中的盖层稳定性、断层封堵性和井筒完整性，综合预测运行压力上限和下限压力，为 CCUS-EOR 安全实施和高效驱油奠定了基础。

1 研究背景

1.1 开发现状及实施背景

LN 油田位于塔里木盆地塔北隆起，主要开发目的层为三叠系黄山街组 T Ⅰ$_2$和 T Ⅰ$_3$油层（图 1），油藏构造形态为东西向长轴背斜，高点海拔-3774m，闭合线-3826m，闭合幅度 52m，含油面积 11.2km2，构造整装，内部发育近东西-北东南西走向的逆断裂。油藏原始地层压力为 51.87MPa，压力系数为 1.14。

该油藏 1989 年开始试采，标定水驱采收率 42.69%，目前采出程度 42.0%，综合含水 96.6%，剩余地质储量 720 万吨，TI2 小层占 36.4%，TI3 小层占 63.6%。

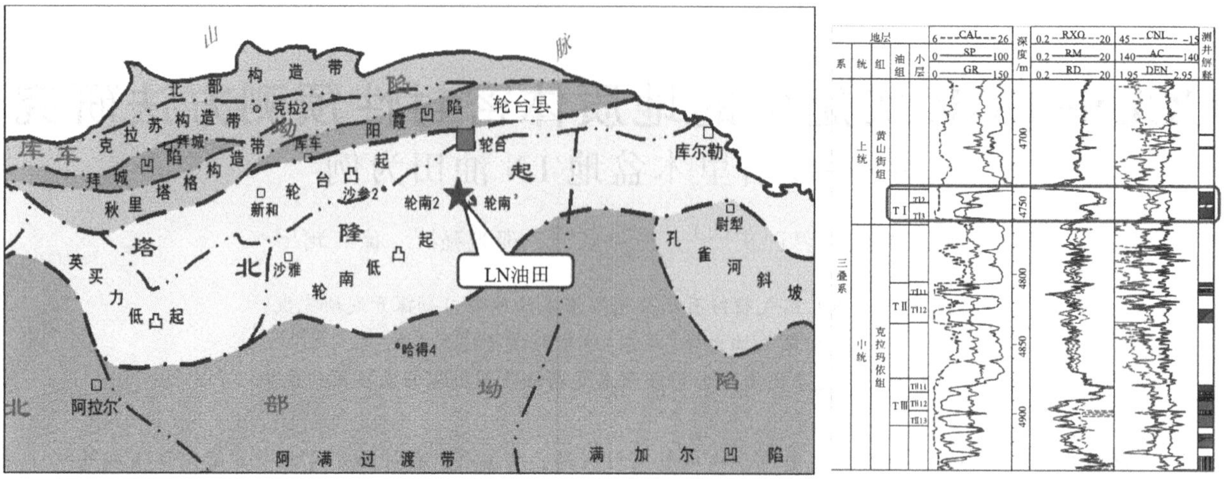

油田地理位置图　　轮南2井综合柱状图

图1　研究工区构造区域位置图及单井综合柱状图

为布局“新疆绿色能源产业化发展示范基地”，其中CCS/CCUS规模达到100万吨以上注入能力；中国石油天然气股份有限公司批复LN油田低碳示范区建设工程，明确实施LN油田CCUS-EOR先导试验。

1.2　方案要点及关键难点

根据实施节奏和实施目的，分为碳驱油、碳埋存等两个主要阶段。注采井全部利用老井，初期连续注CO_2+产出气循环回注方式。合注合采为主，隔夹层发育区域考虑单注(试验分注)；采油井气窜后关井或转注+产能转移。设计日注碳76~1110t/d，预测20年，累注碳539.5×10^4t (0.74HCPV)，其中碳循环回注261×104t，累计埋存碳266.7×10^4t，碳埋存率95.74%，阶段产油186.94×10^4t，阶段采出程度提高15.1个百分点，换油率0.34t油/tCO_2。

方案实施的主要地质难点在于三个方面，一是区域泥岩盖层厚度80~95m，反复注采动态载荷下，盖层内部结构破坏，失去封盖能力，导致油气泄露；二是盖层油藏内发育多条逆冲断裂，同样的在动态载荷下，诱发断裂活动，失去封堵能力，导致油气泄露或侧向运移，达不到CCUS-EOR效果；三是老井井筒固井水泥环、井壁在动态载荷下发生破裂，气体纵向窜流及井口套管头等装置气密封差造成高压漏气的风险。

2　注采动态载荷下的地质体密封性预测

2.1　动态载荷下的地质体损伤机理简述

区域盖层失封机理：在多次循环注采条件下，储气库的盖层会受到交变载荷的作用，孔隙压力的改变使岩石力学性质发生改变，从而导致盖层的密封性发生变化。这种交变载荷可能导致盖层岩石产生裂缝或破坏，影响其密封性能。同时当注气压力超过盖层岩石的承受能力时，孔隙流体压力的增加可能导致盖层发生压裂效应，发生张性破裂或剪切破裂，从而破坏盖层的完整性。

逆冲断层失封机理：循环注采作业过程中，孔隙压力会发生周期性变化，这种变化会引发地应力场的动态扰动。孔隙压力的升高和降低会改变断层周围岩石的力学性质，从而影响断层的稳定性，甚至可能导致断层激活。随着循环注采次数的增加，断层面岩石的力学参数(如强度、摩擦系数等)可能发生衰减，这种变化会进一步影响断层的稳定性。当岩石力学参数降低到一定程度时，断层可能更容易发生滑动或开启。另外注采过程中，局部区域可能产生应力集中，当应力超过断层的抗剪强度时，断层可能会滑动或开启，从而引发地质灾害或影响地质体的密封性。

井筒稳定性破坏机理：该机理较复杂，影响因素较多，本研究重点针对地质相关的机理开展研究，与盖层失封机理类似，在动态载荷下，地应力变化导致岩石颗粒结构和微观构造被破坏，岩石强度降低，有效应力变化，进而诱发井周剪应力改变，当剪应力大于抗剪切强度时，井壁发生动态破裂，引发井筒完整性破坏。另外，当注入升高时，地层水平挤压程度增强，当挤压应力超过砂岩储层中的微裂隙的漏失压力，则发生漏失性破坏，井壁失封。

2.2 地质体密封性失效上限压力预测

前文三类破坏可归纳为地质体密封性失效问题，本研究形成一种以四维地质力学建模为基础的“三位一体”的方法，实现 CCUS-EOR 实施中的地质体密封性上限压力的定量预测。具体方案如图 2 所示。

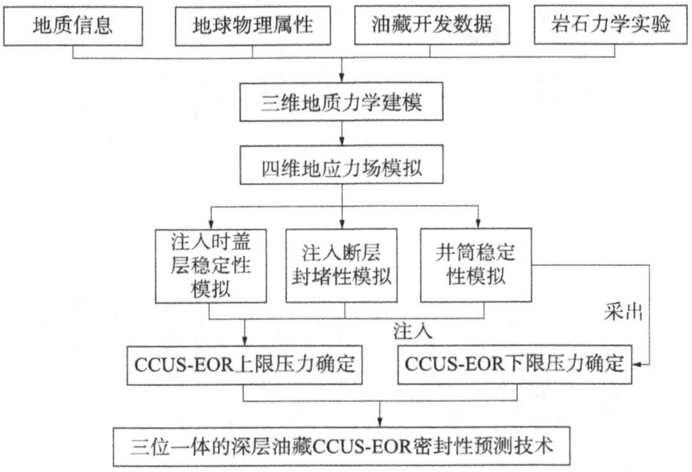

图 2　三位一体的深层油藏 CCUS-EOR 密封性预测技术方案

CCUS-EOR 实施中涉及注入和采出两个阶段，本研究中侧重注入过程中地质体密封性预测。在地质建模、地球物理属性分析、油藏开发动态研究和岩石力学实验基础上，建立研究区三维地质力学模型，明确在初始压力状态下的地应力、断裂力学、岩石力学等参数分布特征。然后按照 CCUS-EOR 方案设计中的注入压力，以 2.5MPa 的注入步阶，开展不同压力变化下的四维应力模拟，进而分别模拟盖层、断裂和井壁在动态应力场变化下的稳定性(产生压裂效益失封，与最小主应力相当)，选取三者破坏失封的压力最小值作为 CCUS-EOR 运行的上限压力。同时，模拟采出过程中的地层压力下降，井筒发生剪切破坏，作为运行压力的下限。以到达在保障安全运行下，实现最油的驱油提采效益。

2.2.1 四维地质力学模拟

研究中基于已开发油气田地质模型的构造格架、沉积相或岩相模型及岩石物理相关参数(孔隙度等)，采相沉积相控方式建立目的层岩石力学参数(杨氏模量、泊松比、抗压强度等)，非目的层利用地震反演结果建立岩石力学参数，形成地质力学基础模型；同时，在地质模型基础上根据研究区油气藏开发生产动态监测相关资料、相渗及高压物性等相关资料，建立研究区渗流模型；在地质力学基础模型与渗流模型建立的基础上，根据构造背景设定边界条件，采用有限元模拟方法，依据重要生产时间节点模拟油气藏开发不同时间地应力参数变化，形成油气藏四维地质力学模型，表征开发过程中地应力相关参数的变化规律。

当注入压力增加至超过原始压力 20MPa 时(即气藏压力为 71.87MPa，此为 P3)如图 3 所示，水平最小主应力局部达到 75MPa，该应力下，砂岩储层中的微裂隙发生开启，导致储层内部气窜。

2.2.2 盖层稳定性模拟

研究工区的区域盖层为 80～95 米的泥岩，其破裂受到泥岩黏土矿物组分、地应力、水化等多重因素影响，由于该区域目前含水率已较高，与储层接触的泥岩已遭受水化作用，但从前人研究得出结论，一般泥岩水化的作用厚度非常有限，远达不到影响整个盖层厚度范围。因此本研究中采用常规方法判断计算泥岩盖层的稳定性，然后考虑不同压力变化阶段，判断区域盖层突破区域，进而确定盖层被突破的上限压力(P1)。

为了便以清楚的识别盖层突破情况，采用破裂压力的变化量进行表征，如图 4 所示，图中灰色表明盖层没有突破，彩色表示已突破。从模拟结果看，当注入压力为原始压力增加 2.5MPa 时，整体没有突破，继续增加至 22.5MPa 时，在油气藏的西北部和东南部，率先突破。据此，确定盖层被突破的上限压力 P1 为原始压力(51.87MPa)增加 22.5MPa，即 74.35MPa。

2.2.3 断层封堵性模拟

工区内共解释 20 余条不同级别的逆断层，分布在工区北部和主力油气藏内部。在注采交变

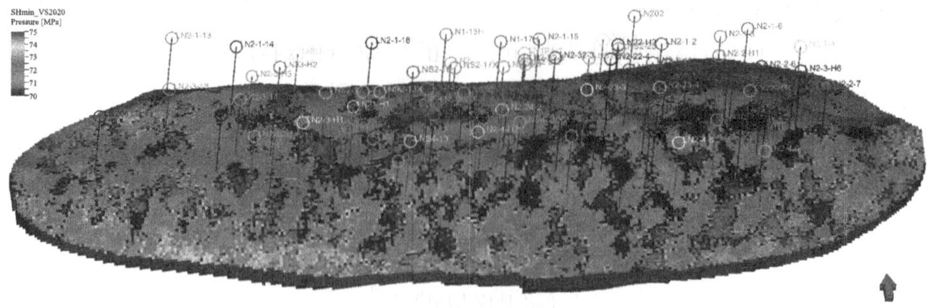

(a)注入压力为原始压力增加5MPa下的最小主应力分布

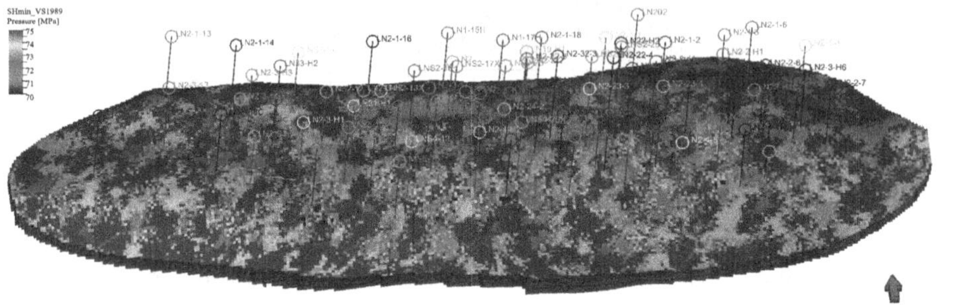

(b)注入压力为注入压力为原始压力增加20MPa下的最小主应力分布

图 3　不同注入压力下的水平最小主应力变化

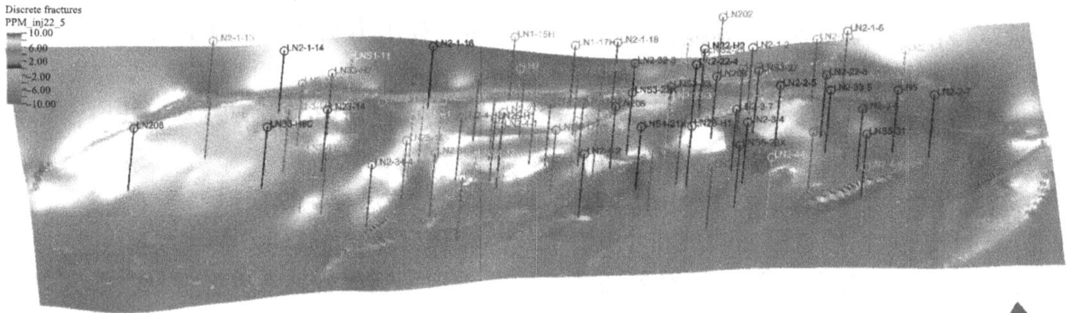

(a)注入压力为原始压力增加2.5MPa下的盖层破裂压力分布

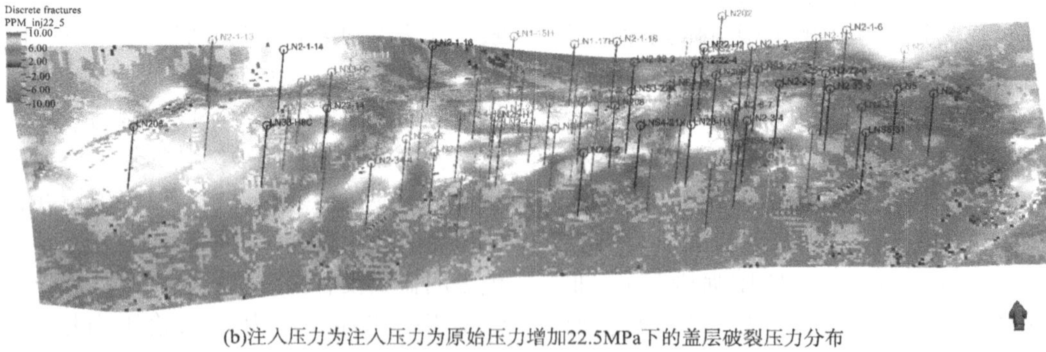

(b)注入压力为注入压力为原始压力增加22.5MPa下的盖层破裂压力分布

图 4　不同注入压力下的盖层破裂压力分布

载荷下，断裂面所受正应力、剪应力、内聚力、摩擦系数均可能发生变化。前人对于断裂封堵性的研究成果丰富，主要做法是地震法、泥岩涂抹法、位移测量法、数值模拟法等，为本研究提供了很好的基础和借鉴。本研究中采用断层潜在力学活动性指数(FGAI)判别在不同注入下的断裂力学活动性变化，进而断层活动性变好(产生剪切滑移导致失封)时最高的注入压力(P2)。

同样的，为了便以更清晰识别断层失去封堵能力的变化情况，采用断层潜在活动性指数的变化量(ΔFGAI)表示，当 ΔFGAI 为正值时，表示断层产生了剪切滑移，失去封堵能力。研究中对所有的断裂均开展了模拟，选取最易失封的油藏最北部的大断层进行分析。从模拟结果看，当注入压力为原始压力增加 25MPa 时，ΔFGAI 处于临界状态，当继续增加至 27.5MPa 时，该断层所有部位均发生了剪切滑移，全面失去封堵能力，据此确定了断层失封的上限压力 P3 为原始压力(51.87MPa)增加 25MPa，即 76.87MPa，图 5。

(a)注入压力为原始压力增加2.5MPa时的断层活动性指数变化量

(b)注入压力为原始压力增加25MPa时的断层活动性指数变化量

(c)注入压力为原始压力增加27.5MPa时的断层活动性指数变化量

图 5　不同注入压力下的断层活动性指数变化量

2.2.4　井筒稳定性模拟

本研究中，重点针对注入压力升高时的水平挤压应力进行评价，即求取不同孔隙压力下的水平最小主应力的变化(P3)。

对比上述 P1(74.35MPa)、P2(76.87MPa)、P3(71.87MPa)，选取三者中的最小值 69.37MPa，即为 CCUS-EOR 运行的上限压力 P_U(71.87MPa)。另外，在 CCUS-EOR 实施中还需要考虑运行下限压力，该压力是保障井筒不发生坍塌。而井筒坍塌压力则随着油气采出，地层压力下降，井壁承受的剪应力大于抗剪切强度，井壁失去支撑，发生剪切破坏。基于此认识，本研究创建了动态垮塌指数 Ptd 定量表征该变化，进而求取运行压力的下限 PL。当采出时的地层孔隙压力为 PP1 时，对应 Ptd1，孔隙压力下降为 PP2 时，对应 Ptd2，然后做 Ptd2 与 Ptd1 的差值 ΔPtd，逐步类推，然后对 ΔPtd 进行分级，识别垮塌风险，当达到中风险时，则此时对应的 PPn 即为运行压力的下限，需要技术补充能量，保存井壁完好。动态垮塌指数计算方法如公式(1)。

$$Ptd=(Sshear-PP)/Sstrength \qquad (1)$$

式中，*Sshear* 为剪应力，MPa；*PP* 为地层压力，MPa；*Sstrength* 为抗剪切强度，MPa。

采用该区块实际生产情况对井壁动态垮塌风险分级，见表 1。

表 1

序号	ΔPtd 值	风险级别
1	0~0.2	低风险
2	0.2~0.5	中风险
3	大于 0.5	高风险

按照式(1)评价，当油气采出时的地层压力下降至 34.75MPa 时(即孔隙压力系数由原始的 1.14 为 0.8)，ΔPtd 为 0.5，则视该压力为 LN 油田 CCUS-EOR 的下限压力 P_L(34.75MPa)。

由此，确定了 LN 油田 CCUS-EOR 实施中的运行压力区间为 34.75MPa~71.87MPa。

3　生产应用效果

LN 油田 CCUS-EOR 自 2022 年开始实施，采用 1 注 6 采井组，如图 6 所示，全部为利用老井，LN2-3-H1 井 2022 年 7 月 31 日开始注碳，井口注入压力 18MPa，折合地层压力为 69.87(该压力未超过预测的上限压力 71.87MPa)，尚未发现安全隐患。

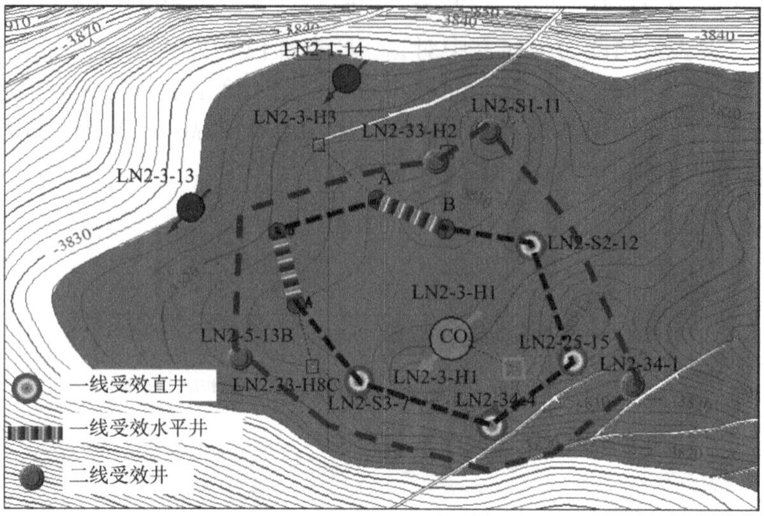

图6　注采井网

日注二氧化碳 150 吨，已注二氧化碳 3830 吨，受疫情影响，9 月 7 日停注。截至 2024 年 8 月 26 日已累计注入 CO_2 介质 2.7 万吨，累计年增油 0.8 万吨。通过 LN 油田 CCUS-EOR 的初期实施，初见显著的 CO_2 埋存和驱油效果，且已推广至该油田的 JIII、JIV、TII 油组，目前正顺利开展。

4　结论

（1）论述了 CCUS-EOR 实施中的地质体密封性的关键难题，研究了盖层、断层、井筒三者失封的机理，并建立了基于四维地质力学的"三维一体化"的地质体密封性预测技术，实现了注入上限压力和采出下限压力的定量计算，保障了安全运行，实现最优驱替效果。

（2）研究形成的技术在对于常规的 CCUS、CCUS-EOR 以及储气库建设均具有借鉴意义。

（3）本研究中所考虑的地质体密封性只是 CCUS-EOR 安全实施的一个方面，还需要从地面塌陷、管线刺漏、环境保护等方面系统考虑，加强监测，以保障万无一失。

参 考 文 献

[1] Melzer, L. S. Carbon dioxide enhanced oil recovery(CO_2 EOR): Factors involved in adding carbon capture, utilization and storage (CCUS) to enhanced oil recovery. *Center for Climate and Energy Solutions*, 2012, 1-17.

[2] 蔡萌，杨志刚，赵明. CCUS-EOR 工程技术进展与展望[J]. 石油科技论坛，2022，42(2)，49.

[3] Cui, M., Wang, R., Lv, C., Tang, Y. Research on microscopic oil displacement mechanism of CO_2 EOR in extra-high water cut reservoirs. *Journal of Petroleum Science and Engineering*, 2017, 154, 315-321.

[4] Li, Q., Liu, X., Zhang, J., et al. A novel shallow well monitoring system for CCUS: With application to Shengli oilfield CO_2-EOR project. *Energy Procedia*, 2014, 63, 3956-3962.

[5] Rutqvist, J., Liu, H. H., Vasco, D. W., et al. Coupled non-isothermal, multiphase fluid flow, and geomechanical modeling of ground surface deformations and potential for induced micro-seismicity at the In Salah CO_2 storage operation. *Energy Procedia*, 2011, 4, 3542-3549.

[6] Kanin, E., Garagash, I., Boronin, S., et al. Geomechanical risk assessment for CO_2 storage in deep saline aquifers. *Journal of Rock Mechanics and Geotechnical Engineering*, 2024.

[7] 朱海燕，宋宇家，雷征东，唐煊赫. 致密油水井注采储集层四维地应力演化规律——以鄂尔多斯盆地元 284 区块为例. 石油勘探与开发，2024. 136-147.

[8] 杨军伟，仲家锐，贾善坡，等.（2021）. 含水层储气库注入阶段盖层力学完整性数值模拟分析[J]. 东北石油大学学报，45(3)，86-98.

[9] 江同文，张辉，王海应，等. 塔里木盆地克拉 2 气田断裂地质力学活动性对水侵的影响[J]. 天然气地球科学，2017，28(11)：1735-1744.

[10] 贾利春，陈勉，侯冰，等. 裂缝性地层钻井液漏失模型及漏失规律[J]. 石油勘探与开发，2014，41(1)：95-101.

[11] Sinan, Z. H. U., Junchang, S. U. N., Guoqi, W. E. I., et al. Numerical simulation-based correction of relative permeability hysteresis in water-invaded underground gas storage during multi-cycle injection and

production. *Petroleum Exploration and Development*, 2021, 48(1), 190-200.
[12] 徐力群，刘厚彬，孟英峰. 实验分析泥岩水化膨胀应力与力学参数之间的关系[J]. 科学技术与工程，2016，47(11)：151-154.
[13] 张津宁，张金功，杨乾郑，等. 应用断点移动法分析断层活动性[J]. 地质科技情报，2016，35(1)：39-43.
[14] 雍锐. 西南油气田 CCUS/CCS 发展现状、优势与挑战[J]. 天然气工业，2024，44(4)：11-24.

等离子长明灯在高含硫油气场站的应用

胡世豪

（中国石油天然气股份有限公司塔里木油田分公司）

摘　要　塔里木油田某处于沙漠腹地的油气场站，因工艺复杂需要不定期放空，为保证安全，需要补充燃料气作为火炬长明灯，该方式已逐渐不符合绿色低碳要求。油田与技术厂家结合，采用等离子长明灯技术代替传统燃料气长明灯，同时针对风沙频繁、高温、高含硫等特殊工况进行技术改造，2023 年 10 月在某集油站开展应用，运行平稳，节能减碳效果明显。

关键词　放空；长明灯；高含硫；等离子；绿色低碳

在国内外的火炬点火系统中，主要采用长明灯长燃的点火方式来引燃火炬主放空，由于采用这种点火方式的火炬系统在火炬顶部一直有长明火的存在，因此，通过长燃不熄的“小火苗”可以引燃随时排放的火炬气，这对于高含硫或频繁放空的火炬系统来说，是目前最常用的点火方式。但长明灯在长年累月的运行过程中不仅会消耗掉大量的燃料气而且会造成大量的碳排放。

根据碳达峰和减少碳排放的政策和要求，目前，很多石化企业已经采取了积极和有效的减排措施，对于放空火炬来说，主要是通过“熄灭长明灯”来达到减少碳排放的目的，而“熄灭长明灯”的替代解决方法是：通过放空检测元件（如流量开关、压力开关、流量计、压力变送器等）实时检测放空管道内的气体排放以便触发自动点火将随时排放的火炬气点燃，即火炬自动点火方式，这种点火方式的特点是：先检测到火炬放空然后再触发点火将火炬点燃，属于“先放空后点火”的点火方式。相对于长明灯点火方式来说，火炬点火方式包含以下缺点：

（1）主要通过放空检测元件来触发点火，过度依赖仪表的灵敏度和可靠性，然而流量开关在放空气的流速过低时会出现误动作；压力开关和压力变送器无法准确地检测出管道内流动气体的压力；流量计则存在小流量切除的问题，在大管径、低流量的工况下不能准确地检测流量触发点火，而且放空气的波动性较大，对流量计的准确计量有影响，同时，大口径的流量计价格昂贵，不实用也不适用。

（2）导致点火装置反复、频繁点火，而点火装置（包括点火器和电磁阀等）的反复和频繁工作会导致故障率的增加和点火成功率的下降。

（3）由于是通过放空检测元件检测火炬气的排放来触发点火的，属于“先放空后点火”，而长明灯点火方式则是“先点火后放空”，因此，长明灯点火方式更加安全和可靠。

对于高含硫放空气、大排放量放空气或放空间隙很小的火炬系统来说，长明灯点火无疑是最安全和最可靠的点火方式。因此，从某种意义上来说，采用放空检测元件来触发点火的点火方式实际上是通过降低点火的可靠性和放空的安全性来达到节能排放的目的的。

1　塔里木油田某区块放空现状

塔里木油田某处于沙漠腹地的油气生产区块绝大多数火炬已实现正常运行熄灭，异常自动点火放空，但由于部分区块高含硫、工艺复杂，目前仍有长明火炬 27 座，其中联合处理站 6 座，站外集气站 21 座。目前存在以下问题：

（1）存在一定安全风险。含硫火炬介质平均硫化氢含量 8000ppm，但在运行场站火炬自动点火功能完好率仅 20%，且每年风沙天气达 6 个月，火炬一旦熄灭将带来人员硫化氢中毒风险。据统计，近年来每年都有火炬意外熄灭情况发生，存在一定安全风险。

（2）存在能量浪费和环境污染。2023 年某油气生产区块长明灯天然气消耗超百万方，相当于增加能耗 2000 余吨标煤，增加二氧化碳排放 3000 余吨，同时产生大量氮氧化物和二氧化硫等环境污染物。

2　等离子长明灯技术

2.1　电子长明灯技术原理

通过特种专利技术控制高能电场的电压及放电方式，在点火枪上形成稳定的等离子电弧，这种等离子电弧在外观上酷似火焰燃烧，因此称之为等离子火焰(图1)。利用这种技术，可以产生持续的、远高于需求温度的(硫化氢燃点：260℃，天然气燃点：650℃)、电弧长度超过120mm的电子火焰等离子火焰，从而将火炬放空气直接点燃。主要设备有控制柜(包含防爆散热装置)+点火器(高压直流)+点火枪(耐高温点火头及引射棒等)。

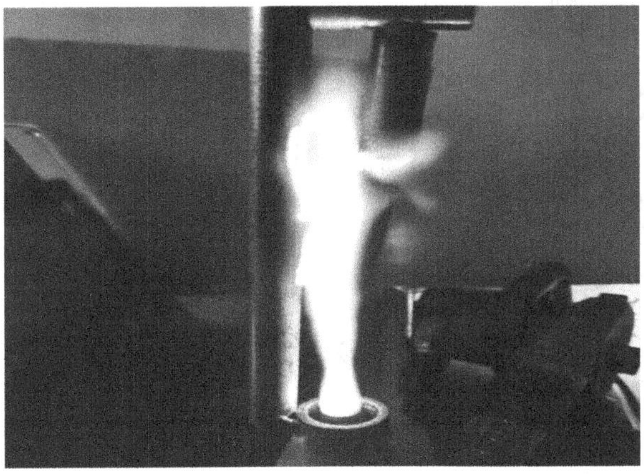

图1　等离子火焰

2.2　该技术的主要特点

(1) 不使用任何燃料辅助点火，其火焰为电子火焰而非燃气火焰，只需消耗小功率电能，不需要天然气，是一种节能、环保的纯电子点火装置。

(2) 功能可调节。可长时间连续地喷射出火焰，电子长明灯不仅可以替代传统的燃气长明灯长时间工作，也可以在放空气不含硫或放空间隙较大等工况下短时间工作，即只要将火炬点燃即停止点火，当火炬熄火后再自动点火，在长时间工作制和短时间工作制之间随意和自由切换，一台设备具有多种功能并适用于多种工况，使用非常灵活方便。

(3) 安全系数高。设备还设置有完善的故障诊断功能和保护功能，如高压输出状态即点火状态、高压输出故障报警、温度过高报警和温度超高保护等，且具备远传功能。由于不需要燃料气，因此也不存在阀门和管线的腐蚀和泄漏的安全风险，特别是含硫燃料气或湿燃料气。

(4) 施工周期快。由于不需要燃料气，因此，不仅节省了燃料气阀门、管线、管件、伴热、保温等的材料投入，而且还大大减少了工作量，缩短了产品设计、生产制造、安装设计和现场施工的周期，简化了设备的设计、制造和安装、调试工作，加快了工程的施工进度和设备的投运时间。

(5) 应用范围广。由于电子长明灯不需要任何燃料气辅助点火，且其火花能量足可以直接点燃天然气、煤气、液化气、轻柴油和重油，同时，其配套的点火电极耐高温、耐腐蚀、防水、抗油污、抗积碳，因此，它几乎适用于所有工况甚至是十分恶劣的工况条件下的火炬点火，如钻井、试油、测试、采油、集输、井场放空等。

3　现场应用情况

某某集油站目前作为周边集输系统的低压气回收站，目前有天然气压缩机3台，回收能力11万方天，硫化氢含硫1000～8000ppm，由于工艺安全需要，火炬保持长明，长明灯天然气消耗量300m^3/d。塔里木油田与某公司合作，选择在此集油站开展沙漠地区等离子长明灯试验(图2)。

图2　某某集油站火炬放空

在高含硫、高温天气、风沙频繁的地区应用等离子长明灯，如何保证火焰稳定性和可靠性，油田技术人员与厂家联合攻关，提出以下几条整改措施：

(1) 针对高含硫保证长明灯长明问题，咨询厂家，在其他油气田应用采用一个长明灯，流量开关联锁点火方式，正常情况长明灯处于熄灭状态。针对塔中高含硫首次应用工况，建议设置三个长明灯，3台120°对称安装，同时为防止长时间电离造成的高温对设备影响，通过后台组态实现三个灯其中两个同时长明一个轮流熄灭，地面设置 3 个红外火焰监测探头。同时设置长明灯与流量开关联锁，一旦有放空，另外一个休息状态长明灯也动作点火(图 3)。

(2) 针对沙漠地区环境温度高、火炬长明高压开关柜温度较高问题，建议开关控制柜增设防爆空调，并在控制柜内加装温度变送器上传至控制中心。

(3) 针对如何保证火焰长度问题，建议三台点火枪都需加装引射棒。

(4) 针对点火枪头存在风沙堵塞短路的问题，建议增加风机，保持点火枪头的正压，防止沙尘堵塞。

2023 年 10 月 11 日～13 日，完成现场改造，投运正常(图 4)。

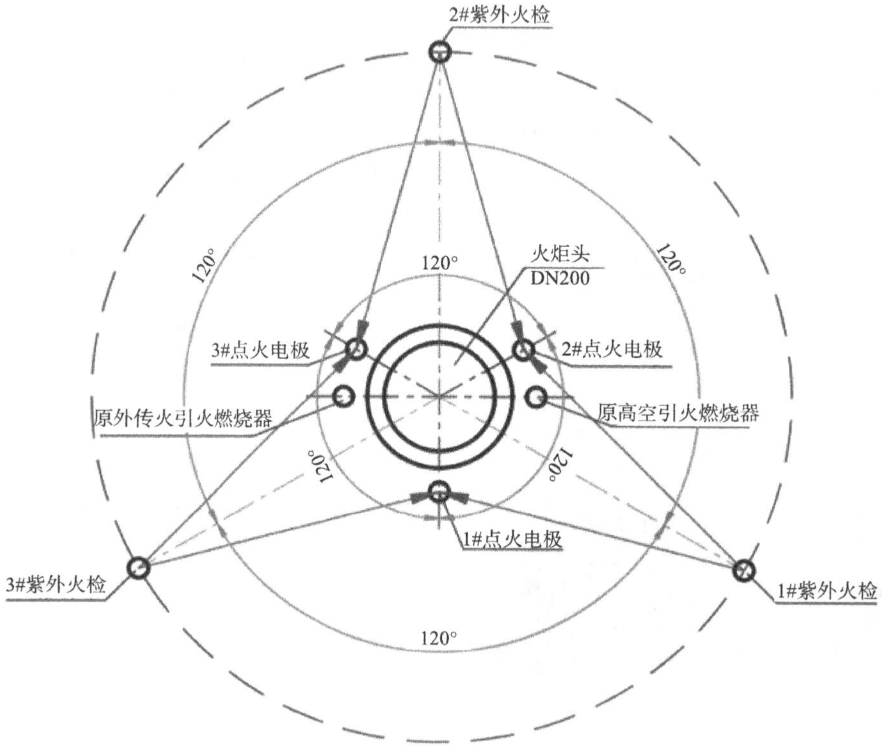

图 3　三个长明灯对称分布

图 4　改造前后对比

4　效益

(1) 经济效益：该设备加安装总费用 24 万元，节约天然气 10 万 m^3/a，耗电 1.728 万 kW · h，每年节约 10 万 m^3 ×0.945 元/m^3 − 1.728 万 kW · h×0.52 元/(kW · h) = 8.55 万元，3 年可回收改造成本。

(2) 节能低碳效益：装置耗电 1.728 万

(kW·h)/a，可节约天然气 10 万 m^3/a，合计节能 131tce/a，减少碳排放 216.2t/a。

（3）管理效益：该技术火焰温度高且不需要氧气、燃料和外界热源，具有较强的稳定性，对大风等恶劣天气适应性较强，长明灯异常熄灭的概率大幅降低，提高了安全运行水平。

5 结论

基于电离原理的等离子电弧长明灯具有不消耗天然气、功能可调节、安全系数高、施工周期快、适用范围广的特点，替代传统燃料气长明灯具有节能减碳的明显优势。

高压气田空压机系统节能降碳改造

王　辉　张予杰　姜　东　胡北平　郭　旭

（中国石油塔里木油田公司克拉采油气管理区）

摘　要　空压机是利用压缩气体提高气体压力的机械，是气动系统的核心设备，产生的压缩空气可为现场气动阀门提供动力、为制氮装置提供原料，空压机是厂区的用能大户，作为撬装设备未考虑整体系统的最优化，因此具有极大的节能潜力。本文针对塔里木油田某处理站空压机在运行过程中频繁加卸载的问题进行分析，通过多方案对比，最终采用更改空压机加卸载取压位置经济地解决了该问题，每年可以减少碳排放387.63吨，取得了良好的节能降碳效果，保障了生产运行的高效和稳定，保障了生产运行的高效和稳定，有力助推双碳发展目标，具有较强的推广性。

关键词　空压机；节能降碳；螺杆式；加卸载

1　引言

空压机是气动系统的核心设备，据权威资料显示，在企业电力总消耗中压缩空气系统电能耗费占到10%~35%，空压机所消耗电能占到整个压缩空气系统总能耗的90%以上，是重要耗能环节，空压机频繁加卸载更是导致空压机能耗高的常见的问题，不仅对于空压机系统的零件有损害，而且对于企业平稳生产也有所不利。本文从某处理站空气压机频繁加卸载问题入手，分析了空压机频繁加卸载的原因，并有针对性地提出对于频繁加卸载的优化策略，进行节能改造，取得了很好的降碳的成效，保障了气田高效稳定生产。

2　空压机工作原理

一般工业场所常用的空压机为螺杆式空气压缩机，并配套相应的再生干燥塔保证产生合格的压缩空气，螺杆压缩机的主要部件为一对相互啮合的螺旋形转子，通过阴阳转子的旋转使得齿间容积发生变化，从而实现吸气、压缩、排气过程，达到提高气体压力目的。螺杆压缩机压缩空气的过程分为吸气过程、压缩过程和排气过程。

吸气过程：转子转动时，阴阳转子的齿沟空间在转至进气端壁开口时，其空间最大，此时转子齿沟空间与进气口的相通，因在排气时齿沟的气体被完全排出，排气完成时，齿沟处于真空状态，当转至进气口时，外界气体即被吸入，沿轴向进入阴阳转子的齿沟内。当气体充满了整个齿沟时，转子进气侧端面转离机壳进气口，在齿沟的气体即被封闭。

压缩过程：阴阳转子在吸气结束时，其阴阳转子齿尖会与机壳封闭，此时气体在齿沟内不再外流，其啮合面逐渐向排气端移动，啮合面与排气口之间的齿沟空间渐渐件小，齿沟内的气体被压缩压力提高。

排气过程：当转子的啮合端面转到与机壳排气口相通时，被压缩的气体开始排出，直至齿尖与齿沟的啮合面移至排气端面，此时阴阳转子的啮合面与机壳排气口的齿沟空间为0，即完成排气过程，在此同时转子的啮合面与机壳进气口之间的齿沟长度又达到最长，进气过程又再进行。

整个空压机系统的运行过程如下：吸入的空气通过过滤器滤去尘埃之后，经由卸载装置进气阀进入主压缩室中被压缩，压缩空气和油的混合物将经过单向阀流入油分离器，然后经最小压力阀、空气冷却器和疏水器从排气阀排出。空压机产生的湿的压缩空气经过过滤器进入干燥塔进行干燥，干燥塔中填充有吸附剂，湿的压缩空气被干燥剂吸附了其中包含的水分之后成为干燥的压缩空气，离开干燥塔进入下游用气设备。干燥塔采用分子筛变压吸附实现对压缩空气的干燥和自身的再生，干燥剂通过干燥塔出口中的净化空气实现再生，净化空气进入再生塔后膨胀，压力突然降至大气压力，对湿的干燥剂颗粒进行干燥恢复其吸附性。干燥塔的运行周期具有重复性，两塔一塔干燥一塔再生，在某个预置时间后，定时器卡将切换塔，再生完成的塔开始干燥压缩空气，而另一个塔将被再生。

3　现状及存在的问题

塔里木油田某处理站设有空气氮气站一座，空气氮气站由空气压缩系统、空气净化系统、变压吸附制氮系统、压缩空气及氮气储存四部分组成，为全厂各装置提供正常生产用的净化空气、非净化风、溶剂保护用氮气及开停工吹扫置换用氮气，设置了1个氮气储罐、2个仪表风储罐和1个工厂风储罐，仪表风储罐的总容量可满足工程全部投产后紧急停电时全厂30分钟的仪表风需求量，全厂各装置正常生产时只需启动两台空气压缩机，工艺装置开、停工时三台空气压缩机组需全部启动。

设置的3台阿特拉斯GA90-8.5单级喷油螺杆空气压缩机压缩机，功率为90kW，提供最高压力为0.85MPa的压缩空气，配套使用的3套无热再生吸附式干燥系统用于净化产生合格的压缩空气，设置变压吸附制氮装置1套，用以制取合格的氮气。来自空气压缩机的压缩空气经管道进入缓冲罐，缓冲罐的作用是避免后面干燥部分受脉动气流固频冲击、同时分离出凝结水，从缓冲罐出来的压缩空气分别经前置过滤器、无热再生吸附式干燥塔、后置过滤器的先后净化，净化后的压缩空气进入仪表风储罐和工厂风储罐，分别经进入仪表风管网和工厂风管网。空压机系统流程见图1。

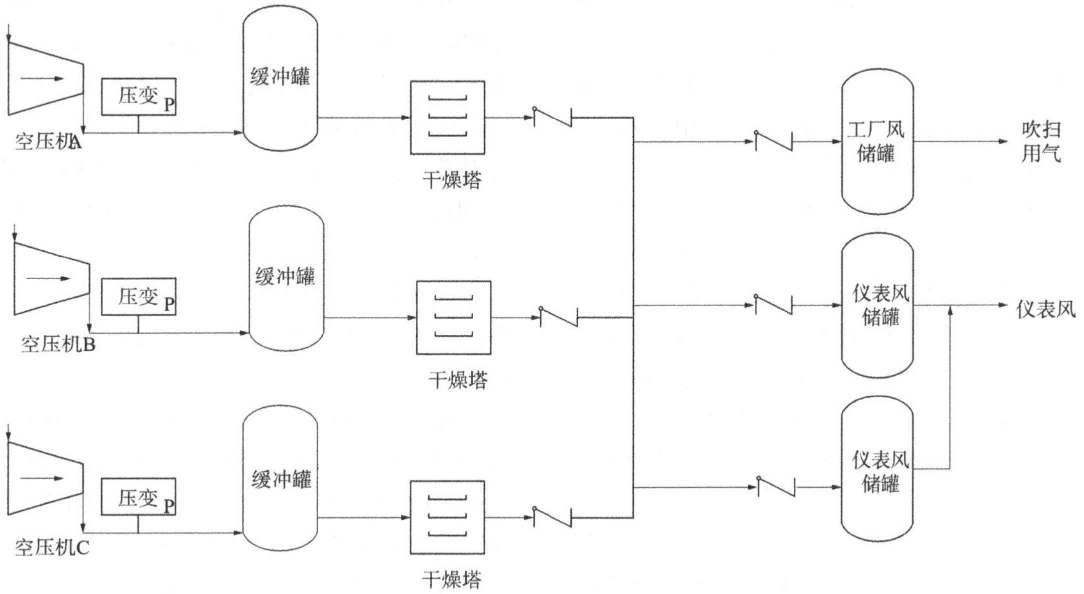

图1　仪表风流程简图

在日常运行中，空压机采用加、卸载运行方式，使压缩气体的压力在加载压力与卸载压力之间来回变化。某处理站空压机出现频繁加卸载现象，每次停机仅20秒后又再次启动，每天空压机运行时间高达23.7小时，频繁加卸载存在以下不利影响：

（1）长的运行时间会消耗大量电能。一般在设计中，考虑空压机满载运行的可能，空压机电动机容量按最大需要选择，因此空压机功率选择较大。该厂空压机频繁运行高达23.7小时，但实际上只需要满足储罐压力稳定即可，现场测试停运空压后，观察发现储罐压力的变化时间远长于空压机加卸载时间，这表明空压机长时间无意义地加载造成巨大能量浪费。

（2）主电机虽然以星三角降压起动，但起动时的电流仍然很大，大约是额定电流的5~7倍，空压机频繁加载造成对电网冲击次数增加，会影响电网的稳定及其他用电设备的运行安全。

（3）空压机加卸载时间较短，加卸载电磁阀和进气蝶阀频繁动作，会导致空压机系统零配件（如空气滤芯、进气蝶阀、电磁阀、继电器等）使用寿命降低，运行成本增加，对空压机系统的使用寿命和稳定运行不利，空压机系统产生是仪表风是全厂气动阀门的动力源，它不能稳定运行严重影响生产装置的安全平稳运行。

4　原因分析

针对空压机出现频繁加卸载现象，管理区组织相关技术人员成立了专项小组，查阅技术资料和现场排查进行可能性分析。

根据有关资料显示，空压机出口到储罐之间管道不畅、仪表过滤器堵塞都可能导致频繁加卸载，调查表明该现象自安装使用起一直存在，且过滤器的压差在允许范围内，因此可以排除堵塞的可能性。

根据空压机的原理，空压机的加卸载依据空压机出口压力传感器的检测值确定，因为压力变送器在出厂前都经过校验，并且三台空压机运行过程均出现此种现象，更换新压力传感器也空压机加载频繁的线下依然存在，所以可以排除仪表不准确的因素。

从控制角度而言，机组加载压力与卸载压力两者设定之差较小，就会导致空压机频繁的加卸载。通过调查发现空压机现阶段加载压力设定为 0.73MPa，卸载压力设定为 0.78MPa，现场气动阀有效动作所需最小仪表风压力为 0.4MPa，查看空压机随机资料其额定压力为 0.85MPa，表明空压机加载压力、卸载压力存在一定的调整区间。因此现场将加载压力向下调整至 0.65MPa、卸载压力向上调整 0.82MPa，差值为 0.17MPa，空压机加卸载周期依然很短，说明空压机加卸载压力设定区间不合理可能是导致空压机出现频繁加卸载的一个非主要影响因原因，无法从根本上解决问题，但如果找到了根本原因，设置合适的加卸载值有助于进一步延长空压机加卸载周期。

从现象来看，两个仪表风储罐内压力在整个加卸载过程中均保持稳定且大于空压机的加载压力，由此可以判定应该是空压机到干燥塔后的止回阀之间存在压力波动，从而产生频繁加卸载。观察发现，空压机出口压力大幅波动，波动范围超过空压机的加卸载压力带。经过排查，最终聚焦到了干燥塔的再生用气上。在正常生产时两个干燥塔交替运行和再生，约 14%的干燥压缩空气经过再生流量调节阀进入再生塔对干燥剂进行再生，再生废气通过消音器直接排放至大气，当空压机卸载时，干燥塔仍保持其运行周期运行，在干燥塔开始通过排气阀排气再生时，缓冲罐压力快速下降从而引起压力波动。为验证这一猜测，现场停运了干燥塔，手动关闭两个再生排气阀，空压机运行后压力稳定甚至有存在稳定停机的情况，所以确认干燥塔的再生用气是造成空压机频繁加卸载的主要原因。

进一步分析可知，在干燥塔工作过程中，运转塔的部分干燥空气随着放空阀的消音器排放到空气中，而空压机到干燥塔中间只有 2.5m^3的储气罐，可提供再生的气量很少，由于单向阀的缘故，储气罐的干燥空气也不会回流到干燥塔，因此空压机出口的压力就迅速下降至加载压力，空压机开始加载，空压机启动后出口的压力迅速达到卸载值，空压机开始卸载，如此反复，造成了空压机的频繁加卸载。但是空压机频繁加载只为干燥塔提供动能，就产生了空压机频繁加载储罐压力依然稳定的现象。

5 改造措施

经过讨论，提出了以下几种方案。

方案一：考虑增加缓冲罐的体积，确保空压机卸载时为干燥塔提供再生用气，来解决频繁加卸载问题只要当电厂处于正常运行工况下时，系统运行压力为 0.86MPa～0.93MPa，考虑干燥塔的再生气量消耗和空压机出口压力由下降 0.1MPa 所持续的卸载时间，由计算得知至少需要增加 4m^3体积的缓冲罐才保证解决空压机频繁加卸载问题。但现场空间有限，需要重新采购设备，施工工期较长费用高，因此不考虑此种方案。

方案二：拆除干燥塔出口和仪表风储罐入口的单向阀阀芯，将仪表风储气罐内的压缩空气经过干燥塔回流到空压机出口，避免因干燥剂再生排气造成的系统气压下降，但是考虑拆除单向阀后所有储罐联通，可能引入仪表风系统压力下降较快的风险，为保障仪表风系统在仪表停电后能坚持较长时间，应保障每个罐单独运行，因此不建议拆除单向阀。

方案三：改空压机的加卸载控制点位置到在仪表风罐入口单向阀阀芯后，这种方法空压机的加卸载是根据储气罐的压力，也就是下游用户的用气情况来动作，可以从根本上避免了干燥塔再生排气引起的频繁加卸载问题。原本计划是拆除仪表风储罐入口的单向阀阀芯后将空压机加卸载控制压变安装到干燥塔出口单向阀后，但考虑到单向阀拆除的风险，控制点最后选定的空压机加卸载点的位置在仪表风罐压力表排污口，改造后流程如图 2 所示。

为进一步扩大节能效果，将空压机加卸载的压力带进行扩展，根据有关资料显示，空压机运行压力每升高 0.1MPa，那么就要多消耗掉这台

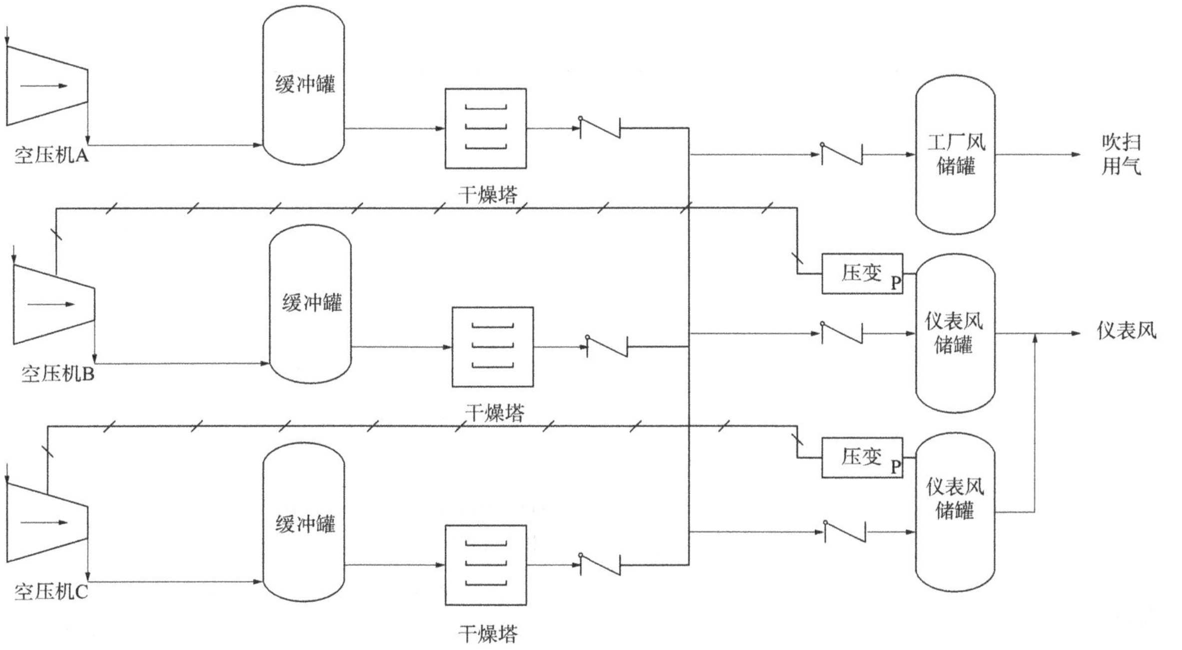

图 2　改造后的仪表风流程

空压机总装机功率的 6%～8%，为确保节能效果，空压机加卸载压力差值不应该超过 0.1MPa，考虑到处理站空压机系统一般维持在 0.75MPa，加载压力降低会影响仪表风备用时间，卸载压力升高则会提升能耗，因此将加载压力设置为 0.70MPa，卸载压力设定为 0.78MPa。

6　效果评价

改造后的对比数据见图 3、图 4，空压机的加卸载根据全厂气动阀门的实际需求气量来动作，改造取得明显节能效果。

根据设备运行记录显示，改造前一台空压机每日运行 23.7 小时，改造后空压机每日仅需运行 4.5 小时，由于空压机只有运行电流记录，已知空压机电机为 380V 电机，改造前 24 小时平均运行电流为 123.57A，改造后 24 小时平均运行电流为 27.94A，则全年节能量为（123.57×380/1000×23.7－27.94×380/1000×4.5）×365/10000＝38.88 万度。

依据提质增效效益计算指南，电费取 0.62 元/度，因此全年可节约电费 38.88 万度×0.62 元/度＝24.056 万元。

按照节约 1 度电相当于减排 0.997 千克二氧化碳计算，每年可以减少碳排放 38.88×9.97＝387.63 吨。

改造后延长了空压机停机时间，降低了空压机修保频次，空压机系统的相关配件磨损和润滑油损耗明显降低，降低了运行成本，减少了碳排放，有力地保障了生产装置的安全平稳运行；改造后大大减少了空氮站内的噪声持续时间，进一步保障了员工的职业健康，取得了很好的社会效益和经济效益。

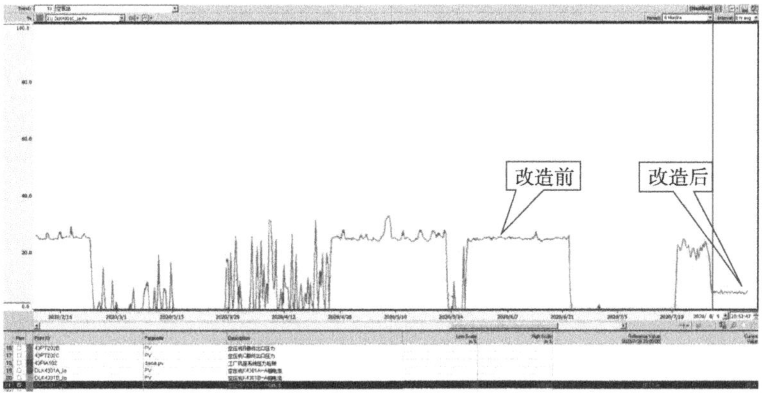

图 3　改造前与改造后空压机运行对比

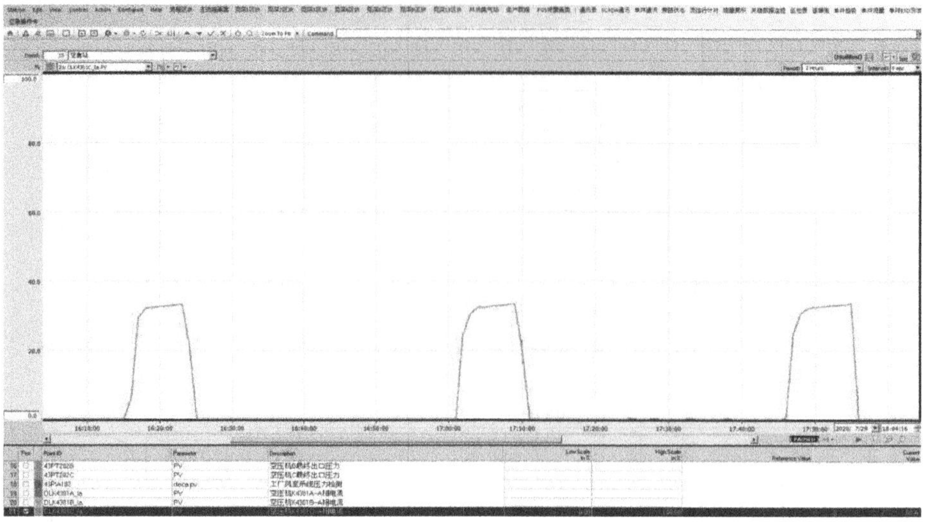

图 4　改造后的空压机运行情况

7　结语

分析表明，空压机频繁加卸载原因是干燥塔的再生排气致使空压机出口处压力波动较大。因此，将空压机的加卸载控制点更改到储气罐上，同时扩大了空压机加卸载的压力区间，空压机停机时间延长到近一个小时，从根本上解决了空压机的频繁加卸载问题。改造实施过程简便，成本相对较低，节能降碳改善效果明显，为同行解决空压机频繁加卸载问题提供了有益的技术储备。

参 考 文 献

[1] 金玉臣，瓮飞，宫忠才. 制氮空压机频繁加卸载原因分析及解决方案[J]. 资源节约与环保，2020(05)：121-122.

[2] 王小军，杨奎. 空压机频繁加卸载原因及优化策略[J]. 内燃机与配件，2018(11)：45-46.

[3] 刘小龙，栾海停，陈浩. 空压机频繁加卸载原因分析与解决对策研究[J]. 中国石油和化工标准与质量，2018，38(03)：107-108+110.

[4] 杨帆，赵奇. 组合式干燥塔导致空压机频繁加/卸载问题的分析与解决[J]. 电气技术，2015(02)：118-121.

[5] 石峰，刘静宇，牛卓. 空压机频繁加/卸载故障分析及解决措施[J]. 热力发电，2009，38(06)：85-87.

[6] 王小军，杨奎. 空压机频繁加卸载原因及优化策略[J]. 内燃机与配件，2018(11)：45-46.

[7] 王荣敏，武振明，谢辰，等. 输气站场压缩机组能耗影响因素分析与研究[J]. 石油石化节能，2022，12(09)：50-54.

[8] 陈燕，罗杨，陈英春，王家婧. 往复式燃气压缩机组技措节能量计算方法探讨[J]. 石油石化节能，2021，11(11)：59-62+11.

[9] 陈英春，陈燕，贺文广，等. 往复式燃气压缩机组技措节能量计算方法研究[J]. 石化技术，2021，28(07)：127-128.

[10] 牛景辉，倪攀，孟海龙. 天然气处理厂气动隔膜泵技术改造及实验应用[J]. 石油石化节能，2019，9(03)：5-7+6.

基于寿命周期费用(LCC)的新能源及传统油气加热设备选型分析

李亚军[1]　刘绍东[1]　宋晓俊[1]　许志燕[2]　童　根[1]　曾海刚[1]　寇　国[1]　王秋萍[3]

(1. 中国石油塔里木油田分公司；2. 中国石油冀东油田分公司；3. 甘肃蓝科石化高新装备股份有限公司)

摘　要　本文以LCC(寿命周期费用，Life Cycle Cost，简称*LCC*)理论为基础，建立了油气加热设备选型的LCC评价模型，通过对五种油气加热设备的寿命周期费用计算分析，表明LCC中运营成本的能源、操作、维修费用是影响其费用的主要指标，指出新能源设备相比传统加热设备具有一定技术和经济优势，而新能源设备中的光热一体化真空加热炉具有显著优势。在进行油气加热设备选型分析时，综合运用寿命周期费用理论是非常有必要的，在保证设备安全可靠运行的基础上，可以进一步优化项目的节能效益和经济效益，为设备选型提供全面的科学指导依据。

关键词　寿命周期费用；油气加热设备；新能源设备；选型分析；效益

随着“双碳”目标的逐步落实，节能减排工作越来越被工业制造所重视，其中，研发和推广新能源设备，是节能降耗的重要途径之一。油气田开发生产的能耗形式主要是热能，综合占比在70%以上，所以加快油气加热设备的新能源化，是节能降耗工作的重中之重。过去，常规的加热设备是电加热器和燃气加热炉，存在能耗高、运行维护工作量大、使用风险高等问题。西部某油田公司结合油田新能源发展方向，在现有的燃气真空加热炉基础上，联合制造厂研制并应用了太阳能光热一体化加热炉、太阳能光电一体化加热炉，在新能源化的过程中，还引进了空气源热泵。在新能源设备逐步应用的同时，随之也带来了其与传统设备之间的选型对比问题。本文根据油气加热设备的要求，通过运用寿命周期费用(LCC)分析方法，对现有的五种油田加热设备方案进行综合分析、评价，确定最优的油田加热设备选型方案。

1　油气加热设备选型方案

1.1　油气加热设备概述

油气加热设备是油气集输系统中应用最多的一种专用设备，其作用是将原油、天然气、水及其混合物等介质加热到一定的温度，以满足油气集输及加工工艺的要求。目前国内油、气田和长输管道中使用的加热设备有数万台，是油气生产和传输中的主要耗能设备。

1.2　设备选型方案

1.2.1　燃气真空加热炉

目前，应用普遍的加热炉是燃气真空加热炉，这种传统加热炉以火焰加热介质，优点是采用一次能源，中间损失小，㶲效率较高。缺点是设备控制复杂，旋转部件多，维护工作量较大，不利于实现长期无人值守、免维护运行的建设目标。燃气加热炉控制系统复杂，燃气管路动静密封点多，燃气泄漏、着火爆炸风险高，保养维护作业风险大。

1.2.2　电加热器

电加热器也是油气田常用的加热设备，优点是结构简单、控制方便，无转动部件，维护工作量较小。缺点是采用二次能源，从㶲效率的角度来看，有效能利用率低、热力学完善程度不高，直接体现是能源费用高。

1.2.3　空气源热泵

热泵是以消耗部分高位能量作为补偿条件，使热量从低温物体转移到高温物体的能量利用装置。热泵是一种历史悠久的节能型热工设备，但近年来才开始在油气田行业推广，从㶲效率的角度分析，水源热泵比较理想，但生产现场往往没有作为热源的水井，且涉及腐蚀结垢等问题，应用不多。现场常用的是空气源热泵，其优点是有较高的㶲效率，缺点是以压缩气体为工质，压缩机运维费用较高，且能效与所在区域的气候相关，在北方，年均COP值仅为2.5~3.0之间。

1.2.4　太阳能光电一体化加热炉

太阳能光电一体化加热炉是以"光伏+电网，日光夜电"方式驱动电加热炉，这种方式控制简单、技术成熟，系统由光伏发电太阳能组、电加热炉以及配套的控制系统组成。

该方案白天以太阳能光伏发电为加热炉提供能源，在夜间或不具备光照条件时以市电能为主提供热能。光电一体化加热炉可应用于井口较为偏远的集输站加热炉和加热器，这类场所加热功率不大，场地充足，实施难度小，且有较好的经济效益。

这种设备的优势在于，与传统的电加热器相比，增大了绿电使用比例，与燃气加热设备比较，降低了安全风险。缺点是，使用二次能源，转换效率较低。

1.2.5　太阳能光热一体化加热炉

太阳能光热一体化加热炉是全天候太阳能光热储能真空加热系统，已应用于西部某油田公司多个井场，以"24h 利用太阳能加热+极端天气下由电力补热"方式驱动的光热炉，这种方式是在光电一体化加热炉基础上的进一步优化改进，控制简单、技术成熟，系统由太阳能集热系统、储热系统、加热炉以及配套的控制系统组成。

该方案白天将阳光辐射转换为热量，给加热炉提供热源的同时，为相变储能系统充能，夜间依靠固液相变储能系统储存的相变潜热为加热炉供热。常用的相变储热材料有，石蜡、醋酸钾、八水合氢氧化钡、六水合硝酸镁、三元硝酸盐等，根据不同的加热目标温位选择。这种设备的优势在于可以 24 小时恒温供热，且完全依靠太阳能提供能源，真正意义上达到节能降耗目的。

2　油气加热设备选型方案的 *LCC* 分析

2.1　油气加热设备选型的 LCC 构成

油气加热设备选型的寿命周期费用(*LCC*)是指设备在整个经济寿命周期内，运营单位所产生的全部费用。典型的寿命周期成本计算模型如下：

$$LCC = IC + OC + DC$$

式中，IC(Investment Cost)为投资成本；OC(Operation Cost)为运营成本；DC(Discard Cost)为报废成本。

其中，投资成本(*IC*)是指前期设备购置和基础设施配套过程中所付出的固定支出成本。在油气加热设备中，投资成本包括设备费和配套费两部分。运营成本(*OC*)是指设备运行期间所支出的一切费用的总和，主要包括能源费、维修费、检测费和操作费四部分。报废成本(*DC*)是指设备在正常报废过程中发生的残值收入，通常由历史数据作为参考而估算得出。

2.2　LCC 在油气加热设备选型中的案例分析

以西部某油田公司某单井现场加热炉选型为例，设计要求额定功率为 50kW，采用支出法，不考虑利息，费用取已有设备的实际发生费用，其中设备投资费用含采购费和安装费，设备折旧完毕后残值为 0，清理销毁所需支付的费用按 0 计算，天然气价格取西气东输首站价格 1 元/m^3，电费取 0.48 元/kWh，维修检测费取结算费用均值，碳资产收入按 80 元/吨计算，分别采用本文第 1 节中五种油气加热设备运用 LCC 分析找出最优方案。

(1) 方案一，太阳能光热一体化加热炉运营成本构成说明见表 1。

表 1　太阳能光热一体化加热炉运营成本构成说明

序号	计费项目	说　明
1	设备折旧	设备总投资费用 80 万元，按 15 年计算
2	电力消耗	以每天工作 24 小时计算
3	维修费	(主要是静设备维修)：估算为 0.5 万元/年
4	检测费	换热器 5 年检测一次，每次 1 万元计算
5	操作费	估算为加热炉的 25%，0.75 万元/年
6	创造碳资产收入	每天按照 24 小时绿电计算，每年碳资产收入 2.7 万元

(2) 方案二，太阳能光电一体化加热炉运营成本构成说明见表 2。

表 2　太阳能光电一体化加热炉运营成本构成说明

序号	计费项目	说　明
1	设备折旧	设备总投资费用 96 万元，按 15 年计算
2	电力消耗	以每天工作 16 小时计算
3	维修费	(主要是光伏板清洁)：估算为 0.5 万元/年
4	检测费	换热器 5 年检测一次，每次 1 万元计算
5	操作费	估算为加热炉的 25%，0.75 万元/年
6	创造碳资产收入	每天按照 8 小时绿电计算，每年碳资产收入 0.90 万元

(3) 方案三，空气源热泵运营成本构成说明见表 3。

表 3　空气源热泵运营成本构成说明

序号	计费项目	说　明
1	设备折旧	设备总投资费用 67 万元，按 15 年计算
2	电力消耗	以每天工作 24 小时，按平均 cop2.5 计算
3	维修费	动设备维修费用率取 6%
4	检测费	换热器 5 年检测一次，每次 1 万元计算
5	操作费	根据已有经验估算为 0.375 万元/年
6	创造碳资产收入	无绿电，以 COP2.5 计算

（4）方案四，燃气真空加热炉运营成本构成说明见表 4。

表 4　燃气真空加热炉运营成本构成说明

序号	计费项目	说　明
1	设备折旧	按照最小功率 100kW 燃气真空加热炉考虑，加热炉与反输管线总计投入 80 万元，按 15 年计算
2	电力消耗	实际负荷仅 50%
3	维修费	加热炉平均维修费为 2 万元/年
4	检测费	联锁检测每年 1 次，每次 3000 元，设备检测每 5 年 1 次，每次 2 万元（含施工）
5	操作费	尽管油气加热炉已实现全自动运行，但巡检、故障重启等工作量较大，占采油工操作工作量的 10%，按人工完全成本 40 万元计算
6	创造碳资产收入	不计减碳量

（5）方案五，电加热器运营成本构成说明见表 5。

表 5　电加热器运营成本构成说明

序号	计费项目	说　明
1	设备折旧	设备总投资费用 38 万元，按 15 年计算
2	电力消耗	以每天工作 24 小时计算
3	维修费	估算为 0.5 万元/年
4	检测费	换热器 5 年检测一次，每次 1 万元计算
5	操作费	根据已有经验估算为 0.375 万元/年
6	创造碳资产收入	无绿电

五种方案整体所需的具体费用如表 6 所示。

表 6　五种方案所需成本表　　万元

设备选型方案	方案一	方案二	方案三	方案四	方案五
投资成本 *IC*	80	96	67	80	38
设备费 *IC*1	70	86	50	40	35
配套费 *IC*2	10	10	17	40	3
运营成本 *OC*	31.08	299.11	178.03	250.33	327.16
能源费 *OC*1	9.33	207.36	124.41	164.83	311.04
维修费 *OC*2	7.5	7.5	45	30	7.5
检测费 *OC*3	3	3	3	10.5	3
操作费 *OC*4	11.25	11.25	5.62	45	5.62
报废成本 DC	0	0	0	0	0
收入（增加碳资产）	40.95	13.56	18.2	0	0
寿命周期内总成本	70.13	311.55	226.83	330.33	365.16
年化支出	4.68	20.77	15.12	22.02	24.34

通过表 1 综合对比可以得出：方案一优势明显，虽然方案一的投资成本要高于方案三和方案五，但其具有可靠性高、效率高等特点，且故障停产损失小，能耗费用小。五种方案的运行维护成本占 *LCC* 比值分别是 44.3%、73.5%、78.5%、75.8%和 89.6%，这是由于燃气真空加热炉的巡检、故障重启等工作量比较大，造成操作费用比较高；电加热器由市政供电，能源消耗高；空气源设备由市政供电能源消耗高，且动设备维修费用率较高。光电一体化加热炉 2/3 能源仍是市政供电，所以能源消耗相对较高。方案二、方案三、方案四和方案五这些传统加热方式主要是燃烧天然气或纯使用电力，均不能实现真正意义上的节能减排。

因此，西部某油田公司将油气加热设备选型方案定为光热一体化加热炉。

3　*LCC* 最优方案的技术性能分析

由表 6 可见，太阳能光热一体加热炉与太阳能光电一体化加热炉、燃气加热炉、电加热器、空气源热泵相比，均具有比较明显的经济优势，且太阳能光热一体化加热炉符合当前国家提倡的绿色低碳理念，在技术性能上具有前瞻性，它可以通过充分利用太阳能资源，可满足 24 小时加热、用热需求，摆脱对传统燃气加热能源及电力能源的依赖，实现低污染，而且从安全、节能减排、经济高效等方面超越并完全替代传统燃气加热炉产品，从根本上实现真正意义的零碳加热。

以西部某油田公司某单井 50kW 加热设备为

例，按照实际运行工况计算，太阳能光热一体化加热炉在某单井应用后，每年可节约标煤 21.5 吨，减排二氧化碳 35.1 吨每年，相当于多种植 1950 棵树，同时大幅减少硫化物、氮氧化物等有害气体排放，经济效益和社会效益也将显著上升。

4　结语

在油气加热设备选型过程中，通过引入寿命周期费用 *LCC* 理念和评价模式，对现有方案、拟定方案及其他加热设备方案进行分析比较，确定了综合性最优的油气加热设备选型方案，即太阳能光热一体加热炉。从技术性能角度出发对该方案进行了分析，在设备选型阶段，体现了经济性与技术性并重的原则，转变了传统观念中重视前期投入，忽略运行维护成本的思想。同时，围绕国家“双碳”战略目标，利用太阳能加热原油对减少碳排放，实现碳中和发展低碳经济的发展前景，积极推进新能源油田加热设备技术的自主研发与现场应用。

参 考 文 献

[1] 王彧斐，冯霄，杨敏博. 化工节能原理与技术[M]. 北京：化学工业出版社，2022：98-106.

[2] 王君秋，侯立泉，赵华，等. 推广应用井口燃气加热炉替代电加热器实现节能降耗[J]. 资源节约与环保，2013(10)：29.

[3] 郑丹星. 㶲分析的概念与方法 GB/T 14909—2021《能量㶲分析技术导则》解读[M]. 北京：化学工业出版社，2022：7-17.

[4] 国家市场监督管理总局，能量系统㶲分析技术导则. GB/T 14909—2021[S]. 北京：中国标准出版社，2021：1-19.

[5] 黎珍，邓志扬，张勇，等. 环境温度和进水温度对低温空气源热泵性能的影响[J]. 环境技术，2023，41(01)：92-97，102.

[6] 何梦翰，陈激，张树前，等. 空气源热泵热水系统应用能效评价研究[J]. 给水排水，2023，59(05)：98-104.

[7] 罗云. 设备寿命周期费用方法及其应用[M]. 北京：海洋出版社，1992：132-156.

[8] 王树鹏. 设备寿命周期费用研究及其应用[D]. 南京：南京航空航天大学，2007.

[9] 解建辉；王海鹏 . 论太阳能原油加热系统在油田的应用推广[J]. 石油石化节能与计量，2022，12(01)：51-54+11

设备全生命周期绿色低碳管理创新与实践

刘绍东　柳　楠　宋晓俊　杨诗妍　祝　伟

（中国石油塔里木油田分公司）

摘　要　研究背景：伴随着国家碳达峰与碳中和的要求，在现代化油气生产过程中，开展设备全生命周期绿色低碳管理是落实“双碳”重大战略决策的必然选择。研究方法：为实现这一目标，塔里木油田开展了一系列管理创新与实践，形成“13621”工作模式，解决了传统节能管理模式中“条块分割各自为政、追求节能数量不重视质量、追求耗能设备单机节能不重视系统能效提升”等问题，主要耗能设备能效提升2.94%，年度减少能耗0.8万吨标煤，减少碳排放0.79万吨/年，取得直接经济效益0.22亿元/年，形成了节能与安全、生产、环保等各项管理工作协调并进的良好局面。研究结论：设备全生命周期绿色低碳管理模式的创新和实践，为新发展理念下现代油公司实现“双碳”目标提供很好的借鉴意义。

关键词　绿色低碳管理模式；节能减排；光热储能加热设备

1　引言

近年来，塔里木油田生产规模不断扩大，设备数量逐年攀升，整体功率能耗也随之明显增高，尤其在国家提倡绿色低碳时期设备能耗不断增加的矛盾尤为突出，如何在设备能耗增加的同时，积极利用新能源减少碳排放量成为了塔里木油田攻坚克难的焦点问题。为贯彻塔里木油田发展规划，切实落实绿色可持续发展理念，打造提质增效升级版，面对高达 52.35×10^4tce、占比57.3%的设备能耗现状，塔里木油田积极探索设备全生命周期绿色低碳管理模式，力求打破“量增能耗增”的线性思维，提升主要耗能设备节能减排精细管理、推广新能源技术、研发制造使用新能源设备，提高全员新能源意识、不断完善产品质量，提升新能源效益。

2　现状分析

2.1　节能管理流程方面

传统管理模式中，设备管理以可靠性为核心，强调设备的功能性完整，对设备的效能关注不够，从全生命周期管理的角度分析，设计选型、采购、安装验收、使用管理等环节分属于不同的部门，各自关注点不同，设计部门关注投资控制，采购部门关注采购进度和价格，建设部门关注工期和投产，使用管理部门关注平稳运行，无形中将设备能效管理放在次要位置，造成低效高耗设备进入项目、设计冗余过大导致实际负荷不匹配（俗称：大马拉小车）、使用过程中只管运行不重视节能监测和提效工作（俗称：小车不倒只管推）等问题，存在“条块分割、各自为政”的情况。

2.2　节能管理分析方面

传统的节能工作，在能效监测与评价方面，主要基于热力学第一定律，侧重于能量节约的数量，忽略了不同能量形式的价值差异（即：能量的质量），导致部分节能措施简单的以二次能源替代一次能源，以提高能量的直接使用效率，从数量上节能但经济效益不佳的问题。在设备选型过程中，片面的以能量使用在数量上的效率为评价标准，导致太阳能、热泵等新能源设备在“效率”维度方面处于劣势，存在“追求节能数量不重视质量”的情况。

2.3　节能管理评价方面

传统的节能工作，重视直接消耗商品能源的单机或单独系统的节能管理，监测机构和评价标准均以直接消耗商品能源的单机或单独系统为对象，对于本身不直接消耗商品能源但对系统的能耗具有全局性影响的设备（例如换热设备、分离设备等），监测方法和评价指标体系还不完善。对于系统的全局性能效评价，也只是单位产品的平均能耗，这种类似一刀切的评价指标，无法反应因原材料品质等因素导致的影响，是不够严谨的，存在“追求耗能设备单机节能，不重视系统能效提升”的情况。

3 节能管理模式创新

针对传统节能管理模式中存在的问题，塔里木油田开展了一系列管理创新与实践，形成“13621”工作模式。

3.1 优化顶层设计，编制一份规范，厘清程序、明确指标

为扭转传统管理模式下设备节能工作粗放的局面，油田以编制企业标准《主要耗能设备节能减排技术规范》为抓手，针对锅炉、加热炉、机泵、压缩机、电动机等油田主要耗能设备，整合国家、行业标准的节能要求，明确设计选型、安装验收、运行维护、技改技措、统计分析等环节的工作要求和能效指标，贯穿设备节能减排的全生命周期管理阶段，使各类设备、各个环节的管理技术人员清楚自己在节能方面的工作程序和指标要求，即：明责知责。

3.2 贯彻三个理念，提升节能管理质量

在能量利用的质量方面，热力工程学给出了基于热力学第二定律的“㶲”的概念，我国在“㶲”分析的理论研究方面，走在世界前列，但在实际应用方面，仅处于起步阶段，特别是油气田企业，仅有极少的尝试性工作，未深入开展。基于“㶲”理论的系统分析方法，如夹点技术，也未广泛使用。为推进“从数量到质量、从局部到系统”的理念，塔里木油田邀请国内知名专家、企业内部技术人员，从案例分析入手，多种形式进行技术培训宣贯，普及节能相关知识，使“节能 3.0(系统节能)”的理念深入人心。

在节能项目策划时，塔里木油田坚持传统能源节约与新能源替代双措并举，先瘦身后健体，即：先研究实施减少能源消耗的措施，实现“瘦身”，再对无法减少的能耗实施新能源替代，实现“健体”。一体化统筹，降低替代压力的同时，提升项目整体的经济社会效益。实现节能工作数量与质量并重、局部与系统兼顾、传统能源节约与新能源替代并举。

3.3 实施六项具体举措，促进节能工作落到实处

3.3.1 试点开展能量系统优化集成

2019 年以塔里木油田新建乙烷回收装置为试点，项目设计阶段，研究开展能量系统优化集成工作，根据系统㶲损分析，在保证产品收率的前提下，优化脱甲烷塔塔板以及进料、侧线抽出位置，脱甲烷塔㶲损减少 528.8kW，塔节能 1.89%；根据夹点分析，对换热网络进行优化，实现脱甲烷塔底重沸器与脱乙烷塔顶热泵耦合换热，降低导热油炉消耗，以 500kW 的电力，换取 3000kW 热能和 2000kW 的冷量，减排二氧化碳 6600t/a。

2022 年对 400 万原油稳定装置用能情况进行系统分析，发现装置核心设备原油加热炉的加热温度偏高，属于不合理用能，在不影响收率的前提下，通过逐步平稳下调原油加热温度 2～4℃，年节约天然气 $81×10^4m^3$。

2023 年总结试点成功经验，开始在塔里木油田油气处理场站、工业园区进一步应用能量系统优化集成技术。

树立大系统理念，实施地面地下一体化的全系统、全生命周期节能措施，油气藏产量随时间递减是客观规律，随着产量规模的变化，实施关停并转优是必然选择，2022 年对已建 8 套系统实施“关停并转优”，全年实现节能 $3.46×10^4$tce，减排 $9.6×10^4$t 二氧化碳。在开发方案调整过程中，试行应用井下节流、常温输送等技术措施，通过对比，在三口井实施井下节流技术，减少加热炉、加药撬的使用，简化地面流程、减少了巡井工作量，单井年节省费用 190.2 万元、年减少碳排放量 1427t。

3.3.2 开展定期能效监测及效能分析

对于设备的能效监测工作，抓住“关键少数”这个主要矛盾，塔里木油田经过统计，发现满足开工时率≥30%，且驱动功率≥50kW 的泵、出力≥100kW 的锅炉或加热炉、驱动功率≥200kW 的天然气压缩机，这部分设备数量占耗能设备的 20%，但耗用了 70%的能量，油田把这部分设备作为重点监测普查对象，每年进行能效监测。2022 年，请有资格的第三方实施，共监测设备 428 台，能效限定值合格率 86.45%，节能评价值合格率 61.21%。

3.3.3 严格落实一机一策提效措施

针对能效监测数据，组织设备管理、工艺技术、节能管理等相关技术人员，共同分析影响设备能效的原因，核算节能潜力，结合当前技术发展情况，制定一机一策提效措施。

对于提效目标，不仅仅满足于设备能效是否达标，而是要进行深度分析。例如生活基地供热锅炉，监测能效已达 92.6%，达到节能评价值

(90%)要求，但过量空气系数较高，仍有优化空间，在监测人员的指导下，设备操作人员立查立改，调整配风量，提升效率2%，折合减少天然气消耗$30\times10^4m^3/a$。

对于未达到节能限定值的设备，逐台制定提效措施，措施落实后进行复测，确保措施落实到位，且有效。

3.3.4　多维度开展能效对标、追标

对标管理是企业管理的一项重要工具，塔里木油田从与国家和行业标准要求对标、与兄弟油气田企业对标、内部单位之间横向对标、油田历史数据纵向对标四个维度开展设备能效对标工作。

塔里木油田以建设世界一流能源企业为目标，设备能效对标的目标是追赶国际先进水平。设备设计选型时以2级能效为基本目标，1级能效为挑战目标，追赶国际先进水平；设备使用过程中，以能效限定值为基本目标，节能评价值为挑战目标，追赶国际先进水平。针对设备能效对标结果，分别制定追标措施。

通过多维度对标工作，找出短板弱项，提出完善制度要求、淘汰低效高耗设备、清洁替代、提升电气化率等具体工作任务清单，设备节能工作有的放矢，短板弱项得到有效提升。

3.3.5　积极开展新能源加热设备研发推广

全国陆上油气田开发过程中的耗能，热能消耗占比80%以上，塔里木油田统计热能消耗占比70%以上，传统加热方式主要有燃气加热和电加热两大类，燃气加热会排放二氧化碳，电加热使用的商品电也属于灰电，所以油气田开发新能源替代的主力战场是热能替代。

塔里木盆地全年日照时数达3000h，太阳年总辐射量达$575\sim627kJ/cm^2$，光热资源得天独厚，以太阳能为主的新能源加热设备替代是首选方案。塔里木油田与冀东石油机械厂联合研发适用于油气集输加热的全天候太阳能加热设备，建设太阳能加热储能装置，白天利用太阳能加热，同时把多余热能储存到储热器里面，晚上从储热器取热用于加热，同时备份电加热，极端天气或工况变化时，用电加热补热。

通过组合创新和不断优化，塔里木油田已安装3台全天候太阳能加热设备，装机功率120kW，替代燃气$10.38\times10^4m^3/a$，减少二氧化碳排放196t/a，全寿命周期费用较传统加热设备降低70%以上，同时由于取消了燃气系统，从源头上提升了本质安全水平，兼顾了社会效益与经济效益。

针对部分井场地理位置不利于布置太阳能集热镜场的场合，因地制宜，推广应用空气源热泵，平均COP值2.5，较传统燃气、电磁加热设备节能效果明显。

针对部分地区实施峰谷差异电价，且原加热设备采用电加热的，建设分布式光伏，白天利用光电驱动电加热设备，晚上下载谷电加热，目前首套设备光电贡献率达到30%。

3.3.6　提升电气化率，减少化石能源消耗

在电气化水平不断提升、清洁能源占比不断提升的要求下，电气化是新能源结构转型和产业结构调整的主要方向，塔里木油田依托数字化智能化建设推进设备电气化改造，加快实施以电代油、以电代气项目，提高电气化消耗比重，形成清洁、安全、高效、智能的新型能源消耗模式。

首先是驱动电气化，按照“先试点后推广”的原则对现有3台燃驱压缩机（合计功率2500kW）实施电气化改造，每年减少天然气放空$5\times10^4m^3$，节约燃料气消耗$242.4\times10^4m^3$，节省标准煤1766t，少排放5349t二氧化碳，相当于植树68137棵，实现压缩机高效、清洁、低碳运行。

塔里木油田以就近原则，选取适用于黏度高、气液比例小于30、靠近绿电设施的25口井的水套炉由原来的燃气加热方式改造成电磁加热器方式，克服了传统燃气加热炉巡检点位多、检测工作量大、维护修理工作量大的弊病，消除了燃气泄漏着火的风险，井场安全性能大幅提升，每台加热炉预计可节省天然气13万m^3/a，减少二氧化碳排放113t/a，实现了清洁生产。

3.4　严格指标考核，促进履职尽责

为持续增强节能降耗动力，科学设置适宜适用塔里木油田特色的主要耗能设备的考核指标，并将指标分解到设备设计、制造及使用等全生命周期的各相关单位，层层传递压力、压实责任，按照“管业务必须管节能降耗”的要求，加强业务领域节能降耗控制、监督管理、检查考核等一系列相关工作。依据《中华人民共和国统计法》、集团公司和油田相关统计制度，按照“有消耗即有统计”的原则，建立健全节能统计台账，定期开展能源消费统计、分析、核查工作，同时油田

全力推进节能的信息化、数字化、智能化转型，新建设备管理信息系统中，配置了能效管理模块，实现自动统计、智能分析、决策辅助等功能。

3.5　开展前瞻性研究，培育节能文化

节能工作，需要“久久为功、驰而不息”的开展工作，节能工作的质量，取决于“文化”这个土壤，只有先进的文化，树立以“节约为荣”的观念，才能让节能理念深入人心，获得大家的支持，节能工作的推动才能事半功倍。

（1）搭建设备技术培训大讲堂、单点课等多种平台，倾力打造培训提升工作，开拓广大员工视野，解放思想、创新思维，加快设备绿色低碳建设步伐，推进油田高质量绿色发展。大讲堂培训形式多种多样，集结行业内专家教授、一级工程师、技术带头人、部门负责人等，精选师资力量，紧贴生产一线需要，瞄准专业技术辅导，制作对做好当前及今后绿色发展工作具有针对性和实践性的培训材料，每月定期组织开展“线上+线下”培训授课，各级管理人员专业技能有效提升，为保障油田绿色低碳发展提供了人才支撑，打造了设备绿色低碳的高素质管理团队。

（2）发挥示范引领作用，以示范点建设、创先评优、典型经验交流等多种形式，宣传和强化设备节能等绿色低碳技术和经验做法，使节能理念深入人心。选点先行，大力实施示范区建设，全面建成全国首条零碳沙漠公路，实现86口绿化灌溉水源井绿电替代柴油供电，每年减少柴油消耗1033t，减排二氧化碳3410t；建设三个节能低碳示范区建设；碳汇林示范区建设稳步推进，已建成150亩“油地共建林”。

（3）开展前瞻性研究，为后期节能工作储备人才和技术。目前通过开题的项目，有的是属于热力工程的前沿研究领域，有的是在油气田勘探开发领域还未有成熟应用需进一步研究的领域，有的是生产急需但还未有确定方案的领域。均具有很强的前瞻性，应用前景十分广阔，通过研究可以形成中石油自有知识产权的节能技术，同时培养中石油自己的节能技术人才，为节能事业的发展奠定坚实的基础。

4　取得的成效

塔里木油田通过积极探索与实践，从转变全员思想抓起，并强化技术革新、突破技术瓶颈，在推进新能源新业态上精准发力，总结出一套较为成熟、符合油田现状的全系统节能降耗管理模式，有效提升了新能源利用的科学性和高效性，持续推动绿色低碳转型发展。成果收益主要表现在三个方面：

一是绿色低碳意识得以固化。通过新能源建设工作，强化了全员绿色低碳意识与创新思维，为持续深入推进新能源发展筑牢了思想基础。全员牢固树立了“清洁替代、战略接替、绿色转型”的总体部署，充分调动了全员对绿色低碳工作开展的积极性，切实增强了广大干部员工的责任感、紧迫感，各专业系统、各单位不断攻关新能源技术、探索措施、总结反思，持续完善绿色低碳管理，取得了油田单位商品量综合能耗、碳排放强度分别同比下降4.98%、4.6%的显著成绩，更加坚定了全员持续开展绿色低碳工作的信心，加快推进了“绿色企业”创建提升行动和勘探开发全过程清洁低碳行动进程。

二是绿色低碳目标得以落实。面对近年来碳达峰、碳中和的挑战，通过实施一系列节能降耗、绿色低碳管理模式，有效增加了新能源利用率，减少了碳排放量，实现提升企业绿色发展目标。主要目标实现实现了连续3项突破的良好态势，即建成集团公司第一座光电一体化加热炉，年均减少碳排放113t；建成国内第一座全天候油气光热加热系统，年均减少碳排放44.9t；油田公司范围内首次使用空气源热泵，年均减少碳排放113t。扩展了新能源利用领域，具有里程碑意义。

三是取得了实际的经济社会效益，实现了高质量的提质增效，2022年设备能效综合提升2.94%，年度减少能耗7971.85tce，取得经济效益2234.33万元/年。与2021年对比提效详情如表1所示。

表1　2021~2022年设备效率

设备类型	2021年效率	2022年效率	效率提升	可节约能源	折合标准煤
锅炉、加热炉	85.8%	88.7%	2.9%	天然气313.4万m^3	4168.3tce
压缩机	65.6%	68.3%	2.7%	1174.9kWh	1443.9tce
注水泵	52.3%	55.9%	3.6%	1113.6kWh	1446.6tce
输油泵	40.9%	43.5%	2.6%	702.88kWh	913.05tce

在社会效益方面，环境效益显著，减少二氧

化碳排放 7869.1t，相当于植树 43 万棵。减少氮氧化物排放 2.5t，同时减少了其他污染物排放。其中：减少燃气消耗降低碳排放 5954.6t，减少电力消耗降低碳排放 1914.5t(按 35%绿电)。

5 结语

碳达峰、碳中和是一场广泛而深刻的经济社会系统性变革，这场变革需要诸多领域的系列行动，在新发展理念下，现代油公司节约能源、减少碳排放、提升能源效率是落实"双碳"重大战略决策的必然选择，塔里木油田创新开展设备全生命周期绿色低碳管理与实践，形成了"13621"工作模式，解决了传统节能管理模式中存在的诸多问题，取得显著成效，形成了节能与安全、生产、环保等各项管理工作协调并进的良好局面，为同类油气田企业实现"双碳"目标提供很好的借鉴意义。

参考文献

[1] 董兴涛，李萍，祝玉松，等. 油气田企业节能管理数字化转型探索与实践[J]. 新疆石油天然气，2022，18(2)：40-45.

[2] 雷梅，孙诚，李松. 关于西峰油田节能管理工作的思考与研究[J]. 化工管理，2014，25(6)：219.

[3] 宋杰鲲，张在旭，孙宁. 油田企业节能评价指标体系设计与应用[J]. 价值工程，2007，13(2)：16-19.

[4] 张继凯. 新能源设备管理与技术创新探究[J]. 中国设备工程，2020(4)：63-64.

[5] 生亮田，唐政. 企业能耗监测与能源管理系统的设计与实现[J]. 工程建设与设计，2017，26(4)：203-214.

[6] 周新军. 我国能耗监测管理现状及未来发展趋势[J]. 当代经济管理，2014，36(2)：46-48.

[7] 刘杰杰，夏玮，刘子杰，等. 基于熵权法-层次分析法的蒸汽吞吐评价指标构建[J]. 节能，2022，41(3)：8-16.

[8] 芦泽龙，秦康，吴昊，等. 换热网络多目标优化研究进展[J]. 节能，2021，40(2)：75-80.

[9] 李兴泉，马玉兴. 基于 TGNET 软件的天然气管网动静态模拟分析[J]. 节能，2023，42(4)：19-21.

[10] 李拥军，丁有德，来现林，等. 油田地面生产系统能耗对标及节能潜力分析研究[R]. 乌鲁木齐. 新疆石油学会. 2010.

[11] 侯富民，魏莉莉，何妍秋. 太阳能热水系统动态运行节能效益评价研究[J]. 节能，2021，40(12)：17-20.

[12] 穆林，傅一凡，王震，等. 我国未来能源发展趋势的预测分析[J]. 节能，2021，40(8)：18-23.

塔里木油田塔西南公司某单位机房供电太阳能光伏发电项目建设与实践

褚建辉[1]　胡昌友[1]　王　峰[1]　王　冲[2]　汪希磊[1]　陆　斌[1]　王保平[1]

（1. 中国石油塔里木油田分公司塔西南勘探开发公司；2. 中国石油塔里木油田分公司油气运销事业部）

摘　要　2022年7月5日，塔里木油田公司在塔西南公司某单位开展2个高耗能单元通讯、网络机房供电136.08kWp太阳能光伏发电试验项目开工，项目由中国船舶重工集团哈尔滨广瀚动力技术发展有限公司设计和施工，8月5日该项目开始正式发电，截至2024年7月光伏发电231397度。某单位信息通讯机房每月用电量约10万度国电，光伏发电开始后，每月能替代约1/10国电。3年来（截止到2024年7月）24个月发电量已达231397度，依据目前塔里木油田公司电价结算0.62元/度，已产生经济效益14.35万元，1万度电按1.229系数折算吨标煤，节约标煤28.44吨，1吨标煤按2.66系数折算排放二氧化碳，减少二氧化碳排放61.55吨。本项目太阳能光伏发电量就地消纳能力大，全容量并网供给某单位数据中心机房和通讯机房，每月能达到光伏替代10%国电目标。某单位现有1个数据中心机房、1个通讯机房、多台大功率精密空调、近百台办公电脑等各类设备设施760余台，每月用电在10万度均由国家电网提供电能，属于塔西南公司较高能耗单位，在当前绿色能源发展的趋势下，某单位作为油田公司下属单位，结合业务实际情况，仔细分析设备能耗构成，在某单位引入太阳能光伏发电，为通讯机房、网络机房2个机房部分设备、照明等提供电能，从而降低碳排放，降低机房运行成本，为油田公司“双碳”战略目标做出贡献。

关键词　机房供电；太阳能；光伏发电；塔西南公司；塔里木油田；中国石油

1　项目简介

本工程项目由中国船舶重工集团哈尔滨广瀚动力技术发展有限公司设计和施工。工程项目系统共铺设太阳能组件252块，在塔西南基地某单位数据中心机房楼顶及旁边商铺屋顶安装、布置太阳能光伏板；光伏组件正南15°安装，经计算采用14一串的电气连接方式。组串就近接入相应逆变器，再接入相应的通讯机房、数据中心机房交流汇流箱为其供电。本工程共使用3台40kW带MPPT功能的光伏逆变器，本次每台接入45.36kWp光伏组件。本项目共2个太阳能板方阵，共3个子系统，装机容量为136.08kWp，具体如图1所示。数据中心机房屋顶、商铺屋顶2个太阳能板方阵分布，具体如图2所示。

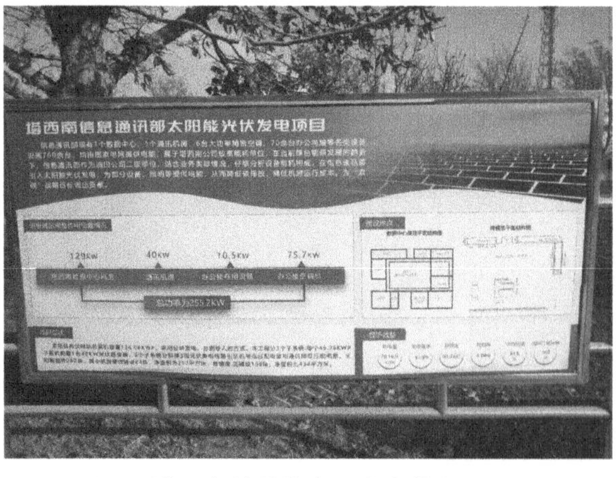

图1　塔西南某单位太阳能光伏发电项目

图2　某单位数据中心机房屋顶、商铺屋顶2个太阳能板方阵分布

2 项目分析

2.1 某单位整体负载情况

塔西南某单位数据中心机房 129kW，通讯机房 40kW，办公楼在用设备 10.5kW，办公楼空调机 75.7kW，总功率 255.2kW。

2.2 项目现状

本项目光伏电站总装机容量 136.08kWp，采用分块发电、分别接入的方式。本工程分 3 个子系统：每个 45.36kWp 子系统配置 1 台 40kW 光伏逆变器，3 个子系统分别接 3 回光伏集电线路引至数据中心机房低压配电室和通讯部通讯机房低压配电室。太阳能 252 块，其中数据中心机房屋顶铺设 84 块，净面积 $217m^2$，商铺屋顶铺设 168 块，净面积为 $434m^2$。

2.3 建设地点

在某单位数据中心机房屋顶、商铺屋顶两处铺设。具体见上图 2。

3 项目施工方案及技术措施

3.1 吊装和支架施工

（1）因屋顶承重有限，采取屋顶上材料、设备分散摆放原则，例如：支架当吊装过程中利用人工直接从吊篮取出，搬运至安装部位，光伏组件同上吊装方式，利用人工直接搬运，放置已经安装完成后组件支架上。操作流程如下，在屋面南北两侧地面各设置 4 个吊装点，每个吊装点对应的屋面处铺设 10mm 厚的木工板作为临时通道。

（2）所有物件放置吊篮内，采用 25t 汽车吊进行材料的垂直运输。

货物吊装到吊装到距离屋面垂直 50cm 时，吊车停止不动（严禁吊装物品与屋面接触），通过人工的搬运方式，分散物品到安装点。

（3）施工过程中对施工人员数量进行限制，在 $36m^2$ 范围内不能超过 6 人支架施工。

3.2 光伏板支架施工程序

支架施工顺序：施工准备→定点放线→支座安装→支架安装→检查调整。

定点放线：根据图纸尺寸、确定夹具安装位置，确保夹具横向和纵向保持在一条直线上。

支座安装：将支座沿屋面长方向布置，并用夹具固定在屋面上，然后在支脚上安装导轨和支架。

组件导轨安装：支座安装完成后，根据安装图纸设计长度将横梁摆放在每组阵列中。用 M8×25 外六角螺栓进行固定，支架安装完成后再检查整体支架水平度进行最终调平。

质量控制：检查支座与彩钢瓦之间防水层是否紧密揑合、防水层不得有裂缝；支座与彩钢瓦连接处不得有变形现象。

混凝土屋面光伏板支架施工程序：

支架施工顺序：施工准备→基础复测→支架安装→检查调整。

基础复测：根据图纸尺寸、确定支架安装位置，确保预埋件横向和纵向保持在一条直线上。

支架安装：将顶件用螺栓固定于基础预埋件上，后将斜梁用螺栓连接于顶件上，保证斜梁倾角在设计要求范围内；檩条安装应先在每组两端的斜梁上标出檩条的安装位置，然后拉线在其他斜梁上做出檩条安装位置。按照标记位置依次安装檩条。安装过程严禁施工人员站立于檩条上施工，如檩条发生弯曲不得用于施工。

支架安装验收：支架安装完成后，由作业人员自检合格后，再经施工队技术员复检，最后由项目部质检人员终检。

项目部终检合格后报监理（业主代表）验收。

3.3 光伏组件安装

光伏组件安装前支架安装须验收合格后方可安装。确认光伏组件的外观及各个部件完好无损、按照光伏组件的电压、电流参数进行分类和组串。

光伏组件按照设计图纸的型号、规格进行安装。固定螺栓的力矩值必须符合产品或设计文件的规定。

彩钢瓦屋面光伏组件平行与彩钢瓦屋顶倾斜坡度安装：

光伏组件接线接插件须连接牢固、同一组件的正负极不应短接。组件间的连接线利用支架进行固定，固定牢固、排列整齐美观。

逆变器安装前对外观及内部元件进行检查。检查合格后安装设计位置进行安装。

逆变器内光伏组件串的电缆连接时，先检查光伏组件侧均有明显断开点后才能连接。

施工进度安排如图 3 所示。

4 经济效益分析

全年计划：发电量 20.16 万 kWh，发电效率 82.9%，总投资 81.78 万元，收益率 8.74%，节约标煤61.6t，减排二氧化碳160t。

该项目2022年8月5日开始投用生产发电，8月31日塔西南公司网站在视频新闻栏目对其进行了报道。具体见图4，塔西南公司网站报道某单位太阳能发电项目成功投入生产图。

随后，塔里木油田公司新闻频道也对其进行了报道。具体见图2某单位数据中心机房屋顶、商铺屋顶2个太阳能板方阵分布。

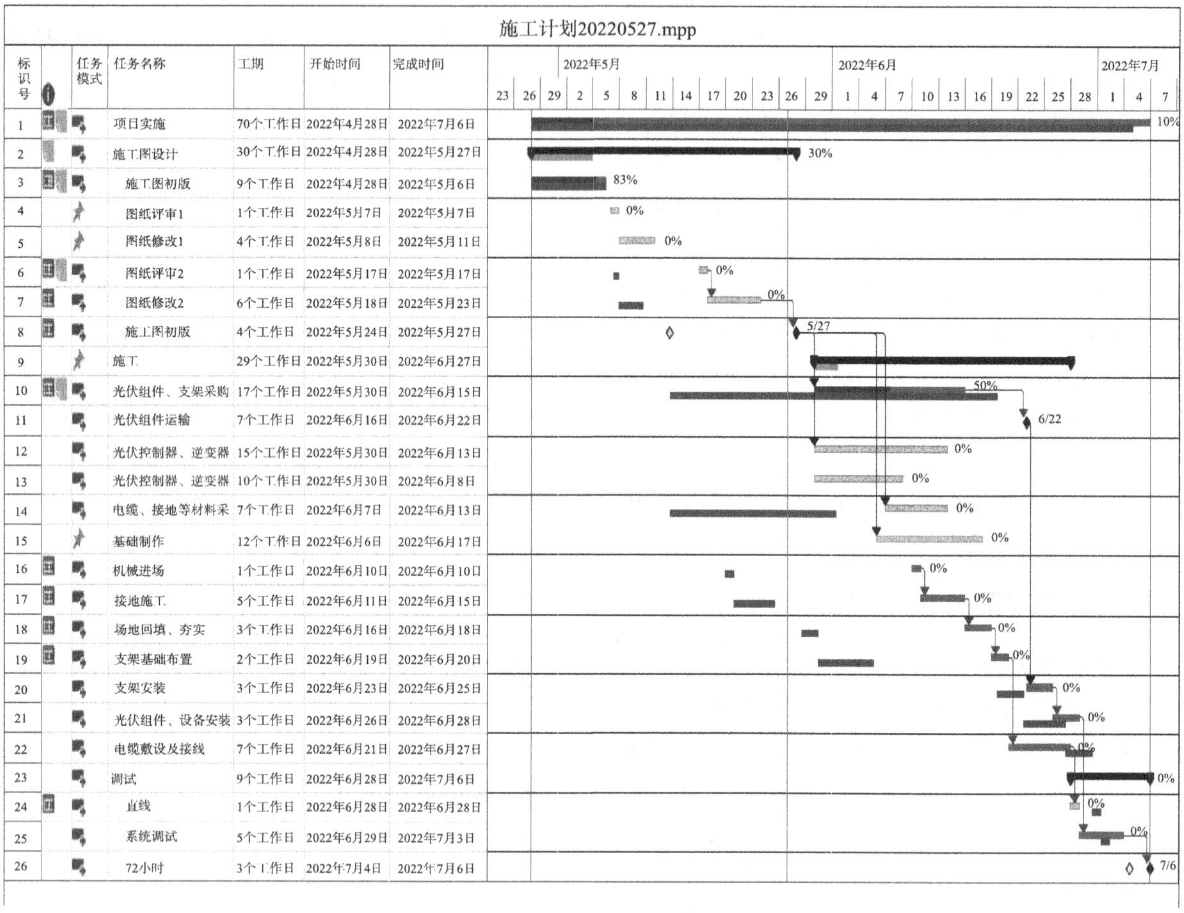

图3　某单位太阳能发电项目施工进度计划图

图4　塔西南公司网站报道某单位太阳能发电项目成功投入生产图

表1　2022年某单位主要用电光伏占比统计表

kWh

月份	通讯室表计量（国电）	数据中心表计量（国电）	光伏发电表计量	月合计	光伏占比/%	备注
1	68198	31272		99470		
2	30396	60636		91032		
3	29657	59288		88945		
4	32225	61614		93839		
5	32293	59414		91707		
6	33278	63892		97170		
7	34412	65056		99468		
8	39880	87244		127124		
9	30475	68492	13714	112680	12.17	
10	24447	69264	17536	108380	16.18	
11	24447	57222	13325	94994	14.03	
12	26753	50491	8385	91833	9.13	下半年
合计	406461	733885	52960	1196642	12.88	实现了10%目标

表2　2023年某单位主要用电光伏占比统计表

kWh

月份	通讯室表计量（国电）	数据中心表计量（国电）	光伏发电表计量（光伏）	月合计	光伏占比/%	备注
1	27157	47504	5575	80236	6.95	
2	28632	50772	3765	83169	4.53	
3	24768	43648	8630	77046	11.20	
4	28812	47180	6559	82551	7.95	
5	27919	51036	16156	95111	16.98	
6	25858	62072	19769	107699	18.36	
7	29999	76910	18604	125513	14.82	
8	26596	79790	19982	126368	15.81	
9	23464	58276	18050	99790	18.09	
10	22849	66772	14920	104541	14.27	
11	22502	53316	11047	86868	12.72	
12	27155	47503	5579	100364	7.34	全年
合计	315711	684779	148636	1169256	12.42	实现了10%目标

表3　2024年某单位主要用电光伏占比统计表

kWh

月份	通讯室表计量（国电）	数据中心表计量（国电）	光伏发电表计量（光伏）	月合计	光伏占比/%	备注
1	23881	69120	7363	100364	7.34	
2	23955	79932	6123	94487	6.48	
3	22369	82752	5296	110417	4.80	
4	24573	100736	5636	130945	4.30	
5	23767	79156	10709	113632	9.42	
6	27668	92508	13273	133449	9.95	
7	24439	62284	19615	106338	18.45	上半年
合计	170652	566488	68015	789632	8.67	未实现10%目标

表4　2022~2024年某单位光伏发电量统计表

kWh

月份	2022年	2023年	2024年	备注
1		5575	7363	
2		3765	6123	
3		8630	5296	
4		6559	5636	
5		16156	10709	
6		19769	13273	
7	7月5日，施工	18604	19615	
8	8月5日，并网发电	19982		
9	13714	18050		
10	17536	14920		
11	13325	11047		
12	8385	7365		
合计	52960	150422	68015	231397

根据表1、表2、表3和表4分析，可以观察看出，光伏组件经计算采用14一串的电气连接方式组串就近接入相应逆变器，再接入相应的通讯机房、数据中心机房交流汇流箱为其供电。本项目太阳能光伏发电量就地消纳能力大，全容量并网供电给某单位数据中心机房和通讯机房，每月能达到光伏替代10%国电目标。2022年光伏占比12.88%，2023年光伏占比12.42%，2024年光伏占比8.67%（仅上半年）。全年发电最好的时段是5月份至11月份，发电时间长达7个月，每月都约在1万~2万kW·h。

下面再以全年连续生产光伏发电数据的2023年为例做分析。

根据图5 2023年某单位主要用电的光伏占比柱形图、图6 2023年某单位主要用电的光伏占比折线图分析，可以观察看出，某单位用电大户是数据中心机房每月约6万kW·h、通讯机房每月3万kW·h，共计约9万~10万kW·h，进入每年的5月份高温天气来临，用电量开始增高，最高达12万kW·h。光伏发电电量也增高，一般在1万kW·h左右，最高达2万kW·h，至11月份结束。折线图，很好的反映了用电总量与光伏发电电量的平行关系。

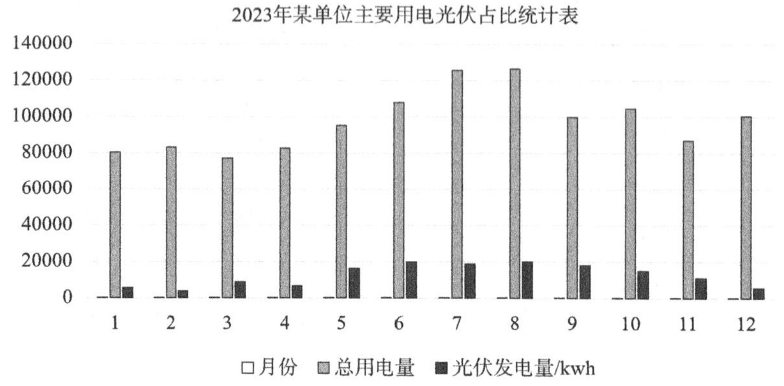

图5 2023年某单位主要用电的光伏占比柱形图

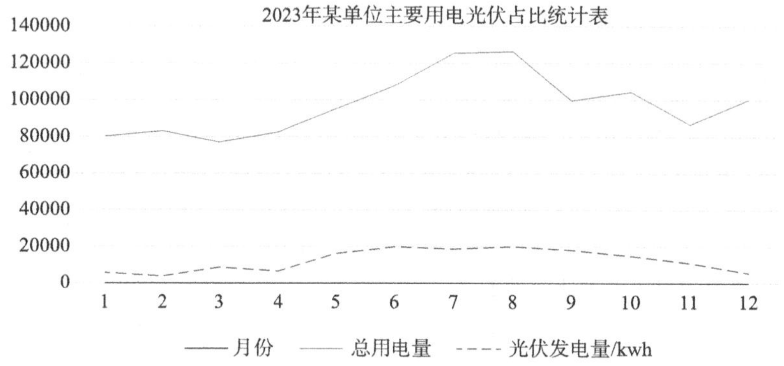

图6 2023年某单位主要用电的光伏占比折线图

3年来(截止到2024年7月)24个月发电量已达231397kW·h，依据目前塔里木油田公司电价结算0.62元/kW·h，已产生经济效益14.35万元，1万kW·h电按1.229系数折算吨标煤，节约标煤28.44t。1t标煤按2.66系数折算排放二氧化碳，减少二氧化碳排放61.55t。

5 结束语

随着国家“双碳”目标的提出和向世界承诺，中国石油已将发展CCUS摆到公司绿色低碳转型的关键领域重点快速推进，启动了以大庆油田、吉林油田、长庆油田、新疆油田“四大示范工程”和辽河油田、南方勘探开发公司、冀东油田、华北油田、吐哈油田、塔里木油田“六个先导试验”为主要内容的CCUS专项工程，推动CCUS产业驶入发展快车道。

本项目是光伏发电为高能耗单元的通讯机房、数据中心(计算机网络)机房组串就近接入相应逆变器，再接入相应的通讯机房、数据中心机房交流汇流箱为其供电方式的实验项目。本项目太阳能光伏发电量就地消纳能力大，全容量并网供电给某单位数据中心机房和通讯机房。该项目内容具有推广性和借鉴性，能够充分体现技术创新及应用实际，能够为企业提升管理水平、提质增效、节能减排、实现低碳降碳等目标做出贡献。

砂岩油藏地质固碳稳定性因素评价

赵郁文[1]　葛红江[1]　马　超[1]　夏敏敏[1]　张钊颖[2]

（1. 中国石油大港油田公司采油工艺研究院；2. 中国石油大港油田公司新能源事业部）

摘　要　二氧化碳的地质封存是重要且最有效的固碳手段之一。结合大港油田 CCUS 提高采收率现场应用情况，针对 CO_2 在砂岩油藏中的稳定性的影响因素进行了系统分析。影响 CO_2 在砂岩油藏中稳定性的因素有：油藏构造的密闭性、剩余油分布情况、地层矿物（地层矿化度）含量；CO_2 在原油中的溶解度、井间渗透率（注水速度）、贾敏效应、注入压力等因素。依据理论及经验对其重要性进行排序，再结合各因素之间的关联性以及数据获取的难易程度进行综合打分。综合得分可以作为目标油藏的二氧化碳埋存效果进行评价依据。通过二氧化碳吞吐现场数据的分析，选取的各项因素作为 CO_2 在砂岩油藏中稳定性的评价因素有效可行。

关键词　CO_2 埋存稳定性；砂岩油藏；稳定性因素

地质构造封存又称静态封存，是二氧化碳地质封存中最为主要的一种封存机制。大港油田结合油气生产特点，利用二氧化碳吞吐的砂岩区块对二氧化碳进行封存。砂岩油藏封存二氧化碳效果受到各种因素的影响，因此针对各项影响因素进行分析并进行评价十分有必要。

1　油藏构造的密闭性

当二氧化碳以气体或者液体形式因遇到不渗透层而无法继续运移而滞留在不渗透层内，就形成了构造地层圈闭。此类圈闭构造中一般都是原来含有油气或是本身地质构造中就含有地下水。因此二氧化碳在此类构造中各项封存机理才能发挥作用。圈闭三要素：储层、盖层、遮挡物。

（1）储层：储层的定义是指有孔隙和渗透性，具备流体储存和流通空间条件的岩石或岩层。储集岩层主要包括碎屑岩和碳酸盐岩两大类。

储层是岩石中能够储存和渗滤油气的部分，其基本要素主要体现在储集空间的类型上。具体来说，储层的类型可以分为孔隙性储层、裂缝性储层和洞穴性储层。孔隙性储层主要由粒间、晶间、生物腔体孔隙等组成，这些孔隙可以是天然形成的，也可以是经过成岩作用形成的。孔隙性储层是油气储存的主要场所之一，其孔隙的大小、形状和分布对油气的储存和渗滤能力有重要影响。

（2）盖层是指位于储集层之上能够封隔储集层使其中的油气免于向上逸散的保护层。

盖层是与储集层紧连的低渗透层，可保护储集层中的油气不向上逸散。盖层多由泥岩、页岩、膏岩和盐岩或泥灰岩等构成。盖层的好坏与油气在地壳中的聚集和保存关系密切是形成油气藏不可缺少的条件。

盖层的性质主要与岩性有关，其优势顺序由好至差大致如下：①岩盐；②富含干酪根的页岩；③粘土质泥岩；④石膏；⑥硬石膏；⑦粉砂质页岩；⑧泥灰岩；⑨碳酸盐岩。

（3）遮挡物可由地层的变形如背斜、断层等造成，也可以是因储集层沿上倾方向被非渗透地层不整合覆盖，以及因储集层沿上倾方向发生尖灭或物性变差而造成。

将油藏密闭性影响分别按照储层、盖层、遮挡物分别进行打分按照性能好坏从低到高分值为 1 分~1.5 分。最后取各项平均值，作为油藏密闭性的综合得分。

表 1　油藏密闭性影响统计表

影响因素名称	储层	盖层	遮挡物	平均值
参数范围	1~1.5	1~1.5	1~1.5	—

2　剩余油分布情况

当二氧化碳在岩石空隙中运移并与地层水或原油相接触时就回溶解在其中，地层中含有剩余油情况与采出度情况决定了二氧化碳封存的量，即发生溶解封存。决定二氧化碳完全溶解或者部分溶解的因素是时间以及地层水和原油中二氧化碳的饱和度。二氧化碳在地层流体中溶解量与溶解速度主要取决于地层水的化学成分、原油的组分和二氧化碳与为饱和地质水和原油的接触率。二氧化碳在7.50MPa、31℃条件以上就可以形成超临界状态，处于该状态的二氧化碳对原油与水具有良好的溶解能力。二氧化碳与流体接触率越高，二氧化碳的溶解速度也越快。随着时间的推移当二氧化碳饱和流体比周围的未饱和流体的密度高1%左右的时候二氧化碳饱和的地层流体就会由于重力作用朝盆地中心向下运移。因此与在构造地层封存中由于浮力作用实现封存二氧化碳的机理相比，此种封存机理能实现更加有效的和量更大的封存能力。溶解作用发生的程度主要取决于是否存在具有高渗透性的巨厚地层特别是具有高垂向渗透率的地层。在油气田生产过程中，采出液含水越高，溶解在水中的二氧化碳被采出的就越多，封存效果就越差。将地层含水量按照低含水、中含水、高含水和特高含水分类，然后按照对二氧化碳埋存效果的影响，分值从低到高为0.9分~1.2分。最后按分类取值作为油藏密闭性的得分。

表2　地层含水量影响统计表

综合含水	低含水	中含水	高含水	特高含水	取值
参数范围	0%~20%	20.1%~60%	60.1%~90%	>90%	—
分值	1.2	1.1	1	0.9	

3　地层矿物成分对二氧化碳封存的影响

注水开发油田或油层有底水时，地层原油中的水分主要有两种途径。(1)油层中原油本身就含有水。(2)为了保持油藏压力，向油藏内注入的水。用来衡量地层水中含有矿物质的多少的重要指标是矿化度，即每升地层水中含盐量总和的毫克数，叫矿化度(mg/L)。矿化度广泛上指：六项离子(Na^+、K^+、Ca^{2+}、Mg^{2+}、Cl^-、SO_4^{2-}、CO_3^{2-}、HCO_3^-、OH^-)。

二氧化碳通过与各种矿物质反应，最终沉淀出碳酸盐矿物将二氧化碳封存是自然系统“碳中和”的重要途径。其基本原理为二氧化碳以溶解无机碳的形式溶于水体或是溶液中并生成(H_2CO_3)、碳酸氢根(HCO_3)、和氢离子(H^+)，与岩石、矿物发生化学反应，释放其中的Na^+、K^+、Ca^{2+}、Mg^{2+}、Fe^{2+}等离子。这些离子与环境中的HCO_3^-反应，最终沉淀为碳酸盐或自生黏土矿物得以长期贮存。主要反应过程如下：

$$CO_2+H_2O = H_2CO_3 = H^++HCO_3^-$$

碳酸盐沉淀反应

$$(Ca, Mg, Fe)^{2+}+2HCO_3^- = (Ca, Mg, Fe)CO_3+CO_2+H_2O$$

砂岩油藏中地层水的矿化度的高低决定了二氧化碳封存的能力。根据文献资料的实验数据证实，当饱和地层水矿化度分别为6778mg/L和15000mg/L时，CO_2驱的拐点压力有明显变化，分别为21.78和20.98MPa。即在储层孔渗参数基本相同的情况下，随着饱和地层水矿化度的增加，CO_2驱的最小混相压力降低。可见同压力条件下，矿化度高的驱油效率较低。这是由于CO_2驱过程中，CO_2不仅溶于原油也溶于水，当发生溶蚀反应时，生成的矿物沉淀会影响储层的孔喉特征参数、孔隙度、渗透率，进而影响CO_2驱的驱油效率。以上各种现象也证明二氧化碳进行了化学反应，被转化为矿物质进行了封存。将地层水矿化度按照矿化度不同区间分类，然后按照对二氧化碳埋存效果的影响，分值从低到高为1分~1.5分。最后按分类取值作为地层矿物影响的得分。

表3　地层矿物成分影响统计表

影响因素名称	≤6000mg/L	6000~15000mg/L	≥15000mg/L	取值
参数范围	1	1.3	1.5	—

4　CO_2在原油中的溶解度

4.1　降粘作用

二氧化碳与原油有很好的互溶性，能显著降低原油黏度。主要通过二氧化碳对原油中的特定长度碳链组分的抽提实现的。其中萃取作用是在一定压力下，二氧化碳混合物能萃取和汽化原油中的轻质烃，能够降低原油相对密度。另一方面还存在混相效应，二氧化碳与原油混合后，不仅能萃取和汽化原油中的轻质烃，而且还能形成二氧化碳和轻烃的混合油带。

4.2　分子扩散作用

多数情况下，二氧化碳是通过分子的缓慢扩散作用溶于原油。分子的扩散过程缓慢，特别是水相将油相与二氧化碳气相隔开时，水相阻碍了二氧化碳分子向油相中的扩散并且完全抑制了轻质烃从油相释放到二氧化碳中，因此，必须有阻垢的时间，使二氧化碳分子充分扩散到油相中。

根据文献资料显示，超临界二氧化碳与大港油田不同类型原油反应后，萃出油含量很小，占原油的0.19%～2.16%；萃出油组分以烷烃、胶质为主，结构以C12—C22轻质组分为主。

通过实验可以看出二氧化碳与原油的的作用主要与原油的成分相关，原油黏度越高，胶质含量越多对二氧化碳溶解性相对越好。

不同区块的原油物性及地层温度都存在差异，因此对二氧化碳的封存效果也有所不同。将原油按照不同黏度区间分类，然后按照对二氧化碳埋存效果的影响，分值从低到高为1分～1.3分。最后按分类取值作为原油黏度影响的得分。

表4　原油黏度影响统计表

影响因素名称	稀油 <50mPa·s	普通稠油 50～10000 mPa·s	特稠油 10000～50000 mPa·s	超稠油 >50000 mPa·s	取值
参数范围	1	1.1	1.2	1.3	—

5　井间渗透率

一方面油藏开采关注的是注水量、采液量以及注采强度等参数。另一方面针对二氧化碳埋存需要的尽量少的产液量。因此在油气生产和二氧化碳埋存的工作制度需要优化平衡，达到双赢的效果。

5.1　二氧化碳的封存原理

水动力封存的作用条件与构造、地层、岩性圈闭不同是靠水动力封闭而成的。当渗流过程地下水的流动压力与二氧化碳运移的浮力方向相反、大小大致相等时可阻挡和聚集二氧化碳形成水动力圈闭。当二氧化碳注入位于封闭地层下的深部盐水层的时候就会发生水动力圈闭。深部盐水层中的地层水是在一个区域或盆地级别的流动系统中以较长时间尺度流动在此类系统中流体的流动速度是以厘米每年来衡量的而运移的距离是以数十和数百千米为单位计算的。如果二氧化碳注入到此类系统中尽管没有像构造地层圈闭那样有具体的隔挡层存在来阻挡二氧化碳的侧向运移二氧化碳仍然可以在浮力的作用下以非常缓慢的速度沿着地层的倾角运移。这些二氧化碳要经过几万年甚至到几百万年才能运移到排放区的浅层。在此过程中其他封存机理如束缚气封存、溶解封存、矿化沉淀将会同时作用最终导致没有自由二氧化碳到达浅地层

5.2　油层生产的注水速度与串流情况

水驱油所需要的克服的渗流阻力与孔隙喉道的尺寸有关。地下岩石的孔隙喉道尺寸都很小，所以水驱油所需要的动力就很大，因此要想驱动岩石中大部分的可以驱动油的孔道就需要越大的水驱油速度；而水驱油速度太快，大孔道就会很快被突破，由于很大的渗透率形成优势渗流通道，其他通道就很难被驱替到。所以，可以驱替油的孔道数与驱油速度正相关，但注入水突破大孔道的速度与驱油速度也是正相关。因此这两个原因相互作用、相互影响，最终，注水开发与二氧化碳埋存效果存在一个最优的水驱油速度。

其中流度表示流体在该地层中流动的难易程度。是油层有效渗透率与流体黏度的比值。按照不同流度区间分类，作为井间渗透率对二氧化碳埋存效果的影响，分值从低到高为0.8分～1.3分。最后按分类取值作为原油黏度影响的得分。

表5　井间渗透率影响统计表

影响因素名称 流度 mD/mPa·s	≤1	1-2	>2	取值
参数范围	1.3	1	0.8	—

6　贾敏效应

贾敏效应作为一种阻力效应，一般发生在两相或多相流动中，并且存在一些必要条件。以两相流为例，假设其中一相为连续相，另一种为离散相(也称分散相)，离散相应以气泡、液滴或段塞的形式存在于连续相中，例如悬浊液，悬浮液，乳浊液以及段塞流。另外，由于贾敏效应主要由毛细作用导致，所以只有当流动区域的特征尺寸较小时，贾敏效应的影响才比较显著，一般将该尺寸界限定义为“毛细长度”。根据形成的原因，可以将贾敏效应分为两种情况，第一种为由接触角滞后导致的贾敏效应，最典型的表现为等直径的圆管中，单个或多个分离的气泡造成的流动阻力，所以也称其为圆柱形阻力。

第二种为毛细管管径缩小或者存在孔喉，并且离散相中的气泡或液滴相较孔喉尺寸较大时。由于气泡或液滴必须变形才能通过孔喉，所以需

要额外的能量，从而导致的流动阻力，由于毛细管的孔径存在变化，所以称其为非圆柱形阻力。以上两种原因导致的阻力也可以认为是贾敏效应的两个组成部分，在实际工程问题中，由于理想光滑的固体壁面不存在，所以固体壁面都会存在一定的不均质性或污染物，从而导致接触角滞后，造成第一种流动阻力，而第二种阻力只有在毛细孔道形状发生改变时才会存在，所以实际工程中一般应只存在接触角滞后造成的阻力或者接触角滞后阻力和变形阻力共同存在。

在油气生产或是注水开发的过程中，应尽量避免贾敏效应发生以减小注水压力和提高采油量。在二氧化碳埋存的过程中，贾敏效应越强，埋存效果越好，因此地层孔隙度越小，越容易发生贾敏效应。特别是选取低渗透油藏进行二氧化碳封存时应综合考虑贾敏效应，制定合理的工作制度。

其中孔隙度参数是贾敏效应发生的重要因素之一。按照不同孔隙度将油藏分类，作为贾敏效应对二氧化碳埋存效果的影响，分值从低到高为0.8分~1.3分。最后按分类取值作为贾敏效应影响的得分。

表6　贾敏效应影响统计表

影响因素名称 孔隙度/%	≤10%	10%~20%	>20%	取值
参数范围	1.3	1	0.8	—

7　实例应用

实验选取大港油田某二氧化碳吞吐区块做为分析目标，具体效果如下：2023年8月底至2024年7月初，累计注液态二氧化碳约1500吨，吞吐反出气态二氧化碳70万方，（含油气水三相分离出部分），折合液态二氧化碳1370吨。该区块在满足油气生产的同时实现埋碳130吨。

该区块是一个被断层切割的穹隆构造，断层发育，构造被切割复杂化为几个断块；构造核心部位是被两条相向而倾的正断层所夹持的负花状背斜构造。储层是馆陶底部砾岩，盖层为15-20m的泥岩，受断层封挡，成藏较好，储层、盖层、遮挡物情况良好，二氧化碳埋存稳定性评价得分1.3分；该区块目前综合含水95%，二氧化碳埋存稳定性评价得分0.9分；该区块地层水型为$NaHCO_3$，总矿化度5000mg/L，二氧化碳埋存稳定性评价得分1分；该区原油黏度属于普通稠油范围，二氧化碳埋存稳定性评价得分1.1分；该区块渗透率约1800mD，原油黏度约1200mPa.s；经计算流度为1.5mD/mPa.s，二氧化碳埋存稳定性评价得分1分；该区块孔隙度>20%，二氧化碳埋存稳定性评价得分0.8分。

表7　某区块二氧化碳埋存稳定性指标评分表

影响因素	油藏密闭性	剩余油分布	地层矿物	原油黏度	井间渗透率	贾敏效应
评分	1.3	0.9	1	1.1	1	0.8
平均分	1.02					

该区块二氧化碳埋存稳定性综合得分1.02，建议实施二氧化碳埋存。经过现场数据验证，该区块在兼顾油气生产的同时具有良好的二氧化碳埋存潜力。

8　结论

（1）二氧化碳埋存主要影响因素有储层发育情况、孔隙度、渗透率等自然决定因素，也有井间渗透率、贾敏效应的等开发过程中可以人为控制的因素，其中孔隙度、渗透率、贾敏效应等因素是与油气生产想矛盾的。因此要满足油气生产的前提下，优化各项参数实现二氧化碳埋存的最优效果。

（2）针对二氧化碳在砂岩油藏埋藏过程中稳定性影响的各项因素选取，方法考虑全面，数据获取快捷，实施可操作性强。

（3）本套评价体系是以大港油田砂岩油藏为统计依据，建立的在油气藏生产过程中的实施的埋碳工作的效果评价，评价方法对类似大港油田的砂岩油藏开展埋碳效果评价具有借鉴意义。

参考文献

[1] 刘丽，马映雪，等. 不同地层水矿化度下CO_2驱油对岩石性质的影响 油田化学

[2] 沈平平，廖新维. 二氧化碳地质埋存与提高石油采收率技术[M]. 北京：石油工业出版社，2009：1-20.

[3] 杨永智，沈平平，张云海，等. 中国CO_2提高石油采收率与地质埋存技术研究[J]. 大庆石油地质与开发，2009，28(6)：262-267.

[4] 李道品. 低渗透砂岩油田开发[M]. 北京：石油工业出版社，1997：20-40.

[5] 魏义杭，佟博恒. 二氧化碳的捕集与封存技术研究现状与发展[J]. 应用能源技术 2015(12)：36-39.

[6] 谷丽冰，李治平，侯秀林. CO_2 地质埋存研究进展[J]. 地质论评，2011，57(5)：700-706

[7] 林云，王啊丽，许红恩，等. 中高深单层系调剖(驱)选井方法研究[J]. 天津科技，2019(12)：31.

[8] 张传干. 多因素关联调剖选井模型[J]. 化工管理，2016(2)：147.

[9] 姜禾禾，王佳敏，万博. 国际岩矿地球化学固碳技术研究进展[J]. 第四纪研究 2023，3(2)：494-508.

[10] 王晓燕，章杨，严曦，等. 超临界二氧化碳对原油萃取作用分析[J]. 油田化学，2023，40(2)：317-321.

[11] 郑委. CO_2地质埋存中的逃逸问题研究[D]. 北京：中国科学院力学研究所，2010.

[12] 李小春刘延峰白冰等. 中国深部咸水含水层储 CO_2 存优先区域选择[J]. 岩石力学与工程学报. 2006，25(5)，963-968.

[13] 巴忠臣. 水驱砂岩油藏优势渗流通道识别研究[D]. 青岛：中国石油大学(华东)，2014.

[14] 赵福麟. 压力指数决策技术及其应用进展[J]. 中国石油大学学报：自然科学版，2011，35(1)：82-86.

[15] 汪洪，乔方，于春涛. 影响调剖效果因素的分析[J]. 钻采工艺，2008(增刊)：65-67.

第二篇　炼油业务碳中和技术应用与实践篇

S-Zorb 原料汽油选择性加氢降烯烃研究及应用

秦浩然

（中石化湖南石油化工有限公司）

摘　要　本文针对中石化长岭分公司面临汽油池烯烃含量高、催化汽油调和比例受限以及汽油质量升级要求等问题，开发了S-Zorb原料汽油选择性加氢降烯烃技术并成功实现工业应用。小试进行了催化剂研究、工艺条件及稳定性考察，研究结果表明：采用自主开发的HGO-1催化剂，在优化工艺条件下，加氢汽油烯烃含量低于16%，二烯烃脱除率82.24%，辛烷值损失平均0.4个单位，催化剂稳定运行1400h仍有较好的催化性。该技术成功实现工业应用，工业应用情况表明，加氢汽油烯烃含量14.9～17.8%，辛烷值损失小于0.5个单位，稳定汽油烯烃含量保持在10.9～15.0%，满足国VIB汽油质量升级烯烃含量要求，减少汽油调合成本，使稳定汽油烯烃含量的调整更为灵活；同时延缓了S-Zorb吸附脱硫装置换热器、加热炉器壁高温部位的结焦，提高了换热效率，节约加热炉瓦斯用量90Nm^3·h^{-1}；降低了待生吸附剂积碳量，由3%降至1.72%，延缓了催化体系生焦趋势，有利于催化剂脱硫性能发挥，延长了催化剂单程使用周期。

关键词　S-Zorb原料汽油；加氢；催化剂；烯烃；二烯烃；辛烷值

1　前言

中石化长岭分公司炼油二部1#S-Zorb装置处理能力为150万吨/年，加工原料主要为3#催化汽油、1#FCC汽油及少量重整戊烷油。随着汽油国VIB标准的执行，对汽油烯烃含量限值提出了更高的要求，烯烃含量下降至15.0%。对于长岭炼化而言，汽油池中S-Zorb装置汽油占比为78.38%，面临汽油池烯烃含量高、催化汽油调和比例受限的问题，进而影响全厂国VI汽油生产及销售。

S-Zorb汽油吸附脱硫工艺技术的优点是获得超低硫汽油的同时辛烷值损失较小，但长岭分公司在运行过程发现存在汽油产品干点上升、换热设备器壁（如原料换热器、预热炉）结焦，降低设备换热效率，增大加工能耗等问题。通过查阅相关文献资料以及物料分析发现，催化汽油中含有少量二烯烃，在高温环境下易发生聚合，同时会作为引发剂，诱导烯烃进一步聚合，最终导致装置高温部件结焦、汽油干点上升等问题。

为解决汽油产品质量升级、产率、销售、上游催化装置的加工苛刻度及装置长周期等问题。中石化长岭分公司与湖南长炼新材料科技股份公司联合开展了S-Zorb原料汽油选择性加氢降烯烃技术研究，本研究采用FITS液相加氢工艺，开发了HGO-1催化剂，该催化剂具有加氢活性高、稳定性好、选择性高等特点。该技术于2022年9月在中石化长岭分公司1#S-Zorb装置成功实施工业应用，规模为150t/h，平稳运行至今，原料汽油烯烃含量19%～25%，加氢汽油烯烃含量14.9%～17.8%，稳定汽油烯烃含量保持在10.9%～15.0%，满足国VIB汽油质量升级烯烃含量要求。加氢降烯烃工业装置投用后，有利于S-Zorb吸附脱硫装置长周期稳定运行，延缓了换热器、加热炉器壁高温部位的结焦，提高换热及加热炉热效率，节约瓦斯用量90Nm^3·h^{-1}；汽油干点未发生明显上升趋势；S-Zorb装置待生吸附剂积碳量3%降至1.72%，延缓了催化体系生焦趋势，有利于催化剂脱硫性能发挥及延长催化剂单程使用周期，提高S-Zorb装置脱硫效果（稳定汽油平均硫含量由5.5μg·g^{-1}降至3.5μg·g^{-1}）及处理负荷。

2　小试实验

2.1　小试实验部分

2.1.1　实验原料

本研究所用原料取自中石化长岭分公司1#S-Zorb催化汽油，其较典型的组成见表1。

表 1　原料汽油性质

项目	原料汽油 1	原料汽油 2	原料汽油 3	原料汽油 4
密度/kg·m^{-3}	736.6	735.8	736.2	735.7
馏程/℃				
初馏点	37	38	37	37
10%~20%	54-62	53-62	54-62	54-63
30%~40%	72-80	73-80	73-80	72-80
50%~60%	101-120.5	101-120.5	101-120	101-120
70%~80%	141-158.5	142-159	141-158.5	141-258
90%~95%	178.5-196.5	178-196	178.5-196.5	178-195
终馏点	217.5	217.5	217	216.5
硫含量/μg·g^{-1}	348.9	334.2	338.4	345.3
烯烃/v%	20.8	19.2	18.9	19.3
芳烃/v%	24.2	24.0	23.8	24.1
苯/v%	0.64	0.65	0.65	0.65
RON	91.8	91.5	91.6	91.2

2.1.2　试验评价

小试规模：100mL 评价装置，反应器直径 8mm。

方法：取 100mL 催化剂装填于反应器加热炉恒温段，上下均用石英砂填充，氢源为电解氢，催化剂活化后，采用 FITS 液相加氢工艺，催化汽油原料与氢气混合后进入加氢反应器，在一定反应条件下进行加氢反应(图 1)。

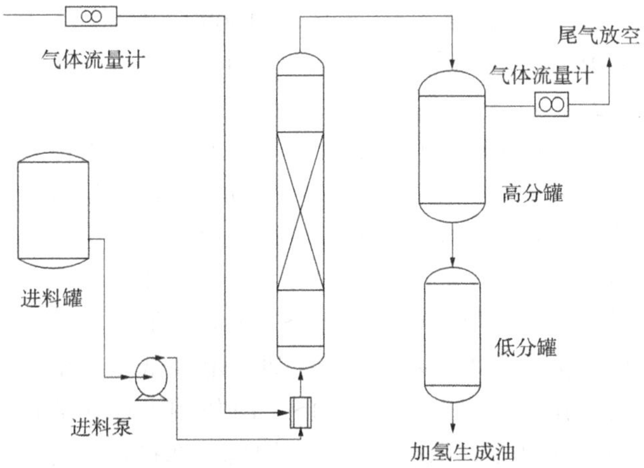

图 1　催化汽油加氢小试简易流程

2.1.3　分析方法

评价催化剂活性的主要指标为加氢汽油烯烃、二烯烃含量及辛烷值。采用 GC/MS 气相色谱法进行定性和定量分析。

2.2　小试实验结果与讨论

2.2.1　催化剂研究

催化汽油中含有大量烯烃及少量二烯烃，性质活泼，易发生缩合反应，造成工业装置换热设备器壁(如原料换热器、预热炉)结焦，降低设备换热效率，增大加工能耗等问题，因此，需在较低温度下，加氢饱和，同时减少辛烷值损失，要求催化剂具有较高的加氢活性及选择性。本研究以 1#S-Zorb 为评价试验进料，对催化剂不同制备方法、金属上量及助剂添加量方面进行了考察研究，以期获得高活性且具有一定选择性性能催化剂。

2.2.1.1　制备方法考察

采用 A 和 B 制备方法分别制备金属上量一致的催化剂 HGOX-1 和 HGOX-2，进行活性评价，结果见表 2。从表中数据可知，在相同运转时间内，采用 B 方法制备的催化剂，其活性稳定性更佳。

表 2　不同制备方法催化剂评价结果

催化剂	制备方法	烯烃含量/%	二烯烃脱除率/%	辛烷值损失	运行时间/h
HGOX-1	A	16.8	80.15	0.5	100
HGOX-2	B	16.2	81.22	0.5	100

注：催化剂制备方法 A、B 为沉淀法、浸渍法、热分解法、熔融法、还原法、离子交换法、溶胶-凝胶法中的两种。反应温度 170℃，压力 3.0MPa，体积空速 4.0h^{-1}，氢油体积比 20∶1。

2.2.1.2　金属上量考察

采用 B 制备方法分别制备了活性金属为 X%、Y%、Z%(金属上量逐渐增加)的催化剂 HGOX-3、HGOX-4、HGOX-5，考察不同金属上量对催化剂活性的影响。表 3 数据表明，当金属上量为 Y%和 Z%时，其催化剂活性相当，加氢产物中烯烃含量，二烯烃含量，相对 X%金属上量催化剂活性更高，从兼顾活性、选择性及经济成本角度考虑，金属上量以 Y%为佳。

表 3　不同金属上量催化剂评价结果

催化剂	金属上量/%	烯烃含量/%	二烯烃脱除率/%	辛烷值损失	运行时间/h
HGOX-3	X	16.1	81.12	0.5	123
HGOX-4	Y	15.6	81.03	0.6	120
HGOX-5	Z	15.3	80.98	0.7	120

注：活性金属组元含量范围 8~14%，X、Y、Z 包含其中。反应温度 170℃，压力 3.0MPa，体积空速 4.0h^{-1}，氢油体积比 20∶1。

2.2.1.3　助剂添加量考察

为提高催化剂的热稳定性及选择性，在金属上量为Y%的催化剂中添加了功能性助剂C，考察了不同助剂C添加量的催化剂性能情况，结果见表4。在考察条件范围内，未添加助剂和助剂添加量较少的催化剂，催化剂选择性较低，辛烷值损失大，说明助剂的添加有利于催化剂选择性的提高。

表4　不同金属上量催化剂评价结果

催化剂	助剂C添加量/%	烯烃含量/%	二烯烃脱除率/%	辛烷值损失	运行时间/h
HGOX-6	0	15.6	80.86	0.6	240
HGOX-4	基准-1	15.6	80.88	0.5	240
HGOX-7	基准	15.5	80.88	0.4	240
HGOX-8	基准+1	15.5	80.87	0.4	240

注：助剂C为有机络合物。反应温度170℃，压力3.0MPa，体积空速4.0h^{-1}，氢油体积比20：1。

2.2.1.4　催化剂定型

经上述催化剂研究考察，根据催化剂活性及选择性评价结果，优选催化剂为B制备方法、金属上量Y%，助剂C添加量为基准量，催化剂型号为HGO-1，物化性质见表5。

表5　HGO-1催化剂物化性质

项目	分析数据	项目	分析数据
金属含量/m%	Y	比表面积/$m^2 \cdot g^{-1}$	225
外观	三叶草	孔容/$mL \cdot g^{-1}$	0.54
颗粒直径/mm	2.5	压碎强度/$N \cdot mm^{-1}$	28
颗粒长度/mm	8.1	堆密度/$g \cdot mL^{-1}$	0.68

2.2.2　工艺条件考察

2.2.2.1　反应温度的影响

采用HGO-1催化剂，考察反应温度对催化汽油中脱烯烃的影响，如图2所示。反应温度越高，烯烃脱除效果越好，反应温度为150℃时，加氢产物烯烃含量低于16v%，辛烷值损失0.3个单元，当反应温度继续升高，加氢产物烯烃含量减少，但辛烷值损失增加，故其在所考察的反应温度150℃为宜。

反应条件：反应压力3.0MPa，体积空速3.0h^{-1}，出口氢油体积比25：1

2.2.2.2　反应空速的影响

采用HGO-1催化剂，考察了体积空速对催化汽油中烯烃脱除的影响。由图3可知，当反应体积空速≤4h^{-1}时，加氢产物烯烃含量低于16v%，且辛烷值损失0.2~0.4。当反应体积空速>4h^{-1}后，烯烃含量高于16v%。综合考虑，较佳的反应体积空速为4.0h^1。

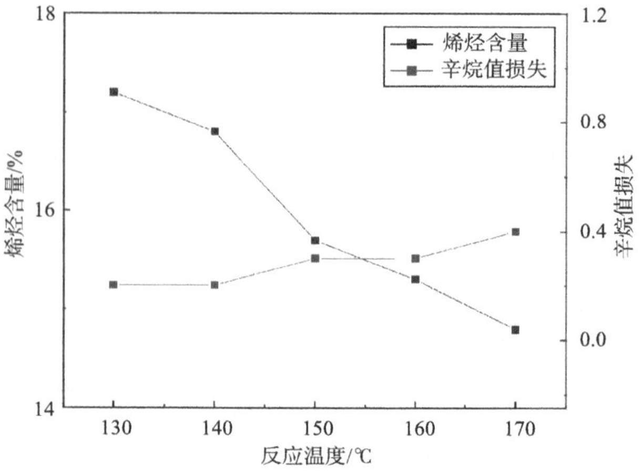

图2　不同温度下的加氢产物烯烃含量情况

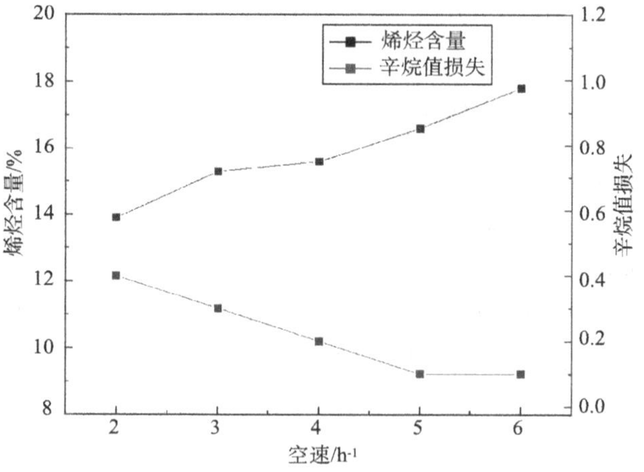

图3　不同空速下的加氢产物烯烃含量情况

反应条件：反应温度150℃，反应压力3.0MPa，出口氢油体积比25：1

2.2.2.3　反应氢油比的影响

采用HGO-1催化剂，考察了反应器出口氢油体积比对催化汽油中烯烃脱除的影响。稳定汽油要满足国ⅥB质量升级要求，原料汽油中烯烃需加氢脱除2%~4%绝对值，所需氢油体积比较低。当出口氢油体积比≥15：1时，加氢产物烯烃含量低于16v%。但催化剂稳定性试验考察发现，在较低的氢油比(≤15：1)作用下存在催化剂活性组分氧化流失现象，因此，选择较高的氢油比20：1为宜，如图4所示。

反应条件：反应温度150℃，反应空速4.0h^{-1}，反应压力3.0MPa

2.2.2.4　反应压力的影响

采用HGO-1催化剂，考察了反应压力对催化汽油中烯烃脱除的影响。在所考察的反应压力1.0~5.0MPa 范围内，当反应压力≥3.0MPa，加氢产物烯烃含量低于16v%。当反应压力过低时，汽油馏分较轻，易气化影响加氢反应效率。因此，选择适宜的反应压力为3.0MPa，如图5所示。

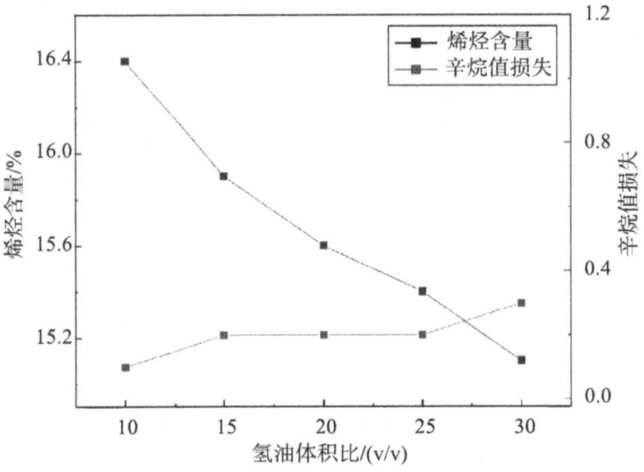

图4　不同氢油比下的加氢产物烯烃含量情况

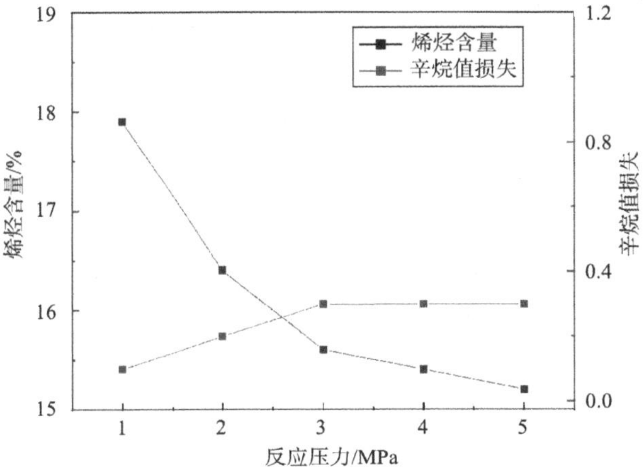

图5　不同压力下的加氢产物烯烃含量情况

反应条件：反应温度150℃，反应空速4.0h^{-1}，出口氢油体积比20：1。

2.2.2.5　催化剂稳定性试验考察

以1#S-Zorb催化汽油为原料，在反应温度170℃，压力3.0MPa，体积空速4.0h^{-1}，氢油体积比20：1条件下对HGO-1催化剂进行稳定性试验考察，评价时间约1400h，结果如图6所示。在考察范围内，催化剂活性及稳定性良好，原料汽油含量19.6%，加氢汽油烯烃含量低于16v%，二烯烃脱除率82.24%，辛烷值损失0.4个单位。

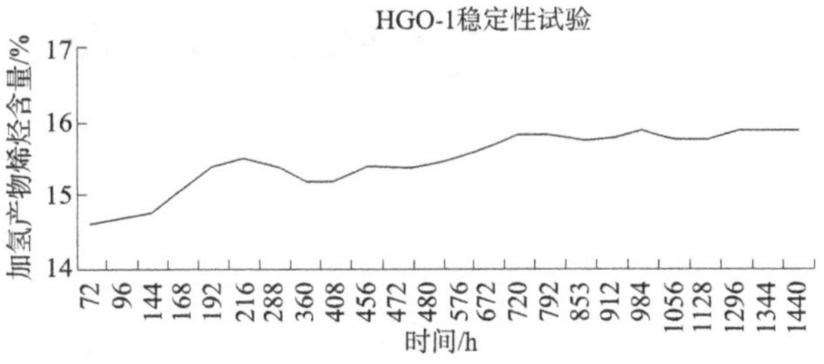

图6　HGO-1催化剂稳定性试验考察情况

3　工业应用

3.1　加氢降烯烃工业装置原则流程

加氢降烯烃工业装置工艺原则流程见图7。催化汽油自1#S-Zorb装置反应进料泵P101出口来，先通过进料蒸汽加热器E-115进行预热，后在换热器E-114A/B与自吸附进料换热器来的脱硫反应产物(200~230℃)换热；自循环氢压缩机来的氢气通过蒸汽加热器E116进行升温，后与换热后的原料油在反应器底部混合段内进行高效混合，混合物料自下向上流经管式反应器内催化剂床层，在催化剂的作用下发生加氢反应。加氢反应产物通过E-101A~F吸附进料换热器换热升温后去吸附进料加热炉F-101，脱硫反应产物在E-114A/B与原料油换热后去热产物气液分离罐。

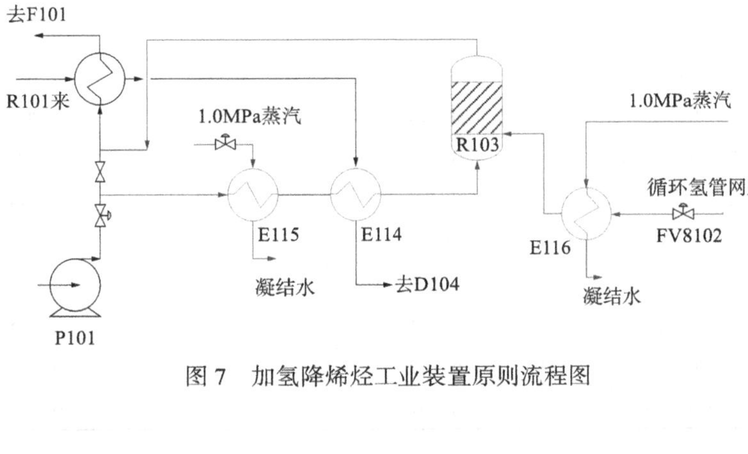

图7　加氢降烯烃工业装置原则流程图

3.2　工业应用效果

3.2.1　烯烃脱除效果

装置运行期间，汽油烯烃含量如图8所示。汽油原料烯烃含量在19.0%~24.0v%之间波动。FITS加氢汽油的烯烃含量为14.9v%~17.0v%，S-Zorb稳定汽油烯烃含量为10.9%~15.0%，满足国VIB汽油烯烃含量质量标准。

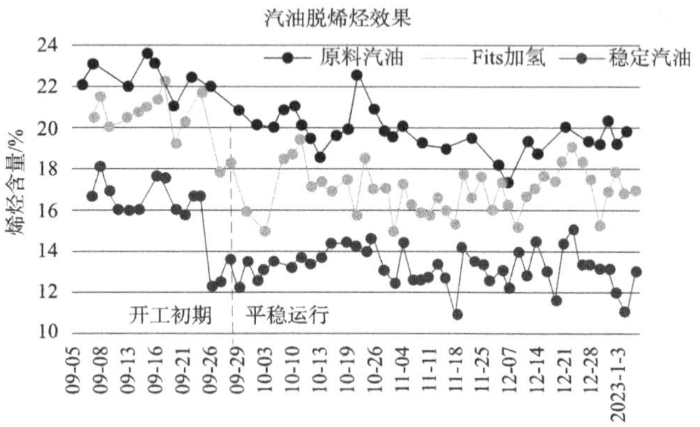

图8　汽油烯烃含量变化

原料及加氢汽油烃族组成分析见表6，原料汽油、加氢汽油的部分单体烃组成变化见表7。从表6、表7可以看出，原料汽油经FITS加氢后，加氢产物烯烃含量为15.9v%，选择性脱除原料中C4、C5、C6的异构烯烃，脱除量达到4.94v%，该部分烯烃转变为异构烷烃，辛烷值损失较小，降低了0.5个单位，达到降烯烃同时尽量保留辛烷值的目的。

表6　汽油加氢烃族组成变化

组成/v%	原料汽油 2022年9月28日	加氢反应器出口 2022年9月28日
nP	5.84	10.28
iP	40.96	41.53
O	20.84	15.9
N	8.11	8.09
A	24.25	24.20
RON	91.9	91.4

表7　汽油中部分单体烃分析数据

碳数	单体烯烃	烯烃含量/v%			
		汽油原料 2022年9月28日	加氢反应器出口 2022年9月28日	脱除量	脱除率/%
C4	丁烯	0.171	0.095	0.076	44.44
	反丁烯-2	0.419	0.121	0.298	71.12
	顺丁烯-2	0.443	0.182	0.261	58.92
	小计	1.033	0.398	0.635	61.47
C5	3-甲基丁烯-1	0.209	0.11	0.099	47.37
	戊烯-1	0.74	0.296	0.444	60.00
	2-甲基丁烯-1	1.688	1.000	0.688	40.76
	反戊烯-2	1.444	0.975	0.469	32.48
	顺戊烯-2	1.01	0.682	0.328	32.48
	环戊烯	0.48	0.136	0.344	71.67
	小计	5.571	3.199	2.372	42.58
C6	反-3-甲基戊烯-2	0.664	0.522	0.142	21.39
	4-甲基戊烯-1	0.188	0.083	0.105	55.85
	3-甲基戊烯-1	0.228	0.02	0.208	91.23
	顺-4-甲基戊烯-2	0.192	0.082	0.11	57.29
	2-甲基戊烯-1	0.437	0.301	0.136	31.12
	己烯-1	0.22	0.22	0	0.00
	2-乙基丁烯-1	0.117	0.117	0	0.00
	反己烯-3	0.297	0.085	0.212	71.38
	顺己烯-3	0.147	0.08	0.067	45.58
	反己烯-2	0.391	0.08	0.311	79.54

续表

碳数	单体烯烃	烯烃含量/v%			
		汽油原料 2022 年 9 月 28 日	加氢反应器出口 2022 年 9 月 28 日	脱除量	脱除率/%
C6	2-甲基戊烯-2	0.668	0.314	0.354	52.99
	3-甲基环戊烯	0.553	0.492	0.061	11.03
	顺己烯-2	0.221	0.176	0.045	20.36
	碳六烯烃	0.084	0.084	0	0.00
	反-3-甲基戊烯-2	0.66	0.525	0.135	20.45
	1-甲基环戊烯	0.465	0.422	0.043	9.25
	环己烯	0.05	0.046	0.004	8.00
	碳六环烯	0.004	0.004	0	0.00
	小计	5.586	3.653	1.933	34.60
	总计	12.19	7.25	4.94	40.53

3.2.2　二烯烃脱除效果

经分析 S-Zorb 催化汽油原料中二烯烃含量为 0.268m%～0.332m%，二烯烃较为活泼，极易在换热器或加热炉器壁的高温部位聚合生焦（图 9）。

由表 8 可知，原料汽油经过降烯烃加氢反应器后，二烯烃脱除率大于 75%，加氢汽油二烯烃大部分被脱除，汽油中二烯烃的脱除可延缓装置换热器、加热炉等高温部位结焦，可提高换热器换热效率，有利于 S-Zorb 装置长周期运行。

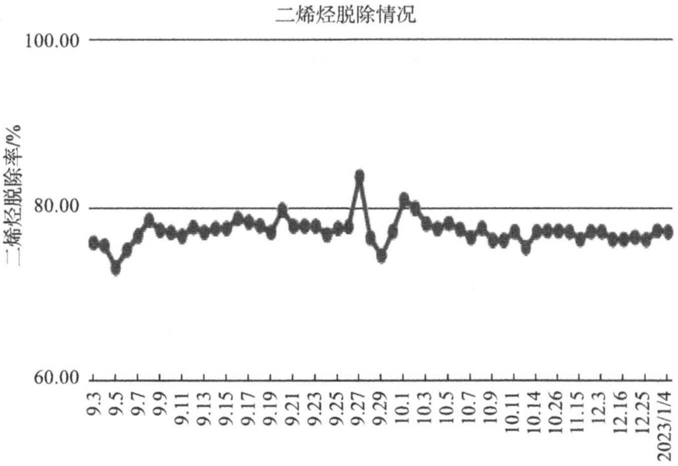

图 9　加氢汽油二烯烃含量变化

表 8　二烯烃变化情况

碳数	单体烯烃	二烯烃含量/v%			
		汽油原料 2022 年 9 月 28 日	加氢反应器出口 2022 年 9 月 28 日	脱除量	脱除率/%
C5	碳五二烯	0.038	0	0.038	100
	1,3-戊二烯	0.086	0	0.086	100
	1,3-环戊二烯	0.024	0	0.024	100
C6	2,3-二甲基-1,4-戊二烯	0.031	0.01	0.020	67.74
	1,3-环己二烯	0.027	0	0.027	100
C7	2,3-二甲基-1,4-戊二烯	0.028	0.013	0.015	53.57
合计	0.234	0.023	0.211	90.17	

3.2.3　辛烷值影响

由图10可知，原料汽油辛烷值在91.0~93.5之间波动，原料汽油辛烷值平均值约为92.1，加氢汽油的辛烷值亦呈波动趋势。加氢汽油辛烷值最低为90.8，最高为93，加氢汽油辛烷值平均值91.8，辛烷值损失平均值为0.3(辛烷值损失≯1.25个单位)。

3.2.4　原料及产品性质

S-Zorb装置典型汽油原料、加氢汽油、稳定汽油外观，部分性质分析结果见表9，汽油原料经加氢后，加氢产物澄清透明，密度及干点下降，烯烃从20.8%降低至15.9%，脱除量4.9v%，辛烷值损失小于0.5。

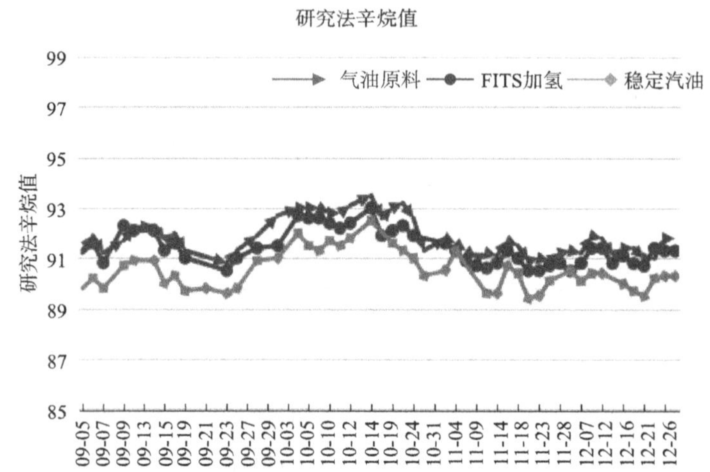

图10　汽油辛烷值变化

表9　汽油性质

项目	原料汽油 2022年9月28日	加氢汽油 2022年9月28日	稳定汽油 2022年9月28日
密度/kg·m^{-3}	736.6	734.7	730.6
馏程/℃			
初馏点	37	39	37
10%~20%	54~62	53.5~61	51~57
30%~40%	72~80	70~82	66~79.5
50%~60%	101~120.5	98.5~118	96~115
70%~80%	141~158.5	139~158.5	137~157
90%~95%	178.5~196.5	178.5~197	177~196
终馏点	217.5	216.5	217.0
硫含量/ug·g^{-1}	348.9	353.4	2.3
烯烃/v%	20.8	15.9	13.2
芳烃/v%	24.25	24.2	23.8
苯/v%	0.64	0.63	0.65
RON	91.9	91.4	90.9

3.2.5　稳定汽油烯烃变化情况

加氢降烯烃装置投用前，稳定汽油烯烃含量最高值达19.9v%，平均值约16v%。加氢降烯烃装置投用并稳定运行后，稳定汽油烯烃含量稳定在13v%~15v%，满足国VIB汽油质量升级要求。表明加氢降烯烃装置投用后，使稳定汽油烯烃含量的调整更为灵活(图11)。

3.2.6　稳定汽油硫和干点变化情况

对S-Zorb装置2022年稳定汽油硫含量进行分析。加氢降烯烃装置投用前，S-Zorb吸附脱硫装置硫含量平均值为 5.5μg·g⁻¹，稳定汽油硫含量存在波动。加氢降烯烃装置投用并稳定后稳定汽油硫含量较为稳定，未出现大幅度波动，平均值为 3.5μg·g⁻¹，最低为 1μg·g⁻¹。带来此有益效果的原因，表明加氢降烯烃装置可脱除原料汽油中的部分二烯烃及烯烃，避免其在 S-Zorb 装置中与 H_2S 进一步反应生成硫醇，同时烯烃的减少也可减缓 S-Zorb 脱硫剂生焦的趋势，更有利于催化剂脱硫性能的发挥（图 12）。

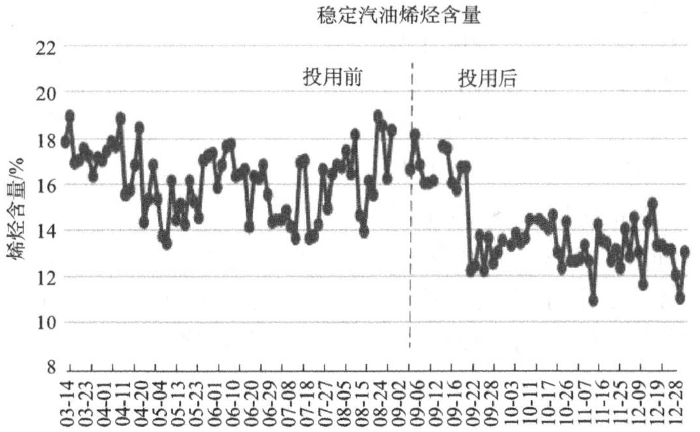

图 11　稳定汽油烯烃含量变化

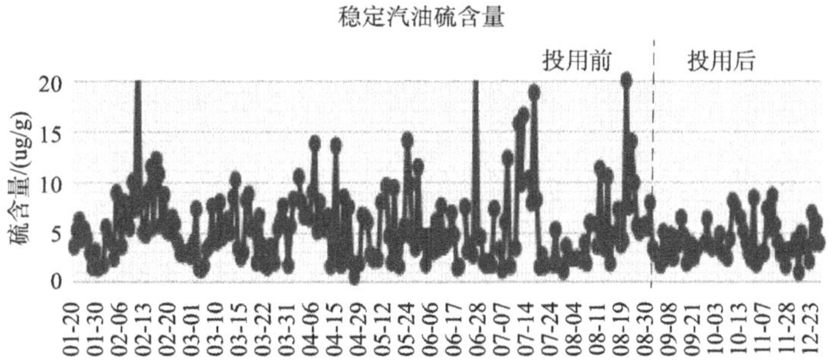

图 12　稳定汽油硫含量变化

加氢降烯烃装置投用前，稳定汽油干点相较原料会上升 1~3℃，平均上升 1.84℃，从而影响 S-Zorb 装置汽油收率；投用后，二烯烃及部分烯烃脱除，降低了其在高温条件下缩聚产生高分子烃类，使稳定汽油干点上升平均值有所下降，稳定汽油干点较汽油原料干点上升仅为 0.41℃，干点降低有利于提高稳定汽油产率。

3.2.7　对换热设备影响

加氢降烯烃装置投用后，反应物料出口温度提高，E101 换热器出口温度上升，加热炉进料温度提高，从投用前 355℃ 提高至 364℃，可降低加热炉 F-101 负荷，F101 瓦斯用量由开工前 650Nm³·h⁻¹左右下降至当前 560Nm³·h⁻¹左右下降 90Nm³·h⁻¹，可节省 150 万元/年，且炉膛温度较之前下降 20~30℃，可延缓炉管高温结焦。

S-Zorb 反应器平均温升 18℃，加氢降烯烃装置投用后，平均温升下降 3℃，稳定汽油硫含量、烯烃含量未出现不合格，表明预加氢脱除部分烯烃，可降低 S-Zorb 装置运行苛刻度，有利于装置长周期运行。

3.2.8　吸附剂变化

加氢降烯烃装置投用后，S-Zorb 装置待生吸附剂碳含量明显下降，从 3% 下降至 1.72%，由此可推测，加氢降烯烃装置投用后可延缓 S-Zorb 催化体系的生焦速率、增加催化剂单程使用周期，提高 S-Zorb 装置脱硫效果及处理负荷。

4　结论

（1）采用 FITS 液相加氢工艺配套开发了催化汽油加氢降烯烃催化剂 HGO-1，研究结果表明，在反应温度 170℃，压力 3.0MPa，体积空速 4.0h⁻¹，氢油体积比 20∶1 下，加氢汽油烯烃含量低于 16v%，二烯烃脱除率达到 82.24%，辛烷值损失 0.4 个单位，催化剂稳定运行 1400h 仍有较好的催化性。

（2）本技术于 2022 年 9 月实施工业应用，加氢降烯烃工业装置平稳运行至今，原料汽油中烯烃含量 19～24v%，加氢汽油 14.9～17.0%，稳定汽油烯烃含量低于 15v%，满足国 VIB 汽油质量升级烯烃含量要求，减少汽油调合成本，使稳定汽油烯烃含量的调整更为灵活。

（3）加氢降烯烃工业装置投用后，脱除了催化汽油原料中大部分二烯烃（二烯烃脱除率>75%），可延缓换热器或加热炉器壁的高温部位结焦，提高换热效率，有利于 S-Zorb 装置长周期运行；节约瓦斯用量 $90Nm^3 \cdot h^{-1}$；S-Zorb 装置待生吸附剂积碳量 3%降至 1.72%，可延缓 S-Zorb 催化体系的生焦趋势，有利于催化剂脱硫性能发挥及延长催化剂单程使用周期，提高 S-Zorb 装置脱硫效果（稳定汽油平均硫含量由 $5.5\mu g \cdot g^{-1}$ 降至 $3.5\mu g \cdot g^{-1}$）及处理负荷。

参 考 文 献

[1] 侯祥麟. 中国炼油技术[M]. 北京：中国石化出版社，1991.

[2] 刘蕾，宋彩彩，黄汇江，等. 加氢催化剂硫化研究进展[J]. 现代化工，2016，36(3)：42-45.

[3] 赵乐平，李扬，刘继华，等. 全馏分 FCC 汽油芳构化降烯烃技术研究[J]. 清洁燃料生产技术. 2005，3(1)：18-22.

[4] 郑净植，奚强. 炔烃及二烯烃选择加氢催化剂的研究进展[J]. 湖北化工，2003，(1)：4-5.

[5] 刘永才，刘传勤. S-Zorb 装置汽油辛烷值损失偏大的原因分析与措施[J]. 齐鲁石油化工，2012，40(3)：230-236.

催化油浆制备包覆沥青实验研究

王朝晖　陈忠正　易　橡　廖烈榜　杜　英

（中石化湖南石油化工有限公司港口部）

摘　要　锂电负极材料使用过程中，易于出现石墨电极剥落或脱离现象，从而影响锂电池的使用寿命，需要对石墨表面进行修饰或改性处理改善负极材料的电化学性能。石油系沥青具有杂质含量少、价格低廉、残炭值高等特点，是制备沥青基碳材料的优质原料。本文以脱除催化剂粉末并经过浅度化加氢脱硫处理的催化油浆为原料，脱除QI的中温沥青，采用空气氧化法制备包覆沥青。通过正交实验考察空气流量、反应时间、反应温度对包覆沥青产品性能的影响，并分析了在不同工艺条件下制备得到的包覆沥青软化点、喹啉不溶物、结焦值等指标，探索包覆沥青最佳制备条件。分析结果表明，在空气流量1.5m^3/h、反应时间11h、反应温度310℃条件下，制备得到的包覆沥青软化点260℃、喹啉不溶物8.8%、结焦值82.6%、产品收率63.7%，且在光学显微镜下为各向同性沥青。

关键词　催化油浆；包覆沥青；催化油浆的纯化；负极材料

1　前言

近年来，随着我国新能源汽车产业的高速发展，国内对锂电池产业链的研究和开发也日益增多，负极包覆材料作为锂电池负极材料的重要原料之一，目前国内已经突破了生产技术壁垒，实现了批量生产。数据显示，2016年我国包覆沥青产量为13.4kt，2021年产量增长至88.3kt。

天然石墨作为锂离负极材料具有稳定性好、充放电平台低，但在锂离子电池充放电过程中，石墨负极材料易于膨胀而导致极片剥落直接与电解液接触，造成负极材料的循环性能、比容量明显衰减。为了提高电池的电化学性能延长其使用寿命，需要对石墨电极进行修饰改性处理，修饰的方法有电极表面氧化处理、掺杂元素、石墨表面包覆处理等。其中，包覆处理是最常用的技术手段，将沥青做为粘结剂包裹于石墨表面，之后进行石墨化处理，使电极表面形成一层不定型的炭，避免石墨与电解液直接接触，从而提高电池充放电循环性能。张晓波等在石墨电极表面包覆15%的沥青，首次循环放电效率可达96.2%，经过50次循环放电过后电化学性能还可保持在94.5%。王永邦等采用液相包覆法，在天然石墨表面包覆10%的沥青，经过150次循环放电后，电池比容量由81.05%增大至94.27%。综上所述，在石墨电极表面包覆高软点沥青可提高电池的电化学性能。

包覆沥青的制备方法可分为溶剂萃取法、热缩聚法、减压蒸馏法、空气氧化法等。不同制备方法对包覆沥青软化点、结焦值、甲苯不溶物等指标也会有影响，从而影响沥青对负极材料的粘结性，通过调节沥青中的组分或添加化学药剂改善其物化性质。马晓龙等以煤系沥青为原料，将煤沥青与萃取剂按照1：0.8的比例进行静置沉降处理后，在通过真空闪蒸方法脱除轻相组分，得到喹啉不溶物含量痕量的中温沥青，并将制备得到的包覆沥青包裹于石墨电极表面进行石墨化处理，测试锂电池改性后的电化学性能，结果显示，在石墨电极表面包覆一层不定型炭可有效降低电池不可逆容量、增大锂电池比容量与效率等性能。邓洪贵等，以软化点80~200℃的中温煤沥青为原料，采用氮气吹扫脱除原料中的轻烃组分后，在400℃条件下氧化6h可得到软化点301.7℃、收率67%的包覆沥青。孙书双等以净化缩聚沥青原料，在空气流量160L/h、反应时间6h、反应温度300℃条件下，制备得到软化点215℃、喹啉不溶物含量8.14%、结焦值75.83%的包覆沥青。

采用以上方法制备得到的包覆沥青，存在工艺流程复杂、设备需耐压耐高温、能耗大、原料杂质含量低等问题。本文以催化油浆为原料制备包覆沥青，通过过滤脱固、浅度加氢、减压蒸馏、氧化交联等流程，得到一种喹啉不溶物低、软化点高、结焦值高、同性沥青纯度高、甲苯不溶物高的包覆沥青。

2　实验过程

2.1　催化油浆制包覆沥青工艺路线

工艺路线如图1所示。

2.2　原料性质

本实验使用原料为催化油浆，常温下黑褐色黏稠状液体，原料性质如表1所示。

2.3　原料净化

为避免原料中S、N、灰分含量过高，导致石墨电极发生晶胀引起电极破碎，本文采用陶瓷膜过滤、浅度化加氢处理对原料进行纯化处理，纯化后的催化油浆性质见表2。

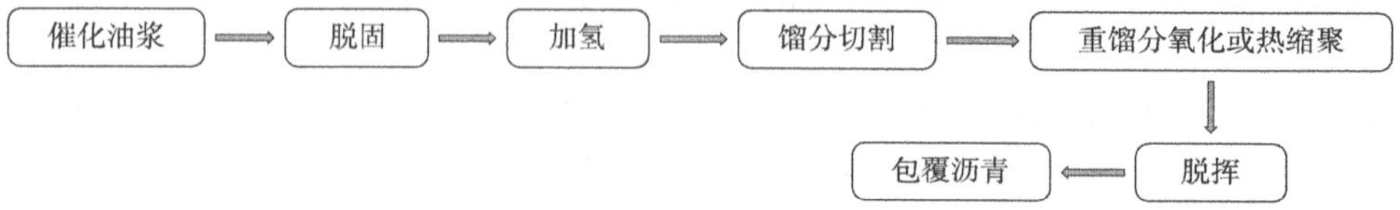

图1　催化油浆制包覆沥青工艺路线图

表1　原料性质

分析项目		分析结果	分析方法
密度，20℃/kg·m^{-3}		1126.9	GBT 1884
黏度/(mm^2/s^{-1})		35.43	GBT 1814
残碳/%		19.23	GBT 8727
灰分/%		0.732	GBT 508
S/%		1.25	GBT 380
四组分组成	饱和烃/%	2.32	NB/SH/T 0509
	芳香烃/%	74.52	
	胶质/%	19.16	
	沥青质/%		

表2　纯化原料性质

分析项目		分析结果	分析方法
密度，20℃/kg·m^{-3}		1100.3	GBT 1884
黏度，mm^2/s		21.36	GBT 1814
残碳/%		16.68	GBT 8727
灰分/%		0.012	GBT 508
S,%		0.69	GBT 380
四组分组成	饱和烃,%	1.99	NB/SH/T 0509
	芳香烃,%	70.96	
	胶质,%	15.32	

2.4　包覆沥青实验过程

本实验采用空气氧化法制备包覆沥青，取3kg中温沥青样品放入高压反应釜中，待物料全部熔融后开启搅拌器，以3~8℃/min的升温速率升温至200~280℃，为防止气速过大将物料带出釜外，影响产品收率，先在空气流量0~1m^3/h·kg^{-1}下反应0~8h，待物料黏度增大后将空气流量提升至0~2m^3/h·kg^{-1}，在250~400℃条件下反应0~15h后，得到的产品即为包覆沥青，产品冷却至室温后，装入密封袋保存备用。

2.5　包覆沥青分析方法

本分析方法适用于以煤沥青、含芳香烃石油类重质油为原料，加工得到的沥青产品，主要用于锂离子电池负极材料产品的检测，见表3。

表3　包覆沥青检测方法

项目	分析方法
软化点	ASTM D3104
喹啉不溶物	GB/T 2293
结焦值	GB/T 8727
灰分	GB/T 2295
水分	GB/T 2288
硫含量	GB/T 214

3　结果与讨论

3.1　空气流量对包覆沥青性能的影响

在氧化温度300℃、氧化时间10h条件下，考察空气进气量对包覆沥青性能的影响。分析结果如图2所示。

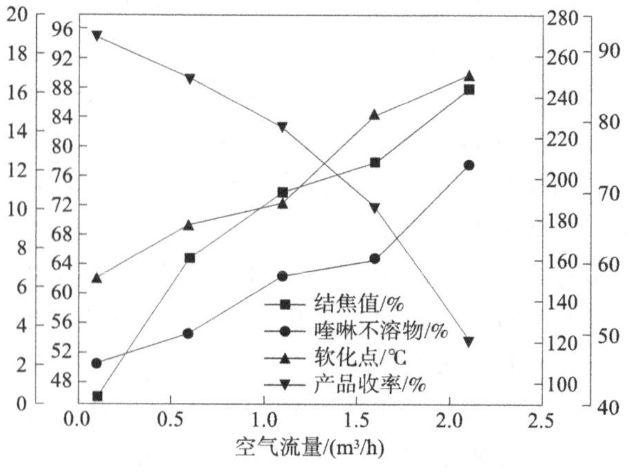

图2　空气流量对产品性能影响

由图2可知，在氧化相同时间条件下，随着空气流量的增大，包覆沥青软化点的提升速率先增大再缓慢上升趋势、产品收率先增大逐渐降低、结焦值与喹啉不溶物含量先呈急速增大后缓慢降低的趋势。这是由于催化油浆氧化过程主要发生脱氢、缩合、芳构化等反应，空气主要起脱除轻烃、氧化交联的作用，空气流量越大气相中携带的轻烃组分脱除的速率就越快、足够满足缩聚反应对氧化剂的消耗，但当物料黏度较低，空气流量过大时，反应釜内的物料易于被带出釜外，影响产品收率，所以反应初期将气量控制在0~1m^3/h之间。

由图1可知，当空气流量在1.5m^3/h时，可制备出软化点为228℃，喹啉不溶物含量为7.2%，结焦值为78.7%的包覆沥青。

3.2　反应时间对包覆沥青性能的影响

在氧化温度300℃条件下，空气流量1.5m^3/h，考察反应时间对包覆沥青性能的影响。分析结果如图3所示。

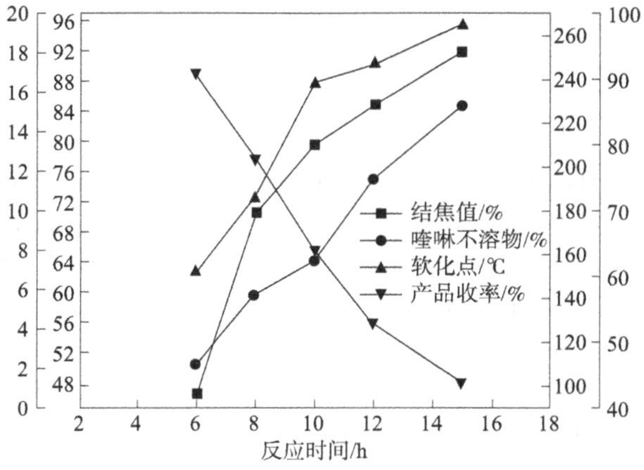

图3　反应时间对产品性能影响

由图3可知，在反应时间10h前，包覆沥青的软化点、喹啉不溶物含量、结焦值等指标急剧增大，这是由于反应前期，物料主要进行脱除轻烃组分的过程，在反应时间超过10h后，体系中大部分剩余芳烃类大分子化合物，物料黏度较大，分子间主要发生氧化交联反应，小分子化合物聚合形成大分子化合物，而分子间的聚合需要吸收热量促进反应的进行，分子量越大需要吸收的热量就越多，所以包覆沥青的软化点、结焦值、喹啉不溶物提升速率逐渐变慢。

由图2可知，在氧化温度310℃，当氧化时间11h时，可制备出软化点为246℃，喹啉不溶物含量为8.8%，结焦值为82.6%的包覆沥青。

3.3　反应温度对包覆沥青性能的影响

在氧化时间11h、空气流量1.5m^3/h，考察反应温度对包覆沥青性能的影响。分析结果图4所示。

由图4可知，氧化反应温度越高，软化点、结焦值、喹啉不溶物增长的速率越明显，但是氧化反应温度超过350℃时，釜壁出现明显的焦块，这是由于沥青中的甲苯不溶物部分转化为喹啉不溶物，还有部分喹啉可溶物转化为甲苯不溶物，进行缩聚反应时，甲苯不溶物组分发生熔融膨胀，反应温度过高后会发生部分结焦现象。

由图4可知，当反应温度310℃时，可制备出软化点为260℃，喹啉不溶物含量为9.6%，结焦值为85.6%的包覆沥青。

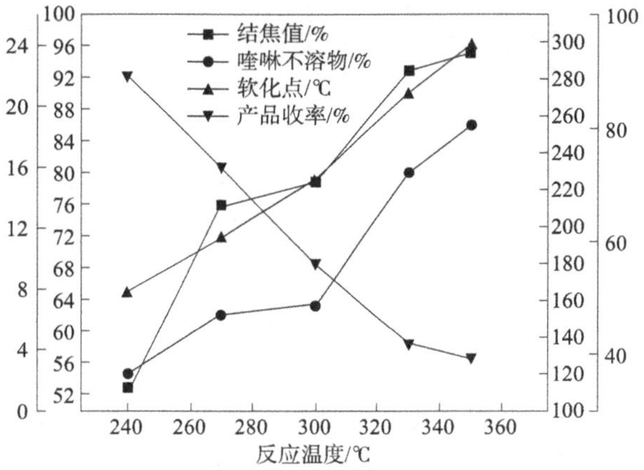

图4　反应温度对产品性能影响

将制备得到的包覆沥青产品，放在偏光显微镜下观察，发现当反应温度超过350℃时，有部分各向异性沥青生成，这是由于物料中得沥青质发生转化，小分子化合物发生环化、芳构化、异构化等反应，形成分子量更大的化合物，使部分光学同性沥青转化为各向异性沥青，导致产品中喹啉不溶物的含量急剧增大。图5为包覆沥青在不同温度下偏光显微镜下的照片。

4　结论

本文以中温沥青为原料，采用空气氧化法制备包覆沥青，通过正交实验研究空气流量、氧化时间、氧化温度对产品性能的影响，并分析了不同条件下产品的软化点、喹啉不溶物、甲苯不溶物结焦值等指标，实验结论如下：

（1）以中温沥青为原料，在空气流量1.5m^3/h、氧化时间11h、氧化温度350℃条件下，可制备出软化点297℃、喹啉不溶物含量18.7%、结焦值95.1%、甲苯不溶物含量55%的部分异性包覆沥青。

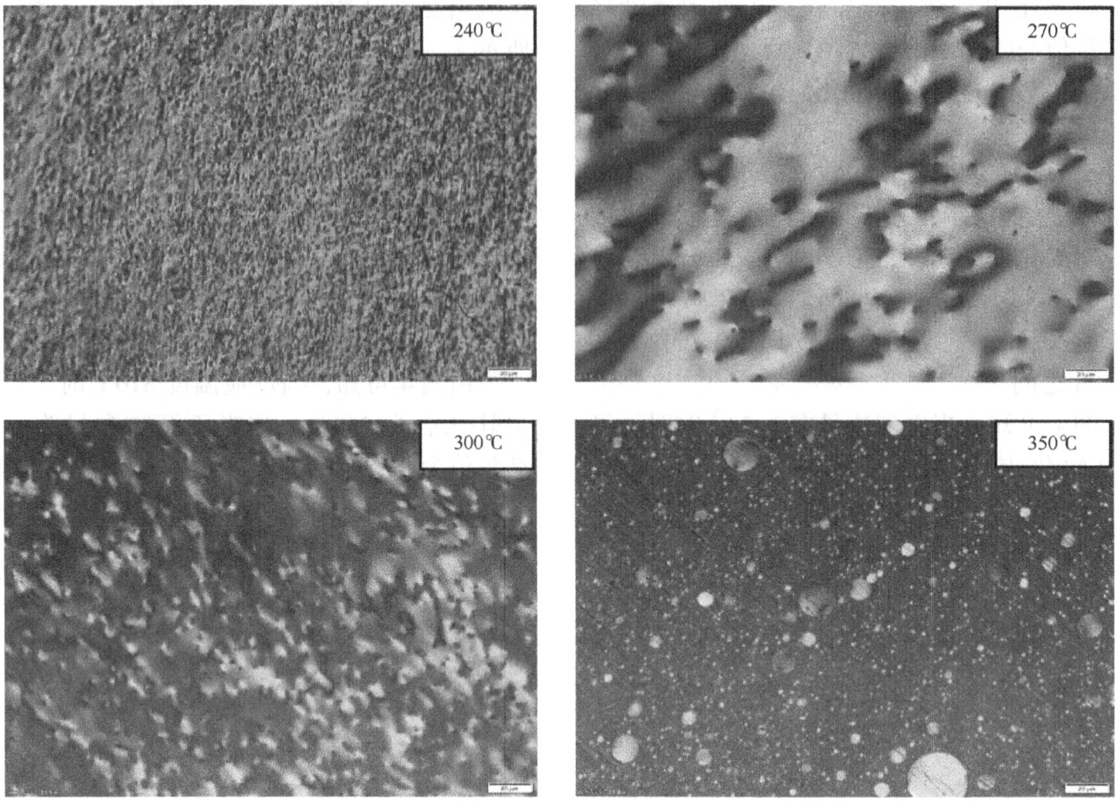

图5　不同反应温度下包覆沥青偏光图片

（2）采用氧化法制备包覆沥青，当反应温度超过350℃时，小分子化合物过度缩聚形成大分子化合物，使物料发生了相变转化，由同性沥青部分转化为各向异性沥青。

（3）采用氧化法可制备出软化点260℃、喹啉不溶物8.8%、结焦值82.6%、产品收率63.7%，且在光学显微镜下为各向同性的包覆沥青。包覆沥青软化点、结焦值、喹啉不溶物、甲苯不溶物随空气流量、反应温度、反应时间的增大呈逐渐增大在缓慢降低的趋势，产品收率呈逐渐降低的趋势。

参 考 文 献

[1] 黄健，等. 不同沥青包覆球形天然石墨负极材料结构和性能研究[J]. 炭素技术，2018，37(2)：42-47.

[2] Wu Y P，Holze R. Anode materials for lithium ion batteries obtained by mild and uniformly controlled oxidation of natural graphite[J]. Journal of Solid State Electrochemistry，2003，8(1)：73-78.

[3] Shim J，Striebel K A. Electrochemical characterization of ther-ally oxidized natural graphite anodes in lithium-ion batteries[J]. Journal of Power Sources，2007，164(2)：862-867.

[4] 张晓波，叶学海. 包覆处理对提高人造石墨负极材料性能的研究[J]. 无机盐工业 2015，47(08)：80-82.

[5] 王永邦，等. 沥青包覆对天然石墨性能影响研究[J]. 炭素技术，2023，42(01)：29-33.

[6] 赖仕全，等. 煤焦油软沥青氧化热聚合制备浸渍济沥青[J]. 炭素技术，2014，33(4)：10-13.

[7] 肖南，邱介山. 煤沥青基功能碳材料的研究现状及前景[J]. 化工进展，2016，35(6)：1804-1811.

[8] 马晓龙，等. 利用煤系软沥青制备包覆沥青的研究[J]. 燃料与化工，2021，52(01)：29-31.

[9] 邓洪贵，等. 一种低能耗且高效提高沥青软化点的沥青制备方法生产方法：中国 106893604A[P]. 2017-06-27.

[10] 孙书双，等. 高软化点包覆沥青的制备与表征[J]. 应用化工，2020，49(10)：2437-2441.

碳中和技术在乌石化公用工程部供水系统中的应用

胡良杰

（中国石油乌鲁木齐石化公司公用工程部）

摘　要　随着全球对气候变化的关注以及对可持续发展的追求，实现碳中和已成为众多行业的重要目标。本文针对在石油石化行业的供水系统中采用电能供热、重力流优化设计、管道安全运行调控、排泥废水回用和大数据共享利用等碳中和技术的应用。通过详细阐述这些技术在乌石化公用工程部供水系统中应用的原理、应用方式以及带来的效益，为石油石化行业实现节能减排、提高水资源利用效率和降低环境影响提供了有益的参考和指导。

关键词　碳中和技术；供水系统；电能供热；重力流优化设计；管道安全运行调控；排泥上清液回用；大数据共享利用

1　引言

乌鲁木齐石化公司公用工程部承担着乌石化生产装置的新水处理和供水工作，新水的原水取自36km以外的地表水，由河润水业首部泵站将原水输送至乌石化公用工程部供水车间，在供水车间经过絮凝、沉淀、过滤、消毒后达到用水指标，输送至乌石化公司的炼油生产部、化肥生产部、化工生产部、热电生产部等各生产装置，处理量为$3000\times10^4m^3/a$。碳中和相关技术在本装置各个生产环节中，均有不同程度的应用，在保障安全生产的前提下，实现节能减排，优化水资源利用，变相减少温室气体排放中起着至关重要的作用。

2　电能供热技术在乌石化供水系统中应用

乌鲁木齐石化公用工程部供水车间位于乌鲁木齐市米东区长山子镇太平渠村，地理位置偏僻，距离乌石化生产装置区约12km，冬季气温远低于市区，2020年～2023年冬季最低气温达到-32℃。在这种地理环境下，保证生产装置在冬季安全运行，解决供热问题是困扰冬季运行的首要难题。2020年公用工程部利用投资项目的机会，对装置区的供热系统进行改造，配备了3台0.7MW的电锅炉作为供热热源，替代了原先燃煤锅炉的供热方式，采用下供下回垂直双管同程式供暖系统，实现了约10000m^2的工业厂房的冬季供热。相比燃煤锅炉，电锅炉供热可以实现精确的温度控制，根据需求灵活调节供热温度和时间，满足不同的供热要求，供热效率更高，热源本体的热损失少，能够有效利用能源，减少能源浪费。此外，电能供热不产生废气、废渣等污染物，对水源地这种环境要求较高的区域非常友好，有助于减少碳排放和改善生产区空气质量。

3　水处理装置重力流设计在乌石化供水系统中应用

乌鲁木齐石化公用工程部供水车间2020年新建了$3000\times10^4t/a$水处理装置，在水处理装置平面布置设计上采用了重力流设计，利用管道进入装置区末端的水压0.1MPa，采用重力势能实现全处理流程中水流的输送，无需额外的动力设备，大大降低了装置的生产能耗和运行成本。依托重力流设计的水处理厂水流相对稳定，不受电力故障或设备故障等因素的影响，保障了水处理过程的连续性和稳定性。由于无需增加水泵等设备，装置建设的初始投资相对较低，在一定程度上节省了动力设备的购置和安装费用。同时，依托重力流设计的水处理厂减少了能源消耗和设备运行产生的噪音、振动等不利影响，对周边环境更为友好，符合可持续发展的理念，有助于减少对不可再生能源的的动力依赖。

4 管道安全运行调控技术在乌石化供水系统中应用

管道的安全运行直接决定着生产装置的平稳连续运行，乌鲁木齐石化公用工程部供水车间承担着累计110多km供水管道运行和管理任务，从水源地首部泵站至供水车间水处理装置的供水管线起点距乌鲁木齐中心区71km，距乌鲁木齐市米东区中心区20km，距阜康市中心区30km。输水线路穿越西延干渠、魏家泉沟、碱泉子沟、老龙河102省道、137县道、141县道、216国道、303省道等，并在多处穿越县乡及田间道路，末端止于乌石化供排水厂供水车间，管道材质为涂塑复合钢管，全线双管DN800布置，设计流量1.11m^3/s，设计运行压力1.6MPa，起点与终点高度差约为62m，管道阻力损失51m，按设计运行参数，在供水车间末端还有约0.5PMa压力。为了实现节能降耗，对输水管道运行方式进行了优化，由原先的末端阀门调节流量改为依靠首部泵站变频调节；由原先的末端0.5PMa压力降低至0.1PMa压力进行运行控制；通过以上优化调整措施，使管道的运行压力降低约0.4PMa，使首部泵站机泵的实际运行功率也下降约20kW，年节电量约17.5万度。

5 排泥上清液回收利用在乌石化供水系统中应用

按照石油化工行业中公用工程系统水处理装置3%的废水量计算，乌鲁木齐石化公用工程部供水车间的水处理装置每日生产废水量约3000m^3，由专用废水管道输529线送至污水处理部门进行处理后排放。2021年乌鲁木齐石化公用工程部供水车间开展提质增效、节能节水专项活动，对处理装置优化了沉淀池排泥运行方式，在保证出水参数达标的前提下，由连续排泥方式该为间歇性排泥排泥，减少排泥量，从而降低废水量至每天500m^3。同时，安排人员现场监控和调节污泥浓缩池上清液液位，最大限度提高污泥浓缩池出水高度增加上清液沉降空间，使上清液出水浊度维持在30NTU（工艺设计上清液浊度≥50NTU），降低了上清液的含泥量和浊度。此外，在废水池内架设临时潜水泵和敷设管线，将生产废水输送至排水池，利用排水池水泵对生产废水进行回收利用。采用排泥上清液回收后，每年可节约新水$18\times10^4m^3$，同时还降低了炼化装置的污水处理量，综合经济效益每年约500万元以上。

6 大数据共享利用在乌石化供水系统中应用

乌石化公司在生产装置开停工、循环水大量换水期间，装置用水量波动较大，易出现供求关系不平衡现象，导致高位水库憋库或储量不足的情况。通过MES系统的建立，乌石化公司实现了新水全流程的处理量、供应量、瞬时量、消耗量的数据共享，供水车间运行岗位通过MES系统查看各生产部的实时用水情况，根据全公司装置的新水消耗量，调整原水的处理量和供应量。水量的数据共享使供水车间能够将及时将新水消耗和原水处理调整平衡，使高位水库液位维持在稳定状态，有效控制了高位水库的液位波动，使得水处理装置和供水装置运行更加平稳。

此外，依托大数据共享的信息资源优势，乌石化公司定期开展装置水平衡分析，提高新水查漏工作效率，在2023年乌石化装置大检修期间，供水车间通过用水水量的实时数据，缩小乌石化生产装置的新水跑冒滴漏重点区域为炼油二线和化纤外供线有3.2～9.5m^3/h的泄漏量，为炼化生产装置新水消漏、提质增效、节能节水提供了有力数据支持。

大数据共享在乌石化水处理全流程中均有不同程度的应用，通过乌石化自建平台开发和系统融合，实现了对原水水质分析数据实时共享、水量供求平衡调控、设备运行实时监测等功能，依托数据共享的优势，乌石化公用工程部不断优化水处理装置流程的管理和运行控制，提高处理效率、降低成本、保障优质供水和达标排放，为乌石化的可持续发展做出贡献。

7 总结与展望

石油化工行业作为国民经济的重要支柱，其生产过程中消耗大量的水资源，同时也产生了相应的环境压力。在全球应对气候变化的大背景下，引入和应用先进的碳中和技术，对于优化石油石化行业的工业用水系统，降低生产废水排放量、减少能源消耗和温室气体排放，具有至关重要的意义。

在未来，随着新能源替代和人工智能的迅猛发展和应用，在保障安全生产的基础上，炼化装置的供水系统将实现向低碳、环保、智能化方向转型，在降低工业用水加工成本、减少污泥废水排放量、采用空气源热泵水源热泵等方面均有很大的发展空间，从而进一步降低能源消耗成本，碳中和相关技术在全国炼化行业的水处理装置全流程中的应用将会更加广泛，为炼化行业的可持续发展带来新的机遇和挑战。

绿色数据中心建设技术探索与实践

朱路平　高广亮　曹士炳　李康生　伏智钰

（中国石油集团东方地球物理勘探有限责任公司）

摘　要　随着数据中心爆炸式增长，其运行能源利用率直接影响了其运行成本的高低。本文以数据中心电能使用效率(PUE)为依据指标，以东方物探公司科技园区数据中心为例，通过与国内先进数据中心比较，总结了目前以应用的一些绿色数据中心建设技术(统一冷水制冷、冷通道封闭、谐波治理)，以及应用效果。同时，还介绍了一些数据中心节能的发展趋势和新技术，包括列间空调+冷热通道封闭、水冷机柜、直供电技术、双路供电技术。

关键词　数据中心；节能；PUE；冷热通道；双路供电

1　引言

随着全社会互联网、云计算、智能计算等业务的蓬勃发展，近两年全球超大规模数据中心成爆炸式增长，伴随而来的是数据中心的运营面临着成本上涨的挑战，因为数据中心是能源消耗大户，能源效率的提高可以在诸多方面对数据中心年度营业费用上产生重大影响。

电能使用效率(PUE)，即数据中心所有相关配套设备的总运行能耗与IT设备的能耗的比值。这个值越接近1，说明数据中心的能源利用率越高，也就是越绿色。

国家发改委2021年发布的《关于严格能效约束推动重点领域节能降碳的若干意见》中提出：新建大型、超大型数据中心电能利用效率不超过1.3。到2025年，数据中心电能利用效率普遍不超过1.5。

数据中心的总能耗包括IT设备能耗、制冷能耗、供电损耗、照明能耗以及其他能耗，由于照明能耗和其他能耗总量都很小，因此各数据中心一般都在制冷和供电两方面进行研究，以降低这两方面的能耗来提高电能利用率。

运维工程师总结了国内大型数据中心的特点以供参考。阿里数据港张北数据中心，采用分布式电源储能技术、市电直供技术和机械制冷和自然风冷的精确控制转换技术，全年的PUE值在1.25以下。

百度云计算(阳泉)中心，采用市电+高压直流(HVDC)离线架构供电，冷却模式分为机械制冷、预冷和自然冷却三种模式，制冷末端采用预制冷却装置(OCU)、风墙冷却技术(AHU)，并配合高温服务器的使用，年均PUE值在1.1左右。

亚马逊宁夏中卫云数据中心采用风墙冷却技术和机械制冷相结合的制冷模式，市电和高效离线UPS相结合的供电模式，年平均PUE值也在1.1左右。

2　数据中心节能技术研究及应用

2.1　直冷模式

东方物探公司研究院数据中心最初的制冷模式都是直冷模式，也就是传统的单机制冷模式，每台空调自成为一个单独制冷单元，都配有压缩机、冷凝器、蒸发器等关键制冷部件，室外散热采用风冷模式(图1)。这种传统的机房制冷模式的特点是：单机运行，无论室外气温如何，对机房的制冷完全靠压缩机的运行来实现，冬季制冷能耗比夏季略低，但仍在同一水平线上。

以研究院原机房(原五号院机房)为例，表1统计了2014、2015以及2016年搬迁之前的机房用电情况，可以看出每年的年度PUE值都在1.9以上。

2.2　统一冷水制冷模式

机房搬到科技园区以后，由于前期的规划设计，机房制冷采用统一冷水制冷模式，由冷冻站统一提供冷水，再由水泵供到机房的每一台机房精密空调内，用于对机房进行制冷。

这种统一的冷水制冷模式，根据室外的气温不同，又分为三种不同的制冷模式：

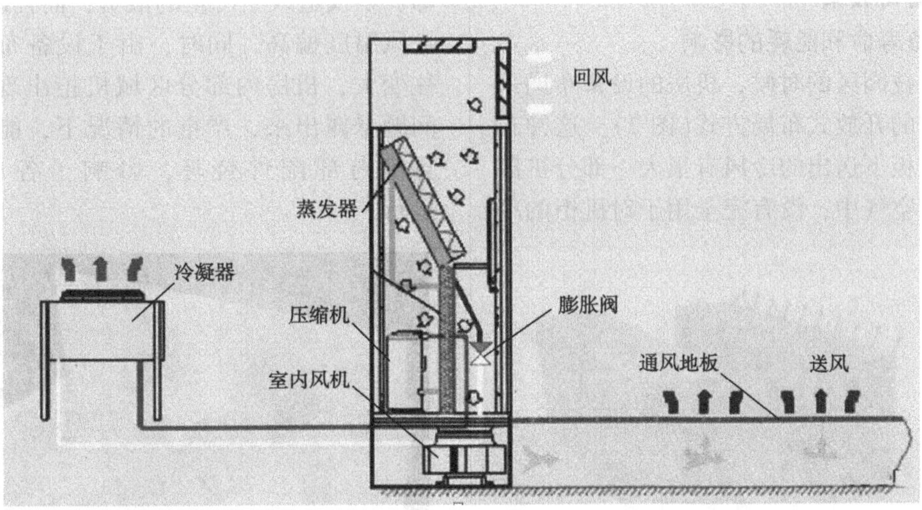

图 1　直冷模式空调运行原理图

表 1　原五号院机房用电统计

年度	计算机/度	UPS 损耗/度	空调/度	照明/度	分摊/度	合计/度	PUE
2014 年	7919939	879993	5669149	427279	322805	15219165	1.92
2015 年	7136956	792996	5165503	430756	599661	14125872	1.97
2016 年 1-10	5911070	656786	4547340	323871		11439067	1.93

2.2.1　夏季制冷模式

当室外气温达到 18 度以上时开启夏季制冷模式，这种制冷模式下，机房制冷所需的冷水完全由冷水机组提供，冷水供到机房精密空调内用于机房制冷，冷水吸收热量后再回到冷水机组，重新被吸热制冷。而外循环冷水机组产生的热水，则通过冷却塔进行散热，再回到冷水机组进行吸热。

2.2.2　冬季制冷模式

当室外气温低于 5 度时，采用冬季制冷模式，在这种模式下，冷水机组关闭，机房所需冷水由板式换热器换热提供，而外部循环则由冷却塔利用室外冷源提供温度为 5 度的冷水，与机房冷水进行换热。这个循环过程中，充分利用外界自然冷源，使能耗最大的冷水机组处在关闭状态，因此，此时为最佳节能模式。

2.2.3　预冷制冷模式

当室外气温在 5 度至 18 度之间时，则采用预冷制冷模式，在这种制冷模式下，机房回水（内循环）先由板式换热器进行预冷，再由冷水机组进行低负荷制冷，达到机房制冷要求。而外循环则是冷却塔提供的冷水先在板式换热器进行吸热，为机房回水预冷，再到冷水机组进行吸热，带走冷水机组产生的热量。在这种制冷模式下，冷水机组可以在低负荷运行过程中，提供足够的冷源，因此也处于节能模式制冷状态。

那么这种统一冷水制冷模式的节能效果如何呢，表 2 显示的是 2014 年～2017 年全年的设备能耗统计（注：2017 年机房制冷模式为冷水制冷模式），从表中可以看出，2017 年科技园区数据中心的 PUE 值降低到了 1.60 左右。

表 2　2014～2017 设备能耗统计

年度	计算机/度	UPS 损耗/度	空调/度	照明/度	分摊/度	合计/度	PUE
2014 年	7919939	879993	5669149	427279	322805	15219165	1.92
2015 年	7136956	792996	5165503	430756	599661	14125872	1.97
2016 年 1～10	5911070	656786	4547340	323871		11439067	1.93
2017 年	7685157	668274	3403491	496491	668274	12321687	1.60

2.3 冷通道封闭技术

2.3.1 对设备寿命和能耗的影响

刚搬到科技园区的时候，机房的设备布局采用的是原机房的开放式布局方式(图2)，这种布局方式使得地板下送出的冷风有很大一部分扩散的到了周围的空气中，没有完全用于对机柜的冷却，不仅造成了冷量的浪费，而且造成机柜前的进风温度偏高，同时，由于设备布局密度比以往变大，机房内部分区域机柜出现温度过高的问题暴露出来，严重的情况下，能够使部分计算机内部配件烧坏，影响了各单位的生产运行。

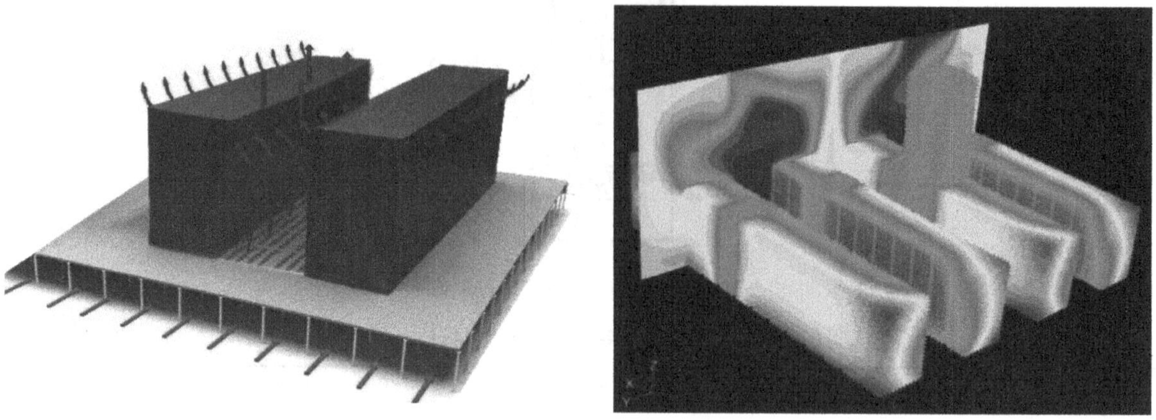

图2 开放式布局机房(示意图、模拟图)

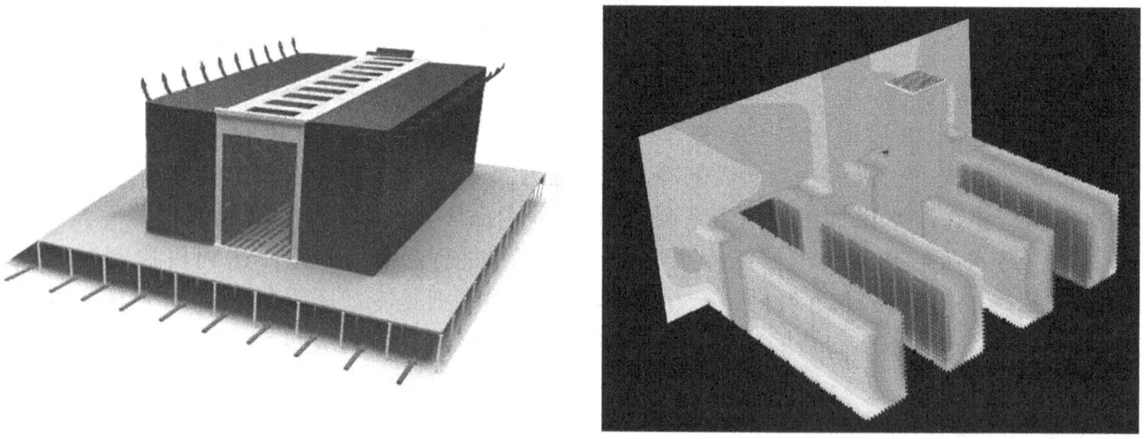

图3 冷通道封闭(示意图、模拟图)

运维工程师统计得到了连续五周新增故障节点的情况，如图4所示：平均每周新增故障节点36个。

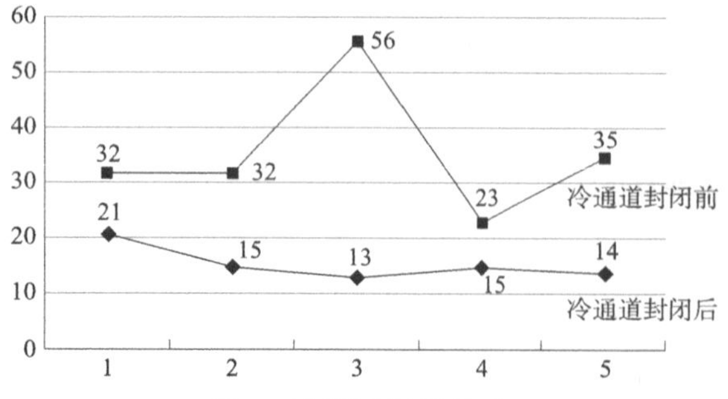

图4 冷通道封闭前后，新增故障节点统计

针对这种情况，机房运维工程师设计并安装了冷通道封闭系统(图3)，使地板送出的冷风不能向周围空间扩散，而是完全用于对机柜进行冷却。不仅降低了计算机内部温度，延长使用寿命，同时节约了大量制冷能耗。

表3统计的冷通道封闭后一年(2018年)的机房运行能耗情况，与前几年的运行能耗对比可以看出，机房采用冷通道封闭后，其运行的PUE值由1.60降低到了1.50。

同时，由于冷风完全用于对计算机设备的冷却，使计算机内部温度明显降低，计算机设备的故障率也有了明显降低。封闭后每周新增故障节点情况又进行了5周的统计，并与冷通道封闭前进行了对比，如图4所示，平均每周新增故障节点16个，比封闭前平均减少20个。

表 3　2014~2018 设备能耗统计

年度	计算机/度	UPS 损耗/度	空调/度	照明/度	分摊/度	合计/度	PUE
2014 年	7919939	879993	5669149	427279	322805	15219165	1.92
2015 年	7136956	792996	5165503	430756	599661	14125872	1.97
2016 年 1~10	5911070	656786	4547340	323871		11439067	1.93
2017 年	7685157	668274	3403491	496491	68274	12321687	1.60
2018 年	8837360	768466	3361672	488291	66365	13522754	1.50

2.3.2　对环境湿度的影响

在冷通道封闭之后，运维工程师发现在冷通道内环境湿度有了明显的升高，尤其是在夏季，最高时已经达到了 90%，已经严重的超出了机房的标准湿度范围(35%~70%)。针对这一新产生的问题，运维工程师详细研究了空气的焓湿图(图 5)，根据东方物探公司的企业标准(Q/SY BGP・K1010—2013)规定，机房内温度范围为 20~26 度，湿度范围为 35%~70%，在焓湿图中显示出来就是红色区域，也就是说该区域的点能够满足机房的环境要求。

将冷通道封闭之后，由于阻止了与周围热空气的混合，使得通道内的空气温度降低，而含湿量不变，使得空气的相对湿度升高。在公式中表示出来，就是温度降低使得饱和含湿量降低，进而使空气相对湿度升高。

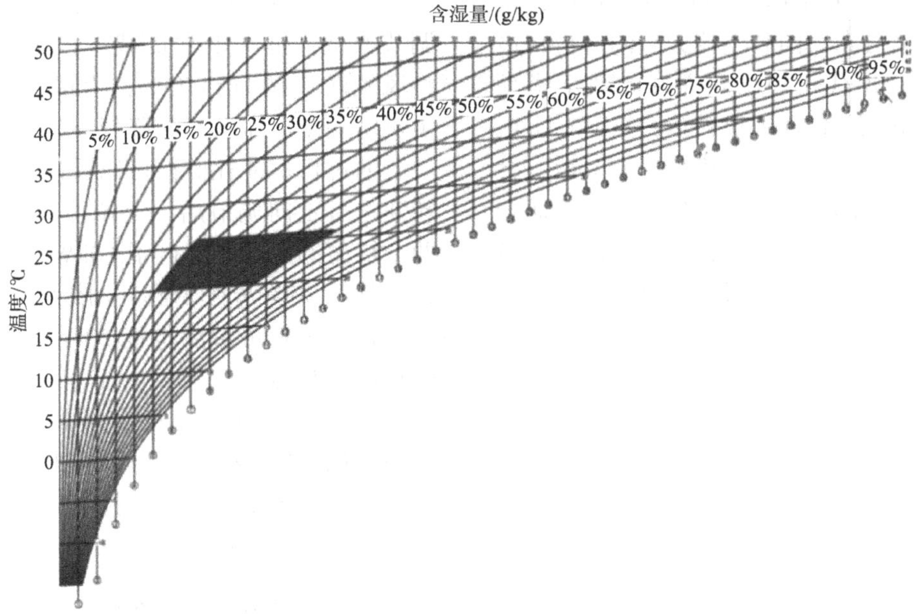

图 5　空气焓湿图

针对这种情况，经过反复研究测试，将空调的送风温度提高到 23 度，也就是相应的提高了空气的饱和含湿量，同时将机房的供水温度从 15 度降低到 12 度，以增大对空气的除湿量，降低含湿量，最终使冷通道内的相对湿度达到标准范围以内。

2.3.3　对消防的影响

冷通道封闭后，在机柜密闭的环境下，消防不达标，一旦冷通道内发生火灾，消防喷淋系统将不能对冷通道内灭火。

针对冷通道封闭以后的消防问题，我们设计了冷通道顶部活动天窗(图 6)，将活动天窗的控制系统接入机房消防系统的有源信号线，使得活动天窗的开合能够与机房消防系统实现消防联动，一旦机房发生火灾时，在消防系统进行喷淋灭火之前，会将冷通道顶部的所有天窗自动打开，以使得消防气体能够喷淋到冷通道内进行灭火。

2.4　空调机外余压精细化调节

机房内精密空调风机都是通过自带的温度传感器，检测空调的回风温度，根据回风温度与内部设置温度的温差来调节空调风机转速，基本上是线性调节，数据中心机房内常常出现温度场不均匀，使空调系统高负荷长时间运行的状况，导致不必要的能源浪费。

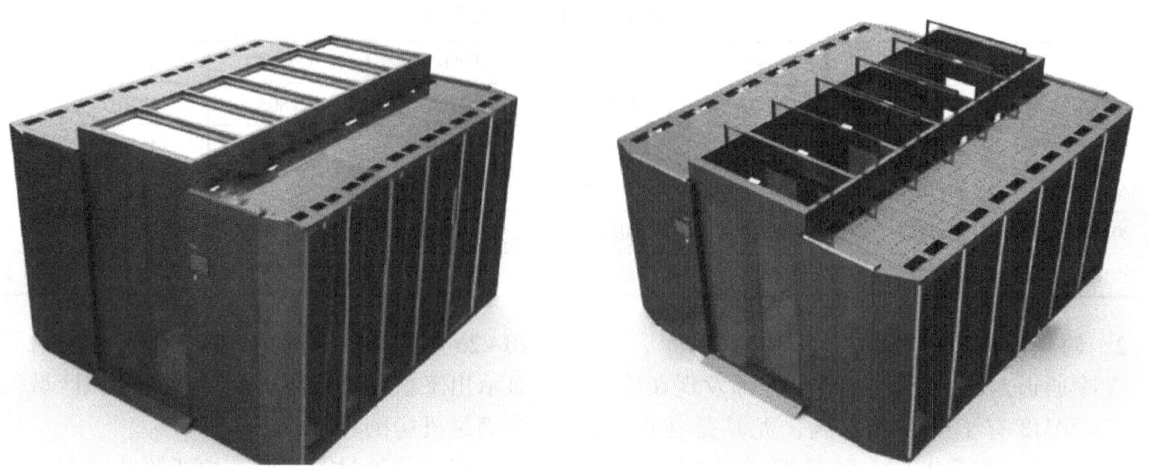

图 6　冷通道活动天窗

运维工程师根据数据中心机房结构、设备布置情况，建立物理模型，再将所有计算机设备的用电负荷、散热风速、空调冷水温度、流量等参数作为边界条件，通过 CFD 数值模拟软件，模拟出机房的温度分布云图和气流矢量图。再将最终的数值模拟数据代入到已建立好的数学模型中，得出目前情况下最优风机转速，进而对空调风机进行相应的自动调节。风机转速调节后，会对前面模拟所需要的边界条件产生影响，进而会产生新的模拟云图和模拟数据，又会使风机的最优转速进行相应的调节。形成一套自循环的反复迭代系统(图 7)。

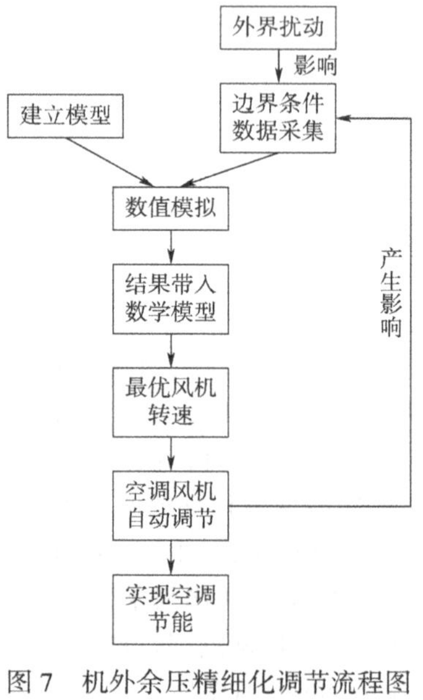

图 7　机外余压精细化调节流程图

当计算机由于计算项目变化而发生用电负荷变化，或由于室外气温情况造成供水温度发生波动时，数值模拟软件也会实时的对边界条件进行相应的调整，模拟出新的结果数据，形成新的的调节和迭代。使整个环境的散热系统、制冷系统、气流组织系统都趋近于一个最优状态，实现数据中心节能最大化。

该调节技术在高性能计算中心两个机房进行调节测试，机房正常负载下(500kW～550kW)，将风机转速调节到 75%，为最佳状态，既保证了机房的制冷需求，又降低了空调风机能耗。

通过机房能耗监控可以看出，在对空调风机转速进行定向调节后，空调能耗有了明显降低，两个机房的总功率降低了 60kW 左右，月环比能耗比降低 30%以上(图 8)。按此计算，两个机房模块预计全年可节约电能 53.4 万度，折合减少碳排放 650 吨。

根据 2021 年、2022 年能耗统计情况，并与之前能耗对比(表 4)，可以看出，两年时间应用空调机外余压精细化调节技术后，高性能计算中心 PUE 值降低到了 1.46.

3　未来技术的发展趋势

在未来的绿色数据中心建设中，务必要向更新的技术进行转变，从而取得更加明显的新成果。下面主要介绍一下未来数据中心建设中应用的技术和能取得的成果。

3.1　列间空调+冷热通道封闭技术

传统的机房设备布局为计算机设备和空调设备分开布置(图 9)，一般要有 2～3 米的距离，空调送出的冷风通过地板下空间送到机柜进风口处用于机柜制冷，这种布局方式使得冷风的送出和热风的回流都需要经过比较长的空间距离，在这种情况下，即使做了冷通道，在空气流通过程中，依然会出现扩散损失和温度损失。

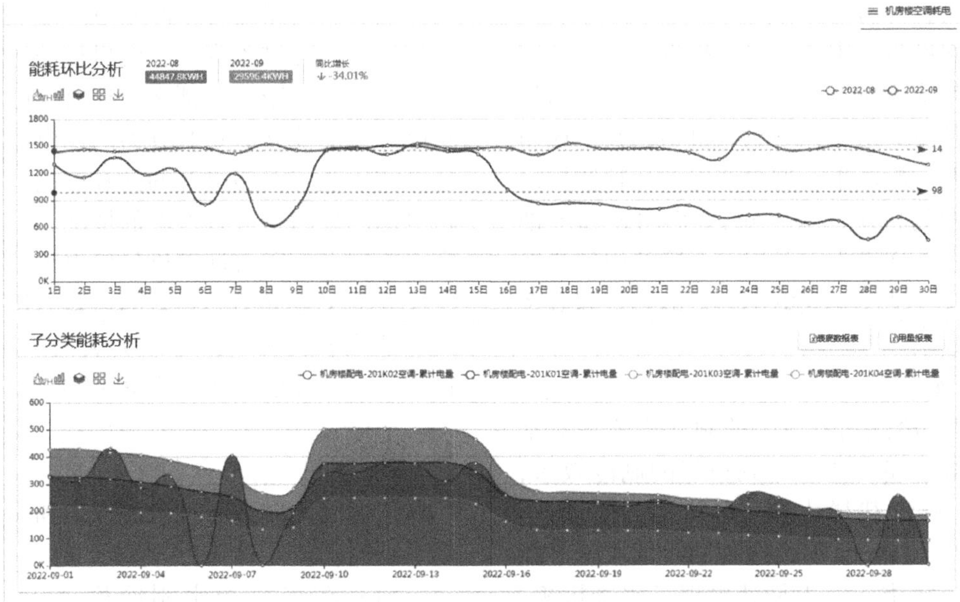

图 8　机外余压精细化调节技术应用后的空调能耗趋势

表 4　2014~2022 设备能耗统计

年度	计算机/度	UPS 损耗/度	空调/度	照明/度	分摊/度	合计/度	PUE
2014 年	7919939	879993	5669149	427279	322805	15219165	1.92
2015 年	7136956	792996	5165503	430756	599661	14125872	1.97
2016 年 1-10	5911070	656786	4547340	323871		11439067	1.93
2017 年	7685157	668274	3403491	496491	68274	12321687	1.60
2018 年	8837360	768466	3361672	488291	66365	13522754	1.50
2019 年	8972561	784725	3437457	452283	69273	13716299	1.50
2020 年	10606344	912373	4187224	427182	67514	16200638	1.49
2021 年	15313580	1024463	5974941	436225	68765	23817974	1.47
2022 年	17618672	1124596	6797208	432154	66475	26039105	1.46

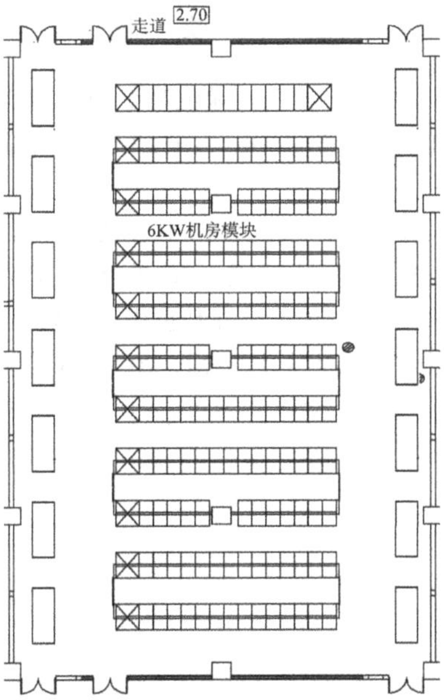

图 9　传统机房设备布局

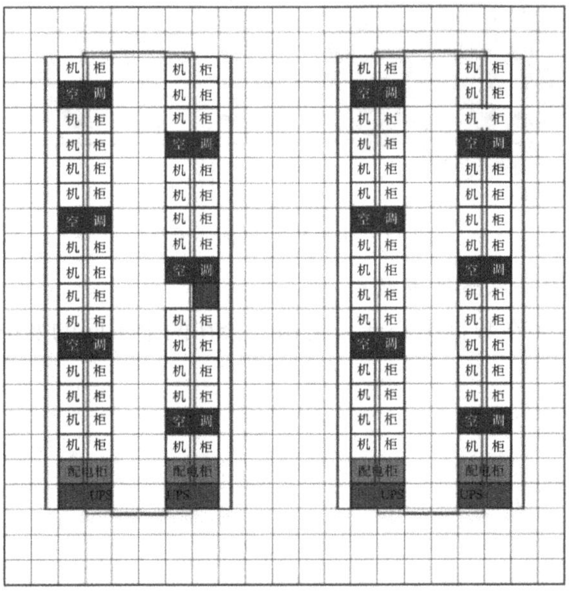

图 10　列间空调+冷热通道封闭设备布局

研究表明，冷源(空调)和热源(机柜)距离越近，冷热交换过程中的损失就越少。由此列间空调的方案就应运而生了(图10)。该方案的特点就是在一条冷通道内，不只有机柜，其中还布置了列间空调、配电柜、加湿器以及各种监控设施。一些小型的机房内甚至可以将UPS和电池柜一并布置进冷通道内，形成一个冷热空气自循环的密闭系统，从而实现更小的扩散和更高效率的冷热传递效果。

3.2　水冷机柜

列间空调+冷热通道封闭的制冷模式针对常规负载的计算设备，能够达到很好的制冷效果，但是一旦机柜负载增大到20kW以上，甚至30kW时(GPU机柜)，那么这种制冷模式就不能满足机柜制冷需求了。于是就出现了水冷机柜，水冷机柜自带水冷盘管换热器，是一个整体密封的结构，其内部的冷热空气形成独立循环，如图11所示，机柜的内部气流在IT服务器和和冷水盘管之间进行循环流动，被IT服务器加热的高温气流经机柜后部的导流风机进入冷水盘管冷却，经冷水盘管冷却后的低温气流再被送到IT服务器前端进风口处，用于服务器的散热冷却。

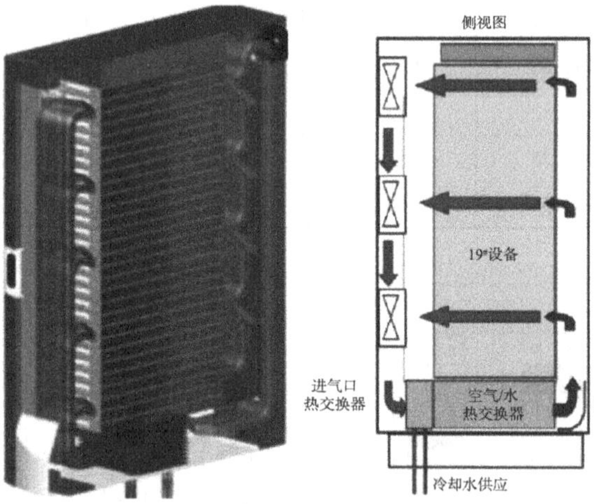

图11　水冷机柜气流示意图

3.3　双路供电技术

在数据中心建设之初，会在两个不同的变电站分别引入一路电力，两路电力经过多次变压和分配后，同时供入到每一台机柜的每一个服务器里，而每一个服务器都必须拥有双电源，任何一路电源都能独立满足服务器的用电需求。这种供电方式形成了双路电源的互补机制，一旦其中一路电源出现闪变或者停电的情况，另外一路电源完全能够保证所有计算机的供电需求。双路供电大大降低了数据中心停电的风险，用这种供电模式为计算节点供电，可以大大减少UPS的使用量，从而可降低UPS的供电损耗。

4　结论

通过以上多方面技术的探索和实践，可得出以下结论：

(1) 在统一冷水制冷模式下，机房运行PUE值比直冷模式大幅度降低，由1.9以上降低到1.6左右；

(2) 冷通道封闭后，机房运行的PUE值由封闭前的1.60降低到了1.50，同时设备故障率也有了明显的下降；

(3) 机房空调机外余压精细化调节技术，使机房空调的功率降低了约60kW，全年预计可节约电能53.4万度，直接降低经济成本54.3万元(以一度电一块钱为例)，折合减少碳排放650吨，PUE值降低到了1.46。

(4) 未来科技园区数据中心的节能发展趋势，可在列间空调、水冷机柜、机房直供电、双路供电技术等方面进行深入研究。

参 考 文 献

[1] 柏晨，王念春，卓青. 绿色数据中心的供电运行控制和能量管理[J/OL]. 电源学报：2019，(7)：1-13.

[2] 张兴，过增元. 绿色数据中心的全生命周期建设[J]. 信息技术与标准化，2018(10)：13-14.

[3] 于江涛. 绿色节能设计在数据中心规划中的应用[J/OL]. 电子技术与软件工程，2019(13)：153-154.

95+高效加热炉技术在某石化公司的应用

罗子明 张振泰 李俊奎 雷红星 任 凯 李永洲

(中国石油庆阳石化公司)

摘 要 加热炉能效高低对炼化生产装置节能、减污、降碳、增效具有较大影响。为解决某公司常压和重整装置加热炉热效率偏低的问题，该公司采用95+高效加热炉技术对两台加热炉实施改造。结果表明，改造后常压加热炉和重整四合一炉排烟温度分别降至82℃、80℃，热效率分别提高至95.42%、95.21%，全年节省燃料气约4700吨，减少二氧化碳排放约1.4万吨，环保指标二氧化硫、氮氧化物、颗粒物浓度均明显下降，节能、环保、降碳及社会效益显著。

关键词 95+高效加热炉；热效率；节能；降碳；效益

1 前言

“碳达峰、碳中和”决策部署，标志着我国生态文明建设进入了以降碳为重点战略方向、推动节能减污降碳协同增效的高质量发展新阶段。对于炼化企业而言，“双碳”目标下的高质量发展意味着低能耗、低碳排、低成本和高端化，其碳排放具有点源多和催化烧焦、燃料燃烧、制氢等工艺过程直接碳排放比重高的特点。在炼化企业“源头管控、过程降碳、末端治理”的减碳基本路径中，主要耗能设备能效提升仍是“过程降碳”环节的主要措施之一。

“十三五”期间，国内炼化行业工艺加热炉热效率先进水平95%，中国石油先进水平94%。某石化公司共有工艺加热炉15台，其中常压炉和连续重整加热炉实际热负荷占全厂工艺加热炉总热负荷的比例为28%和43%，燃料气用量占全厂工艺加热炉用气总量的比例为40%和42%，两者占全厂工艺加热炉总热负荷的比例最大。在生产运行中，两台加热炉受烟气露点腐蚀影响，排烟温度较高，热效率均低于国内及同行业先进水平；常压加热炉快开风门为手动模式，异常工况需要人为打开；重整四合一炉采用自然通风，助燃空气没有经过预热，烟气余热未充分利用，影响热效率提升。

针对上述实际情况，某石化公司对标国内炼化行业工艺加热炉热效率先进水平，结合公司能源消耗结构和碳排放现状，采用95+高效加热炉新技术，对常压加热炉和连续重整四合一炉实施节能技术改造，提高热效率至95%以上，节能降碳和提质增效成果显著，该技术的成功应用，不仅是公司绿色低碳高质量发展的“新动能”，更是“双碳”背景下，炼化企业大型加热炉改造创新的“新突破”。

2 技术概述

2.1 技术原理简介

95+高效加热炉主要采用“燃料气复合阻蚀系统+高低温空气预热器”技术，在燃料气前端设置一、二级精脱硫反应器，将燃料气中有机硫、无机硫及部分含氮化合物深度脱除，从源头上解决低温烟气露点腐蚀问题，并配套高、低温空气预热器，充分回收加热炉烟气余热，降低排烟温度至80℃，提高加热炉热效率至95%以上。

2.2 常压装置95+高效加热炉技术改造概况

常压装置由中国石油天然气华东设计研究院设计，加工能力370万吨/年，主要加工长庆混合原油，原油蒸馏采用闪蒸和常压蒸馏工艺，主要产品有常顶油、常一线油、常二线油、常三线油和常压渣油。常压加热炉为双辐射室立管立式炉，两个辐射室共用一个对流室，对流室顶端布置有两台热管式空气预热器，由引风机直接将热风引到燃烧器，改造前排烟温度130℃，热效率93.19%，燃料气中硫含量20~30ppm。

实施95+高效加热炉节能技术改造后，拆除原常压炉对流段顶部的两套空气预热器内部结构，将原热风道和原空气预热器壳体利旧改造成热烟道，拆除两台引风机。在地面增设燃料气预热器一台，高温、低温空气预热器及鼓、引风机各一台，并配套完善相应的烟风道设施及联锁系统，增加自动快开风门，改造后将常压炉对流段顶部高温烟气分两路引入燃料气预热器和高温空气预热器，分别对燃料气和空气进行加热，预热后的烟气温度降至150℃，合并为一路进入引风机，引至低温空气预热器，将排烟温度降低至80℃，提高加热炉热效率至95%以上。为避免低温露点腐蚀，保证加热炉引风机和尾部烟道长周期稳定运行，对加热炉燃料气系统新增一套精脱硫设施，最大限度去除烟气中的含硫腐蚀性介质，降低燃料气中硫含量至5ppm以下。改造后工艺流程如图1所示。

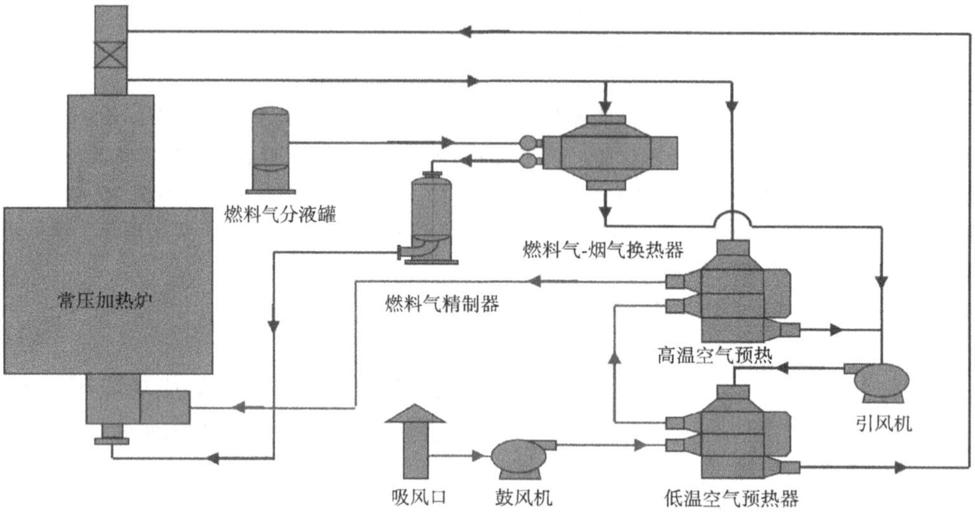

图1　常压蒸馏装置95+高效加热炉工艺流程图

2.3　连续重整装置95+高效加热炉技术改造概况

连续重整装置引进AXENS公司连续重整技术工艺包，加工能力60万吨/年，主要以常压直馏石脑油和柴油加氢石脑油为原料，生产高辛烷值汽油组分和苯产品，同时副产氢气和液化气。重整四合一炉采用自然通风，无空气预热系统，热烟气经余热锅炉及落地省煤器后进入烟囱排放，改造前排烟温度142℃，热效率90.96%，燃料气中硫含量40~60ppm。

实施95+高效加热炉节能改造后，在四合一炉落地省煤器后增设低温空气预热器一台，新增燃料气加热器及鼓、引风机各一台，并配套相应的烟风道设施，落地省煤器出口烟气进入低温空气预热器后温度降至80℃，再通过引风机后进入烟囱，实现四合一炉强制通风，提高加热炉热效率至95%以上。为避免低温露点腐蚀，保证加热炉引风机和尾部烟道长周期稳定运行，对加热炉燃料气系统新增一套精脱硫设施，最大限度去除烟气中的含硫腐蚀性介质，降低燃料气中硫含量至5ppm以下。改造后工艺流程如图2所示。

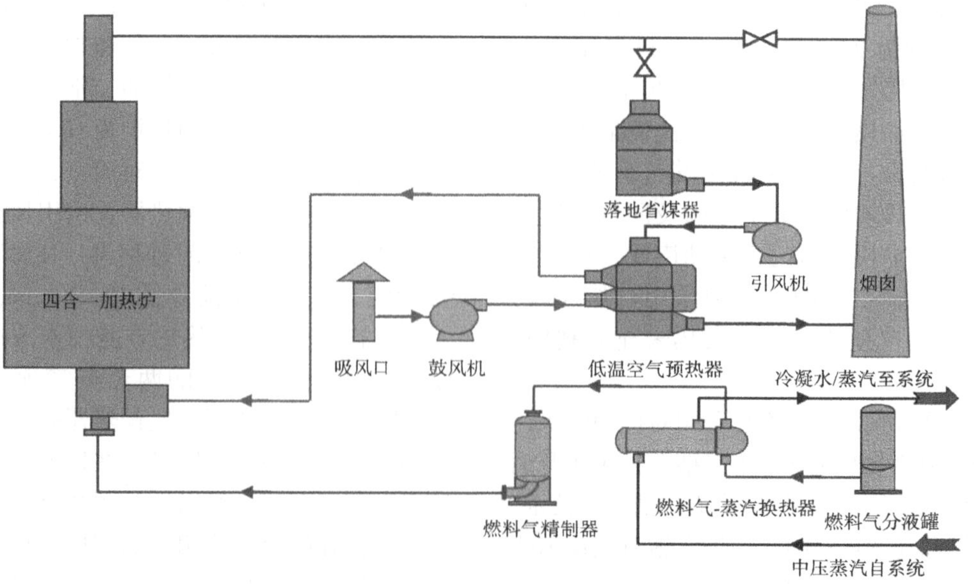

图2　重整装置95+高效加热炉工艺流程图

3 工业应用情况

2022年6月份大检修期间，对常压加热炉、连续重整四合一炉实施了95+高效加热炉节能技术改造，8月份与主体装置同步一次开车成功。2022年9月14日至9月16日，在装置满负荷工况下，完成72小时标定考核，各项指标运行稳定、达到设计要求。标定期间主要参数如下：

3.1 主要运行参数

技术改造新增燃料气预热器(重整四合一炉由于设有落地省煤器，所以燃料系统采用蒸汽加热器)，主要利用加热炉高温烟气将燃料气加热到220~240℃，为燃料气精制脱硫反应器提供热源，脱硫后的高温燃料气进入炉膛燃烧。

技术改造新增高、低温空气预热器(重整四合一炉由于设有落地省煤器，所以仅设低温空气预热器)，主要利用加热炉高温烟气将助燃空气加热，其中常压进炉空气温度达到292℃，重整进炉空气温度达到114℃，加热后的助燃空气进入炉膛参与燃烧反应。

加热炉高温烟气经过反复换热后，热量充分回收利用，排烟温度降至80℃。主要运行数据见表1~表2。

表1 常压装置加热炉运行数据

操作参数	燃料气预热器		高温空气预热器		低温空气预热器		燃料气精制反应器	排烟温度
	燃料气侧	烟气侧	空气侧	烟气侧	空气侧	烟气侧		
进口温度/℃	39	335	118	341	常温	150	235	82
出口温度/℃	238	190	292	155	123	83	220	

表2 重整装置加热炉运行数据

操作参数	燃料气加热器		低温空气预热器		燃料气精制反应器	排烟温度
	蒸汽侧	燃料气侧	空气侧	烟气侧		
进口温度/℃	390	40	常温	142	225	80
出口温度/℃	245	234	114	82	210	

3.2 燃料气脱硫效果

技术改造新增燃料气精脱硫反应器，其中一级精制反应器装填复合阻蚀剂CAR(转化剂)、二级精制反应器装填复合阻蚀剂CVR(脱硫剂)，燃料气经换热升温后进入一、二级精脱硫反应器，将燃料气中有机硫、无机硫及部分含氮化合物深度脱除。燃料气脱硫后分析数据见表3。

表3 燃料气脱硫后分析数据

	项目	单位	9月14日	9月15日	9月16日	平均值
常压炉	一级精制器入口总硫	mg/Nm^3	18.9	21.3	20.8	20.3
	一级精制器出口总硫	mg/Nm^3	2.3	2.9	2.8	2.67
	二级精制器出口总硫	mg/Nm^3	1.7	1.6	1.9	1.73
重整炉	一级精制器入口总硫	mg/Nm^3	18.5	18.8	19.2	18.83
	一级精制器出口总硫	mg/Nm^3	5.4	6.6	5.9	5.97
	二级精制器出口总硫	mg/Nm^3	4.8	5	4.5	4.77

3.3 加热炉热效率提升

技术改造前后对比：常压炉排烟温度由132℃降低至82℃，炉膛氧含量由2.4%降低至2.2%，热效率由93.19%提高至95.42%；连续重整四合一炉排烟温度由142℃降低至80℃，炉膛氧含量由3.5降低至2.8%，热效率由90.96%提高至95.21%。改造前后对比数据见表4。

表4 改造前后热效率对比数据

	项目	改造前	改造后	对比
常压炉	炉膛氧含量/(v/v)%	2.4	2.2	-0.2
	排烟温度/℃	132	82	-50
	热效率/%	93.19	95.42	2.23
重整炉	炉膛氧含量/(v/v)%	3.5	2.8	-0.7
	排烟温度/℃	142	80	-62
	热效率/%	90.96	95.21	4.25

加热炉热效率：依据《石油化工工艺加热炉节能监测方法》(QSY 09066—2021)计算。

3.4 燃料气消耗

在常压和连续重整装置满负荷、同工况的情况下标定，改造前后燃料消耗对比：常压炉平均减少 0.301 吨/小时，重整四合一炉平均减少 0.255 吨/小时，按照年设计 8400 小时计算，每年可节约燃料气约 4700 吨。

3.5 污染物排放

技术改造新增燃料气精脱硫反应器，从源头上降低了燃料气中的硫、氮等杂质含量，将烟气露点腐蚀和污染物产生解决在燃烧之前，改造后烟气中氮氧化物、烟尘明显降低，二氧化硫实现近零排放，满足《石油炼制工业污染物排放标准》(GB 31570—2015)要求。改造前后烟气环保在线监测数据见表 5、表 6。

表 5　常压加热炉烟气环保在线监测(折算后)数据

位置	项目	指标	改造前	改造后
1#烟囱	二氧化硫均值/(mg/m³)	≯100	13.5	未测出
	氮氧化物均值/(mg/m³)	≯150	44.5	36.3
	烟尘均值/(mg/m³)	≯20	12.5	5.8
2#烟囱	二氧化硫均值/(mg/m³)	≯100	13.9	未测出
	氮氧化物均值/(mg/m³)	≯150	42.3	36.7
	烟尘均值/(mg/m³)	≯20	11.4	6.0

表 6　重整四合一炉烟气环保在线监测(折算后)数据

项目	控制指标	改造前	改造后
二氧化硫均值/(mg/m³)	≯100	5.4	0.15
氮氧化物均值/(mg/m³)	≯150	87.6	51.4
烟尘均值/(mg/m³)	≯20	15.6	3.5

3.6 经济效益

技术改造后，按照公司内部燃动成本核算，每年节约运行成本 402 万元，经济效益显著。经济效益核算见表 7。

表 7　经济效益核算表

	节约燃料气/吨	燃料节约费用/(万元/年)	新增设备运行费用/(万元/年)	新增三剂费用/(万元/年)	节约费用
常压	2520	378	-52	-81	245
重整	2143	321	-26	-138	157

公司当年燃动成本：燃料气 1500 元/吨，电力 0.47 元/千瓦时，催化剂为当年实际采购价。

4　存在的问题及解决措施

存在问题：重整四合一炉燃料气进精制反应器前采用蒸汽加热器(E216)加热，E206 蒸汽回水与苯抽提装置蒸汽回水共用一套凝结水回收站，蒸汽回水存在互顶现象，为保障苯抽提装置平稳运行，E216 加热蒸汽量控制较小。标定期间，燃料气二级精制反应器进口温度 225℃，出口温度 210℃，均在工艺指标下限，对脱硫效果有一定影响。

解决措施：(1)提高重整余热锅炉中压蒸汽温度至 440℃，保证精制反应器进出口温度满足工艺指标要求；(2)择机对加热器 E216 回水线进行改造，将回水线连接方式由 90°三通改造为 45°三通或单独进入凝结水站，降低回水阻力，提高 E216 蒸汽量。

5　结论

(1) 95+高效加热炉技术改造项目投用后，系统运行稳定，各项指标均达到设计要求，经标定常压、重整加热炉热效率分别达到 95.42%、95.21%，同比分别升高 2.23%、4.25%，加热炉热效率达到国内及中石油同类装置领先水平。

(2) 技术改造后，全年可节约燃料气约 4700 吨，减少二氧化碳排放约 1.4 万吨，降低全厂炼油综合能耗约 1.5 千克标油/吨，每年节约运行成本约 402 万元，环保排放指标氮氧化物、烟尘浓度明显降低，二氧化硫实现近零排放，节能环保减碳及经济效益显著。

(3) 通过燃料气源头脱硫，避免了加热炉空气预热器、省煤器、烟道挡板等设备设施的腐蚀、结垢等问题，确保装置安全平稳长周期运行。

参 考 文 献

[1] 宁坤. 惠州石化 200 万吨重整装置节能技术分析与应用[J]. 科学管理，2019(9)：196.

浅谈清洁生产审核对节能降碳工作的意义

于海娟

（中国石油天然气销售分公司）

摘　要　在当今推行绿色低碳高质量发展的时代，各国积极行动，提出碳达峰碳中和目标、部署绿色低碳发展路径。我国提出“1+N”政策体系，推进我国的“双碳”工作。在这样的大背景下，企业寻求自身的绿色低碳发展路径，谋划可持续发展蓝图势在必行。本文通过对清洁生产审核程序及相关工作的阐述，辅以LNG工厂清洁生产审核案例，展现清洁生产审核对企业节能降碳的作用，为同行业开展清洁生产审核工作提供参考。

关键词　清洁生产；方案；目标；效益

为了应对气候变化，碳达峰碳中和工作成为全球关注的焦点，一系列国际国内政策陆续出台，碳达峰碳中和行动正在全球开展。《巴黎协定》《格拉斯哥气候协议》《COP 第28届大会》等国际行动正在以全球共同努力的形式推进碳减排和绿色低碳发展。我国已经明确提出二氧化碳排放力争2030年前实现碳达峰，努力争取2060年前实现碳中和的目标，发布了《关于完整准确全面贯彻新发展理念做好碳达峰碳中和工作的意见》《2030年前碳达峰行动方案》等“1+N”碳达峰碳中和政策体系文件，谋划和推进了一系列能源结构布局、节能降耗举措。在这样的背景下，企业要保持可持续高质量发展，就应积极响应国家政策、顺应时代发展需求，积极谋划企业应对气候变化的策略，建立企业可持续高质量发展路径。而绿色低碳发展是可持续高质量发展的必然要求。要做好绿色低碳发展，从管理路径来说，势必要做好控排工作，而如何更好的发现节能减排和温室气体控排机会，需要对工艺过程和设备设施进行全面、高质量的诊断分析。而清洁生产审核正是推进企业清洁生产的重要手段之一，遵循的是企业自愿审核与国家强制审核相结合的原则。实施强制性清洁生产审核的企业名单由所在地县级以上环境保护主管部门按照管理权限提出，逐级报省级环境保护主管部门核定后确定后实施，鼓励其他企业开展自愿审核工作，旨在推进企业清洁生产水平不断提升。

基于此，我们结合LNG工厂业务开展的自愿清洁生产审核工作，简述清洁生产审核方法和制定清洁生产低、中、高费方案过程和效果，展现清洁生产审核对企业节能降碳工作的意义。

1　清洁生产及清洁生产审核的概念

1.1　清洁生产的概念

我国《清洁生产促进法》中明确提出：清洁生产是指不断采取改进设计、使用清洁的能源和原料、采用先进的工艺技术与设备、改善管理、综合利用等措施，从源头削减污染，提高资源利用效率，减少或者避免生产、服务和产品使用过程中污染物的产生和排放，以减轻或者消除对人类健康和环境的危害。

1.2　清洁生产审核的概念

我国《清洁生产审核办法》中明确指出，清洁生产审核是指按照一定程序，对生产和服务过程进行调查和诊断，找出能耗高、物耗高、污染重的原因，提出降低能耗、物耗、废物产生以及减少有毒有害物料的使用、产生和废弃物资源化利用的方案，进而选定并实施技术经济及环境可行的清洁生产方案的过程。

2　清洁生产审核程序简介

清洁生产审核程序原则上包括审核准备、预审核、审核、方案的产生和筛选、方案的确定、方案的实施、持续清洁生产等几个阶段，见图1。

2.1　审核准备

审核准备是清洁生产审核工作的第一个阶段。本阶段工作的重点是召开宣贯启动会，组建清洁生产审核工作小组，制定审核工作计划和宣传清洁生产思想，积极宣讲清洁生产审核可能带

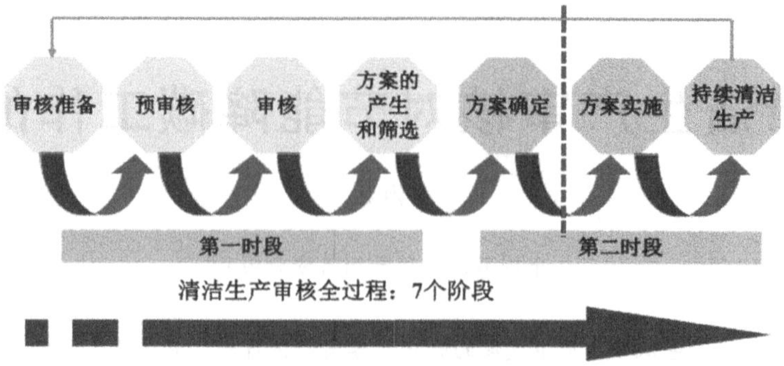

图1　清洁生产审核程序简图

来的经济效益、环境效益、社会效益及在提高无形资产和推动技术进步等方面的作用。充分调动企业的积极性，获得领导支持、相关部门配合，动员全体职工积极参与，增强企业清洁生产的主动性。

在此阶段，要注意清洁生产审核小组成员的组成，应包括有关领导、有关部门负责人和相关人员，以便确保审核工作顺利开展。如某 LNG 工厂清洁生产审核工作小组由该公司的领导班子成员、生产运行、工艺设备、环境管理、财务管理等有关人员组成，明确其职责是确定企业当前清洁生产审核重点，对清洁生产实际工作做出必要的决策，对所需费用、资源等给予支持。

宣贯培训应具有针对性，应考虑公司领导层、相关专业人员培训的方式方法。如某 LNG 工厂宣贯培训：针对领导层重点宣贯《清洁生产促进法》有关内容以及清洁生产的意义和对企业带来的影响；针对员工：除采取集中培训、专家授课的形式外，还采取边审核边宣传的方法，将管理与清洁生产审核结合起来进行宣贯和指导，使员工能更快、更直观的理解清洁生产的重要意义，同时还可通过公司宣传专栏和各班组的宣传板进行宣传，与员工进行沟通交流，引导员工结合岗位业务，从原辅材料与能源、技术工艺、过程控制、设备、产品、管理、废弃物及员工等方面，积极提出清洁生产合理化建议。

2.2　预审核阶段

预审核，主要是通过现场调研和资料收集，了解企业概况，包括企业位置、组织机构情况等；摸清企业生产现状，包括近三年产品、原辅材料使用情况、原辅材料性质，主要生产设备信息、主要生产工艺、企业内外部环境管理状况、应执行的标准及工厂对应相应标准的污染物、温室气体排放情况分析，评价工厂污染物达标、超标和温室气体排放情况，分析能耗变化趋势及影响因素，进行同行业对标分析，评价其清洁生产机会和清洁生产水平，开展清洁生产潜力分析，提出无/低费方案，确定审核重点。

在此阶段，要关注清洁生产水平的确定，可以对照国家发布的清洁生产评价指标体系评定企业在行业内的清洁生产水平；国家未发布清洁生产评价指标体系的行业，可以参照行业统计数据评定企业在行业内的清洁生产水平定位或根据企业近三年历史数据进行纵向对比说明企业清洁生产水平。为下一步清洁机会挖潜、审核重点确定提供参考。

示例：如某 LNG 工厂清洁生产水平分析表，见表1。

表1　某 LNG 工厂清洁生产水平分析表

一级指标	指标满分	某 LNG 工厂得分
生产工艺及装备指标	20	16.8
资源能源消耗指标	20	17
资源综合利用指标	10	9
污染物产生指标	30	26
产品特征指标	10	9
清洁生产管理指标	10	5
总和	100	82.8

2.2.1　无/低费方案的产生

在预审核阶段，审核小组通过上述 2.2 章节中各项梳理分析，可以挖掘一些投入资金少或无需投入资金，但可以取得经济效益和环境效益的无/低费方案，最后纳入总的清洁生产方案实施。

2.2.2　确定审核重点和清洁生产审核目标

（1）通过预审核的分析，采用对标分析和简单对比的方法，按照①污染物产生量大、能源消耗大的部位；②污染物毒性大或污染物难于处理、处置的部位；③生产效率低，构成企业生产

"瓶颈"的部位；④对工人身体健康危害较大，公众反映强烈的部位；⑤生产工艺落后，设备陈旧的部位；⑥事故多发和设备维修较多的部位等6个方面确定审核重点和清洁生产审核目标。制定清洁生产目标的目的在于提升企业清洁生产程度。

示例：某LNG工厂，通过预审核分析，确定其审核重点，见表2和清洁生产目标见表3，该工厂制定的清洁生产目标是在各项评估都达标的基础上，为进一步提升清洁程度而制定的近期和远期目标。

表2　某LNG工厂清洁生产审核重点

备选审核重点＼选择因素	废物排放量	毒性	资源和能源消耗	生产效率改进	积极性	结论
净化单元	√	√	√	√	√	√
液化单元	×	×	√	√	√	√
火炬单元	√	×	√	√	√	√

表3　某LNG工厂清洁生产目标

序号	指　　标	现状	近期目标		远期目标	
			绝对值	相对值	绝对值	相对值
1	单位产品氮氧化物排放量/(t/t)	3.83E-05	2.30E-05	↓40%	1.79E-05	↓53%
3	单位产品(LNG)电耗/(kWh/t)	711.44	664.91	↓6.54%	620	↓12.85%
2	COD/(mg/L)	400	350	↓12.5%	300	↓25%

3　审核阶段

审核阶段是企业清洁生产审核工作的第三阶段。目的是通过审核重点的物料平衡，发现物料流失的环节，找出废弃物产生的原因，查找物料储运、生产运行、管理以及废弃物排放等方面存在的问题，寻找与国内外先进水平的差距，为清洁生产方案的产生提供依据。本阶段工作重点是实测输入输出物流，建立物料平衡，分析废弃物产生原因。

3.1　物料平衡建立与分析

对输入输出物料进行衡算分析是发现废弃物产生的原因和提出有针对性方案的关键。通过现场开展实测，根据实测的输入输出数据制定物料平衡表，对生产过程进行评估，找出物耗及能耗大的主要环节，分析有针对性的降耗方案。并计算物料平衡的偏差，在5%的实测误差允许范围内，说明此次实测所建立的物料平衡数据是有效的，可以利用物料平衡分析的结果进行清洁生产程度评估。

3.2　物料损失及产污分析

对审核重点整个工艺流程的物料平衡和物料损失原因进行分析，并从影响生产过程的八个方面：产品、原辅材料、能源、技术工艺与过程控制、技术装备、管理、废弃物、员工素质进行分析，分析污染物、温室气体排放原因，在提高资源能源利用率，减少废弃物排放，提高设备生产效率、加强管理等方面分析节能潜力。

3.3　清洁生产审核方案的制定及效益分析

通过预审核阶段和审核阶段对企业废物产生、资源能源消耗的分析和征集员工合理化建议，提出清洁生产方案，并对清洁生产方案从经济效益和环境效益两个方面进行可行性进行分析，制定清洁生产计划，加强计划实施管理，旨在清洁生产目标控制在2.2.3确定的清洁生产审核目标之下。

示例：如某LNG工厂，通过清洁生产审核，提出了锅炉余热利用(H101、H-201、H-351和热水锅炉)、更换节能锅炉(H101、H-201、H-351和热水锅炉)、更换火炬长明灯、原料气增压改造、干燥器(脱水)提能改造、重烃脱除床提能改造、回收冷箱气体、回收胺闪蒸罐放空的天然气、光伏发电等九项节能降碳清洁生产提升方案。经综合分析，年可减少CO_2排放约2万吨，年度对比可产生经济效益约1500万元，平均成本回收期在5年左右。节能降碳的环境效益及提标改造的经济效益效果显著。

4　结论

综上所述，在当今我国推行减污降碳协同增

效工作的过程中，开展清洁生产审核，有助于企业厘清能资源利用的脉络，将污染减排与温室气体排放管控有效结合，对全工艺链条进行能源消耗、污染排放、温室气体排放进行诊断，系统的开展节能机会分析，挖掘节能潜力，建立可行的清洁生产提升计划和清洁生产方案，促进企业提升清洁生产能力、提高能资源利用效率、实现减污降碳协调增效。同时，也可使企业产生良好的经济效益和环境效益，促使企业展现绿色低碳发展的良好社会形象和企业绩效。

参 考 文 献

[1] 王必英. 清洁生产审核是节能减排工作的有效手段[M]. 山西：山西能源与节能. 2008 年第 3 期.

浅析绿色甲醇的市场应用前景

安　彤　廖忠陶

（中国石油玉门油田公司）

摘　要　鉴于全球能源转型的紧迫需求与可持续发展目标的推动，绿色甲醇作为清洁、可再生的能源载体，其市场应用前景日益凸显。本文旨在从专业角度深入探讨绿色甲醇在交通运输、化工、能源存储与转化等领域的应用潜力，以及其所承载的经济、环境与社会效益。通过对当前市场趋势的分析，本文揭示了绿色甲醇在促进全球碳中和进程中所扮演的关键角色，同时识别并讨论了其面临的挑战与机遇。

关键词　绿色甲醇；能源转型；市场应用；价格

1　前言

在能源转型的全球趋势中，绿色甲醇凭借其生产过程的低碳属性与广泛应用的潜力，正逐渐成为能源体系中不可或缺的组成部分。鉴于其在减少温室气体排放、促进能源多样化与支持工业和交通领域脱碳方面的显著作用，本文旨在从专业视角，全面分析绿色甲醇的市场应用前景，探讨其在推动全球能源转型中的战略价值。

2　绿色甲醇的生产技术

绿色甲醇的生产主要依赖于两种途径：一是通过可再生能源驱动的电解水制氢，随后与二氧化碳反应生成甲醇；二是直接利用生物质或农业废弃物通过气化和催化转化制得。前者强调了能源的清洁性和二氧化碳的循环利用，后者则突出了资源的可持续利用和废物的能源化回收（图 1）。

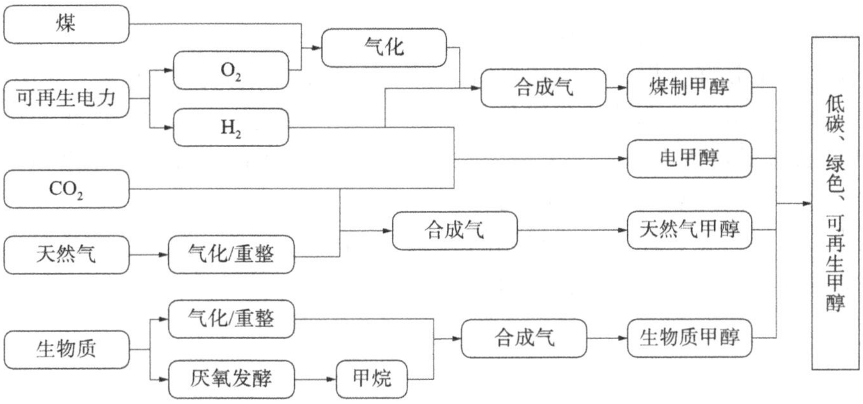

图 1　绿色甲醇生产途径

3　绿色甲醇的影响力及市场应用深度剖析

近几年，随着全球碳中和进程的推进，“甲醇”的名气越来越响，尤其是绿色甲醇，引起了高度关注，起了高度关注，成为各领域低碳绿色发展的重要抓手和载体。

甲醇是交通领域的最佳替代燃料选项。水路运输方面，国际海事组织已经确认甲醇为船用燃料，全球包括我国在内甲醇船舶订单数量急剧上升；商用车领域，甲醇被纳入我国《商用车碳中和技术路线图 1.0 研究》课题成果，甲醇成为商用车脱碳的最重要解决方案之一甲醇也被称为氢基能源，成为氢能产业发展的重要载体和推手。氢能适用的地方，甲醇均适用；氢能难以适应的地方，甲醇仍然适用。目前风光电绿氢项目多配套绿醇一体化对化工行业来说，以绿色甲醇为原料生产有机化工产品，是其降低碳排放、绿色发展的重要手段电力、钢铁等行业是我国碳排放额重要部门，而通过 CO_2 捕集与绿氢耦合制取绿醇，成为实现双碳目标的重要技术路线之一绿色甲醇在多个领域展现出了广阔的应用前景。在交通运输领域，绿色甲醇作为替代燃料，可以减少对石油的依赖，同时降低汽车尾气排放。在化工行业，绿色甲醇是生产多种化学品和材料的重要原料，有助于构建低碳的化工产业链。在能源存储和转换方面，绿色甲醇可以作为一种高效的能量载体，用于存储间歇性可再生能源，如风能和太阳能，从而提高能源系统的灵活性和稳定性。

3.1　交通运输领域的革新应用

绿色甲醇作为一种高效、清洁的替代燃料，其在汽车、船舶乃至航空领域的应用正逐步扩大。与传统化石燃料相比，绿色甲醇燃烧效率更优，排放更加清洁，尤其在重型运输和远洋船舶等难以电气化的领域，其高能量密度与便捷的存储特性使其成为实现碳中和目标的重要途径。

3.2　化工行业的绿色转型催化剂

绿色甲醇作为多种化学品和材料生产的关键原料，其应用促进了化工产业链向低碳、循环方向的转型。通过替代传统化石原料，绿色甲醇的使用显著降低了生产过程中的碳排放，推动了循环经济的发展。

3.3　能源存储与转化的高效媒介

鉴于其能量存储与转化的特性，绿色甲醇成为平衡间歇性可再生能源供需的关键。在能源系统中，绿色甲醇作为能量载体，提高了能源系统的整体效率和可靠性，促进了能源结构的优化。

3.4　建筑与供热的清洁解决方案

绿色甲醇在建筑供暖与热水供应领域的应用，替代了传统化石燃料，显著降低了建筑物的碳排放，提升了能源利用效率，符合绿色建筑的发展趋势。

4　价格分析

（1）甲醇价格：2018～2022 年，中国甲醇价格在 1510～4220 元/吨之间波动，最低价格出现于 2020 年 6 月，最高价格出现于 2021 年 10 月。2022 年 10 月～2023 年 10 月（近一年）甲醇价格在 1510～3000 元/吨之间波动，本文采用中石油甲醇各年平均值，价格为 2353 元/吨（图 2）。

（2）乙醇价格国内乙醇价格受玉米、木薯、糖蜜等原材料价格影响较大，图 3、4 分别是 2021.3～2022.9、2022.9～2023.9 国内乙醇价格走势图，近两年价格在 5700～7900 之间波动，平均价格为 6300 元/吨。

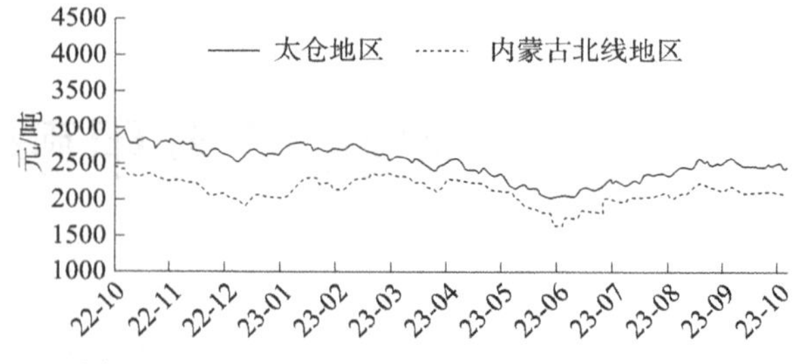

图 2　2022.10～2023.10 甲醇价格变化趋势图

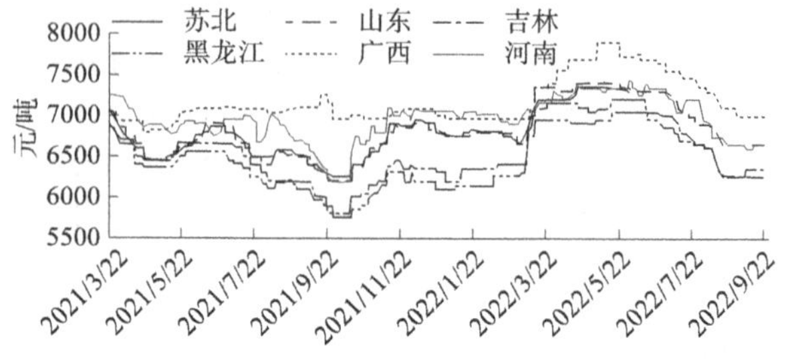

图 3　2021.3～2022.9 国内乙醇价格走势图

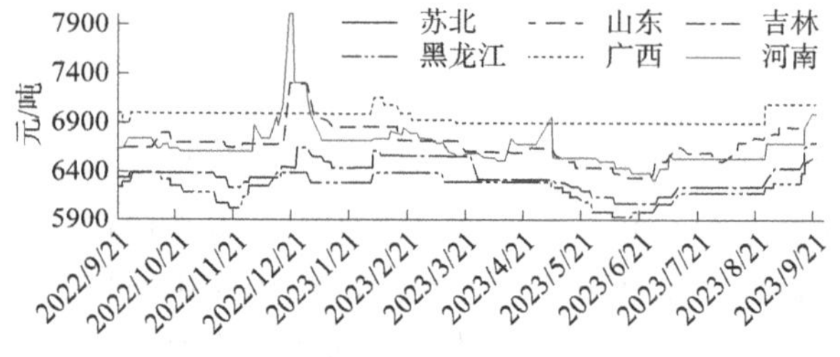

图 4　2022.9～2023.9 国内乙醇价格走势图

（3）丙醇

本文以正构丙醇为主，异丙醇不超过 10%；

图 5 是 2021～2023 年我国异丙醇价格走势，在 6000～9700 元/吨之间波动，平均价格 7000 元/吨。

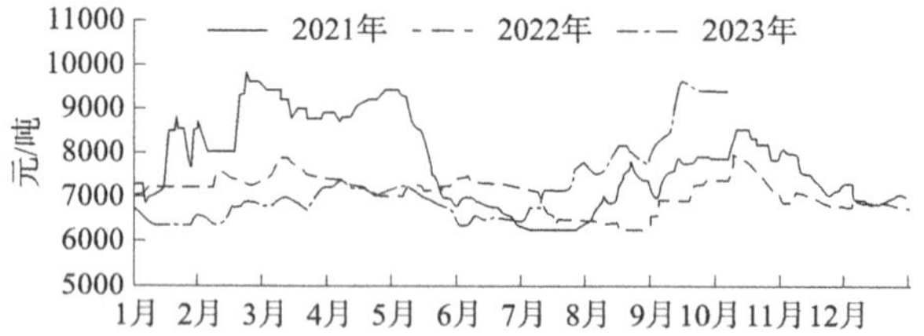

图 5　2021～2023 年中国异丙醇价格走势

正丙醇价格如图 6 所示，2022.7～2023.10 正丙醇价格在 8833～7578 之间波动，平均价格为 8000 元/吨。

丙醇价格估算为 7900 元/吨。

（4）丁醇

2018～2022 年、2023 年正丁醇价格走势如图 7、8 所示，随市场波动较大，价格在 4000～16000 元/吨之间变化。2023 年在 6500～10000 元/吨变化，取平均值 7500 元/吨。

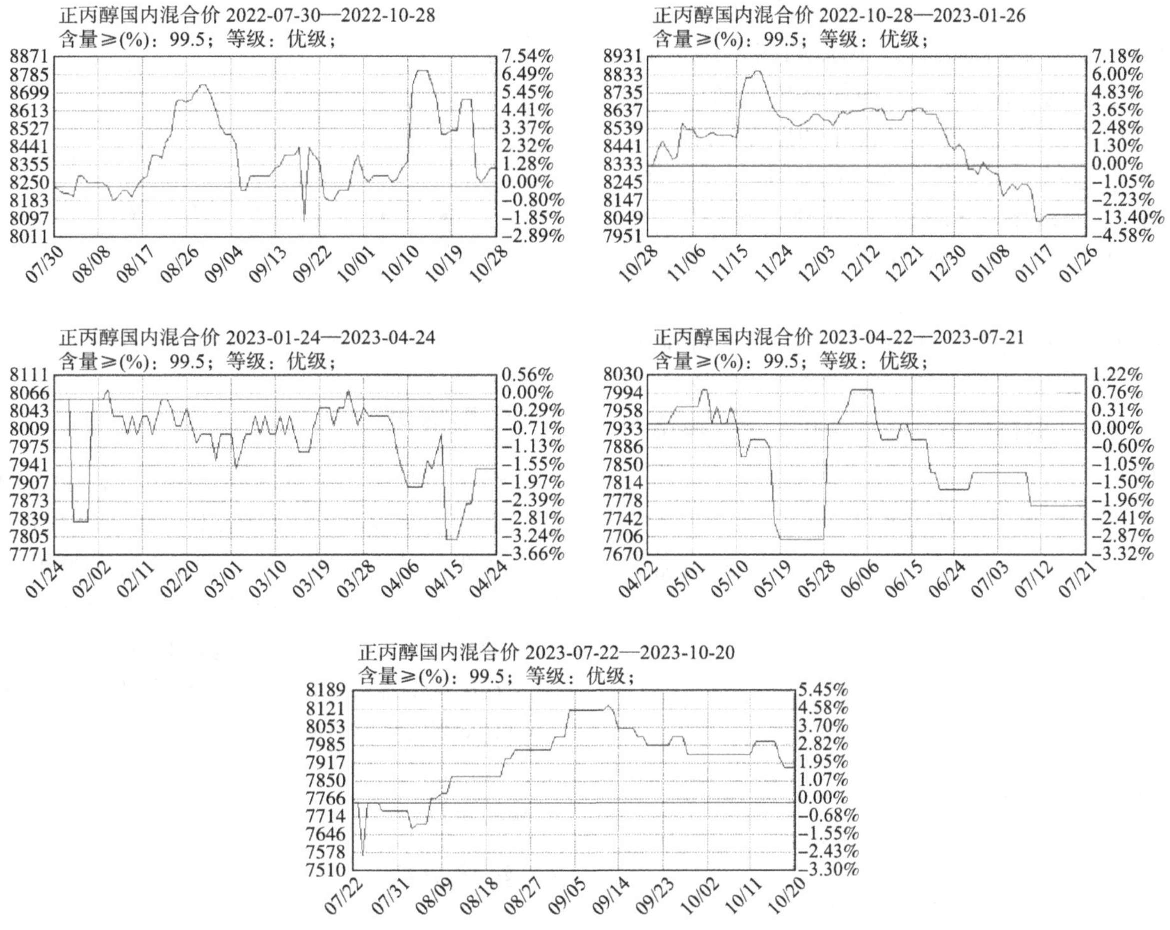

图 6　2022. 7～2023. 10 国内正丙醇价格趋势

图 7　2018～2022 年正丁醇价格走势图

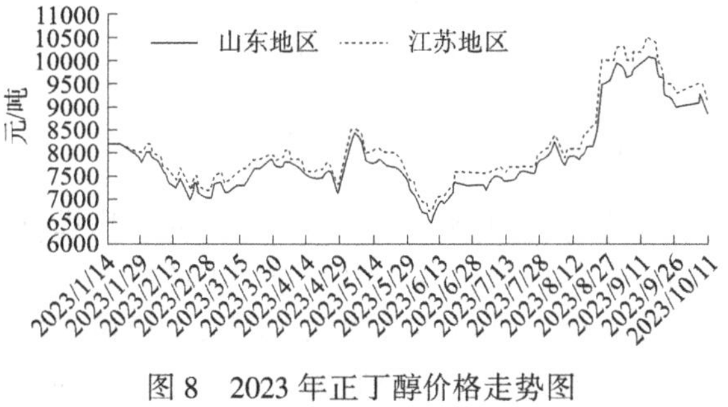

图 8　2023 年正丁醇价格走势图

（5）C_{5+}醇

戊醇：根据生意社记录，近一月戊醇价格 23500 元/吨～25000 元/吨；

己醇：阿里巴巴、百度爱采购工业级己醇价格为 11000 元/吨～15000 元/吨；

庚醇：阿里巴巴、百度爱采购工业级庚醇价格为 11000 元/吨～16000 元/吨

辛醇：国内辛醇市场走势如图 9 所示，在 8500～13000 元/吨之间波动，取平均价格为 10000 元/吨。

综上，C_{5+}醇中最低醇的价格 10000 元/吨，但考虑到 C_{5+}醇不做精细分离，仅作为混合原料出售，故价格按 6000 元/吨计算。

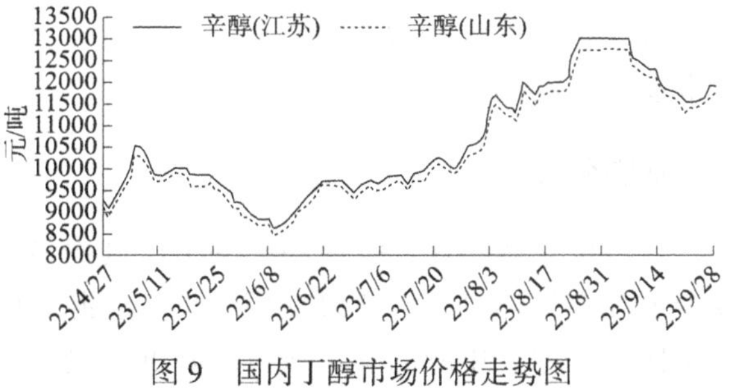

图 9　国内丁醇市场价格走势图

（6）总烃

总烃以 C_5 为主，参考国内混合 C_5 价格。2018～2022 年国内混合 C_5 走势呈现先跌后

涨态势。其中2020年，新冠疫情肆掠全国，油价崩盘引发大宗商品动乱，供需两端迅速下滑。受此利空影响，混合C_5市场加格出现断崖式下跌，国内混合C_5市场价格较年初跌幅1280元/吨，出现近四年历史低点2470元/吨。2021年，国际原油价格整体呈现上涨趋势，混合C_5价格进入上行通道，2022年初，乌俄危机影响下，国际油价大幅拉高，受此影响，混合C_5市场价格迅速推高至8750元/吨，较年初6020元/吨，涨幅45.35%，为近五年历史高点。随后，混合C_5价格随下游需求变化，进入震荡期（图10）。

采用平均价格5500元/吨。

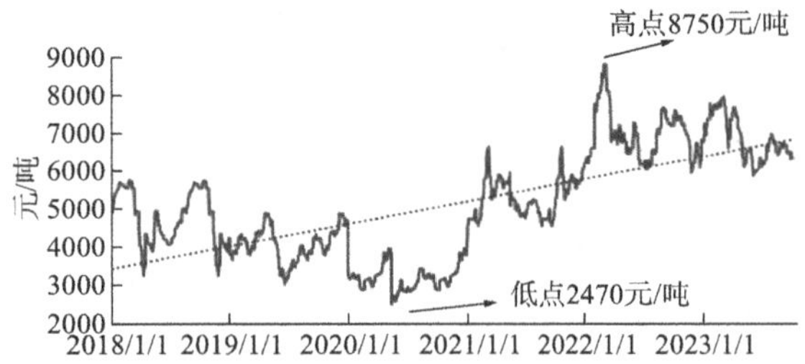

图10　C_5价格走势图

综上，各醇类价格分别如下：

甲醇：2353元/吨，乙醇：6300元/吨；丙醇：7900元/吨，丁醇：7500元/吨，C_{5+}醇：6000元/吨，总烃：5500元/吨。

5　市场前景与专业视角下的挑战

绿色甲醇的市场前景广阔，但其商业化进程亦面临一系列挑战，包括但不限于生产成本、技术成熟度、政策支持体系的完善以及市场接受度的提升。随着技术创新的加速与规模化生产的推进，绿色甲醇的成本预计将进一步降低，而政策与市场的双重驱动将加速其市场渗透。消费者与企业对绿色能源日益增长的需求，亦将为绿色甲醇市场的发展注入强劲动力。

6　环境效益

与传统甲醇相比，绿色甲醇的生产过程显著减少了温室气体排放。通过使用可再生能源和碳捕获技术，绿色甲醇的碳足迹可以降低至接近零排放。此外，绿色甲醇的使用在燃烧过程中也产生较少的污染物，对空气质量的改善有积极影响。如图11所示。

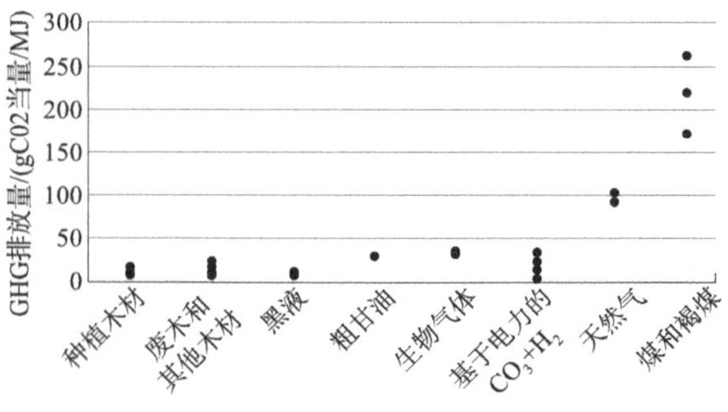

图11　各种原料生产甲醇的温室气体排放量

7　应用前景

绿色甲醇在多个领域展现出了广阔的应用前景。在交通运输领域，绿色甲醇作为替代燃料，可以减少对石油的依赖，同时降低汽车尾气排放。在化工行业，绿色甲醇是生产多种化学品和材料的重要原料，有助于构建低碳的化工产业链。在能源存储和转换方面，绿色甲醇可以作为一种高效的能量载体，用于存储间歇性可再生能源，如风能和太阳能，从而提高能源系统的灵活性和稳定性。

8　经济分析

绿色甲醇的生产成本主要受制于能源成本、催化剂效率、碳捕获与利用成本以及政策补贴等因素。尽管当前绿色甲醇的生产成本普遍高于传统甲醇，但随着技术进步和规模化生产，成本有望显著降低。例如，电解水制氢的成本已随着可再生能源价格的下降而逐渐减少，预计未来几年内将实现与化石燃料制氢的成本竞争力。

此外，绿色甲醇作为清洁燃料在交通运输和化工行业的应用，能够显著减少污染物排放，从而带来环境效益和健康效益，这在经济分析中应被视为绿色甲醇的隐性价值。

绿色甲醇作为能源转型的重要组成部分，其发展依赖于技术创新、经济可行性和政策支持的协同作用。通过持续的技术研发、成本优化和政策推动，绿色甲醇有望在全球范围内实现大规模应用，为构建低碳、可持续的能源体系做出贡献。

9　结论

综上所述，绿色甲醇作为一种多功能、低碳的能源载体，其市场应用前景广阔且充满机遇。从交通运输到化工生产，从能源存储到建筑供热，绿色甲醇在促进全球能源转型、实现碳中和目标的过程中，展现出其不可替代的战略价值。绿色甲醇作为可持续能源转型的关键技术，其发展和应用对于推动全球能源体系向低碳化方向转变也同样具有重要意义。然而，绿色甲醇的大规模商业化仍面临成本、技术和政策等多方面的挑战。面对未来，通过持续的技术创新、成本优化、政策支持与市场培育以及国际合作，绿色甲醇的市场应用将更加广泛，有望在能源转型中发挥更加重要的作用，成为构建可持续能源体系与推动全球可持续发展的关键力量，助力实现全球气候目标和可持续发展目标。

水电解制氢技术的工业应用

王　涛　杨朝华

（中国石油玉门油田公司炼油化工总厂）

摘　要　通过对碱性水电解制氢工业化生产进行研究，分析水电解制氢的反应机理，通过对核心电解槽设备的选型及电解水制氢装置的施工建设和调试运行，评估碱水电解水制氢技术的经济性。项目运行情况表明：可再生能源制氢项目4000Nm^3/h水电解制氢装置实现成功投产，所制氢气纯度达99.99%，所制氢气通过输氢管道、管式槽车等送至化工园区等企业，实现从生产到销售的全流程贯通，电解槽制氢单位能耗为3.99kWh/m^3，为中石油在绿电制氢技术应用方面提供了更大的平台，对推动氢能产业发展、促进可再生能源消纳、助力实现“双碳”目标具有深远的意义。

关键词　水电解；制氢；氢气；电解槽

4000标方/小时水电解制氢装置由中国石油工程建设公司北京分公司设计，QQJ1000/1.6电解槽成套设备由中能(江苏苏州)氢能源科技有限公司设计和提供，2023年9月开始施工建设，2023年12月竣工投产，一期氢气生产能力为4000Nm^3/h，新建4套1000Nm^3/h制氢设施、1套4000Nm^3/h的气液分离设施、1套4000Nm^3/h的氢气纯化设备(纯度不低于99.99%)、2台高压氢气压缩机(2.1MPa)、2台低压氢气压缩机(1.3MPa)、一座氢气储罐(公称容积1000m^3，储气压力2.1MPa，储气能力为1.66×10^{4}m^3)及配套公用工程及辅助设施。水电解制氢装置2024年3月16日成功投产，所制氢气纯度达99.99%，通过输氢管道、管式槽车等送至化工园区等企业，实现从生产到销售的全流程贯通。

1　电解制氢技术对比

氢不仅是能源，也是能源的载体和基础原料，可广泛运用于化工、工业、交运、建筑和发电等领域。由于氢发生反应后只产生水，且重量能量密度极高，因此一直被认为是实现零碳排放的重要能源和能源转型重要方向。绿氢的生产主要依托水电解制氢技术，水电解制氢技术在追求高效能源转换的同时也面临着能源消耗与成本效益之间的平衡难题，虽然技术的成熟和发展使得能源转换效率得到了显著提升，但实际操作中所需的高能量成本仍然是限制其大规模应用的关键因素。目前水电解制氢技术主要有碱性水电解制氢、质子交换膜水电解制氢和固体氧化物水电解制氢，表1例举了三种典型电解制氢技术的优缺点。

表1　三种典型电解制氢技术对比

指标	碱性水电解制氢	质子交换膜水电解制氢	固体氧化物水电解制氢
电解质/膜	30%氢氧化钾溶液/隔膜	纯水/质子交换膜	固体氧化物
效率	60%~75%	70%~90%	85%~95%
能耗/(kWh/Nm^3)	4.5~5.5	3.8~5.0	2.6~3.6
运行成本	有腐蚀液体，后期运维复杂，成本高	无腐蚀液体，运维简单，成本低	目前尚处于实验室阶段，运维需求暂不明确
寿命/h	60000	5000~8000	—
特点	技术成熟，实现工业大规模应用，成本低	较好的可再生能源适应性，无污染，质子交换膜更换成本较高，催化剂为贵金属	部分电能可以使用热能替代，转化效率较高，高温下材料选择困难

水电解制氢技术作为绿色能源的未来备受关注，但在实际应用中面临着腐蚀与寿命限制的问题，碱性水电解制氢技术中隔膜常因为碱液的腐蚀而受损，这影响了电解槽的寿命并增加了运维成本。同时质子交换膜水电解技术虽然能源效率较高，但贵金属催化剂和专用膜材料使得成本较高，严重影响了成本效益比。固体氧化物水电解制氢技术有较好的前景，但其为高温操作条件，对材料的稳定性要求更高，增加了技术难度，制

约了其商业化。因此需要跨多学科的合作和努力，在材料、电化学等学科取得进展，推动水电解制氢技术的进步和发展。通过相关技术的对比，最终选择了目前性价比较高的碱性水电解制氢工艺，实现工业规模化应用。但是水电解制氢技术要想在能源市场上取得成功，不仅需要技术的进步、成本的降低，还需要产业链协同发展、政策扶持以及公众接受度的提升，只有这样水电解制氢技术才能进一步发挥潜力，对推动氢能产业发展、促进可再生能源消纳、助力实现“双碳”目标具有深远的意义。

本文通过碱性水电解制氢工业化生产进行研究，分析水电解制氢的反应机理，通过对核心电解槽设备的选型，电解水制氢装置的施工建设和调试运行，评估了碱水电解水制氢技术的经济性，为商业化提供成本效益分析；同时全线贯通的工业化试运行结果对促进氢能产业链的整合和指导后续氢能市场的拓展，促进可再生能源消纳、助力实现“双碳”目标具有深远的意义。

2　水电解制氢技术原理

2.1　水电解制氢的机理

水电解制氢是一种通过电解水分解产生氢气的方法，通过在水中加入电解质，然后在两个电极之间通电，使水分子分解成氢气和氧气。

利用电能使某电解质溶液分解为其他物质的单元装置称为电解池。水电解制氢是在直流电的作用下将水电解以制取氢气和氧气的技术，电解槽采用30%KOH水溶液作为电解液，将水电解为氢气和氧气，其反应式为：

阴极：　$2H_2O+2e \longrightarrow H_2\uparrow+2OH^-$

阳极：　$2OH^- -2e \longrightarrow H_2O+1/2O_2\uparrow$

总反应式：　$2H_2O \longrightarrow 2H_2\uparrow+O_2\uparrow$

任何物质在电解过程中，在数量上的变化服从法拉第定律。法拉第定律指出：电解时，在电极上析出物质的数量，与通过溶液的电流强度和通电时间成正比。水电解制氢符合法拉第电解定律，即在标准状态下，阴极析出1克分子的氢气，所需电量为53.6A/h。经过换算，生产1m^3氢气(副产品0.5m^3氧气)所需电量约2393Ah，原料水消耗0.9kg。

由浸没在电解液中的一对电极，中间隔以防止气体渗透的隔膜而构成水电解池，通以一定电压(达到水的分解电压1.23V和热平衡电压1.47V以上)的直流电，水就发生电解。根据用户产量需求，使用多组水电解池组合，减小体积和增加产量，就形成水电解槽的压滤型组合结构。

本装置的压力型水电解槽采用并联型结构，左右两侧端极板为直流电源负极，中间极板为直流电源正极，电解槽采用双极性极板和隔膜垫片组成多个电解池，并在槽内下部形成共用的进液口和排污口，上部形成各自的氢碱和氧碱的气液体通道。具有结构紧凑，运行安全，使用寿命长的特点，电解液采用强制循环，电解消耗的原料水由补水泵自动补充，相关参数实现自动监测和控制。正常生产时采用30% KOH水溶液作为电解液，槽温控制在90℃±5℃，兼顾隔膜垫片的使用寿命和降低能耗的要求。

2.2　核心设备电解槽结构

电解槽作为制氢系统的“心脏”，其材料性能的好坏直接关系到整个系统的效率、稳定性以及经济性，当直流电通过电解槽时，在阳极与溶液界面处发生氧化反应，产生氧气，在阴极与溶液界面处发生还原反应，产生氢气，电解槽结构如图1所示。

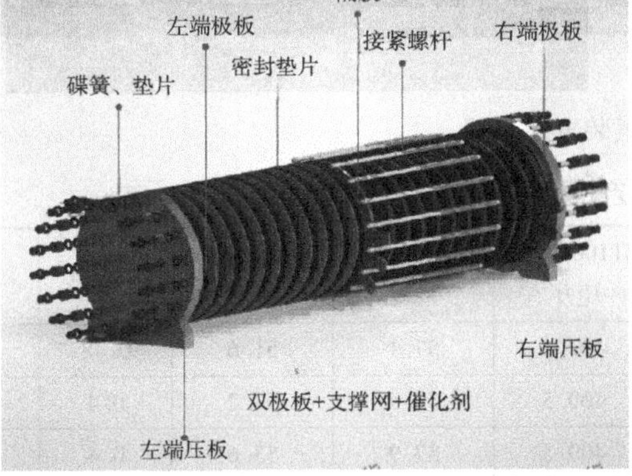

图1　电解槽结构图

电解槽主要由以下部分组成：端压板、端极板、中间极板(有的电解槽没有)、双极板、支撑网(有的电解槽没有)、绝缘板(有的电解槽没有)、催化极网、隔膜、密封垫片、拉紧螺杆、碟簧、螺母、绝缘套管等。

本装置电解槽设计参数和运行实测数据见表2。

表2　电解槽设计参数和运行实测数据

项目	设计值	实测值
额定产氢量/(Nm^3/h)	1000	11111.7
额定电流/A	10712	10714
电压/V	496	450
工作压力/MPa	1.6	1.6
氢气纯度/%	99.80	99.88
负荷运行范围/%	30~120	30~120
最大电流密度/(A/m^2)	—	4885
能耗/(kWh/Nm^{-3})	—	3.99(在2500A/m^2下)

3　碱性水电解制氢的工业应用

3.1　水电解制氢装置的建设

项目可行性研究报告由中国电力工程顾问集团华北电力设计院有限公司于2022年8月完成编制；初步设计由中国寰球工程有限公司北京分公司于2023年3月完成编制；详细设计由中国石油工程建设有限公司北京分公司于2023年8月4日开始设计。水电解制氢装置于2023年8月开工建设，至2024年1月29日已完成了主体施工、试压和单机测试等工作，办理了工程完工(中间)交接证书。项目配套工程除盐水、生产水、消防水、开闭式循环水、冷冻水机组、氮气、仪表风等公用工程及辅助设施已满足投用条件；制氢主体电解槽、气液分离系统及纯化系统已完成打压试漏；氢气储罐、高低压氢气压缩机等储运系统也完成了打压和测试运行，水电解制氢装置达到试生产开工条件，装置现场图如图2所示。

3.2　水电解制氢装置试生产情况

《可再生能源制氢示范项目一期工程》水电解制氢装置于2024年1月31日开始试生产，2月5日完成电解槽分离系统及纯化系统试生产。2024年2月19日开始整改试生产中问题，3月7日开启公用系统，12日电解槽上电开始试生产调试，15日全流程打通，16日开始外输氢气，所制氢气纯度达99.99%，通过输氢管道、管式槽车等送至化工园区等企业，实现从生产到销售的全流程贯通。不同负荷下的生产数据见表3。

满负荷下的DCS操作画面如图3所示。

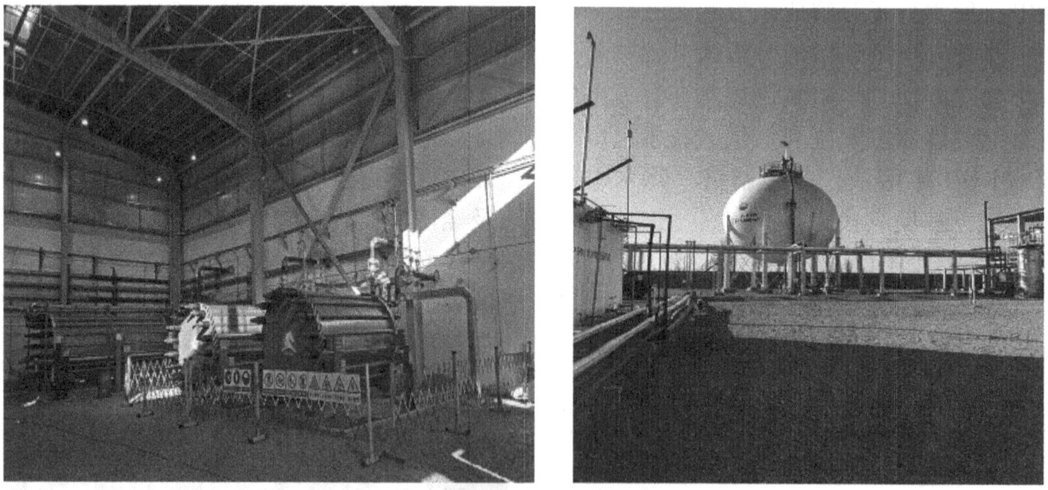

图2　水电解制氢装置现场图

表3　电解槽生产运行数据

负荷/%	PT102003 压力	IT1000011# 电流	ET1000011# 电压	IT1000022# 电流	ET1000022# 电压	TT1020011# 槽温	TT1020032# 槽温	氧中氢	氢中氧
50	0.8	6864	441.6	2795	407.4	57.1	51.6	0.48	0.08
50	0.95	6841	439.5	2869	409.5	57.8	53.2	0.4	0.08
50	1	6845	439.5	2854	409.5	57.9	53.6	0.4	0.08

续表

负荷/%	PT102003 压力	IT1000011# 电流	ET1000011# 电压	IT1000022# 电流	ET1000022# 电压	TT1020011# 槽温	TT1020032# 槽温	氧中氢	氢中氧
70	1.1	6869	438.5	6047	440.8	58.7	54.9	0.39	0.08
70	1.2	6845	437.4	6865	446.8	58.9	55.3	0.4	0.08
80	1.2	7852	442.6	7871	451	60.5	58.7	0.32	0.08
80	1.35	7848	441.6	7880	450	61.3	59.8	0.26	0.08
80	1.45	7865	441.7	7880	448.9	61.6	60.2	0.25	0.08
80	1.55	7925	440.6	7867	447.9	62.1	60.7	0.25	0.08
80	1.6	7869	440.6	7892	447.9	62.6	61.3	0.25	0.08
90	1.6	8660	444.5	8462	451	62.9	61.7	0.25	0.08
95	1.6	9469	449.7	9256	456	63.9	62.9	0.24	0.08
100	1.6	10604	455.8	10608	464.2	64.4	63.5	0.24	0.08
100	1.6	10543	449.8	10596	459.1	68.2	67.7	0.23	0.08

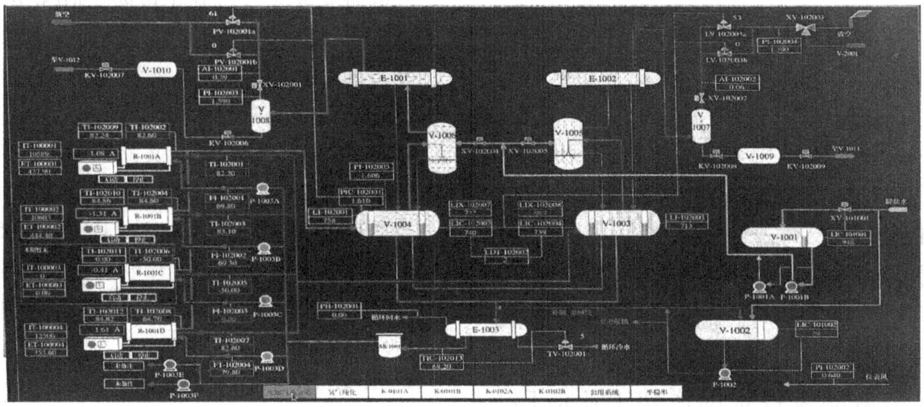

图 3　满负荷下的 DCS 操作画面

通过 72 小时的连续运行，测试了不同负荷下的运行数据，在 30%至 120%负荷间，氢气纯度达到 99.8 以上%，氧中氢和氢中氧均小于 2%，满足设计要求。

表 4　成本估算

时间	电解槽电流/A	电解槽电压/V	氢气外输/Nm^3	电耗/kWh	kWh/Nm^3	成本/(元/Nm^3)
15：30	6869	438	650	3395	5.22	2.53
16：30	6881	438	680	3570	5.25	2.55

装置运行在相对稳定，无氢气排空的情况下，对产氢量和用电数据进行采集，网电价格按照 0.485 元/度计算，得出装置产氢成本约为 2.5 元/Nm^3 见表 4。制氢量达到 4000m^3/h 左右、新能源平价指导价时，装置成本中电耗占 82%～86%，辅助成本占 13%～17%；电价达到 0.27 元/度时，与天然气制氢成本相当；当电价达到 0.14 元/度时，与煤制氢成本相当。可以看出用电成本较高，直接购买网电并不能获得更低的用电成本，因此需要通过电力市场化交易乃至微网直购电实现更低的用电价格，更需要寻找好的光照资源和高的风速去进一步降低发电成本，离网制氢可以最大化发挥新能源电力降本作用、实现制氢成本最小化。

3.3　电解槽评价

本装置电解槽设计电压 496V，电流 10712A，氢气产量 1000m^3，2024 年 2 月 17 日第三方进行评估，得出限定 2500A/m^2 电流密度下直流能耗为 3.99kWh/m^3 氢气。计算过程如下：

标定单位直流能耗计算公式：氢系统标定单位能耗中直流能耗按照 3.2MPa 气堆出压力进行核算，当出口压力低于 3.2MPa 时，氢气压力提升至 3.2MPa 所需能耗按下列公式计算：

$$E_1=\frac{nRT\times(\ln p_2-\ln p_1)}{11.215\times3.6\times10^6\times\eta}$$

$E_1=\{500\times8.34\times293.15(\ln(3.2\times10^6)-\ln(1.6\times10^6))\}/(11.215\times3.6\times10^6\times0.85)$

$E_1=0.0247\mathrm{kWh/Nm^3}$

标定单位直流能耗：$W_{ds}=W_d+E_1=3.9196+0.0247=3.9443\mathrm{kWh/Nm^3}$

单位交流能耗计算公式：$W_a=(P_1+P_2+P_3)/Q$

$$Q=(6550\times248)\div2390=679.6\mathrm{Nm^3/h}$$

$$W_a=(18.5+7.5+3)/Q=0.0426\mathrm{kWh/Nm^3}$$

制氢系统标定的单位能耗计算公式：$W=W_{ds}+W_a$

$$W=3.9443+0.0426\approx3.99\mathrm{kWh/Nm^3}$$

从评估结果本装置电解槽单位能耗为3.99kWh/m^{3}氢气，处于国内较高水平，电解槽运行平稳，实现了碱性水电解制氢技术的工业应用，探索出一条规模化氢气生产路线。

4 结论

综上所述，本文对水电解制氢技术的机理、电解槽结构进行了介绍。从水电解制氢装置的运行可以看出用电成本较高，直接购买网电并不能获得更低的用电成本，下一步将探索光照资源和风能去进一步降低用电成本，离网制氢可以最大化发挥新能源电力降本作用、实现制氢成本最小化。碱性水电解制氢技术的成功工业应用，为中石油在绿电制氢技术应用方面提供了更大的平台，对推动氢能产业发展、促进可再生能源消纳、助力实现“双碳”目标具有深远的意义。

参考文献

[1] 王培灿，雷青，刘帅，等. 水电解制氢 MoS2 催化剂研究与氢能技术展望[J]. 化工进展，2019，38(1)：13.

[2] 丛琳，王楠，李志远，等. 水电解制氢储能技术现状与展望[J]. 低压电器，2021，000(007)：1-7，28.

[3] 李永恒，陈洁，刘城市，等. 氢气制备技术的研究进展[J]. 电镀与精饰，2019，41(10)：6.

[4] 杨铮，刘思明，韩红梅，等. 中国氢气生产和利用现状与展望[J]. 社会科学文献出版社，2021(12)：106-117.

[5] 俞红梅，邵志刚，侯明，等. 电解水制氢技术研究进展与发展建议[J]. 中国工程科学，2021(02).

[6] 张开悦，刘伟华，陈晖，等. 碱性电解水析氢电极的研究进展[J]. 化工进展，2015(10)

[7] 郭博文，罗聃，周红军. 可再生能源电解制氢技术及催化剂的研究进展[J]. 化工进展，2021，40(6)：19.

[8] 王彦哲，周胜，周湘文，等. 中国不同制氢方式的成本分析[J]. 中国能，2021，43(5)：29-37. DOI:10.3969/j.issn.1003-2355.2021.05.005.

[9] 张玉魁，陈换军，孙振新，等. 高温固体氧化物电解水制氢效率与经济性[J]. 广东化工，2021，48(18)：3-6+24.

[10] 王红卫，曾秀敏，许光明，等. 天然气压力能发电用于电解水制氢工艺经济性分析[J]. 化学工程与装备，2020，(03)：106-108+114. DOI:10.19566/j.cnki.cn35-1285/tq.2020.03.048.

[11] 廖远旭，董英瑞，孙翔，等. 可再生能源制氢综合能源管理平台研究[J]. 南方能源建设，2022(04).

烃类水蒸气转化制氢装置降低碳排放技术研究

张　强

（中国石油玉门油田公司炼油化工总厂）

摘　要　炼化企业在碳达峰和碳中和的目标下，绿色低碳转型面临的挑战和形势日趋严峻，本文主要以玉门炼化 20000Nm³/h 制氢装置产品氢气提纯单元产生的解吸气和转化炉燃烧产生的烟气为研究对象，根据其来源和特点，阐述回收大量二氧化碳的工艺原理和技术，分析工艺的适应性和可行性，为回收利用二氧化碳提供技术依据并提出建设性建议。

关键词　解吸气；烟气；二氧化碳；碳中和

1　现状分析

1.1　背景概述

玉门炼化 20000Nm³/h 制氢装置，采用传统的烃类水蒸汽转化法制氢工艺，采用变压吸附（PSA）净化工艺提纯氢气，以炼厂混合干气为原料，生产纯度≮99.9%（V）的氢气。目前主要以炼厂脱硫后高压瓦斯气为原料，经净化、一段蒸汽转化、中温变换及 PSA 变压吸附后生产出满足要求的产品氢气，同时副产解吸气全部作为转化炉的燃料。在设计上装置 100%负荷运行，即产氢量 20000Nm³/h 时，副产解吸气量 10439Nm³/h；目前工况下，装置负荷 25%左右，产氢量 5000Nm³/h，副产解吸气量近 3000Nm³/h。解吸气中含有大量的二氧化碳，这部分二氧化碳主要由制氢过程中的转化反应和中变反应产生，反应原理如下（1）（2）所示。

（1）转化反应：

$C_nH_m+nH_2O \leftrightarrow nCO+(n+m/2)H_2-Q$（吸热）；

$C_nH_m+2nH_2O \leftrightarrow nCO_2+(2n+m/2)H_2-Q$（吸热）；

（2）中变反应：

$CO+H_2O \leftrightarrow CO_2+H_2—Q$（放热）

解吸气中大量的二氧化碳伴随解吸气进入转化炉，然后与转化炉燃料气燃烧产生的二氧化碳一起排放至大气中。下面列出制氢装置设计工况和目前实际工况下解吸气规格，如表 1 和表 2 所示，在设计上，解吸气中二氧化碳含量为 56.29%。目前工况下解吸气中二氧化碳的实际含量为 51.88%；按目前工况计算，解吸气中含有将近 1500Nm³/h 的二氧化碳。表 2 为目前工况下转化炉燃烧产生的烟气组成，烟气中的二氧化碳含量为 10.2%，烟气流量为 24000Nm³/h，可知转化炉烟气直接向大气排放的二氧化碳量为 2448Nm³/h。

表 1　设计工况下制氢解吸气规格

项目	规格（设计）	规格（实际）
装置负荷/%	100%	25%
产氢量/（Nm³/h）	20000	5000
产解吸气量/（Nm³/h）	10439	3000
解吸气温度/℃	40	40
解吸气压力/MPaG	0.05	0.04
解吸气组成：		
N_2/%	2.72	3.85
H_2/%	21.81	36.95
CH_4/%	10.39	2.83
CO_2/%	56.29	51.88
O_2/%	0	0.23
CO/%	7.73	2.41
H_2O/%	1.06	1.85
合计/%	100	100

注：设计数据来自制氢装置设计说明书，实际数据来自 2022 年制氢装置标定数据。

表 2　实际工况下制氢转化炉烟气规格

项目	规格（实际）
装置负荷/%	25%
烟气流量/（Nm³/h）	24000
烟气温度/℃	135
烟气压力/MPaG	常压
烟气组成：	
N_2/%	63.8

续表

项目	规格(实际)
CO_2/%	10.2
O_2/%	8.5
H_2O/%	17.5
合计/%	100

注：实际数据来自2023年10月25日制氢装置烟气排放口监测数据。

1.2　二氧化碳回收的必要性

制氢解吸气中二氧化碳含量基本在50%以上，氢气含量在30%以上，解吸气作为转化炉燃料其热值较低，这将近50%以上的二氧化碳伴随解吸气进入转化炉进行燃烧后，与转化炉其他燃料燃烧产生的二氧化碳一起排放到大气中，大幅度增加了炼厂的碳排放量，与此同时解吸气中的这部分二氧化碳在转化炉中被重复加热不仅在无形中降低了转化炉的热效率，还会增加转化炉瓦斯燃料气消耗量，进一步增加装置能耗；目前，制氢装置通过解吸气向大气直接排放二氧化碳约1314WNm^3/年，即25978t/年；转化炉通过烟气直接向大气排放二氧化碳约2144WNm^3/年，即42387t/年。因此，对制氢装置产生的大量二氧化碳进行回收利用，既可以减少企业碳排放，又可以得到纯度较高的二氧化碳资源进行充分利用，增加企业盈利能力。

1.3　二氧化碳利用的可行性

根据二氧化碳本身易溶于油和水的特性，当其大量溶解于原油中，可以使原油体积膨胀、黏度下降，还可以降低油水间的界面张力。根据国内油田油井大量试验结果可知，一般情况下利用二氧化碳驱油可以提高原油采收率7%～15%，延长油井生产寿命15～20年，玉门油田矿区部分油井距离玉门炼油厂较近，可以将回收的二氧化碳直接作为油井压裂驱油工艺过程的助采剂，在降低二氧化碳储存运输过程的成本和风险的同时，不仅可以提高油田三次采收率，降低油田开发成本，还可以将大量的二氧化碳封存在地质层中，从而减少二氧化碳直接向大气的排放量，减少水驱污水量的产生。

另外，玉门油田绿氢生产项目的顺利推进，未来炼厂的氢气需求将由绿色氢能替换目前的制氢装置产品氢气，结合玉门炼厂丰富的干气资源和制氢装置的现状，可通过二氧化碳充分捕集并用于甲醇合成，不仅可以提高总厂产品附加值，还可以显著降低二氧化碳排放量。

2　二氧化碳一段法变压吸附回收

2.1　回收技术

本方案采用一段法变压吸附工艺回收原料气中的二氧化碳，设计处理原料气4000Nm^3/h，来自变压吸附制氢工序的解吸气，经压缩机加压至0.45MPa(G)，通过变压吸附装置后，将二氧化碳吸附下来，提纯到90%以上作为产品二氧化碳气体回收，流程示意图如图1所示。

其吸附和再生工艺过程由吸附、连续均压降压、抽真空、连续均压升压和产品气升压等步骤组成。经这一过程后吸附塔便完成了一个完整的“吸附—再生”循环，又为下一次吸附做好了准备。多个吸附塔交替进行以上的吸附、再生操作，即可实现气体的连续分离与提纯。变压吸附技术具有自动化程度高、运行稳定性强、运转周期长、产品纯度高、产品回收率高且操作简便的特点。

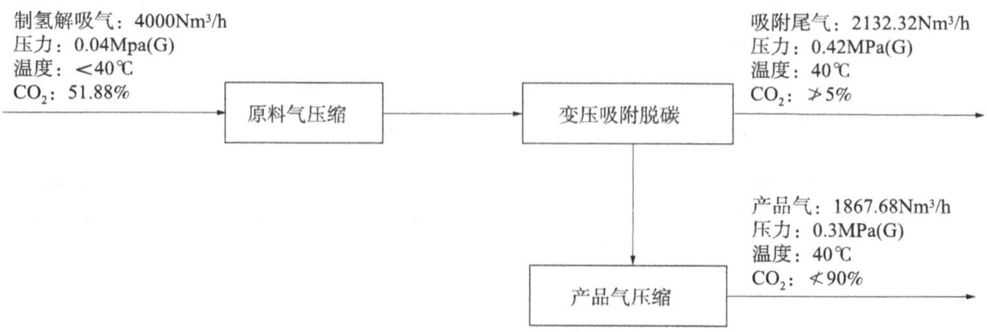

图1　二氧化碳一段法变压吸附回收流程示意图

2.2　存在的问题及建议

2.2.1　存在的问题

(1) 由于变压吸附过程中压力的升高会使进转化炉解吸气压力升高，转化炉的燃烧器需重新评估和选型。

(2) 提纯二氧化碳后的解吸气量比原来减少

近一半，同时改变了解吸气的组成，导致转化炉燃料热值发生变化，会改变转化炉炉膛内的温度分布，影响转化炉炉管温度分布，从而影响转化炉炉管的安全运行和转化反应的深度。

（3）转化炉对流室烟气流量减少导致空气预热器负荷减小，解吸气中二氧化碳含量的降低会使空气与可燃物混合更加均匀，大大减少了空气的需求量，因此需要重新对空气预热器部分的热负荷进行重新核算。

（4）解吸气中二氧化碳含量减少，从而导致NO_x含量增大，另外，烟气流速减少和燃烧器及炉膛温度升高势必会增加NO_x的生成量，极大地增加了转化炉烟气排放口NO_x超过环保指标的可能性。

2.2.2　建议

（1）可以将脱除二氧化碳后的解吸气排至总厂高压瓦斯管网，制氢转化炉直接用脱硫后高压瓦斯气作为燃料。不仅可以减少燃烧器的投资成本，还可以避免因燃料组分变化导致炉膛温度分布发生改变影响炉管安全运行及烟气排放口NO_x超标的情况。

（2）从解吸气组成可以看出，对其中的二氧化碳进行回收后，剩余组分中氢气的含量较大，约为35%左右，直接进转化炉作为燃料气会使转化炉运行偏离设计工况而带来隐患，改造又会使投资额外增大，因此，可以考虑将这部分脱除二氧化碳后的解吸气重新增压进入中变气，再次吸附提纯其中的氢气，不仅可以解决转化炉燃料气组成改变产生的影响，还可以提高装置产品氢气二次收率。

（3）可直接对转化炉烟气进行二氧化碳脱除，不仅能保证环保要求，而且还可以更有效地减少二氧化碳的排放量。（$Na_2CO_3+CO_2+H_2O$—$2NaHCO_3$，70~80℃分解为Na_2CO_3和CO_2）

2.3　市场前景

回收的大量高纯度二氧化碳可以作为油井压裂驱油工艺过程的助采剂，但是该项目回收的二氧化碳量有限，实际意义不大，但可以根据市场情况，生产食品级二氧化碳、液体二氧化碳或发展其他化工产品。

根据物料衡算，目前工况下制氢装置通过解吸气向大气直接排放二氧化碳约1314WNm³/年，即25978t/年，变压吸附回收二氧化碳的回收率为90%以上，回收量为23380.2t/年，变压吸附回收二氧化碳的成本约为200元/t，食品级二氧化碳价格约为1000元/t，若回收的二氧化碳作为食品级二氧化碳每年可以为企业增加1870万元的盈利收入，经济效益可观。

3　二氧化碳合成制甲醇

3.1　技术介绍

制氢装置可以在原有基础上进行适应性改造，利用二氧化碳加氢转化技术，实现合成气加氢制甲醇。烃类水蒸气转化后的转化气含氢气量基本在70%以上，剩余部分为一氧化碳和二氧化碳，具体如表3所示，另外可以捕集转化炉燃烧产生烟气中的二氧化碳，制氢转化气和烟气中二氧化碳一起作为甲醇合成单元的原料，通过二氧化碳的循环利用，生产高附加值甲醇产品，实现制氢装置零碳排放。

表3　实际工况下制氢转化气规格

项目	规格（实际）
装置负荷/%	25
产氢量/（Nm^3/h）	5000
产转化气量/（Nm^3/h）	24881
转化气温度/℃	40
转化气压力/MPaG	2.1
转化气组成：	
N_2/%	1.76
H_2/%	71.86
CH_4/%	4.07
CO_2/%	9.74
O_2/%	0
CO/%	12.25
H_2O/%	0.31
合计/%	100

注：实际数据来自2023年10月25日制氢装置运行数据。

制氢装置烃类水蒸气转化生成的转化气和烟气中的二氧化碳按一定的比例混合，在甲醇反应器中进行转化生成组甲醇，主要发生如下（1）（2）（3）化学反应：

（1）CO_2+3H_2══CH_3OH+H_2O；

（2）CO_2+H_2══$CO+H_2O$；

（3）$CO+2H_2$══CH_3OH；

利用制氢装置现有流程，新建烟气二氧化碳捕集装置和二氧化碳加氢甲醇合成装置，二氧化碳加氢合成甲醇的工艺流程与传统的一氧化碳加氢制甲醇区别不大，有一定的借鉴意义，甲醇合成单元产生的含氢驰放气按产生量可以作为转化炉燃料或进PSA氢气提纯单元，还可以并入合成单元原料循环使用，减少原料浪费。本方案下，无论是烟气中的二氧化碳，还是转化反应及中变反应产生的二氧化碳都可以实现全部转化，固定在甲醇产品中，实现制氢装置零碳排放。

3.2 市场前景

根据制氢装置目前生产负荷和装置特点，甲醇合成单元预计可产甲醇8万吨/年；玉门炼厂甲醇需求装置为轻汽油醚化装置和MTBE装置，消耗量为约2万吨/年。制氢甲醇联产生产的甲醇产品不仅可以满足本单位的需求，大部分还可以实现外销，在降低装置运行成本的同时还可以实现额外增收。提高企业竞争力和盈利能力。近年来，玉门周边化工园区发展规模日趋变大，已规划新建一大批精细化工企业，这些企业可以作为潜在的甲醇产品用户，市场前景良好。

甲醇近年价格在1900元/吨~4600元/吨之间浮动，按2000元/吨计算，新建甲醇合成装置一年可以节省近4000万元的甲醇购买费用，另外每年可以增加1.2亿的甲醇销售额；甲醇合成装置生产成本大概为1000元/吨，因此，该甲醇合成单元一年可实现将近6000万元的盈利收入，具有良好的前景。

4 总结

二氧化碳一段变压吸附技术发展较为成熟，是降低碳排放的有效方法之一，但是也存在局限性，只能回收装置其中一小部分二氧化碳，无法实现零碳排放，但是改造投资较低，装置操作简单；二氧化碳加氢制甲醇虽然目前没有工业化应用的先例，大多数都处于实验和技术研究阶段且改造投资较高，但是绿色低碳发展的趋势下，玉门炼厂率先尝试二氧化碳加氢制甲醇技术对于探索建立清洁能源示范基地、发展绿色氢能产业有着重大的意义，将转化合成气中的碳最终固定在甲醇产品中，在降低碳排放的同时还可以为企业增加产品附加值，提高企业竞争力和盈利能力具有重要意义，另外，随着《玉门油田可再生能源制氢项目》顺利实施，建议对制氢装置原有PSA单元进行适应性改造，用于重整氢气提纯，平衡全厂氢气管网，实现绿氢炼化发展目标。

参 考 文 献

[1] 黄黎明，陈赓良. 二氧化碳的回收利用与捕集储存[J]. 石油与天然气化工，2006，35(5)：354-358.

玉门油田炼化业务绿氢消纳途径探讨

王振英

（中国石油玉门油田公司采油工艺研究院）

摘　要　能源领域减排是实现“双碳”目标的主要途径，炼化行业的低碳发展是必然选择。玉门油田所处的甘肃省酒泉市风光资源禀赋得天独厚，具备良好的绿氢产业发展基础。绿氢化工是实现绿氢规模化应用的最有效途径，挖掘可行的绿氢消纳途径，意义重大。

关键词　可再生能源；绿氢化工；SAF；绿色合成氨；生物气化

1　玉门油田绿氢产业发展基础

1.1　资源禀赋和自身优势，发展绿氢产业是油田绿色转型的重要战略

玉门油田所处的甘肃省酒泉市风光资源富集（国家风能资源二类、国家太阳能资源一类区域），戈壁面积辽阔、地势平坦，水资源有保障，具备良好的绿氢产业发展基础，发展绿氢产业成为油田绿色转型的重要战略。

玉门油田上下游产业链齐全，新能源、油气和炼化业务为油田三大主营业务，同时具有一个正在绿色转型的自备电厂和完备的自备电网。玉门油田炼化业务年产氢能力1.5万吨，有多套加氢装置，熟悉氢气管理、技术、操作的人员近300人，在制氢生产、化工合成、设备运维、安全管理和应急处置等各方面都积累了丰富的经验，能更好的组织和衔接可再生能源开发和发展氢能产业，便于课题实施和产业落地。

1.2　政策支持，发展绿氢产业机遇难得

2022年，甘肃省氢能产业发展规划提出“打造甘肃氢能走廊，建设河西绿氢生产及综合利用先行示范区”，酒泉市氢能产业发展实施方案（2022~2025）》和《酒泉市氢能产业发展中长期规划（2022~2035年）》，提出打造“一区、一园、一中心、三基地”的氢能产业布局，积极推动氢能产业发展。甘肃省、酒泉市、玉门市都将“支持玉门油田发展清洁能源制氢”列入十四五规划。

2021年，玉门油田还被甘肃省和集团公司分别确立为甘肃省氢能源产业链链主企业和中国石油玉门清洁转型示范基地。集团公司将玉门清洁转型示范基地列入“十四五”新能源业务“六大”基地、氢能产业链示范工程列入“五大”工程。

1.3　已建设项目和风光指标为绿氢发展提供有力支撑

玉门油田2020年开始规模化发展风光发电和电解水制氢等可再生能源业务，大胆探索创新，先后创造了甘肃省、集团公司第一个氢气充装站、第一个集中式光伏并网发电项目、第一个可再生能源制氢示范工程、油田获批国家电网系统外第一家新能源计量分中心等“十一个首次”，已完工项目建成新能源装机50万千瓦，已达成意向新能源风光电建设指标900万千瓦，在新能源发展中开创“玉门模式”，走在了集团前列。尤其落地中国石油首个可再生能源制氢示范试验平台，实现年氢气产量2100吨，氢气纯度达到了99.999%，承担了集团氢产业科研试验、装备实证、对外合作和展示等任务，为可再生能源制氢的远景规划提供保障。

1.4　油田先后开展16项新能源相关课题研究，形成一定技术储备

已开展了百方级规模碱性电解水制绿氢工艺技术中试放大研究等4个股份公司课题专题，开展了可再生能源制氢综合利用研究、风光气电多能融合及储能技术应用研究等8个油田公司级科技项目研究，正在开展甘肃省重大科技专项《光能耦合非连续性电解水制氢集成系统技术开发与应用示范》研究。突破应用光伏电站关键技术3项、电解水制氢关键技术1项、零碳油田关键技术2项。同时，设立“氢气掺入天然气输送和应用的研究”课题；参与集团公司在国家科技管理部立项的“长距离管道纯氢/掺氢输送关键技术研究”“电化学高效储能与规模应用示范研究”等专题（课题）4项，在公司立项开展“风光气电多能融合及储能技术应用研究”等科技项目4项，加快推动科技赋能新能源发展。

2 清洁转型面临诸多挑战

2.1 离网制氢现阶段在技术、经济方面仍存在诸多难题

近年来，以风电、光伏为代表的新能源在国内电力系统中的占比不断提高，甘肃省电网规划、建设进展滞后，受电网输送通道不足影响，新能源增量建设指标获取难度加大，由此带来了弃风、弃光等问题日益突出，上网效益逐年走低。离网制氢可以降低风光发电对电网冲击、就地消纳新能源电力，有望成为未来重要的消纳方式。但当前离网制氢也还处于发展的起步阶段，存在一定技术难题。

一是存在对电网波动的适应性和电解槽成本的矛盾。目前碱性水电解槽的最低负荷区间通常难以达到30%以下，PEM电解槽和常压电解槽虽然负荷可降低至10%或以下，但相对碱性电解槽制造成本非常高、市场成熟度不足。

二是“离网制氢”微电网的稳定性问题。风光资源的间歇性、波动性、难储存性加大了中长时间尺度的电力电量平衡难度，调节电源存在较大缺口。配置构网型设备或是“离网制氢”最大的技术问题。

三是储能、储氢导致制氢成本增加。由于制氢设备利用率低，需配置大容量的储氢、储电设备，使本来处于经济劣势的绿氢成本进一步增加。

2.2 “荷随源动”技术有待发展

传统氨、醇、SFA合成工艺，是按照化石燃料稳定原料供应，以及连续生产要求进行优化迭代的，因此需要提高产品生产工艺灵活性，以适应新能源的波动性。只有做到“荷随源动”，才能实现新能源电力与化工深度融合发展，推动新能源就地消纳和高附加值转化。

2.3 绿氢终端应用场景受限

绿氢成本高，氢气储运存在难题，影响绿氢化工利用商业化进程。目前，绿色甲醇的成本仍为煤制甲醇的两倍，绿氨的生产能耗和投资成本都高于传统Haber-Bosch制氨工艺，生物质气化（绿色甲醇和绿色航煤均需关注）的技术风险还需要进一步验证。目前我国碳税及碳交易体系仍处于探索阶段，相关政策和产品标准还在制定中，绿氨、绿醇的低碳效益优势尚未体现，产品的后期市场应用开发还有待突破，储运工程有待发展。

2.4 国际碳认证难度问题

一是认证环节复杂，需要对原料、生产、运输、储存、加注等环节分别认证；二是认证标准不健全，我国绿色燃料产业处于发展初期，缺乏统一、清晰的认证标准，这在很大程度上限制了我国与国际绿氢及绿色燃料行业接轨；三是ISCC认证国内服务机构稀少，认证过程涉及数据出境可能发生安全隐患等问题。

3 绿氢消纳市场及竞争力分析

3.1 绿色氢基化工市场潜力巨大

中国是欧盟的主要进口国家之一，随着欧盟REDⅡ、CBAM等一系列可再生能源及碳关税政策的实施，将深刻影响我国碳税政策快速向欧盟看齐。作为全球产业界认可的具有较大发展潜力的可再生燃料之一，绿氨、绿醇、SFA在相关低碳产业政策支持下将获得快速发展机遇。

伴随技术的快速发展，未来大规模离网型的风-光-氢-储制氢系统，将成为绿氢生产的主要形式，绿氢成本有望进一步降低，伴随碳税叠加，各种绿色合成产品将具备成本优势。同时伴随氢基燃料应用技术壁垒的突破（比如船用燃料、车用燃料、锅炉燃料等的突破），绿氢化工合成将获得快速发展机遇。伴随国际强制性减碳政策增多、国内碳市场的升级扩容，氢基能源项目有望获得较高收益，或抵消与传统化石能源工艺之间的成本差距。

3.2 SAF市场看好

目前全球共有65个国家实施了SAF的强制掺混政策。欧盟（EU）《可再生能源指令》规定，SAF掺入比例在2030年不得低于5%，2050年不得低于70%，其中通过二氧化碳捕集生产的电制燃料（eFuel）至2050年掺入比例不得低于35%；美国《通胀削减法案》就SAF进行税收减免，旨在2050年实现航空燃料100%使用SAF替代化石燃料。

航空工业的“绿色屏障”使得SAF售价是石油基航空燃料的4倍，促使SAF成为绿色能源可盈利过程的先行范例5%的规定将需要250万吨SAF使用量，若按照50%的替代比例，预计每年SAF需求将有4000-5000万吨以上。目前我国已建成的可持续航煤年产能仅20万吨/年。

3.3 煤电低碳化改造释放3.2亿吨绿氨需求

2024年7月15日，国家发改委、国家能源局印发《煤电低碳化改造建设行动方案（2024～2027年）》，方案明确了煤电机组降低排放的三种路径：生物质掺烧、绿氨掺烧还有碳捕集利用

与封存。该消息发布后，将推进国内绿氨项目的建设节奏。数据显示，目前中国电力企业每年消耗的煤炭已经超过20亿吨，若其中10%以合成氨置换，则有超过2亿吨煤炭的置换空间，按照氨与煤炭之间的热值换算，对应需要的氨总量将超过3.2亿吨（氨热值较低，仅为18.6MJ/kg，按1吨标准煤热值计算，提供相同能量需要约1.6吨氨）。另外，目前氨燃料船舶已经逐步开始商业运行，氨燃烧发电、氨燃料电池、高温窑炉燃料等技术正积极探索。

4　炼化业务绿氢消纳途径探讨

绿电上网不是玉门油田绿色转型的根本，绿氢销售在现阶段也不可能成为新能源发展的最终目标，玉门油田作为氢能源产业链“链主”企业，迫切需要尽快打造并扩展绿氢应用场景，而绿氢化工是实现绿氢规模化应用的最有效途径。

4.1　利用思路

（1）绿氢替代灰氢，打造绿氢炼化

将绿氢引入炼厂替代制氢装置灰氢，停制氢装置，年替代灰氢4050吨，同时将大幅降低了碳排放，打造绿氢炼化企业。

（2）绿氢氮液化和碳液化路线

液氢很难实现民用，在广泛的纯氢管网（不是掺氢）和大规模廉价储氢等基础设施完善之前，氨氢储能（氮液化路径）和液态阳光甲醇储能（碳液化路径）、合成绿色航煤（碳液化路径）倍受关注，三者燃料应用属性得到积极开发，绿氨、绿醇、SAF，是当前用好绿氢的热点选择路线。

4.2　绿氢发展目标

2024年~2026年分期建设2万吨/年制氢规模的电解水制氢装置。其中2024年、2025年、2026年分别建成0.2万吨/年、0.5万吨/年、1.3万吨/年、1万吨/年电解水制氢装置，主要为玉门炼厂、玉门市老市区两个化工园区、交通、航天领域供应氢气。到2030年总制氢规模规划10万吨/年。见表1。

表1　玉门油田2024~2030年制氢工程项目部署

序号	名称	制氢规模/（吨/年）	建成时间
1	电解水制氢一期工程	2000	2024年
2	电解水制氢二期工程	3500	2025年
3	风光项目配套电解水制氢	0	2026年
4	风光项目配套电解水制氢	20000	2027年
5	风光项目配套电解水制氢	10000	2028年
6	风光项目配套电解水制氢	50000	2029年
7	风光项目配套电解水制氢	14500	2030年
	合　计	100000	

4.3　绿氢利用研究

4.3.1　2025年率先建成绿氢炼化

结合玉门油田电解水制氢规划和炼厂瓦斯制氢装置极低负荷的实际困难，优化全厂氢气平衡，在生产成本可控的前提下，优先在集团公司炼化企业中实施绿氢炼化示范。一是重整氢气提纯和膜分离系统运行优化。将停用的制氢装置PSA单元用于重整氢气提纯至99%（V）以上，可减少下游柴油加氢改质装置尾氢排放。同时优化膜分离系统回收流程、工艺参数，提高富氢瓦斯中的氢气回收率，降低新氢消耗。二是做好绿氢梯级利用研究，降低降低新氢消耗；三是新建C3+回收单元，对炼厂高C3+富余瓦斯实施轻烃回收，冲减绿氢进厂带来的成本增加。该项目计划2025年检修期间建成投用。实施后预期年减碳排量约1.41万吨。

另外，可再生能源制氢示范项目一期工程虽然已经建设完成，但规模较原规划预期降幅较大，仅可稳定输出常温2.0MPa氢气2800Nm^3/h，不足以支撑炼厂加氢装置的全部耗氢量。二期制氢项目正在编制可行性研究，规划供电形式以风电为主的离网制氢模式（或纯风电），配套适量的电化学储能、容器储氢装置。项目总体供氢量为7000Nm^3/h，确保向炼厂稳定供氢量4275Nm^3/h。

4.3.2　探讨研究适宜的绿氢化工项目

绿氨、绿色甲醇、SAF各有优缺点，赛道角逐是绿色能源（储氢+燃料市场）发展的预期，需根据自身的资源禀赋、地理位置、运输需要、后端定位等特点，选择适合自己的工艺路线。

初步计划2026~2027年完成12~14万吨/年绿色合成氨项目建设（配套500MW风电和2万吨制氢项目的建设）；2027~2030年完成8.6万吨/年绿色合成航煤项目建设（同期建设CCUS项目，由于航煤和甲醇合成争抢CO_2资源，两者二选一）；同期做好生物合成多元醇实验装置的启动。

（1）12~14万吨/年绿氢合成绿氨项目

该项目计划采用完全离网制氢和柔性合成氨

技术相结合。电解水制氢(包括储氢)和合成氨部分建设在玉门炼化厂区内，合成氨公用系统除循环水部分新建或改扩建，其余依托炼厂。项目计划2025年启动，2026~2027年建设，实施后预期年消耗绿氢约2万吨。

(2) 绿氢和炼厂烟气捕集的二氧化碳合成绿色航煤

可再生航煤对于现有化石能源的替代也将成为大势所趋。未来若按照50%的替代比例，预计每年SAF需求将有4000~5000万吨以上。

炼厂加热炉烟气中(常减压、重整装置、焦化装置)二氧化碳能捕集13.9万t/年，催化烧焦烟气二氧化碳约22万吨/年。CO_2捕集率以90%计，炼厂可利用二氧化碳资源约35.9万吨，可满足8.6万吨绿色航煤合成或25万吨甲醇的二氧化碳用量。由于炼厂二氧化碳资源有限，甲醇或绿色航煤合成路线只能二选一。由于发展绿氨受当地资源限制性较小(只需要空气和水)，有利于做大做强，伴随煤电低碳化改造绿氨需求的增长预期、车用、船用、锅炉用氨燃料的技术突破和普及，绿氢优先考虑制绿氨。

同时由于电解水制氢副产大量氧气，炼厂计划在重整四合一加热炉上积极探索富氧燃烧技术，利用副产纯氧和部分烟气循环，代替空气燃烧，提高烟气CO_2的浓度(高达85%以上)，降低CO_2补集成本。

(3) 1万吨级绿醇示范装置

受二氧化碳资源限制，绿色甲醇与绿色航煤将争夺二氧化碳原料，考虑以秸秆/牛粪等为原料制备合成气和油田绿氢，通过催化加氢可以制备低碳混合醇(C_1~C_6醇构成的液体混合物)。该项目是清洁生产的新途径，实现废弃物高值化、能源化利用。项目计划2026~2028年启动实施，实施后预期年消耗绿氢约0.5万吨，绿醇产品约1万吨。

4.4 绿氢用量和碳减排情况

具体如表2所示。

表2　玉门油田2024~2030年绿氢用量和碳减排情况

序号	名称	装置规模	绿氢消耗量，万吨/年	二氧化碳减排量，万吨/年	备注
1	绿氢炼化项目	产氢7000Nm^3/h	0.4	1.41	
2	绿氢合成绿氨项目	12~14万吨/年	2.0	16.34	相比Haber-Bosch法合成年减碳16.34万吨
3	绿氢和炼厂烟气捕集的二氧化碳合成绿色航煤	8.6万吨/年	4.02	36.1	
4	1万吨级绿醇示范装置	1万吨/年	0.5	6.48	
	合计		6.92	60.33	

(1) 到2030年制氢产能规划10万吨，绿氢炼化和绿氢化工项目整体规划用氢7万吨左右，多余氢气用于天然气掺氢、氢能大巴等规划用氢。

(2) 碳排放总量至2030年可降低60万吨，玉门油田炼化业务实现绿色低碳转型。

(3) 由于二氧化碳资源有限，若采用绿甲醇方案，可利用充足的生物质资源生产生物基绿醇，但由于目前玉门炼厂周边区域尚不具备稳定的生物质资源供应能力，因此推荐按照绿氨产品进行设计。伴随酒泉地区农作物秸秆回收产业的完善，在1万吨级绿醇示范装置试验成熟的前提下，根据酒泉地区秸秆等生物质产量，绿醇生产规模可扩大至30万吨/年。

5 结束语

氢能产业在“碳达峰、碳中和”目标下，正迎来史无前例的发展机遇，甘肃省酒泉地区因其可再生能源富集的突出优势，赋予了玉门油田新的发展机遇，有目标有节奏的推进企业能源绿色低碳转型，意义重大。对于炼化企业而言，需要科学合理规划，综合考虑内外发展环境和面临的挑战，确定绿色转型路线，要根据项目效益情况和发展趋势循序渐进。

参考文献

[1] 吴长江. 我国绿色化工技术现状与发展建议[J]. 石油炼制与化工，2024(1)：68-80.

[2] 李蕴，关于加快我国可持续航空燃料发展的思考与建议[J]. 国际航空，2023-05-15.

[3] 张轩，历一平，等. 绿色甲醇生产工艺技术经济分析[J].《现代化工》，2023(3)：215-218.

LDAR技术在炼化企业油品储罐附件泄漏管控中的关键应用及成果

毛瑞霞　李向民

（中国石油乌鲁木齐石化公司设备检验检测院）

摘　要　在当今这个追求绿色、低碳和可持续发展的时代，环境保护已成为全球共识。随着工业化的快速发展，储罐作为重要的存储设备，在化工、石油、天然气等领域发挥着不可替代的作用。然而，储罐附件的泄漏问题一直是困扰石油化工企业安全的难题，同时其油气回收效率不高、不彻底等因素的影响，这不仅会造成资源的浪费，还可能引发环境污染和生产安全事故。因此，加强储罐附件泄漏的合规化管控，其安全运行对于保障能源供应和环境保护的可持续发展具有重要意义。

关键词　储罐附件；LDAR；VOCs

1　工作背景

炼化企业2025年要全面完成无异味工厂创建任务。

当今环保要求日益严格的背景下，尤其是储罐附件的泄漏管控领域，传统的检测与修复方法已难以满足日益严格的环境标准和安全要求。

储罐是石油化工行业中用于储存液体原料、中间产品和成品的重要设备。然而，由于储罐附件如阀门、法兰、连接件等长期处于高压、高温、腐蚀等恶劣环境下，容易发生泄漏。这些泄漏点不仅会导致物料损失，还会产生VOCs排放，对环境造成污染。此外，泄漏问题还可能引发安全事故，给企业带来重大经济损失。

当前我国普遍存在储罐超期服役问题，随之工业生产与环保要求日益严格的背景下，储罐附件的泄漏问题愈发凸显出其重要性。这不仅关系到企业的经济效益，更与环境保护和安全生产息息相关。传统的泄漏检测方法往往存在检测精度低、效率低等问题，难以满足现代环保要求。2024年生态环境部对《石油炼制工业污染物排放标准》等3项标准进行了修改。其中对挥发性有机液体储罐的运行控制以及呼吸阀气密性等要求提出了进一步的修改，如储罐呼吸阀和浮盘边缘呼吸阀操作压力低于设定的开启压力75%时，呼吸阀的泄漏检测值应低于2000μmol/mol；储罐罐体应保持完好，不应有孔洞、缝隙；储罐附件开口、孔（内浮顶罐通气孔除外），除采用、计量、例行检测、维护和其他正常活动外，应密闭；浮顶罐浮盘边缘密封不应有破损，等条款。

在这一关键领域，LDAR（泄漏检测与修复）技术以其高效、准确的特性，成为了泄漏管控的得力助手。

本文旨在探讨LDAR技术在油品储罐（简称储罐）附件泄漏管控中的应用，分析其技术特点、应用效果及存在的问题，为工业安全提供有益的技术参考。

2　LDAR技术概述

LDAR技术是一种基于检测仪和修复措施的泄漏管理系统，通过对储罐附件的定期、全面、精准检测，及时发现并修复VOCs泄漏点，从而达到降低泄漏风险、控制物料泄漏损失，从根本上解决泄漏问题，提高工业安全水平以及减少对环境造成的污染的目的。该技术具有检测点位准、精度高、响应速度快、操作简便等优点，为后续的泄漏修复工作提供了强有力的技术支持，因此在石油化工工业领域得到了广泛应用。LDAR技术的应用，能够实现对储罐附件的，及时发现并修复泄漏点。

3　技术应用

大量研究表明，VOCs不仅构成复杂，还是PM2.5的重要前体物和残余物，其与近地面臭氧（O3）污染也有着密切联系。美国环保局统计数据显示，LDAR可帮助石油炼制、石油化工行业动静密封点分别实现 VOCs63%和 56%，可见，若能充分、顺畅地将 LDAR 融入环境管理中，将对重点行业 VOCs 减排起到了很大的空间。

LDAR 技术在储罐附件泄漏管控中的应用，主要体现在以下几个方面：

3.1 精准定位泄漏源，提高修复效率

LDAR 技术采用先进的便携式有机气体分析仪，能够对储罐附件的全方位等关键部位进行快速、准确检测，精确判断泄漏源的位置和泄漏量，通过检测数据分析与评估，及时发现潜在的泄漏风险，为后续修复工作提供有力支持。一旦泄漏源被确定，LDAR 技术能够迅速指导维修人员采取合适的修复措施，如紧固螺丝、更换密封垫、更换泄漏部件等。与传统的检测方法相比，LDAR 技术大大提高了修复效率，减少了停工时间和物料损失。一旦检测到泄漏点，LDAR 技术还能提供详细的泄漏信息和修复建议。企业可以根据这些信息，迅速制定修复方案，减少泄漏对生产和环境的影响，降低经济损失。

3.2 统计泄漏量，降低环境风险

LDAR 技术的及时应用，能够有效控制 VOCs 的排放，降低对环境的污染。同时，通过及时修复泄漏源，还能够避免泄漏物质对环境造成长期影响，降低环境风险。

3.3 合规性评估，优化管理策略

通过长期实施的 LDAR 技术，企业可以建立起一套完整的针对储罐附件泄漏的管控体系，特别是对储罐附件等关键部位加强定期检测和维护。这不仅能够提高设备的安全性和可靠性，还能够为企业节省大量维护成本。同时，通过对泄漏数据的统计分析优化企业管理策略和提高生产效率和经济效益的。同时，也可将检测结果与相关法规标准进行对比，确保储罐运行符合环保要求。

3.4 环保减排，履行社会责任

LDAR 技术在储罐附件泄漏管控中的应用具有重要的意义，不仅有助于减少泄漏事故的发生，更能降低挥发性有机物的排放，保护环境的同时，还履行了企业的社会责任。此外，LDAR 技术还具有操作简便、成本低廉等优势，与传统的检测方法相比，LDAR 技术无需停机、无需拆卸设备，大大降低了检测成本、修复成本和时间成本。同时，由于其高效、准确的定量特性，LDAR 技术还能够提高企业的生产效率和经济效益。

综上所述，LDAR 技术。它不仅能够实现精准检测、高效修复，还能降低经济损失、保护环境。

4 工作建立

建立储罐附件泄漏管理信息功能模块，实现泄漏数据的实时采集、分析。

4.1 收集资料

对储罐附件组件工艺介质进行气体、轻质液、重质液划分，确定出 LDAR 工作范围及储罐数量分布区域(合计储罐 142 个)。

4.2 建档检测

每个储罐附件的建档内容含有以下信息：组件编码、组件类型、尺寸、位置描述、检测难以度(正常、难于检测)等详细信息。建档结束即开始检测，并将实测值、实测时间、实测人员等信息上传至数据库进行进一步的数据统计与分析。

表 1 储罐数量按编号统计

原油罐区	汽油罐区	柴油罐区	重油罐区	成品油罐区	航煤油罐区	MTBE 油罐区	PX 罐区	污油罐区	建北罐区
105、106、107、108、109、110、111、112、113、114、115、116	201、202、203、204、205、206、207、208、217、218、219、220、221、222	301、302、303、304、305、306、307、308、309、310、311、312、313、314、315、316	401、402、403、404、405、407、408、409、410、411、412、413、414、415、416、417、418、419、420、421	501 502 503 504 505 506 507 508	225 226 227 228	215 216	601、602、603、604、605、606、607、608、701、702、703、704、705、706、707	213 214	1、2、3、4、5、6、7、8、9、10、11、12、13、14、15、16、17、18、19、20、21、22、23、24、25、26、27、28、29、30、31、32、33、34、39、41、42、81、82、83、84、85、86、87、88、89、90、95、96
12 个	14 个	16 个	20 个	8 个	4 个	2 个	15 个	2 个	49 个
合计建档涉及储罐数量 142 个									

5　LDAR 检测

首次检测储罐附件密封点 2460 个，其按区域占比见图 1；其中发现漏点 170 个，其按储罐分布区域的泄漏比列见图 2；首次检测泄漏总排量为 680476.96ppm 见图 3。

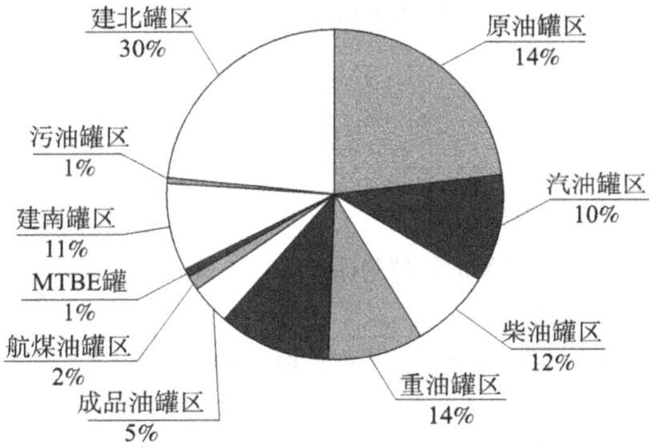

图 1　按储罐区域附件密封点数量占比统计图

漏点修复：对检测超标的泄漏点进行 5 至 15 内进行修复与复测，消漏合格的复测记录上传至数据库中，对不能修复且超过 15 日的组件纳入延迟修复范围，并上报相关单位进行安全风险评估开展修复工作。

根据单位要求，结合其 140 台储罐附件检测泄漏情况进行统计与分析。

6　检测成效

储罐呼吸阀与泄压人孔等的密封性是减少油品损耗和满足无组织排放达标的重要保障。

结合统计图 1、2 数据所示，泄漏量主要分布于原油管区和建北罐区，罐顶呼吸阀、采样口、泡沫发生器等部位排放量较突出见图 2。

经首轮检测数据图 3 可见，出现泄漏点最大泄漏值 14241ppm 见图 3，其储罐附件平均泄漏值 5995.30ppm，存在泄漏超标组件较多。

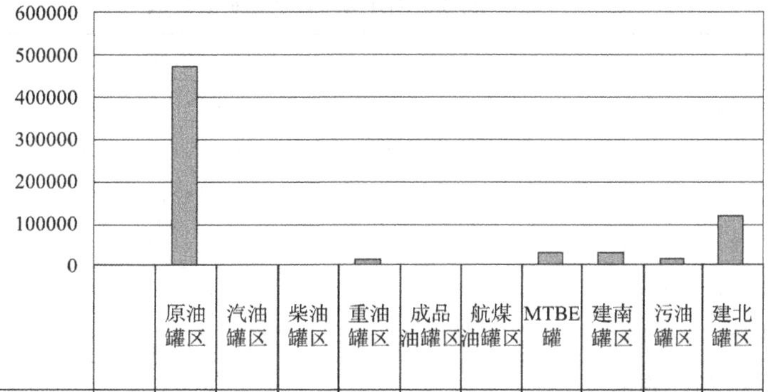

	原油罐区	汽油罐区	柴油罐区	重油罐区	成品油罐区	航煤油罐区	MTBE罐	建南罐区	污油罐区	建北罐区
泄漏量合计(ppm)	477			110			278	278	165	119

图 2　按储罐区域附件检测泄漏量情况统计

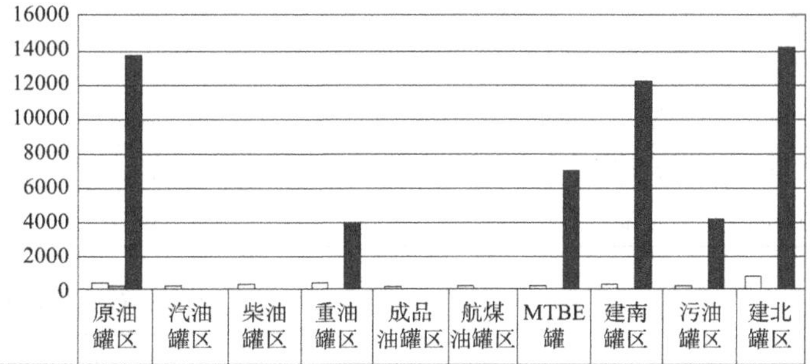

	原油罐区	汽油罐区	柴油罐区	重油罐区	成品油罐区	航煤油罐区	MTBE罐	建南罐区	污油罐区	建北罐区
附件密封点数量	332	225	273	329	109	56	32	254	32	705
	1									
最大泄漏值(ppm)	13673			3937			6962	12195	4093	14241

图 3　最大泄漏值分布区域统计

7　合规性评价

7.1　评价依据

GB 37822—2019《挥发性有机物无组织排放控制标准》要求罐顶油气浓度<5000ppm（重点地区<2000ppm，中石化<4000ppm）。在《石油炼制工业污染排放标准》（GB 31570—2015）修改单中对挥发性有机物液体储罐的运行控制规定，在保

持储罐罐体完好同时，储罐附件开口、孔(内浮顶罐通气孔除外)，除采样、计量、例行检查、维护和其他正常活动外，应密闭；浮顶罐浮盘边缘密封不应有破损。同时还规定了呼吸阀的泄漏检测值应低于2000μmol/mol。

7.2 评价目的

对照国家相关法律、法规、标准和规范，评价本企业VOCs排放源中LDAR源项工作程序的合规性；通过合规性分析，为政府和集团公司等相关监督部门，提供管理和决策依据。

7.3 管理程序符合性

与《石化行业VOCs污染源排查工作指南》和《石油炼制工业污染物排放标准》修改单要求的符合性分析，见表2、表3，在其工作建立内容上对照检查表，符合要求。

表2　相符性分析

条目	标准要求	本项目情况	是否相符
LDAR储罐附件	企业应建立"泄漏检测与修复"管理制度	中石油统一规定，建立检测与修复的管理制度，本企业各部室及各各生产厂建立了相关的管理制度	是
	建立对应的信息管理平台	中石油统一管理平台(VOCs管控系统)-储罐附件检测泄露与修复功能模块	是
	泄漏超标点及时修复	各装置检测后数据统一上传、修复，针对延迟泄漏点，按要求建立相应的监控及巡检制度	是

表3　固定顶储罐设施检查表

项目	内容	其他
罐体颜色	白色○浅灰色○黑色○铝色○中灰色○绿色	
呼吸阀选型	-295_350pa○-295_980pa○-295_1750pa○-295_1920pa○	
顶/底部人孔法兰和螺栓是否有泄漏	是○否○	
透光孔法兰和螺栓是否有泄漏	是○否○	
量油孔法兰和螺栓是否有泄漏	是○否○	
呼吸阀法兰和螺栓是否有泄漏	是○否○	
液压阀法兰和螺栓是否有泄漏	是○否○	
边缘密封是否有泄漏	是○否○	
人孔法兰和螺栓是否有泄漏	是○否○	
采样口法兰和螺栓是否泄漏	是○否○	
计量井法兰和螺栓是否有泄漏	是○否○	
导向柱法兰和螺栓是否有泄漏	是○否○	
设在灌顶部的耳孔法兰和螺栓是否有泄漏	是○否○	
灌顶通气孔法兰和螺栓是否有泄漏	是○否○	

8 应用效果

在发现泄漏点后，应及时采取修复措施，如更换密封件、紧固螺栓等，并对修复效果进行评估。通过对比修复前后的泄漏量、泄漏速率等指标，判断修复措施的有效性，并不断完善修复方案。

对于未开展LDAR的企业，可根据密封点的类型，采用对应的公式法计算泄漏点的排放速率，其排放系数见表4。

表4　石油炼制和石油化工平均组件排放系数

设备类型(所有物质类型)	介质	石油炼制排放系数/(kg/h排放源)	石油化工排放系数/(kg/h排放源)	kg/h排放源
阀门	气体	0.0268	0.00597	
	轻液	0.0109	0.00403	
	重液	0.00023	0.00023	
泵	轻液	0.114	0.0199	
	重液	0.021	0.00862	
压缩机	气体	0.636	0.228	

续表

设备类型（所有物质类型）	介质	石油炼制排放系数/（kg/h 排放源）	石油化工排放系数/（kg/h 排放源）	kg/h 排放源
搅拌器	轻液	0.114	0.0199	
泄压设备	气体	0.16	0.104	
法兰、连接件	所有	0.00025	0.00183	
开口阀或开口管线	所有	0.0023	0.0017	
取样连接件系统	所有	0.0150	0.0150	
其他	所有	0.0268	0.00597	

通过其实际应用，可看出 LDAR 技术在储罐附件泄漏值的管控中取得有显著的效果。属地单位修复泄漏附件 170 余次，其中精准更换泡沫发生器的玻璃片 46 个见表 5。因为泡沫发生器密封玻璃的破碎与罐内超压、温度等参数的变动和正确的工艺操作有着直接的影响，这就给给技术人员第一时间提供了其修复点的具体定位，及时有效确保设备安全性能不受影响。

LDAR 技术其卓越的性能和广泛的应用前景，为储罐附件泄漏管控带来了革命性的变革。

表 5　泡沫发生器泄漏修复更换易碎玻璃片统计

泄漏附件	泄漏部位	修复更换数量
泡沫发生器	玻璃片	46 个

通过本项目实施，储罐附件泄漏管理信息平台实现稳定运行，为泄漏管控提供有力支持；员工对泄漏管控的认识和技能水平得到显著提高；储罐的泄漏管控水平得到整体提升，为企业的可持续发展做出贡献。

9　存在问题及展望

然而，LDAR 泄漏管控也面临着一些挑战。例如，储罐附件数量众多且分布广泛，检测工作量大且难度高；泄漏点可能隐藏在不易察觉的位置，需要借助专业的检测仪器才能发现；修复工作可能需要专业的技能和工具支持等。

（1）尽管 LDAR 技术在储罐附件泄漏管控中表现出了良好的应用效果，但仍存在一些问题，如检测仪表的精度和稳定性、检测人员的操作技能等。未来，应进一步加强技术研发和人才培养，提高 LDAR 技术的应用水平与效果。

（2）针对低泄漏点减少检测频次，鼓励企业更好地选择密封性能较好的设备，从源头降低无组织排放，让企业更加专注易泄漏密封点的检测，使检测更加精准的同时减轻工作量。

10　结束语

（1）绩效评级、无异味工厂建设任务艰巨，VOCs 的治理任然任重道远。

（2）充分的交流沟通，他山之石，可以攻玉。

（3）全过程精细化管控是 VOCs 治理的唯一途径。

参　考　文　献

［1］生态环境部."石油炼制工业污染物排放标准等三项国家污染物排放标准修改单的公告"［2024 年第 17 号］，2024.05.22，https://www.mee.gov.cn/xxgk2018/xxgk/xxgk01/202406/t20240611_1075417.html

［2］生态保护部办公厅."石化行业 VOCs 污染源排查工作指南"环办［2015 第 104 号］，2015.11.18，https://www.mee.gov.cn/gkml/hbb/bgt/201511/t20151124_317577.htm

［3］张蒲根，张烨，刘重阳．基于 LDAR 检测技术的泄漏分析［J］．化工装备技术，2021：39-41.

低渗油藏 CO_2 驱油及碳埋存主控因素分析和潜力计算模型研究

姚行顺[1]　吴润桢[1]　章　杨[2]　王晓燕[2]　张　亮[1,3]

{1. 中国石油大学(华东)石油工程学院；2. 中国石油大港油田采油工艺研究院；
3. 非常规油气开发教育部重点实验室[中国石油大学(华东)]}

摘　要　筛选合适的油藏开展 CO_2-EOR 及埋存是 CCUS 技术的关键。本论文针对大港油田典型深部低渗油藏，采用数值模拟手段，开展 CO_2 驱油及碳埋存主控因素研究，建立了一种基于综合指标相关性的 CO_2 驱油及碳埋存潜力计算模型。结果表明：原始油藏相较水驱油藏主控因素中剩余油饱和度和厚度的影响增大，压力的影响减小，CO_2 驱油与埋存中原油黏度、渗透率、压力和厚度的影响差异较大；建立的 CO_2 驱油及碳埋存潜力计算模型适用于深部低渗油藏，目标油藏适合 CO_2 驱。

关键词　CO_2 驱；碳埋存；主次因素；计算模型；经验公式

1　前言

碳捕集、利用与封存是一种为了应对温室效应而发展起来的新技术，将 CO_2 注入到油气藏中来增产原油，同时可将 CO_2 有效埋存，是目前最有发展潜力的 CO_2 利用及埋存技术。CO_2 驱油藏筛选与潜力评价是进行规模化矿场应用的基础，国内外很多学者对此进行了大量研究，提出了不同的 CO_2 驱油藏筛选标准和评价方法。Mark A Klins、Rivas O、Taber J J、Daniel Diaz、Shaw J 等陆续提出了不同的油藏和流体参数作为筛选参数，但在其研究中筛选参数的选取不够全面；张数球、熊钰、郑云川、曾顺鹏等建立了基于模糊层次分析法的综合评价方法，但方法相对单一，且单纯利用客观赋权法确定指标权重有一定的缺陷。

目前矿场主要应用的方法有三类：二元对比法、代理模型法和模糊评判法。中国 CO_2 驱油藏筛选大多采用第 1 类和第 3 类方法，对代理模型法的应用相对较少。我国油藏 CO_2 驱混相压力较高，非均质性强，使得以混相-非混相驱理论为指导的筛选标准难以适应。为此，本文针对大港油田典型深部低渗 Y 油藏，开展 CO_2 驱油埋存影响因素研究，分析气驱效果主控因素，建立 CO_2 埋存及 EOR 潜力模型，为论证目标油藏 CO_2 驱油及埋存适用性奠定基础。

2　低渗油藏 CO_2 驱及碳埋存主控因素分析

2.1　Y21 区块简介

试验井组位于大港油田 Y 区块，为低孔低渗、正常温压、中质、中凝、中粘原油油藏，油层埋深约 3260-4000 米，地层压力为 39.03MPa，渗透率为 $1.31\times10^{-3}\mu m^2$，现场注水开发较为困难。2012 年投入开发，截止 2020 年 10 月，累产油 3.15 万 t，累产水 2.62 万 m^3，采出程度 4.39%，累计注水 3.73 万 m^3，累计注采比 0.65，地层亏空，总体上，呈现出供液能力差、日产油产液量小、采出程度低等特点。其他数据总结如表 1 所示。

表 1　Y 区块 CO_2 驱试验井组油藏基本条件

参数	取值	参数	取值
目的层位	$E_1k_2{}^1$、$E_1k_2{}^2$、$E_1k_2{}^3$	压力系数	1.0947
		地层温度/℃	123
油层埋深/m	3260~4000	井距/m	160~230
含油面积/km^2	0.35	含油饱和度/%	56
有效厚度/m	47(累计)	饱和压力/MPa	10.67
地质储量/万 t	71.8	气油比/(sm^3/sm^3)	47.7
孔隙度/%	12.25	地面原油密度/($g\cdot cm^{-3}$)	0.866(50℃)
渗透率/($10^{-3}\mu m^2$)	1.31	地面原油黏度/(mPa·s)	30.42(50℃)
地层压力/MPa	39.03		

续表

参数	取值	参数	取值
凝固点/℃	39.5	地层密度/($g \cdot cm^{-3}$)	0.7961
含蜡量/%	17.55	地层黏度/(mPa·s)	2.29
胶质沥青质/%	26.53	原油体积系数	1.1714

2.2 数值模型建立

参考目标区块油藏条件，采用油藏数模软件CMG，基于气体-原油-地层水PVT模型，建立CO_2驱单井组注采概念模型，网格划分为444×444×5，井距为200m，井网形式选择反九点井网，其他模型基本参数设置如表2所示，模拟方案如表3所示。油藏条件为深部低渗油藏，注水开发效果较差，在纯气驱基础上评价原油特性、岩石特性、油藏特性对采收率及CO_2埋存效果的影响。

表2　气驱模型基本参数设置

参数	取值
区块	Y21断块
油藏温度/℃	123
油藏压力/MPa	39.03
渗透率/mD	1.31
孔隙度/%	12.25
含油饱和度/%	60
模型大小/m^3	444×444×5
网格数量	37×37×5=6845
注气速度/(sm^3/d)	4000

续表

参数	取值
最大注入压力/MPa	60
产液速度/(m^3/d)	10
生产井底流压/MPa	20
井距/m	200
井网形式	面积井网(反九点)
驱替方式	连续气驱
模拟时间，年	30

2.3 主控因素分析

2.3.1 原油特性方面

模拟结果如图1、图2、图3所示，采收率方面，剩余油饱和度越大，采收率越高，注入的CO_2有更多的机会驱替原油；原油黏度越大，油气流度差异越大，越容易发生CO_2黏性指进，采收率越低；深部油藏条件下原油密度与CO_2密度差别较小，对采收率的影响也较小。碳埋存量方面，CO_2埋存量主要取决于产出油和地层水的体积，因此在剩余油饱和度小于60%时CO_2埋存量变化不大，当剩余油饱和度超过60%时，有更多的原油被驱出，CO_2埋存量增大；原油密度对CO_2埋存量的影响不大；原油黏度对CO_2埋存量的影响与采收率较为一致。定义CO_2埋存量/产油量为产油储碳率，通过敏感性分析可得，剩余油饱和度增大、原油黏度越低，产油储碳率越小，原油密度影响不大。

表3　气驱主控因素数值模拟方案

序号	指标分类	评价指标	敏感性取值	基本条件
1	原油特性	剩余油饱和度/%	10，25，40，55，70	60
2		原油密度/(g/cm^3)	0.80，0.84，0.86，0.88，0.92	0.7928
3		原油黏度/mPa·s	1，3，6，10，20，50	2.29
4	岩石特性	孔隙度/%	5，10，20，30，40	12.25
5		渗透率/mD	0.1，1，10，100，1000	1.31
6		渗透率变异系数	0，0.29，0.5，0.62，0.92，1.18	0
7	油藏特性	储层压力/MPa	15，20，30，40，50	39.03
8		储层厚度/m	5，15，25，35，45	5
9		储层温度/℃	60，80，100，120，140	123
10		倾角/°	0，5，15，25，35	0

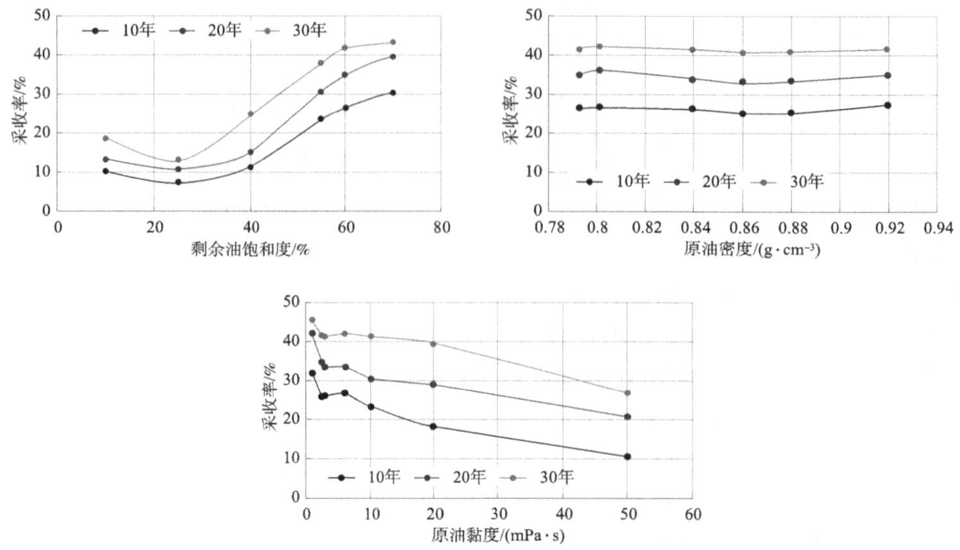

图 1　不同因素对采收率的影响

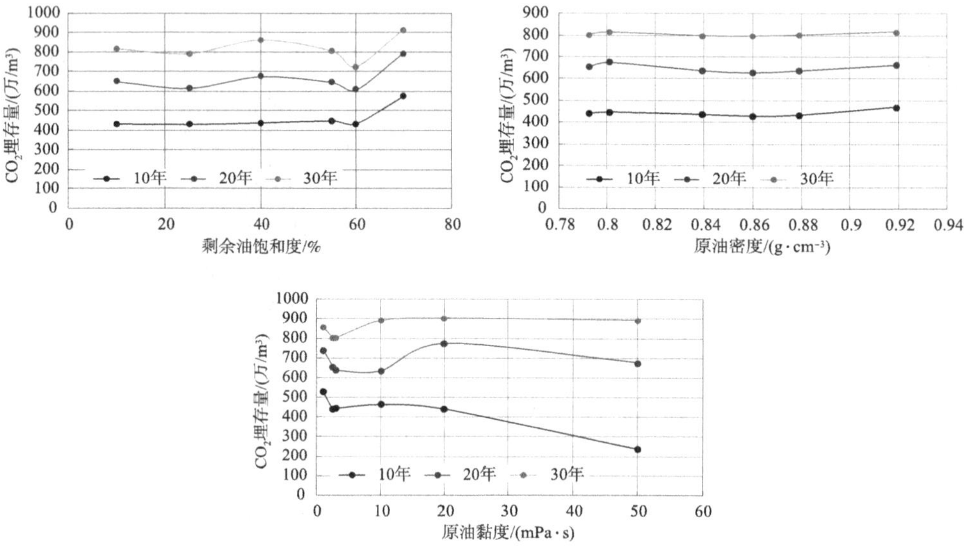

图 2　不同因素对碳埋存量的影响

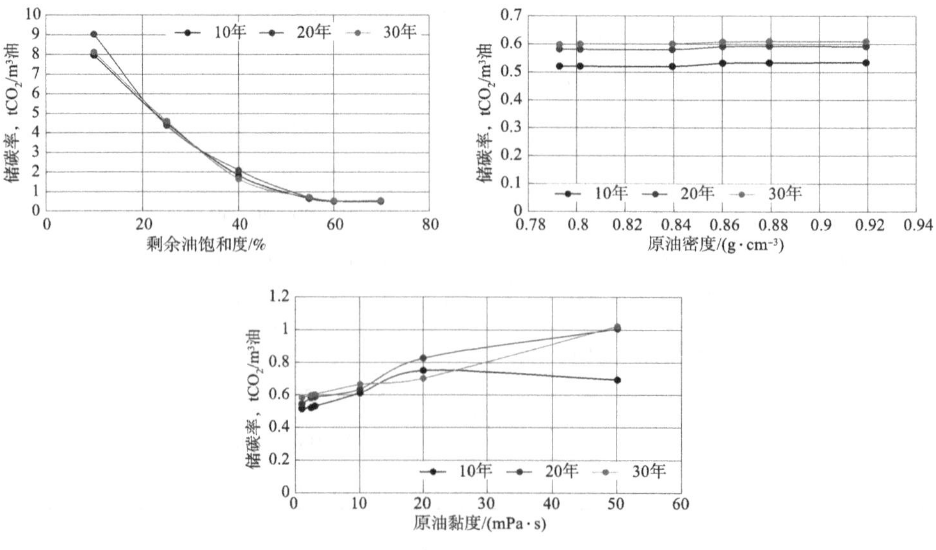

图 3　不同因素对产油储碳率的影响

2.3.2　岩石特性方面

模拟结果如图4、图5、图6所示，采收率方面，孔隙度越大、非均质性越强，越容易发生气窜，采收率越低；而采收率随着渗透率提高先增大后减小，当渗透率较小时，CO_2注入和流动困难，难以充分驱替，而当渗透率过高时，又容易发生气窜。CO_2埋存量方面，埋存量的影响主要取决于产出液的体积，因此与采收率的变化较为一致。产油储碳率方面，随着孔隙度增大，局部驱油效率增大，产油储碳率下降；随着渗透率增大，产油储碳率先减小后增大，在低渗条件下，注入压力高，CO_2密度大，产出一方原油需要埋存更多的 CO_2；非均质性越强，气窜越严重，产油储碳率越高。

2.3.3　油藏特性方面

模拟结果如图7、图8、图9所示，采收率方面，储层厚度越大，CO_2的重力超覆现象越严重，更容易发生气窜，采收率越低；随着地层压力增大，CO_2与原油混相效果增强，采收率增大，但当地层压力过高时，注入能力下降，采收率下降；地层温度越高，原油黏度越低，油气流度差异小，采收率越高；深部低渗薄油层中，CO_2与原油重力分异不明显，地层倾角的影响不明显。CO_2埋存量方面，地层压力和地层倾角的影响与采收率变化较一致；储层温度越大，CO_2密度越小，埋存量减小；储层厚度越大，给 CO_2埋存的空间越大，埋存量越大。产油储碳率方面，随着地层压力增大，产油储碳率先增大后趋于稳定；储层温度越高、厚度越大，产油储碳率越低；地层倾角对产油储碳率影响不大。

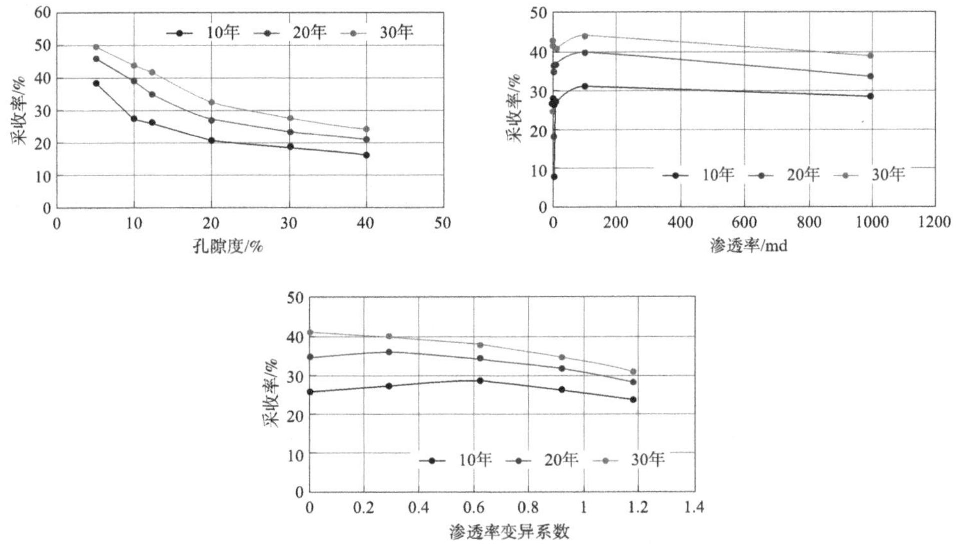

图2-4　不同因素对采收率的影响

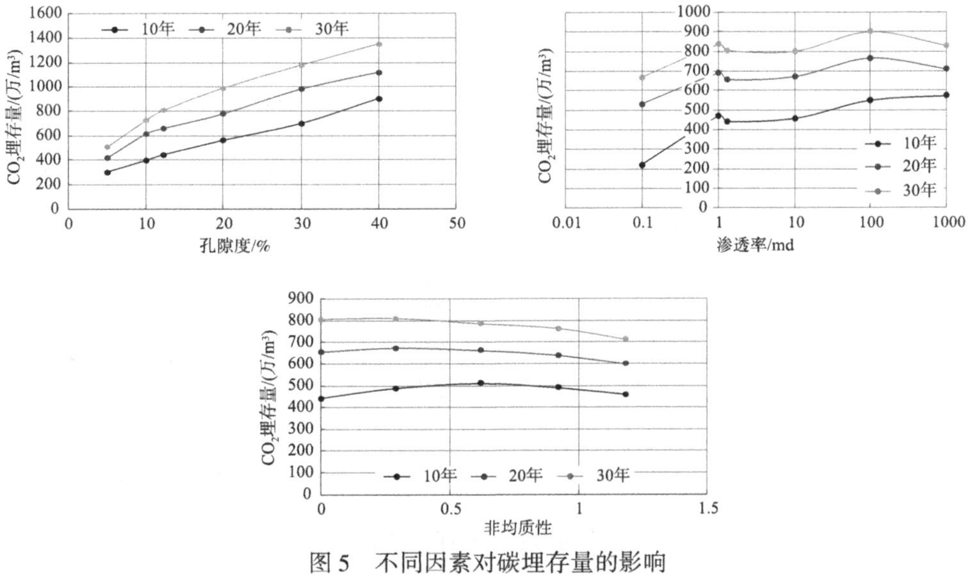

图5　不同因素对碳埋存量的影响

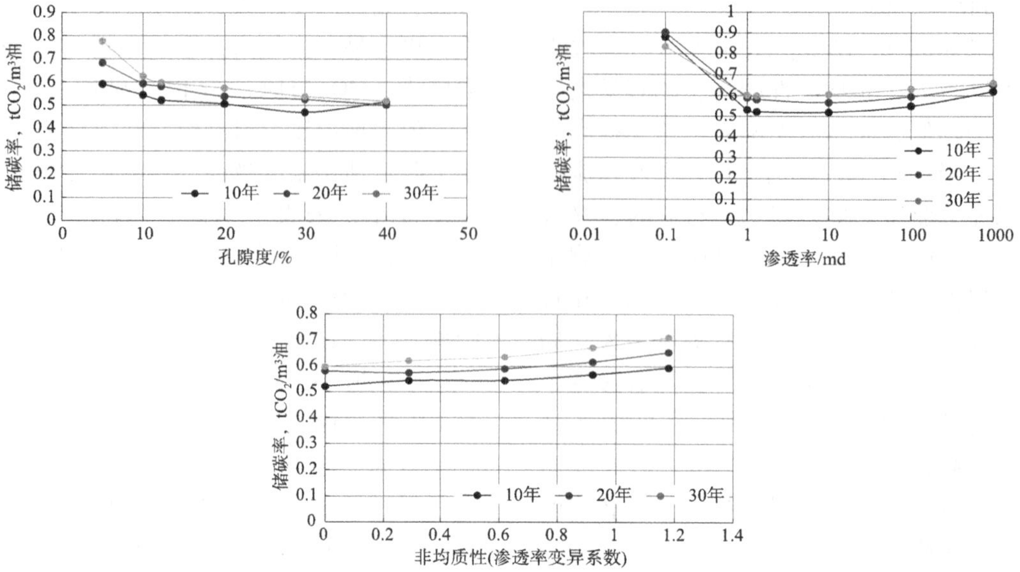

图 6　不同因素对产油储碳率的影响

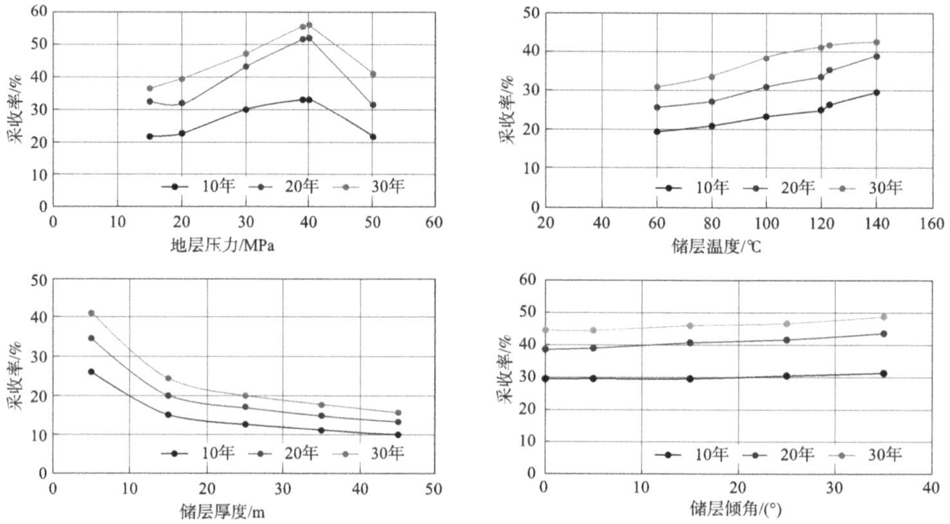

图 7　不同因素对采收率的影响

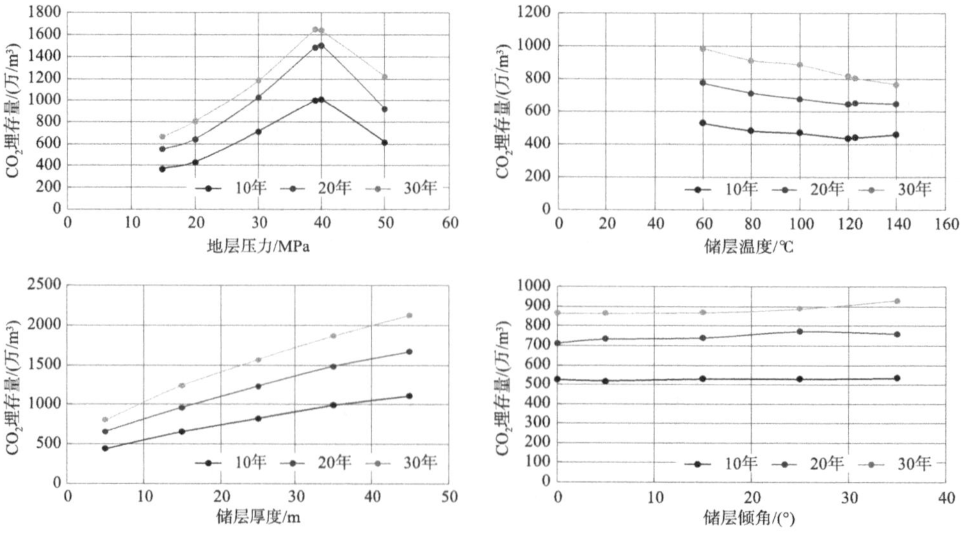

图 8　不同因素对碳埋存量的影响

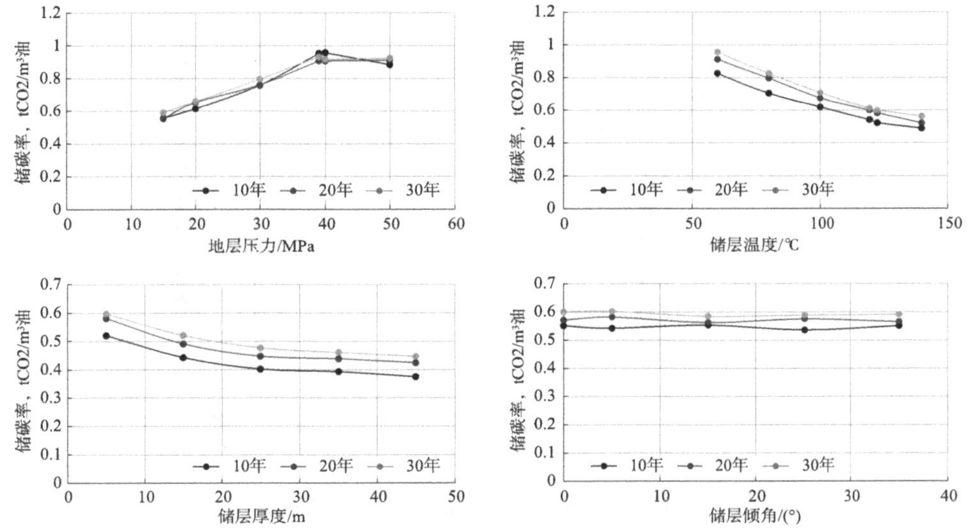

图 9　不同因素对产油储碳率的影响

2.3.4　主次因素排序

计算各因素不同取值下采收率、CO_2埋存量及储碳率的极差并归一化，得到影响采收率、CO_2埋存量以及储碳率的结果如图 10～图 12 所示。主次因素排序为：对于采收率的影响排序：含油饱和度>孔隙度>渗透率>厚度>黏度>压力>温度>变异系数>倾角>密度；对于埋存量的影响排序：厚度>压力>孔隙度>渗透率>黏度>剩余油饱和度>温度>倾角>变异系数>密度；对于产油储碳率的影响排序：含油饱和度>>黏度>温度>压力>渗透率>孔隙度>厚度>变异系数>倾角>密度。其中，对采收率影响方面，与文献中普遍采用的权重相比，对于深部低渗油藏，含油饱和度、孔渗、厚度、温度等因素敏感性增强，原油密度、非均质性、地层倾角等因素敏感性下降。

3　注 CO_2提高采收率及埋存潜力计算模型

3.1　CO_2-EOR 及埋存特征参数经验公式

3.1.1　原始油藏 CO_2驱情况

对于原始油藏 CO_2驱情况，根据主控因素分析的数模结果，给各因素建立隶属度函数、计算初始权重、求取综合指标，进行采收率、储碳率与综合指标相关性分析和必要的参数调整，建立采收率和储碳率的经验公式，结果如图 13 所示，并回归成经验公式如表 4 所示。

分析可得，采收率受综合指标的影响较大，相关性较好，综合指标越高，采收率越大；储碳率与采收率的相关性相对较差，但总体变化趋势明显，即采收率越高，储碳率越低，数值相对集中在 0.4～1tCO_2/m^3油。

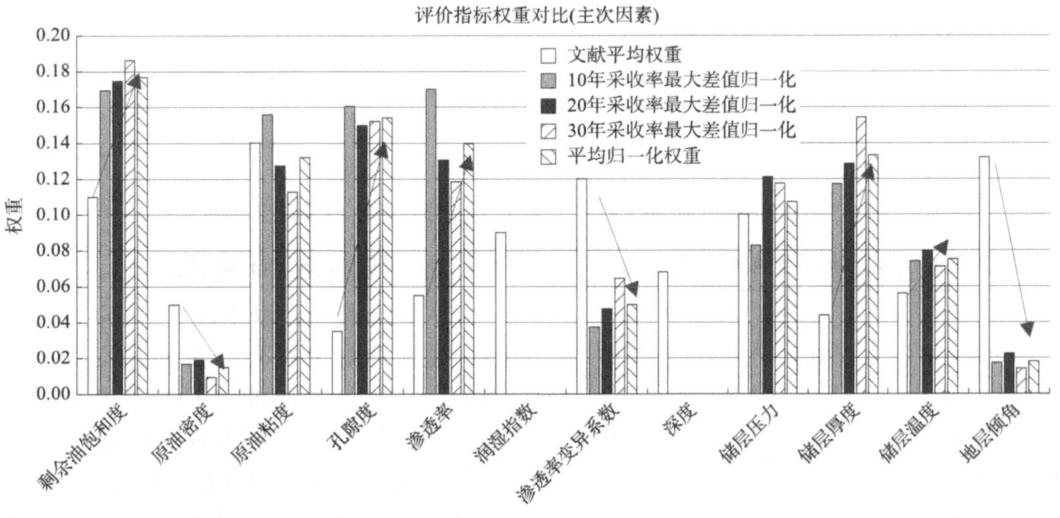

图 10　影响采收率的主次因素权重

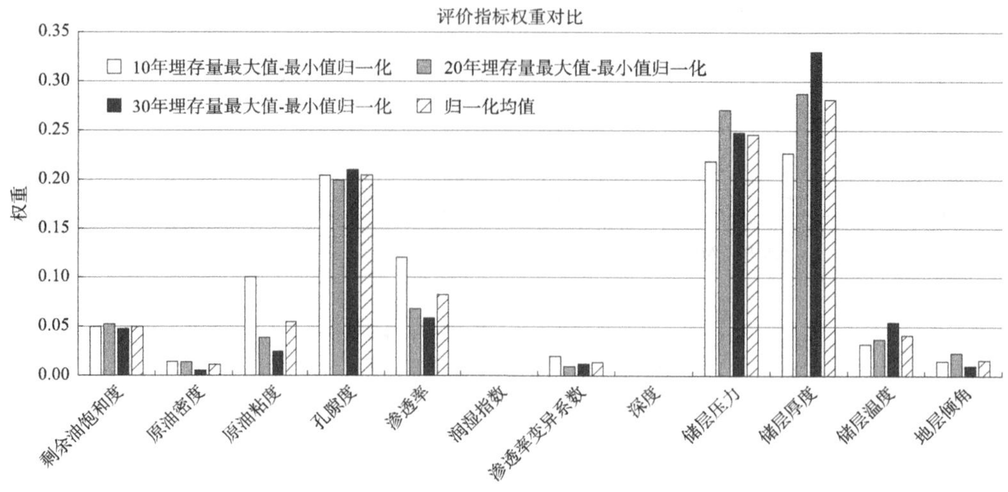

图 11　影响 CO_2 埋存量的主次因素权重

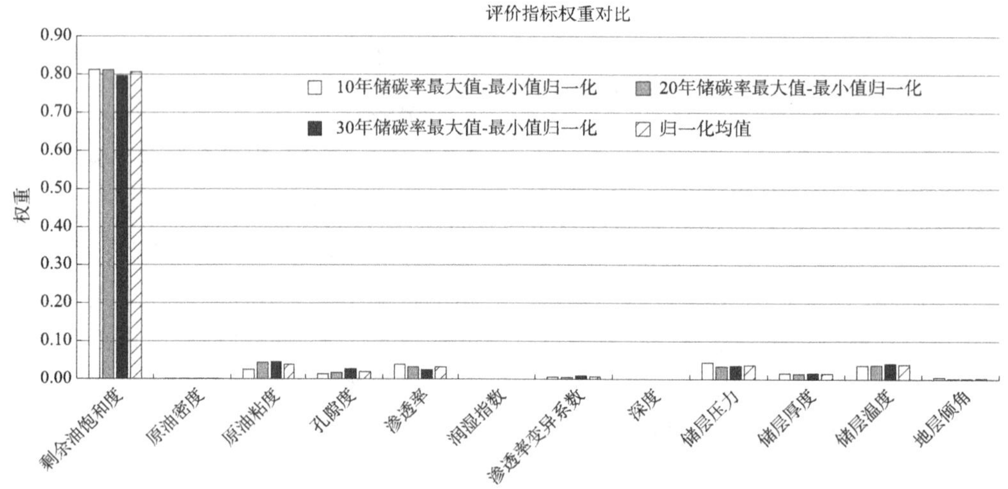

图 12　影响产油储碳率的主次因素权重

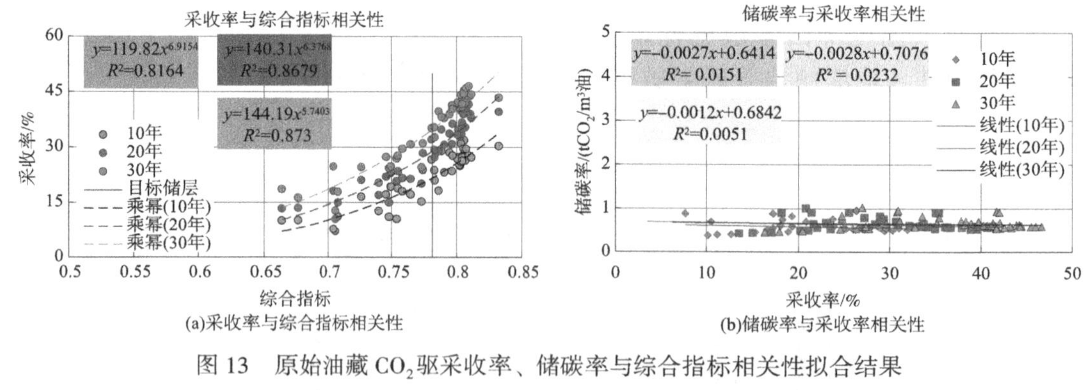

图 13　原始油藏 CO_2 驱采收率、储碳率与综合指标相关性拟合结果

表 4　原始油藏 CO_2 驱采收率及储碳率经验公式

等级	采收率/%	储碳率/(tCO_2/m^3 油)
大值	$RF=119.82H^{6.9154}$	$R_{CO_2}=-0.0027RF+0.6414$
中值	$RF=140.31H^{6.3748}$	$R_{CO_2}=-0.0028RF+0.7076$
小值	$RF=144.19H^{5.7403}$	$R_{CO_2}=-0.0012RF+0.6842$

注：RF 为采收率,%；H 为综合指数，无量纲；R_{CO_2} 为产油储碳率，tCO_2/m^3 油。

3.1.2　水驱油藏 CO_2 驱情况

水驱油藏为先水驱开发后转为气驱开发的油藏，这类油藏更符合真实的开发状况。与前文类似，先进行水驱油藏 CO_2 驱主次因素数值模拟分析，将水驱油藏开展 CO_2 驱与继续水驱相比得到的提高采收率幅度作为主要统计参数，重新建立各评价指标的隶属度函数、初始权重和求取综合指标，进行提高采收率和储碳率与综合指标的相关性分析，结果如图 14 和表 5 所示。对于水驱油藏 CO_2 驱，储碳率定义为与水驱相比增产一方原油需要埋存的 CO_2 量，为增产储碳率。

分析可得，水驱油藏注 CO_2 提高采收率的幅度与综合指标的相关性良好，综合指标越高，提高采收率的幅度越大；储碳率与提高采收率幅度之间的相关性也较强，随着提高采收率幅度越大，储碳率越低。

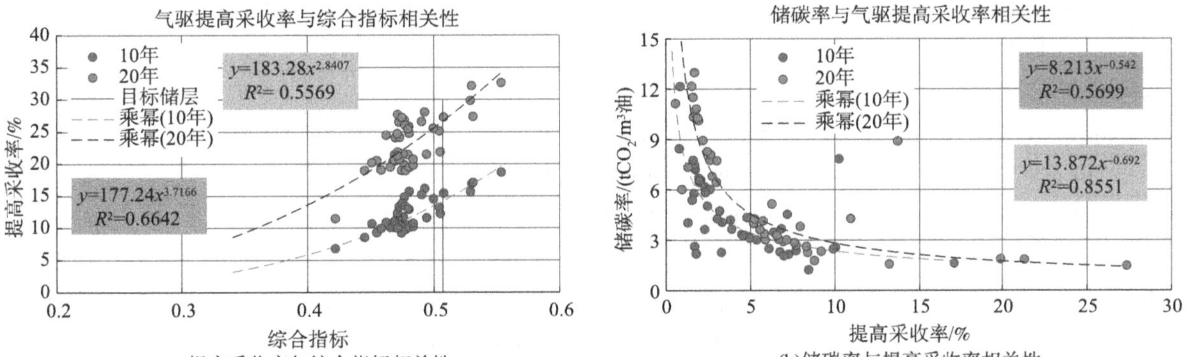

(a)提高采收率与综合指标相关性　　(b)储碳率与提高采收率相关性

图 14　水驱油藏 CO_2 驱提高采收率、储碳率与综合指标相关性拟合结果

表 5　水驱油藏 CO_2 驱采收率及储碳率经验公式

等级	提高采收率/%	储碳率/(tCO_2/m^3油)
大值	$EF=183.28H^{2.8407}$	$R_{CO_2}=13.872EF^{-0.692}$
小值	$EF=177.24H^{3.7166}$	$R_{CO_2}=8.213EF^{-0.542}$

注：EF 为提高采收率，%；H 为综合指数，无量纲；R_{CO_2} 为增产储碳率，tCO_2/m^3油。

3.2　CO_2-EOR 及埋存潜力计算模型建立

根据已有经验公式，并结合本研究拟合得到的采收率和储碳率经验公式，建立 CO_2-EOR 及埋存潜力计算模型。对于原始油藏 CO_2 驱，公式如下：

$$M_{RF}=OOIP\times RF\times C/100 \tag{1}$$

$$M_{CO_2}=M_{RF}/\rho_o\times R_{CO_2} \tag{2}$$

对于水驱油藏 CO_2 驱，公式如下：

$$M_{EF}=OOIP\times EF\times C/100 \tag{3}$$

$$M_{CO_2}=M_{EF}/\rho_o\times R_{CO_2} \tag{4}$$

式中，M_{RF} 为原始油藏 CO_2 驱累产油量，t；M_{EF} 为水驱油藏 CO_2 驱增产油量，t；$OOIP$ 为油藏地质储量，t；RF 为原始油藏 CO_2 驱采收率，%；EF 为水驱油藏 CO_2 驱提高采收率，%，计算方法见建立的经验公式；C 为注采方案修正系数，五点井网取 1.5，反七点井网取 1.1，反九点井网取 1；M_{CO_2} 为 CO_2 埋存量，t；ρ_o 为原油密度，t/m^3；R_{CO_2} 为储碳率，tCO_2/m^3油。

4　应用分析

利用建立的气驱油藏筛选方法和潜力计算模型，评价 Y21 区块开展 CO_2 驱的适用性，并与调研的 6 个典型油藏进行对比，结果如表 6 所示。分析可得，采用本研究建立的 CO_2 驱油藏筛选评价方法计算得到 6 个油藏的综合评价指标在 0.625~0.822，与文献中计算的综合指标基本一致；进一步利用建立的 CO_2-EOR 及埋存潜力计算模型，计算得到各油藏的直接气驱采收率、水驱后气驱提高采收率以及相应的储碳率，可以得出 Y21 属于较优油藏，适合开展 CO_2 驱。

表 6　Y21 区块 CO_2 驱油藏适用性评价结果汇总

分类	评价指标	Y21	Osborn	大庆	江苏	CS 油田	泰州组 PB 油田	得克萨斯州油田
原油特性	含油饱和度/%	56	73.9	63	66	40	58	77
	原油密度/(g/cm^3)	0.7928	0.829	0.829	0.82	0.8	0.8	0.86
	原油黏度/mPa·s	2.29	0.2	9.3	2.43	17.5	0.4	0.4
岩石特性	孔隙度/%	12.25	22.4	28.5	23.4	12.25	12.25	12.25
	渗透率/mD	1.31	500	917.4	854	46	110.5	3
	润湿指数		0.55	0.58	0.67			
	渗透率变异系数	0.83	0.51	0.53	0.56	0.42	0.31	0.81

续表

分类	评价指标	Y21	Osborn	大庆	江苏	CS 油田	泰州组 PB 油田	得克萨斯州油田
油藏特性	深度/m	3630	3475	1081.3	2090	3042	3436	1507
	储层压力/MPa	39.03	34.5	9.42	17	33.42	37.58	12
	储层厚度/m	3.21	40.8	16.8	7.2	5	5	5
	储层温度/℃	123	121.1	42.4	76	100	92.5	41.7
	倾角,°	18	28	2	15	16	0	0
文献中计算的综合指标		—	0.522	0.367	0.643	0.899	0.999	0.998
原始油藏综合指标		0.781	0.679	0.625	0.741	0.737	0.822	0.785
$RF_{小}$/%		21.642	8.246	4.649	15.050	13.523	28.867	18.627
$RF_{中}$/%		28.957	11.894	7.012	20.714	18.769	37.766	25.215
$RF_{大}$/%		34.834	15.637	9.718	25.765	23.577	44.243	30.754
$R_{CO_2小}$/(tCO_2/m^3油)		0.583	0.619	0.629	0.601	0.605	0.563	0.591
$R_{CO_2中}$/(tCO_2/m^3油)		0.627	0.674	0.688	0.650	0.655	0.602	0.637
$R_{CO_2大}$/(tCO_2/m^3油)		0.642	0.665	0.673	0.653	0.656	0.631	0.647
水驱油藏综合指标		0.507	0.434	0.340	0.357	0.520	0.477	0.335
$EF_{小}$/%		14.197	7.960	3.223	3.845	15.593	12.224	3.976
$EF_{大}$/%		26.615	17.103	8.569	9.807	28.593	23.739	10.062
$R_{CO_2小}$/(tCO_2/m^3油)		1.432	1.945	2.175	1.727	3.137	2.858	1.363
$R_{CO_2大}$/(tCO_2/m^3油)		1.950	2.668	2.993	2.362	4.355	3.958	1.853

5 结论

（1）原油特性中剩余油饱和度和黏度影响较大，原油密度影响较小。剩余油饱和度越大，采收率越高，原油黏度越大，采收率越低，原油密度影响较小，采收率、碳埋存量及储碳率呈现相关性。

（2）岩石特性中孔隙度、渗透率的影响较大，非均质性影响较小。孔隙度越大，采收率越低，随着渗透率增大，采收率先增大后减小，非均质性的影响较小，采收率、碳埋存量及储碳率呈现相关性。

（3）油藏特性中油藏厚度、压力、温度影响较大，倾角影响较小。厚度越大，采收率越低；随着压力的增大采收率先增大后减小；温度越高，采收率越高；倾角对采收率的影响不明显，采收率、碳埋存量及储碳率呈现相关性。

（4）Y21 区块 CO_2驱，影响采收率、CO_2埋存量以及储碳率的主次因素排序为：采收率：含油饱和度>孔隙度>渗透率>厚度>黏度>压力>温度>变异系数>倾角>密度；埋存量：厚度>压力>孔隙度>渗透率>黏度>剩余油饱和度>温度>倾角>变异系数>密度；储碳率：含油饱和度>黏度>温度>压力>渗透率>孔隙度>厚度>变异系数>倾角>密度。

（5）基于 CO_2驱油效果主控因素分析结果，构建了各评价指标的隶属度函数，确定了各评价指标的权重，回归了综合指标与采收率和储碳率的经验关系式，进而建立了 CO_2-EOR 及埋存潜力计算模型，并验证了模型的可靠性。

参考文献

[1] 任韶然，张莉，张亮．CO_2地质埋存：国外示范工程及其对中国的启示[J]．中国石油大学学报：自然科学版，2010(1)：93-98.

[2] 陈欢庆．CO_2驱油与埋存技术新进展[J]．油气地质与采收率，2023(2)：18-26.

[3] 张艳玉，李延杰，孙晓飞，等．注 CO_2混相驱候选油藏筛选评价新方法[J]．西南石油大学学报(自然科学版)，2015，37(04)：141-146.

[4] Mark AKlins．二氧化碳驱油机理及工程设计[M]．北京：石油工业出版社，1989：216-234.

[5] Rivas O，Embid S，Bolivar F，et al. Ranking reservoirs for carbon dioxide flooding processes[C]. SPE23641，1994.

[6] Taber JJ，Martin F D，Seright RS. EOR screening criteria revisited-part 1：Introduction to screening criteria

and enhanced recovery field projects [C]. SPERE 35385, 1997.

[7] Daniel Diaz, Zaki Bassiouni, William Kimbrell, et al. Screening criteria for application of carbon dioxide miscible displacement in waterflooded reservoirs containing light oil[C]. SPE/DOE 35431, 1996.

[8] Shaw J, Bachu S. Screening evaluation and ranking of oil reservoirs suitable for CO_2-flood EOR and carbon dioxide sequestration[J]. Journal of Canadian Petroleum Technology, 2002, 41(9): 51-61.

[9] 张数球. 模糊优化理论在优选油气田开发方案中的应用[J]. 天然气工业, 1993, (02): 45-48+7-8.

[10] 郑云川. 注气提高采收率候选油藏筛选方法及其应用研究[D]. 成都: 西南石油学院, 2003.

[11] 熊钰, 孙良田, 孙雷, 等. 基于模糊层次分析法的注 CO_2混相驱油藏综合评价方法[J]. 石油学报, 2002, (06): 60-62+3-2.

[12] 曾顺鹏, 杨秀文, 陈洁, 等. 基于模糊层次分析的储、注气油藏筛选综合评价方法[J]. 河南石油, 2005, (04): 40-42+46-4.

[13] 何应付, 赵淑霞, 计秉玉, 等. 砂岩油藏 CO_2驱提高采收率油藏筛选与潜力评价[J]. 油气地质与采收率, 2020, 27(01): 140-145.

炼化企业低温余热综合利用

张家龙

（中国石油锦西石化公司）

摘　要　合理利用低温余热是提高能源利用效率，降低炼化企业全厂能耗的有效途径。通过对全厂热源和热阱普查，利用炼化能量系统优化方法及低温余热梯级利用的原则，优化全厂东区、西区热源和热阱匹配，采用闭式循环系统，形成了全厂低温热综合利用项目。该项目投用后低温热替代高品质蒸汽 91 吨/小时，达到节能降碳的目的。

关键词　热源；热阱；低温热；能耗；优化

炼化企业全厂低温余热综合利用，是一项重点的节能优化内容。尤其是老炼厂建厂时间早，装置布置分散，装置间热进料和热联合开展不充分。全厂没有统一低温热回收系统，低温热取热和利用率低，造成气体分馏、原油罐区等部位冬季采暖和伴热低压蒸汽消耗大，全厂能耗高。利用炼油过程系统能量优化方法，对装置间热出料和热进料及装置内能量实施优化，再统一考虑全厂低温热综合利用。针对我公司炼化企业全厂低温热利用存在不足等问题，采用该低温热综合利用方法，通过装置流程模拟，对装置热源、热阱进行系统排查，进行全厂热源和热阱的匹配，根据厂区平面合理布局热水站，形成东区、西区两套热媒水系统，以热媒水为媒介，通过机泵和管线，进行热量综合回收利用。热媒水系统采用闭式循环，解决氧腐蚀问题，保证系统长周期运行。对国内同类企业开展全厂低温热综合利用，具有一定的指导和借鉴意义。

1　现有低温余热回收和利用情况

某炼厂原油加工能力 650 万吨。现有 30 套生产装置，主要加工大庆、辽河及海输原油，装置间热联合及低温热利用情况见表 1。

表 1　现有低温余热回收和利用情况

序号	装置	热水量/(t/h)	温度范围/℃	热量/(10^4kcal/h)	去向
1	南蒸馏	269	37~68	834	化学装置生水加温
2	北蒸馏	69	39~60	145	化学装置生水加温
3	催化二套	317.4	65~95	952.3	在用，与气分联合
4	重油催化	837.1	65~95	2511.2	在用，去低温发电
5	加氢改质	213	65~95	639	空冷冷却
6	汽油加氢精制	127	65~95	381	空冷冷却
7	柴油加氢精制	90.1	65~95	270.3	空冷冷却
8	延迟焦化	221.5	65~95	665.6	供厂西采暖、夏季冷却
9	焦化污水汽提	78.2	65~95	234.5	冬季供厂西水伴热
10	重催污水汽提	58.3	65~95	175	冬季供厂西水暖
11	苯乙烯	80	65~95	240	在用，装置内部使用
12	加氢裂化	659	70~95	1348	改造后热量
13	天然气制氢	231	65~95	694	循环水冷却
14	新重整装置	523	65~95	1206	新建装置
合计		3773.6		10295.9	

现有低温热系统有：催化二套-气分低温热系统、重油催化-低温热发电热媒水系统、厂西采暖伴热低温热系统、加氢裂化低温热系统及南北蒸馏供供水车间生水加热。通过调研，发现公司低温热回收方面存在的主要问题是：

（1）余热回收不充分，例如四套加氢的余热都没回收，它们的最小潜力约1700×10⁴kcal/h；

（2）已回收的余热利用率低，如重催是余热大户，潜力约2500×10⁴kcal/h，但热水闪蒸发电效率只有6%~8%，相反最需热水的气体分馏和厂区采暖伴热却消耗大量蒸汽约90t/h；

（3）利用不平衡，如焦化热水冬季用于装置采暖，夏季却未利用，循环水冷却；

（4）加氢裂化装置低温热系统取装置低温余热，作为该装置和制氢装置冬季伴热及装置脱硫单元贫胺液加热。热水循环量约为350t/h，上水温度113℃，出水118.5℃。回收温度能量利用率低。

根据公司低温热系统现状及分析，虽然设置了部分低温热系统，进行初步利用，但并不完善，厂内还存在大量的低温热阱在利用高品质热量(蒸汽)进行加热，大量的低温热源热量取热不充分甚至未取出，未来规划新建装置及装置改造也存在大量低温余热待利用，因此有必要开展全厂低温热综合利用。

2　全厂低温余热综合利用规划原则

炼化企业应用炼油能量系统优化方法，在开展全厂总能规划、装置内能量优化及深入开展装置间热进料和热联合，再实施全厂低温热大系统回收和利用。全厂低温余热回收利用应遵循以下原则：

（1）热源热量优先工艺直接利用，消减低温热，如加强换热网络，提高换热终温，提高热回收率，减少低温热产生，又如装置与装置、装置与系统热联合；

（2）低温热避免并联取热，并联用热，应根据实际梯级取热，梯级用热；

（3）低温热系统应根据平面、物料流向、热源热阱位置及热容，进行”顶层设计”，合理规划低温热系统，避免大流量、低温位、低温差、全厂收集低温热的模式；

（4）充分利用炼厂周边“资源”，如热电厂、化工厂等，将厂内剩余热量输送至至厂外，减少厂内冷公用工程消耗，节能增效；

（5）在经过以上利用后，若低温热还存在剩余，再考虑制冷、低温热发电等能量转化类利用。

3　全厂低温热综合利用方案

2018年8月份为了降低公司能耗，锦西石化启动全厂低温热回收利用项目。利用低温余热综合利用方法，系统进行厂区热源和热阱排查，热源高质高用，两套催化优先开展热联合，消减低温热后，再考虑低温热综合利用。通过，对国内同类炼厂低温热利用方案的调研及技术比对。结合厂区平面和热源热阱匹配，经过多次讨论和论证，形成了本次全厂低温余热综合利用方案。

3.1　全厂热源热阱排查

全厂热源参数汇总见表2，全厂热阱参数汇总见表3。

表2　全厂热源参数汇总表

序号	装置	热源名称	热源温度/℃	热源可最大取热负荷/kW	备注
1	Ⅱ催装置	分馏塔顶油气	130	13239	已取热
2		分馏塔顶循	112.6	4324	已取热
3		分馏塔侧线柴油	98.1	237	已取热
4		分馏塔一中循环油	200	0	已取热
5	加氢裂化装置	过滤器反冲洗油		22992.5	已取热
6		分馏塔顶油气	122.9		已取热
7		分馏塔柴油	103		已取热
8	焦化装置	分馏塔顶循	150	4650	已取热
9		分馏塔侧线柴油	148.3	3218	已取热
10		焦化净化水	115	3572	已取热
11		重催净化水		0	已取热

续表

序号	装置	热源名称	热源温度/℃	热源可最大取热负荷/kW	备注
12	重催装置	分馏塔顶油气	100.6	14716	已取热
13		分馏塔顶循	132.3	8358	已取热
14		分馏塔侧线柴油	108.9	2210	已取热
15		分馏塔一中循环油	212.7	缺数据	已取热
16		稳定汽油	159	4642	已取热
17	制氢装置	中变气	147.6	5600	未取热
18	新建连续重整装置	脱 C7 塔塔顶油气	129.5	18247	新建装置
19		混合二甲苯	125		新建装置
20		汽油组分	153		新建装置
21	渣油加氢装置	加氢尾油	189	7813	新建装置
22		汽提塔顶油气	274	5731	新建装置
23	加氢改质装置	精制柴油	166.9	5996	未取热
24	加氢精制装置	分馏塔顶油气	152.8	5102	未取热
25	工艺取热总计			130647.5	

表 3　全厂热阱参数汇总表

序号	热阱名称	热阱温度要求/℃	低温热/kW	蒸汽/kW	总热负荷/kW
1	气分脱乙烷塔	60~65	0	1824	1824
2	35 万吨气分丙烯塔	50~55	8816	6126	14942
3	15 万吨气分丙烯塔	50~55	5141	7645	12786
4	汽油加氢装置伴热热水	75	0	2600	2600
5	辽河原油预热	55	0	1928	1277
6	大庆原油预热	55	0	2117	1516
7	达尔原油预热	55	0	3921	3120
8	厂中采暖	60	0	3803	3803
9	厂东采暖	60	0	3803	3803
10	尿素脱蜡溴化锂	90	0	8500	8500
11	厂西伴热	80	1740	1743	3483
12	厂西采暖	55	6081	2909	8990
13	重催除盐水	75	0	3904	3904
14	热电生水(冬季)	38	0	15310	15310
15	热电生水(夏季)	38	0	9269	9269
16	热电除盐水	75	0	28656	28656
17	烷基化装置脱异丁烷塔底再沸器	130	0	7977	7977
18	烷基化装置脱轻烃塔底再沸器	105	0	3843	3843
19	烷基化装置碱液预热	90	0	1340	1340
20	调合罐区	40~45	0	2600	2600
21	新建硫磺除盐水	75	0	4058	4058
22	新建溴化锂	90	0	8000	8000
23	冬季合计		21778	102049	121774.32
24	夏季合计		13957	99108.3	111012.32

由表2、表3可以看出，在低温余热升级利用以后，热源相对可最大取出热负荷130647.5kW，热阱需求最大负荷102049kW，热源热阱温位各异，结合热源热阱参数，以装置为单位对热源进行划分，可分为两部分：平均温度在150℃以上的高温热源和平均温度在150℃以下的低温热源；对热阱进行划分，可分为三部分：100℃以上高温热阱，70℃~100℃或工艺较为关键的中温热阱和70℃以下低温热阱。

（1）平均温度在150℃以上的高温热源：渣油加氢装置（还未建成）、柴油加氢精制装置、柴油加氢改质装置；

（2）平均温度在150℃以下的低温热源：II催装置、加裂装置、制氢装置、新建重整装置（还未建成）、重催装置、焦化装置；

（3）100℃以上高温热阱：烷基化装置；

（4）70℃~100℃或工艺较为关键的中温热阱：气分装置（较为关键）、汽油加氢伴热、尿素溴化锂、厂西伴热、重催除盐水、热电除盐水和生水加温、3+3硫磺除盐水；

（5）70℃以下低温热阱：厂东及厂中采暖、原油预热、厂西采暖、调合罐区。

3.2 总工艺流程选择

3.2.1 总工艺流程制定

通过，对全厂热源热阱的排查，同时，借鉴国内同类企业低温余热利用方法。从总工艺流程的选择上，首先，对两套催化热量进行优化，充分开展装置热联合，降低低温热输出；再重点对热水循环方式及热水站数量工艺路线进行比对。

3.2.2 工艺路线选择及方案比选

对于装置内的低温热量，往往是因为工艺需要且并未统筹考虑能量综合利用而产生，存在对高温物料的冷却采用冷公用工程或低温热冷却，会导致一定的高能低用问题，对于能量回收路线的选择，工艺物料间换热能量利用最直接，最后能量传递直接，体现在多发生蒸汽或减少再沸器蒸汽使用量，能量回收效果最好；其次对于热量较小的高温或热量较大，温度相对较低，只能使用低温热进行能量回收的工艺物料，采用低温热进行回收可实现低温热的利用，达到节能目的。

低温热媒水存在两种循环方式：开式循环及闭式循环两种方案可供选择：

方案一：

开式循环为设置热媒水循环罐，热媒水循环泵从热媒水循环罐中将水抽出，送至管网系统作为取热热水，至各装置取热后作为用热热水送至各用热装置，之后返回至热媒水循环罐，由于热水由泵从循环罐抽出，泵运行受管路系统影响较小，运行稳定；

方案二：

闭式循环为不设置热媒水循环罐，采用管道升压泵方式直接将循环回来的热媒水升压，没有热媒水循环罐部分。

循环方式方案对比见表4。

表4　热媒水循环方式对比表

NO.	对比内容	方案一	方案二
1	一次投资	因需设置循环罐，一次投资较大	投资相对较小
2	运行费用	因压力在循环罐中被释放，升压泵功率较高，运行费用较高，循环罐中有水蒸发，存在一定水耗	运行费用相对较低，几乎无水损耗
3	操作难易程度	操作相对复杂，需考虑循环罐压力控制及水蒸气散发问题	操作简单，无需特殊操作
4	运行稳定性	因设置循环罐，系统运行稳定性较好，受管路系统影响小	设置多台备用泵，运行稳定性较好，但由于温度变化，受循环管路系统影响较大
5	系统维护	需要定期做水质分析，必要时进行加药、除油等操作，维护工作较多	水质分析仅为确定是否存在泄漏现象，正常操作无需水质分析及加药、除油等操作，维护工作较少
6	应用情况	某石化企业采用开式系统，换热器出现腐蚀问题	辽阳石化等有应用，运行稳定

由表4可见，方案二闭式循环方式在一次投资、运行费用、稳定性、操作及维护上均优于开式循环，开式存在氧腐蚀问题，本项目选择方案二。

3.2.3 热水站数量选择

根据厂区平面情况，存在建立热媒水大系统数量的方案选择：

方案一：分别建立厂东低温热利用系统与重

催热电低温热系统，两套系统独立运行，互不干扰。

方案二：建立一个热媒水大系统，将全厂低温热系统合并为一套系统。

两套低温热系统从一次投资、操作难易程度、运行经济性及应用情况上都要优于一套大的热媒水系统，虽然一套热媒水系统在运行费用上有一定优势，但相对于管线一次投资的增加及运行后热量充分利用而节省的费用来说均是较小的，因此采用两套独立的低温热媒水系统是更优的方案。

3.3 低温余热升级利用

经过现有低温热系统分析及热源热阱分析，目前还存在一些热阱，温位相对较高(100℃左右)，利用蒸汽加热温差较大，由于热源热阱分布，并入低温热水系统也不合适，另外还存在一些高温热阱，目前直接产出低温热水，热量高质低用，因此结合厂内现场布置形成项目，进行联合优化。详细如下：

(1) 二套催化顶循与气分装置脱丙烷塔热联合项目

(2) 二套催化一中循环油及原料换热网络优化项目

(3) 重催顶循-溶剂再生塔热联合

(4) 重催一中热量利用优化项目

(5) 二套催化装置除盐水换热网络优化项目

以上内容为换热网络优化及热联合内容，本文不做重点说明。

3.4 东区热媒水系统

东区热媒水系统热源热阱情况见表5、表6。

表5　厂东热媒水系统热源情况表

NO.	装置名称	热源	参数				
			流量/(t/h)	温度 IN/℃	温度 OUT/℃	冬季负荷/kW	夏季负荷/kW
1	二套催化	塔顶油气	101.6	130	73.6	10979	10979
2		顶循	287	116.7	95	4079	4079
3		柴油	44	102.4	84.6	237	237
4		一中	177.2	200	195	444	444
5	天然气制氢	中变气	27	147	70	5600	5600
6	连续重整装置					18427	15000
7	加氢裂化装置					19160	14500
8	合计					58926	50839

表6　厂东热媒水系统热阱情况表

NO.	装置名称	热源	参数				
			流量/(t/h)	温度 IN/℃	温度 OUT/℃	冬季负荷/kW	夏季负荷/kW
1	气分装置	乙烷再沸				1824	1824
2		丙烯再沸				14942	14942
3		丙烯再沸				12786	12786
4	汽油加氢	伴热换热				2600	
5	原油罐区	辽河原油	214	40	55	1928	1928
6		大庆原油	238	37	55	2117	2117
7		达尔原油	321	30	55	3931	3931
8	厂西伴热及采暖					8004	
9	厂中水暖					3807	
10	厂东水暖					3807	
11	溴化锂						8500
12	损失					3180	4811
13	合计					58926	50839

东区热媒水热水站位置为厂西加油站旁，设计流量1500吨/小时，系统主管线DN600，循环水泵设计6台500吨/小时，3开3备。系统回收催化二套、加氢裂化、天然气制氢、新重整装置热水，热水温度95℃，一级热水供气体分馏、厂西水伴热、汽油加氢水伴热热源；二级热水75℃，供东油品原油加热、厂中、厂东水暖，上水温度冬夏季均为65℃。

热水站入口管线设置有旋流除污器、除油除铁设施，并利旧6台空冷做为后冷实施，保证回水温度稳定。

3.5 西区热媒水系统

西区热媒水系统热源热阱情况见表7、表8。

表7 西区热源情况表

No.	介质	设备位号	工艺侧			热媒水侧			热负荷/kW
			温度IN/℃	温度OUT/℃	流量/(t/h)	温度IN/℃	温度/OUT/℃	流量/(t/h)	
1	分馏塔顶油气	E1201/A-I	100.6	81.4	155	35	61.9	470	14671
2	顶循	E1204/5AB	131.7	93.5	335	61.9	77.2	470	8297
3	一中	E1207AB	212.7	197	314	77.2	83.2	470	3273
4	柴油	E1212AB	108.9	39.3	21.7	35	42.2	100	837
5	稳定汽油	E1306	159	118	155	42.2	82.2	100	4642
6	重催合计							570	31720
7	柴油改质精制柴油	E1122AB	166.9	69.1	102.8	35	82	110	5996
8	柴油精制分馏塔顶油气	E-21AB	152.8	59.1	36.3	35	79	100	5102
9	热源合计							780	42818

表8 西区热阱情况表

No.	介质	设备位号	工艺侧			热媒水侧			热负荷/kW
			温度IN/℃	温度OUT/℃	流量/(t/h)	温度IN/℃	温度/OUT/℃	流量/(t/h)	
1	重催除盐水	E1308C	45.8	75	115	83.1	49.4	100	3904
2	热电除盐水	E101/102/103	560	20	51.6	81.2	55.4	680	20372
3	热电生水	E201/202	400	5	38	55.4	36	680	15310
4	散热								3232
5	热阱合计							780	42818

西区热媒水热水站位置为重催装置旁，设计流量870吨/小时，系统主管线DN450，循环水泵设计2台1000吨/小时，1开1备。系统回收重催装置、加氢精制分馏塔顶油气、加氢改质柴油及新建渣油加氢热水热水温度100℃，一级热水供热电公司除盐水加温；二级热水75℃，供热电公司生水加温，上水温度冬夏季均为55℃。

热水站入口管线设置有除油除铁设施，无后冷实施。

4 项目实施情况

4.1 项目投产情况

该项目从2018年8月份开始方案论证，及可研编写及项目上报，低温余热升级改造内容，于2020年9月15日前施工完成，随着装置开工投产。

东区热媒水系统建设日期2020年4月15日~11月31日，厂东热媒水升压站系统于2020年11月6日开始充水，冲洗、试漏，11月9日升压站启动单台循环泵运行。12月25日气分全部采用低温热换热，系统运行正常。

2020年12月31日顶循与110t/h胺再生热联合投运，2021年4月1日由于胺再生塔底重沸器壳程气返线管线振动，将该重沸器切除，并于9月份对对该项目进行了整改，9月9日项目整改完成后再次投运运行稳定。

重整-热电热媒水系统管线施工2021年4月15日~9月25日。2021年9月25日重催-热电热媒水系统建成，经过管线冲洗置换，10月27日重催装置低温余热停用，热源供热电公司除盐水和生水加温。因该系统循环泵入口无旋流除污器，管线杂质多，系统置换慢。

重催-热电媒水系统投用后，西区热源过剩，而东区热源不足。生产运行处根据热量平衡。在东油品辽河原油换热器处，增加东区和西区热媒水连通线。东油品辽河、大庆、海输三台换热器热源由东区热源供，改为西区热源供。

2021年11月17日加氢改质装置置低温热换热器(E1122A/B)投用，11月29日加氢精制低温热换热(E21)投用。

通过，东区、西区低温热热量优化，全厂低温热回收利用项目施工历时两年时间全部建成投产，系统运行稳定，于2021年11月25日进行了系统标定。

4.2 标定结果

4.2.1 催化裂化顶循-气体分馏热联合

标定结果见表9。

表9　催化裂化顶循-气体分馏热联合

No.	装置	顶循油流量/(t/h)	去气分温度/℃	气分返回温度/℃	热量/(10^4kcal/h)	热量/kW
1	催化二套	338	135	98.5	722.52	8401.26

催化顶循与气体分馏脱丙烷塔热联合，替代气体分馏脱丙烷塔再沸器蒸汽12.5吨/小时。

4.2.2 催化裂化一中及原料换热网络优化项目

标定结果见表10。

表10　催化裂化一中及原料换热网络参数

No.	操作条件	投用前	投用后
1	顶循流量	140t/h	338t/h
2	顶循返塔温度	51℃	92℃
3	分馏塔顶温	128℃	132℃
4	分馏塔顶压	0.1437MPa	0.1634MPa
5	一中流量	120t/h	116t/h
6	一中返塔温度	222℃	170.7℃
7	柴油出装置温度	65℃	60℃
8	热媒水出装置温度	64℃	62℃
9	热媒水回装置温度	100℃	83℃
10	热媒水流量	412t/h	415t/h
11	稳定汽油进空冷前温度	92℃	57℃
12	冷回流流量	8t/h	9t/h

催化装置调整柴油换热网络，柴油先加热原料再加热富吸收油，一中增大流量，降低温差，加强与原料换热。

4.2.3 重催顶循-溶剂再生塔热联合

标定结果见表11。

表11　重油催化顶循-胺再生热联合

No.	装置	顶循油流量/(t/h)	去胺再生温度/℃	返塔温度/℃	热量/(10^4kcal/h)	热量/kW
1	重催装置	355	140	95	681	7900

重催顶循与胺再生热联合，替代蒸汽6.0吨/小时。

4.2.4 重催一中热量优化利用

标定结果见表12。

表12　重油催化一中热量优化利用

No.	项目	标定	改造前	设计
1	加工量/(t/h)	185	213	202
2	一中循环量/(t/h)	302	302	314
3	一中循环抽出温度/℃	263	282	283
4	一中环返塔温度/℃	181	208	197
5	热媒水出装置温度/℃	100	116	86
6	热媒水进装置温度/℃	58	60	35
7	热媒水流量/(t/h)	460	476	570
8	油浆蒸发器油浆入口温度/℃	320	307	313
9	油浆蒸发器产汽量/(t/h)	25	20	—

循环油浆进蒸汽发生器的温度提高17℃，综合顶循与溶剂再生热联合对3.5MPa蒸汽产汽量减少的影响，多产3.5MPa蒸汽5t/h。

4.2.5 东区热媒水系统

标定结果见表13。

东区热媒水系统循环量1085吨/小时，给水温度82.5℃、给水压力1.35MPa，回收温度65℃、回水压力0.2MPa。因新重整未开工，东区热媒水热源不足。

4.2.6 西区热媒水系统

标定结果见表14。

西区热媒水系统循环量650吨/小时，给水温度94℃、给水压力1.50MPa，回收温度56℃、回水压力0.28MPa。

4.3 效益评估

4.3.1 实物消耗

实物消耗见表15。

表13 东区热媒水热量平衡表

No.	装置	热水量/(t/h)	上水温度/℃	回水温度/℃	热量/(10^4kcal/h)	热量/kW
1	催化二套	415	63	84.5	892.25	10376.87
2	加氢裂化	530	65	84	1007	11711.41
3	天然气制氢	140	65	92	378	4396.14
4	新重整	0	0	90	0	0
5	气体分馏	772	82.5	53.5	-2238.8	-26037.2
6	系统损失	0			-38.45	-447.17
7	合计	1085			0	0

表14 西区热媒水热量平衡表

No.	装置	热水量/(t/h)	上水温度/℃	回水温度/℃	热量/(10^4kcal/h)	热量/kW
1	重催装置	520	56	100	2288	26609.44
2	加氢精制	75	56	100	330	3837.9
3	加氢改质	55	56	96	220	2558.6
4	重催除盐水加温	54	101	63.5	-202.5	-2355.08
5	热电生水加温	175	9	34	-437.5	-5088.13
6	热电除盐水加温	189	30	83	-1001.7	-11649.8
7	东油品辽河原油	185	50	69	-272.57	-3170
8	东油品大庆原油	439	38	53	-428.03	-5938.67
9	东油品海输原油	412	55	63	-255.59	-2972.49
10	系统损失				-240	-2839
11	合计	650			0	0

表15 全厂低温热利用项目实物消耗

No.	项目名称	蒸汽/(t/h)	电/kWh	凝结水/(t/h)	循环水/(t/h)	除盐水/(t/h)	新水/(t/h)
1	Ⅱ催顶循-气分热联合	-12.5	35	-12.5	-150		
2	重催顶循-溶剂再生塔热联合	-6		-6	-245		
3	重催一中热量利用优化项目	-5				5	0
4	东区热媒水系统	-40	609	-40	-200	1	0
5	西区热媒水系统	-47.5	1519	-25.75	-40	1	-50
6	合　计	-111	2163	-84.25	-635	7	-50

全厂低温热回收项目投用后，回收热量折合替代蒸汽111吨/小时，扣除催化二套与气分原热水联合，较改造前替代蒸汽91吨/小时。多耗电2163KWh(投用前低温余热发电量1200kWh)，机泵自用电963kWh(扣除两套加氢停5台空冷电耗105kWh)。凝结水减少84.25吨/小时，循环水减少635吨/小时；除盐水增加7吨/小时；新水消耗减少50吨/小时。

4.3.2 效益及成本核算

成本核算见表16。

经过计算全厂低温热项目投用后，用低温热替代高品质蒸汽，经济效益8818元/小时，全年经济效率7407万元。年回收热量7.50万吨标煤，影响全厂能耗下降9.5千克标油/吨，减少二氧化碳排放量18万吨/年。该项目总投资约1.05亿元，投资回收期不到2年。

表 16　全厂低温热利用项目成本核算

No.	工质名称	单位	单价/(元/吨)	数量	成本/(元/小时)
1	1.0MPa 蒸汽	t/h	120	-91	-10920
2	凝结水	t/h	16.14	84.25	1360
3	电	kWh	0.54	2163	1168
4	循环水	t/h	0.38	-635	-241
5	除盐水	t/h	16.14	7	113
6	新鲜水	t/h	5.96	-50	-298
7	合计			-8818	

5　结论

（1）通过开展全厂低温余热综合利用工作，深入开展装置热联合，优化催化装置用能。根据装置平面设置厂东、厂西热媒水系统，提高低温余热利用率，实施后替代高品质蒸汽 91 吨/小时，达到节能降碳的目的。

（2）炼化企业全厂低温余热回收利用，应根据厂区平面，进行热源和热阱匹配，合理布置热水站数量；低温热利用应梯级利用，串级使用，提高低温热余热利用率。

（3）热媒水系统应采用闭式循环系统，系统设置自动排气阀，泵入口设有旋流除污器及除油除铁设施。闭式循环系统，水质稳定，有利于系统长周期稳定运行。

（4）尽管，经过此项节能技术改造，低温热利用率提高。但也存在南北蒸馏低温热夏季过剩，焦化装置低温热夏季未被利用，被循环水冷却等问题。炼化企业低温余热利用需要持续改进，尤其，在目前节能降碳的形势下，将炼厂低温热综合利用，降低低压蒸汽消耗是节能的关键。

参　考　文　献

[1] 锦西石化分公司，H19204018F 中国石油锦西石化分公司低温热利用工程可研报告，2019.
[2] 华南理工大学，锦西石化分公司 锦西石化分公司炼油过程能量系统集成优化研究[M]，2013.

关于煤化工废水难降解有机物的处理技术的研究

李　成　张延斌　林华东　叶　飞　冯　全

（国家能源集团新疆哈密能源化工有限公司）

摘　要　随着煤化工产业的快速发展，煤化工废水处理问题日益突出，尤其是废水中难降解有机物的处理，成为限制该行业可持续发展的关键环节。本文围绕煤化工废水中难降解有机物的处理技术进行研究，通过实验分析和工艺对比，探讨了传统和新型物化处理技术以及生物处理和膜处理技术的应用效果与优化方向。研究结果表明，通过组合多种处理技术、低碳环保技术，可以有效提高煤化工废水中难降解有机物的处理效率，进而达到国家对废水排放的严格标准。

关键词　煤化工废水；难降解有机物；处理技术

在国际能源紧张和国内能源供需不平衡的挑战下，中国正加速推动煤化工产业的发展，以减少对外部能源的依赖，努力实现煤炭向化工产品的转化。这一举措不仅有助于优化国家能源结构，还促进了煤化工技术的进步和产业规模的扩大。然而，伴随产业的快速发展，煤化工废水处理问题变得尤为突出。这些废水中含有大量难以降解的有毒有害物质，如果未经处理直接排放到自然环境中，将对生态系统造成严重破坏。因此，研究和开发高效的废水处理技术，以确保煤化工产业的环境友好和可持续发展，显得尤为重要。

1　煤化工废水的来源及其特点

1.1　焦化废水

焦化废水主要来自煤炭的焦化过程，其中煤经高温干馏产生焦炭、煤气和焦油。此过程中，用于冷却和洗涤的水会收集大量的化学污染物，包括多环芳烃、氨氮、硫化物和酚类化合物。焦化废水的 pH 值通常偏碱性，因为它含有大量的氨和硫化物。这种废水由于含有高浓度的有毒物质，处理起来相对困难，需要采用生物处理和物理化学方法结合的方式来降低其对环境的影响。

1.2　气化废水

气化废水源于将煤炭转化为气态燃料的过程中。在此过程中，煤与氧气或蒸汽的高温反应生成合成气，同时也产生大量含有酚类、氰化物及重金属的废水。这些废水中的污染物质种类多样，且含量相对较高，对环境构成潜在风险。气化废水的生化性较差，通常其生化需氧量（BOD）与化学需氧量（COD）的比值在 0.15 到 0.25 之间，这反映了其生物降解的困难程度。气化废水的 pH 值通常偏碱性，这是由于其中含有大量的碱性物质如氢氧化钠。由于其污染物种类繁多，这种废水在处理过程中需要针对不同污染物采取特定的控制技术。

1.3　液化废水

液化废水主要来源于煤的液化过程，即煤的直接或间接转换成液体燃料。在这一过程中，使用溶剂和催化剂，将煤转化为油类产品，同时产生含有多种化学物质的废水。这些废水包括但不限于含有煤焦油、酚类以及苯等有毒物质。液化废水具有较高的化学需氧量和生化需氧量，表明其含有大量的生物难降解有机物。液化废水还可能含有矿物油和悬浮颗粒，这对水处理设施构成了较大的挑战。液化废水的处理需要综合考虑其复杂成分及潜在的环境影响。

2　特征有机物的降解机制研究

2.1　长链烷烃的降解

长链烷烃是废水处理过程中难降解的有机物之一。在现代废水处理工艺中，通常采用生物强化降解的方法来减少或去除长链烷烃。长链烷烃的降解过程如图 1 所示，包括好氧降解和厌氧降解两种主要途径。

好氧降解是长链烷烃降解的一个重要途径。首先，长链烷烃在氧化酶的作用下进行单末端氧化、双末端氧化或次末端氧化。随后，这些氧化产物在进一步氧化过程中，经过加氧酶作用，生成相应的醛、酮和脂肪酸。最终，氧化产物通过继续氧化完全矿化为二氧化碳和水。

厌氧降解则包括脱氢反应。首先，长链烷烃在脱氢酶作用下进行脱氢反应，生成烷烃生物活性中心的烯烃。随后，烷烃末端的氢原子被去除，通过加氢酶作用，生成相应的仲醇、酮和酸。经过进一步的反应，这些中间产物通过进一步氧化完全降解为简单的小分子物质，如二氧化碳和水。

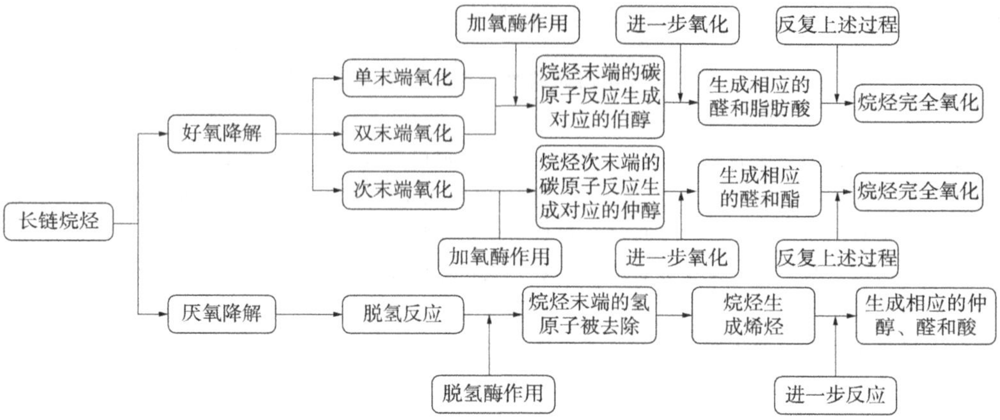

图 1　长链烷烃的降解

2.2　多环芳烃的降解

多环芳烃(PAHs)的化学性质非常稳定，尤其当苯环数目增加时，其降解处理难度显著增大，逐渐表现出抗生物降解性。作为煤化工废水中的典型有机物成分，三环多环芳烃的降解处理如图 2 所示。

图 2 展示了三环多环芳烃的降解路径，主要包括双加氧酶催化和彻底降解两种方式。在双加氧酶催化过程中，三环多环芳烃首先通过顺–二氢二醇形成脱氢反应，产生相应的二醇。这些二醇再经过进一步的氧化裂解，生成少一个环的二醇。

在彻底降解过程中，三环多环芳烃可以通过儿茶酚或龙胆酸途径进行代谢。这些化合物再经过进一步转化，生成最终的简单有机物。这一过程包括氧化裂解等多步反应，最终将复杂的多环结构分解为更易处理的小分子物质。

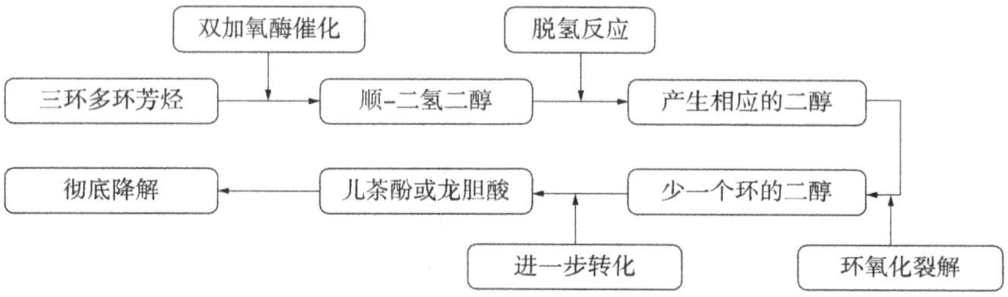

图 2　环多环芳烃的降解

2.3　杂环化合物的降解

含氮杂环化合物如吡啶和吲哚等在煤化工废水中含量较高。由于其具有一定的溶解性和抗生物降解性，使得经过生化处理后，这些杂环化合物仍可能占废水中剩余有机物的 20% 左右。这些残留的杂环化合物会导致处理后废水的毒性依然较强，因此需要有效的降解方法来解决这一问题。

图 3 展示了含氮杂环化合物的降解过程，主要通过厌氧呼吸来实现。在缺氧反应体系中，含氮杂环化合物会进行厌氧呼吸，在此过程中，反硝化菌发挥作用。这些细菌利用有机碳源作为电子供体，以硝酸盐或亚硝酸盐中的氧作为电子受体。通过这种反应，杂环化合物中的氮被逐步还原，最终生成氮气或氨气，达到降解的目的。

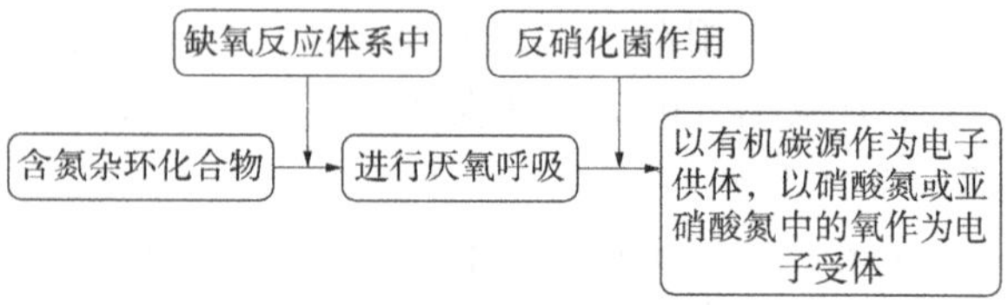

图 3　含氮杂环的降解

反硝化过程不仅有效降解了含氮杂环化合物，还降低了废水中的总氮含量，从而减少了废水的毒性。此方法能够有效地处理煤化工废水中的难降解杂环化合物，为废水处理提供了一条可行的途径。

3 难降解有机物的处理技术研究

3.1 传统物化处理技术

在煤化工废水处理领域，传统物化处理技术常被采用来降低有机污染物的含量，特别是难降解有机物。这类技术主要包括絮凝法和吸附法，它们各自具有独特的处理机制和应用范围。

絮凝法依赖于添加有机或无机絮凝剂来实现废水中悬浮颗粒的聚合。这些絮凝剂通过改变废水的电荷平衡和促进颗粒聚合，有效地将悬浮的有机物质转化为较大的颗粒，从而便于通过沉降或过滤等后续步骤去除。此方法在实际应用中被证明是简便且经济有效的，尤其是在处理大流量废水时。

吸附法则利用具有大比表面积和多孔性结构的吸附剂，如活性炭或各种树脂，与废水中的有机物之间的相互作用来去除难降解有机物。这些吸附剂能够通过物理或化学吸附机制，捕获和固定水中的有机污染物。由于其对水质选择性小，吸附法在实际处理中应用广泛，尤其适合处理含有复杂有机化合物的废水。

3.2 新型物化处理技术

随着环保要求的提高和技术的进步，新型物化处理技术已经逐渐取代了一些传统方法，这些新技术能更有效地处理难降解有机物。代表性的新型物化技术包括高级氧化过程（AOPs），这种技术通过生成强氧化剂如羟基自由基（·OH），破坏有机物的化学结构，从而实现其矿化或降解为较小的无害分子。

高级氧化过程的实施通常依赖于外部能量输入，如紫外光、臭氧或过氧化氢等，这些能量强烈地作用于废水，引发化学反应生成羟基自由基。这些自由基具有非常高的反应活性，能迅速与废水中的难降解有机物反应，导致其结构破坏和功能失活。此类技术尤其适合处理那些生物降解性差的有机物。

除此之外，电化学氧化也是一种有效的新型物化处理技术。它利用电流通过废水，以电极上的氧化还原反应直接矿化有机污染物。这种方法的优点在于可以精确控制反应条件，如电流密度和电解质的浓度，从而优化处理效果。

3.3 生物处理技术

生物处理技术利用微生物群体的代谢能力来降解煤化工废水中的有机物质。此技术的应用基于微生物能够将有机污染物转化为生物质、水和二氧化碳的能力。在废水处理中，常见的生物处理技术包括活性污泥法、生物膜法和厌氧消化等。

具体到煤化工废水的处理，生物处理技术经常采用的是A/A/O（厌氧/缺氧/好氧）工艺，这种组合工艺能够有效去除废水中的氮、磷以及有机物。此工艺首先通过厌氧过程将复杂的有机物部分分解成简单易降解的物质，然后在缺氧和好氧环境中进一步降解这些物质，同时实现氮磷的去除。

为了提高特定难降解有机物的处理效率，研究人员也开发了基于特定高效降解菌的生物处理方法。这些菌群通过遗传筛选或工程改造，具有针对性强、降解速度快的特点。由于废水的性质因地而异，生物处理技术通常需要根据具体的水质进行工艺优化和调整。

3.4 膜处理技术

膜处理技术是一种物理分离技术，通过半透膜将废水中的有机物、无机盐及其他杂质从水中分离。这种技术在煤化工废水处理中越来越受到重视，主要是因为它能够实现高效的有机物去除和水回用。

在煤化工废水处理中，常用的膜处理技术包括微滤、超滤、纳滤和反渗透。其中，超滤和反渗透是较为常见的组合，这一组合不仅可以去除悬浮物和部分大分子有机物，还能有效去除溶解性固体，大幅度提高水的纯度。

膜技术的一个主要优点是其操作简单、效率高，尤其适合于对出水质量要求较高的场合。随着膜材料科学的发展，新型膜材料的出现使得膜处理技术的应用范围更广，处理效果更好。这些新型膜材料通常具有更高的抗污染性和更长的使用寿命，降低了运行成本并提高了系统的稳定性。

4 新型低碳、节能处理技术研究

4.1 新型低氧生化技术

新型低氧生化技术采用微氧循环流生物处理工艺技术，该技术是基于先进的同步硝化反硝化脱氮理论为基础的高效一体化生物处理系统，在传统A/O工艺基础上进行优化设计，它通过控制曝气池溶解氧(0.5~1.0mg/L)，在单一池体内不仅完成对有机物的彻底去除，实现了硝化反硝化的同步进行，且短程硝化反硝化占有相当比例，该工艺不仅简化了系统脱氮的运行流程，节约了能耗，降低了对碳源的需求，提高了脱氮效率，同时也避免了由于硝态氮积累带来的不利影响。

同传统 A/O 工艺相比，该技术有如下优势：(1)在低溶氧及高污泥浓度环境下培养的微生物菌群种类丰富，兼有水解酸化效果，对高浓度有机物及难降解有机物有较好的适应性，去除率高。(2)该技术在同一个反应池中进行有机氮的氨化，在低溶氧环境下进行同步硝化反硝化，并含有部分短程硝化反硝化过程，系统脱氮能力强。(3)该技术具有高污泥浓度和几十倍的大比例循环，针对来水中的有毒有害物质可迅速降低其在系统中浓度，增强系统抗冲击能力。(4)该技术具有大比例循环，对波动较大的来水可较快均匀污染物负荷，降低对系统的冲击。同时该工艺具有独特的溶氧控制系统，实时跟踪溶氧控制，自动调节大比例回流比。该技术比传统 A/O 工艺降低曝气量，实现了节能，同时对 COD、氨氮、总氮有更高的除去效果。

目前上海石化、浙江石化、泉州石化等大型石化企业污水生化处理均采用上述低氧生化技术，实际运行效果较好，对 COD、氨氮和总氮的去除率高，特别是浙江石化，生化进水 CDO 在 3000mg/l 以上，低氧生化对 COD 的去除率达到 95%以上，并且系统能耗是传统 A/O 工艺的 50%，该技术采用大回流比设计，生化池内污泥浓度高，抗冲击能力强，曝气管可实现在线检修。

4.2 煤间接液化污水绿色低碳处理技术

某煤制油项目费托合成水中含有较高的含氧有机物(醇类及酸类)。污水水质特点为：CODcr 浓度高，可生化性好，低 pH 值。由于有机酸(乙酸、丙酸)的存在，废水的 pH 至 2~3，具有较强的腐蚀性，易腐蚀设备；污染物种类较多，含有较多的醇、酸、酮、醛类物质。合成水在装置内经过换热、脱醇处理，回收混醇后，经冷却送污水处理场处理。

合成水有机物浓度高，可生化性好，适合采用厌氧工艺作为预处理，该煤制油项目采用了 EGSB 厌氧技术作为生化的预处理，厌氧处理后再和气化污水合并后进入全厂生化系统进行处置，生化产水进入膜系统及蒸发结晶系统处置。装置实际运行后出现了诸多问题：(1)由于费托合成废水 pH 低，需要在脱醇处理、厌氧处理前进行加碱处置，导致加入了大量的碱，不仅增加了企业处置成本，而且加碱后费托合成废水盐含量增加，导致后续膜及蒸发结晶处理负荷增加，结晶盐产量增加，也影响后续产品销售。(2)厌氧处理运行不稳定，需要定期投加钙、铁、镁等微量元素，颗粒污泥易流失，需要定期补充污泥，运行成本较高。

针对某煤制油项目上述运行问题，某环保公司开发了煤间接液化污水绿色低碳处理新工艺并对上述煤制油项目污水处理进行了改造，见图 4，该工艺特点：(1)气化污水和费托合成水“分类处理，分质回用”；(2)醇分离塔“不加碱”，填料材质提升(如钼含量更高的 317L 材质等)；(3)强化耐酸反应：耐酸微生物转化，不需要加 Ca、Mg、Fe 等营养元素，无需补加污泥；(4)高效低耗催化氧化单元：保障系统出水水质；(5)费托合成出水水质满足循环水补水，无需“浓盐水处理”、“蒸发结晶”等工艺单元，流程大幅缩减。

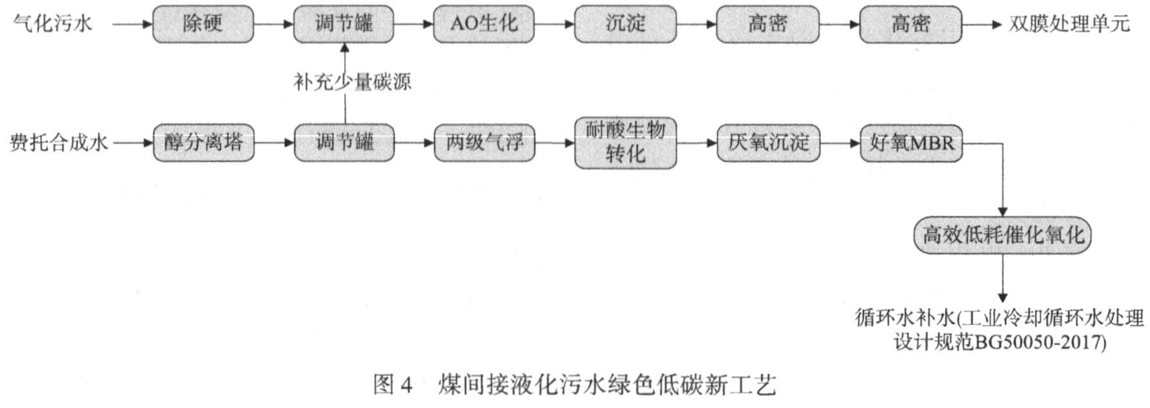

图 4　煤间接液化污水绿色低碳新工艺

耐酸生物转化采用高效耐酸生物固定化，并开展高效耐酸微生物固定化厌氧实验，如下图实验装置所示，耐酸厌氧微生物完全附着于生物填料上，形成耐酸厌氧生物床，出水清澈、无污泥流失。高效耐酸生物固定化具有以下优点：(1)新型“高厌氧污泥亲和性”生物功能填料；(2)生物膜凝聚性强、抗冲击、稳定性好；(3)微生物浓度高，活性高，快速降解 VFA；(4)出水澄清，后置沉淀保障，无污泥流失；(5)无需补充 Ca、Mg 等无机盐，二次污染大幅减少。

图 5 为装置进出水 pH 和 COD 变化趋势，进水 pH 为 2.8~3.0，COD 约 12000mg/L，VFA 约 6500mg/L；出水 pH6.8~7.0，COD<100mg/L，碱度<200mg/L，电导率<500μs/cm。液碱投加可降低至“零”，无需加碱，替代 UASB、EGSB、IC 等颗粒污泥反应器。

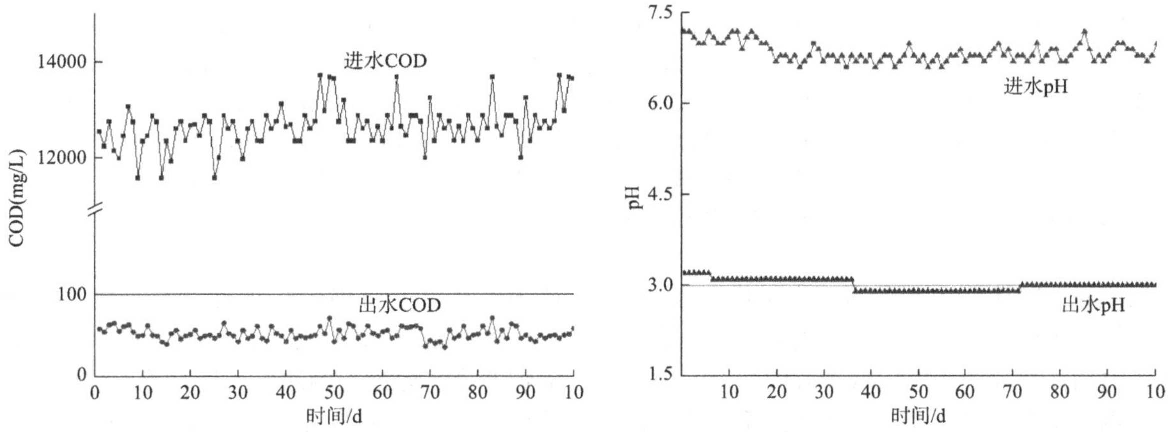

图 5　进出水 pH 和 COD 随时间变化趋势

经核算，采用上述污水绿色低碳处理技术每年可节省液碱消耗 7000 万元，减少结晶盐 2 万吨/年以上，减少浓盐水和盐的处理、处置成本约数千万/年元；省去费托合成废水“中水回用、浓盐水处理、分盐结晶”等装置投资。

5　结语

通过对煤化工废水中难降解有机物的处理技术进行深入研究，我们发现组合多种技术能够显著提高处理效率。传统物化处理技术如絮凝法和吸附法具有应用广泛且操作简便的优点，但在应对复杂有机污染物时存在一定局限。新型物化处理技术如高级氧化过程和电化学氧化展现了较高的处理效果和广泛的应用前景。生物处理技术通过微生物代谢功能处理废水，适合于特定有机物质的降解。膜处理技术则因其高效分离能力和较高出水质量而受到重视。我们认为，通过优化组合上述多种处理技术，能够更有效地处理煤化工废水中的难降解有机物，确保废水处理符合环保标准。

参考文献

[1] 刘琪，雷培树，余琴芳，等. 工业废水难降解有机物深度处理技术与设计综述[J]. 净水技术，2024，43(04)：34-45.

[2] 牛志军. 煤化工废水处理工艺与适用性技术研究[J]. 山西化工，2024，44(03)：229-230+234.

[3] 李成，魏江波. 高效反渗透技术在煤化工废水零排放中的应用[J]. 煤炭加工与综合利用，2017(06)：26-32.

循环流化床锅炉掺烧生物质燃料性能分析

周吉伟　赵建华　孙　森　费　科　陈德山

（中国石油新疆油田分公司油田作业区）

摘　要　针对某稠油生产所用的循环流化床锅炉，额定蒸发量为130t/h，结合锅炉特点，开展煤掺烧生物质燃料实验，生物质掺烧比为5%，10%，20%，25%，30%，35%，40%，45%，50%。实验过程中对锅炉能效，燃料特性，安全环保参数监测，对比了纯煤和不同比例掺烧两种方式。实验结果表明：掺烧生物质燃料后，蒸汽过热度略有降低，排烟温度随掺烧生物质燃料比例的增加而增加，热效率降低，灰量与渣量均明显降低，排烟 NO_x 和 SO_2 降低，烟尘升高。锅炉稳定运行，年减排二氧化碳约4.51吨。积灰结渣，结焦无明显变化。在不改变锅炉设备结构的情况下，掺烧生物质燃料是减碳的可行方案。

关键词　循环流化床锅炉；生物质掺烧；减碳

在当前“碳达峰、碳中和”的时代背景下，煤炭燃烧产生的污染物和二氧化碳需要进一步的降低，迫切需要我国火电向低碳方向发展。而对于我国稠油生产，亟需抓住稠油注汽系统能耗占比高的主要矛盾，分阶段重点推进稠油清洁替代工作。

生物质能是可再生能源，可实现全周期碳循环，在替代化石能源方面具有巨大发展前景。但由于生物质热值低，含水量较高，直接燃烧会降低锅炉燃烧效率，因此生物质燃料与煤掺烧，是一种可实现减碳目的的生产方式。研究表明，直接将生物质燃料与煤混合后投入炉膛燃烧，不需要对原锅炉进行设备改造。

按照中石油集团公司新能源业务发展，达到“十四五”末停用原煤的要求，为充分利用燃煤循环流化床锅炉资产价值，在不改变目前稠油生产主体工艺和设备结构的情况下，结合现锅炉特点、生物质资源情况，开展循环流化床锅炉生物质燃料掺烧试验，可快速实现稠油清洁生产、减碳减排的目的，可促进锅炉测燃料灵活性。

流化床锅炉的燃烧系统具备物料再循环功能，燃料适应性广，可以满足热值在1200~6500大卡之间的不同类型燃料，包括泥煤、褐煤、烟煤、无烟煤、贫煤、煤矸石、木屑等，是本次生物质燃料掺烧试验的设备基础。

1　循环流化床锅炉基本概况

1.1　锅炉设计参数

该稠油生产所需蒸汽来自循环流化床锅炉，该锅炉是由太原锅炉厂设计制造，负责常规吞吐、蒸汽驱、SAGD开发的注汽任务，环流化床锅炉的稳定运行为稠油生产提供重要保证。该锅炉设计年产蒸汽80万吨、消耗原煤11万吨、二氧化碳排放17.9万吨，循设流化床锅炉设计参数如表1所示。

表1　循环流化床锅炉设计参数

项目名称	设计参数
锅炉型号	TG-130/9.81-M
燃烧方式	循环流化床
额定蒸发量	130t/h
锅炉热效率	90.0%
额定蒸汽压力	9.81MPa
额定蒸汽温度	332℃
排烟温度	≤140℃
脱硝方式	SNCR（选择性非催化还原）脱硝系统
NO_x	<100mg/Nm^3
脱硫方式	炉外半干法+炉内干法
SO_2	<50mg/Nm^3
锅炉燃料	新疆当地烟煤（禾丰县徐矿烟煤）
耗煤量	400t/d
输煤廊角度	45°

1.2　生物质燃料物性情况

生物质燃料与煤相比，挥发分含量高、碳含量少、灰分含量低，易燃烧、燃尽。碱金属元素（K、Na）含量高，易引起锅炉受热面积灰、结焦、腐蚀。目前各生物质企业产品主要是松木、秸秆和杂木生物质颗粒，如图1所示。

图 1　杂木生物质颗粒

由于杂木生物质燃料的发热量接近现用煤，含硫量低，掺烧时对锅炉的影响最小，压制成柱状满足流化床锅炉对物料粒径（≤10mm）的要求，适用于现有上料系统，因此本次掺烧试验选用杂木的生物质颗粒作为生物质燃料。杂木生物质燃料特性如表 2 所示。

表 2　杂木生物质燃料工业分析结果

Mar	Mad	Sar	Aar	Far	Vdaf	Qnet, ar MJ/kg
5.09	3.01	0.06	6.04	16.15	74.80	17.10

2　实验过程

2.1　实验进度安排

试验共分为两个阶段，第一阶段掺烧生物质燃料量从 5%增加到 30%，历时 19 天，第二阶段掺烧生物质燃料量从 35%增加到 50%，历时 6 天，实际消耗生物质燃料 2020 吨，如表 3 所示。

表 3　实验进度安排及生物质燃料掺烧量

掺烧比例/%	运行时间/d	生物质燃料掺烧量/t
5	3	52
10	3	104
20	7	484
25	3	259
30	3	311
35	1	109
40	2	250
45	1	140
50	2	312
总计	25	2020

2.2　过程风险控制

对实验过程中可能出现风险点制定相应的防范措施。由于生物质吸水，会造成煤仓粘壁、板结，实验中定期检查清理；对于掺烧生物质燃料会造成的积灰和结焦的风险，实验中控制炉温在 800~850℃；生物质燃料的加入对于烟气排放带来不确定性，因此实验中加强对脱硫脱硝环保设备的检测；生物质燃料挥发分含量较高，燃烧速度快，会使排烟温度升高，实验中确保除尘器入口温度不大于 150℃；生物质燃料燃烧后的灰渣较少，成循环物料减少，通过提高床层厚度，降低床温来防止物料循环短路；对于尾部二次燃烧，通过优化配风，控制炉膛出口烟温和及时吹灰来解决，同时可以保证锅炉热效率满足要求；做好生物质防雨雪，防水防火，确保生物质储存不发生变质及粘连；原工艺流程中，煤从进站到入炉过程超过 24h，经生物质燃料吸水性实验对比，该生物质燃料在 6 小时内，不会发生破碎、粘壁，因此工艺改造采取在中间煤仓出口位置加装生物质燃料上料系统，并控制炉前煤仓料位，如图 2 所示，该位置可实现 6h 内生物质燃料的入炉燃烧。

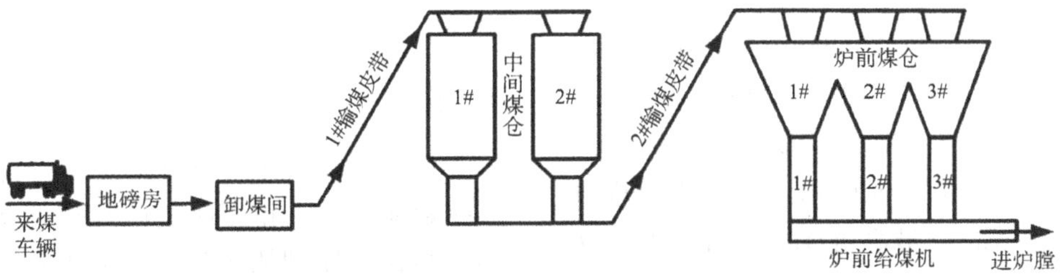

图 2　生物质燃料掺烧工艺改造流程图

3　实验结果

3.1　运行情况

本次试验期间锅炉按照蒸汽需求，负荷需保持在 95t/h 左右。试验期间锅炉负荷稳定在 90~100t/h 略有上升，注汽压力在 5.8~6.2MPa，过热度在 15~22℃ 略有下降，热负荷 66.1~70.3MW，锅炉在试验期间运行平稳，运行参数如表 4 所示，其中排烟温度随着掺烧比例的增加略有上升，灰渣含碳量上升，排烟热损失和固体不完全燃烧热损失均呈上升趋势，因而导致热效率有小幅降低。

3.2 固体产物变化

生物质燃料掺烧比例不断增加，灰、渣量均明显降低，灰渣比明显增大，如图3所示。生物质燃料燃烧后的固体产物主要以灰的形式存在，渣量较少，随着掺烧比例增大，灰渣中铁、镁、铝等金属含量基本稳定，钾、钙元素含量呈上升趋势，如图4所示，但随灰量减少钾元素总量略有下降。

表4　锅炉运行参数

锅炉控制参数	0%	5%	10%	20%	25%	30%	35%	40%	45%	50%
锅炉热负荷/MW	63.9	66.1	66	68.2	65.9	68		70.3		69.6
锅炉蒸发量/(t/h)	91	94	94	97	94	97		100		99
排烟温度/℃	115	119	110	116	121	125	123	126	125	125
锅炉床温/℃	811	832	818	822	831	807	815	812	815	818
一次风量/(m^3/h)	74633	74833	75038	74816	73809	73224	73541	73845	72408	72384
二次风量/(m^3/h)	26019	26817	27314	26690	28490	30400	32420	31869	32145	32360
床料压差/Pa	6544	6645	6660	6804	6822	6891	6936	6951	7021	7078
热效率/%	87.8	86.8	86.9	85.4	86.4	85.2	84.9	84.5	83.9	84.1
排烟热损失/%	7.0	8.5	8.7	10.3	9.0	9.4	9.6	9.9	10.0	11.0
固体未完全燃烧热损失/%	3.0	2.5	2.7	2.3	2.9	3.6	3.6	3.8	4.2	3.0

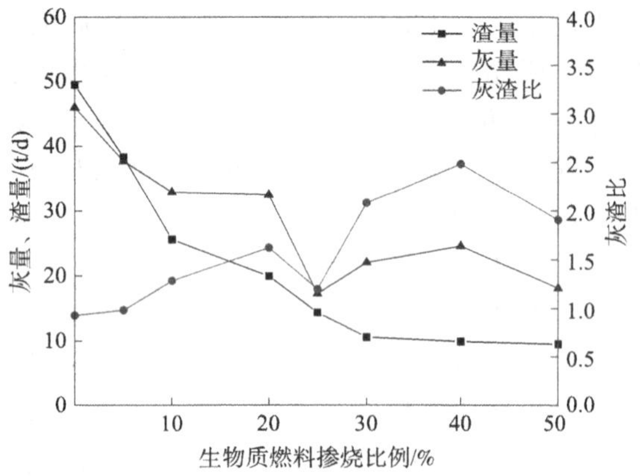

图3　渣量、灰量的变化

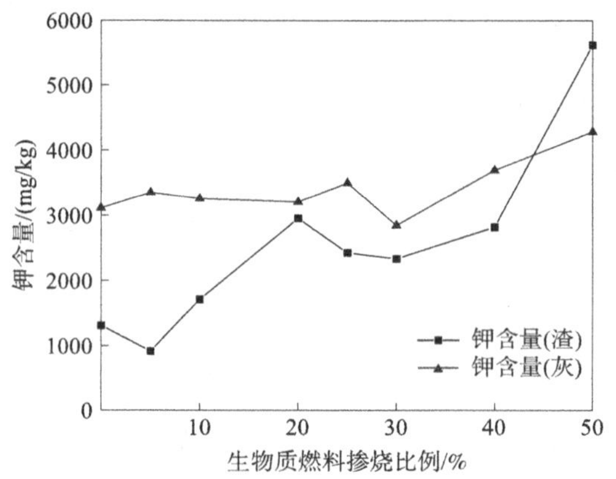

图4　灰渣中钾含量的变化

3.3 污染物排放

实验过程中对 NO_x 和二氧化硫排放量进行监测，总体来看，在实验期间随着掺烧生物质燃料比例的增加，两者都有减小的趋势，氨水和石灰石用量也减少。NO_x 排放量最低 38mg/Nm^3，最高 67.3mg/Nm^3，如图5所示。二氧化硫排放量最低 2.35mg/Nm^3，最高 8.1mg/Nm^3，如图6所示。

3.4 积灰结焦情况

对比掺烧前后锅炉受热面如蒸发管束、过热器、省煤器、空预器的积灰、粘结、结焦情况，无明显变化，管束上都为松软易清理浮灰，整个掺烧实验过程中未出现实验前预想的受热面管束表面粘结、结焦情况。如图7给出了省煤器管束积灰情况对比，图8给出了过热器管束积灰情况对比。

4 结论

对燃煤注汽生产稠油锅炉进行首次掺烧生物质燃料实验，获得了阶段性实验成果。锅炉生物质燃料掺烧比例从5%逐步增加到50%，实验过程工况稳定，蒸汽品质良好，污染物排放满足环保要求。

该实验对循环流化床锅炉本体未做改造，验证了掺烧生物质燃料的可行性与稳定性，与现有的电热、光热等其他清洁能源生产稠油方面具有较大优势。

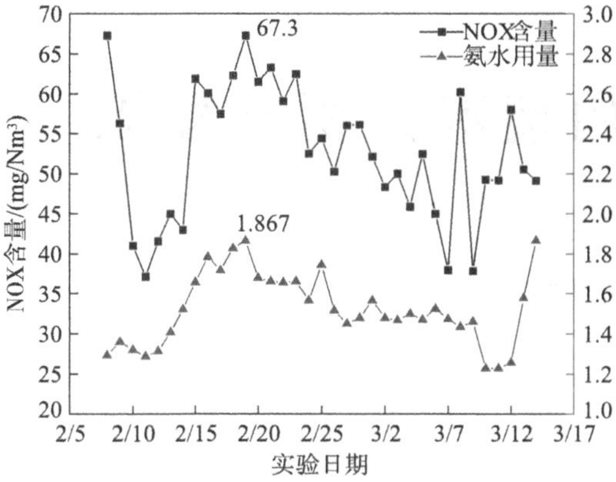

图 5 NO_x 排放量和氨水用量

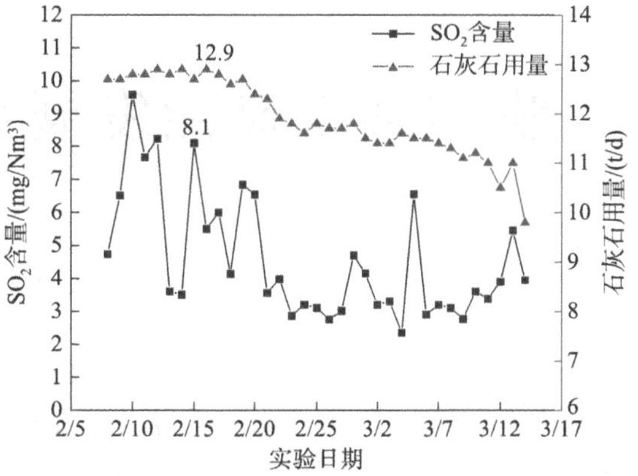

图 6 SO_2 排放量和氨水用量

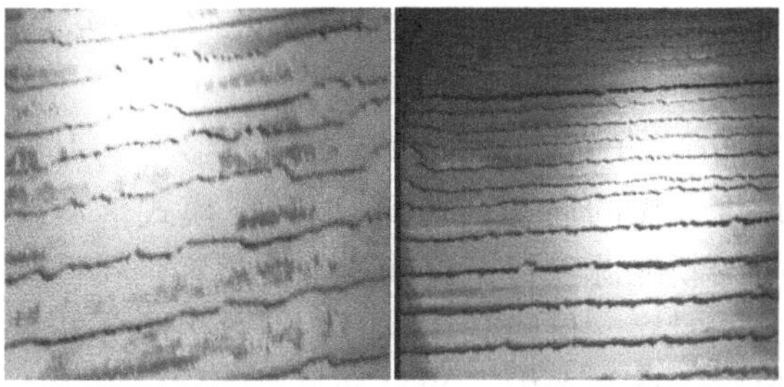

图 7 省煤器管束积灰实验前后对比

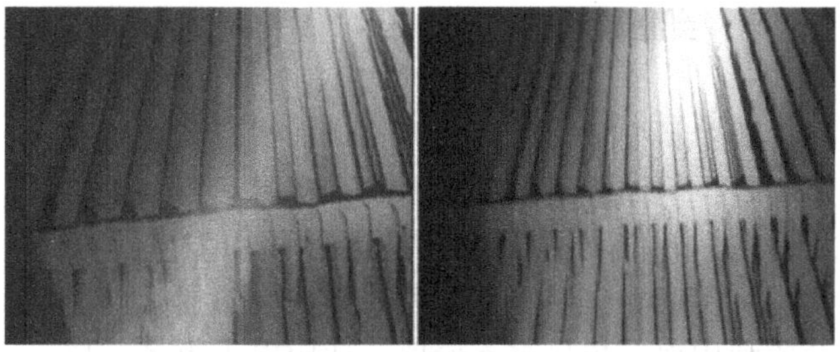

图 8 过热器管束积灰实验前后对比

试验过程中，共消耗生物质燃料 2020 吨，减排二氧化碳共 2686 吨。如在 30% 比例下，全年减排二氧化碳 4.51 万吨。对减碳有很大的促进作用。带动周边生物质发展产业链，可实现农林生物质能源化。

参 考 文 献

[1] 朱士春，赵彦女，张伊鲜，余静. 油田污水回注及回注泵耐蚀材料应用实践[J]. 化工管理，2022(20)：54-64.

[1] 袁家海教授团队，田梦媛，王杨. "30 · 60"双碳目标下"十四五"煤电发展目标与政策建议[J]. 世界环境，2021(4)：29-32.

[2] Demirbas A. Combustion characteristics of different biomass fuels[J]. Progress in Energy and Combustion Science, 2004.

[3] A S V V, A C G V, B V S V. Advantages and disadvantages of composition and properties of biomass in comparison with coal: An overview[J]. Fuel, 2015, 158: 330-350.

[4] Niu Y, Tan H, Hui S. Ash-related issues during biomass combustion: Alkali - induced slagging, silicate melt - induced slagging (ash fusion), agglomeration, corrosion, ash utilization, and related countermeasures [J]. Progress in Energy & Combustionence, 2016, 52 (FEB.): 1-61.

[5] Kandasamy Jayaraman, Mustafa Versan Kok, Iskender Gokalp. Combustion properties and kinetics of different biomass samples using TG-MS technique[J]. Journal of Thermal Analysis & Calorimetry, 2017, 127 (2): 1361-1370.

[6] 黄进，夏涛，郑化. 生物质化工与生物质材料[M]. 化学工业出版社，2009.

[7] Li J, Wang R, Li H, et al. Unit-level cost-benefitanalysis for coal power plants retrofitted with biomass co-firing at a national level by combined GIS and life cycle assessment[J]. Applied Energy, 2021, 285(5651): 116494.

我国共享储能发展和应用情况分析与建议

王建明　欧阳琰

（中国海油集团能源经济研究院）

摘　要　共享储能相比新能源发电项目配储具有更灵活、利用率更高特点等，因此逐渐成为储能项目发展的重要模式。本文从我国共享储能支持政策、共享储能系统构成形式、共享储能系统前沿技术等方面分析了共享储能发展的现状和趋势，梳理总结电源侧、电网侧、用户侧投资建设的多个共享储能项目，研究了调峰服务补偿、峰谷价差套利、容量租赁/补偿等多种共享储能盈利模式，并对油气企业发展共享储能提出了建议。

关键词　共享储能；政策机制；商业模式；储能技术；油气行业

随着新型电力系统构建步伐加快，新能源飞速发展，但储能设备质量不高、实际运行效果不及预期，新能源强制配置储能模式引发各方争议。从实践看，共享储能模式因其具备提升储能设备利用率、提供多元价值、适应电力市场环境等特点，越来越受到市场关注。目前，我国各级政府相继出台措施从政策层面推动共享储能市场有序发展，同时相关大型储能企业、工业园区和科技龙头企业也在积极拓展共享储能应用场景、深化商用价值、挖掘盈利模式并丰富产业形态。

1　共享储能概念和政策环境

1.1　共享储能概念提出

共享储能最早由青海电力公司于2018年提出，指由新能源发电企业、电网企业或者第三方单独或者共同投资及建设的集中式大型独立储能电站。它以电网为桥梁和纽带，可为多个新能源电站提供综合服务。其具备独立计量、控制等技术条件，接入调度自动化系统可被电网监控和调度，符合相关标准规范和电力市场运营机构等有关方面要求，同时还可作为独立主体参与电力市场交易。此外，广义共享储能还包括在交通、电力、通信等领域应用且由独立开发商参与开发和设计的智能化储能装置。

1.2　共享储能政策环境

国家层面。2021年7月，国家发改委、国家能源局发布《关于加快推动新型储能发展的指导意见》，明确新型储能独立市场主体地位，鼓励储能作为独立市场主体参与辅助服务市场，鼓励探索建设共享储能。2022年5月，国家发改委等发布《关于进一步推动新型储能参与电力市场和调度运用的通知》提出，以共享模式落实新型储能的新能源项目，可在竞争性配置、项目核准、并网时序、保障利用小时数、电力服务补充考核等方面优先考虑。2024年8月，国家发改委等发布《加快构建新型电力系统行动方案（2024～2027年）》，提出建设一批共享储能电站。

地方层面。2021年起，宁夏、山东、湖南、浙江、内蒙、广西、江苏、安徽、天津、河北、山西等多个省份陆续出台共享（独立）储能建设指导意见，鼓励投资建设共享储能电站。主要内容包括鼓励新能源项目优先租赁共享储能，支持共享储能参与辅助服务市场和现货市场，积极开展示范项目，提出项目建设目标，完善相关机制等。

企业（技术）层面，国家电网和南方电网等企业将按照《电力并网运行管理规定》《关于促进新型储能并网和调度运用的通知》等文件要求，从四方面规范新型储能并网管理和调度运行机制。一是明确调度范围，划分为调度调用新型储能和电站自用新型储能两种类型。二是确定调度方式，电力调度机构将根据系统需求支持聚合储能等模式发展，优先调用试点示范项目，优先按照市场出清结果安排运行。三是明确运行管理，储能电站应按电力调度机构要求及时报送运行信息。四是提出技术要求，储能电站应具备相应自动调节能力，接受并执行调度指令，并具备信息安全防护措施。

1.3　共享储能发展意义

促进绿电消纳。共享储能通过谷时充电蓄能

和峰时放电调峰，能有效解决太阳能、风能等可再生能源波动性问题，有力促进绿电消纳。

保障电网运行。将分散的电源侧、电网侧、用户侧储能资源进行整合，并交由电网进行统一协调，把整个储能资源释放给整个电力系统，从而保障电网调频调峰、平衡输出、缓解电力波动。

促进电力交易。通过双边协商、双边竞价及单边调用等模式参与电力交易和辅助服务市场，从而满足电力市场多场景扩容或减量需求，有力促进现货和中长期电力市场建设。

提升企业收益。通过开放储能设施极大地提升储能设施利用率，大幅降低企业新能源配储建设和运维成本，提高项目收益率并缩短投资周期。

2　共享储能系统构成和前沿技术

2.1　共享储能系统构成

共享储能系统构成形式主要包括集中式储能和分布式储能两种类型。

集中式储能是指在电力系统中建设大规模的储能设施，通过集中控制和调度的方式来存储和释放能源。系统架构包括电池舱（电池堆、电池管理系统、冷却系统、消防及辅助用电）、逆变及升压舱（储能变流器、升压变压器、开关柜、辅助用电）、能量管理系统（服务器、交换机及相关控制）等。系统优点在于容量大、效率高、成本低、可靠性高；缺点在于投资大、环境影响（集中式以化学储能为主）、安全隐患突出。

分布式储能是指将多个储能单元组合成一个储能系统，通过智能控制实现对储能系统的优化管理和控制。系统架构包括储能设备（锂电池、铅酸蓄电池、超级电容等，具有较高能量密度和较长使用寿命）、智能控制器（对储能系统运行状态进行监测和控制）和管理平台（通过云计算、大数据等实现对储能系统远程监控和管理）。系统优点在于将数字信息技术与光伏、储能技术进行跨界融合，基于分布式储能系统架构，采用电池模组级能量优化、电池单簇能量控制、数字智能化管理、全模块化设计等创新技术，实现储能系统全生命周期内更高放电、更优投资，极简运维、安全可靠的价值。缺点在于：系统容量受限、投资周期长、运维成本高。

2.2　共享储能系统前沿技术

液冷共享储能系统。其通过冷却液对流带走热量，从而有效降低电池温度、提高温度分布均匀性、保障系统安全高效性等，技术特点在于占地面积小（较相同容量储能电站占地面积减少50%以上）、冷却效果优（采用乙二醇水溶液冷却剂，相较传统液冷方式电芯最高温升下降39.2%、电芯温差下降200%、电池包间电芯温差能控制在3℃）、防护等级高（IP55高防护）、环境适应强（可在气温-35℃～+50℃地区正常运行，适应严苛高低温、高湿、高盐雾等环境要求。

集装箱共享储能系统。集储能电池系统、电池管理系统、储能变流器、DC柜、温控系统和消防系统于一体的储能装置，可用于多种储能应用场景；其具有模块化设计（单体40英尺约38吨）、高工况性能（满足5000米高海拔和-15℃～50℃环境温差）、高可靠性（C3防腐等级、主动消防安全）、大容量（单体3兆瓦时）等突出性能。

3　共享储能产业应用情况

电源侧储能。2024年2月，甘肃金昌市河清滩5万千瓦/10万千瓦时电源侧储能项目启动投运，标志着金昌地区首座独立共享储能电站顺利并网。该电站采用磷酸铁锂电池技术体系，其接入电网后能够有效提升河清滩光伏园区内新能源场站电能质量水平，同时还将对增强金昌地区电力系统灵活调节能力、促进新能源消纳、缓解电网阻塞以及改善电能质量等方面发挥出重要作用（图1）。

图1　金昌市河清滩共享储能项目

电网侧储能。2024年2月，福建省首个大型集中式共享储能电站-平潭综合实验区12万千瓦/24万千瓦时共享储能电站项目（一期）开工建设。该项目总占地面积约40亩，投资约6.66

亿元；项目共设置72个电池集装箱和40个变流升压一体机，同时新建220千伏高压输电线1条(约2千米)；预计其于2024年底并网投产，届时该项目将对助力构建海岛电网、提高风电消纳能力、增强区域应急保障能力等发挥出重要作用。2024年2月，甘肃武威市首座独立共享储能电站——国能民勤红沙6万千瓦/24万千瓦时储能电站一期项目并网投运，标志着武威电网新型电力系统建设迈上新台阶。该电站位于民勤县红沙岗镇，总投资13.87亿元，规划建设容量20万千瓦/80万千瓦时，分两期建设。其中，一期项目由81台储能电池、21台变流升压一体舱等组成，额定功率6万千瓦，最大容量24万千瓦时(图2)。

图2　甘肃武威国能民勤红沙共享储能项目

用户侧储能。2024年1月，成都特隆美储能技术有限公司宣布研发出新型移动共享储能电站，其采用磷酸铁锂电池作为储能单元(单体容量1505千瓦时)和模块化设计方案，搭配安全可靠BMS系统储能变流器以及能量管理系统，能够实现并网和离网双模式运行及无缝切换，有效满足应急供电、保电、不间断电现场要求(图3)。

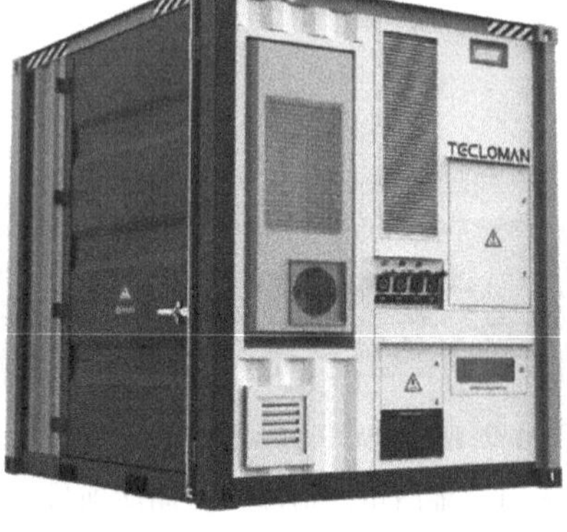

图3　成都特隆美共享储能装置示意图

2024年2月，上海黑马原力科技有限公司宣布研发出新型集自主移动、自主充电、自主回充为一体的智能共享储能装置。该装置配置有60千瓦大倍率储能电池、120千瓦/100千瓦一体化水冷DCDC/ACDC功率模块(支持400伏和800伏电压平台)、7轴柔性机械臂(选配)，可实现在各类停车场场景中的全流程自主共享储能无感充电。媒体称，该装置配备全栈自研无人驾驶技术，基于深度学习，能够精准识别障碍物，自动定位用户车辆，达到车库场景内92%以上动静态物体识别率，辅以四轮八驱全向底盘可为用户提供极致无感体验(图4)。

图4　黑马原力智能共享储能装置示意图

4　共享储能商业模式和发展前景

4.1　共享储能商业模式

目前，共享储能主要盈利方式有调峰服务补偿、峰谷价差套利(参与电力现货市场交易)、容量租赁、容量补偿等收费方式。

调峰服务补偿。目前四川、山东、青海、河南、宁夏、广东等多地均出台共享储能调峰补偿规则；其中，四川能源监管办发文提出，电力调度机构结合系统调峰需要调用，下达调度计划要求配建储能的新能源和共享独立新型储能电站进入充电状态时，对其充电电量按照度电0.3元进行补偿；山东提出共享独立储能一次调频度电补偿标准0.1元；青海调峰度电补偿为0.5元；南方电网度电调峰补偿在0.24~0.79元等。

峰谷价差套利。目前，随着多省(区)电力现货市场试运行或连续试运行，给共享储能电站的利用价差套利带来了更大空间。例如，浙江发改委提出，自2024年3月1日起该省峰谷分时电价浮动比例以平段电价为基础(浮动范围50%~98%)；北京市发改委提出，2024年全年峰谷时段按24小时分为高峰、平段、低谷各8小时，尖峰电价在高峰电价基础上上浮20%。

容量租赁/补偿。部分地区已经开始探索储能电站的容量电价机制。山东省政府发文强调，推动独立储能示范项目积极参与电力现货交易，暂按电力市场规则中共享独立储能月度可用容量补偿的2倍标准执行。内蒙古工信厅和发改委等发文提出，纳入示范项目的电网侧共享独立储能电站享受容量补偿，补偿标准按放电量计算，补偿上限暂按0.35元/千瓦时(期限10年)；电源侧共享独立储能电站通过租赁、出售容量等其他市场化方式获得收益，租赁费用由承租的新能源企业提供；储能容量租赁价格可参考电网侧独立储能示范项目的容量补偿标准，由租赁双方协商约定。

4.2 共享储能发展前景

2023年，我国共享储能新增并网规模1241万千瓦/2446万千瓦时，占2023年新投运新型储能项目规模的比例为54.9%(按照功率规模计算)。从长期看，随着新型电力系统建设加速，共享储能商业模式呈向好态势。根据研究，2030年我国新型储能大发展情景下功率规模将达到1.9千瓦。按共享储能在总装机中占比超过50%估算，功率接近1亿千瓦，该模式在新能源消纳、新型电力系统建设、用电企业节能改造等多领域发挥出重要作用。

目前，共享储能的健康可持续发展还存在若干问题亟待解决。一是参与电力现货市场机制尚不完善，技术成熟度、投资回报性等需要提升。二是容量补偿机制缺乏，目前仍以调峰容量市场等形式体现容量费用，导致项目固定收益过低。三是整体发展缺乏规划引导，尤其是与新能源强制配置储能等政策不协调，导致各地区共享储能出租率差异较大。

5 启示与建议

在国家油气与新能源融合发展政策下，我国油气企业正深入推进绿色低碳转型，大力实施“碳达峰、碳中和”行动方案，积极推进新能源业务。由于发展新能源与储能紧密相关，随着共享储能模式的逐步推广，“新能源+共享储能”的方式可为企业带来更好收益。针对油气企业发展新能源过程中如何优化配置储能问题，建议一是关注各地区共享储能政策要求和应用情况，将“新能源+共享储能”作为新能源项目技术经济评价的重要比选方案，提升新能源消纳率和经济性。二是统筹研究油气田周边风光发电、上中下游企业用电、油气田配电网和微电网等环节，制定适用于油气企业的多场景共享储能应用方案，编制企业标准、团体和行业标准和技术规范。三是结合自身在化工新材料领域长期积累和技术优势，重点研发符合油气行业需求的长寿命、高安全、低成本、大容量新型储能技术，夯实共享储能发展基础。四是加强与主管部门沟通，充分反映配置储能对新能源项目经济性的影响，呼吁根据新能源最低利用率新要求(部分地区从不低于95%降至90%)，放松强制配置储能比例等要求。

参考文献

[1] 郭姝君，王建明，李传栋. 海上风电配置储能关键问题分析及建议[J]. 油气与新能源，2024，36(1)：1-3.

[2] 闫东翔；陈玥. 共享储能商业模式和定价机制研究综述[J]. 电力系统自动化，2022，46(23)：178-191.

[3] 国家发改委、国家能源局、国家数据局，等. 关于印发《加快构建新型电力系统行动方案(2024-2027年)》的通知[EB/OL]. https://www.ndrc.gov.cn/xxgk/zcfb/tz/202408/t20240806_1392258.html

[4] 国家能源局西北监管局.《青海电力辅助服务市场运营规则(试行)》[EB/OL]. http://xbj.nea.gov.cn/dtyw/tzgg/202310/t20231013_147578.html

[5] 李岳峰，丁纬达，韦银涛，等. 关键因素对储能浸没式锂电池包温度特性影响的研究[J/OL]. 储能科学与技术，2024，(08). DOI:10.19799/j.cnki.2095-4239.2024.0638.

[6] 任大伟，侯金鸣，肖晋宇，等. 支撑双碳目标的新型储能发展潜力及路径研究[J]. 中国电力，2023，56(08)：17-25.

[7] 国家能源局.《加快油气勘探开发与新能源融合发展行动方案(2023-2025)》.[EB/OL]. http://zfxxgk.nea.gov.cn/2023-02/27/c_1310704758.htm.

乙烷制乙烯全流程低碳化余热综合利用

唐宏亮[1]　余金森[2]　慕　锴[2]　王宏宾[2]　庄恒亚[2]

（1. 广州优华过程技术有限公司；2. 上海优华系统集成技术股份有限公司）

摘　要　当前“双碳”背景下，炼化企业低品位余热的高效回收利用是重要的节能降碳措施。通过对某乙烷制乙烯企业主要热物料余热回收利用情况与潜在热阱分布情况进行统计分析，发现低温余热有较大的回收利用潜力。按照“高温高用、低温低用、温度对口、梯级利用”的原则，通过余热综合利用优化设计，并采用压缩式热泵技术，对乙烷制乙烯全流程低温余热进行回收与利用优化。优化后，预计节能量可达每年16146吨标煤，减少CO_2排放82951吨，节能减碳效果显著。

关键词　乙烷制乙烯；余热回收；节能降碳；热泵

为应对气候变化，我国提出“二氧化碳排放力争于2030年前达到峰值，努力争取于2060年前实现碳中和”等庄严的目标承诺，“双碳”背景下，“低碳化、高效化、智慧化”成为未来能源系统的发展趋势。炼化企业能源耗量巨大，其中较大一部分都以余热形式损失，这些余热一般为生产设备和燃烧系统转换或剩余排出的能够以热能形式回收的热量，根据温位可以分为：较高温位热源（150~200℃）、中等温位热源（80~150℃）和较低温位热源（50~80℃）。50~150℃范围内中低等温位低温余热通常因回收困难等原因难以有效利用，通过空冷或循环水冷却又造成了热能、电能和循环水的浪费，因此回收利用好这部分余热对企业节能减排和降本增效具有重大意义。

新技术的应用是中低品位余热利用研究的重要进展，目前工业化应用较为成熟的主要有热交换技术、热功转换余热发电技术和余热制冷制热技术，其中利用余热制冷制热的热泵技术在各炼化企业多有应用，低温余热回收效果显著。本文基于某乙烷制乙烯企业低温余热多处集中未充分回收的情况，以过程系统能量优化“三环节”理论为指导，按照“高温高用、低温低用、温度对口、梯级利用”的原则对热量进行匹配、优化利用；通过直接利用、间接利用和升级利用等提出具体的优化方案，以提高乙烷制乙烯全流程低温余热的回收利用率，可取得明显的节能降碳效果。

1　乙烷制乙烯加工流程简介

某乙烷制乙烯企业以某油田天然气分离项目所产乙烷为原料生产乙烯。生产流程如下：原料乙烷进装置预热后进入裂解炉发生反应生成裂解气，裂解气急冷降温后送入急冷水塔继续冷却，急冷水通过热量回收和空冷水冷降温后循环利用，出急冷水塔的裂解气进压缩机压缩，并通过碱洗和干燥工序后进入冷分离系统，经各级冷分离之后产品乙烯送入罐区。整个加工流程包括原料预热及裂解炉裂解、急冷、压缩及碱洗、冷分离和乙烯丙烯制冷等工序。工艺流程如图1所示。

2　余热统计与利用潜力分析

2.1　热源统计

乙烷制乙烯生产过程中，低温余热主要集中于急冷水、汽提塔顶气、工艺凝结水和连排放空乏汽等处（图2）。急冷系统的循环急冷水余热丰富但温位较低，回收难度较大；汽提塔顶气当前流程为先直接进急冷塔混入急冷水中，再通过急冷水回收热量或冷却，这种方式降低了汽提塔顶气热量的能级，增大了过程㶲损；工艺凝结水目前经水冷后再利用，余热未得到回收；连排乏汽温位较高但流量较小，现场直接放空未回收。以上几股热量温位均大于60℃，按照换热至60℃统计可回收余热，具体见表1。

根据余热统计情况绘制乙烷制乙烯装置余热的温焓图，见图3。

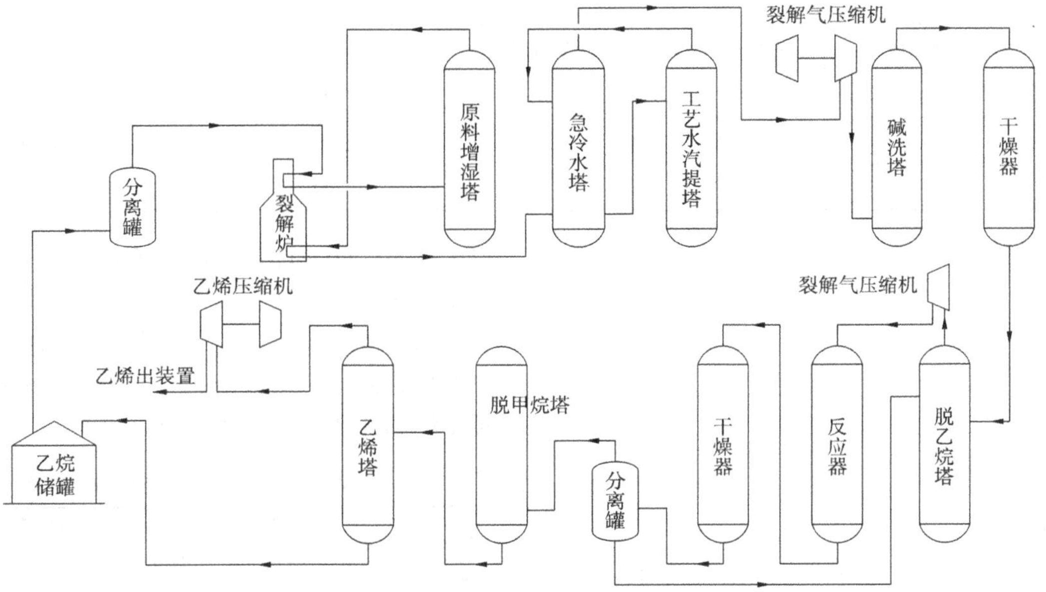

图 1　某企业乙烷制乙烯工艺流程示意图

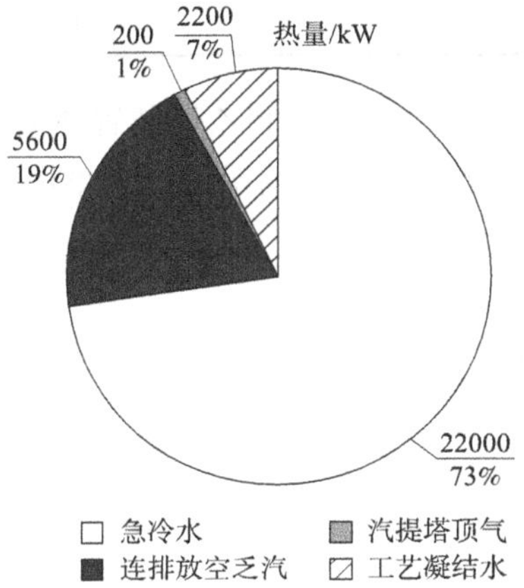

图 2　乙烷制乙烯装置余热分布图

表 1　乙烷制乙烯装置余热统计表

序号	介质名称	流量/(t/h)	冷前温度/℃	回收温度/℃	热量/kW
1	急冷水	1900	70	60	22000
2	工艺凝结水	95	80	60	2200
3	连排放空乏气	0.3	100	60	200
4	汽提塔顶气	11	110	60	5600
合计					30000

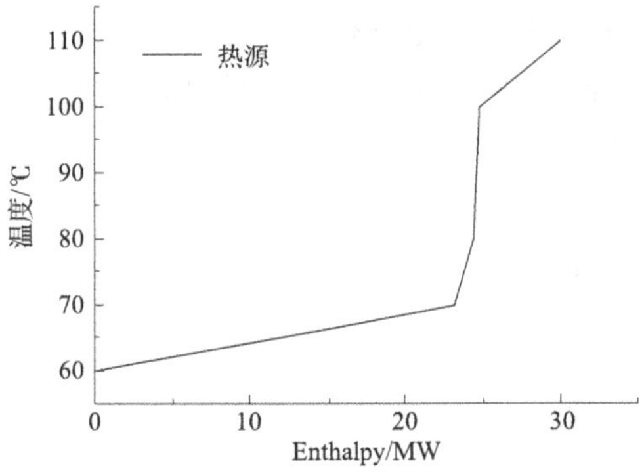

图 3　乙烷制乙烯装置余热温焓图

2.2　热阱统计

乙烯装置有多处潜在热阱，如脱乙烷塔底重沸器、乙炔反应器进料等，采用蒸汽作为加热热源，存在高质低用问题；伴热/采暖水通过蒸汽加热至 90℃，也存在高质低用问题；除盐水先通过工艺物料换热至 70℃，进除氧器后再通过蒸汽加热至 125℃进行除氧。除盐水进除氧器前温度较低，除氧蒸汽消耗量大。潜在热阱统计见表 2。

根据热阱统计情况绘制乙烯装置热阱的温焓图，见图 4。

表 2　乙烯装置潜在热阱统计表

序号	介质名称	换前温度/℃	换后温度/℃	热负荷/kW	备　注
1	裂解气	33	55	3400	目前用蒸汽加热
2	燃料气	33	60	600	目前未预热，按换热至 60℃
3	脱乙烷塔底液	64	74	5400	目前用蒸汽加热

续表

序号	介质名称	换前温度/℃	换后温度/℃	热负荷/kW	备　注
4	伴热/采暖水	85	90	17000	目前用蒸汽加热
5	除盐水	70	125	16000	除氧蒸汽加热
合计				42400	

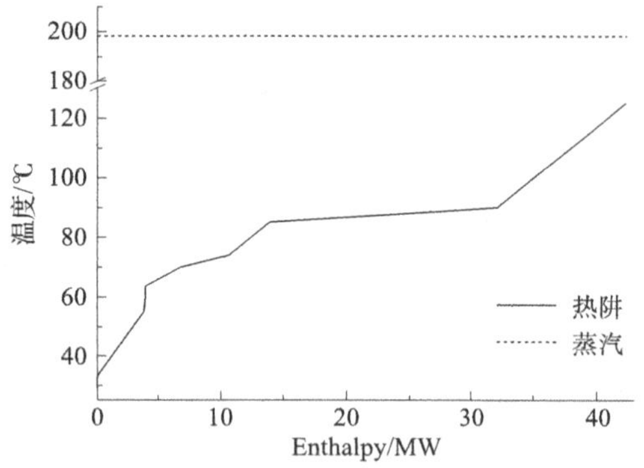

图 4　部分潜在热阱温焓图

2.3　余热利用潜力分析

根据余热及潜在热阱统计情况，绘制温焓图，见图 5。

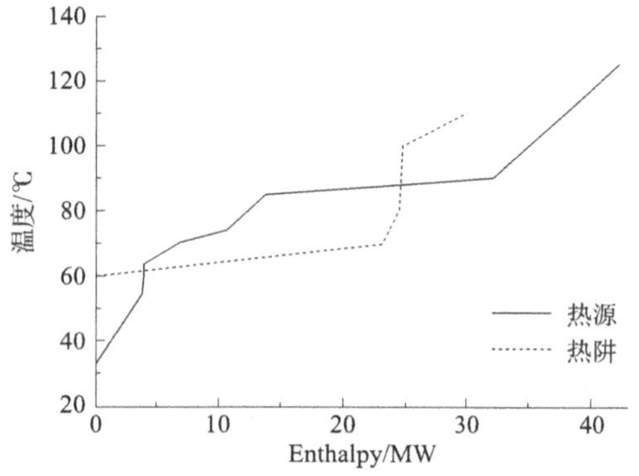

图 5　余热及部分潜在热阱温焓图

由上图可以看出，对于热源，连排放空乏汽虽然温位较高，但热量过少，回收利用的经济可行性较低。对于换热后温位在 70℃ 以下的热阱，可以利用急冷水热量和工艺凝结水热量进行直接换热或通过热水间接换热，从而提高预热温度节省加热使用的蒸汽。对于换热后温位在 70℃～90℃ 的热阱，目前仅有温位较高的汽提塔顶气可以匹配，但热阱热负荷较大，汽提塔顶气热量不足。对于换热后温位在 90℃ 以上的热阱，暂无对口的余热热源可以直接换热或通过热水间接换热，需要通过余热提质升级才能利用。

采暖系统目前供水来自伴热系统低压蒸汽加热的伴热水，温度较高，实际运行 90℃，至各用户温度偏高。正常操作时，采暖系统控制采暖温度在 50～60℃ 即可以满足采暖要求。因此，考虑将采暖水系统从伴热水系统独立出来，并将采暖水温位降低至 65℃，以便进一步通过直接换热的形式回收急冷水余热。采暖水系统独立后采暖系统和伴热系统热阱情况见表 3。

表 3　采暖系统独立后热阱统计表

序号	介质名称	换前温度/℃	换后温度/℃	热负荷/kW	备注
1	采暖水	58	65	3000	
2	伴热水	85	90	14000	
合计				17000	

采暖系统独立后绘制乙烯装置热阱温焓图见图 6，根据余热和热阱情况绘制温焓图见图 7。

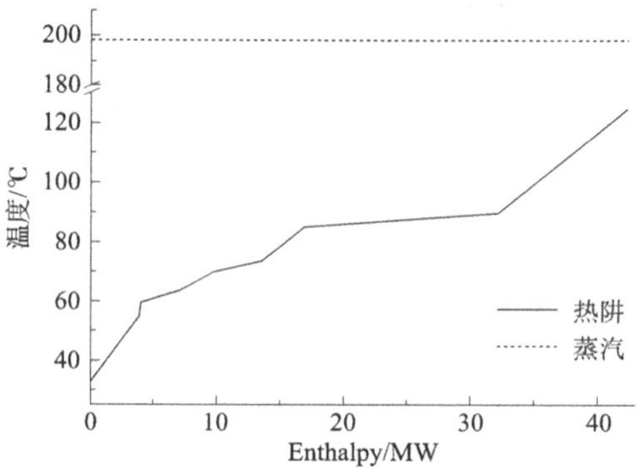

图 6　部分潜在热阱温焓图(采暖系统独立后)

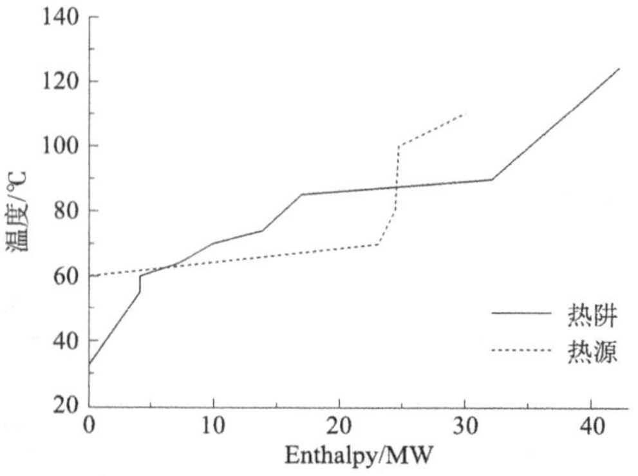

图 7　余热及部分潜在热阱温焓图(采暖系统独立后)

由以上两图可以看出，对于温位在 70℃ 的急冷水余热，与温位在 70℃ 以下的热阱直接换热或热水间接换热后，余热热量仍然较大，而对于温位在90℃的伴热水等热阱，则没有足够的温位对口的余热进行匹配。

3 热泵技术简介

热泵是以逆卡诺循环方式消耗逆循环净功回收利用低品位热能的技术。按泵驱动方式热泵可分为压缩式热泵和吸收式热泵，压缩式热泵主要通过消耗机械功或电力实现热量由低温热源向高温热源的转移；吸收式热泵主要消耗少量高温热源产生大量中温有用热能或消耗大量中温热源产生少量高温有用热能。按照供热温度进行分类，热泵可以分为低温、中温、高温和超高温热泵，其中供热温度60℃以下为低温热泵，60～100℃为中温热泵，100～160℃为高温热泵，160℃以上的为超高温热泵，目前中低温热泵技术已经非常成熟，已得到广泛的应用，高温热泵技术近年来发展迅速，在食品、医药等行业已经有所应用，但在炼化行业，尚未得到大量应用。

4 余热综合利用方案设计

4.1 余热直接利用方案设计

4.1.1 急冷水余热直接利用

通过对乙烯装置余热及潜在热阱的分析，部分热阱温位较低，且存在热负荷需求未满足和高品质热量低效使用的问题。针对这些问题，提出以下急冷水余热直接利用的方案，提高急冷水余热利用率，同时降低乙烯装置天然气和低压蒸汽用量。

（1）裂解炉燃料气预热：乙烯装置副产的甲烷氢作为裂解炉的燃料气，不足部分补充天然气，燃料气进炉前温度为33℃，温度较低，增加了裂解炉燃料气用量。在燃料气进入裂解炉之前新增一台燃料气预热器，常温燃料气经新增预热器与自空冷器前抽出的急冷水换热至60℃，提高燃料气进裂解炉温度，减少天然气作为补充燃料气用量。正常工况下，燃料气加热器可以将燃料气加热至60℃，节省约50kg/h的天然气。

（2）裂解气预热：裂解气压缩机五段出口温度为68℃，68℃的裂解气先经水冷器冷却至33℃，然后进碳二加氢脱砷保护床后，再经乙炔反应器进料加热器使用低压蒸汽加热至55℃。乙炔反应器入口设计乙炔反应器进料加热器，使用低压蒸汽作为热源，存在高质低用。为了提高乙炔反应器进料温度，降低乙炔反应器进料加热器蒸汽用量，在原乙炔反应器进料加热器之前新增一台乙炔反应器进料预热器，33℃的裂解气先经新增换热器与自空冷器前抽出的急冷水换热至55℃。正常工况下，乙炔反应器进料预热器可以将裂解气加热至所需温度，不再需要低压蒸汽对其加热，乙炔反应器进料蒸汽加热器作为备用。

（3）采暖水加热：现有采暖系统供水来自伴热系统低压蒸汽加热的伴热水，温度较高，90℃供水，70℃回水。正常操作时，采暖系统控制采暖温度在50～60℃即可以满足采暖要求。优化后，将采暖系统从伴热系统独立，降低采暖水供水温度，采暖水经采暖水泵升压后，先与急冷水经采暖水-急冷水换热器进行换热，然后再进新增蒸汽加热器，最后并入原采暖水系统。采暖系统参数优化后调整为65℃供水，58℃回水，为防止乙烯装置负荷波动影响到采暖系统，采暖系统后置蒸汽补热器。

4.1.2 汽提塔顶气余热优化利用

110℃的工艺水汽提塔顶气先经新增换热器与热媒水换热后进分液罐进行气液分离，气相并入原气相管路进急冷塔，液相经新增接力泵升压后，并入液相管线进急冷塔。新建热媒水系统，回收工艺水汽提塔顶气热量，用于脱乙烷塔底重沸器。80℃的热媒水先经热媒水泵升压后，至新增换热器与工艺水汽提塔顶气换热到90℃，换热后至脱乙烷塔底重沸器作为热源。换热后的热媒水返回热媒水泵入口，完成一次循环。新建热媒水系统的流程简图如图8所示。

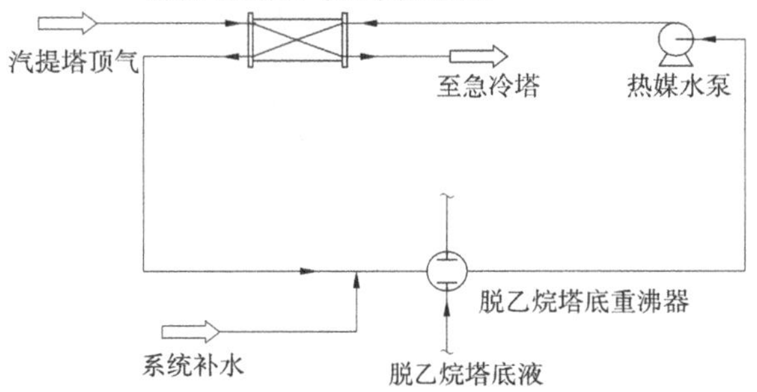

图8　新建热媒水系统流程简图

4.2 通过热泵实现余热升级利用

结合企业电气化提升要求，新增热泵机组，利用凝结水、急冷水热量作为热泵机组热源，回收凝结水和急冷水余热，用于加热伴热水、除盐水和热媒水，可减少伴热蒸汽、除氧蒸汽和脱乙烷塔再沸器蒸汽消耗。

4.2.1　新增中温热泵回收急冷水和凝结水余热，预热伴热水、除盐水和热媒水

新增电驱动中温热泵，回收凝结水和急冷水的余热，凝结水温度由80℃降至60℃，急冷水温度从70℃降低至60℃，换热后的凝结水、急冷水返回原流程。除盐水与工艺介质换热至70℃后，进入热泵机组，进一步换热至90℃后送至除氧器。约85℃的伴热水，进入热泵机组，换热至90℃后用于伴热。热媒水80℃进入热泵机组，进一步换热至90℃后送至脱乙烷塔作为热源。中温热泵流程见图9。

优化后，中温热泵热平衡数据见表4。

4.2.2　新增高温热泵回收急冷水余热，用于进一步预热除盐水

新增电驱动高温热泵，进一步回收急冷水的余热，急冷水温度从70℃降低至60℃，换热后的急冷水返回原流程。除盐水与中温热泵换热至90℃后，进入新增的高温热泵机组，换热至110℃后再送至除氧器。高温热泵流程见图10。

优化后，高温热泵热平衡数据见表5。

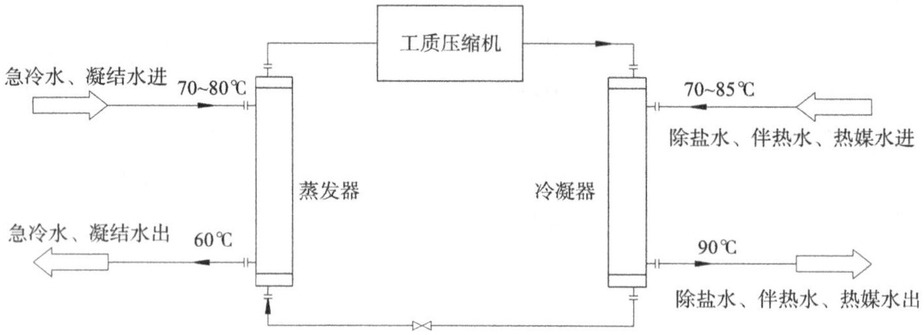

图9　中温热泵流程示意图

表4　热平衡表

序号	介质	流量/(t/h)	入口温度/℃	出口温度/℃	热负荷/kW	备注
热源						
1	急冷水	1260	70	60	14640	
2	冷凝水	95	80	60	2210	
3	电耗				6450	
合计					23300	
热阱						
1	伴热水	2400	85	90	14000	
2	除盐水	250	70	90	5810	
3	热媒水	300	80	90	3490	
合计					23300	

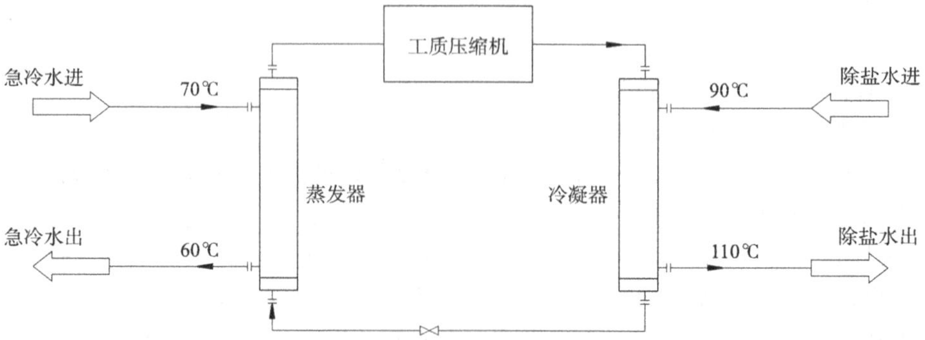

图10　高温热泵流程示意图

表5　热平衡表

序号	介质	流量/(t/h)	入口温度/℃	出口温度/℃	热负荷/kW	备注
热源						
1	急冷水	330	70	60	3835	
2	电耗				1975	
合计					5810	
热阱						
3	除盐水	250	90	110	5810	

5　节能效果及经济效益

通过对乙烷制乙烯全流程低温余热的优化利用，可以有效实现节能降碳，具体节省实物量和节能效果统计见表6。

表6　增加或减少的实物量表

实物名称	单位	节省量	降低全厂能耗/(tce/a)	降低 CO_2 排放量/(t/a)
天然气	t/h	0.05	570	1113
低压蒸汽	t/h	48	38016	122557
电	kW	-8500	-22440	-40719
合计			16146	82951

注：以年操作时间8400h计。

由上表可得，急冷水系统低温热优化利用后，可节省天然气0.05t/h、低压蒸汽48t/h，多耗电8500kW，预计降低全厂能耗16146tce/a，降低 CO_2 排放量82951t/a，节能减碳效果显著。

6　结语

(1)“双碳”背景下，炼化企业低温余热的回收利用是节能降碳的重要研究课题，根据“高温高用、低温低用、温度对口、梯级利用”的原则，对低温余热的利用进行优化设计，可以有效提高余热回收利用率。

(2)根据某企业乙烷制乙烯装置全流程低温余热利用现状及装置内潜在热源、热阱分布情况，提出针对性改造方案，并通过应用热泵技术，进一步回收利用乙烷制乙烯装置余热，减少低压蒸汽消耗。

(3)该企业乙烷制乙烯装置低温余热优化利用后，节能效果和经济效益显著，共降低全厂能耗16146tce/a，降低 CO_2 排放量82951t/a。

参考文献

[1] 杨延飞，宫超. 炼油企业低温热能特点及其回收利用[J]. 炼油技术与工程，2016，46(2)：51-56.
[2] 仵浩，刘二恒，华贲. 低温热利用的新格局和系统优化策略[J]. 计算机与应用化学，2009，26(2)：133-136.
[3] Yan Xuefeng, Li Tongchang. Low temperature waste heat utilization in refinery[J]. Pereoleum Refinery Engineering, 2008, 32(11): 55-57.
[4] 宫超. 应用低温热潜力系数快速评价炼油低温热利用潜力[J]. 炼油技术与工程，2009，39(1)：50-53.
[5] 连红奎，李艳，束光阳子，等. 我国工业余热回收利用技术综述[J]. 节能技术，2011，29(02)：123-128+133.
[6] 常小虎，陈祺锚，徐梦瑶，等. 油气田余热的低碳化综合利用[J]. 石油炼制与化工，2023，54(09)：119-124.
[7] 华贲. 工艺过程用能分析及综合[M]. 北京：中国石化出版社，1995：11.
[8] 中华人民共和国住房和城乡建设部. 工业建筑供暖通风与空气调节设计规范：GB 50019—2015[S]. 北京：中国计划出版社，2015：6-8.
[9] 王明涛，刘焕卫，张百浩. 燃气机热泵供热性能规律的理论和实验研究[J]. 化工学报，2015，66(10)：3834-3840.

绝氮燃烧与碳捕集技术在石化行业上的应用

张云峰 张香全 王月昶 吴文军

（上海源晗能源技术有限公司）

摘 要 本文介绍了一种新型碳捕集技术，该技术适用于石化行业中的催化裂化再生装置、石化脱氢反应器进料加热炉以及油田注汽锅炉等工业炉。通过烟气循环新技术，利用氧气和工业炉循环烟气中的二氧化碳配制成隔绝氮气的碳基混合气用于工业炉的燃烧。这种方法提高了二氧化碳的浓度，使二氧化碳捕集更为容易，有利于低成本碳捕集和碳利用，为石化行业节能减排、降低碳排放强度提供了新的思路和途径。

关键词 碳捕集；烟气循环；绝氮燃烧；节能减排；低成本

1 引言

随着全球气候变暖的加剧，生态安全、水资源安全和粮食安全等各个方面都受到了严峻挑战，极端气候灾害的风险日益增加，严重威胁着人类的生存环境。作为主要的温室气体之一，二氧化碳的排放是全球变暖的主要原因，其产生的温室效应占总效应的70%以上。因此，降低二氧化碳排放已成为亟待解决的关键问题，这对控制温室效应和减缓全球变暖具有至关重要的意义。

石化行业在生产过程中大量消耗化石燃料，特别是在炼油和化学品生产环节，催化裂化再生装置、石化脱氢反应器进料加热炉、油田注汽锅炉等工业炉的二氧化碳排放尤为显著。因此，减排任务十分紧迫。随着全球对温室气体的监管日益严格，以及碳定价等政策的推进，企业面临着加速减排的要求，这也增加了合规成本和经营压力。此外，清洁能源技术的迅速发展使石化行业面临着更大的竞争压力，急需进行转型和创新。尽管二氧化碳捕集和存储（CCS）技术在不断发展，但其高昂的实施成本和技术成熟度不足，使许多企业在投资新技术时持保留态度。因此，石化行业需要优化生产流程、提升能效并进行技术创新，以应对这些挑战，实现可持续发展。

2 二氧化碳捕集技术概述

目前，二氧化碳捕集技术主要分为燃烧前捕集、燃烧中捕集和燃烧后捕集三种。

燃烧前捕集：该技术通过煤气化工艺将煤转化为合成气，并从中分离出二氧化碳。该方法的优点包括烟气流量小、二氧化碳分压高，分离难度和成本低，但其运行复杂、稳定性差，对燃气轮机要求高。主要应用于煤气化联合循环发电（IGCC）和部分化工过程。

燃烧中捕集：主要包括富氧燃烧和化学燃烧技术。其中，富氧燃烧技术适用于新建燃煤电站，具有成本低、易于规模化的优势，是较易推广的CCUS技术。我国富氧燃烧装置能够实现空气/富氧兼容运行，烟气中二氧化碳体积分数可高达82.7%。但该技术投资大、能耗高。主要应用于燃煤电厂和新型发电系统。

燃烧后捕集：通常安装在现有电厂的脱硫脱硝装置之后，不影响电厂结构和能源利用。该技术工艺成熟、原理简单，但存在烟气流量大、二氧化碳分压低，捕集能耗高等缺点。主要技术包括吸收分离、吸附分离、膜分离和低温分离等，其中化学吸收技术应用最广泛。主要应用于电力、钢铁、水泥等行业的改造和新建项目。

3 绝氮燃烧与碳捕集技术

富氧燃烧技术是一种更加清洁高效的能源生产创新方法，旨在解决传统燃烧过程中存在的关键问题，如氮氧化物（NO_x）排放量高和燃料使用效率低的问题。

绝氮燃烧也是一种富氧燃烧，它是采用二氧化碳替代氮气，达到隔绝氮气，同时在氧含量≥21%的条件下进行燃烧。

绝氮燃烧技术通过二氧化碳替代氮气以及富氧氛围达到提升燃烧效率、减少排放并优化能源利用，并通过烟气循环提高二氧化碳浓度，降低二氧化碳捕集难度和成本。

3.1 基本原理

绝氮燃烧是指使用循环烟气富集成的高浓度二氧化碳替代氮气，与氧气配成羰基绝氮气体（通常氧含量≥21%），替代空气进行助燃。按气体对流与辐射特点，只有三原子和多原子气体具有辐射能力，双原子几乎无辐射能力，采用循环烟气中二氧化碳气体替代助燃空气中的氮气后，大大增强燃烧效果，提升产量、降低能耗。同时氧气浓度越高，燃烧越完全，火焰温度越高，燃烧效率也随之提高，未燃烧碳氢化合物和一氧化碳的排放量则降低。

对比常规空气助燃和羰基绝氮燃烧的燃烧机理，二者具有以下区别：

常规技术空气助燃的燃烧机理：$C_mH_n+O_2+N_2 \longrightarrow CO_2+H_2O+NO_x$

本技术碳基气体（CO_2+O_2）助燃的燃烧机理：$C_mH_n+O_2+CO_2 \longrightarrow CO_2+H_2$

3.2 基本组成

3.2.1 供氧装置

供氧装置主要提供生产需要的氧气，氧气制取的方法包含深冷法、吸附分离法和膜分离法等。几种氧气制取的方法比较见表1。

表1 氧气制取方法比较

制氧形式	深冷法	吸附分离法	膜分离法
产量/(m^3/h)	100~120000	50~6000	25~5000
纯度/%	99.6	70~93	≤40
氧气含水量	微量	较大	较大
氧气纯度及流量的稳定性	稳定	波动且随时间衰减	波动且随时间衰减
控制形式	DCS	PLC	PLC
安全性	安全	安全	安全
切换蝶阀更换	中压口径阀门，无须更换	低压口径阀门造价较高，使用2~3年后需更换	—
装置运维成本	低	较高	较高
副产品	氮气/液氮	无	无
占地面积	较大	较大	小
装置总投资	较高	略低	较低
装置单耗折合99.6%氧气	较低	较高	高

在低成本工业氧气生产中，选择深度冷却还是PSA取决于运营规模、纯度要求和预算限制。深度冷却更适合高产量和高纯度的需求，而PSA更适合规模较小、纯度要求适中的操作。

3.2.2 燃烧装置

燃烧装置包含燃烧室和燃烧器。绝氮燃烧与空气燃烧相比，因为二氧化碳替代氮气，二氧化碳比热容比氮气更大，燃烧室温度不会比空气助燃高；但燃烧器因为助燃介质改变，需要做适配性调整或改造。

3.2.3 碳捕集装置

碳捕集装置包含烟气循环、增压设施、二氧化碳精制与分离等。根据不同的应用场景，可生产不同浓度和要求的二氧化碳产品。

3.3 优势和要求

3.3.1 绝氮燃烧的优势

（1）热效率：绝氮燃烧几乎是完全燃烧，显著提高热效率，减少燃料消耗；

（2）减少排放：通过二氧化碳替代氮气，氮氧化物大幅降低，满足严格的环保要求；

（3）灵活性：优化了燃烧条件，可以使用各种原料，包括低质燃料；

（4）能量回收：更高的燃烧效率通常能更好地回收热量，提高整体效益。

3.3.2 绝氮燃烧的要求

（1）投资要求：氧气生产可能需要较大的投资，但从长期来看，投资往往是合理的；

（2）操作要求：增加制氧和碳捕集装置，需要进行员工培训，以适应更高的操作要求；

（3）安全要求：处理纯氧或高浓度氧气，需要更高的安全防范措施。

4　源晗绝氮燃烧与碳捕集技术开发情况

上海源晗能源技术有限公司专注于工业节能改造和碳减排技术的开发与应用。目前，公司已经成功研发出一系列新型碳基绝氮燃烧与碳捕集技术，并获得相关发明专利授权。该技术可广泛应用于石化行业的催化裂化再生装置、石化脱氢反应器进料加热炉、油田注汽锅炉等工业炉上。通过烟气循环技术，该方法使用氧气和工业炉循环烟气中的二氧化碳制成碳基混合气，用于工业炉燃烧。由于二氧化碳浓度提高，使得碳捕集更加高效，从而实现低成本的碳捕集和利用，为石化行业的节能和减排提供了新的解决方案。

捕集的二氧化碳经过精制，用于油田开采、钢渣矿化利用、混凝土矿化利用、赤泥固化利用、化工应用、食品二氧化碳及储存保鲜等领域的生产和利用。

4.1　催化裂化再生装置排放二氧化碳全回收技术

4.1.1　基本原理

采用催化裂化再生装置烟气循环富集成浓度较高的二氧化碳，同时氧气和催化裂化循环烟气/尾气中的二氧化碳配成碳基气体用于催化裂化再生装置中催化剂积炭的燃烧。该工艺与技术包括：空分装置或绿电水电解制氢副产的绿氧、高温烟气引风机、烟气净化处理单元、碳基气体混合器、智能控制系统、二氧化碳产品压缩、氮气产品压缩等。流程简图如图1所示。

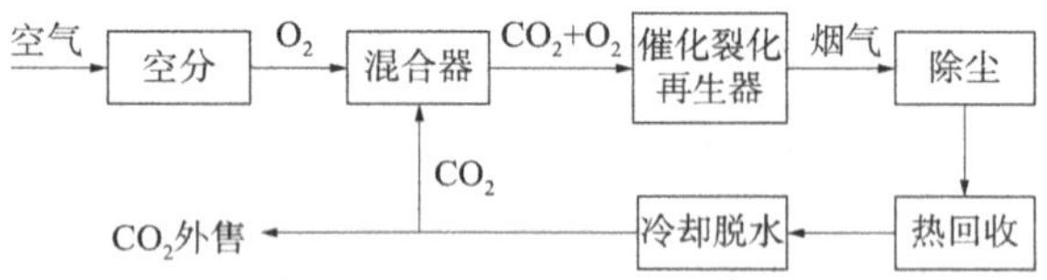

图1

4.1.2　技术创新点

（1）充分利用催化裂化再生装置烟气中的二氧化碳，因为提高了二氧化碳的浓度，使二氧化碳捕集更加容易；

（2）利用可再生能源生产的绿电，采用水电解工艺制取氢气和氧气、采用深冷法制取氧气，进一步降低了碳排放，达到近零碳排放的效果；

（3）催化裂化再生装置高温燃烧区域由二氧化碳替代了氮气，规避了氮氧化物的生成；

（4）碳基气体替代空气助燃，大大增强燃烧效果，反应更加完全，提升产量，降低能耗；

（5）燃烧状况的改善可以使催化剂再生更彻底，延长催化剂使用寿命，降低催化剂消耗，提高产品产量；

（6）碳基气体燃烧技术在增产、节能和减排方面具有优良性能，可以降低热耗单耗及综合能耗约10%、提高产量约10%；

（7）采用智能控制系统，实现催化裂化再生装置智能调节、动态匹配、分级给氧燃烧，使燃烧系统保持最佳运行状态，实现高效稳定燃烧、节约燃料用量，同时解决尾燃问题，保证了设备的安全，大大降低安全风险。

4.1.3　应用方向

该技术可应用于催化裂化再生装置中催化剂积炭燃烧，也可用于其他具有烧炭类型再生系统装置的二氧化碳全回收，例如多产烯烃和芳烃的催化裂解装置、流化床甲醇制烯烃装置、连续重整装置等。

4.1.4　应用效果

（1）节能效果：降低热耗单耗及综合能耗约10%；

（2）碳排放：可实现烟气中二氧化碳全回收，捕集的二氧化碳浓度大于95%（干基）；

（3）产量：提高产量约10%；

（4）环保效果：烟气量和氮氧化物大幅降低，实现超低排放，大大减少热污染。

4.1.5　案例实施

以在役的100万吨/年催化裂化装置进行二氧化碳全回收工艺改造为例，进行工程可行性和工程经济效益的探索研究。

（1）新增装置：投资约1.6~2.2亿元，包含空分装置、烟气循环装置、羰基气体混合器、高温烟气引风机、烟气净化处理单元、二氧化碳压缩及精制处理等装置；

（2）效果及节能指标：产量提高约10%，烟气及氮氧化物大幅降低，年捕集二氧化碳20~30万吨，液收提高0.5%~1.0%，烧焦量提高8%~12%。不同的催化裂化规模及工艺，上述指标会有一些区别；

（3）经济效益：年增加效益4000~5000万（含产量提高、碳交易税、液收提高、脱销费用降低、二氧化碳产品销售等，并扣除新增装置增加的成本）；

（4）附加效益：捕集的低成本二氧化碳可就近用于油田驱油，空分装置联产的氮气进行辅助驱油，通过降低原料成本、减小运输半径、减少运输环节，大大降低驱油成本。

4.2 燃气锅炉绝氮燃烧及二氧化碳捕集与利用技术

4.2.1 基本原理

采用氧气和燃气锅炉循环烟气中的二氧化碳配成隔绝氮气的碳基混合气，用于燃气锅炉燃烧的技术；同时涉及燃气锅炉排放的二氧化碳全回收技术，采用燃气锅炉烟气循环富集成浓度较高的二氧化碳；该工艺与技术包括空分装置或绿电水电解制氢副产绿氧、二氧化碳回收及利用、碳基绝氮气体混合器、气体换热器、智能控制系统、二氧化碳产品压缩、氮气产品压缩等。流程简图如图2所示。

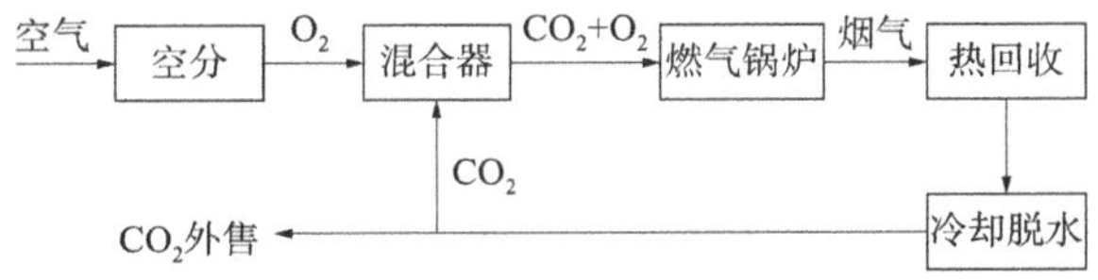

图2

4.2.2 技术创新点

（1）充分利用燃气锅炉烟气中的二氧化碳，因为提高了二氧化碳的浓度，使二氧化碳捕集更加容易；

（2）利用可再生能源生产的绿电，采用水电解工艺制取氢气和氧气、采用深冷法制取氧气，进一步降低了碳排放，达到近零碳排放的效果；

（3）燃烧的高温区域由二氧化碳替代了氮气，大大减少了热力型氮氧化物的生成；

（4）碳基气体替代空气助燃，大大增强燃烧效果，反应更加完全，提升产量，降低能耗；

（5）碳基气体燃烧技术在增产、节能和减排方面具有优良性能，可以降低热耗单耗及综合能耗2%~5%、提高产量2%~5%、二氧化碳近零排放；

（6）采用智能控制系统，实现燃气锅炉智能调节、动态匹配燃烧，使燃烧系统保持最佳运行状态，实现高效稳定燃烧、节约燃料用量。

4.2.3 应用方向

该技术可应用于天然气加热炉或天然气锅炉，如石化脱氢反应器进料加热炉、油田的注汽锅炉等。

4.2.4 应用效果

（1）节能效果：降低热耗单耗及综合能耗2%~5%；

（2）碳排放：二氧化碳近零排放，捕集的二氧化碳浓度大于95%（干基）；

（3）产量：提高产量2%~5%；

（4）环保效果：助燃气中不含氮气，大大减少了热力型氮氧化物的生成。

5 首台套装置应用情况原料

燃气锅炉绝氮燃烧及二氧化碳捕集与利用技术已在新疆克拉玛依建设试验示范装置，同时该项目获得厅厅联动、厅地联动项目“面向低效油田绿色开发的原位碳捕获、利用与封存关键技术研发及应用”的重点研发任务专项。

6 总结

绝氮燃烧及碳捕集技术是一种创新方法，旨在提高燃烧效率，同时减少温室气体排放，尤其是二氧化碳（CO_2）。在石油化工领域，这些技术可以提供多种优势，并具有广阔的应用前景。

6.1 技术优势

（1）提高燃烧效率：采用二氧化碳替代氮气，同时助燃气中富含氧气，可提高燃烧效率，使燃烧更完全，可减少未燃烧碳氢化合物和其他污染物的数量；

（2）氮氧化物（NO_x）超低排放：绝氮燃烧杜绝了热力型氮氧化物的生成，使氮氧化物大幅降低，尾气达到超低排放；

（3）紧凑型燃烧设备：更高效的燃烧可以使燃烧室更小，从而使设备更紧凑，潜在成本更低；

（4）工艺设计的灵活性：绝氮燃烧可提供更灵活的工艺设计，允许与碳捕集技术相结合，以最大限度地减少与二氧化碳捕集相关的能源消耗，使该工艺更具经济可行性；

（5）可捕集高浓度二氧化碳，为低成本CCUS碳捕集封存利用创造条件。

6.2 应用前景

（1）炼油厂和化工厂：该技术可以集成到现有的炼油厂和化工厂中，以提高效率和减少排放。例如，它们可应用于供热和发电的燃烧过程；

（2）新建设施：在设计新的石化设施时，采用绝氮燃烧和碳捕集技术，实现可持续和更加环保的运营；

（3）结合可再生能源：捕获的二氧化碳与可再生能源相结合，生产合成燃料或化学品，促进循环碳经济。

总之，石化行业的绝氮燃烧技术兼顾了能源效率和环境责任，在减少排放和提高运营效率方面的潜力将使其成为现代石化行业发展的重要方向。上海源晗通过持续的技术创新和优化，将使该技术在实现全球碳减排目标中发挥关键作用。

参考文献

[1] 贾凌寒. 浅谈二氧化碳捕集和封存工艺研究现状[J]. 皮革制作与环保科技，2023-4-18.

[2] 甘志霞，刘学之，尚玥佟. 我国发展二氧化碳捕集与封存技术的挑战及对策建议[J]. 中国科技论坛，2012. DOI:CNKI:SUN:ZGKT.0.2012-04-28.

[3] 刘宇，曹江，朱声宝. 挑战全球气候变化——二氧化碳捕集与封存[J]. 前沿科学，2010(1)：12. DOI:10.3969/j.issn.1673-8128.2010.01.005.

[4] 张云峰，阎立军，李昕，等. 催化裂化再生装置排放二氧化碳全回收工艺：202110884249.3[P]. 2022-03-04.

[5] 张香全，吴文军，张云峰，等. 燃气锅炉绝氮燃烧及 CO_2 捕集与利用的工艺：202111466784.3[P]. 2024-04-05.

[6] 王发洲，姜宏，袁坚，等. 无氮燃气玻璃窑炉氧气+ CO_2 循环燃烧系统与装置：2020113394331[P]. 2023-12-19.

欧美国家油气储运甲烷排放管控分析与启示

田　望[1]　李晓枫[1]　任　磊[2]　王梓琪[3]　杨传明[4]

[1. 国家石油天然气管网集团有限公司科学技术研究总院分公司；2. 国家石油天然气管网集团有限公司；3. 力鸿低碳环保科技(北京)有限公司；4. 国家石油天然气管网集团有限公司西南管道有限责任公司]

摘　要　甲烷作为仅次于二氧化碳的温室气体，具有寿命短、短期增温趋势显著等特点。在日益严格的低碳环保政策约束下，油气储运行业亟需加速能源绿色低碳转型进程。本文阐述了我国油气储运行业甲烷减排挑战，深入调研了欧美国家油气行业甲烷减排目标、政策法规与减排措施的发展现状，在此基础上，比较了美国、欧盟和加拿大在甲烷减排措施方面的共同点与差异，以期为我国油气储运行业甲烷减排发展提供可借鉴的经验和思考。

关键词　温室效应；甲烷减排；欧美国家；油气储运；减排路径

温室效应引起的全球气候变化是当前人类共同面临的巨大挑战，甲烷等非二氧化碳温室气体排放的控制已经提升到应对气候变化层面。目前，欧美国家纷纷提出了甲烷排放管控目标，且承诺的减排力度不断加强。我国政府也已出台多项政策和规划强调控制甲烷排放的重要性，以促进能源行业甲烷的管控工作。其中，降低油气储运环节甲烷排放，将对我国油气行业发展绿色低碳转型战略发挥至关重要的作用。然而，因受到减排成本、技术能力和甲烷排放基础数据不完善等问题的限制，严重阻碍了油气储运行业绿色低碳能源转型的发展进程。

本文阐述了油气储运行业甲烷减排面临的挑战，梳理了欧美主要国家油气甲烷减排的总体目标和政策法规，对比分析了欧美国家油气储运行业甲烷管控措施方面的共同点与差异。在此基础上，提出了对我国油气储运行业甲烷减排发展的启示，为促进我国油气储运行业绿色低碳转型提供了借鉴思路。

1　油气储运行业甲烷减排面临的挑战

油气系统中的生产环节以及天然气系统的储存和运输环节是甲烷的关键排放源，其甲烷排放途径主要包括管道输送、加工存储、储气库和LNG运输储运等泄漏和逸散排放。据国际能源机构(IEA)数据显示，2022年我国油气行业甲烷排放量为335.86吨，其中，天然气管道和LNG设施占比为25%(图1)。如若不采取措施管控油气储运环节的甲烷逸散排放，将可能成为制约油气管输行业绿色低碳发展转型的关键问题之一。此外，油气行业的甲烷排放可能是连续的、间歇性的或者短暂的，这种可变性给减少甲烷排放带来了一定的挑战。对于上游油气开采环节而言，在甲烷持续和大量排放的情况下，通常捕获甲烷的措施是较为容易实施的，而且成本相对较低。而对于中游油气储运环节来说，管输天然气过程中，甲烷排放源属于线式排放特征，呈现排量小、分散性强等特点，减少该环节的甲烷排放更加具有挑战性。

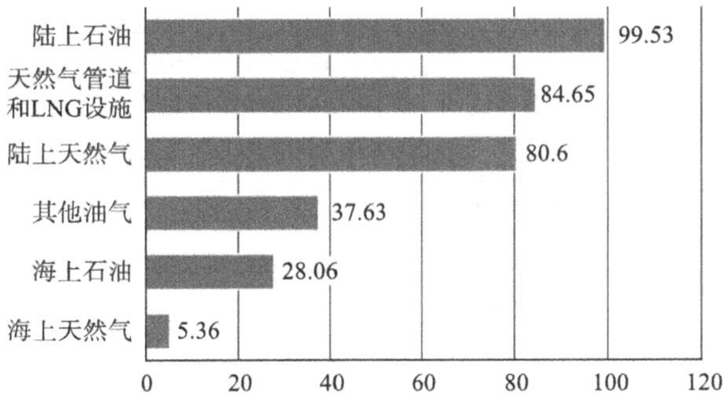

图1　我国油气细分领域的甲烷排放量

2　欧美主要国家油气行业甲烷减排目标和政策法规

近年来，国际社会对全球油气行业甲烷减排工作的关注程度正在逐步提升。欧美主要国家已经出台多项专门针对油气行业甲烷减排的行动战略与计划，对甲烷排放的管控出台或修订了相关的政策与法规，形成了一体化的油气产业链甲烷管控体系。

2.1　甲烷管控总体目标与能源领域目标制定

在甲烷管控总体目标方面。美国、欧盟和加拿大均制定甲烷总体减排目标和针对能源领域的甲烷管控目标(表1)。1993年美国发布的《美国气候变化行动计划》，该法案首次将甲烷减排作为美国气候变化战略的一部分，被纳入《清洁空气法》，为后续建立明确的甲烷减排目标和行动计划奠定了基础。在能源领域甲烷管控目标方面，2021年，美国发布了《美国甲烷减排行动计划》。按照初步设定的目标，美国计划油气行业甲烷排放总量2025年比2012年降低50%，2030年相比2012降低70%左右。欧盟在2020年发布了甲烷管控战略，涉及整个欧洲区域及其欧洲进口能源公司的甲烷减排。2021年《欧洲气候法》提高了欧盟到2030年的总体气候目标，与1990年相比，温室气体净排放量至少减少55%，并将在2020年至2030年期间减少估计约23%的甲烷总排放量。2021年欧盟发布了《欧洲议会和理事会制定关于能源部门甲烷减排的条例和修订(欧盟)2019/942号条例的提案》，明确到2030年，能源部门的甲烷排放比2020年减少约58%。2023年9月，加拿大环境与气候变化部发布了石油和天然气行业甲烷减排的最新进展，强调加拿大政府将采取关键行动，以尽可能将更多的甲烷排放源降至接近于零，确保到2030年将石油和天然气甲烷排放量减少至少75%。

表1　欧美主要国家关于甲烷减排的总体目标和油气领域目标

国家	领域	政策文件	目标
美国	总体目标	《美国甲烷减排行动计划》	到2030年甲烷排放总量比2020年至少降低30%
	油气领域	《甲烷减排气候行动战略》	评估了石油和天然气行业中甲烷和其他排放物的来源，致力于实现2020年美国温室气体排放量比2005年降低17%的目标
		《北美气候、清洁能源和环境伙伴行动计划》	制定了美国第一个石油和天然气行业的甲烷减排目标，明确了2025年温室气体减排的总体目标
		《美国甲烷减排行动计划》	牵头发起了“全球甲烷承诺”，形成了“温室气体-GMP-能源领域”多层次减排的量化目标政策框架，成为150个国家甲烷减排的目标纲领
欧盟	总体目标	《欧洲气候法》	到2030年的总体气候目标，与1990年相比，温室气体净排放量至少减少55%，并将在2020年至2030年期间减少估计约23%的甲烷总排放量
	能源领域	《欧洲议会和理事会制定关于能源部门甲烷减排的条例和修订(欧盟)2019/942号条例的提案》	到2030年，能源部门的甲烷排放比2020年减少约58%
加拿大	总体目标	《泛加拿大清洁增长与气候变化框架》	到2030年甲烷排放总量比2020年减少35%以上
	油气领域		提出“到2025年石油和天然气行业的甲烷排放量减少40%～45%”的目标
			油气领域甲烷排放总量2030年比2020年减少75%

2.2　甲烷减排的政策与法规进展与分析

石油和天然气行业是美国最大的工业甲烷排放源，约占甲烷总排放量的30%。自20世纪中期以来，美国已经开始制定甲烷及其他空气污染物的监管规定。1970年颁布的《清洁空气法》(CAA)是美国的一项综合性联邦法律。该法案经过修订后，为监管包括甲烷在内的空气污染物提供了强有力的先例，并为未来的监管提供了框架。基于此法案，美国环境保护署(EPA)针对石油和天然气行业制定了更具体的法规和标准。2009年，美国正式出台了第一部温室气体减排法案——《美国清洁能源安全法案》，建立了联邦温室气体统计系统，规定企业按季度向EPA提交包括甲烷在内的温室气体排放数据。例如，政府要求各企业向主管机关提交天然气燃烧导致的温室气体排放量，管理人员审核后需尽快把数据传输给各州环境保护部门。自此，甲烷被明确纳入温室气体统计系统。2016年美国将没有监管到的排放源(例如气动泵等机械设备)制定了甲烷、VOC和SO_2的排放标准。2021年11月，美国白宫公布了美国首个全面涵盖油气行业现有基础设施甲烷排放源的规则——《美国甲烷减排行动计划》，拟强化对新建(包括重建、改建)排放源的监管，并首次将现有源纳入甲烷管控。2022年7月，美国通过的《通胀消减法案》包含了对石油和天然气生产商甲烷排放征收税费的规定。同年11月，美国更新了《甲烷减排行动方案》，将新投入200亿美元用于甲烷减排，用于支持石油和天然气作业中的甲烷监测和减排，探索开展对超排放的甲烷征收污染排放费。2021年，美国管道和危险物品安全管理局(PHMSA)发布了《联邦管道安全条例》。该法案适用于大多数陆上天然气输送、A型天然气集输和直径大于或等于6英寸的危险液体管道。在州政府层面，美国主要油气生产州相继出台了油气行业甲烷减排相关的法律法规，对泄漏检测、气动装置、贮存箱等事项进行了相应规范。

欧盟方面，自2016年起，欧盟制定了《2030年气候与能源框架》，计划将温室气体排放量相比于1990年的水平减少40%。2020年启动的《欧盟甲烷减排战略》，旨在减少欧洲和国际上的甲烷排放。该战略侧重于欧盟内部的跨部门行动，涵盖能源、农业、废物和废水部门，约占全球人类活动相关甲烷排放量的95%。针对能源领域，欧盟计划加强天然气基础设施的泄漏检测和修复(LDAR)，并考虑立法禁止常规燃烧和排气。欧盟委员会意识到油气行业中游企业在运输、储存和分配石油和天然气时会造成甲烷逸散排放，计划未来与监管部门一同将LDAR和甲烷减排投资纳入被监管中游企业的成本中。2021年12月发布的《欧盟甲烷减排提案》明确了欧盟的甲烷减排目标，该提案适用于石油和天然气行业中游企业，其中包括将LDAR调查纳入该提案的决定。2024年5月，欧盟通过了有史以来第一项专门针对能源部门甲烷排放的法规《欧盟甲烷法规(EU Methane regulation)》。该法规要求天然气、石油和煤炭行业的运营商使用最高标准测量、监测、报告和核实其甲烷排放量。除此之外，欧盟甲烷法规还根据设施类型以及管道材质类型设置了不同的LDAR调查检测频率，同时也规定了油气管道行业的甲烷逸散排放的检测方法和泄漏阈值。

2018年，加拿大发布了《关于减少甲烷和某些挥发性有机化合物排放的法规(上游石油和天然气行业)》。该法规涵盖上游石油和天然气行业的主要易散排放源和排放源，包括泄漏、一般设施生产排放、气动装置排放、压缩机排放以及涉及水力压裂的完井排放。2020年，加拿大政府与不列颠哥伦比亚省、阿尔伯塔和萨斯喀彻温省政府签订了《等效协议》，每个省都有省级甲烷法规，这些协定使各区域能够在各自的石油和天然气部门采取量身定制的甲烷减排创新措施。2022年11月，加拿大环境与气候变化部发布了一份拟议的甲烷法规框架，概述了减少石油和天然气甲烷排放所考虑的主要因素。2023年12月，加拿大环境和气候变化部发布了一项为期60天的咨询期的强化石油和天然气甲烷法规草案，以加强石油和天然气甲烷等温室气体排放法规。在监管要求方面。为实现加拿大2030年的目标，加拿大实现至少75%的甲烷减排目标，需要采取超越低成本机会的行动，开发了新的和改进的技术，包括通过电气化、燃料转换、提高效率和减少散逸性排放来减少甲烷排放。增加天然气收集和加工基础设施将适应天然气保护措施。

2.3 对比与分析

美国早在20世纪70年代出于控制油气生产及天然气储运中有毒大气污染物排放的考虑发布法案，无形中对甲烷排放形成一定限制，直至2004年法案进行更新修订，正式明确针对天然气开采过程中甲烷排放实施量化统计和减排要求。因此，美国甲烷管控的政策发展历史悠久，技术手段和管理理念较为成熟。而且美国一方面发布《通胀削减法案》，明确了甲烷排放税征收范围、征收时间及征收标准等规定，对甲烷排放提出硬性要求；另一方面更新了《甲烷减排行动方案》，提出了新的甲烷减排目标并将新投入200亿美元用于甲烷减排，美国能源部也设立了专门“补救”项目支持研究机构开展技术研发，对甲烷排放管控给予一定经济扶持，双管齐下充分运用激励机制实施甲烷控排。欧盟甲烷减排法规同时面向境内和国际，推动全球甲烷排放控制。该法规旨在对石油、天然气等行业提出更严格的管控要求，推动国际甲烷测量和报告方法的进一步应用。法规中的甲烷测量和减排技术要求，全球层面检测和响应机制等，将有助于激励控排技术的发展与创新，促进技术在全球范围内的引进与应用。欧盟甲烷减排法规主要影响化石能源出口国，因为合规需要采取措施减少油气系统的火炬燃烧和放空，实施减排技术需要额外的资金投入，单位减排成本在-40~800美金/吨甲烷。此外，欧盟甲烷减排法规呈现出MRV与排放控制并重、管控力度逐步提升的特点。例如，目前一些能源公司正在积极开展甲烷控排实践，部分公司也已经着手开展第三方认证，如埃克森美孚、BP、雷普索尔公司等正通过非营利平台认证甲烷排放强度并获得证书。随着甲烷排放认证市场的进一步发展，低甲烷排放原油、天然气和煤炭产品的交易将得到进一步促进。加拿大是世界上最早在国家层面管制石油和天然气部门排放甲烷的主要国家之一，也是第一个承诺到2030年将其石油和天然气行业的甲烷排放量从2012年的水平减少75%的国家。此外，加拿大在监管要求、甲烷监测与量化核查、支持甲烷减排技术等方面进行了完善与部署。

油气甲烷减排需要系统的减排战略，以建立综合、系统的减排管理体系。美国、欧盟、加拿大出台的甲烷行动方案均强调分部门行动和对策措施的重要性(表2)。针对甲烷的准确和科学监测、报告与核查制度建设方面，欧盟计划推动企业使用更加准确的核算方法，在能源部门强制要求MRV制度，推动应用石油和天然气甲烷伙伴关系(OGMP)方法，促进能源企业广泛采用IPCC三级核算方法。欧盟、美国、加拿大提出加强“自上而下”的地面、空中和卫星监测能力，补充校准核算方法。此外，欧盟还计划与国际机构合作建立独立的国际甲烷排放观测站，在全球范围内收集、协调、核查和报告人为甲烷排放数据。针对能源结构中占比较高的油气行业，欧美国家均指出泄漏检测与修复(LDAR)的重要性，以减少油气生产、运输、分配管道和储存设施的泄漏，并提出卫星监测在超级排放源排查中的创新应用。例如：加拿大提出了一些列成本可控且有效的减排措施，如安装油气回收系统和柱塞泵进行甲烷捕集、利用电动机或压缩空气驱动设备替换气动设备与燃油发动机、以及替换高压气泵、控制器、压缩机密封件或活塞杆等。在市场机制建设方面，美国《基础设施投资和就业法案》提供47亿美元的油井封堵计划，以降低能源领域的甲烷泄漏。此外，欧盟与美国都强调加拿大详细明确了各领域甲烷减排的投资去向与融资来源，如利用减排基金促进油气公司绿色技术投资等。

表2　欧美主要国家油气行业甲烷减排的政策与法规

国家	年份	政策	总体目标
美国	2009	《美国清洁能源安全法案》	启动油气行业甲烷大型排放源(年二氧化碳排放当量超过2.5万吨)温室气体排放年度报送制度(GHGRP)
	2012	《新的资源性能源标准》	制定了石油天然气生产、传输和分配标准，后来又覆盖完井、气阀泄漏及逃逸泄漏等环节排放监测的期限和意外停机期间的监测要求
	2020	《保护管道基础设施与加强安全法案》	更新泄漏检测与修复(LDAR)监管要求，建立自愿信息共享系统、开展管道安全试点并对国家管道安全计划拨款
		《两党基础设施建设法案》	天然气输配基础设施安全和现代化赠款计划，将提供10亿美元提升城市和农村地区高风险、易泄露天然气输配设施的安全性
	2021	《通胀消减法案》	首次提出对油气生产产生的甲烷排放征收费用，并将对尤其上游作业产生甲烷收取的特许权使用费费率从12.5%提高到16.67%，最高可达18.75%，还要求对联邦土地上尤其生产产生的甲烷征收专利费
	2024	美国IRA-WEC法案	美国环保局(EPA)和能源局(DOE)宣布8.5亿美元资金将用于支持《通胀消减法案》下的石油和天然气行业的甲烷减排项目。支持方向是提升油气设施排放报告的准确性，以确保排放数据的透明度和问责性
欧盟	2024	甲烷减排立法	提升能源领域甲烷排放的测量、报告与核证；开展强制性的甲烷泄漏检测与修复，并禁止排空和燃烧；对进口天然气的甲烷排放提出透明度要求，收集出口国或公司是否以及如何测量、报告和减少甲烷的排放信息
加拿大	2017	《短期气候污染物战略》	通过加大国内减排力度、参与国际论坛、改善环境和气候变化及整个政府活动的协调、与各省及地区政府和其他可能得伙伴合作等方式，从所有包括甲烷在内的关键短期气候污染物排放源中实现减排

3 对我国油气储运行业甲烷控排的启示

综上所述，目前欧美等国针对油气生产及储运过程中的甲烷排放，已普遍制定了严格的甲烷管控目标，建立起了有效的一体化甲烷管控体系，促使油气储运行业甲烷排放得以有效控制。在减排措施方面，欧美国家均提出了针对油气行业的甲烷监测、报告和核查框架内容，以提高数据的透明度与精确性。此外，通过市场化机制、科学技术创新等方式对油气各环节产生的甲烷进行严格的监管与跟踪评价。

结合欧美主要国家甲烷减排进展和我国甲烷减排现状，建议我国政府可参考欧美国家油气甲烷管控的目标及政策法规，完善甲烷控排系统性顶层设计工作。我国油气储运行业甲烷减排行动需明确三个方面的重点任务：一是强化甲烷监测、报告与核查体系，加强天空地一体化的甲烷监测体系，建立甲烷排放年度报告制度，加快推进油气行业 MRV 建设，并提升甲烷排放数据信息化的管理水平。二是推进各领域技术措施的创新应用，在能源领域加强油气企业的甲烷综合利用，推广应用 LDAR 技术并减少常规火炬排放。三是加强政策管理体系机制建设，强化并落实油气各环节甲烷排放标准和技术标准体系，完善法律法规并创新经济激励政策，同时积极参与到全球甲烷治理和交流合作中。

参 考 文 献

[1] Ipcc. Climate Change 2023：Synthesis Report[Z]. Geneva，Switzerland：IPCC，202335-115.
[2] 生态环境部. 甲烷排放控制行动方案[Z]. 2023.
[3] 胡敏，梁红，陈美安. 甲烷减排：碳中和新焦点[Z]. 北京：北京绿色金融与可持续发展研究院，2022.
[4] 张博，李蕙竹，仲冰，等. 中国甲烷控排面临的形势、问题与对策[J]. 中国矿业. 2022，31(02)：1-10.
[5] 杨霖，杨儒浦，刘金淼，等. 甲烷控排的国际进展与经验借鉴[J]. 环境经济. 2023(24)：38-45.
[6] Iea. Global Methane Tracker 2024[Z]. Paris：IEA，2024.
[7] 宋磊，翁艺斌. 中国油气行业甲烷排放管控政策研究[J]. 世界石油工业. 2021，28(02)：25-30.
[8] 艾力群，江玉友，门立国，等. 管输行业甲烷排放现状与管控对策[J]. 油气田环境保护. 2022，32(4)：14-19.
[9] Iea. Methane Tracker 2020[Z]. Paris：IEA，2020.
[10] Congress U S. * Clean Air Act * [Z]. 1970.
[11] Agency U S E P. * Standards of Performance for Crude Oil and Natural Gas Production，Transmission，and Distribution：Subpart OOOO * . Code of Federal Regulations，Title 40，Part 60. [Z]. 2012.
[12] Agency U S E P. * Standards of Performance for Crude Oil and Natural Gas Production，Transmission，and Distribution：Subpart OOOOa * . Code of Federal Regulations，Title 40，Part 60. [Z]. 2016.
[13] Us. Pipeline and Hazardous Materials Safety Administration- * Federal pipeline safety regulations * . Code of Federal Regulations，Title 49，Part 192[Z]. 2021.
[14] European Commission. * 2030 climate and energy framework * [Z]. 2014.
[15] European Parliament & Council of the European Union * Regulation(EU)2024/1787 of the European Parliament and of the Council of 13 June 2024 on the reduction of methane emissions in the energy sector and amending Regulation(EU)2019/942 * . [Z]. 2024.
[16] Commission. E. * EU methane action plan * . [Z]. 2020.
[17] Commission E. Proposal for a regulation of the European Parliament and of the Council on methane emissions reduction in the energy sector and amending Regulation (EU)2019/942 * [Z]. 2021.
[18] Union E P C O. * Regulation(EU)2024/1787 of the European Parliament and of the Council of 13 June 2024 on the reduction of methane emissions in the energy sector and amending Regulation(EU)2019/942 * [Z]. 2024.
[19] Iea. Global Methane Tracker 2023[Z]. Paris：IEA，2023.
[20] Commission. E. Regulation on methane emissions reduction in the energy sector[Z]. 2024.

氢气管网在线监测优化技术的应用前景

马晓明　赵艳微　闫庆贺　龚　燕　鲁浩然

（昆仑数智科技有限责任公司）

摘　要　针对当前炼化企业氢气管网监管现状，介绍了氢气管网在线监测优化技术在炼化企业的应用前景。通过氢气管网在线模拟技术，可输出管网内部任意点位的关键参数；通过在线监测技术，可实现管网的平衡状态监测和安全监测；通过在线优化技术，可对管网进行方案研究以及氢夹点分析，以最低成本提高管网运行效率，促进炼化装置节能减排。

关键词　在线；模拟；监测；优化；方案研究；氢夹点；节能

近年来，原油资源的劣质化和重质化趋势愈发明显，而各国对炼厂的环保和碳排放要求却日趋严格，加氢工艺作为炼厂提升油品质量的重要手段，得到广泛应用，氢气的需求量大幅增加，氢气已成为炼厂原料中成本仅次于原油的第二大成本要素。因此，氢气系统的优化被日益关注，其中，氢气管网的在线监测与优化技术是确保氢气系统安全、提高氢气利用效率、低成本促进炼化装置节能减排的重要手段。

1　炼化企业氢气管网现状

氢气管网是连接产、用氢装置的桥梁。炼化企业氢气管网结构复杂，产、用氢装置较多且等级不同，在装置建成以后，一般很少再对管网进行大的整改，随着逐年的改造以及生产规模的变化，管网系统也愈来愈复杂；同时，有些管线已经运行了几十年，管道老化破损，对当前管网运行状态的掌握十分困难。

对于氢气管网内部信息的监测，企业仅依靠关键点压力测试、流量测试、温度测试等信息，调度人员只能依靠有限信息的判断，凭经验对氢气系统进行平衡与调度，管网的日常监测、调度、分析等，不易做到事前判断、科学分析，使得不能从本质上进行管网系统的监管及优化。

氢气管网的在线监测与优化技术，包括氢气管网在线模拟，氢气管网在线监测以及氢气管网在线优化三大技术，为氢气管网的监管提供了科学有效的技术工具和手段。

2　氢气管网在线监测与优化技术

2.1　氢气管网在线模拟技术

氢气管网在线模拟技术，以水力学、传热学和拓扑学的相关知识为基础，研究、建立严格的模拟计算模型，采用联立方程法求解，支持对氢气管网介质性质的准确在线模拟与计算分析，揭示管道内部流体流动变化机理(图1)。

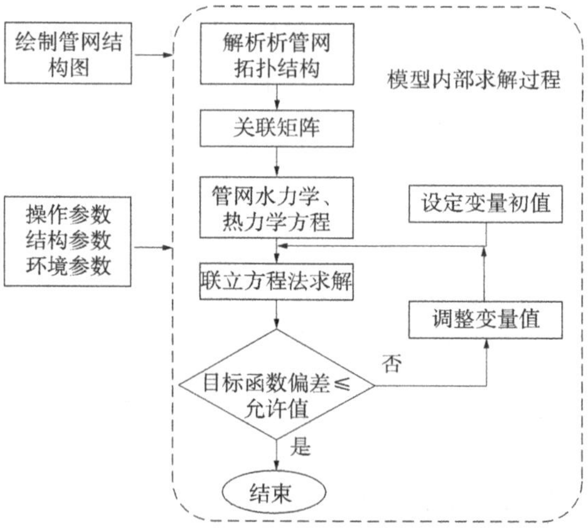

图1　氢管网在线模拟技术简图

该技术支持严格参照氢气管网的实际物理布局绘制管网图，输入管道及管件的实际结构参数，实时采集氢气产、用气端的流量、压力、温度以及氢气组成化验分析数据，对当前管网运行状态进行模拟，输出值包括任意点的温度，压力，凝液状态以及氢气组成等关键参数，实时反应管网运行情况，帮助企业对氢气管线进行数字化、可视化监管，为技术人员针对管网的监测、调度和优化提供理论依据和指导；同时，根据各运行部提供的氢气管网管段图，软件可以将零散杂乱的图纸整理成统一的清晰简洁的界面供生产调度科和各运行部边界查询和调度(图2)。

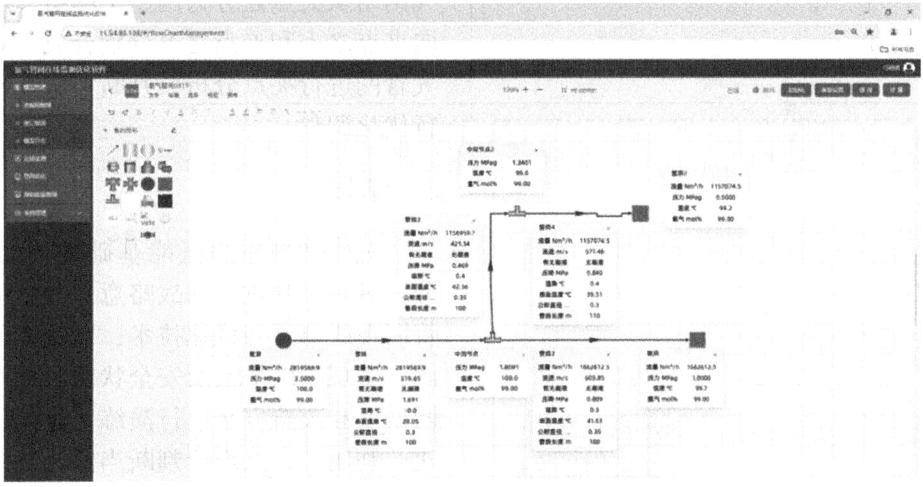

图2　氢管网模拟页面示意图

2.2　氢气管网在线监测技术

氢气管网在线监测技术可实现如下功能：氢气管网运行状况监测、操作参数在线监测、流速分布监测、历史趋势数据监测，报警等功能。主要应用在以下两个方面。

(1) 氢管网平衡状态监测

氢气系统产、耗不平衡的现象时有发生，氢气产大于耗时，多余氢气排进燃料管网，造成效益损失；氢气产小于耗时，氢气系统压力不足，影响产品质量；临氢装置出现波动，导致氢气放火炬，影响企业的社会形象。氢气管网在线监测技术，可在监测页面形成氢气物流平衡表，关注氢气系统产、用气装置的氢气流量及浓度变化情况，可设置报警值，当数值超限时进行报警，提高生产调度人员的预判能力，及时处理氢气管网的不平衡现象，保证临氢装置的平稳运行(图3)。

		实时值/(Nm³/h)	预测值/(Nm³/h)	历史平均值/(Nm³/h)	报警值/(Nm³/h)
产氢装置	连续重整	23000	23000	32000	<18000
	制氢装置	8000	8000	9000	无
	合计	31000	31000		
用氢装置	柴油加氢	16000	16000	15000	<10000
	航煤加氢	4000	4000	5000	<4500
	汽油加氢	6000	6000	7000	<5500
	其他	5000	5000	5500	<5000
	燃料气管网	0	0		
	合计	31000	31000		
平衡差值	产气-用气	0	0		>3000或<3000

图3　氢管网平衡状态监测示意图

(2) 氢管网安全性监测

氢气是可燃性气体，当管道内氢气流速过大时，气流与管壁铁锈等杂质摩擦增强，极易产生静电火花，进而引起氢气爆炸等事故。因此氢气流速是氢气管网在监测的重要参数。在管网监测页面，依据《GB 50177—2005 氢气站设计规范》，设置当前管网运行环境下的氢气流速报警值。当氢气流速超限时，声光报警并记录管线。方便生产调度人员及时找到氢管网中存在安全隐患的管线，进行改造(图4)。

2.3　氢气管网在线优化

(1) 方案研究及优化

以当前管网的模拟模型为基础，针对氢气系统中偶发的，产或用氢装置的停工或设备故障等异常情况，进行调度方案演练，预测在当前管网运行状态下，异常情况发生后，对各产、用氢装置的影响，形成多套调度方案，建立方案成本核算模型，对方案进行成本核算及效果对比，评选最优方案；分析当前管网存在问题，进行管网改造方案设计，设计人员可以在实际改造和运行氢

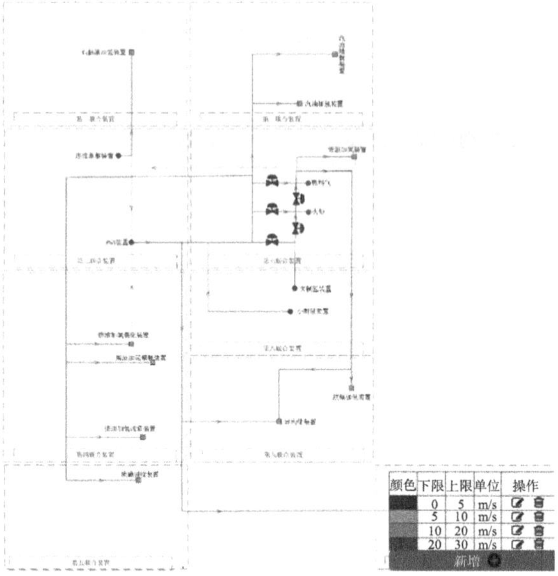

图 4　氢管网流速分布监测示意图

气管网之前，对设计进行全面的测试和优化，从而减少设计错误，提高系统的可靠性和安全性，同时利用方案成本核算模型，评估不同设计方案的改造成本和长期运行成本，选择成本效益最高的方案。

（2）氢夹点优化分析

氢夹点分析及优化的主要思路为：从整个氢气网络系统的氢气利用入手，分析氢气网络的瓶颈，以最小公用工程氢气用量为目标，实现氢气浓度、流量的梯级利用，从而达到系统节约用氢的目的。以当前管网的模拟模型为基础，自动提取产氢装置和用氢装置的氢气流流量和氢气浓度，并降序排列，生成流量—浓度复合曲线。然后由剩余氢公式作剩余氢量图，依据特定计算原则通过多次迭代计算，使氢气网络最终的剩余氢量为 0（即夹点出现），则所假设的最高浓度氢源流量即为最小公用工程用量（图 5）。

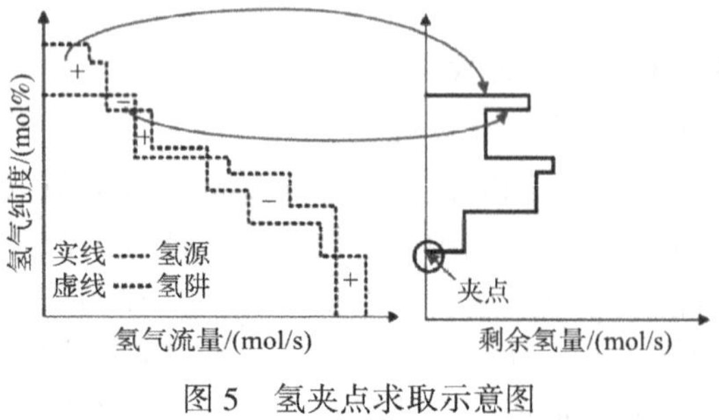

图 5　氢夹点求取示意图

根据夹点匹配原则，夹点之上的氢源不应供给夹点之下的氢阱，在优化氢气网络时应该把氢气网络从夹点处分为两个子网络，从夹点处分别向夹点之上和夹点之下分别合成。对炼厂当前氢气管网进行夹点分析，判断氢气系统是否需要进行优化调整。

3　结语

氢气管网作为氢能基础设施的重要组成部分，具有极其重要的战略意义和实用价值。氢气管网在线监测与优化技术，以管网模拟技术为基础，实现管网平衡及安全状态的在线监测，对管网调度和改造方案进行演练、优化和成本效益对比，利用氢夹点理论判断当前氢气系统是否需要进行优化调整。

该技术在提高氢气管网的利用效率、运行安全性、以及节能减排方面有重要意义。通过该技术的应用，可实现氢气管网运行参数“说得清”，管网运行过程“管得住”，助力企业节能“省得下”。

参 考 文 献

[1] 卫建军，刘永忠，张亮，等. 炼油厂中含氢气体排放的最小化与废氢资源化处置方案研究[J]. 炼油技术与工程，2010，40(19)：16-20.

[2] 王阳峰，张英，陈春凤，等. 炼厂氢气管网建模与优化分析[J]. 当代化工，2020，49(3)：725-732.

[3] 王海龙. 氢气平衡与优化系统的应用与研究[J]. 石油化工应用，2017，36(6)：147-151.

[4] 田玉宝. 炼化企业氢气平衡与优化[J]. 中外能源，2024，29(4)：89-94.

[5] 康永波，曹萃文，于腾. 炼油厂氢气网络优化方法研究现状及展望[J]. 石油学报(石油加工)，2016，32(3)：645-658.

[6] 张士元，吴斌超，王伟，等. 夹点技术在氢气网络优化中的应用研究[J]. 中外能源，2019，24(8)：80-84.

石灰石绝氮工艺制备高浓度CO_2流程模拟与分析

邵子墨[1]　雷天凯[1]　梁金强[1]　阎立军[2]　彭　威[1]

[1. 中国石油大学(北京)克拉玛依校区工学院；2. 克拉玛依先进科技联合研究院]

摘　要　传统的水泥生产工艺采用空气燃烧加热，烟气中含有大量的氮气，二氧化碳浓度低，收集成本高，且烟气中含有氮氧化物，污染环境。采用绝氮工艺不仅可以提高烟气中CO_2浓度(≥95%)，使得高浓度CO_2可直接实现CO_2的资源化利用，而且减少氮氧化物的产生，环保性能好。通过Aspen Plus模拟绝氮气氛(CO_2/O_2)，构建石灰石分解模型和二氧化碳分离提纯模型，讨论了钙煤比、反应气氛中CO_2占比和气煤比等对烟气中CO_2浓度的影响。结果表明：随着钙煤比增大，CO_2浓度升高，反应温度降低；钙煤比为1.55，分解温度在1029℃时，CO_2浓度达到最大值97.0%；随着反应气氛中CO_2占比的逐渐增大，CO_2浓度和反应温度逐渐增大，反应气氛中CO_2占比为0.83时，CO_2浓度达到最大为98.83%，反应温度为1003℃；随着气煤比增大，CO_2浓度逐渐降低，过剩氧含量逐渐增大，反应温度逐渐降低。当气煤比为11.6时，CO_2浓度为98.83%，O_2浓度为0.11%，此时对应的反应温度为947℃。利用Aspen Plus模拟石灰石绝氮工艺制备高浓度CO_2的过程能够为工艺改进提供数据支持，高浓度CO_2可降低捕集成本，实现二氧化碳的高效利用与循环利用，促进双碳目标的达成。

关键词　绝氮工艺；CO_2/O_2；石灰石；流程模拟与分析；Aspen Plus

目前，水泥行业总二氧化碳排放约14.7亿吨，占全国总排放的14%，而烟气中CO_2浓度为11%~29%。在双碳背景下，外排烟气中二氧化碳以浓度低、含量高的特点使得水泥工业亟需碳减排技术予以支撑。在CO_2排放量与日俱增的背景下，考虑如何提高CO_2的利用价值而不是减少CO_2的排放具有重要意义。高浓度的CO_2可作为优质碳源，进行CO_2的资源化利用，如油田驱油、地质封存、CO_2催化转化制备高附加值化学品等，CO_2的循环利用能够降低捕集成本、节能减排。传统水泥工业生产过程是在空气气氛下进行石灰石的煅烧，79%的N_2不参与反应，还吸收大量热量，二氧化碳排放浓度低，N_2、NO_x等杂质气体含量高，与当下碳减排方向相悖。若采用绝氮气氛，优化水泥生产工艺，将进一步提高烟气中CO_2浓度，降低NO_x生成和CO_2捕集成本。反应气氛以及生产工艺条件的改变会对烟气中CO_2浓度产生重要影响。

张文仙等探究了石灰石在CO_2和空气混合气氛中CO_2浓度对石灰石热分解反应动力学的影响，研究发现石灰石分解反应的活化能与反应气氛中CO_2浓度遵循指数增长，还未研究反应气氛中CO_2浓度对烟气中CO_2浓度的影响。曹静等采用热重分析仪，在81%空气-19%二氧化碳混合气氛下，研究了石灰石热分解特性，结果表明，81%空气-19%二氧化碳气氛中，较高的二氧化碳分压延迟了碳酸钙的分解，使得石灰石分解的开始温度比空气气氛中高200℃左右，适宜的分解控制温度为890℃，未曾研究CO_2/O_2混合气氛下碳酸钙分解的温度。张星开展了高浓度CO_2气氛下石灰石等温煅烧成氧化钙的实验，微观检测分析氧化钙，考察煅烧温度与反应气氛中CO_2浓度对氧化钙的影响。结果表明：煅烧温度越高，烧结现象越严重，最佳反应温度为1050℃时，氧化钙结构最疏松，比表面积和孔容积的值最大；随着反应气氛中CO_2浓度增大，氧化钙的分布非常松散，使得反应接触面积增大，分解速率加快，CO_2浓度达到50%以上时，对氧化钙的烧结有一定抑制作用；该研究并未考察高浓度CO_2气氛下石灰石煅烧生成CO_2浓度的影响。郑之民等研究了在O_2/CO_2气氛下碳酸钙的分解特性(转化率、比表面积、孔隙率)，结果表明CO_2浓度对碳酸钙颗粒的煅烧速率具有抑制作用，CO_2浓度较低时，碳酸钙颗粒分解时的比表面积和孔隙率峰值大，所需时间短，还未研究反应气氛中CO_2浓度对碳酸钙煅烧生成的气体CO_2浓度的影响。张文仙采用Aspen Plus软件模拟了空气气氛下带富含高浓度CO_2的烟气循环的隔焰煅烧石灰石工艺，验证隔焰煅烧石灰石工艺的可行性，考察空气量和石灰石进料量对烟气中 CO_2 浓度的影响，模拟得到的 CO_2 浓度最高为75.95%；徐越采用 Aspen Plus 软件开展了空气气氛下 5500t/d 水泥生料分解的过程模拟，结果显示 CO_2 出口浓度为36%，与实测数据基本吻合。两者仅模拟了空气气氛下石灰石煅烧工艺，且烟气中 CO_2 浓度低。

以往的研究对高浓度 CO_2 气氛下石灰石的分解反应动力学、石灰石在空气气氛下煅烧产生的烟气中 CO_2 浓度、在 O_2/CO_2 气氛下碳酸钙的分解特性等做了大量工作，仅从对原料石灰石或石灰石煅烧产物氧化钙的影响上进行了大量数据分析。然而对于在绝氮气氛(CO_2/O_2)下，石灰石预分解制备 CO_2 的研究较少，且存在烟气中 CO_2 浓度低的问题。

本文采用 Aspen Plus 软件，在绝氮气氛(CO_2/O_2)下，开展石灰石绝氮预分解制备高浓度 CO_2 的过程模拟，考察碳酸钙/煤的质量比(简称钙煤比，下同)、反应气氛中 CO_2 占比(简称 V_{CO_2}，下同)、混合气氛 O_2/CO_2 与煤粉质量比(简称气煤比，下同)对烟气中 CO_2 浓度的影响，为提高烟气中 CO_2 浓度和碳捕集效率、降低碳捕集成本、实现 CO_2 的资源化利用等方面提供一些建议。

1 工艺模型

1.1 石灰石绝氮预分解过程模型

石灰石绝氮预分解工段分为煤粉燃烧和碳酸钙预分解两个过程，二者以串联方式进行。

煤粉在进入分解炉之前需要干燥脱水，采用 RStoic 模型和 Sep 模型模拟煤的干燥环境，选用 RYield 模型将煤进行工业分析、元素分析和硫分析，将煤分解成常规组分(C、H_2、Cl_2、S、O_2、N_2等)和灰分 ASH，基于吉布斯自由能最小的原理选用 RGibbs 模型模拟干煤的燃烧，煤燃烧过程需要考虑煤分解的反应热，用一股热流将 RYield 模型的反应热传递至 RGibbs 模型。

工业上水泥生产过程中，90%以上的碳酸钙在分解炉中高温分解，采用 RStoic 模型实现分解炉中水泥生料的预分解过程，用 SSplit 模型和 Sep 模型分离分解炉出来的物料，固体产物氧化钙进行后续处理，气相产物进入二氧化碳分离提纯工段。根据上述分析建立该过程的模型如图1所示。

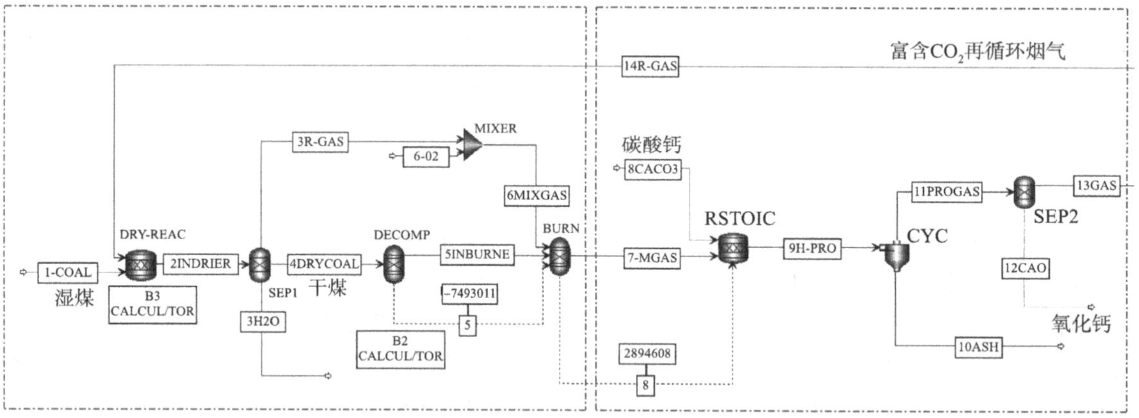

图1　石灰石绝氮预分解模型

为更好的应用 Aspen Plus 平台，提出以下假设：

(1) 石灰石的绝氮预分解过程隔绝氮气参与，包含煤粉燃烧和碳酸钙预分解两个过程，两者分别进行，互不干扰，只存在物料和热量上的交换；

(2) 燃料煤粉经历干燥、裂解和燃烧三个阶段，在整个反应过程中煤粉颗粒和碳酸钙颗粒与反应气氛 CO_2/O_2 充分接触、反应；

(3) 碳燃尽率为99.9%，煤粉燃烧产物中的灰分为惰性产物，不参与反应；

(4) 原料石灰石的分解反应只考虑碳酸钙的热解，其他硅铝等组成成分视为惰性物质，不参与反应；

(5) 模拟中涉及到的气体均视作理想气体，符合理想气体定律。

1.2 二氧化碳分离提纯模型

二氧化碳分离提纯工段采用 FSplit 模型对来

自石灰石绝氮预分解工段产生的气相产物进行分流，一部分富含CO_2的烟气循环到煤干燥过程的RStoic模型，作为干燥介质和反应气体。另一部分烟气采用Heater模型和Sep模型进行冷凝和CO_2的提浓，最终得到的高浓度CO_2可用于油田驱油或以原料形式通过CO_2的催化转化制备高附加值化学品等。根据上述分析建立该过程的模型如图2所示。

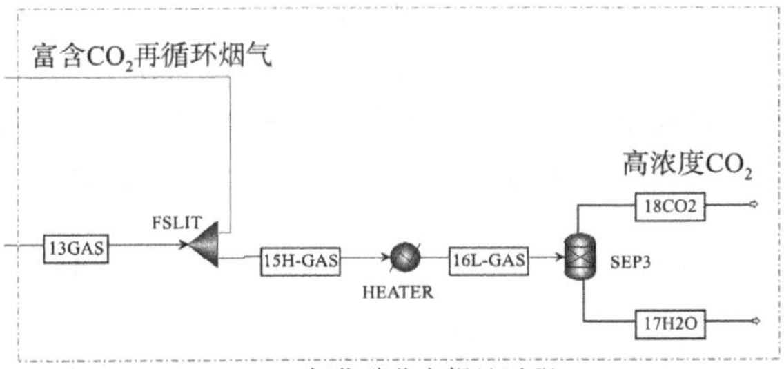

图2　二氧化碳分离提纯模型

在使用Aspen Plus对烟气中二氧化碳纯化过程进行模拟，提出以下假设：

（1）二氧化碳分离提纯过程隔绝氮气参与；

（2）烟气中涉及水蒸汽的分离可视为完全分离；

（2）模拟中涉及到的气体均视作理想气体，符合理想气体定律。

2　模型与假设

（1）整个流程中涉及的气体（CO_2、O_2、H_2O等）均为常压、高温的理想气体，故选择IDEAL物性方法。

（2）对于COAL和ASH组分，两者的焓模型都选择HCOALGEN，密度模型选择DCOALIGT，煤的焓模型选项代码值：6、1、1、1，ASH的焓模型选项代码值：1、1、1、1，焓模型后面依次表示燃烧热，生成热，热熔和焓基准，选项代码值代表了不同的计算方法。

（3）煤样为淮北无烟煤，元素分析、工业分析和全硫分析，如表1所示。

（4）石灰石绝氮预分解过程和二氧化碳分离提纯过程涉及的模块参数及作用如表2所示。

表1　煤的工业分析、元素分析和全硫分析

工业分析	数值/%	元素分析	数值/%	全硫分析	数值/%
MOISTURE	1.01	ASH	10.31	PYRITIC	0.6
FC	80.35	CARBON	80.85	SULFATE	0.1
VM	8.82	HYDROGEN	4.62	ORGANIC	0.6
ASH	9.82	NITROGEN	1.39		
		CHLORINE	0.52		
		SULFUR	1.32		
		OXYGEN	0.99		

表2　过程模拟各模块说明

名称	模块	温度/℃	压力/atm	作　用
DRY-REAC	RStoic		1	模拟煤粉的干燥过程
DECOMP	RYield	25	1	模拟煤分解成常规组分（C、H_2、Cl_2、S、O_2、N_2等）和灰分ASH
BURN	RGibbs	1000	1	模拟煤分解后物质的燃烧过程
RStoic	RStoic		1	模拟碳酸钙预分解过程
CYC	SSplit			模拟气相与固相的分离过程
MIXER	Mixer			模拟反应气体混合过程
FSLIT	FSplit			模拟烟气分流过程
SEP	Sep			模拟气固分离、二氧化碳纯化过程

3. 结果与讨论

绝氮气氛CO_2/O_2下，石灰石在分解炉中煅烧产生高浓度的CO_2，影响烟气中CO_2浓度的因素包括：反应温度、钙煤比、CO_2/O_2摩尔比、气煤比等。

以每小时处理10吨煤和10吨碳酸钙的生产线进行分析，考察钙煤比、反应气氛中CO_2占比

(V_{CO_2})以及气煤比对烟气中CO_2浓度的影响。

3.1 钙煤比对烟气中CO_2浓度的影响

传统工业在空气气氛下生产水泥的过程中，利用煤粉燃烧释放的热量供石灰石分解，分解炉的温度一般在800~950℃。当反应气氛为CO_2/O_2，且CO_2浓度较高时，碳酸盐的分解温度将提高至900℃左右，故分解炉的温度也会进一步提高，实际生产中煅烧温度控制在1050℃。在碳酸钙分解过程中，燃料煤粉的配比量是影响碳酸钙分解的重要指标，煤粉量过低导致碳酸钙煅烧不充分，煤粉量过高，导致碳酸钙分解率增大，熟料品质差。若在煤粉量不变的情况下，考察生料碳酸钙的配比对烟气中CO_2浓度的影响。煤粉处理量为10t/h时，不同钙煤比下$CaCO_3$绝氮预分解过程的反应温度和烟气中CO_2浓度曲线如图3所示。

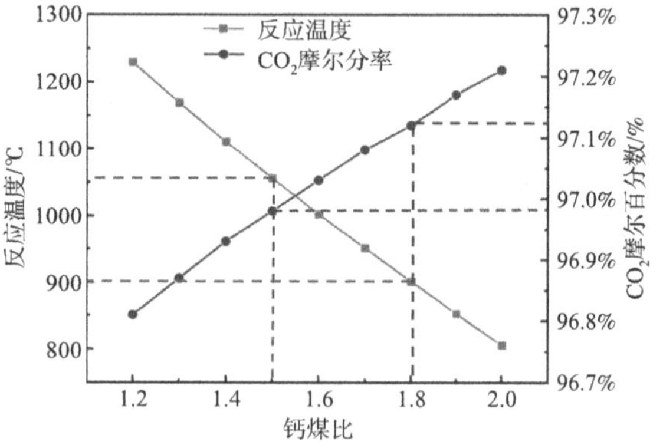

图3　不同钙煤比下$CaCO_3$绝氮预分解过程的反应温度和烟气中CO_2浓度

随着钙煤比增大即碳酸钙质量增多，CO_2浓度升高，反应温度降低。钙煤比为1.5~1.8时，CO_2浓度为96.98%~97.12%，对应的反应温度为901℃~1056℃，贴近工业实际反应温度。煤粉量不变，增加碳酸钙含量，当煤粉释放的热量恰好满足碳酸钙分解所需要的热量，反应温度满足工业要求，且CO_2浓度达到峰值时，即存在最佳煤钙比。经分析优化后，最佳钙煤比为1.55，反应温度为1029℃时，CO_2浓度达到97.0%。

3.2 反应气氛CO_2占比对烟气中CO_2浓度的影响

水泥的传统生产过程是在空气氛围下，在绝氮气氛CO_2/O_2中，氧气含量影响煤粉和碳酸钙的燃烧程度，进而影响烟气中的CO_2浓度。通过改变氧气量调节V_{CO_2}，其他参数不变，考察反应气氛中CO_2占比对烟气中CO_2浓度的影响。煤粉处理量为10t/h、碳酸钙处理量为15.5t/h时，不同反应气氛中CO_2占比下$CaCO_3$绝氮预分解反应温度和烟气中CO_2浓度曲线如图4所示。

随着V_{CO_2}逐渐增大即降低氧气含量，CO_2浓度和反应温度逐渐增大，V_{CO_2}为0.83时，CO_2浓度达到最大为98.83%，反应温度为1003℃。分析原因可知，反应气氛中CO_2含量过高会抑制碳酸钙的分解，但在图4中随着V_{CO_2}逐渐增大，CO_2浓度也随之增大，说明此时反应气氛中的O_2含量足以使煤充分燃烧产生CO_2，此外Aspen Plus中碳酸钙热解的反应器RStoic只进行了碳酸钙分解反应正向过程，导致CO_2浓度增多。

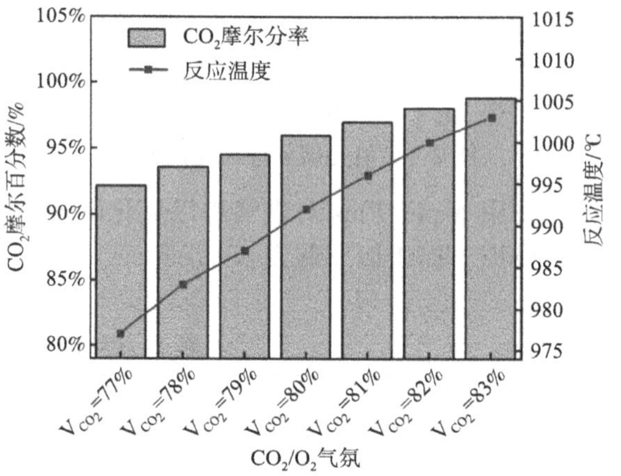

图4　不同反应气氛中CO_2占比下$CaCO_3$绝氮预分解反应温度和烟气中CO_2浓度

3.3 气煤比对烟气中CO_2浓度的影响

水泥生产过程中，增加O_2含量能够促进煤粉的燃烧，从而释放更多的热量。而高浓度的CO_2一方面可以强化传热，降低煤的燃烧温度进而提高燃烧速率，能更迅速地为碳酸钙分解提供热量，另一方面CO_2和C发生气化反应生成CO，促进挥发分从煤中逸出，从而促进煤的燃烧，加快碳酸钙的分解过程。故通过改变煤粉量，其他参数不变，考察气煤比对烟气中CO_2浓度的影响。碳酸钙处理量为15.5t/h时，不同气煤比下$CaCO_3$绝氮预分解过程的反应温度和烟气中CO_2、O_2浓度曲线如图5所示。

随着气煤比增大即减少煤粉质量，CO_2浓度逐渐降低，过剩氧含量逐渐增大，反应温度逐渐降低。当气煤比为11.6时，二氧化碳浓度为98.83%，氧气浓度为0.11%，符合工业上窑气中O_2含量低于1%的标准，此时对应的反应温度为947℃，符合碳酸钙预分解的温度。

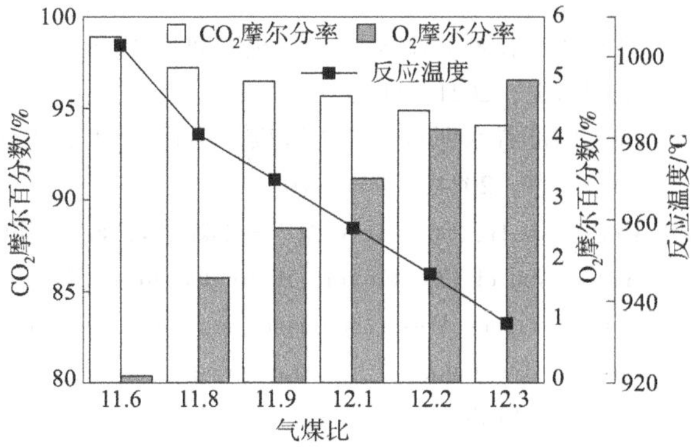

图 5　不同气煤比下 $CaCO_3$
绝氮预分解过程的反应温度和烟气中 CO_2、O_2 浓度

4　结论

本文使用 Aspen Plus 软件建立了石灰石绝氮预分解过程模型和二氧化碳分离提纯模型，进行模拟计算。石灰石在绝氮气氛 CO_2/O_2 下发生预分解反应，考察了钙煤比、反应气氛中 CO_2 占比、气煤比对烟气中 CO_2 浓度的影响，结论如下：

（1）绝氮气氛 CO_2/O_2 下，煤粉处理量一定，随着钙煤比增大即碳酸钙质量增多，CO_2 浓度升高，反应温度降低。经分析优化后，最佳钙煤比为 1.55，对应的反应温度为 1029℃，CO_2 浓度为 97.0%。

（2）煤粉处理量和碳酸钙处理量一定时，随着 V_{CO_2} 逐渐增大即降低氧气含量，CO_2 浓度和反应温度逐渐增大，V_{CO_2} 为 0.83 时，CO_2 浓度达到最大为 98.83%，反应温度为 1003℃。

（3）碳酸钙处理量一定时，其他参数不变，随着气煤比增大即减少煤粉质量，CO_2 浓度逐渐降低，过剩氧含量逐渐增大，反应温度逐渐降低。当气煤比为 11.6 时，二氧化碳浓度为 98.83%，氧气浓度为 0.11%，符合工业上窑气中 O_2 含量低于 1%的标准，此时对应的反应温度为 947℃，符合碳酸钙预分解的温度。

经数值模拟分析后，绝氮气氛（CO_2/O_2）下，石灰石发生预分解反应制备高浓度 CO_2 的最佳工艺条件是：气煤比为 11.6，分解反应温度为 947℃，此时烟气中 CO_2 浓度达到最大值为 98.83%。

CO_2 资源化利用的方式多种多样，均需要高纯度的 CO_2 作为气源。当前水泥工业在生产工艺过程的产生的 CO_2 占碳排放总量的 60% 且浓度低，因此在“工艺减排”上减碳或用碳存在最大空间和潜力。2024 年 5 月 27 日国家发改委等部门印发《水泥行业节能降碳专项行动计划》，鼓励水泥企业一体化推进分布式光伏、分散式发电、多元储能等开发运行，提升分解炉水泥磨粉、富氧燃烧等技术水平，这就意味着亟需推动水泥行业节能降碳和绿色转型，为实现双碳目标提供有力支撑。

将传统空气气氛替换成绝氮气氛（CO_2/O_2），进而优化水泥工艺生产操作条件，提高外排烟气中的 CO_2 的纯度。该工艺不仅能够提高碳捕集效率、降低二氧化碳捕集成本和能耗以及减少烟气中 NO_x 造成的环境污染，还能将制备的高纯度 CO_2 作为气源进行 CO_2 的资源化利用，为 CCUS 技术的规模化应用提供新思路和新方法，探索出一条碳减排及提质增效新路径。

参　考　文　献

[1] 刘含笑，罗水源，刘小伟. 工业烟气 CO_2 的排放特征、测试及捕集技术研究[J]. 发电技术，2024，45(01)：62-68.

[2] 蔡勇，朱瑞松，魏彧，等. 二氧化碳捕集技术研究进展及其在驱油中的应用[J]. 低碳化学与化工，2024，49(01)：85-93.

[3] 李术艺，冯旗，董依然. 地质封存二氧化碳与深地微生物相互作用研究进展[J]. 微生物学报，2021，61(06)：1632-1649.

[4] 杨同. 二氧化碳的分离回收技术与综合利用[J]. 化工设计通讯，2023，49(05)：42-44.

[5] 康宇，崔恒波，顾积锋. 水泥工业二氧化碳减排工艺技术探讨[J]. 中国水泥，2023，(08)：78-81.

[6] 张文仙，刘联胜，曹和军，等. 二氧化碳浓度对石灰石分解反应动力学的影响[J]. 无机盐工业，2020，52(03)：59-63.

[7] 曹静，乔秀臣，柳成亮，等. 石灰石在二氧化碳与空气混合气氛下的分解动力学[J]. 无机盐工业，2016，48(12)：32-36.

[8] 张星. 高浓度 CO_2 气氛下石灰石分解动力学及微观形态研究[D]. 唐山：华北理工大学，2023.

[9] 郑之民，周兴，张斌，等. O_2/CO_2 气氛下碳酸钙颗粒分解特性模拟研究[J]. 电力科学与工程，2013，29(10)：66-69.

[10] 张文仙. 高浓度 CO_2 气氛下的石灰石煅烧工艺研究[D]. 天津：河北工业大学，2020.

[11] 徐越. 高浓度 CO_2 气氛下水泥生料分解特性及过程模拟研究[D]. 南京：东南大学，2022.

[12] 巴清心. 水泥生产用分解炉传热和流动特性的数值模拟及实验研究[D]. 济南：山东大学，2015.

[13] 刘定平，周友坤. 基于 Aspen Plus 水泥窑炉 NO_x 生

成仿真与减排优化研究[J]. 硅酸盐通报，2021，40(02)：351-358.
[14] Wang Z, Yang W, Liu H, et al. Thermochemical behavior of three sulfates ($CaSO_4$, K_2SO_4 and Na_2SO_4) blended with cement raw materials($CaO-SiO_2-Al_2O_3-Fe_2O_3$) at high temperature[J]. Journal of Analytical and Applied Pyrolysis, 2019, 142104617-104617.
[15] Thomas H, Duncan L, Nicholas F, et al. Carbon Capture in the Cement Industry: Technologies, Progress, and Retrofitting[J]. Environmental science & technology, 2016, 50(1): 368-77.
[16] Markewitz P, Zhao L, Ryssel M, et al. Carbon Capture for CO_2 Emission Reduction in the Cement Industry in Germany[J]. Energies, 2019, 12(12): 2432-.
[17] 高长明. 水泥工业碳中和的模拟推演与研讨[J]. 中国水泥，2021，(04)：16-21.
[18] 五部门部署水泥行业节能降碳专项行动[J]. 中国环境监察，2024，(06)：10.
[19] Gerbelová H, Spek D V M, Schakel W. Feasibility Assessment of CO_2 Capture Retrofitted to an Existing Cement Plant: Post-combustion vs. Oxy-fuel Combustion Technology [J]. Energy Procedia, 2017, 1146141-6149.
[20] 吴铁军，孔取和，马明，等. 水泥窑富氧燃烧废气循环碳捕集技术[J]. 新世纪水泥导报，2021，27(04)：30-32+6.

燃煤烟气清洁高效碳捕集技术研发与工业应用

陈 阵 黄洲斓 李俊华

（清华大学环境学院）

摘 要 为解决燃煤烟气胺法碳捕集存在的高能耗、高物耗与碳污交互影响的技术瓶颈，研究团队开发了一系列燃煤烟气高效碳捕集耦合污染物深度净化关键技术。开发了以复合胺-物理溶剂-水组成的低能耗三元两相碳捕集吸收剂和适用于燃煤烟气的高稳定、低粘度复合胺吸收剂体系；研制一体化变压精馏与离子树脂交换的溶剂热稳定盐等杂质净化装备；采用多级水洗控制胺逃逸，结合水洗液浓缩分离处理，同时实现有机组分回收利用与系统水平衡的动态调节。针对燃煤锅炉烟气开展了碳捕集示范项目建设，实现二氧化碳的资源化循环利用（制备醋酸），具有良好的环境效益、经济效益和社会效益。

关键词 烟气碳捕集；新型吸收剂；降解产物净化；逃逸控制；工程示范

1 引言

随着全球化石燃料的大量使用以及工业生产规模的不断扩大，大量二氧化碳（CO_2）等温室气体的排放，导致全球气温不断升高，引发了气候变化、极端天气等一系列问题。为了应对温室气体排放引起的生态环境与社会发展问题，2015年，第21届联合国气候变化大会通过《巴黎气候协定》，目标是较之于工业化前，全球气温升高幅度控制在2℃以内，力争将升高幅度控制在1.5℃以内。然而，我国实现双碳目标面临严峻挑战。以煤炭等化石能源驱动的电力、冶金、建材等重点行业是支撑我国国民经济发展的重要基础产业。2022年，我国煤电装机总量2.57亿千瓦、粗钢产量10.33亿吨、原铝产量3850万吨、水泥产量23.63亿吨、焦炭产量4.64亿吨，均居世界第一；上述重点行业能源消费量超过20亿吨标准煤，约占全国能耗总量的40%。

碳捕集、利用/封存是实现燃煤烟气碳减排的主要途径。以有机胺溶液为吸收剂的化学吸收法具有吸收速率快、选择性高、工艺流程成熟等优点，适用于近常压、大流量、较低CO_2浓度（~12%）燃煤烟气碳捕集过程。以乙醇胺（MEA）为代表的伯胺溶剂与CO_2结合能力强，具有较高的化学吸收焓值（>80kJ/mol），可为CO_2高效快速吸收提供保障；然而CO_2吸收产物-氨基甲酸盐分解过程需要提供大量高品位蒸汽，在超过110℃的解吸温度下才能较快实现吸收剂的有效再生，导致现有吸收剂再生热负荷强度大（~4GJ/tCO_2），是导致捕集成本过高（>400元/tCO_2）的主因。为了降低解吸过程的显热与蒸发潜热，国内外研究人员提出了以复合胺吸收剂和两相吸收剂为代表的新型低能耗吸收剂的设计思路；对于解吸过程的反应热，可以通过催化再生的方式提高蒸汽热利用效率。

基于新型吸收剂的碳捕集方式可有效提高吸收剂再生过程热利用率，有利于控制碳捕集过程能耗与物耗水平，是新一代低能耗碳捕集技术发展的重要方向。然而面对复杂工业烟气碳捕集需求，新型吸收剂在能耗/物耗控制、能量综合利用与长效稳定运行等方面依然存在诸多挑战。在实际运行中，新型吸收剂高有机物浓度的特点引发的溶剂组分快速损失（降解与逃逸）严重影响其长期稳定运行。例如，高浓度复合胺吸收剂与两相吸收剂中高价值有机组分的挥发逃逸，不但导致碳捕集过程物料损失加快，也会引发二次污染问题；同时，溶剂成分的变化也会导致吸收剂碳捕集性能弱化，尤其是在连续运行状态下，其两相吸收剂分相能力减弱，无法发挥其低再生热耗的优势。另外，工业烟气中氧含量量较高，采用高浓度吸收剂进行碳捕集时，其实降解产物累积速率快，吸收剂更容易变质、失活，如何控制溶剂中热稳定性等杂质组分浓度也是新型溶剂长效运行的关键。

在国内外学术同行研究成果的基础上，研究团队在复合胺吸收剂、少水吸收剂、两相吸收剂开发方面均已经取得一系列重要进展：开发了一系列由物理溶剂-复合胺-水组成的三元两相吸收剂、由多级胺-空间位阻胺组成的复合胺吸收剂等等，探究了 CO_2 吸收-解吸过程中的反应机理、强化机制。为实现以燃煤烟气为代表的清洁高效碳捕集，基于新型吸收剂研发成果，开发吸收剂组分平衡与溶剂杂质净化技术，研制高效热质传递装备与先进节能工艺，形成了适用于典型工业烟气的新型碳捕集技术系统优化方案，并开展了工业化示范应用。

2　研究进展

2.1　新型吸收剂开发

在实验室开发了一系列新型的多元复合胺吸收剂，旨在降低解吸能耗并提高 CO_2 吸收性能。通过胺组分基团与分子结构特性的分析，实现了吸收剂的优化组合与筛选。研究发现，与传统的 MEA 溶剂相比，新型复合胺溶剂在热容上降低了约 15%，且饱和溶液的粘度低于 35 厘泊，这表明了其在降低能耗方面的潜力。结合富液分流等节能工艺，吸收剂配比优化后再生能耗可低于 2.2GJ/t CO_2（图 1a）。在对不同等级胺的性能进行比较时，三级胺（叔胺）表现出较慢的吸收速率，但具有较高的载量和较低的解吸能耗，主要以碳酸氢根形式解吸。而一级胺（伯胺）和二级胺（仲胺）则展现出较快的吸收速率，尽管如此，它们的载量较低，解吸过程中能垒较高，通常形成氨基甲酸酯。

进一步的研究集中于两相吸收剂的开发，这种吸收剂由多级胺/复合胺、物理溶剂/离子液体和水组成的三元体系。这种新型两相吸收剂的再生热耗可低至 2.07GJ/t CO_2，且循环载量比 MEA 溶剂提高了 1 倍以上（图 1b）。特别是，四甲基二丙烯三胺（DMPA）作为吸收剂，与聚乙二醇二甲醚（NHD）作为分相剂的组合，通过优化组成（例如 30%DMPA+50%NHD+20%H_2O），实现了显著的循环载量提升。

在实验室测试与小试实验的基础上，在如图 2 所示碳捕集中试装置（设计烟气量 2000Nm^3/h）上，模拟真实工业运行场景，对吸收剂进行全流程性能试验，在不同运行参数下对吸收剂的吸收速率、吸收载量、解吸速率、再生能耗等性能进行连续运行测试，验证规模化应用性能，并为吸收剂的工业化应用提供支撑。

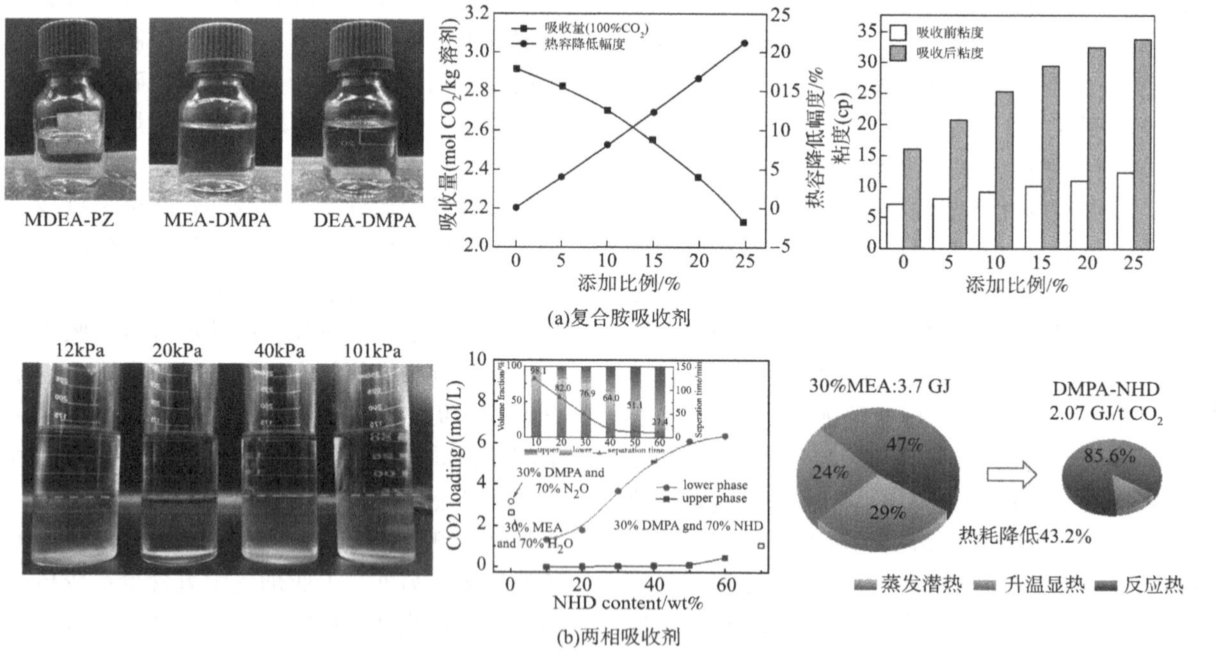

(a)复合胺吸收剂

(b)两相吸收剂

图 1　新型吸收剂开发与测试

2.2　运行监测与控制

模拟燃煤烟气条件下的 30wt%乙醇胺水溶液、碳捕集工艺现场所使用的含抗氧化剂、缓蚀剂和不含任何添加剂的现场吸收剂进行新鲜溶液的热降解和相同吸收时间下的氧化降解试验，通过离子色谱定性定量分析不同种类有机胺液中热稳态盐与生成速率，开发具有高抗降解性能吸收剂。为控制实验变量唯一，热降解的实验条件为 130℃，降解时间为 2 周，在密闭反应器和反应釜内进行；氧化降解的实验条件为 130℃，向其充入 211kPa 氧气，降解时间为 1 周，每隔 24h 进行取样。

图 3(左)为 30%MEA、不含添加剂和加入抗氧化剂、缓蚀剂的吸收剂氧化降解速率及三种吸收剂的氧化降解变化，图 3(右)为热降解速率对比，实验结果得出，加入 2000ppm 的添加剂后，吸收剂的降解速率明显减弱，其氧化降解和热降解速率的顺序为加 2000ppm 添加剂现场吸收剂<现场吸收剂<30wt%MEA。现场使用的吸收剂的热降解和氧化降解所生成热稳定盐的速率相较于 30%wt MEA，分别降低了 80%和 40%。

长期运行后，有机胺溶液在混入杂质、金属离子、氧、酸性介质的共同作用下，发生氧化降解，在系统内会累积一定量的阴离子，这些阴离子与有机胺结合生成热稳定性盐(HSS)，该类热稳盐正再生塔内无法再生，会造成胺液品质下降，可能会腐蚀设备，发泡倾向增大，严重时甚至不能正常生产。因此需要对胺液做净化处理以达到胺液的有效利用和降低胺液的补充成本的目的。

图 2　烟气碳捕集中试平台(大气污染物与温室气体协同控制国家工程研究中心)

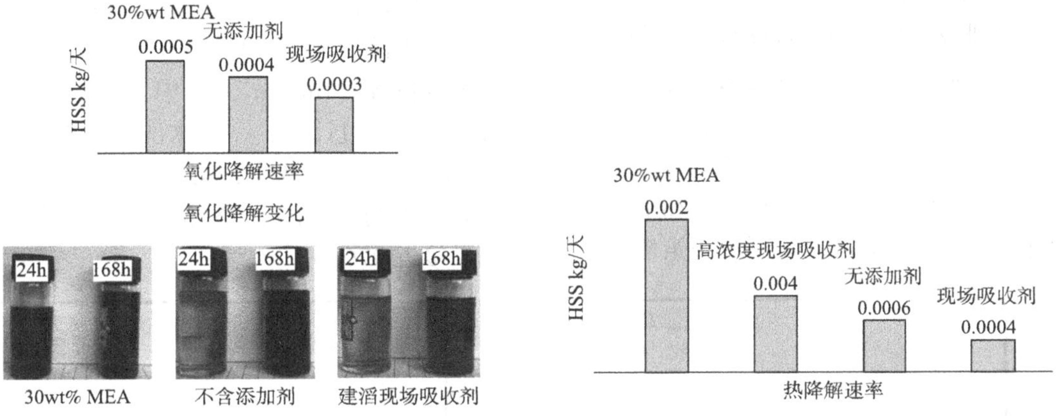

图 3　添加剂对氧化降解与热降解速率的影响

2.3　吸收剂净化再生

离子交换树脂具备离子交换能力，阳离子交换树脂具备提供 H^+ 离子的能力，阴离子交换树脂具备提供 OH^- 离子的能力，当胺液与树脂接触时，胺溶液中的阳离子与阳离子树脂上的 H^+ 离子发生交换，胺溶液中的阴离子与阴离子树脂的 OH^- 离子发生交换，当树脂上的 H+和 OH-被置换完全后，失去离子交换能力，分别用盐酸和 NaOH 对离子交换树脂进行再生，恢复树脂的离子交换能力。离子交换树脂净化胺液具有能耗低，胺液回收率高等优点。但是离子交换树脂的树脂种类、孔径、离子交换容量对胺液净化效果和树脂寿命等都有影响，树脂的确定需要通过科学的筛选。

实验发现经过强制氧化降解处理后吸收剂经过离子交换树脂吸附净化后，热稳定性盐离子浓度明显降低，吸收剂性能恢复。其中降解产物以乙酸根为主(图4)，净化后氟、甲酸根、磷酸根离子去除效率约100%，乙酸根离子浓度降低98.7%(图5)。

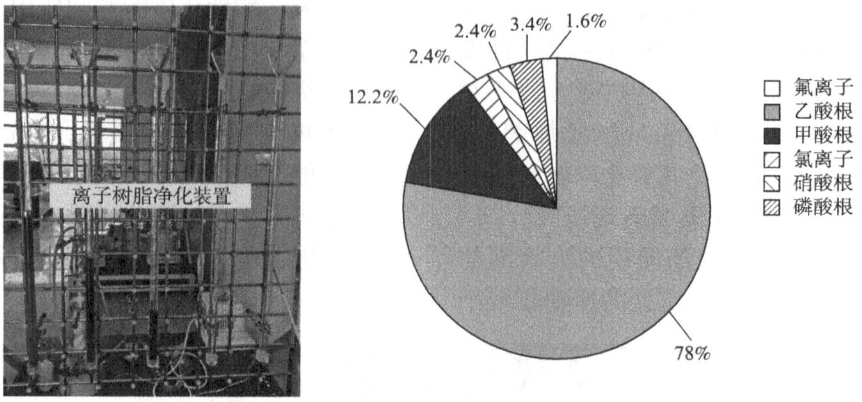

图4　离子树脂净化装置和降解吸收剂中原液离子组分占比

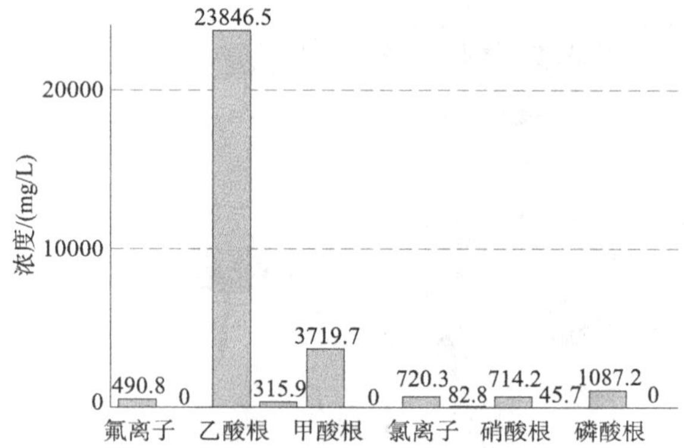

图5　净化前后离子浓度变化

2.4　逃逸控制与水洗

在化学吸收法捕集CO_2的过程中，胺的损失(包括排放与降解)不仅会导致吸收剂的性能恶化，还可能引发严重的环境问题，特别是在使用具有高饱和蒸汽压的贫水溶剂时。为有效管理这一问题，在烟气流量2000Nm³/h的中试装置上进行了综合评价，采取了水洗策略控制胺的排放，并通过净化回收胺液来调节吸收塔内的物料平衡。通过总有机碳分析仪(TOC)和荷电法颗粒物分级检测系统(ELPI Plus)等测量方法，监测了胺的气态挥发和气溶胶排放情况，并深入分析了主要操作条件对溶剂物质平衡的影响。

中试实验数据表明，在一级水洗工况下，两个串联吸收塔出口的平均胺排放总量为707mg/m³，经一级水洗处理后，排放量锐减至118mg/m³。同时，对水洗塔出口的气相采样进行分析，发现气态排放占总排放的约40%。在二级水洗工况下，吸收塔出口的平均排放量为176mg/m³，经过一级水洗后显著减少至39mg/m³，进一步经二级水洗降至31mg/m³，其中几乎全是气态排放(图6)。通过计算，一级水洗的平均减排效率达到44%，二级水洗中，第一级效率提升至73%，而第二级约为24%，整体水洗对胺排放的控制效果接近97%。

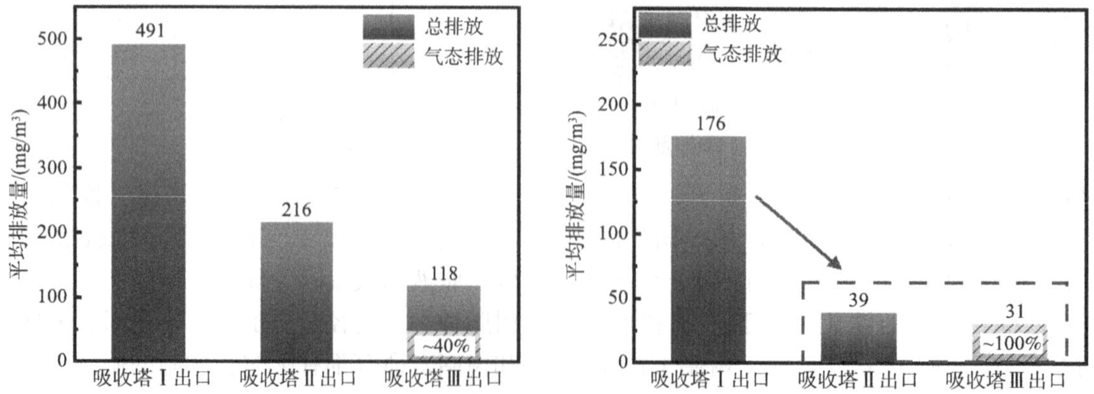

(a)一级水洗　　(b)二级水洗

图6　平均胺排放量

此外，对于气溶胶排放的研究显示，一级水洗可将吸收塔出口的气溶胶排放浓度从 61mg/m^3 降低 82%至 11mg/m^3，二级水洗则进一步降低 45%至 6mg/m^3。ELPI+结果表明，吸收塔出口的气溶胶直径主要集中在 1～3μm，占总数 82%。经过一级水洗后，气溶胶数量减少 52%，粒径分布以 0.4～1.2μm 为主，占总数 79%。二级水洗后，气溶胶数量进一步降低 68%，其中 0.23μm 左右的气溶胶占总数 25%(图 7)。这一结果说明，多级水洗在去除气溶胶，尤其是大颗粒气溶胶方面效果显著。

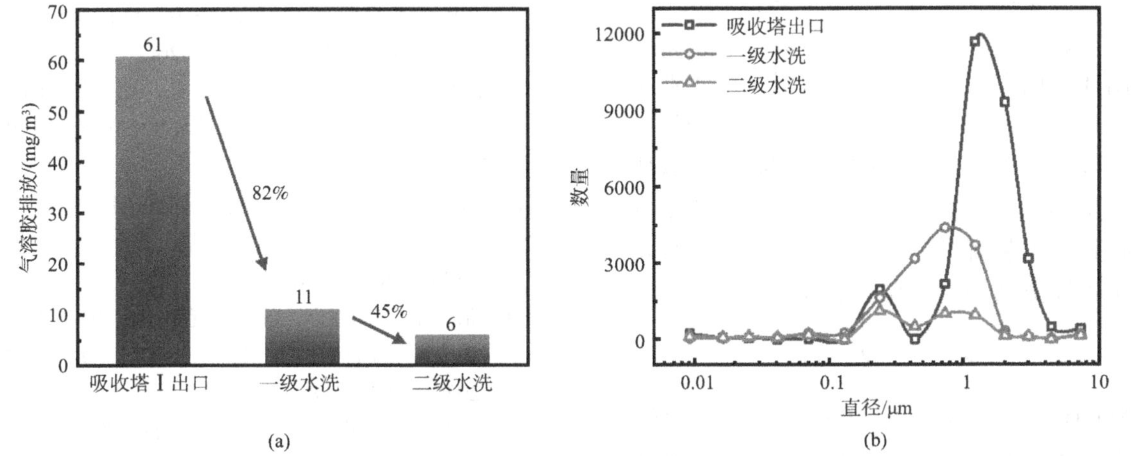

图 7　(a)气溶胶排放；(b)气溶胶粒径分布

2.5　技术示范应用

团队针对河北建滔化工园区内的一座 150t/h 循环流化床锅炉开展燃煤烟气减污降碳示范项目建设。将锅炉烟气脱硫后所排出的“净烟气”进行捕获(烟气量按 120000Nm^3/h 设计)，碳捕集部分总投资 1.95 亿元，设计年捕集 CO_2 量 200000 吨(年运行时间 8000h)，设计捕集效率≥90%，示范工程如图 8 所示。碳捕集产生的高纯度 CO_2气体经管道直接输送气化炉造气装置，与兰碳在高温下反应生产一氧化碳(CO)，CO 经过进一步纯化处理后，与甲醇经过羰基合成反应生成醋酸，实现厂区内二氧化碳的循环利用。

图 8　20 万吨/年燃煤烟气碳捕集示范项目

2023 年总计开展六次试生产，系统分别在低负荷、半负荷、全负荷三种工况下连续稳定运行，累积运行时长超过 4000 小时，烟气脱碳率达到 90%以上，解析 CO_2纯度大于 99.5%。目前系统已实现长期稳定运行，已累计捕集 CO_2超过 4 万吨。典型运行工况下，烟气量约 90000Nm^3/h，CO_2解吸产量 15.8t/h，蒸汽消耗 14.2t/h，折算吸收剂再生热耗约为 2.2GJ/tCO_2。吸收剂损耗速率低于 0.5kg/tCO_2。运行期间，吸收剂状态良好，未见明显颜色变化，送样检测结果显示，运行 34 天吸收剂中热稳定盐从 0.011%增长到 0.017%，热稳定盐处于低浓度水平，且增长幅度缓慢，吸收剂状态良好，未见明显颜色变化。采用多级水洗耦合胺液浓缩回收利用技术对碳捕集后烟气进一步处理，同时实现胺逃逸控制、胺液回收与溶剂水平衡调节。水洗塔出口烟气检测结果显示，排放烟气中各项污染物浓度均远低于河北省要求环保排放指标，检测结果如表 1 所示。该项目也是首次对碳排放后烟气安装 CEMS 系统进行多污染物排放监测的烟气碳捕集项目。

表 1　排放烟气污染物浓度

序号	烟气组分	单位	河北省排放标准	脱碳后排放浓度
1	颗粒物	mg/Nm^3	<10	<3
2	二氧化硫	mg/Nm^3	<35	<3
3	氮氧化物	mg/Nm^3	<50	<10
4	非甲烷总烃	mg/Nm^3	<60	<5
5	氨	ppm	—	<3

3 结论

项目团队针对燃煤烟气碳捕集过程存在的能耗高、物耗高的问题，开发了一系列新型低能耗吸收剂、吸收剂和杂质成分监测预警、吸附净化与热再生工艺过程和有机胺、无机氨逃逸控制等全过程管控系统，实现了低能耗-低物耗-低排放连续、稳定运行，形成了烟气高效碳捕集与资源化循环利用方案，并推进技术成果的工业示范应用。示范项目具有良好的环境效益、经济效益和社会效益，获得/入选2023中国减污降碳协同增效典型案例、2024年国家工业和信息化领域节能降碳技术装备推荐目录、河北省生态环境厅二氧化碳捕集利用与封存试点项目等。

参考文献

[1] INSTITUTE, W. R. IPCC AR6 综合报告|《气候变化2023》十大重点解读. https://wri.org.cn/insights/2023-ipcc-ar6-synthesis-report-climate-change-findings.

[2] IPCC. IPCC, 2023: Sections. In: Climate Change 2023: Synthesis Report. Contribution of Working Groups Ⅰ, Ⅱ and Ⅲ to the Sixth Assessment Report of the Intergovernmental Panel on Climate Change; Geneva, Switzerland, 2023. https://doi.org/10.59327/IPCC/AR6-9789291691647.

[3] 张贤，杨晓亮，鲁玺. 中国二氧化碳捕集利用与封存(CCUS)年度报告(2023); 2023.

[4] 蔡博峰，李琦，张贤，等. 中国二氧化碳捕集利用与封存(CCUS)年度报告(2021)——中国CCUS路径研究; 2021.

[5] 国家统计局. 中华人民共和国2022年国民经济和社会发展统计公报，2023.

[6] Lee, S. -Y.; Park, S. -J. A Review on Solid Adsorbents for Carbon Dioxide Capture. Journal of Industrial and Engineering Chemistry 2015, 23, 1-11. https://doi.org/10.1016/j.jiec.2014.09.001.

[7] 徐燕洁. 用于烟气 CO_2 捕集的双胺类少水吸收剂性能研究，2021.

[8] 徐燕洁，方梦祥，刘可亮，许利华，施耀. 用于二氧化碳捕集的新型低能耗少水吸收剂研究进展. 中国电机工程学报 2023, 1-16. https://doi.org/10.13334/j.0258-8013.pcsee.231326.

[9] 王涛，刘飞，方梦祥，夏芝香，刘珍珍. 两相吸收剂捕集二氧化碳技术研究进展. 中国电机工程学报 2021, 41(4), 1186-1197.

[10] 林海周，裴爱国，方梦祥. 燃煤电厂烟气二氧化碳胺法捕集工艺改进研究进展. 化工进展 2018, 37(12), 4874-4886.

[11] 张宝幸，李海涛，陈曦，毛松柏，郭本帅，季燕. 相变吸收剂捕集 CO_2 技术的研究进展. 能源化工 2020, 41(5), 8-11.

[12] 雷轩邈，王甫，朱先会，袁金良. 胺法碳捕集胺的降解与抑制方式的研究进展. 高校化学工程学报 2021, 35(6), 966-978. https://doi.org/10.3969/j.issn.1003-9015.2021.06.003.

[13] 刘新宇，李凌波，李宝忠，郭宏山. 变质胺液净化复活技术进展. 化工进展 2020, 39(10), 4200-4209.

[14] 易宁彤，狄闻韬，方梦祥，王涛. CO_2 化学吸收系统有机胺排放与控制研究. In 第二十四届大气污染防治技术研讨会; 2020; pp. 154-160. https://doi.org/10.7868/s0869565214340180.

[15] 方梦祥，狄闻韬，易宁彤，王涛，王勤辉. CO_2 化学吸收系统污染物排放与控制研究进展. 洁净煤技术 2021, 27(2), 8-16. https://doi.org/10.13226/j.issn.1006-6772.CCUS20100906.

[16] 狄闻韬. CO_2 化学吸收系统胺排放特性及控制研究，2022.

双碳目标下广东石化绿色低碳新石化基地建设实践与思考

张元礼

（广东石化有限责任公司）

摘　要　在国家“双碳”战略目标下，在中国石油“清洁替代、战略接替、绿色转型”及广东石化建成绿色、智能、效益型世界一流炼化基地，当好炼化行业绿色低碳转型标杆的背景下，广东石化充分剖析新建石化基地的后发优势，以生产优化和节能提效作为减碳最现实选择、以新能源体系与绿色石化融合发展作为减碳主要路径、以数智赋能作为减碳重要管理手段、以碳汇能力建设作为碳中和终极实现方法，系统谋划了新石化基地双碳工作的总体思路。本文提出了新石化基地持续进行绿色低碳转型发展的认知和实践，具有可复制、可推广的重要意义，迈出了新石化基地绿色低碳转型最重要的一步。

关键词　绿色低碳；新能源；节能提效；清洁替代；智能工厂；双碳目标

1　引言

2020 年 9 月 22 日，习近平总书记在第七十五届联合国大会上作出“中国将提高国家自主贡献力度，采取更加有力的政策和措施，二氧化碳排放力争于 2030 年前达到峰值，努力争取 2060 年前实现碳中和”。2024 年 7 月 21 日，《中共中央关于进一步全面深化改革推进中国式现代化的决定》发布，在“双碳”方面提出：建立能耗双控向碳排放双控全面转型新机制。构建碳排放统计核算体系、产品碳标识认证制度、产品碳足迹管理体系，健全碳市场交易制度、温室气体自愿减排交易制度，积极稳妥推进碳达峰碳中和。

2021 年 4 月，中国石油提出“双碳”目标硬约束为导向的低碳转型发展路径，坚持“清洁替代、战略接替、绿色转型”三步走战略，力争 2050 年左右实现“近零”排放。

广东石化 2023 年建成投产，在第一次党代会上提出“全面实现高质量发展，建成绿色、智能、效益型世界一流炼化基地”的发展战略目标，要当好炼化行业绿色低碳转型的标杆。落实碳达峰碳中和战略部署，坚定不移实施绿色低碳发展战略，深入推进绿色企业建设引领行动，严格落实排放设计标准，从源头上最大限度减少污染物排放，实现清洁生产；落实污染防治攻坚工作方案，严控碳排放总量控制指标，切实做到绿色低碳转型发展。加大海上风电、光伏发电、生物燃料与主营业务发展有机融合力度，推动绿电、绿氢等可再生能源替代，让绿色发展的底色更足。

2　新石化基地绿色低碳发展的基础条件和优势

2023 年广东石化实现了“全面建成投产、全面商业运营、全面高效运行”目标，创造了“当年投产、当年盈利”的优良业绩，全方位开创了绿色、智能、效益型世界一流炼化基地的崭新局面。全面剖析新建石化基地的后发优势和显著特点，有利于研判目前绿色低碳发展的基础，更有助于为后续进一步深入持续开展绿色低碳发展策略研究提供方向。广东石化炼化一体化项目核心竞争力是炼油生产线加工重劣质油，化工生产线大规模、短流程、产精品，顶层设计上追求绿色低碳、智能工厂目标，已建成的石化基地具备如下优势：

2.1　具备绿色环保基因优势

广东石化炼化一体化项目将“绿色”明确为项目总体发展定位之一，从“生产工艺清洁化、资源利用高效化、产品结构最优化、节能减排最大化、污染防治系统化、环境监管智能化”方面进行顶层设计部署。

项目执行国内最高环保标准，在废气、废水、废渣和噪声及地下水污染治理方面，参考京津冀、珠三角地区特别排放限值要求，采用源头治理清洁生产技术和国内外先进环保技术，投入先进的污染防治措施，项目建成，就实现了无异味工厂、无废工厂的目标，汽、柴油产品达到国Ⅵ标准。水重复利用率98%以上；确保实现节能减排、清洁化和环境友好的目标；

2.2 具备数智赋能运营优势

广东石化智能工厂是中国石油第一个实现同步规划设计、同步建设、同步投入使用的项目。实现具有“自动化、数字化、可视化、模型化、集成化”等“五化”特征的“智能工厂”，以数字孪生、智能物联、大数据等技术赋能建设绿色、智能、效益型世界级炼化基地。采用工业互联网技术构建新一代IT基础平台，采用云原生技术创新研发综合数据库、MES、生产指挥等智能化应用，实现全业务域数据集成共享，是中国石油集团公司第一家无信息孤岛的企业，建成中国石油炼化企业首家采用工业互联网技术构建的云原生智能工厂。在催化、乙烯、芳烃、重整等关键核心装置应用国内最先进的IPC全流程智能控制技术，在装置首次开工过程中同步投用。2023年10月26日，广东石化成功入选国家工信部2023年智能制造示范工厂揭榜单位公示名单，根据工信部发布的《智能制造能力成熟度评估方法》标准，广东石化智能工厂智能制造能力成熟度整体达到四级(优化级)水平，部分领域达到五级(引领级)水平。把广东石化打造成为中国石油炼化业务信息化管理、数字化转型、智能化发展的标杆企业。

2.3 具备高端独特技术优势

流程工业的特点决定了总流程的不可复制性，优良的总流程基因是炼厂效益的基础。本项目设计加工原料是具有高密度、高含硫、高氮、高残炭、高金属、高酸值“六高”特性的重劣质原油，总加工路线为中国炼化业务独具特色的重质劣质原油深加工路线，机会原油选择范围广，“买得到，就能炼得了，而且产出好”。

落实“分子炼油”理念，将炼油系统中低附加值的液化气、轻石脑油等低碳链烷烃物料做乙烯原料，催化柴油等物料通过转化做芳烃原料，异构烷烃等作为汽油调和组分，成品油产品链、烯烃产品链、芳烃产品链可以根据市场情况，随时优化运行。乙烯原料轻质化比例达到63%以上，乙烯收率达到40%以上，处于国内外领先水平。

2.4 具备一体化大基地优势

本项目狭义上的一体化是产业结构上的，2000炼油+120乙烯+260芳烃的炼化一体化项目，这是从业务规模上的一体化概念。广义上的一体化也是新石化基地必然的要求，体现了管理一体化、经营一体化。贯彻执行一体化工厂的设计理念，满足并实现一体化工厂的设计原则：工厂总平面布置、功能设置一体化；物料互供、产品储存、装卸运输一体化；公用工程和辅助设施设置一体化；环保设施一体化；工厂管理、服务设施一体化。

这个大基地是中石油南方战略的炼化基地，以广东石化项目为核心，配套建设商储库、ABS、天然气输送、成品油管网等项目。充分发挥上下游、炼化一体化、区域整体优势，符合中石油整体利益，符合炼化未来发展趋势。

2.5 具备世界级大规模优势

广东石化项目是中国石油迄今为止一次性投资建设规模最大的具有国际竞争力的绿色、智能、效益型世界级炼化基地。项目建设规模为2000万吨/年炼油+260万吨/年芳烃+120万吨/年乙烯，配套建设30万吨原油码头及最大泊位10万吨的产品码头，具有“大炼油、大化工、大码头”的规模优势。世界级，不仅体现在世界级的装置规模，还有世界级的工艺技术、世界级的管理模式。

2.6 具备创新要素聚集优势

新石化基地，体现在同行业内最新建成投产，具备技术新、装置新、人员新、管理新，具有后发优势。这个超级工程的背后，不仅是新质生产力的综合实力输出，更是驱动更多新质生产力的试验场。众多创新要素聚集，才成就了本项目从基因上具备高端化、绿色化、智能化的后发优势。

广东石化处在开放的前沿、市场的终端，企业发展的灵活性、多样性手段更加充足。作为炼化转型升级的标杆企业，石油石化行业、集团公司对广东石化的关注度有增无减，从资源配置、政策扶持、技术支持、工作指导等都给公司创造了创新发展的坚实保障。

3 广东石化实现深度绿色低碳发展转型的路径探讨

广东石化紧紧围绕政府工作报告提出的“大

力推进现代化产业体系建设，加快发展新质生产力”总要求，落实集团公司“牢记重大嘱托、当好标杆旗帜，为保障国家能源安全、推进中国式现代化贡献石油力量”的战略部署，确定了“全面实现高质量发展，建成绿色、智能、效益型世界一流炼化企业”的愿景目标，成立了以董事长为主任的公司规划发展和科技创新委员会，双碳工作与深度转型升级发展规划同步安排、同步推进、同步实施。以高端化、绿色化、智能化为目标的深度转型升级发展规划按照“三个阶段”谋划实施。深度绿色低碳发展转型的路径是聚焦“五大技术”、实施“五大工程”，力争实现2030年前碳达峰、2050年近零排放。

3.1 聚焦源头减碳技术，实施资源优化工程

通过优化资源利用，提高资源利用效率，利用大南海石化园区的上下游一体化优势，推动园区内循环经济的协同降碳。从生产工艺的原料入手，产能布局和结构进一步优化，炼厂原料多元化(石油、生物质原料、循环利用塑料油、绿氢、绿氨、绿醇等)，形成融合发展新模式，实施源头减碳工程。

近期目标：与园区内在建的东粤化学废塑料综合利用示范性项目紧密配合，该项目具有技术颠覆性和循环经济性，对我国废塑料的污染治理和高值化回收利用的推动具有重要的战略意义和示范引领作用，广东石化要研究协同降碳可行性。

中期目标：选择成熟可靠技术，建设10万吨/年生物航煤项目。

远期目标：着力发展绿氢产业链，实现海上风电与绿色化工的融合发展，探讨风光氢氨醇一体化项目整体规划，探讨实现绿氢部分或者全部替代POX装置生产氢气。

3.2 聚焦过程降碳技术，实施节能提效工程

节能是第一能源，密切跟踪石化行业过程节能、提效、降碳的最新技术进展，与设计院合作，把成熟适用的节能技术尽早落地，始终保持乙烯、芳烃装置处于行业领跑者地位，炼油装置能效处于领先水平。

近期目标：持续优化现有装置运行，实现最佳能效水平；开展节能提效方案研究，天然气余压发电项目、合成气余压发电项目、低温热综合利用、装置间深度热联合等成熟项目在2026年第一个大检修期间实施。

中期目标：着力提高炼化业务电气化率，到2025年终端电气化率力争达到13%，2030年力争达到25%。在燃料用能方面，实施工艺加热炉等电力替代。在动力用能方面，实施压缩机等设备电驱替代蒸汽驱。在热力用能方面，通过电力替代蒸汽降低锅炉供热。

远期目标：研究推广负荷端储能利用技术，实现全部绿电消纳，进一步实施提升电气化率项目，电气化率达到55%。

3.3 聚焦绿色替碳技术，实施新能源利用工程

充分发挥惠来地区绿色石化与海上风电两大产业的互补优势，与中石油南方勘探做好上下游协同，按照双方协作争取海上风电指标、南方勘探建设运营、广东石化绿电消纳的协同降碳模式，最大限度降低广东石化碳排放量。

近期目标：与中石油南方油田合作，实施厂前区光伏发电项目；争取海上风电指标，130万千万海上风电项目建成。

中期目标：与中石油南方油田合作，实施火炬区等分布式光伏发电项目；进一步争取海上风电指标，170万千万海上风电项目建成。

远期目标：与中石油南方油田合作，进一步争取海上风电指标，300万千万海上风电项目建成。

3.4 聚焦末端固碳技术，实施二氧化碳资源化工程

由于广东石化POX装置工艺过程排放大量高浓度CO_2，需要重点跟踪CO_2化工利用技术，推进CO_2资源化、商品化、产业化发展。

近期目标：与园区企业合作，揭阳凯美特30万吨/年食品级二氧化碳项目建成，POX高浓度CO_2隔墙供应园区企业，实现碳减排。

中期目标：利用POX排放高浓度CO_2和解析气中氢气的深度回收，建设20万吨/年低碳甲醇示范项目；同时研究实施20万吨/年PPC(聚碳酸亚丙酯)项目，以CO_2和环氧丙烷作为原料，生产可降解塑料PPC；20万吨/年DMC(碳酸二甲酯)项目，以CO_2和环氧乙烷作为原料，采用酯交换工艺生产碳酸二甲酯，副产乙二醇。

远期目标：关注CCUS以及二氧化碳化工利用领域的颠覆性新技术进展，比如二氧化碳化学链矿化技术，利用电石渣、钢渣等富含钙镁碱土的工业矿石作为矿化原料，将工业烟气中的CO_2无需经过捕集提纯过程，直接转化为具有经济价值的碳酸钙，实现负碳—绿色化工转换过程；另

外关注 CO_2 电催化还原和光催化还原技术，CO_2 制甲醇、乙醇、SAF、烯烃、芳烃、汽油、甲酸、碳酸酯和可降解塑料，CO_2 人工合成淀粉，CO_2 生物转化制高价值产品等。

3.5 聚焦数智控碳技术，实施碳减排管控工程

通过数据分析和智能控制手段降低碳排放。充分利用大数据、人工智能等技术，实施碳排放管理和监测，精准制定减排策略，实现碳排放的精准管控，推动碳管理水平不断提升，实现碳减排的最大化效益。

近期目标：一是完善能源管控平台的功能，提高能源管理水平；二是联合昆仑数智公司建设数字智能双碳管控平台，通过系统实现碳排放业务“碳足迹看得清、碳排放摸得准、碳减排控得住、碳资产管得优”。

中期目标：数字化转型、智能化发展进一步提升，实现公司能源“双控”向碳减排“双控”转变。

远期目标：进一步提升碳减排管控能力，做好碳资产管理、利用好碳金融、碳汇等碳交易政策政策，完成碳配额履约。

4 思考与建议

4.1 坚持对标一流、志存高远的原则学经验

广东石化双碳工作起步晚，需要学习同行业兄弟企业的先进经验和成熟思路，重点调研双碳工作管理体系、以双碳为目标的成熟可靠的节能降碳技术应用情况、国家及广东省碳排放配额履约情况。

4.2 坚持博采众长、为我所用的原则学技术：

跟踪碳中和技术开发进展，到中石油石化院和深圳新能源研究院、中石化石科院和大连院等科研机构调研，掌握有应用前景的碳中和适用技术。

4.3 坚持洞察大势、抓住机遇的原则学政策

与中国石油学会碳中和专业委员会、广东省能源局等部门建立长期沟通渠道，及时掌握国家和广东省相关碳减排政策，及时做好碳减排履约对策。

4.4 坚持实事求是、知己知彼的原则搞交流

采取走出去、请进来的多种方式，进行节能降碳技术的深度交流。参加各类技术交流会，重点对节能提效、提高终端电气化率、绿电绿氢耦合、CCUS 和二氧化碳化工利用技术等最新技术进行持续跟踪。

4.5 坚持优势互补、协同降碳的原则搞合作

与南方勘探有限责任工作建立长期合作关系，参与编制海上风电融合发展产业规划，共同谋划海上风电新能源与绿色石化产业紧密融合，共同制定长远发展规划。

4.6 坚持统筹规划、分步实施的原则搞项目

与中石油华东院、寰球院等合作，掌握目前具备工业化应用的技术，到已经实施的企业现场调研。选择适用于广东石化、具备工业化应用条件的技术开展项目前期工作，在最合适时机进行实施。

参 考 文 献

[1] 李明丰，吴昊，李延军，等. 我国炼油行业低碳发展路径分析[J]. 石油炼制与化工，2023，54(1)：1-9.

[2] 邹才能，熊波，薛华庆，等. 新能源在碳中和中的地位和作用[J]. 石油勘探与开发，2021.

[3] 戴厚良，苏义脑，刘吉臻，等. 碳中和目标下我国能源发展战略思考[J]. 石油科技论坛，2022.

[4] 李鸿莉，逄淑君，徐文佳，等. “双碳”背景下石化企业转型现状和趋势[J]. 油气田环境保护，2023，33(04)：1-5.

[5] 王时良. “双碳”背景下石化企业绿色转型路径分析[J]. 中国氯碱，2023，(08)：50-53.

[6] 魏志强，曹建军，孙丽丽，等. 中国炼化产业实现碳达峰与碳中和路径及支撑技术[J]. 石油学报(石油加工)，2024，40(01)：1-11.

[7] 李诗晓. 石化行业多路径推进实现“双碳”目标[J]. 中国石化，2023，(06)：44-45.

[8] 王京尧. 绿氢炼化助推石化行业实现“双碳”目标[J]. 中国石油和化工，2023，(05)：40-42.

[9] 庞广廉，等. 迈向碳中和：欧洲化学工业的低碳技术路线[M]. 北京：化学工业出版社，2022，8.

[10] 曹湘洪. 炼油行业碳达峰碳中和的技术路径[J]. 炼油技术与工程，2022，52(01)：1-10.

[11] 李明丰，吴昊，沈宇，等. “双碳”背景下炼化企业高质量发展路径探讨[J]. 石油学报(石油加工)，2022，38(03)：493-499.

顺酐产品碳足迹核算及绿色低碳生产研究

齐广建

（山东汇丰石化集团有限公司）

摘　要　本文通过全方位分析、评价生产一吨顺酐产品的生命周期过程的碳足迹，查找影响温室气体排放的主要因素，识别分析温室气体关键排放源，寻找降低温室气体排放量的机会，有助于企业采取有效可行的措施来减少碳排放，提升碳排放管理能力，发现产品高碳排放的环节并进行改善，推动产业链上下游企业实现显著减排和降碳，促进企业实现低碳绿色发展。同时为产品采购商和第三方有效沟通提供良好的数据基础。

关键词　碳足迹；生命周期；绿色低碳；节能减排

1　顺酐产品简介

顺酐是一种常用的重要基本有机化工原料，是世界上仅次于醋酐和苯酐的第三大酸酐原料。顺酐主要用于生产不饱和聚酯树脂（UPR）、醇酸树脂。此外，以顺酐为原料还可以生产1,4-丁二醇（BOD）、γ-丁内酯（GBL）、四氢呋喃（THF）、马来酸、富马酸和四氢酸酐等一系列用途广泛的精细化工产品，在农药、医药、涂料、油墨、润滑油添加剂、造纸化学品、纺织品整理剂、食品添加剂以及表面活性剂等领域具有广泛的应用。

本次碳足迹评价产品生产周期为2022年1月1日至2022年12月31日，功能单位：一吨顺酐产品，规格：固体顺酐、25kg/袋，型号：优等品。

本次评价顺酐生产主要涉及原料为正丁烷，采用正丁烷氧化法生产，生产工艺见图1。

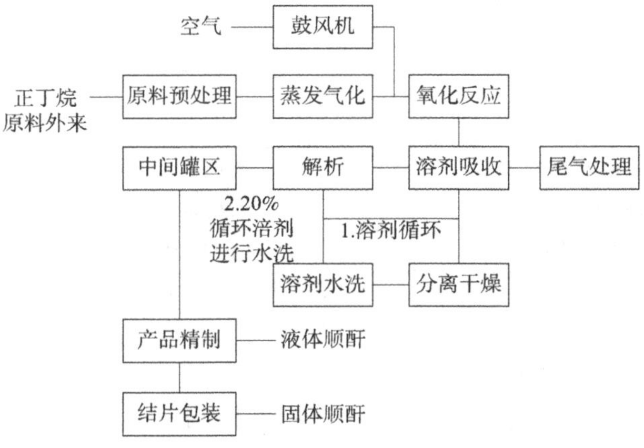

图1　顺酐生产工艺简图

2　碳足迹评价系统边界

本项目评价的系统边界为Cradle-to-gate，即原材料获取-原材料运输-产品生产，包含和未包含在系统边界内的排放过程如表1、图2所示。

表1　包含和未包含的排放过程

序号	包含的排放过程	未包含的排放过程
1	生产过程中产生的排放，包括能源消耗、过程排放	资本设备的生产和维修
2	主要原材料隐含的排放，原材料类别包括：液化石油气、丙烷、丙烯、氢气和正丁烷；辅料及助剂主要包括32%氢氧化钠及液氯等	产品的销售和使用；部分助剂的获取
3	原材料运输过程排放：外购原材料从采购地到生产厂大门	产品回收、处置和废弃阶段；辅料及助剂的运输

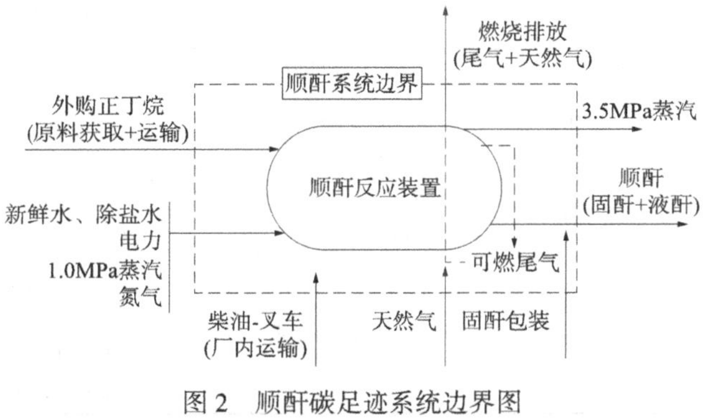

图2　顺酐碳足迹系统边界图

数据取舍原则：1%，即若某个过程的碳排放量对产品碳足迹的贡献小于1%，则此过程可忽略，总共忽略的碳排放量不超过5%。

3　碳足迹评价方法

根据生产组织的规模及工艺复杂程度、能源构成、数据检测水平及数据管理水平等因素，列出需要在评价过程中查看的原始记录、统计台账、统计报表、实验室分析记录等数据，并估算大概核实多少原始数据以论证结果的可信性和准确性，形成数据清单(表2)。采用清单分析量化和评价产品在生命周期范围内各阶段能源、资源消耗，以及各种环境污染排放过程。

通过查阅支持性文件及访谈，对2022年度顺酐产品产量、原料加工量及产品涉及的排放因子的数据单位、数据来源、监测方法、监测频次、记录频次、数据缺失处理进行了评价，并对数据进行了交叉核对，结果如表3、表4。

表2　顺酐产品活动水平数据清单

排放源	能源/物料	说明	数值	单位	排放因子	单位
原材料获取排放	外购正丁烷	原材料隐含的排放	44818	吨	2.9225	tCO_2e/t
	天然气	原材料隐含的排放	25037	Nm^3	0.0025	tCO_2e/Nm^3
	外购正丁烷	原材料物流运输排放	汽车/766.2281	吨*万公里	0.8846	tCO_2e/t 万公里
产品生产制造排放	新鲜水	外购使用	7.0208	万吨	1.6694	tCO_2e/万t
	除盐水	外购使用	42.4389	万吨	19.0262	tCO_2e/万t
	电	生产及辅助设施用电	79218.27	MWh	0.629	tCO_2e/MWh
	3.5MPa蒸汽	生产余热产生	-1585161	GJ	0.11	tCO_2e/GJ
	1.0MPa蒸汽	外购使用	377334	GJ	0.11	tCO_2e/GJ
	尾气燃料	燃烧使用	975	GJ	0.0555	tCO_2e/GJ
	氮气	外购使用	95	吨	0.1198	tCO_2e/t
	尾气燃烧	碳损失	16693	吨	3.6308	tCO_2e/t
	包装袋	产品包装	117.8	吨	2.1828	tCO_2e/t
产品外销	柴油	厂内叉车	160	GJ	0.0738	tCO_2e/GJ

表3　顺酐产品产量和原料外购量评价

数据项	顺酐产量	外购正丁烷
数据值	41646	44818
单位	吨	
数据来源及交叉校核	《2022年度生产月报表》	
监测方法	生产系统记录，自动包装称计量	流量计计量
监测频次	每批次监测	连续计量
记录频次	每批次记录，录入系统	
数据缺失处理	数据无缺失	
评价结论	经评价确认，聚丙烯产品产量数据源选取合理，数据准确	

表4　排放因子的评价

数据项	外购正丁烷排放因子	汽运排放因子	新鲜水
数据值	2.9225	0.8846	1.6694
单位	$kgCO_2e/kg$	$kgCO_2e$/万t*km	万tCO_2e/t
数据来源	国内排放因子/Gabi数据库：Sphera IPCC AR6	国内排放因子/Gabi数据库：Sphera IPCC AR6	Gabi数据库：Sphera ISO 14067国内排放因子
评价结论	符合评价依据的要求	经评价确认，受评价方原材料厂外运输主要采用道路运输，采用Sphera中基于IPCC AR6计算得出的道路交通货运平均排放因子，数据选取合理	符合评价依据的要求

4　产品碳足迹核算

4.1　产品碳排放量量化方法

本报告对产品温室气体排放和移除采用排放因子计算法进行量化，主要计算排放量的计量温室气体方法如下。

二氧化碳当量 $CO_2e = \sum in(AD_i \times EF_i \times GWP_i)$

式中，AD 为活动数据；EF 为排放因子；GWP 为全球变暖潜值。

根据排放量化方法和活动水平数据的评价、排放因子的评价部分确认的计算方法、活动水平数据和排放因子，对顺酐产品在研究周期内的原材料获取、原材料运输、产品生产产生的温室气体排放量化评价过程见表5、表6。

表5　顺酐产品排放量计算表

原材料品种	原材料品种	消耗量	排放因子	排放量
		t	tCO_2e/t	tCO_2e
		A	B	C=A×B
原材料获取排放量	正丁烷-获取	44818	2.9225	130980
	天然气-获取	25037	0.0025	63.7
	正丁烷-运输	766.2281	0.8846	677.81
产品生产排放量	新鲜水	7.0208	1.6694	11.72
	除盐水	42.4389	19.0262	807.45
	电	79218.27	0.629	49828.29
	3.5MPa 蒸汽	-1585161	0.11	-174367.71
	1.0MPa 蒸汽	377334	0.11	41506.72
	天然气-燃烧	975	0.0555	54.13
	氮气	95	0.1198	11.39
	尾气-碳损失	16693.07	3.6308	60609.2
	包装袋	117.8	2.1828	257.14
产品外销排放量	柴油	160	0.0738	11.85

表6　顺酐产品碳足迹汇总表

生命周期过程	生命周期过程净排放量	碳足迹	占比
产量：41646t	tCO_2e	$kgCO_2e/t$	%
原材料获取	131043.7	3146.61	118.64
运输	689.66	16.56	0.62
产品生产	-21281.67	-511.01	-19.26
小计	110451.69	2652.15	100.00

4.2　不确定性分析

评价组根据各排放类型的活动水平数据等级、排放因子等级和仪器校准级别对受评价方的数据不确定性进行分析。不确定性根据三个方面相应的要求进行赋值，并通过各排放类型的排放量占比进行加权平均，计算得出每一排放类型数据的精确度级别的加权平均值，将其相加得出数据的整体精准度。精准度级别要求，分值≥5.0的为一级；5.0>分值≥4.0的为二级；4.0>分值≥3.0的三级；3.0>分值≥2.0的二级；分值<2.0的为五级。分值越高，精准度越高。经确认，2022年顺酐产品碳足迹核算数据不确定性分值为4.73，精准度级别为二级，数据质量符合相关标准要求，数据来源合理准确。

5　碳足迹分析及低碳减排建议

5.1　影响碳足迹关键因素分析

通过顺酐产品各阶段碳排放量进行分析计算可知，上游原材料获取产生的间接排放和生产环节尾气碳损失、电及1.0MPa蒸汽消耗产生的直接排放为顺酐产品全生命周期碳排放的关键排放源，是以后进行碳排放控制的重点关注对象（图3）。

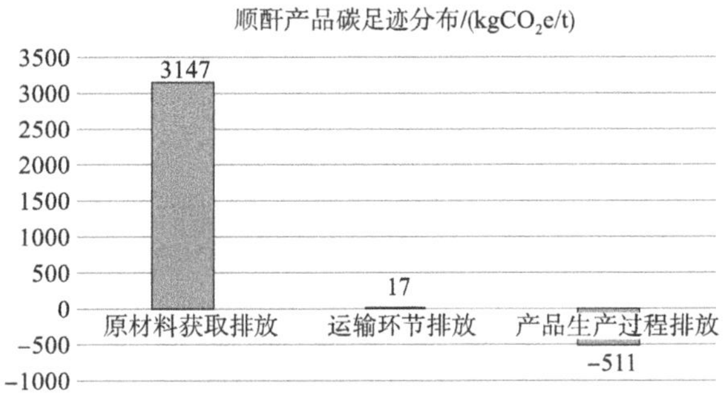

图3　顺酐产品生产各阶段碳足迹

5.2　低碳减排建议

通过对顺酐产品全生命周期碳排放的关键因素进行分析，查找降低温室气体排放量的机会，提出以下低碳减排建议措施：

（1）充分考虑实施绿色采购，就近采购，减少运输环节排放量。同时加强对上游原材料供应商的优选，选择技术工艺水平先进，单位产品综合能耗低，碳排放水平高的供应商，从而减少上游阶段产生的间接排放量。

正丁烷主要是从油田气、湿天然气和石油炼制、乙烯裂解等化工产生的裂化气中经分离而得。从油田气和湿天然气分离，将其加压冷凝分离，可得含丙烷，丁烷的液化石油气，再用蒸馏法分离得到丁烷。从石油裂解的 C_4 馏份分离，由常减压、重整、催化裂化、焦化、热裂化、加氢裂化、乙烯裂解等生产过程中所得液化气组份都可得到大量 C_4，再用蒸馏法分离得到丁烷。两种方法原料获取阶段碳排放量差距较大，尤其是石油化工裂解过程中需要消耗大量的能源，部分生产工序还涉及大量的过程排放，且得到的 C_4 馏份正丁烷浓度相对较低，分离过程碳排放量也相对偏高。因此，建议有条件的单位选购油田气和湿天然气分离的正丁烷，可大幅降低原料获取阶段间接产生的碳排放量。

(2) 加强顺酐生产过程管控，注重节能减排，推进生产设备、技术升级改造，减少生产过程中电力、蒸汽等能源消耗，提高能源利用率，条件适宜的选择清洁绿色能源，如利用顺酐包装厂房或厂区增设太阳能发电或者厂区附近建设风电等；严格操作提高正丁烷转化率，降低尾气产生，尾气处理以 RTO 炉代替 TO 炉，降低尾气燃烧中的正丁烷浓度及天然气使用量，从而降低产品生产过程中的碳排放量。

6 结论

公司 2022 年生产的顺酐产品从原材料获取到产品分销(摇篮到大门)全生命周期功能单位产品碳足迹为 1.321tCO_2e/t，其中：原材料获取阶段排放量 tCO_2e/t、产出生产阶段排放量 tCO_2e/t、产品销售阶段排放量 tCO_2e/t。

根据顺酐产品全生命周期各阶段排放量分析，建议企业重点关注上游原材料获取阶段产生的间接排放和企业生产阶段能源消耗产生的排放，通过选取低碳原材料，使用绿色电力等能源替代，可降低顺酐产品碳足迹，甚至可生产出负碳产品。

"能耗双控"向"碳双控"转变背景下石化企业能碳管理信息系统设计和应用

李志刚　王之茵　刘兆鑫　李延军

（石化盈科信息技术有限责任公司）

摘　要　随着全球气候变化的严峻挑战和我国"双碳"目标的提出，"能耗双控"政策逐渐向"碳双控"转变。石化企业碳排放管控的主要对象是企业能源活动、工艺生产过程中所产生的温室气体排放及其减排技术和措施，企业能源活动跟碳排放有极强的关联关系，利用大数据、云计算、人工智能等信息技术开展石化企业能源管理和碳排放管理信息系统的设计与应用显得尤为重要。本文介绍了能碳管理信息系统的基本架构，重点展开了能源优化和碳排放管理信息化的设计理念，以及石化企业能碳管理信息系统的应用成效和经验。

关键词　能耗双控；碳双控；碳达峰；碳中和；能源管理；能源优化；碳排放管理

1　背景

2024年7月21日党的二十届三中全会通过的《中共中央关于进一步全面深化改革，推进中国式现代化的决定》提出，明确提出"建立能耗双控向碳排放双控全面转型新机制。"国务院办公厅2024年7月30日印发《加快构建碳排放双控制度体系工作方案》，其中明确提出："十五五"时期，实施以强度控制为主、总量控制为辅的碳排放双控制度，建立碳达峰碳中和综合评价考核制度。碳达峰后，实施以总量控制为主、强度控制为辅的碳排放双控制度，建立碳中和目标评价考核制度。"十五五"时期，将碳排放强度降低作为国民经济和社会发展约束性指标，开展碳排放总量核算工作，不再将能耗强度作为约束性指标。

随着《工作方案》的发布，"能耗双控"向"碳双控"模式的转变正式拉开序幕。这一转变旨在通过优化能源结构、提高能效和减少碳排放，以实现绿色可持续发展。能耗"双控"指的是能源消费总量和强度的控制，而"碳双控"则是指碳排放总量和强度的控制。随着全球气候变化的严峻挑战和我国"双碳"目标的提出，能耗"双控"政策逐渐向"碳双控"转变。这一转变要求石化企业不仅要关注能源的使用效率，更要注重碳排放的减少。石化企业碳排放管控的主要对象是企业能源活动、工艺生产过程中所产生的温室气体排放及减排技术和措施，而能源活动（含范围一里的固定燃烧、范围二的电和热力消耗等）所产生的二氧化碳排放占石化企业碳排放总量的60%~70%，甚至更高，可见能源活动跟碳排放有极强的关联关系，利用大数据、云计算、人工智能等信息技术开展石化企业能源管理和碳排放管理信息系统（以下简称能碳管理信息系统）的设计与应用显得尤为重要。

2　能碳管理信息系统架构

石化企业能碳管理信息系统采用"8+1"的功能架构，包含能流管理、能源优化、碳统计和盘查、产品碳足迹、碳金融、碳减排、新能源和辅助决策8大业务功能和1个基础支撑体系（图1）。以统一的能碳管理模型为基础，在能流管理实现企业能源产耗"说得清"的基础上，完成企业组织级碳排放统计、核算和盘查和产品级碳足迹的核算，实现组织级和产品级碳排放"摸清碳家底"；通过公用工程产能优化、能源输送优化和装置用能优化实现能源效率"在线可优化"，提升能源使用效率，同步实现源头减碳可优化；结合碳减排新技术、碳金融和新能源的应用，在能耗指标约束转向碳排放强度指标的路径上，实现能耗指标和碳排放强度指标的无缝衔接，为企业建立科学有效的碳排放总量和强度管控的绩效体系提供支撑。

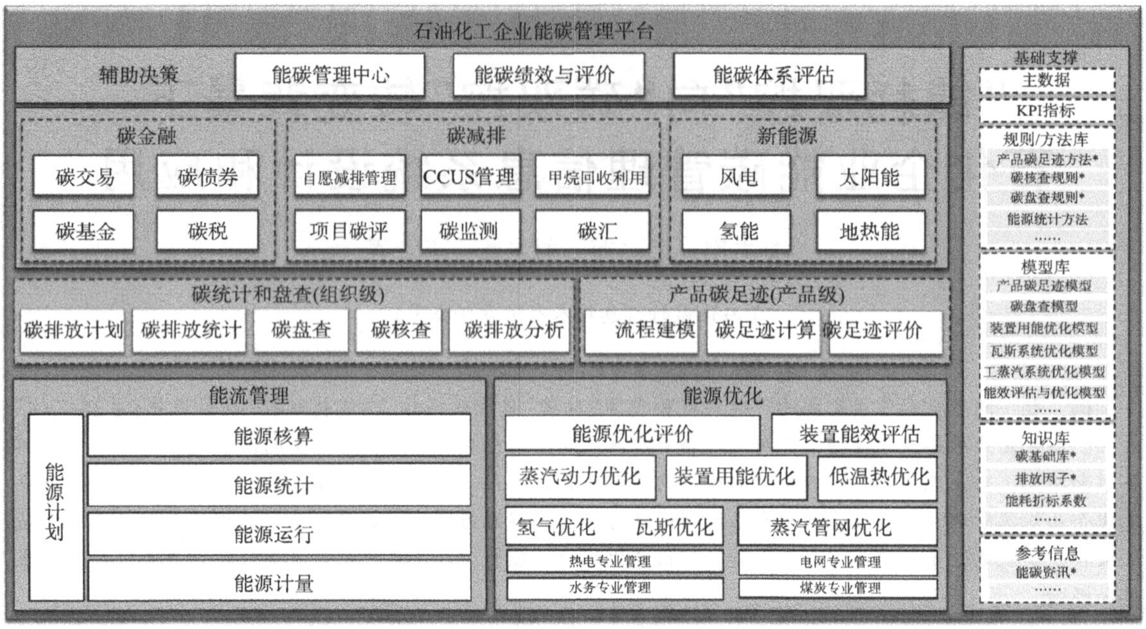

图 1　石化企业能碳管理信息系统架构

3　能源管理功能的设计

在“碳双控”情景下，企业能源管理将发生变化，最主要的是能耗强度指标考核转换成碳排放强度指标考核导致绩效体系的变革、绿色能源的应用导致的能源结构调整以及透平改电驱动导致的生产工艺的变化，为了更好的适应这种调整和变化，能源管理信息化的也需要做相应的改变。

(1) 为了适应绩效体系的变革的需要，构建能耗强度指标向碳排放强度指标无缝转换的模型和数据中心。推动能耗“双控”向碳排放总量和强度“双控”转变，新增可再生能源不纳入能源消费总量控制，这就给原有的能源介质增加了一个绿色的属性，系统在模型构建、数据获取和指标计算时对绿色能源进行区分，并在核算碳排放指标时能够根据政策要求进行消纳和抵扣，在碳排放强度绩效中体现利用绿色能源的价值和优势，从而鼓励绿色能源的利用。

(2) 为了适应能源结构调整的需要，构建以能源互联网为中心的智慧能源管理平台。能源互联网以“源-网-荷-储”互动为核心，建立开发柔性的、多能互补的能源系统。以电能为例，传统的电力系统通过调度常规发电机组，跟踪电力负荷曲线，维持系统功率的瞬时平衡，而光伏和风电有明显的反调峰和不稳定不连续的特性，随着光伏、风电等新型电能的接入，迫切需要调动储能侧和需求侧资源，走向“源-网-荷-储”协同互动优化运行模式。

(3) 为了适应透平驱动向电驱动的生产工艺的变化，构建以电力获取、电网(厂内)输送和电力使用为主线的能源优化系统。随着电驱动设备的推广和应用，电力系统运行的安全性、稳定性和低损耗必然成为重中之重，如何获取低成本和更多的绿色电力？如何减少电网输送和变压器转换损耗？如何提升电驱动设备的用电效率？将成为能源优化的核心，用能装置的优化模型和优化策略也会随之发生改变。

石化企业能源管理工作涉及到能源计划、能源运行、能源统计、能源评价、能源优化全流程，其数字化过程也应该是全流程的，系统建设内容上涵盖能源计划、能源运行、能源统计、能源评价、能源优化等五个方面。

能源计划主要包括用能预测、用能计划、产能预测和产能计划功能，以及企业制定计划后上报、企业自身内部计划下达分解和计划跟踪反馈等功能，并为碳排放计划编制提供数据源，对计划进行全流程管理，提高计划的科学性、准确性。

能源运行是能源管理的基础功能，主要是完成能源运行数据的收集、确认，以及对能源运行事件的有效记录和能源运行状态的监控和维护，最终通过能源运行报表反映全公司能源产耗的全貌和具体情况。

能源统计利用能源运行收集和确认的能源产耗数据，对全厂的能源运行数据进行归集和统计，形成统计报表，同时支撑 ERP 结算和各种口径能源数据应用需求，同时为碳排放计算提供能源活动数据。

评价分析是在能源统计数据的基础上，利用物料、质量、设备等相关数据，对能源的产耗状况进行评价和分析，明确企业的能源产耗状况，通过分析找出能源产耗存在的问题和可优化的空间，以及降碳潜力。

能源优化是石化企业能源管理的核心技术，其中包含能源生产优化、能源输送优化、装置用能优化三个环节，目前国内外相关优化技术和软件也比较成熟，但把能源优化和低碳结合方面还需要开展一些工作，本文主要以蒸汽动力优化（能源生产优化）为例进行阐述。蒸汽动力实时优化以企业热电系统的实际运行成本最小化作为目标，建立企业锅炉、汽轮机、减温减压器等设备机理模型，构建企业热电系统综合模型，实现蒸汽动力在线优化。一是企业通过系统在线形成燃料配比方案，实现热电系统的油、气和煤炭等的燃料的配置优化，在双碳背景下着重考虑低碳燃料的的采用（如：天然气）或者负碳技术（如：CCUS）的采用所带来的环境和经济效益；二是通过系统根据热电系统各设备性能曲线，核算锅炉、汽轮机等主要设备能效（每吨蒸汽燃料消耗、每千瓦时电燃料消耗），寻找最优的热电系统运行方式，提出锅炉和汽机的操作优化方案；三是充分考虑周边可获得绿电资源，在综合考虑环境效益和经济效益的基础上，尽量采用绿电资源，以降低二氧化碳排放；四是引入碳市场价格，对优化方案的综合经济效益进行评估，给出双碳目标下的经济运行方案。积极开展化实操进行评价和优化效益进行评定，对优化前的能源产耗数据、碳排放数据等建立优化前场景快照，按照优化的周期，优化后可以选择典型工况的多个周期进行优化的环境效益和经济效益进行评价（图 2）。

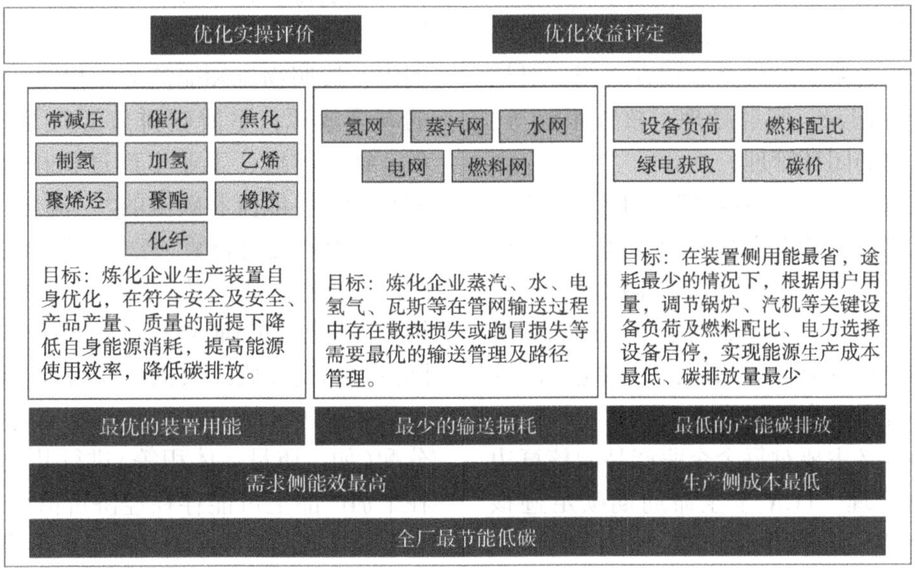

图 2　石化企业能源优化功能架构

4　碳排放管理功能的设计

石化企业碳排放管理工作涉及到组织级碳盘查和产品级碳足迹两项核心工作，并在此基础上为碳减排、碳金融和辅助决策提供支撑，系统建设内容上涵盖碳统计和盘查、产品碳足迹、碳减排、碳金融、新能源等五个方面（图 3）。

碳统计和盘查是组织级碳管理的基础，覆盖企业固定、移动、制程、逸散、回收利用、间接六大类排放的碳排放计划、统计、盘查、核查的碳排放管理功能。碳排放计划是结合政府配额要求年度计划、企业生产计划、能源计划以及碳排放历史数据预算企业碳排数据，制定优化的企业碳排放计划，并完成线上审核和发布工作，同时做到计划可跟踪，实现碳排计划闭环管理。碳排放统计是以能源运行和能源统计数据为基础归并形成碳排放活动数据，以碳排算法模型为核心，按照 ISO14064 和国家碳排放核算指南要求，实现企业 6 大类排放源（固定排放、制程排放、逸散排放、移动排放、回收利用、间接排放）碳排

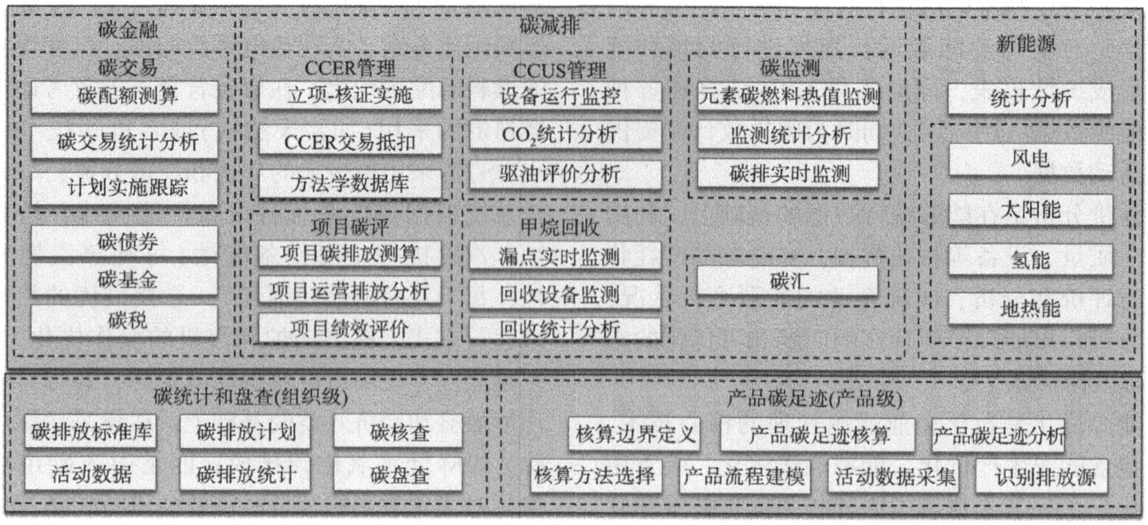

图 3　石化企业碳排放管理功能架构

放的核算。并按照规定进行指标核算，形成相应的碳排放报表，支持政府、总部年度碳盘查工作。碳排盘查以碳排统计为基础，按照政府及企业管理要求形成年度盘查清册和报告，实现企业年度碳盘查上报，为碳核查和碳交易提供支持。碳排核查在碳排盘查的基础上，按照政府指定的第三方核查公司的要求形成企业核查文档，对核查过程进行全程记录、问题处理、核查跟踪等，实现碳核查工作的闭环管理。

产品碳足迹核算以 ISO14067 和 PAS2050 为依据，结合石化行业特点进行功能设计，覆盖核算边界定义、产品流程建模、识别排放源、产品碳足迹核算方法选择、活动数据采集、产品碳足迹核算、产品碳足迹分析等功能，为炼化产品碳足迹核算和评价全过程提供支撑。

核算边界定义主要对每个企业产品的核算边界进行定义和管理。LCA 全生命周期碳足迹核算要求是对产品“摇篮到坟墓”全生命周期的核算，根据不同的石化企业的计量条件和数据基础，产品的评价边界可以适当调整，以确保核算结果的可靠性，目前主流的核算边界是“摇篮到大门”，即原料进厂到产品出厂，主要包括原油开采、原料进厂、原料厂外运输、原料厂内运输、原料储存、产品生产、产品储存和产品厂内运输过程，其中原料厂外运输仅考虑主要原料即原油运输。

产品流程图建模是在企业生产情况调研分析的基础上，对主要物料和能源供应关系做分析，绘制流程图。为了准确识别企业产品碳足迹评价涉及的碳排放源，以及建立符合企业生产实际的产品碳足迹计算方法体系，需要开展现场调研和走访，详细了解各分部的物料和能源的输入、输出情况，进行可视化建模，绘制产品流程图。

识别排放源是根据边界和流程图识别排放源，并对产品排放源进行管理。在确定的边界范围内，按照物流和能流的流程图，识别主要产品的碳排放源，主要碳排放源类型包括：物料排放、能耗排放、工业生产过程排放和三剂排放，实现物流、能流和碳流的“三流合一”。

产品碳足迹核算方法选择主要是针对不同的产品，选择合适的核算方法学，并对方法学进行维护。根据 ISO14067 标准的方法学，结合企业实际流程和碳排放源数据可获得性，形成企业可执行的碳足迹计算方法，目前主要的还是按照物理分配(如：质量、体积等)进行共生产品分配，但在个别产品上可能存在经济价值分配的场景(如：煤制氢生产的氢气和副产的二氧化碳之间的分配)。

活动数据采集实现物流、能流和碳流数据的采集和确认。目前石化企业主要从 MES、能源管理、LIMS 等系统中获取核算所需活动数据，能源管理和碳排放管理实现模型和数据融合，实现了能流数据和碳流数据的无缝衔接。企业各作业部的电力、蒸汽、水、风和氮气的供应体系一般是相对独立的，因此各作业部的能耗数据以及能源排放因子可根据各自的情况分开统计、计算和使用。

产品碳足迹计算分为两部分：(1)计算组分碳足迹。对各组分的能耗排放、物料排放、工业生产过程排放和三剂排放计算结果进行加和汇总即得到各组分的碳足迹计算结果。(2)计算产品碳足迹。根据企业销售产品名单、对应的组分、组分比例，和各组分碳足迹，可计算得到各类外卖产品的碳足迹计算结果。

根据产品碳足迹核算结果，对产品的碳足迹进行分析，评估每个产品各个环节的碳排放情况，挖掘减少产品全生命周期的碳足迹的潜力，需要根据碳足迹的分析结果预测拟采用的减排措施会对目前的温室气体排放情况的影响，从而实现对不同拟减排措施的择优与改进，并推荐减排方案。

碳金融目前重点建设碳交易相关内容。根据国家出台相应碳交易相关政策，建立碳交易计划、碳配额测算、碳配额、碳交易统计分析管理功能，加强对企业碳交易计划执行的监管，及时监控企业碳配额库存情况，对企业履约情况进行跟踪和指导。

碳减排主要建设与减排管理和技术相关的内容，涵盖建设项目碳评价、CCUS 管理、甲烷回收利用、资源减排项目管理等内容。建设项目碳排放评价功能包括事前测算(建设项目碳排测算)、事中跟踪(生产经营阶段碳排放的统计分析)、事后评价(生产运行期碳排放后评价)功能。CCUS 管理建立碳捕集-运输-利用封存的设备运行监测、数据统计分析功能，实现 CCUS 的统一监管。CCUS 设备运行状态监测管理，获取实时数据，提供全面的数据自动统计分析功能，利用信息手段整合数据资源。甲烷回收利用通过对油气田甲烷逃逸排放源，油气生产过程中的主动排放的甲烷气体，对泄露点检测(LDAR)、甲烷回收设备、甲烷回收方式、回收气体的统计分析等相关信息进行管理，实现油气企业的甲烷回收系统的统计与分析，提高能源利用率，促进企业建立相应的市场运行机制。自愿减排项目管理建立 CCER 项目的建设跟踪、核证流程跟踪、方法学管理，实现项目立项-核证签发的全过程跟踪，并与碳交易的抵扣挂钩，指导企业 CCERs 交易参与。对 CCERs 存量、卖出量、抵扣量、抵扣比例等统计分析。

5　能碳管理信息系统应用成效

能源管理和碳排放管理信息系统已经完成中国石化炼化企业的全覆盖建设，涉及 37 家炼化企业，实现了集团和企业上下一体化应用，满足装置级月粒度能源统计、能耗指标计算和分析、碳排放量计算、碳盘查和产品碳足迹核算，初步建立石化产品碳足迹数据库。

采用"先聚焦，后联动"的方式，综合展示、分析能源生产消耗、能源仪表条件、碳排放趋势、碳排放结构及影响因素等方面的数据，便于管理人员采取针对性管控措施，提高管理效率，同时为后续开展公司节能降碳提供支撑。

能源产耗分析，快速定位能耗异常波动。以板块、厂和装置为空间视角，以日为时间粒度，采用与计划、与历史两类分析方法分析各核算单元、各类能源介质的外购、自产、消耗、转供、自用、外售等信息，针对能源审计要求提供主要能源单元能源利用状况的分析(图 4)。

能源计量分析，理清能源计量状况。统计分析仪表的数量、数采率、预计值、数采修改情况，对能源审计中计量仪表配备、精度、种类情况进行分析和仪表改造提供数据支撑(图 5)。

分析管网差异，提高能源管理水平。对管网整体损失量进行历史趋势分析，采用与历史、与计量两类分析方法对与管网关联的节点两个典型数据版本统计预警，突显存在数据异变的节点，预先计算其差异率，突显其人为对计量数据干预的偏离信息(图 6)。

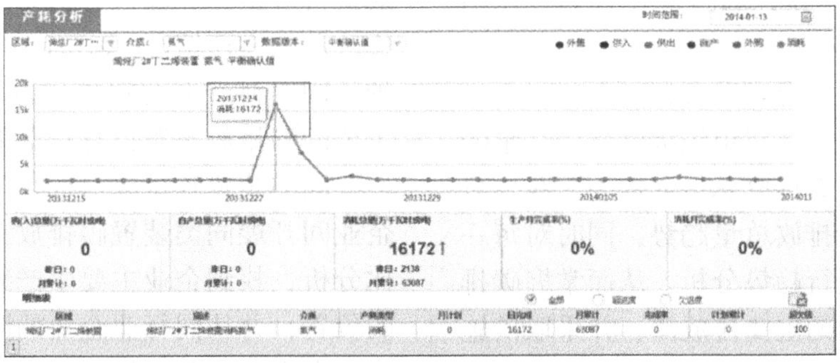

图 4　某石化企业的能源产耗分析图

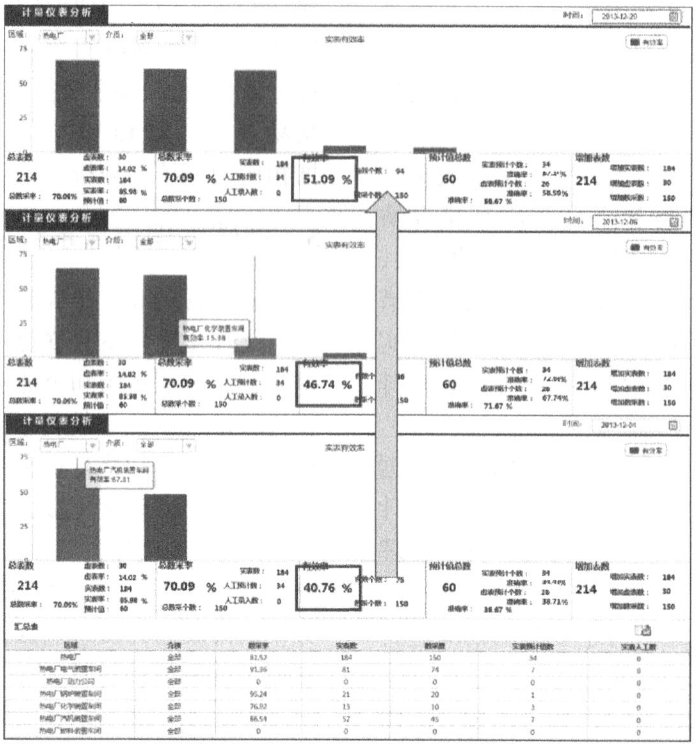

图 5　某石化企业的能源仪表分析图

图 6　某石化企业的管网差异分析图

能源指标分析，确定关键因素。采用“先预警—后联动”的设计思路，通过对比计划、比历史波动两种方式，预先提出报警，并与影响指标波动的关键影响因素一起联动分析(图 7)。

碳排放趋势分析，掌握组织级碳排放总量的趋势。以企业组织级碳排放总量数据为主线，分析指定时间期间的碳排放总量趋势，同时对每一类排放源的排放量进行趋势分析，从而掌握碳排放总量趋势产生波动的主要排放源，并采取措施监控主要排放源(图 8)。

碳排放结构分析，明确碳排放来源构成。对指定时间期间的碳排放总量种各类碳排放源的构成进行分析，并深入分析每类碳排放源中各种碳排放源的占比情况(如：固定燃烧类碳排放中各种不同燃料产生的碳排放占比情况)，从而明确主要的碳排放来源，寻找节能降碳空间(图 9)。

同类装置碳排放对标，学先进，找差距。在企业间开展同类装置碳排放总量和碳排放强度对比分析，找到企业主要生产装置碳排放在同行业的位置，并从同行业企业的同类装置碳排放的对比中发现本企业碳排放来源、燃料结构等存在的优化空间(图 10)。

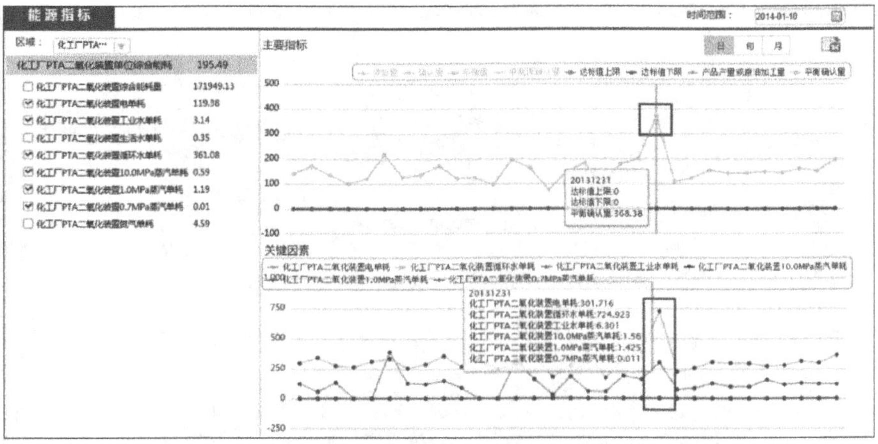

图 7　某石化企业能源指标分析图

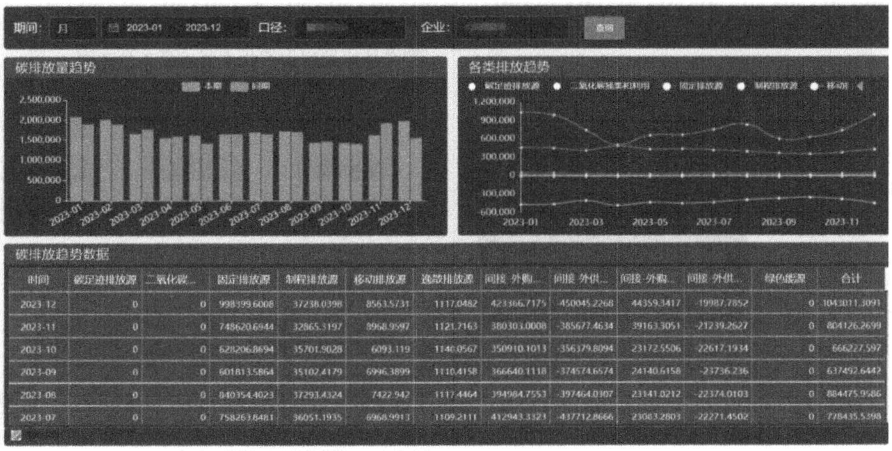

图 8　某石化企业碳排放趋势分析图

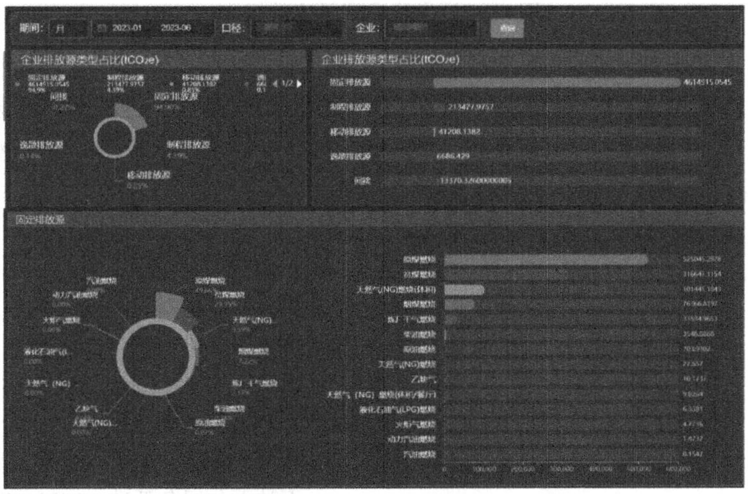

图 9　某石化企业碳排放结构分析图

初步建立石化产品碳足迹数据库。在胜利油田、镇海炼化、茂名石化、青岛炼化、仪征化纤和宁夏能化开展了产品碳足迹试点建设，覆盖了油气生产、石油炼制、化工生产、化纤生产和煤化工等主要能源化工行业产业链，实现了从油气勘探开发、原料进厂、炼化生产和产品储运“摇篮到大门”的生命周期碳足迹核算，初步建成了涵盖原油、天然气、汽油、煤油、柴油、乙烯、聚乙烯、聚丙烯、化纤、醋酸乙烯和甲醇等 200 多种主要石油化工产品的碳足迹数据库(图 11)。

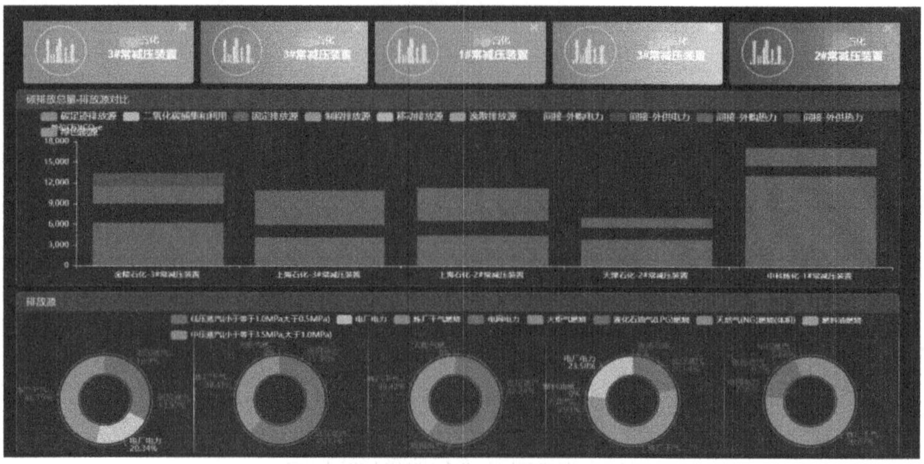

图 10　某石化企业同类装置碳排放对标分析图

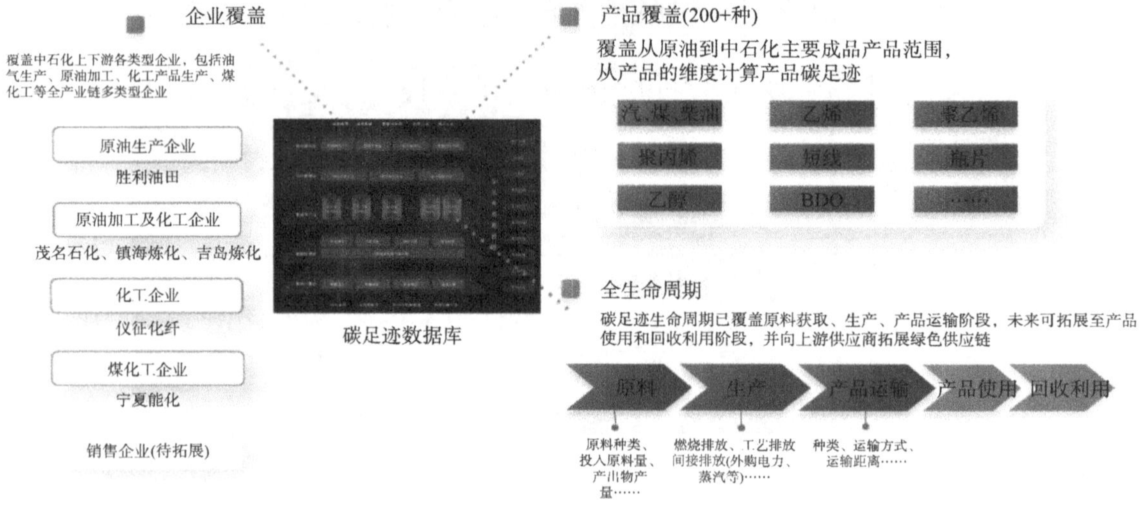

图 11　初步建成碳足迹数据库

通过建设能源管理和碳排放管理系统实现能源信息的在线监控、能源结构的合理调整、能源利用率的有效提高等节能减排目标，为国家绿色低碳事业做出重要的贡献项目累计节约标煤约22万吨，减排二氧化碳54万吨、二氧化硫5280吨、氮氧化物1540吨，相当于植树6000万棵（按照1吨标煤燃烧生成二氧化碳2.46吨、二氧化硫24千克、氮氧化物7千克计算，1棵树每年吸收二氧化碳9千克计算）。

6　结论

随着“能耗双控”转向“碳双控”的深入推进，石化企业能源管理和碳排放管理的工作会越来越细致而具体，两者的融合程度会越来越深，涉及的业务内容会越来越丰富，石化企业如何持续提高节能降碳效率将成为重要话题，借助工业互联网、大数据、人工智能等信息技术提升企业能碳管理水平是必然的选择和必要的手段，为企业提供更广泛的节能减排的选择和可能。

参 考 文 献

[1] 李德芳，索寒生，刘暄. 石化企业能源管理系统的研发与应用[J]. 化工学报，2015，01：7-13.

[2] 李志刚，张刘军，刘暄. “双碳”目标下能源化工企业能源互联网实施路径探究[J]. 当代石油石化，2023，12：44-49.

[3] 张向农. 炼化企业能源管理数字化探索与实践[J]. 石油石化绿色低碳，2022，7：72-75.

[4] 王贵生. 数字化能源与碳排放管控中心的构建与应用[J]. 石油石化节能，2023，13(3)：66-73.

[5] 全国能源基础与管理标准化技术委员会. 工业企业能源管控中心建设指南：GB/T 40063—2021[S]. 北京：中国标准出版社，2021：3-4.

希尔施管热分离器的研究与应用

徐宝平

（中国石油化工股份有限公司金陵分公司）

摘　要　本文介绍了热分离技术的研究进展，阐述了希尔施管的热分离原理。针对现在热利用和节能新方法的不足，提出了一种新的希尔施管热利用方法，并分别对气体流质和液体流质的热分离场景进行案例展示和效益分析，全文希望热分离技术能尽快得到更广泛的应用。

关键词　热力学；热利用；节能；超音速旋流；热分离；制冷；冷源的利用

本文所述的热分离是指热力学的冷热分离，而非物理学物质的分离。

自刀耕火种之日起，人类就开始利用热能进行各种生产活动。热能的应用是人类文明进步的重要标志之一，它推动了工业生产的快速发展，为社会的进步和繁荣提供了强大的动力。从早期的柴火、炭火的使用，到现代煤火蒸汽机、油火的内燃机和电力等高科技产品的应用，都是热能应用的具体体现。

热能的不当排放造成当今气候的变化，并阻止了人类活动的进一步发展。为了应对这一挑战，需要推动科技创新，借用更多、更新的手段和工具，促进用能转型，达到减少温室气体排放、保护森林资源、呵护地球的共同目标。

1　热分离技术的简要介绍

热分离过程是一种新型的热利用方法，它类似于力学的杠杆原理，只要用少量的能量实现冷与热的分离。这种现象早在1930年，就被法国冶金工程师兰克在一个三通结构的圆形管中首次发现，但其性能以及更全面介绍是由德国物理学家希尔施在1946年完成，因此这种三通结构的圆形管称之为兰克—希尔施（Ranque—Hilsch）管。但是这种理论和现象曾一度被妖魔化，曾被称之为“麦克斯韦妖”。

更早在1871年，英国物理学家麦克斯韦为了说明违反热力学第二定律的可能性而设想的。当时麦克斯韦意识到自然界存在着与熵增加相拮抗的能量控制机制，但他无法清晰地说明这种机制，他只能诙谐的假定一种“妖”，能够按照某种秩序和规则把作随机热运动的微粒分配到一定的相格里，是耗散结构的一个雏形。但是，现在普遍使用的空调就是一种典型的“麦克斯韦妖”，但随着现代研究水平和认知程度的的提高，人们也就自然地破除了这种神秘的认知。

空调用电力实现冷与热的分离的过程中，有一个关键的“能效比”指标，它是制冷量（制热量）与运行功率之比，通常在2.3~4.0之间。也即空调能用1千瓦的电力功率能产生2.3~4.0千瓦的热功率。由此可见，热分离的效率要远高于常规的燃烧制热和电制热。但是鉴于蒸发过程气、液相温差和防止制冷剂结晶的限制，空调的冷空气与热空气的温差不会超过50℃，这也限制了该方法的更广范围的应用。

空调之外的希尔施管热分离器就比空调机组更加简单，它没有制冷剂，也就没有上述制冷剂的物理性限制。图1所示的希尔施管热分离器，高压气体被切向注入涡流室，并加速到高转速，由于管道末端的锥形体的阻挡作用，旋流室中只有受压缩的外围部分气体从热流端逸出，剩余气体被迫返回到低压的内旋流室中，然后从冷端排

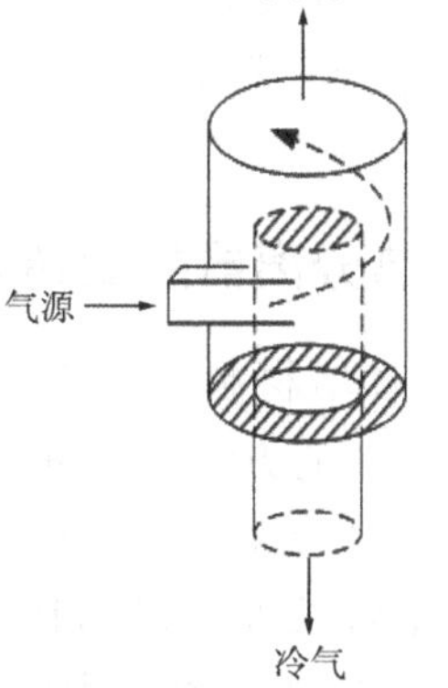

图1　希尔施管热分离器原理图

出。这是一种将透平膨胀、分离器和压缩机功能集于一体的装置，可在极短时间内实现压力能与动能的相互转换，其能源利用原理如图 2 所示。

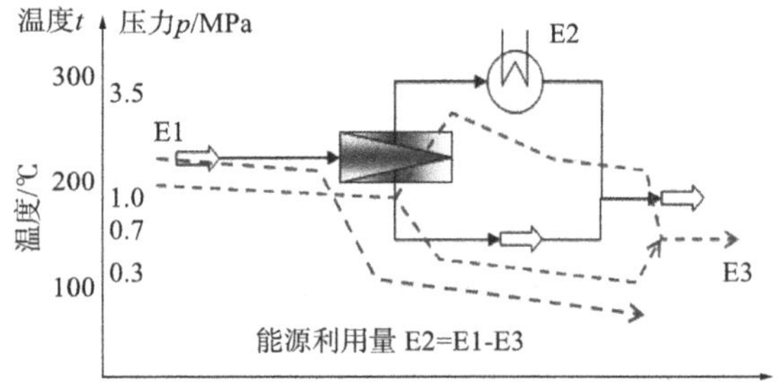

图 2　热分离器的能源利用原理图

俄罗斯用希尔施管热分离技术，于 2002 年在列宁格勒州和圣彼得堡等城市建设的 10 个以上的天然气液化装置，就是用希尔施管热分离器所得的冷源来液化天然气。

国内对希尔施管热分离器的研究起步于二十世纪初。北京航空航天大学、北京工业大学、胜利油田、中国石油大学、西安石油大学、长庆油田、西安交通大学和西南石油大学等单位都有不同程度的研究。从研究内容上看，这些研究未能实现大的突破，其原因是希尔施管的长度、直径、喷嘴等任何一个结构的偏差都会致使内部流场偏离预期，而对内部通道的加工也有较高的精度要求，在工业化的结构设计和生产中难度较大。

2007 年 2 月我国西气东输武汉西站的是一个比较成功的热源利用案例。该站的天然气压力为 5.0MPa，而向下游用户的供气压力约为 1.4MPa。运行证实，采用双通道希尔施管热分离器取代电加热器，加热功率会随上下游压比的变化而变化，具备安装方便、免维护、无运行成本、使用寿命长等优点，其实际运行成本只有电加热器费用的四分之一，这也验证了前述能效比是正确的，是在预期之内的。

只要能够持续性深入地研究，就可以跨过距离成功和完美的一步之差。

2　希尔施管热分离器的制造和测试

随着当今 3D 增材制造、微表处理等技术的发展，已经有全新的方法、先进的设备满足希尔施管内部结构的复杂性及高精的加工的要求。目前国内最大的单管长度可以达到 2000mm，标准空气的流量达到 2t/h。图 3 为中等规模的 GE-500 型希尔施管热分离器，长度近 1000mm，重 25.30kg，通体材质为不锈钢 316，设计压力为 5.0MPa，蒸汽流量为 500kg/h。

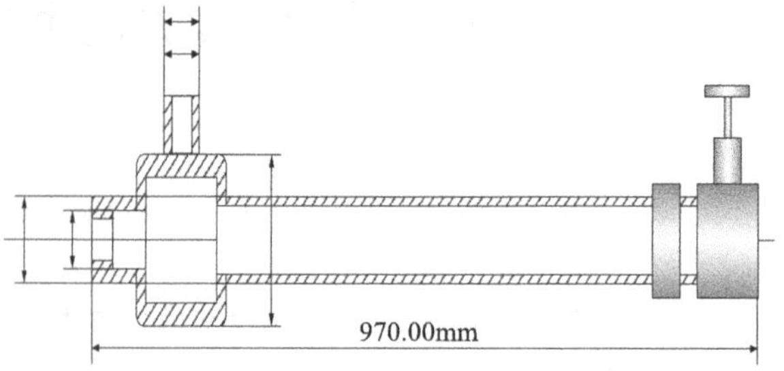

图 3　设备成品制造尺寸

将图 3 所示的希尔施管热分离器安装上阀门和热电偶，选用 1.0MPa 蒸汽进行试验，在如图 4 现场进行试验。

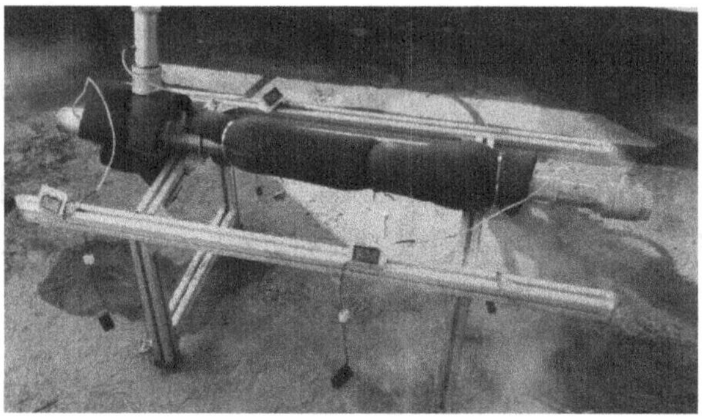

图 4　试验现场安装图

入口蒸汽温度 222℃，当蒸汽出口阀门全开，蒸汽全部从热端出口喷出，温度为 99℃；冷蒸汽出口无蒸汽出，并有明显的负压；当蒸汽出口阀门开度 20% 时，热蒸汽出口温度为 190℃，冷蒸汽出口有少量蒸汽喷出，温度为 100℃。蒸汽出口阀门开度提至 50%时，热蒸汽出口温度为 277℃，冷蒸汽出口有大量蒸汽喷出，温度为 142℃，有明显的高频啸叫声。蒸汽出口阀门开度为 80%时，热蒸汽出口流量明显减少，温度为 100℃，冷蒸汽出口蒸汽量增大，温度为 180℃，高频啸叫声减弱；当蒸汽出口阀门全关时，热蒸汽出口流量无，温度为 100℃，蒸汽全部从冷蒸汽出口喷出，温度为 100℃。

依据上述测试数据绘制如图 5 所示的流量、温度对应的曲线。

测试结果显示：冷、热蒸汽的温差幅度与蒸汽压力正相关。1.0MPa 蒸汽泄压到常压时，可以同时得到 147℃的冷蒸汽和 277℃的热蒸汽，热蒸汽的温差可以达到 135℃，按照能量守恒定律计算，冷、热蒸汽的比例为 0.6∶0.4，即

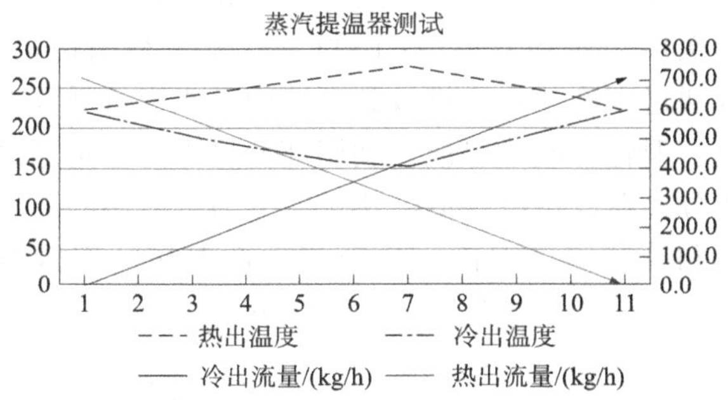

图5　蒸汽流量与温度对应曲线

ΔT℃ = 135×ΔP(mPa)，也即，气体每有 1MPa 的压降，便可得到 135℃ 的冷、热温差，在冷、热气体比例均等的条件下，即可得到一半有 65℃/1.0MPa 的温升气体和另外一半有 65℃ 温降的气体。当然，在此过程中，没有外来能量，冷、热蒸汽的温度、流量变化规律遵守能量守恒定律。

3　气体流质的应用场景

直接用气体流质得到高温热源和低温冷是热分离器最简单的应用。

和西气东输武汉西站类似的应用仍不普及。华东地区另外一工厂现有常温 3.5t/h(5000m^3/h)、4.0MPa 的天然气通过蒸汽或循环水加热才能降压到 0.6MPa、15℃ 才能供加热炉使用，既要消耗蒸汽和热水的热能，又降低的天然气的温度。

如果能充分利用天然气的压力能进行冷、热分离，就不再需要蒸汽和循环水来帮助天然气的泄压气化，既可以将天然气的温度提升至 60℃，又可以节省加热炉的燃料消耗；同时又可以得到 1.2MW(105 万 kcal/h)的冷量制得 30t/h、5℃ 的冷媒水，节约企业内运行的溴化锂制冷机组的能耗。由此预计，全年可以节约天然气加热、溴化锂机组耗用热水及溴化锂机组的运行成本 250 万元，同时还可得到的冷水价值 150 万元，两项合计全年效益为 400 万元。

某石化厂于空分装置所产的高压氮气，流量约 10000m^3/h、压力为 3.8MPa，通过控制阀进行减压到 1.8MPa 供炼油压缩机氮封等使用。在此降压过程中投用希尔施管热分离器，可以得到充裕的高温热源和低温冷源。

具体计算过程见表 1。

表1　氮气热分离项目计算书

已知参数			计算结果		
前压力	MPa	4	ό P×6.5=	℃	143
后压力	MPa	1.8	热端温度	℃	168
流量	m^3/h	10000	冷端温度	℃	-118
分子量		28	质量流量	kg/h	12500
氮气 25℃焓值	kJ/kg	300			
氮气 168℃焓值	kJ/kg	460	制热功率	kW	556
氮气-118℃焓值	kJ/kg	160	制冷功率	kW	486
25℃比热	kJ/kg℃	4.1846	热分离器单管流量	kg/h	2000
进水温度	℃	25	所需热分离器数量	根	6
热水流量	t/h	7	热水出温度	℃	93.28
冷水流量	t/h	20	冷水出温度	℃	4.09

上述计算是采用 1∶1 比例对高压氮气进行分离，可以得到 168℃ 的热氮气和-118℃ 的冷氮气，对应的制热功率为 556kW，制冷功率为 486kW，合计功率达到 1000kW。所得的 7t/h 的沸水和 20t/h、4℃ 的冷水可以进入公司低温热水和冷媒水系统，是一举多得的节能措施。按照电价折算，全年的直接经济达到 500 万元；如果按照燃料计算，全年的经济效益达到 800 万元。

在炼油厂，可更广泛地用于炼厂干气、氢气、空气的分离和提纯，或用于分馏塔顶、吸收塔顶 120~170℃ 的油气的压力能和热量的回收利用，可产生 200℃ 以上的热源加热原料，节省加热炉燃料，可产生-20~10℃ 的冷源，降低炼厂气净化系统的操作压力，节约运行成本，提高净化效率。

再如，在城市和建筑行业，希尔施管热离器可以替代太阳能发电系统，利用成熟廉价的太阳能热水系统制冷、制热，所得热可以用于加热生活热水和冬季取暖，所得冷可以确保住宅四季恒温恒湿。

4　液体流质的应用场景

将上述气体流质的热分离技术与朗肯循环技术组合，就可以实现如图6所示的的液体流质的热分离器。其中的有机工质可以选取除常规制冷剂之外的多种可气化的物质，一般在常温位的应用，可以选用二氧化碳、甲烷等作为循环工质；在100℃的应用，可以选用乙烷、丙烷等循环工质；在更高温位的应用，则选用分子量更大的、如六氟化硫等气化物质即可。

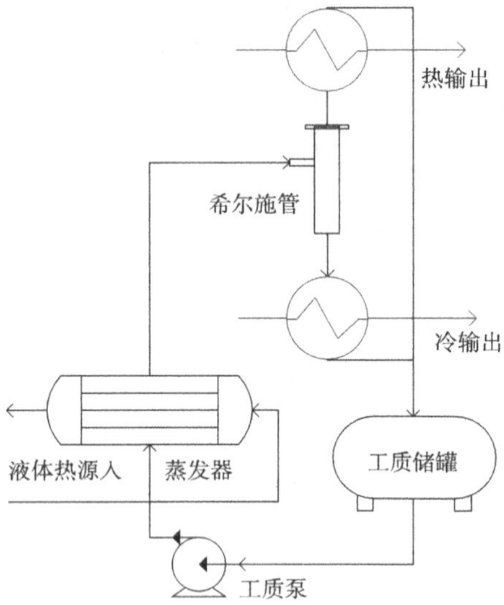

图6　液体流质的热分离原理图

在石油加工的蒸馏过程中，高温热流在进行多次热交换到低温段(150℃)后失去利用价值，或通过空冷、水冷排放到环境中，或通过低温发电、溴化锂制冷等设备利用部分热源。但是通过热分离器，可以将低温热再次分为可以用的高温热和可利用低温冷，从而实现低温热的双效利用。图7和图8是液体流质热分离技术在简单蒸馏的对比。

上图显示，采用液体流质热分离技术不仅可以大幅降低高温热源的消耗量，也可大幅降低低温热的释放量。

在复杂蒸馏过程中，一般采用原料和产品换热后再加热的方法进行余热回收，采用液体流质热分离技术后，可以提高换热温度终温，最终体现在外供热源的减少，具体差异如图9、图10所示，应用方法如图10所示。

在液体流质的低温余热回收领域，常用有机朗肯发电、溴化锂制冷等方法进行低温余热的再利用，这类方法都是通过连续排放低温热释放获得极少量的高温热，而热分离的方法是跨越温度的连续性，实现了冷与热的分离，冷与热的比例也是因需可调的。液体流质的热分离器与之对比如表2所示。

由此可见，液体流质希尔施管热分离器，无中间能耗损失，设备少、安全可靠、效率高，比现有的低温发电、溴化锂制冷等有着效率更高、投资费用更低、更加安全等诸多特点。

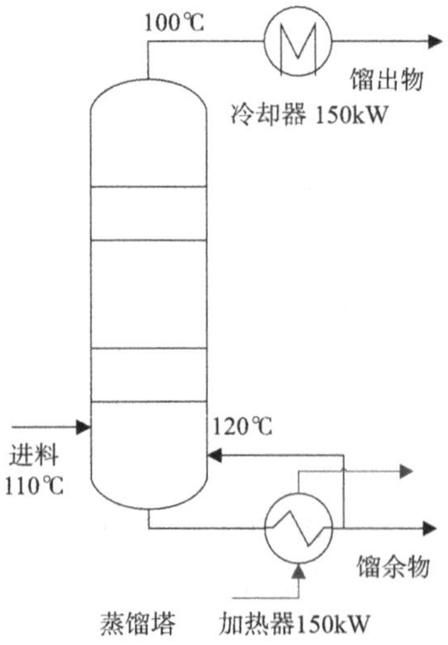

图7　常规的简单蒸馏

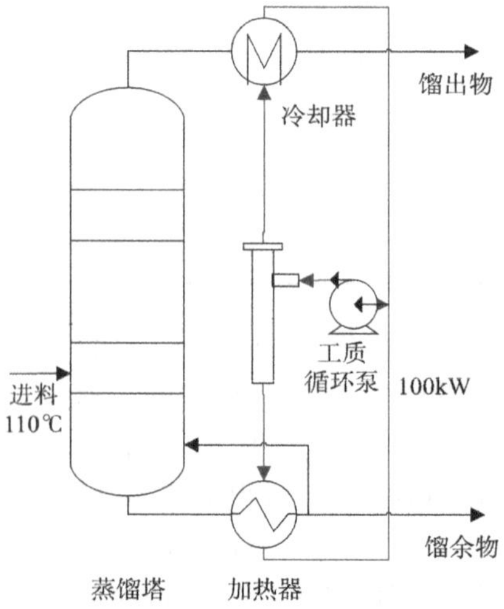

图8　带热分离的简单蒸馏

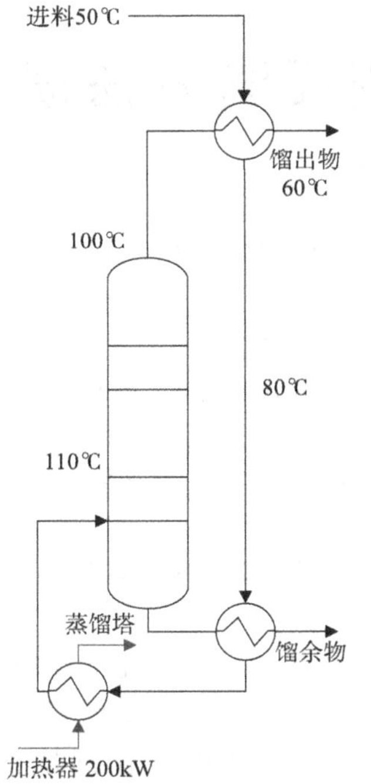

图 9 常规的复杂蒸馏

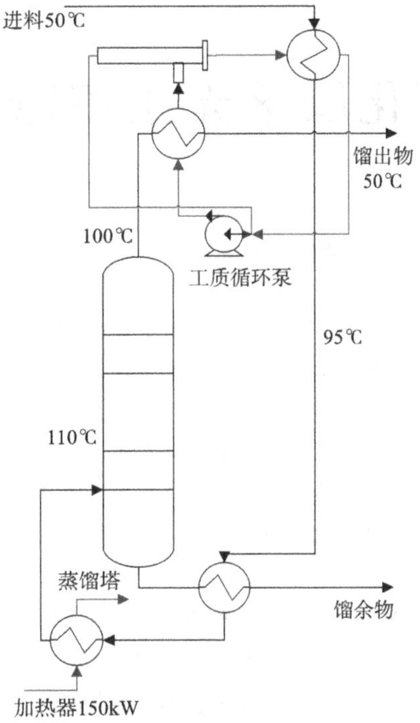

图 10 带热分离的复杂蒸馏

表 2 液体流质希尔施管热分离器的优势对比

对比目	有机朗肯发电	溴化锂制冷	热效分离器
效率	在余热→工质热能→轮机动能→发电机电能→动/热能的转换过程中，需向环境排放88%的低温热，制得12%的电量	余热→热水→水蒸发→溴化锂吸收的制冷过程中，需向环境排放70%的低温热，制得30%的低温冷量	在余热→工质热能→冷/热能的转换过程中，冷、热能综合利用率达到90%以上
费用	轮机制造费用高	多系统，过程复杂	制造费用低
安全性	轮机轴承动密封有泄漏	多个压容、机泵	无动密封
回报期	7~10 年	3~4 年	1~2 年

5 结语

在制造上，希尔施管热分离器的内部结构虽简单，但是原理深奥，效果受多因素影响，经生产制造和应用过程中的反复校验和修正，依靠高精度制造，已经实现了高性能的大型化。

在应用上，高效热分离器可以广泛应用于气体和液体的热分离，在现有众多的节能方法中增加了一种全新的手段，是解决低温余热的重要方法。

认识上有分歧，应用不普及是新生事物发展的必然过程。欲治于世须善假于物，善假于物须先识于物。

有了成熟的热分离技术后，热利用不再是简单的“加减法”，而是可分可合的“乘除法”。有了这个热力学撬棒，我们可以撬动地球气候，缓解地球的热度，因此，热分离技术是节能减排的重要方法，是实现碳中和的有力抓手。

参 考 文 献

[1] 徐文渊. 小型液化天然气生产装置[J]. 石油与天然气化工，2005，34(7).

[2] 高晓根，等. 超音速分离技术及在气田地面工程中的应用[J]. 石油与天然气化工，2011，1(40).

[3] 熊长征，陈川，等. 涡流管加热技术在天然气工业中的应用[J]. 油气储运，2009，28(6)69-72.

一种石化园区无组织碳排放监测反演方法研究

张海洋[1]　肖　哲[2]　王　辉[3]　高　瑜[3]　董　璐[2]

（1. 中国计量科学研究院；2. 辽宁省检验检测认证中心；3. 中国石油锦西石化公司）

摘　要　石油炼化是全球第三大温室气体固定排放源，各生产装置包含大量管线密封点、开口管线、法兰等组件，温室气体无组织排放监测难度大。本文研究在石油炼化厂区内布设监测点，并基于delaunay三角形算法对布设位置进行优化，获得温室气体浓度监测数据。结合气象数据建立排放源-监测点体多维高斯烟羽扩散模型，研究利用模拟退火算法，根据监测点浓度数据反演得到各无组织排放点排放率。利用模拟数据验证，算法对总排放量反演准确率可达95%以上。

关键词　石油炼化；无组织排放；碳排放反演；delaunay三角形；高斯扩散模型；模拟退火算法

石化行业作为碳排放的重要来源之一，碳排放量占全国各行业的比重高达6%，其碳排放量的有效计量和控制尤为重要。石化企业碳排放方式一般分为有组织和无组织两种。有组织碳排放指通过烟囱集中排放生产过程中产生的温室气体，目前主要使用连续排放监测系统CEMS对温室气体有组织排放进行监测。无组织排放是指在石化生产过程中，由于设备密封点泄漏、操作不当等原因导致的非集中性、非连续性的碳排放。这些排放潜在点位多、分布广，监测难度大，目前暂时没有合适的方法对石化企业无组织排放进行监测。

2017年国家发改委印发了《全国碳排放权交易市场建设方案（电力行业）》，标志着全国碳排放交易体系完成了总体设计。2024年4月3日，生态环境部公开征求《企业温室气体排放核算与报告指南 水泥熟料生产》意见，预示着水泥行业将很快纳入我国的碳交易体系。对包含无组织碳排放在内的碳排放准确计量，是石油石化行业进入我国碳交易市场的前提条件。不仅如此，欧盟“碳边境调节机制”（CBAM）税预计2028年将纳入石化产品，通过实测的方法获得可报告、可核查、可溯源的包含无组织排放在内的碳排放数据是保护我国石化产品出口的重要手段。

1　石油炼化无组织排放分析

1.1　排放源分析

石油炼化企业中CO_2的产生可分为两种途径，即燃料燃烧产生和化学反应产生。燃料燃烧产生的CO_2通过烟囱有组织排放，烟囱内为负压，不会有无组织排放。通过化学反应产生CO_2的装置有两处，制氢装置中发生烃类转化反应产生CO_2，催化裂化装置中催化剂烧焦会产生CO_2，因此需重点监控制氢装置、催化裂化装置密封点处是否有CO_2泄漏及其泄漏量。石油石化企业中产生CH_4的装置较多，蒸馏装置中三顶瓦斯、常一、常二、常三中含有CH_4，重整装置、重催装置、催化气分装置中轻组分瓦斯中含有CH_4，加氢裂化装置、加氢改质装置、焦化装置中产生的干气含有CH_4，因此需重点监控以上各装置密封点处是否有CH_4泄漏及其泄漏量。

1.2　无组织排放现有监测方法

目前缺少针对石油石化企业的无组织排放监测反演方法，企业只进行LDAR（leak detection and repair）检测，该检测只定性监测是否发生有毒有害及易燃易爆气体泄漏危险，不能对无组织温室气体排放进行测量，LDAR检测原理基于电化学的方法。依照国家环保要求规定，泄漏检测规程如下：泄漏量界定值方面，重液（重油）相关装置泄漏界定值是500ppm，轻液（轻油）相关装置泄漏界定值是2000ppm；检测周期方面，阀杆、开口管线等动密封点检测周期为1年4次，法兰、设备连接处密封面等静密封点检测周期为1年2次；在检测方法方面，以法兰为例，围绕被测法兰匀速移动探头一周进行检测，检测过程持续时间依被测法兰大小确定，大法兰通常为30秒，小法兰为15秒。在检测过程中，实时读取并记录泄漏量的瞬时值，以该检测过程内出现的最大泄漏量瞬时值作为被测法兰泄漏的测量值。

在其他行业中，国外已有无组织排放检测反演研究先例。M. Gordon 等人使用无人机空中测量数据，基于质量平衡原理，确定了阿尔伯塔油砂作业区中的空气污染物排放率。研究采用了箱式方法，通过计算排放物通过“屏障”的总对流通量来推导封闭体积内的排放率。研究表明，该方法在 SO_2 排放扰动时估算精度高达 95%，CH_4 估算结果稳定，整体不确定性小于 30%。Ruhi Humphries 等人研究了利用贝叶斯反演技术确定开放大气环境中点源痕量气体排放的位置和强度。该研究采用高精度傅里叶变换红外光谱仪测量 N_2O 和 CO_2 的浓度，通过模拟和实验验证了该技术在监测地质储存 CO_2 泄漏方面的有效性。该技术能准确确定泄漏源位置和排放速率，对于保障 CO_2 地质储存的长期效益具有重要意义。K. R. Mackie 和 C. D. Cooper 研究了利用 Voronoi 图和重要性抽样技术预测垃圾填埋场 CH_4 排放的方法。通过收集垃圾填埋场上方 CH_4 浓度数据，利用 Voronoi 图确定点源位置，再通过重要性抽样技术细化预测。研究解决了垃圾填埋场气体排放难以准确量化的问题，结果显示该方法能够稳定、准确地预测垃圾填埋场 CH_4 气体排放。

2　监测反演方法研究

2.1　示例厂区基本情况与模拟网络构建

以中国东北部地区某石油炼化公司为例展开研究，厂区占地面积 270 万平方米，拥有包括常减压装置、催化裂化装置、催化重整装置、制氢装置等在内的主要炼油化工装置 56 套，原油一次加工能力 650 万吨/年。主要产品有汽油、柴油、航煤、石油焦、聚丙烯等。

为完成厂区地理位置信息精确建模，基于开放地图平台编写 Vue 框架应用程序，可在卫星地图上提取 GCJ-02 坐标系地理坐标系下的厂区边界、主要道路、重点温室气体排放装置的经纬度位置。为方便后续碳排放监测反演计算，采用墨卡托投影变换法完成从地理坐标系下经纬度到平面直角坐标系下坐标的转换。该方法基于等角圆柱投影原理，假设地球被围在一中空的圆柱里，并与基准纬线相切，通过假想地球中心的光源将球面上的图形投影到圆柱面上，再将圆柱面展开形成平面地图。墨卡托投影变换法的等角、方向一致特性保证了直角坐标系下建立的厂区布局可精确反应石化厂区真实地理位置信息，从而提高碳排放反演结果的准确性。本文所编写的地理位置建模软件见图 1，所建立的直角坐标系下厂区布局见图 2。

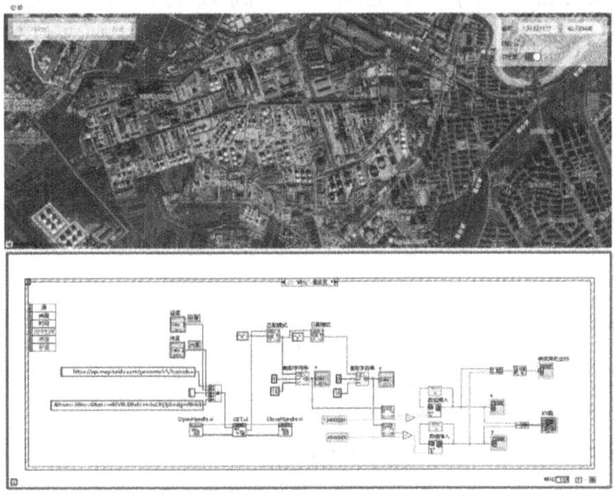

图 1　地理位置建模软件

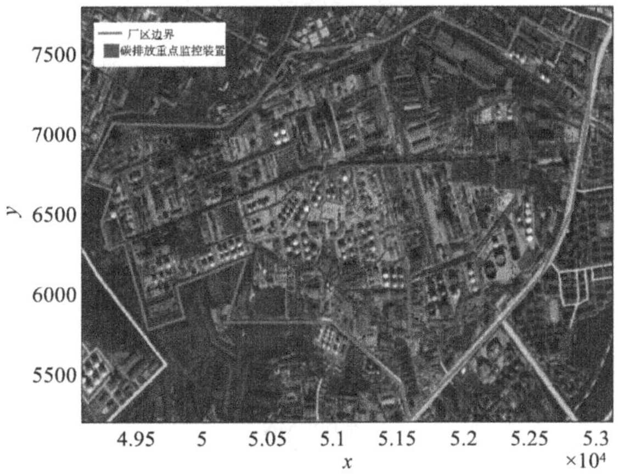

图 2　平面直角坐标系下厂区布局图

2.2　基于 delaunay 三角形的布点方法

本文所研究的石油炼化产区具有面积大、排放源分布较为分散的特点，在进行监测点布设时应同时兼顾覆盖范围、监测密度以及经济性因素。监测点的布设应尽可能覆盖厂区的所有重要排放源和潜在排放区域，以确保数据的全面性和准确性。在排放源密集或排放强度高的区域，应适当增加监测点的密度，以便更精确地捕捉温室气体的浓度变化。在排放源排放强度较低的区域，温室气体浓度变化相对平缓，则可以考虑适当降低监测点布设密度，在能够全面准确反应温室气体浓度变化的前提下兼顾经济性。

基于以上分析，本文采用如下布设策略：首先围绕厂区边界布设监测点，并在常减压蒸馏装置、催化裂化装置、制氢装置等重点温室气体无组织排放装置附近布设监测点。之后根据上述已确认的监测点的位置，以监测点布设密度能够随温室气体浓度空间变化率均匀变化为优化目标，利用 delaunay 三角形算法插入新的监测点。delaunay 三角形算法是一种高效的网格生成算法。该方法向一个区域内插入新点的原则是最大化最小角，即避免生成尖锐三角形，力求使每个三角形接近等边三角形，以使园区内监测点最大程度实现均匀分布。上述基于 delaunay 三角形算法的监测点布设流程如图 3 所示。

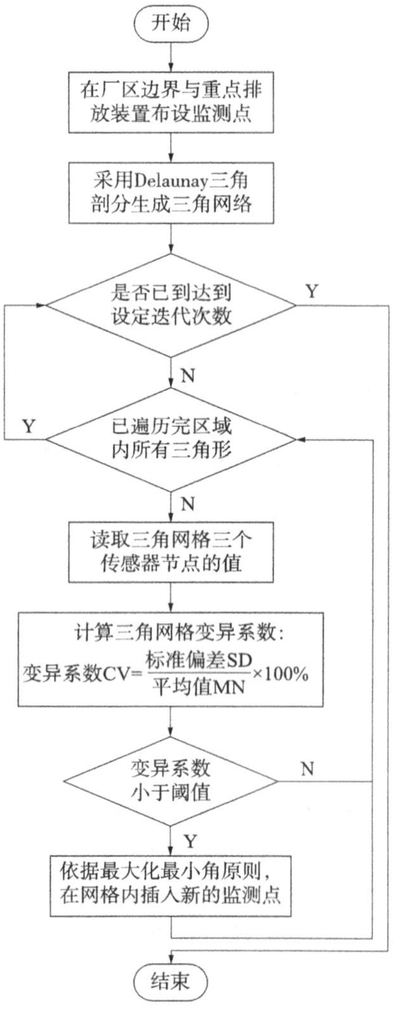

图 3　基于 delaunay 三角形算法的监测点布设流程

基于上述流程在 matlab 中编写程序，图 4 为基于 delaunay 三角形插入新监测点的迭代过程。原始监测点 13 个，第 1 次迭代后监测点数量为 27 个，区域内各 delaunay 三角形变异系数小于设定阈值，满足监测点布设要求。

2.3　多排放源-多监测点高斯烟羽扩散模型

1）高斯扩散模型基本推导

本文通过高斯烟羽扩散模型建立排放源排放量与监测点浓度之间的数量关系，结合优化算法

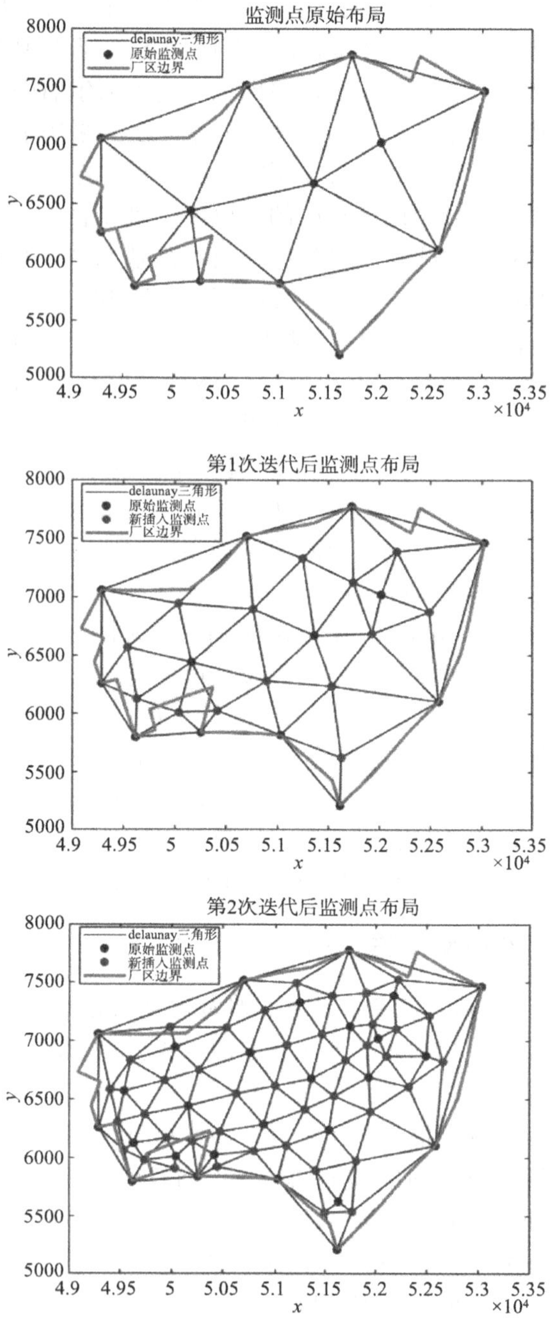

图 4　石化厂区内监测点迭代过程

可利用测点的监测点浓度反演求得排放源排量。高斯烟羽扩散模型基于高斯分布概率密度函数建立，用于研究大气中某一成分扩散的数学模型。大气扩散属于非线性问题，为将复杂的非线性问题转化为可解得线性问题，需提出如下基本假设：(1)研究空间中风速均匀稳定；(2)温室气体浓度在 y 轴和 z 轴上的分布符合高斯分布；(3)源强是连续均匀的，同时温室气体在扩散过程中满足质量是守恒。

在三维直角坐标系下建立高斯烟羽扩散模型如图 5 所示，原点为地面点源或高架点源在地面

的投影点，x 轴正面指向平均风向，y 轴在水平面上平行于 x 轴，z 轴垂直于水平面，H 为有效源高。

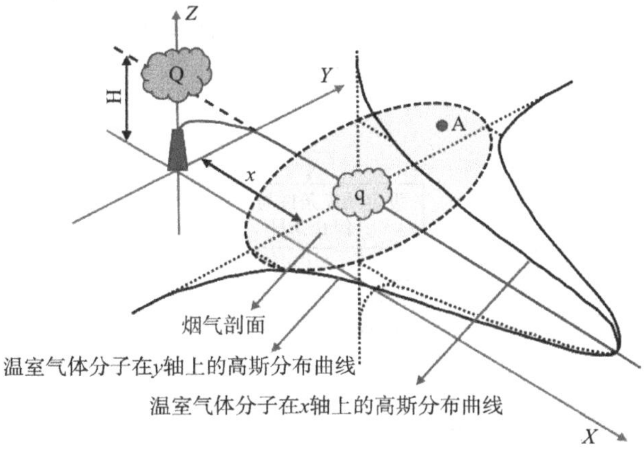

图 5　高斯烟羽扩散模型示意图

以平行于 zoy 平面且距离为 x 的的烟气剖面为分析面，温室气体分子在上的任意一点 A 出现的概率密度函数 $f(y, z)$ 为：

$$f(y,\ z)=\frac{1}{\sigma_y\sqrt{2\pi}}e^{-\frac{y^2}{2\sigma_y^2}}\cdot\frac{1}{\sigma_z\sqrt{2\pi}}e^{-\frac{z^2}{2\sigma_z^2}} \tag{1}$$

式中，σ_y、σ_y 为污染物在 y、z 方向上的标准差，也称为扩散系数。σ_y、σ_y 是关于 x 的函数，可实测也可根据经验公式估算。

进一步可以得温室气体在 A 点的浓度 $\rho(y, z)$ 为：

$$\rho(y,\ z)=q\cdot\frac{1}{\sigma_y\sqrt{2\pi}}e^{-\frac{y^2}{2\sigma_y^2}}\cdot\frac{1}{\sigma_z\sqrt{2\pi}}e^{-\frac{z^2}{2\sigma_z^2}} \tag{2}$$

式(2)中 q 为到达该剖面温室气体物质的量。根据源强稳定、温室气体物质的量守恒以及风速均匀的假定条件，$q=\frac{\text{源强 }Q}{\text{风速 }w}$，带入上式，得空间中任意一点温室气体浓度计算公式为：

$$\rho(x,\ y,\ z)=\frac{2\pi}{2\pi w\,\sigma_y\sigma_z}e^{-(\frac{y^2}{2\sigma_y^2}+\frac{z^2}{2\sigma_z^2})} \tag{3}$$

2）石化厂区多排放源-多监测点高斯烟羽扩散模型

设石化厂区中含有 n 个排放源和 m 个监测点，如图 6 所示，推导石化厂区多污染源-多监测点高斯烟羽扩散模型。

排放源 j 在监测点 i 处产生的模拟浓度 $C_{ij,\text{model}}$ 的计算公式为：

$$C_{ij,\text{model}}=\frac{1}{2\pi w\,\sigma_y\sigma_z}e^{-\frac{y^2}{2\sigma_y^2}}Q_j=f(x,\ y)_{ij}Q_j \tag{4}$$

式中，$i=1\cdots\cdots m$；$j=1\cdots\cdots n$；$C_{ij,\text{model}}$ 为源 j 在受体 i 处的模拟浓度，单位 g/m³；Q_j 为源排放率，单位 g/s；令 $f(x,\ y)_{ij}=\frac{1}{2\pi w\sigma_y\sigma_z}e^{-\frac{y^2}{2\sigma_y^2}}$，定义 $f(x,\ y)_{ij}$ 为排放源 j 对监测点 i 的浓度作用系数。

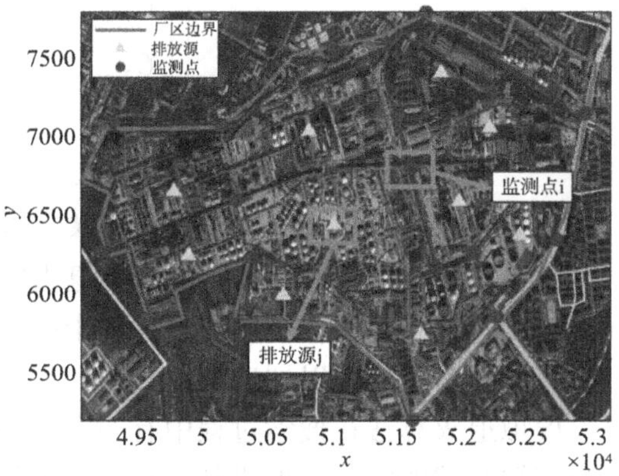

图 6　某石化厂区模拟排放源-监测点示意图

多个排放源对同一监测点的浓度作用可线性叠加，第 i 个受体的总浓度 $C_{i,\text{model}}$ 为各个排放源对其产生的模拟浓度之和

$$C_{i,\text{model}}=\sum_{j=1}^{n}C_{ij,\text{model}} \tag{5}$$

通过矩阵表示所有监测点总模拟浓度计算公式如式(6)

$$\begin{bmatrix}C_{1,\text{model}}\\C_{2,\text{model}}\\\vdots\\C_{m,\text{model}}\end{bmatrix}=\begin{bmatrix}f(x,\ y)_{11} & f(x,\ y)_{12} & \cdots & f(x,\ y)_{1n}\\f(x,\ y)_{21} & f(x,\ y)_{22} & & f(x,\ y)_{2n}\\\vdots & & \ddots & \vdots\\f(x,\ y)_{m1} & f(x,\ y)_{m2} & \cdots & f(x,\ y)_{mn}\end{bmatrix}\begin{bmatrix}Q_1\\Q_2\\\vdots\\Q_n\end{bmatrix} \tag{6}$$

简写为：

$$C_{\text{model}}=F\cdot q \tag{7}$$

式中，C_{model} 为监测点浓度矩阵；F 为虚拟源对监测点的浓度作用矩阵，如果确定所有虚拟源和监测点的相对位置，该矩阵可确定；q 为排放源排放矩阵。

2.4　模拟退火算法反演排放量

石化厂区碳排放量的反演问题实质是利用上文推导出的多排放源-多监测点高斯烟羽扩散模型 $C_{\text{model}}=F\cdot q$ 所计算出的模拟浓度 C_{model} 去拟合实测浓度 C_{measure}，即找到最优排放率矩阵 q，使得建模浓度与测量浓度之间的差异最小，构造如下函数表示模拟排放浓度与实测排放浓度间的欧式距离。

$$J(q)=|C_{measure}-C_{model}|=\left|\begin{bmatrix}C_{1,measure}\\C_{2,measure}\\\vdots\\C_{m,measure}\end{bmatrix}-\begin{bmatrix}f(x,y)_{11}&f(x,y)_{12}&\cdots&f(x,y)_{1n}\\f(x,y)_{21}&f(x,y)_{22}&&f(x,y)_{2n}\\&\vdots&\ddots&\vdots\\f(x,y)_{m1}&f(x,y)_{m2}&\cdots&f(x,y)_{mn}\end{bmatrix}\begin{bmatrix}Q_1\\Q_2\\\vdots\\Q_n\end{bmatrix}\right| \tag{8}$$

使用模拟退化算法求解当欧式距离函数 $J(q)$ 最小时排放率矩阵 q 的取值。模拟退火算法是一种启发式搜索算法，利用搜索过程中的中间信息来改进搜索策略，以加速求解过程和找到最优解。模拟退火算法在搜索过程中有一定概率接受比当前解要差的解，这种机制将有效避免搜索过程陷入局部极小值。设置模拟退火算法在搜索过程前期更易接受新解，以扩大搜索范围，避免陷入局部最优解。设置模拟退火算法在搜索过程后期降低接受新解的概率，缩小搜索范围，以进行局部精细搜索。

使用模拟退火算法求解石化企业各排放源排放率的过程如下：

（1）设定约束条件，排放率矩阵 q 内所有元素均为非负数，即各排放源的排放率均大于等于0。设定迭代停止条件为模拟排放浓度与实测排放浓度间的欧式距离连续迭代多次没有变化。

（2）初始化一个排放率矩阵 q，带入 $J(q)$，计算当前排放率下，模拟排放浓度与实测排放浓度间的欧式距离。

（3）在排放率矩阵 q 附近以一定规则生成一个新的排放率矩阵 q_{new}，计算带入温室气体浓度拟合损失函数计算 $J(q_{new})$，即计算新排放率下模拟排放浓度与实测排放浓度间的欧式距离。

（4）如果 $J(q_{new})<J(q)$ 将排放率矩阵 q_{new} 赋值给排放率矩阵 q，重复步骤3；如果 $J(q_{new})\geq J(q)$，计算接受排放率矩阵 q_{new} 的概率为 $p_t=e^{-|J(q_{new})-J(q)|\times C_t}$，式中 C_t 为模拟退火系数，随迭代次数 t 变化，其取值影响搜索最优排放率的效率。之后以均匀概率分布生成一个[0，1]之间的随机数 r，如果 $r<p_t$，则将排放率矩阵 q_{new} 赋值给排放率矩阵 q，返回步骤3，否则直接返回步骤3。在 matlab 中编写算法程序，完整碳排放率求解流程如图7所示。

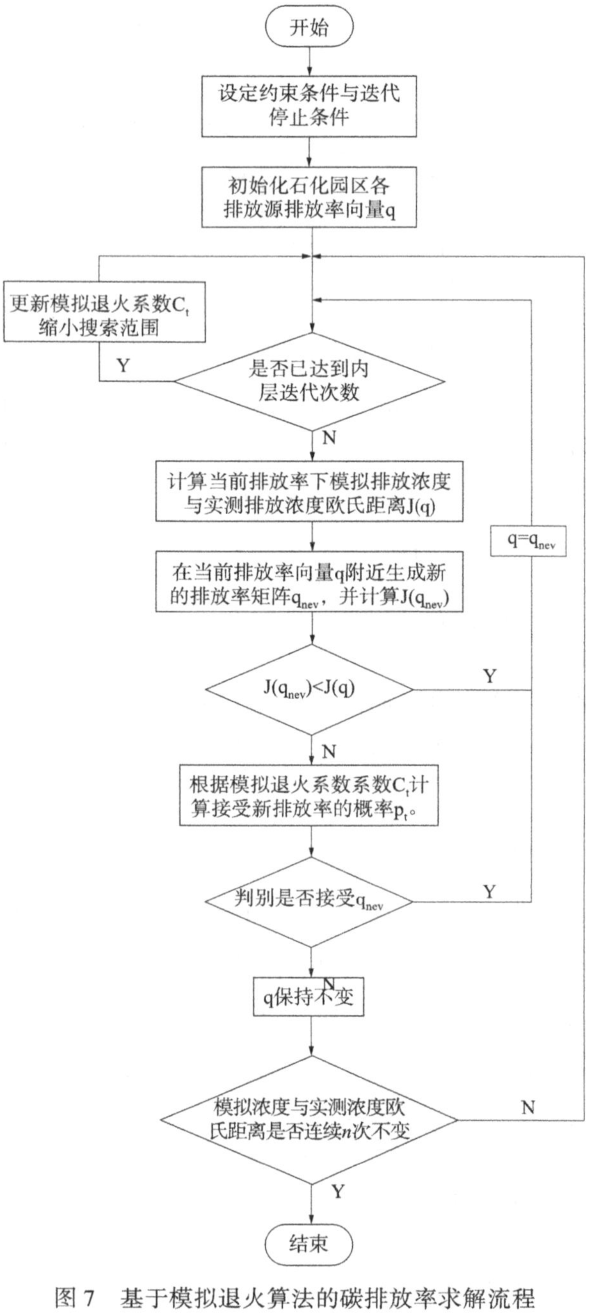

图7　基于模拟退火算法的碳排放率求解流程

3　模拟计算结果讨论

使用模拟数据对本文所提出的算法进行验证。在园区内模拟设置10个排放源。各排放源位置坐标与排放率设置见表1。

表1　各排放源位置坐标与排放率设置

排放源 x 坐标	排放源 y 坐标	设定排放率/(g/h)
49790.40	6658.50	7.17×10^6
49901.22	6256.07	7.11×10^6
50823.36	7036.11	6.14×10^6
51016.69	6447.87	3.46×10^6
50628.10	6003.59	3.23×10^6

续表

排放源 x 坐标	排放源 y 坐标	设定排放率/(g/h)
51688.47	5755.27	2.11×10^6
51842.56	7405.87	3.23×10^6
52213.89	7057.45	7.28×10^6
51982.66	6593.76	7.51×10^6
52446.13	6381.18	3.23×10^6

在厂区边界及重点排放源上模拟布设监测点，利用 delaunay 三角形算法对监测网格进行优化，最终设置 20 个模拟监测点。设置模拟时气象条件见表 2。

表 2　模拟计算气象条件

风速/(m/s)	风向	大气稳定度(Q)
1.5	南	B

利用设定的排放源监测点位置信息以及气象条件建立石化厂区多排放源-多监测点高斯烟羽扩散模型。根据设定的排放源排放信息，利用高斯扩散模型求得各监测点浓度作为实测浓度。利用模拟退火算法寻找模拟浓度与实测浓度欧式距离最小值，获得排放源排放率计算结果。将计算得到排放源排放率与设定的排放源排放率进行比较，评价算法准确性。模拟结果如图 8 所示。

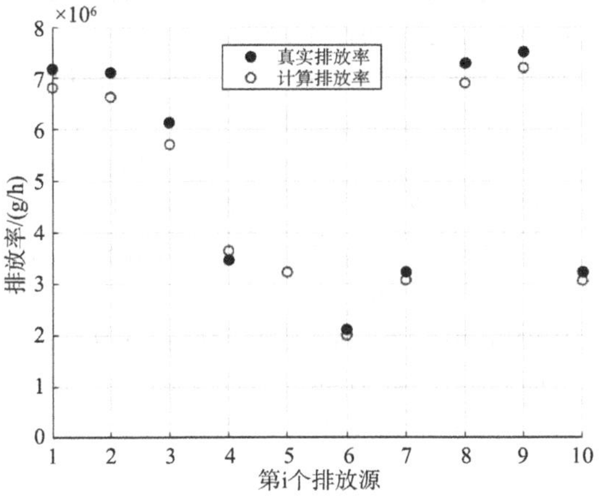

图 8　单次模拟真实排放率与反演计算排放率对比

图 8 中横轴代表排放源编号，纵轴是排放源源强(g/h)。所设定的 10 个排放源源强之和为 50.47×10^6g/h，利用反演模型计算得到的源强之和结果为 48.24×10^6g/h。反演准确率可达 95%以上，说明本文所提出的利用模拟退火算法寻找模拟浓度与实测浓度欧式距离最小值从而获得排放源排放率的方法可行。

为评价算法的重复性，连续进行 300 次模拟结算，计算结果如图 9 所示。

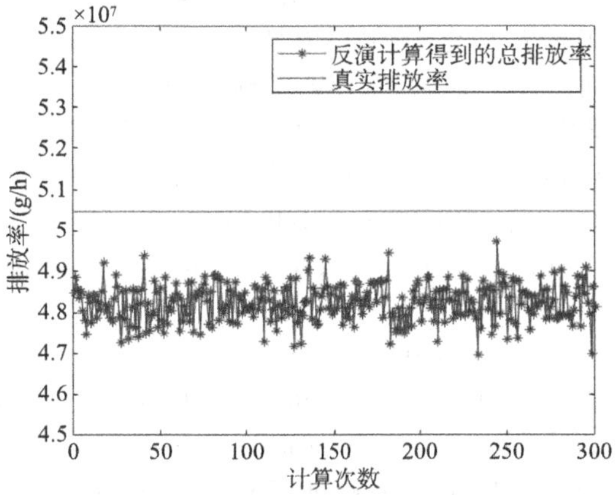

图 9　多次模拟真实排放率与反演计算排放率对比

10 个排放源排放率之和的 300 次模拟计算中，均值为 48.24×10^7g/h，极大值为 49.75×10^7 g/h，极小值为 46.97×10^7g/h，相对标准偏差(RSD)为 0.96%，说明算法具有良好的重复性。

4　结论

1）本文分析了石油炼化厂区温室气体无组织排放特点。制氢装置中发生烃类转化反应产生 CO_2，催化裂化装置中催化剂烧焦会产生 CO_2，催化气分装置中轻组分瓦斯中含有 CH_4，加氢裂化装置、加氢改质装置、焦化装置中产生的干气含有 CH_4，因此在进行温室气体无组织排放监测反演时需重点关注以上装置。

2）本文提出了一种石化园区无组织碳排放监测反演方法。利用墨卡托投影变换法在平面直角坐标系下建立厂区网格模型。在厂区边界以及重点排放装置附近布设监测点，并使用 delaunay 三角形算法对监测点布设进行加密优化。结合气象条件与位置信息建立多排放源-多监测点高斯烟羽扩散模型。监测点实测获得浓度数据，利用模拟退火算法寻找实测浓度和模拟浓度间欧氏距离最小值，求得各排放点温室气体排放率。

3）利用模拟数据对本文所提出的方法进行验证，本方法对总排放量反演准确率可达 95%以上。多次模拟检查方法重复性，相对标准偏差小于 1%。

参　考　文　献

［1］达虹鞠，许德刚，王晨，等. 典型炼油装置碳排放监测方法研究［J］. 油气田环境保护，2023，33(06)：38-43.

[2] 郜武. 烟气连续监测系统(CEMS)技术及应用[J]. 中国仪器仪表，2009，(01)：43-47.

[3] 张秀青. 石化企业废气无组织排放源及排放量估算简介[J]. 装备环境工程，2008，(05)：74-77.

[4] 张雪驰，沙青娥，陆梦华，等. 珠三角某石化园区VOCs排放特征及影响评价[J]. 环境科学，2022，43(04)：1766-1776. DOI:10.13227/j.hjkx.202107184.

[5] 崔翔宇，徐双庆，李兴春，等. 我国石油炼化制氢装置碳排放因子的修正建议[J]. 石油与天然气化工，2015，44(02)：48-50.

[6] Centi G，Perathoner S，Rak Z S. Reduction of greenhouse gas emissions by catalytic processes[J]. Applied Catalysis B：Environmental，2003，41(1-2)：143-155.

[7] Hashim B M，Sultan M A，Al Maliki A，et al. Estimation of greenhouse gases emitted from energy industry (oil refining and electricity generation) in Iraq using IPCC methodology[J]. Atmosphere，2020，11(6)：662.

[8] Abella J P，Bergerson J A. Model to investigate energy and greenhouse gas emissions implications of refining petroleum：Impacts of crude quality and refinery configuration[J]. Environmental science & technology，2012，46(24)：13037-13047.

[9] 张钢锋. 泄漏检测与修复(LDAR)技术在国内外的应用现状及发展趋势[J]. 环境工程学报，2016，10(09)：4621-4627.

[10] 朱亮，高少华，丁德武，等. LDAR技术在化工装置泄漏损失评估中的应用[J]. 工业安全与环保，2014，40(08)：31-34.

[11] Gordon M，Li S M，Staebler R，et al. Determining air pollutant emission rates based on mass balance using airborne measurement data over the Alberta oil sands operations[J]. Atmospheric Measurement Techniques，2015，8(9)：3745-3765.

[12] Humphries R，Jenkins C，Leuning R，et al. Atmospheric tomography：a Bayesian inversion technique for determining the rate and location of fugitive emissions [J]. Environmental science & technology，2012，46(3)：1739-1746.

[13] Mackie K R，Cooper C D. Landfill gas emission prediction using Voronoi diagrams and importance sampling [J]. Environmental Modelling & Software，2009，24(10)：1223-1232.

[14] 叶彤，黄毅，焦晨晨，等. 墨卡托投影最佳基准纬线确定方法[J]. 海洋测绘，2021，41(01)：41-46.

[15] 尤磊，唐守正，宋新宇. 以优先点为中心的Delaunay三角网生长算法[J]. 中国图象图形学报，2016，21(01)：60-68.

[16] 张晶飞，李射，崔向阳. Delaunay三角剖分的最优化网格节点生成算法研究[J]. 电子设计工程，2019，27(09)：10-16. DOI:10.14022/j.cnki.dzsjgc.2019.09.003.

[17] Liu C，Zhou R，Su T，et al. Gas diffusion model based on an improved Gaussian plume model for inverse calculations of the source strength[J]. Journal of Loss Prevention in the Process Industries，2022，75：104677.

[18] Essa K S M，Taha H M A. Study Gaussian plume model and the Gradient Transport(K) of the advection-diffusion equation and its applications[J]. MAUSAM，2023，74(3)：663-672.

[19] Cao B，Cui W，Chen C，et al. Development and uncertainty analysis of radionuclide atmospheric dispersion modeling codes based on Gaussian plume model[J]. Energy，2020，194：116925.

[20] 高鹰，谢胜利. 基于模拟退火的粒子群优化算法[J]. 计算机工程与应用，2004，(01)：47-50.

[21] 闫群民，马瑞卿，马永翔，等. 一种自适应模拟退火粒子群优化算法[J]. 西安电子科技大学学报，2021，48(04)：120-127. DOI:10.19665/j.issn1001-2400.2021.04.016.

[22] Delahaye D，Chaimatanan S，Mongeau M. Simulated annealing：From basics to applications[J]. Handbook of metaheuristics，2019：1-35.

基于 DAC 储能的低碳共生系统

杨利青[1]　郭海新[2]

[1. 西膜环境科技(苏州)有限公司；2. 同济大学]

摘　要　基于 DAC 碳捕捉的技术，由于空气中 CO_2 含量稀薄，碳捕捉的成本远远高于 CCUS 的碳捕捉成本，在商业实践中的应用受到制约。本文介绍了将基于膜接触器的 DAC 技术，在冬季峰电时段捕捉二氧化碳后，将醇胺富液的反应热收集，用作房屋提供热源。将醇胺富液收集储存，至谷电时段，用较低廉价格的电，完成醇胺富液的解吸。本方案既节省 DAC 成本的同时，又减少了房屋采暖带来的碳排放。经过研究和实验表明，以上基于 DAC 储能的低碳共生系统方案是可行的。

关键词　碳捕捉；DAC；膜接触器碳捕捉；PTFE；储能；低碳共生系统

当前全球面临的最大环境问题是人类向大气排放了大量二氧化碳 CO_2，导致的温室效应引发的环境灾难，在 CCUS(Carbon Capture Utilization and Storage)和 DAC(Direct Air Capture)减排的努力仍不足以阻止气候变换产生的不可逆转的影响。

关于直接从空气中进行 CO_2 捕捉(DAC)的研究和商业运行，欧美等国有较多的商业实践，相比而言，国内更多的是相关的研究报道。DAC 现在仍处于早期开发阶段的技术，目前面临的现状是碳捕捉的经济性不高，在大气中的 DAC 碳捕捉，由于空气中的 CO_2 非常稀薄，含量通常在 400~440ppm，因此捕捉成本大大高于从烟道气中捕捉 CO_2 的成本，未来需要以 ESG 的视野，投入更多的政策、资金、技术到高捕获性能技术和低再生能耗的创新吸附剂的研发，寻找更高的商业价值。

1　当前 DAC 的碳捕捉技术路线

目前主流的直接空气捕集 DAC 技术主要分为两类：固体 DAC 吸附和液体 DAC 吸附。

固体 DAC(S-DAC)是以固体吸附剂作为过滤器，通过吸附/解吸循环过程运行。吸附是在室温下进行的，而解吸则是通过温度和真空摆动过程进行的，其中二氧化碳是在中温(80-100℃)下释放的。通常一个单一的吸附/解吸装置每年有五十吨左右的二氧化碳的捕获能力。

液体 DAC(L-DAC)是基于两个封闭的化学循环，通过化学溶液(如氢氧化物溶液)去除二氧化碳。第一个循环发生在一个称为接触器的装置中，它使大气中的空气与捕捉二氧化碳的碱性水溶液(如氢氧化钾)接触。第二个循环是在一系列高温(300-900℃之间)操作的单元中，将捕获的二氧化碳从溶液中释放出来。一个大规模的 L-DAC 工厂可以从大气中捕获大约 100 万吨二氧化碳/年。整理目前全球主流的三家 DAC 公司网站上的信息和相关数据，可以看到(表 1)，很显然，Global Thermostat 固体 DAC 和胺类吸收剂法的方案看来是其中较优的(表 2)。

表 1　主流 DAC 工厂规模现状

公司	吸附原理	预计 2025 后的 CO_2 捕获量	产出 CO_2 的纯度	预计使用年限	最终预计成本/(美元/吨)
Clime Works 瑞士 Zurich	固体吸附	>4000 吨/年	98%~99%	25 年	100
Global Thermostat	固体吸附	1000000 吨/年	99%	25 年	18~35
Carbon Engineering	液体吸附	1000000 吨/年	99%	20 年	94

表 2　主流 DAC 工厂技术工艺

公司	吸附剂类型	吸附剂再生方法	能耗/(kWh/t)	工艺优点	工艺缺点
Clime works	胺类吸附剂	加热到 100℃	1700~2300	吸附效果较好	处理量受限能耗高
Global Thermostat	胺类吸附剂	在 85~95℃低温蒸汽脱附	1320~1670	装置占地面积小，可大范围布置	吸附效果稍差
Carbon Engineering	碱性溶液	高温煅烧	1824	可大规模应用运行稳定	能耗大，占地面积大，无法灵活布置

在2022年11月，由能源研究网络（Energy-RN）和国际能源署温室气体研发计划（IEAGHG）合作举办的第16届全球温室气体技术会议（GHGT-16）会议上，有文献研究认为，在DAC碳捕捉领域，膜法的胺类液体碳捕捉技术，在CO_2吸附能力方面效率更高、再生温度更低、成本收益较好且有下降空间，可以成为大规模直接从空气中捕捉二氧化碳的技术方案，有广阔的商业应用前景。

因此本文提出了通过膜接触器法去实现空气中二氧化碳捕捉，并通过峰谷电价格，降低DAC的碳捕捉的成本。用反应热去实现冬季房屋的加热，减少原来耗能带来的碳排放。

2　DAC储能和综合利用方案

2.1　DAC储能和综合利用方案介绍

储能利用技术是把能量储存起来，在需要时使用的技术。在使用胺类吸收剂的DAC工艺中，能耗是阻碍DAC推广的障碍，其能耗主要用于胺类吸收剂的循环和富液的解吸。通常情况下，胺类吸收剂的循环和富液的解吸，在生产工艺中需要使用大量的外购电能。考虑到电力峰谷电价格的差异至少在1倍，甚至1.5倍以上，经过研究，我们提出的DAC储能和利用方案如下：

（1）通入0.2～0.4MPa空气到我们的DAC膜接触器吸收端装置，通过单片机单元的控制，循环运行，与膜接触器内的醇胺溶液吸收，直至生成醇胺富液。

（2）在每日的峰电时间段，醇胺富液的反应放出反应热，通过高效换热器中的水介质收集，保持水温在50℃以上，在环境温度低于20℃的时候可用于建筑采暖。

具体如图1所示。

在每日的谷电时间段，将即时吸收后的醇胺富液和峰电时段存入耐腐蚀的罐体内储存的醇胺富液；通过醇胺循环泵，直接流入到膜接触器解吸端，加热完成醇胺溶液解吸。

该方案的优点是通过峰电时间段的吸收，将产生的化学能转化为低品位的热能，可以用以建筑和其他应用场景。而将储存的富液，在谷电时间段，用于解吸，与峰电时间段相比，在富液解吸端，可以节省一半甚至更多的能源成本；在建筑或厂房的采暖端，使用的热源成本是回收的化学热，成本接近为零。

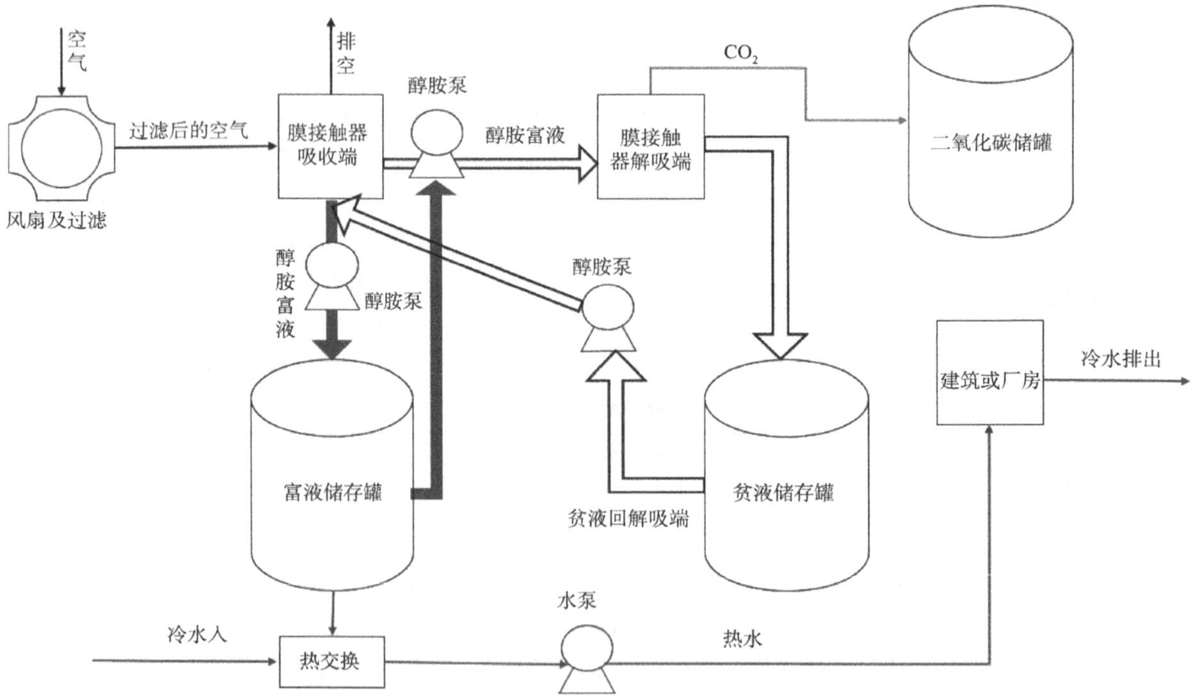

图1　基于DAC储能的低碳共生系统简图

2.2　膜接触器的化学脱碳反应机理

醇胺吸收法是将目标混合气体中CO_2酸性气体与低温态下的碱性醇胺吸收剂水溶液（35℃以下）相接触，发生放热反应，生成不稳定的盐类化合物。该化合物在温度升高的条件下（70℃以上），则会吸收热能，发生可逆的热分解反应，

释放 CO_2，还原为醇胺吸收剂水溶液。通过以上反应，可以有效捕捉到混合气体中的 CO_2，而回收的醇胺吸收剂水溶液能被循环使用。

醇胺吸收剂作为广泛应用的脱碳吸收剂，占到所有吸收剂市场的 70%～80%，按其化学结构主要分为三类：一级胺、二级胺、三级胺。一级胺和二级胺（伯胺、仲胺）两种结构形式简单，如 MEA，吸收 CO_2 反应较快，但解吸反应较慢。三级胺（叔胺）由于没有氢，需要与 H_2O 结合后，产生氢离子，然后与 CO_2 发生较慢的反应，如 MDEA 吸收 CO_2 容量较大，与 CO_2 反应的摩尔数是 MEA 对 CO_2 容量的一倍。

MEA 脱碳机理（伯胺、仲胺可参考）（式 1）：

$$CO_2+2\ HOCH_2CH_2NH_2 \longrightarrow HOCH_2CH_2HNCOO^-+HOCH_2CH_2NH_3^+ \quad (1)$$

MDEA 脱碳机理（叔胺可参考）（式 2、式 3）：

$$2(HOC_2H_4)_2NCH_3+CO_2+H_2O \longrightarrow [(HOC_2H_4)_2NHCH_3^+]_2 \cdot CO_3 \quad (2)$$

$$[(HOC_2H_4)_2NHCH_3^+]_2 \cdot CO_3+CO_2+H_2O \longrightarrow 2(HOC_2H_4)_2NHCH_3+HCO_3^- \quad (3)$$

除了以上介绍的单一醇胺体系的吸收剂，通常使用的是二元复配体系的醇胺吸收剂和离子溶液体系的吸收剂。通常我们会使用还有二元复配体系的醇胺吸收剂，以获得更好的吸收和解吸效果，CO_2 捕捉应用场景中使用的醇胺吸收剂，85%以上的场景是使用二种或二种以上的醇胺复配吸收剂。伯醇胺和仲醇胺的 CO_2 的反应速率高，形成氨基甲酸盐。叔醇胺具有较高的 CO_2 吸收负荷和解吸能耗，通常会根据设备，按一定比例复配为一定浓度的混合醇胺吸收剂水溶液，并寻找最佳的平衡点。

基于以上方案要求和实验结果，我们设计并实验了复配醇胺吸收剂能带来更好的热效应效果。

2.3 中空纤维膜接触器（Hollow Fiber Membrane Contactor，HFMC）

中空纤维膜接触器是将化学吸收法和膜接触器法相结合的一种气体分离技术。膜接触器组件（图 2）。结构简单，外壳内走气体，而吸收剂在膜丝内流动，膜孔对分子不具有选择性，由于膜丝的材质是疏水性的，醇胺吸收液不会进入膜丝（图 3），气液相不会直接接触。

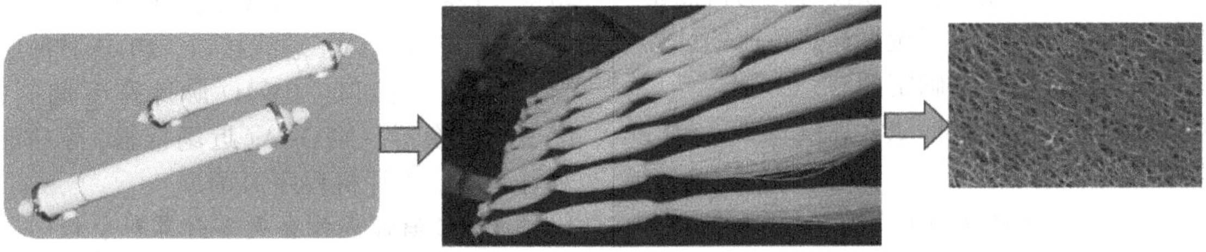

图 2　膜接触器、膜丝、纳米孔径示意图

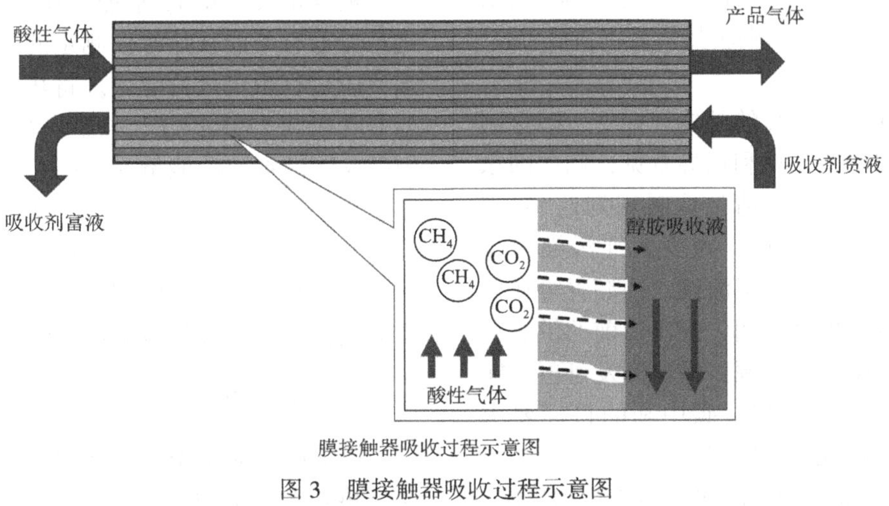

图 3　膜接触器吸收过程示意图

本文实验选择的是 PTFE（聚四氟乙烯）的中空纤维膜，PTFE 具有优异的热稳定性、化学稳定性、非常低的表面能。与醇胺、无机盐、离子液体等吸收液均具有良好的兼容性，最大的工况压力能大于 1.5MPa，孔径能稳定在 0.01～0.05μm，连续工作 8～10 年，且即使被润湿，也能通过技术手段恢复膜的再生，在成本上，仅为国外同类产品的40%左右。

与传统填料塔反应器相比，传统传统填料塔比表面积为100~250m^2/m^3，而中空纤维膜接触器通常为1500~3000m^2/m^3，较高的比表面积使得膜接触器占地面积更小，设备高度更低，也带来更少的设备重量。更好的操作灵活性。中空纤维膜接触器，气体和吸收剂由膜丝壁隔离开，因此可以在运行中单独控制气液相流量，无气液比限制，同时能避免鼓泡、液泛、雾沫夹带等。在安装上，传统填料塔里的液体是依靠重力的，因此填料塔很小的倾斜会导致脱除效率的下降。相对而言，膜接触器依靠气体压力完成分离，可撬装，可水平安装，不影响脱碳效率。膜接触器另一个优点是由于结构简单，膜组件可以模块化并联安装，产能线性放大。而传统填料塔是一次性设计和投资，一旦碳捕捉的产量发生变化，成本难以接受。

2.4　建筑供暖热负荷及低碳化

供暖系统的热负荷是指为达到要求的室内温度，供暖系统在单位时间内向建筑物供给的热量，热负荷是设计供暖系统的最基本的数据。要维持室内的一定的温度，就必须使房间的得热量与失热量达到平衡，供暖系统设计热负荷的计算方法就是根据热平衡原理确定的。

用单位面积供暖热指标法计算建筑热负荷的计算式如下：

$$Q=Q_fF/1000 \tag{4}$$

式中，Q 为建筑物的供暖热负荷，kW；Q_f 为单位面积供暖热指标，W/m^2；F 为建筑面积，m^2，通常建筑单位面积的供暖热负荷在50w·m^{-2}左右。

根据国家在清洁取暖的整体规划下，国家制定了多项国家层面的法规和指导意见，例如国家能源部的《北方地区冬季清洁取暖规划》，要求做到清洁替代，安全发展，减少大气污染物排放，低碳化策略等要求。王海鸿、胡润青等在促进供热行业低碳化发展方面，提出目前的供热行业仍严重依赖高碳化石能源，需要开发可再生能源等低碳供热。在碳达峰、碳中和的目标要求下，促进低碳供热规模化发展。

利用DAC碳捕捉的反应热，为建筑物供暖，减少传统化石能源的碳排放，正好是一举两得的方案。我国北方供暖面积大约为140亿平方米，而南方，特别长江沿线城市，对采暖也有很大的需求。而DAC碳捕捉对地域的选择，并没有特殊要求，正好可以实现集中供暖。

2.5　DAC储能和综合利用系统的实验设备

实验设备见表1。

表1　实验设备

脱碳膜设备	西膜环境科技(苏州)有限公司	SC23-A
单片机控制单元	苏州青宏智能科技有限公司	nRF52832

本次实验搭建了单片机控制单元，能够根据温控器数据反馈，开关和调节胺液循环泵的功率和磁控管功率，自动控制膜接触器内的醇胺吸收液温度。实验选用nRF52832单片机，建立控制单元。单片机处理器(MCU)模块(图4)的这片处理器一款通用途的多协议系统级芯片(SoC)。它有低功耗蓝牙功能、协议并发性和丰富外围设备和功能集。未来能开发智能手机APP接入程序，能主动收集和控制膜接触器内的醇胺CO_2解吸反应的各项参数。该处理器包含64MHz Cortex-M4 with FPU浮点处理单元、512/256KB闪存，64/32KB内存、2.4GHz收发器、2Mbps，1Mbps、低功耗蓝牙、蓝牙mesh、+4dBm发射功率、128位AES加密算法、UART异步串口，SPI同步串口，TWI总线接口，PDM脉冲密度调制，I^2S总线接口、PWM(脉冲宽度调制)、12位模数转换器、NFC-A(近场接触)等功能，可适时调用。单片机程序可调。

2.6　DAC储能和综合利用计算和分析

反应焓的计算：

根据定义，将1g水加热0.239 K23需要1J。这意味着有可能从热像仪测定的温差中推断出化学反应过程中释放的能量。将热成像实验测得的温差除以0.239Kg·J^{-1}，就可以计算出反应过程中每g溶液释放的能量e[J·g^{-1}]。(式4)。

$$e[J\cdot g^{-1}]=\frac{\Delta T(k)}{[0.239(kg)^{-1}]} \tag{5}$$

然后将该值乘以所用溶液的质量，再除以吸收的气体，再计算反应焓(式5)；

$$\Delta H_R[Jmol^{-1}]=-\frac{e[Jg^{-1}]\times m[g]}{n[mol]} \tag{6}$$

以20%~60%MEA醇胺吸收剂与CO_2反应，反应热在80~100kJ/mol CO_2左右，随着负载量增加而放热逐渐减少。1mol CO_2的体积数为22.4升，换算成的MEA化学焓值理论上为-3571焦耳~-4464焦耳，取中间值4000焦耳。

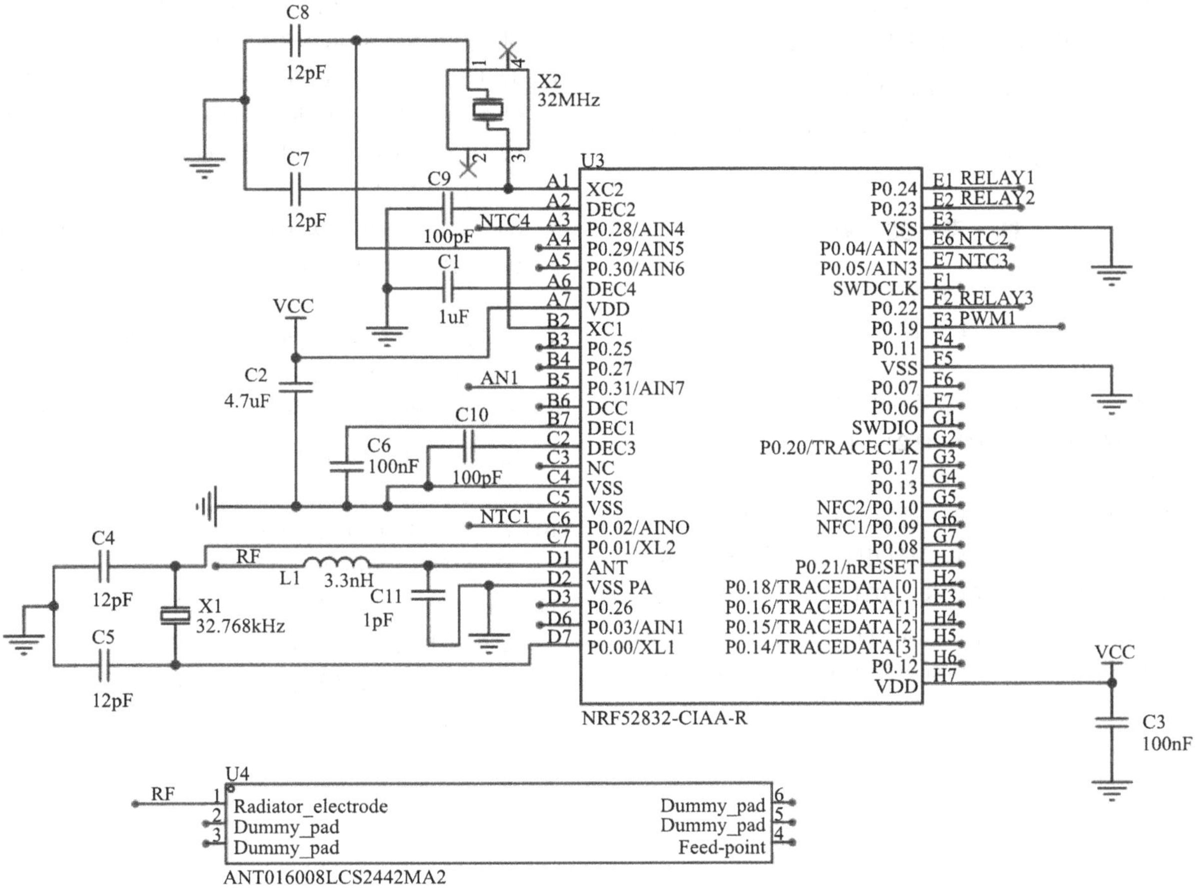

图 4　单片机控制模块(MCU)

冬季北方墙体热负荷，大致需要 $50W/m^2 \cdot h$ 的能耗，每小时需要的热能为 $50 \times 3600 = 180000J/m^2 \cdot h$。

以 MEA 单一醇胺吸收剂为例，循环加压输入空气到膜接触器吸收端，空气中的 CO_2 含量为 440ppm 左右，将空气中的 CO_2 含量换算为纯的 CO_2，经计算：

$$180000J/m^2 \cdot h/4000J = 45L/m^2 \cdot h$$

每小时需要 45 升纯的二氧化碳，按 440ppm 折算，需要 45/0.00044% = 102272 升空气/小时，也就是每小时 102 个立方的空气中二氧化碳与醇胺吸收剂完全反应。

按照 300 平米的房屋计算，每小时需要 30600 立方空气进入膜接触器与醇胺吸收剂反应，反应热即可实现全屋墙壁的加热需求。每小时工作量大致与 2013 年荷兰丹·罗斯加德在北京设计的雾霾净化塔(Smog Free Tower)相当。

3　结论

3.1　优点

参阅国内外文献，未见到在 DAC 储能的低碳共生系统该类方案的研究，属于首次提出。DAC 碳捕捉，目前大部分研究都并没有考虑峰谷电的成本收益，以至于经济性不高，难以推广。在峰电时段的碳捕捉，成本比在谷电时段要高上 1 倍，甚至 1.5 倍。本文提出的方案，能直接降低 50%以上的 DAC 运行成本。

对于峰电时段的 DAC 碳捕捉取得的热能，作为副产品热源提供房屋采暖，减少了该房屋的峰电采暖的能耗成本。

一旦该方案大力推广，可以实现从空气中对二氧化碳的回收，同时大大减少了房屋取暖的碳排，经济价值可观。

3.2　缺点

该方案，需要提供较大的醇胺富液的储存罐，室外占地面积较大，且醇胺溶液有一定的毒性和腐蚀性，对储存罐材料的选择，需要进一步研究。

对与散热的保护，至关重要。由于反应热是低品位的热，需要加强设备、管道的散热保护，避免浪费。

3.3　展望

使用 DAC 碳捕捉产生的热能收集，实现对房屋加热，提出了初步的概念，并完成了部分的实验。目前我们选定了 3 项二元复配醇胺吸收剂，效果远远好于单一的 MEA 醇胺吸收剂。未来，仍然需要在二元复配醇胺吸收剂的研制上做更多的关注和研究。

参 考 文 献

[1] 杨海霞，吴聃. 国际能源署发布《2022 年全球二氧化碳排放》报告[J]. 世界石油工业，2023，30(02)：80-81.

[2] 李春鞠，顾国维. 温室效应与二氧化碳的控制[J]. 环境保护科学，2000，(02)：13-15.

[3] 廖昌建，张可伟，王晶等. 直接空气捕集二氧化碳技术研究进展[J]. 化工进展，2023，1-19.

[4] 张杰，郭伟，张博等. 空气中直接捕集 CO_2 技术研究进展[J]. 洁净煤技术，2021，27(02)：57-68.

[5] Lepaumier H，Picq D，Carrette P L. New amines for CO_2 capture. I：Mechanisms of amine degradation in the presence of CO_2 [J]. Industrial and Engineering Chemistry Research，2009，48(20)：9061-9067.

[6] Li J L，Chen B H. Review of CO_2 Absorption Using Chemical Solvents in Hollow Fiber Membrane Contactors [J]. Separation and Purification Technology，2005，41(2)：109-122.

[7] Cui Z，Demontigny D. Part 7：A Review of CO_2 capture Using Hollow Fiber Membrane Contactors [J]. Carbon Management，2013，4(1)：69-89.

[8] 北方地区冬季清洁取暖规划(2017-2021)解读[J]. 资源节约与环保，2018，(02)：6-8.

[9] 王海鸿，胡润青，窦克军，等. 促进供热行业低碳化发展的政策机制研究[J]. 中国能源，2022，44(02)：45-51.

[10] 江亿，我国北方供暖能耗降低和低碳发展路线[J]. 供热制冷，2019(8)：14-16.

[11] 马嘉慧，张建，李玉星，等. MEA 溶液捕集 CO_2 的反应热实验研究[J]. 天然气化工(C1 化学与化工)，2017，42(03)：28-32+44.